Prof. Dr. Werner Sauter

Grundlagen des Bankgeschäftes

Für Ingeborg, Annette, Roman und Simon

Prof. Dr. Werner Sauter

Grundlagen des Bankgeschäftes

Bankakademie
Verlag GmbH

Sonnemannstr. 9–11 60314 Frankfurt am Main
Telefon 0 69/95 91 63-0   Fax 0 69/95 91 63-95

Bibliografische Information Der Deutschen Bibliothek
Die Deutsche Bibliothek verzeichnet diese Publikation in der
Deutschen Nationalbibliografie; detaillierte bibliografische
Daten sind im Internet über http://dnb.ddb.de abrufbar.

**Bibliographic information published by Die Deutsche
Bibliothek**
Die Deutsche Bibliothek lists this publication in the Deutsche
Nationalbibliografie; detailed bibliographic data are available
in the Internet at http://dnb.ddb.de.

7., veränderte Auflage 2002

© 2002 Bankakademie-Verlag GmbH,
Sonnemannstr. 9–11, 60314 Frankfurt am Main
Erste Auflage 1991

Gesamtherstellung: Kessler Verlagsdruckerei, Bobingen
Printed in Germany

ISBN 3-933165-66-0

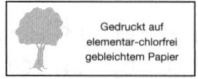

Gedruckt auf
elementar-chlorfrei
gebleichtem Papier

Inhaltsverzeichnis

Statt eines Vorwortes

Ihr beruflicher Erfolg in einem marktwirtschaftlichen, globalen Bankensystem

„Eine Bank ist so gut wie ihre Mitarbeiter"

Entscheidend für die **Wettbewerbsfähigkeit** von Kreditinstituten in einer modernen Marktwirtschaft ist die Leistungsfähigkeit und -bereitschaft der Mitarbeiter. Diese personelle Komponente der Bankleistung wird zukünftig noch mehr an Bedeutung gewinnen, da das Ertragswachstum eines Kreditinstitutes in erster Linie über die verbesserte Betreuung einzelner Bankkunden möglich sein wird.

Die Kreditinstitute benötigen deshalb Mitarbeiter, die **hohe Kompetenz** ausstrahlen:

● Der qualifizierte Bankmitarbeiter spricht seine Kunden oder Kollegen eigenverantwortlich und zielgerichtet an,

● er kann komplexe Sachverhalte im Bereich der Finanzdienstleistungen schriftlich und mündlich klar sowie verständlich erläutern,

● er ist in der Lage, gesamtwirtschaftliche und geschäftspolitische Zusammenhänge zu erkennen und in seine Argumentation mit einzubeziehen,

● er kann mit einem Team von Fachleuten seines Institutes Probleme seiner Kunden aus dem Finanzbereich oder seiner Kollegen lösen,

● er nutzt die Informationstechnologie zielgerichtet für das Management des Wissens sowie die Gestaltung von Ablaufprozessen und zur Entscheidungsfindung.

Die grundlegende Zielsetzung bei Ihrer Qualifizierung für die Herausforderungen in der Finanzwirtschaft setzt sich somit aus vier gleichrangigen Einzelrichtzielen zusammen, welche in ihrer Summe **Ihre Handlungskompetenz** ergeben:

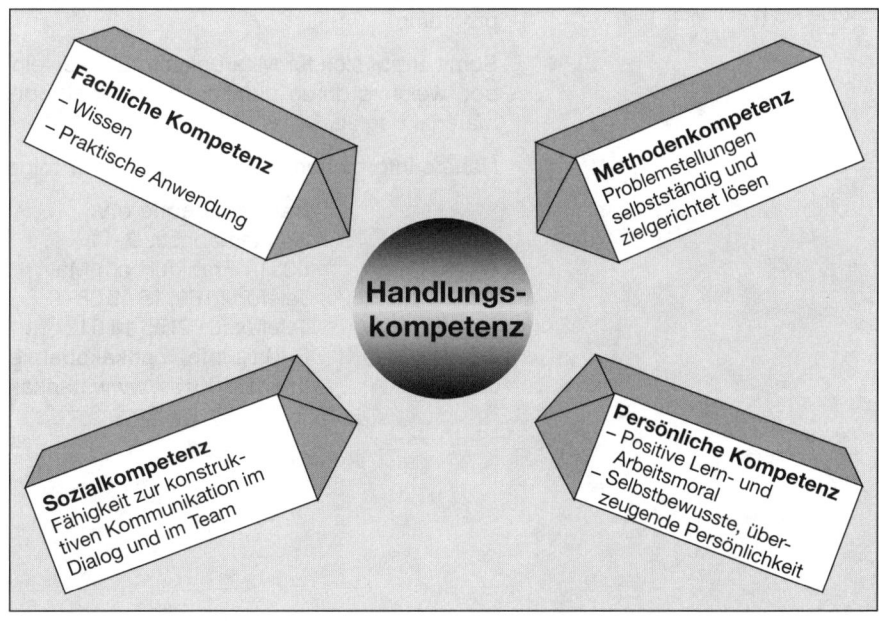

Jeder lernende Erwachsene hat seinen eigenen, individuellen Lern- und Informationsverarbeitungsstil. Es gibt keinen besten Stil.

Die Zielsetzung der Handlungskompetenz kann nur erreicht werden, wenn sie Ihren Lernprozess weitgehend selbst verantworten.

Dieses Buch hilft Ihnen, eine solide Grundlage für Ihre berufliche Entwicklung im Finanzdienstleistungsbereich zu legen. Der Schwerpunkt dieses Werkes liegt naturgemäß im Bereich der fachlichen Kompetenz. Die methodische Gestaltung des Werkes fördert darüber hinaus Ihre Fähigkeit, Fragestellungen in der betrieblichen Praxis mit einer sinnvollen Problemlösungsstrategie anzugehen. Sofern Sie das Buch als Grundlage für gemeinsames Lernen und für Ihre Arbeit in der Praxis einsetzen, werden Sie auch Ihre soziale und persönliche Kompetenz weiterentwickeln.

Die *„Grundlagen des Bankgeschäftes"* sind als eine kompakte und aktuelle Einführung in die Rahmenbedingungen und Leistungsbereiche der Kreditwirtschaft in Deutschland konzipiert. Damit spricht dieses Buch alle an, welche beruflich oder als Privatkunden mit Geschäftsbanken zu tun haben.

Zielgerichtete Vorbereitung auf das Bankfachwirt-Studium

Im Rahmen der Bildungsangebote der Bankakademie e.V., Frankfurt am Main, werden insbesondere zwei Zielgruppen angesprochen:

● **Zukünftige Studierende** im **Bankfachwirt-Studium**, welche ihr Bankkaufmannswissen zielgerichtet auf die Anforderungen dieser Weiterbildung hin aktualisieren wollen;

● **Mitarbeiter in Kreditinstituten**, die keine Bankausbildung besitzen und die sich für die fundamental veränderten Anforderungen des Bankgeschäftes in der Marktwirtschaft qualifizieren wollen.

Praxisnahe Fallübungen in einem separaten Übungsheft

Dieses Buch bildet zusammen mit einem **Übungsheft** die Basis Ihrer Qualifizierung auf Ausbildungsniveau. In diesem Übungsheft werden auf der Grundlage von praxisnahen Fallsituationen die Themenstellungen des Lehrbuches in zusammenhängenden Fragestellungen aufgearbeitet.

Das Fortbildungsangebot der Bankakademie e.V., Frankfurt am Main: Ein bewährtes Angebot der deutschen Kreditwirtschaft

Sofern Sie sich beruflich weiterentwickeln möchten, bietet Ihnen die Bankakademie mit dem **Bankfachwirt-Studium** und dem anschließenden **Bankbetriebswirt-Studium** bzw. **Management-Studium** ein bewährtes Fortbildungsprogramm.

Somit ergibt sich für Mitarbeiter in Banken ein praxisgerechtes Fortbildungsangebot, welches durch didaktisch und methodisch vorbildlich gestaltetes Studienmaterial begleitet wird.

Nähere Informationen erhalten Sie unter folgender Adresse

Bankakademie e.V.
Sonnemannstr. 9–11
60314 Frankfurt am Main
Telefon (0 69) 15 40 08 - 0
Telefax (0 69) 55 14 61
E-Mail: info@bankakademie.de
Internet: http://www.bankakademie.de

Methodik dieses Lehrbuches

Praxisnähe durch fallorientierte Darstellung

Lernziele helfen Ihnen, Ihren Lernprozess zu steuern

Merksätze und Strukturen erhöhen Ihre Lernfähigkeit

Zentrale Begriffe und wichtige Erklärungen in der Randspalte

Kontrollfragen dienen Ihrer persönlichen Lernzielkontrolle

Rahmenbedingungen bankwirtschaftlichen Handelns in der Sozialen Marktwirtschaft

Ihr eigenverantwortliches Lernen wird durch die **Methodik** dieses Buches sinnvoll unterstützt:

● In die einzelnen Themenbereiche werden Sie über **Praxisfälle, aktuelle Beispiele** oder **motivierende Grafiken** eingeführt.

● Die **Lernziele**, die am Anfang jedes Kapitels stehen, geben Ihnen wertvolle Hinweise über das Ausmaß des geplanten Lernzuwachses in dem jeweiligen Kapitel. Damit erhalten Sie wichtige Hinweise darüber, in welcher Tiefe die jeweiligen Lerninhalte zu behandeln sind.

● Der Stoff wird in straffer und anschaulicher Form entwickelt. **Zentrale Begriffe** werden durch Fettdruck hervorgehoben. Die Kernaussagen werden in **Merksätzen** oder in **Strukturen** zusammengefasst. Nutzen Sie Ihren optischen Lernkanal, indem Sie sich mittels dieser Strukturen einen „roten Faden" der wichtigsten Zusammenhänge einprägen.

● Zentrale Begriffe und wichtige Definitionen werden in der **Randspalte** hervorgehoben und erklärt. Ein ausführliches **Stichwortverzeichnis** hilft Ihnen, unbekannte Begriffe nachzuschlagen.

● Ein detailliertes **Inhaltsverzeichnis** und entsprechende Hinweise in der Kopfzeile jeder Seite helfen Ihnen, rasch die Orientierung zu finden.

● Am Ende jedes Kapitels können Sie Ihren Lernzuwachs mit Hilfe von **Kontrollfragen** überprüfen. Sollten Sie einzelne Fragen noch nicht beantworten können, finden Sie die entsprechenden Antworten in dem vorhergehenden Text.

Das Werk enthält vier fachliche Schwerpunkte. Die Struktur der Inhalte orientiert sich dabei an der **kundengruppenorientierten** Ausrichtung, die heute in den Banken überwiegt.

● **Rahmenbedingungen bankwirtschaftlichen Handelns:**

– Welche **Rolle** spielen die **Banken in der Sozialen Marktwirtschaft**?
– Wie kommen Angebot und Nachfrage am **Markt** ins Gleichgewicht?
– Wie beeinflussen die Bundesregierung und die Zentralbank die **wirtschaftliche Entwicklung**?
– Welche **Rechtsvorschriften** spielen im Bankgeschäft eine wesentliche Rolle?
– Nach welchen „Spielregeln" arbeiten die **Mitarbeiter in marktwirtschaftlichen Unternehmen**?
– Wie werden die **Leistungen in diesen Unternehmen** erstellt; wie werden die Ergebnisse gemessen?

● **Privatkundengeschäft**

– **Aktives Verkaufen**, die Voraussetzung für Ihren Absatzerfolg.
– Welche **Kontoarten** sind für Ihre Kunden geeignet; worauf müssen Sie bei der **Kontoführung** achten?
– Welche **Zahlungsverkehrsprodukte** sind für die Bedürfnisse der Privatkunden geeignet?
– Wie können die Anforderungen in der **Vermögensanlage** mit Hilfe der **Passivprodukte** befriedigt werden?
– Welche Lösungen können Sie Ihren Kunden für **Konsumentenkredite** anbieten?

● **Individualkundengeschäft**

  – Wie können Sie eine **attraktive Vermögensanlage** entwickeln und aktiv verkaufen?
  – Wie wirken sich die Steuern in der Vermögensanlage und der Immobilienfinanzierung aus?
  – In welcher Weise werden Effektengeschäfte an der **Kassa- und Terminbörse** ausgeführt?
  – Welche Dienstleistungen bieten die Banken bei der **Verwahrung und Verwaltung** von **Effekten**?
  – Welche Finanzierungslösungen bieten Sie Ihren Kunden bei **Immobiliengeschäften** an?

● **Gewerbe- und Firmenkundengeschäft**

  – Welche Dienstleistungen im **Zahlungs- und Wechselverkehr** können Sie Ihren Kunden für Problemlösungen empfehlen?
  – Mit welchen Steuern werden die Unternehmen belastet?
  – Wie bewerten Sie die **Kreditfähigkeit und -würdigkeit** eines Gewerbetreibenden oder eines Unternehmens?
  – Welche **Finanzierungslösungen** können Sie für gewerbliche Kredite Ihren Kunden anbieten?
  – Wie werden notleidende Kredite behandelt?
  – Wie lösen Sie die Finanzierungs- und Zahlungsprobleme Ihrer Kunden im **Außenhandel**?

Dieses Buch wird Ihnen helfen, rasch den Einstieg in die aktuelle „Bankenwelt" zu finden. Dabei wünsche ich Ihnen viel Erfolg.

Ich danke allen Praktikern und Kollegen, die mir durch ihren Rat geholfen haben, das Buch praxisnah zu gestalten. Bitte helfen Sie uns durch Ihre Anregungen und Ihre Kritik, das Buch weiter zu verbessern.

Im August 2002   Werner Sauter

Hinweise zum „Lesen" der Ablaufpläne

Zur Darstellung der – meist sehr vielschichtigen – Arbeitsprozesse der Banken wird in diesem Lehrbuch eine Darstellungsform benutzt, die sich weitgehend an den – aus der Datenverarbeitung – bekannten Programmablaufplänen beziehungsweise Datenflussplänen orientiert. Die Symbole haben dabei folgende grundsätzliche Bedeutung:

Grenzstelle
Darstellung von Anfang und Ende des Bearbeitungsprozesses

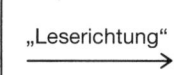

Ablauflinie
Diese Linien verbinden die einzelnen Sinnbilder. Dabei ist die „Leserichtung" grundsätzlich von oben nach unten beziehungsweise von links nach rechts. Soll ausnahmsweise entgegen dieser Richtung „gelesen" werden, ist dies durch einen Pfeil gekennzeichnet.

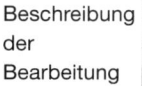

Bearbeitung
Dieses Symbol kennzeichnet einen Arbeitsvorgang, der entweder im Symbol oder auf der rechten Seite des Programmablaufplanes bezeichnet und eventuell erläutert wird.

Bemerkung
Dieses Sinnbild wird an andere Symbole angefügt, wenn ausführliche Erläuterungen gemacht werden sollen.

Datenträger
Belege, Magnetbänder, CD-ROM oder Disketten, die wichtige Daten für den Bearbeitungsvorgang enthalten oder die als Ergebnis einer Bearbeitung erstellt werden.

Beleglose Datenübertragung
Online über T-Online, ISDN, Datex-P, Internet u. ä.

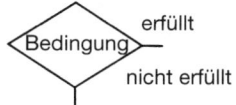

Verzweigung
Die Verzweigung zeigt jeweils an, unter welcher Bedingung eine Bearbeitung in der jeweiligen Richtung weitergeht.

Übergangsstelle (Konnektor)
Übergangsstellen zeigen an, an welcher Stelle ein Bearbeitungsvorgang weitergeht, der an einer Stelle aus Platzmangel bei der Darstellung abgebrochen werden musste.

6

1 Die Banken – ein zentraler Bestandteil unserer Wirtschaftsordnung

Moderne Zeiten: Für Charlie Chaplin war schon die berechenbare Welt der Zahnradmechanik ein verwirrendes Mysterium. Die moderne Informationsgesellschaft weist jedoch eine neue Dimension der Komplexität und Vernetzung auf.

„Moderne Zeiten – eine vernetzte Welt"

Quelle: F.A.Z. Foto: Reimer

*Die Bankensysteme in den neuen und alten Bundesländern haben sich seit 1945 sehr unterschiedlich entwickelt. Das **heutige Bankensystem** in Deutschland wie in der Europäischen Union ist jedoch einheitlich **marktwirtschaftlich orientiert**.*

Die Soziale Marktwirtschaft – ein System aus vielen Elementen

*Das Wirtschaftssystem in den alten Bundesländern wurde seit dem Zweiten Weltkrieg als **Soziale Marktwirtschaft** gestaltet. Die Banken in der Bundesrepublik Deutschland konnten somit über fünf Jahrzehnte hinweg ihre zentrale Funktion im Rahmen des Wirtschaftskreislaufes entwickeln.*

Lernziele

● Die zentralen Grundfragen jeder Wirtschaftsordnung erläutern,

● das Modell der reinen Marktwirtschaft skizzieren und bewerten,

● den Ordnungsrahmen der Sozialen Marktwirtschaft erklären,

● die Grundprobleme beim Wechsel von einer sozialistischen Planwirtschaft zu einer Sozialen Marktwirtschaft beurteilen,

● das Bankensystem in Deutschland beschreiben und bewerten,

● die rechtlichen Grundlagen der Deutschen Bundesbank und der Kreditinstitute darstellen.

Sozialistisches Bankensystem

Das **sozialistische Bankensystem** im Osten Deutschlands war ein Bestandteil des zentral planwirtschaftlich organisierten Staates mit dem Ziel, die staatlichen Planvorgaben durchzuführen, Planergebnisse zu kontrollieren sowie die Geldströme nach den jeweiligen Vorgaben zu kanalisieren.

Wirtschafts- und Währungsunion

Mit der Wirtschafts- und Währungsunion vom 01.07.1990 zwischen der Bundesrepublik Deutschland und der ehemaligen DDR entwickelte sich auch in den neuen Bundesländern ein marktwirtschaftliches Bankensystem.

Banken in der Marktwirtschaft

Eine funktionsfähige **Soziale Marktwirtschaft** setzt insbesondere auch folgende Merkmale voraus:

● Ein stabiles **Währungssystem**,

● ein funktionsfähiges **Bankensystem**,

● Wettbewerb am **Markt für Finanzdienstleistungen**.

Die Banken bilden somit einen zentralen Bestandteil unserer Wirtschaftsordnung.

1.1 Wirtschaftsordnung – ein wesentlicher Teil des Gesellschaftssystems

Volkswirtschaft ist die Summe aller Einrichtungen, Handlungen und Maßnahmen eines Staates, die der menschlichen Bedürfnisbefriedigung dienen.

Bevor in einer Volkswirtschaft die Produktion aufgenommen werden kann, muss über den Einsatz der Produktionsfaktoren entschieden werden. Dabei gilt überall der Grundsatz, dass im Sinne des **ökonomischen Prinzips** das Produktionsverfahren gesucht werden muss, mit dem das bestmögliche Ergebnis erzielt werden kann. Solche Entscheidungen können jedoch nicht unabhängig von dem Gesellschaftssystem getroffen werden, in das die Wirtschaft eingebettet ist.

Ökonomisches Prinzip (Vernunftprinzip, Rationalprinzip) ist die Leitlinie eines zweckmäßigen und wirtschaftlichen Mitteleinsatzes. Dabei gibt es zwei Grundformen:

> Die **Wirtschaftsordnung** ist die **Gesamtheit der Rahmenbedingungen**, innerhalb derer der **Wirtschaftsprozess**, insbesondere die **Art des Zusammenwirkens** der einzelnen **Wirtschaftssubjekte**, abläuft.

Nach dem **Maximumprinzip** versucht z. B. eine Bank, mit der vorhandenen Ausstattung und dem bisherigen Personal einen möglichst hohen Ertrag zu erzielen.

1.1.1 Grundfragen im Rahmen der Wirtschaftsordnung

Die Wirtschaftsleistung einer Volkswirtschaft setzt sich aus einer Vielzahl von Einzelleistungen zusammen und wird durch eine nicht überschaubare Zahl von Einzelentscheidungen bestimmt. Wie fügen sich diese einzelnen Elemente zu einem Gesamtsystem zusammen?

Nach dem **Minimumprinzip** möchte ein Kreditinstitut mit möglichst geringer Ausstattung und möglichst wenig Personal einen Gewinn von 10 Mio. Euro im Jahr erzielen.

Jede Wirtschaftsordnung versucht, Antworten auf folgende Grundfragen der wirtschaftlichen Tätigkeit zu geben.

● **Entscheidungsproblem**: Wer bestimmt, aufgrund welcher Berechtigung, mit welchen Zielen, welche Güter zu welchem Zeitpunkt, an welchem Ort, in welchen Mengen und mit welchem Verfahren produziert werden?

● **Abstimmungsproblem**: Wie werden die unzähligen Produktions-, Angebots- und Nachfrageentscheidungen aufeinander abgestimmt?

● **Motivationsproblem**: Über welche Antriebskräfte soll die Arbeitsleistung der Menschen gesichert werden?

● **Verteilungsproblem**: Nach welchen Gesichtspunkten werden die Güter auf die unterschiedlichen Verwendungszwecke und Personen verteilt; wer soll letztendlich den Nutzen aus der Arbeitsleistung erhalten?

1.1.2 Merkmale einer Wirtschaftsordnung

„Das Privateigentum an den Produktionsmitteln markiert die entscheidende Trennungslinie zwischen Marktwirtschaft und sozialistischer Zentralverwaltungswirtschaft. Nach rechtsstaatlich-liberalem Verständnis ist es wichtigster Garant für eine freie Gesellschaft, während die marxistische Theorie in ihm die Ursache wirtschaftlicher Ausbeutung sieht."

Quelle: Frankfurter Institut, Argumente zur Wirtschaftspolitik, April 1990

Die **Wirtschaftsordnungen** sind das Ergebnis der gesellschaftspolitischen Entscheidungen über die Ordnungsformen:

● **Eigentumsformen**: Sind Privateigentum, persönliches Eigentum, Genossenschaftseigentum oder Staatseigentum vorgesehen?

● **Planungs- und Lenkungssystem**: Handeln die einzelnen Wirtschaftsteilnehmer in Eigenverantwortung oder laufen die Fäden in einer zentralen Planstelle zusammen?

● **Produktionsziele der Wirtschaftsteilnehmer**: Gewinnerzielung oder Planerfüllung?

● **Preise und Löhne**: Werden sie am Markt, im Rahmen staatlicher Preisvorgaben, durch Tarifpartner im Rahmen der Tarifautonomie oder durch staatlich verordnete Löhne ermittelt?

Die Kombination der Antworten auf diese Fragen bildet in ihrem Ergebnis die jeweilige Wirtschaftsordnung eines Landes. In der Wirklichkeit treten dabei eine Vielzahl von Mischformen auf. Diese sind dadurch gekennzeichnet, dass sie auf der Basis eines der beiden Grundmodelle aufbauen, welches durch Elemente des jeweils anderen Modells mehr oder weniger stark verändert wird.

Während alle sozialistischen Wirtschaftsordnungen auf dem Modell der Zentralverwaltungswirtschaft aufbauen, basiert die Soziale Marktwirtschaft auf dem **Modell der Marktwirtschaft**.

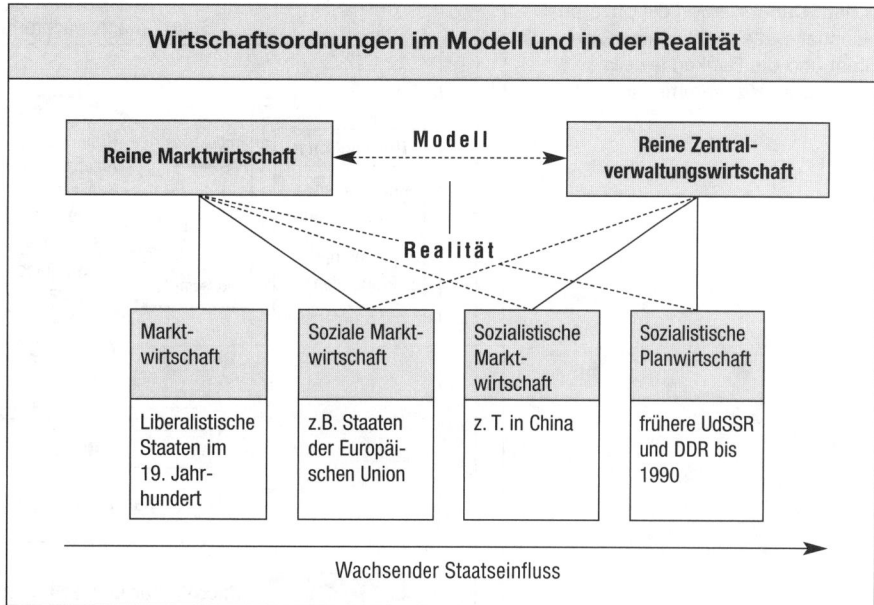

Insbesondere in den ehemaligen sozialistischen Staaten kann man heute oftmals eine Mischung von Elementen unterschiedlicher Wirtschaftsordnungen finden.

Aufgaben

1. Begründen Sie, warum in jeder Gesellschaft eine ordnungspolitische Grundentscheidung notwendig ist.

2. Erläutern Sie, durch welche Merkmale ein Wirtschaftssystem gekennzeichnet ist.

3. Beschreiben Sie die grundlegenden Probleme, welche im Rahmen einer Wirtschaftsordnung zu lösen sind.

4. Beschreiben Sie die wesentlichen Ordnungsformen, die für die Rahmenbedingungen des Wirtschaftslebens von grundlegender Bedeutung sind.

1.2   Modell der reinen Marktwirtschaft

Die reine Marktwirtschaft will dem Einzelnen den Freiraum zur individuellen Entfaltung seiner Persönlichkeit belassen; ihr grundlegendes Merkmal ist der **Individualismus**.

Die Grundstruktur dieser Wirtschaftsordnung kann am Modell des Kreislaufes aufgezeigt werden.

Das **Kreislaufmodell** in der Volkswirtschaftslehre zeigt die Zusammenhänge zwischen Produktion und Konsum in einer Volkswirtschaft. Dabei werden die privaten Haushalte, die Unternehmen, der Staat und die Banken jeweils zu einem Sektor zusammengefasst.

Modell einer reinen Marktwirtschaft

Staat ("Nachtwächterfunktion")

Markt
– Gütermärkte
– Arbeitsmärkte
– Kapitalmärkte

Ausgleich von Angebot und Nachfrage über den **Preis**

Produktions-   *faktoren*

Unternehmen
• optimieren ihren Gewinn
• planen die Produktion

Private Haushalte
• optimieren ihren Nutzen
• planen den Verbrauch

Konsum-   *güter*

Kapital

Banken

Kapitalsammelstellen

Rechtlicher und politischer Rahmen

Im Modell der reinen Marktwirtschaft wird eine hohe Leistungsfähigkeit erzielt durch:

● die Selbstbestimmung der Menschen,

● die Freiheit des Einzelnen,

● die leistungsgerechte Behandlung der Bürger.

„Nachtwächterfunktion"
des Staates

Grundvoraussetzungen des
Modells

Individuen planen
und entscheiden

*„... Die Bourgeoisie reißt durch die
rasche Verbesserung aller Produk-
tionsinstrumente auch die barba-
rischsten Nationen in die Zivilisa-
tion."*

*„... Die Bourgeoisie hat massen-
haftere und kolossalere Produk-
tionskräfte geschaffen als alle vergangenen Generationen zusammen."*

*„... Welches frühere Jahrhundert
ahnte, daß solche Produktions-
kräfte im Schoß der gesellschaftlichen Arbeit schlummerten."*

*Quelle: K. Marx/F. Engels, Manifest der
Kommunistischen Partei, abgedruckt in:
K. Marx/F. Engels, Ausgewählte Werke
in 6 Bänden, Band 1, 8. Auflage, Berlin
1979, S. 420 f.*

Der **Staat** hat in diesem Modell die Aufgabe, die rechtlichen Voraussetzungen für die marktwirtschaftliche Grundordnung zu schaffen, die Rechtspflege zu betreiben, die Bürger zu schützen und die Volksbildung zu fördern. In den Wirtschaftsablauf greift er nicht ein.

Die **Grundvoraussetzungen** dieser Wirtschaftsordnung liegen in der uneingeschränkten Entscheidungs- und Vertragsfreiheit für Unternehmen und private Haushalte, im Privateigentum an Produktionsmitteln, in einer uneingeschränkten Wettbewerbs-, Niederlassungs- und Gewerbefreiheit sowie in einer freien Berufs- und Arbeitsplatzwahl.

Die Unternehmen planen und entscheiden selbstständig über Investitionen und Produktionsprogramme mit der Zielsetzung der Gewinnoptimierung. Die Haushalte planen und entscheiden selbstständig über den Einsatz der Produktionsfaktoren in Form ihrer Arbeitskraft und ihres Geld- und Sachkapitals, das ausschließlich ihnen gehört, sowie über ihren Konsum. Dabei versuchen sie, ihren Nutzen zu maximieren.

Der **Ausgleich** zwischen den Einzelplänen der Unternehmen und der Haushalte erfolgt über den Preismechanismus auf den **Märkten**.

Wirtschaftsordnungen, die auf diesem Modellansatz aufbauen, sind in der Realität durch eine relativ **hohe Leistungsfähigkeit** gekennzeichnet. Dafür ist in erster Linie die starke Motivation der Wirtschaftsteilnehmer aufgrund der Möglichkeit der privaten Gewinnerzielung ausschlaggebend.

Die **reine Marktwirtschaft** war im 19. Jahrhundert in den Staaten ausgebildet, in denen auf der Basis des Gedankenguts der Aufklärung ein Gesellschaftssystem mit einer liberalen Wirtschaftsordnung geschaffen worden war. Auch die Wirtschaft sollte sich frei – analog der ihr innewohnenden Kräfte – nach dem *Laissez-faire-Prinzip* entwickeln. Dieses war durch die Parole gekennzeichnet: „Lasst alles gewähren, die Welt entwickelt sich von allein."

Grundidee dieses Modells war, dass die Wirtschaftsfreiheit automatisch zu wirtschaftlichem Wohlstand und zu sozialem Fortschritt führt. Der Staat hatte lediglich die Aufgabe, dafür zu sorgen, dass die Eigengesetzlichkeit des Marktes sich in Frieden und Freiheit vollziehen konnte.

Es ist unbestritten, dass der wirtschaftliche Aufschwung im 19. Jahrhundert durch die Marktwirtschaft wesentlich beschleunigt, wenn nicht sogar erst ermöglicht worden war. Dem Leistungswillen des emporstrebenden Bürgertums ist die Industrialisierung der Wirtschaft zu verdanken. Die einsetzende Massenproduktion machte es erst möglich, die Probleme der Bevölkerungsexplosion zu lösen. Erfindungen, Entdeckungen und neue Technologien steigerten die Produktivität der Wirtschaft und führten zu Qualitätsverbesserungen in allen Bereichen des Güter- und Dienstleistungssektors.

Die Leistungsfähigkeit marktwirtschaftlicher Systeme und sozialistischer Planwirtschaften kann besonders am Beispiel Deutschlands verglichen werden, weil ein geschlossenes Wirtschaftsgebiet ca. 40 Jahre lang in zwei unterschiedliche Wirtschaftsordnungen aufgeteilt wurde. Kurz vor der Vereinigung beider deutscher Staaten wiesen die einzelnen Bundesländer im Westen und Osten Deutschlands ein erhebliches Wohlstandsgefälle auf, obwohl Länder wie z. B. Sachsen vor dem Zweiten Weltkrieg zu den produktivsten Gebieten in Deutschland gehört hatten.

Deutschland bis zur Wiedervereinigung – zwei Wirtschaftsordnungen im Praxisvergleich

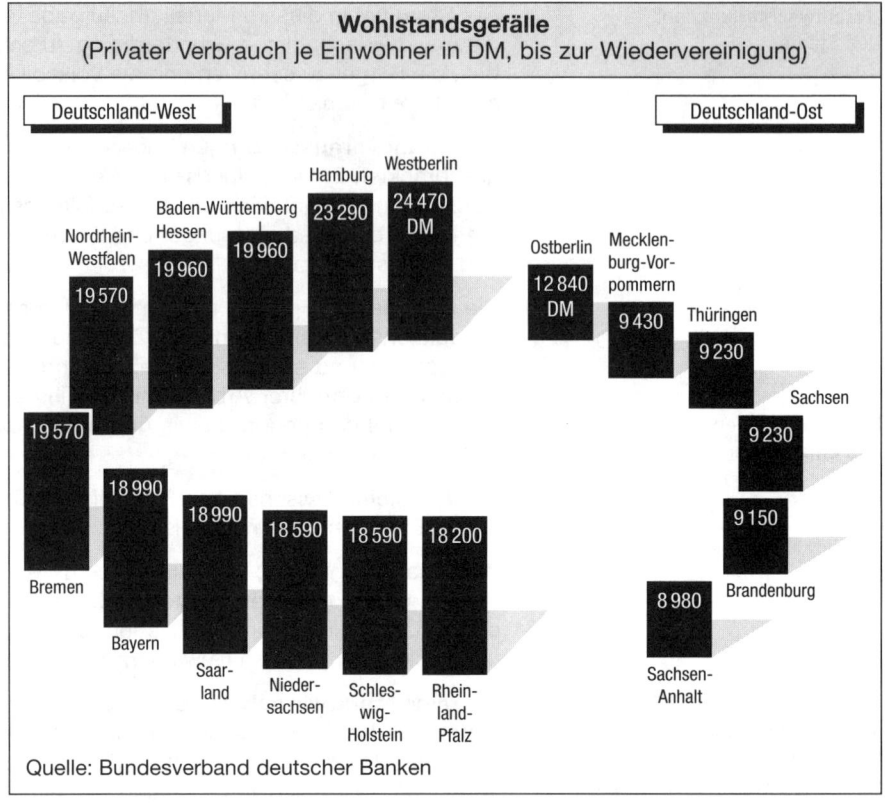

Wohlstandsgefälle
(Privater Verbrauch je Einwohner in DM, bis zur Wiedervereinigung)

Deutschland-West

Deutschland-Ost

Westberlin 24 470 DM

Hamburg 23 290

Baden-Württemberg | 19 960

Hessen 19 960

Nordrhein-Westfalen 19 570

Ostberlin 12 840 DM

Mecklen-burg-Vor-pommern 9 430

Thüringen 9 230

Sachsen 9 230

19 570

Bremen

18 990

Bayern

18 990

Saar-land

18 590

Nieder-sachsen

18 590

Schles-wig-Holstein

18 200

Rhein-land-Pfalz

9 150

Brandenburg

8 980

Sachsen-Anhalt

Quelle: Bundesverband deutscher Banken

Die idealtypischen Wirtschaftsordnungen weisen im Vergleich folgende Merkmale auf:

Die idealtypischen Wirtschaftsordnungen im Vergleich

Merkmale	Reine Marktwirtschaft	Reine Zentralverwaltungswirtschaft
Rolle des Staates	– Schaffung der rechtlichen Voraussetzungen für die marktwirtschaftliche Grundordnung – Nichteingriff in den Wirtschaftsablauf	– Zentrale Entscheidungs- und Kontrollinstanz für Investitionen, Produktion und Verbrauch – Zentrale Lohn- und Preisfestsetzung
Grundvoraus-setzungen	– Uneingeschränkte Entscheidungs- und Vertragsfreiheit für Unternehmungen und private Haushalte – Privateigentum an Produktionsmitteln – Uneingeschränkte Wettbewerbs-, Niederlassungs- und Gewerbefreiheit – Freie Berufs- und Arbeitsplatzwahl	– Uneingeschränkte Verfügungsmacht des Staates über den Einsatz sämtlicher Produktionsfaktoren – Gesellschaftliches (staatliches) Eigentum an Produktionsmitteln – Detaillierte Planvorgaben für alle Beteiligten am Wirtschaftsleben – Zentrale Steuerung der Berufswahl und Arbeitsplatzbesetzung
Funktionsweise	– Die Unternehmungen planen und entscheiden selbst-ständig über Investitionen und Produktionsprogramme unter dem Aspekt der Gewinnmaximierung – Die Haushalte planen und entscheiden selbstständig über ihren Konsum unter dem Gesichtspunkt der Nutzenmaximierung – Der Ausgleich zwischen den Einzelplänen erfolgt über den Preismechanismus auf den Märkten – Freier Außenhandel	– Die Betriebe führen die staatlichen Investitions- und Produktionspläne aus – Die Haushalte erhalten Zuweisungen nach staatlichen Bedarfsplänen – Die Beziehungen zwischen Staat, Betrieben und Haushalten sind durch zentrale Planung, Entscheidung und Kontrolle geregelt – Staatlich geregelter Außenhandel

In jeder Gesellschaft bedarf es einer **politischen Grundentscheidung**, nach welchem der beiden Modelle das Wirtschaftsleben grundsätzlich gestaltet werden soll.

Marktwirtschaft und Zentral-verwaltungswirtschaft können nicht kombiniert werden

Eine echte Mischung der Ordnungselemente beider Modelle kann in der Realität nicht vorkommen. In einer Marktwirtschaft ergeben sich die gesamtwirtschaft-lichen Größen wie Investition oder Nachfrage aus der Summe der unzähligen Einzelentscheidungen der Konsumenten und der Unternehmen. Deshalb ist es nicht möglich, den Preismechanismus der Marktwirtschaft durch staatliche Planvorgaben und Gesamtnachfrage zu kombinieren.

> **Zentrale Planung** und **Markt** können **nicht nebeneinander** bestehen.

Ein effizientes Zusammenwirken von Plan und Markt kann es nur in der Weise geben, dass der Staat die **Rahmenbedingungen** für dezentrale Entscheidungen der Marktteilnehmer festlegt.

Aufgaben

1. Erläutern Sie die Funktion der Märkte und der Marktpreise in einem dezen-tralen Planungssystem.

2. Beschreiben Sie die Rolle des Staates in einer reinen Marktwirtschaft im Vergleich zu einer zentral gelenkten Wirtschaft.

3. Beurteilen Sie das Modell der reinen Marktwirtschaft im Hinblick auf die Forderung nach sozialer Gerechtigkeit und freier Entfaltung der Persönlichkeit.

4. Begründen Sie, weshalb eine Mischung zentraler Planung mit dem Preis-mechanismus der Marktwirtschaft nicht möglich ist.

5. Suchen Sie wesentliche Ursachen für die relativ geringe Arbeitsprodukti-vität von Zentralverwaltungswirtschaften.

6. Diskutieren Sie die wesentlichen Ursachen für die zunächst höheren, heute niedrigeren Wachstumsraten in den neuen Bundesländern im Ver-gleich zum alten Bundesgebiet.

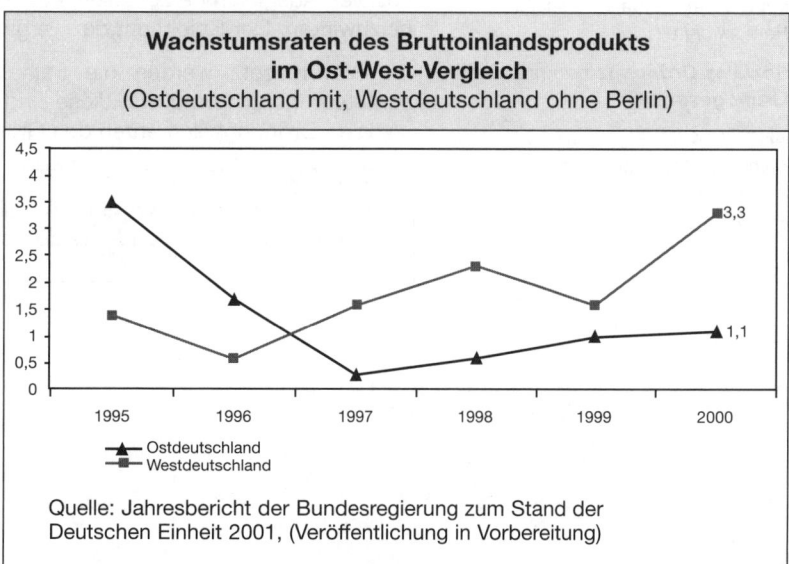

Wachstumsraten des Bruttoinlandsprodukts im Ost-West-Vergleich
(Ostdeutschland mit, Westdeutschland ohne Berlin)

Quelle: Jahresbericht der Bundesregierung zum Stand der Deutschen Einheit 2001, (Veröffentlichung in Vorbereitung)

1.3   Soziale Marktwirtschaft

Von der politischen Grundordnung zur Wirtschaftsordnung

Nach dem Zweiten Weltkrieg musste das Staatswesen der Bundesrepublik Deutschland sowie das Verhältnis von Bürger und Staat neu geordnet werden. Der erste große Schritt dazu war die Festlegung der verfassungsmäßigen Ordnung im Bonner Grundgesetz. Der Parlamentarische Rat, der die verfassungsrechtlichen Regelungen auszuarbeiten hatte, griff dabei auf die Erfahrungen zurück, die man seit dem 19. Jahrhundert und insbesondere in und nach Weimar gemacht hatte.

Als Soziale Marktwirtschaft gelingt ihr eine Verschmelzung von Einzel- und Gemeinschaftsinteressen; man kann sie darum als eine Konflikte auflösende und sozialen Frieden anstrebende ... Formel bezeichnen. In ihr vereinigen sich das Prinzip der Freiheit auf dem Markt mit dem des sozialen Ausgleichs innerhalb einer vom Staate gegebenen und gesicherten Rahmenordnung.

Quelle: Erhard, L., und Müller-Armack, A. (Hrsg.), Soziale Marktwirtschaft – Ordnung der Zukunft, Manifest 1972, Frankfurt/Main

Die Wirtschaftsordnung für die Bundesrepublik Deutschland war lange umstritten. Die Erfahrungen der jüngsten Vergangenheit bestärkten viele Politiker in der Meinung, dass das wirtschaftliche Durcheinander nur durch eine stärkere staatliche Lenkung überwunden werden könne. Schließlich setzten sich doch die Kräfte durch, die sich für Wettbewerb auf den Märkten und für Privateigentum aussprachen.

Der Begriff der Sozialen Marktwirtschaft wurde von **Alfred Müller-Armack** geprägt, der nach dem Zweiten Weltkrieg einen entscheidenden Beitrag zur wissenschaftlichen Formulierung dieses Ordnungsrahmens geleistet hat.

Politisch verwirklicht wurde das Konzept der Sozialen Marktwirtschaft ab 1949 unter **Ludwig Erhard**. Seit 1949 wurde das Wirtschaftssystem in der Bundesrepublik Deutschland immer weiter ausgestaltet. Diese Wirtschaftsordnung ist in erster Linie das Ergebnis politischen Handelns von CDU, CSU, FDP und SPD.

Zum 01.07.1990 wurde mit der **Wirtschafts- und Währungsgemeinschaft** in Deutschland eine gemeinsame Wirtschaftsordnung geschaffen, die nach dem Prinzip der Sozialen Marktwirtschaft gestaltet ist.

1.3.1   Ordnungsrahmen

Freiheitliches Ordnungselement im Grundgesetz:

Artikel 2 (1): *Jeder hat das Recht auf die freie Entfaltung seiner Persönlichkeit ...*

Soziales Ordnungsmerkmal des Grundgesetzes:

Artikel 14 (2): *Eigentum verpflichtet. Sein Gebrauch soll zugleich dem Wohle der Allgemeinheit dienen.*

In der Sozialen Marktwirtschaft hat der Staat die Aufgabe, durch seine Gesetze – vor allem durch die Sozialgesetzgebung, aber auch durch die Wirtschafts- und Steuergesetzgebung – aus der „Nachtwächterfunktion" herauszutreten und einen sozialen Ausgleich herzustellen, auf soziale Gerechtigkeit und Chancengleichheit hinzuwirken. Der Spielraum dazu ergibt sich aus dem Grundgesetz.

Im Grundgesetz werden die freiheitlichen Ordnungselemente unserer Wirtschaftsordnung formuliert; diese finden jedoch dort ihre Grenzen, wo sie den sozialen Ordnungselementen des Grundgesetzes entgegenstehen.

> Die **Soziale Marktwirtschaft** will das Prinzip der **Freiheit auf dem Markte** mit dem **Grundsatz des sozialen Ausgleichs** verbinden.

Dem Grundgesetz liegt eine bestimmte Auffassung vom Menschenbild zugrunde.

> *„Das Menschenbild des Grundgesetzes ist nicht das eines isolierten Individuums ... Dies heißt aber: Der Einzelne muss sich diejenigen Schranken seiner Handlungsfreiheit gefallen lassen, die der Gesetzgeber zur Pflege und Förderung des sozialen Zusammenlebens in den Grenzen des bei dem gegebenen Sachverhalt allgemein Zumutbaren sieht, vorausgesetzt, dass dabei die Eigenständigkeit der Person gewahrt bleibt ...“*
>
> Quelle: Entscheidungen des Bundesverfassungsgerichtes

Alle geschichtlichen Erfahrungen dieses Jahrhunderts lehren: Eine Wirtschaftsordnung ist umso erfolgreicher, je mehr sich der Staat zurückhält und dem Einzelnen seine Freiheit lässt. Die Soziale Marktwirtschaft ist wie keine andere Ordnung geeignet, Gleichheit der Chancen, Eigentum, Wohlstand und sozialen Fortschritt zu verwirklichen.

Quelle: Regierungserklärung von Bundeskanzler Dr. Helmut Kohl am 4. Mai 1983

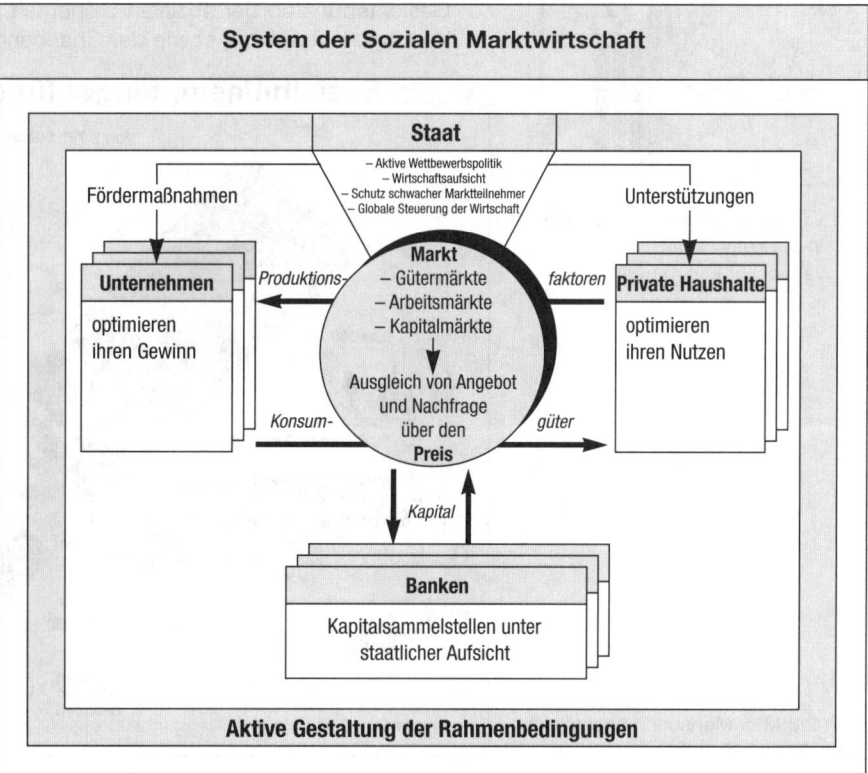

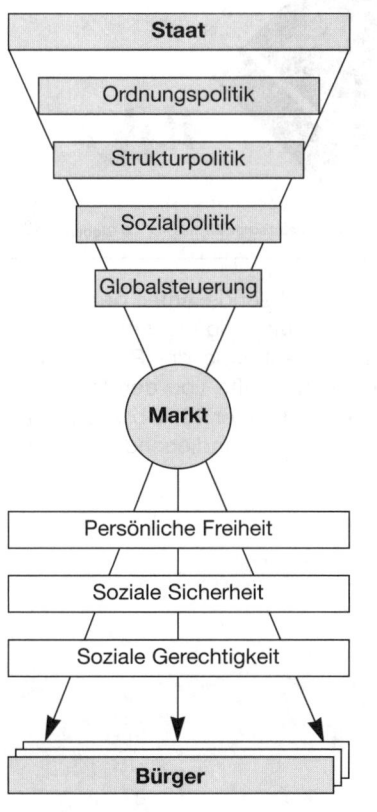

Deshalb muss der Staat bei seinen wirtschaftspolitischen Maßnahmen folgende Schwerpunkte bilden:

● Die **Ordnungspolitik** hat zum Ziel, das Recht auf Privateigentum, die Tarifautonomie, die Vertrags- und Gewerbefreiheit sowie die Wettbewerbsfreiheit, die sich aus der freiheitlichen Grundordnung ergeben, zu sichern.

● Die Sicherung des Wettbewerbs erfordert eine aktive **Wettbewerbspolitik** des Staates. Lediglich in den Märkten, die einem freien Wettbewerb nur schwer zugänglich sind, wie z. B. die Landwirtschaft, das Verkehrs- und Nachrichtenwesen oder die Energiewirtschaft, wird eine stärkere staatliche Einflussnahme durch Vorgabe besonderer Marktordnungen gefordert.

● Die **Strukturpolitik** soll durch Subventionen und andere Fördermaßnahmen dazu beitragen, dass strukturell benachteiligte Wirtschaftsräume (regionale Strukturpolitik) oder Branchen (sektorale Strukturpolitik), z. B. die Werftindustrie, der Kohlebergbau und die Stahlindustrie, am Markt eine Chance erhalten.

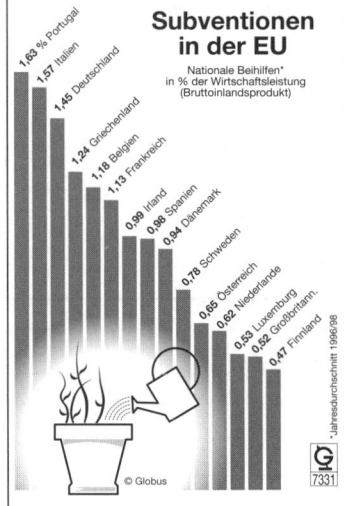

Die Vereinigung Deutschlands hat zu einen relativ hohen Subventionsvolumen geführt

Fast 2,8 Mio. Menschen bezogen 2001 Sozialhilfe

Die Bundesrepublik Deutschland stellte durchschnittlich 1,45% ihres BIP für nationale Beihilfen bereit, um verschiedene Wirtschaftsbereiche und Interessengruppen in Deutschland zu fördern. Der Schwerpunkt dieser Zahlungen lag in Ostdeutschland, um die in ca. 40 Jahren aufgetürmten Strukturprobleme zu lösen. Dieser Prozess wird noch Jahrzehnte erfordern. Der größte Teil der von den EU-Staaten gezahlten Subventionen ging an die Industrie, an das Verkehrswesen sowie an die Landwirtschaft.

Weitere Schwerpunkte sind die Förderung des Wohnungsbaus, des öffentlichen Personennahverkehrs sowie der Kultur.

- Die **Sozialpolitik** soll bewirken, dass ein Teil des Markteinkommens unter den Gesichtspunkten der sozialen Sicherheit, einer gerechten Einkommens- und Vermögensverteilung sowie der Chancengleichheit umverteilt wird.

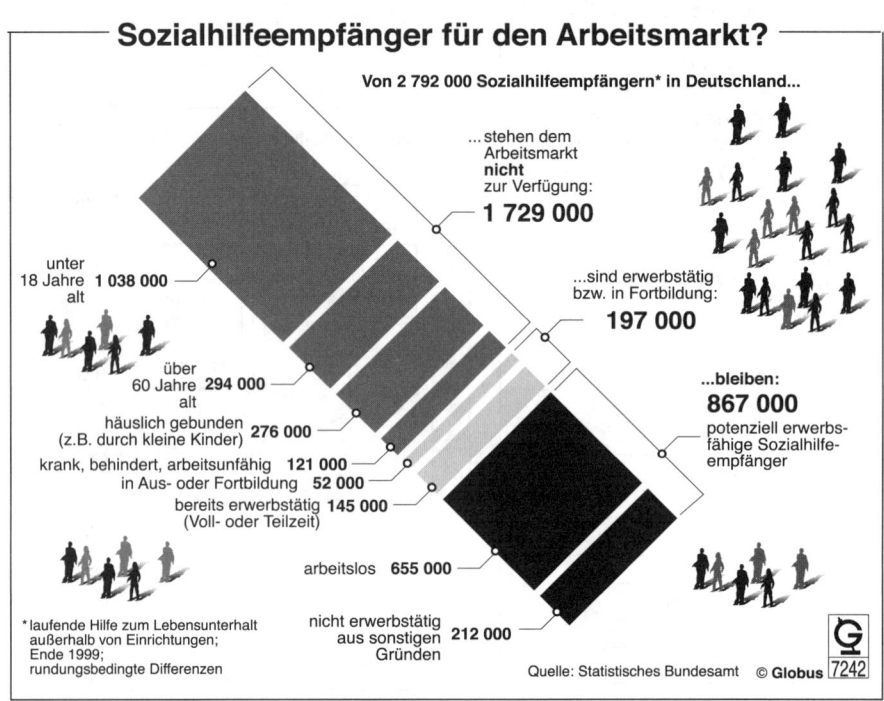

Die weiterhin hohe Arbeitslosenzahl sowie der wachsende Anteil der älteren Mitbürger haben zur Folge, dass das soziale Netz zukünftig nicht mehr in dieser Form finanziert werden kann. Nach einer Berechnung der Prognos AG würden die Sozialversicherungsbeiträge, die je zur Hälfte von den Beschäftigten und den Arbeitgebern zu tragen sind, von heute über 40 % bis zum Jahr 2030 auf ca. 50 % steigen, sofern das System nicht grundlegend reformiert wird.

Die Belastung mit Sozialabgaben steigt weiter

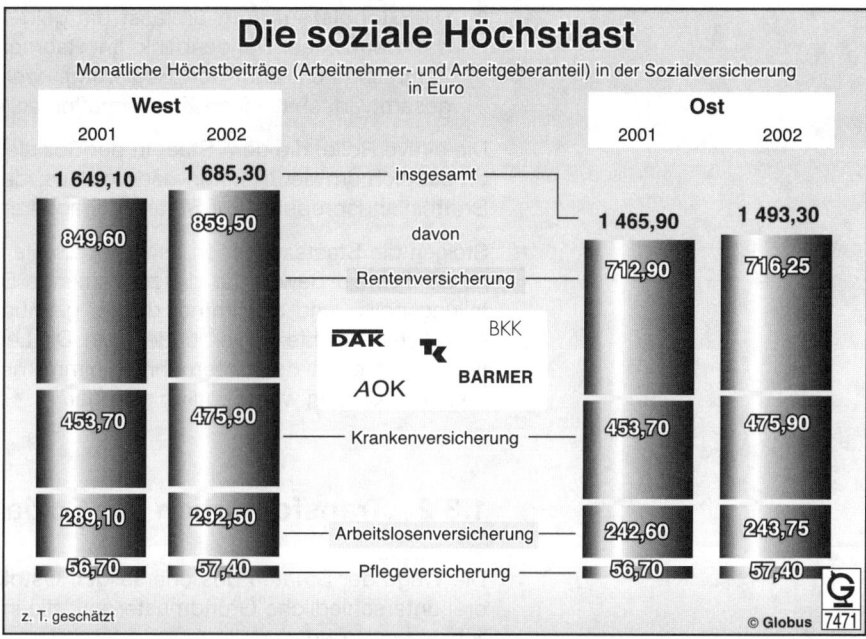

Die soziale Höchstlast

Monatliche Höchstbeiträge (Arbeitnehmer- und Arbeitgeberanteil) in der Sozialversicherung in Euro

	West			Ost	
	2001	2002		2001	2002
insgesamt	1 649,10	1 685,30		1 465,90	1 493,30
davon Rentenversicherung	849,60	859,50		712,90	716,25
Krankenversicherung	453,70	475,90		453,70	475,90
Arbeitslosenversicherung	289,10	292,50		242,60	243,75
Pflegeversicherung	56,70	57,40		56,70	57,40

DAK TK BKK AOK BARMER

z. T. geschätzt

© Globus 7471

Wie lange kann dieses Netz noch finanziert werden?

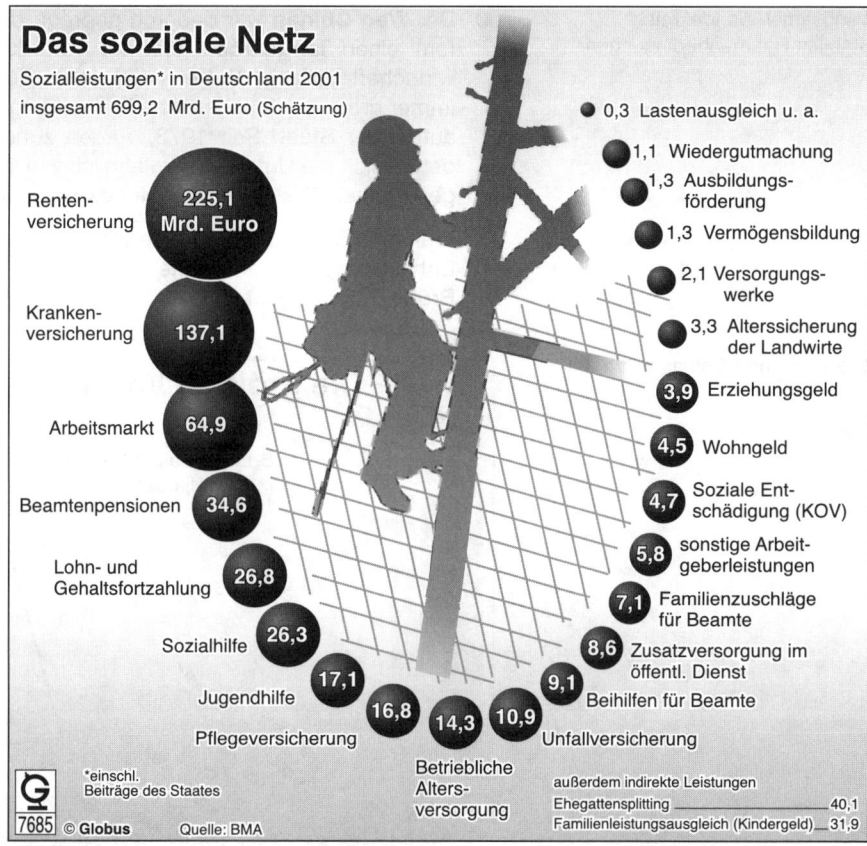

Das soziale Netz

Sozialleistungen* in Deutschland 2001
insgesamt 699,2 Mrd. Euro (Schätzung)

Rentenversicherung **225,1 Mrd. Euro**
Krankenversicherung 137,1
Arbeitsmarkt 64,9
Beamtenpensionen 34,6
Lohn- und Gehaltsfortzahlung 26,8
Sozialhilfe 26,3
Jugendhilfe 17,1
Pflegeversicherung 16,8
Betriebliche Altersversorgung 14,3
10,9 Unfallversicherung
9,1 Beihilfen für Beamte
8,6 Zusatzversorgung im öffentl. Dienst
7,1 Familienzuschläge für Beamte
5,8 sonstige Arbeitgeberleistungen
4,7 Soziale Entschädigung (KOV)
4,5 Wohngeld
3,9 Erziehungsgeld
3,3 Alterssicherung der Landwirte
2,1 Versorgungswerke
1,3 Vermögensbildung
1,3 Ausbildungsförderung
1,1 Wiedergutmachung
0,3 Lastenausgleich u. a.

*einschl. Beiträge des Staates

außerdem indirekte Leistungen
Ehegattensplitting _____ 40,1
Familienleistungsausgleich (Kindergeld) _ 31,9

7685 © Globus   Quelle: BMA

In der aktuellen politischen Diskussion werden deshalb tiefgreifende Änderungen und Kürzungen erörtert.

● Die **Globalsteuerung** umfasst die geld- und finanzpolitischen Maßnahmen der Deutschen Bundesbank im Rahmen des Europäischen Systems der Zentralbanken und der Regierung, welche die Voraussetzungen für die gesamtwirtschaftlichen Ziele schaffen sollen.

Die aktive Rolle, die dem Staat in der Sozialen Marktwirtschaft zugewiesen wird, drückt sich am deutlichsten dadurch aus, dass gegenwärtig fast die Hälfte des Bruttoinlandsprodukts auf Staatsausgaben entfallen.

Steigen die Staatsausgaben schneller als die Gesamtleistung der Volkswirtschaft, so ist dies ein Beweis für die zunehmende Belastung der Bürger. Diese Umverteilungspolitik und das immer dichter geknüpfte Netz sozialer Hilfen können mit erheblichen Nachteilen verbunden sein. Die Leistungsbereitschaft sinkt, die Investitionsbereitschaft der Unternehmer nimmt ab und der Wille zur Anpassung an neue Marktdaten wird deutlich geringer.

1.3.2 Transformation zur Sozialen Marktwirtschaft

Die Wege der Staaten des ehemaligen Ostblocks in die Marktwirtschaft weisen drei unterschiedliche Grundmuster auf, die in einer Zwischenbilanz unterschiedlich zu beurteilen sind.

Langsamer Wandel mit stabilen Rahmenbedingungen

● Der **Weg Chinas** war dadurch geprägt, dass ein autoritäres politisches System einen **langsamen Wandel** von der Zentralverwaltungs- zur Marktwirtschaft vollzog. Dabei wurde den Bürgern, Gemeinden und Provinzen immer größere wirtschaftliche Freiheit gegeben. Politisch blieb China aber ein autoritärer Staat. Seit 1978 wurden zunehmend **Freizonen** eingerichtet, in denen sich die Unternehmen ähnlich wie in einer freien Marktwirtschaft bewegen können. Die Rückgabe Hongkongs 1997 verstärkte diesen Prozess.

Während China 1978, als die Reformen begannen, zur Gruppe der ärmsten Entwicklungsländer zählte, besitzt es heute bereits das siebthöchste Bruttosozialprodukt der Welt. Es ist mit großer Wahrscheinlichkeit damit zu

Die Wirtschaft Chinas holt auf

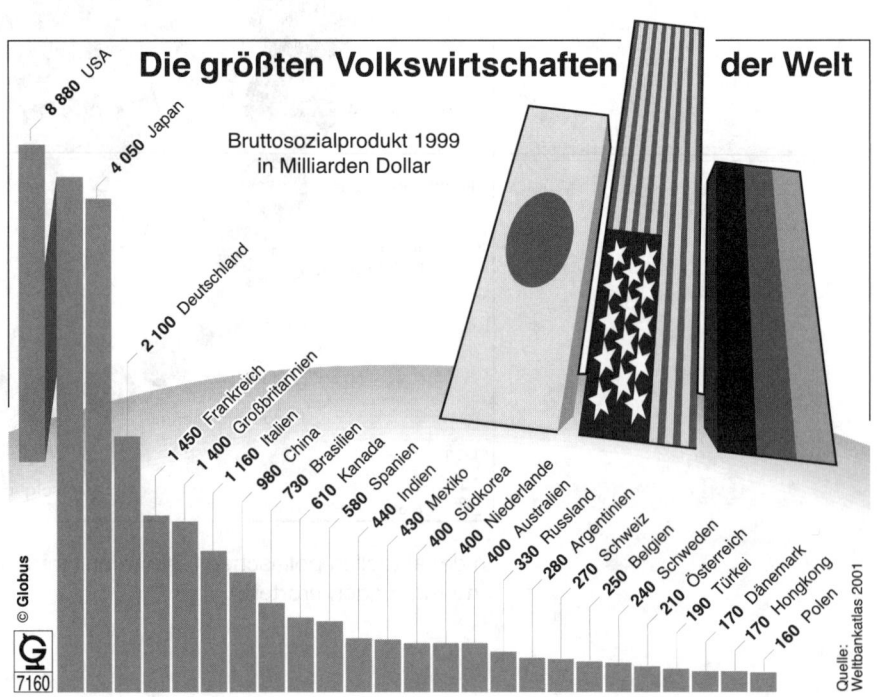

Die größten Volkswirtschaften der Welt

Bruttosozialprodukt 1999 in Milliarden Dollar

8 880 USA
4 050 Japan
2 100 Deutschland
1 450 Frankreich
1 400 Großbritannien
1 160 Italien
980 China
730 Brasilien
610 Kanada
580 Spanien
440 Indien
430 Mexiko
400 Südkorea
400 Niederlande
400 Australien
330 Russland
280 Argentinien
270 Schweiz
250 Belgien
240 Schweden
210 Österreich
190 Türkei
170 Dänemark
170 Hongkong
160 Polen

© Globus
7160

Quelle: Weltbankatlas 2001

rechnen, dass China in ca. zwanzig Jahren ein Industriestaat geworden ist, der u. a. aufgrund der hohen Bevölkerungszahl das höchste Sozialprodukt der Welt aufweist.

● Der **Weg der osteuropäischen Staaten** war dadurch gekennzeichnet, dass neben dem wirtschaftlichen auch das politische System zusammenbrach. Die Rahmenbedingungen einer Marktwirtschaft, wie Eigentum, Preisbildung am Markt oder ein funktionsfähiges Geldsystem, fehlten vollkommen. Dies hatte schwer wiegende Einbrüche in der Produktion und damit in der Versorgung der Bevölkerung zur Folge.

In den vergangenen Jahren haben sich in diesen Ländern vielfältige Märkte herausgebildet, welche heute überwiegend rechtlich abgesichert sind. Teilweise wirken diese Märkte aber noch im Untergrund.

Nach den offiziellen Wirtschaftszahlen ist die Wirtschaftsleistung der osteuropäischen Staaten heute noch erheblich geringer als vor 1990. Diese Statistik weist vermutlich aber nicht die wirkliche Leistung auf, da viele private Tätigkeiten, aber zum Teil auch die Produktion staatlicher Betriebe, nicht erfasst werden.

Im Gegensatz zu China weist der Osten Europas große Produktionskapazitäten auf, welche eine gute Chance für ein hohes Wirtschaftswachstum in der Zukunft bieten. Voraussetzung dafür sind aber Rahmenbedingungen, welche den Anforderungen einer sozialen Marktwirtschaft entsprechen.

Die Sanierungsmaßnahmen, die in den einzelnen Staaten mit unterschiedlicher Konsequenz verwirklicht wurden, haben zu deutlich unterschiedlichen Wachstumsraten geführt. Besonders erfolgreich waren dabei Polen, Slowenien und die baltischen Staaten.

Vergleicht man die Entwicklung der osteuropäischen Länder mit der Situation im Jahre 1989, als der Wandel zur Marktwirtschaft begann, so liegt die wirtschaftliche Leistungskraft der Region immer noch hinter den damaligen Ergebnissen. Lediglich Polen konnte bisher seine damalige Ausgangssituation übertreffen.

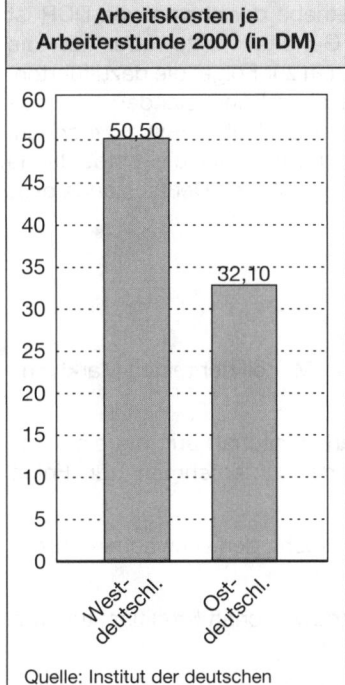

Arbeitskosten je Arbeiterstunde 2000 (in DM)

Quelle: Institut der deutschen Wirtschaft

In den meisten Reformländern des Ostens sind die grundlegenden Aufgaben für den Wandel zu einer Marktwirtschaft, insbesondere die Liberalisierung der Märkte, die Privatisierung der Unternehmen sowie eine makroökonomische Stabilität mehr oder weniger erfüllt. Die zentrale Aufgabe in den kommenden Jahren besteht nunmehr darin, eine **marktorientierte Ordnungspolitik** zu verankern. In den meisten Staaten behindert der Staat weiterhin eine Entfaltung der Marktwirtschaft. Hierzu zählen insbesondere bürokratische Eingriffe, Korruption und Kriminalität, undurchsichtige Privatisierungsverfahren, unklare Entscheidungsstrukturen in der Regierung, Rechts- und Steuerunsicherheit sowie monopolistische Praktiken.

In einer Reihe dieser Länder wird die **Fiskalpolitik** nicht konsequent genug praktiziert, so dass die Inflation, wie in Bulgarien, Rumänien oder Weißrussland, auflebt oder große Leistungsbilanzdefizite entstehen. Dies bedeutet jedoch eine höhere Auslandsverschuldung, welche wiederum zu Währungsschwankungen führen können. Es besteht großer Reformbedarf in den Bereichen des Steuersystems und der Rentenversicherung. In fast allen Ländern dieser Region sind die Armut bzw. die Einkommensunterschiede seit dem Wandel stark gestiegen.

Langsam öffnen sich für eine Reihe der osteuropäischen Länder die **internationalen Kapitalmärkte**. So sind die aus privaten Quellen fließenden Direktinvestitionen, Wertpapieranlagen, Bankausleihungen und Außenhandelsfinanzierungen von 1996 mit 3 Mrd. US-$ bis 2000 auf 31 Mrd. US-$ gestiegen.

Die Wirtschaftsstruktur in
Ostdeutschland wandelt sich

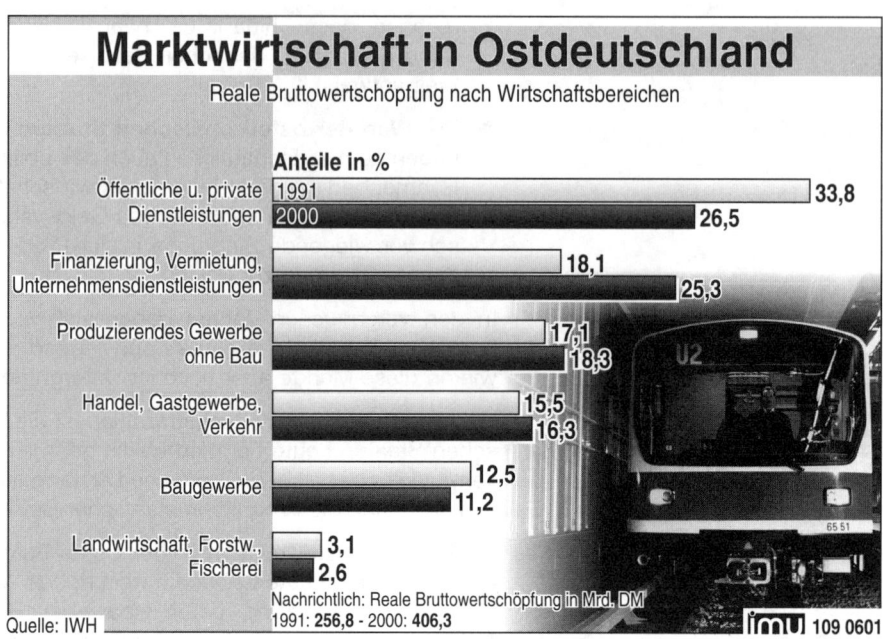

Marktwirtschaft in Ostdeutschland

Reale Bruttowertschöpfung nach Wirtschaftsbereichen

Anteile in %

Wirtschaftsbereich	1991	2000
Öffentliche u. private Dienstleistungen	33,8	26,5
Finanzierung, Vermietung, Unternehmensdienstleistungen	18,1	25,3
Produzierendes Gewerbe ohne Bau	17,1	18,3
Handel, Gastgewerbe, Verkehr	15,5	16,3
Baugewerbe	12,5	11,2
Landwirtschaft, Forstw., Fischerei	3,1	2,6

Nachrichtlich: Reale Bruttowertschöpfung in Mrd. DM
1991: **256,8** - 2000: **406,3**

Quelle: IWH

imu 109 0601

- Der **Weg Ostdeutschlands** hat die hohen Erwartungen, die ursprünglich in ihn gesetzt wurden, enttäuscht.

  Durch die Vereinigung beider Wirtschaftssysteme entstand ein Binnenmarkt, auf dem sich die Wirtschaft der östlichen Bundesländer im freien Wettbewerb bewähren musste.

  Die Privatisierung der ca. 8000 staatlichen Betriebe der ehemaligen DDR ist abgeschlossen. Der rasche Anstieg der Gehälter hatte aber für die Unternehmen entsprechende Kostensteigerungen zur Folge, die dazu führten, dass der Umfang der Investitionen in den östlichen Bundesländern bei weitem hinter den Erwartungen zurückblieb. Es ist deshalb damit zu rechnen, dass es insgesamt noch zwei Jahrzehnte erfordert, bis die ostdeutsche Wirtschaft trotz hoher Transferzahlungen aus dem Westen Deutschlands dessen Niveau erreicht hat.

Aufgaben

1. Grenzen Sie die Soziale Marktwirtschaft vom Modell der reinen Marktwirtschaft ab.

2. Führen Sie die Bausteine der Sozialen Marktwirtschaft auf, die eine Eingrenzung des Entscheidungsspielraums der Unternehmen zur Folge haben.

3. Erläutern Sie, in welcher Weise der Staat versucht, den schwachen Arbeitnehmer zu schützen.

4. Begründen Sie, weshalb in der Sozialen Marktwirtschaft Kreditinstitute der staatlichen Aufsicht unterliegen.

5. Bewerten Sie den aktuellen Stand des Transformationsprozesses in den ehemaligen sozialistischen Staaten.

1.4 Bankensystem in Deutschland

Frankfurt am Main ist Sitz der Europäischen Zentralbank und stärkt damit seine Position als Bankenzentrum. Das Finanzzentrum Europas bleibt aber London.

„Wir lebten lange auf einer Insel der Glückseligkeit. Bis heute hat jeder das Gefühl, der Wind werde ihm nicht ins Gesicht blasen. Der Wind? Es wird ein heftiger Sturm."

Klaus Müller-Gebel, Personalvorstand Commerzbank AG

Seit Anfang der 80er Jahre hat sich das Geschäftsvolumen der deutschen Kreditwirtschaft auf über 5 Billionen Euro mehr als verdreifacht. Die Zahl der Bankbeschäftigten stieg bis Mitte der 90-er Jahre auf ca. 760 000; zwischenzeitlich nimmt die Mitarbeiterzahl deutlich ab. Es wird damit gerechnet, dass im Bankgewerbe zwischen 20 % und 30 % Personal eingespart wird.

Die Präsenz der Auslandsbanken hat sich auf weit über 1000 Stützpunkte vervielfacht. Gleichzeitig schnellten die Börsenumsätze und der Kurswert der gehandelten Aktien bis zum Jahr 2000 in die Höhe, um danach wieder dramatisch zurückzugehen.

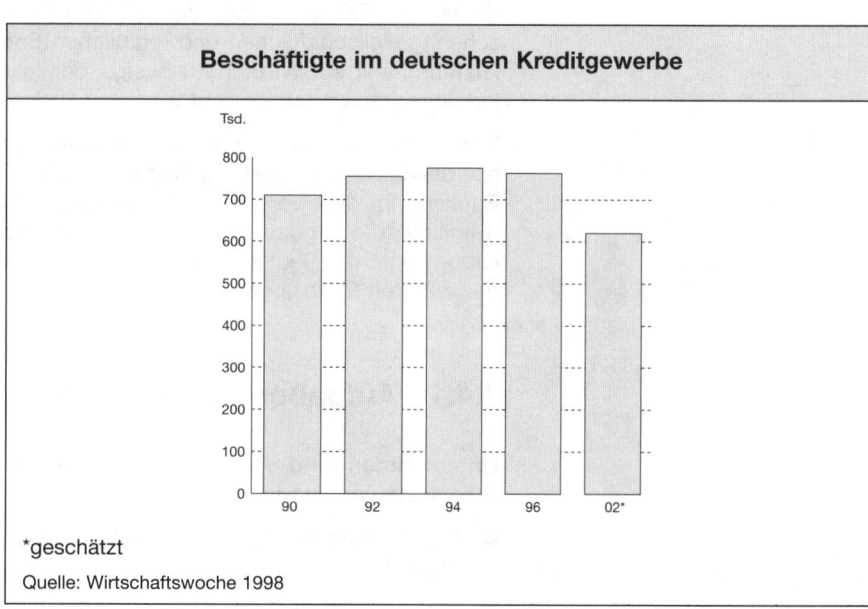

Beschäftigte im deutschen Kreditgewerbe

Tsd.

*geschätzt

Quelle: Wirtschaftswoche 1998

Die Banken von der Antike
bis zur Neuzeit

*Einrichtungen, die bankähnliche Tätigkeiten ausübten, gab es bereits in frühester Zeit. Die Priester der Tempel und Heiligtümer von **Delphi** und **Ephesos** nahmen Wertgegenstände, Edelmetalle und Münzen in Verwahrung. Daneben entstanden seit dem 4. Jahrhundert v. Chr. in **Griechenland** auch bürgerliche „Bankiers", die Geldeinlagen entgegennahmen und Zahlungen vermittelten. Im Römischen Reich wurden verschiedene Bankgeschäfte wie der Münztausch, die Kreditvergabe und die Aufbewahrung von Wertgegenständen durch die **argentarii** (argentum = Silber, Geld) abgewickelt.*

*Eine weiter gehende Entwicklung nahm das Bankwesen dann ab dem 12. Jahrhundert in den italienischen Seehandelsstädten **Genua, Florenz** und **Venedig**, wo sich bereits erste Formen des bargeldlosen Zahlungsverkehrs bildeten.*

*Anfänge des Bankiergewerbes sind **in Deutschland seit dem 15. Jahrhundert** zu finden. Neben den süddeutschen Handelshäusern **Fugger** und **Welser** dehnten andere Handelsunternehmer, aber auch Speditionshäuser ihre Geschäfts-tätigkeit auf Geldwechsel- und Kreditgeschäfte für ihre Kunden aus. Ab dem 17. Jahrhundert und – in zunehmendem Maße – im 19. Jahrhundert kam es zur Errichtung von Stadtbanken oder Banken der verschiedenen Fürstentümer.*

*Die meisten Bankbetriebe waren bis ins vorige Jahrhundert hinein Privat-unternehmen, die auch noch häufig Warengeschäfte betrieben. Der zunehmende Kreditbedarf durch den Eisenbahnbau und die beginnende Industrialisierung führte dann zur Gründung der ersten **Aktienbanken**.*

*Zur sicheren und verzinslichen Anlage kleiner Ersparnisse entstanden seit Ende des 18. Jahrhunderts die **Sparkassen**, anfangs von privaten Wohltätigkeits-vereinigungen, später vor allem von Städten und Gemeinden getragen.*

*Die Gründung der **Kreditgenossenschaften** – die Vorläufer der heutigen Raiffeisen- und Volksbanken sowie der Spar- und Darlehenskassen – erfolgte in der gleichen Zeit, um eine Lücke in der Kreditversorgung der kapitalschwachen landwirtschaftlichen und gewerblichen Betriebe zu schließen.*

Deutschland besitzt – wie die meisten westlichen Industrienationen – ein sehr vielschichtiges und hoch entwickeltes Bankwesen. Etwa 3 200 Kreditinstitute (1998) der unterschiedlichsten Größenordnungen und mit verschiedenen Geschäftsschwerpunkten prägen dieses System. Es entwickelte sich im Laufe der letzten 150 Jahre unter dem Einfluss der allgemeinen wirtschaftlichen, politi-schen, gesellschaftlichen und rechtlichen Entwicklung in Deutschland zu einem leistungsfähigen Wirtschaftszweig, der allen Ansprüchen einer modernen Industriegesellschaft gerecht wird.

Zwischenzeitlich ist der Finanzdienstleistungsmarkt global geworden. Damit ste-hen die deutschen Kreditinstitute in direktem Wettbewerb zu weltweit agierenden Banken. In den vergangenen Jahren haben hierbei die großen deutschen Kreditinstitute gegenüber der ausländischen Konkurrenz deutlich an Boden ver-loren. So ist die Deutsche Bank AG, gemessen an der Marktkapitalisierung, auf den zehnten Platz abgerutscht.

1.4.1 Aufgaben der Kreditinstitute

Unternehmen und Privatpersonen haben heute in vielfältiger Weise mit Kreditinstituten zu tun:

● Die Gehälter und Löhne werden fast ausnahmslos über ein Bankkonto aus-bezahlt,

● Zahlungen im Inland und ins Ausland sind schnell und kostengünstig weiter-zuleiten,

● die vielfältigen Sparformen und deren staatliche Förderung bedürfen der Organisation und Beratung der Banken,

● der Kreditbedarf der Konsumenten und der Produzenten kann ohne das Bankwesen nicht gedeckt werden,

● der Informationsbedarf der Finanzdienstleistungskunden erfordert ein weltweites Netzwerk.

Die Entwicklung der einzelnen Wirtschaftssysteme ist geprägt durch eine ständig zunehmende Arbeitsteilung. Zur Darstellung solch komplexer wirtschaftlicher Sachverhalte können „Modelle" entwickelt werden. Damit diese verständlich bleiben, werden sie gegenüber der Wirklichkeit so weit wie möglich vereinfacht.

Modellannahmen der Kreislaufdarstellung

Bei der Darstellung der Aufgaben der Kreditinstitute kann das Modell eines einfachen **Geldkreislaufes** herangezogen werden. Dabei werden zunächst folgende Modellannahmen zugrunde gelegt:

● Es gibt nur drei Gruppen von Beteiligten am Wirtschaftsleben: private Haushalte, Unternehmungen und Kreditinstitute.

● Diese Gruppen werden jeweils zu **Sektoren** zusammengefasst.

● Die privaten Haushalte erzielen nur von den Unternehmen Einkünfte und beziehen nur dort Konsumgüter.

Diese Annahmen vorausgesetzt lassen sich folgende Beziehungen zwischen den einzelnen Sektoren darstellen.

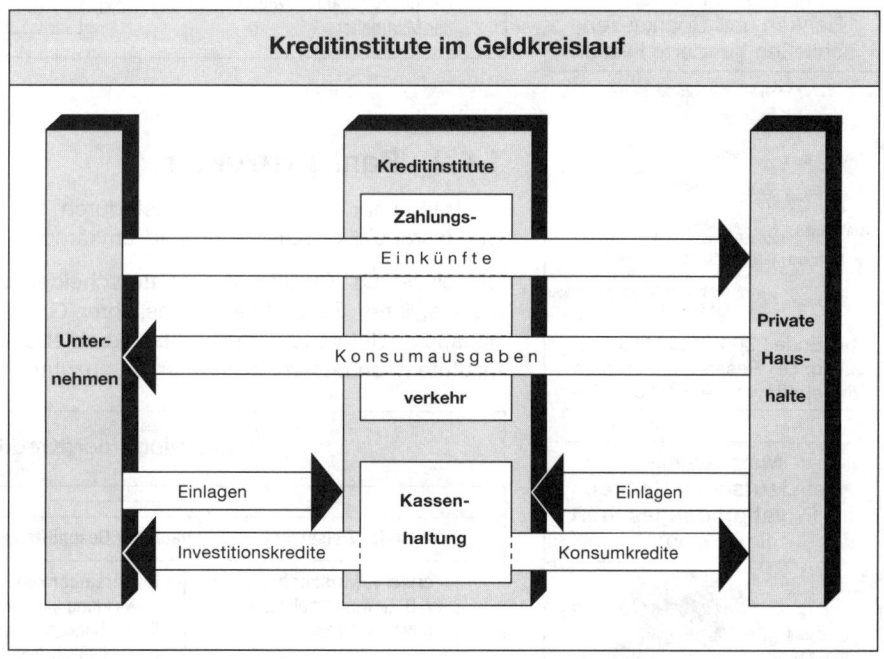

Allfinanz
Dieser Begriff kennzeichnet die strategische (langfristige) Ausrichtung, insbesondere von Kreditinstituten, Versicherungen und Bausparkassen, mit dem Anspruch, dem Privatkunden alle Finanzdienstleistungen unter einem Dach und aus einer Hand anzubieten. Dazu gehören neben den klassischen Bankgeschäften insbesondere die Bausparprodukte, die Versicherungsangebote sowie der gesamte Bereich der Immobilienberatung.

Aus dieser Vermittlerrolle der Kreditinstitute ergeben sich ihre Tätigkeitsbereiche:

● Sie wickeln den bargeldlosen Zahlungsverkehr ab,

● legen eigene Mittel und Gelder von Kunden an,

- vermitteln Kapitalanlagen, z. B. am Effektenmarkt,

- vergeben Kredite und

- bieten ihren Kunden eine Vielzahl weiterer Dienstleistungen in allen Fragen des Bankgeschäfts und banknaher Bereiche, z. B. beim Immobilienerwerb oder dem Abschluss einer Lebensversicherung (Allfinanz-Angebote).

Diese Aufgaben können die Kreditinstitute jedoch nur dann bewältigen, wenn sie die banktypischen Funktionen erfüllen.

Banken sind **Intermediäre**, das heißt „Vermittler" zwischen Kapitalgeber und Kapitalnehmer

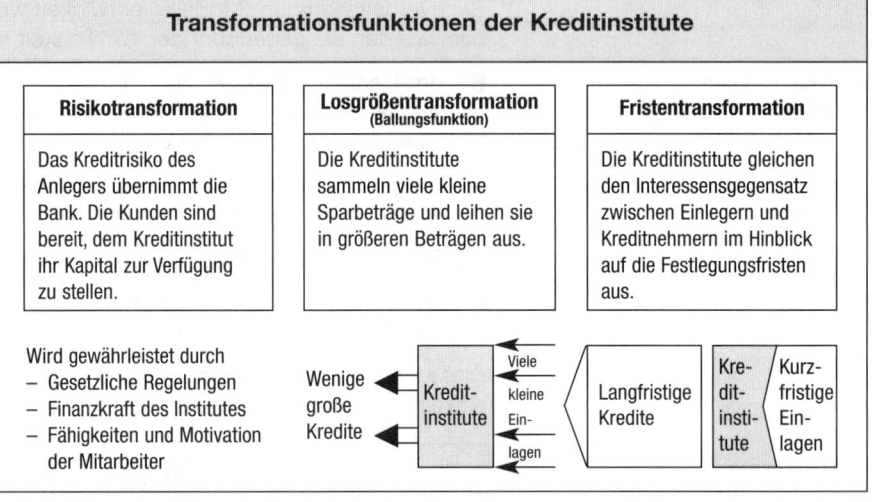

Transformationsfunktionen der Kreditinstitute

Risikotransformation

Das Kreditrisiko des Anlegers übernimmt die Bank. Die Kunden sind bereit, dem Kreditinstitut ihr Kapital zur Verfügung zu stellen.

Losgrößentransformation (Ballungsfunktion)

Die Kreditinstitute sammeln viele kleine Sparbeträge und leihen sie in größeren Beträgen aus.

Fristentransformation

Die Kreditinstitute gleichen den Interessensgegensatz zwischen Einlegern und Kreditnehmern im Hinblick auf die Festlegungsfristen aus.

Wird gewährleistet durch
– Gesetzliche Regelungen
– Finanzkraft des Institutes
– Fähigkeiten und Motivation der Mitarbeiter

Netz mit Löchern
Banken und Sparkassen schließen hunderte Filialen

1.4.2 Bankenstruktur

Der Markt für Bankleistungen ist durch die Vielzahl der Kreditinstitute in der Bundesrepublik Deutschland hart umkämpft.

Die einzelnen Kreditinstitute unterscheiden sich hinsichtlich ihres Geschäftskreises, ihres Geschäftsgebietes, ihrer Größe und ihrer Trägerschaft. Für eine genauere Untersuchung der Bankbetriebe ist es deshalb notwendig, diese Institute nach bestimmten Kriterien einzuteilen.

Marktanteile der deutschen Banken im Privatkundengeschäft (in Prozent)

Einteilung der Kreditinstitute

nach der Zielsetzung

– **erwerbswirtschaftlich:** z. B. Gewinnerzielung bei privaten Banken

– **gemeinwirtschaftlich:** z. B. Förderung und Pflege des Spargedankens bei den Sparkassen

– **genossenschaftlich:** z. B. Förderung der Mitglieder einer Volks- oder Raiffeisenbank

nach der Geschäftsstruktur

– **Universalbanken:** Abwicklung aller wesentlichen Bankgeschäfte einschließlich des Wertpapierhandels

– **Spezialbanken:** Beschränkung auf einzelne Bankgeschäfte

nach der Rechtsform

– **Öffentlich-rechtlich:** Anstalten oder Körperschaften des öffentlichen Rechts

– **Privatrechtlich:** Einzelunternehmungen Personenhandelsgesellschaften Kapitalgesellschaften

Welche Ziele verfolgen marktwirtschaftlich orientierte Kreditinstitute?

Als Zielsetzung bezeichnet man die Vorgabe eines zukünftigen Zustandes, der durch bestimmte Maßnahmen erreicht werden soll. Da in einem Bankbetrieb immer mehrere Interessengruppen zusammenwirken (Eigentümer, Geschäftsleitung, Mitarbeiter, Gewerkschaft, Gesellschaft), treten unterschiedliche Zielvorstellungen auf. Viele dieser Ziele werden sich widersprechen, so dass ein Zielsystem gebildet werden muss, das eine Rangordnung dieser Vorstellungen schafft. Betrachtet man die Satzungen bzw. Statute der verschiedenen Kreditinstitute, so werden sich unterschiedliche formale Zielsetzungen finden.

Formelle Ziele

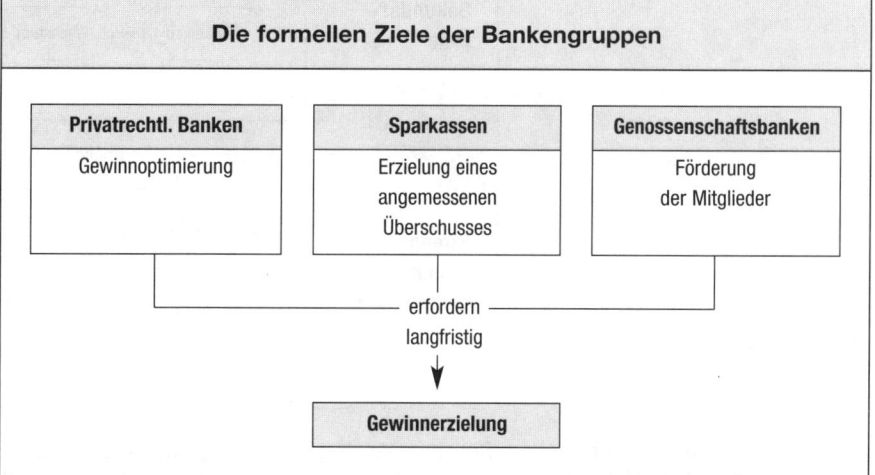

Im tatsächlichen Geschäftsverhalten der Kreditinstitute fällt es jedoch schwer, grundlegende Unterschiede in der Zielsetzung festzustellen. Zumindest langfristig müssen alle Kreditinstitute Gewinn erzielen, wenn sie ihre formellen Ziele erfüllen sollen.

Neben diesem obersten Ziel (Primärziel) der Gewinnerzielung verfolgen die Kreditinstitute eine Reihe zweitrangiger Ziele (Sekundärziele), wenn auch oft mit unterschiedlicher Intensität. Teilweise ergänzen oder begünstigen sich diese Ziele gegenseitig (**komplementäre Ziele**), teilweise behindern sie sich (**konkurrierende Ziele**).

Zunehmende Bedeutung gewinnen in den Banken ökologische Sekundärziele. Die Kunden der Dienstleistungsunternehmen erwarten auch von dieser Branche umweltbewusstes Verhalten. Dies setzt voraus, dass sich alle Mitarbeiter diesem Ziel verpflichtet fühlen. Einzelne Banken sind deshalb dazu übergegangen, so genannte **Ökobilanzen** zu erstellen, in denen sie alle ökologisch bedeutsamen Zu- und Abflüsse festhalten.

Der Handlungsspielraum der Kreditinstitute bei der Verfolgung ihrer bankpolitischen Ziele wird durch die **strengen Nebenbedingungen** der Liquiditätssicherung und des Sicherheitsstrebens begrenzt.

Gewinnerzielung, Sicherheit und Liquidität gelten als das „**magische Dreieck**" der Bankpolitik, da sie zumindest kurzfristig oftmals nur schwer unter einen Hut zu bringen sind.

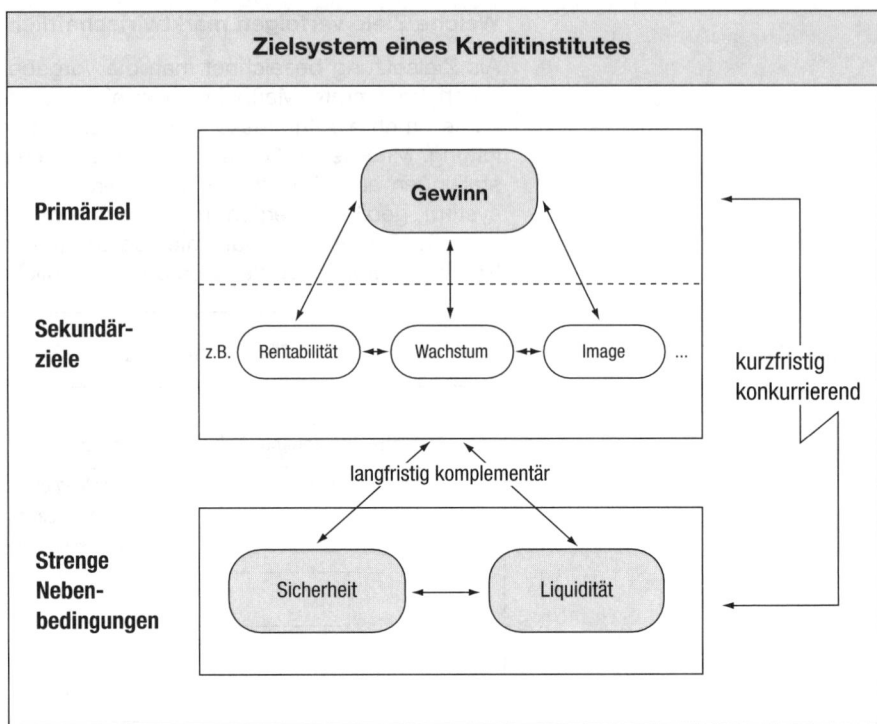

Shareholder-Value-Konzept:
Seit Jahren haben viele Unternehmen ihre Zielsetzung an dem so genannten Shareholder-Value-Konzept ausgerichtet. Dieses Unternehmenskonzept hat zum Ziel, den Marktwert des Eigenkapitals und damit den Wert des Eigentums der Kapitalgeber (Shareholder) – in der Regel Aktionäre – zu steigern. Zur Bewertung dieser Anteile versucht man deshalb, die voraussichtlichen zukünftigen Zahlungsüberschüsse zum heutigen Wert (Barwert) zu bemessen.

So kann ein Kreditinstitut kurzfristig höhere Erträge im Kreditgeschäft erzielen, wenn es bereit ist, auch an solche Kunden Geld zu verleihen, die wenig Sicherheit bieten. Diese Kunden zahlen sehr hohe Zinsen, da sie oftmals froh sind, überhaupt Kredit zu erhalten.

Langfristig werden jedoch die Erträge eines Kreditinstituts unter solch einer Geschäftspolitik leiden, da durch den Ausfall dieser unsicheren Kunden hohe Abschreibungen notwendig werden können.

Eine ähnliche Beziehung besteht auch zu der Nebenbedingung der Liquidität. Aus diesem Grunde ist es notwendig, eine **Rangordnung** der Ziele – unter Berücksichtigung der Nebenbedingungen – zu bilden.

Risiken und Chancen von Universalbanken

Universalbankensystem

Die Kreditinstitute in den marktwirtschaftlich orientierten Ländern zeigen meist eine Tendenz zu einer breit gefächerten Geschäftsstruktur. In der Bundesrepublik Deutschland werden die Banken durch kaum eine Vorschrift daran gehindert, ein umfassendes Leistungsangebot zu erstellen. Das **Universalbankensystem** in Deutschland wird jedoch teilweise in der Öffentlichkeit kritisiert. Hierbei wird vor allem die Frage gestellt, ob die Verbindung des Einlagen- und Kreditgeschäfts mit dem Wertpapiergeschäft nicht für den Kunden und die Gesamtwirtschaft nachteilig sein könne. Nach amerikanischem und japanischem Vorbild wird hierbei eine Trennung in Banken mit Einlagen- und Kreditgeschäft (*Commercial Banking*) und Banken mit Effektengeschäft (*Investment Banking; Broker*) vorgeschlagen. Fasst man die wesentlichen Argumente dieser Diskussion zusammen, so ergibt sich folgendes Bild:

Commercial Banking
Investment Banking

Die **Chancen des Universalbankensystems** liegen in

● einem umfassenden Service für den Kunden (*„alles aus einer Hand"*),

● dem Angebot auch solcher Leistungen, die für die Bank unrentabel sind (z. B. *im Zahlungsverkehr*),

● der größeren Sicherheit der Einlagen, da die Banken ihr unternehmerisches Risiko auf mehrere Geschäftsbereiche verteilen,

● der größeren Leistungsfähigkeit des Bankensystems und

● einem größeren Wettbewerb unter den Kreditinstituten.

Die **Gefahren des Universalbankensystems** beruhen vor allem auf

● möglichen Konfliktsituationen (z. B. *bei der Anlageberatung der Kunden*),

● möglichen Machtzusammenballungen durch Beteiligungen an Nichtbanken, durch die große Zahl von Aufsichtsratsmandaten der Vertreter der Universalbanken und das Depotstimmrecht.

Bankwesen in Deutschland

In Anlehnung an die Systematik der Deutschen Bundesbank kann das deutsche Bankwesen wie folgt eingeteilt werden:

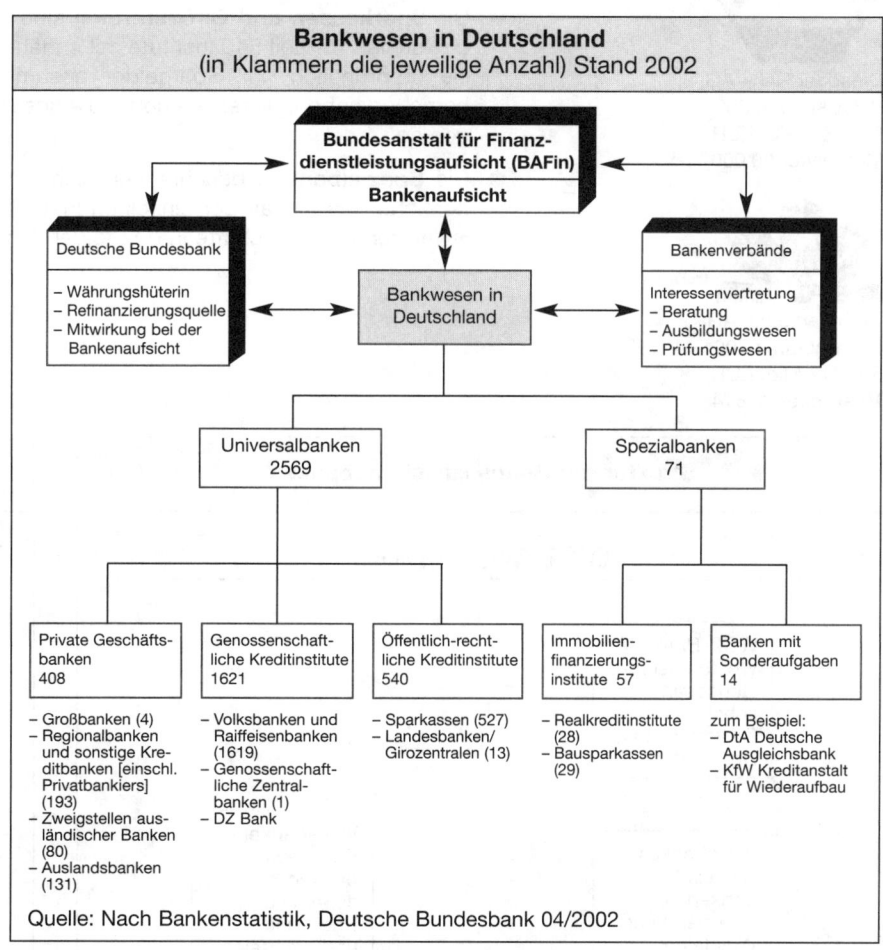

Bankwesen in Deutschland
(in Klammern die jeweilige Anzahl) Stand 2002

Quelle: Nach Bankenstatistik, Deutsche Bundesbank 04/2002

Großbanken

Deutsche Bank AG
Bilanzsumme 2001
918 222 Mio. EUR
Mitarbeiter 95 000

Bayerische Hypo- und
Vereinsbank AG
Bilanzsumme 2001
456 Mio. EUR
Mitarbeiter 23 555

Dresdner Bank AG
Bilanzsumme 2001
506 683 Mio. EUR
Mitarbeiter 50 000

Commerzbank AG
Bilanzsumme 2001
501 312 Mio. EUR
Mitarbeiter 33 814

- Die Zahl der **Auslandsbanken** in Deutschland betrug 2002 131.

- Zu den **Großbanken** rechnet die Deutsche Bundesbank die *Deutsche Bank AG*, die *HypoVereinsbank*, die *Dresdner Bank AG* und die *Commerzbank AG*.

- Zu den **Regionalbanken und sonstigen Kreditinstituten** gehören alle anderen privaten Geschäftsbanken in der Rechtsform der AG, der KGaA und GmbH. Oftmals erstreckt sich deren Tätigkeit im Gegensatz zu den Großbanken nur auf einen Teil des Bundesgebietes. Zu dieser Gruppe rechnet man die Institute, die sich traditionell auch im Realkreditgeschäft betätigen. Darunter versteht man die Vergabe von langfristigen Krediten, die durch Grundpfandrechte gesichert sind und bei denen sich das Kreditinstitut die notwendigen Finanzmittel durch die Ausgabe von Wertpapieren beschafft.

- Die **Privatbankiers** sind die Bankengruppe mit der ältesten Tradition. Sie werden in der Regel in der Rechtsform der Personengesellschaft geführt und betätigen sich meist in einem begrenzten Geschäftsbereich. Solche Schwerpunkte sind vor allem das Wertpapiergeschäft, Industriefinanzierungen, Vermögensverwaltungen, Immobiliengeschäfte und Nachlassregelungen. Die größten Privatbankiers sind Sal. Oppenheim jr. & Cie. in Köln, Trinkaus & Burkhardt, Düsseldorf, sowie Hauck & Aufhäuser in München.

- Die **genossenschaftlichen Kreditinstitute** umfassten 2002 1621 Raiffeisen- und Volksbanken im gesamten Bundesgebiet, die heute sämtliche Bankleistungen anbieten.

- Die **Sparkassen und Girozentralen** sind öffentlich-rechtliche Kreditinstitute und stellen zur Zeit 540 Institute mit annähernd 20 000 Zweigstellen. Während sie ursprünglich nur Spargelder gesammelt und das Realkreditgeschäft betrieben haben, bieten sie heute die gesamte Palette der Bankdienstleistungen an.

- Die **Spezialbanken** beschränken sich auf meist eng begrenzte Geschäftsbereiche. Die Vielfalt der einzelnen Institute wird im Laufe der Erklärung der jeweiligen Bankgeschäfte in den folgenden Kapiteln dargestellt werden.

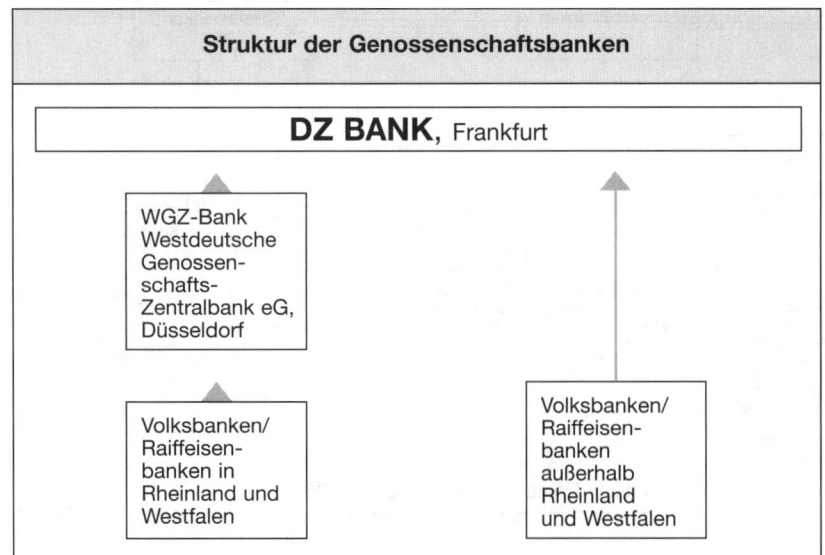

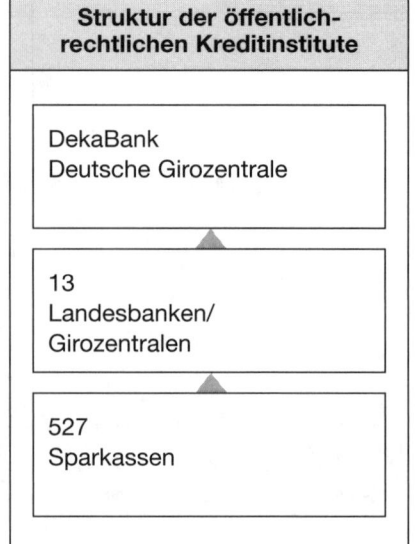

Genossenschaftsbanken

Bilanzsumme 04/2002
543,2 Mrd. Euro

Sparkassen und Girozentralen

Bilanzsumme 04/2002
967,4 Mrd. Euro

Quelle: Deutsche Bundesbank,
Monatsbericht 04/2002

Den Rahmen des Bankwesens in der Bundesrepublik Deutschland bilden die **Bankenverbände**, die **Deutsche Bundesbank** und die **Bundesanstalt für Finanzdienstleistungsaufsicht**.

1.4.3 Bankenverbände

Die Bankenverbände wurden um die Jahrhundertwende von den einzelnen Institutsgruppen gegründet, um deren Interessen gegenüber dem Staat und der Öffentlichkeit zu vertreten. Die größten Zusammenschlüsse dieser Art sind heute:

● Der **Bundesverband deutscher Banken e.V. (BdB)** in Berlin. Er vertritt die privatrechtlich organisierten Banken, außer denen des Genossenschaftsbereiches.

● Der **Bundesverband der Deutschen Volksbanken und Raiffeisenbanken e.V. (BVR)** in Berlin repräsentiert den genossenschaftlichen Bankenbereich.

● Der **Deutsche Sparkassen- und Giroverband e.V. (DSGV)** in Berlin ist die Spitzenorganisation des Sparkassenbereiches.

Neben diesen Spitzenverbänden gibt es eine Reihe weiterer Zusammenschlüsse einzelner Bankengruppen, zum Beispiel der Spezialbanken, Hypothekenbanken und öffentlichen Banken, sowie Zusammenschlüsse auf regionaler Ebene.

Im **zentralen Kreditausschuss** haben sich die Bankenverbände ein gemeinsames Organ zur Interessenvertretung geschaffen.

1.4.4 Deutsche Bundesbank

Die Deutsche Bundesbank wurde 1957 durch die Verschmelzung der Landeszentralbanken und der Berliner Zentralbank mit der Bank Deutscher Länder geschaffen. Vorläufer dieser Institute entstanden bereits ca. 200 Jahre vorher, als z. B. Friedrich der Große 1765 in Berlin die „Königliche Giro- und Lehnbanque", später „Königliche Bank" genannt, gründete. Daraus entwickelte sich 1847 die „Preußische Bank", die 1875 in die „Reichsbank" umgewandelt wurde.

Bis 1998 war die Verantwortung für die Geldpolitik in den Händen der Bundesbank. Mit der Einführung des Euro übernahm die Europäische Zentralbank diese Aufgabe. Deshalb wurde im Jahr 2002 die Struktur der Bundesbank grundlegend geändert.

Rechtlicher Status der
Deutschen Bundesbank
Bundesbank-Gesetz §§ 2 ff.

> Die **Deutsche Bundesbank** ist eine **bundesunmittelbare juristische Person des öffentlichen Rechts** mit Sitz in Frankfurt am Main. Ihr Grundkapital in Höhe von 2556 Mio. DM steht dem Bund zu.

Die Deutsche Bundesbank weist folgende Unternehmensstruktur auf:

Präsident: Ernst Welteke

Vizepräsident: Jürgen Stark

**Mitglieder
des Vorstands:** Hans Georg
Fabritius

Hans-Helmut Kotz

Edgar Meister

Hans Reckers

Hermann
Remsperger

Franz-Christoph
Zeitler

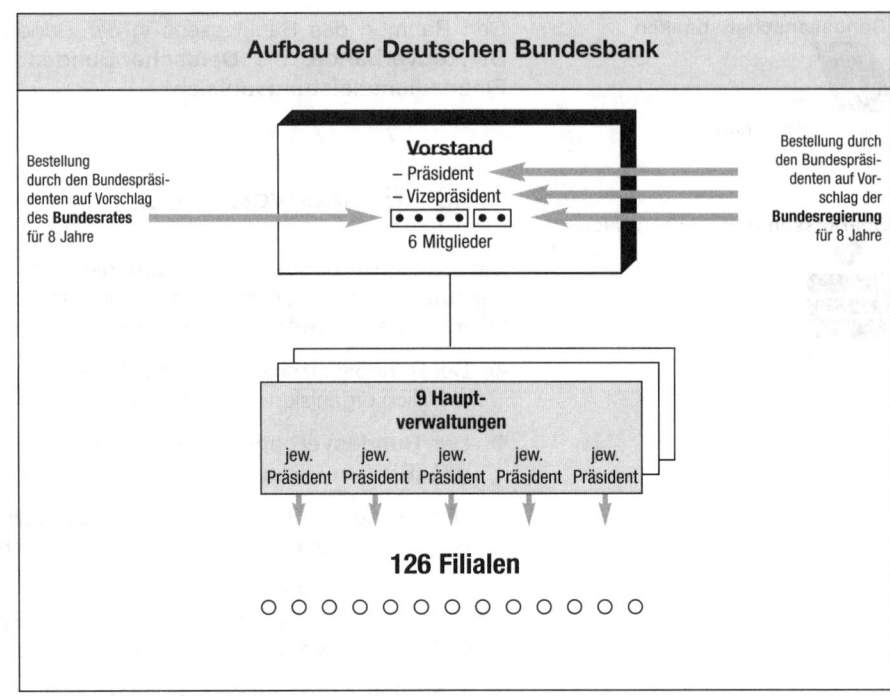

Die Aufgaben und die Stellung der Deutschen Bundesbank sind im Gesetz über
die Deutsche Bundesbank geregelt.

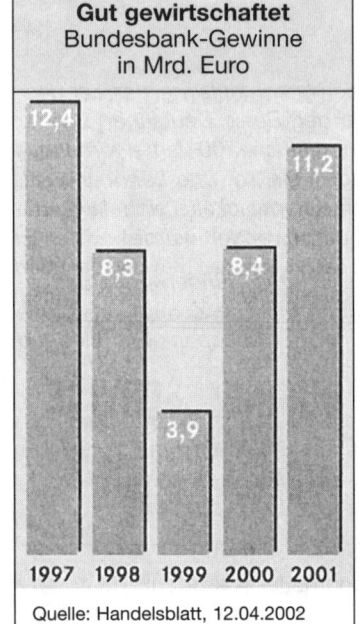

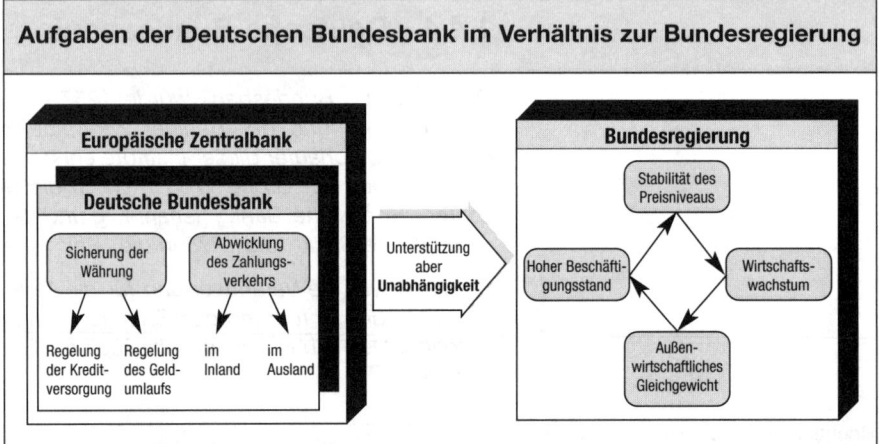

Das wirtschaftspolitische Ziel der Sicherung der Währung erfordert von der
Deutschen Bundesbank binnenwirtschaftlich eine Politik, die die Stabilisierung
des Preisniveaus im Rahmen der geldpolitischen Vorgaben der Europäischen
Zentralbank zum Ziel hat. Zugleich muss sie jedoch die wirtschaftspolitischen
Ziele der Bundesregierung unterstützen.

Der Eurotower in Frankfurt am Main, Sitz der Europäischen Zentralbank (Foto: D. Zimmer)

EG-Vertrag Artikel 105 (Ziele und Aufgaben des ESZB):

Das vorrangige Ziel des ESZB ist es, die Preisstabilität zu gewährleisten. Soweit dies ohne Beeinträchtigung des Ziels der Preisstabilität möglich ist, unterstützt das ESZB die allgemeine Wirtschaftspolitik in der Gemeinschaft ... Das ESZB handelt im Einklang mit dem Grundsatz einer offenen Marktwirtschaft mit freiem Wettbewerb.

1.4.5 Europäische Zentralbank (EZB)

Im Dezember 1991 hatten sich die zwölf Finanzminister der EG-Staaten in **Maastricht** über den Vertrag zur Verwirklichung der Europäischen **Wirtschafts- und Währungsunion (WWU)** geeinigt. Im Kern sah er die Schaffung eines einheitlichen europäischen Währungsraumes bis spätestens 1999 vor, um den wirtschaftlichen Integrationsprozess zu vollenden.

Die Partnerstaaten der WWU haben sich verpflichtet, ihre Wirtschaftspolitik eng zu koordinieren und eine einheitliche Geld- und Wechselkurspolitik zu betreiben, die vorrangig auf das Ziel der Preisstabilität auszurichten ist.

Bedingung für die Teilnahme an der **Europäischen Währungsunion (EWU)** war die Einhaltung der Konvergenzkriterien. Inflationsrate, Budgetdefizit der öffentlichen Haushalte, Staatsschuld, langfristige Zinsen und Wechselkursschwankungen durften festgesetzte Grenzen nicht überschreiten.

Mit Beginn der Europäischen Währungsunion haben die nationalen Notenbanken ihre geldpolitische Verantwortung auf das **Europäische System der Zentralbanken (ESZB)** übertragen. Damit ist der **Euro** die Grundlage der gemeinsamen europäischen Geldpolitik. Seit 01.01.2002 ersetzten die neuen Euro-Scheine und Euro-Münzen die nationalen Währungen.

Das ESZB, das zum 01.07.1998 seine Tätigkeit aufgenommen hat, orientiert sich in hohem Maße an dem Zielsystem der Deutschen Bundesbank. Somit steht das Ziel der **Preisstabilität** im Vordergrund. Das ESZB hat die allgemeine Wirtschaftspolitik der Europäischen Union zu unterstützen, soweit dies ohne Beeinträchtigung dieses Zieles möglich ist.

Die grundlegenden **Aufgaben der EZB** bestehen darin,

- die vom EZB-Rat beschlossene **Geldpolitik** der Gemeinschaft festzulegen und auszuführen,

- **Devisengeschäfte** durchzuführen,

- die offiziellen **Währungsreserven** der Mitgliedstaaten zu halten und zu verwalten und

- das reibungslose Funktionieren der **Zahlungssysteme** zu fördern.

Das ESZB setzt sich aus der **Europäischen Zentralbank** in Frankfurt am Main und den **Zentralbanken** der Mitgliedstaaten zusammen. Die Zentralbanken der EU-Mitgliedstaaten, welche nicht Mitglieder der Währungsunion sind – unabhängig davon, ob dies aus eigenem Antrieb (Recht des „Opting Out") oder wegen des Verfehlens der Konvergenzkriterien erfolgte, sind ebenfalls Mitglied des ESZB, jedoch mit verminderten Rechten.

Euro-Banknoten werden von der EZB sowie den jeweiligen Nationalen Notenbanken ausgegeben. Die Geldscheine weisen keine nationalen Symbole auf.

Euro-Münzen werden dagegen durch die jeweiligen Regierungen der beteiligten Staaten ausgegeben. Dieses Recht wird als Münzregal bezeichnet. Die EZB gibt dabei jeweils die Volumina vor, die ausgegeben werden dürfen. Während die Vorderseite der Münzen europaweit einheitlich ist, werden die Rückseiten länderspezifisch gestaltet. Unabhängig davon sind alle Münzen in allen beteiligten Staaten gesetzliches Zahlungsmittel.

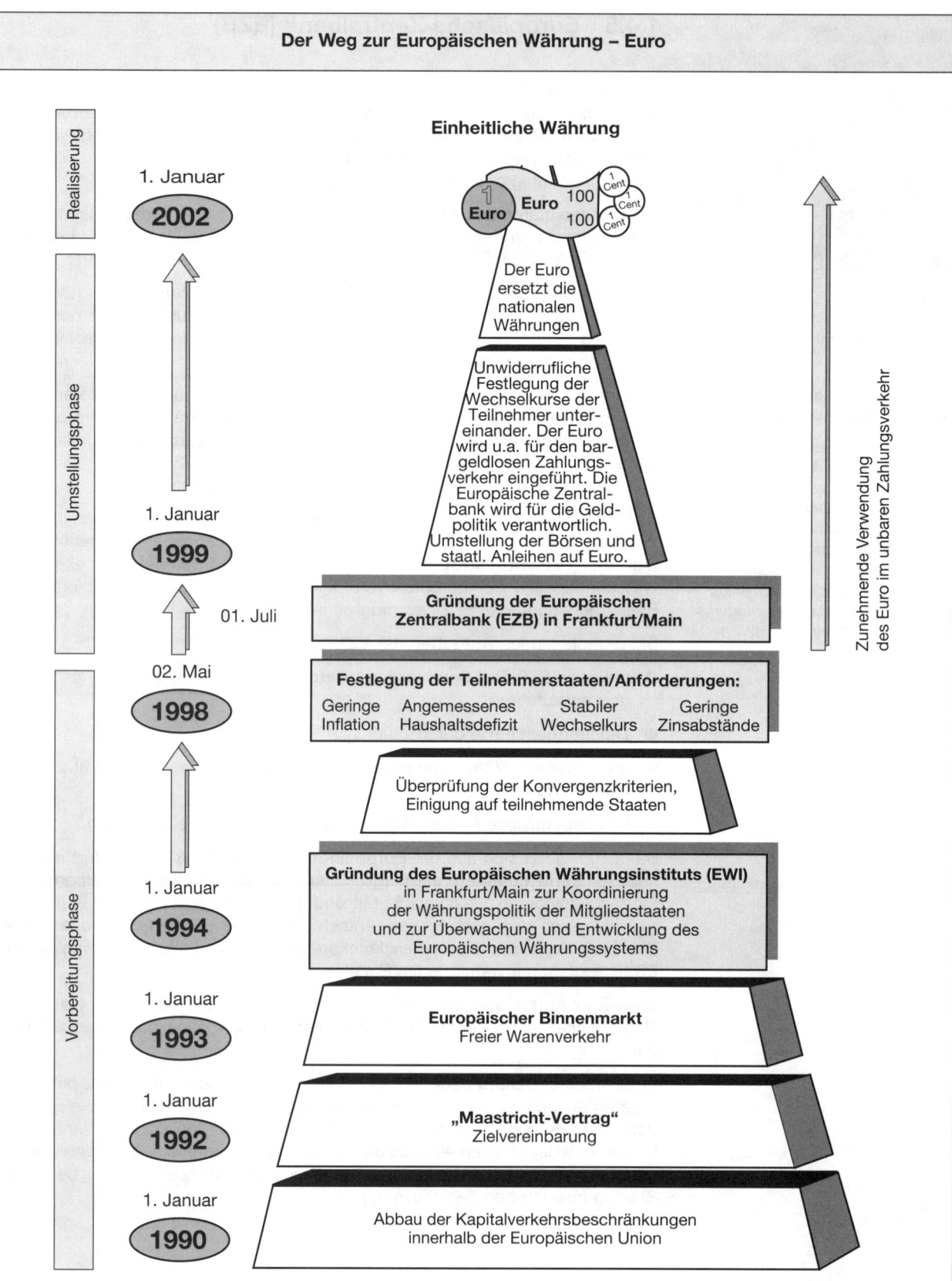

Der Weg zur Europäischen Währung – Euro

Einheitliche Währung

Realisierung

1. Januar
2002

Umstellungsphase

Der Euro ersetzt die nationalen Währungen

Unwiderrufliche Festlegung der Wechselkurse der Teilnehmer untereinander. Der Euro wird u.a. für den bargeldlosen Zahlungsverkehr eingeführt. Die Europäische Zentralbank wird für die Geldpolitik verantwortlich. Umstellung der Börsen und staatl. Anleihen auf Euro.

1. Januar
1999

01. Juli

Gründung der Europäischen Zentralbank (EZB) in Frankfurt/Main

02. Mai
1998

Festlegung der Teilnehmerstaaten/Anforderungen:

| Geringe Inflation | Angemessenes Haushaltsdefizit | Stabiler Wechselkurs | Geringe Zinsabstände |

Überprüfung der Konvergenzkriterien, Einigung auf teilnehmende Staaten

Vorbereitungsphase

1. Januar
1994

Gründung des Europäischen Währungsinstituts (EWI)
in Frankfurt/Main zur Koordinierung der Währungspolitik der Mitgliedstaaten und zur Überwachung und Entwicklung des Europäischen Währungssystems

1. Januar
1993

Europäischer Binnenmarkt
Freier Warenverkehr

1. Januar
1992

„Maastricht-Vertrag"
Zielvereinbarung

1. Januar
1990

Abbau der Kapitalverkehrsbeschränkungen innerhalb der Europäischen Union

Zunehmende Verwendung des Euro im unbaren Zahlungsverkehr

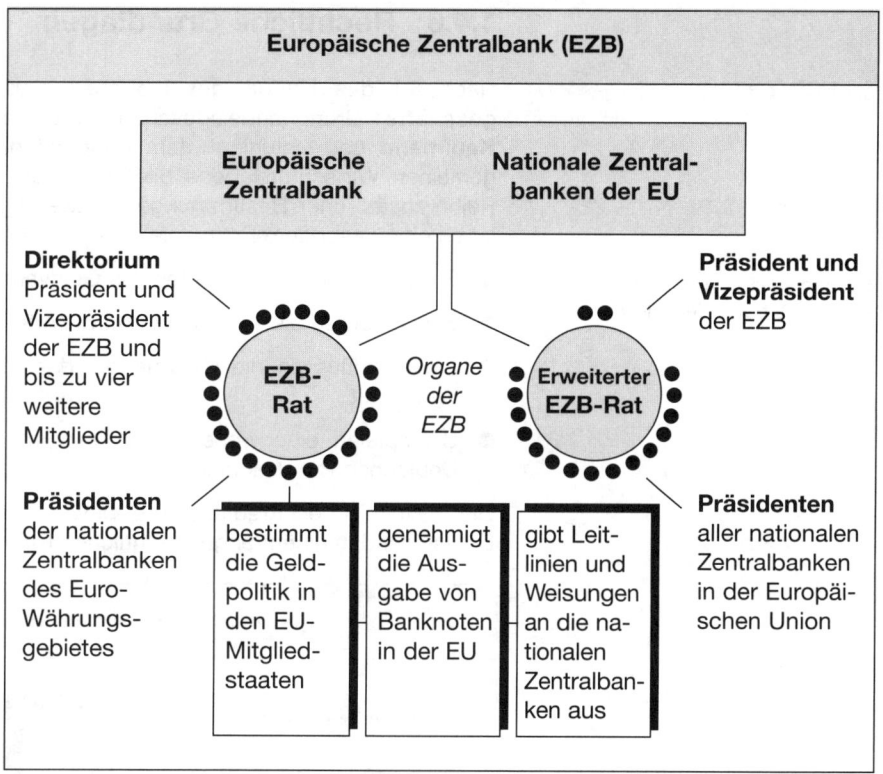

- Der **Rat der Europäischen Zentralbank** ist das legislative Beschlussorgan. Er besteht aus dem Direktorium und den Präsidenten der Länder, welche an der Währungsunion teilnehmen, bestimmt die Leitlinien für die Aufgaben, die im Statut der EZB vorgesehen sind, trifft die grundlegenden Entscheidungen, legt die Geldpolitik in der EU fest und erlässt die notwendigen Ausführungsrichtlinien. Außerdem hat er Mitspracherecht bei der Festlegung der Wechselkurse. Der EZB-Rat ist unabhängig von nationalen und europäischen Institutionen.

- Das **Direktorium** ist auf europäischer und internationaler Ebene das Ausführungsorgan. Es besteht aus einem Präsidenten, dem Vizepräsidenten und bis zu vier weiteren Mitgliedern, die aus den Teilnehmerstaaten der Währungsunion stammen. Die Direktoriumsmitglieder werden jeweils auf 8 Jahre gewählt, eine Wiederwahl ist nicht möglich.

Subsidiaritätsprinzip:
Die EZB führt selbst nur die Aufgaben aus, welche die nationalen Zentralbanken nicht oder nur ineffizient ausführen können.

- Die **nationalen Zentralbanken** führen die Geschäfte auf nationaler Ebene nach dem Subsidiaritätsprinzip aus.

- In der Phase, in der nicht alle EU-Mitgliedstaaten an der Europäischen Währungsunion teilnehmen, wird ein **erweiterter EZB-Rat** eingerichtet, dem neben dem Präsidenten sowie dem Vizepräsidenten der EZB die Präsidenten aller nationalen Zentralbanken der EU-Mitgliedstaaten angehören. Damit besteht ein institutioneller Rahmen für die Zusammenarbeit der Währungsunion mit den nicht teilnehmenden Staaten. Die Aufgaben dieses Rates sind in erster Linie beratender Natur.

1.4.6   Rechtliche Grundlagen

§ 1 HGB

Nach § 1 des Handelsgesetzbuches sind **„Bankier- und Geldwechsler-geschäfte"** Grundhandelsgeschäfte. Wer sie gewerbsmäßig betreibt, ist somit **Kaufmann** und unterliegt den Vorschriften, die den Rechtsrahmen des allgemeinen Wirtschaftslebens bilden. Daneben sind für die Kreditinstitute eine Reihe zusätzlicher Bestimmungen notwendig, weil die Banken im Wirtschaftsleben eine besondere Rolle spielen:

Banken spielen im Wirtschaftsleben eine besondere Rolle

- Sie verwalten einen Großteil des Geldvermögens.
- Sie versorgen die Wirtschaft und die öffentliche Hand mit Krediten.
- Sie beeinflussen die Geldmenge, das Zinsniveau sowie die Liquidität der Wirtschaft.
- Sie spielen eine wesentliche Rolle im Rahmen der Währungspolitik der Deutschen Bundesbank.

Die Tätigkeit der Kreditinstitute bewegt sich daher in der Bundesrepublik Deutschland in einem engen rechtlichen Rahmen.

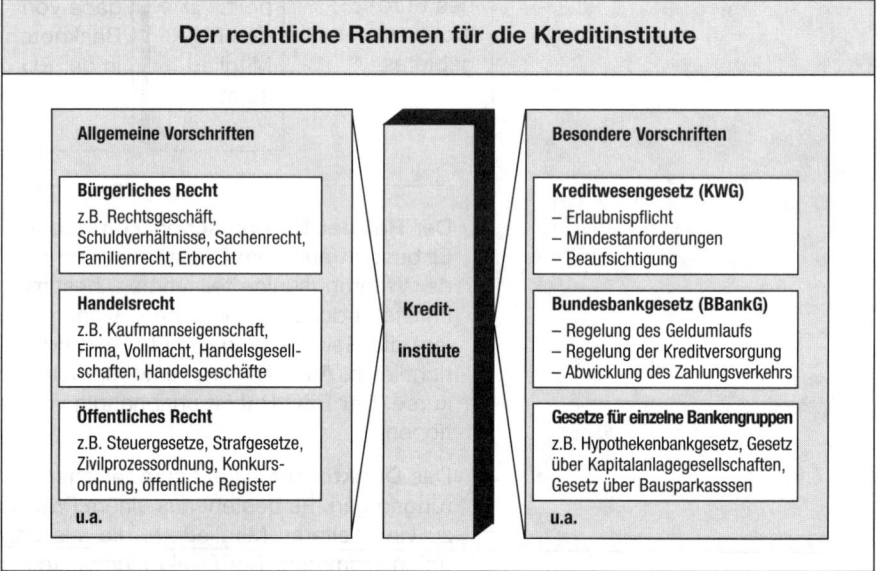

Aufbau des **Gesetzes über das Kreditwesen (KWG)**

1. Allgemeine Vorschriften über Kreditinstitute und die Bundesanstalt für Finanzdienstleistungsaufsicht (BAFin)
2. Rahmenvorschriften für Bankgeschäfte
3. Vorschriften über die Beaufsichtigung der Kreditinstitute
4.–6. Sonder-, Straf- und Übergangsvorschriften

*Die besondere rechtliche Regelung des Kreditwesens beschränkte sich ursprünglich auf die Notenbankgesetzgebung. Mit der Gründung der Deutschen Reichsbank wurde im Jahre 1875 das **Bankgesetz** für Deutschland erlassen, nach dem das Recht zur Notenausgabe im Wesentlichen auf dieses Institut konzentriert wurde. 1935 erhielt die Reichsbank das alleinige Recht zur Ausgabe von Banknoten. Sie übernahm damit die Kontrolle über den Geldumlauf. In dem **Gesetz über die Deutsche Bundesbank** vom 26. Juli 1957 wurden der Deutschen Bundesbank ihre heutigen Aufgaben zugewiesen.*

Erst in der Folge der Wirtschaftskrisen der Weimarer Republik wurden grundlegende Bestimmungen und Beaufsichtigungsvorschriften für das Kreditgewerbe erlassen. In den Jahren 1939, 1961, 1971, 1976, 1985, 1993, 1995 und 1997 wurde das Gesetz über das Kreditwesen den Entwicklungen angepasst.

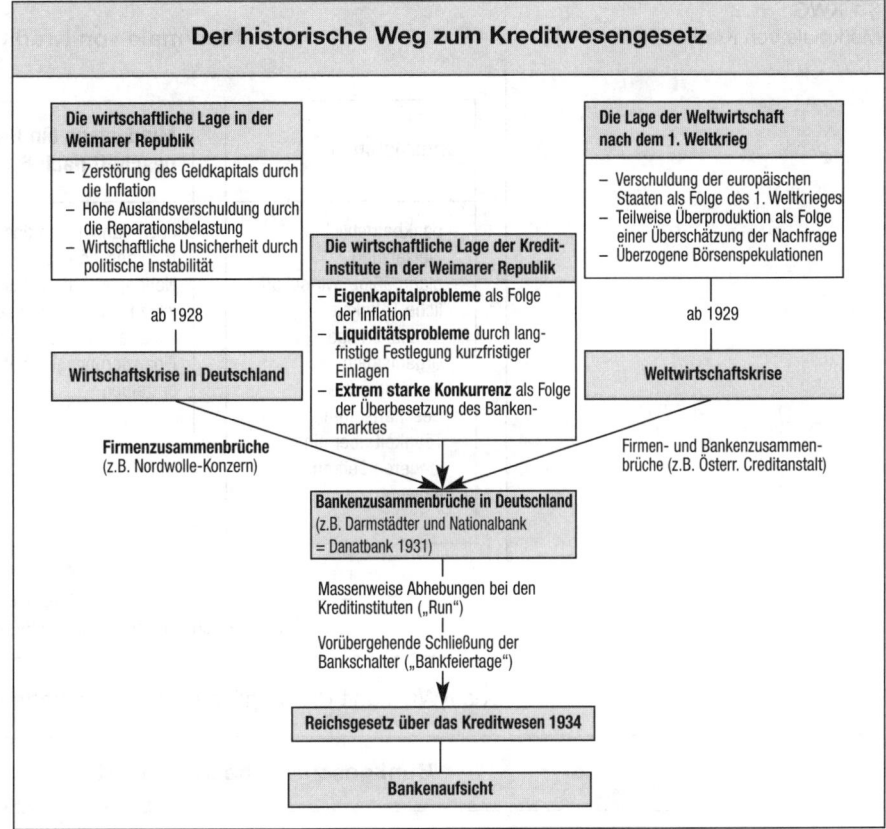

Aus der historischen Entwicklung des KWG lassen sich seine wesentlichen Zielsetzungen ableiten:

● Die allgemeine Ordnung im Kreditwesen soll gesichert,

● die Funktionsfähigkeit des Kreditapparates erhalten und

● der Schutz der Gläubiger vor Verlusten gewährleistet werden.

Den Vorschriften des Kreditwesengesetzes unterliegen Kreditinstitute in der Definition des § 1 KWG:

> Kreditinstitute sind **Unternehmen**, die **gewerbsmäßig Bankgeschäfte** betreiben.

Erfordert der Umfang der Bankgeschäfte oder Finanzdienstleistungen des Unternehmens einen in kaufmännischer Weise eingerichteten Geschäftsbetrieb, ist das Betreiben der Bankgeschäfte auch ohne Gewinnerzielungsabsicht als gewerbsmäßig anzusehen.

Das KWG (§ 4) verzichtet bewusst darauf, die Begriffe im Einzelnen näher zu erläutern, damit durch Erlasse oder Urteile eine schnelle Anpassung an die aktuelle Entwicklung möglich ist. Im Zweifelsfall entscheidet das Bundesaufsichtsamt für das Kreditwesen darüber, ob ein Unternehmen dem KWG unterliegt oder nicht. In der Praxis lassen sich folgende Kriterien für Kreditinstitute ableiten.

§ 1 KWG
Merkmale von Kreditinstituten

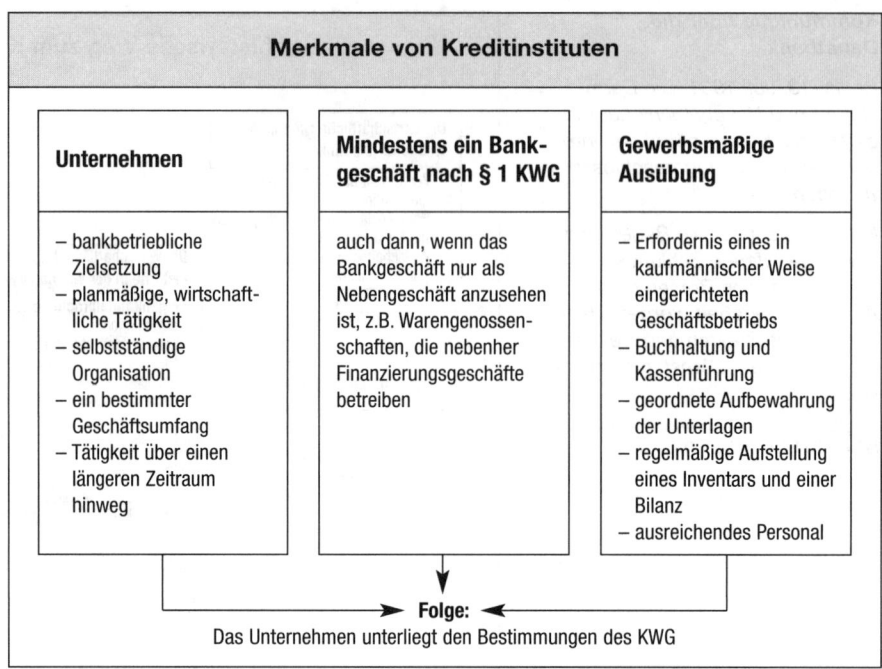

Das KWG zählt die möglichen Bankgeschäfte einzeln auf.

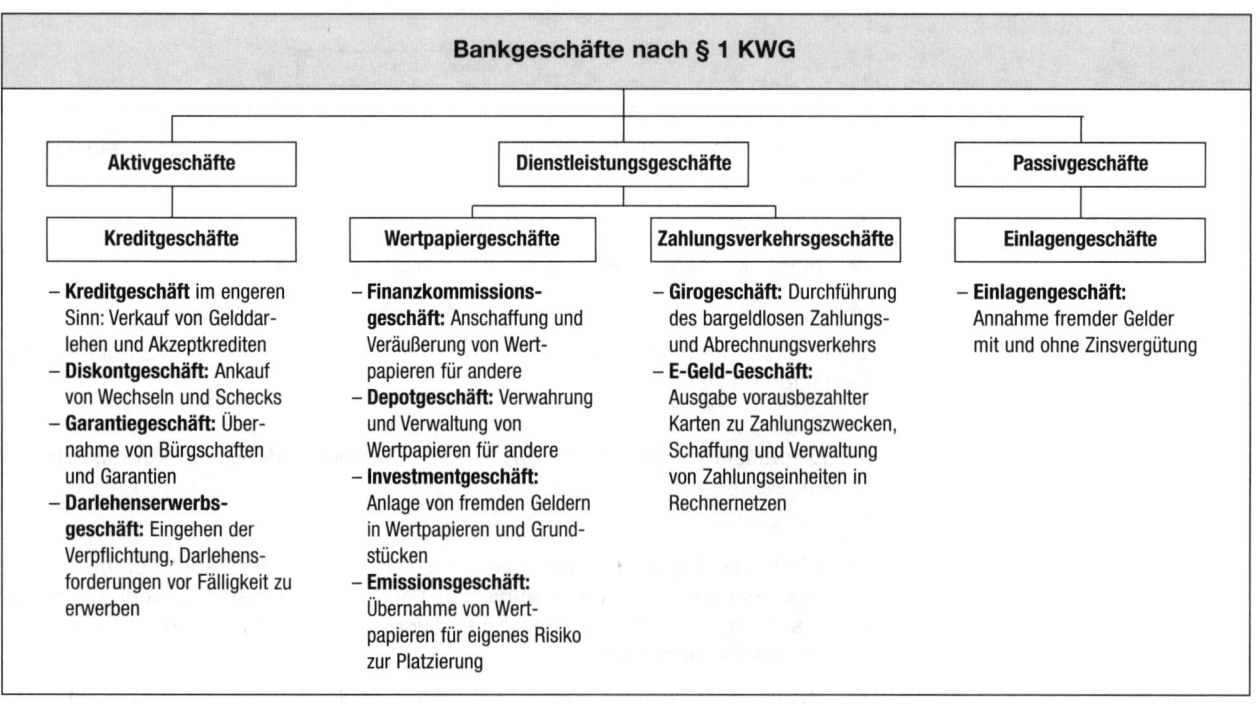

Reine Kreditvermittler unterliegen nicht den Bestimmungen des KWG, da sie die Darlehen nicht selbst vergeben, sondern nur die Verträge für die eigentlichen Kreditgeber abschließen.

Der Bundesminister der Finanzen kann nach Anhörung der Deutschen Bundesbank weitere Geschäfte als Bankgeschäfte bezeichnen, sofern es notwendig ist, diese Geschäfte der Bankenaufsicht zu unterstellen. Für diese Regelung kommen in erster Linie **Finanzdienstleistungs- und Finanzinstitute** in Betracht.

§ 1 KWG
Finanzdienstleistungsinstitute

> **Finanzdienstleistungsinstitute** sind **Unternehmen**, die gewerbsmäßig **Finanzdienstleistungen** für Dritte erbringen, aber keine Kreditinstitute im Sinne des KWG sind.

Erfordert der Umfang der Finanzdienstleistungen des Unternehmens einen in kaufmännischer Weise eingerichteten Geschäftsbetrieb, ist das Erbringen der Finanzdienstleistungen auch ohne Gewinnerzielungsabsicht als gewerbsmäßig anzusehen.

Finanzdienstleistungsgeschäfte nach § 1 KWG		
Vermittlung	**Finanzinstrumente**	**Zahlungen**
• **Anlagen** in Finanzinstrumenten • **Abschlüsse** über die Anschaffung und Veräußerung von Finanzinstrumenten in fremdem Namen für fremde Rechnung • **Drittstaateneinlagen,** d.h. Einlagegeschäfte mit Unternehmen, die ihren Sitz außerhalb der EU haben	• **Finanzportfolioverwaltung:** Verwaltung in Finanzinstrumenten angelegter Vermögen für andere • **Eigenhandel:** Anschaffung und Veräußerung von Finanzinstrumenten im Wege des Eigenhandels für andere	• **Finanztransfergeschäfte:** Besorgung von Zahlungsaufträgen für Dritte • **Sortengeschäfte:** Handel mit Sorten

§ 1 Abs. 11 KWG
Der Begriff **Finanzinstrumente**
umfasst:

I. **Wertpapiere** (auch wenn keine
Urkunde ausgestellt ist)
1. Aktien
2. Zertifikate, die Aktien vertreten
3. Schuldverschreibungen
4. Genussscheine
5. Optionsscheine
6. andere Wertpapiere, die mit
   Aktien oder Schuldverschreibungen vergleichbar sind
7. Wertrechte, wenn sie an einem
   geregelten Markt (Börse)
   gehandelt werden können

II. **Geldmarktinstrumente**
Forderungen, die keine Wertpapiere im Sinne von I sind und
üblicherweise auf dem Geldmarkt
gehandelt werden (z.B. Schatz-
wechsel, Schatzanweisungen,
kurzlaufende Schuldscheine)

III. **Devisen und
Rechnungseinheiten**

IV. **Derivate**
Als Festgeschäfte oder Optionsgeschäfte ausgestaltete Termingeschäfte, deren Preis unmittelbar
oder mittelbar abhängt von

1. dem Börsen- oder Marktpreis
   von
   a) Wertpapieren oder
   b) Geldmarktinstrumenten
      oder
   c) Waren oder
   d) Edelmetallen oder

2. dem Kurs von
   a) Devisen oder
   b) Rechnungseinheiten oder

3. a) Zinssätzen oder
   b) anderen Erträgen

Finanzunternehmen sind Unternehmen, die weder Kreditinstitute noch Finanzdienstleistungsinstitute im Sinne des KWG sind und deren Haupttätigkeit darin besteht, die im Folgenden aufgeführten Geschäfte zu betreiben.

Geschäfte von **Finanzunternehmen**:

● Beteiligungen erwerben

● Geldforderungen entgeltlich erwerben

● Leasingverträge abschließen

● Kreditkarten oder Reiseschecks ausgeben oder verwalten

● mit Finanzinstrumenten für eigene Rechnung handeln

● Handelsauskünfte geben

● Schließfächer verwalten

● Dritte bei der Anlage in Finanzinstrumenten beraten (Anlageberatung)

● Unternehmen über die Kapitalstruktur, die industrielle Strategie und die damit verbundenen Fragen beraten sowie bei Zusammenschlüssen und Übernahmen von Unternehmen diese beraten und ihnen Dienstleistungen anbieten

● Darlehen zwischen einzelnen Kreditinstituten vermitteln (Geldmakler-geschäfte)

Finanzinstitute unterliegen zur Zeit nicht den Bestimmungen des KWG. Nur wenn sie als Töchter von Kreditinstituten firmieren, werden sie in Einzelfällen in die Bestimmungen des KWG mit einbezogen.

Eine Reihe von Unternehmen ist ausdrücklich von dessen Bestimmungen ausgenommen. Dabei handelt es sich um

● **staatliche Kreditinstitute**: *Deutsche Bundesbank, Kreditanstalt für Wiederaufbau*,

● **Unternehmen, die eine besondere behördliche Erlaubnis benötigen**: *Versicherungen, Sozialversicherungsträger, Pfandleihunternehmen, Unternehmensbeteiligungsgesellschaften*,

● Unternehmen, die ausschließlich für andere Unternehmen der eigenen Unternehmensgruppe tätig sind.

1.4.7 Bankenaufsicht

Wertpapierhandel
⇨ Schutz der Anleger
⇨ Markttransparenz
⇨ Marktintegrität

**Bundes-
anstalt für
Finanz-
dienst-
leistungs-
aufsicht
(BAFin)**

Versicherungen
⇨ Schutz der
 Versicherteninteressen
⇨ Überwachung der
 Zahlungsfähigkeit
 der Versicherer

Kreditwesen
⇨ Risiken und Störungen im
 Kreditwesen vorbeugen
⇨ Schutz der Kundengelder
⇨ Einhaltung der
 Spezialgesetze
 überwachen z. B.
 Hypothekenbankgesetz

Eine Bankenaufsicht im engeren Sinne entstand in Deutschland erst als Folge der Bankenkrise von 1931.

Nach dem KWG wird die Bankenaufsicht in erster Linie von der **Bundesanstalt für Finanzdienstleistungsaufsicht (BAFin)** in Zusammenarbeit mit der **Deutschen Bundesbank** getragen.

Das KWG hebt für das Kreditwesen zwei wesentliche Zielrichtungen hervor:

● **Schutz der Gläubiger** vor Verlust ihrer Einlagen,

● Sicherung eines **intakten Kreditwesens** für die Volkswirtschaft.

In der BAFin, einer bundesunmittelbaren Anstalt des öffentlichen Rechts, wurden seit 1. Mai 2002 die Bundesaufsichtsämter für das Kreditwesen, das Versicherungswesen und den Wertpapierhandel vereint. Damit wurde der Tendenz Rechnung getragen, dass die Grenzen zwischen Produkten von Banken, Versicherern sowie Finanzdienstleistern immer unschärfer werden.

Die Behörde hat ihren Sitz in Frankfurt am Main sowie Bonn und ist in drei Teile gegliedert: die Bankenaufsicht, die Wertpapieraufsicht und die Versicherungsaufsicht. Die endgültige Aufgabenverteilung ist noch nicht geregelt. Es sollen jedoch Schnittstellen gebildet werden, die die Kontrolle über Finanzkonglomerate übernehmen, die Mitarbeit in internationalen Aufsichtsgremien und die Bekämpfung von Geldwäsche. Ein Verwaltungsrat überwacht die Anstalt, dessen Vorsitzender kommt aus dem Finanzministerium.

Organisation der Bankenaufsicht in der Bundesrepublik Deutschland

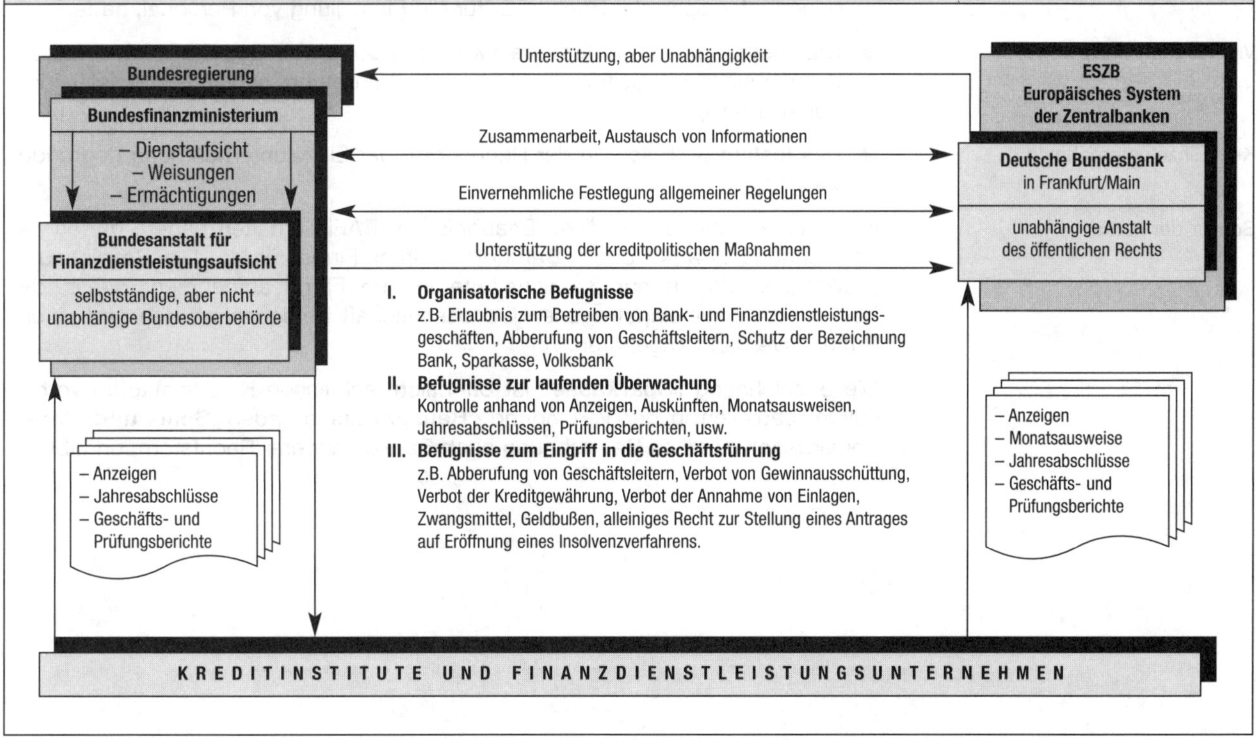

Bundesregierung

Bundesfinanzministerium

– Dienstaufsicht
– Weisungen
– Ermächtigungen

**Bundesanstalt für
Finanzdienstleistungsaufsicht**

selbstständige, aber nicht
unabhängige Bundesoberbehörde

Unterstützung, aber Unabhängigkeit

Zusammenarbeit, Austausch von Informationen

Einvernehmliche Festlegung allgemeiner Regelungen

Unterstützung der kreditpolitischen Maßnahmen

**ESZB
Europäisches System
der Zentralbanken**

**Deutsche Bundesbank
in Frankfurt/Main**

unabhängige Anstalt
des öffentlichen Rechts

I. **Organisatorische Befugnisse**
 z.B. Erlaubnis zum Betreiben von Bank- und Finanzdienstleistungs-
 geschäften, Abberufung von Geschäftsleitern, Schutz der Bezeichnung
 Bank, Sparkasse, Volksbank
II. **Befugnisse zur laufenden Überwachung**
 Kontrolle anhand von Anzeigen, Auskünften, Monatsausweisen,
 Jahresabschlüssen, Prüfungsberichten, usw.
III. **Befugnisse zum Eingriff in die Geschäftsführung**
 z.B. Abberufung von Geschäftsleitern, Verbot von Gewinnausschüttung,
 Verbot der Kreditgewährung, Verbot der Annahme von Einlagen,
 Zwangsmittel, Geldbußen, alleiniges Recht zur Stellung eines Antrages
 auf Eröffnung eines Insolvenzverfahrens.

– Anzeigen
– Jahresabschlüsse
– Geschäfts- und
 Prüfungsberichte

– Anzeigen
– Monatsausweise
– Jahresabschlüsse
– Geschäfts- und
 Prüfungsberichte

KREDITINSTITUTE UND FINANZDIENSTLEISTUNGSUNTERNEHMEN

**§§ 32 ff. KWG
Zulassung zum Geschäftsbetrieb**

Wer Bank- und Finanzdienstleistungsgeschäfte in dem in § 1 KWG bezeichneten Umfang betreiben will, benötigt die schriftliche **Erlaubnis der Bundesanstalt**. Diese kann die Zustimmung nur dann verweigern, wenn u. a. eine der folgenden Voraussetzungen nicht erfüllt ist:

Ausreichendes haftendes Eigenkapital

● Das Unternehmen muss ein **ausreichendes haftendes Eigenkapital** besitzen.

Im KWG ist ein **Mindestanfangskapital für Finanzdienstleistungsinstitute** vorgeschrieben:

– 50 000 Euro für reine Anlagevermittler,

– 125 000 Euro für sonstige Finanzdienstleistungsinstitute, die auch Kundengelder entgegennehmen und

– 730 000 Euro für Finanzdienstleistungsinstitute, die auch auf eigene Rechnung mit Finanzdienstleistungen handeln; dies sind in erster Linie die Wertpapierhandelsbanken.

Zuverlässigkeit

● Der Inhaber und die Geschäftsleiter müssen **zuverlässig** sein. Als nicht zuverlässig wird jemand angesehen, bei dem keine solide Geschäftsführung zu erwarten ist. Dies nimmt die BAFin z. B. an, wenn ein Antragsteller wegen eines Vermögensdeliktes vorbestraft ist.

Fachliche Eignung

● Die **Geschäftsleiter** müssen **fachlich geeignet** sein. Diese Eignung lässt sich nur anhand der Ausbildung und vor allem der beruflichen Erfahrung feststellen. Die BAFin verlangt deshalb in der Regel eine bankfachliche Vorbildung, z. B. Bankkaufmannsgehilfenprüfung, und weitere Qualifizierungsmaßnahmen und eine mindestens dreijährige leitende Tätigkeit in einem Kreditinstitut vergleichbarer Größe und Geschäftsart. Eine leitende Stellung kann nur dann angenommen werden, wenn der Antragsteller eine qualifizierte Vertretungsmacht nach außen, z. B. Prokura, und eine selbstständige Entscheidungsbefugnis in der Bank, z. B. für die Einstellung von Personal, hatte.

Vier-Augen-Prinzip

● Das Institut muss **mindestens zwei hauptamtliche Geschäftsleiter** haben, damit eine gegenseitige Kontrolle und Vertretung gewährleistet ist („Vier-Augen-Prinzip").

Kein Einzelunternehmen

● Das Institut darf nicht in der Rechtsform der Einzelunternehmung gegründet werden.

Schutz der Firma

Nur solche Institute, die diese Erlaubnis der BAFin erhalten haben, dürfen die Bezeichnung **„Bank"** oder **„Bankier"** in ihrer Firma führen. Die Bezeichnung „Volksbank" dürfen nur Kreditinstitute in ihre Firma aufnehmen, die in der Rechtsform einer eingetragenen Genossenschaft betrieben werden und einem Prüfungsverband angehören.

Die Bezeichnung **„Sparkasse"** ist öffentlich-rechtlichen Kreditinstituten vorbehalten. Lediglich in der Verbindung **„Bausparkasse"** oder **„Spar- und Darlehenskasse"** ist diese Bezeichnung auch Banken anderer Rechtsform erlaubt.

Europäischer Pass

Der Gesetzgeber geht innerhalb der EU von dem **Prinzip der Heimatland-kontrolle** aus. Die Kreditinstitute werden danach durch die Behörde des Landes beaufsichtigt, in dem das Kreditinstitut seinen Hauptsitz hat. Sofern diese Institute das Einlagen- und Kreditgeschäft betreiben und ein angemessenes haftendes Eigenkapital besitzen, besitzen sie den **„Europäischen Pass"**. Sie können damit in allen Staaten der Europäischen Union Zweigstellen ohne eine eigene Zulassung errichten.

Die Kreditinstitute stehen zunehmend in der öffentlichen Kritik, weil sich Kunden ungerecht behandelt fühlen. Deshalb haben zwei Bankenverbände nach skandinavischem Vorbild die Funktion eines **Ombudsmannes** geschaffen.

Ombudsmann

Der Bundesverband deutscher Banken e. V. in Berlin und der Verband deutscher Hypothekenbanken e. V. in Bonn haben jeweils eine Kundenbeschwerdestelle errichtet, durch die Meinungsverschiedenheiten zwischen Kunden und Mitgliedsbanken schnell und unbürokratisch bereinigt werden sollen. Die Kosten des Verfahrens übernehmen die Mitgliedsbanken. Der beschwerdeführende Kunde hat nur seine eigenen Aufwendungen, z. B. für Porto, Telefonate, Kopien, zu tragen.

Aufgaben

1. Skizzieren Sie die volkswirtschaftlichen Aufgaben der Kreditinstitute in einer Marktwirtschaft.

2. Beschreiben Sie das Zielsystem einer marktwirtschaftlich orientierten Bank.

3. Vergleichen Sie die Marktanteile der drei großen Bankengruppen und diskutieren Sie mögliche Ursachen.

4. Wägen Sie die Chancen und Risiken von Universalbank-Systemen gegeneinander ab.

5. Begründen Sie, weshalb die Deutsche Bundesbank im Gegensatz zum Bundesaufsichtsamt für das Kreditwesen von der Bundesregierung unabhängig ist.

6. Skizzieren Sie die Aufgaben der Europäischen Zentralbank.

7. Stellen Sie die wesentlichen rechtlichen Bestimmungen für Kreditinstitute in der Bundesrepublik Deutschland in einer Struktur zusammen.

8. Erläutern Sie mithilfe aktueller Unterlagen die wesentlichen Strukturveränderungen im europäischen Bankwesen.

9. Diskutieren Sie die Notwendigkeit, einen Ombudsmann für die Banken einzurichten.

2 Der Markt für Finanzdienstleistungen – vom „Bankbeamten" zum aktiven Verkäufer

Kreditgewerbe / Im Wandlungsprozess stärkere Ausrichtung auf die Kundenbedürfnisse

Bankenlandschaft wird sich radikal verändern

Die Finanzbranche muss sich auf dramatische Veränderungen einstellen. Der Wettbewerbsdruck wird weiter zunehmen und der Konzentrationsprozess wird sich rasant beschleunigen. Die Zahl der Beschäftigten, die bereits über 10 % abgenommen hat, wird – insbesondere im Bereich des standardisierten Bankgeschäftes – weiter abnehmen. Diese Entwicklung verlange von den Mitarbeitern Flexibilität, die nicht von heute auf morgen erreichbar sei.

Eine Bankenkrise ist in Deutschland nicht zu erwarten. Jedoch wird der Zweigstellenabbau weiter vorangehen. Die Möglichkeiten, im Internet Bankgeschäfte auszuüben, werden langfristig zu einem Rückgang kleinerer, regionaler Kreditinstitute führen.

Der Bankkunde der Zukunft wird ein „gläserner" Kunde sein, weil die Kreditinstitute die Chancen der modernen Technologie zur Kundendurchleuchtung immer mehr nutzen werden. Andererseits dürfte der informierte Kunde für die Bank immer mehr zu einem schwierigen Verhandlungspartner werden.

Der entscheidende Wettbewerbsfaktor wird das Wissen um den Kunden werden. Kundendaten dieser Qualität gibt es sonst kaum in einer anderen Branche. Sie sollten professionell ausgewertet und aufbereitet werden, damit sie bei jedem Kundenkontakt zur Verfügung stehen. Die Analyse der Kundenbasis, die Ermittlung des Kaufverhaltens, das Kennen der jeweiligen Kundenbedürfnisse bilden die Voraussetzung für einen nachhaltigen Wettbewerbsvorteil.

Quelle: Nach Handelsblatt

Lernziele

● Die Strukturveränderungen am Markt für Finanzdienstleistungen darstellen und bewerten,

● die möglichen Geschäftsstrategien der Banken im Rahmen des Allfinanz-Gedankens beschreiben,

● die Bedeutung der aktiven Kundenberatung im Rahmen des Bankenmarketing erkennen,

● den Aufbau eines erfolgreichen Beratungsgespräches erläutern.

2.1   Strukturveränderungen am deutschen Bankenmarkt

> *„Die Kreditinstitute können nicht mehr ‚Everybody's darling' sein, die Kundenbedürfnisse werden sich verlagern. Und die Banken müssen darauf reagieren."*
>
> Oskar Betsch

Der Markt für Finanzdienstleistungen ist in Deutschland durch einen wachsenden und zunehmend globaler werdenden Wettbewerb gekennzeichnet.

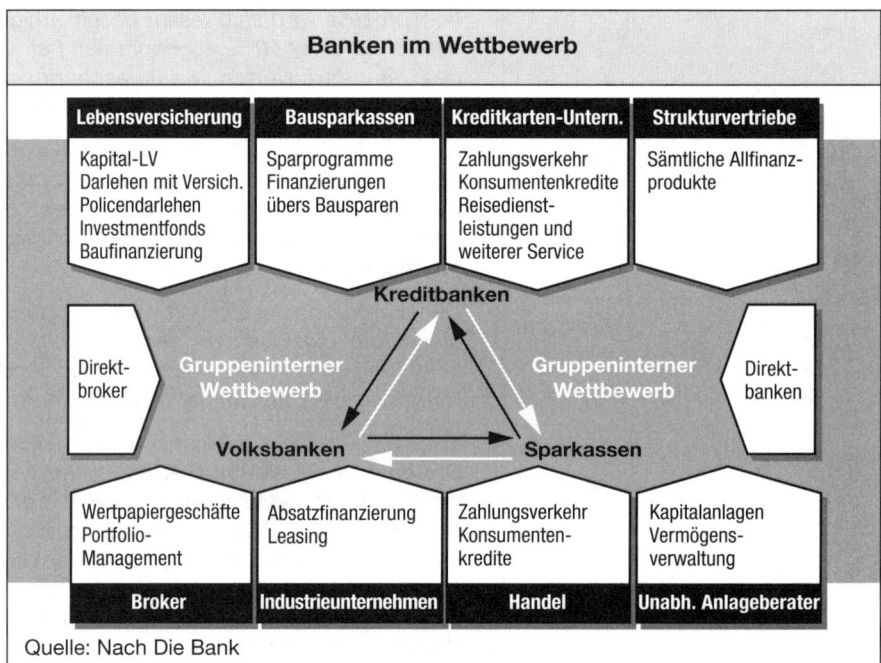

Quelle: Nach Die Bank

Direktbanken und **Direktbroker**: Anbieter, die ausschließlich per Brief, Fax, Telefon oder Modem ihre Dienste anbieten

Megatrend: Tiefgreifende Strömung, welche für das Leben in der Zukunft prägend ist

In der Gesellschaft und in der Wirtschaft lassen sich national und international **Megatrends** erkennen, auf welche die Banken rechtzeitig reagieren müssen, wenn sie auch zukünftig erfolgreich sein wollen.

Der **europäische Markt** führt dazu, dass der im internationalen Vergleich besonders attraktive deutsche Finanzdienstleistungsmarkt immer stärker umkämpft wird. Dabei weichen die Branchenabgrenzungen zwischen den einzelnen Anbietern durch Zusammenschlüsse immer mehr auf. Die zunehmende internationale Ausrichtung der Bankgeschäfte sowie Finanzinnovationen in Form neuer Anleihekonstruktionen oder Kurssicherungsinstrumenten steigern die Anforderungen an die Beratungsqualität.

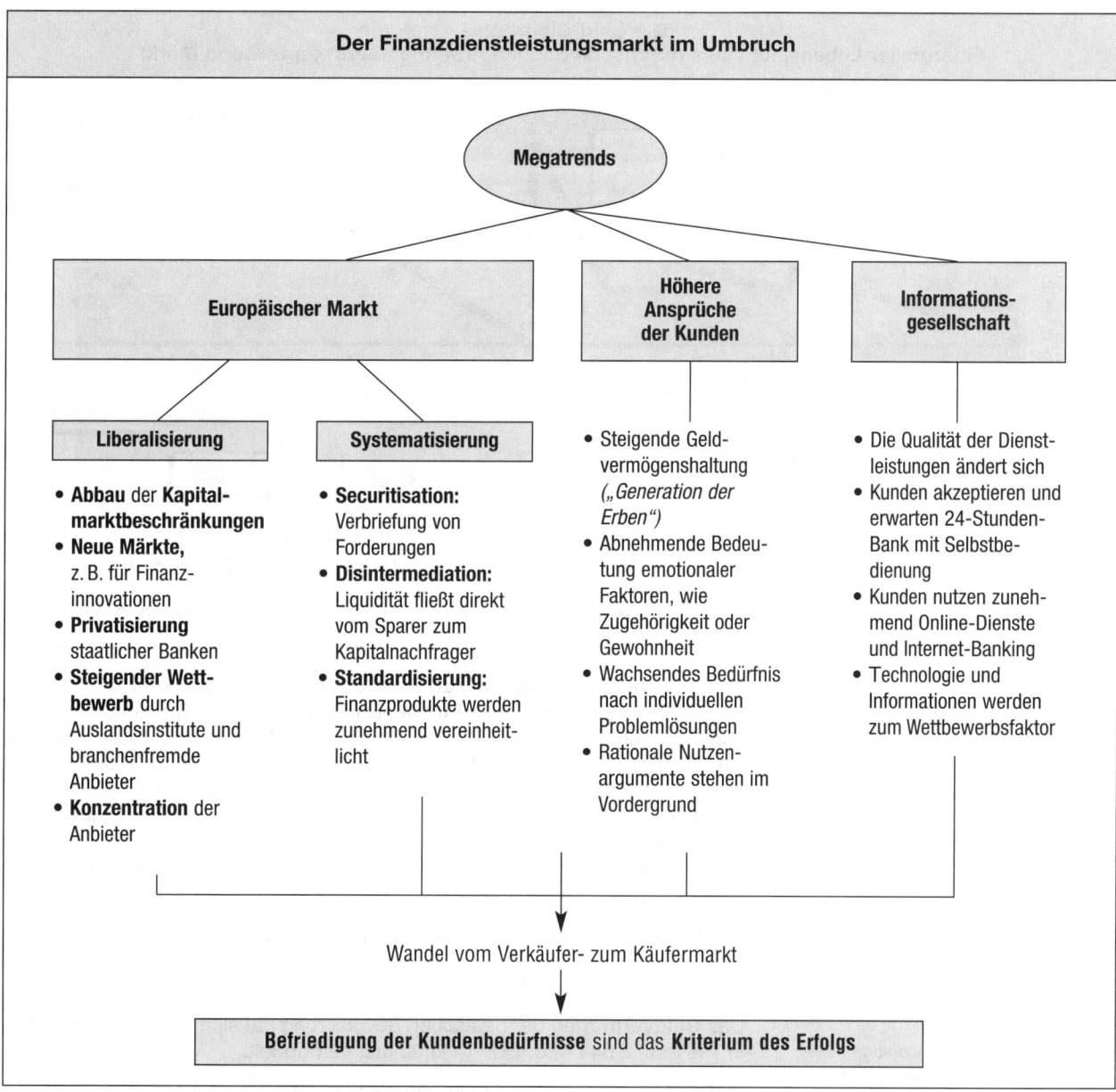

Der Finanzdienstleistungsmarkt im Umbruch

Megatrends

Europäischer Markt

Höhere Ansprüche der Kunden

Informationsgesellschaft

Liberalisierung

Systematisierung

- **Abbau** der **Kapitalmarktbeschränkungen**
- **Neue Märkte,** z. B. für Finanzinnovationen
- **Privatisierung** staatlicher Banken
- **Steigender Wettbewerb** durch Auslandsinstitute und branchenfremde Anbieter
- **Konzentration** der Anbieter

- **Securitisation:** Verbriefung von Forderungen
- **Disintermediation:** Liquidität fließt direkt vom Sparer zum Kapitalnachfrager
- **Standardisierung:** Finanzprodukte werden zunehmend vereinheitlicht

- Steigende Geldvermögenshaltung (*„Generation der Erben"*)
- Abnehmende Bedeutung emotionaler Faktoren, wie Zugehörigkeit oder Gewohnheit
- Wachsendes Bedürfnis nach individuellen Problemlösungen
- Rationale Nutzenargumente stehen im Vordergrund

- Die Qualität der Dienstleistungen ändert sich
- Kunden akzeptieren und erwarten 24-Stunden-Bank mit Selbstbedienung
- Kunden nutzen zunehmend Online-Dienste und Internet-Banking
- Technologie und Informationen werden zum Wettbewerbsfaktor

Wandel vom Verkäufer- zum Käufermarkt

Befriedigung der Kundenbedürfnisse sind das **Kriterium des Erfolgs**

„Lebensphasen-Konzept"	Die Bedürfnisse der Bankkunden weisen im Laufe ihres Lebens sehr unterschiedliche Ausprägungen auf. Die **höheren Ansprüche der Bankkunden** haben vielfältige Ursachen:
Der Kunde ist besser informiert	– **Zunehmende Transparenz** des Finanzdienstleistungsmarktes für Privat- und Firmenkunden. Hierzu tragen neben dem gestiegenen Wettbewerb insbesondere die verstärkten Informationen in den Medien sowie Publikationen der Verbraucherschutzverbände bei. Die Entwicklung der Online-Dienste und die wachsende Ausstattung der privaten Haushalte mit Internetzugang verstärken diesen Trend.

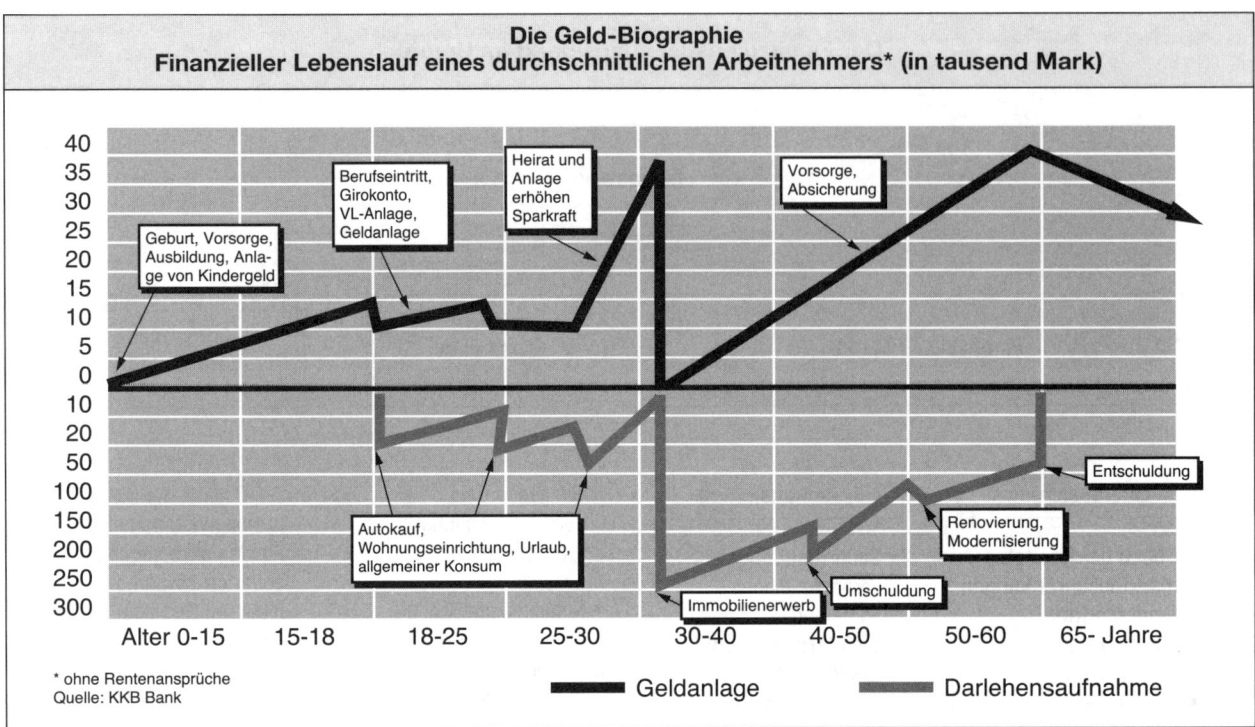

Die Geld-Biographie
Finanzieller Lebenslauf eines durchschnittlichen Arbeitnehmers* (in tausend Mark)

* ohne Rentenansprüche
Quelle: KKB Bank

━━━ Geldanlage   ━━━ Darlehensaufnahme

Die Loyalität der Bankkunden nimmt ab

– **Wachsende Emanzipation der Bankkunden**. Diese erwarten umfassende Lösungen für ihre komplexen Probleme im Finanzbereich. Die Kunden fordern auch im Dienstleistungsbereich zunehmend Qualität, das heißt, sie möchten ihre Bedürfnisse optimal erfüllt wissen. Dies wird jedoch nur möglich sein, wenn alle Mitarbeiter diesem Qualitätsgedanken Rechnung tragen. Die Loyalität gegenüber der Hausbank nimmt ab; die Kunden vergleichen Produkte, Kosten und Leistungen sehr kritisch. Bereits über die Hälfte der Bankkunden in Deutschland besitzen mehr als eine, 38 % über zwei und 11 % über drei Bankverbindungen.

Die Anforderungen an die Geld- und Effektenanlagen steigen

– Die **steigende Geldvermögenshaltung** hat eine zunehmende Bedeutung der Geld- und Effektenanlagen zur Folge. Die Anforderungen an die Qualität der Anlageberatung steigen.

Geldvermögen =
Bestand der Vermögensanlagen in Forderungen und sonstigen Wertpapieren

Das **Geldvermögen** der deutschen Bevölkerung hat sich von 2 021 Mrd. EUR in 1991 auf 3 644 Mrd. EUR in 2000 fast verdoppelt.

Geldvermögensbildung =
Nettoveränderung des Geldvermögens p. a.

– Mittelständische Unternehmen und kleinere Gewerbetreibende erwarten von ihren Banken maßgeschneiderte Problemlösungen. Die klassische Kreditberatung wandelt sich zur **Unternehmensberatung** (Consulting Banking).

Consulting Banking =
umfassende Beratung von der Idee bis zur Umsetzung

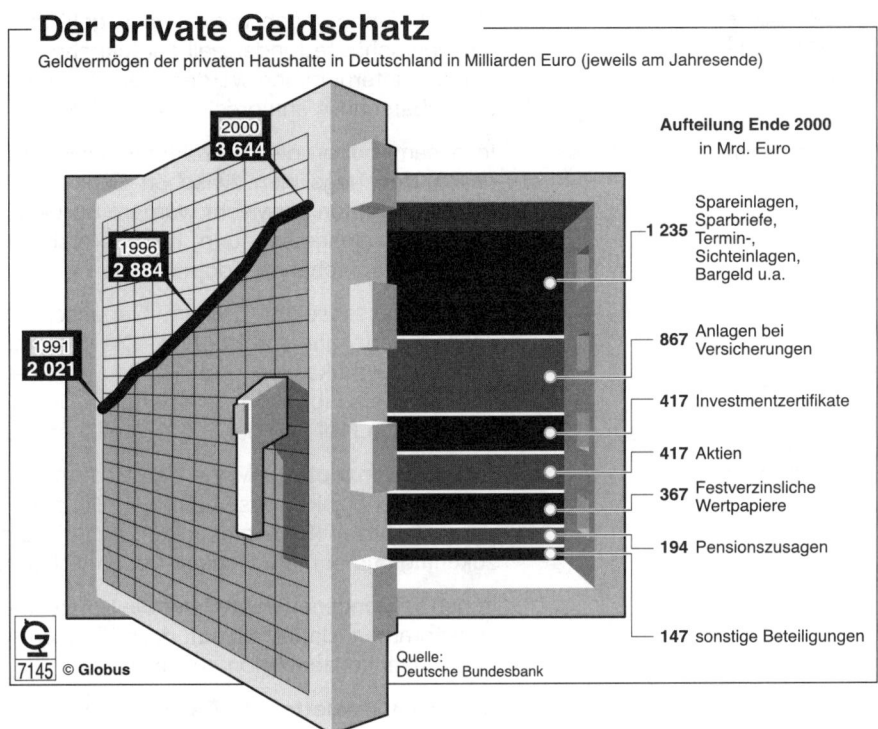

Der private Geldschatz

Geldvermögen der privaten Haushalte in Deutschland in Milliarden Euro (jeweils am Jahresende)

2000
3 644

1996
2 884

1991
2 021

Aufteilung Ende 2000
in Mrd. Euro

1 235 Spareinlagen, Sparbriefe, Termin-, Sichteinlagen, Bargeld u.a.

867 Anlagen bei Versicherungen

417 Investmentzertifikate

417 Aktien

367 Festverzinsliche Wertpapiere

194 Pensionszusagen

147 sonstige Beteiligungen

7145 © Globus

Quelle: Deutsche Bundesbank

Technologietrends

Technologietrends führen zu einem radikalen Umbruch der Bankenlandschaft. Zunehmend wird die Kommunikationstechnologie, insbesondere auf Internetbasis, für Bankgeschäfte genutzt. Nahezu alle Institute bieten Lösungen für Bankgeschäfte via Internet an. Das Internet ermöglicht zunehmend weltweiten Anbietern sowie Ablegern von bisher branchenfremden Unternehmen, z. B. aus der Automobilbranche, den Banken Konkurrenz zu machen. Damit geht der Trend weg von der herkömmlichen Bankfiliale hin zur Selbstbedienung des Kunden über Geldautomaten, SB-Full-Service-Angeboten oder Direct-Banking per Telefon oder Online.

Das Konsumentenverhalten wird damit immer komplexer und somit unberechenbarer. Starre Vertriebssysteme können den Anforderungen nicht mehr genügen; der einzelne Mitarbeiter wird zur entscheidenden Erfolgsposition. Er wandelt sich vom „Bankbeamten" zum **„aktiven Verkäufer der Bankprodukte"**, der „agiert" anstatt zu „reagieren". Das Personalmarketing ist damit dem Absatzmarketing gleichzusetzen; es stellt in vielen Fällen erst die Grundlage für ein erfolgreiches Absatzmarketing dar.

Aktiver Verkäufer der Bankprodukte

Der **Trend zur Informationsgesellschaft** bewirkt, dass private und gewerbliche Kunden tendenziell eine andere Qualität der Dienstleistung fordern. Private Kunden erwarten, dass sie „rund um die Uhr" automatisierte Dienstleistungen, wie Bargeldservice, Kontostandsabfrage oder Überweisungsverkehr, angeboten erhalten. Gewerbliche Kunden möchten bei DV-Problemen im Bereich des Zahlungsverkehrs und der Finanzsteuerung von ihrer Bank unterstützt werden. Die Fähigkeiten der Mitarbeiter zu lernen und sich zu wandeln sind damit der entscheidende Wettbewerbsfaktor.

Service rund um die Uhr

Die Zinsspanne schrumpft tendenziell

Diese Veränderungen haben dazu geführt, dass bei allen Bankengruppen die Zinsüberschüsse tendenziell zurückgehen, während gleichzeitig große Anstrengungen unternommen werden, den Dienstleistungsbereich und damit den Provisionsüberschuss entsprechend zu stärken.

Die Anbieterstruktur verändert sich

Insgesamt haben diese Strukturverschiebungen dazu geführt, dass die traditionellen Trennungslinien zwischen Bank-, Bausparkassen- und Lebensversicherungsgeschäften verwischt wurden. So besitzt z. B. die Deutsche Bank AG eine eigene Bausparkasse und Lebensversicherungsgesellschaft. Andere Banken gingen entsprechende Kooperationen ein.

Im Sparkassensektor und im Genossenschaftsbereich bestehen bereits seit Jahrzehnten Allfinanzverbunde. Die Sparkassen arbeiten mit ihren jeweiligen Landesbausparkassen und Sparkassenversicherungen zusammen. Die Volks- und Raiffeisenbanken kooperieren im Regelfall mit der Bausparkasse Schwäbisch Hall und der R & V Versicherung.

Allfinanzkonzepte

Allfinanzkonzepte gewinnen an Bedeutung. Es wird zunehmend versucht, die Stärken der Bank-, Versicherungs-, Bauspar- und Immobilienprodukte in Verbindung zu nutzen (Synergieeffekte). Aus diesem Grund ist damit zu rechnen, dass zukünftig immer mehr Banken mit Versicherungsunternehmen zusammengehen.

In den vergangenen Jahren hat die Konzentration auf dem Bankenmarkt deutlich zugenommen. Dabei fällt auf, dass Deutschland noch ein relativ niedriges Niveau der Bankenkonzentration aufweist.

Die **Produktpalette der Banken** wurde in den vergangenen Jahren erheblich erweitert:

- **Immobilienberatung**: Ein Kunde, der einen Baukredit möchte, hat im Regelfall einen weitaus größeren Beratungsbedarf. Er benötigt fachmännischen Rat bei der Suche nach einem geeigneten Haus oder einer passenden Wohnung, sucht die vertrauenswürdige Beratung beim Kaufvertrag und bei der notariellen Abwicklung, legt Wert auf einen umfassenden Versicherungsschutz und möchte eine optimale Baufinanzierung. Die Bank, welche den Kunden in allen diesen Bereichen kompetent betreuen kann, hat große Chancen, den Baukredit und die Dienstleistungen im „Paket" verkaufen zu können.

- **Verwaltung privater Geldvermögen**: Große Kapitalvermögen sind immer mit erheblichen wirtschaftlichen, rechtlichen und steuerlichen Problemen verbunden, die der einzelne Anleger aus zeitlichen oder aus sachlichen Gründen oftmals nicht mehr bewältigen kann. Für diesen Fall bieten die Kreditinstitute ihre Dienstleistung an.

Die **Vermögensverwaltung** umfasst die **dauernde, aktive Verwaltung** von **Kapitalvermögen**, insbesondere im Effekten-, Beteiligungs- und Immobilienbereich für private und institutionelle Anleger durch die Bank oder ein verbundenes Spezialinstitut.

Ziel ist, das anvertraute Vermögen zu erhalten und einen angemessenen Ertrag innerhalb des vereinbarten Anlagerahmens zu erzielen.

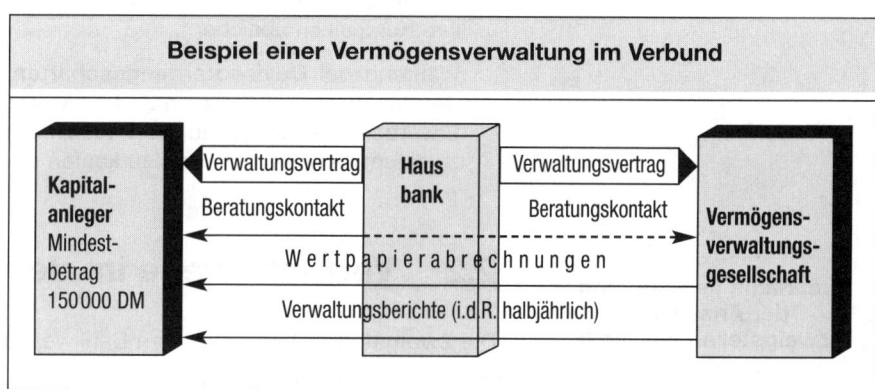

Beispiel einer Vermögensverwaltung im Verbund

Consulting Banking

● **Unternehmensberatung (Consulting):** Bei schwierigen technischen und wirtschaftlichen Projekten benötigen die Unternehmen eine unabhängige, möglichst objektive Beratung. Umfassende Aufträge können die Neustrukturierung eines gesamten Unternehmens zum Ziel haben, von der strategischen Neuausrichtung bie zur Umsetzung der beschlossenen Maßnahmen.

Cash-Management

● **Finanzsteuerung für gewerbliche Kunden (Cash-Management):** Die Bank disponiert und steuert die in- und ausländischen Zahlungsströme ihrer Kunden im Hinblick auf Höhe, Zeitpunkt und Ort der Zahlungen, Anlagen und Kreditaufnahmen.

Corporate Finance

● Die Palette möglicher Finanzdienstleistungen für Unternehmen und die damit verbundenen Aktivitäten werden in vielen Banken unter dem Produktprofil **„Corporate Finance"** zusammengefasst. Dabei handelt es sich überwiegend um beratungsintensive Transaktionen, die das Unternehmen als Ganzes berühren. Darunter fallen insbesondere:

– **Venture-Capital-Finanzierungen**: Wagniskapital in der Gründungs- und Aufbauphase von Unternehmen.

– **Eigenkapitalfinanzierungen**: Wagniskapital zur Umsetzung von Wachstumssprüngen oder besonders großen Investitionen.

Management Buy Out

– **Sonderfinanzierungen**: Erwerb von Unternehmen durch die eigenen Führungskräfte (Management Buy Out) u. Ä.

Mergers & Acquisitions

Sicherung von Devisenkursrisiken

– **Projektfinanzierungen**: Große Bauvorhaben oder Infrastrukturmaßnahmen (z. B. Straßenbau).

– **Mergers & Acquisitions**: Beratung und Vermittlung bei Kauf und Verkauf ganzer Unternehmen oder Beteiligungen.

– **Emissions- und Emissionsfolgegeschäfte**: Einführung von Unternehmen an der Börse, Abwicklung von Kapitalerhöhungen u. a.

● **Devisensicherungsgeschäfte**: Durch Abschluss von Devisentermin- und Devisenoptionsgeschäften können Außenhandelsfirmen und Kapitalanleger ihre Kursrisiken absichern.

Während bei **Devisentermingeschäften** die Anschaffung der gehandelten Devisen zu einem späteren Zeitpunkt **verbindlich** festgelegt wird, erhält der Erwerber einer **Devisenoption** das **Recht**, einen festgelegten Devisenbetrag zu einem vereinbarten Preis zu kaufen oder zu verkaufen.

2.2   Vertriebswege im deutschen Bankwesen

Die **Zweigstelle** ist im deutschen Bankwesen der wesentliche Vertriebskanal.

Bis Anfang der siebziger Jahre war ein kontinuierlicher Ausbau der Zweigstellennetze zu verzeichnen; seit ein paar Jahren geht die Zahl der Zweigstellen jedoch stetig zurück. Sie reduzierte sich von 44 443 Ende 1999 auf 43 307 Ende 2000. Die Kreditinstitute setzen damit die Straffung ihrer inländischen Zweigstellennetze fort, die auch die Schließung eng benachbarter Filialen als Folge von Fusionen betrifft sowie die Umwandlung von personalintensiven Geschäftsstellen in Selbstbedienungsfilialen. Bis zum Ende des Jahrzehnts ist damit zu rechnen, dass die Bankstellendichte um etwa 30 % zurückgehen wird. Damit ist in Deutschland eine der höchsten Bankstellendichten der Welt erreicht. Im statistischen Mittel versorgt eine Geschäftsstelle ca. 1 800 Bundesbürger, während die entsprechende Größe in den USA 3 600 Einwohner umfasst.

Die Erlöse aus dem stationären Vertrieb decken heute die Kosten bei weitem nicht. Die Ursache dafür liegt darin, dass am „Schalter" lediglich 5 – 20 % der Tätigkeiten Beratungen betreffen, welche für die Bank ein Ertragspotenzial beinhalten. Die große Zahl der Vorgänge sind dagegen Routineaufgaben, wie Formulare ausfüllen, Kontostände abfragen oder Daueraufträge einrichten. Deshalb sind die Banken gezwungen, in diesem Bereich tiefgreifende Rationalisierungsmaßnahmen voranzutreiben.

In den kommenden Jahren ist damit zu rechnen, dass sich die Zahl der Geschäftsstellen weiter reduziert. Die verbleibenden Filialen werden stärker als bisher unterschiedliche Ausprägungen aufweisen:

● **Selbstbedienungseinheiten**: Die Kunden, welche sich noch nicht für neue Kommunikationstechnologien zu Hause erwärmen konnten, können ihre Bankleistungen kostengünstig und beinahe zu jeder Zeit in automatisierten Servicezentralen abwickeln. Hierzu gehören insbesondere der gesamte Konto- und Zahlungsverkehr sowie standardisierte Angebote im Bereich der Vermögensanlage und der Konsumentenkredite.

Jährliche Veränderung der Anzahl der Zweigstellen seit 1960 (ohne Zweigstellen der Deutschen Postbank AG)*	
1960	+ 1.691
1965	+ 1.461
1970	+ 1.811
1975	+ 329
1980	+ 558
1985	+ 90
1990	- 59
1991	- 325 1)
1991	+ 520
1992	+ 2.943 1) 2)
1992	+ 3.788 2)
1993	- 68
1994	- 397
1995	- 497
1996	- 483
1997	- 655
1998	- 1.859
1999	- 784
2000	- 1.136

* Veränderungen generell ohne nachträglich gemeldete Zu- und Abgänge, wenn der Zeitpunkt des tatsächlichen Zu- oder Abgangs nicht mehr festzustellen ist.
1) Ohne neue Bundesländer.
2) Anstieg bedingt durch Erweiterung des Zweigstellenbegriffs auf Annahmestellen, reine Wechselstuben, so genannte Geschäftsvermittlungsstellen, Zweigbüros und Vertretungen.

Quelle: Deutsche Bundesbank, 2001

Neue Wege in der Gestaltung der Geschäftsstellen, z.B. der „Finanzshops"

- **Servicestellen**: Geschäftsstellen, die von Tochtergesellschaften der Banken oder spezialisierten Instituten betrieben werden, bieten ein eng begrenztes Sortiment an Standardprodukten an. Diese Einrichtungen arbeiten oftmals mit angelernten, verkaufsorientierten Mitarbeitern, welche eine erfolgsabhängige Vergütung erhalten.

- **Standardfilialen**: Viele Geschäftsstellen werden zukünftig aus Kostengründen ihre Angebotspalette deutlich eingrenzen und überwiegend Standardprodukte sowie einfache Beratungen anbieten. Diese Filialen konzentrieren sich auf das breite Privatkundengeschäft.

- **Full-Service-Filialen**: Der kleinere Teil der Filialen wird auch weiterhin die gesamte Tiefe des Leistungsangebotes einer Bank im Angebot haben. Dort arbeiten Beratungsexperten, welche den Bedarf der anspruchsvollen Kunden im Privat- und Firmenkundenbereich decken können. Diese erhalten von ihren persönlichen Betreuern komplette Problemlösungen im Sinne des **„Financial Engineering"**, das eine allumfassende Beratung und Betreuung im Finanzdienstleistungsbereich beinhaltet. Es ist damit zu rechnen, dass für diese Leistungen zukünftig Preise berechnet werden.

Home-Banking:
Bankgeschäfte mittels eigenem PC oder interaktivem Fernseher

Cash-Management:
Computergestützte Liquiditäts- und Kontenverwaltung

Electronic Cash:
Kartenzahlung am „Point of Sale", z. B. in Ladengeschäften, Tankstellen oder Hotels

---

Vertriebswege der Kreditinstitute

Stationärer Vertrieb	Mobiler Vertrieb	Technologie-gestützter Vertrieb
→ **Geschäftsstellen**	→ **Außendienst**	→ **Direct Mailing**
• **Selbstbedienungs-einheiten**	• Eigene Außendienstmitarbeiter	• Persönliche Anschreiben
• **Serviecestellen** mit begrenztem Sortiment an Standardprodukten	• Kooperationspartner, z.B. *Bausparkassen, Versicherungen, Strukturvertriebe*	• Prospektverkauf
• **Standardfilialen** mit Standardprodukten und einfachen Beratungen	• Freie Vermittler z.B. *Immobilienmakler*	→ **Telefon- und Fax-Banking**
• **Full-Service-Filialen** mit dem gesamten Leistungsangebot	→ **Fahrbare Zweigstellen**	• Persönliche Kommunikation
→ **Partner im Handel** z.B. *Warenhäuser*		• Computergestützte Kommunikation
		→ **Electronic Banking**
		• Home-Banking
		• Cash-Management
		• Electronic Cash
		• Informationsdienste
		→ **Direktbanken (Virtuelle Banken)**
		Technologiegestütztes Finanzdienstleistungsangebot

**Security First Network:
Erste Vollbank im Internet**

Quelle: Manager Magazin 4/96

Schnittstellen zum Kunden:

→ Persönlicher Service

→ Service per Post

→ Telefonischer Service

→ TV-Banking

→ Kreditkarten, Chipkarten

→ Selbstbedienungsgeräte

→ PC

In allen Geschäftsstellen versuchen die Banken, durch vermehrten Einsatz von Automaten, z. B. *Geldautomaten (GA), Kontoauszugsdrucker (KAD)* oder *interaktive Informations-Terminal*, Routineaufgaben in die Verantwortung der Kunden zu übertragen.

Dieses stationäre Angebot wird durch **ergänzende Vertriebswege** abgerundet. Außendienstmitarbeiter von Banken, Bausparkassen, Versicherungen oder Strukturvertrieben runden die Beratungsleistungen in den Geschäftsstellen ab. Die technologiegestützten Vertriebswege können von diesen Kunden bei Bedarf ergänzend eingesetzt werden.

Die Selbstbedienungsbanken werden sich tendenziell immer mehr zu **„virtuellen Banken"** entwickeln, die eine Vielzahl technologiegestützter Finanzdienstleistungen anbieten. Dazu gehören neben dem Automatenservice die gesamte Palette der mediengestützten Bankleistungen bis hin zum Electronic Brokerage, den technologiegestützten Effektengeschäften, sowie bedarfsorientierte Informationsdienste. Die persönliche Beratung des Kunden wird jedoch ihren Stellenwert behalten.

Nur wer die „Schlüssel" für die elektronischen Pforten besitzt, kann online Kontodaten abrufen oder sicher mit „PIN" und „TAN" Geld bewegen. In der Regel macht erst die Eingabe der Kunden- bzw. Kontonummer und der persönlichen, fünfstelligen Identifikationsnummer (**PIN**), den Kontozugang möglich. Eine Geld-Transaktion, etwa eine Überweisung, wird erst ausgeführt, wenn eine weitere Nummer, die sechsstellige **„TAN"** (Transaktionsnummer), vom Bankcomputer akzeptiert worden ist.

Die **„virtuelle Bank"** ist insbesondere durch folgende Merkmale geprägt:

● Nutzung hoch entwickelter Informations- und Kommunikationstechnologien,

● Neugestaltung der Schnittstellen zwischen Bank und Kunde,

● Ausrichtung der Organisation auf eine optimale Kundenunterstützung.

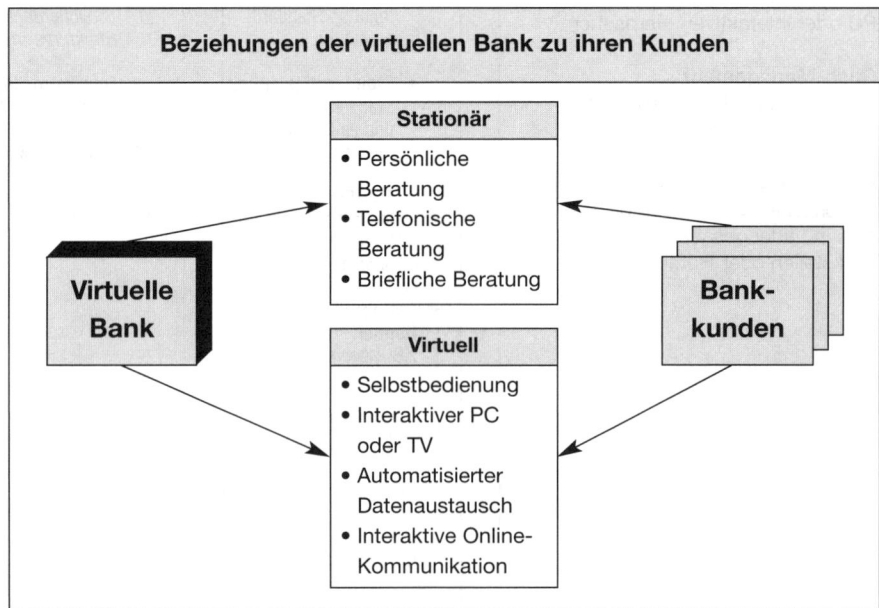

Die technische Entwicklung verändert die Handlungsweisen der Bankkunden fundamental. Der Markterfolg der Banken wird zukünftig entscheidend dadurch bestimmt werden, dass es ihnen gelingt, die Kundenbedürfnisse 24 Stunden pro Tag und sieben Tage in der Woche zu befriedigen. Dies ist jedoch nur in Kombination der verschiedenen Vertriebswege möglich. Der kundengerechte Einsatz der Kommunikationstechnologie wird damit zu einem der entscheidenden Wettbewerbsfaktoren.

2.3 Qualifizierte Beratung – der Schlüssel zum Bankkunden

Man muss sich etwas einfallen lassen

Quelle: Handelsblatt

Die Geschäftsleitung der Finanzbank AG vergleicht regelmäßig die Umsatzzahlen und das Betriebsergebnis der einzelnen Zweigstellen und Filialen. Nachdem sich bei einigen eine negative Entwicklung ergab, wurde unter anderem durch gezielte Befragung der Kundschaft nach den Ursachen geforscht. Diese übte dabei teilweise erhebliche Kritik am Verhalten einzelner Mitarbeiter bei der Anlageberatung:

● *Kunden mussten warten, weil der Berater noch Schriftstücke durchsah,*

● *eine Begrüßung fand gar nicht oder nur in mürrischer Form statt,*

● *das Gespräch glich mehr einem Verhör als einer Beratung,*

● *Kunden hatten das Gefühl, nicht für „voll genommen zu werden",*

● *Erklärungen der einzelnen Anlageformen und deren Vor- und Nachteile wurden nur unvollständig oder auch unverständlich („Bankchinesisch") gegeben,*

● *Kunden fühlten sich bevormundet oder hatten das Gefühl, dass bei der Beratung die Interessen der Bank im Vordergrund stehen.*

Diese Erkenntnisse veranlassten die Geschäftsleitung, die Entwicklungsmaßnahmen für Mitarbeiter im Bereich der Kundenberatung zu verstärken.

2.3.1 Aktiver Verkauf

Der Konkurrenzkampf zwischen den Banken an einem Platz ist zunehmend stärker geworden. Ein Kreditinstitut kann heute nur noch auf Kosten der anderen Banken und in geringem Maße über die Gewinnung von Schulabgängern zusätzliche Marktanteile erreichen. Da das Leistungsangebot dieser Institute in der Regel weitgehend ähnlich ist, wird der Konkurrenzkampf in erster Linie durch die Qualität der Beratung entschieden.

> Die **Kundenberatung** ist ein **aktives Instrument der Absatzförderung**, das den geschäftspolitischen Zielen eines Kreditinstitutes dient.

Der Bedarf der Kunden nach einer fachgerechten und vertrauenswürdigen Beratung nimmt laufend zu. Dafür sind mehrere Gründe ausschlaggebend:

- Den meisten Kunden fehlt die nötige Sachkenntnis, um selbstständig eine Anlage- oder Kreditentscheidung sinnvoll treffen zu können.

- Der Teil des Einkommens, der für Anlagezwecke zur Verfügung steht, hat in den vergangenen Jahren zugenommen. So ist die Sparquote in der Bundesrepublik Deutschland seit Anfang der 90er Jahre stark gesunken. Auch international gingen die Sparquoten zurück.

- In den vergangenen Jahrzehnten erweiterte sich das Leistungsangebot der Kreditinstitute um eine Vielzahl von Produkten, die eine ausführliche Beratung erfordern. Während z. B. die Effekten früher nur für eine kleine Minderheit als Anlage in Frage kamen, sind sie heute für einen großen Teil der Kundschaft eine sinnvolle Alternative.

Eine zentrale Rolle spielen hierbei die Investmentzertifikate, die insbesondere bei kleineren Anlagebeträgen zunehmend größere Beliebtheit erlangen. Im internationalen Vergleich liegen die Deutschen jedoch noch etwas zurück.

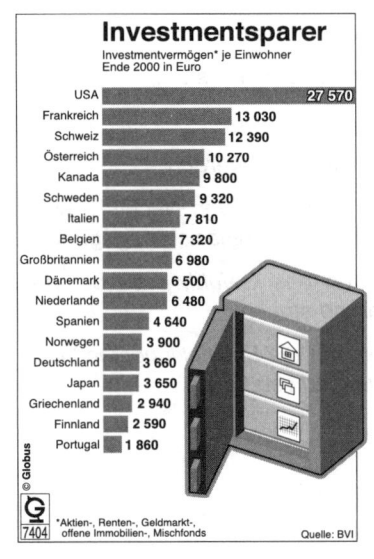

Investmentsparer

Investmentvermögen* je Einwohner
Ende 2000 in Euro

USA	27 570
Frankreich	13 030
Schweiz	12 390
Österreich	10 270
Kanada	9 800
Schweden	9 320
Italien	7 810
Belgien	7 320
Großbritannien	6 980
Dänemark	6 500
Niederlande	6 480
Spanien	4 640
Norwegen	3 900
Deutschland	3 660
Japan	3 650
Griechenland	2 940
Finnland	2 590
Portugal	1 860

© Globus

7404   *Aktien-, Renten-, Geldmarkt-, offene Immobilien-, Mischfonds   Quelle: BVI

2.3.2 Kundenbetreuung – ein Element des Bankmarketing

Der Kunde steht im Mittelpunkt

Die **bisherige Strategie** der Banken war primär **produktorientiert** ausgerichtet. Nachdem sich der Markt vom Verkäufer- zum Käufermarkt gewandelt hat, steht zukünftig der **Kunde stärker im Mittelpunkt**. Damit bekommt das Management der Kundenbeziehung und der Service eine zentrale strategische Bedeutung.

Die **Schlüsselfunktion** in dieser Konzeption kommt damit dem Umgang mit den Kunden zu. Die Qualität dieser **Beziehung zwischen Betreuer und Kunde** wird der entscheidende Erfolgsfaktor.

Eine Betreuungskonzeption, die erfolgreich sein will, muss sinnvoll in das Gesamtsystem des Bankmarketing eingebaut sein.

Elemente der Bank-Kunden-Beziehung

- Akquisition von Neukunden
- Bedürfnisanalyse
- Bedarfsgerechte Nutzenargumentation
- Aktiv auf den Kunden zugehen
- Bedarfsgerechte Problemlösungen
- Servicequalität sichern

Bankmarketing umfasst

– eine **Marketing-Philosophie**, die eine konsequente Ausrichtung der Bank an den Kundenbefürfnissen beinhaltet,

– ein **Marketing-Management**, das die absatzwirtschaftlichen Maßnahmen zielgerichtet und planvoll-systematisch steuert,

– einen **Marketing-Mix**, in dem die absatzpolitischen Instrumente der Bank möglichst optimal eingesetzt werden.

Das Ziel des Bankmarketing besteht letztendlich darin, die Widerstände, die am Markt zwischen Angebot und Nachfrage bestehen, zu überwinden. Der entscheidende „Hebel" dafür ist das Denken und Handeln **aller** Mitarbeiter, das sich an den Bedürfnissen der Kunden orientiert.

Beim Absatz ihrer Leistungen haben die Banken mit einigen Besonderheiten zu kämpfen, die in anderen Branchen keine oder nur eine geringere Bedeutung spielen:

Besondere Anforderungen an das Bankmarketing

● Die Bankleistungen sind zum größten Teil sehr **abstrakt** und durch eine **Vielzahl vertraglicher und gesetzlicher Bestimmungen** geregelt. Der Kunde benötigt deshalb ausführliche Erklärungen.

● Die Geschäftsbeziehungen zwischen den Kunden und ihrer Bank halten oftmals Jahrzehnte. Die Bank muss deshalb beim Absatz ihrer Produkte immer im Auge behalten, dass sie mit dem Kunden **langfristig** in Geschäftsverbindung bleiben will.

● Die **großen Vermögenswerte**, auf die sich die Dienstleistungen der Kreditinstitute beziehen, erfordern ein hohes Maß an Vertrauen des Kunden gegenüber seiner Bank.

Voraussetzung für eine planvolle Abstimmung der Bankleistungen auf die Bedürfnisse der Kunden ist die **Marktforschung**.

Die Marktforschung hat die Aufgabe, die möglichen Zielgruppen für die Bankleistungen zu ermitteln und die erfassten Daten für eine sinnvolle Absatzplanung aufzubereiten. Wegen der laufenden Veränderungen im Bereich der Kundschaft und der Konkurrenz sowie bei den wirtschaftlichen und politischen Rahmendaten erfordert die Marktforschung eine dauernde **Marktbeobachtung** und **Marktanalyse** der eigenen und der möglichen Kundschaft. Eine verbesserte Übersicht ergibt sich, wenn die Kundschaft in **Kundengruppen** eingeteilt wird.

Die meisten Kreditinstitute haben dabei folgende Grundeinteilung:

- **Privatkunden** mit standardisiertem Bedarf (Retail-Kunden). Diese Kunden bevorzugen in erster Linie das Kontensparen und sind nur teilweise bereit, Anlagen im festverzinslichen Wertpapierbereich vorzunehmen.

- **Indiviualkunden** mit Bedarf nach individuellen Problemlösungen. Diese Kundschaft kann nicht eindeutig abgegrenzt werden. Während einige Banken diese Einteilung nach der Berufsgruppenzugehörigkeit oder nach dem Vermögen vornehmen, hat sich bei vielen die Abgrenzung nach einem bestimmten Jahreseinkommen (z. B. 50 000 Euro) durchgesetzt. Im Gegensatz zur breiten Privatkundschaft haben diese Kundenkreise einen Anlagebedarf – vor allem auch im steuersparenden Bereich –, um dessen Abdeckung die Banken mit anderen Anbietern konkurrieren. Obwohl diese Kundengruppe sehr renditebewusst handelt, ist sie für die Anbieter von Einlagen ein wichtiger Abnehmer, da jeweils relativ hohe Beträge zur Anlage kommen.

- **Gewerbe- und Firmenkunden**, die standardisierte und individuelle Problemlösungen nachfragen. Diese Zielgruppe ist von sehr unterschiedlicher Art. Deshalb ist es auch in diesem Bereich notwendig, verschiedene Teilzielgruppen zu bilden. In diesem Bereich gliedern die Banken oftmals nach **Gewerbetreibenden** und **Freiberuflern**, die überwiegend standardisierte Produkte nachfragen, und **Unternehmenskunden**, die individuelle Lösungen bevorzugen. Die Unternehmenskunden können weiterhin untergliedert werden nach
  - Branchen,
  - der Zahl der Beschäftigten,
  - der Höhe des Umsatzes bzw. der Unternehmensgröße
    oder nach Regionen.

  Bei Freiberuflern bietet es sich an, eine Einteilung nach der Art des Berufes vorzunehmen (z. B. Ärzte, Architekten, Notare, Wirtschaftsprüfer).

- **Institutionen** (Gebietskörperschaften wie Banken, Versicherungen, Bausparkassen usw.)

Einige Kreditinstute gehen insbesondere dazu über, die Kundensegmentierung stärker zu gliedern. Damit soll die Möglichkeit geschaffen werden, die einzelnen Kundengruppen gezielter zu betreuen.

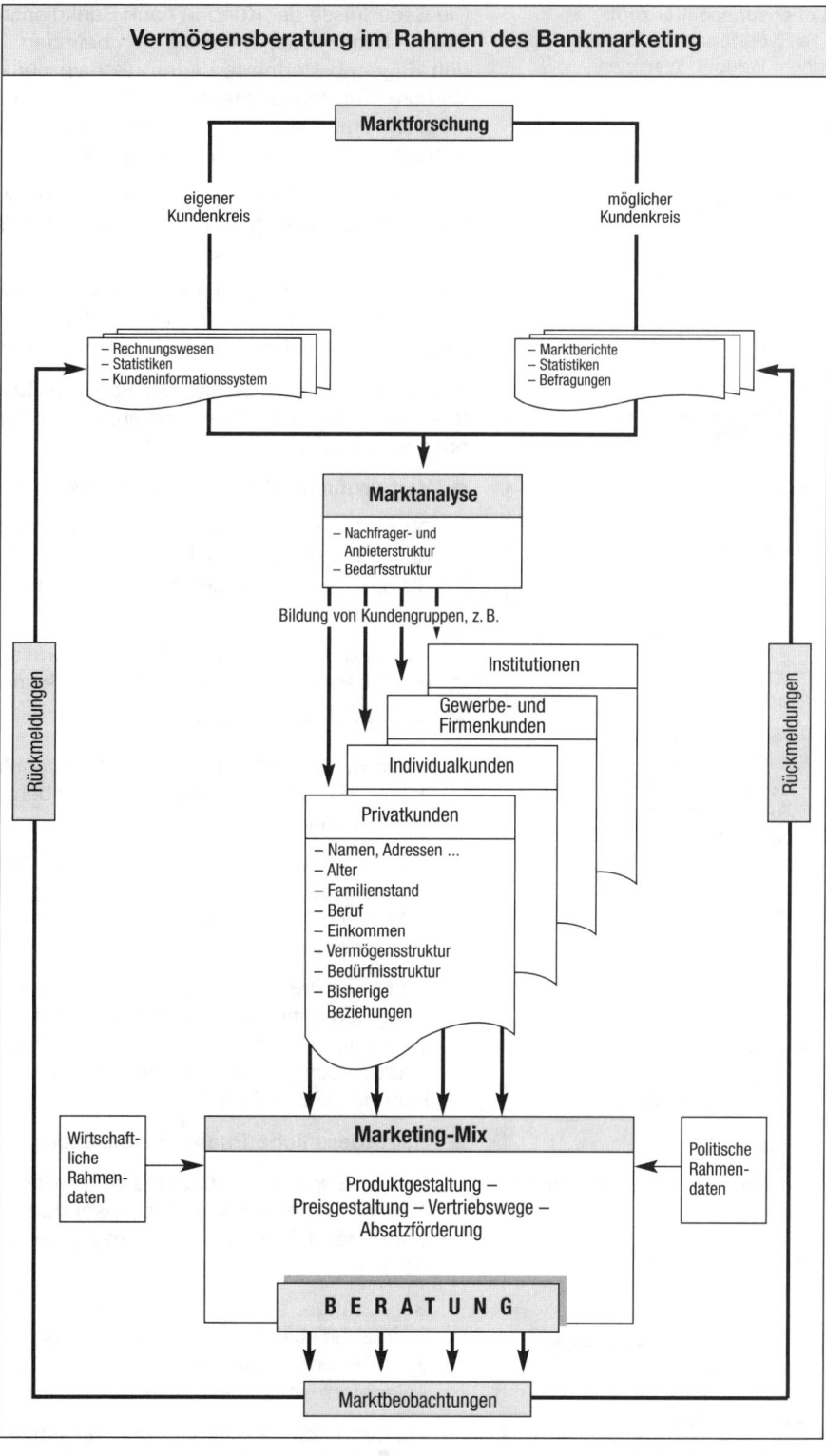

Lebensphasenkonzept:
Die Bedürfnisse der Kunden sind einem Wandel unterlegen

Junge Kunden

– Jugend/Studenten
– Berufsanfänger
– Existenzgründer

Profil

– Konsumorientiert
– Preisbewusst
– Eher kritisch

Bedürfnisse

– Bequemer Zahlungsverkehr
– Automatennutzung
– Einfache Anlageformen

Familien

Profil

– Verantwortungsbewusst
– Rational/kritisch
– Renditeorientiert
– Zunehmend sicherheits-
  bewusst
– Bequem

Bedürfnisse

– Bequemer Zahlungsverkehr
– Steuerlich optimierte Anlage
– Altersvorsorge
– Sachinformationen

Berufstätige

Profil

– Konsum- und erlebnisorientiert
– Risikobereit
– Anspruchsvoll
– Bequem

Bedürfnisse

– Bequemer Zahlungsverkehr
– Zusatzdienstleistungen
– Prestige-Produkte
– Preissensitivität
– Wenig Automatisierung

Die Bedürfnisse der Kunden nach Bankdienstleistungen wechseln je nach Phase ihres Lebenszyklus, in der sie sich befinden. Die Zielsetzung der Orientierung an den Kundenbedürfnissen kann deshalb nur realisiert werden, wenn klar adressierbare **Kundensegmente** definiert werden. Innerhalb dieses Rahmens ist es möglich, standardisierte Produktbündel zu gestalten, die sich am Bedarf der Kunden ausrichten und die wirtschaftlichen Erfordernissen gerecht werden.

Die Banken besitzen für die einzelnen Kundensegmente unterschiedliche **Betreuungskonzepte**, die mit wachsenden Bedürfnissen zunehmend individuell gestaltet sind.

Die Segmente sind für den Kundenbetreuer eine Hilfestellung, die es ihm ermöglichen, besser auf die einzelnen Kunden und ihre Bedürfnisse einzugehen. Dabei ist jedoch eine schematische Zuordnung zu vermeiden.

Aus dem Lebenszyklus und der Familiensituation können folgende – vereinfachte – Segmente abgeleitet werden. In der Praxis werden diese Elemente meist noch weiter differenziert.

● **Vorberufliche Phase**: *Junge Kunden*

Diese Kunden sind im Schnitt 20 bis 30 Jahre alt. Sie stehen entweder in einer Ausbildungsphase oder am Beginn ihres Berufslebens und sind alleinstehend. Sie besitzen entweder ein eigenes Einkommen oder haben ein geringes Geldvermögen.

Sie sind konsumorientiert, preisbewusst und meist kritisch. Sie erwarten einen bequemen Service und haben keine Berührungsängste mit Automaten.

● **Hauptberufliche Phase**: *Familien*

Diese Kunden befinden sich schwerpunktmäßig im Alter zwischen 30 und 50 Jahren. Sie stehen mitten im Berufsleben, sind verheiratet und haben ein oder mehrere Kinder.

Die Persönlichkeit ist durch hohes Verantwortungsbewusstsein und eine rationale sowie kritische Denkweise geprägt. Diese Kunden erwarten eine hohe Rendite, entwickeln sich aber zunehmend zu einem sicherheitsbetonten Anlageverhalten.

Sie haben das Bedürfnis nach einem bequemen Zahlungsverkehr und suchen steuerlich optimierte Anlagen. In vielen Fällen besteht der Wunsch nach einer Immobilie bzw. nach einem Vermögensaufbau mit intensiver Beratung. Die Altersvorsorge und die Absicherung im Hinblick auf die Kinder ist diesen Kunden sehr wichtig.

● **Hauptberufliche Phase**: *Berufstätige*

Dieses Segment befindet sich in der Altersgruppe zwischen 30 und 65 Jahren. Diese Kunden sind besonders konsum- und erlebnisorientiert. Sie sind eher bereit, Risiken einzugehen und erwarten eine anspruchsvolle Beratung.

Berufstätige schätzen einen bequemen Zahlungsverkehr. Sie erwarten Zusatzdienstleistungen sowie Prestige-Produkte. Außerdem besteht vielfach das Bedürfnis, ein Vermögen aufzubauen sowie steuerlich begünstigte Anlageformen kennen zu lernen.

Kunden in dieser Altersgruppe wollen weniger automatisierten Service, sondern persönlich angesprochen und beraten werden.

Senioren
Profil
– Konservativ/bewahrend – Risikoscheu – Nicht preissensitiv – „Anlehnungsbedürfnis"
Bedürfnisse
– Konservative Anlageformen – Bequeme, persönliche   Ansprache – „Leichter" Zugang

● **Altersphase**: *Senioren*

Senioren sind über 65 Jahre alt und haben die aktive Berufstätigkeit beendet bzw. werden diese bald beenden.

Auch diese Kunden sind konservativ, vielfach bewahrend geprägt und scheuen meist das Risiko. Sie sind nicht preissensitiv und besitzen ein hohes Bedürfnis nach Anlehnung. Sie schätzen folglich konservative Anlageformen und eine bequeme, persönliche Ansprache. Senioren wollen das eigene Alter sichern und darüber hinaus oftmals auch für ihre Kinder oder Enkelkinder vorsorgen.

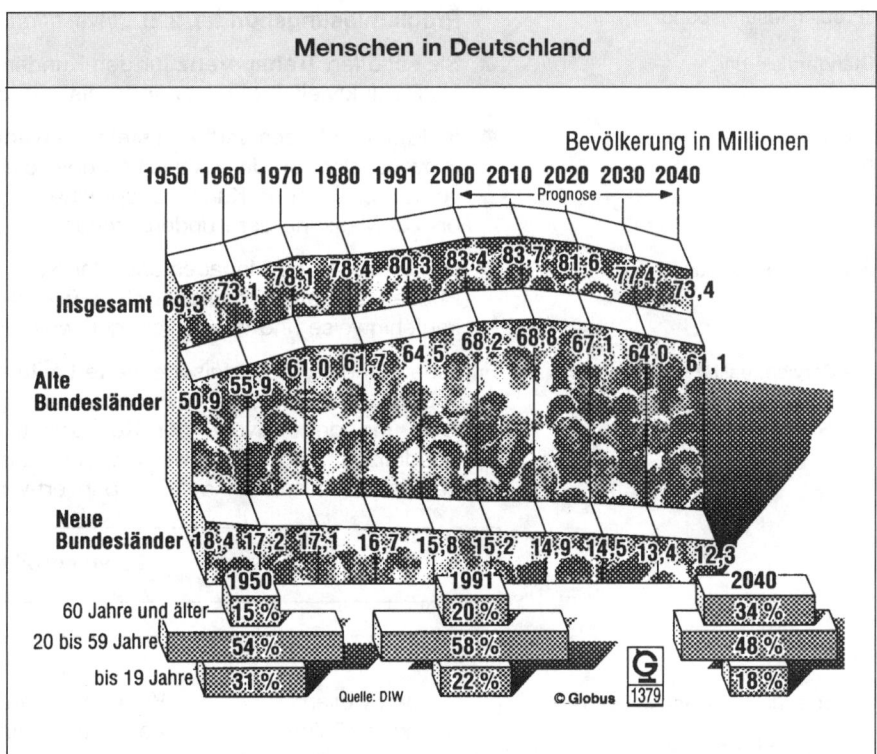

Diese Kundenbedürfnisse können nicht mehr allein mit den traditionellen Bankprodukten aus dem Bereich des Kontoverkehrs, der Vermögensanlage und der Finanzierung gedeckt werden.

Der Kunde erwartet Problemlösungen

Der Bankkunde hat komplexe Probleme im Finanzdienstleistungsbereich, die er kompetent und komfortabel gelöst haben will. Er ist deshalb nicht an Einzelprodukten, sondern an **Problemlösungsbündeln** interessiert. Gleichzeitig wünscht er sich **Transparenz**, das heißt, er möchte die Lösungsansätze verstehen können.

Kundenbedürfnisse
stehen im Vordergrund

Das Handeln der Banken wird deshalb durch folgende Schwerpunkte gekennzeichnet sein:

● Sie konzentrieren sich auf die **Kundenbedürfnisse**, indem sie

– ein klares **Verständnis** für den **Kundenbedarf** entwickeln und erfragen,

– einen zielgruppenspezifischen, transparenten **Service** mit einem fairen Preis-Leistungs-Verhältnis bieten sowie

– eine professionelle Beratung und Abwicklung sicherstellen.

Angebot von
„Problemlösungsbündeln"

● Sie lösen die Probleme ihrer Kunden, indem sie ihnen bedürfnisorientierte **Problemlösungsbündel**, z. B. *„Investitionsberatung"*, anbieten.

Standardisierung

● Sie schaffen **Transparenz** für den Kunden und sichern ihr Ertragsziel, indem sie Produktvielfalt durch **Standardisierung** einschränken.

Kundenbeziehung – ein
permanenter Prozess

● Im Mittelpunkt des Vertriebs steht die **Kundenbeziehung**. Sie erfordert einen Prozess, der von der Akquisition über die persönliche Bedarfsanalyse, einer vorausschauenden Kundenansprache mit bedarfsgerechten Produktbündeln bis zur Messung der Kundenzufriedenheit immer wieder durchlaufen wird.

Systemunterstützung

● Der Prozess des Managements der Kundenbeziehung soll zukünftig in allen Phasen **systemtechnisch unterstützt** werden, indem Auswertungen, Verkaufshinweise und Wiedervorlagen weitgehend automatisiert erfolgen.

Die Servicequalität entscheidet

Für eine ständige, bedürfnisorientierte Weiterentwicklung der Bankleistungen ist es notwendig, das eigene **Serviceniveau** regelmäßig mit den Erwartungen der Kunden und dem Niveau der Konkurrenten abzugleichen. Dadurch können Servicedefizite aufgedeckt werden, so dass die Qualität der Leistungen im Kontakt mit dem Kunden laufend optimiert wird.

Gründe für den Bankenwechsel:

• ungünstige Öffnungszeiten

• lange Wartezeiten

• unfreundliche Mitarbeiter

• mangelhafte Diskretion

• fehlerhafte Abwicklung

• keine persönliche Ansprache

• mangelnde Betreuung

• häufiger Personalwechsel

• schlechte telefonische Erreichbarkeit

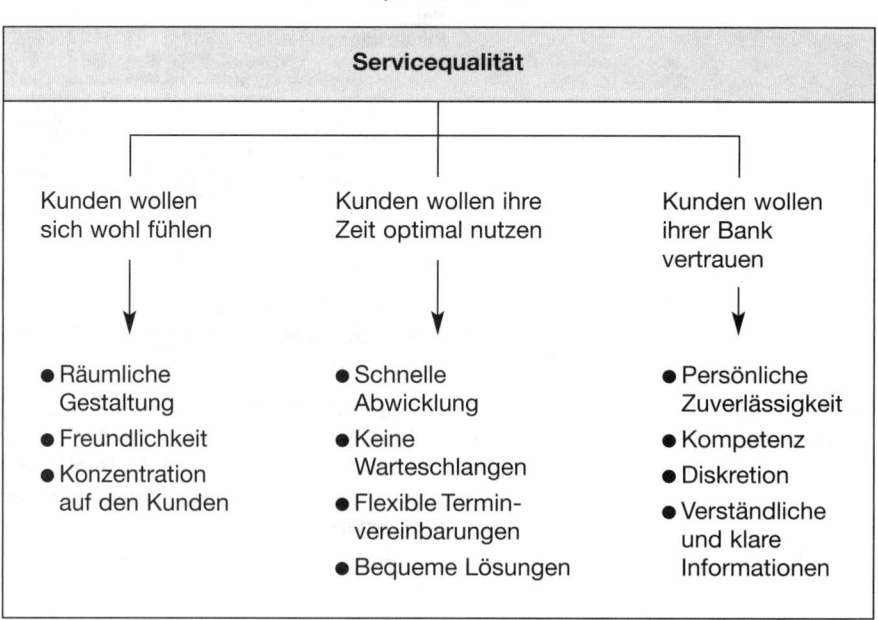

Das Potenzial, das eine Bank am Markt für Finanzdienstleistungen besitzt, kann nur voll ausgeschöpft werden, wenn ein systematischer Prozess der Kundenansprache und der Kundenbetreuung sichergestellt wird.

2.4 Aktiver Verkauf am Beispiel der Vermögensberatung

In der Regel lässt sich das Anlageziel des Kunden ermitteln, indem man ihn gezielt befragt. Die Anlagemotive wird jeder Kunde auf seine eigene, persönliche Art darstellen. Oftmals wird er sich dieser Motive nicht bewusst sein, so dass es dem Geschick des Beraters überlassen bleibt, diese im Verlaufe des Gespräches zu ermitteln.

Grundlegende Anlagemotive am Beispiel von Werbeslogans:

„Reserve für alle Fälle"
„Staatliche Anreize nutzen"
„Vermögen systematisch aufbauen"
„Für die Zukunft vorsorgen"
„Von Ersparnissen leben"
„Ertragsstarke Festzinsanlagen"

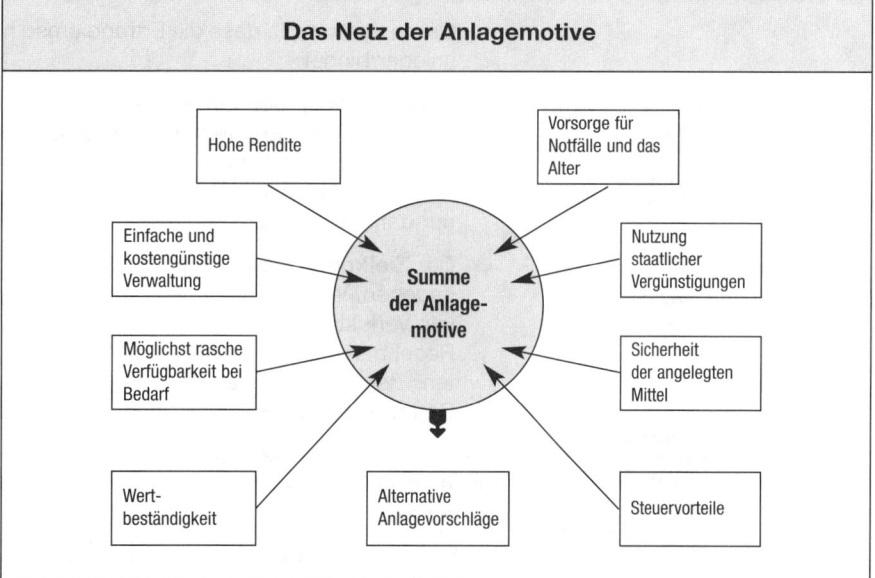

Jeder Anleger wird zunächst alle Anlageziele möglichst vollständig erfüllt haben wollen. Es gibt jedoch keine Anlageform, die alle Ziele gleichzeitig abdecken kann.

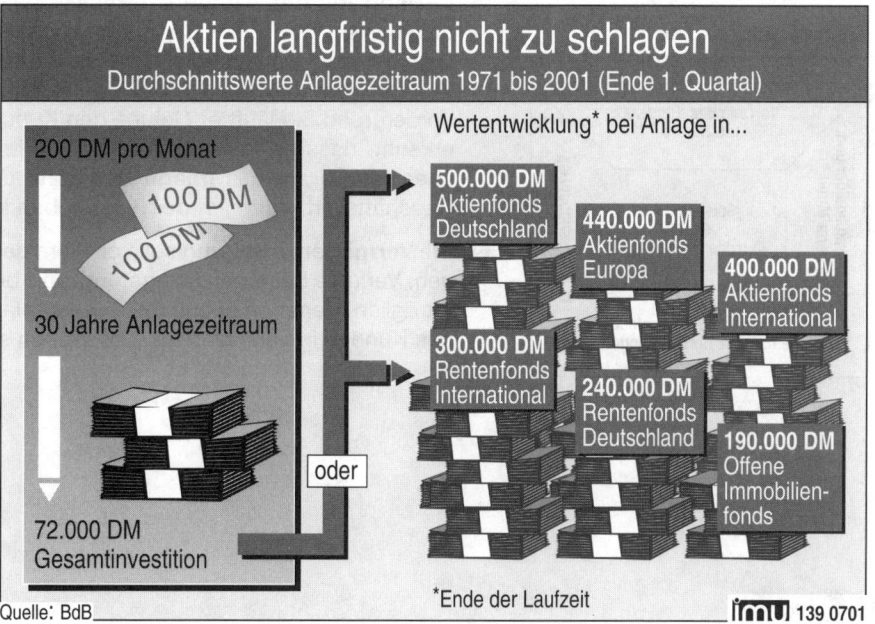

Das „magische Zieldreieck
der Anlageberatung"

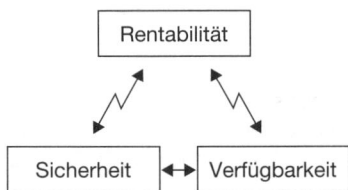

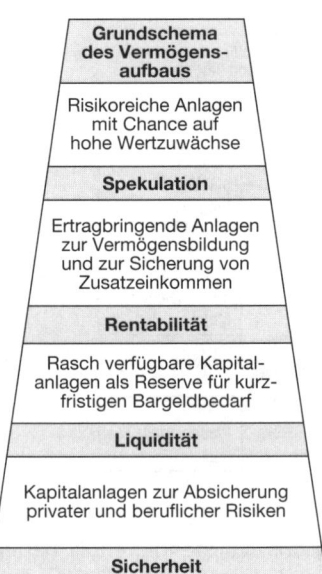

Rahmenbedingungen der
Vermögensberatung:

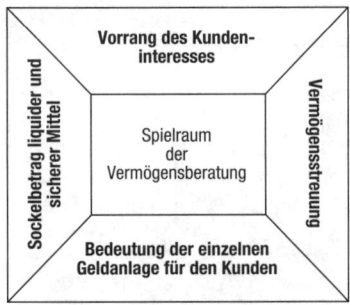

Man bezeichnet das System der grundlegenden Anlagemotive – in Anlehnung an die wirtschaftspolitischen Ziele nach dem Stabilitätsgesetz – als das **„magische Zieldreieck der Anlageberatung"**.

● Der **Zielkonflikt zwischen Rentabilität und Sicherheit** kann bei fast allen Anlagen nachgewiesen werden. Emittenten mit zweifelhafter Bonität müssen beispielsweise höhere Renditen anbieten, um ihre Papiere absetzen zu können.

● Der **Zielkonflikt zwischen Rentabilität und Verfügbarkeit** kann vor allem im Einlagengeschäft und bei festverzinslichen Wertpapieren festgestellt werden.

Grundsätzlich gilt, dass die Erträge umso höher sind, je länger sich der Kapitalanleger bindet.

Diese Struktur der Zinssätze wird teilweise jedoch **kurzfristig** umgedreht, wenn z. B. die Emittenten von Gläubigerpapieren stark fallende Zinssätze erwarten und sich deshalb nur kurzfristig verpflichten wollen. Dieses große Angebot kurzfristiger Papiere, das aus dieser Einschätzung folgt, kann jedoch nur dann abgesetzt werden, wenn höhere Zinssätze geboten werden.

● Der **Zielkonflikt zwischen Verfügbarkeit und Sicherheit** ist nicht zwingend gegeben. Versteht man das Anlageziel der Sicherheit im Sinne eines Schutzes vor Verlusten durch die Geldentwertung, so muss sich der Anleger in der Regel bei hohen Inflationsraten längerfristig binden, um einen Ertrag zu erhalten, der diese Werte übersteigt. Bindet er sich nur kurzfristig, so läuft er Gefahr, dass der Realwert seines Vermögens nicht mehr gesichert ist.

Die Aufgabe des Anlageberaters besteht nun darin, gemeinsam mit dem Kunden die einzelnen **Anlagemotive zu gewichten** und in eine sinnvolle **Rangordnung** zu bringen.

Jede Anlageberatung bewegt sich in einem Rahmen, der durch bestimmte Grundsätze gebildet wird. Diese ergeben sich aus der Notwendigkeit, den Kunden zufrieden zu stellen. Innerhalb dieses Spielraumes kann der Anlageberater den Kunden unter Berücksichtigung seiner Persönlichkeit und der aktuellen Lage nach seinem Ermessen Vorschläge unterbreiten.

● Der **Vorrang des Kundeninteresses** beruht auf einer langfristigen Betrachtungsweise. Die beste Beratung – sowohl für den Kunden als auch für die Bank – ist diejenige, die eine **dauerhafte** Geschäftsverbindung mit dem Kunden gewährleistet. Stellt der Berater einen Augenblickserfolg in den Vordergrund, so läuft er Gefahr, den Kunden zu verlieren, wenn dieser später erkennt, dass er schlecht beraten wurde. Jeder verlorene Kunde wirkt sich aber negativ auf das **Image der Bank** aus, was weitere Folgen für andere Geschäftsverbindungen der Bank haben kann.

● Die **Vermögensstreuung** soll vor allem dem Ziel der Sicherheit Rechnung tragen. Verluste bei **einer** Anlageform sind bei einem breit gestreuten Vermögen erträglich. Daneben erlaubt es dieses Anlageprinzip, die einzelnen Anlageziele des Kunden in verschiedenen Bereichen seines Vermögens zu erfüllen.

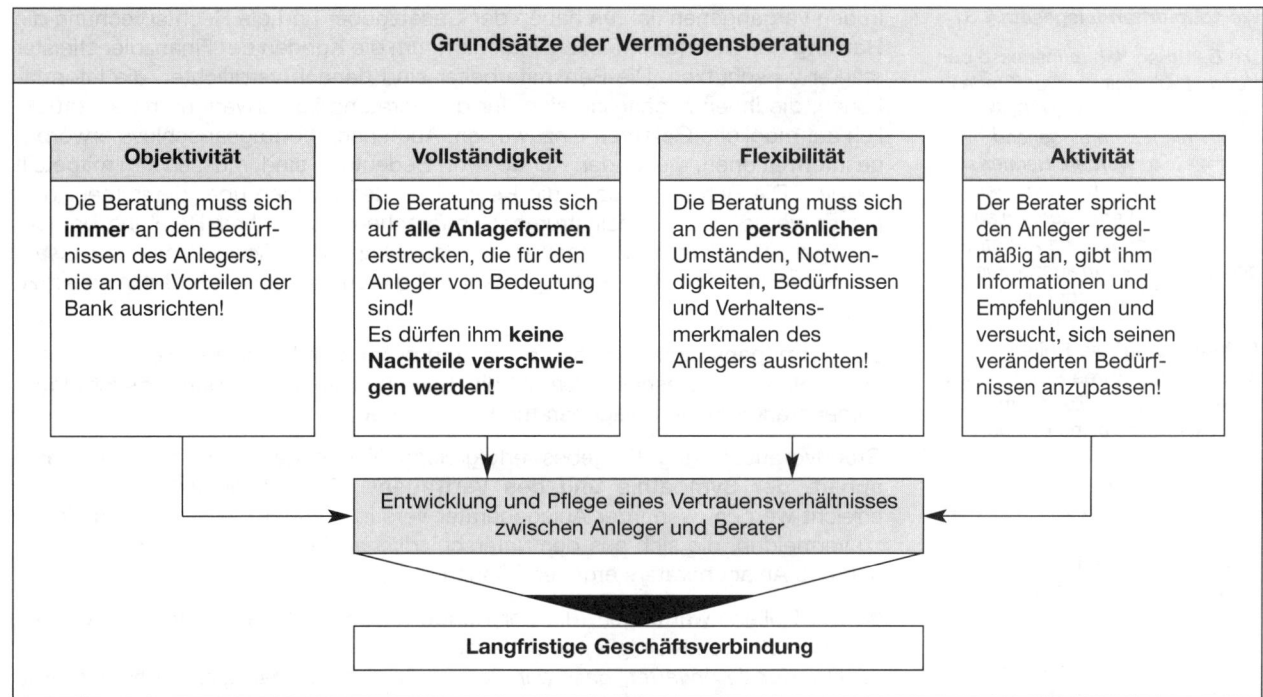

Der erfolgreiche Berater muss umfassend und kompetent beraten können.

Diese Grundsätze setzen voraus, dass die Organisation der Vermögensberatung in erster Linie nach dem **Kundenprinzip** erfolgt. Der Anlageberater muss deshalb ausreichende Kenntnisse auf allen Gebieten der Vermögensanlage besitzen. Daneben benötigt er ein umfassendes Beratungs- und Informationssystem, um auf alle Fragen der Kunden fachgerecht reagieren zu können.

Jede Vermögensberatung stößt an sachliche Grenzen, die der Berater im Interesse des Kunden **und** der Bank nicht überschreiten darf. Der Grundsatz der Objektivität erfordert es, dass der Kunde im Beratungsgespräch ausdrücklich auf diese Grenzen hingewiesen wird.

Grenzen der Vermögensberatung

● Das **Wissen des Beraters** kann nicht unbegrenzt sein. Reicht sein Wissen nicht mehr aus, sollte er dies offen zugeben und Fachleute einschalten.

● **Zukünftige Entwicklungen** können nicht mit Sicherheit vorausgesagt werden. Deshalb muss dem Kunden dieser Risikofaktor erläutert werden.

● Das **Leistungsangebot** der Bank kann nicht unbegrenzt sein. Der Anlageberater sollte aber zumindest in der Lage sein, dem Kunden auch einen grundsätzlichen Rat über solche Anlageformen zu erteilen, die aus dem Rahmen der Tätigkeit seiner Bank fallen.

● Die **Beratung in steuerlichen und rechtlichen Fragen** muss sich auf die Fragen beschränken, die **direkt** mit der Vermögensanlage zusammenhängen. Eine weitergehende Hilfestellung für den Kunden ist nach den gesetzlichen Bestimmungen den Rechtsanwälten bzw. Steuerberatern vorbehalten.

Wertpapierhandelsgesetz § 31

Die Beratung hat im Interesse der Kunden zu erfolgen. Der Kunde hat das Recht, über die Risiken einer Anlageform eingehend informiert zu werden. Berater sind verpflichtet, ihre Kunden über Einkommen, Vermögen, Anlageziel und Risikobereitschaft zu befragen. Bei hohen Anlagesummen sollte ein Zeuge dabei sein.

Gehen Sie auf die Rollenerwartungen Ihres Kunden ein:
– Der Berater hat Zeit für mich,
– er akzeptiert meine Persönlichkeit,
– er geht auf meine Wünsche ein,
– er ist fachkundig.

Nehmen Sie Ihre Rollenerwartungen an den Kunden zurück:
– Der Kunde hat Zeit für die Beratung,
– er akzeptiert meine Autorität,
– er ist sachkundig bzw. nicht sachkundig,
– er nimmt meine Vorschläge an.

Vermeiden Sie „Bankchinesisch"

Vom passiven „Bankbeamten" zum aktiven Verkäufer

Anforderungen an die aktive Anlageberatung

In den vergangenen Jahren haben der Gesetzgeber und die Rechtsprechung die **Haftung der Berater** erheblich verschärft, um die Kunden der Finanzdienstleister stärker zu schützen. Die Bankmitarbeiter sind danach verpflichtet, die Informationen, die ihnen zugänglich sind, für die Beratung zu verwerten und ausdrücklich auf mögliche Gefahren hinzuweisen. Auch nach Vertragsabschluss erworbene Informationen, die für den Kunden von Bedeutung sind, müssen ihm mitgeteilt werden. Die Berater müssen die Kenntnisse des Kunden über die immer komplexer werdenden Finanzinstrumente erforschen und in ihrer Beratung berücksichtigen. Bei Verstößen gegen diese Regel kann das Geschäft als unwirksam erklärt werden. Die Bank hat in diesem Fall die entstandenen Schäden selbst zu tragen.

Der Vermögensberater ist heute ein **Verkäufer** der Produkte, die seine Bank anzubieten hat. Deshalb werden die Erkenntnisse der **Verkaufspsychologie** immer stärker in die Anlageberatung einbezogen.

Grundvoraussetzung für jedes erfolgreiche Kundengespräch ist eine **Atmosphäre der Sympathie und des Vertrauens**. Diese kann jedoch nur dann erreicht werden, wenn der Anlageberater versucht, mögliche Konfliktsituationen zu vermeiden, die sich aus den unterschiedlichen Persönlichkeiten des Kunden und des Anlageberaters ergeben können.

● Die Rollenerwartungen, die der Kunde an den Anlageberater stellt, werden oftmals durch Kleinigkeiten enttäuscht:
  *Der Kunde erwartet, dass der Berater für ihn Zeit hat, dieser beginnt seine Erklärungen jedoch mit „Lassen Sie mich das **schnell mal** erklären ..."*

● Die Rollenerwartungen des Beraters an den Kunden werden selten voll erfüllt. Trotzdem darf er sich nicht enttäuscht oder gar beleidigt zeigen, wenn dies der Fall ist.

● Sympathie und Antipathie werden oftmals durch die Sprache ausgelöst, die der Berater benutzt. Er sollte nur solche Begriffe verwenden, die der Kunde versteht. Lässt sich ein bankentypisches Fremdwort nicht vermeiden, so muss es sofort erklärt werden. Auf der anderen Seite sollte er aber auch spüren, wenn sich der Kunde als „Fachmann" auf dem besprochenen Gebiet fühlt und erwartet, in dieser Rolle akzeptiert zu werden.

Das Verhältnis zwischen dem Kapitalanleger und seiner Bank hat sich in den vergangenen Jahrzehnten grundlegend gewandelt. Früher hatte die Anlageberatung fast ausschließlich **passiven** Charakter, das heißt, der „Bank**beamte**" erfüllte – soweit es möglich war – das Anliegen des Kunden.

Heute wird eine **aktive** Anlageberatung angestrebt, das heißt, der Bank**kaufmann** versucht, die Dienstleistungen der Bank an die bisherigen und an die möglichen Kunden zu **verkaufen**.

Die aktive Anlageberatung erfordert es,

● bereits vorhandene Engagements regelmäßig zu überprüfen,

● laufend günstige Anlagemöglichkeiten für den Kunden und Nichtkunden zu suchen und

● im aktuellen Fall eine Umschichtung der Anlagen anzuregen.

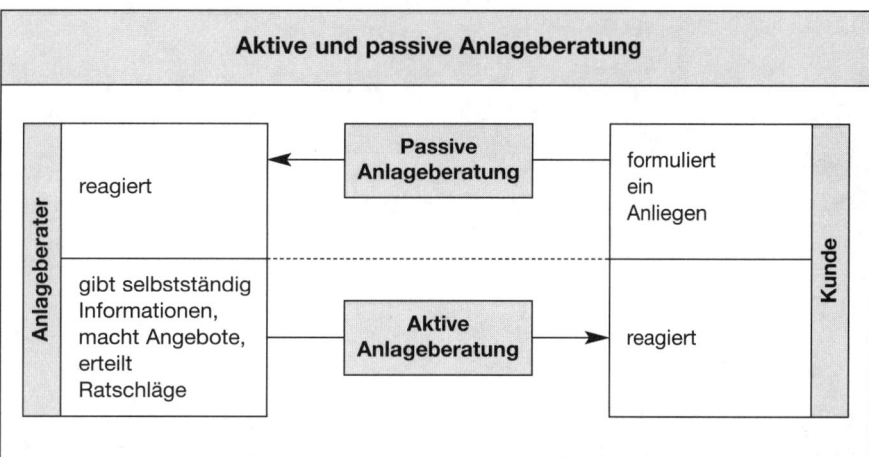

Eine Anlageberatung kann nur dann als erfolgreich angesehen werden, wenn sie eine **langfristige** Geschäftsverbindung mit dem Kunden gewährleistet.

Ist das Anlagegespräch erfolgreich verlaufen, so bietet sich für den umfassend ausgebildeten Vermögensberater oftmals die Möglichkeit, weitere Produkte der Bank anzubieten. Diese übergreifende Verkaufsstrategie bezeichnet man als **Cross-Selling**.

Cross-Selling

Aufgaben

1. Beschreiben Sie die wesentlichen Strukturmerkmale des Marktes für Finanzdienstleistungen und deren aktuelle Veränderungen in Deutschland.

2. Erläutern Sie die Aufgabe und die wesentlichen Elemente des Bankmarketing.

3. Erstellen Sie eine Rangordnung Ihrer eigenen Anlagemotive und arbeiten Sie die wesentlichen Zielkonflikte heraus.

4. Erarbeiten Sie eine persönliche Checkliste für Ihre Vorbereitung auf Kundengespräche.

5. Begründen Sie, weshalb der aktive Verkauf die passive Beratung im Bankbereich ersetzt hat.

3 Markt und Preis

Die Preise an verschiedenen Märkten sind zum Teil starken Schwankungen unterworfen. Dies zeigt sich am Beispiel der Rohölpreise.

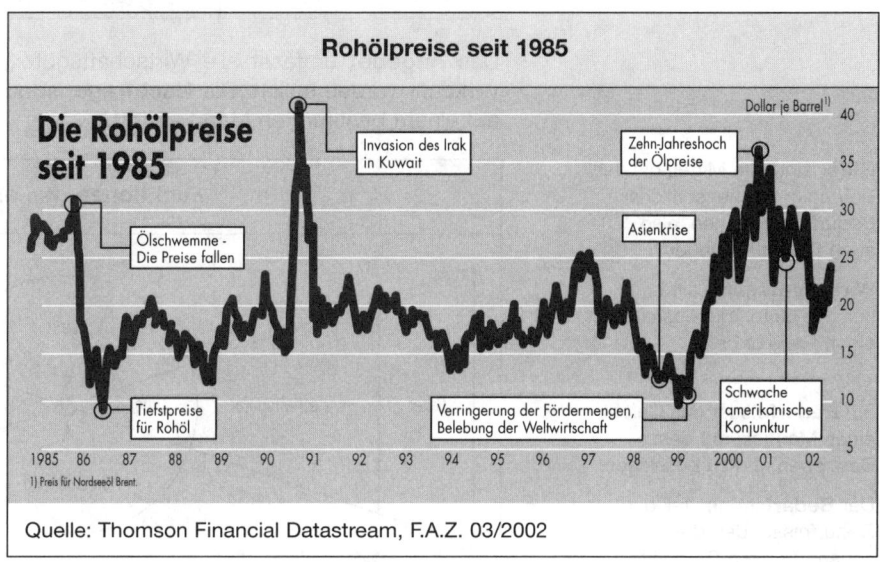

Rohölpreise seit 1985

Die Rohölpreise seit 1985

- Ölschwemme - Die Preise fallen
- Invasion des Irak in Kuwait
- Zehn-Jahreshoch der Ölpreise
- Asienkrise
- Tiefstpreise für Rohöl
- Verringerung der Fördermengen, Belebung der Weltwirtschaft
- Schwache amerikanische Konjunktur

Dollar je Barrel[1]

1) Preis für Nordseeöl Brent.

Quelle: Thomson Financial Datastream, F.A.Z. 03/2002

Lernziele

● Die Funktion des Marktes beschreiben,

● die grundlegenden Bestimmungsgründe für Angebot und Nachfrage erklären,

● den Preisbildungsprozess am vollkommenen Markt und in der Realität skizzieren,

● die Marktformen am Bankenmarkt in Deutschland erläutern,

● die Wirkung von staatlich festgelegten Preisen verstehen,

● die wichtigsten Formen der Zusammenschlüsse in der Wirtschaft nennen und bewerten,

● die Grundzüge der staatlichen Wettbewerbspolitik darstellen.

Auf dem Wochenmarkt, in den Verkaufsräumen der Autohändler oder in den Verkaufsräumen der Banken treffen Anbieter und Nachfrager zusammen, um Güter auszutauschen.

> Der **Markt** ist jedes **Zusammentreffen** von **Angebot** und **Nachfrage**.

Das **Angebot** umfasst alle Wirtschaftsgüter, die auf einem bestimmten Markt verkauft werden sollen. Die **Nachfrage** ist der Bedarf an Wirtschaftsgütern, der auf einem bestimmten Markt auftritt.

Güter sind alle Mittel, die der Befriedigung menschlicher Bedürfnisse dienen, also auch Dienstleistungen.

Wirtschaftsgüter sind knappe Güter, die deshalb einen Preis haben.

Ein **Bedürfnis** ist das Gefühl eines Mangels mit dem Bestreben, ihn zu beseitigen.

Der **Bedarf** ist der Teil der Bedürfnisse, den die Menschen mit ihren Geldmitteln befriedigen können.

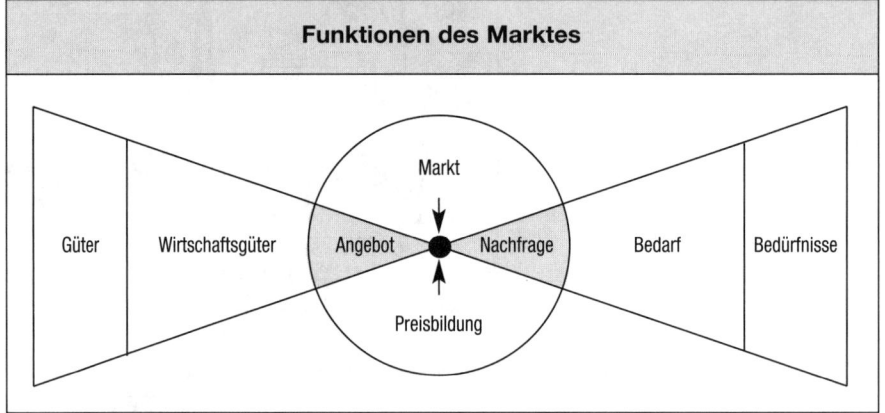

Funktionen des Marktes

Der Markt hat vor allem zwei wesentliche Funktionen:

● **Vermittlung**: Die Wirtschaftsgüter werden zwischen Anbietern und Nachfragern ausgetauscht:

● **Bewertung**: Der Marktpreis für die gehandelten Wirtschaftsgüter wird ermittelt.

3.1 Nachfrage

Die Raiffeisenbank Rottal bietet im Rahmen ihres Warengeschäftes den Kunden auch Heizöl an. Die Heizölhändler haben in einer Marktuntersuchung feststellen lassen, welche Mengen die Abnehmer auf lange Sicht gesehen bei verschiedenen Preisen kaufen würden. Dabei zeigte es sich, dass die Verbraucher sich vollkommen unterschiedlich verhalten. Zählt man jedoch alle Abnahmewünsche zusammen, so ergibt sich folgende jährliche Gesamtnachfrage für die Region.

Marktpreis EUR je Liter	Menge Einheiten
1,00	100
0,80	200
0,60	300
0,40	400
0,20	500

Bei einem Preis von 0,40 EUR würden 400 Einheiten Heizöl, bei einem Preis von 0,80 EUR jedoch nur noch 200 Einheiten Heizöl nachgefragt, weil die Kunden Heizenergie einsparen oder auf andere Energieträger umsteigen würden.

Je höher der Marktpreis, desto geringer ist die nachgefragte Menge eines Gutes.

Die regelmäßige Nachfragefunktion verläuft von links oben nach rechts unten.

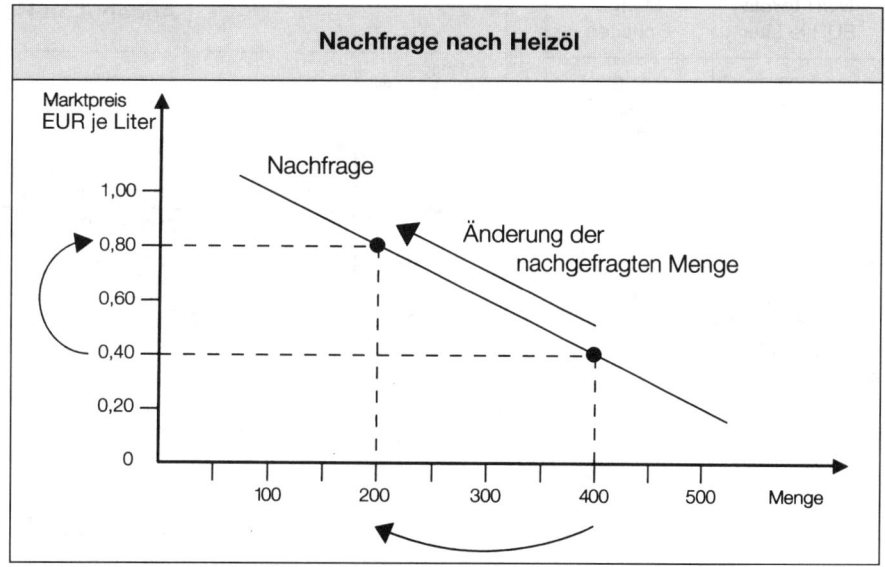

Diesem Nachfrageverhalten liegt eine wesentliche Modellannahme zugrunde.

Ist ein Gut billig, kann es von vielen Käufern erworben werden. Je teurer das Gut jedoch wird, desto mehr Käufer verzichten, weil sie es nicht mehr bezahlen können oder weil der geforderte Betrag nicht der persönlichen Einschätzung des Kunden entspricht.

Durch Einkommensänderungen der Nachfrager, Preisänderungen anderer Güter oder durch Bedürfnisänderungen der Nachfrager (z. B. aufgrund von Energiesparappellen der Regierung) wird sich die **Nachfrage**, und damit die Funktion, verschieben.

In der Realität wird diese Funktion keine Gerade, sondern eine Kurve sein. Auch gibt es durchaus Ausnahmen von diesem Verlauf. Glauben die Nachfrager, dass ein Gut in der Zukunft erheblich teurer sein wird, so werden sie auch bei steigenden Preisen mehr kaufen. Manchmal verkaufen sich teure Produkte besser als billige, weil die Nachfrager der Meinung sein können, dass ein hoher Preis mit guter Qualität gleichzusetzen ist.

3.2 Angebot

Die Heizölhändler der Region zeigen in diesem Modell ebenfalls ein typisches Verhalten. Bei hohen Marktpreisen wollen sie große Mengen anbieten, bei niedriger werdenden Preisen würden nach und nach einzelne Händler aus dem Markt ausscheiden. In der Zusammenfassung enthält man im Modell folgendes Gesamtangebot.

Marktpreis EUR je Liter	Menge Einheiten
1,00	600
0,80	450
0,60	300
0,40	150
0,20	–

Bei einem Preis von 0,40 EUR je Liter Heizöl werden nur 150 Einheiten, bei einem Preis von 0,80 EUR je Liter jedoch 450 Einheiten angeboten.

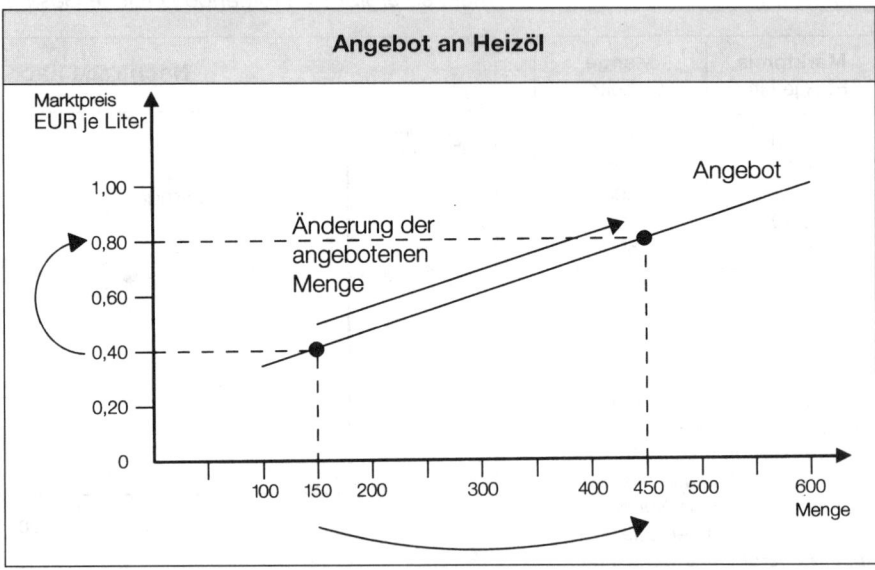

Je höher der Marktpreis, desto größer ist die angebotene Menge eines Gutes.

Auch dieses Angebotsverhalten geht von bestimmten Modellannahmen aus.

Dabei wird unterstellt, dass die Unternehmen nach dem Gesichtspunkt der Gewinnmaximierung handeln. Bei steigenden Preisen ist es für eine zunehmende Zahl von Unternehmern gewinnbringend, diese Produkte anzubieten. Bei fallenden Preisen dagegen werden immer mehr Unternehmer als Anbieter ausscheiden, weil sie aus Kostengründen nicht mehr mithalten können.

Das **Angebot** als Gesamtes kann sich ändern, wenn sich

– die Preise der Produktionsfaktoren (z. B. der Erdölproduzenten),

– die Preise anderer Güter, deren Herstellung für die Produzenten erfolgversprechend ist,

– das technische Wissen oder

– die Ziele des Anbieters

ändern. In diesem Fall verschiebt sich die gesamte Funktion nach oben oder nach unten.

Die regelmäßige Angebotsfunktion verläuft von links unten nach rechts oben.

Auch das Angebot kann in der Realität anders verlaufen. Hat sich ein Unternehmer zum Ziel gesetzt, nur einen bestimmten Ertrag zu erwirtschaften, so muss er bei steigenden Preisen weniger Güter produzieren, um dies zu erreichen. Bei sinkenden Preisen könnte ein Unternehmer, dessen Einkommen eine bestimmte Grenze nicht unterschreiten soll, gezwungen sein, mehr Güter zu produzieren, damit er dieses Ziel erreicht.

3.3 Preisbildung auf dem Markt

Das Angebot und die Nachfrage nach Heizöl treffen auf dem Markt zusammen. Welcher Preis muss sich nunmehr ergeben, damit sich der Markt im Gleichgewicht befindet?

> Der **Gleichgewichtspreis** bringt Angebot und Nachfrage zum Ausgleich.

Jeder Anbieter, der zu diesem Preis verkaufen will, kann seine Ware absetzen; jeder Nachfrager, der zu diesem Preis kaufen will, kann Ware erwerben.

Markt-preis EUR/Liter	ange-botene Menge	nach-gefragte Menge	verkaufte Menge
1,00	600	100	100
0,80	450	200	200
0,60	300	300	300
0,40	150	400	150
0,20	–	500	–

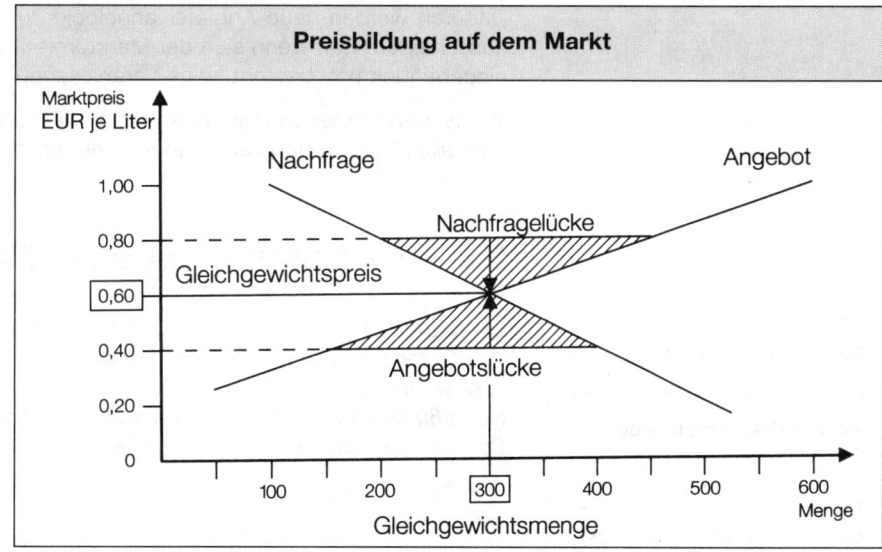

Der Gleichgewichtspreis ist der Preis, bei dem die angebotene und nachgefragte Menge gleich groß sind.

Der Gleichgewichtspreis liegt im Schnittpunkt der Angebots- und Nachfragefunktion. Im Gleichgewichtspreis P = 0,60 EUR werden 300 Einheiten Heizöl umgesetzt. Alle Anbieter, die bereit sind, zu diesem Preis zu verkaufen, können ihre **gesamte Ware** absetzen.

Alle Nachfrager, die bereit sind, zu diesem Preis zu kaufen, können **alle** gewünschten Waren erwerben.

Anbieter, die mehr als den Gleichgewichtspreis erzielen wollten, und Nachfrager, die weniger als diesen Preis bezahlen wollten, scheiden aus dem Markt aus. Graphisch fallen das Angebot und die Nachfrage aus dem Markt, die sich rechts vom Schnittpunkt befinden.

Liegt der Marktpreis über dem Gleichgewichtspreis, entsteht eine **Nachfragelücke**: Die nachgefragte Menge ist kleiner als die angebotene Menge.

Bei einem Marktpreis von z. B. 0,80 EUR je Liter könnten zwar alle Nachfrager, die bereit wären, diesen Preis zu zahlen, ihre gewünschte Ware erwerben. Die Anbieter jedoch, die bei diesem Preis 450 Einheiten verkaufen möchten, werden nur 200 Einheiten absetzen können; sie bleiben auf dem größten Teil der Ware sitzen.

Liegt der Marktpreis unter dem Gleichgewichtspreis, entsteht eine **Angebotslücke**: Die angebotene Menge ist kleiner als die nachgefragte Menge.

Bleiben die Anbieter auf ihrer Ware sitzen, werden sie die Preise senken, wodurch sich wiederum die Nachfragelücke verkleinert. Hat sich der Marktpreis auf den Gleichgewichtspreis eingependelt, besteht keine Veranlassung mehr, eine Preis-änderung vorzunehmen, da die Anbieter dann genau die gewünschte Menge absetzen können. Die Nachfragelücke ist verschwunden.

Bei einem unterstellten Marktpreis von 0,40 EUR je Liter würden zwar alle Anbieter, die zu diesem Preis noch verkaufen wollen, ihre Ware absetzen können. Die Nachfrager würden bei diesem niedrigen Preis jedoch gerne 400 Einheiten erwerben, können aber tatsächlich nur 150 kaufen. Es werden sich vermutlich Wartelisten bilden, bei denen diejenigen, die sich als Erste eingetragen haben, ihre Kaufwünsche erfüllt bekommen. Die anderen gehen leer aus.

Diese „Warteschlangen" werden die Anbieter veranlassen, ihre Preise anzuheben. Dadurch werden neue Anbieter angelockt, während Nachfrager aus dem Markt ausscheiden. Erst wenn sich der Marktpreis wieder auf dem Gleichgewichtspreis eingependelt hat, besteht keine Veranlassung mehr, den Preis zu ändern.

In unserem Modell wird sich also ein einheitlicher Preis auf dem Markt bilden, bei dem alle Anbieter und Nachfrager zufrieden gestellt werden.

3.4   Bedingungen des vollkommenen Marktes

Die Märkte in der Realität weisen oft sehr verschiedene Preise für genau dieselben Güter aus. Die Kosten für ein Kontokorrentkonto mit bestimmten Umsätzen können im Jahr 10 EUR, aber auch 150 EUR betragen; die Miete für ein Schließfach gleicher Größe kann sich zwischen 10 EUR und 60 EUR bewegen. Solche Beispiele lassen sich auch bei vielen anderen Bankprodukten finden.

Welchen Aussagewert haben dann aber noch Modelle, die die Preisbildung erklären wollen?

Das Modell der Preisbildung ist ein Denkmodell, das von der Existenz eines **vollkommenen Marktes** ausgeht. In diesem Markt müssen folgende Bedingungen erfüllt sein:

● **Homogenität der Güter**. Die angebotenen Güter müssen völlig gleichartig (homogen) sein, z. B. *vertretbare Güter wie Aktien oder Waschmittel einer bestimmten Marke.*

● **Markttransparenz**. Alle Marktteilnehmer haben die vollständige Übersicht über den Markt; der Markt ist also für alle durchsichtig (transparent).

Die Marktteilnehmer kennen die angebotenen und nachgefragten Mengen sowie die Qualität, Preise und Lieferungs- und Zahlungsbedingungen, die auf dem gesamten Markt herrschen.

● **Fehlen von Präferenzen**. Weder Käufer noch Verkäufer ziehen bestimmte Marktteilnehmer aus räumlichen, zeitlichen oder persönlichen Gründen vor; sie haben keine Vorliebe (Präferenz) für bestimmte Personen am Markt.

Beispiele einer Preisstaffel

Private Dispositionskredite 8,75 %.

Ratenkredite (bis 10 000 EUR) bei fünf Jahren Laufzeit effektiv 9 %, über 10 000 EUR effektiv 8 %.

Hypothekarkredite auf Wohngrundstücke, Festzinsen auf 10 Jahre effektiv 7,32 %, Festzinsen auf 5 Jahre effektiv 6,92 %, variabel 6,58 %.

Spareinlagen (mit dreimonatiger Kündigungsfrist) 2,5 %.

Spareinlagen mit vereinbarter Kündigungsfrist von vier Jahren und darüber 3,75 %.

Die Käufer zahlen keine höheren Preise, weil z. B.
– das Geschäft eines Anbieters näher liegt (räumliche Präferenz),
– ein Anbieter zu günstigeren Zeiten verkauft (zeitliche Präferenz) oder
– die Bedienung in einem Geschäft freundlicher ist (persönliche Präferenz).

● **Unendlich schnelle Reaktionsgeschwindigkeit** aller Marktteilnehmer auf Veränderungen einzelner Marktgrößen, wie Angebotspreise und -mengen, Kaufkraft oder Bedürfnisse.

Die Börse – ein nahezu vollkommener Markt

In der Praxis kommen diesem Ideal nur die Devisen- und Wertpapierbörsen nahe:

– Die gehandelten Devisen oder Wertpapiere sind homogen.
– Die Börse ist ein „Punktmarkt", das heißt, alle Marktteilnehmer kommen zu einer bestimmten Zeit an einem bestimmten Ort zusammen, so dass fast vollständige Transparenz herrscht. Außerdem kann niemand in räumlicher oder zeitlicher Hinsicht bevorzugt werden.
– Persönliche Präferenzen sind in der Regel auszuschließen.

Die Reaktionsgeschwindigkeit ist sicher nicht unendlich schnell, kommt aber nahe an die Idealvorstellungen heran.

Sind die Bedingungen des vollkommenen Marktes erfüllt, dann bildet sich ein einheitlicher Preis.

Sobald eine dieser Bedingungen nicht mehr erfüllt ist, bilden sich „Teilmärkte", was uneinheitliche Preise zur Folge hat. Obwohl das Modell des vollkommenen Marktes in der Realität kaum anzutreffen ist, zeigt diese Erklärung jedoch die typischen Verhaltensweisen der Marktteilnehmer und kann somit die Prinzipien der Preisbildung offenlegen.

Ist der Bankenmarkt ein vollkommener Markt?

Der **Bankenmarkt** ist von dem Modell des vollkommenen Marktes weit entfernt:

Fehlende Homogenität

● Die **Bedingung der Homogenität** der angebotenen Dienstleistungen wird in diesem Bereich nie erfüllt werden, da diese Leistungen in ihrer Qualität fast ausschließlich durch die Mitarbeiter bestimmt werden, die den Kunden beraten. Hinzu kommt, dass es im Bankbereich viele „Gratisleistungen" gibt (*z. B. das Führen der Sparkonten*), die jeweils mit zu berücksichtigen sind.

● Die **Bedingung der Transparenz** ist ebenfalls bei weitem nicht erfüllt. So bemühen sich die Banken z. B. darum, die Belastung des Kunden bzw. seinen Nutzen in einem möglichst günstigen Licht erscheinen zu lassen. Aus diesem Grunde werden die Preise für bestimmte Dienstleistungen gespalten. Im Kreditgeschäft berechnen einzelne Banken z. B. folgende „Preise" für **eine** Dienstleistung:

– Zinsen oder Diskont,
– Überziehungsprovisionen,
– Kreditprovisionen,
– Bereitstellungsgebühren,
– Bearbeitungsgebühren.

Geringe Transparenz

Außerdem werden diese Preise zusätzlich dadurch „verschleiert", dass sie teilweise als Abschläge (Disagio) von der Kreditsumme vereinnahmt werden.

Obwohl der Gesetzgeber bei Kreditverträgen die Angabe der Effektivverzinsung zwingend vorschreibt, können die Banken, z. B. über ihr Preissystem, die Transparenz dieses Marktes negativ beeinflussen.

Über Präferenzen
Marktvorteile erzielen

- Die **Präferenzen der Kunden** spielen im Bankgeschäft eine entscheidende Rolle. Alle Banken versuchen in zunehmendem Maße **persönliche Präferenzen** zu schaffen, indem sie ihre Mitarbeiter entsprechend schulen oder über die Werbung ein positives Bild der Kundenberater vermitteln (*„Die Bank mit dem freundlichen Service"*).

- **Räumliche Präferenzen** besitzen vor allem die Sparkassen und die Genossenschaftsbanken bei den Privatkunden, da sie ein sehr enges Zweigstellennetz ausgebaut haben. In Deutschland besteht heute – abgesehen von der Schweiz und von Luxemburg – das dichteste Bankennetz der Welt, in dem auf ca. 1 400 Einwohner eine Bankstelle entfällt.

- **Zeitliche Präferenzen** schaffen sich einige Kreditinstitute dadurch, dass sie auch über die Mittagszeit, an Samstagen oder an bestimmten Tagen in den Abendstunden ihre Schalter offen halten.

- Die **unendlich schnelle Reaktionszeit** der Kunden auf Veränderungen am Markt ist heute auch nicht annähernd erreicht. Hinzu kommt, dass die Kunden der Banken in einem bestimmten Rahmen relativ preisunempfindlich sind, da jeder Wechsel einer Bankverbindung für sie mit Arbeit, Kosten und Unannehmlichkeiten verbunden ist.

3.5 Marktformen

Die Preisstruktur am Bankenmarkt ist sehr uneinheitlich. Während im Bereich der Preise und der Kreditzinsen teilweise große Unterschiede zwischen den einzelnen Anbietern bestehen, wird z. B. der Zinssatz für die gesetzlichen Spareinlagen („Spareckzins") überwiegend in gleicher Höhe festgelegt.

Nach der Zahl der Teilnehmer auf einem Markt und nach deren Machtstellung kann man verschiedene Marktformen unterscheiden.

Die Marktformen und ihre
Auswirkungen auf die
Marktteilnehmer

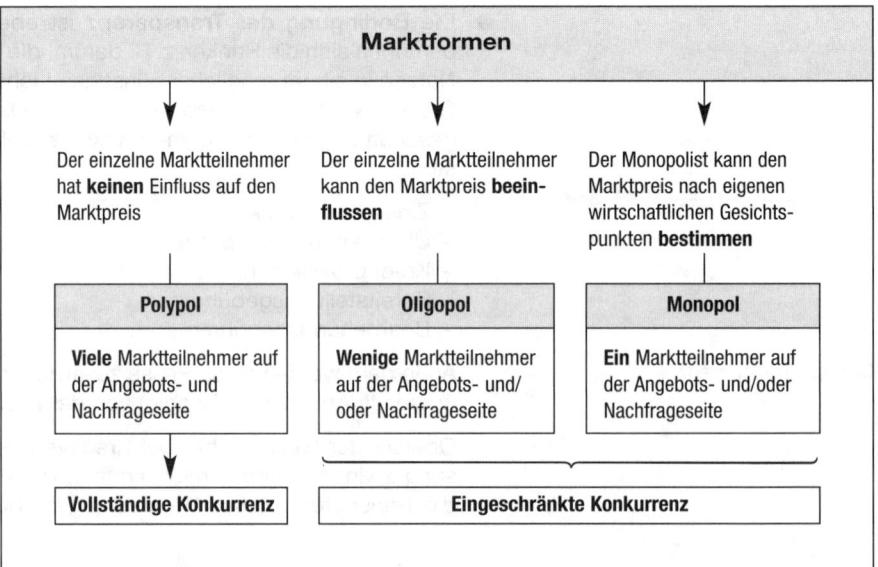

Börsenhandel an der LIFFE Londen
Quelle: LIFFE

- Die **vollständige Konkurrenz** findet man z. B. weitgehend auf den Effekten- und Devisenmärkten. Viele etwa gleichstarke Anbieter und Nachfrager stehen einander gegenüber. In Verbindung mit den Bedingungen des vollkommenen Marktes bildet sie die Grundlage für das gezeigte Modell der Preisbildung.

Örtliche Bankenmärkte: wenige
Anbieter und viele Nachfrager

● Die **oligopolistische Konkurrenz** zeigt sich in der Regel auf der Angebots-
seite. Wenigen Anbietern stehen auf der Nachfrageseite viele Marktteilnehmer
gegenüber. Ändert ein Oligopolist seine Absatzpolitik, so sind die anderen
Anbieter gezwungen, darauf zu reagieren, wenn sie keine Marktanteile verlieren wollen. Diese Situation haben wir in der Bundesrepublik Deutschland
überwiegend auf dem örtlichen Bankenmarkt.

Ein **zweiseitiges Oligopol** mit wenigen Anbietern und Nachfragern findet
man z. B. auf dem Markt für Effektenemissionen.

● Das **Monopol** zeigt sich auf dem Markt meist als **Angebotsmonopol**. Dabei
werden andere Anbieter durch Gesetz ausgeschlossen. Dazu gehören die
Bahn, die Post, Versorgungsunternehmen oder kommunale Verkehrsbetriebe.
Im Bereich der **Banken** treten teilweise monopolähnliche Situationen an **kleineren Orten** auf, in denen sich nur eine Bankstelle, meist eine Raiffeisenbank,
befindet.

3.6 Absatzpolitik der Kreditinstitute

*Der Spielraum, den die Kreditinstitute in der Absatzpolitik haben, hängt in starkem
Maße von der Art und Form des Marktes ab, auf dem sie anbieten.*

Innerhalb der verschiedenen Marktformen haben die Anbieter unterschiedliche
Möglichkeiten, ihren Absatz zu gestalten. Da in der Realität ein unvollkommener
Markt herrscht, werden sich folgende Verhaltensweisen zeigen.

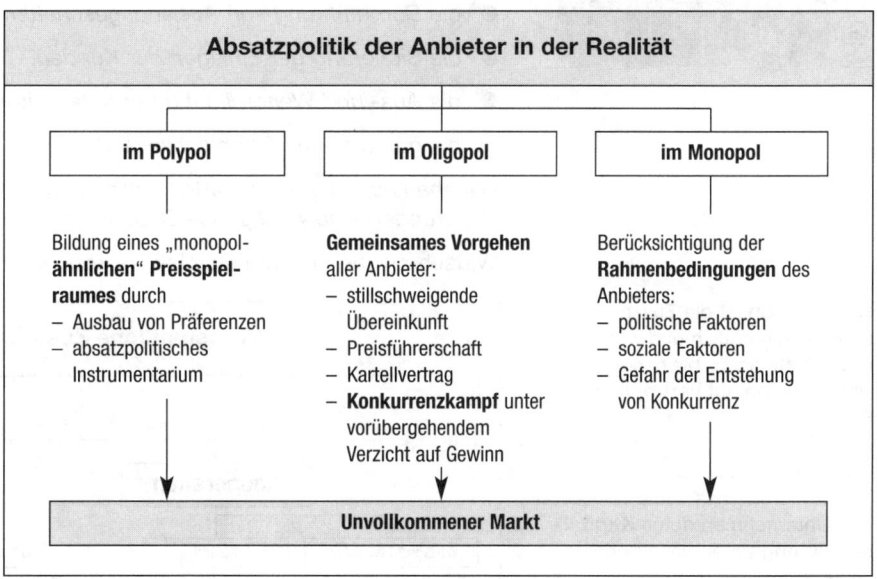

Der deutsche Bankenmarkt –
weitgehend ein Angebots-
Oligopol

Der deutsche Bankenmarkt entspricht weitgehend der Form des **Angebots-Oligo-
pols**; einer beschränkten Zahl von Kreditinstituten steht eine Vielzahl von
Nachfragern gegenüber. Da die Bedingungen des vollkommenen Marktes jedoch
im Regelfall nicht erfüllt werden, steht jeder Bank ein **„preisautonomer Bereich"**
zu, in dem sie sich ähnlich wie ein Monopolist bewegt. Sie kann dabei in einem
bestimmten Umfang die Preise erhöhen, ohne befürchten zu müssen, dass die
Kunden in spürbarem Ausmaße abwandern. Dies ist darauf zurückzuführen, dass
die meisten Kunden eine starke Bindung an ihre „Hausbank" besitzen. Die Banken versuchen deshalb in verstärktem Maße, diese Bindung durch eine kunden-
freundliche Atmosphäre und einen guten Service zu verstärken. Ähnlich wie auf
dem Mineralölmarkt kann man bei den Kreditinstituten in manchen Teilbereichen,

z. B. beim Spareckzins, das charakteristische Merkmal des Oligopols, die Existenz eines **Preisführers**, der als erster einen Preis verändert, und der **Preisfolger**, die auf eine eigenständige Preispolitik verzichten, beobachten.

In wenigen Teilbereichen, z. B. großen Termineinlagen, tritt in der Praxis auch die Form des zweiseitigen Oligopols auf; wenige Banken stehen wenigen Großanlegern gegenüber.

3.7   Zusammenschlüsse in der Wirtschaft

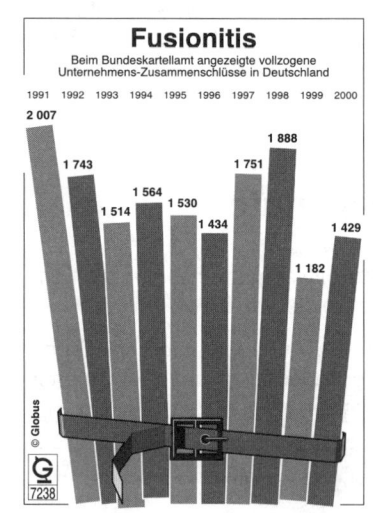

Der starke Wettbewerb auf dem Bankenmarkt kann nur von solchen Kreditinstituten erfolgreich bestritten werden, die in allen Bereichen des Bankgeschäftes ausreichend leistungsfähig sind. Deshalb zeigt sich im Bankengewerbe ein Trend zur Zusammenarbeit in bestimmten Teilbereichen, sowohl auf nationaler als auch auf internationaler Ebene.

Hierzu gehören vor allem:

- *Die Abwicklung des Zahlungsverkehrs,*
- *die Erweiterung des Leistungsangebotes, z. B. durch Beteiligungen an Hypothekenbanken, an Bausparkassen, an Spezialfinanzierungsinstituten, an Investmentgesellschaften, an Vermögensverwaltungs- bzw. Immobiliengesellschaften oder Unternehmensberatungen,*
- *die Abwicklung von Effektenemissionen oder sehr großen Krediten,*
- *die Durchführung von Auslandsgeschäften und Außenhandelsfinanzierungen,*
- *die Sicherung der Einlagen der Kunden,*
- *die Aus- und Weiterbildung der Mitarbeiter oder*
- *die gemeinsame Öffentlichkeitsarbeit.*

Daneben haben gesellschaftsrechtliche Zusammenschlüsse von Banken und Versicherungen eine wachsende Bedeutung.

Wirtschaftliche Zusammenschlüsse können auf zwei Ebenen erfolgen.

Kooperation ist die Zusammenarbeit von rechtlich und wirtschaftlich selbstständig bleibenden Unternehmen auf **vertraglicher** Basis.

Konzentration ist der Zusammenschluss von Betrieben und Unternehmen durch **Kapitalbeteiligung** unter einheitlicher Leitung.

Horizontale Zusammenschlüsse gleichartiger Unternehmen, z. B. von Banken, sollen in der Regel die Marktposition verbessern, während **vertikale Zusammenschlüsse**, z. B. von Stahlunternehmen und Automobilfirmen, meist Kostenvorteile schaffen sollen.

Horizontaler Zusammenschluss

Berliner
Bank

Landesbank
Berlin

Ziele

- Ergänzung der Produktpalette
- Erweiterung des Markbereiches
- Einschränkung des Wettbewerbs
- Senkung des Risikos
- Senkung der Kosten
- Steigerung der Rentabilität

Vertikaler Zusammenschluss

Stahlunternehmen

Automobilfirma

Vertriebsfirma

Ziele

- Kostenvorteile durch Rationalisierung und geringere „**Reibungsverluste**" (kein Zwischenhandel)
- Sicherung der Beschaffungsquellen und des Vertriebssystems

Anorganischer (branchenfremder) Zusammenschluss

Bank

Zementwerk

Elektronikunternehmen

Ziele

- Ertragbringende Kapitalanlage
- Risikoverteilung durch Kapitalstreuung

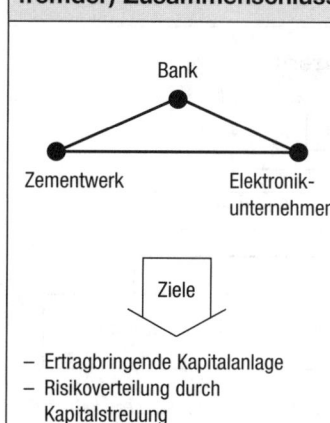

Nach ihrer Zusammensetzung lassen sich verschiedene Arten von Unternehmenszusammenschlüssen unterscheiden. Dabei werden jeweils bestimmte Zielsetzungen verfolgt.

Wirtschaftsverbände sind **Vereinigungen** von Unternehmen eines Wirtschaftsbereiches mit dem Ziel, die **gemeinsamen wirtschaftlichen Interessen** der Mitglieder zu fördern.

Die wichtigste Aufgabe der Verbände ist die Vertretung der Mitgliederinteressen gegenüber der Öffentlichkeit und den Vertretern der Regierungen und Parlamente (Lobbyismus).

Das **Kartell** ist ein vertraglicher Zusammenschluss rechtlich und wirtschaftlich selbstständig bleibender Unternehmen einer Branche (**horizontaler Zusammenschluss**) zur Regelung bestimmter Wettbewerbselemente.

Das Ziel eines Kartellvertrages ist die Beeinflussung des Marktes für bestimmte Produkte im Sinne der Vertragspartner. Als Mittel werden in der Regel vereinbart

- Beschränkung des Wettbewerbs oder
- verstärkte Rationalisierung.

In der Regel haben Kartelle die Rechtsform einer Gesellschaft des bürgerlichen Rechts. Zwar bleiben die Vertragspartner grundsätzlich unabhängig, jedoch gehen innerhalb der Vertragsabsprachen bestimmte Selbstständigkeiten verloren.

Im Einzelnen beziehen sich die Absprachen auf die Absatz- und Geschäftsbedingungen, die Absatzpreise, produktionstechnische Vereinbarungen und die Aufteilung des Absatzmarktes.

Das **Syndikat** ist eine **Sonderform des Kartells** mit eigener Rechtspersönlichkeit, das als Verkaufs- und Abrechnungsstelle den gesamten Absatz der beteiligten Unternehmen abwickelt.

Besonders geeignet ist das Syndikat in Wirtschaftszweigen, in denen die Produkte weitgehend standardisiert sind (Kohle, Eisen, Stahl).

Die **Beteiligung** ist die kapitalmäßige Beteiligung einer Gesellschaft (Mutter) an einer anderen Unternehmung (Tochter) mit dem Ziel der gegenseitigen wirtschaftlichen Förderung (**Interessengemeinschaft**) oder der Beherrschung.

Als Beteiligung gelten bei Banken in der Regel Kapitalanteile von mindestens 25 % sowie Zusammenschlüsse, bei denen der Kapitaleigner mit seiner Einlage unternehmerische Absichten hat. Diese Absicht ist sicher immer dann anzunehmen, wenn Mutter und Tochter der gleichen oder einer verwandten Branche angehören.

Die Motive der Banken für Beteiligungen können sehr unterschiedlich sein. Neben den **geplanten Beteiligungen** zur Verbesserung der Marktposition spielen auch die **ungeplanten Beteiligungen** eine wichtige Rolle. Diese entstehen vor allem bei der „Rettung" (Sanierung) von Unternehmen, die im Kern zwar gesund, aber vorübergehend zahlungsunfähig sind.

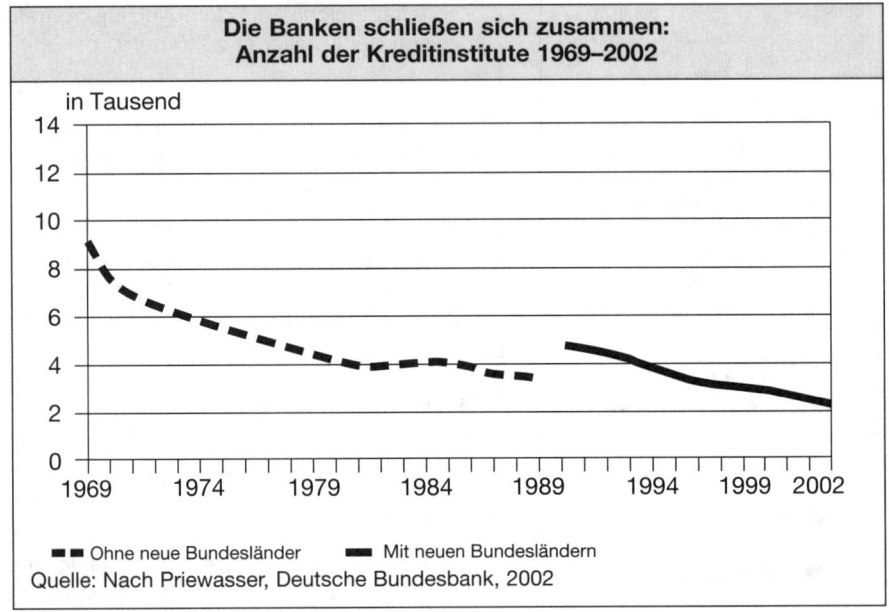

**Die Banken schließen sich zusammen:
Anzahl der Kreditinstitute 1969–2002**

■ ■ Ohne neue Bundesländer　　■ Mit neuen Bundesländern

Quelle: Nach Priewasser, Deutsche Bundesbank, 2002

> Ein **Konzern** ist der Zusammenschluss von rechtlich selbstständigen Unternehmen, die unter eine einheitliche Leitung gestellt sind (**wirtschaftliche Abhängigkeit**).

Da Konzerne marktbeherrschende Stellungen erlangen und eine Beschränkung des Wettbewerbs erreichen können, unterliegen sie gesetzlichen Beschränkungen.

Die Zusammensetzung eines Bankenkonzerns bestimmt sich weitgehend nach absatzpolitischen Gesichtspunkten:

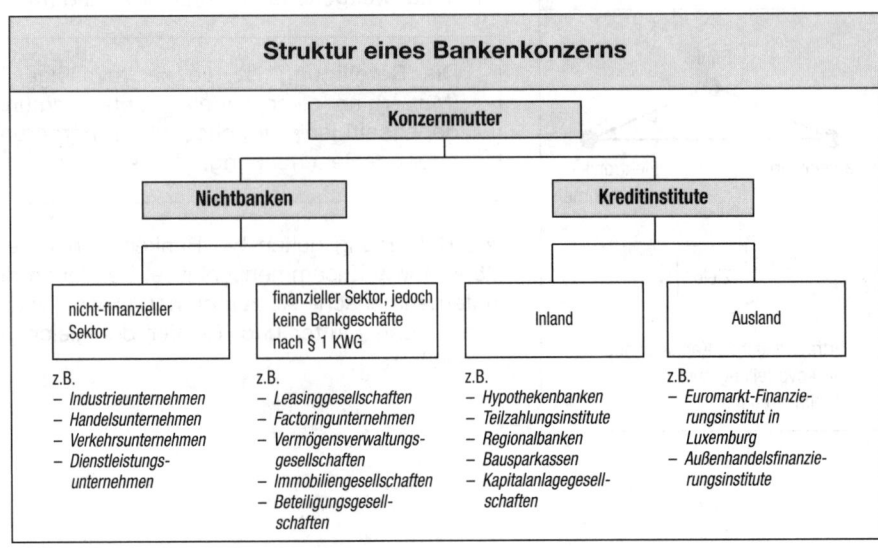

Struktur eines Bankenkonzerns

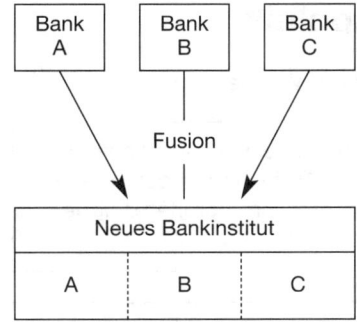

Fusion

Neues Bankinstitut

| A | B | C |

Gestaltung eines Bankenkonzerns: Erwerb von Beteiligungen, Filialeröffnungen u. Ä. (auszugsweise)	
1970	Deutsche Bank Luxemburg S. A.
1973	Repräsentanz in Moskau
1976	Deutsche Bank London, Filiale in Tokio
1979	Filiale in New York, Madrid und Hongkong
1985	Deutsche Bank Capital Markets Ltd., London, DB Capital Markets (Asia) Ltd., Hongkong
1986	Banca d'America e d'Italia S. p. A., Mailand, Deutsche Bank Australia Ltd.
1987	Deutsche Bank-Bausparen Unternehmensberatung Roland Berger & Partner
1989	Lebensversicherungs-AG der Deutschen Bank Banco Comercial Transatlántico S. A., Barcelona, Morgan Grenfell Group plc, London Deutsche Bank (Austria) AG Europäische Hypothekenbank
1990	Grunelius KG Privatbankiers, Frankfurt Start in den neuen Bundesländern
1992	Deutscher Herold AG (Versicherung) Bonnfinanz AG (Strukturvertrieb)
1995	Deutsche Morgan Grenfell (alle Investment-Banking-Geschäfte) Bank 24 (Direktbank) Deutsche Bank Polska Filiale in China
1998	Crédit Lyonnais Belgien
1999	Bankers Trust

> Ein **Trust** ist der Zusammenschluss von Unternehmen, die ihre rechtliche Selbstständigkeit verlieren und unter eine einheitliche Leitung gestellt werden (**wirtschaftliche Abhängigkeit**).

In der Regel wird der Begriff „Trust" nur für sehr große Unternehmen benutzt. Im Bankgewerbe gab es in den vergangenen Jahrzehnten vor allem im Genossenschaftsbereich eine wahre „Fusionswelle". Dabei stand das Ziel im Vordergrund, leistungsfähige Banken zu schaffen, die den gesetzlichen Anforderungen (z.B. „Vier-Augen-Prinzip") entsprechen. Die Fusionen im Bereich der Privatbankiers und der Regionalbanken hatten oftmals zum Ziel, einseitige Geschäftsstrukturen abzubauen. So schlossen sich Banken, die überwiegend Firmenkundschaft besaßen, mit Banken zusammen, deren Schwerpunkt bei den Privatkunden lag.

Zusammenschlüsse von Unternehmen können sowohl positive als auch negative Folgen für die Wirtschaft und somit für die gesamte Gesellschaft haben.

Die Befürworter der Kooperation und Konzentration führen vor allem folgende Argumente ins Feld:

● **Breiter Finanzierungsspielraum**, da große Unternehmen auch die Möglichkeit besitzen, am Kapitalmarkt durch Ausgabe von Aktien oder Anleihen Mittel zu beschaffen,

● **bessere Förderung und Nutzung des wirtschaftlichen Fortschritts**, da große Einheiten die Vorteile der Rationalisierung besser ausnutzen können,

● **günstigere Absatzmöglichkeiten**, da die Marktforschung, die Werbung, der Service und das Filialsystem ein größeres Gebiet – im Bankbereich oftmals die ganze Welt – umfassen können,

● **spezialisierter Einsatz von Fachleuten** in allen Unternehmensbereichen.

Die Kritiker der Unternehmenszusammenschlüsse sehen vor allem die Gefahr des Missbrauchs, die von folgenden Faktoren ausgeht:

● **Marktbeherrschung** durch ein oder wenige Unternehmen. Ist der Wettbewerb auf dem Markt ausgeschaltet, besteht die Gefahr, dass das Güterangebot „künstlich" knapp gehalten wird und die Preise sehr hoch angesetzt werden. (Es entstehen relativ schwerfällige Unternehmen, deren Fähigkeit zur Innovation (*Erfindungen, neue Produktionsverfahren*) eingeschränkt ist.)

● **Ausschaltung der Leistungsauslese.** Unwirtschaftlich arbeitende Betriebe bleiben erhalten, da sich der Marktpreis nach deren hohen Kosten richtet. Hinzu kommt, dass der Staat sich oftmals aus arbeitsmarktpolitischen Gründen „verpflichtet" fühlt, solche Unternehmen zu subventionieren.

● **Durchsetzung von Gruppeninteressen.** Wirtschaftliche Zusammenschlüsse können auf die politischen Entscheidungsträger Einfluss nehmen, um ihre eigenen Interessen – eventuell gegen das Gesamtinteresse durchzusetzen.

Aus diesen Gründen ist eine strenge staatliche Kontrolle von Kooperation und Konzentration in der Wirtschaft notwendig.

3.8   Staatliche Wettbewerbspolitik

Die Grundlage unserer Wirtschaftsordnung bildet der Wettbewerb.

> **Wettbewerb** bedeutet, dass selbstständige und voneinander unabhängi-
> ge Unternehmen am Markt danach streben, ihre Mitbewerber durch bes-
> sere Leistung zu übertreffen, um damit einen möglichst großen Teil der
> Nachfrage für sich zu gewinnen.

Welche Rolle spielt der Staat im
Wettbewerb?

> Das **Ziel der staatlichen Wettbewerbspolitik** ist die Sicherung des Wett-
> bewerbsprinzips in unserer Wirtschaft.

Mit dem **Gesetz gegen Wettbewerbsbeschränkungen (Kartellgesetz)** hat der
Staat den Rahmen gesetzt, in dessen Grenzen der Wettbewerbsprozess in der
Wirtschaft ablaufen soll.

Kartellgesetz

*§ 1 Unwirksamkeit wettbewerbs-
beschränkender Vereinbarungen.*
*(1) Verträge, die Unternehmen oder
Vereinigungen von Unternehmen
zu einem gemeinsamen Zweck
schließen, und Beschlüsse von
Vereinigungen von Unternehmen
sind unwirksam, soweit sie geeignet sind, die Erzeugung oder
die Marktverhältnisse für den
Verkehr mit Waren oder gewerblichen Leistungen durch Beschränkung des Wettbewerbs zu beeinflussen. Dies gilt nicht, soweit in
diesem Gesetz etwas anderes
bestimmt ist.*

> **Kartelle sind verboten**, wenn sie geeignet sind, die Erzeugung oder die
> Marktverhältnisse für Waren oder Dienstleistungen durch **Beschränkung
> des Wettbewerbs zu beeinflussen.**

Führt eine Kooperation zwischen konkurrierenden Unternehmen zu Vorteilen für
die Beteiligten, ohne dass der Wettbewerb spürbar eingeschränkt wird, so kann
sie zulässig sein.

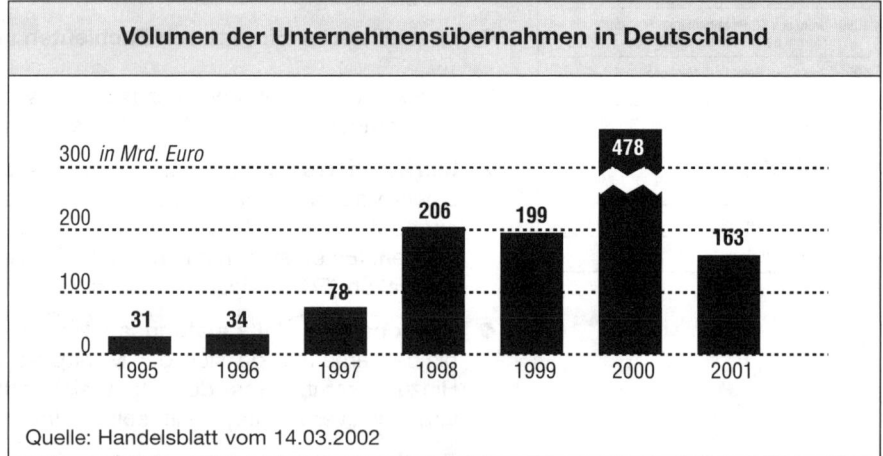

Volumen der Unternehmensübernahmen in Deutschland

Quelle: Handelsblatt vom 14.03.2002

> **Fusionen** sind Zusammenschlüsse von Unternehmen, bei denen die Betei-
> ligten ihre Selbstständigkeit ganz oder teilweise aufgeben und eine neue,
> auf Dauer angelegte **unternehmerische Verbindung** eingehen.

In der Bundesrepublik Deutschland werden grundsätzlich alle Formen der Konzentration ab einer gewissen Größenordnung durch das Bundeskartellamt kontrolliert.

Wird durch den Zusammenschluss voraussichtlich eine **marktbeherrschende Stellung** begründet oder gar verstärkt, so wird er vom Bundeskartellamt untersagt.

Der Bundeswirtschaftsminister kann die Erlaubnis zu marktbeherrschenden Zusammenschlüssen erteilen, wenn dies durch ein überragendes Interesse der Allgemeinheit oder durch gesamtwirtschaftliche Vorteile gerechtfertigt ist.

> Der **Verbraucherschutz** umfasst alle privaten und staatlichen Maßnamen, die auf die Durchsetzung **wirtschaftlicher und sozialer Interessen** der Verbraucher gerichtet sind.

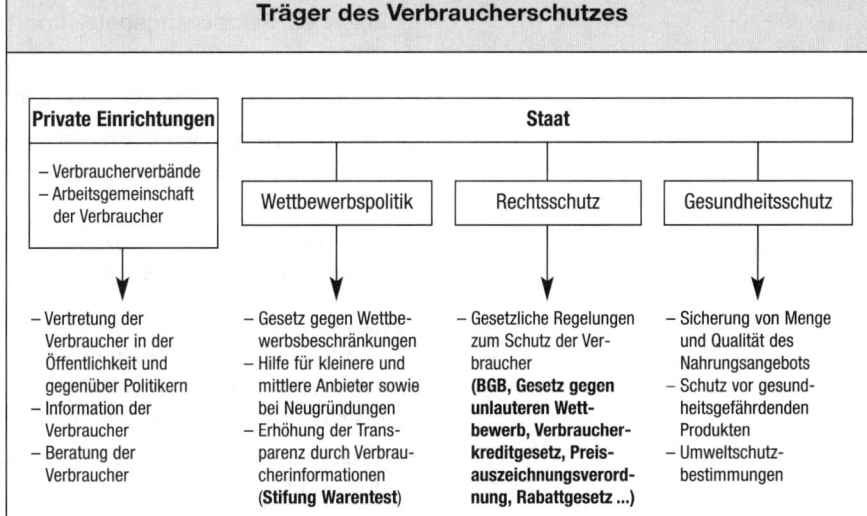

Verbraucherschutz – nicht nur eine staatliche Aufgabe

Träger des Verbraucherschutzes

Private Einrichtungen
– Verbraucherverbände
– Arbeitsgemeinschaft der Verbraucher

Staat

Wettbewerbspolitik

Rechtsschutz

Gesundheitsschutz

– Vertretung der Verbraucher in der Öffentlichkeit und gegenüber Politikern
– Information der Verbraucher
– Beratung der Verbraucher

– Gesetz gegen Wettbewerbsbeschränkungen
– Hilfe für kleinere und mittlere Anbieter sowie bei Neugründungen
– Erhöhung der Transparenz durch Verbraucherinformationen **(Stifung Warentest)**

– Gesetzliche Regelungen zum Schutz der Verbraucher **(BGB, Gesetz gegen unlauteren Wettbewerb, Verbraucherkreditgesetz, Preisauszeichnungsverordnung, Rabattgesetz ...)**

– Sicherung von Menge und Qualität des Nahrungsangebots
– Schutz vor gesundheitsgefährdenden Produkten
– Umweltschutzbestimmungen

Aufgaben

1. Erklären Sie die Bedingungen des vollkommenen Marktes und führen Sie jeweils ein Praxisbeispiel an, in dem die einzelnen Bedingungen nicht erfüllt sind.

2. An der Frankfurter Börse werden für eine Aktie folgende Aufträge festgehalten:

Kurs in EUR	Verkaufsaufträge in EUR	Kaufaufträge in EUR
170	2 000	6 200
172	2 200	6 000
175	3 000	5 700
180	5 100	5 100
185	5 200	3 500
187	5 400	2 300
190	6 100	1 800

a) Zeichnen Sie die Angebots- und Nachfragefunktion in ein Schaubild ein.

b) Ermitteln Sie rechnerisch und graphisch den Gleichgewichtspreis.

c) Erklären Sie die Begriffe Angebots- und Nachfragelücke. Zeichnen Sie diese bei vorgegebenen Kursen von 172 EUR und 187 EUR in Ihr Schaubild ein.

d) Beschreiben Sie den Prozess, der sich bei diesen Anfangskursen vermutlich am Markt ergeben wird.

3. Zeigen Sie anhand einer einfachen Graphik, welche Auswirkungen es hätte, wenn der Staat für Kredite einen Höchstzins festsetzte, der erheblich unter dem Gleichgewichtspreis läge. Erläutern Sie, wie sich Anbieter und Nachfrager vermutlich verhalten würden.

4. Erklären Sie die Funktionen des Gleichgewichtspreises im Modell des vollkommenen Marktes.

5. Begründen Sie, weshalb der Bankenmarkt gleichzeitig durch einen starken Wettbewerb und einen hohen Grad der Kooperation geprägt ist.

6. Skizzieren Sie die wesentlichen Ziele der staatlichen Wettbewerbspolitik.

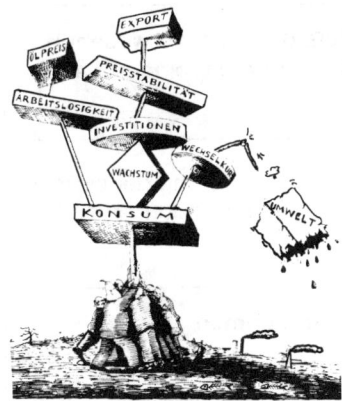

4 Die Grundlagen der Wirtschaftspolitik

Die Bedeutung berechenbarer staatlicher Rahmenbedingungen

Grundvoraussetzung für das kreative Spiel der Kräfte im Markt ist, dass der Staat nicht versucht, die Zukunft für die Menschen zu planen und zu gestalten. Er kann dem Einzelnen die Ungewissheit nicht abnehmen. Er kann aber – ohne die möglichen Fehlentscheidungen bei sich zu konzentrieren – dafür sorgen, dass die Menschen die Entscheidungsbedingungen vorfinden, unter denen sie ihre Zukunftsaufgaben mit Zuversicht angehen.

Lernziele

● Die Kernaussagen der volkswirtschaftlichen Gesamtrechnung interpretieren,

● Ziele der Wirtschaftspolitik in der Sozialen Marktwirtschaft erläutern,

● wesentliche Merkmale von Konjunkturzyklen erklären,

● Maßnahmen der staatlichen Konjunkturpolitik beschreiben,

● die Geldpolitik der Europäischen Zentralbank erklären.

Wirtschaftspolitik

> Die **Wirtschaftspolitik** umfasst alle **Maßnahmen des Staates** zur Veränderung der Struktur und zur Beeinflussung der Wirtschaftsabläufe in der Absicht, bestimmte **gesamtwirtschaftliche Zielsetzungen** zu erreichen.

4.1 Volkswirtschaftliche Gesamtrechnung

Die Entwicklung einer Wirtschaft oder ihre Stellung im Verhältnis zu anderen Staaten wird am Bruttoinlandsprodukt gemessen.

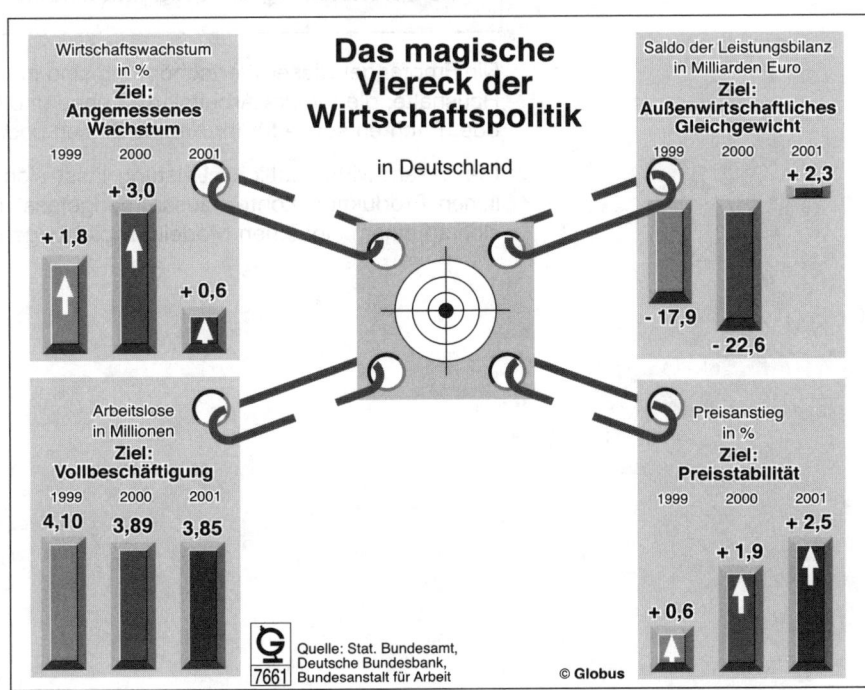

> Die **volkswirtschaftliche Gesamtrechnung (VGR)** erfasst die **wesentlichen Daten** über die **wirtschaftlichen Aktivitäten in einem Land** während eines **bestimmten Zeitraumes.**

Die Ermittlung der Daten beginnt bei der wirtschaftlichen Leistung der einzelnen Unternehmen. Deren wirtschaftliches Ergebnis schlägt sich auf ihrem Produktionskonto nieder.

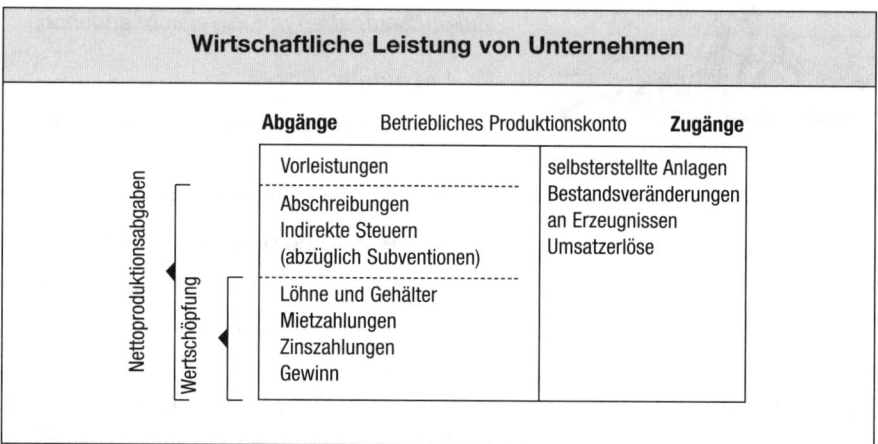

Wirtschaftliche Leistung von Unternehmen

Abschreibungen

Die **Abschreibungen** erfassen den Verschleiß, den die dauerhaften Produktionsgüter während der Herstellung erfahren. Die **indirekten Steuern** stellen für den Betrieb **Kostensteuern** dar und erhöhen den Verkaufspreis bzw. verringern den Gewinn. Umgekehrt führen Subventionen zu einer Entlastung der Kalkulation, was niedrigere Preise bzw. höhere Gewinne zur Folge haben kann.

Wertschöpfung

> Die **Wertschöpfung** ist das vom Betrieb **erzeugte Einkommen**, das für die **Bereitstellung der Produktionsfaktoren weitergegeben** wird.

Die Empfänger dieser Wertschöpfung sind im Modell des Kreislaufes die privaten Haushalte, die für ihre Arbeitskraft Löhne und Gehälter, für ihre Immobilien Miete oder Pachten sowie für ihr Kapital Zinsen und Gewinne beziehen.

Die gesamtwirtschaftliche Leistung lässt sich nun ermitteln, wenn alle betrieblichen Produktionskonten zusammengefasst **(Aggregation)** werden. Dies lässt sich an einem einfachen Modellbeispiel zeigen.

Modell der volkswirtschaftlichen
Gesamtrechnung

Der Unternehmenssektor einer Volkswirtschaft soll aus drei Betrieben bestehen, die sowohl untereinander als auch mit dem Ausland in geschäftlichen Beziehungen stehen.

Fasst man alle betrieblichen Produktionskonten zusammen (Aggregation), so erhält man das nationale Produktionskonto, das Aussagen über die gesamtwirtschaftliche Leistung eines bestimmten Zeitraumes macht.

In den Vorleistungen von insgesamt 340 Mio. Euro sind 40 Mio. Euro Importe enthalten, so dass die inländischen Betriebe 300 Mio. Euro Vorleistungen erbracht haben. Liefert jedoch ein Betrieb einem anderen Betrieb Güter, so erscheint dieser Betrag zweimal in deren Produktionskonten. Beim Lieferanten wird er als Umsatzerlös, beim Käufer als Vorleistung erfasst. Fasst man nun die betrieblichen Produktionskonten zum nationalen Produktionskonto zusammen, so wird dieser Geschäftsfall als Abgang und als Zugang festgehalten. Diese Positionen heben sich also gegenseitig auf und können bei der Aggregation wegfallen. Die importierten Vorleistungen werden mit den Umsatzerlösen aus den Exporten, die in dem Beispiel 180 Mio. Euro betragen, verrechnet und als saldierter Außenbeitrag ausgewiesen.

Die selbsterstellten Anlagen sowie die Bestandsveränderungen sind Produktionsmittel, so dass sie als Investitionen der Betriebe zusammengefasst werden können.

Die aggregierten Umsatzerlöse der Betriebe in Höhe von 1 130 Mio. Euro enthalten 180 Mio. Euro Exporterlöse. Von den inländischen Umsatzerlösen in Höhe von 950 Mio. Euro entfallen jedoch die Lieferungen, die bei anderen Betrieben als Vorleistung in den betrieblichen Leistungsprozess eingingen. Der Restbetrag in Höhe von 650 Mio. Euro umfasst somit die Lieferungen an private Haushalte oder an den Staat und kann deshalb als Konsum ausgewiesen werden.

Es existieren zwei Ansätze zur Berechnung der gesamtwirtschaftlichen Leistung: das Inlandskonzept sowie das Inländerkonzept.

> Das **Inlandskonzept** berücksichtigt das, was von In- und Ausländern in einem Staat während eines bestimmten Zeitraums erwirtschaftet wurde. Demzufolge wird das **Inlandsprodukt** berechnet.
>
> Das **Inländerkonzept** beinhaltet dagegen alles, was von Inländern im In- und Ausland erwirtschaftet wurde, entsprechend wird das **Nationaleinkommen** berechnet.

Im internationalen Vergleich hat sich jedoch das Inlandskonzept durchgesetzt.

Das Bruttoinlandsprodukt zu Marktpreisen (BIP_M) umfasst die im Inland produzierte Wirtschaftsleistung und ist dem gesamtwirtschaftlichen Produktionskonto zu entnehmen.

Nach Abzug der Abschreibungen kommt man zum Nettoinlandsprodukt zu Marktpreisen (NIP_M).

Wiederum nach Abzug der indirekten Steuern und Subventionen erhält man das Nettoinlandsprodukt zu Faktorkosten (NIP_F), was man mit der inländischen Wertschöpfung gleichsetzen kann. Es stellt somit den Wert der im Inland entstandenen Faktoreinkommen dar.

Zusammenfassung der betrieblichen Produktionskonten zum nationalen Produktionskonto (Aggregation)

Abgänge Produktionskonto Betrieb C **Zugänge**

Vorleistungen	200	selbsterstellte	
Abschreibungen	90	Anlagen	70
Indirekte Steuern	60	Bestands-	
Betriebliche		veränderungen	100
Wertschöpfung	350	Umsatzerlöse	530
	700		700

Abgänge Produktionskonto Betrieb B **Zugänge**

Vorleistungen	100	selbsterstellte	
Abschreibungen	30	Anlagen	50
Indirekte Steuern	20	Bestands-	
Betriebliche		veränderungen	70
Wertschöpfung	200	Umsatzerlöse	230
	350		350

Abgänge Produktionskonto Betrieb A **Zugänge**

Vorleistungen	40	selbsterstellte	
Abschreibungen	20	Anlagen	10
Indirekte Steuern	50	Bestands-	
Betriebliche		veränderungen	30
Wertschöpfung	300	Umsatzerlöse	370
	410		410

Aggregation

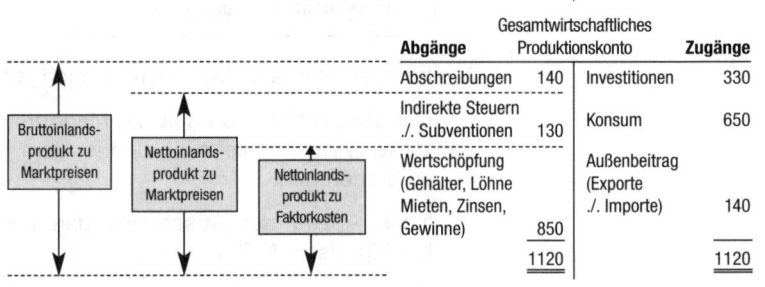

Gesamtwirtschaftliches

Abgänge Produktionskonto **Zugänge**

Abschreibungen	140	Investitionen	330
Indirekte Steuern ./. Subventionen	130	Konsum	650
Wertschöpfung (Gehälter, Löhne Mieten, Zinsen, Gewinne)	850	Außenbeitrag (Exporte ./. Importe)	140
	1120		1120

Bruttoinlandsprodukt zu Marktpreisen

Nettoinlandsprodukt zu Marktpreisen

Nettoinlandsprodukt zu Faktorkosten

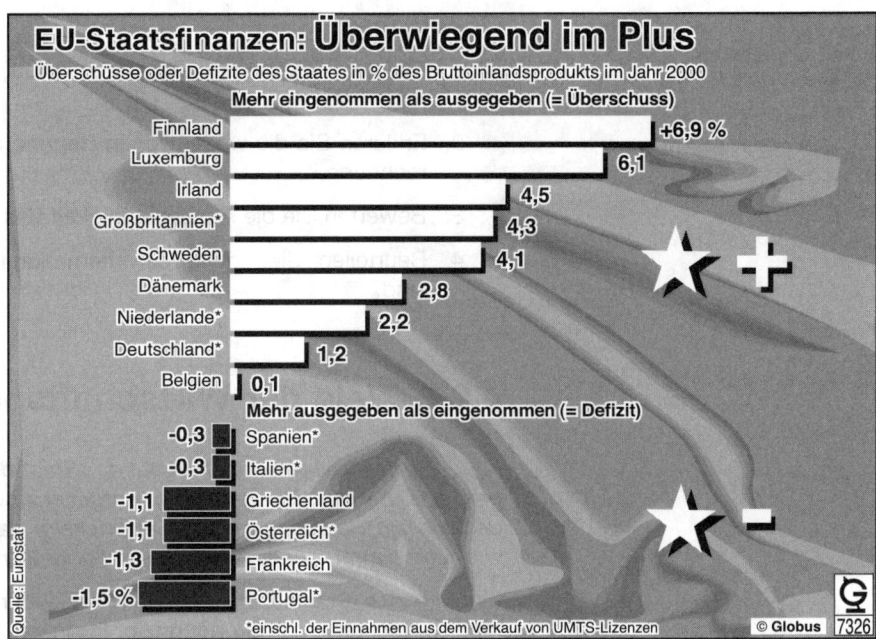

EU-Staatsfinanzen: Überwiegend im Plus
Überschüsse oder Defizite des Staates in % des Bruttoinlandsprodukts im Jahr 2000

Mehr eingenommen als ausgegeben (= Überschuss)

Finnland	+6,9 %
Luxemburg	6,1
Irland	4,5
Großbritannien°	4,3
Schweden	4,1
Dänemark	2,8
Niederlande°	2,2
Deutschland°	1,2
Belgien	0,1

Mehr ausgegeben als eingenommen (= Defizit)

-0,3	Spanien°
-0,3	Italien°
-1,1	Griechenland
-1,1	Österreich°
-1,3	Frankreich
-1,5 %	Portugal°

Quelle: Eurostat

°einschl. der Einnahmen aus dem Verkauf von UMTS-Lizenzen   © Globus 7326

Probleme der volkswirtschaftlichen Gesamtrechnung

In der Praxis der volkswirtschaftlichen Gesamtrechnung treten eine Fülle von Problemen auf, die zu einer Minderung der Aussagefähigkeit des Sozialproduktes führen können.

● Die Produktionstätigkeit privater Haushalte (z. B. Hausfrauenarbeit) wird wegen der Bewertungsprobleme nicht erfasst.

● Viele staatliche Leistungen werden unentgeltlich abgegeben und können deshalb nicht mit einem Marktpreis bewertet werden. In der Praxis werden hierbei die Kosten der Leistung geschätzt. Die Dienstleistungen der Polizei werden beispielsweise u. a. mittels der Beamtenbezüge gemessen. Steigen diese Einkommen, steigt auch das Bruttosozialprodukt.

● Änderungen des Preisniveaus beeinflussen das Ergebnis und müssen ausgeglichen werden. Der Unterschied zwischen dem Wachstum des nominalen und des realen Bruttosozialprodukts, welches um die Preissteigerungsrate bereinigt ist, war im vergangenen Jahrzehnt beträchtlich.

Trotz aller Schwierigkeiten bei der Erstellung der volkswirtschaftlichen Gesamtrechnung, stellt sie doch ein bedeutendes Informationsmittel dar. Sie ist die Grundlage für Entscheidungen in der Wirtschaftspolitik und in Unternehmen. Die Wirtschaftswissenschaft kann auf der Basis dieses Zahlenwerkes die wirtschaftliche Lage analysieren und Prognosen erstellen.

Internationale Wohlstandsvergleiche mit Hilfe des Bruttoinlandsproduktes pro Kopf der Bevölkerung sind problematisch, da die Ergebnisse durch mehrere Faktoren verzerrt werden können:

● Starke Wechselkursveränderungen können das Bild vollkommen verändern.

● Die Ermittlungsmethoden können trotz internationaler Vereinbarungen voneinander abweichen.

● Das Bruttoinlandsprodukt misst nur nach Preisen und Erträgen, lässt aber eine Vielzahl von Faktoren, die die Lebensqualität bestimmen (Umwelt, Kultur, Freiheit, gerechte Vermögensverteilung) außer Acht.

Aufgaben

1. Erläutern Sie den grundlegenden Aufbau der volkswirtschaftlichen Gesamtrechnung.

2. Erklären Sie die wesentlichen Begriffe der volkswirtschaftlichen Gesamtrechnung.

3. Bewerten Sie die Aussagefähigkeit des Bruttoinlandsproduktes.

4. Beurteilen Sie, inwieweit internationale Wohlstandsvergleiche sinnvoll sind.

4.2   Ziele der Wirtschaftspolitik

In der Sozialen Marktwirtschaft hat der Staat die Aufgabe, negativen Entwicklungen, z. B. bei der Beschäftigung, entgegenzuwirken. Die Bundesregierung muss deshalb ein Handlungskonzept entwickeln, das Einfluss auf die Wirtschaftsentwicklung nimmt. Jedes Konzept setzt aber klar definierte Ziele voraus.

Eingriffe des Staates in das Wirtschaftsleben widersprechen im Grunde dem marktwirtschaftlichen Grundprinzip. In unserem System der Sozialen Marktwirtschaft hat sich jedoch die Auffassung durchgesetzt, dass der Staat in einem begrenzten Rahmen in den Wirtschaftsablauf eingreifen soll, wenn die Ziele der Wirtschaftspolitik gefährdet sind.

4.2.1   Gesamtwirtschaftliches Gleichgewicht

In Deutschland sind die Ziele der Wirtschaftspolitik gesetzlich festgelegt.

Gesetz zur Förderung der Stabilität und des Wachstums der Wirtschaft (Stabilitätsgesetz) von 1967:

*§ 1 Bund und Länder haben bei ihren wirtschafts- und finanzpolitischen Maßnahmen die Erfordernisse des gesamtwirtschaftlichen Gleichgewichts zu beachten. Die Maßnahmen sind so zu treffen, dass sie im Rahmen der marktwirtschaftlichen Ordnung gleichzeitig zu **Stabilität des Preisniveaus**, zu einem **hohen Beschäftigungsgrad** und **außenwirtschaftlichem Gleichgewicht** bei stetigem und angemessenem **Wirtschaftswachstum** beitragen.*

Der Staat erhält die **Verpflichtung zur globalen Steuerung** des Wirtschaftsablaufes. Die genannten Ziele sind grundsätzlich als gleichrangig anzusehen. In der Praxis wird es jedoch kaum möglich sein, alle Ziele gleichzeitig und in vollem Umfang zu verwirklichen. Aus diesem Grund wird dieses Zielbündel oftmals als **„Magisches Viereck"** bezeichnet.

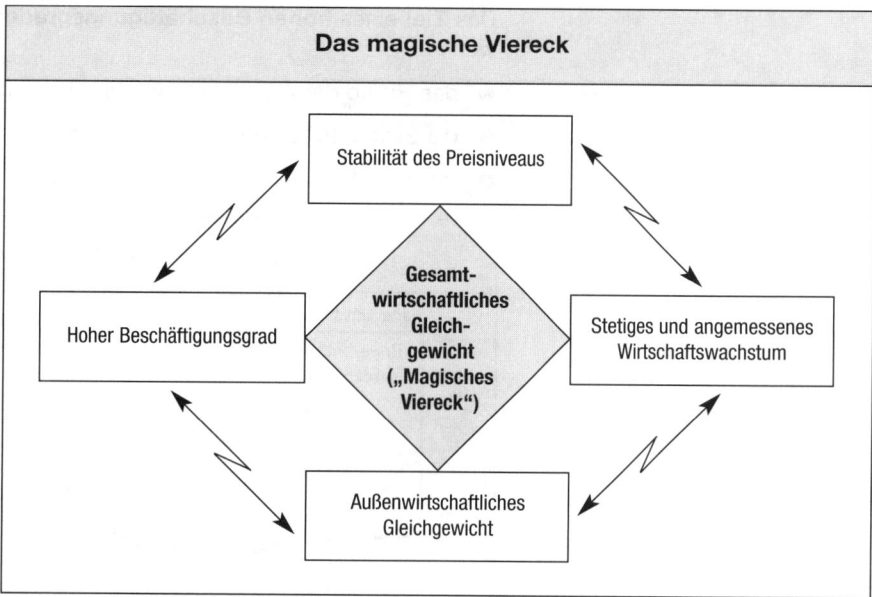

Das magische Viereck

Stabilität des Preisniveaus

Gesamt-wirtschaftliches Gleich-gewicht („Magisches Viereck")

Hoher Beschäftigungsgrad

Stetiges und angemessenes Wirtschaftswachstum

Außenwirtschaftliches Gleichgewicht

Das Stabilitätsgesetz verzichtet bewusst auf eine genaue Festlegung der Ziele, damit die Wirtschaftspolitik sich an die jeweilige Situation anpassen kann. Diese Bewertung der Ziele übernimmt die Bundesregierung in ihrem **Jahreswirtschaftsbericht** auf der Grundlage der Daten der volkswirtschaftlichen Gesamtrechnung. Die jährlichen Zielwerte, die die Bundesregierung anstrebt, haben jedoch nur eine Leitfunktion und drücken damit aus, welche wirtschaftspolitischen Schwerpunkte die Wirtschaftspolitik des folgenden Jahres haben soll.

Die **Stabilität des Preisniveaus** ist nach gängiger Meinung erreicht, wenn der Durchschnitt der Preise, gemessen am Preisindex für Lebenshaltung, jährlich höchstens um 2 % steigt.

Warenkorb

Dieser Preisindex wird mit Hilfe eines **„Warenkorbes"** berechnet, der sich aus ca. 750 Gütern und Dienstleistungen zusammensetzt, die eine durchschnittliche Verbraucherfamilie in einem bestimmten Zeitraum bezieht. Von einer Erhöhung des Preisniveaus spricht man, wenn die Ausgaben für diesen „Warenkorb" gegenüber einem früheren Zeitraum gestiegen sind. Die Zusammensetzung des „Warenkorbes" wird von Zeit zu Zeit geändert, da sich die Verbrauchergewohnheiten aufgrund schwankender Einkommen, neuer Produkte oder veränderter Lebenseinstellung ebenfalls ändern. Als Basisjahr, das einem Index von 100 entspricht, gilt z. Zt. das Jahr 1995.

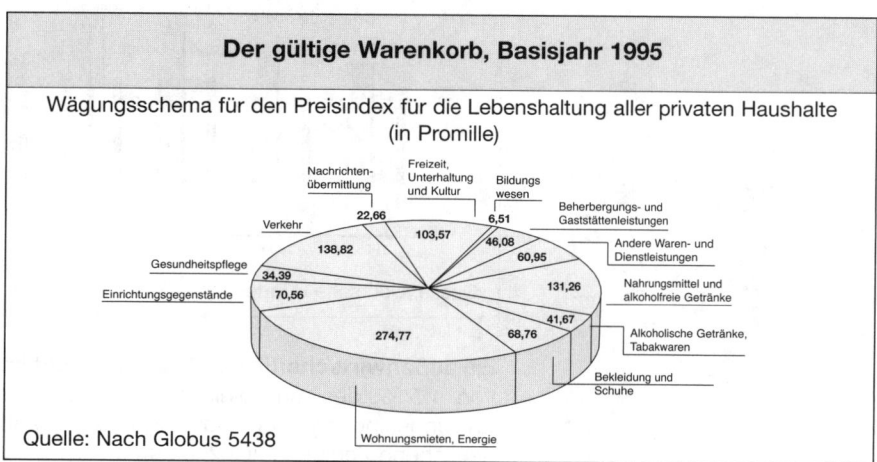

Der gültige Warenkorb, Basisjahr 1995

Wägungsschema für den Preisindex für die Lebenshaltung aller privaten Haushalte (in Promille)

Nachrichten-übermittlung 22,66

Freizeit, Unterhaltung und Kultur 103,57

Bildungs wesen 6,51

Beherbergungs- und Gaststättenleistungen 46,08

Verkehr 138,82

Andere Waren- und Dienstleistungen 60,95

Gesundheitspflege 34,39

Nahrungsmittel und alkoholfreie Getränke 131,26

Einrichtungsgegenstände 70,56

274,77

68,76

41,67

Alkoholische Getränke, Tabakwaren

Bekleidung und Schuhe

Quelle: Nach Globus 5438

Wohnungsmieten, Energie

Das **Ziel** eines **hohen Beschäftigungsgrades** ist, allgemein formuliert, erreicht, wenn

● das Risiko der Arbeitslosigkeit und Kurzarbeit gering ist,

● die Einkünfte „zufriedenstellend" sind und

● jeder nach seinen Fähigkeiten eingesetzt wird.

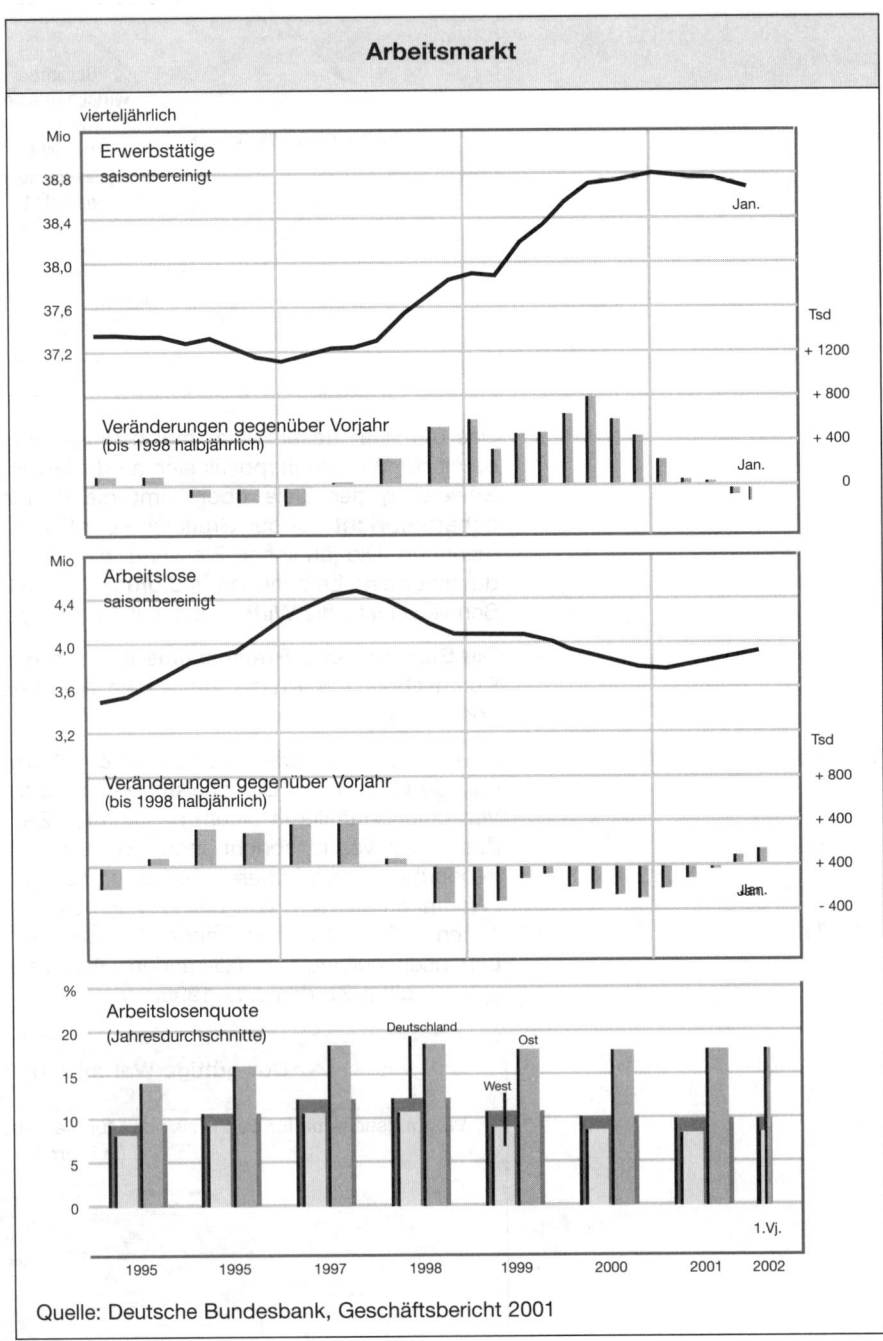

Quelle: Deutsche Bundesbank, Geschäftsbericht 2001

Ein **außenwirtschaftliches Gleichgewicht** ist kurzfristig bei einem Außenbeitrag von 1,5 % des Bruttoinlandsproduktes, langfristig bei einem Ausgleich der Zahlungseingänge vom Ausland und der Zahlungsausgänge ans Ausland (ausgeglichene Zahlungsbilanz) erreicht.

Ein **stetiges und angemessenes Wirtschaftswachstum** ist erreicht, wenn langfristig das reale Bruttoinlandsprodukt um 3 – 4 % pro Jahr steigt.

Aufgaben

1. Beschreiben Sie die Ziele der Wirtschaftspolitik nach dem Stabilitätsgesetz. Geben Sie dabei jeweils an, unter welchen Voraussetzungen ein
Ziel als erfüllt angesehen werden kann.

2. Begründen Sie, weshalb der Gesetzgeber diese Ziele im Stabilitätsgesetz
vorgegeben hat.

3. Ermitteln Sie mit Hilfe aktuellen Materials, z. B. aus Tageszeitungen, Fachzeitschriften oder Informationsdiensten der Banken, inwieweit zur Zeit die
Ziele des Stabilitätsgesetzes erreicht sind.

4.2.2 Kennzeichen und Messgrößen von Konjunkturphasen

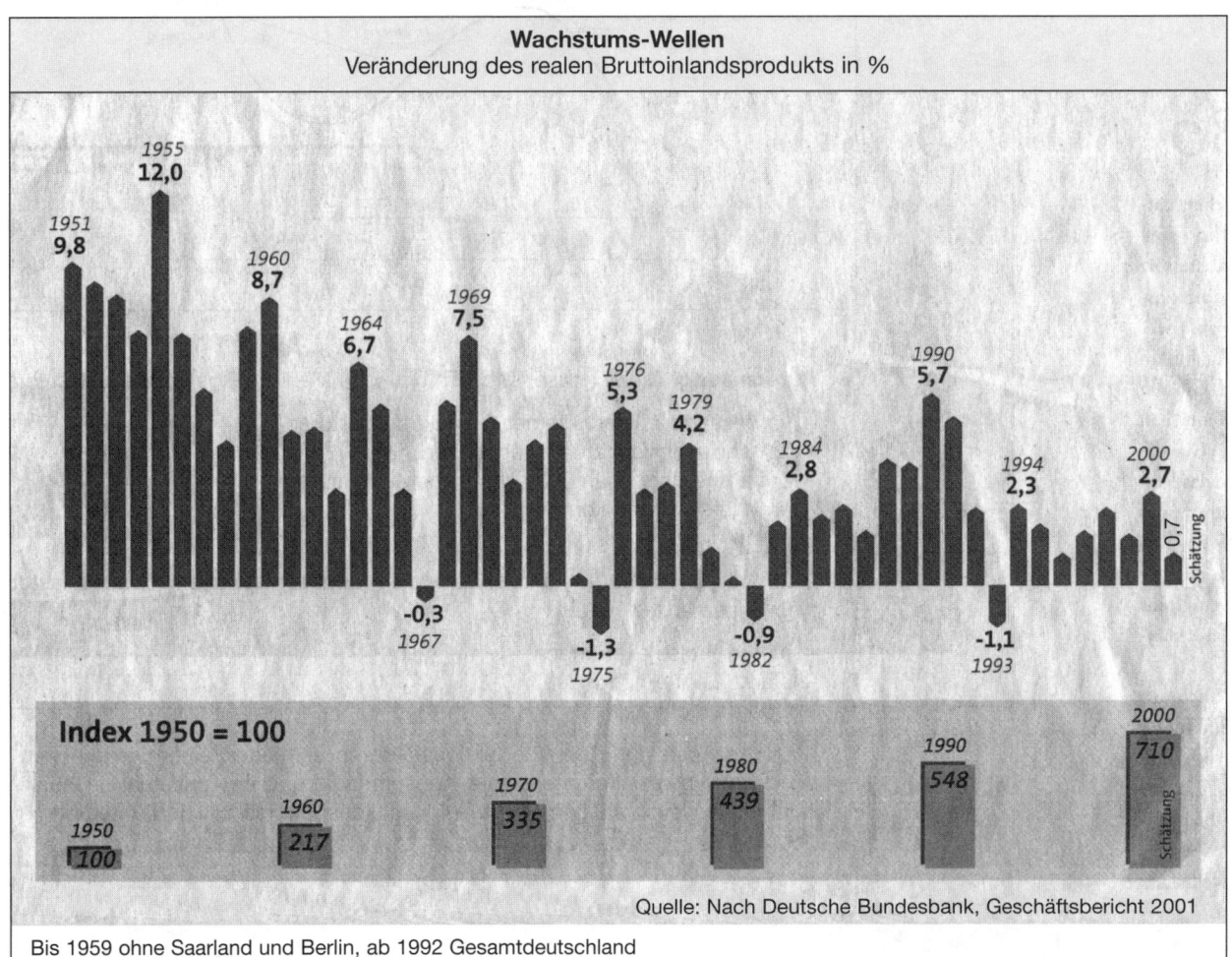

Bis 1959 ohne Saarland und Berlin, ab 1992 Gesamtdeutschland

In den Volkswirtschaften ergeben sich laufend Veränderungen, die zu wirtschaftlichen Ungleichgewichten und deren weiteren Folgen führen. Die Ursachen dafür können unterschiedlicher Natur sein:

● **Saisonale Schwankungen** treten kurzfristig auf und haben ihre Ursache im Wechsel der Jahreszeiten (Bausektor, Hotel- und Gaststättengewerbe).

● **Konjunkturelle Schwankungen** sind regelmäßige Veränderungen des gesamten Wirtschaftslebens **(Konjunkturzyklen)**.

Konjunkturphasen

> **Konjunkturphasen** sind die verschiedenen Abschnitte eines **Konjunkturzyklus**. Als Maßstab dient dabei die Entwicklung des Bruttoinlandsprodukts.

Ablauf von Konjunkturzyklen

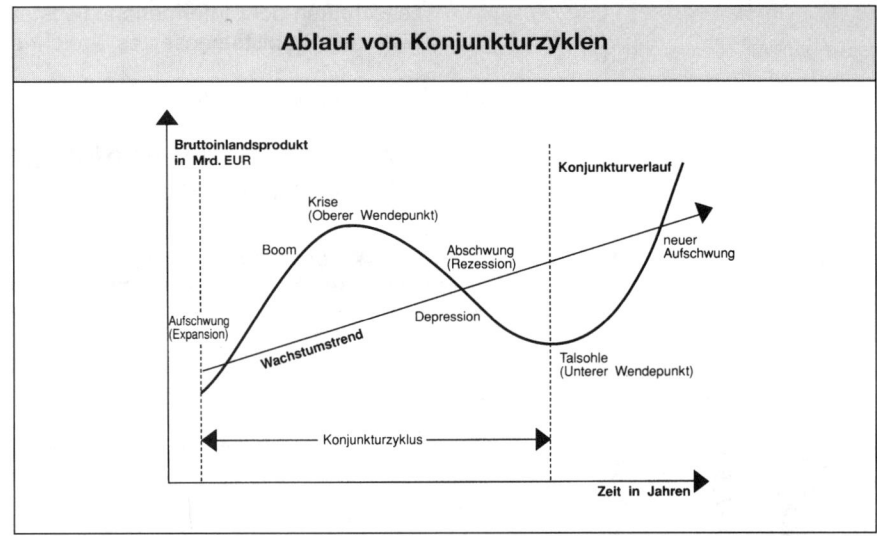

Aufschwung

● **Aufschwung**: Diese Phase ist durch typische Merkmale gekennzeichnet:

  – verbesserte Auslastung der Produktionsfaktoren,
  – Zunahme der privaten Investitionen,
  – Zunahme der gesamtwirtschaftlichen Lohnsumme,
  – erhöhtes Volkseinkommen,
  – erhöhter Konsum.

Boom

● **Boom**: Diese Phase ist erreicht, wenn die Produktionsfaktoren voll ausgelastet sind. Dies hat zur Folge:

  – starke Preissteigerungen,
  – starke Lohnerhöhungen,
  – Überbeschäftigung.

Die volle Auslastung der Produktionsfaktoren verhindert einen weiteren Anstieg des Volkseinkommens; die Konsumnachfrage der privaten Haushalte wird nicht weiter steigen und die Investitionsbereitschaft der Unternehmer geht zurück.

Krise

● **Krise (oberer Wendepunkt)**: Die Boomphase geht in die Abschwungphase über; die wirtschaftlichen Erwartungen werden allgemein pessimistischer.

Rezession

● **Abschwung**: In der Abschwungphase **(Rezession)** zeigen sich folgende typische Wirkungen:

- Rückgang der Investitionen,
- Einschränkung des privaten Konsums,
- Sinken der Gewinne,
- Verminderung der Lohnsumme,
- zunehmende Zahl von Unternehmenszusammenbrüchen.

Depression

● Ist die Abschwungphase kurz vor dem unteren Wendepunkt angekommen, so geht die Rezession in die **Depression** über. Diese ist gekennzeichnet durch:

- hohe Arbeitslosigkeit,
- minimale Investitionstätigkeit,
- hohe Ausstattung der Banken mit Geldkapital.

Die Kosten der Produktionsfaktoren Kapital und Arbeit sind gering, so dass neue Investitionen wieder lohnend werden. Die Investitionsbereitschaft der Unternehmer nimmt wieder zu.

Talsohle

● **Talsohle (unterer Wendepunkt)**: Die Depression geht in eine Aufschwungphase über; die wirtschaftlichen Erwartungen werden optimistischer.

Trend

● Der **Wachstumstrend** gibt die Grundrichtung der konjunkturellen Entwicklung an. Er wird ermittelt, indem eine Gerade durch die Konjunkturkurven der vergangenen Jahre gelegt wird. Dieses Ziel eines stetigen und angemessenen Wirtschaftswachstums erfordert, dass dieser Trend ansteigend ist und dass die zyklischen Abweichungen von dieser Idealentwicklung möglichst gering gehalten werden.

4.3   Staatliche Konjunkturpolitik

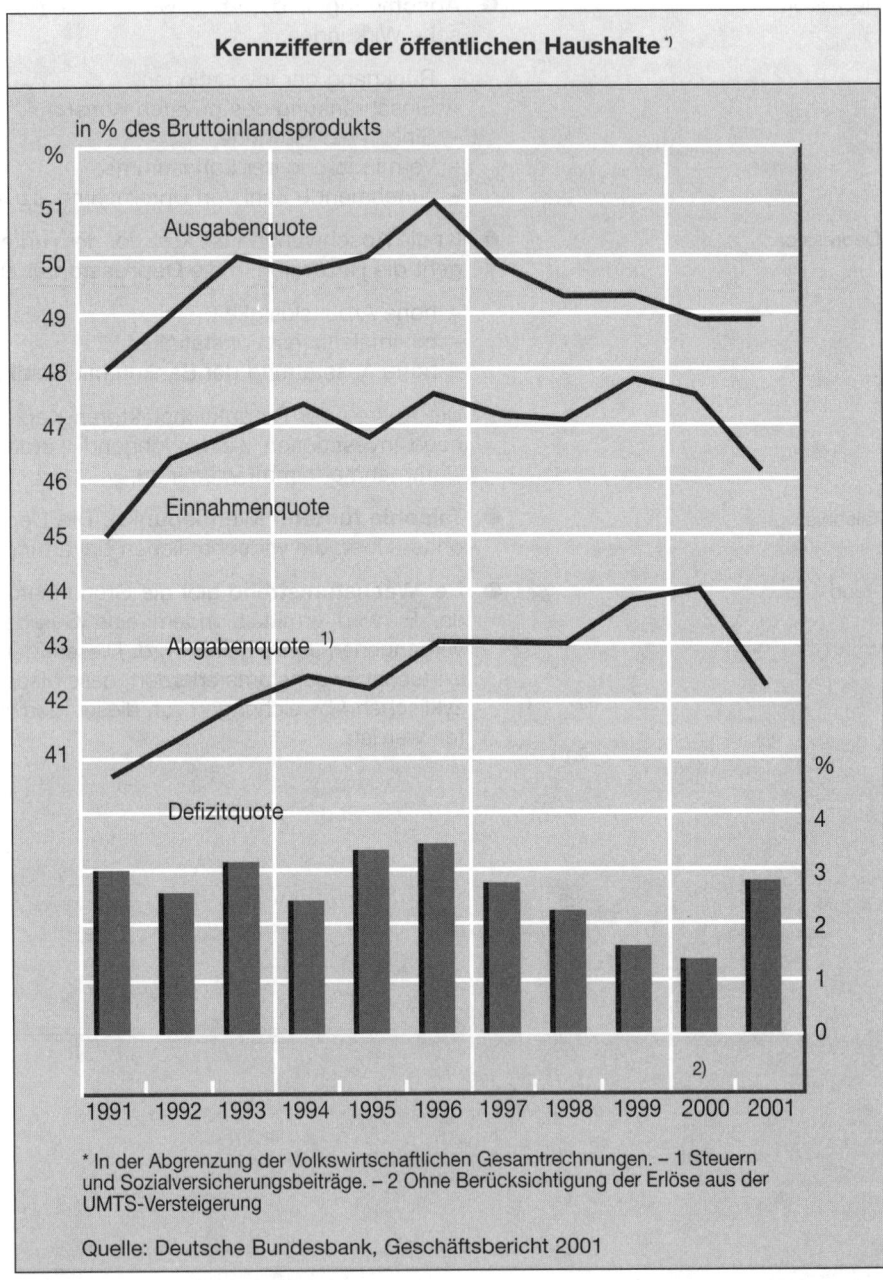

Kennziffern der öffentlichen Haushalte*)

in % des Bruttoinlandsprodukts

* In der Abgrenzung der Volkswirtschaftlichen Gesamtrechnungen. – 1 Steuern und Sozialversicherungsbeiträge. – 2 Ohne Berücksichtigung der Erlöse aus der UMTS-Versteigerung

Quelle: Deutsche Bundesbank, Geschäftsbericht 2001

Der Staat versucht mit seiner Wirtschaftspolitik ein gesamtwirtschaftliches Gleichgewicht zu erzielen. Dies ist jedoch nur möglich, wenn das Ausmaß der Konjunkturausschläge möglichst gering ist, so dass das tatsächliche Wirtschaftswachstum dem idealen Wachstumstrend nahe kommt. In Zeiten einer Hochkonjunktur muss der Staat deshalb die Konjunktur bremsen, in Zeiten einer Wirtschaftsflaute hat er die Wirtschaft anzukurbeln **(antizyklische Wirtschaftspolitik).**

Das Steuerungsmittel des Staates ist in erster Linie die Fiskalpolitik.

Fiskalpolitik

> Die **Fiskalpolitik** ist die Summe aller steuer- und ausgabenwirksamen Maßnahmen des Staates zur Beeinflussung des Wirtschaftsablaufes.

Die Wirkung der Fiskalpolitik kann in zwei Richtungen gehen:

● Die Staatsausgaben treten **direkt** als Nachfrage am Markt auf.

● Die Steuern beeinflussen **indirekt** die Nachfrage der privaten Haushalte **(Konsum)** und der Unternehmen **(Investitionen)**.

Die Ausgabenpolitik des Staates kann sowohl zur Konjunkturbelebung als auch zur Dämpfung einer überhitzten Wirtschaft eingesetzt werden.

● Erhöht der Staat seine Ausgaben, so verstärkt er die Nachfrage am Markt. Solange es in der Wirtschaft Arbeitslose und nicht ausgelastete Kapazitäten der Unternehmen gibt, wirkt diese zusätzliche Nachfrage nicht inflatorisch. Dies gilt jedoch nur, solange die Güterproduktion nicht überproportional steigt. Zur Belebung der Automobilkonjunktur können z.B. Bahn oder Post Pkw und Lkw früher als geplant kaufen.

● Senkt der Staat seine Ausgaben, verringert er die Nachfrage am Markt; das Wachstum wird gebremst.

So wird investiert

Deutsche Bruttoanlageinvestitionen
in jeweiligen Preisen
Milliarden Euro

1996	1997	1998	1999	2000	2001	2002
399,3	401,3	412,9	426,5	438,4	421,3	415,0*

*Jahresprojektion der Bundesregierung
Quellen: Stat. BA, Bundesregierung   123 0202

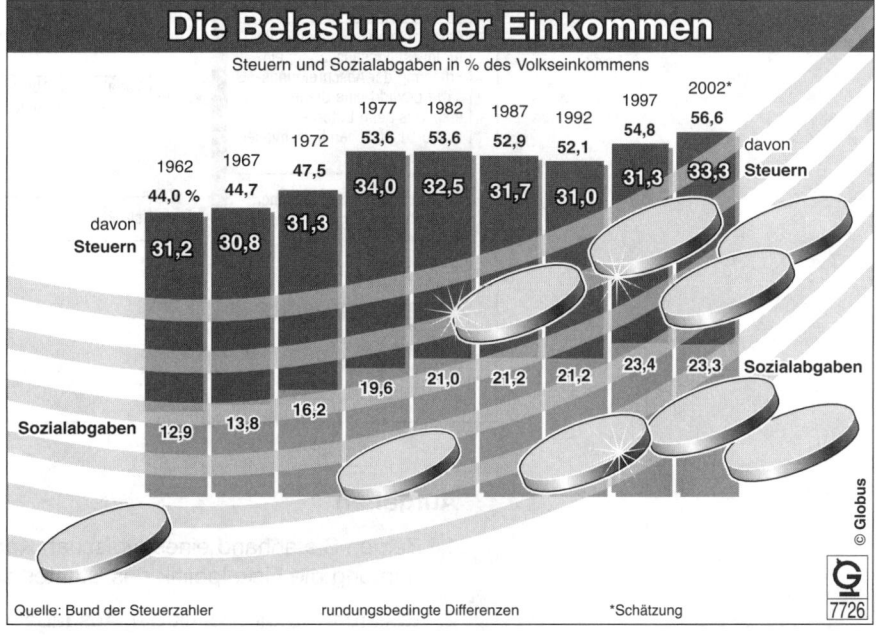

Die Belastung der Einkommen

Steuern und Sozialabgaben in % des Volkseinkommens

	1962	1967	1972	1977	1982	1987	1992	1997	2002*
	44,0 %	44,7	47,5	53,6	53,6	52,9	52,1	54,8	56,6
davon Steuern	31,2	30,8	31,3	34,0	32,5	31,7	31,0	31,3	33,3
Sozialabgaben	12,9	13,8	16,2	19,6	21,0	21,2	21,2	23,4	23,3

Quelle: Bund der Steuerzahler   rundungsbedingte Differenzen   *Schätzung   © Globus   7726

Grenzen der Fiskalpolitik

Die Fiskalpolitik, die auf den theoretischen Überlegungen des englischen Wirtschaftswissenschaftlers Keynes basiert, ist umstritten, da ihr relativ enge Grenzen gesetzt sind:

● Sie ist sehr unbeweglich, so dass die Maßnahmen oftmals zu spät greifen. Im schlimmsten Fall werden sie erst dann wirksam, wenn bereits die gegenteilige Handlung angebracht wäre.

● Der größte Teil der Ausgaben ist fest vorgegeben, so dass der Handlungsspielraum minimal ist. Hinzu kommt, dass die hohen Haushaltsdefizite der vergangenen Jahre den Spielraum weiter einschränken. Die Belastung der Bürger mit Abgaben ist nach einhelliger Meinung zu hoch.

● Ausgabensenkungen sind, ebenso wie Steuererhöhungen, politisch oftmals nicht durchsetzbar. Deutschland hat heute bereits mit die höchsten Steuern auf Einkommen und Gewinne.

● Die Koordinierung der fiskalpolitischen Maßnahmen zwischen Bund, Ländern und Gemeinden ist vielfach sehr schwierig.

Ansatzpunkte der Fiskalpolitik

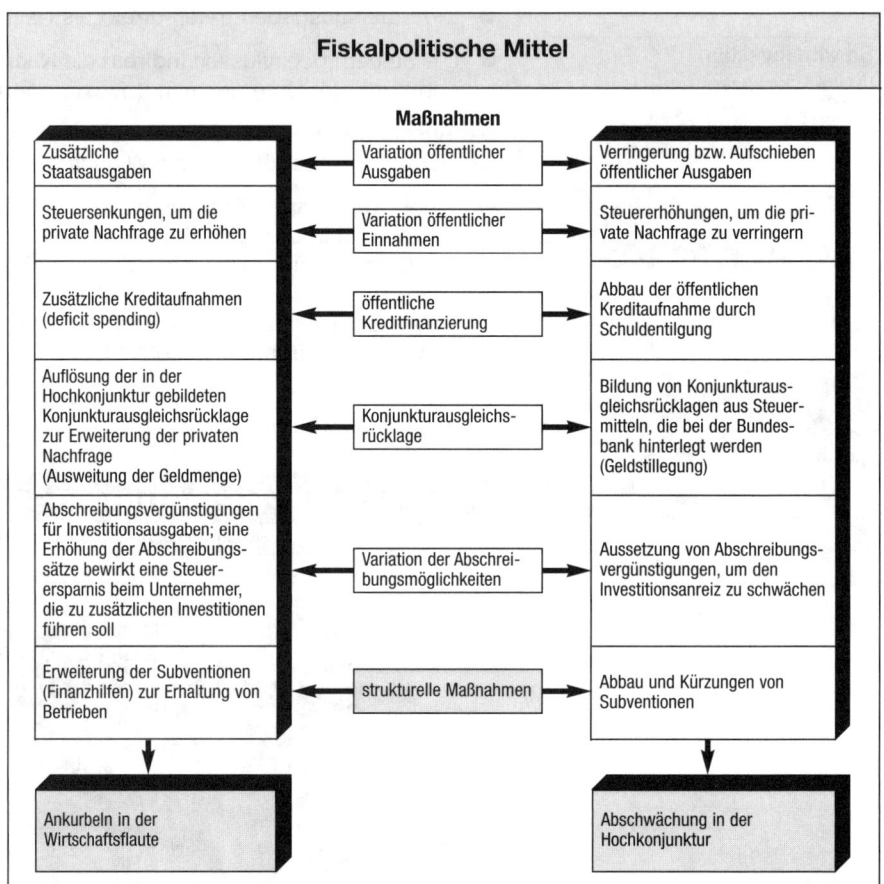

Fiskalpolitische Mittel

Maßnahmen

	Variation öffentlicher Ausgaben	
Zusätzliche Staatsausgaben		Verringerung bzw. Aufschieben öffentlicher Ausgaben
Steuersenkungen, um die private Nachfrage zu erhöhen	Variation öffentlicher Einnahmen	Steuererhöhungen, um die private Nachfrage zu verringern
Zusätzliche Kreditaufnahmen (deficit spending)	öffentliche Kreditfinanzierung	Abbau der öffentlichen Kreditaufnahme durch Schuldentilgung
Auflösung der in der Hochkonjunktur gebildeten Konjunkturausgleichsrücklage zur Erweiterung der privaten Nachfrage (Ausweitung der Geldmenge)	Konjunkturausgleichs- rücklage	Bildung von Konjunkturausgleichsrücklagen aus Steuermitteln, die bei der Bundesbank hinterlegt werden (Geldstillegung)
Abschreibungsvergünstigungen für Investitionsausgaben; eine Erhöhung der Abschreibungssätze bewirkt eine Steuerersparnis beim Unternehmer, die zu zusätzlichen Investitionen führen soll	Variation der Abschreibungsmöglichkeiten	Aussetzung von Abschreibungsvergünstigungen, um den Investitionsanreiz zu schwächen
Erweiterung der Subventionen (Finanzhilfen) zur Erhaltung von Betrieben	strukturelle Maßnahmen	Abbau und Kürzungen von Subventionen

Ankurbeln in der Wirtschaftsflaute

Abschwächung in der Hochkonjunktur

Aufgaben

1. Zeigen Sie anhand eines typischen Konjunkturverlaufes, mit welcher Zielrichtung die Fiskalpolitik des Staates eingesetzt werden soll.

2. Erklären Sie die Politik der Ausgabenvariation des Staates, um die Konjunktur zu beeinflussen.

3. Skizzieren Sie mit Hilfe des „Jahresberichtes der Deutschen Bundesbank" die wichtigsten fiskalpolitischen Mittel der Bundesregierung, die im vergangenen Jahr eingesetzt wurden. Begründen Sie deren Einsatz.

4.4 Geldpolitik der Europäischen Zentralbank

Die **Geldpolitik** einer Zentralbank hat abhängig von der Entwicklung der Konjunktur und des Preisniveaus grundsätzlich folgende Wirkungsketten zum Ziel:

Expansive Geldpolitik

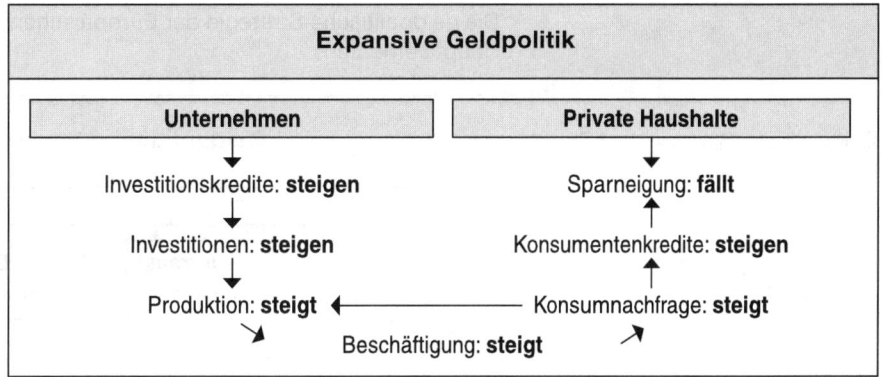

Die gewünschte Wirkungskette der **expansiven Geldpolitik** zeigt in der Realität mehrere Schwachstellen:

● Schätzen die Unternehmer und privaten Haushalte die wirtschaftliche Zukunft negativ ein, so werden sie nicht bereit sein, mehr Kredit aufzunehmen. Die privaten Haushalte werden, trotz niedriger Zinsen, zusätzlich sparen.

● Sind die Produktionsmöglichkeiten der Unternehmen nicht ausgelastet, werden sie auch bei niedrigen Zinsen keine zusätzlichen Investitionen machen.

● Sind die Zinsen im Ausland höher, fließt inländisches Kapital ab; die Geldmenge wird kleiner.

Restriktive Geldpolitik

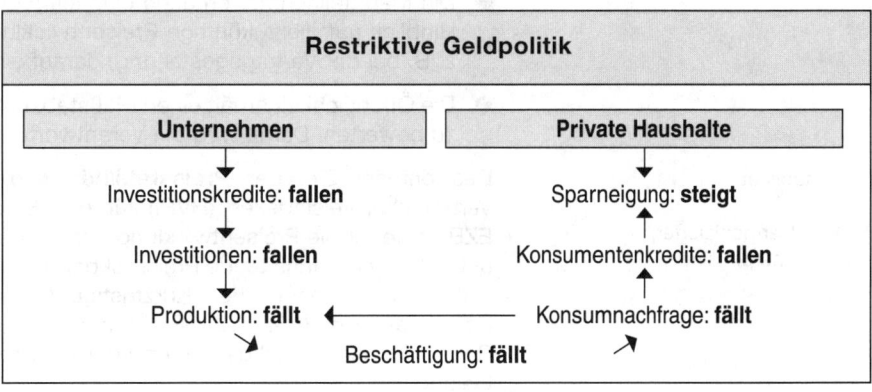

Die **restriktive Geldpolitik** hat binnenwirtschaftlich weniger Schwachstellen in ihrer Wirkungskette. Lediglich durch große Kapitaleinfuhren, z. B. bedingt durch ein hohes inländisches Zinsniveau, könnte die Geldmenge vergrößert werden.

Problematischer sind die Nebenwirkungen dieser Geldpolitik. Wird der Einsatz dieser Instrumente überzogen, besteht die Gefahr, dass die Konjunktur „einbricht". Die weiteren Ziele des Stabilitätsgesetzes wären gefährdet.

Die geldpolitische Strategie der Europäischen Zentralbank (EZB) besteht aus drei Hauptelementen:

Geldpolitische Strategie der EZB

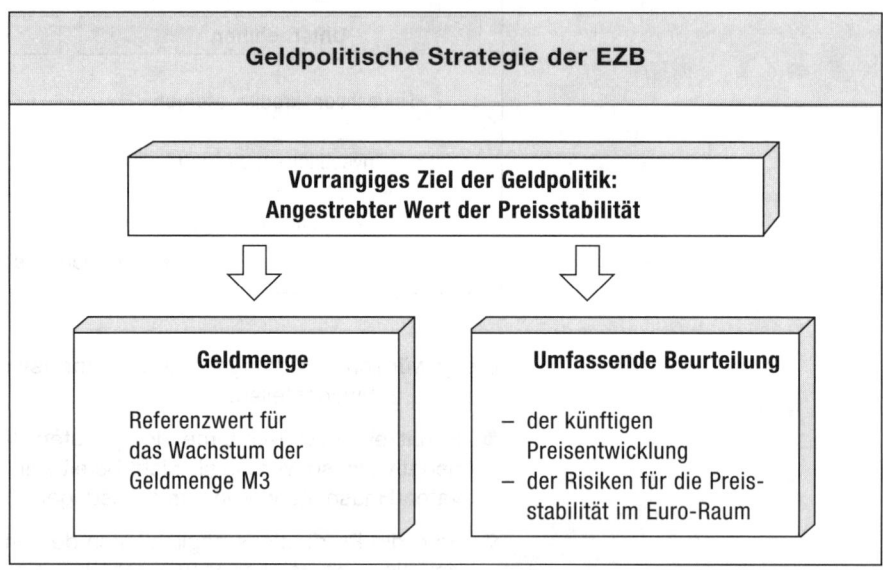

Jährliche Zielvorgabe der EZB

Die EZB veröffentlicht jeweils zum Jahresende ihre **Ziele der Geldpolitik**:

● Die Marktteilnehmer erhalten eine klare Orientierung für ihre Erwartungen im Hinblick auf die zukünftige Preisentwicklung. Entsprechend können sie sich, z. B. bei der Vertragsgestaltung, darauf einstellen.

● Die Öffentlichkeit erhält einen Maßstab, um den Erfolg der Geldpolitik der EZB zu bewerten. Damit wird die Verantwortung der Geldpolitiker gestärkt.

Preisstabilität

HVPI = Harmonisierter Verbraucherpreisindex

Das primäre Ziel der **Preisstabilität** wird am Anstieg des Harmonisierten Verbraucherpreisindexes (HVPI) für das Euro-Währungsgebiet gemessen. Die EZB bewertet die Preisentwicklung dann als stabil, wenn dieser Wert mittelfristig unter 2 % liegt. Anhaltende Preisrückgänge werden ebenfalls als mit der Preisstabilität vereinbar angesehen. Kurzfristige Veränderungen des Preisindexes, die auf Sonderfaktoren (wie z. B. Erhöhung der Steuern oder Veränderungen der Rohstoffpreise) zurückgehen, erfordern damit keine grundlegende Änderung der Geldpolitik.

Der Begriff der **Geldmenge** wird weder in der volkswirtschaftlichen Theorie noch in der weltweiten Notenbankpolitik mit einer allgemein anerkannten Definition abgegrenzt. Der Grund dafür liegt darin, dass die Grenzen zwischen „Geld" und „Nichtgeld" fließend sind.

Als Maßstab für die Geldnähe einer Anlage kann dabei die voraussichtliche Wirkung auf die Güternachfrage herangezogen werden. Daraus ergibt sich, dass neben den Zahlungsmitteln im engeren Sinne (Bargeld und Sichteinlagen) auch andere Aktiva, z. B. Termin- und Spareinlagen oder – in geringerem Maße – auch Effekten, Zahlungsmittel- und Wertaufbewahrungsfunktionen übernehmen können.

Die Europäische Zentralbank orientiert sich in ihrer Geldpolitik an der Abgrenzung M3:

5 505,8 Mrd. Euro

Geldmenge M3: M2 + Repogeschäfte + Geldmarktfondsanteile und Geldmarktpapiere + Schuldverschreibungen bis zu 2 Jahren Laufzeit

4 700,2 Mrd. Euro

Geldmenge M2: M1 + Einlagen mit vereinbarter Laufzeit bis zu 2 Jahren und mit vereinbarter Kündigungsfrist bis zu 3 Monaten

2 213,2 Mrd. Euro

(Werte von 4/2002)

Geldmenge M1: Bargeldumlauf und täglich fällige Einlagen

Der Grund für die Wahl der Geldmenge M3 war die empirische Erkenntnis, dass auf längere Sicht zwischen der Entwicklung dieses Wertes und der Preise ein enger Zusammenhang besteht. Im Regelfall kann ein gewisser Vorlauf der Geldmengenentwicklung gegenüber der Preisniveauänderung festgestellt werden.

Zwischen der Nachfrage der Nichtbanken – Unternehmen sowie private und öffentliche Haushalte – nach M3 und den Zinsen besteht im Regelfall eine gegenläufige Entwicklung, das heißt, höhere Zinsen bremsen tendenziell das Wachstum von M3.

Referenzwert 2002: 4,5 % Geldmengenwachstum

Der **Referenzwert der EZB** wird grundsätzlich aus folgenden Kriterien abgeleitet:

● angestrebter Wert der Preisstabilität,

● erwartete mittelfristige Entwicklung des realen Bruttoinlandsproduktes,

● erwartete Veränderung der Umlaufgeschwindigkeit.

Umlaufgeschwindigkeit

Umlaufgeschwindigkeit ist die Häufigkeit, mit der eine Geldeinheit in einem bestimmten Zeitraum für Güterumsätze benutzt wird. Je größer die Umschlagshäufigkeit, desto mehr wirkt sie wie eine Geldmengenerhöhung.

Konjunkturindikatoren

Ergänzend beurteilt die EZB die künftige Preisentwicklung mittels einer breiten Palette von **Konjunkturindikatoren**, die einen Vorläufercharakter für die künftige Preisentwicklung besitzen. Dazu gehören z. B. Löhne, Wechselkurse, Anleihekurse oder die Struktur der Zinsen. Hinzu kommen Messgrößen für die reale Wirtschaftstätigkeit, fiskalpolitische Indikatoren, differenzierte Indizes für Preise und Kosten sowie Umfragen bei Unternehmern oder Verbrauchern.

Für die Realisierung ihrer Ziele steht der EZB eine breite Palette von Instrumenten zur Verfügung.

Fazilität = Kreditlinie

Geldpolitische Instrumente der EZB

EZB

Ständige Fazilitäten	Offenmarktgeschäfte	Mindestreserven
Bereitstellung bzw. Abschöpfung von Liquidität „über Nacht": • **Spitzenrefinanzierungsfazilität:** Keine Beschränkungen mit Ausnahme der Bedingung, dass ausreichend Sicherheiten vorhanden sind. • **Einlagefazilität:** Anlage ohne Betragsbegrenzungen.	• **Hauptrefinanzierungsinstrument zur Steuerung der Zinsen und der Liquidität sowie als Signalmittel:** Regelmäßige, befristete Transaktionen im Tenderverfahren in ein- oder zweiwöchigem Abstand. • **Refinanzierungstransaktionen** im Tenderverfahren mit **drei Monaten Laufzeit.** • **Befristete Transaktionen zur Feinsteuerung der Liquidität und der Zinsen**, evtl. auch in Form von Käufen oder Verkäufen, zur Feinsteuerung, zu Devisenswapgeschäften oder die Hereinnahme von Termineinlagen. • **Beeinflussung der strukturellen Liquidität der Banken** über die Emission von Schuldverschreibungen, durch befristete Schuldverschreibungen, befristete Transaktionen oder Käufe bzw. Verkäufe.	Mindestreserveguthaben bei der EZB zum Zinssatz des Hauptrefinanzierungsinstruments. Mindestreservesatz 2% für Einlagen und Schuldverschreibungen bis 2 Jahre Laufzeit bzw. Kündigungsfrist.

Die Spitzenrefinanzierungssätze sowie die Einlagensätze der EZB bilden praktisch die kurzfristigen Ober- und Untergrenzen der Zinssätze am Geldmarkt.

Das Schwergewicht der geldpolitischen Steuerung des Eurosystems liegt auf der Offenmarktpolitik.

Die **Offenmarktpolitik** beeinflusst die Geldmenge direkt über den An- und Verkauf von Effekten durch die EZB. Geschäftspartner sind jeweils die Kreditinstitute. Kauft die Zentralbank Effekten an, fließt im gleichen Ausmaß Zentralbankgeld in den Wirtschaftskreislauf. Verkauft sie solche Effekten, entzieht sie der Wirtschaft Liquidität.

Eine besondere Form der Offenmarktgeschäfte sind die **Wertpapierpensionsgeschäfte,** bei denen gleichzeitig mit dem Verkauf der Termin des Rückkaufs vereinbart wird.

Die Zuteilung erfolgt nach dem **Tenderverfahren**. Grundsätzlich gibt es folgende Methoden:

Mengentender

Beim **Mengentender** gibt die Zentralbank den Zinssatz vor. Die Kreditinstitute unterbreiten mengenmäßige Angebote. Dabei legt die Zentralbank intern einen Höchstbetrag für das gesamte Pensionsgeschäft fest. Für den Fall, dass die Bietungen der Kreditinstitute das intern festgelegte Volumen überschreiten, teilt die Zentralbank die Pensionsgeschäfte anteilig zu (Repartierung).

Zinstender

Beim **Zinstender nach der holländischen Methode** ermittelt die Zentralbank aus den Bietungen der Geschäftsbanken einen Einheitszinssatz, so dass die Kreditinstitute Zinssätze und Volumina bieten können. Ausgehend von den höchsten Geboten wird zugeteilt, bis der von der Zentralbank vorgesehene Betrag erreicht ist. Der Einheitszinssatz ist der Zinssatz des letzten Gebotes, das noch im Rahmen des beabsichtigten Zuteilungsvolumens liegt. Gebote zum Zuteilungszinssatz werden im Bedarfsfall anteilig berücksichtigt. Gebote unter dem Zuteilungszinssatz fallen aus.

Üblich ist jedoch die **amerikanische Methode**. Danach teilt die Zentralbank ausgehend vom höchsten Gebot zu, bis der Betrag erreicht ist, der den Geschäftsbanken zufließen soll. Für die Geschäftsbank gilt dabei der Zinssatz, den sie jeweils geboten hat. Das Zinstenderverfahren nach der amerikanischen Methode eignet sich eher dazu abzutasten, welches bei der gegebenen Marktverfassung der marktmäßig „richtige" Zinssatz ist.

Greifen diese Instrumente der Zentralbank, so führen sie entweder über die Veränderung des Zinsniveaus oder der Bankenliquidität zu einem veränderten Kreditvolumen der Unternehmen und privaten Haushalte. Daraus sollen sich weitere Änderungen im Wirtschaftskreislauf ableiten.

Verändert die EZB den Mindestreservesatz, so wirkt sich dies direkt auf die Bankenliquidität aus.

4.4.1 Refinanzierung der Kreditinstitute im Rahmen ihrer Liquiditätspolitik

Die Vertrauensfunktion – die Grundlage der Bankgeschäfte

Die Aufrechterhaltung der Liquidität ist eines der wichtigsten bankpolitischen Ziele. Die Erfüllung der **Vertrauensfunktion**, die die Grundlage aller Bankgeschäfte bildet, setzt voraus, dass an der Zahlungsfähigkeit des Kreditinstitutes nicht der geringste Zweifel aufkommt. Ist dies nicht mehr gewährleistet, so wäre ein Ansturm („run") der Gläubiger zur Abhebung ihrer Einlagen die unweigerliche Folge. Die betroffenen Institute müssten geschlossen werden, weil aufgrund der **Fristentransformation** keine Bank in der Lage wäre, von sich aus allen Verpflichtungen aus dem Einlagengeschäft sofort nachkommen zu können.

KWG
§ 11 Liquidität. *Die Kreditinstitute müssen ihre Mittel so anlegen, dass jederzeit eine ausreichende Zahlungsbereitschaft gewährleistet ist. Das Bundesaufsichtsamt stellt im Einvernehmen mit der Deutschen Bundesbank Grundsätze auf, nach denen es für den Regelfall beurteilt, ob die Liquidität eines Kreditinstituts ausreicht.*

Das Liquiditätsproblem der Banken hat somit seine Ursache in der begrenzten Verfügungsmöglichkeit über **Zentralbankgeld** (Kassenbestände und Guthaben bei der Zentralbank), welches nur von der Zentralbank selbst geschaffen werden kann. Die Planung der Liquidität wird den Kreditinstituten jedoch erleichtert, weil sie sich bei der Zentralbank sowie bei anderen Geschäftsbanken die notwendigen Mittel beschaffen können.

Für die Maßnahmen, die der dauerhaften Sicherung der Liquidität dienen sollen, stehen den Kreditinstituten Vermögenswerte zur Verfügung, deren Fähigkeit zur Umwandlung in Zentralbankgeld unterschiedlich groß ist:

Liquide Mittel der Kreditinstitute

● **Zentralbankgeld**: Kassenbestände und Guthaben bei der Zentralbank;

● **Vermögen, das ohne Verlust, jederzeit in Zentralbankgeld umgewandelt werden kann**: Offenmarktpapiere, die in die Marktregulierung einbezogen sind;

● **Vermögen, das eventuell nur mit Verlust in Zentralbankgeld umgewandelt werden kann**: Börsengängige Effekten;

● **Vermögen, das erst nach einem bestimmten Fristablauf zu Zentralbankgeld wird**: Forderungen an Kunden und Kreditinstitute.

Die Kreditinstitute versuchen mit Hilfe dieser Bestände im Rahmen der gegebenen Möglichkeiten, eine optimale Liquiditätsbehandlung zu erreichen, bei der das Hauptziel der Rentabilität nicht außer Acht gelassen wird.

4.4.2 Refinanzierung der Kreditinstitute am Geld- und Kapitalmarkt

Die moderne arbeitsteilige Wirtschaft hat zur Folge, dass sich organisierte Märkte bilden, auf denen sich das Angebot und die Nachfrage nach Geld und Kapital treffen. Die wichtigsten Handelspartner sind die Kreditinstitute, für die diese Märkte zwei Aufgaben erfüllen:

● Die **rentable und risikoarme Anlage** liquider Mittel, die vorübergehend nicht benötigt werden;

● die **Deckung ihres Liquiditätsbedarfs**.

Diese liquiden Mittel können – je nach ihrer Fristigkeit – auf verschiedenen Märkten gehandelt werden.

Tagesgelder sind Zentralbankguthaben in runden Beträgen, die am Tag nach Abschluss (Overnight) zuzüglich zurückzuzahlen sind. Als Referenzzins dient der EONIA (Euro Overnight Index Average).

Tägliches Geld kann mit einer Kündigungsfrist von einem Tag zurückbezahlt bzw. -gefordert werden.

Termingelder sind Zentralbankguthaben in runden Beträgen, die meist für standardisierte Laufzeiten (Ein-, Zwei-, Drei-, Sechs- und Zwölf-Monatsgelder) überlassen werden. Als Referenzzins dient der EURIBOR (Euro Interbank Offered Rate).

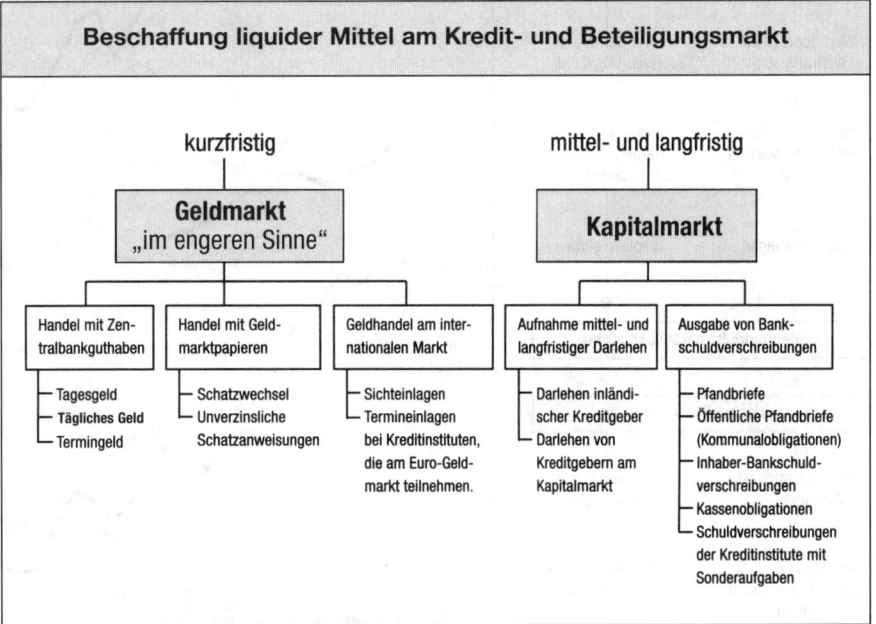

● Der **Handel mit Geldmarktpapieren** findet nur in solchen Wertpapieren statt, die folgende Kriterien erfüllen:

 – kein Kursrisiko,

 – Abgabe und Rücknahme durch die Zentralbank ist möglich.

● Der **Geldhandel am internationalen Markt** findet für die deutschen Kreditinstitute überwiegend am **Euro-Geldmarkt** statt. Dieser hatte sich aus dem früheren „Euro-Dollarmarkt" entwickelt, auf dem ursprünglich lediglich Sichtguthaben von Banken außerhalb der USA in US-$ an andere Kreditinstitute als Terminkredit vergeben wurden.

Heute hat der gewandelte Euro-Geldmarkt stark an Bedeutung gewonnen. Die wichtigsten Handelsplätze für diese Gelder sind im europäischen Raum London, Paris, Luxemburg, Brüssel, Zürich und Frankfurt sowie im überseeischen Bereich New York, Nassau (Bahamas) und Tokio.

Teilnehmer am Euro-Geldmarkt und Euro-Kapitalmarkt sind außer den Kreditinstituten auch die Zentralbanken, die Bank für Internationalen Zahlungsausgleich (BIZ) in Basel sowie Großunternehmen. Der Markt wird nicht zentral gesteuert und unterliegt keiner Bankenaufsicht. Der Handel wird heute in allen wichtigen Währungen (US-$, DM, sfr, £-Sterling, FF, Lire u. a.) abgewickelt.

4.5   Währungspolitik der Europäischen Zentralbank

Wechselkurs steigt

| Wert der ausländ. Währung steigt | ≙ | Wert der inländ. Währung sinkt |

inländische Güter werden im Ausland billiger — ausländische Güter werden im Inland teurer

Exporte steigen — Importe sinken

Außenhandelsüberschuss steigt

Wechselkurs sinkt

Wert der ausländ. Währung sinkt ≙ Wert der inländ. Währung steigt

inländische Güter werden im Ausland teurer — ausländische Güter werden im Inland billiger

Exporte sinken — Importe steigen

Außenhandelsüberschuss sinkt

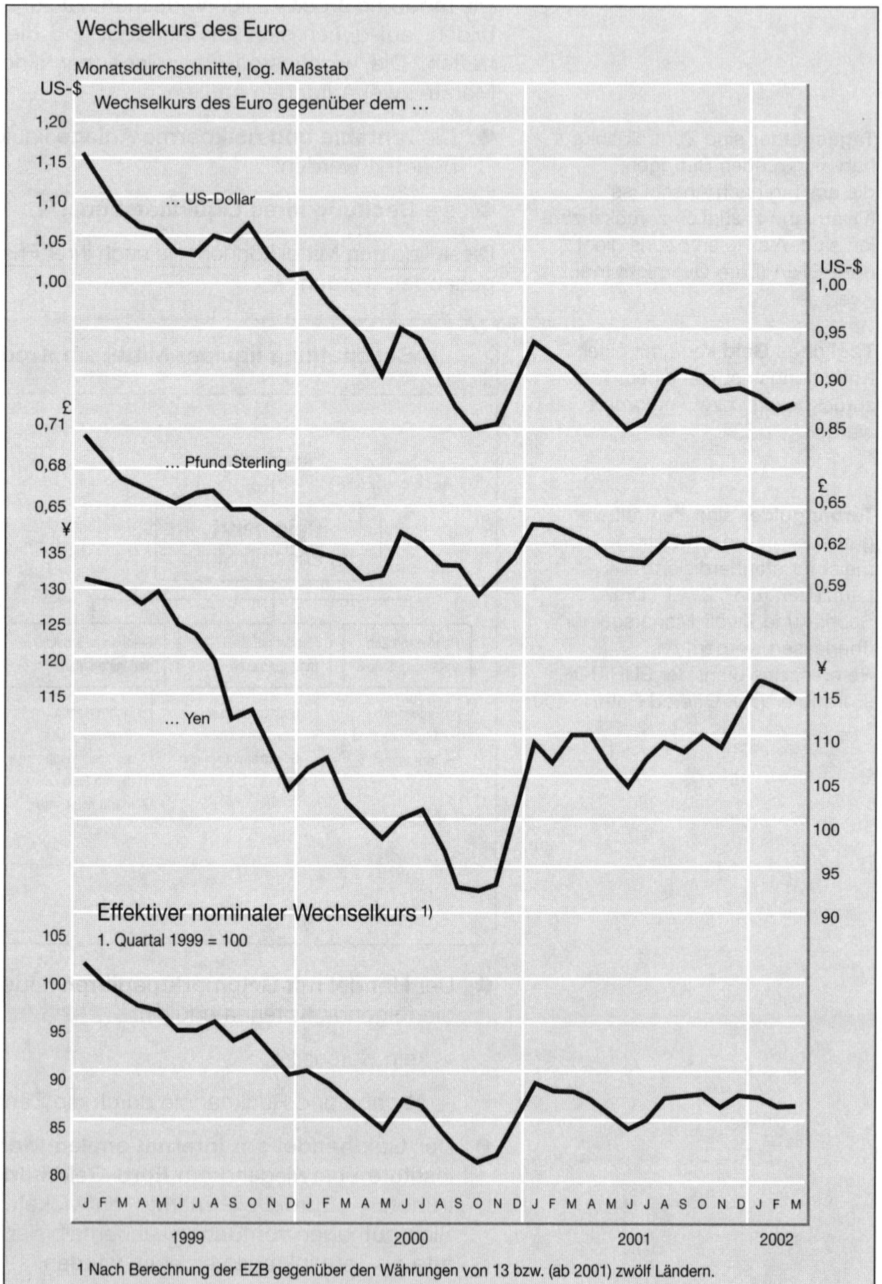

Wechselkurs des Euro

Monatsdurchschnitte, log. Maßstab

Wechselkurs des Euro gegenüber dem ...

... US-Dollar

... Pfund Sterling

... Yen

Effektiver nominaler Wechselkurs [1]

1. Quartal 1999 = 100

1999   2000   2001   2002

1 Nach Berechnung der EZB gegenüber den Währungen von 13 bzw. (ab 2001) zwölf Ländern.

Quelle: Deutsche Bundesbank, Geschäftsbericht 2001

Die Veränderungen des Wechselkurses haben entscheidende Bedeutung für eine Wirtschaft. Fällt der Wert der inländischen Währung gegenüber den anderen Währungen, so sinkt deren Wechselkurs. Dies wird dazu führen, dass der Außenhandelsüberschuss steigt. Steigt der Wert der inländischen Währung gegenüber dem Ausland, so wird der Außenhandelsüberschuss kleiner werden.

Da die Wechselkurse somit die Zahlungsbilanz wesentlich beeinflussen, stellt sich die Frage, ob sie sich frei am Markt bilden oder ob der Staat bzw. die Zentralbank sie direkt oder indirekt beeinflussen sollen.

*Die Erfahrungen mit der Weltwirtschaftskrise in den dreißiger Jahren führten vor allem auf Drängen der USA 1944 zu dem Abkommen von **Bretton Woods** (US-Bundesstaat New Hampshire), das die Grundlage für ein neues Weltwährungssystem bildete. Kernpunkt dieses Abkommens, dem die Bundesrepublik Deutschland 1952 beitrat, waren feste Wechselkurse zwischen den Währungen der angeschlossenen Staaten.*

Obwohl dieses Währungssystem über zwei Jahrzehnte einen positiven Beitrag zur Entwicklung des Welthandels geleistet hatte, waren die beteiligten Länder spätestens ab 1973 nicht mehr in der Lage, feste Wechselkurse aufrecht zu erhalten. So ging z. B. die Bundesrepublik Deutschland am 10. Mai 1971 zu einem System mit frei schwankenden Wechselkursen über. Danach schwankten die Wechselkurse, z. B. zum US-Dollar, teilweise sehr stark. Dagegen haben sich die europäischen Währungen in den vergangenen zwei Jahrzehnten immer mehr in ihrer Wertentwicklung angeglichen. Am Schluss stand die gemeinsame europäische Währung.

4.5.1 System flexibler Wechselkurse

> Im **System flexibler Wechselkurse** bestimmt sich der Devisenkurs **frei nach Angebot und Nachfrage auf den Devisenmärkten**.

Die Devisenkurse sind in diesem System ein Spiegelbild der Einschätzung der wirtschaftlichen Situation eines Landes durch die Anbieter und Nachfrager in dessen Währung. Die Nachfrage und das Angebot für eine Währung wird durch eine Vielzahl von Faktoren beeinflusst. Dazu gehören u. a. das Zinsniveau im Verhältnis zu den anderen Ländern, die wirtschaftliche Entwicklung sowie die politische Stabilität eines Landes. Insbesondere die Waren- und Dienstleistungsströme im Außenhandel wirken sich auf die Wechselkurse aus.

Zahlungsbilanz:
Systematische Aufzeichnung der Zahlungsvorgänge zwischen In- und Ausländern

- Steigt die inländische Nachfrage nach amerikanischen Gütern, so erhöht sich die Nachfrage nach US-$ (mit denen die Importe bezahlt werden müssen). Dies hat zur Folge, dass der Kurs des US-$ steigt, wodurch wiederum die Importneigung gebremst wird.

- Steigt die amerikanische Nachfrage nach inländischen Gütern, so werden mehr US-$ angeboten (weil die Erlöse aus den Exporten steigen). Dies hat zur Folge, dass der Kurs des US-$ sinkt, wodurch die Exporte in die USA wiederum verteuert werden.

Dieses Wechselspiel bewirkt eine Tendenz zum Ausgleich der Zahlungsbilanz. Trotzdem ist dieses System umstritten.

Bewertung flexibler Wechselkurssysteme

Die **Befürworter** heben hervor:

- Die Zahlungsbilanz wird eher ausgeglichen.

- Die Inflationen ausländischer Staaten werden abgewehrt, da sie sich in einer Änderung der Devisenkurse niederschlagen.

- Der Staat bzw. die Notenbank brauchen keine größeren Liquiditätsreserven, da sie keine Stützungsaktionen für ihre Währung benötigen.

Die **Kritiker** betonen:

● Die Ausgleichsfunktion des Devisenkurses kann durch spekulative Kapital-
  bewegungen gefährdet werden.

● Die Planung und Kalkulation der Exporteure wird erschwert. Gehen die Planungen nicht auf, besteht die Gefahr des Produktionsrückganges und der Arbeitslosigkeit.

Das Kursrisiko der Exporteure kann heute weitgehend durch den Abschluss von
Devisentermingeschäften bzw. -optionsgeschäften ausgeschlossen werden, bei
denen bereits heute verbindlich der Kurs für ein Devisengeschäft in der Zukunft
vereinbart wird.

4.5.2 System fester Wechselkurse

> Im **System fester Wechselkurse** wird der Devisenkurs vom Staat bzw.
> der Zentralbank festgelegt.

Feste Wechselkurse
ohne praktische Bedeutung

Da sich jedoch Angebot und Nachfrage nach Devisen weiterhin ändern, muss
durch Eingriffe der Zentralbank in den Devisenmarkt der festgelegte Kurs „künstlich" fixiert werden. Dieses Wechselkurssystem hat seit Beginn der siebziger
Jahre keine Bedeutung mehr, da es ständige Anpassungen der Kurse erfordert.

4.5.3 Relative Wechselkursstabilität –
Das Beispiel: Europäisches Währungssystem
(EWS)

*Nachdem das System fester Wechselkurse, das in Bretton Woods vereinbart
wurde, 1973 endgültig gescheitert war, erhofften sich die Wirtschaftspolitiker von
der Phase flexibler Wechselkurse vor allem drei Ergebnisse:*

● *Die Inflationsraten der einzelnen Länder sollten sich durch den Wechselkursmechanismus angleichen.*

● *Leistungsbilanzungleichgewichte sollten durch die laufenden Auf- und Abwer-
  tungen der Währungen verhindert werden.*

● *Der Spielraum der binnenwirtschaftlichen Geldpolitik der einzelnen Notenbanken sollte erhöht werden, da sie nunmehr nicht mehr zu Interventionen am
  Devisenmarkt verpflichtet waren.*

*All diese Erwartungen traten nicht ein. Die Wechselkurse änderten sich viel stärker,
als das von den nationalen Inflationsunterschieden her zu erwarten war; die Lei-
stungsbilanzunterschiede wuchsen weiterhin; die Zentralbanken waren gezwungen, weiterhin am Devisenmarkt zu intervenieren, damit übergroße Wechselkursveränderungen verhindert wurden.*

*Aus diesem Grunde versuchten die verantwortlichen Politiker in Europa – insbe-
sondere seit Ende der siebziger Jahre – eine Zone der relativen Wechselkursstabilität zu schaffen. Diese sogenannte „Währungsschlange" bildete die Grundlage für
das **Europäische Währungssystem – EWS**, das 1979 ins Leben gerufen wurde.*

Das EWS ist ein System der **relativen Wechselkursstabilität**. Bis Ende 1998 waren die meisten Währungen der EU-Länder in dieses Festkurssystem eingebunden. Zum 01.01.1999 führten die EU-Staaten den Euro als gemeinsame Währung zunächst als Buchgeld ein. Seit 2002 löst der Euro auch das Bargeld ab.

> Im **System relativer Wechselkursstabilität** wird vom Staat bzw. der Zentralbank eine Bandbreite festgelegt, innerhalb der sich der Wechselkurs frei bewegen kann. Droht der Wechselkurs diese Unter- oder Obergrenze zu überschreiten, greift die Zentralbank ein (Intervention).

EWS II:
Wechselkursmechanismus II

EU-Mitgliedstaaten, die nicht an der Währungsunion teilnehmen, haben die Möglichkeit, ihre Währungen über das so genannte **EWS II (Wechselkursmechanismus II)** anzubinden. Dabei werden bilaterale Leitkurse gegenüber dem Euro festgelegt, wobei eine Standard-Bandbreite von +/- 2,250 % vorgesehen ist. Dänemark nimmt als einziges Land am EWS II teil.

Dänemark hat sich verpflichtet, seine Währung um einen festen Leitkurs nach oben oder unten schwanken zu lassen.

Der **obere Interventionspunkt** liegt entsprechend über dem Leitkurs. Damit ist die Kursmarke gemeint, bei der die betreffende Notenbank durch Käufe fremder EWS-Währungen den Kurs der eigenen Währung absenken soll. Verbleibt der Kurs trotz solcher Maßnahmen längere Zeit an diesem Interventionskurs, so werden Überlegungen für eine Neufestsetzung der Leitkurse (**Realignment**) notwendig.

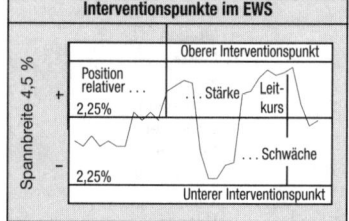

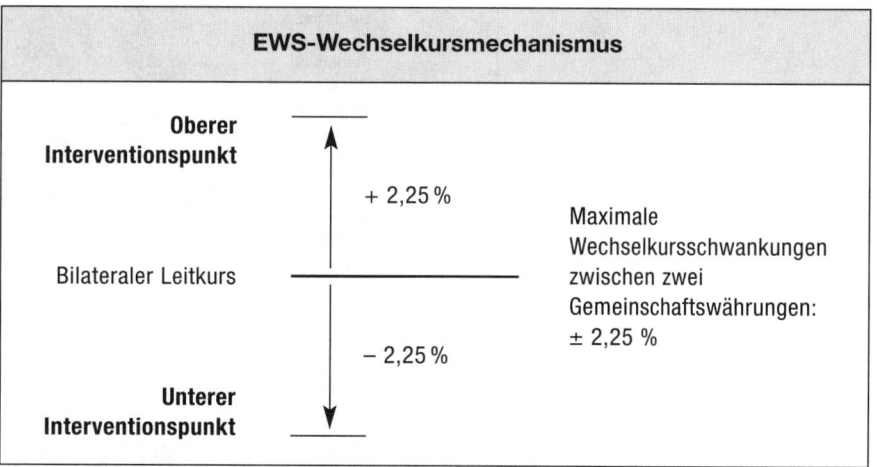

Das Europäische Währungssystem hatte in den neunziger Jahren dazu geführt, dass die Inflationsraten und Zinssätze in den beteiligten Ländern angeglichen wurden.

4.6 Wirtschaftliche Zusammenarbeit in der Europäischen Union (EU)

Geschichte der
Europäischen Gemeinschaft

Der Wunsch nach Zusammenarbeit der europäischen Staaten ist alt. Erst nach dem Zweiten Weltkrieg wurden jedoch konkrete Maßnahmen ergriffen.

*1952 schlossen sich Belgien, die Bundesrepublik Deutschland, Frankreich, Italien, Luxemburg und die Niederlande zur **Montanunion** zusammen. Damit wurde der gesamte Kohle- und Erzbergbau sowie die Eisen- und Stahlproduktion dieser Staaten zusammengefasst und einheitlich verwaltet.*

*1957 wurde die **EURATOM** zur Förderung der Kernforschung und Nutzung der Kernenergie von den gleichen Staaten ins Leben gerufen.*

*Im gleichen Jahr wurde die **Europäische Wirtschaftsgemeinschaft (EWG)** gegründet, die sich zunächst aus den Staaten der Montanunion zusammensetzte.*

Das Ziel sollten letztendlich die „Vereinigten Staaten von Europa" als eine wirtschaftliche und politische Einheit sein.

*Die drei europäischen Zusammenschlüsse werden heute als eine Einheit angesehen und als **Europäische Union (EU)** bezeichnet.*

Ziele der EWG
– Abschaffung von Import- und Exportkontingenten
– gemeinsamer Zolltarif gegenüber Nichtmitgliedern
– freier Personen-, Dienstleistungs- und Kapitalverkehr zwischen den Mitgliedern
– gemeinsame Landwirtschafts- und Verkehrspolitik
– Vereinheitlichung des Steuer-, Arbeits- und Sozialrechts
– gemeinsame Wirtschaftspolitik
– gemeinsames Währungssystem

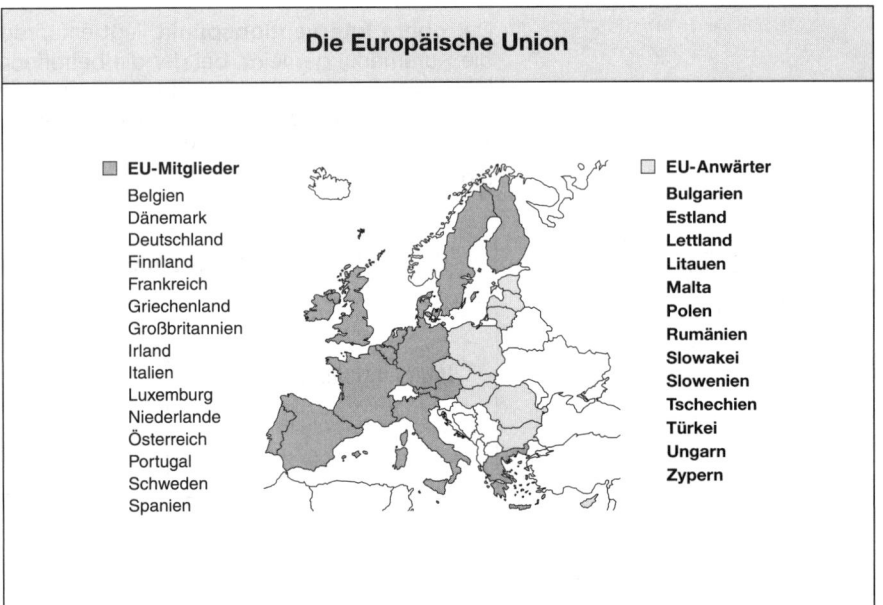

Die Europäische Union

EU-Mitglieder
Belgien
Dänemark
Deutschland
Finnland
Frankreich
Griechenland
Großbritannien
Irland
Italien
Luxemburg
Niederlande
Österreich
Portugal
Schweden
Spanien

EU-Anwärter
Bulgarien
Estland
Lettland
Litauen
Malta
Polen
Rumänien
Slowakei
Slowenien
Tschechien
Türkei
Ungarn
Zypern

Die Entwicklung der wirtschaftlichen Zusammenarbeit Europas ging zunächst schnell vorwärts, erlitt aber seit den Währungskrisen im Zusammenhang mit dem US-Dollar und im EWS sowie wegen weltweiter Rezessionen immer wieder Rückschläge.

Die EU hat bereits einen Teil ihrer Ziele erreicht:

● Die **Binnenzölle** zwischen den Mitgliedsländern wurden **abgeschafft**.

● Gegenüber sogenannten Drittländern hat die EU einen **gemeinsamen Außenzoll**.

● Handelsverträge mit Drittländern können nicht mehr von den einzelnen Mitgliedern, sondern nur noch von den EU-Institutionen in Brüssel abgeschlossen werden. Damit ist eine **abgestimmte Handelspolitik** gegenüber Drittländern gewährleistet.

● Zur **Schaffung gleicher Wettbewerbsbedingungen** können die Institutionen der EU wettbewerbsbeschränkende Praktiken untersagen oder genehmigen und eventuell Bußgelder verhängen.

● Ein **Europäisches Währungssystem** wurde geschaffen, die gemeinsame europäische Währung ist auf den Weg gebracht.

12 EU-Staaten nehmen an der Europäischen Währungsunion teil. Griechenland darf noch nicht mitmachen, weil es die strengen Stabilitätskriterien nicht erfüllt. Dänemark, Großbritannien und Schweden wollen vorerst nicht dabei sein.

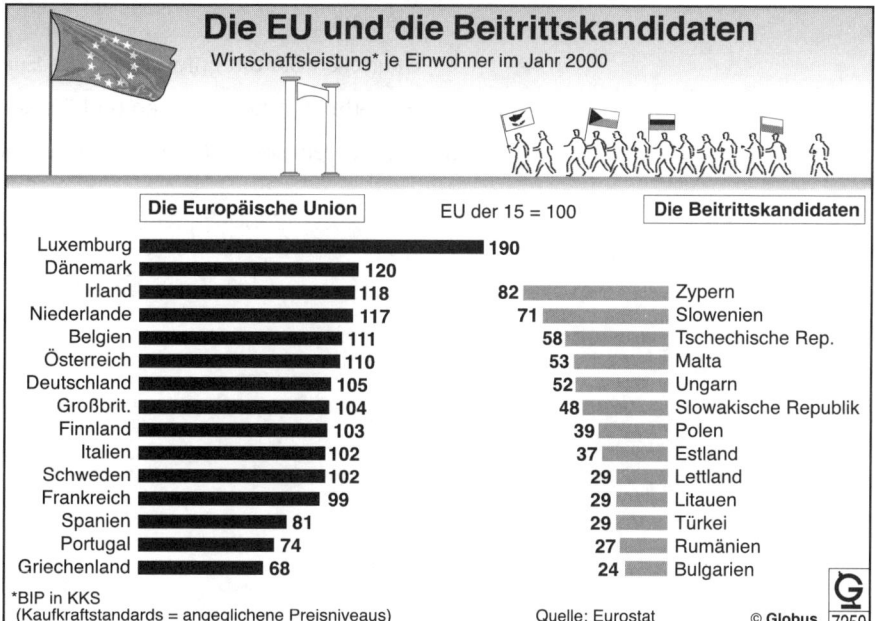

Die EU und die Beitrittskandidaten

Wirtschaftsleistung* je Einwohner im Jahr 2000

Die Europäische Union		EU der 15 = 100		Die Beitrittskandidaten
Luxemburg	190			
Dänemark	120			
Irland	118		82	Zypern
Niederlande	117		71	Slowenien
Belgien	111		58	Tschechische Rep.
Österreich	110		53	Malta
Deutschland	105		52	Ungarn
Großbrit.	104		48	Slowakische Republik
Finnland	103		39	Polen
Italien	102		37	Estland
Schweden	102		29	Lettland
Frankreich	99		29	Litauen
Spanien	81		29	Türkei
Portugal	74		27	Rumänien
Griechenland	68		24	Bulgarien

*BIP in KKS
(Kaufkraftstandards = angeglichene Preisniveaus)

Quelle: Eurostat © Globus 7259

Das Ziel einer echten Wirtschaftsunion ist trotz dieser Erfolge noch nicht erreicht. So gibt es eine gemeinsame Sozial-, Gesellschafts-, Steuer-, Rechts- und Konjunkturpolitik nur in Ansätzen.

Die EU hat in einem ersten Schritt die sechs zentraleuropäischen Länder Polen, Ungarn, Tschechien, Zypern, Slowenien und Estland zu konkreten Beitrittsverhandlungen über eine **Osterweiterung der Europäischen Union** eingeladen. 1999 kamen die Länder Lettland, Bulgarien, Litauen, Rumänien, Slowakei und Malta hinzu. Später werden die Verhandlungen mit der Türkei aufgenommen.

Aufgaben

1. Erklären Sie die Funktion des Geldmengenzieles, das von der Deutschen Bundesbank vorgegeben wird.

2. Erläutern Sie die wesentlichen Bestimmungsfaktoren für die Höhe des Geldmengenzieles.

3. Beschreiben Sie die wesentlichen geldpolitischen Instrumente der Europäischen Zentralbank, und zeigen Sie ihre Wirkung bei einer expansiven und einer restriktiven Geldpolitik.

4. Bewerten Sie Wechselkurssysteme mit freien und festen Wechselkursen.

5. Erläutern Sie die Ziele und das Grundprinzip des Europäischen Währungssystems.

6. Beurteilen Sie die Entwicklung der Europäischen Union.

7. Bewerten Sie die Chancen und Risiken der Osterweiterung der EU.

8. Diskutieren Sie die Chancen der einheitlichen Europäischen Währung.

5 Rechtliche Rahmenbedingungen des Bankgeschäftes

Die Finanzbank AG wickelt Tag für Tag eine große Zahl von Rechtsgeschäften ab:

● *Konten für Privatpersonen und Unternehmen werden eröffnet,*

● *Büromaterial, Möbel und Computer werden gekauft,*

● *Arbeitsverträge mit neuen Mitarbeitern geschlossen...*

Hierbei sind eine Vielzahl von Rechtsvorschriften zu beachten.

Lernziele

● Wesentliche Rechtsbegriffe erklären,

● Rechts- und Geschäftsfähigkeit natürlicher und juristischer Personen beurteilen,

● grundlegende Bestimmungen des Vertragsrechts anwenden,

● wichtige Merkmale der Unternehmensformen privaten Rechts erklären und bewerten,

● die rechtsgeschäftliche Vertretung von Unternehmen klären.

5.1 Welche Rechtsregeln sind zu beachten?

Die Rechtsordnung in Deutschland ist – im Gegensatz zu den angelsächsischen Staaten – überwiegend durch geschriebenes Recht gekennzeichnet. Es können hierbei folgende Abstufungen unterschieden werden:

Übersicht über die Formen der Rechtsregeln

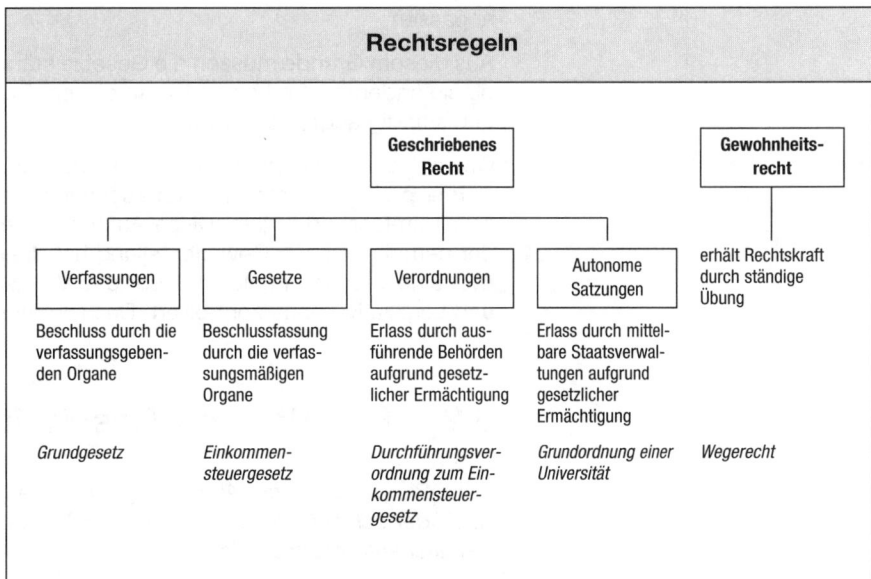

Grundgesetz der
Bundesrepublik Deutschland

***Art. 1 (Der Schutz der
Menschenwürde)***
*(1) Die Würde des Menschen ist
unantastbar.
(3) Die nachfolgenden Grund-
rechte binden Gesetzgebung,
vollziehende Gewalt und Rechtsprechung als unmittelbar
geltendes Recht.*

- Das **Grundgesetz** stellt höchstrangiges Recht dar. Es regelt die Grundlagen des Staates und bildet den Rechtsrahmen für das gewöhnliche Recht. Verfassungen können nicht durch einfache Gesetze geändert werden.

- **Gesetze** sind vom Gesetzgeber geschaffene rechtliche Einheiten, die sich oft aus einer Vielzahl von Einzelnormen zusammensetzen (z. B. das Bürgerliche Gesetzbuch und das Handelsgesetzbuch).

- **Rechtsverordnungen** sind verbindliches Recht, das von den Staatsorganen, z. B. den Regierungen oder Verwaltungsbehörden, im Rahmen gesetzlicher Ermächtigungen erlassen wird. Verordnungen sind notwendig, damit Einzelfragen für die praktische Umsetzung von Gesetzen geregelt werden können.

- **Satzungen** im öffentlich-rechtlichen Sinn werden von Selbstverwaltungskörperschaften, z. B. Universitäten, zur Regelung ihrer eigenen Angelegenheiten erlassen. Sie müssen hierzu gesetzlich ermächtigt sein.

Gewohnheitsrecht

Gewohnheitsrecht ist zwar nicht festgeschrieben, hat aber denselben Rang wie Gesetzesrecht. Um als Gewohnheitsrecht vor Gericht anerkannt zu werden, müssen Verhaltensregeln, die nicht gesetzlich festgelegt (kodifiziert) sind,

- lang andauernd ausgeübt,

- von der Allgemeinheit bzw. von denjenigen, auf die die Regeln angewandt werden sollen, als Recht bejaht,

- für die Zukunft als verbindlich angesehen werden.

Verkehrssitte
Handelsbrauch

Gewohnheitsrechte findet man z. B. im Nachbarschaftsrecht, wenn Grundstückseigentümer seit Generationen ein Nachbargrundstück überqueren dürfen (Wegerecht). Im Handelsrecht hat die so genannte **Verkehrssitte** oder der **Handelsbrauch** eine große Bedeutung. Solche Spielregeln findet man u. a. am Bankengeldmarkt.

Rechtsprechung

Das Recht ist keine feste Größe, sondern entwickelt sich ständig weiter. Diese **Rechtsfortbildung** ist notwendig, damit sich die Vorschriften an die veränderten Verhältnisse im Zusammenleben der Menschen, der Wirtschaft oder der Technik anpassen.

Aus diesem Grunde müssen die Gesetze ständig dahin gehend überprüft werden, ob sie änderungsbedürftig sind. In diesem Rahmen müssen auch die Verordnungen ständig angepasst werden.

Judikative

Obwohl die Vorschriften heute ein Ausmaß angenommen haben, das für den Bürger praktisch nicht mehr überschaubar ist, können sie doch nicht jeden Einzelfall umfassend regeln. Diese Aufgabe übernehmen die Gerichte. Im Rahmen der demokratischen Gewaltenteilung hat die **rechtsprechende Gewalt** (Judikative) eine wichtige Funktion. Über das Verfassungsgericht werden die Exekutiv- und Legislativorgane kontrolliert. Deshalb muss die Justiz unabhängig sein.

5.2 Rechts- und Geschäftsfähigkeit

Ilona Rupp hat einen Ausbildungsplatz bei einem Steuerberater erhalten. Ihr Ausbilder schickt sie gleich am ersten Tag zu einer Bank, damit sie sich dort ein Gehaltskonto eröffnen lässt.

Auf dem Weg zur Bank kommen Ilona Bedenken, ob sie überhaupt selbstständig ein Konto eröffnen kann, da sie gerade erst 16 Jahre alt geworden ist.

Träger von Rechten und Pflichten können nur **Rechtssubjekte** (Personen) sein.

Rechtssubjekte:
Träger von Rechten und Pflichten

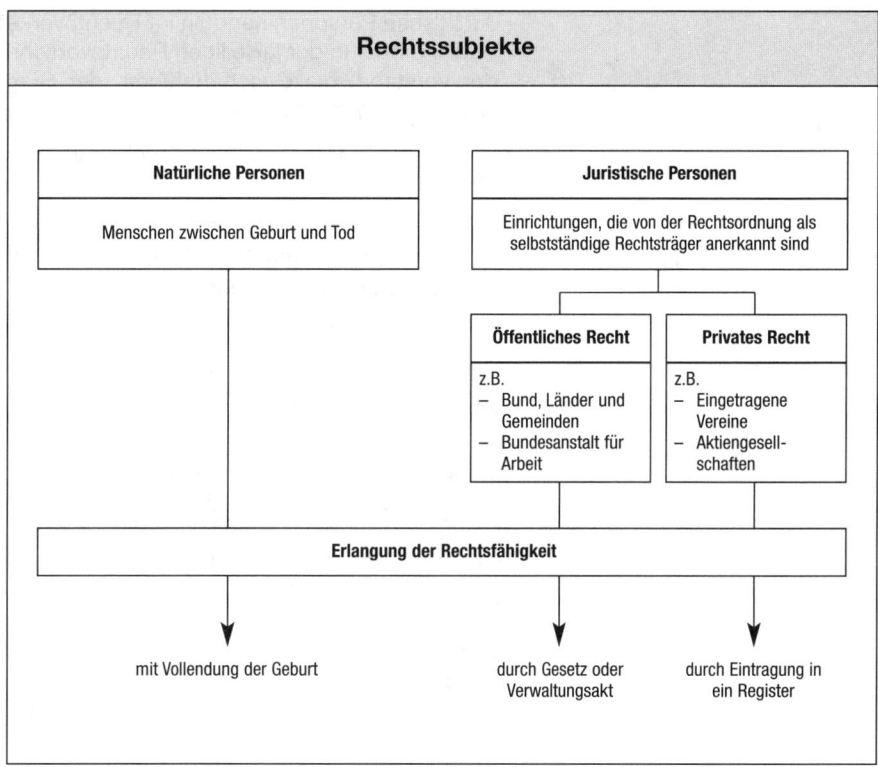

Rechtssubjekte sind dadurch gekennzeichnet, dass sie rechtsfähig sind.

Wer ist rechtsfähig?

> **Rechtsfähigkeit** ist die **Fähigkeit**, **Träger** von **Rechten** und **Pflichten** zu sein.

Rechtsfähig sind nach dem Gesetz nur folgende Rechtssubjekte:

- **Natürliche Personen** sind alle Menschen, ohne Rücksicht auf Geschlecht, Rasse, Alter oder Stand. Ihre Rechtsfähigkeit beginnt mit der Vollendung der Geburt und endet mit dem Tod. Der gezeugte, noch nicht geborene Mensch steht jedoch unter dem Schutz des Strafrechts. Nach den Bestimmungen des Erbrechts kann z. B. ein ungeborenes Kind bereits als Erbe eingesetzt werden.

- **Juristische Personen** sind Einrichtungen, die von der Rechtsordnung als selbstständige Rechtsträger anerkannt sind.

  - Juristische Personen des **privaten Rechts** erlangen ihre Rechtsfähigkeit durch die Eintragung in ein öffentliches Register, z. B. in das Handelsregister bei Kapitalgesellschaften.

  - Juristische Personen des **öffentlichen Rechts** erhalten ihre Rechtsfähigkeit durch ein Gesetz oder einen Verwaltungsakt (Erlass, Genehmigung, Verordnung, Eintragung in ein öffentliches Register). So ist z. B. die Deutsche Bundesbank 1957 entstanden, als das Gesetz über die Deutsche Bundesbank rechtswirksam wurde.

Eintragung aus einem Handelsregister

Neueintragungen
*HRB 372 – 1.8.1977. **ETERNA** **Herrenwäschefabrik GmbH**, Ravensburg (Seestr. 12). Stammkapital: 2 000 000 DM. Geschäftsführer: Elmar Eglinski, Kaufmann, Passau. Gesamt-Prokura: Eitel Bandlow, Passau. Gegenstand ist u.a. Herstellung und Vertrieb von Textilwaren jeder Art...*

Juristische Personen handeln im Rechtsverkehr durch ihre Organe, welche in der Satzung oder in der jeweiligen Rechtsvorschrift festgelegt sind. Dies können z. B. der Vorstand, die Geschäftsführer, der Bürgermeister, ein Amtsleiter oder der Bundesbankpräsident sein.

Während alle Rechtssubjekte rechtsfähig sind, ist nur ein Teil auch geschäftsfähig.

Wer ist geschäftsfähig?

> **Geschäftsfähigkeit** ist die **Fähigkeit**, **Willenserklärungen** mit **rechtlich bindender Kraft** abgeben zu können.

Juristische Personen sind immer – über ihre Organe (Vorstand, Geschäftsführung) – geschäftsfähig.

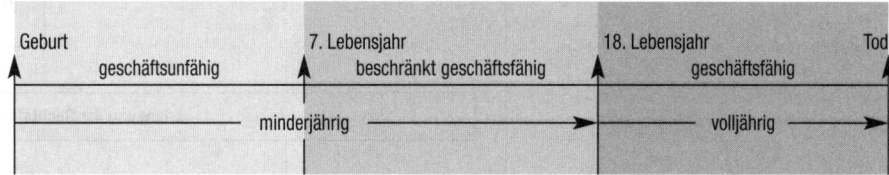

Natürliche Personen können in ihrer Geschäftsfähigkeit eingeschränkt sein. Wenn Menschen nach dem Recht verpflichtend handeln wollen, müssen sie geschäftsfähig sein. Da das Rechtssubjekt für seine Rechtshandlungen auch haften muss, hat das Gesetz zum Schutz der Betroffenen bestimmte Anforderungen an das Alter und die geistigen Fähigkeiten der natürlichen Personen gestellt, bevor es ihnen die Geschäftsfähigkeit zuerkennt.

Um den Grad der Geschäftsfähigkeit nicht bei jedem Einzelnen überprüfen zu müssen, untergliedert die Rechtsordnung die natürlichen Personen in drei Altersgruppen.

§§ 104 ff. BGB

● **Geschäftsunfähig** sind Kinder, die das 7. Lebensjahr noch nicht vollendet haben. Ihre Willenserklärungen sind immer unwirksam. Sie können nur über ihren gesetzlichen Vertreter (Eltern, Vormund, Pfleger) am Rechtsverkehr teilnehmen.

Ihnen gleichgestellt sind Personen, die sich in einem Zustand krankhafter Störung der Geistestätigkeit befinden, der
– die freie Willensbildung ausschließt,
– nicht nur vorübergehend ist.

Ein Geschäftsunfähiger kann aber als Bote handeln. So kann z. B. ein Fünfjähriger für seine Eltern Brötchen einkaufen. In diesem Fall sind die Eltern Vertragspartner des Bäckers; der Junge übermittelt lediglich die Willenserklärung seiner Eltern.

§ 106 BGB

● **Beschränkt geschäftsfähig** sind Minderjährige zwischen dem 7. und 18. Lebensjahr. Ihre Rechtsgeschäfte sind von der **Zustimmung** des gesetzlichen Vertreters abhängig. Diese Zustimmung kann erteilt werden als
– **Einwilligung** im Voraus oder als
– **Genehmigung** im Nachhinein.

§§ 108 Abs. 1 und 184 Abs. 1 BGB

Solange die Genehmigung durch den gesetzlichen Vertreter fehlt, ist das Rechtsgeschäft des Minderjährigen **schwebend unwirksam**. Wird die Genehmigung erteilt, ist das Rechtsgeschäft von Anfang an gültig. Wird sie verweigert, so ist die Vereinbarung von Anfang an unwirksam.

Erfahren die gesetzlichen Vertreter von einem Geschäft des Minderjährigen und schweigen dazu, gilt ihre Genehmigung als erteilt.

● Den Schutz der Geschäftsunfähigen und der beschränkt Geschäftsfähigen nimmt der Gesetzgeber sehr ernst. Er versagt ihren Vertragspartnern den sonst üblichen Vertrauens- und Verkehrsschutz. Der Vertragspartner eines Minderjährigen kann sich also nicht darauf berufen, er habe geglaubt, dass er es mit einem Volljährigen zu tun gehabt habe. Der gute Glaube an die Volljährigkeit ist nicht geschützt.

In einigen Fällen können Minderjährige auch ohne Mitwirkung ihrer gesetzlichen Vertreter rechtswirksam handeln.

– Das Rechtsgeschäft bringt dem beschränkt Geschäftsfähigen **nur rechtliche Vorteile**. Dieser Fall liegt z. B. bei Geschenken vor.

– Der beschränkt Geschäftsfähige verfügt über Mittel, die ihm zu diesem Zweck oder zur freien Verfügung überlassen wurden **(Taschengeldparagraph)**. Im Streitfall ist es für Einzelhändler oftmals schwierig zu beweisen, ob tatsächlich Taschengeld im Sinne des Gesetzes verwendet wurde.

– Die Rechtsgeschäfte ergeben sich aus einem vom gesetzlichen Vertreter erlaubten **eigenen Arbeitsverhältnis**. So kann ein minderjähriger Angestellter ohne Zustimmung der gesetzlichen Vertreter Arbeitskleidung kaufen oder ein Gehaltskonto eröffnen. Nach dem Gesetz gilt diese Regelung aber **nicht für Ausbildungsverhältnisse**.

– Der beschränkt Geschäftsfähige ist vom gesetzlichen Vertreter mit Zustimmung des Vormundschaftsgerichts zum **selbstständigen Betrieb eines Erwerbsgeschäftes** ermächtigt worden. Diese Zustimmung könnte z. B. dann erlangt werden, wenn der Sohn wegen des Todes seines Vaters dessen Handwerksbetrieb übernehmen soll.

– Kann ein Volljähriger aufgrund einer psychischen Krankheit oder einer körperlichen, geistigen oder seelischen Behinderung seine Angelegenheiten ganz oder teilweise nicht besorgen, so bestellt das Vormundschaftsgericht auf seinen Antrag oder von Amts wegen für ihn einen **Betreuer**. Den Antrag kann auch ein Geschäftsfähiger stellen. Da der Betreute weiterhin voll geschäftsfähig bleibt, kann er weiterhin, auch im Aufgabenkreis, für den der Betreuer bestellt ist, voll wirksame Willenserklärungen abgeben. Das Vormundschaftsgericht kann jedoch anordnen, dass der Betreute zu bestimmten Willenserklärungen der Einwilligung des Betreuers bedarf (Einwilligungsvorbehalt).

● **Volle Geschäftsfähigkeit** besitzen grundsätzlich die natürlichen Personen, die das 18. Lebensjahr vollendet haben. Ihre Willenserklärungen sind voll wirksam.

Die Frage, ob Ilona Rupp selbstständig ein Konto eröffnen kann, ist nicht klar zu beantworten.

Da die Ausbildungsvergütung heutzutage fast nur noch bargeldlos gezahlt wird, ist ein Gehaltskonto ein notwendiger Bestandteil eines Ausbildungsverhältnisses. Somit haben die Eltern bei der Unterschrift unter den Ausbildungsvertrag auch die Eröffnung eines Gehaltskontos genehmigt. In der Praxis verlangen manche Banken trotzdem die Unterschrift der Eltern, da nach der allgemeinen Rechtsauffassung der § 113 BGB nicht auf Ausbildungsverhältnisse angewandt werden kann, weil diese nicht den „Dienst" oder die „Arbeit", sondern die Ausbildung zum Ziel haben. Im Zuge des wachsenden Wettbewerbs um junge Bankkunden verzichten die meisten Banken heute auf die Zustimmung der gesetzlichen Vertreter.

13-Jähriger kauft CD – Eltern fordern das Geld zurück

Ein dreizehnjähriger Realschüler erhielt von seinen Eltern wöchentlich 8 Euro zur freien Verfügung. Aus dem daraus ersparten Geld kaufte er sich bei einem hiesigen Musikgeschäft eine CD zum Preis von 15 Euro. Die Eltern wollten den Kauf rückgängig machen und verklagten deshalb den CD-Händler.

Nach Meinung des Amtsrichters hatte der Schüler die Zahlung aus Mitteln bewirkt, die ihm zur freien Verfügung überlassen wurden. Mit der Übergabe des Taschengeldes haben die Eltern stillschweigend in alle Geschäfte eingewilligt, die üblicherweise mit solchen Mitteln getätigt werden können. Der Kauf der CD war demnach von Anfang an als rechtsgültig anzusehen; die Klage wurde abgewiesen.

Betreuer § 1896 BGB

Aufgaben

1. Erläutern Sie, was unter der Rechtsfähigkeit von Personen zu verstehen ist.

2. Erklären Sie die Arten der Rechtssubjekte. Nennen Sie ein Beispiel und geben Sie an, wie Rechtssubjekte ihre Rechtsfähigkeit erlangen.

3. Definieren Sie den Begriff der Geschäftsfähigkeit.

4. Grenzen Sie die Begriffe Geschäftsunfähigkeit, beschränkte Geschäftsfähigkeit und Geschäftsfähigkeit gegeneinander ab.

5. Unterscheiden Sie zwischen Einwilligung und Genehmigung bei Rechtsgeschäften Minderjähriger.

6. Beurteilen sie folgende Situationen:

   a) Ein Vierjähriger kauft sich von seinem Taschengeld einen Schokoladenriegel.

   b) Ein dauernd Geisteskranker holt für seinen Betreuer beim Bäcker Brot.

   c) Ein 16-Jähriger kauft sich ein Rennrad für 500 Euro. Das Geld hat er von seinem Sparbuch abgehoben. Seine Eltern wissen noch nichts davon.

5.3   Besitz und Eigentum

Die Finanzbank AG erwirbt für eine Filiale einen neuen PKW. Gleichzeitig mietet sie einen Garagenplatz im Nebengebäude an.

Zu welchem Zeitpunkt gehen Besitz und evtl. das Eigentum auf die Bank über?

Die Gegenstände des Rechtsverkehrs werden als Rechtsobjekte bezeichnet.

Rechtsobjekte sind Gegenstände des Rechtsverkehrs

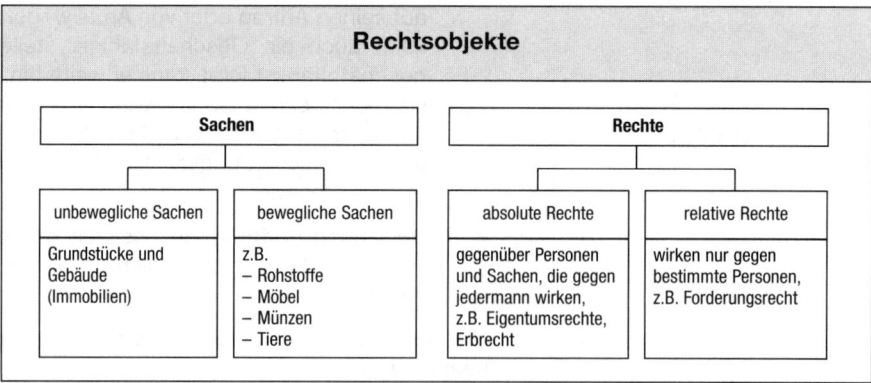

Die wichtigsten Rechtsbeziehungen zwischen einer Person und einer Sache sind Besitz und Eigentum.

Besitz

Die Begriffe Besitz und Eigentum werden in der Umgangssprache meist gleichbedeutend benutzt. Das Recht unterscheidet jedoch klar zwischen diesen Begriffen.

Besitz
§ 854 BGB

> **Der Besitz einer Sache wird erworben, indem die Gewalt über die Sache erlangt wird.**

Bei beweglichen Sachen wird der Besitz durch die **Übergabe** der Sache, bei unbeweglichen Sachen durch **Gebrauchsüberlassung** der Sache übertragen.

Die Finanzbank AG ist durch die Übergabe des Wagens Besitzer geworden. Der Besitz an dem Garagenplatz wird durch die Übergabe der Garagenschlüssel (Gebrauchsüberlassung) verschafft.

Der Besitzer darf über die Sache oder das Recht grundsätzlich nur im Rahmen einer Vereinbarung mit dem Eigentümer verfügen. Hat z. B. jemand ein Buch für seinen eigenen Gebrauch geliehen erhalten, ist er nicht berechtigt, den Besitz an einen Dritten weiterzugeben.

Eigentum

Artikel 14, Grundgesetz (Eigentum, Erbrecht, Enteignung)
(1) Das Eigentum und das Erbrecht werden gewährleistet. Inhalt und Schranken werden durch die Gesetze bestimmt.
(2) Eigentum verpflichtet. Sein Gebrauch soll zugleich dem Wohle der Allgemeinheit dienen.

Die Finanzbank AG hatte am 20. Mai den Kaufvertrag über ihren Wagen abgeschlossen; am 23. August wird sie Besitzer. Wann ist das Eigentum auf sie übergegangen?

Ein Eigentümer kann über die Sache oder das Recht verfügen wie er will, sofern dadurch nicht andere gesetzliche Bestimmungen verletzt werden.

> **Eigentum** ist die **rechtliche Herrschaft** einer Person über **Sachen und Rechte.**

Eigentumsänderungen sind meistens auf schuldrechtliche Verträge, wie den Kauf- oder Tauschvertrag, zurückzuführen. Dabei muss zwischen beweglichen und unbeweglichen Sachen und Rechten unterschieden werden.

§ 929 BGB

Im Regelfall wird das Eigentum an einer beweglichen Sache durch **Einigung** und **Übergabe** übertragen. Sofern der Erwerber jedoch bereits die Sache besitzt, genügt die Einigung darüber, dass das Eigentum übergehen soll.

Die Finanzbank AG ist somit am 23. August mit der Übergabe des Fahrzeuges Eigentümer geworden.

§ 313 BGB

Beim Kauf von Grundstücken oder Gebäuden müssen die Vertragsparteien das Verpflichtungsgeschäft von einem **Notar** beurkunden lassen.

Für die Eigentumsübertragung ist die dingliche Einigung vor dem Notar **(Auflassung)** und als Ersatz für die Übergabe die **Eintragung des Eigentümerwechsels** im Grundbuch erforderlich. Das Grundbuch wird als amtliches Verzeichnis beim jeweiligen Amtsgericht geführt.

Aufgaben

1. Erklären Sie die Arten der Rechtsobjekte. Geben Sie dabei jeweils ein Beispiel an.

2. Definieren Sie die Begriffe Eigentum und Besitz.

3. Erläutern Sie, wie man Besitz und Eigentum an beweglichen Sachen erlangen kann. Erklären Sie, durch welchen Rechtsvorgang die Übergabe bei Grundstücken und Gebäuden ersetzt wird.

5.4 Abschluss und Erfüllung von Rechtsgeschäften

Die Finanzbank AG bittet das Autohaus Stumm um ein Angebot für einen Kleinlieferwagen. Der Autohändler bietet in einem Schreiben den Wagen daraufhin zum Preis von 14 000 Euro an. Vier Wochen später bestellt die Bank den Wagen zu diesem Preis. Das Autohaus Stumm bestätigt die Bestellung, weist aber darauf hin, dass der Preis zwischenzeitlich 15 000 Euro betrage.

Welche Rechte und Pflichten ergeben sich aus diesen unterschiedlichen Willenserklärungen?

5.4.1 Willenserklärung

Das Privatrecht geht grundsätzlich davon aus, dass die Bürger die Rechtsbeziehungen untereinander beliebig regeln können. Das Mittel hierzu ist das Rechtsgeschäft. Damit neue Rechtsverhältnisse geschaffen, bestehende geändert bzw. aufgelöst werden können, ist

● der unbedingte **Wille**, sich rechtlich zu binden,

● und die **Erklärung** dieses Wunsches durch die Beteiligten notwendig.

Willenserklärungen

> **Willenserklärungen** sind **Willensäußerungen**, die darauf gerichtet sind, eine **Rechtsfolge** zu erzielen.

Eine Willenserklärung kann in jeder erkennbaren Form abgegeben werden. Neben der ausdrücklichen Erklärung (mündlich oder schriftlich) kann auch ein so genanntes schlüssiges Handeln, in besonderen Fällen sogar Schweigen, ausreichen.

Nicht empfangsbedürftige Willenserklärungen werden mit der Abgabe der Erklärung wirksam. Unter **Anwesenden** abgegebene Willenserklärungen werden unmittelbar zum Zeitpunkt ihrer Abgabe rechtswirksam. Dies gilt auch bei Telefonaten.

§ 130 Abs. 1 BGB

Unter **Abwesenden** abgegebene Willenserklärungen werden in dem Moment wirksam, in dem sie den Zugriffsbereich des Empfängers erreichen (Zugang). Dies ist z. B. dann der Fall, wenn der Brief in den Briefkasten des Empfängers eingeworfen wurde. Bis zu diesem Zeitpunkt kann die Willenserklärung widerrufen werden.

5.4.2   Arten der Rechtsgeschäfte

Die Finanzbank AG hatte dem Autohaus Stumm ihren Willen bekundet, den Wagen zu kaufen; der Kfz-Händler hat versprochen, den Wagen zu liefern.

Unter welcher Voraussetzung kommt nunmehr ein Rechtsgeschäft zustande?

Rechtsgeschäfte basieren auf Willenserklärungen

Das Gesetz unterscheidet grundsätzlich zwei Arten von Rechtsgeschäften.

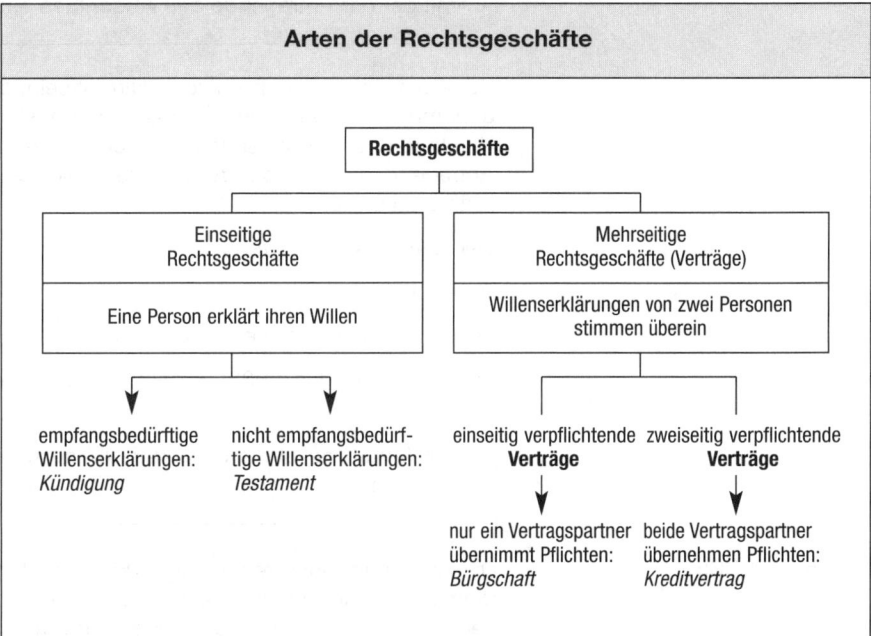

Einseitige Rechtsgeschäfte

● **Einseitige Rechtsgeschäfte** kommen zustande, indem nur eine Person ihren Willen erklärt. Ein Testament ist z. B. schon dann rechtsgültig, wenn der Wille des Erblassers erkennbar geäußert wurde. Dem Erben braucht es nicht zugegangen sein. Auch die Kündigung stellt ein einseitiges Rechtsgeschäft dar. Um rechtswirksam zu werden, muss sie jedoch dem Gekündigten zugegangen sein.

Mehrseitige Rechtsgeschäfte

● **Mehrseitige Rechtsgeschäfte** (Verträge) kommen durch zwei oder mehrere übereinstimmende Willenserklärungen zustande. Die zeitlich vorangehende Erklärung heißt **Antrag**, die zeitlich nachfolgende **Annahme**.

Im Wirtschaftsleben sind vor allem die **Verträge** von Bedeutung.

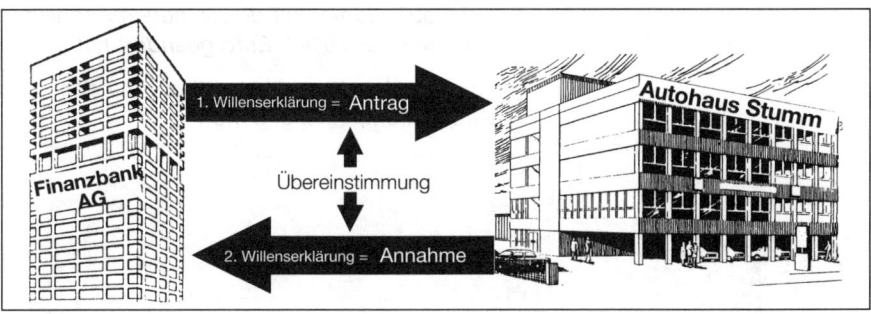

5.4.3 Verträge

Eine rechtliche Bindung der Vertragspartner liegt nur dann vor, wenn ein Vertrag zustande gekommen ist. Voraussetzung dafür ist jedoch, dass Angebot und Annahme übereinstimmen.

> Der **Antrag** ist eine an eine bestimmte Person gerichtete **Willenserklärung**, mit der der Antragende den **Abschluss eines Vertrags anbietet**.

Der Antrag muss inhaltlich so bestimmt sein, dass er durch ein einfaches „Ja" angenommen werden kann. Schaufensterauslagen, Prospekte, Zeitungsanzeigen, Kataloge und Preislisten richten sich an die Allgemeinheit. Sie binden daher den Antragenden nicht, sondern fordern die Gegenseite lediglich dazu auf, einen Antrag zu stellen.

Der Antrag erlischt, wenn

● er abgelehnt wird,

● die Annahmefrist verstreicht oder

● rechtzeitig, das heißt vor dem Eintreffen beim Empfänger, widerrufen wird.

> Die **Annahme** ist die **Einverständniserklärung** mit dem angebotenen Vertragsinhalt.

§§ 145 – 151 BGB

Die Annahme muss rechtzeitig erklärt werden und innerhalb des üblichen Zeitraums beim Antragsteller eingehen (Postfrist). Trifft sie verspätet ein, ist sie als neuer Antrag zu werten, der abgelehnt oder angenommen werden kann. Enthält die Annahmeerklärung Abänderungen, Einschränkungen oder Erweiterungen des ursprünglichen Antrags, gilt sie ebenfalls als neuer Antrag.

Bei Kaufleuten kann die Annahme auch durch Stillschweigen erfolgen.

Ein Kaufvertrag über die Lieferung eines Kleinlieferwagens ist nicht abgeschlossen worden. Nach § 151 BGB kommt ein Vertrag nur durch die Annahme eines Antrages zustande. Nach § 147 erlischt jedoch ein Antrag, wenn er nicht rechtzeitig angenommen wurde. Der Antrag des Autohauses Stumm, den Wagen für 14 000 Euro zu liefern, hätte jedoch nach der Rechtsprechung spätestens innerhalb von 8 Tagen angenommen werden müssen, da in dieser Zeit eine Antwort per Post zu erwarten ist.

Aus diesem Grunde ist die Bestellung der Finanzbank AG ein neuer Antrag. Das Autohaus Stumm hat diesen neuen Antrag nach § 150 nicht angenommen, da es den Preis auf 15 000 Euro geändert hat.

Folglich ist kein Vertrag entstanden und die Beteiligten sind keinerlei Verpflichtungen eingegangen.

5.4.4 Wichtige Vertragsarten

Anzeigen aus einer Tageszeitung

Der Gesetzgeber hat zu den allgemeinen Vorschriften über das Recht der Schuldverhältnisse spezielle Regelungen für häufig vorkommende Vertragstypen erlassen.

Diese Vorschriften sind für die Vertragspartner aber keineswegs verpflichtend. Sie können im Rahmen der Vertragsfreiheit den Vertragsinhalt ihren persönlichen Bedürfnissen anpassen. Der Gesetzgeber bestimmt aber durch diese „Modellvorschriften" die Wesensmerkmale der verschiedenen Verträge und legt damit auch die Rechtsfolgen fest.

Die wichtigsten Vertragsarten sind im BGB und im HGB geregelt.

Die wichtigsten Vertragsarten im Überblick	
Art des Vertrages	**Inhalt des Vertrages**
Veräußerungsverträge	
– Kaufvertrag	● Eigentumsüberlassung von Sachen oder Rechten gegen Bezahlung
– Schenkungsvertrag	● Zuwendung von Sachen oder Rechten ohne Bezahlung
Überlassungsverträge	
– Mietvertrag	● Entgeltliche Überlassung von Sachen zum Gebrauch
– Pachtvertrag	● Entgeltliche Überlassung von Sachen oder Rechten zum Gebrauch und zum Genuss der Erträge
– Leihvertrag	● Unentgeltliche Überlassung von Sachen zum Gebrauch
– Darlehensvertrag	● Entgeltliche oder unentgeltliche Überlassung von Geld oder anderen vertretbaren Sachen mit der Verpflichtung zur Rückgabe des Geldbetrages oder Sachen gleicher Art, Güte und Menge
Betätigungsverträge	
– Dienstvertrag	● Entgeltliche Leistung von Diensten (z. B. durch einen Notar)
– Arbeitsvertrag	● Entgeltliche Leistung von Arbeitnehmern
– Werkvertrag	● Entgeltliche Ausführung einer Arbeit an einer fremden Sache (z. B. Herstellung eines Tisches, zu dem der Auftraggeber das Holz liefert)
– Werklieferungsvertrag	● Entgeltliche Herstellung einer Sache, zu der der Unternehmer selbst den Werkstoff beschafft (z. B. wenn der Tischler das Holz zur Herstellung des Tisches selbst besorgt)
– Maklervertrag	● Entgeltliche Vermittlung von Geschäften
– Geschäftsbesorgungsvertrag	● Dienst- und Werkverträge, die unter die Vorschriften des BGB über den Auftrag fallen (z. B. Kontovertrag)

§§ 433 ff. BGB
§§ 373 ff. HGB

§§ 535 ff. BGB
§§ 581 ff. BGB

§§ 598 ff. BGB
§§ 607 ff. BGB

§§ 611 ff. BGB
§§ 59 ff. HGB
§§ 631 ff. BGB
div. Arbeitsgesetze

§ 651 BGB

§§ 652 ff. BGB
§§ 93 ff. HGB
§§ 662 ff. BGB

5.4.5 Zahlungsverzug

Der technische Angestellte Werner Glombig hatte bei der Finanzbank AG ein Darlehen über 5 000 Euro aufgenommen, das zum 30.09. zurückbezahlt werden sollte. Am 05.10. war der Geldbetrag immer noch nicht eingegangen. Welche Rechte stehen der Bank zu?

Zahlt der Schuldner nicht rechtzeitig oder überhaupt nicht, kommt er in **Zahlungsverzug**. Grundsätzlich liegt jedoch kein Verzug vor, wenn der Schuldner ihn nicht verursacht hat. Da ein Schuldner aber bei Gattungs- und Beschaffungsschulden auch ohne Verschulden in Verzug gerät, ist für einen Zahlungsverzug kein Verschulden erforderlich.

Voraussetzungen des
Zahlungsverzugs

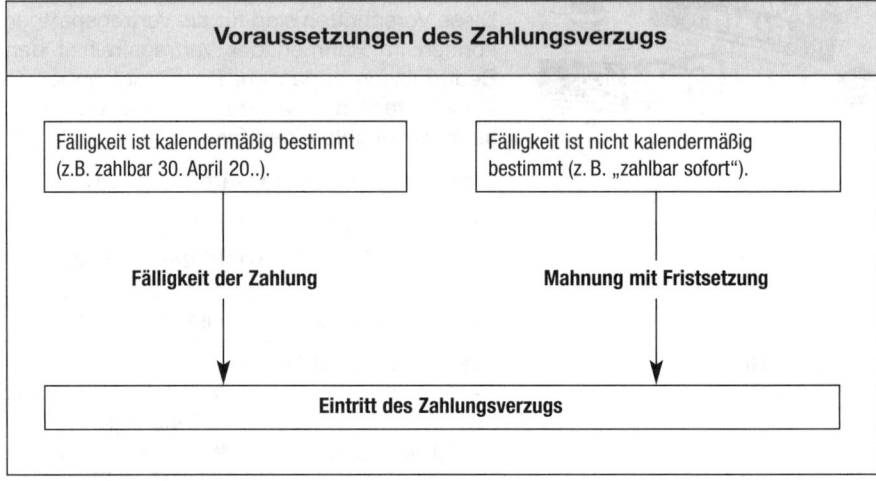

Der Gläubiger kann im Falle des Zahlungsverzugs

● Zahlung verlangen und diese durch Klage erzwingen,

§ 286 BGB
§ 326 BGB

● Zahlung **und** Schadenersatz (Verzugszinsen und Auslagen) fordern.

Setzt der Gläubiger eine angemessene Nachfrist zur Zahlung mit der Androhung, dass er demnach die Annahme verweigern wird, hat er nach Ablauf der Frist folgende Rechte:

● vom Vertrag zurücktreten (dies ist z. B. dann sinnvoll, wenn er unter Eigentumsvorbehalt geliefert hat),

● Schadenersatz wegen Nichterfüllung verlangen.

Höhe der Verzugszinsen

Nach der Schuldrechtsreform tritt ein Verzug nach 30 Tagen ohne Mahnung ein. Verzugszinsen sind in Abhängigkeit vom jeweiligen Basiszinssatz der EZB zu berechnen. Ist nichts anderes vereinbart, können unter Kaufleuten 8 % über dem Basiszinssatz, gegenüber Verbrauchern 5 % über dem Basiszinssatz berechnet werden. Der Basiszinssatz richtet sich nach den jüngsten Hauptrefinanzierungsoperationen der EZB und wird jeweils zum 01.01. und 01.07. eine Jahres festgelegt.

Beispiel eines kaufmännischen
Mahnverfahrens

Bevor die Finanzbank AG ihre Rechte in Anspruch nimmt, wird sie zunächst das kaufmännische Mahnverfahren einleiten. Dieses könnte folgenden Verlauf nehmen:

1. *„Höfliche" Erinnerung des Kunden (mit Kontoauszug);*
2. *Mahnbrief mit Fristsetzung;*

Postnachnahme:
Einzug des Geldbetrages durch
den Postboten

3. *Mahnbrief mit weiterer Fristsetzung und Androhung von Maßnahmen (z. B. Mahnbescheid);*
4. *„Letzte Mahnung" mit Androhung gerichtlicher Schritte.*

Bleiben alle diese Maßnahmen ohne Erfolg, so wird die Bank auf das gerichtliche Mahnverfahren übergehen.

Aufgaben

1. Erläutern Sie die rechtlichen Folgen, die sich aus Willenserklärungen ergeben können. Führen Sie jeweils Beispiele dazu an.

2. Beschreiben Sie die verschiedenen Arten der Rechtsgeschäfte mit Hilfe typischer Beispiele aus der Bankenwelt. Geben Sie dabei jeweils an, unter welchen Bedingungen sie zustande kommen.

3. Erläutern Sie jeweils Antrag und Annahme. Geben Sie an, ob ein Vertrag geschlossen wurde.

   a) In der Zeitung bietet ein Möbelhaus Terrassenstühle für 40 Euro/Stück an. Ein Kunde geht in den Verkaufsraum und will 2 Stück zu diesem Preis kaufen. Der Verkäufer bietet ihm die Stühle auch an, jedoch nur zum Preis von 50 Euro/Stück.

   b) Eine Elektrogroßhandlung bietet Rasierapparate per Rundschreiben zu 30 Euro an. Nach zwei Wochen bestellt ein Kunde 100 Stück zu diesem Preis.

4. Sie haben mit der Post eine Bücherbestellung abgeschickt. Noch am selben Tag merken Sie, dass Sie die Artikelnummern verwechselt haben. Welchen Weg wählen sie, um einer Verpflichtung zur Abnahme der falschen Bücher zu entgehen?

5.5 Grenzen der Vertragsfreiheit

© Erik Liebermann, Stiftung Verbraucherinstitut

Bank verleiht 5 000 DM und fordert Vielfaches zurück

1990 legte ein junger Mann mit einem Kredit über 5 000 Mark für sein erstes Auto ein solides Fundament für einen Schuldenturm. Der erreichte bis 2002 die stolze Höhe von genau 32 220,96 Euro. Dafür musste die inzwischen vierköpfige Familie zuletzt monatlich 269 Euro an die Bank zahlen, und das bei einem Nettoeinkommen von insgesamt 1 281 Euro im Monat. „Wir haben gezahlt, was wir konnten", meint der Familienvater heute, „und so manches Mal wussten wir nicht, was wir morgen essen sollten."

Die Familie geriet 2002 mit den fälligen Ratenzahlungen in Rückstand, und nach Stundungen, Pfändungen und neuen Zahlungsvereinbarungen kündigte die Bank Ende Oktober 2002 den Kreditvertrag und forderte einen Betrag von insgesamt 17 700 Euro auf einmal zurück. Die Summe konnte das überschuldete Ehepaar natürlich nicht aufbringen, und so klagte das Kreditinstitut vor dem Lübecker Landgericht auf Rückzahlung des gesamten Betrages zuzüglich 1,8 Prozent Zinsen pro Monat.

Quelle: nach Die Zeit

Wie sind solche Verträge unter rechtlichen Gesichtspunkten zu bewerten?

Verträge zwischen zwei Partnern werden in der Bundesrepublik Deutschland nach dem Prinzip der Vertragsfreiheit abgeschlossen.

Vertragsfreiheit

> **Vertragsfreiheit** ist die Freiheit des Einzelnen zu eigenverantwortlicher Gestaltung seiner Lebensverhältnisse durch privatrechtliche Verträge.

Diese Vertragsfreiheit ist jedoch in bestimmten Fällen eingeschränkt.

5.5.1 Nichtigkeit

Unsere Rechtsordnung billigt nur solche Rechtsgeschäfte, die nicht zu ihren Rechtsregeln und Moralgesetzen in Widerspruch stehen. Deshalb können Rechtsgeschäfte **nichtig** sein, wenn sie einen im Gesetz aufgeführten Mangel aufweisen.

> **Nichtige Rechtsgeschäfte** sind rechtlich ohne Wirkung.

Solche Verträge werden deshalb von Anfang an als unwirksam betrachtet. Die Vertragspartner werden deshalb so gestellt, als ob sie niemals einen Vertrag geschlossen hätten.

Der Gesetzgeber hat bestimmte Willenserklärungen als nichtig erklärt.

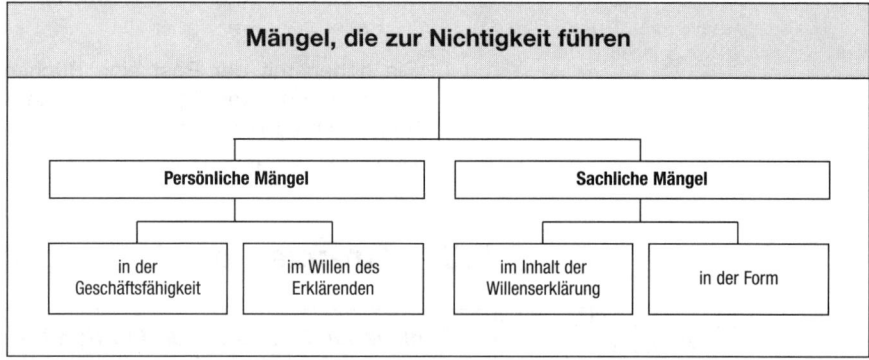

Mängel, die zur Nichtigkeit führen: Persönliche Mängel (in der Geschäftsfähigkeit, im Willen des Erklärenden) – Sachliche Mängel (im Inhalt der Willenserklärung, in der Form)

- **Mangel in der Geschäftsfähigkeit**: Rechtsgeschäfte mit **Geschäftsunfähigen** sind immer nichtig; Rechtsgeschäfte mit **beschränkt Geschäftsfähigen** sind nichtig, wenn die vom Gesetzgeber geforderte Zustimmung der gesetzlichen Vertreter verweigert wird.

- **Willensmangel**: Die Vertragspartner haben keinen wirklichen Willen, einen rechtsgültigen Vertrag abzuschließen.

  - **Scheingeschäft**: Rechtsgeschäfte, die nur zum äußeren Schein abgegeben werden, ohne dass verpflichtende Rechtsfolgen entstehen sollen, sind nichtig.

  - **Scherzgeschäft**: Äußerungen, die in der berechtigten Erwartung abgegeben werden, dass der andere den Scherz erkennt, sind von vornherein ungültig.

  - Willenserklärungen, die im **bewusstlosen Zustand** oder bei vorübergehender Störung der Geistestätigkeit abgegeben werden, sind nicht rechtswirksam.

§ 117 BGB
Um Grunderwerbsteuer zu sparen, vereinbaren zwei Vertragspartner für ein Haus einen „offiziellen" Kaufpreis von 400 000 Euro. Tatsächlich werden jedoch 600 000 Euro bezahlt.

§ 118 BGB
Nach einer langen Tour ruft ein Bergsteiger in die Hütte: „Ein Monatsgehalt für ein Weizenbier."

§ 105 Abs. 2 BGB
Ein vollständig betrunkener Gast unterschreibt in einem Nachtlokal 10 Schecks.

§ 134 BGB
*Ein Rauschgiftsüchtiger unter-
schreibt einen Kaufvertrag über
die Lieferung von Heroin.*

§ 138 BGB
*Eine Wohnungsbaugesellschaft
finanziert einer Familie ein
Eigenheim, obwohl deren
Belastung für Zins und Tilgung
höher ist als das Einkommen.*

● **Inhaltsmangel**: Die Vereinbarungen sind verboten oder sittenwidrig.

– **Illegale Verträge** erhalten keine Gültigkeit und sind deshalb nicht einklag-
bar.

– **Sittenwidrige Geschäfte** liegen vor, wenn die Notlage, der Leichtsinn oder
die Unerfahrenheit eines Vertragspartners ausgenutzt wird. Als Richtmaß
gilt „Treu und Glaube" sowie die Verkehrssitte.

> *Der Kreditvertrag aus dem Eingangsfall wurde vom Landgericht Lübeck
> für nichtig erklärt. Bei dieser Entscheidung kam es nicht – wie in anderen
> vergleichbaren Urteilen – darauf an, ob die Bank unverhältnismäßig hohe
> Kreditzinsen (z. B. mehr als das Doppelte des Marktzinses) von ihrem
> Kreditnehmer verlangte. Vielmehr hatte die Bank ihren Kunden Kreditraten
> vorgegeben, die dazu führten, dass die Familie unter das Existenzmini-
> mum absinken würde.*
>
> *„Ein Ratenkreditvertrag, der einen Kreditnehmer in solch eine unannehm-
> bare Lage führt, ist sittenwidrig", erklärte der Gerichtsvorsitzende. Der
> Kreditnehmer ist daher nicht zur Zahlung von Zinsen und Gebühren ver-
> pflichtet.*
>
> Quelle: nach Die Zeit

§ 125 BGB
*Ein Versprechen, nach dem eine
Gemäldesammlung verschenkt
wird, muss notariell erfolgen; eine
Verpflichtung, für jemanden die
Zahlung zu übernehmen, wenn
dieser notleidend wird, muss bei
Privatpersonen schriftlich erfolgen;
ein Grundstückskauf muss vor
dem Notar vereinbart werden.*

● **Formmangel**: Der Gesetzgeber hat für bestimmte Rechtsgeschäfte zwingende Formvorschriften erlassen, um die Beteiligten vor übereilten Versprechen
zu schützen. Sofern die Leistung jedoch tatsächlich erbracht wird, kann dieser Formmangel teilweise „geheilt" werden. So ist z. B. eine Schenkung rechtsgültig, wenn der versprochene Gegenstand übergeben wurde.

5.5.2 Anfechtung

Im Wirtschaftsleben müssen sich die Geschäftspartner darauf verlassen können,
dass die Vertragspartner zu ihren Willenserklärungen stehen. Nur in besonderen
Fällen lässt es der Gesetzgeber zu, dass bereits abgegebene Willenserklärungen
im Nachhinein unwirksam werden.

Anfechtbare Rechtsgeschäfte werden durch Anfechtung rückwirkend
nichtig.

Anfechtungsgründe und
deren mögliche Folgen

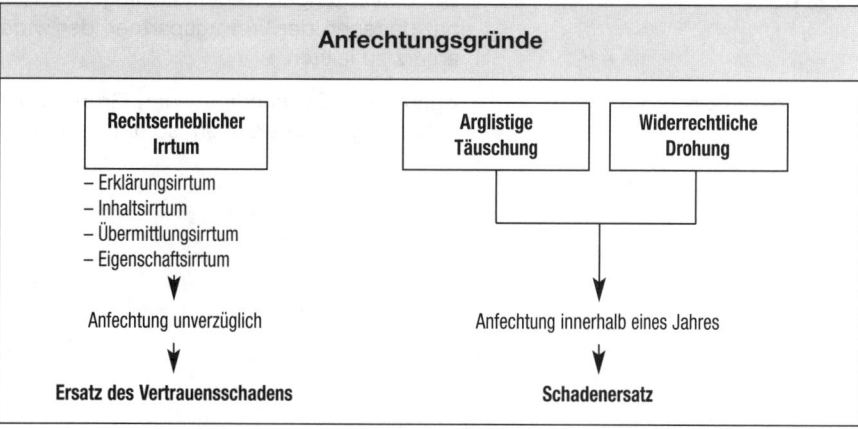

§ 119 Abs. 1 BGB
Ein Verkäufer will einem Kunden einen Recorder für 150 Euro anbieten. Er verschreibt sich jedoch und verlangt nur 15 Euro.

§ 119 Abs. 2 BGB
Jemand möchte ein Auto mieten und unterschreibt einen Kaufvertrag.

§ 120 BGB
Eine Firma bestellt mittels Telegramm 10 Fahrräder. Versehentlich leitet die Post die Zahl 100 weiter.

§ 119 Abs. 2 BGB
Auf einer Kunstauktion erwirbt ein Händler einen echten „Miró". Später stellt es sich heraus, dass er eine Fälschung erworben hat.

● **Erklärungsirrtum**: Der Wille und die Erklärung stimmen nicht überein, das heißt, jemand wollte eigentlich etwas anderes äußern, hat sich aber versprochen oder verschrieben.

● **Inhaltsirrtum**: Der Anfechtende verband mit seiner Erklärung einen anderen Inhalt, als er tatsächlich vereinbart hat.

● **Übermittlungsirrtum**: Die Erklärung wird duch einen Dritten falsch oder unvollständig übermittelt.

● **Eigenschaftsirrtum**: Der Erklärende war bei der Abgabe seiner Willenserklärung über wesentliche Eigenschaften einer Person oder Sache im Irrtum. Eine Anfechtung ist nur dann möglich, wenn die Gründe von „wesentlicher Bedeutung" sind. Sofern jedoch z. B. jemand Aktien erwirbt, weil er der Meinung ist, die Kurse würden steigen, kann er das Geschäft nicht nachträglich anfechten, wenn die Kurse tatsächlich fallen sollten. Ein Irrtum im Beweggrund (Motivirrtum) ist kein Anfechtungsgrund.

§ 121 BGB

Die Anfechtung muss in allen diesen Fällen **unverzüglich** erfolgen, nachdem der Anfechtungsberechtigte vom Anfechtungsgrund Kenntnis erlangt hat. 30 Jahre nach der Abgabe der Willenserklärung ist die Anfechtung ausgeschlossen.

§ 123 BGB
Ein Gebrauchtwagenhändler verkauft einen Unfallwagen als „unfallfrei".

● **Arglistige Täuschung** liegt vor, wenn bewusst falsche Angaben gemacht wurden, um jemanden zu einer Willenserklärung zu bewegen.

Die Anfechtung muss innerhalb eines Jahres nach der Entdeckung der Täuschung erfolgen; 30 Jahre nach Abgabe der Willenserklärung ist die Anfechtung ausgeschlossen.

Ein Arbeitskollege fordert eine Kollegin auf, sein Auto abzukaufen. Ansonsten würde er dem Arbeitgeber von ihren Vorstrafen erzählen, die sie diesem verschwiegen habe.

● **Widerrechtliche Drohung**: Willenserklärungen, die durch gesetzwidriges Verhalten erzwungen werden, können angefochten werden.

Innerhalb eines Jahres nach dem Wegfall der Zwangslage kann ein Rechtsgeschäft angefochten werden. Die Anfechtung ist ebenfalls 30 Jahre nach der Abgabe der Willenserklärung ausgeschlossen.

§ 142 BGB

Sofern eine Anfechtung wirksam wird, ergeben sich daraus bestimmte Rechtsfolgen:

§ 812 BGB

– Die bisher erbrachten Leistungen sind zurückzugeben.

§ 122 Abs. 1 BGB

– Hat ein Vertragspartner bei Anfechtung wegen Irrtums einen Schaden erlitten, weil er sich auf die Erklärung verlassen hatte, so muss der Anfechtende diesen so genannten „Vertrauensschaden" ersetzen.

§ 823 BGB

– Bei Anfechtungen wegen arglistiger Täuschung oder widerrechtlicher Drohung hat dagegen der Vertragspartner, der widerrechtlich gehandelt hat, Schadenersatz zu leisten.

§ 122 Abs. 2 BGB

– Kannte ein Geschädigter den Grund der Anfechtbarkeit oder hat er ihn aus Fahrlässigkeit übersehen, so hat er keinen Ersatzanspruch.

5.5.3 AGB

Ein Privatmann hatte ein Grundstück zum Preis von 82 000 Euro erworben. Den Kaufpreis wollte der Käufer auf das vereinbarte Konto des Verkäufers bei der Süddeutschen Handelsbank AG überweisen. Die Finanzbank AG jedoch, die den Überweisungsauftrag ausführen sollte, schrieb den Betrag dem Konto des Verkäufers bei einer eigenen Filiale gut, weil dieser dort im Zahlungsrückstand war.

War die Bank dazu berechtigt?

Im Wirtschaftsleben wird die Vertragsfreiheit oftmals durch die **Allgemeinen Geschäftsbedingungen (AGB)** eingeschränkt, die als Standardvereinbarungen von den Unternehmen oder deren Verbänden für Verträge entwickelt wurden, die regelmäßig und in großer Zahl abgeschlossen werden.

BGB

> **Allgemeine Geschäftsbedingungen** sind alle für eine Vielzahl von Verträgen vorformulierte Vertragsbedingungen, die eine Vertragspartei (Verwender) der anderen Vertragspartei bei Abschluss eines Vertrages stellt.

Allgemeine Geschäftsbedingungen (AGB) der Geschäftsbanken

Die nachstehenden Allgemeinen Geschäftsbedingungen gelten für unseren Geschäftsverkehr mit unserer Kundschaft.

I. Allgemeines

Das Geschäftsverhältnis zwischen Kunden und Bank ist ein gegenseitiges Vertrauensverhältnis.

Voraussetzungen für rechtsgültige AGB

Die AGB sollen

● die Formulierung gleichartiger Verträge erleichtern,

● durch eine umfassende Beschreibung der möglichen Fälle klare Rechtsverhältnisse schaffen,

● die Haftung einer Vertragspartei einschränken und

● Kosteneinsparungen ermöglichen.

Die AGB bedeuten für den Kunden somit eine Einschränkung seiner gesetzlichen Rechte. In der Praxis ist er jedoch oft gezwungen, diese Bedingungen zu akzeptieren, um zu einem Vertragsabschluss zu kommen. Die Eröffnung eines Kontos, ohne die AGB zu akzeptieren, ist in der Regel nicht möglich.

AGB müssen folgende Voraussetzungen erfüllen, damit sie Geltung erlangen:

● Die andere Vertragspartei muss ausdrücklich oder durch deutlich sichtbaren Aushang auf die AGB hingewiesen werden,

● die andere Vertragspartei muss die Möglichkeit erhalten, in zumutbarer Weise vom Inhalt der AGB Kenntnis zu erhalten,

● die andere Vertragspartei muss sich mit den AGB ausdrücklich einverstanden erklären,

● die einzelnen Klauseln der AGB müssen unmissverständlich formuliert sein,

● die einzelnen Klauseln dürfen nicht den Bestimmungen des BGB widersprechen.

Diese Bestimmungen gelten jedoch nur, wenn der Kunde als Privatmann handelt. Die Banken und Sparkassen haben unterschiedliche AGB, die sich inhaltlich aber nicht wesentlich unterscheiden. Am 01.04.2002 traten die neuen AGB-Bank in Kraft.

Ergänzt werden die AGB durch besondere Bedingungen für bestimmte Geschäftssparten, wie z. B. den Scheckverkehr.

Im Ausgangsfall war die Bank nicht im Recht. Der Bundesgerichtshof hat in einem vergleichbaren Fall zur Rückzahlung des Überweisungsbetrages zuzüglich Zinsen verurteilt.

Aufgaben

1. Erklären Sie die Rechtsfolgen, die sich ergeben, wenn ein Vertrag als nichtig angesehen wird.

2. Entscheiden Sie in folgenden Fällen, ob die Verträge rechtsgültig zustande gekommen sind. Vergleichen Sie dazu §§ 105 ff. BGB.

   a) Ein kaufmännischer Angestellter mit einem Monatsgehalt von 1 200 Euro kauft sich auf Abzahlung einen Sportwagen für 30 000 Euro.
   b) Ein Architekt vereinbart mit einem Bauherrn, ohne Baugenehmigung eine Schwimmhalle zu errichten.
   c) Während eines Schneesturms verlangt ein Hüttenwirt für die Übernachtung 150 Euro.
   d) Eine Firma schließt einen Arbeitsvertrag mit einer Sekretärin ab. Sofern sie heiratet, verpflichtet sie sich zur Zahlung einer Konventionalstrafe.
   e) In einer Gaststätte verbürgt sich ein Gast durch Zuruf für die Verbindlichkeiten eines anderen.

3. Klären Sie folgende Situationen:

   a) Ein Kunde einer Bank hat sich 100 Fiat-Aktien in der Hoffnung gekauft, sie würden im Kurs steigen. Als sie jedoch fallen, ficht er das Geschäft wegen Irrtums an.
   b) Karl Nagel übernimmt im Gespräch an seinem Stammtisch für seinen Freund eine Bürgschaft von 5 000 Euro. Am nächsten Tag bereut er sein Versprechen. Welche Verpflichtungen ist er eingegangen? (BGB § 766).
   c) Herr Schmies bestellt bei Weinhändler Hauser 5 Kartons Rotwein. Bei der Auslieferung stellt er fest, dass ein Karton 12 Flaschen enthält. Er war bei seiner Bestellung von einem Kartoninhalt von 6 Flaschen ausgegangen.

4. Erläutern Sie, welche Voraussetzungen erfüllt sein müssen, damit die AGB Geltung erlangen.

5.6   Unternehmensformen

Gustav Lebherz ist in führender Position bei einer Immobilienunternehmung beschäftigt. Er verfolgt die Entwicklungen am Immobilien-, Finanzierungs- und Versicherungsmarkt sehr genau und hat eine ausgezeichnete Marktübersicht. Trotzdem ist es ihm nicht gelungen, seinen Chef von seinen Vorschlägen für maßgeschneiderte Finanzierungsmodelle zu überzeugen.

Da er etwas Geld gespart hat, beschließt er, sich selbstständig zu machen. Unklar ist bisher noch die Frage, ob er allein oder mit Teilhabern unternehmerisch tätig werden soll.

Unternehmung

> Eine **Unternehmung** ist eine wirtschaftlich-rechtliche Organisation, die **nachhaltig** Leistungen schaffen soll, die **ertragbringend** sind.

Das Gesetz sieht verschiedene Unternehmensformen vor, die sich an die unterschiedlichen Aufgaben der einzelnen Unternehmungen anzupassen versuchen.

Unternehmensformen nach
§§ 105 ff. HGB, GmbHG, AktG

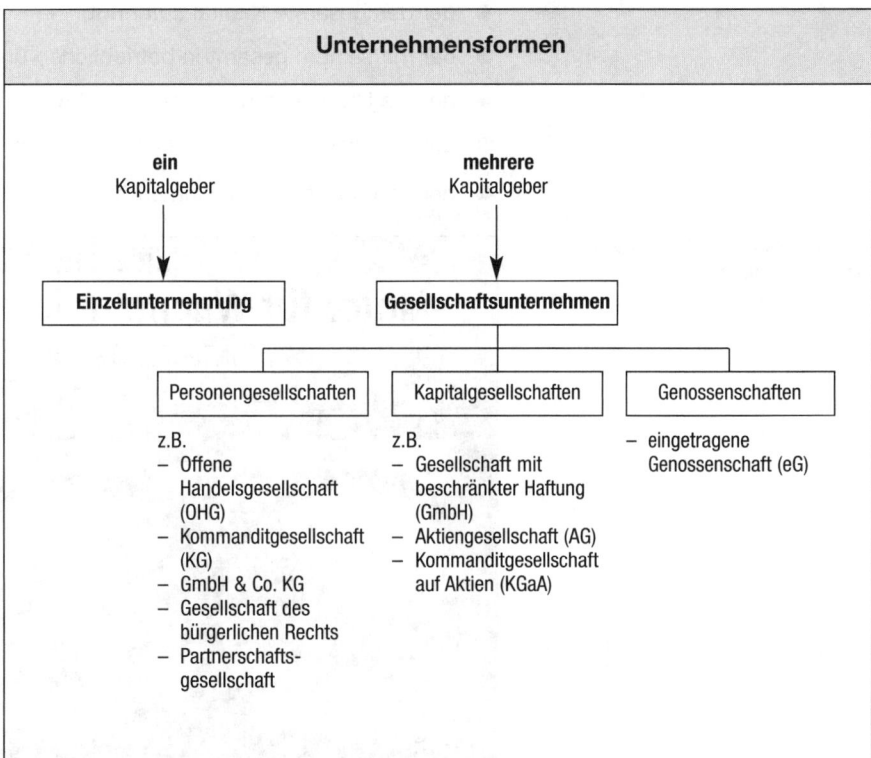

Von welchen Faktoren hängt die
Wahl der Unternehmensform ab?

Die **Wahl der Unternehmensform** hängt von vielen Faktoren ab:

● Wie viel Kapital wird benötigt?

● Können und wollen die Kapitalgeber in führender Stellung mitarbeiten?

● Welche Haftung sollen die Kapitalgeber übernehmen?

● Welche steuerlichen Gesichtspunkte sollen berücksichtigt werden?

● Welche besonderen Anforderungen stellen Art, Inhalt und Umfang der zu lösenden Aufgaben an die Unternehmensform?

5.6.1 Einzelunternehmung

Gustav Lebherz will sich vor allem selbstständig machen, damit er endlich sein „eigener Herr" ist. Deshalb liebäugelt er zunächst mit der Einzelunternehmung.

Für welche Unternehmenszwecke eignet sich diese Rechtsform?

Die deutsche Wirtschaft ist überwiegend mittelständisch ausgerichtet. Mehr als 99 % aller Unternehmen in der Bundesrepublik sind kleine und mittlere Betriebe mit bis zu 500 Beschäftigten und einem Jahresumsatz bis zu etwa 50 Mio. Euro. Davon haben über 90 % die Rechtsform der Einzelunternehmung. Sie entscheiden über 45 % aller Investitionsvorhaben und erarbeiten fast die Hälfte des Bruttoinlandsprodukts. Zwei Drittel aller Arbeitnehmer haben in mittelständischen Betrieben ihren Arbeitsplatz.

Bei der Einzelunternehmung steht der Unternehmer als Person im Vordergrund. Er prägt den gesamten Aufbau, das Leben und die Entwicklung des Unternehmens.

Die Einzelunternehmung ist gekennzeichnet durch einen alleinigen Inhaber,

● der das gesamte Kapital aufbringt,

● der mit seinem gesamten betrieblichen und privaten Vermögen haftet,

● der die Unternehmung alleine leitet (Geschäftsführung),

● der sie gegenüber Dritten nach außen hin rechtlich vertritt (Vertretung) und

● der den gesamten Gewinn erhält.

Der Mittelstand – Kernbereich unserer Wirtschaft

Wer ist Kaufmann?

Gustav Lebherz hat sich zunächst mit einem kleinen Kreditvermittlungsbüro selbstständig gemacht. Sein Büro hat er in einem Zimmer in seiner Wohnung eingerichtet. Da er aber am Anfang mit wenig Geschäftsverkehr rechnet, will er in einer Übergangszeit auch halbtags als Angestellter in einem Maklerbüro arbeiten. Ist Herr Lebherz Kaufmann geworden?

Kaufmannseigenschaft

Im gesamten Bereich des Handelsrechts ist die Frage der Kaufmannseigenschaft von grundsätzlicher Bedeutung. Während das BGB für alle Personen, einschließlich der Kaufleute, gilt, unterliegen dem strengeren Recht des HGB nur die Kaufleute. An sie legt der Gesetzgeber engere Maßstäbe an, da sie durch ihre tägliche Arbeit mit den Gesetzen mehr vertraut sein müssen als ein Privatmann.

Bei der Beurteilung von Rechtsfällen muss deshalb oft zunächst die Kaufmannseigenschaft geklärt werden, die das HGB regelt.

> **Kaufmann** ist, wer ein Handelsgewerbe betreibt. Handelsgewerbe ist jeder Gewerbebetrieb, es sei denn, das Unternehmen erfordert keinen in kaufmännischer Weise eingerichteten Geschäftsbetrieb. Wer im Handelsregister eingetragen ist, gilt als Kaufmann.

Freiberufler sind keine Kaufleute

Kein Handelsgewerbe üben Rechtsanwälte, Ärzte, Steuerberater oder Architekten aus. Sie zählen zu den **freien Berufen** und sind **keine Kaufleute**. Auch eine künstlerische oder wissenschaftliche Tätigkeit ist kein Gewerbe. Land- und forstwirtschaftliche Betriebe sind ebenfalls nicht als Kaufleute anzusehen.

Der **Begriff des Gewerbebetriebes** umfasst dabei folgende Bereiche:

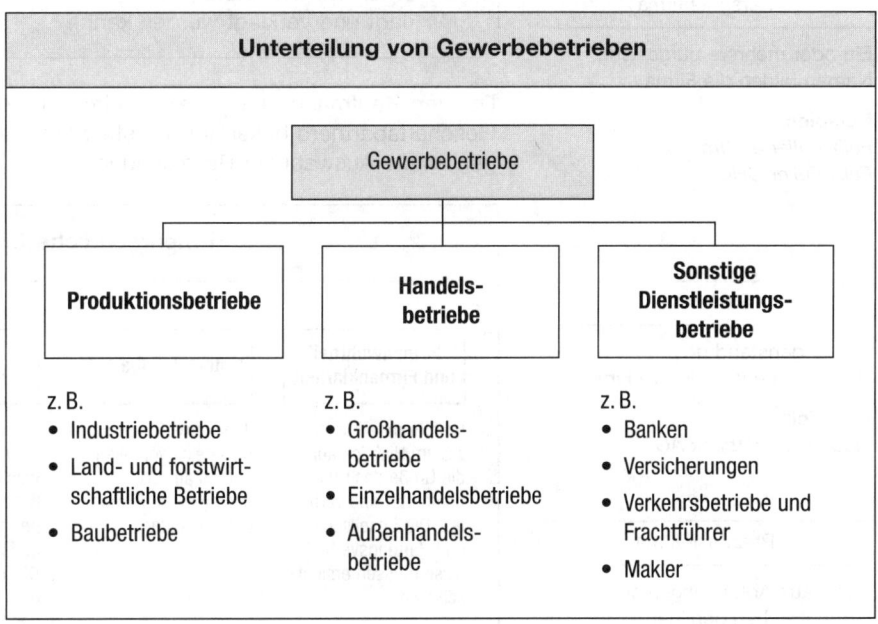

Unterteilung von Gewerbebetrieben

Gewerbebetriebe

Produktionsbetriebe	Handelsbetriebe	Sonstige Dienstleistungsbetriebe
z. B. • Industriebetriebe • Land- und forstwirtschaftliche Betriebe • Baubetriebe	z. B. • Großhandelsbetriebe • Einzelhandelsbetriebe • Außenhandelsbetriebe	z. B. • Banken • Versicherungen • Verkehrsbetriebe und Frachtführer • Makler

Voraussetzungen für Gewerbebetrieb

Für einen **Gewerbebetrieb** müssen folgende Voraussetzungen erfüllt sein: Selbstständigkeit, Nachhaltigkeit der Betätigung, Absicht der Gewinnerzielung und Beteiligung am allgemeinen wirtschaftlichen Verkehr.

Die Erfordernis eines in kaufmännischer Weise eingerichteten **Geschäftsbetriebes** liegt unter anderem dann vor, wenn

● eine nach gewissen Grundsätzen eingerichtete Buchführung,

● eine geordnete Aufbewahrung der Geschäftskorrespondenz,

● regelmäßig wiederkehrende Inventur und Bilanz sowie

● die Beschäftigung genügenden Personals

notwendig ist.

Jeder Kaufmann ist verpflichtet, sich in das Handelsregister eintragen zu lassen.

Gustav Lebherz ist kein Kaufmann, da der Umfang seiner Geschäftstätigkeit so gering ist, dass er noch keinen „in kaufmännischer Weise" eingerichteten Geschäftsbetrieb benötigt. Dies zeigt sich darin, dass er ohne Personal, nur halbtags und in einem Nebenraum seiner Wohnung ohne wirkliche Büroausstattung tätig ist.

Unter welchem Namen tritt der Kaufmann auf?

Friedrich Wilhelm Wolf übernimmt nach dem Tod des Inhabers das Vermögensberatungsbüro „Felix Füller". Herr Wolf ist jedoch immer noch auf der Suche nach einem einprägsamen Namen.

Der Name eines Unternehmens, die **Firma**, stellt das „Aushängeschild" für den Kaufmann dar. Der gute Ruf der Firma kann werbewirksam genutzt werden. Dies zeigt sich besonders bei Verhandlungen mit Lieferanten, Kunden und Banken.

Das Handelsrecht fasst den Begriff der Firma enger als der übliche Sprachgebrauch.

| **Form der Firma** |
| Firmenkern + evtl. Firmenzusatz |

Die Firma muss als Zusatz die Bezeichnung der Rechtsform des Unternehmens oder eine allgemein verständliche Abkürzung enthalten. Bei Einzelkaufleuten muss der Zusatz „eingetragener Kaufmann", „eingetragene Kauffrau" oder die Abkürzung „e. K.", „e. Kfm.", „e. Kfr." hinzugefügt werden.

Personenfirma

Ein oder mehrere bürgerliche Namen bilden die Firma

Beispiel:
Felix Füller e. Kfm.
Felix Füller OHG

Sachfirma

Der Gegenstand des Unternehmens bildet die Firma

Beispiel:
Industriekreditbank AG

Phantasiefirma

Meist aus Abkürzungen oder Firmenzeichen gebildet

Beispiel:
Adlerwerke AG
Virtual Center GmbH

Handelsregister
§ 8 ff. HGB

Die **Firma** ist der **Name eines Kaufmanns**, unter dem er

- Handelsgeschäfte betreibt,
- Unterschriften leistet,
- klagt und verklagt werden kann.

Da der Kaufmann unter seiner Firma in der Öffentlichkeit und bei seinen Geschäftspartnern bekannt wird, stellt das Handelsrecht bestimmte Anforderungen an die Auswahl der Bezeichnung.

Firmenrechtliche Grundsätze

Firmenwahrheit und Firmenklarheit	Unterscheidbarkeit	Firmenbeständigkeit	Öffentlichkeit
Irreführende Zusätze, z.B. im Hinblick auf die Größe des Unternehmens, sind verboten. Die Gesellschafts- und Haftungsverhältnisse müssen ersichtlich sein.	Jede neue Firma muss sich von allen bereits am Ort bestehenden Firmen unterscheiden.	Bei Inhaberwechsel oder bei Namenswechsel des Inhabers kann die bisherige Firma weitergeführt werden. Dieser Grundsatz dient der Erhaltung des Firmenwertes.	Die Firma muss ins Handelsregister eingetragen werden.

Auch Einzelkaufleute und Personenhandelsgesellschaften können Namen wählen, die nicht zwingend nach Inhaber oder Geschäftszweck gestaltet sind. Somit sind für alle Unternehmen werbewirksame Phantasienamen möglich.

Welche Bedeutung haben Handelsregistereintragungen?

Firmengründungen, gewerbliche Tätigkeiten, Änderungen der Unternehmensformen sowie der Prokuraerteilungen berühren in der Regel nicht nur die direkt Beteiligten, sondern auch die Rechtsbereiche Dritter. Das Handelsregister informiert deshalb die Öffentlichkeit über wichtige Rechtsverhältnisse des Kaufmanns mit dem Ziel, eine höhere Rechtssicherheit zu schaffen.

Die Eintragungen erfolgen aufgrund einer Anmeldung in öffentlich beglaubigter Form. Dabei ist vor jeder Eintragung der Industrie- und Handelskammer Gelegenheit zur Stellungnahme zu geben.

Auszug aus dem Handelsregister

Auszug aus dem Handelsregister					
Handelsregister – Abt. A – des Amtsgerichts				HRA 1822	
Nummer der Eintragung	a) Firma b) Ort der Niederlassung (Sitz der Gesellschaft) c) Gegenstand des Unternehmens (bei juristischen Personen)	Geschäftsinhaber Persönlich haftende Gesellschafter Vorstand Abwickler	Prokura	Rechtsverhältnisse	a) Tag der Eintragung und Unterschrift b) Bemerkungen
1	2	3	4	5	6
1	a) Friedrich Wolf e. K.	Friedrich Wolf, Kaufmann in Ulm	Einzelprokurist Erwin Schwarz	Einzelunternehmung	a) 15. Aug. 20. .

Publizität des Handelsregisters

Der Eintragung in das Handelsregister kommt besondere Bedeutung zu:

● Solange eine Tatsache im Handelsregister nicht eingetragen und bekannt gemacht ist, kann sie einem Dritten gegenüber nicht geltend gemacht werden **(negative Publizität)**.

● Ist eine Tatsache eingetragen und bekannt gegeben, so muss sie sich auch ein Dritter vorhalten lassen **(positive Publizität)**.

Welche Bedeutung haben Einzelunternehmen?

Die Einzelunternehmung findet man in der Bundesrepublik Deutschland bevorzugt im Handel, weniger in der Industrie. In der Bundesrepublik Deutschland sind ca. 90 % aller Unternehmen Einzelunternehmen. Sie beschäftigen ca. 40 % der Arbeitnehmer.

Bewertung der Einzelunternehmung

Die große Beliebtheit der Einzelunternehmung bei kleineren Betrieben beruht auf folgenden **Vorteilen:**

● Der Unternehmer kann allein und damit rasch Entscheidungen treffen, so dass er auf wirtschaftliche Änderungen flexibel reagieren kann. Darauf deutet die Statistik über die Erträge kleinerer Unternehmen hin.

● Das persönliche Engagement des Unternehmers hat ein hohes Maß an Krisenfestigkeit zur Folge.

● Der Gewinn steht dem Unternehmer alleine zu.

Die **Nachteile** der Einzelunternehmung können jedoch schwerwiegende Folgen für den Betrieb haben:

● Die Unternehmung hängt in hohem Maße von der Arbeitsfähigkeit und -leistung des Unternehmers ab. Fällt er z. B. wegen einer langwierigen Krankheit aus, kann der Betrieb gefährdet sein.

● Die Kapitalkraft des Unternehmens ist auf die Möglichkeiten des Inhabers beschränkt. Deshalb sind auch die Chancen zur Kreditbeschaffung eingegrenzt.

● Der Unternehmer haftet mit seinem gesamten Vermögen. Scheitert er mit seinem Betrieb, kann er auch sein privates Vermögen verlieren.

● Die Nachfolge des Inhabers ist, oftmals mangels geeigneter Familienmitglieder, nur schwer zu regeln.

Einzelunternehmen werden aufgelöst

– freiwillig durch Liquidation durch den Inhaber,

– durch Verkauf der Unternehmung,

– durch Änderung der Rechtsform,

– zwangsweise durch Konkurs der Unternehmung,

– durch den Tod des Inhabers.

Aufgaben

1. Stephanie Wieland will in Stuttgart ein Vermögensberatungsunternehmen gründen, das in erster Linie für vermögende Privatkunden tätig werden soll. In der Anfangsphase ist der Umfang der Geschäfte gering, so dass sie keinen in kaufmännischer Weise eingerichteten Geschäftsbetrieb benötigt.

   a) Entscheiden Sie, ob Stephanie Wieland ihrem Geschäftsbetrieb eine Firma geben kann.

   b) Das neue Vermögensberatungsunternehmen hat Erfolg, so dass bald eine kaufmännische Organisation benötigt wird. Frau Wieland überlegt deshalb, wie sie ihr Unternehmen zukünftig bezeichnen soll.
      ba) Stephanie Wieland
      bb) Stephanie Y. Wieland
      bc) Wieland – Vermögensberatung
      bc) Dynamik Anlagemanagement
      Prüfen Sie, welche Bezeichnungen zulässig sind.

   c) Stephanie Wieland will ihre Firma ins Handelsregister eintragen lassen. Prüfen Sie, ob das möglich ist, und stellen Sie fest, wo sie diesen Antrag zu stellen hat.

2. Sammeln Sie die wesentlichen Gründe, die dazu geführt haben, dass die Einzelunternehmung mit Abstand die größte Verbreitung hat.

5.6.2 Personengesellschaften

Der Einzelunternehmer Georg Weber führt seit fünf Jahren eine Kfz-Zubehörgroß-handlung. Nachdem das Unternehmen ständig gewachsen ist, stehen umfangrei-che Investitionen an. Herr Weber prüft deshalb, ob er einen Teilhaber in sein Unternehmen aufnehmen soll.

Die Gründung von Gesellschaftsunternehmen erfolgt aus einer Vielzahl von Anlässen.

- Persönliche Gründe des bisherigen Inhabers (Krankheit, Alter),

- Bedarf an engagierten Fachleuten und Führungskräften,

- Erweiterung der Kapitalbasis,

- Verteilung des Risikos auf mehrere Personen,

- Erweiterung der Angebotspalette der Unternehmung,

- Übernahme oder Nutzung gewerblicher Schutzrechte (Patente, Lizenzen),

- Pflege besonderer geschäftlicher Beziehungen,

- steuerliche Gesichtspunkte.

Gesellschaftsunternehmen sind im Wesentlichen durch zwei Merkmale gekenn-zeichnet:

- Mehrere Teilhaber bringen gemeinsam das Kapital auf und teilen sich das Risiko.

- Die Geschäftsführungs- und Vertretungsbefugnis liegt bei mehreren Teilha-bern oder wird durch gemeinsamen Beschluss auf geeignete Personen über-tragen.

Die **Vorteile** von Gesellschaftsunternehmen liegen vor allem in ausgewogeneren Entscheidungen, da die Verantwortung von mehreren getragen wird, in der erwei-terten Haftung und in der erhöhten Kapitalkraft.

Die **Nachteile** sind in erster Linie die schwerfälligeren Entscheidungsprozesse, die eine unbeweglichere Unternehmensführung zur Folge haben können sowie die Notwendigkeit, den Gewinn unter mehreren Teilhabern aufzuteilen.

Stille Gesellschaft

Ein Kapitalgeber beteiligt sich an einem Handelsgewerbe, ohne dass dieses Verhältnis in der Firma oder im Handelsregister ersichtlich wird.

Der Stille Gesellschafter ist am Gewinn und Verlust der Gesell-schaft beteiligt, haftet jedoch nicht für deren Verbindlichkeiten.

Offene Handelsgesellschaft (OHG)

Georg Weber hat zusammen mit Manfred Hummel eine Offene Handelsgesell-schaft gegründet. Herr Weber bringt seine fast neuwertige Geschäftseinrichtung aus seiner bisherigen Einzelunternehmung im Wert von 40 000 Euro sowie 25 000 Euro Guthaben, Manfred Hummel eine Bareinlage in Höhe von 18 000 Euro in die Unternehmung ein.

§ 105 HGB

> Die **OHG** ist der **Zusammenschluss** von **mindestens zwei Personen** zum Betrieb eines Handelsgewerbes, bei dem die Haftung der Gesellschafter nicht beschränkt ist.

Offene Handelsgesellschaften können nach folgenden Gesichtspunkten entstehen:

Entstehung der OHG

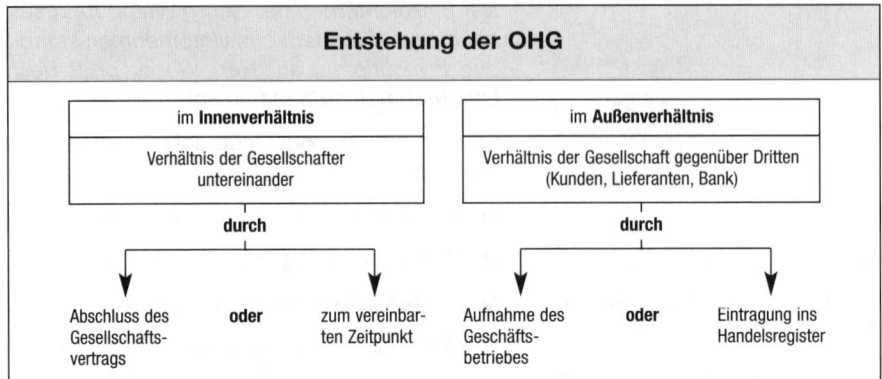

Firma der OHG

Die **Firma** der **OHG** muss durch einen Zusatz (z. B. OHG, & Co., & Söhne) das Gesellschaftsverhältnis kenntlich machen.

Die Gesellschafter haben u. a. die Möglichkeit, ihre Unternehmung „Weber & Hummel", „Weber OHG", „Hummel & Co." oder „Weber und Partner Kfz-Zubehör-Großhandlung" zu nennen.

Die Inhaber müssen ihre Kapitaleinlage in der Höhe leisten, welche im Gesellschaftsvertrag vereinbart wurde. **Gewinne** werden, sofern ausnahmsweise keine vertragliche Regelung vorliegt, nach der gesetzlichen Vorschrift verteilt. Jeder Gesellschafter erhält vorab vom Gewinn 4 % seiner Kapitaleinlage, der Rest wird nach Köpfen verteilt.

Gewinnverteilung in der
Weber OHG nach § 121 HGB

Die OHG hat im ersten Jahr einen Gewinn von 30 000 Euro erzielt. Nach der gesetzlichen Regelung ergäbe sich folgende Verteilung:

Gesellschafter	Kapitaleinlage	4 % der Kapitaleinlage	Rest nach Köpfen	Gewinnanteil
Georg Weber	130 000 EUR	5 200 EUR	11 700 EUR	**16 900 EUR**
Manfred Hummel	35 000 EUR	1 400 EUR	11 700 EUR	**13 100 EUR**
Summe	165 000 EUR	6 600 EUR	23 400 EUR	**30 000 EUR**

Rechte und Pflichten der OHG-
Gesellschafter §§ 105 ff. HGB

Jeder Gesellschafter ist verpflichtet, seine **persönliche Arbeitsleistung** in die Unternehmung einzubringen. Das Recht zur **Geschäftsführung** hat bei Geschäften, die der gewöhnliche Betrieb mit sich bringt, jeder Gesellschafter allein. Bei außergewöhnlichen Geschäften, wie z. B. Prokuraerteilung oder Geschäftserweiterungen, dürfen die Gesellschafter nur gemeinsam handeln. Die Abgrenzung zwischen gewöhnlichen und außergewöhnlichen Geschäften kann dabei nur im Einzelfall erfolgen. Die Gesellschafter haben das Recht, sich laufend über die Geschäftsentwicklung zu **informieren**.

Für die Rechtsverhältnisse der Gesellschafter im **Außenverhältnis** ist ausschließlich das HGB maßgeblich. Vertragliche Vereinbarungen gelten deshalb nur im Innenverhältnis und haben keine Wirkung für Außenstehende.

Rechtsverhältnisse der OHG-Gesellschafter im Außenverhältnis nach §§ 123 ff. HGB

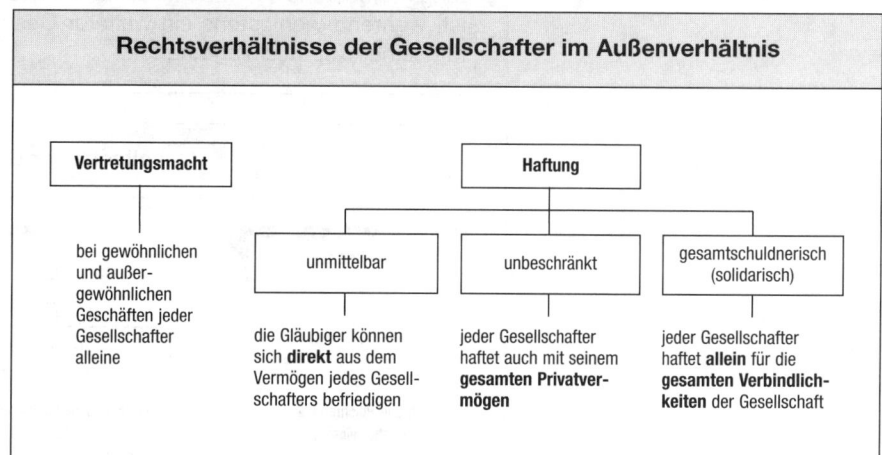

Rechtsverhältnisse der Gesellschafter im Außenverhältnis

Vertretungsmacht	Haftung		
	unmittelbar	unbeschränkt	gesamtschuldnerisch (solidarisch)
bei gewöhnlichen und außergewöhnlichen Geschäften jeder Gesellschafter alleine	die Gläubiger können sich **direkt** aus dem Vermögen jedes Gesellschafters befriedigen	jeder Gesellschafter haftet auch mit seinem **gesamten Privatvermögen**	jeder Gesellschafter haftet **allein** für die **gesamten Verbindlichkeiten** der Gesellschaft

Überschreitet ein Gesellschafter seine Rechte, indem er beispielsweise allein ein Grundstück verkauft (außergewöhnliches Geschäft), so macht er sich den anderen Gesellschaftern gegenüber schadenersatzpflichtig.

Uneingeschränkte Vertretungsmacht

Da die **Vertretungsmacht** der Gesellschafter unbeschränkt ist, wird ein von ihnen abgeschlossener Vertrag auch dann rechtsgültig, wenn sie ihre Geschäftsführungsbefugnis überschritten haben. Einem Dritten ist es nicht zuzumuten, dass er die Innenverhältnisse einer OHG vor jedem Vertragsabschluss prüft.

Auflösung der OHG

Die OHG wird aufgelöst

– freiwillig durch Liquidation,

– durch Kündigung des Gesellschaftsvertrages,

– durch Insolvenz der Gesellschaft oder eines der Gesellschafter,

– nach Ablauf der vereinbarten Dauer der OHG.

Beim Ausscheiden aus einer OHG haftet ein Gesellschafter noch 5 Jahre für die bei seinem Austritt vorhandenen Verbindlichkeiten.

Kommanditgesellschaft (KG)

Madeleine Stürzi und Marcel Deimer haben innerhalb von sieben Jahren ein Großhandelsunternehmen für modische Kleidung aufgebaut.

Zur Finanzierung einer Erweiterungsinvestition wollen sie einen weiteren Teilhaber in das Unternehmen aufnehmen, der jedoch nicht an der Leitung der Firma teilhaben soll. Sie wandeln deshalb die Unternehmung in eine Kommanditgesellschaft um.

Die Kommanditgesellschaft dient meist dem Ziel, die Kapitalbasis zu sichern oder zu erweitern, ohne dass der Kapitalgeber in die Geschäftsleitung aufgenommen wird.

§§ 161 ff. HGB

> Die **Kommanditgesellschaft** ist der **Zusammenschluss** von **zwei oder mehr Personen** zum Betrieb eines Handelsgewerbes, bei dem die Haftung mindestens eines Gesellschafters **(Komplementär)** nicht beschränkt ist, während wenigstens ein weiterer Gesellschafter **(Kommanditist)** nur mit seiner Kapitaleinlage haftet.

Rechtsverhältnisse der
Gesellschafter einer KG

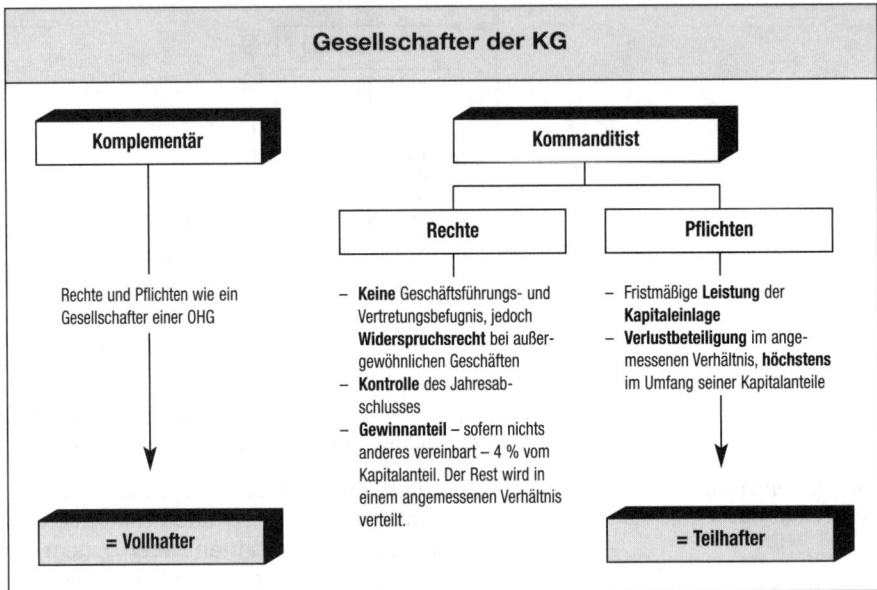

Die Firma der KG muss einen Zusatz (KG) enthalten, der das Gesellschaftsverhältnis andeutet.

Die **Auflösungsgründe** der OHG gelten grundsätzlich auch für die KG.

Im Gesellschaftsvertrag wird festgelegt, dass die Kommanditgesellschaft als „Stürzi Mode KG" firmiert.

Gesellschaft des bürgerlichen Rechts (GbR)

Die Finanzbank AG schließt sich mit sieben weiteren Banken zusammen, um die Aktien eines Firmenkunden am Markt unterzubringen. Die Banken haben mit dieser Vereinbarung eine Gesellschaft des bürgerlichen Rechts gegründet.

Die GbR erhält einen unternehmensähnlichen Charakter als Dauereinrichtung, wenn sich Freiberufler zu einer gemeinsamen Praxis oder Kaufleute zu einem gemeinsamen Betrieb zusammenschließen.

§§ 705 ff. BGB

> Die **Gesellschaft des bürgerlichen Rechts** ist eine nicht rechtsfähige Personenvereinigung. Sie besitzt keine Firma und wird nicht im Handelsregister eingetragen; die Gesellschafter haften unbeschränkt, persönlich und gemeinschaftlich.

Die Geschäftsführung und die Vertretung steht grundsätzlich allen Gesellschaftern gemeinschaftlich zu. In der Praxis werden diese Rechte meist durch den Gesellschaftsvertrag auf einen oder mehrere geschäftsführende Gesellschafter übertragen.

Arbeiten auf eigene Rechnung

Selbstständige in Deutschland

1991
3,04 Mio.

2000
3,64 Mio.

8,1 %
aller
Erwerbstätigen

10,0 %
aller
Erwerbstätigen

Selbstständige 2000 nach Branchen

in 1 000

924	Handel und Gastgewerbe
754	Öffentliche und private Dienstleistungen
588	Grundstückswesen, Dienstleistungen für Unternehmen
392	Baugewerbe
380	Bergbau, Industrie
320	Land- und Forstwirtschaft
150	Verkehr, Nachrichten
133	Kredit-, Versicherungsgewerbe

Quelle: Stat. Bundesamt   © Globus

Partnerschaftsgesellschaft (Partnerschaft)

Drei Ärzte haben miteinander vereinbart, eine Gemeinschaftspraxis zu eröffnen. Die Gründung einer OHG oder KG sehen sie jedoch nicht mit den Wesensmerkmalen ihres Berufes vereinbar. Deshalb gründen sie eine Partnerschaftsgesellschaft.

Freiberufler, z. B. Steuerberater, Ärzte oder Architekten, können ihrer dauerhaften Zusammenarbeit diese Form geben.

§§ 1 ff. PartGG

> Die **Partnerschaftsgesellschaft** ist eine Gemeinschaft von freiberuflich Tätigen. Sie ist namensrechtsfähig, grundbuchfähig und kann klagen bzw. verklagt werden. Für die Verbindlichkeit haften das Gesellschaftsvermögen sowie das Privatvermögen der Gesellschafter.

Durch den Gesellschaftsvertrag kann die Haftung auf die Person begrenzt werden, die die berufliche Leistung erbringt und zu verantworten hat.

Der Name der Partnerschaft muss den Namen von mindestens einem Partner, die Berufsbezeichnungen der Gesellschafter sowie den Zusatz *„und Partner"* oder *„Partnerschaft"* enthalten.

Die Partnerschaftsgesellschaft wird in ein **Partnerschaftsregister** beim Amtsgericht eingetragen.

Aufgaben

1. Stephanie Wieland und Markus Diebel gründen eine Offene Handelsgesellschaft mit dem Ziel, vermögenden Privatkunden umfassende Angebote im Anlagebereich – vom Konten- über das Effekten- bis zum Versicherungssparen – anzubieten.

   a) Erläutern Sie den Begriff der Offenen Handelsgesellschaft.

   b) Machen Sie geeignete Vorschläge für die Firma dieser neuen Unternehmung.

   c) Die Vermögensberatungsfirma nahm am 12. April ihre Geschäfte auf, die Eintragung erfolgte am 20. April. Stellen Sie fest, ab welchem Zeitpunkt die OHG rechtsgültig entstanden ist. Prüfen Sie, welchen Rechtsstatus diese Vereinigung bis zu diesem Zeitpunkt hatte.

2. Der Gesellschafter Markus Diebel stellt ohne Wissen von Frau Wieland eine zweite Sekretärin ein, die ihm zuarbeiten soll. Da er der Meinung ist, dass die bisherigen Geschäftsräume nicht repräsentativ genug sind, unterschreibt er – wiederum ohne Absprache mit Frau Wieland – einen Vorvertrag für den Kauf eines entsprechenden Anteils an einem Bürogebäude.

   a) Prüfen Sie, ob Herr Diebel zu diesen Handlungen berechtigt war.

   b) Frau Wieland wendet sich an den Verkäufer der Immobilie und verlangt, dass dieser Vertrag zurückgenommen wird, da Diebel seine Befugnisse überschritten habe. Entscheiden Sie, ob dieser Vertrag rechtsgültig bleibt.

   c) Stellen Sie fest, ob Diebel einen möglichen Schaden aus diesem Immobilienkauf ersetzen müsste.

3. Im ersten Geschäftsjahr wurde ein Gewinn von 220 000 Euro erwirtschaftet. Ermitteln Sie die Gewinnverteilung, sofern die gesetzliche Regelung zum Tragen kommt.

Einlagen in EUR	Wieland 100 000 EUR	Diebel 50 000 EUR	Summe
Verzinsung			
Restverteilung			
Gewinnanteil			

4. Der Verkäufer der Immobilie fordert von Frau Wieland 380 000 Euro aus dem Vorvertrag, den Markus Diebel unterschrieben hat. Die Gesellschafterin verweigert die Zahlung mit der Begründung, dass Diebel unterschrieben habe. Außerdem könne die Unternehmung das Geld nicht aufbringen. Beurteilen sie diese Argumentation.

5. Erläutern Sie wesentliche Gründe, welche zur Umwandlung einer OHG in eine Kommanditgesellschaft führen können.

6. Vergleichen Sie die Gesellschaft des bürgerlichen Rechts mit der Partnerschaftsgesellschaft.

5.6.3 Kapitalgesellschaften

Die größten Unternehmen

Die größten Unternehmen in Deutschland sind fast ausschließlich Aktiengesellschaften.

\multicolumn{3}{c}{**Ranking: Die größten Unternehmen in Deutschland**}		
Rang Deutschland	**Unternehmen**	**Rang** Global	**Marktkapitalisierung** in Mio. $
1	Deutsche Telekom AG	51	63.674,2
2	Allianz AG	52	63.306,7
3	Siemens AG	57	58.866,1
4	SAP AG	73	48.934,2
5	DaimlerChrysler AG	81	46.021,9
6	Münchner Rück AG	91	43.787,9
7	Deutsche Bank AG	100	39.955,2
8	E.ON AG	118	35.251,9
9	BMW AG	166	26.252,4
10	Bayer AG	174	24.910,1
11	BASF AG	186	23.786,0
12	Volkswagen AG	210	20.460,7
13	RWE AG	213	20.020,0
14	Hypovereinsbank AG	224	19.076,0
15	Deutsche Post AG	265	16.723,5
16	Infineon Technologies AG	283	15.689,4
17	T-Online International AG	321	13.752,4
18	Schering AG	394	11.631,6
19	Metro AG	407	11.270,3
20	Beiersdorf AG	454	10.090,2
21	Commerzbank AG	473	9.748,5

Quelle: Financial Times Deutschland vom 09.05.2002

Aktiengesellschaft (AG)

Geschichte der Aktiengesellschaft

Die Aktiengesellschaft entstand in Deutschland im 19. Jahrhundert in Folge der gewaltigen wirtschaftlichen Entwicklung. Die Kapitalkraft von Einzelpersonen oder von Personengesellschaften reichte damals nicht mehr aus, um die Gründung großer Schifffahrts- und Eisenbahngesellschaften, der Versicherungsgesellschaften und der Großindustrie zu finanzieren. Mit Hilfe dieser Rechtsform war es möglich, diese Mittel dadurch aufzubringen, dass man Teilhaberpapiere über Banken an ein breites Publikum verkaufte und damit eine beinahe unbegrenzte Zahl von Geldgebern beteiligen konnte.

Heute werden die großen deutschen Unternehmen fast ausschließlich in dieser Rechtsform geführt.

Während bei der Einzelunternehmung und auch bei der OHG die Persönlichkeit, Schaffenskraft, Initiative und das Ansehen der Inhaber im Vordergrund stehen, treten sie bei der Aktiengesellschaft völlig in den Hintergrund. Bei der Wahl dieser Rechtsform steht die Zielsetzung im Vordergrund, auf dem Kapitalmarkt zusätzliche Eigenmittel zu beschaffen. Dabei sind das Kapitaleigentum und die Unternehmensführung in der Regel in verschiedenen Händen.

§§ 1 ff. AktG

Die **Aktiengesellschaft** ist eine **Kapitalgesellschaft** mit eigener **Rechtspersönlichkeit** (juristische Person) und einem **Grundkapital**, das in **Aktien** zerlegt ist. Für die Verbindlichkeiten der Gesellschaft haftet nur das Gesellschaftsvermögen.

§§ 23 ff. AktG
Wie entsteht eine
Aktiengesellschaft?

Zur **Gründung einer Aktiengesellschaft** genügt eine natürliche oder juristische Person als Gründer. Die Gründer erstellen einen Gesellschaftsvertrag (Satzung), der gerichtlich oder notariell beurkundet werden muss. Die **Satzung** bestimmt

- Firma und Sitz der Gesellschaft,
- Gegenstand des Unternehmens,
- Höhe des Grundkapitals (mind. 50 000 Euro),
- Nennbeträge, Zahl und eventuell Gattung der einzelnen Aktien,
- Zusammensetzung des Vorstands,
- Form der Bekanntmachung der AG.

Vor der Eintragung in das Handelsregister besteht die Aktiengesellschaft noch nicht; der Zusammenschluss der Gründer ist lediglich ein **nichtrechtsfähiger Verein**. Wer vor der Eintragung der Gesellschaft in ihrem Namen handelt, haftet persönlich; handeln mehrere, so haften sie als Gesamtschuldner.

Die Aktionäre sind in Höhe des Grundkapitals an der Unternehmung beteiligt.

Welche Rechtsstellung haben die Aktionäre?

> Das **Grundkapital** ist die Summe der Nennwerte aller ausgegebenen Aktien.

§ 8 ff. AktG

Der **Mindestnennbetrag** der ausgegebenen Aktien beträgt 1 Euro je Stück. In der Satzung kann der Anspruch des Aktionärs auf Einzelverbriefung seiner Aktien ausgeschlossen werden. Er hat jedoch in diesem Fall einen Anspruch auf eine formlose Mehrfachurkunde.

Aktien werden in zwei **Grundformen** ausgegeben:

- **Nennbetragslose Aktien (Stückaktien)** sind zu einem Bruchteil am Grundkapital beteiligt. Der rechnerische Wert darf nicht unter 1 Euro fallen.

- **Nennbetragsaktien** müssen bei der Neuemission mindestens auf 1 Euro lauten. Höhere Nennbeträge sind zulässig, wenn sie auf 5 Euro oder ein Mehrfaches lauten.

Das Eigentum an einer Aktie beinhaltet ein wirtschaftliches Miteigentum am Vermögen der Aktiengesellschaft. Die einzelnen Rechte und Pflichten, die sich daraus für den Aktionär ergeben, sind im Aktiengesetz und in der jeweiligen Satzung der Gesellschaft festgelegt.

Rechte und Pflichten der Aktionäre

Die **gesetzlichen Pflichten** der Aktionäre sind eng begrenzt, damit ein breiter Kreis von Kapitalgebern erreicht werden kann:

- Die Aktionäre haben die **Einlage** in Höhe des Nennwertes und eines möglichen Aufgeldes (Agios), das im Regelfall verlangt wird, zu leisten.

- Die **Haftung** beschränkt sich auf die Einlage.

Die **Rechte** der Aktionäre sind nach dem Gesetz dafür erheblich geringer als bei Teilhabern von Personengesellschaften.

Recht auf Dividende

- Die Kapitalgeber haben einen Anspruch auf Auszahlung eines **Gewinnanteils** (Dividende), der in der Hauptversammlung beschlossen wird.

Bezugsrecht

- Gibt die Aktiengesellschaft auf Beschluss der Hauptversammlung, der mit Dreiviertelmehrheit erfolgen muss, weitere („junge") Aktien aus, haben die Aktionäre ein **Bezugsrecht**. Erst wenn sie auf dieses Recht verzichten, dürfen die jungen Aktien an andere Personen veräußert werden. Börsennotierte Aktiengesellschaften können das Bezugsrecht ausschließen, sofern die Kapitalerhöhung 10 % nicht überschreitet und der aktuelle Börsenkurs nicht wesentlich unterschritten wird.

Auskunfts- und Stimmrecht

● Aktionäre haben in der Hauptversammlung ein **Auskunfts- und Stimmrecht**. Der Umfang des Stimmrechtes richtet sich dabei nach der Kapitaleinlage.

Anteil am Liquidationserlös

● Wird eine Aktiengesellschaft aufgelöst, z. B. weil die Rohstoffe, welche ausgebeutet werden sollten, erschöpft sind, haben die Aktionäre einen Anspruch auf einen **Anteil am Liquidationserlös**.

Firma
§ 4 AktG

Die **Firma der AG** ist eine Sachfirma mit dem Zusatz „Aktiengesellschaft" („Ruhrkohle Aktiengesellschaft"). Führt eine AG die Firma eines auf sie übergegangenen Handelsgeschäfts fort, so muss sie die Bezeichnung „Aktiengesellschaft" in die Firma aufnehmen. Bei älteren Aktiengesellschaften ist eine Personenfirma mit dem Zusatz „Aktiengesellschaft" möglich („Siemens AG").

Als juristische Person ist die AG erst durch ihre gesetzlichen Organe handlungsfähig.

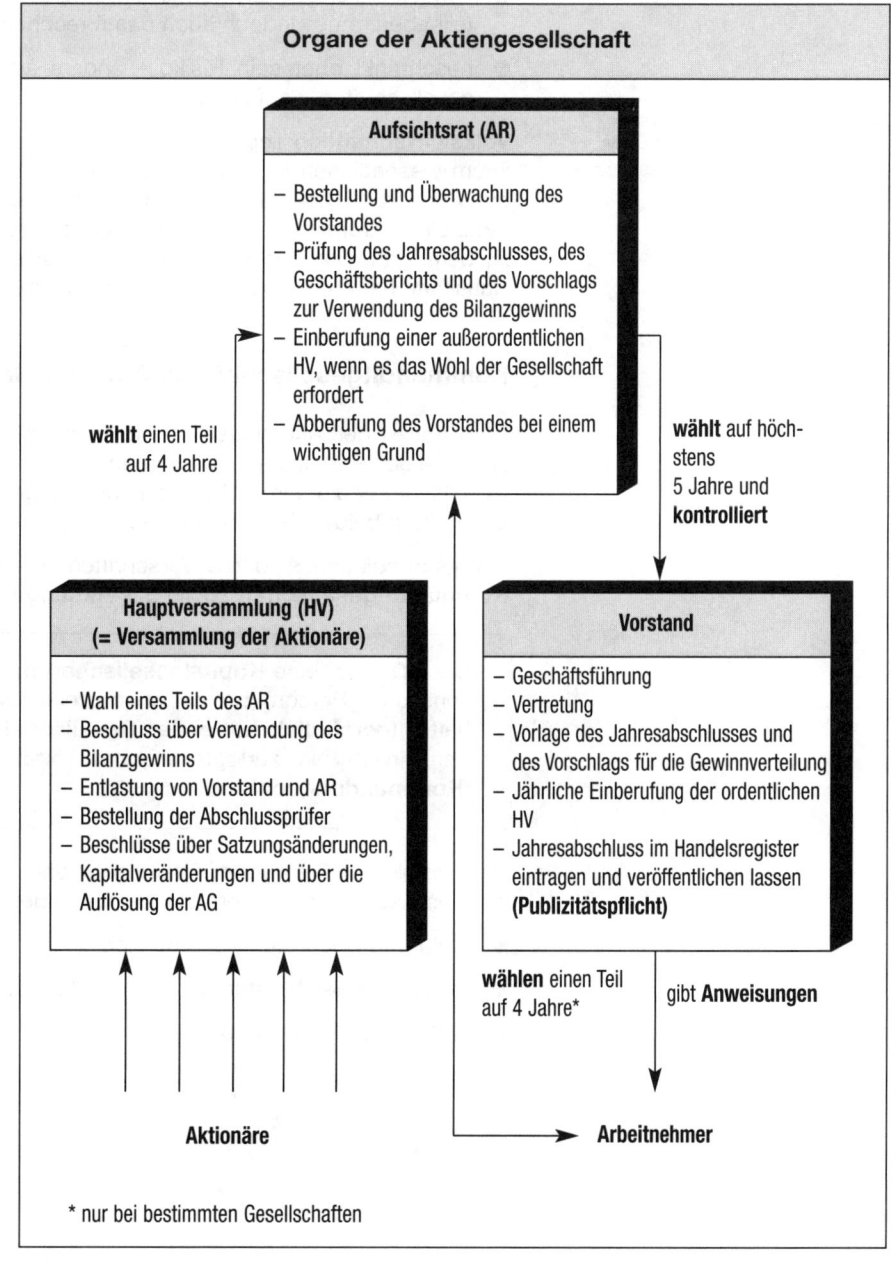

Bedeutung der Aktiengesellschaft

Die **Vorteile** dieser Rechtsform liegen für das **Unternehmen**, welches die Aktien ausgibt, vor allem in der Möglichkeit, am Kapitalmarkt auf breiter Front Eigenmittel aufzunehmen. Dies eröffnet wesentliche Chancen:

● Die Kapitalkraft und damit die Sicherheit der Unternehmung wird durch eine große Zahl von Teilhabern verbessert,

● damit werden große und teure Projekte möglich, welche die Wettbewerbsfähigkeit des Unternehmens verbessern können,

● der Betrieb kann eher qualifiziertes Führungspersonal gewinnen.

Auch für die **Kapitalanleger** bietet die Rechtsform der Aktiengesellschaft **Chancen**:

● Bereits mit geringem Einsatz kann der Anleger sich am Produktivvermögen beteiligen,

● damit kann er über steigende Aktienkurse am Wachstum der Wirtschaft direkt teilhaben, muss jedoch auch damit rechnen, Kursverluste zu erleiden,

● beschränkt aber sein Risiko – anders als bei Beteiligungen an Personengesellschaften – auf seine Einlage.

Privatpersonen verfügen über 15,6% des Aktienbesitzes in Deutschland

Volkswirtschaftlich liegt die Bedeutung der Aktiengesellschaften vor allem in ihrem wesentlichen Beitrag zur wirtschaftlichen Gesamtleistung, zur Beschäftigung und zum Steueraufkommen. Im Rahmen der Verteilungspolitik könnte die Aktie ein Instrument sein, um breite Bevölkerungskreise am Produktivvermögen zu beteiligen. Die Bedeutung der Aktie für die Vermögensanlage der privaten Haushalte hat anteilsmäßig leicht zugenommen.

Kommanditgesellschaft auf Aktien (KGaA)

Dem Vorteil der Aktiengesellschaft, eine breitere Kapitalbasis zu ermöglichen, steht bei den Personengesellschaften vor allem die enge persönliche Bindung der Gesellschafter zu ihrer Unternehmung gegenüber. Die KGaA ermöglicht die Verbindung beider Gesichtspunkte.

Rechtsgrundlagen sind die Vorschriften des **Handelsgesetzbuches** über die **Kommanditgesellschaft** sowie das **Aktiengesetz**.

> Die **KGaA** ist eine **Kapitalgesellschaft** mit eigener Rechtspersönlichkeit (juristische Person), bei der mindestens ein Gesellschafter unbeschränkt haftet **(persönlich haftender Gesellschafter)**, während die übrigen an dem in Aktien zerlegten Grundkapital als Teilhafter beteiligt sind **(Kommanditaktionäre)**.

Die Komplementäre haben in der Hauptversammlung nur ein Stimmrecht für ihre eigenen Aktien und können z. B. bei folgenden Punkten nicht mitbestimmen:

● Wahl und Abberufung des Aufsichtsrates,

● Entlastung des Vorstandes und des Aufsichtsrates,

● Wahl der Abschlussprüfer.

Organe der Kommandit-
gesellschaft auf Aktien

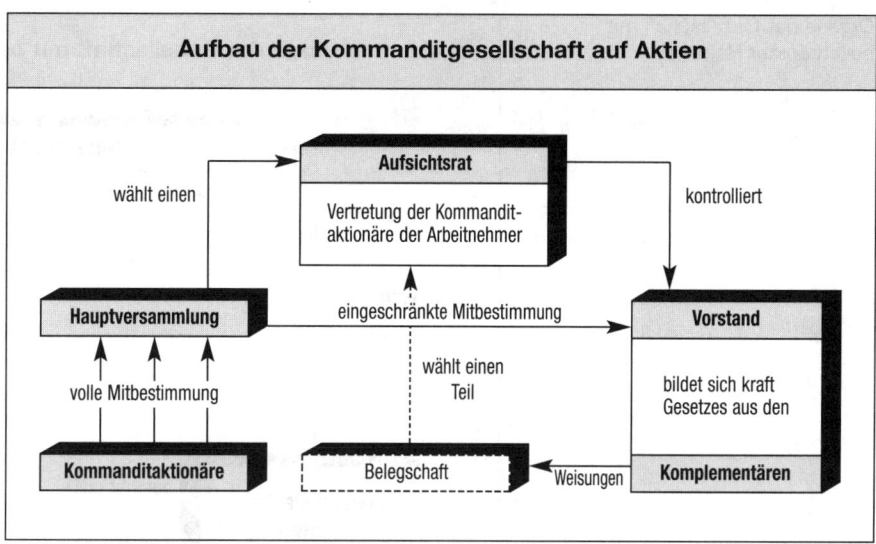

Gesellschaft mit beschränkter Haftung (GmbH)

Als die „kleine Form der Aktiengesellschaft" wird oftmals die GmbH bezeichnet, die zwar eine eigene Rechtspersönlichkeit besitzt, bei der jedoch meist eine personenrechtliche Beziehung der Gesellschafter zur Unternehmung vorhanden ist.

§§ 1 ff. GmbHG

> Die **GmbH** ist eine Kapitalgesellschaft mit eigener Rechtspersönlichkeit (juristische Person). Für ihre Verbindlichkeiten haftet nur das Gesellschaftsvermögen.

§ 5 GmbHG
Kapital

Das Mindestkapital beträgt 25 000 Euro **(Stammkapital)**; die Mindesteinlage eines Gesellschafters **(Stammeinlage)** ist mit 100 Euro festgesetzt.

§ 4 GmbHG
Firma

Die **Firma der GmbH** kann eine Sach- oder Personenfirma mit dem Zusatz „GmbH" sein.

§§ 26 ff. GmbHG
Nachschusspflicht

Die Satzung kann eine beschränkte oder unbeschränkte **Nachschusspflicht** vorsehen. Sofern eine unbeschränkte Nachschusspflicht vereinbart worden ist, kann sich der Gesellschafter jedoch innerhalb eines Monats nach der Aufforderung zur Einzahlung dieser Pflicht durch die Rückgabe seines Anteils an die Gesellschaft entziehen (Abandonrecht).

Abandonrecht

§ 21 GmbHG
Kaduzierung

Bei einer beschränkten Nachschusspflicht kann der Gesellschafter seines Geschäftsanteils für verlustig erklärt werden (Kaduzierung), sofern er seiner Nachschusspflicht trotz Mahnung nicht nachgekommen ist. Seine Haftung bleibt dabei jedoch bestehen.

Der GmbH-Anteilschein ist lediglich eine Beweisurkunde über die Leistung der Stammeinlage und kann deshalb nicht zu den Effekten gerechnet werden. Die Übertragung ist nur durch eine Abtretung mit notarieller Beurkundung möglich.

Der Aufbau der GmbH ähnelt dem der Aktiengesellschaft.

Organe der Gesellschaft mit
beschränkter Haftung

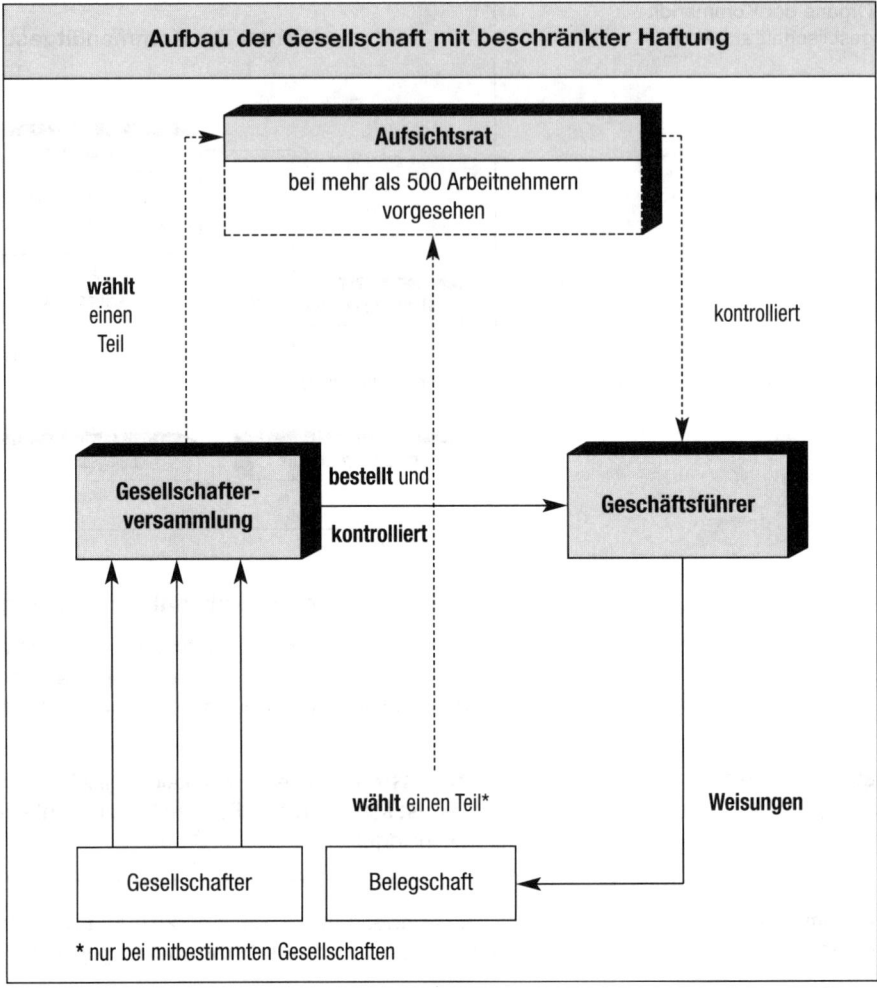

Aufbau der Gesellschaft mit beschränkter Haftung

Aufsichtsrat

bei mehr als 500 Arbeitnehmern vorgesehen

wählt einen Teil

kontrolliert

Gesellschafter-versammlung

bestellt und **kontrolliert**

Geschäftsführer

wählt einen Teil*

Weisungen

Gesellschafter

Belegschaft

* nur bei mitbestimmten Gesellschaften

GmbH & Co. KG

Die **GmbH & Co. KG** ähnelt zwar den Kapitalgesellschaften bei der Haftungsbeschränkung, ist aber rechtlich eine Kommanditgesellschaft, bei der der Komplementär eine GmbH (juristische Person) ist. Als Komplementär haftet die GmbH voll mit ihrem Gesellschaftsvermögen. Die Haftung der Gesellschafter der GmbH, die meist gleichzeitig Kommanditisten der GmbH & Co. KG sind, ist dadurch auf die GmbH-Stammeinlage und die Kommanditeinlagen begrenzt.

Eingetragene Genossenschaft (eG)

Geschichte der Genossenschaften

*Mitte des 19. Jahrhunderts entstanden zur Linderung der wirtschaftlichen Not der ländlichen Bevölkerung, des Gewerbes und der Arbeiter die ersten Genossenschaften. Die wichtigsten Wegbereiter waren **Schulze-Delitzsch** im gewerblichen und **Raiffeisen** im landwirtschaftlichen Bereich, die nach dem **Prinzip der Selbsthilfe** die ersten Gründungen veranlassten.*

Heute hat die Rechtsform der Genossenschaft vor allem im Handel, im Wohnungsbau, in bestimmten landwirtschaftlichen Bereichen und im Kreditgewerbe eine besondere Bedeutung.

Die **Genossenschaft** ist eine Gesellschaft mit eigener Rechtspersönlichkeit (juristische Person) von nicht geschlossener Mitgliederzahl, die das Ziel verfolgt, ihre **Mitglieder wirtschaftlich zu fördern** (gemeinwirtschaftliche Zielsetzung).

Die Verfassung der Genossenschaft ähnelt derjenigen der Aktiengesellschaft.

Organe der Genossenschaft

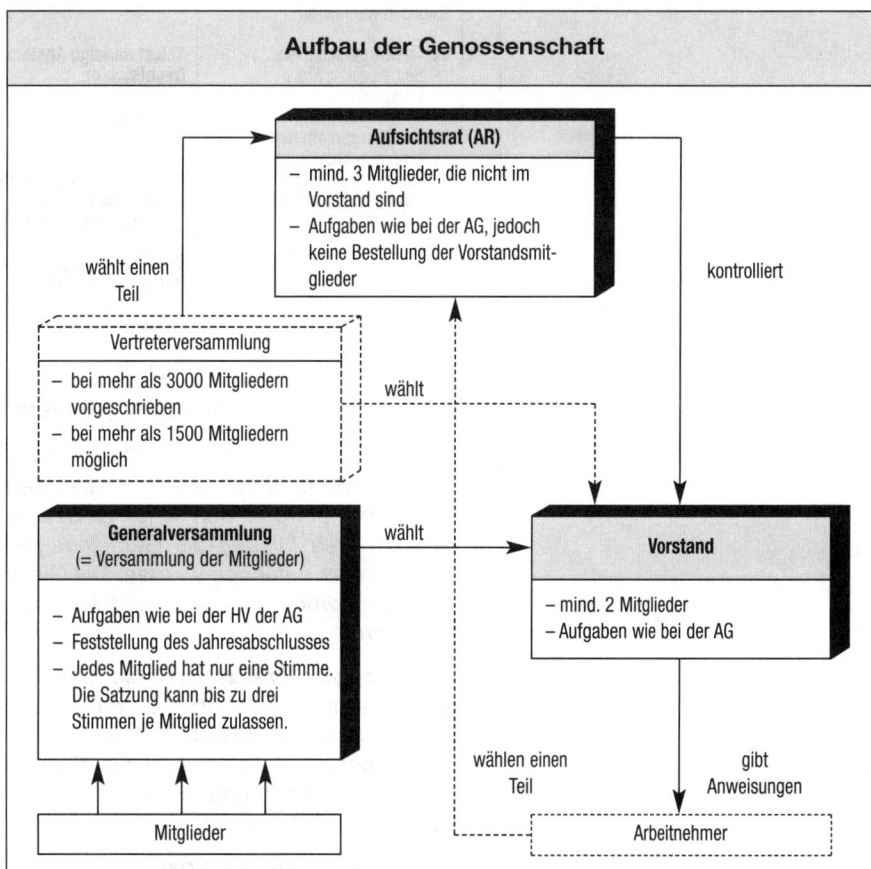

Aufbau der Genossenschaft

Aufsichtsrat (AR)
– mind. 3 Mitglieder, die nicht im Vorstand sind
– Aufgaben wie bei der AG, jedoch keine Bestellung der Vorstandsmitglieder

wählt einen Teil

kontrolliert

Vertreterversammlung
– bei mehr als 3000 Mitgliedern vorgeschrieben
– bei mehr als 1500 Mitgliedern möglich

wählt

Generalversammlung
(= Versammlung der Mitglieder)
– Aufgaben wie bei der HV der AG
– Feststellung des Jahresabschlusses
– Jedes Mitglied hat nur eine Stimme. Die Satzung kann bis zu drei Stimmen je Mitglied zulassen.

wählt

Vorstand
– mind. 2 Mitglieder
– Aufgaben wie bei der AG

Mitglieder

wählen einen Teil

gibt Anweisungen

Arbeitnehmer

5.6.4 Unternehmensformen des öffentlichen Rechts

Der Staat ist in vielfältiger Form am Wirtschaftsleben der Bundesrepublik Deutschland direkt beteiligt.

Neben den Unternehmen, die privatrechtlich – aber unter Beteiligung der öffentlichen Hand – organisiert sind *(z. B. Die Volkswagenwerke AG)*, gibt es eine Reihe von Wirtschaftsbetrieben, die dem öffentlichen Recht unterliegen. Wie die privatrechtlichen Unternehmen verfolgen auch sie einen wirtschaftlichen Zweck, dienen aber in vielen Fällen meist der **„Förderung des Gemeinwohls"**.

Unternehmensformen des öffentlichen Rechts

Körperschaften

- **Verband von Mitgliedern,** der dem öffentlichen Recht unterworfen ist und – unter staatlicher Aufsicht – öffentliche Aufgaben wahrnimmt

- **Gebietskörperschaften:** *Bund, Länder, Kreise, Gemeinden*

- **Personalkörperschaften:** *Industrie- und Handelskammern, Ortskrankenkassen, Berufsgenossenschaften*

Anstalten

- **Einrichtungen** des öffentlichen Rechts zur Wahrnehmung öffentlicher Aufgaben außerhalb der unmittelbaren Staatsverwaltung

- **Selbstständige Anstalten (rechtsfähig):** *Bundesanstalt für Arbeit, Landesversicherungsanstalten, kommunale Sparkassen*

- **Nicht rechtsfähige Sondervermögen des Bundes:** *Bundesbahn, Bundespost*

- **Unselbstständige Anstalten (nicht rechtsfähig):** *öffentl. Schulen, Krankenhäuser, Museen*

Stiftungen

- **Vermögensmassen,** die für einen bestimmten Zweck geschaffen wurden und durch **eigene Organe für Nutznießer** verwaltet werden

- **Rechtsfähig:** *Preußischer Kulturbesitz*

Der heutige rechtliche Rahmen für Sparkassen wird zunehmend kritisch bewertet.

*An ihre **erste Grenze** stieß die Sparkasse als unmittelbarer Bestandteil der Kommune naturgegeben schon bald nach ihrer Gründung. Es musste alsbald ein Weg für den die Gemeindegrenzen überschreitenden Teil des Geldverkehrs gefunden werden. Die Girozentrale(n) entstand(en), oder anders ausgedrückt, es entwickelte sich das, was man Sparkassenorganisation nannte.*

*An ihre **zweite Grenze** stößt die Sparkasse als unverzichtbare kommunale Veranstaltung jetzt aber durch das Unvermögen ihres Gewährträgers selbst. Die Städte, Kreise und Bezirke können in aller Regel nichts für die Eigenkapitalausstattung ihrer Geldinstitute tun, jedenfalls nicht in einer Höhe, wie sie supranationale Richtlinien künftig für eine Expansion der Geschäfte voraussetzen.*

*Denn schon stößt die Sparkasse an eine **dritte Grenze**. Sie betrifft die Gültigkeit ihres Gebietsschutzes. Das kommende Europa betrachtet die nach dem Regionalprinzip arbeitende kommunale Sparkasse nicht als eine „schutzbedürftige Institution". Nach den bis heute entworfenen Richtlinien wird auch die Bundesrepublik die Pflicht akzeptieren müssen, alle rechtlichen Hindernisse für die Tätigkeit von öffentlich-rechtlichen Sparkassen außerhalb Deutschlands zu beseitigen. Freiwilliger Verzicht dieser Sparkassen auf jede Grenzüberschreitung also „nur", damit sich die kommunale Trägerschaft als unveränderte kommunale Aufgabe aufrechterhalten lässt?*

Quelle: Zeitschrift für das Kreditwesen

Aufgaben

1. Die Wieland & Diebel Vermögensberatungs OHG möchte nach sehr guten Anfangserfolgen ihr Tätigkeitsgebiet auf das gesamte Bundesgebiet ausdehnen. Aus diesem Grunde planen die Gesellschafter den Zusammenschluss mit weiteren Partnern. Nach zähen Verhandlungen einigen sich Frau Wieland und Herr Diebel mit drei Partnern auf die Gründung einer GmbH.

   Stellen Sie die wesentlichen Kennzeichen der GmbH unter folgenden Aspekten zusammen:

   a) Gründung

   b) Firma

   c) Mindestkapital

   d) Haftung

   e) Geschäftsführung

   f) Vertretung

2. Nach einigen Jahren wollen die Gesellschafter aus der GmbH eine Aktiengesellschaft bilden. Jeder Gründer will 50 000 Euro Eigenkapital in die neue Gesellschaft einbringen.

   a) Prüfen Sie, ob die notwendigen Voraussetzungen für die Gründung einer Aktiengesellschaft erfüllt sind.

   b) Beschreiben Sie das Wesen der Aktiengesellschaft und erläutern Sie die möglichen Gründe, welche die Partner dazu bewogen haben könnten, diese Rechtsform zu wählen.

3. Die Gründer konnten noch keine Einigung über die Firma der neuen Gesellschaft finden. Beurteilen sie folgende Vorschläge, die zur Diskussion stehen.

   a) Wieland & Diebel Vermögensberatungs AG

   b) Deutsche Vermögensberatungs AG

   c) WIDAG AG (Anfangsbuchstaben der fünf Gründer)

4. Erläutern Sie die Aufgaben und Befugnisse der Organe einer Aktiengesellschaft.

5. Diskutieren Sie die Chancen und Risiken von Sparkassen-AG auf der Grundlage des nachstehenden Artikels.

   PRIVATISIERUNG / Debatte über öffentlich-rechtliche Kreditinstitute

   ### *SPARKASSEN-Identität geht durch mehr privaten Einfluss nicht verloren*

   BREMEN. Um als Sparkasse tätig zu sein, ist eine öffentlich-rechtliche Anbindung nicht zwingend. Auch in privater Rechtsform kann die Sparkassen-Identität gewahrt werden. Diese Auffassung vertrat der Präsident des Verbandes der Deutschen Freien Öffentlichen Sparkassen, Dr. Heinrich Frick, in einem Gespräch mit dem Handelsblatt.

   Allerdings hält es Frick aus betriebswirtschaftlicher Sicht durchaus für sinnvoll, wenn Sparkassen sich in Aktiengesellschaften umwandeln könnten. Seiner Meinung nach geraten die öffentlich-rechtlichen Institute in den kommenden Jahren in Eigenkapitalprobleme. Er frage sich, ob die Sparkassen auf die Dauer, wie in der Vergangenheit, ihr Eigenkapital selbst verdienen könnten.

Das Aktienrecht bietet nach Auffassung von Frick neben der erleichterten Eigenkapitalzufuhr noch eine Reihe von anderen Vorteilen, die für die kommunalen Sparkassen interessant sein dürften. Die steuerliche Belastung sei bei Sparkassen ungleich höher als bei Banken in der Rechtsform der AG. Zumindest formal lasse das Aktienrecht keine sachfremden Eingriffe in das Unternehmen zu. Darüber hinaus seien privatrechtlich organisierte Sparkassen wesentlich flexibler in ihrer Geschäftspolitik, wie das in der Vergangenheit die neuen in Deutschland tätigen Freien Sparkassen bewiesen hätten. Als Beispiel nannte er das Beteiligungsgeschäft, mit der die Wirtschaft in der Region stabilisiert werden könnte; das Auslandsgeschäft, das bei den Freien Sparkassen schon seit langem einen hohen Anteil hat und innovative Anlageprodukte, wie die Inhaberschuldverschreibung, die von den „Freien" kreiert worden sei. ...

Unabhängig von der Frage, ob es derzeit noch einen öffentlichen Auftrag gibt, würden sich die Sparkassen nach wie vor – und das gelte es auch zu bewahren – in ihrer geschäftspolitischen Ausrichtung von den privaten Banken unterscheiden. Sie seien in Regionen tätig, in denen es sich für die privaten Banken nicht lohne, Bankdienstleistungen anzubieten. Außerdem hätten sie eine besondere Verpflichtung gegenüber dem Mittelstand, gerade auch in schwierigen Zeiten. Auch die ortsgebundene Entscheidungsnähe der Sparkassen sei eine ihrer ganz großen Stärken.

Quelle: Nach Handelsblatt

5.7   Mitarbeiter im Bankbetrieb

Der bankbetriebliche Erfolg wird wesentlich durch die Mitarbeiter und Führungskräfte bestimmt.

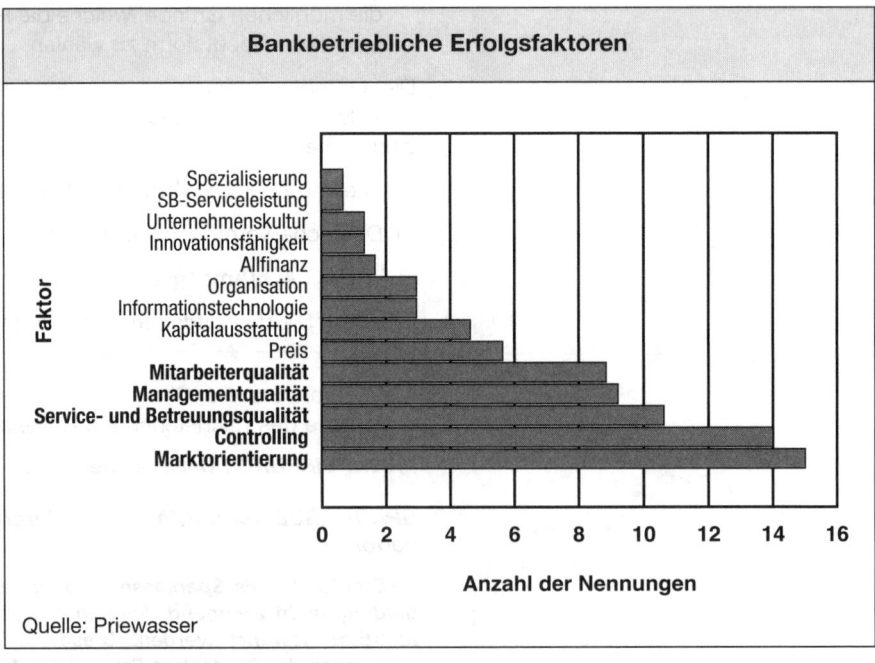

Quelle: Priewasser

Jeder betriebliche Leistungsprozess erfordert den Einsatz von menschlicher Arbeitsleistung, von Betriebsmitteln und Werkstoffen.

5.7.1 Leitende und ausführende Arbeit

Leitende Arbeit

● **Leitende Arbeit** ist durch wesentliche Führungsfunktionen gekennzeichnet:

- Vereinbarung von Zielen,
- Steuerung der Maßnahmen, um die Ziele zu erreichen,
- Unterstützung und Beratung bei der Lösung von Problemstellungen,
- Kontrolle des betrieblichen Geschehens.

Ausführende Arbeit

● **Ausführende Arbeit** beschränkt sich auf die Erfüllung der Aufgaben, ohne an deren Inhalt mitwirken zu können.

Die leitenden und ausführenden Funktionen müssen im Betrieb sinnvoll zusammenwirken, damit ein Ziel erreicht werden kann. Dabei ist wesentlich, dass die Ergebnisse aus der Durchführung einer Aufgabe wiederum in die Entscheidungsfindung über die Zielsetzung und Planung kommender Maßnahmen einfließen. Diesen Kreislauf bezeichnet man als **Management-Regelkreis**.

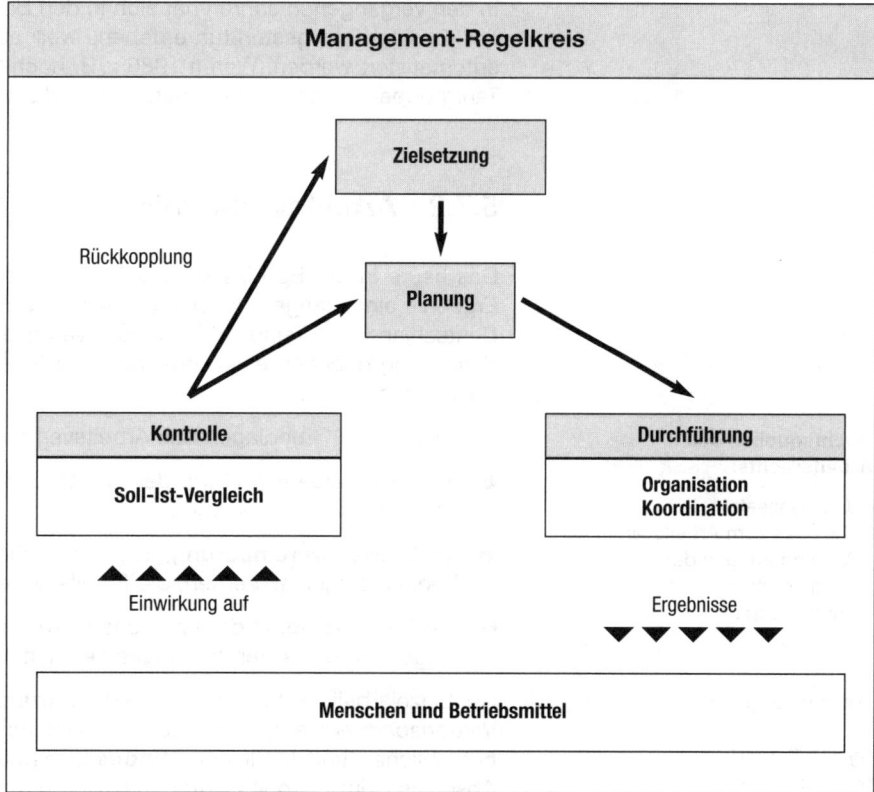

Eine exakte Trennung leitender und ausführender Arbeiten ist in der Praxis nicht möglich. Leitende Angestellte müssen in der Regel auch ausführende Arbeiten verrichten, während Mitarbeiter oftmals bestimmte Leitungsaufgaben übertragen bekommen. Insgesamt kann ein Betrieb z. B. in vier Ebenen (Instanzen) gegliedert werden, die sich durch den unterschiedlich hohen Anteil der leitenden Arbeit voneinander abheben.

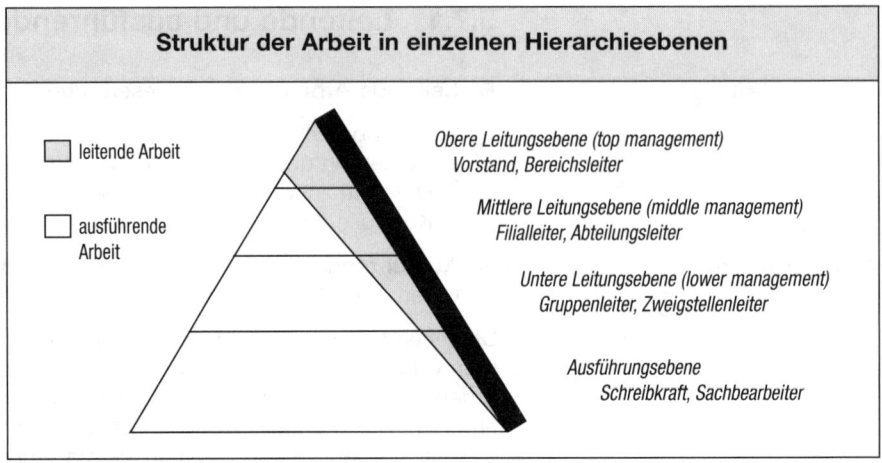

In den vergangenen Jahren hat sich in den Banken eine deutliche Verlagerung in der Beschäftigungssturktur ergeben, weil ausführende Aufgaben zunehmend automatisiert werden. Waren 1980 z. B. noch 15,8 % der Bankmitarbeiter in den Tarifgruppen 1 bis 3 eingeordnet, beträgt dieser Wert heute weniger als die Hälfte.

5.7.2 Arbeitsverhältnis

Das heute in der Bundesrepublik Deutschland bestehende Arbeitsrecht ist das Ergebnis eines langen geschichtlichen Entwicklungsprozesses. Im Grundgesetz Deutschlands ist keine Arbeitspflicht verankert. Jeder Bürger hat nach unserer Verfassung dagegen einen Anspruch auf freie Wahl von Beruf, Arbeitsplatz und Ausbildungsstätte.

Rechtsquellen des Arbeitsrechts:

– Grundgesetz
– Gesetze zum Arbeitsverhältnis
– Vereinbarungen der Sozialpartner
– Einzelverträge

Dienstvertrag

§§ 611 ff. BGB
§§ 59 ff. HGB

Handlungsgehilfe

Die rechtlichen Grundlagen des Arbeitsverhältnisses sind

● der **Einzelarbeitsvertrag**, der zwischen dem Arbeitnehmer und dem Arbeitgeber abgeschlossen wird,

● die **Betriebsvereinbarung**, in der zwischen Betriebsrat und Arbeitgeber die Regeln festgelegt werden, die für alle Mitarbeiter im Betrieb gelten,

● der **Tarifvertrag**, in dem zwischen den Sozialpartnern die Mindestarbeitsbedingungen eines Berufszweiges geregelt werden.

Der Einzelarbeitsvertrag kann nach dem **Grundsatz der Vertragsfreiheit** von den Vertragspartnern abgeschlossen werden. Es müssen jedoch die gesetzlichen, betrieblichen und tariflichen **Mindestbedingungen** berücksichtigt werden. Der Abschluss eines Arbeitsvertrages bedarf grundsätzlich keiner besonderen Form; in der Praxis wird der Vertrag meist schriftlich geschlossen. Nach dem Abschluss des Arbeitsvertrages übernehmen die Vertragspartner Pflichten und erhalten Rechte, die der Gesetzgeber unter dem Begriff **„Handlungsgehilfe"** festgelegt hat.

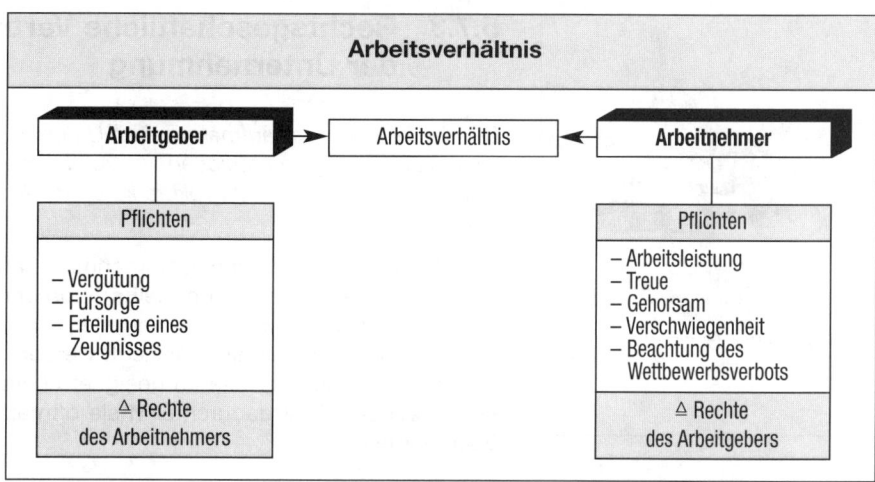

Auflösung des Arbeitsverhältnisses

Bei der Kündigung des Arbeitsverhältnisses müssen die Kündigungsfristen beachtet werden:

● **Vertraglich vereinbarte Kündigungsfristen** dürfen grundsätzlich vier Wochen nicht überschreiten.

● Die **gesetzlichen Kündigungsfristen** sind für alle Arbeitnehmer wie folgt geregelt:

– Während der **Probezeit**, die höchstens sechs Monate dauern darf, zwei Wochen Kündigungsfrist.

– Die **gesetzliche Kündigungsfrist**, die von Arbeitnehmer und Arbeitgeber einzuhalten ist, beträgt vier Wochen zum 15. oder zum Ende eines Kalendermonats. In Betrieben mit bis zu 20 Arbeitnehmern kann einzelvertraglich eine vierwöchige Grundkündigungsfrist ohne festen Termin vereinbart werden.

– Die **verlängerten Kündigungsfristen** gelten nur für Arbeitgeberkündigungen und werden jeweils zum Monatsende wirksam. Sie betragen – je nach Betriebszugehörigkeit – zwischen ein und sieben Monaten. Die Betriebszugehörigkeit wird dabei erst ab dem 25. Lebensjahr mit eingerechnet.

● Die **fristlose Kündigung** ist möglich, wenn ein **wichtiger Grund** vorliegt. Ein wichtiger Grund ist gegeben, wenn ein grober Verstoß gegen die Pflichten aus dem Arbeitsvertrag festzustellen ist. Solch ein grober Verstoß läge z. B. bei Diebstahl oder schwerwiegender Verletzung des Geschäftsgeheimnisses vor.

Erfolgt die Kündigung des Arbeitsverhältnisses durch den Arbeitgeber, ist weiterhin der **Kündigungsschutz** des Arbeitnehmers zu beachten.

Das Arbeitsverhältnis endet

● bei befristeten Arbeitsverhältnissen mit Ablauf der vereinbarten Frist,

● bei unbefristeten Arbeitsverhältnissen

a) durch Auflösung des Arbeitsvertrages in beiderseitigem Einverständnis oder

b) durch Kündigung eines Vertragspartners.

Verlängerte Kündigungsfristen	
Betriebszuge-hörigkeit ab dem 25. Lebensjahr	Fristen
2 Jahre	1 Monat
5 Jahre	2 Monate
8 Jahre	3 Monate
10 Jahre	4 Monate
12 Jahre	5 Monate
15 Jahre	6 Monate
20 Jahre	7 Monate

Besonderer Kündigungsschutz, z. B. für Mütter, Betriebsratsmitglieder oder Schwerbeschädigte

5.7.3 Rechtsgeschäftliche Vertretung der Unternehmung

Die Karrierewege in kaufmännischen Unternehmen sind durch wachsende Befugnisse zur rechtsgeschäftlichen Vertretung der Firma gekennzeichnet. Über die Handlungsvollmacht und Prokura kann der Weg bis in die Geschäftsführung oder den Vorstand gehen.

In mittleren und größeren Unternehmen kann die Unternehmensleitung nicht mehr alle Rechtsgeschäfte selbst vornehmen. Da das Gesellschaftsrecht zunächst nur die gesetzlichen Vertreter, z. B. die Geschäftsführer oder den Vorstand, als vertretungsbefugt ansieht, werden durch rechtlich wirksame Handlungen Vertretungsbefugnisse an geeignete Mitarbeiter niedrigerer Betriebsebenen weitergegeben. Erst dadurch sind sie oftmals in der Lage, leitende Arbeiten zu übernehmen.

Handlungsvollmacht

*Wolfgang Kimpfel, der lange Jahre in der Kundenabteilung als Berater tätig war, wird mit der Ernennung zum stellvertretenden Leiter dieses Bereiches gleichzeitig die **allgemeine Handlungsvollmacht** ausgesprochen.*

Als eine neue Sekretärin benötigt wird, stellt sich für ihn die Frage, ob er allein dazu berechtigt ist, einen rechtsverbindlichen Arbeitsvertrag abzuschließen.

Wer erteilt Handlungsvollmachten; welchen Umfang haben sie?

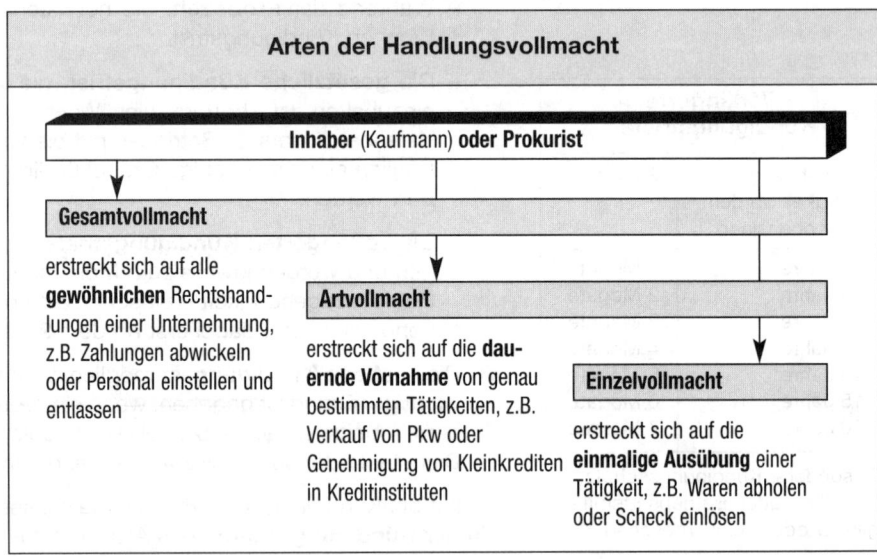

Arten der Handlungsvollmacht

Inhaber (Kaufmann) **oder Prokurist**

Gesamtvollmacht
erstreckt sich auf alle **gewöhnlichen** Rechtshandlungen einer Unternehmung, z.B. Zahlungen abwickeln oder Personal einstellen und entlassen

Artvollmacht
erstreckt sich auf die **dauernde Vornahme** von genau bestimmten Tätigkeiten, z.B. Verkauf von Pkw oder Genehmigung von Kleinkrediten in Kreditinstituten

Einzelvollmacht
erstreckt sich auf die **einmalige Ausübung** einer Tätigkeit, z.B. Waren abholen oder Scheck einlösen

§ 54 HGB

Was als „gewöhnliche" Geschäfte anzusehen sind, kann nur im Einzelfall – im Zweifel gerichtlich – geklärt werden. So kann die Einstellung einer Sekretärin, die für eine ausgeschiedene Arbeitskraft angeworben wurde, als „gewöhnlich" eingestuft werden. Personaleinstellungen, die zu einer Ausdehnung der bisherigen Belegschaft führen, können unter Umständen diesen Rahmen übersteigen.

Generalbevollmächtigter

In der Praxis gibt es den Begriff des **Generalbevollmächtigten**, der jedoch gesetzlich nicht geregelt ist. Rechtlich gesehen handelt es sich hierbei um eine stark erweiterte Gesamtvollmacht. Der Generalbevollmächtigte ist typisch für Großunternehmen.

Nach dem HGB wäre Herr Kimpfel dazu berechtigt, selbstständig eine Sekretärin einzustellen. In der Praxis der Banken wird eine Gesamtvollmacht jedoch meist auf bestimmte Tätigkeiten im Zusammenhang mit dem Geschäftsbereich des Bevollmächtigten beschränkt. Dabei ist die Einstellung von Personal fast immer der Filialleitung oder der Personalabteilung vorbehalten.

Prokura

**§ 49 HGB
(Umfang der Prokura)**

(1) Die Prokura ermächtigt zu allen Arten von gerichtlichen und außergerichtlichen Geschäften und Rechtshandlungen, die der Betrieb eines Handelsgewerbes mit sich bringt.

(2) Zur Veräußerung und Belastung von Grundstücken ist der Prokurist nur ermächtigt, wenn ihm diese Befugnis besonders erteilt ist.

Nachdem sich Wolfgang Kimpfel über mehrere Jahre hinweg als Handlungsbevollmächtigter bewährt hat, erscheint im Amtsblatt und der Presse die folgende Mitteilung:

Prokuraerteilung

Mit sofortiger Wirkung erteilen wir Herrn Wolfgang Kimpfel, Ulm, die Prokura für den Geschäftsbereich der Filiale Gera.

*Finanzbank AG
Geschäftsleitung*

Wie weit ist die Vollmacht von Herrn Kimpfel erweitert worden?

Prokura kann erteilt werden

● durch Kaufleute oder
● durch deren gesetzliche Vertreter (Vorstand, Geschäftsführung).

Die Erteilung der Prokura ist vom Inhaber des Handelsgeschäfts zur Eintragung in das Handelsregister anzumelden. Diese Eintragung hat jedoch nur **deklaratorische Wirkung**, das heißt, die Prokuraerteilung ist bereits vorher rechtswirksam.

Arten der Prokura

Einzelprokura	Gesamtprokura	Filialprokura
Rechtsgeschäfte können vom Prokuristen **allein** abgeschlossen werden.	Rechtsgeschäfte können nur **gemeinsam** abgeschlossen werden (zwei Prokuristen oder ein Prokurist mit einem Gesamtbevollmächtigten).	Die Prokura erstreckt sich **nur** auf den Bereich der Filiale.

Soll der Umfang der Prokura vertraglich eingeschränkt werden, ist die Wirkung der Begrenzung unter zwei Aspekten zu betrachten.

Die Prokura im Innen-
und Außenverhältis

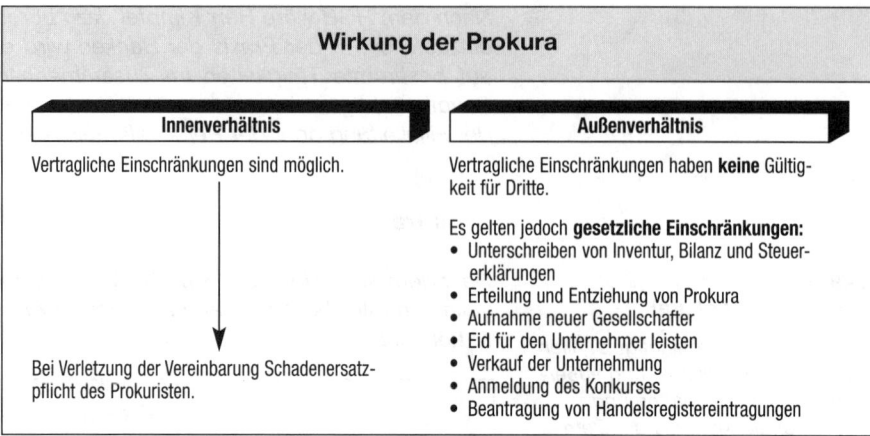

Wirkung der Prokura

Innenverhältnis	Außenverhältnis
Vertragliche Einschränkungen sind möglich.	Vertragliche Einschränkungen haben **keine** Gültigkeit für Dritte.

Es gelten jedoch **gesetzliche Einschränkungen:**
• Unterschreiben von Inventur, Bilanz und Steuererklärungen
• Erteilung und Entziehung von Prokura
• Aufnahme neuer Gesellschafter
• Eid für den Unternehmer leisten
• Verkauf der Unternehmung
• Anmeldung des Konkurses
• Beantragung von Handelsregistereintragungen |

Bei Verletzung der Vereinbarung Schadenersatzpflicht des Prokuristen.

§ 51 HGB

Der Prokurist unterschreibt in der Regel mit dem Zusatz „ppa." (per prokura).
Seine Stellung und Befugnis sind somit für Außenstehende erkennbar.

Aufgaben

1. Unterscheiden Sie die Merkmale leitender und ausführender Arbeit.

2. Nennen Sie die wesentlichen Rechtsgrundlagen für Arbeitsverhältnisse. Geben Sie jeweils an, wer die Vertragspartner sind.

3. Beschreiben Sie die wichtigsten Rechte bzw. Pflichten der Vertragspartner bei Arbeitsverhältnissen.

4. Erklären Sie die Arten der Handlungsvollmacht und geben Sie jeweils ein Beispiel dazu an!

   Erläutern Sie die Art der Handlungsvollmacht, die in folgenden Fällen nötig ist.

   a) Regelmäßiger Einkauf des Büromaterials.

   b) Der Kassierer soll einen Wechsel über 1 000 Euro, fällig am 15. 03., einlösen.

   c) Leitung einer eigenständigen Filiale.

6. Unterscheiden Sie die verschiedenen Arten der Prokura.

7. Beschreiben Sie, wie sich Einschränkungen der Prokura im Innen- und Außenverhältnis einer Firma auswirken.

5.8 Absatzvermittler

Aus rechtlichen und aus wirtschaftlichen Gründen setzen viele Firmen für den Absatz ihrer Produkte **Vermittler** ein.

5.8.1 Handelsvertreter

Die „Bausparkasse Alte Heimat (BAH)" arbeitet in großem Umfang mit freien Handelsvertretern, die ausschließlich auf Provisionsbasis bezahlt werden, weil sie sich dadurch eine starke Motivation dieser Mitarbeiter erhofft.

§ 84 HGB

> **Handelsvertreter** ist, wer als **selbstständiger Gewerbetreibender** ständig damit betraut ist, für einen anderen Unternehmer Geschäfte zu vermitteln oder in dessen Namen abzuschließen.

§ 1 HGB

Selbstständige Handelsvertreter betreiben ein Handelsgewerbe nach § 1 HGB und sind daher **Kaufleute**.

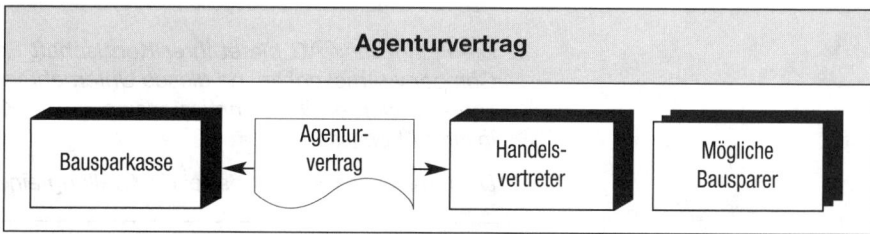

Sofern es im Agenturvertrag nicht ausdrücklich ausgeschlossen ist, darf der Handelsvertreter gleichzeitig mehrere Produkte vertreten. Voraussetzung dafür ist jedoch, dass es keine direkten Konkurrenzprodukte sind. Der Handelsvertreter einer Bausparkasse darf somit nur eine Gesellschaft vertreten. Er könnte jedoch gleichzeitig – ohne besondere Genehmigung – auch Bauherrenmodelle verkaufen.

Nach Abschluss eines Bausparvertrages hat der Handelsvertreter diesen weiterzuleiten.

Der Handelsvertreter handelt bei seinen Abschlüssen
- **in fremdem Namen** und
- **für fremde Rechnung**

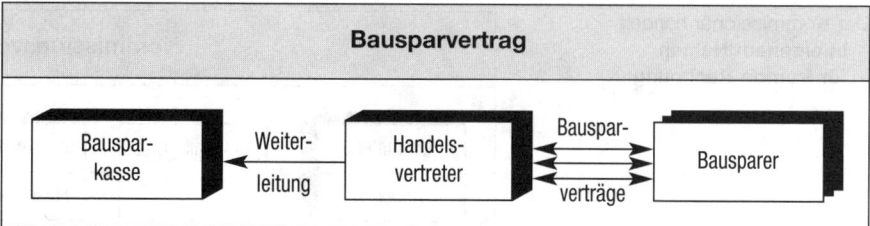

Der Bausparvertrag wird somit zwischen der Bausparkasse und dem Bausparer geschlossen; der Handelsvertreter handelt lediglich „in Vertretung" des Unternehmens.

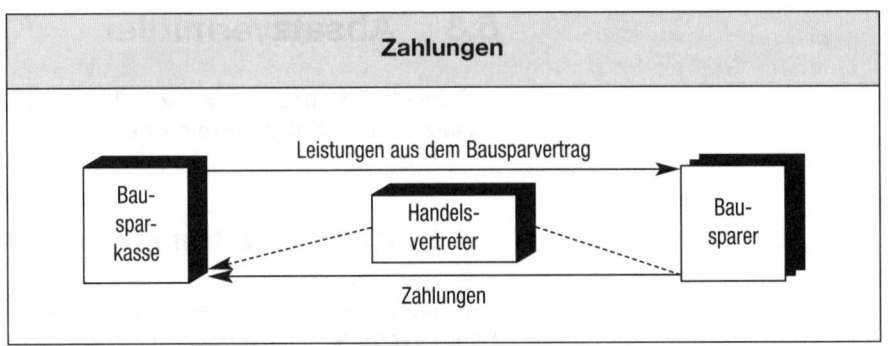

Zahlt ein Kunde direkt an den Auftraggeber des Handelsvertreters, so erhält dieser eine Provisionsabrechnung; leitet der Handelsvertreter die Zahlung selbst weiter, kürzt er diesen Betrag um seine Provision.

Den Handelsvertretern der Bausparkassen ist es im Agenturvertrag meist untersagt, selbstständig Zahlungen entgegenzunehmen.

5.8.2 Kommissionär

Die Finanzbank AG bietet ihrer Kundschaft Reiseschecks der American Express Company (Amexco) an, da dieses Unternehmen weltweit bekannt ist. Diese Reiseschecks werden ihr kommissionsweise („in Konsignation") von dem Emissionsinstitut überlassen.

*Die Finanzbank AG hat dabei die Stellung eines **Kommissionärs**.*

§ 383 HGB

> **Kommissionär** ist, wer es gewerbsmäßig übernimmt, Waren oder Wertpapiere für Rechnung eines anderen (des Kommittenten) in eigenem Namen zu kaufen oder zu verkaufen.

§ 1 HGB

Der Kommissionär betreibt ebenfalls ein Handelsgewerbe nach § 1 HGB und ist daher ein Kaufmann. Es gibt Einkaufs- und Verkaufs-Kommissionäre.

Der Ablauf einer Verkaufskommission stellt sich am Beispiel des Absatzes von Reiseschecks wie folgt dar:

Der Kommissionär handelt
– **in eigenem Namen**
– **für fremde Rechnung**

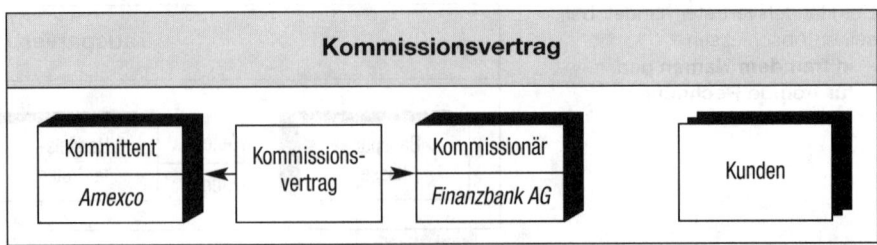

Konsignationslager

*Das Emissionsinstitut liefert der verkaufenden Bank – in Abhängigkeit von dem zu erwartenden Umsatz – einen Vorrat an Reisescheckformularen. Der Kommissionär verfügt somit über ein **„Konsignationslager"**, das nach wie vor im Eigentum des Kommittenten ist.*

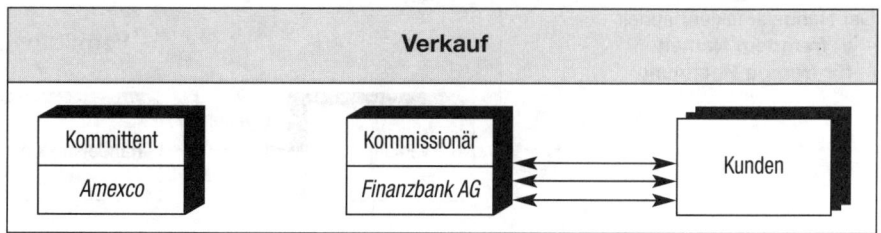

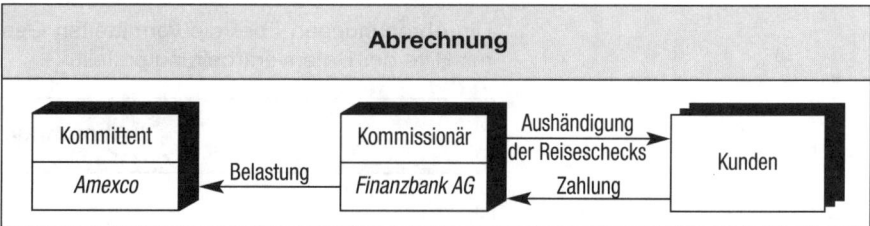

Beim kommissionsweisen Verkauf der Reiseschecks ist es üblich, dass die verkaufende Bank dem Emissionsinstitut ein Avis (Benachrichtigung) zusendet. Diese belastet den Kommittenten – je nach Kommissionsvertrag – entweder sofort oder erst nach erfolgter Einlösung des ausgegebenen Reiseschecks.

5.8.3 Makler

Die Finanzbank AG gibt den größten Teil der Effektenaufträge ihrer Kunden zur Ausführung an die Börse weiter. Dort werden die Kauf- und Verkaufsaufträge, die von den Kreditinstituten eingereicht werden, durch Handelsmakler vermittelt.

§ 93 HGB

> **Handelsmakler** ist, wer **gewerbsmäßig für andere Personen**, **ohne** von ihnen auf Grund eines **Vertragsverhältnisses** ständig damit betraut zu sein, die Vermittlung von Verträgen über Anschaffung oder Veräußerung von Waren oder Wertpapieren, über Versicherungen, Güterbeförderungen, Schiffsmiete oder sonstige Gegenstände des Handelsverkehrs übernimmt.

Angebot und Nachfrage treffen aufeinander

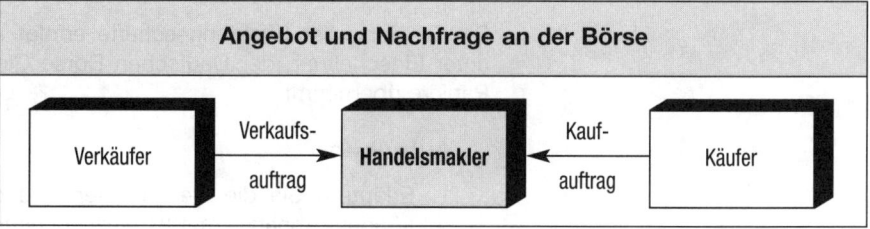

Der Handelsmakler handelt
– **in fremdem Namen**
– **für fremde Rechnung**

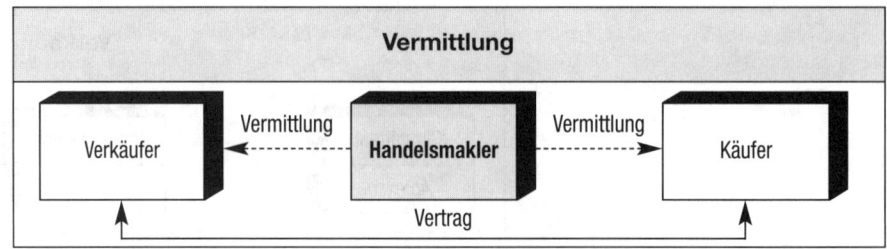

Die Abrechnungen über die vermittelten Geschäfte werden an der Börse heute mit Hilfe der Datenverarbeitung erstellt.

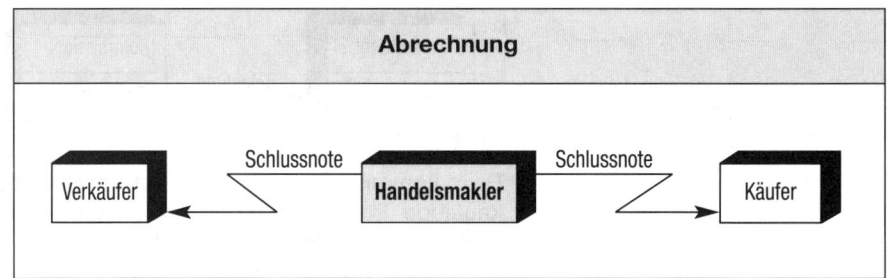

Schlussnoten

Die Schlussnote enthält Angaben über Parteien, den Gegenstand und die Bedingungen des Geschäfts. Gleichzeitig ist der Handelsmakler verpflichtet, alle abgeschlossenen Geschäfte in einem Tagebuch einzutragen.

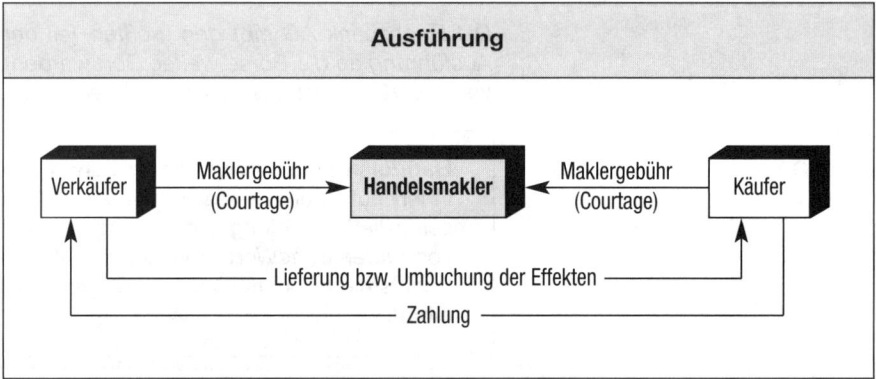

Die Erfüllung der Effektengeschäfte erfolgt außerhalb der Börse, in der Regel unter Einschaltung der Deutschen Börse Clearing AG, die die Verwahrung der Papiere übernimmt.

Aufgaben

1. Erläutern Sie die wesentlichen Gründe, die Kreditinstitute veranlassen können, Absatzvermittler einzuschalten.

2. Erstellen Sie eine Matrix, in der Sie die Rechtsstellung, insbesondere die Rechte und Pflichten, von Handelsvertretern, Handelsmaklern und Kommissionären einander gegenüberstellen.

6 Der betriebliche Leistungsprozess

Die Umwandlung unserer natürlichen Vorräte in Nahrungsmittel, Kleidung, Häuser oder Maschinen erfolgt durch die Leistungsprozesse in den verschiedenen Betrieben. Im gesamtwirtschaftlichen Leistungsprozess bilden die einzelnen Wirtschaftsbetriebe in der Regel nur Teile, ohne die jedoch das Gesamtergebnis nicht möglich ist.

Jeder der Leistungsprozesse in den Einzelbetrieben bringt dabei das Gut, das bearbeitet wird, der Konsumreife näher.

Lernziele

● Den Leistungsprozess in einem Industriebetrieb anhand eines Beispieles beschreiben,

● die Bedeutung des Dienstleistungssektors erläutern,

● die wesentlichen Dienstleistungssektoren in der Marktwirtschaft erklären,

● die Funktion der Organisation im Bankbetrieb skizzieren,

● die wesentlichen Weisungssysteme in Banken darstellen und bewerten,

● die Aufgabe der Ablauforganisation anhand eines Beispieles aufzeigen,

● die wesentlichen Aufgaben des Rechnungswesens im Bankbetrieb darstellen,

● die grundlegenden Rahmenbedingungen der Finanzbuchhaltung skizzieren,

● wesentliche Begriffe der Kosten- und Leistungsrechnung erklären.

6.1 Leistungsprozess im Industriebetrieb

Die Entwicklungsabteilung der Laupheimer Skifabrik hat nach längerer Entwicklungsdauer mehrere Skimodelle vorgestellt. Die Modelle und Unterlagen werden der Geschäftsleitung vorgelegt, damit eine Entscheidung über die Aufnahme der Produktion getroffen werden kann.

Die Qualität jeder Entscheidung hängt zum großen Teil von dem Wissensstand ab, den die entscheidende Person hat. Je genauer und sicherer ihre Kenntnisse sind, desto besser wird die Entscheidung sein.

6.1.1 Betrieblicher Entscheidungsprozess

Die Geschäftsleitung der Laupheimer Skifabrik lässt sich von den einzelnen Abteilungen des Betriebes zunächst Stellungnahmen zu den neuen Skimodellen ausarbeiten. In einer Sitzung mit den direkt betroffenen Abteilungsleitern wird die Entscheidung über die Produktion getroffen.

Ablauf eines betrieblichen Entscheidungsprozesses

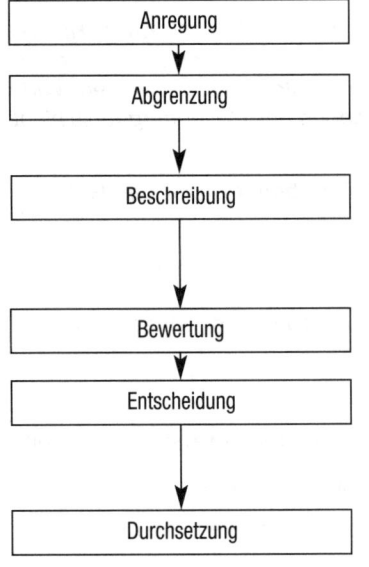

Der Entscheidungsprozess in der Laupheimer Skifabrik läuft nach einem Schema ab, das grundsätzlich für jeden Entscheidungsprozess zutrifft.

● In der **Phase der Anregung** ist die Frage zu klären, welche Skier produziert werden sollen und wie deren äußere Gestaltung sein soll.

● In der **Abgrenzungsphase** ist zu klären, welche Produktionsprobleme vorhanden sind, welche Kosten anfallen und welche Absatzchancen für die Produkte zu erwarten sind.

● Die Phase der **Beschreibung** dient dazu, die möglichen Handlungsalternativen abzuklären und einander gegenüberzustellen. Insbesondere müssen Argumente für und gegen die ausschließliche Produktion von Skiern für Anfänger, Fortgeschrittene und Spitzenfahrer gesammelt werden.

● In der **Bewertungsphase** wird eine Rangordnung der einzelnen Produktionsmöglichkeiten erstellt.

● In der **Entscheidungsphase** wählt die Geschäftsleitung ein Produktionsprogramm aus. Sie entscheidet sich für Produktionsschwerpunkte der mittleren und unteren Preisklasse, die ausschließlich auf Skier für Anfänger und Fortgeschrittene ausgerichtet sind.

● Die Phase der **Durchsetzung** beginnt mit der Übermittlung der Entscheidung an die ausführenden Stellen im Betrieb. Es werden Arbeitsaufträge für die Entwicklung, die Beschaffung, die Herstellung, den Vertrieb und die Verwaltung erstellt und weitergegeben.

6.1.2   Planung eines neuen Produktes

Die Entscheidung der Geschäftsleitung über das neue Produktprogramm soll die Chancen verbessern, die festgelegten Ziele zu erreichen. Zur Koordinierung der Ausführung der Aufträge wird ein Gesamtplan erstellt, der sich in mehrere Einzelpläne gliedert.

> **Planung** bedeutet, dass das zukünftige Geschehen gedanklich vorweggenommen und die Mittel zur Sicherung der Unternehmensziele festgelegt werden.

Durch die Planung werden der gesamte Güter- und Wertekreislauf sowie die Informationsströme im Betrieb verbindlich gestaltet.

Prognose

Die Grundlage der Planung ist die **Prognose**. Mit ihrer Hilfe wird versucht, eine Vorstellung über die zukünftige Entwicklung der Rahmenbedingungen des Betriebs, wie z. B. die gesamtwirtschaftliche Entwicklung, die Tendenzen auf den Beschaffungs- und Absatzmärkten oder die politische Entwicklung, zu erhalten. Auf der Grundlage dieser Vorhersagen können die verschiedenen Alternativen bewertet werden.

Jeder Gesamtplan für einen Betrieb setzt sich aus einem System von Einzelplänen zusammen.

Schematische Darstellung
des Gesamtplans eines Industrie-
betriebs

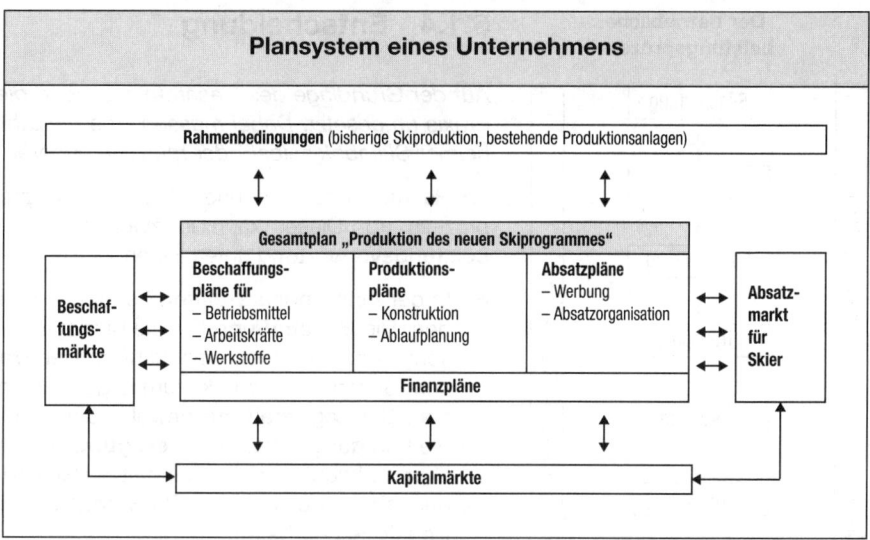

Die **Planung im Bankbetrieb** muss folgende Besonderheiten berücksichtigen:

– Die große Zahl und die Vielfalt der Vorgänge, z. B. im Zahlungsverkehr,

– die großen Werte, mit denen die Kreditinstitute zu tun haben.

– die starke Abhängigkeit vom Vertrauen der Kunden.

6.1.3 Finanzierung der Produktion

*Für die geplante Produktion der Laupheimer Skifabrik wird eine neue Fabrika-
tionshalle benötigt, die einschließlich aller Maschinen und sonstigen Ausstattun-
gen 1,5 Mio. Euro kostet.*

*Diese Finanzmittel müssen bereitstehen, damit die Pläne in die Realität umgesetzt
werden können.*

Investitionen, wie z. B. der Bau einer neuen Fabrikationshalle, erfordern die Umwandlung von Geldkapital in Produktionsgüter.

Finanzierung

> **Finanzierung** ist die Versorgung eines Betriebes mit Geldkapital zur Be-
> schaffung von Produktivgütern.

Aufgaben der
betrieblichen Finanzwirtschaft

Die betriebliche Finanzwirtschaft hat drei zentrale Aufgaben zu erfüllen:

● Die **Beschaffung** von Geldkapital aus inner- oder außerbetrieblichen Quellen.

● Die **Verwendung** des Geldkapitals in Form von Investitionen.

● Die **Verwaltung** des Geldkapitals durch Maßnahmen, welche die Zahlungsbereitschaft erhalten.

Die Lösung dieser Finanzierungsprobleme ist eine wesentliche Aufgabe der
Banken.

**Der betriebliche
Leistungsprozess**

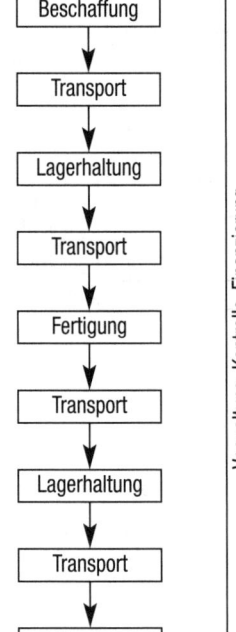

6.1.4 Entscheidung

Auf der Grundlage des Gesamtplanes wird die Produktion der neuen Skier in die Praxis umgesetzt. Dabei müssen eine Vielzahl von Einzelproblemen in der Laupheimer Skifabrik selbst oder mit Hilfe anderer Unternehmen gelöst werden.

Im Rahmen des Ziel- und Planungskonzeptes läuft der betriebliche Leistungsprozess ab. Dieser kann in zwei Phasen, die **Leistungserstellung** und die **Leistungsverwertung** untergliedert werden.

● In der **Leistungserstellung** können folgende Funktionen unterschieden werden. Die **Beschaffung** hat die betrieblichen Produktionsfaktoren auf den verschiedenen Märkten einzukaufen. Der **Transport** dient dazu, die Werkstoffe vom Beschaffungsmarkt zum Lager und von dort zur Fertigungsstätte zu bringen. Die **Lagerhaltung** bewahrt die beschafften Werkstoffe auf, bis diese in die Fertigung gehen. Die **Fertigung** gewinnt die Rohstoffe, sofern es sich um Urproduktionsbetriebe handelt, oder erstellt die Erzeugnisse, sofern Fertigungsbetriebe vorliegen. Bei Veredelungsbetrieben werden Erzeugnisse oder Rohstoffe bearbeitet.

● In der **Leistungsverwertung** sind drei wesentliche Funktionen hervorzuheben. Der **Transport** bringt die Erzeugnisse von der Fertigungsstätte zum Fertigungserzeugnislager und von dort zum Versand sowie weiter zum Abnehmer. Die **Lagerhaltung** bewahrt die Fertigerzeugnisse bis zum Versand auf. Der **Vertrieb** veräußert die Erzeugnisse auf dem Absatzmarkt und betreibt die Marktforschung und Werbung.

Die Fragen, die im Einzelnen zu entscheiden sind, weichen in den einzelnen Unternehmensarten voneinander ab. Während die Leistung eines Industrieunternehmens vor allem in der Produktion von Sachgütern besteht, erbringen Handelsunternehmen, Banken oder Versicherungen überwiegend Dienstleistungen. Deshalb werden diese Fragestellungen in den jeweiligen speziellen Betriebswirtschaftslehren behandelt.

Die Qualität jeder Entscheidung hängt zum großen Teil von dem Wissensstand ab, den der Entscheidende hat. Wissen entsteht in einem Prozess, in dem Informationen, Erfahrungen und Eindrücke verarbeitet und angewandt werden. Je genauer und sicherer die Kenntnisse des Entscheiders sind, desto besser wird die Entscheidung sein. Deshalb sind **Informationen** für jeden Betrieb von grundlegender Bedeutung.

Informationen –
mehr als Daten und Nachrichten

Information ist zweckorientiertes Wissen, das gesichert oder wahrscheinlich ist.

Daten oder Nachrichten sind im Unterschied dazu nicht unbedingt zweckgebunden; sie sind lediglich Träger möglicher Informationen.

Auf der Basis dieser Informationen wird der Absatz in der Laupheimer Skifabrik gestaltet. Die Entwicklung der Absatzzahlen wird Aufschluss darüber geben, ob das Konzept des neuen Firmenleiters Erfolg hat.

6.2 Leistungsprozess in Dienstleistungsbetrieben

Eine entwickelte Wirtschaft wie in Deutschland ist in hohem Maße auf die Tätigkeit der Dienstleistungsbetriebe angewiesen.

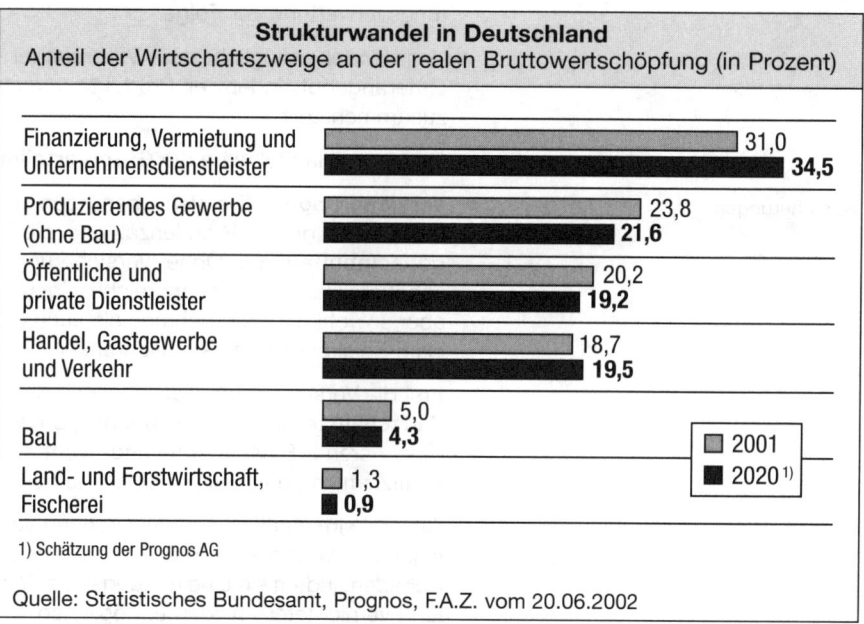

Strukturwandel in Deutschland
Anteil der Wirtschaftszweige an der realen Bruttowertschöpfung (in Prozent)

Finanzierung, Vermietung und Unternehmensdienstleister — 31,0 / **34,5**
Produzierendes Gewerbe (ohne Bau) — 23,8 / **21,6**
Öffentliche und private Dienstleister — 20,2 / **19,2**
Handel, Gastgewerbe und Verkehr — 18,7 / **19,5**
Bau — 5,0 / **4,3**
Land- und Forstwirtschaft, Fischerei — 1,3 / **0,9**

☐ 2001
■ 2020[1]

1) Schätzung der Prognos AG

Quelle: Statistisches Bundesamt, Prognos, F.A.Z. vom 20.06.2002

6.2.1 Arten der Dienstleistungsbetriebe

Neben den Banken sind in der Marktwirtschaft vor allem folgende Dienstleistungsbereiche von Bedeutung.

Leistungsarten der Handels- und Dienstleistungsbetriebe

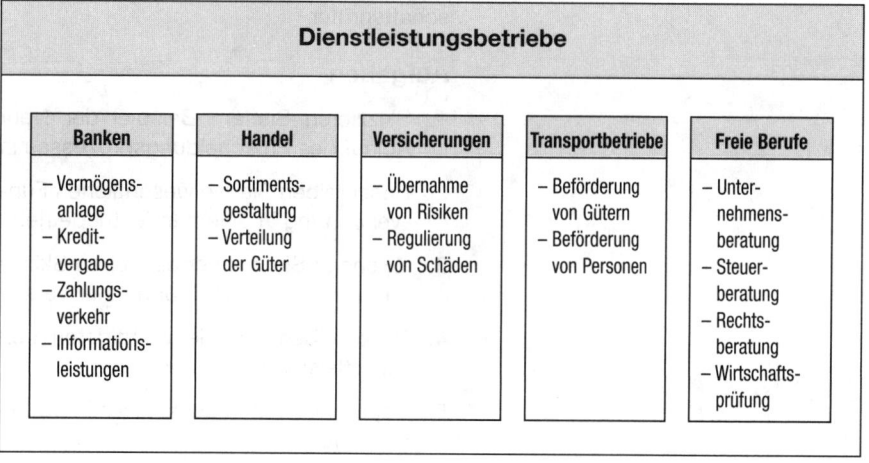

Dienstleistungsbetriebe

Banken	Handel	Versicherungen	Transportbetriebe	Freie Berufe
– Vermögens-anlage – Kredit-vergabe – Zahlungs-verkehr – Informations-leistungen	– Sortiments-gestaltung – Verteilung der Güter	– Übernahme von Risiken – Regulierung von Schäden	– Beförderung von Gütern – Beförderung von Personen	– Unter-nehmens-beratung – Steuer-beratung – Rechts-beratung – Wirtschafts-prüfung

Die einzelnen Dienstleistungsbereiche übernehmen wichtige Grundfunktionen:

Handel

- **Handel**: Durch die Beschaffung der Waren bei verschiedenen Produktions-
betrieben überbrückt der Handel die **räumliche** Distanz zwischen der Gütererzeugung und dem Verbrauch. Die **zeitliche** Spanne zwischen Herstellung
und Konsum der Güter gleicht der Handel durch Lagerhaltung aus. Dies hat
eine entscheidende Entlastung der Erzeugerbetriebe im Bereich der Leistungsverwertung zur Folge.

  Der Handel ermöglicht dem Verbraucher weiterhin einen Überblick über das
  Güterangebot, indem er Produkte verschiedener Hersteller in **Sortimenten**
  zusammenstellt.

  Ohne den Handel wäre die **Güterverteilung** nicht denkbar.

Versicherungen

- **Versicherungen**: Die Versicherungen nehmen den Betrieben und privaten
Haushalten gegen Prämienzahlung die **Vorsorge vor eventuellen Vermö-
genseinbußen** ab. Ohne Versicherungen wären bei den einzelnen Wirt-
schaftsteilnehmern umfangreiche eigene Rücklagen notwendig. Dies würde
aber sowohl die Unternehmen als auch die privaten Haushalte in ihren finanziellen Spielräumen stark einschränken.

  Erst die Versicherungen lassen einen Schutz vor Risiken zu, der den einzelnen
  Wirtschaftsteilnehmer weit überfordern würde. Ohne eine Haftpflichtversiche-
  rung wären z. B. viele Autohalter nicht in der Lage, das Risiko einer Schaden-
  ersatzzahlung nach einem Unfall zu tragen.

  Gesamtwirtschaftlich gesehen können Versicherungen zwar keine Vermögens-
  einbußen verhindern. Sie sichern jedoch die Existenz von Betroffenen bei
  Schäden, indem sie eine reibungslose Wiederbeschaffung oder Wiederherstel-
  lung vernichteter Anlagen ermöglichen.

Transportunternehmen

- **Transportunternehmen**: Transportunternehmen besorgen die Beförderung
von Gütern und Personen gegen Entgelt. Diese „Verkehrsgeschäfte" gelten
rechtlich als Werkverträge, welche die Beförderung zum Inhalt haben.

- **Freie Berufe**: „Freiberufler" benötigen in der Regel eine langjährige Berufser-
fahrung oder eine wissenschaftliche Ausbildung. Im Zuge der fortschreiten-
den Arbeitsteilung erhalten diese „Spezialisten" immer größere Bedeutung.
Typische freie Berufe sind Unternehmensberater, Steuerberater oder Wirtschaftsprüfer.

Aufgaben

1. Skizzieren Sie am Beispiel der Neubeschaffung einer DV-Anlage den
   Ablauf des Entscheidungsprozesses in Ihrem Unternehmen.

2. Beschreiben Sie die wesentlichen Funktionen der Leistungserstellung und
   -verwertung in einem Industriebetrieb.

3. Zeichnen Sie in einer einfachen Skizze den Leistungsprozess einer Großhandlung, einer Bank und einer Versicherung.

4. Beschreiben Sie die wichtigsten Leistungsarten in den verschiedenen
   Dienstleistungsbereichen.

5. Begründen Sie, weshalb der Informationssektor immer mehr Bedeutung
   gewinnt.

6.3 Organisation des Bankbetriebes

Die Finanzbank AG hat die Folgen des verschärften Wettbewerbs unter den Kreditinstituten deutlich zu spüren bekommen; in diesem Jahr konnte zum ersten Mal keine Dividende ausgeschüttet werden.

Eine Analyse dieses Instituts ergibt, dass dafür mehrere Gründe verantwortlich sind:

● *Die Organisation der Bank orientiert sich in erster Linie an den einzelnen Aufgaben und weniger an den Bedürfnissen der Kunden,*

● *die Personalkosten sind überdurchschnittlich hoch,*

● *im betrieblichen Ablauf entstehen durch eine schlechte Organisation starke Reibungsverluste,*

● *die Erträge sind durch eine falsche Geschäftspolitik gesunken.*

Die wichtigste Führungsaufgabe des teilweise neu besetzten Vorstandes der Finanzbank AG besteht deshalb darin, das Unternehmen strategisch neu auszurichten. Insbesondere sollen die Kundenorientierung optimiert und die Kosten, vor allem im Personalbereich, gesenkt werden.

6.3.1 Organisation als Mittel zur Zielverwirklichung

Die Genehmigung von Krediten, bei denen der Vorstand gegenzeichnen muss, hat sich in der Vergangenheit oftmals verzögert, weil die Bearbeitung in der Zentrale sehr viel Zeit erforderte. Dies hatte teilweise dazu geführt, dass Kreditkunden an andere Institute verlorengingen.

Der Vorstand der Finanzbank AG beauftragt deshalb die Organisationsabteilung, ein neues Organisationskonzept für den Kreditbereich zu erarbeiten.

Jeder Betrieb ist ein System aus Menschen und Sachmitteln, das bestimmte Aufgaben erfüllen muss. Die Aufgabe der Organisation ist es, diese Elemente des Betriebs durch Regelungen sinnvoll miteinander zu verbinden.

Organisation

> **Organisation** ist ein **System von Dauerregelungen**, um die günstigsten Bedingungen zur Erreichung vorgegebener Ziele zu schaffen.

Die Organisation ist somit ein Hilfsmittel der Führung. Damit Aufgaben organisiert werden können, müssen sie zwei Voraussetzungen erfüllen.

● **Aufgaben müssen teilbar sein**: Dabei muss die Verteilung der Aufgabe auf mehrere Personen und/oder die zeitliche Einteilung der Aufgabe geregelt werden.

● **Aufgaben müssen sich in gleicher Form wiederholen**.

Nur unter diesen Voraussetzungen ist die Erstellung von Dauerregelungen sinnvoll. Viele betriebliche Entscheidungen sind jedoch nur von Fall zu Fall zu regeln, so dass sich in jedem Betrieb ein System geplanter und ungeplanter Regelungen ergibt.

Grundsätze der Organisation

Zielorientierung
Die Regelungen müssen den Zielen der Bank dienen.

Wirtschaftlichkeit
Das ökonomische Prinzip muss bei allen Regelungen beachtet werden.

Organisatorisches Gleichgewicht
Das Verhältnis zwischen Dauer-regelungen (**Stabilität**) und fallweisen Regelungen (**Elastizität**) muss ausgeglichen sein.

Koordination
Regelung der Überordnung, Gleich-ordnung und Unterordnung im Betrieb, so dass Menschen und Sachmittel möglichst reibungslos zusammenwirken.

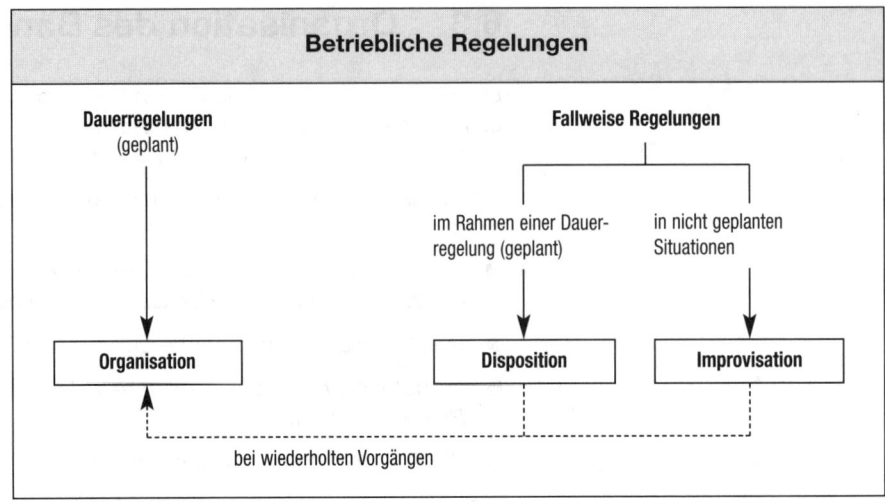

Der Vorstand hat bei Kreditverhandlungen volle Entscheidungsfreiheit. Er kann also auch in unvorhergesehenen Fällen die Bedingungen mit den Kreditkunden verbindlich aushandeln; er kann improvisieren.

Die Filialleitungen können Kreditkonditionen nur innerhalb bestimmter Grenzen aushandeln; sie disponieren.

In vielen Betrieben kann man feststellen, dass mit fortlaufender Betriebstätigkeit Improvisationen durch Dispositionen und diese durch Organisation ersetzt werden.

Die Organisation in einer Bank darf niemals Selbstzweck sein, sondern sie muss sich in Bezug auf die betrieblichen Ziele als wirksam erweisen. Wirksam ist die Organisation, wenn sie bestimmte Grundsätze erfüllt.

Dauerregelungen geben dem betrieblichen Ablauf Einheitlichkeit und machen ihn somit berechenbar. Dadurch erhält der gesamte Betrieb **Stabilität**. Wird jedoch jede Aufgabe bis in die letzte Einzelheit organisiert (**Überorganisation**), kann der Betrieb nicht mehr schnell genug auf Datenänderungen reagieren. Auch wird die Eigeninitiative und Entscheidungsfreudigkeit der Mitarbeiter gebremst.

Ist ein Betrieb in starkem Maße durch fallweise Entscheidungen geprägt, so ist er bei Datenänderungen sehr schnell anpassungsfähig. Er hat somit **Elastizität**. Sind jedoch zu wenig Aufgaben organisiert (**Unterorganisation**), so kommt es zu Unklarheiten und Konflikten im Betrieb, und die Mitarbeiter werden verunsichert. Die Fehler häufen sich, und es entstehen Reibungsverluste. Welches Verhältnis zwischen Dauerregelungen und fallweisen Regelungen richtig ist, kann nur für den jeweiligen Betrieb annähernd beantwortet werden.

6.3.2 Aufbauorganisation

Nachdem in der betrieblichen Arbeit der Finanzbank AG öfters schwere Pannen aufgetreten waren, hat die Organisationsabteilung ein neues Konzept zur Organisation der Bank erstellt.

Beim Aufbau einer Organisation muss am Anfang eine aussagefähige Beschreibung des Gesamtbetriebes stehen. Diese dient dazu, Regelungen zu schaffen, die ein Zusammenwirken von Menschen und Sachmitteln nach den organisatorischen Grundsätzen gewährleisten.

Aufbauorganisation

> Die **Aufbauorganisation** gliedert den Betrieb in funktionsfähige Teileinheiten und koordiniert sie im Hinblick auf die betriebliche Zielsetzung.

Stelle: Aufgabengebiet, das durch einen Mitarbeiter erledigt wird

Nach Arbeitsgebieten werden die Stellen einer Bank zu Abteilungen zusammengefasst. Dabei ist jeweils festzulegen, wer die Weisungsberechtigung gegenüber den Mitarbeitern der Abteilung hat.

Abteilung

> Eine **Abteilung** ist die Zusammenfassung mehrerer Stellen unter einer Leitung.

Die Weisungsberechtigung muss weiter auch für die einzelnen Abteilungen untereinander geregelt werden. Dadurch erhält man für den gesamten Betrieb ein **Weisungssystem**, das für jede Stelle festlegt, welche anderen Stellen über- und untergeordnet sind. Hierbei können bei einer formalen Betrachtungsweise drei Systeme unterschieden werden.

Liniensystem

> Beim **Liniensystem** hat jeder Stelleninhaber nur einen Vorgesetzten, dessen Weisungen er ausführen muss und dem er verantwortlich ist.

Der gesamte Betrieb ist somit durch einen klaren und einheitlichen Anweisungsweg gekennzeichnet.

● *Will die Unternehmensleitung (UL) der Stelle M1 einen Auftrag erteilen, so muss die Weisung an den Mitarbeiter über den Abteilungsleiter (AL 1) erfolgen.*

● *Benötigt der Abteilungsleiter 1 vom Bereich des Abteilungsleiters 3 eine Dienstleistung, so muss er diese auf dem Dienstweg über die Unternehmensleitung anfordern.*

Bewertung des Liniensystems

Die **Vorteile des Liniensystems** sind

● die **Übersichtlichkeit** des Unternehmensaufbaus,

● die **Eindeutigkeit** der Weisungen,

● die **klaren Verantwortungsbereiche**,

● die **wirksame Kontrollmöglichkeit**.

Die **Nachteile** des Liniensystems sind

- die **Schwerfälligkeit**, die durch die langen Dienstwege (Instanzwege), vor allem bei großen Unternehmen, entstehen,

- die **Belastung der oberen Leitungsebenen**, da die Anforderungen an deren Fachwissen und Verantwortung sehr hoch sind,

- die **Starrheit** der Kommunikation, da der Dienstweg eingehalten werden muss.

Das Liniensystem in seiner reinen Form findet fast nur in kleinen Unternehmen Anwendung; in Bankbetrieben hat es keine Bedeutung.

> Das **Stabliniensystem** ist ein Liniensystem, das durch Stabstellen erweitert wurde, die keine Weisungsbefugnis haben.

Diese Stabsabteilungen sind bei der obersten oder mittleren Leitungsebene angesiedelt und dienen der Entlastung der Leitung. Ihre Aufgabe leisten sie, indem sie Vorarbeiten für Entscheidungen machen und dabei ihr Fachwissen zur Verfügung stellen. Typische Stabsaufgaben sind Organisation, Revision, Rechtsberatung, Marketing und Personalführung.

Die **Vorteile des Stabliniensystems** sind neben den Vorzügen des Liniensystems

- die Entlastung der Leitung,

- die Ausnutzung von Fachwissen,

- verbesserte Kontrolle.

Die **Nachteile des Stabliniensystems** sind

- die Gefahr, dass die Stabsabteilung durch die Linienabteilungen nicht voll akzeptiert wird, so dass die Kommunikation unterbunden wird,

- die Gefahr, dass die Stabsabteilungen durch ihr Fachwissen zu „heimlichen Leitern" werden, obwohl sie keine betriebliche Verantwortung tragen,

- die höheren Kosten, die durch die Einstellung von Fachleuten entstehen.

Marktorientierte Organisationssysteme

Die Bankorganisation ist heute in der Praxis in erster Linie an den Erfordernissen des Marktes auszurichten. Dies bedeutet, dass sich das Weisungs- und Entscheidungssystem an den Größen orientieren muss, die vom Markt vorgegeben sind; den verschiedenen Kundengruppen und den unterschiedlichen Leistungsarten. Aus diesen Anforderungen heraus haben sich zwei **marktorientierte Organisationssysteme** gebildet:

> Die **Matrix-Organisation** gliedert den Bankbetrieb nach zwei sich überschneidenden Merkmalen:
>
> - **Vertikal** nach Produktbereichen oder Standorten (Filialen),
>
> - **horizontal** nach Zielgruppen (Kundengruppen) oder Funktionen (z. B. Personalbetreuung).

Die Weisungsbefugnis der Filial- bzw. Geschäftsspartenleiter ist umfassend, während die Zielgruppen-Manager nur im Rahmen der Dienstleistung, die sie vertreten, Weisungen erteilen dürfen.

Stabliniensystem

Matrix-Organisation

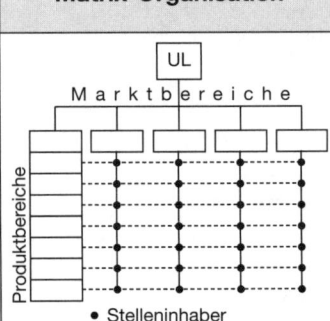

Ziele der Matrix-Organisation

Die Matrix-Organisation nimmt dabei bewusst in Kauf, dass durch die Überschneidung der Kompetenzen Reibungen entstehen. Mit diesen systembedingten Konflikten werden mehrere Ziele angestrebt:

● Die **Entscheidungen sollen sachgerechter** werden, da sowohl leistungsarten-, kunden- als auch standortorientierte Anforderungen koordiniert werden müssen,

● der **Informationsstand** der leitenden Mitarbeiter ordnet sich dem **Gesamtziel** unter; egoistische Einzelinteressen müssen zurücktreten.

Diese Organisationsform ist im Kreditwesen bisher nur in Teilbereichen verwirklicht, da die Geschäftsleitung in hohem Maße Koordinierungs- und Ausgleichsmaßnahmen treffen muss, sofern es nicht gelingt, die Mitarbeiter zu einem selbstständigen Interessenausgleich zu „erziehen".

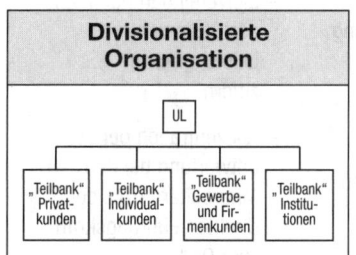

> **Divisionalisierte Organisationsformen (Spartenorganisation, Profit-Center-Organisation)** gliedern den Bankbetrieb in wirtschaftlich selbstständige Geschäftsbereiche („Teilbanken"), die rechtlich abhängig bleiben, jedoch **in eigener Verantwortung Gewinn erwirtschaften sollen**.

Ausgenommen von dieser Dezentralisierung werden aus Gründen der Kostenersparnis bestimmte funktionsorientierte Bereiche, wie z. B. das Rechnungswesen oder die Rechtsabteilung. Der Bankbetrieb wird in diesem System heute im Regelfall nach Kundengruppen strukturiert. Die Gliederungsmerkmale Geschäftssparten oder Regionen spielen eine geringere Rolle.

Profit-Center

Jeder Geschäftsbereich handelt dabei wie ein selbstständiges Unternehmen (**Profit-Center**). Obwohl es wegen der heute teilweise noch nicht voll ausgebauten Kostenrechnungssysteme in den Banken Probleme bei der Zurechnung von Kosten und Leistungen gibt, gewinnt diese Organisationsform zunehmend an Bedeutung, da schlagkräftige und anpassungsfähige Einheiten gebildet werden.

6.3.3 Lean Banking – auf dem Weg zur schlanken Bank

Erfolgsfaktoren von Unternehmen
1. Kundenorientierung
2. Mitarbeiterorientierung
3. Innovation
Quelle: Peters/Watermann 1985

Trend zur
● Divisionalisierung
● Dezentralisierung
● Flexibilität
● Kundenorientierung

„Nur unter der Ausnutzung der kombinierten Denkleistung aller Mitarbeiter kann sich ein Unternehmen den Turbulenzen und Zwängen erfolgreich stellen und überleben." Michael Endres (1993)

Die Banken waren in den vergangenen Jahrzehnten – anders als die Industrie – nicht gezwungen, ein konsequentes Ertrags- und Kostenmanagement zu praktizieren. Deshalb arbeiten viele Kreditinstitute unproduktiv, beschäftigen zuviel Personal in unproduktiven Bereichen und unterhalten zuviele unrentable Filialen.

Durch Umstrukturierung des Unternehmens in selbstständige Einheiten sollen starre Organisationsformen in flexible, kundenorientierte Unternehmen verwandelt werden. Dem Lernen der Mitarbeiter in stark dezentralisierten Strukturen kommt hierbei für den Erfolg des Unternehmens eine entscheidende Bedeutung zu.

Ist dieser Prozess erfolgreich, werden die einzelnen Einheiten einer Organisation und die darin tätigen Mitarbeiter befähigt, selbstständig auf Veränderungen am Markt zu reagieren. Damit wird die notwendige Flexibilität geschaffen, die unabdingbar ist, um auf Dauer am Markt erfolgreich zu sein.

„lean production":
Schlanke Produktion

Ausgehend von dem Konzept der „lean production", das sich aus der japanischen Automobilindustrie heraus entwickelt hat, versuchen die Banken, ihre Struktur „schlanker" zu gestalten. Das Konzept einer **„Lean Bank"** kann dabei durch folgende Elemente beschrieben werden:

Strukturmerkmale einer schlanken Bank

Kundenorientierte Unternehmensorganisation	Bedarfsgerechte Leistungsangebote	Leistungsorientierte Steuerung der Mitarbeiter
– Organisation nach den Hauptmärkten bzw. Kundengruppen – Profit-Center-Ausrichtung – Bedarfsorientierte Organisation der Serviceleistung durch Bündelung von Aufgaben	– Marktgerechte Kundensegmentierung – Gestaltung von bedarfsorientierten Produktbündeln – Standardisierung und Automatisierung von Leistungen – Optimierte Informationssysteme – Flexibler Personaleinsatz	– Zielvereinbarungen auf der Basis von Leistungskennziffern – Konzentration der Verantwortung bei den Mitarbeitern bzw. der direkten Führungskraft „vor Ort" – Permanente Qualifizierung der Mitarbeiter

---

Ausrichtung auf die Hauptmärkte

● Die Bank wird nach ihren **Hauptmärkten**, nicht nach Funktionen organisiert. Für jede Sparte wird ein spezielles Geschäftssystem entwickelt, das auf der Profit-Center-Idee aufbaut. Aufgaben werden in Teams gebündelt, die unter Serviceaspekten zusammengestellt werden. Damit wird die Beratungsqualität gesteigert. Weit gefasste Aufgabengebiete und Teamwork schaffen mehr Zufriedenheit und Effizienz am Arbeitsplatz.

Ausrichtung auf die Bedürfnisse der Kunden

● Ein **maßgeschneiderter Service** steigert die Beratungsqualität und hilft Kosten sparen. Dies setzt eine klare Kundengruppensegmentierung voraus, welche die Grundlage für eine bedarfsorientierte Produktbündelgestaltung bildet. Zahlungsverkehr, Kreditbearbeitung und andere Bankgeschäfte können mit Hilfe von Automaten deutlich billiger, schneller und mit weniger Fehlern durchgeführt werden. Ein flexibler Personaleinsatz führt dazu, dass Leer- und Wartezeiten durch punktgenaue Bereitstellung der erforderlichen Personalkapazitäten angepasst werden.

Ausrichtung auf die Mitarbeiter

● Der Erfolg oder Misserfolg der Mitarbeiter wird mit Hilfe von **Leistungskennziffern** aus dem Controlling gemessen. Damit können die Filialen und Mitarbeiter zielorientiert gesteuert werden. Die Verantwortung dafür wird primär beim Linienmanager, z.B. Filialleiter, konzentriert. Zentrale Personal-, Organisations- und Controlling-Abteilungen werden zu Servicestellen für das Unternehmen.

Laufende Anpassung an die
Veränderungen am Markt

Voraussetzung für diesen Veränderungsprozess ist die Abkehr von gewohnten Strukturen und Handlungsweisen.

Im Rahmen eines Projektes haben Führungskräfte und Mitarbeiter der Finanzbank AG eine neue Aufbauorganisation entwickelt, welche auf einer divisionalisierten Organisation aufbaut und Elemente der Matrix-Organisation beinhaltet.

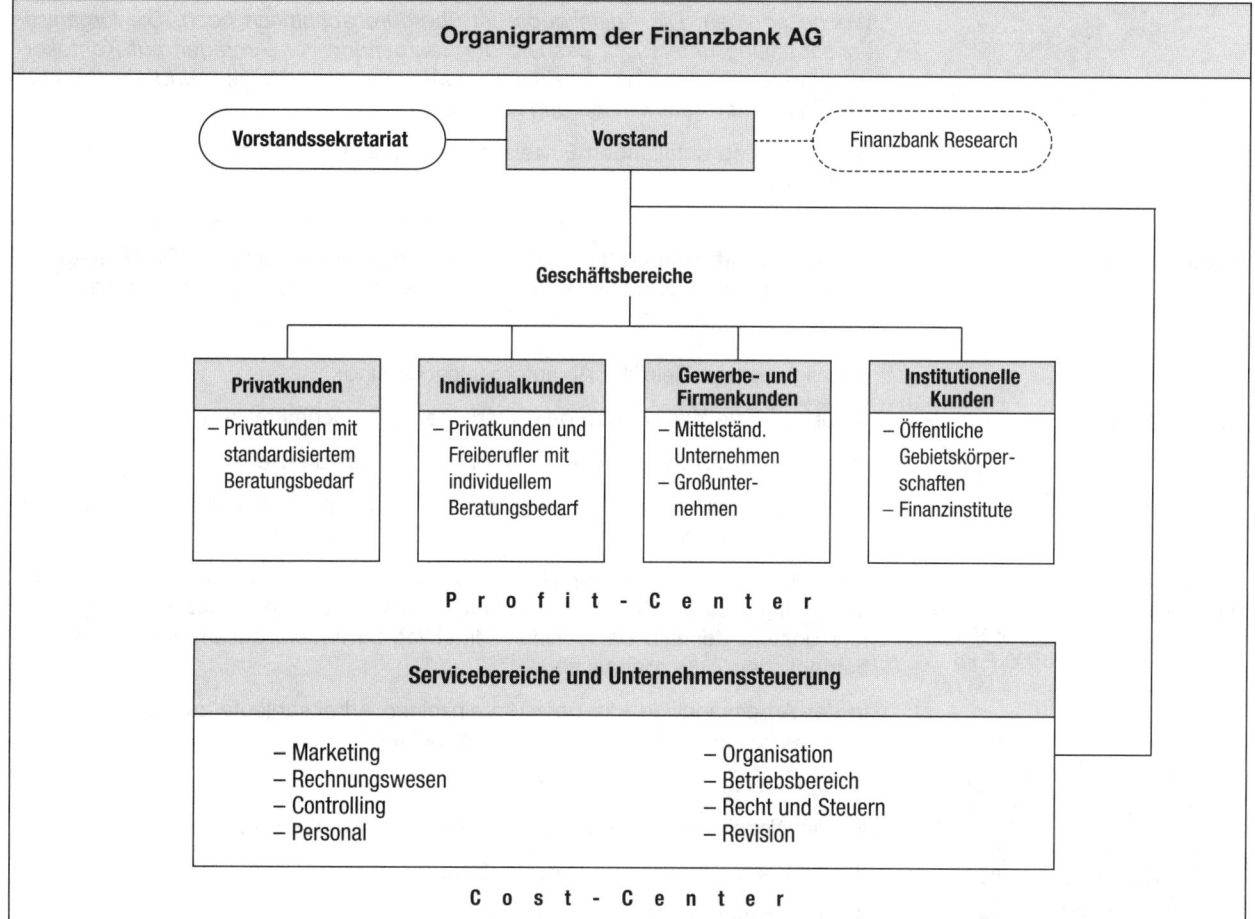

Die Geschäftsbereiche arbeiten als selbstständige Geschäftseinheiten und werden an ihren Ergebnissen im Rahmen der Zielvereinbarung mit dem Vorstand gemessen. Innerhalb der Geschäftseinheiten werden wiederum Zielvereinbarungen mit den nachgeordneten Profit-Centern getroffen.

Die Servicebereiche erbringen Dienstleistungen für die anderen Bereiche der Bank. Sie werden an diesem Auftrag und an vereinbarten Kostenzielen gemessen.

Einzelne Funktionen, z. B. volkswirtschaftliche Analysen, wurden in Tochtergesellschaften („Finanzbank Research") ausgegliedert, die ihre Leistungen gegen Bezahlung durch die Mutterbank sowie andere Nachfrager anbieten.

6.3.4 Ziele und Mittel der Ablauforganisation

Bei der Finanzbank AG durften die Kreditsachbearbeiter bisher Kontokorrent-kredite bis zu 20 000 Euro zusammen mit dem Abteilungsleiter genehmigen. Alle Kreditanträge über höhere Beträge mussten dem Bereichsleiter vorgelegt werden. Die Genehmigung solcher Anträge konnte somit oftmals erst nach einer Woche erfolgen. Die Ausfallquote ist überdurchschnittlich hoch. Die Organisationsabteilung untersucht deshalb die Bearbeitung von Anträgen auf Kontokorrentkredite mit dem Ziel, die Entscheidungsqualität zu steigern und eine erhebliche Zeit- und Kosteneinsparung zu erzielen.

Die im Betrieb anfallenden Einzelaufgaben müssen einer **Arbeitsanalyse** unterworfen werden.

Ablauforganisation

> Die **Ablauforganisation** ordnet die räumliche und zeitliche Reihenfolge zusammengehöriger Arbeitsgänge, um ein optimales Ergebnis zu erzielen.

Die allgemeinen Ziele der Ablauforganisation sind:

Ziele der Ablauforganisation

- ungenutzte Kapazitäten der Mitarbeiter und Sachmittel zu verhindern,

- minimale Durchlaufzeiten bei der Bearbeitung zu erzielen,

- sicherzustellen, dass die Arbeiten immer in der gleichen Art und Weise ausgeführt werden.

Die Ziele der maximalen Kapazitätsnutzung und der minimalen Durchlaufzeit stehen häufig in einem Konkurrenzverhältnis zueinander. Die Aufgabe des Organisators besteht deshalb darin, einen Mittelweg zu finden, der im Hinblick auf die betrieblichen Ziele optimal ist.

Organisationsabteilung:
Untersuchung des Arbeitsablaufes bei der Entscheidung über Kontokorrentkredite von 20 000 Euro und mehr

In der Arbeitsanalyse, die über die einzelnen Arbeitsabläufe zu erstellen ist, ist eine Vielzahl von Informationen zu verarbeiten:

- Die Häufigkeit der Arbeitsabläufe,

- die Wege, die während des Arbeitsablaufes zurückgelegt werden,

- die Bearbeitungs- und Durchlaufzeit,

- die Kosten des Arbeitsablaufes,

- die Arbeitsmittel und -unterlagen, die zur Verrichtung benötigt werden,

- die verbale oder grafische Darstellung des Arbeitsablaufes.

Durch diese **Ist-Aufnahme** können die Schwachstellen aufgedeckt und die Arbeitsabläufe neu organisiert (**Soll-Zustand**) werden.

Die Untersuchung der Organisationsabteilung weist auf die wesentlichen „Schwachstellen" der bisherigen Antragsbearbeitung hin.

- *Der Antrag musste mehrfach weitergeleitet werden, wobei jedesmal mündliche Informationen übermittelt wurden.*

- *Die Entscheidungsdaten wurden mehrfach schriftlich festgehalten.*

- *Das Diktat der Schriftstücke erforderte sehr viel Zeit.*

- *Die Kreditentscheidung beanspruchte drei Stellen: den Sachbearbeiter, den Abteilungsleiter und den Vorstand.*

Zukünftige Prozessorganisation SOLL-ZUSTAND	A	B
1. Beratung des Antragstellers		
2. Aufnahme des Kreditantrags am PC		
3. Entscheidung über den Kreditantrag		
4. Weiterleitung an den Kreditassistenten		
5. Schreiben des Kreditbeschlusses und des Kreditvertrags		
6. Weiterleitung an den Sachbearbeiter		
7. Kontrolle des Kreditbeschlusses und des Kreditvertrages		
8. Selbstständige Genehmigung durch Unterschrift (bei KK-Krediten bis 50 000 EUR)		
Zeitaufwand höchstens 1 Tag		

Nach dem Vorschlag der Organisationsabteilung ist diese Bearbeitungsdauer auf höchstens einen Tag (!) zu begrenzen, sofern folgende Voraussetzungen erfüllt sind:

● *Das Antragsformular muss so gestaltet werden, dass es durch den Kreditsachbearbeiter selbst in Reinform – während des Beratungsgespräches – ausgefüllt werden kann.*

● *Die Schreibkräfte werden zu „Kreditassistenten" umgeschult (bzw. ersetzt), die mit Hilfe von Textverarbeitungssystemen dem Sachbearbeiter alle Routine- und Verwaltungsarbeiten abnehmen.*

● *Die Kompetenz der Sachbearbeiter und des Abteilungsleiters wird erheblich erweitert:*

  a) *Der Sachbearbeiter kann abgesicherte Kontokorrentkredite zukünftig bis zu 50 000 Euro selbst entscheiden;*

  b) *gemeinsam mit dem Abteilungsleiter können solche Kredite bis zu 100 000 Euro genehmigt werden.*

Ein reibungsloser und gleichbleibender Arbeitsablauf wird durch **Arbeitsanweisungen** gesichert.

Arbeitsanweisung

Die Arbeitsanweisung ist die verbindliche Regelung für Arbeitsabläufe. Sie regelt alle wichtigen Aspekte des Arbeitsablaufes:

● **was**: Aufgabenstellung
● **warum**: Begründung
● **wie**: Methode
● **wann**: zeitlicher Ablauf
● **wo**: räumlicher Ablauf
● **womit**: Arbeitsmittel- und -unterlagen
● **wer**: Stelle

Die Stellenbeschreibung verliert an Bedeutung

Die Arbeitsanweisungen müssen genügend Spielraum lassen, um flexible Lösungen zu ermöglichen. Das Instrument der Stellenbeschreibung, das die einzelnen Aufgaben eines Mitarbeiters definiert, verliert zunehmend an Bedeutung, da man über regelmäßige Zielvereinbarungen den sich immer schneller wandelnden Anforderungen eher gerecht werden kann.

Aufgaben

1. Beschreiben Sie die Funktion der Organisation im Bankbetrieb.

2. Erläutern Sie die wesentlichen Anforderungen, welche an eine schlanke Organisation zu stellen sind.

3. Skizzieren und bewerten Sie die wesentlichen Weisungssysteme in Bankbetrieben.

4. Ordnen Sie das Weisungssystem Ihres Bankbetriebes diesen Weisungssystemen zu.

5. Erstellen Sie einen Ablaufplan für die Bearbeitung von Überweisungsaufträgen in Ihrem Bankbetrieb.

6.4   Rechnungswesen

Die Geschäftsleitung der Finanzbank AG erhält von ihrer langjährigen Kundin, der Tuchweber GmbH, ein Schreiben, in dem sich diese über die angeblich zu hohen Gebühren für die Dienstleistungen der Bank – vor allem im Zahlungsverkehr – und die ungünstigen Zinssätze beklagt. Unter Hinweis auf Angebote anderer Kreditinstitute verlangt die Tuchweber GmbH eine spürbare Senkung der Kontoführungspreise und eine Verbesserung der Zinskonditionen; andernfalls droht sie mit Abzug ihres Kontos.

Die Geschäftsleitung der Finanzbank AG ist nur dann bereit, den Wünschen der Kundin – zumindest teilweise – nachzukommen, wenn die Kontoverbindung auch danach noch ausreichende Erträge für die Bank abwirft. Deshalb lässt sich die Direktion aus dem Rechnungswesen die notwendigen Informationen geben:

- *Die aktuellen Stände der Konten für den Zahlungsverkehr, der Anlagekonten und der Kreditkonten,*

- *die Bewegungen und durchschnittlichen Kontostände der letzten Monate,*

- *eine Gegenüberstellung der Kosten und Erlöse aus der Kontoverbindung.*

Kontokalkulation der Tuchweber GmbH

Konto Nr. 589 442 – Tuchweber GmbH
– Auszug –

I. Erträge und Aufwendungen der Kontoführung			EUR	EUR
a) Erträge: Kontoführungspreise und ähnliches			170,55	+170,55
b) **Aufwendungen**	Stück	Kosten je Stück		
Buchungsposten	420	0,50	210,00	
Kassenposten	82	5,00	410,00	
Übwerweisungs-Ausgänge	40	1,20	48,00	
Überweisungs-Eingänge	52	0,70	36,40	
Daueraufträge	10	0,30	3,00	
Scheckeinreichungen	3	1,00	3,00	
Eingelöste Schecks	365	1,50	547,50	
Grundkosten			10,00	
Summe der Kosten			1.267,90	–1.267,90

II. Zinsgewinn aus dem Konto

a) Zinsgewinn aus dem durchschnittlichen Kontoguthaben	+	1.362,33
b) Zinsgewinn aus dem durchschnittlichen Kredit	+	2.211,75
Gesamtgewinn des Kontos		2.476,73

Auswertung der Kontokalkulation

Die Auswertung dieser Daten bringt der Geschäftsleitung der Finanzbank AG wesentliche Erkenntnisse:

- *Die Kontoverbindung zur Tuchweber GmbH hat für die Bank gute Erträge zur Folge. Es lohnt sich deshalb, dem Anliegen der Kundin entgegenzukommen!*

- *Einen großen Teil ihres Zahlungsverkehrs wickelt die Tuchweber GmbH über Schecks ab, die relativ teuer in der Bearbeitung sind.*

- *Der Anteil der Buchungsposten an den Gesamterträgen aus der Kontoverbindung ist von untergeordneter Bedeutung, so dass die Bank der Tuchweber GmbH in diesem Bereich ohne größere Einbußen entgegenkommen kann.*

- *Da die Zinserträge aus dieser Geschäftsverbindung relativ stark ins Gewicht fallen, sollte die Bank der Kundin bei den Zinssätzen nur dann entgegenkommen, wenn diese bereit ist, zukünftig einen höheren Kredit bei der Finanzbank AG in Anspruch zu nehmen.*

Aufgrund dieser Ergebnisse erhält der Firmenkundenberater der Finanzbank AG nunmehr den Auftrag, der Tuchweber GmbH folgendes Angebot zu unterbreiten:

- *Die Preise je Buchungsposten werden auf 0,20 Euro gesenkt.*

- *Der Kreditzins kann bis um 0,75 % erniedrigt werden, sofern der Kreditbetrag zu Lasten der zweiten Bankverbindung des Kunden erhöht wird.*

- *Ein Organisationsfachmann der Bank wird die Kundin auf Wunsch über die Einsparungsmöglichkeiten im Zahlungsverkehr unterrichten.*

Ein aussagefähiges Rechnungswesen ist die Grundlage betrieblicher Entscheidungen

Erst mit Hilfe des Rechnungswesens war die Finanzbank AG damit in der Lage, eine begründete, geschäftspolitische Entscheidung zu treffen. Dabei wurden eine Vielzahl von Daten in der Datenverarbeitung unter anderem geprüft, sortiert, verbucht und ausgewertet.

Ohne dieses umfangreiche Zahlenwerk hätte das Anliegen der Tuchweber GmbH nur „gefühlsmäßig" entschieden werden können, da weder Informationen über die Umsätze, die Bestände, die Aufwendungen und Erträge noch die Selbstkosten der Bank vorhanden gewesen wären.

6.4.1 Aufgaben des Rechnungswesens im Bankbetrieb

Neben den bereits im Eingangsbeispiel gelieferten Kundendaten hat das Rechnungswesen der Finanzbank AG eine Vielzahl weiterer Informationen zu sammeln, aufzubereiten und auszuwerten:

- *Kontostände,*
- *Tagesauszüge und Dispositionslisten,*
- *Tages-, Monats- und Jahresbilanzen,*
- *Aufwendungen und Erträge,*
- *Gewinn- und Verlustrechnungen,*
- *Wirtschaftlichkeitsberechnungen von Kontoverbindungen, Mitarbeitergruppen oder Geschäftssparten.*

Das Rechnungswesen der Banken beschränkt sich somit nicht nur auf die zahlenmäßige Darstellung der Beziehungen zu dem Kunden, sondern stellt ein **Informationssystem** dar, das von vielen Gruppen, die direkt oder indirekt mit der Bank zu tun haben, in Anspruch genommen wird.

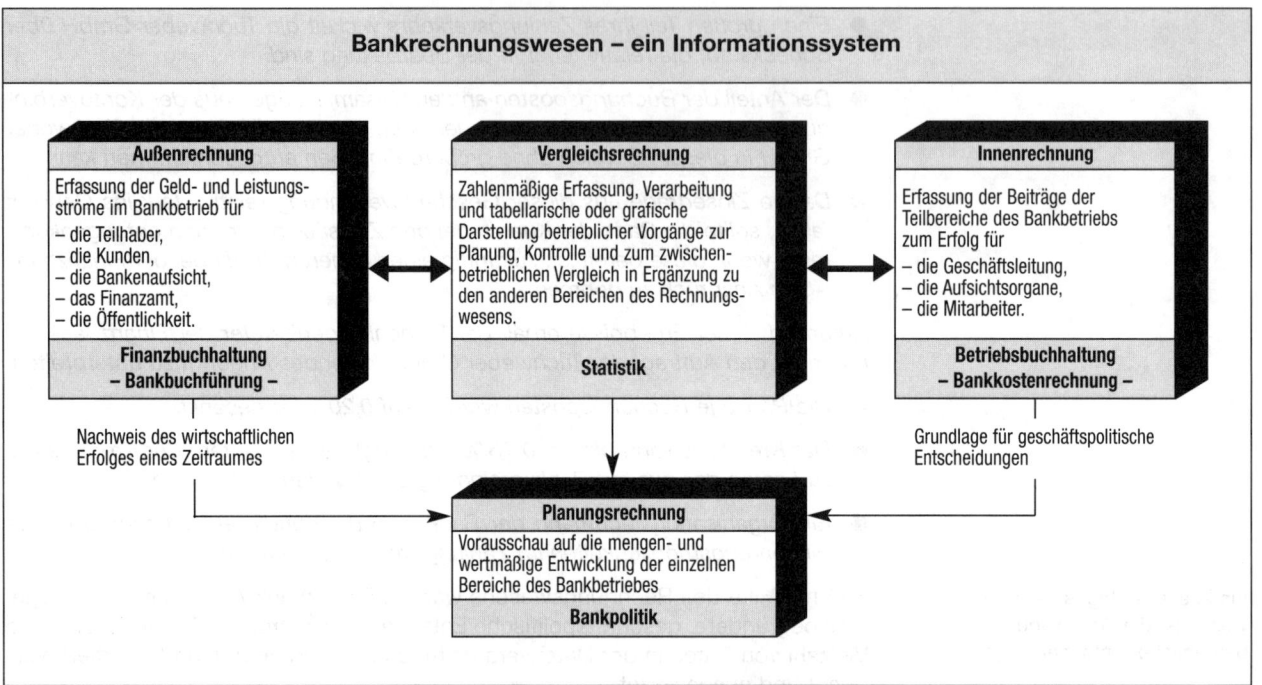

Aufgabenschwerpunkte des Rechnungswesens

Das Rechnungswesen ist zunächst eine **vergangenheitsbezogene Betrachtung**, die vier Aufgabenschwerpunkte besitzt:

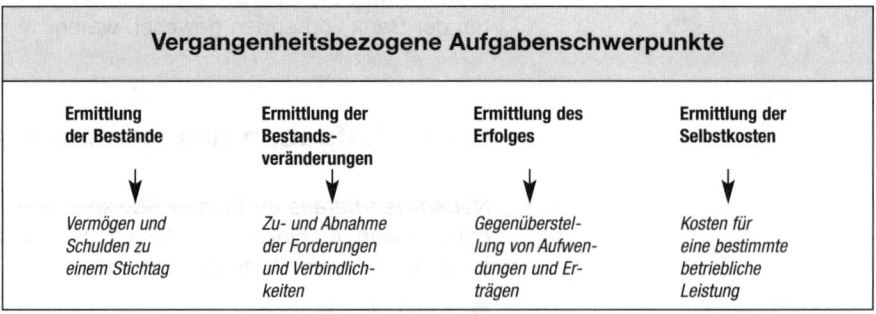

In zunehmendem Maße hat das Bankrechnungswesen auch eine **zukunftsbezogene Aufgabe**. Es hat Unterlagen für die in die Zukunft gerichteten Planungsüberlegungen der Bank zu liefern.

6.4.2 Aufgaben der Finanzbuchhaltung

Im Rahmen ihrer Geschäftstätigkeit hat die Finanzbank AG mit vielen Personengruppen direkten oder indirekten Kontakt.

Die Vielzahl dieser geschäftlichen Beziehungen stellt hohe Anforderungen an die Finanzbuchhaltung einer Bank.

Finanzbuchhaltung

> Die **Finanzbuchhaltung** erfasst **alle** Geschäftsvorfälle eines Bankbetriebs mit ihrem wesentlichen Inhalt und Wert in planmäßiger, lückenloser und ordnungsmäßiger Form.

Dabei erfüllt dieses Rechnungswerk für die einzelnen Betrachter unterschiedliche Funktionen:

Funktionen

● Die Teilhaber erhalten Aussagen über

- die Zusammensetzung der eingesetzten Eigenmittel, Einlagen und Vermögenswerte,

- den Gewinn oder Verlust,

- die Aufwendungen und Erträge,

- die Höhe der Privatentnahmen (bei Personengesellschaften).

● Die **Führungskräfte** und **Mitarbeiter** erhalten die notwendigen Informationen für die Beratung, für Entscheidungen und die Bearbeitung.

● Die **Gläubiger**

- erhalten einen Nachweis über die Höhe der hinterlegten Vermögenswerte,

- können sich ein Bild über die Sicherheit ihrer Einlagen machen (**Gläubigerschutz**).

Anforderungen an die Bankbuchführung:

● Die **Kreditnehmer** bekommen einen Nachweis über den Umfang ihrer Verbindlichkeiten.

Tagfertigkeit
Alle Geschäfte müssen **täglich** erfasst und gebucht werden.

● Die **anderen Banken**

- können die Höhe ihrer Forderungen und Verbindlichkeiten gegenüber dem Kreditinstitut im Vergleich zu den eigenen Unterlagen prüfen,

- erhalten Informationen über die wirtschaftliche Leistungsfähigkeit ihrer Geschäftspartner.

Zuverlässigkeit
Die **Sicherheit** vor Fehlbuchungen muss durch ein dichtes Netz von Abstimmungen und Kontrollen weitgehend gegeben sein.

● Die **Bankenaufsicht** erhält wichtige Unterlagen:

- Jahresabschlüsse,

- Geschäfts- und Prüfungsberichte,

- Anzeigen über Kreditvergaben, Vermögensanlagen und Ähnliches.

Wirtschaftlichkeit
Alle Geschäftsfälle müssen möglichst **kostengünstig** erfasst und gebucht werden.

● Die **Finanzbehörden** brauchen die Bankbuchhaltung als

- Berechnungsgrundlage für die Höhe der Steuerschuld,

- Kontrollmittel.

● Die **Öffentlichkeit** kann sich aufgrund der

- veröffentlichten Jahresabschlüsse und

- der statistischen Auswertungen der Deutschen Bundesbank

ein Bild über die Sicherheit des Kreditwesens machen.

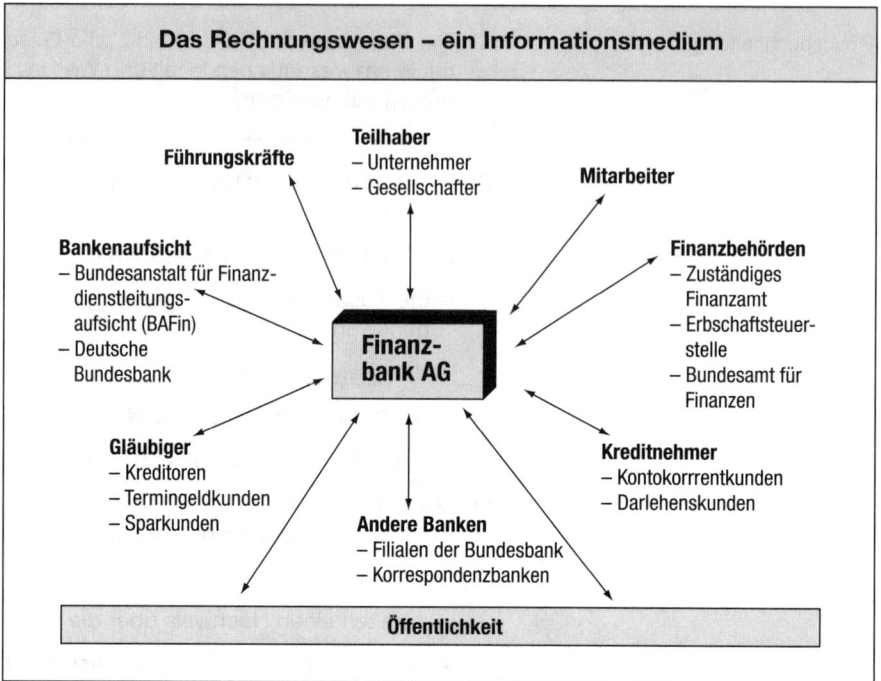

Aufgaben

1. Das Rechnungswesen der Kreditinstitute liefert eine kaum mehr übersehbare Zahl von Daten.

    a) Stellen Sie die wesentlichen Gruppen von Informationen zusammen, welche aus dem Rechnungswesen einer Bank gewonnen werden können.

    b) Skizzieren Sie das Informationssystem „Bankrechnungswesen", indem Sie die Aufgaben der Teilbereiche dieses Rechnungswerkes erläutern.

    c) Beschreiben Sie, wie diese Teilbereiche miteinander zusammenhängen.

2. „Ohne ein aussagefähiges Rechnungswesen kann keine erfolgreiche Geschäftspolitik betrieben werden." Begründen Sie diese Behauptung.

3. Begründen Sie, weshalb bei Kreditinstituten die Öffentlichkeit ein besonderes Interesse an aussagefähigen Zahlen über die Entwicklung und die aktuelle Lage hat.

6.4.3 Rechtsgrundlagen der Finanzbuchhaltung

Ob und wie die „Bücher" einer Bank zu führen sind, ist weitgehend durch den Gesetzgeber vorgegeben. Die Finanzbank AG hat deshalb bei der Organisation ihrer Bankbuchführung in starkem Maße handels- und steuerrechtliche Vorschriften zu beachten.

§ 238 Abs. 1 HGB:
*Jeder **Kaufmann** ist verpflichtet, Bücher zu führen und in diesen seine Handelsgeschäfte und die Lage seines Vermögens nach den **Grundsätzen ordnungsmäßiger Buchführung (GoB)** ersichtlich zu machen.*

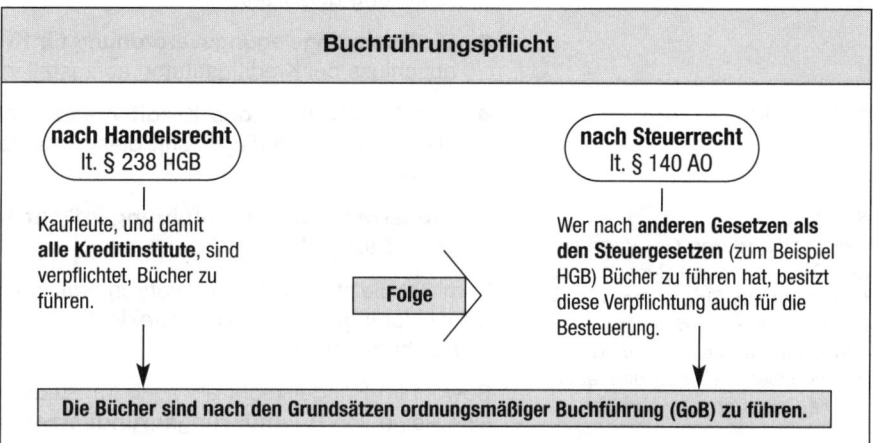

Ab einer bestimmten Größenordnung der Unternehmen haben der Staat und die Öffentlichkeit ein Interesse daran, dass die Geschäftsvorgänge eines Betriebes sinnvoll aufgezeichnet werden. Aus diesem Grunde wurde die **handelsrechtliche Buchführungspflicht** im Handelsgesetzbuch (HGB) formuliert.

Buchführungspflicht einzelner Rechtsformen		
Geltungsbereich	Gesetz	Wesentlicher Inhalt
Kaufleute	HGB	§§ 238 – 263 Buchführungspflicht, Aufstellung eines Inventars und einer Bilanz, Bewertung, Unterzeichnung der Bilanz, grundsätzliche Anforderung an die Buchführung
Offene Handels-gesellschaft (OHG)	HGB	§ 120 Gewinn- und Verlustermittlung und -verteilung
Kommanditgesell-schaft (KG)	HGB	§§ 161 Abs. 1, 120 Gewinn- und Verlustermittlung und -verteilung
Aktiengesell-schaft (AG)	HGB AktG	§§ 264 – 339 §§ 150 ff. Aufstellung des Jahresabschlusses und Geschäftsberichts, Rücklagenbildung, Bilanzgliederung, Bewertung, Konzernbuchhaltung
Gesellschaft mit beschränkter Haftung (GmbH)	HGB GmbHG	§§ 264 – 335 §§ 41 ff. Buchführungspflicht, Aufstellung des Jahresabschlusses
Eingetragene Genossenschaft (eG)	HGB GenG	§§ 336 ff. § 33 Aufstellung des Jahresabschlusses, Bilanzgliederung

Vgl. § 1 KWG

Somit unterliegen Kreditinstitute und Finanzdienstleistungsinstitute in jedem Fall der handelsrechtlichen Buchführungspflicht. Aus einer Vielzahl weiterer Gesetze und Verordnungen ergeben sich für die verschiedenen Wirtschaftsbereiche besondere Buchführungs- und Aufzeichnungspflichten. So gelten für die **Kreditinstitute** unter anderem folgende Vorschriften:

Vgl. §§ 340 ff. HGB

● Das Handelsrecht erweitert den Bewertungsspielraum der Banken bei der Erstellung der Bilanz.

● Die **Rechnungslegungsverordnung für Kreditinstitute** gibt an, wie der Jahresabschluss bei Kreditinstituten aufzustellen ist.

§§ 26 ff. KWG

● Das **Gesetz über das Kreditwesen (KWG)** regelt die Prüfung des Jahresabschlusses und die Pflicht, diese Unterlagen bei der Bankenaufsicht einzureichen.

§ 140 AO
*Wer nach **anderen Gesetzen** als den Steuergesetzen Bücher ... zu führen hat, die für die Besteuerung von Bedeutung sind, hat die Verpflichtung, die ihm nach den anderen Gesetzen obliegen, auch für die Besteuerung zu erfüllen.*

Die **steuerrechtliche Buchführungspflicht** ergibt sich aus den §§ 140 ff. der **Abgabenordnung (AO)**.

Somit ist die steuerliche Buchführungspflicht der Kreditinstitute sowie der Finanzdienstleistungsinstitute eine direkte Folge der handelsrechtlichen Verpflichtung zum Führen der Bücher.

Sowohl im Handelsrecht als auch im Steuerrecht werden dem Steuerpflichtigen eine Reihe von **Buchführungsgrundsätzen** auferlegt, die er zu beachten hat:

§ 238 HGB

● Jeder **Kaufmann** ist verpflichtet, in seinen Büchern seine Handelsgeschäfte und die Lage seines Vermögens nach den **Grundsätzen ordnungsmäßiger Buchführung**, abgekürzt **GoB**, ersichtlich zu machen.

§§ 140 ff. AO

● Die GoB gelten auch für die steuerrechtlich Verpflichteten.

Diese **GoB** haben sich aus der Praxis der Buchführung, den Erkenntnissen der wissenschaftlichen Betriebswirtschaftslehre und der Rechtsprechung entwickelt. Dabei lassen sich Grundsätze hinsichtlich der Buchführungs**form** (formelle Grundsätze) und des Buchführungs**inhalts** (materielle Grundsätze) unterscheiden.

5 Jahre

Bestimmte Wechsel

6 Jahre

● Empfangene Geschäftsbriefe
● Kopien der abgesandten
  Geschäftsbriefe
● Buchungsbelege
● Sonstige Unterlagen, wie zum
  Beispiel
  – Rechnungen
  – Protokolle
  – Prüfungsberichte
  – Bankauszüge
  – Verträge
  – Kassenberichte
  – Kreditunterlagen
  – Schecks
  – Zinsrechnungen
  – Gehaltskonten

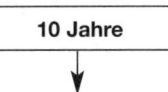

● Handels- und Steuerbilanzen
● Gewinn- und Verlustrechnungen
● Handelsbücher, zum Beispiel
  – Haupt-, Grund- und Neben-
    bücher
  – Depotbücher
  – Vermögensverzeichnisse
  – Fahrtennachweisbücher
● Aufzeichnungen über Bestands-
  aufnahmen (Inventare)
● Arbeitsanweisungen
● Organisationsunterlagen

Die moderne Buchführung der Kreditinstitute ist durch zwei wesentliche Merkmale gekennzeichnet:

● Die Daten werden ausschließlich über die **Datenverarbeitung** verwertet und weitergeleitet.

● Die Buchführung wird meist in einem **zentralen Rechenzentrum** („DV-Buchführung außer Haus") erstellt.

Bei diesem Verarbeitungssystem gelten die Daten dann als ordnungsgemäß gebucht, wenn sie nach einem Ordnungsprinzip zeitgerecht erfasst und mit **Zuordnungsmerkmalen**, zum Beispiel Kontonummern, und **Identifizierungsmerkmalen**, zum Beispiel Belegnummern, auf einem **Datenträger**, verarbeitungsfähig gespeichert sind. Neben den GoB gelten für diese Form der Buchführung die **Grundsätze ordnungsmäßiger Speicherbuchführung (GoS)**, die insbesondere Anforderungen für die Dokumentation und Nachprüfbarkeit stellen.

Für die Bankbuchführung ergeben sich aufgrund der Datenverarbeitung folgende Besonderheiten:

● Der **Grundsatz der formellen Richtigkeit** verbietet das Löschen von Buchungen und sonstigen Aufzeichnungen. Über durchgeführte Änderungen sind Protokolle anzufertigen und aufzubewahren. Werden Daten von einem maschinell lesbaren Datenträger, zum Beispiel einem Magnetband, auf einen anderen überspielt, so muss durch vorprogrammierte Abstimmungen die inhaltliche Übereinstimmung sichergestellt werden.

● Der **Grundsatz der richtigen Zeitfolge** ist aus Gründen des wirtschaftlichen Einsatzes von DV-Anlagen eingegrenzt worden. So ist es zum Beispiel erlaubt, Kreditgeschäfte eines Monats erst zum Ablauf des folgenden Monats buchungsmäßig zu erfassen, sofern sichergestellt ist, dass die Buchungsbelege nicht verlorengehen. Dies kann über eine laufende Nummerierung oder eine besondere Ablage erfolgen. Die moderne Datenverarbeitung lässt es aus ökonomischen Gründen auch nicht mehr zu, die Verbuchung in jedem Fall der Zeitfolge nach zu tätigen.

● Der **Grundsatz der Nachprüfbarkeit** setzt voraus, dass die auf Datenträgern gespeicherten Daten während der Dauer der vorgeschriebenen Aufbewahrungsfristen verfügbar sind und jederzeit innerhalb angemessener Frist lesbar gemacht werden können.

Grundsätze ordnungsmäßiger Buchführung (GoB)

Formelle Grundsätze

Formelle Richtigkeit:
Eine Buchung darf nicht in der Weise
verändert werden, dass der ursprüngliche Inhalt nicht mehr feststellbar ist;
deshalb sind Radierungen, Rasuren,
Überkleben oder Löschungen auf
Datenträgern der DV nicht zulässig.

Richtige Zeitfolge:
- Die Buchungen müssen **zeitnah**
  erfolgen, so sind zum Beispiel Kas-
  senbewegungen täglich zu buchen;
- sie müssen in der Folge ihres zeitlichen Anfalls vorgenommen werden.

Klarheit:
Die Buchführung soll so gestaltet sein,
dass es einem **sachverständigen
Dritten** (zum Beispiel einem Wirt-
schafts- oder Steuerprüfer) innerhalb
einer angemessenen Zeit möglich ist,
sich einen Überblick über die Geschäftsvorfälle und die Vermögenslage
zu machen.

Nachprüfbarkeit:
- Keine Buchung ohne Beleg
- Aufbewahrungspflicht für Belege

Materielle Grundsätze

Vollständigkeit:
Alle buchungspflichtigen Geschäftsvorfälle sollen **lückenlos** gebucht werden.

Materielle Richtigkeit (Wahrheit):
Die Geschäftsvorfälle sollen ihrem
tatsächlichen Inhalt gemäß gebucht
werden.

Periodengerechte Abgrenzung:
Die Buchungen sollen jeweils für den
Abrechnungszeitraum vorgenommen
werden, zu dem sie wirtschaftlich
gehören.

Vorsicht:
Bei der Bewertung von Vermögens-
gegenständen muss jeweils der nied-
rigste, bei der Bewertung von Verbindlichkeiten jeweils der höchste Wertan-
satz gewählt werden.

6.4.4 Rechtsgrundlagen des Jahresabschlusses

Die Finanzbank AG ist eine Universalbank, die als Kapitalgesellschaft beim Jahres-abschluss weitergehende Vorschriften zu beachten hat. Zum Jahresende ist der Jahresabschluss für diese Aktienbank zu erstellen.

Der Jahresabschluss der Kreditinstitute unterliegt grundsätzlich den gleichen Vor-schriften, die für alle Kaufleute gelten. Da diese Regelungen jedoch auf die Ver-hältnisse von Industrie- und Handelsunternehmen zugeschnitten sind und damit den besonderen Erfordernissen der Kreditinstitute als Finanz- und Dienst-leistungsunternehmen nicht ausreichend Rechnung tragen können, gelten für diese Branche ergänzende Vorschriften.

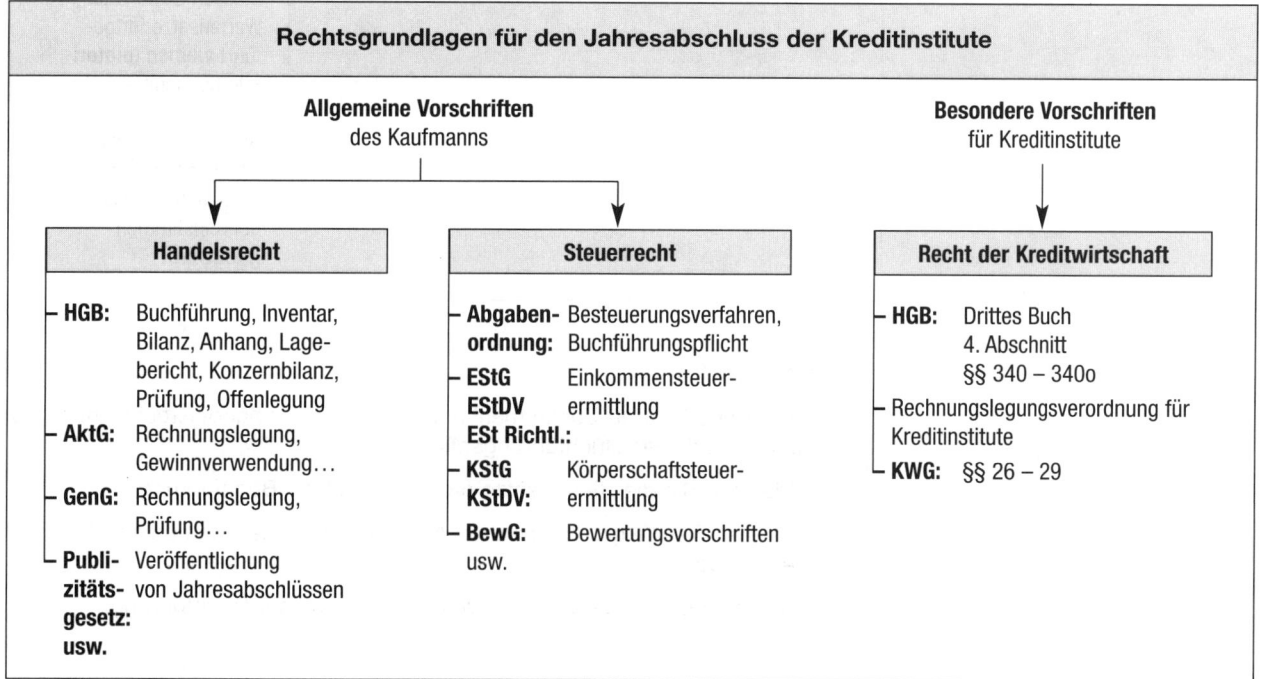

Vgl. § 243 HGB

Im Rahmen der Grundsätze ordnungsmäßiger Buchführung haben sich die **Grund-sätze ordnungsmäßiger Bilanzierung** entwickelt, die den Charakter grundlegen-der Ordnungsvorschriften für die Bilanzierung haben. Obwohl das Gesetz die Ein-haltung dieser Grundsätze ausdrücklich vorschreibt, sind sie dort nicht umfassend erläutert. Diese Grundsätze spiegeln vielmehr die aktuelle Ansicht der Kaufleute über die angemessene Gestaltung des Jahresabschlusses wider. Dadurch berück-sichtigt das Gesetz, dass sich diese Anforderungen durch die Rechtsprechung, wissenschaftliche Erkenntnisse, technologische Fortschritte und Stellungnahmen von Verbänden ständig weiterentwickeln.

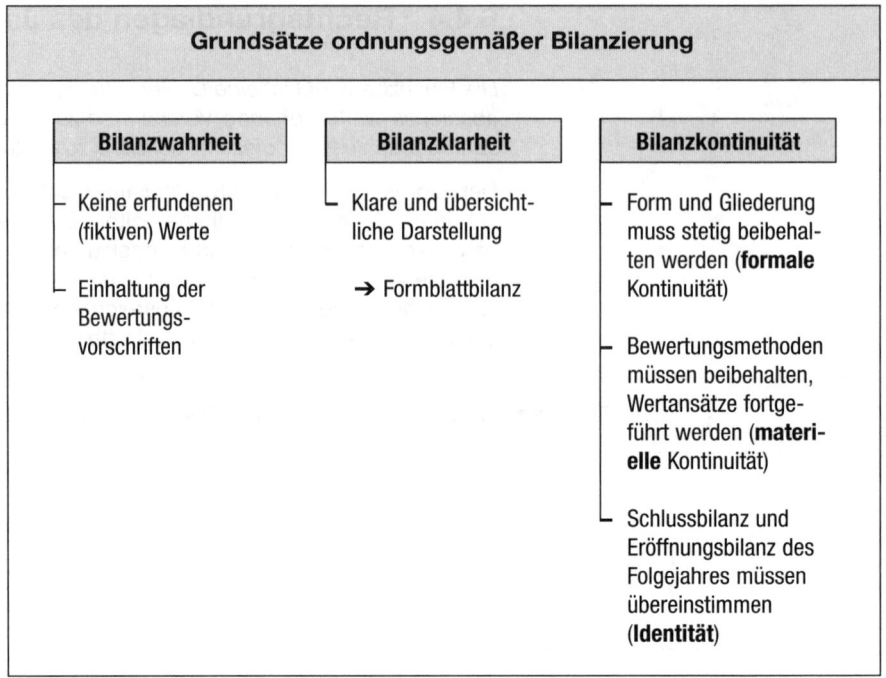

Grundsätze ordnungsgemäßer Bilanzierung

Bilanzwahrheit
- Keine erfundenen (fiktiven) Werte
- Einhaltung der Bewertungsvorschriften

Bilanzklarheit
- Klare und übersichtliche Darstellung
- → Formblattbilanz

Bilanzkontinuität
- Form und Gliederung muss stetig beibehalten werden (**formale** Kontinuität)
- Bewertungsmethoden müssen beibehalten, Wertansätze fortgeführt werden (**materielle** Kontinuität)
- Schlussbilanz und Eröffnungsbilanz des Folgejahres müssen übereinstimmen (**Identität**)

Aufgaben

1. Schildern Sie den Zusammenhang zwischen der handelsrechtlichen und der steuerlichen Buchführungspflicht.

2. Erläutern Sie die „Grundsätze ordnungsmäßiger Buchführung".

3. Erklären Sie die grundsätzlichen Auswirkungen, die sich aus den Sonderregelungen für die Bilanzierung der Kreditinstitute ergeben.

4. Beschreiben Sie die Grundsätze ordnungsmäßiger Buchführung.

6.4.5 Umfang der Rechnungslegung

Der Jahresabschluss der Finanzbank AG enthält neben den reinen Zahlenwerken – Bilanz und GuV – umfangreiche Erläuterungen im Anhang und im Lagebericht.

Nach der grundlegenden Änderung des Bilanzierungsrechts zum 01.01.1986 über das Bilanzrichtliniengesetz ist der Umfang der Rechnungslegungspflicht der Unternehmen – in Abhängigkeit von der Rechtsform – erweitert worden.

Der Umfang der Rechnungslegung hängt von der Rechtsform ab

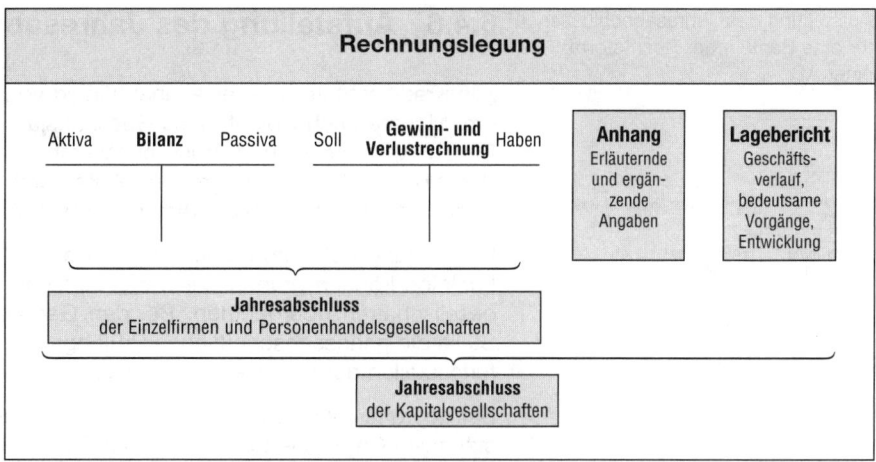

Vgl. § 160 AktG

● Der **Anhang** enthält weitgehende Erläuterungen und Ergänzungen zu der Bilanz und der Gewinn- und Verlustrechnung (GuV). Dazu gehören unter anderem:

– Angaben und Begründungen zur Form der Darstellung von Bilanz und Gewinn- und Verlustrechnung;
– Angaben, Aufgliederungen, Darstellungen, Erläuterungen und Begründungen zu den einzelnen Positionen von Bilanz und GuV; insbesondere zur Bewertung;
– Angaben zur Beeinflussung des Jahresergebnisses durch die Inanspruchnahme steuerlicher Vergünstigungen;
– Darstellung der Ergebnisverwendung;
– zusätzliche Angaben zur vertiefenden Erläuterung der Vermögens-, Finanz- und Ertragslage;
– ergänzende Angaben zu den finanziellen Verpflichtungen;
– Darstellung der Beteiligungsunternehmen und Unternehmensverbindungen;
– Zusammensetzung der Organe, der Organkredite und der Aufwendungen für die Organe;
– Informationen über die Arbeitnehmerschaft.

Vgl. § 267 HGB

Die Anforderungen an den Umfang der Informationen, die zu vermitteln sind, hängen von der Größe der Unternehmung ab. Kleinere und mittlere Unternehmen können auf einige Angaben verzichten.

Vgl. §§ 150 ff. AktG

● Der **Lagebericht** ist von allen Kapitalgesellschaften zu erstellen und ab mittelgroßen Unternehmen beim Handelsregister einzureichen. In dieser Information sollen vor allem folgende Angaben gemacht werden:

– Darstellung des Geschäftsverlaufs und der Lage der Gesellschaft, so dass der Leser ein realistisches Bild erhält,
– Erläuterung von Vorgängen mit besonderer Bedeutung, die nach dem Schluss des Geschäftsjahres eingetreten sind,
– Vorhersagen zur zukünftigen Entwicklung der Kapitalgesellschaft,
– Erläuterung der Forschungs- und Entwicklungstätigkeit.

Der Lagebericht wird vor allem unter dem Aspekt des Gläubigerschutzes vorgeschrieben, da die verbesserten Informationen eine realistischere Bewertung einer Unternehmung ermöglichen.

Aufstellung des Jahresabschlusses
für eine Bank in der Rechtsform
einer AG

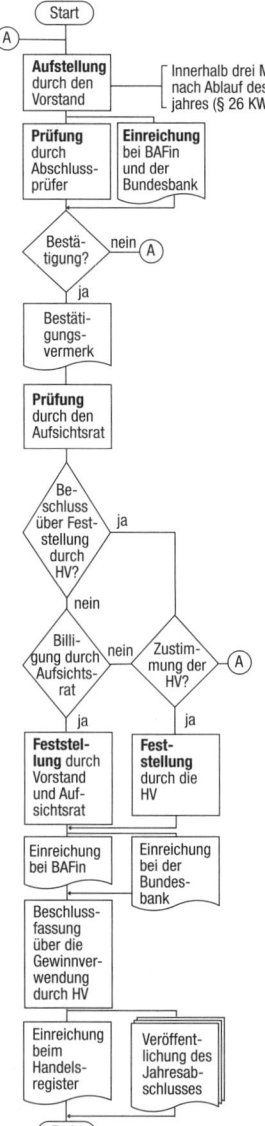

6.4.6 Aufstellung des Jahresabschlusses

Alle Kreditinstitute müssen – unabhängig von ihrer Größe – innerhalb der ersten drei Monate nach Ablauf eines Geschäftsjahres den Jahresabschluss aufstellen. Bis zur Veröffentlichung muss ein Verfahren durchlaufen werden, das teilweise durch die Rechtsform, in großem Maße durch das KWG, bestimmt wird. Für eine Bank in der Rechtsform der Aktiengesellschaft ergibt sich nebenstehender Ablauf.

Die Prüfung hat durch einen zugelassenen Abschlussprüfer zu erfolgen. Diese Funktion können grundsätzlich nur Wirtschaftsprüfer oder Wirtschaftsprüfungsgesellschaften übernehmen. Bei den Genossenschaftsbanken treten an deren Stelle die genossenschaftlichen Prüfungsverbände, bei den Sparkassen die Prüfungsstellen der regionalen Sparkassen- und Giroverbände.

Der geprüfte Jahresabschluss muss vor der Veröffentlichung von dem jeweilig zuständigen Organ „festgestellt", das heißt gebilligt werden. Diese Kompetenz ist in Abhängigkeit von der Rechtsform geregelt:

● **Einzelfirmen**: Inhaber,

● **Personenhandelsgesellschaften**: Gesellschafter beziehungsweise Komplementäre,

● **Aktiengesellschaften**: Aufsichtsrat; ausnahmsweise die Hauptversammlung,

● **GmbH**: Gesellschafterversammlung,

● **Kreditgenossenschaften**: General- beziehungsweise Vertreterversammlung,

● **Öffentlich-rechtliche Sparkassen**: Verwaltungsrat.

Abweichend von den allgemeinen Publizitätsvorschriften sind **alle Kreditinstitute** – unabhängig von ihrer Rechtsform – zur **Veröffentlichung** ihres Jahresabschlusses verpflichtet (vgl. § 325 HGB). Das jeweilige Pflichtorgan ist der Bundesanzeiger. Unter dem Aspekt der Öffentlichkeitswirkung veröffentlichen die Kreditinstitute ihre Jahresabschlüsse heute meist in vielen Tages- beziehungsweise Wochenzeitungen.

Lediglich kleine Institute mit einer Bilanzsumme von weniger als 300 Mio. DM und Zweigstellen ausländischer Institute können sich mit einer Einreichung zum Handels- oder Genossenschaftsregister und einem entsprechenden Hinweis darüber im Bundesanzeiger begnügen.

Aufgaben

1. Skizzieren Sie die wesentlichen Erläuterungen und Ergänzungen zum Jahresabschluss, welche im Anhang aufzuführen sind.

2. Erläutern Sie die grundsätzliche Aufgabe des Lageberichtes, und nennen Sie die wichtigsten Auskünfte, die dort gegeben werden sollen.

3. Skizzieren Sie mit Hilfe eines einfachen Ablaufplanes den Weg von der Aufstellung der Bilanz bis zur Beschlussfassung über die Gewinnverwendung am Beispiel der Aktiengesellschaft.

6.4.7 Aufbau des Jahresabschlusses von Handels- und Industrieunternehmen

Die Jahresbilanz sowie die Gewinn- und Verlustrechnung werden aus den Werten der Finanzbuchhaltung sowie der Inventur statistisch ermittelt.

● **Allgemeine Bilanzgliederung**

§ 266 HGB

Die Gliederung der Bilanz ist grundsätzlich für alle Unternehmen einheitlich vorgeschrieben. In der Bilanz sowie in der GuV ist zu jedem Posten der entsprechende Betrag des vorhergehenden Geschäftsjahres anzugeben.

Allgemeine Bilanzgliederung
(zum Beispiel für Handels- und Industrieunternehmen)

Aktiva   Passiva

A. Anlagevermögen 　I. Immaterielle Vermögensgegenstände 　II. Sachanlagen 　III. Finanzanlagen	**A. Eigenkapital** 　I. Gezeichnetes Kapital 　II. Kapitalrücklage 　III. Gewinnrücklage 　IV. Gewinnvortrag/Verlustvortrag 　V. Jahresüberschuss/Jahresfehlbetrag
B. Umlaufvermögen 　I. Vorräte 　II. Forderungen und sonstige Vermögensgegenstände 　III. Wertpapiere 　IV. Schecks, Kassenbestand, Bundesbank- und Postgiroguthaben, Guthaben bei Kreditinstituten	**B. Rückstellungen** **C. Verbindlichkeiten** **D. Rechnungsabgrenzungsposten**
C. Rechnungsabgrenzungsposten	

Die Vermögenswerte im **Aktiva** sind nach zunehmender Geldnähe geordnet; entsprechend wird die **Passiva** nach der zunehmenden Fälligkeit gegliedert. Diese Anordnung drückt symbolhaft aus, dass für die Mehrzahl der Handels- und Produktionsunternehmen das Anlagevermögen von besonderer Bedeutung ist; die Anordnung der Passivseite ergibt sich als Folge der Finanzierungsgrundsätze, nach denen langfristige Vermögenswerte langfristig finanziert werden sollen.

§ 275 HGB

● **Allgemeine Grundstruktur der GuV**

Die Gewinn- und Verlustrechnung ist grundsätzlich für alle Unternehmen einheitlich gegliedert. Im Vordergrund steht dabei die Trennung in ein **„Betriebsergebnis"** und ein **„außerordentliches Ergebnis"**. Die Gewinn- und Verlustrechnung ist in **Staffelform** zu ermitteln. Dabei haben die Unternehmen das Wahlrecht zwischen zwei Verfahren:

§ 275 Abs. 2 HGB

– **Gesamtkostenverfahren**: Alle im Jahr angefallenen Erträge werden sämtlichen Jahresaufwendungen gegenübergestellt.

§ 275 Abs. 3 HGB

– **Umsatzkostenverfahren**: Dem Jahresumsatz werden nur diejenigen Aufwendungen gegenübergestellt, welche für die verkauften Produkte angefallen sind.

6.4.8 Aufbau des Jahresabschlusses von Kreditinstituten

Zum Jahresende erstellt die Finanzbank AG folgende – vereinfachte – Jahresbilanz und Gewinn- und Verlustrechnung.

Struktur des Jahresabschlusses
eines Kreditinstitutes

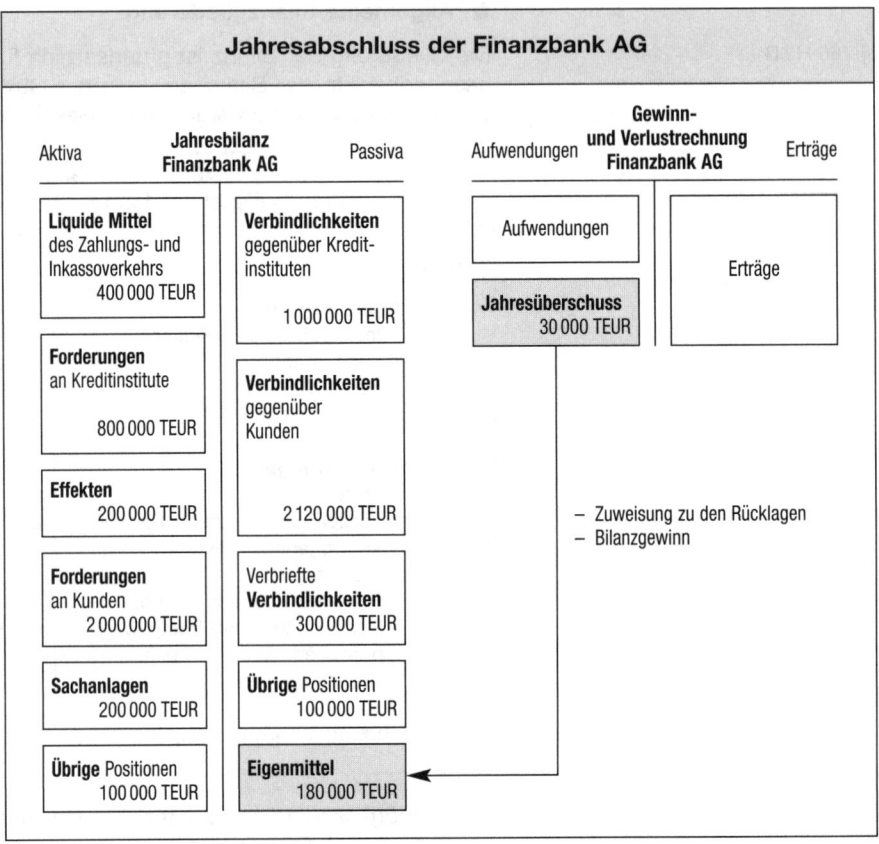

Die Gliederungskriterien für Bankbilanzen stellen das übliche Schema „auf den Kopf".

● Die **Aktiva der Bankbilanz** beginnt mit den liquiden Mitteln, während die schwerer veräußerbaren Vermögensteile am Schluss kommen. Mit diesem Aufbau wird der entscheidenden Bedeutung der Liquidität für die Kreditinstitute Rechnung getragen.

● Die **Passiva der Bankbilanz** beginnt in Anlehnung an die Finanzierungsgrundsätze mit den täglich fälligen Kapitalwerten und endet mit dem Eigenkapital.

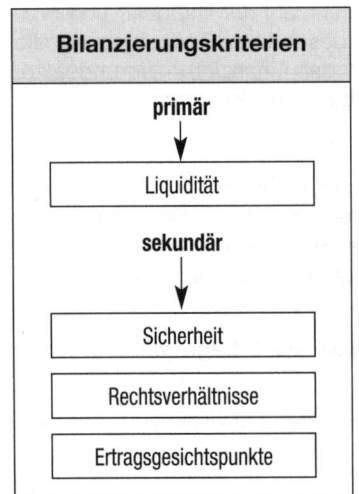

Die Einordnung der Bilanzpositionen erfolgt jeweils nach den ursprünglich vereinbarten Laufzeiten und nicht nach den Restlaufzeiten. Ab dem Jahresabschluss
1998 sind im Anhang diese Positionen nach Restlaufzeiten zu gliedern:

– Bis   3 Monate,
– über 3 Monate bis zu 1 Jahr,
– über 1 Jahr bis zu 5 Jahren,
– über 5 Jahre.

Während bisher Laufzeiten ab 4 Jahren als langfristig gelten, werden zukünftig
erst 5-jährige Laufzeiten als langfristig anzusehen sein.

Angaben „unter dem Bilanzstrich" sind zwar nicht in der Bilanzsumme enthalten,
bilden jedoch eine wichtige Ergänzung zur Jahresbilanz.

Die Inhalte der einzelnen Bilanzpositionen werden durch die **Rechnungslegungsverordnung für Kreditinstitute** verbindlich festgelegt.

Aufgaben

1. Skizzieren Sie den grundsätzlichen Aufbau der Bilanz eines Industrieunternehmens. Begründen Sie diese Gliederung.

2. Erklären Sie den wesentlichen Unterschied zwischen dem Gesamtkosten-
   und Umsatzkostenverfahren.

3. Skizzieren Sie den grundsätzlichen Aufbau einer Bankbilanz. Begründen
   Sie die Abweichung von der üblichen Gliederung des HGB.

6.4.9   Bewertung in der Jahresbilanz

*Zum Bilanzstichtag hat die Finanzbank AG ihre gesamten Kapital- und Vermögens-
werte zu bewerten. Dabei hat sie eine Vielzahl handels- und steuerrechtlicher Vorschriften zu beachten.*

Die Bewertung hat zum Ziel, den Wert der Vermögens- und Kapitalbestände für
den Jahresabschluss zu ermitteln. Während zum Beispiel bei liquiden Mitteln
keine Bewertungsentscheidung zu treffen ist, wird unter anderem in folgenden
grundlegenden Fällen eine wertmäßige Einordnung erforderlich:

Warum ist eine
Bewertung erforderlich?

Bewertung im
Jahresabschluss ist notwendig

● Die Marktpreise von Vermögens- und Kapitalwerten schwanken, zum Beispiel
   bei Effekten, Sorten oder Devisen,

● Güter ohne Marktpreise erleiden durch technische Faktoren, zum Beispiel Verschleiß eines PKW, oder durch wirtschaftliche Faktoren, zum Beispiel Preisverfall bei Personalcomputern, einen Wertverlust,

● Vermögenswerte hängen in ihrer wertmäßigen Einordnung von der Zahlungsfähigkeit beziehungsweise -willigkeit einzelner Schuldner ab, zum Beispiel bei
   Forderungen aus dem Kreditgeschäft.

Den Unternehmen steht dabei ein begrenzter Bewertungsspielraum und damit die Möglichkeit zur Variierung des Gewinnausweises unter bilanzpolitischen Aspekten zur Verfügung. Dieser Handlungsspielraum ergibt sich aus den unterschiedlichen Forderungen, die an den Jahresabschluss gestellt werden.

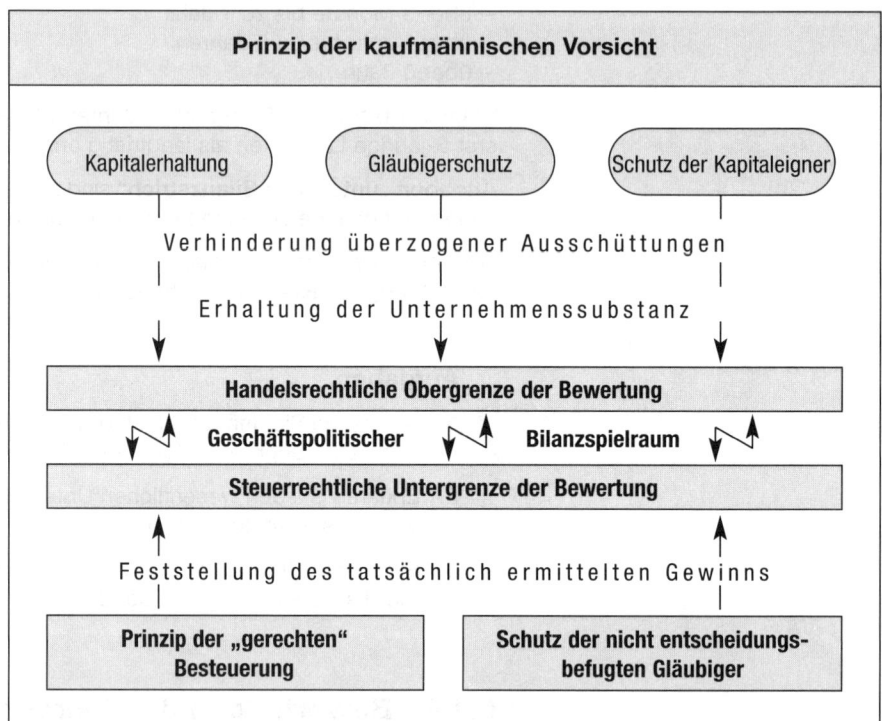

Handelsrechtliche Bewertungsvorschriften

Kreditinstitute müssen ihre Vertrauensfunktion sichern

Kreditinstitute sind nur dann auf Dauer lebensfähig, wenn es ihnen gelingt, ihre **Vertrauensfunktion** zu erhalten. Eine wesentliche Rolle spielt dabei der Jahresabschluss, der jährlich veröffentlicht wird.

Die Entwicklung der Vermögens- und Kapitalwerte und damit der Ergebnisausweis werden entscheidend durch die zugrunde gelegte Bewertung bestimmt. Dabei haben die Kreditinstitute, wie alle anderen Unternehmen, die Bewertungsprinzipien nach § 252 HGB zu beachten.

Für die Gewinn- und Verlustrechnung schreibt das Handelsrecht weiterhin vor, dass jeweils die Aufwendungen und Erträge eines Geschäftsjahres – unabhängig vom Zahlungszeitpunkt – zu erfassen sind.

Bewertung des Vermögens

§§ 252 ff. HGB

Die Bewertung des Vermögens der Kreditinstitute basiert vor allem auf den Vorschriften des HGB.

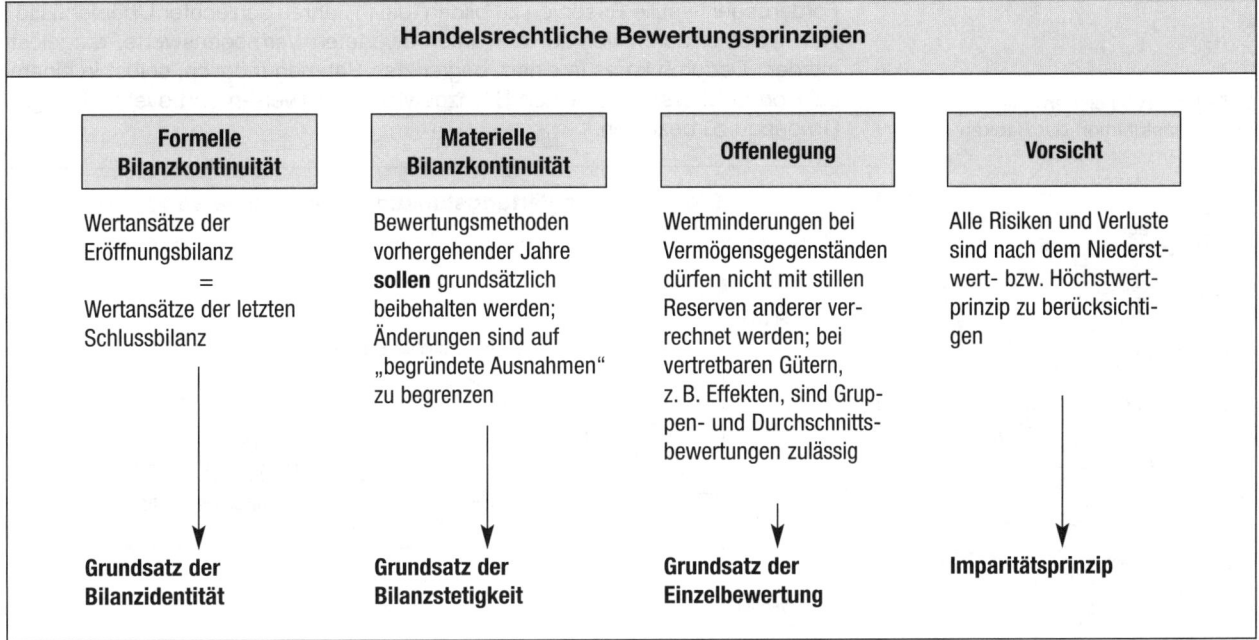

Handelsrechtliche Bewertungsprinzipien

Formelle Bilanzkontinuität	Materielle Bilanzkontinuität	Offenlegung	Vorsicht
Wertansätze der Eröffnungsbilanz = Wertansätze der letzten Schlussbilanz	Bewertungsmethoden vorhergehender Jahre **sollen** grundsätzlich beibehalten werden; Änderungen sind auf „begründete Ausnahmen" zu begrenzen	Wertminderungen bei Vermögensgegenständen dürfen nicht mit stillen Reserven anderer verrechnet werden; bei vertretbaren Gütern, z. B. Effekten, sind Gruppen- und Durchschnittsbewertungen zulässig	Alle Risiken und Verluste sind nach dem Niederstwert- bzw. Höchstwertprinzip zu berücksichtigen
Grundsatz der Bilanzidentität	**Grundsatz der Bilanzstetigkeit**	**Grundsatz der Einzelbewertung**	**Imparitätsprinzip**

Stille Reserven nach § 340 f HGB

Kreditinstitute haben einen größeren Spielraum als Unternehmen anderer Banken, um **stille Reserven** zu bilden. Abschreibungen und Wertberichtigungen, die nach § 340 f HGB angesetzt werden, dienen ausschließlich der Bildung stiller Reserven in der Handelsbilanz. In der Steuerbilanz, welche die Basis für die Steuerermittlung bildet, werden diese Wertminderungen nicht anerkannt.

Kompensation in der GuV

Dieser vergrößerte Bewertungsspielraum der Kreditinstitute wird teilweise kritisiert. In Verbindung mit der Möglichkeit, Verluste aus dem Wertpapiergeschäft mit Sondererträgen aus dem Kreditgeschäft – und umgekehrt – aufzurechnen (**Überkreuzkompensation**), erhalten nach Meinung der Kritiker diese Banken einen Spielraum bei der Gestaltung ihrer Bilanz, der nicht zu vertreten sei. Dabei verweisen sie vor allem auf folgende Argumente:

Bewertung stiller Reserven

● Stille Reserven schränken die Funktion des Jahresabschlusses zur Ermittlung des ausschüttungsfähigen Gewinns und zur Information der Kapitaleigner, der Kunden und der Öffentlichkeit ein;

● stille Reserven widersprechen dem Grundsatz der Bilanzwahrheit;

● die zunehmende Erfahrung der Bankkunden sowie die Sicherungseinrichtungen des Bankgewerbes machen stille Reserven überflüssig.

Diesen Argumenten halten die Banken vor allem folgende Gesichtspunkte entgegen:

Vertrauensfunktion

● Die Geschäftstätigkeit der Kreditinstitute setzt zwingend die Erhaltung ihrer **Vertrauensfunktion** voraus. Diese Funktion kann von den Banken eher erfüllt werden, wenn sie in der Lage sind, ihren Ergebnisausweis im Jahresabschluss unter geschäftspolitischen Gesichtspunkten zu „gestalten". Besonders die leidvollen Erfahrungen der deutschen Bankkunden in zwei Währungsreformen und der Bankenkrise zu Beginn der dreißiger Jahre haben die Öffentlichkeit kritisch gemacht. Die Banken streben deshalb an, in Jahren mit guten Ergebnissen über die Unterbewertung von Vermögenswerten – insbesondere bei den

Forderungen – stille Reserven zu bilden, die in Jahren schlechter Überschüsse, zum Beispiel durch Verkauf der unterbewerteten Vermögenswerte, aufgelöst werden. Dadurch ist es in einem begrenzten Rahmen möglich, selbst in einem Jahr ohne Überschüsse einen Bilanzgewinn auszuweisen und eventuell sogar Dividende zu bezahlen.

Stille Reserven sichern die
Vertrauensfunktion der Banken

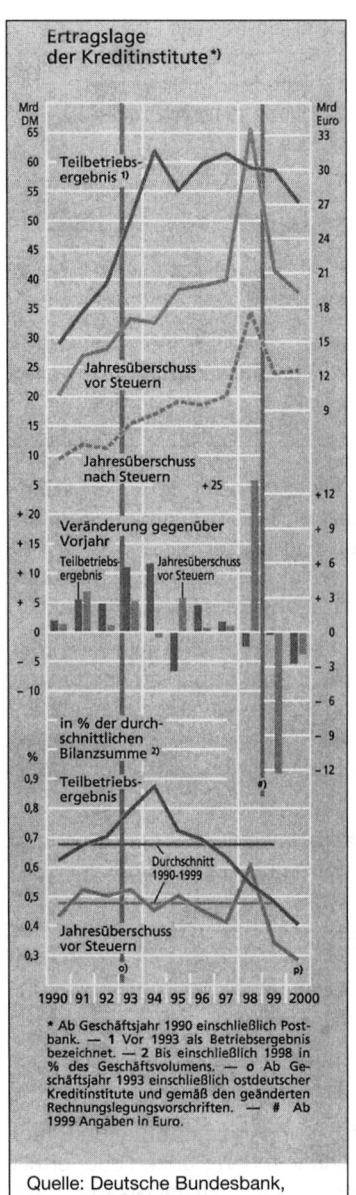

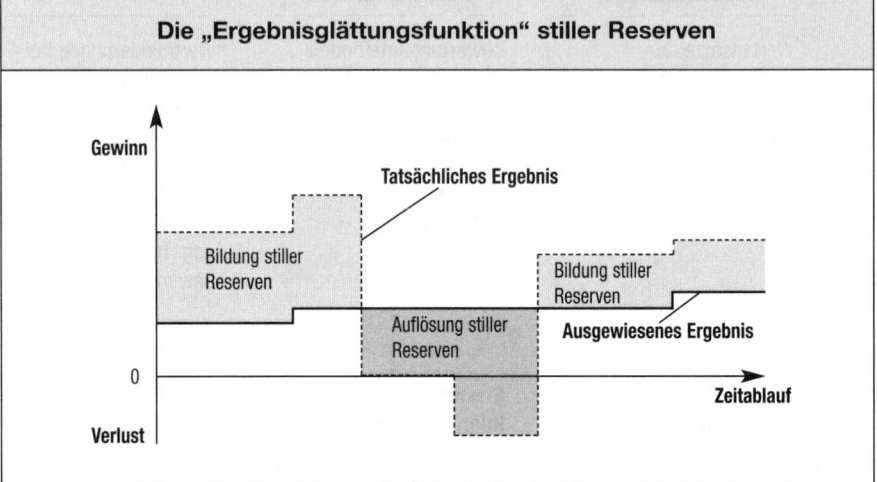

Die „Ergebnisglättungsfunktion" stiller Reserven

● Diese positive Wirkung auf das Vertrauen der Kreditinstitute in den Augen der Öffentlichkeit kann jedoch nur dann erreicht werden, wenn die Banken diese Reserven nicht offen ausweisen müssen. Im Bankengewerbe gilt die ungeschriebene Regel, dass eine Bank sehr schlecht steht, wenn sie gezwungen ist, offene Rücklagen anzugreifen.

● Es gibt keinen Wirtschaftsbereich, der in ähnlich starkem Maße von heftigen und raschen **Veränderungen der Rahmenbedingungen** betroffen ist. Hier sind zum Beispiel Veränderungen der Notenbankpolitik, der Fiskalpolitik, Zinsschwankungen, Konjunkturbewegungen, Entwicklungen am Wertpapier- und Devisenmarkt oder im Außenhandel zu nennen.

● Die Kreditinstitute erzielen ihre Erträge zu einem großen Teil auf der Grundlage ihrer **Fristverlängerungsfunktion**, indem sie den Bodensatz kurzfristiger Einlagen langfristig ausleihen.

● Die relativ **geringe Eigenkapitalquote** der Kreditinstitute hat zur Folge, dass die Ertragseinbußen sich besonders stark auswirken.

● Die **Funktionsfähigkeit des Bankenwesens** ist für die Gesamtwirtschaft von besonderer Bedeutung. Bricht das Finanzwesen wie zum Beispiel zu Beginn der dreißiger Jahre zusammen, wird die gesamte Wirtschaft eines Landes gelähmt. Deshalb liegt es auch im gesamtwirtschaftlichen Interesse, dass die Kreditinstitute die Möglichkeit erhalten, ihren Jahresabschluss zu „formen".

● Die **Bundesanstalt für Finanzdienstleistungsaufsicht (BAFin)** kann – praktisch stellvertretend für die Öffentlichkeit – nach wie vor alle Informationen über den tatsächlichen Stand der Banken erhalten.

Grenzen bei der
Bildung stiller Reserven

Die Banken können nur begrenzt stille Reserven bilden.

● Nach § 10 KWG müssen Kreditinstitute ein angemessenes haftendes Eigenkapital ausweisen. Dieser Aspekt hat vor allem durch die Novelle des KWG an Bedeutung gewonnen. Hinzu kommt, dass die international tätigen Banken aus Imagegründen besonders auf eine günstige Eigenkapitalquote angewiesen sind.

● Die Aktionäre der Banken erwarten eine nach Möglichkeit steigende Dividendenausschüttung.

● Würden in Jahren mit Verlusten durch Auflösung stiller Reserven Bilanzgewinne ausgewiesen, so könnte ein geübter Bilanzleser aus der Gewinn- und Verlustrechnung, zum Beispiel aufgrund eines negativen Teilbetriebsergebnisses oder eines minimalen Steuerausweises, Hinweise für die Umgestaltung entnehmen.

Auch nach den veröffentlichten Meinungen der Deutschen Bundesbank und der Bundesanstalt für Finanzdienstleistungsaufsicht (BAFin) ist ein gewisses Maß an stillen Reserven im Bankbereich nötig, damit die Kreditinstitute ihre Funktion erfüllen können.

Bewertung des Kapitals

Die Wertansätze auf der Passivseite der Bilanz gehen wie auf der Aktivseite grundsätzlich vom Prinzip der kaufmännischen Vorsicht aus.

Die handelsrechtlichen
Wertansätze für Kapitalwerte
in der Bilanz

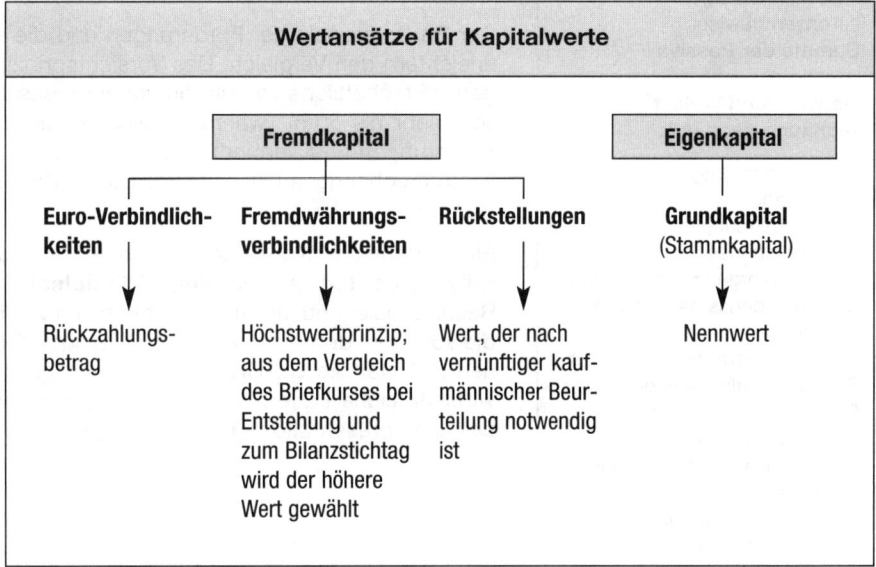

Bilanzpositionen nach IAS:

Aktiva
Barreserve
Forderungen an Kreditinstitute
Forderungen an Kunden
  Risikovorsorge
Handelsaktiva
Finanzanlagen
Sachanlagevermögen
Kapitalanlagen der Versiche-
  rungsgesellschaften
Sonstige Aktiva
Summe der Aktiva

Passiva
Verbindlichkeiten gegenüber
  Kreditinstituten
Verbindlichkeiten gegenüber
  Kunden
Verbriefte Verbindlichkeiten
Rückstellungen
Sonstige Passiva
Nachrangkapital
Anteile in Fremdbesitz
Eigenkapital
  Gezeichnetes Kapital
  Kapitalrücklage
  Gewinnrücklagen
  Konzerngewinn
Summe der Passiva

**Gewinn- und Verlust-
rechnung nach IAS:**

Erfolgsrechnung
Zinserträge
Zinsaufwendungen
Zinsüberschuss
Risikovorsorge im Kreditgeschäft
Zinsüberschuss nach Risiko-
  vorsorge
Provisionserträge
Provisionsaufwendungen
Provisionsüberschuss
Handelsergebnis
Überschuss im Versicherungs-
  geschäft
Verwaltungsaufwand
Sonstige Erträge
Sonstige Aufwendungen
Jahresüberschuss vor Steuern
Ertragsteuern
Jahresüberschuss

Gewinnrechnung
Jahresüberschuss
Konzernfremden Gesellschaften
  zustehender Gewinn
Auf konzernfremde Gesell-
  schaften entfallender Verlust
Einstellung in Gewinnrücklagen

Konzerngewinn

IAS-Rechnungslegung für Banken

Die wachsende Globalisierung deutscher Konzerne und die verstärkte Inanspruchnahme ausländischer Kapitalmärkte macht für international ausgerichtete Banken eine stärkere Anpassung an internationale Rechnungslegungsstandards des **International Accounting Standards Committee (IASC)** notwendig. Dieses Komitee wurde 1973 gegründet, um weltweit anerkannte Rechnungslegungsstandards zu entwickeln. Derzeit sind die IAS von Mitgliedsorganisationen in 85 Ländern anerkannt.

Seit 1995 bilanzieren einzelne, international agierende Kreditinstitute ihren **Jahresabschluss nach IAS**. Dies war notwendig geworden durch die Verlagerung des Investment Banking nach London und den wachsenden Anteil ausländischer Aktionäre, die eine stärkere Transparenz nach dem Shareholder-Value-Denken forderten. Danach wird es nicht mehr akzeptiert, dass in den Bilanzen Vermögen „versteckt" und in größerem Maße stille Reserven gebildet werden. Rückstellungen sind nur begrenzt, mit Ausnahme von Pensionsrückstellungen, möglich. Das Vorsichtsprinzip tritt hinter eine „true and fair view" zurück.

Die IAS-Rechnungslegung basiert auf den folgenden Rahmenbedingungen (Framework):

- Reliability (Zuverlässigkeit)
- Understandability (Verständlichkeit)
- Relevance (Wesentlichkeit)
- Comparability (Vergleichbarkeit)

Der Bruttoausweis der Forderungen und die separate Position „Risikovorsorge" erleichtern den Vergleich. Das Vorsichtsprinzip ist zwar generell zu berücksichtigen, wirtschaftliche Vorteile sind aber bereits dann zu erfassen, wenn sie zu deutlich mehr als 50 % „wahrscheinlich" (realisierbar) sind. Daher können z. B. bei Forderungen und Verbindlichkeiten in fremden Währungen durch die Stichtagskursumrechnung auch nicht realisierte Kursgewinne erfolgswirksam angesetzt werden.

Einige deutsche Konzerne bilanzieren nach **US-GAAP (United States – Generally Accepted Accounting Principles)**, einer nationalen, amerikanischen Rechnungslegungsnorm. Im Unterschied zur Rechnungslegung nach dem HGB, die vor allem den Interessen der Gläubiger, Eigentümer und Steuerbehörden dienen soll, hat die US-GAAP vorwiegend die Investoren im Blick. Sie wollen die wirtschaftliche Lage und das Ertragspotential dargestellt wissen und verlangen eine „fair presentation", das heißt ungeschminkte Darstellung.

Steuerrechtliche Bewertungsvorschriften

Nach dem Prinzip der Maßgeblichkeit der Handelsbilanz für die Steuerbilanz gelten die handelsrechtlichen Wertansätze grundsätzlich auch für die Steuerbilanz.

Nach dem Grundsatz der Maßgeblichkeit wird die Steuerbilanz auf der Grundlage der Handelsbilanz erstellt

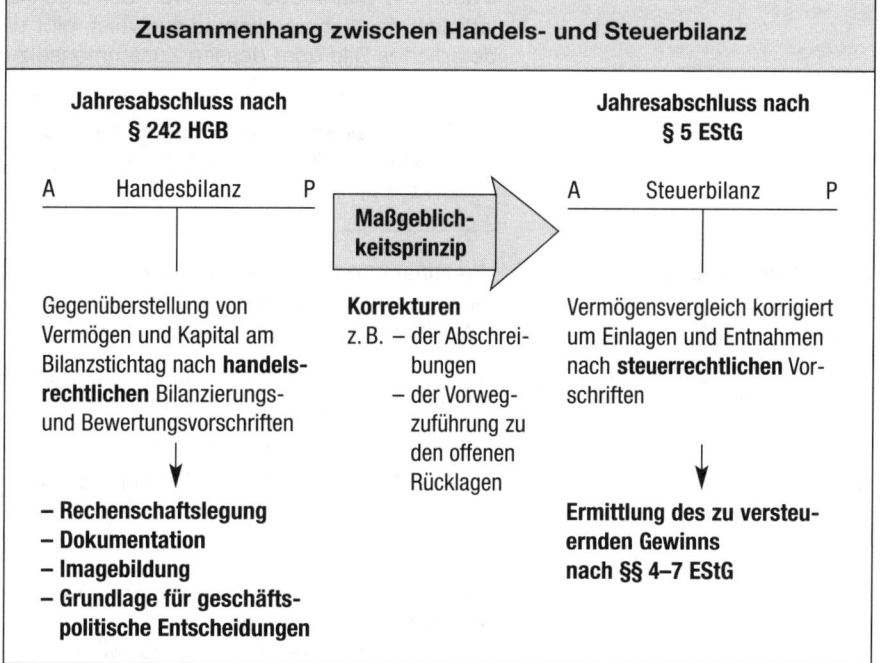

Zusammenhang zwischen Handels- und Steuerbilanz

Jahresabschluss nach § 242 HGB		**Jahresabschluss nach § 5 EStG**
A Handesbilanz P	**Maßgeblich-keitsprinzip**	A Steuerbilanz P
Gegenüberstellung von Vermögen und Kapital am Bilanzstichtag nach **handelsrechtlichen** Bilanzierungs- und Bewertungsvorschriften	**Korrekturen** z. B. – der Abschreibungen – der Vorwegzuführung zu den offenen Rücklagen	Vermögensvergleich korrigiert um Einlagen und Entnahmen nach **steuerrechtlichen** Vorschriften
– Rechenschaftslegung – Dokumentation – Imagebildung – Grundlage für geschäftspolitische Entscheidungen		Ermittlung des zu versteuernden Gewinns nach §§ 4–7 EStG

Aufgaben

1. Nennen Sie typische Beispiele der Bilanzierung, in denen eine Bewertung erforderlich ist.

2. Skizzieren Sie die wesentlichen handelsrechtlichen und steuerrechtlichen Grundsätze, die bei der Bewertung in der Rechnungslegung der Kreditinstitute eine Rolle spielen.

3. Erläutern Sie die handelsrechtlichen Bewertungsprinzipien für die Rechnungslegung.

4. Begründen Sie, weshalb der Gesetzgeber den Kreditinstituten in § 340 f HGB einen größeren Bewertungsspielraum gegeben hat, als dies in anderen Branchen zulässig ist. Stellen Sie die Argumente der Kritiker dieser Regelung dagegen, und wägen Sie die einzelnen Gesichtspunkte gegeneinander ab.

5. a) Erläutern Sie die Beweggründe international agierender Banken, ihren Jahresabschluss nach IAS zu bilanzieren.

   b) Skizzieren Sie die wesentlichen Rahmenbedingungen der IAS-Rechnungslegung.

6.4.10 Jahreserfolgsrechnung

Sowohl die Bilanz als auch die Gewinn- und Verlustrechnung geben indirekt beziehungsweise direkt Auskunft über den Erfolg eines Geschäftsjahres. Während jedoch die Bilanz über den Wert der Eigenkapitaländerung im Laufe des Jahres lediglich das Jahresergebnis ausweist, gibt die Gewinn- und Verlustrechnung ein detailliertes Bild über dessen Zusammensetzung.

> Die **Jahreserfolgsrechnung in der GuV** hat die Aufgabe, über die getrennte Darstellung der einzelnen Aufwendungen und Erträge die Entstehung und Zusammensetzung des Jahresergebnisses aufzuzeigen.

Kontenform der GuV

Aufwendungen	Erträge
Bilanzgewinn	Bilanzverlust

Bruttoprinzip

Kreditinstitute können nach der Rechnungslegungsverordnung auch die Kontenform wählen. Für Sparkassen ist diese verbindlich vorgeschrieben. In der Praxis hat sich diese Darstellungsform überwiegend durchgesetzt.

Bei der Aufstellung der Gewinn- und Verlustrechnung haben die Banken grundsätzlich das **Bruttoprinzip** zu beachten.

> Das **Bruttoprinzip** in der Gewinn- und Verlustrechnung verbietet grundsätzlich die Verrechnung von Aufwendungen und Erträgen.

Die Möglichkeiten der Banken, stille Reserven zu bilden, machen es jedoch in beschränktem Maße notwendig, dieses Prinzip zu durchbrechen. Andernfalls könnte ein Bilanzleser aus der Gewinn- und Verlustrechnung Rückschlüsse darauf ziehen, inwieweit stille Reserven gebildet oder aufgelöst wurden. Deshalb könnten bestimmte Aufwendungen und Erträge aus Wertpapiergeschäften oder Beteiligungen sowie aus Forderungen miteinander verrechnet werden, so dass in der GuV jeweils nur der Saldo ausgewiesen wird.

Die Ertragsseite der GuV ist nach den Geschäftsarten der Bank gegliedert. Auf der Aufwandsseite lässt sich diese Unterteilung nur teilweise feststellen. Die Frage, welchen Erfolg die einzelnen Geschäftssparten oder Bereiche der Unternehmung erzielt haben, lässt sich mit der GuV nicht beantworten. Für diesen Zweck benötigen die Banken die Kosten- und Leistungsrechnung, welche auf dem Zahlenwerk der GuV aufbaut.

Der **Bilanzgewinn** bzw. **Bilanzverlust** kann aus dem Jahresüberschuss bzw. -fehlbetrag nach folgendem Schema ermittelt werden:

       Jahresüberschuss/Jahresfehlbetrag
  +   Gewinnvortrag
  −   Verlustvortrag
  +   Entnahmen aus Rücklagen
  +   Entnahmen aus Genussrechtskapital
  −   Einstellungen in die Gewinnrücklagen
  −   Zugänge zum Genussrechtskapital

Bilanzgewinn bzw. Bilanzverlust

Ermittlung des Teilbetriebsergebnisses

Zinserträge
+ laufende Erträge
+ Erträge aus Gewinn-
  gemeinschaften u. ä.
+ Provisionserträge

– Zinsaufwendungen
– Provisionsaufwendungen
– Allgemeine Verwaltungs-
  aufwendungen
– Abschreibungen und
  Wertberichtigungen auf
  immaterielle Anlagewerte
  und Sachanlagen

Teilbetriebsergebnis

Damit wird der Bilanzgewinn durch Größen beeinflusst, welche der Vorstand bzw. Aufsichtsrat festlegen können. Das Jahresergebnis wird deshalb in der Praxis überwiegend mittels des **Teilbetriebsergebnisses** bewertet, das von den Banken im Rahmen ihres Jahresabschlusses veröffentlicht werden muss.

Den Erfolg des laufenden Geschäftes spiegelt im Wesentlichen das **Betriebsergebnis** wider:

Teilbetriebsergebnis
– Ergebnis des Eigenhandels in Wertpapieren,
  Derivaten, Devisen und Edelmetallen
– Saldo sonstiger betrieblicher Erträge und Aufwendungen
– Risikovorsorge

Betriebsergebnis

Aufgaben

1. Erklären Sie die wesentlichen Anforderungen, die an eine aussagefähige Gewinn- und Verlustrechnung zu stellen sind.

2. Erläutern Sie die „Kompensation" in der GuV der Kreditinstitute. Begründen Sie, weshalb diese Verrechnungsmöglichkeiten die notwendige Ergänzung für die Bildung stiller Reserven nach § 340 f HGB sind.

3. Vergleichen Sie die Aussagefähigkeit des Jahresüberschusses und des Teilbetriebsergebnisses.

6.4.11 Rechnungswesen als Instrument der Geschäftssteuerung: Controlling

Bei vielen geschäftspolitischen Entscheidungen, zum Beispiel bei der Konditionengestaltung, bei der Fortführung von Zweigstellen oder bei der Produktgestaltung, hat es sich gezeigt, dass die Informationen aus der Finanzbuchhaltung der Finanzbank AG nicht ausreichend sind. Deshalb entschließt sich die Geschäftsleitung zur Erweiterung dieses Rechnungswerkes um die Kosten- und Erlösrechnung.

Die Kosten- und Erlösrechnung bildet eine wesentliche Grundlage des Controlling.

Controlling

> Die **allgemeine Aufgabe** des **Controlling** ist die langfristige Steuerung der Bank durch Ergebniskontrolle und kurzfristige Beeinflussung des Betriebsablaufs (to control = steuern).

Die für das Controlling erforderlichen Informationen werden mittels der EDV beschafft und aufbereitet.

Controlling basiert auf der Erhebung und Auswertung vielfältiger Informationen

Erfassung von	Auswertungsbeispiele
● Sachkosten ● Personalkosten ● Statistischen Daten ● Finanzbewegungen	● Personalbedarfsplanung ● Erfolgs- und Kostenanalyse ● Rentabilitäts- und Produktivitäts- kennzahlen-Analyse ● Risikokostenkalkulation ● Betriebsvergleich ● Kalkulation ● Prognose

Die Informationen werden nach der Erfassung aufgrund eigener oder fremder Programme in die vom Controller gewünschte Form gebracht. Er muss dafür sorgen, dass alle Entscheidungsträger bis zum Mitarbeiter oder Verantwortung tragenden Sachbearbeiter mit den notwendigen Informationen, zum Beispiel über Umsätze, Konditionen, Erträge und Aufwendungen je Kunde, Sparte oder Geschäftsstelle, versorgt werden.

Aufgaben der Kosten- und Leistungsrechnung im Rahmen des Controlling

Die Kosten- und Leistungsrechnung soll sichtbar machen, wie die bankbetrieblichen Tätigkeiten die Kosten und Leistungen und damit den Betriebsgewinn verändern. Sie ist somit die „Messlatte" für alle Bemühungen um die Verbesserung der Wirtschaftlichkeit des Arbeitsprozesses. Die für eine Kosten- und Erlösrechnung notwendigen Grundinformationen werden in der Hauptsache aus der Finanzbuchhaltung und zum wesentlichen Teil aus der Betriebsstatistik bezogen.

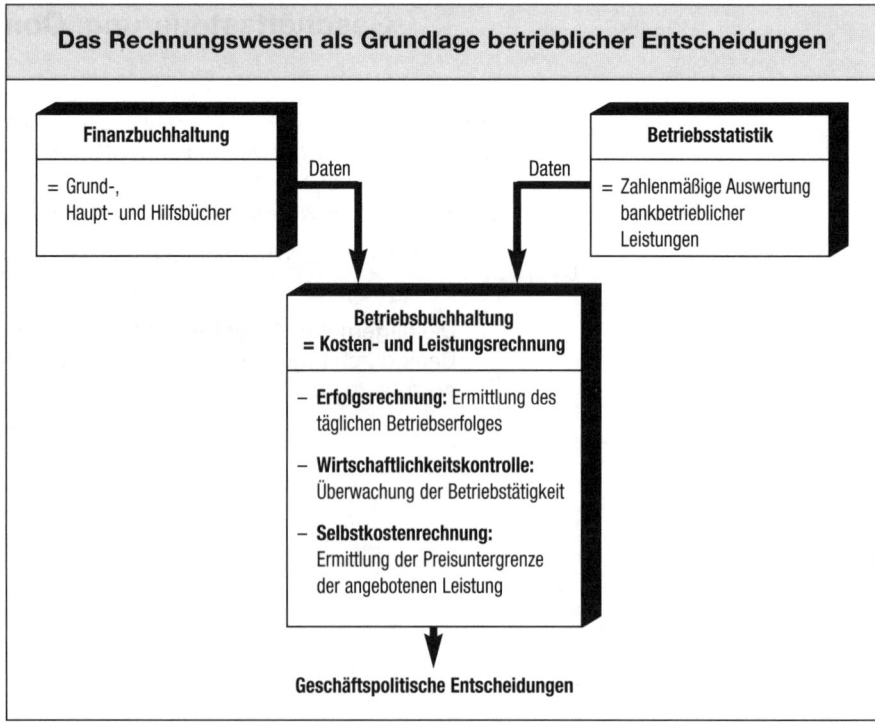

Das Rechnungswesen als Grundlage betrieblicher Entscheidungen

Finanzbuchhaltung

= Grund-,
Haupt- und Hilfsbücher

Daten →

← Daten

Betriebsstatistik

= Zahlenmäßige Auswertung
bankbetrieblicher
Leistungen

**Betriebsbuchhaltung
= Kosten- und Leistungsrechnung**

– **Erfolgsrechnung:** Ermittlung des
  täglichen Betriebserfolges

– **Wirtschaftlichkeitskontrolle:**
  Überwachung der Betriebstätigkeit

– **Selbstkostenrechnung:**
  Ermittlung der Preisuntergrenze
  der angebotenen Leistung

Geschäftspolitische Entscheidungen

Personalzusatzkosten
Anteile im westdeutschen Kreditgewerbe in %

Gesetzlich veranlasste Kosten

35,2

5,7 — Sonstige

2,5 — Entgeltfortzahlung im Krankheitsfall

27,0 — Renten-, Kranken-, Pflegeversicherung

2001

Tariflich/betrieblich veranlasste Kosten

66,5

15,0 — Sonstige

16,3 — betriebliche Altersversorgung

20,1 — Sonderzahlungen (13. Monatsgehalt, Gratifikation etc.)

15,1 — Urlaubsgeld

2001

Quelle:
http://www.agvbanken.de, 13.06.02

Die Kosten- und Leistungsrechnung soll insbesondere folgende Teilfragen beantworten:

● Welche betrieblichen Vorgänge verursachen die Kosten?

● Wie können Kosten und Erlöse gesteuert werden?

● Wie wird die Zins-, Gebühren- und Sortimentspolitik optimal gestaltet?

Controlling besteht in der Finanzbank AG aus folgenden Elementen:

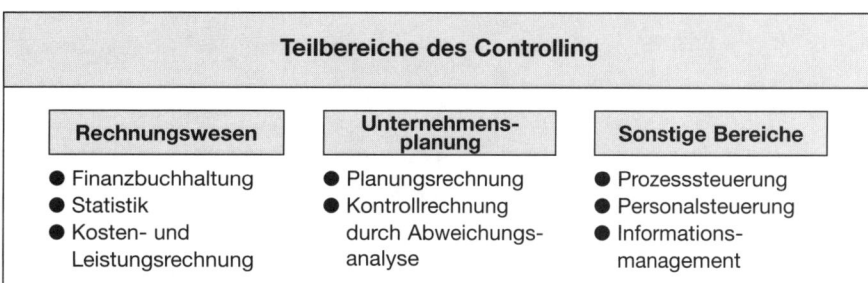

Teilbereiche des Controlling

Rechnungswesen	Unternehmens-planung	Sonstige Bereiche
● Finanzbuchhaltung ● Statistik ● Kosten- und Leistungsrechnung	● Planungsrechnung ● Kontrollrechnung durch Abweichungsanalyse	● Prozesssteuerung ● Personalsteuerung ● Informationsmanagement

Aufgaben

1. Erläutern Sie die Aufgaben der Kosten- und Leistungsrechnung im Rahmen des Controlling.

2. Erklären Sie die Funktion des Controlling in Banken.

7 Privatkundengeschäft

Bedarf der Privatkunden

Das Privatkundengeschäft, die Betreuung der „breiten" Kundschaft (Retail-Banking), ist dadurch geprägt, dass deren Bedarf zum größten Teil mit **standardisierten Produktbündeln** befriedigt werden kann.

Der wesentliche Vertriebsweg für diese Zielgruppe ist die **Geschäftsstelle**, in der die Kunden von einem **Betreuungsteam** beraten werden. Zunehmend nutzen diese Kunden jedoch Automaten sowie die Möglichkeiten des Telefon- oder Home-Banking.

7.1 Das Konto – die Grundlage der Geschäftsbeziehung mit Kreditinstituten

Werbeanzeige der
Finanzbank AG

Sechs gute Gründe, sich für das Finanzbank Privat-Konto zu entscheiden

Das Finanzbank Privat-Konto

- macht unabhängig,
- spart Zeit und Mühe,
- schafft finanziellen Spielraum,
- Bargeld zu jeder Zeit,
- macht mehr aus Ihrem Geld,
- bietet Ihnen das ganze Know-how einer großen Bank.

Lernziele

- Die Bedeutung des Bankkontos für die Kreditinstitute und die Kunden beschreiben,
- wichtige Kontoarten und ihre grundlegende Bedeutung für den Bankverkehr unterscheiden,
- wesentliche Merkmale des Kunden-Kontokorrent und des Banken-Kontokorrent skizzieren,
- wesentliche Rechtsvorschriften bei der Kontoeröffnung anwenden,
- grundlegende Vorschriften zum Bankgeheimnis und zur Bankauskunft darlegen,
- gängige Möglichkeiten der Kontoverfügung erklären,
- die Kontoführung nach dem Tode des Kunden erläutern.

Begriff des Bankkontos

> Das **Bankkonto** ist eine **Rechnung der Bank** für ihre Kunden (Kontoinhaber), in der
>
> ● die **Bestände** der Forderungen und Verbindlichkeiten aus dieser Geschäftsverbindung und
>
> ● die **Veränderungen** dieser Bestände als Gutschriften und Belastungen erfasst werden.

Die Eröffnung eines Kontos ist somit die Voraussetzung für die Aufnahme der geschäftlichen Beziehungen zwischen der Bank und ihrem Kunden. Für beide Geschäftspartner ist das Konto von erheblicher Bedeutung.

Bedeutung des Bankkontos für Kunden und Bank

Preismodelle für Privatkonten	EUR
Pauschalpreis pro Monat	6,14
Berufseinsteiger[1]	3,07
Abrufe am Kontoauszugsdrucker	kostenlos
Zusendung – pro Tagesauszug	Porto
Überweisungen – Überweisungsaufträge – auf Vordrucken – für privat genutzte Konten – über Privatkundenportal /HomeBanking	0,18[P] 0,08[P]
– Überweisungsaufträge (Inland) – für privat genutzte Konten	0,18[P]
Daueraufträge – Einrichtung/ Änderung (Inland)	1,28[P]
Lastschrifteinlösung	0,18[P]

[1] Im ersten Jahr nach der Ausbildung.
[P] Im Pauschalpreis enthalten.

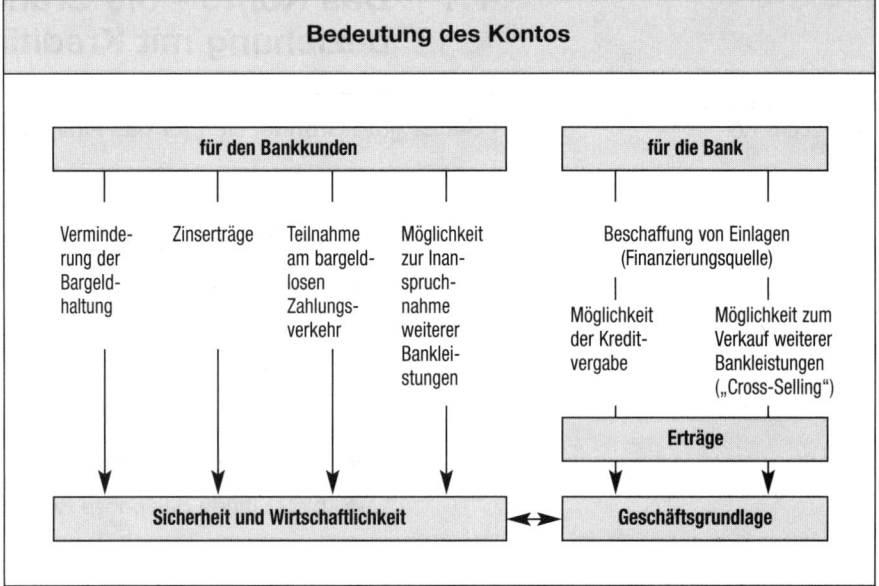

Bedeutung des Kontos

Dem Kunden bietet damit die Kontoverbindung **Sicherheit**, **Bequemlichkeit** und **Rentabilität**.

Neben diesen grundlegenden Gesichtspunkten war nach dem Zweiten Weltkrieg die allgemeine Einführung der bargeldlosen Gehaltszahlung ein wesentlicher Grund für die weite Verbreitung des Bankkontos. Durch diese Art der Auszahlung von Löhnen und Gehältern haben auch die Arbeitgeber erhebliche Vorteile:

– Einsparungen in der Lohnbuchhaltung,

– Zinsgewinne und kleinere Risikokosten durch die verringerte Bargeldhaltung,

– geringere Fehlerquoten und

– Einschränkungen der Gehaltsvorschüsse.

Das Konto bietet somit der Bank selbst, dem Bankkunden und der gesamten Volkswirtschaft erhebliche wirtschaftliche Vorteile.

7.1.1 Kontoarten

Die verschiedenen Geschäfte der Banken lt. § 1 KWG bedingen unterschiedliche Kontoarten.

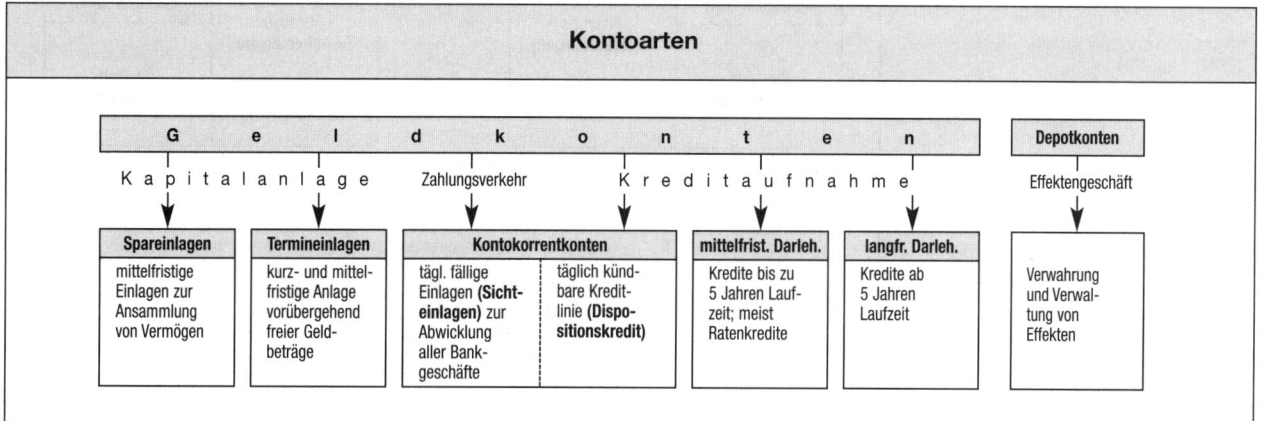

Kunden-Kontokorrentkonto

§§ 355 ff. HGB

> Auf dem **Kunden-Kontokorrentkonto** (KK-Konto) werden laufend alle zwischen der Bank und den Kunden entstehenden Forderungen und Verbindlichkeiten **(Abbuchungen und Zahlungseingänge)** erfasst und in regelmäßigen Zeitabständen einschließlich Zinsen aufgerechnet **(saldiert)**.

Merkmale der KK-Konten

Das Kunden-Kontokorrentkonto dient zur Abwicklung aller Bankgeschäfte. Die Einlagen der Kunden auf diesen Konten sind täglich fällig **(Sichteinlagen)** und werden in der Regel mit einem geringen Habenzinssatz – meist 0,5 % p. a. – verzinst. Die Kredite, die auf diesen Konten in Form einer Kreditlinie eingeräumt werden, dienen grundsätzlich der Erfüllung eines kurzfristigen Finanzbedarfs der Kunden und sind ebenfalls täglich kündbar. Die Sollzinsen, deren Höhe von der Marktlage abhängt, werden von dem jeweils in Anspruch genommenen Kredit gerechnet.

Der Gesetzgeber hat für die Führung der Kontokorrentkonten unter anderen folgende Regeln aufgestellt:

vgl. § 1 HGB

● Das Kontokorrent dient der Verrechnung von Geldforderungen. Dabei sind auch Fremdwährungskonten möglich.

● Ein Vertragspartner muss Kaufmann sein. Bei Kreditinstituten ist diese Bedingung immer erfüllt.

● Das Kontokorrent muss mindestens einmal jährlich abgeschlossen werden.

● Das Kontokorrentverhältnis kann von beiden Parteien jederzeit gekündigt werden.

Das Kontokorrentkonto:
eine Verbindung von
Aktiv- und Passivkonto

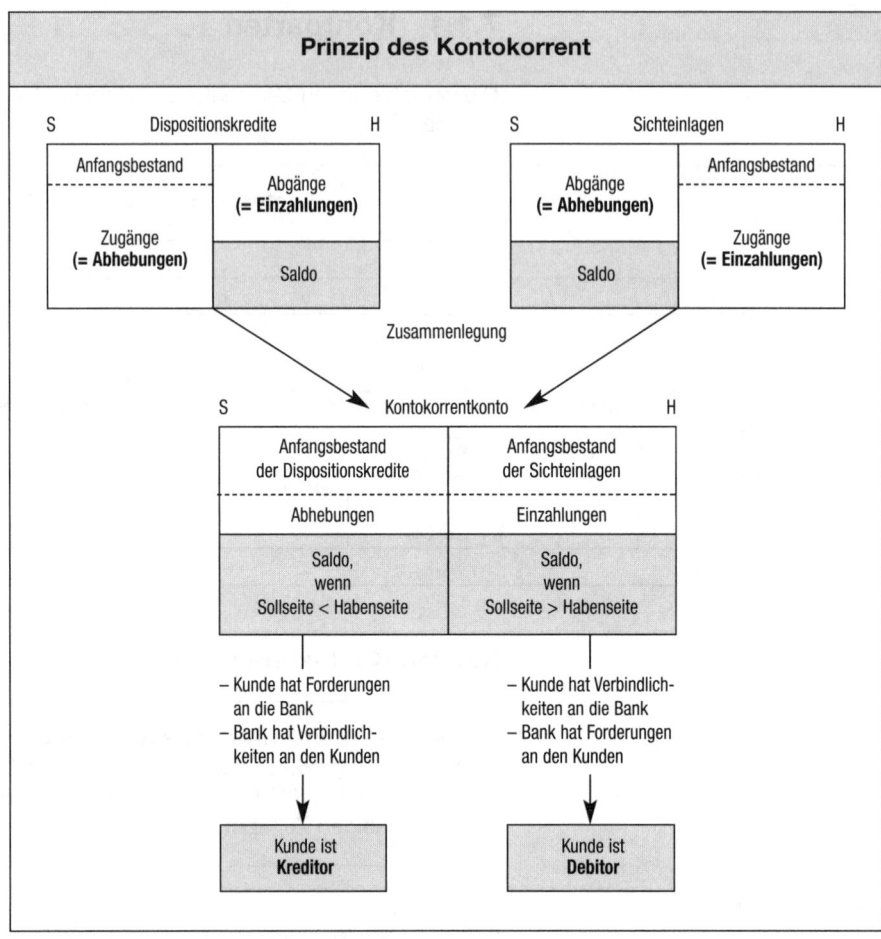

Girokonten

Girokonten sind Kontokorrentkonten, die nur auf Guthabenbasis geführt
werden dürfen.

„Reine" Girokonten werden nur noch von der Deutschen Bundesbank verlangt.
Die **Spargirokonten** der Sparkassen werden auch debitorisch genutzt und sind
somit normale Kontokorrentkonten.

Banken-Kontokorrentkonto

Trotz des starken Wettbewerbs auf dem Bankenmarkt müssen die Kreditinstitute in vielen Bereichen, z. B. im Zahlungsverkehr, zusammenarbeiten. Die Abwicklung erfolgt dabei über Banken-Kontokorrentkonten, welche die Kreditinstitute gegenseitig unterhalten.

Lorokonto

> Als **Lorokonto** (loro = ihr) bezeichnet man das Konto der fremden Bank, das im eigenen Haus geführt wird.

Nostrokonto

> Als **Nostrokonto** (nostro = unser) wird das Konto der eigenen Bank, das bei dem fremden Kreditinstitut geführt wird, angesehen.

Somit hängen diese Bezeichnungen vom jeweiligen Standort des Betrachters ab.

Das Banken-Kontokorrent

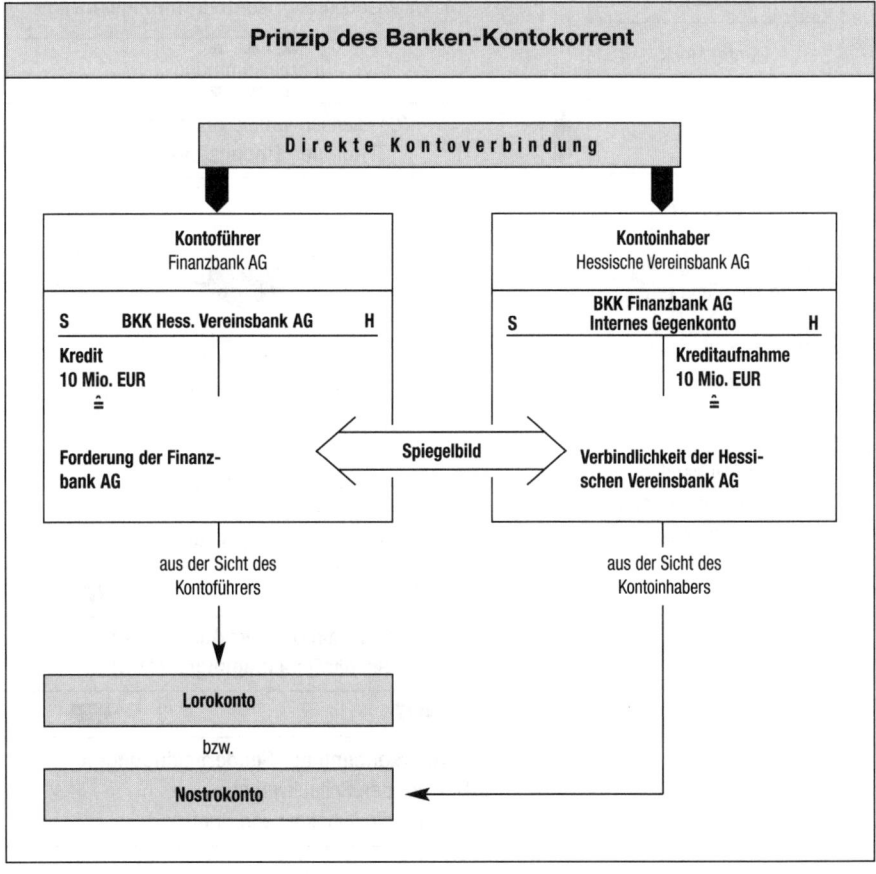

7.1.2 Kontovertrag

Günter Hock ist kaufmännischer Angestellter bei einem Industrieunternehmen. Als er versetzt wird, eröffnet er bei der Finanzbank AG zusammen mit seiner Frau ein Konto. Der Kundenberater erfasst alle Daten von Günter Hock auf einem Kontoeröffnungsantrag.

Das Geschäftsverhältnis zwischen der Bank und dem Kunden wird durch einen **Kontovertrag** begründet, der durch zwei übereinstimmende Willenserklärungen zustande kommt.

§ 675 BGB   Diese Vereinbarung zielt auf eine **entgeltliche Geschäftsbesorgung** und begründet ein **Dauerschuldverhältnis** zwischen der Bank und dem Kunden.

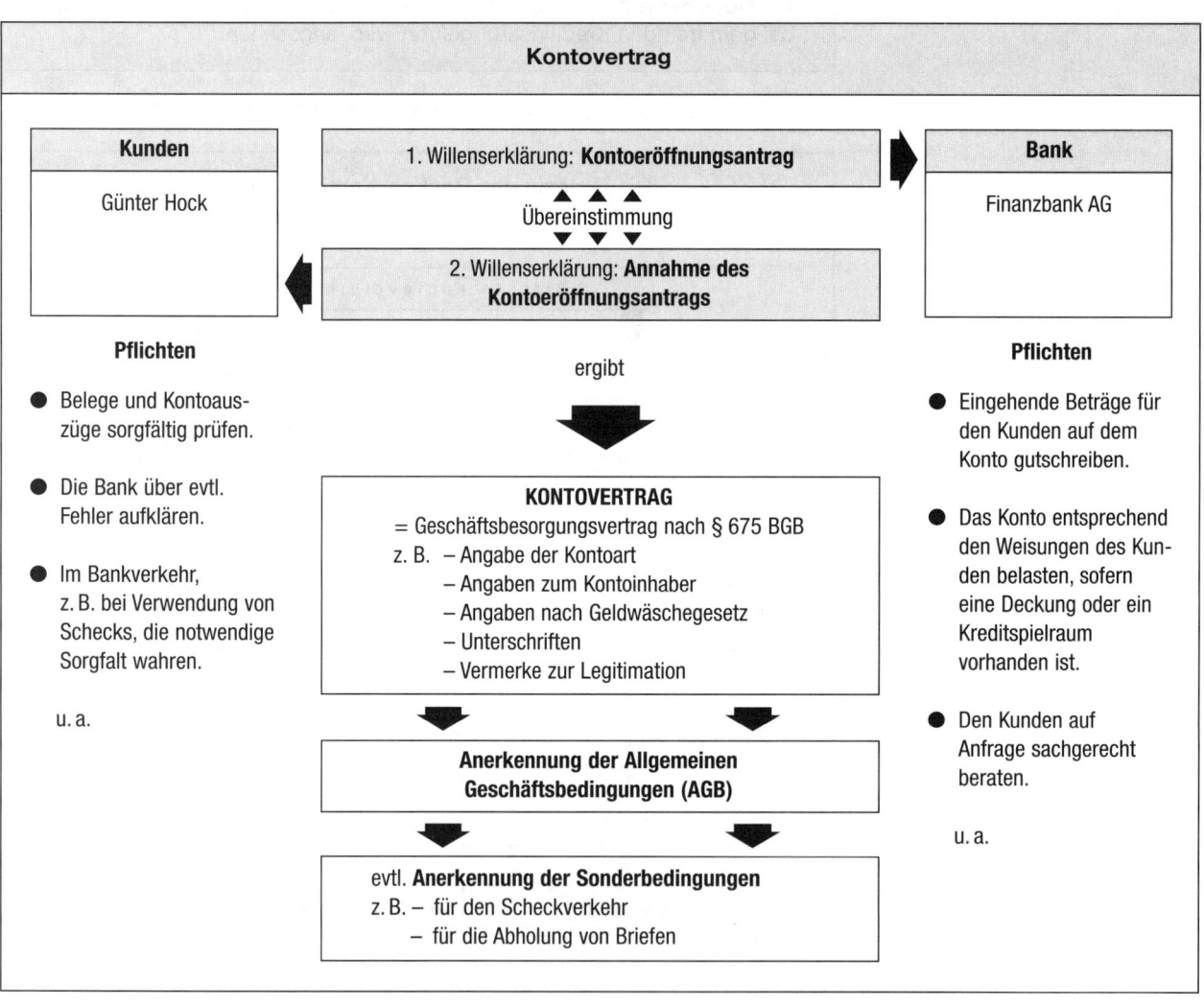

Will jemand ein Bankkonto eröffnen, so muss er sich gegenüber der Bank legitimieren. Diese hat die entsprechenden Angaben auf dem Kontoeröffnungsformular
zu vermerken. Bei Konten, die ab 1992 eröffnet wurden, ist auch die Legitimation
eventuell Bevollmächtigter festzuhalten.

„Geldwäscheparagraf"
§ 261 StGB

Zur **Abwehr von Geldwäscheaktionen** hat die Bundesanstalt für Finanzdienstleistungsaufsicht (BAFin) weitere Anforderungen definiert:

● Hat der Kunde sich bereits früher legitimiert und ist er persönlich bekannt,
kann auf eine dokumentenmäßige Identifizierung verzichtet werden. Dabei
genügt es, wenn der Kunde einem Kollegen des Beraters bekannt ist. Dies gilt
jedoch nicht für sogenannte Altkunden, die ein neues Konto eröffnen und sich
bisher nicht legitimiert haben.

Identifizierung durch
zuverlässige Dritte

● Kann ein Kreditinstitut die Identifizierung aus wichtigem Grund nicht selbst
durch seine Angestellten vornehmen lassen, kann es die Identifizierung in seinem Auftrag durch „zuverlässige Dritte" durchführen lassen. „Zuverlässige
Dritte" sind insbesondere

– Drittbanken,

– Notare,

– die Deutsche Post AG (PostIdent Service),

– sonstige zuverlässige Dritte.

Zuverlässige Dritte sind nur Erfüllungsgehilfen des kontoeröffnenden Kreditinstituts. Die Verantwortung für die ordnungsgemäße und vollständige Durchführung der Identifizierung obliegt weiterhin dem kontoeröffnenden Kreditinstitut.

Sofern neben den genannten Personengruppen sonstige Dritte für die Identifizierung des Kunden herangezogen werden, hat sich das Kreditinstitut grundsätzlich bei Beginn der Zusammenarbeit von der Zuverlässigkeit des Dritten
und der von ihm eventuell für diesen Zweck eingesetzten Mitarbeiter zu überzeugen. Das Kreditinstitut hat auch dafür zu sorgen, dass die zur Identifizierung eingesetzten Personen über die Anforderungen, die an die Durchführung der Identifizierung zu stellen sind, unterrichtet werden. Außerdem muss
sichergestellt sein, dass die Aufzeichnungen über eine erfolgte Identifizierung
dem Kreditinstitut unmittelbar übersandt werden.

§ 154 Abgabenordnung (AO)

Niemand darf auf einen falschen oder erdichteten Namen für sich oder einen Dritten ein Konto errichten oder Buchungen vornehmen lassen …

Kontoeröffnungsformular

Oder-Konto/Depot
(Einzelverfügungsberechtigung)

An die

Finanzbank AG

Ablagehinweis der Bank
Kunden-Stammnummer   154 673 000

Wir bitten um Eröffnung eines gemeinschaftlichen Kontos bzw. Depots mit der Maßgabe, dass **jeder von uns selbstständig** über Konto und Depot unbeschränkt, insbesondere auch zu eigenen Gunsten, verfügen kann, und zwar auch im Falle des Ablebens eines jeden von uns. Vollmachten über dieses Konto und Depot können durch

☒ jeden von uns

☐ nur durch uns gemeinsam

erteilt werden. (Hinweis: Gewünschtes bitte ankreuzen; fehlt eine Angabe, kann jeder Kontoinhaber Vollmacht erteilen).
Sie sind berechtigt, alle Beträge und Wertpapiere, die für einen von uns eingehen, sei es von dritter Seite oder von einem von uns, bei unseren Lebzeiten oder nach dem Ableben eines jeden von uns, unserem gemeinschaftlichen Konto/Depot gutzubringen, soweit nicht der Eingang ausdrücklich ein anderes Konto/Depot bestimmt.
Jeder von uns ist selbstständig berechtigt, Verbindlichkeiten zu Lasten des Kontos unter unserer gesamtschuldnerischen Haftung nach Maßgabe Ihrer Allgemeinen Geschäftsbedingungen einzugehen. Konto und Depot haften auch für Verbindlichkeiten eines jeden von uns gegenüber der Bank.
Jeder von uns kann die vorstehende Regelung mit Wirkung für die Zukunft Ihnen gegenüber widerrufen. Sodann sollen uns alle Rechte bezüglich des Kontos/Depots nur noch gemeinsam zustehen. Das Recht zum Widerruf hat bei Ableben eines von uns jeder Erbe. Eine Auflösung des Kontos/Depots kann nur durch uns gemeinsam erfolgen, jedoch im Falle des Ablebens der anderen Mitunterzeichnenden durch einen von uns.

Die im Zusammenhang mit der Kontoführung anfallende Post ist zu richten an: Günter Hock

Rotuferstraße 46, 88483 Rot

Jeder von uns kann verlangen, dass ihm die Post ebenfalls zugeleitet wird.
Maßgebend im Geschäftsverkehr sind die **Allgemeinen Geschäftsbedingungen** der Bank und für bestimmte Geschäftssparten ergänzend die besonderen Bedingungen für Sparkonten, für den Scheckverkehr und für den ec-Service, für Auslandsgeschäfte in Wertpapieren, für Optionsgeschäfte sowie die von der Internationalen Handelskammer aufgestellten Einheitlichen Richtlinien für Inkassi und für Dokumentenakkreditive.
Für Geschäfte in Wertpapieren, Devisen und Edelmetallen gelten die Usancen des jeweiligen Ausführungsplatzes sowie die Usancen der Ständigen Kommission für Angelegenheiten des Handels in amtlich nicht notierten Werten.
Der Wortlaut kann in den Geschäftsräumen der Bank eingesehen werden.
Die vorstehenden Erklärungen sowie die folgenden Unterschriftsproben sollen auch für künftig unter der oben angegebenen Kunden-Stammnummer eröffnete Konten gelten.

Laupheim, 17. März 20.. _____
Ort, Datum

Unterschriften der Kontoinhaber
Die nachfolgende Unterschrift, die gleichzeitig als Unterschriftsprobe für den Geschäftsverkehr gilt, bitten wir genau beizubehalten und nur **innerhalb des vorgesehenen Feldes** zu leisten.

Linda Hock   *Günter Hock*

Kontoeröffnung für Minderjährige

> Das **Konto für Minderjährige** wird grundsätzlich auf den Namen und die Adresse des Minderjährigen eröffnet. Außerdem erhält es den Zusatz „minderjährig".

Auf der Kontokarte ist zusätzlich zu vermerken, ab welchem Zeitpunkt der Kontoinhaber selbstständig über das Konto verfügen kann (in der Regel bei Volljährigkeit) und wer die gesetzlichen Vertreter sind.

Zustimmung beider Elternteile erforderlich

Giroverträge für Minderjährige dürfen grundsätzlich nur mit **Zustimmung beider Elternteile** abgeschlossen werden. Liegt nur die Einwilligung eines Elternteils vor, hat die Bank von dem anderen die schriftliche Genehmigung oder den Nachweis, dass ein Elternteil allein erziehungsberechtigt ist, zu verlangen. Gesetzlicher Vertreter eines nicht ehelichen Kindes ist in der Regel die Mutter.

Nach Ansicht der BAFin gibt es in der täglichen Bankpraxis faktisch kein Geschäft, das für Minderjährige lediglich rechtliche Vorteile bringt. Eine Generalermächtigung der Eltern für vergangene und zukünftige Bankgeschäfte bedarf einer eindeutigen, inhaltlich genau bestimmten Ausgestaltung. Sie darf jedoch nicht so weit gehen, dass der Minderjährige praktisch wie ein Geschäftsfähiger handeln könnte. Allgemeine Einwilligungen der Eltern, um bestimmte Kontoverfügungen wie zum Beispiel Barzahlungen, Überweisungen oder Daueraufträge zu veranlassen, sind dagegen unproblematisch.

Kontoeröffnung ohne Zustimmung gesetzlicher Vertreter?

Ist der Minderjährige ermächtigt, selbstständig ein Erwerbsgeschäft zu führen bzw. ein Arbeitsverhältnis einzugehen, so kann er das Konto auch ohne Zustimmung der gesetzlichen Vertreter eröffnen. Da die Banken nicht immer feststellen können, ob Verfügungen der Minderjährigen im Rahmen seines Geschäftsbetriebs bzw. seines Arbeitsverhältnisses erfolgen, lassen sie sich im Kontoeröffnungsantrag in der Regel eine vorsorgliche Erklärung der gesetzlichen Vertreter geben, nach der der Minderjährige unbeschränkt über das Konto verfügen kann.

Die Eröffnung eines Kontos für den Eingang der Ausbildungsvergütung eines Minderjährigen wird von den meisten Banken in gleicher Weise gehandhabt. Manche Kreditinstitute setzen hierbei jedoch einen strengeren Maßstab an, da sie keine sinngemäße Anwendung der Vorschriften für die Genehmigung eines Arbeitsverhältnisses unterstellen.

Konten für Gebietsfremde
§§ 6 ff. AWG
§ 59 AWV

Wird ein Bankkonto für einen **Gebietsfremden** eröffnet, so sind die Bestimmungen des Außenwirtschaftsgesetzes (AWG) und der Außenwirtschaftsverordnung (AWV) zu beachten, die Sonderregelungen, wie z. B. Verzinsungsverbote für Kapitalanlagen von Gebietsfremden, vorsehen können. Als **„Gebietsfremde"** sind dabei

● natürliche Personen mit Wohnsitz oder gewöhnlichem Aufenthalt (i. d. R. mindestens 6 Monate) in fremden Wirtschaftsgebieten und

● juristische Personen und Personenhandelsgesellschaften mit Sitz ihrer Leitung außerhalb der Bundesrepublik Deutschland

anzusehen.

Bei der Legitimationsprüfung sind die Vorschriften zur Visumpflicht und zur Aufenthaltsgenehmigung zu berücksichtigen.

7.1.3 Verfügungsberechtigte

Mit dem Abschluss des Kontovertrages ist eine Vereinbarung über die Verfügungsberechtigung bei den eröffneten Konten zu treffen.

> Die **Verfügungsberechtigung** beinhaltet die Fähigkeit, ein bestehendes Kontoverhältnis zu ändern oder aufzuheben.

Verfügungsberechtigt ist in erster Linie der Kontoinhaber, wobei auch mehrere Personen denkbar sind. Daneben können rechtswirksame Handlung vornehmen

● die **gesetzlichen Vertreter natürlicher Personen**, z. B. die Eltern – gemeinschaftlich oder ausnahmsweise allein –, der Vormund, Betreuer oder Pfleger;

● die **gesetzlichen Vertreter von Personenhandelsgesellschaften oder juristischen Personen**, z. B. die Gesellschafter, die Geschäftsführer oder der Vorstand;

● die **rechtsgeschäftlichen Vertreter** des Kontoinhabers, z. B. Bankbevollmächtigte, Prokuristen oder Handlungsbevollmächtigte laut § 54 HGB.

Diese Vertretungsbefugnisse werden auf den Kontoeröffnungsanträgen festgehalten. Dabei müssen grundsätzlich alle Verfügungsberechtigten eine Unterschriftenprobe hinterlegen.

Auch Kontobevollmächtigte müssen sich legitimieren

Alle Personen, die zur Verfügung über das Konto bevollmächtigt sind (Kontovollmacht), gelten als Verfügungsberechtigte im Sinne des § 154 AO. Diese Regelung erstreckt sich auf alle neu errichteten Konten und Schließfächer sowie für die Kontovollmachten, welche nach dem 31.12.1991 an bestehenden Konten und Schließfächern eingeräumt wurden.

Deshalb sind die Namen aller Verfügungsberechtigten, deren Geburtsdatum sowie Wohnsitz auf dem Kontostammblatt festzuhalten.

7.1.4 Legitimationsprüfung

Vorschriften des Bundesfinanzministeriums zur Legitimationsprüfung

Das Bundesfinanzministerium hat unter anderem folgende Regeln für die Kontoeröffnung natürlicher Personen aufgestellt:

● Die Legitimationsprüfung hat vor der Eröffnung des Kontos stattzufinden.

● Ein Konto kann zwar bereits vor Abschluss der Legitimationsprüfung errichtet werden, Verfügungen sind jedoch erst danach zulässig.

● Bei natürlichen Personen muss sich die Legitimationsprüfung auf den vollständigen Namen, das Geburtsdatum und den Wohnsitz des Antragstellers beziehen.

● Die Angaben über den Kontoinhaber sind auf den Kontounterlagen (Stammblatt oder Kontoleitkarte) zu vermerken. Die Eröffnung sogenannter Nummernkonten ist verboten.

Die Vorschrift des BGB, nach der ein beschränkt Geschäftsfähiger Geschäfte, die ihm lediglich einen rechtlichen Vorteil bringen, ohne Zustimmung der gesetzlichen Vertreter rechtsgültig abschließen kann, findet im Kontoverkehr keine Anwendung. Selbst die Barabhebung eines beschränkt Geschäftsfähigen bringt diesem einen rechtlichen Nachteil, weil er dadurch seine Forderung gegenüber der Bank verringert.

Legitimationsprüfung bei Minderjährigen

> Die **Legitimationsprüfung** laut § 154 AO beschränkt sich auf die Personalien des beschränkt Geschäftsfähigen. Aus zivilrechtlichen Gründen halten die Banken auch die Angaben über die gesetzlichen Vertreter fest.

Der beschränkt Geschäftsfähige legitimiert sich grundsätzlich durch einen Personalausweis oder Reisepass. Sofern der gesetzliche Vertreter die Eröffnung des Kontos für den Vertretenen beantragt, muss sich der gesetzliche Vertreter legitimieren und nachweisen, dass die von ihm vertretene Person existiert (z. B. mit der Geburtsurkunde) und dass er selbst zur Vertretung berechtigt ist.

Sofern die gesetzliche Vertretung durch einen Elternteil allein ausgeübt wird, verlangen die Kreditinstitute teilweise den **Nachweis der Alleinvertretungsberechtigung** z. B. durch die Vorlage einer Sterbeurkunde des Ehepartners.

Vormundschaft Pflegschaft

Ein Vormund bzw. ein Pfleger hat sich neben seiner persönlichen Legitimation durch eine **Bestallungsurkunde** des Vormundschaftsgerichtes auszuweisen. Sofern seine Verfügungsberechtigung daraus nicht eindeutig hervorgeht, wird die Bank zusätzlich mit dem Vormundschaftsgericht Rücksprache nehmen bzw. auf die gesetzliche Regelung zurückgreifen.

Leitlinien der Bundesanstalt für Finanzdienstleistungsaufsicht (BAFin)

Die **BAFin** hat für den Umgang mit minderjährigen Kunden **Leitlinien** erlassen, die für die Banken verbindlich sind:

● Die Werbung der Banken darf nicht zu sorglosem Umgang mit Geld ermuntern.

● Scheckverfügungen, Kreditnahmen, Kapitalanlagen mit der Verpflichtung zu wiederkehrenden Leistungen sowie die Ausgabe von Eurocheque-, Kunden- und Kreditkarten benötigen neben der elterlichen Zustimmung noch der **Genehmigung des Familiengerichts**. Dagegen können Zusatzkreditkarten zu den Karten der Eltern ausgestellt werden.

● Bei Problemen mit dem Konto des Minderjährigen darf kein Druck auf diesen oder seine gesetzlichen Vertreter ausgeübt werden. Die BAFin sieht z. B. die Androhung eines SCHUFA-Eintrages oder die Ankündigung einer Strafanzeige oder Zwangsvollstreckung im Regelfall als unverhältnismäßig an.

Praxis der Legitimationsprüfung

In der Praxis verfahren die Banken nach folgenden Regeln:

Die Kontobezeichnung erhält einen voll ausgeschriebenen Vornamen, den Nachnamen sowie einen eventuellen Zusatz (z. B. „Honorarkonto"). Künstlernamen sind nur dann zulässig, wenn sie eindeutig und zweifelsfrei sind. Davon kann dann ausgegangen werden, wenn der Bescheid des Finanzamtes über die Zulassung des Künstlernamens als Kontobezeichnung vorgelegt wird oder der Künstlername im Personalausweis eingetragen ist.

Die Legitimation hat persönlich durch Personalausweis oder Reisepass zu erfolgen. Nur in Ausnahmefällen können auch Führerschein, Geburts- und Heiratsurkunden oder Familienstammbücher herangezogen werden. In diesen Fällen werden in der Regel jedoch erst dann Verfügungen über das Konto zugelassen, wenn der Personalausweis oder Reisepass vorgelegt wurde.

Verzeichnis der Verfügungsberechtigten

Für alle Verfügungsberechtigten ist ein **alphabetisches Namensverzeichnis** mit Konten und Schließfächern zu führen.

Die Bank darf die Verpflichtung zur Legitimationsprüfung wegen ihres öffentlich-rechtlichen Charakters nicht unter eigener Entlastung auf außenstehende Dritte übertragen.

Diese engen Bestimmungen der Legitimationsprüfung dienen dazu, Verbrechen und Steuerhinterziehungen zu erschweren. Werden diese Verpflichtungen vorsätzlich oder grob fahrlässig verletzt, so kann das Kreditinstitut unter Umständen schadenersatzpflichtig gemacht werden. In Einzelfällen kann es sich sogar der Beihilfe zu Straftaten, zur Steuergefährdung oder -hinterziehung schuldig machen.

Legitimationsprüfung im Interesse der Bank

Eine strenge Legitimationsprüfung ist auch für die Kreditinstitute von besonderer Bedeutung:

● Die ermittelten Daten geben Aufschluss darüber, wer Gläubiger bzw. Schuldner der Bank ist und dienen damit der **Rechtssicherheit**.

● Die Legitimationsprüfung gibt Auskunft über die Existenz sowie die Rechts- und Geschäftsfähigkeit des Kontoinhabers und somit über die **Rechtswirksamkeit** seiner Verfügungen.

● Genaue Daten über den Kontoinhaber erlauben eine **Prüfung seiner Bonität**.

● Die Angaben können für eigene Statistiken, Planungen oder Werbemaßnahmen verwendet werden.

7.1.5 Bankgeheimnis

In einer Geschäftsstelle der Finanzbank AG wird die Beraterin von einem Kunden nach der Zahlungsfähigkeit eines gewerblichen Kunden befragt. Die Auskunft wird nach Aussagen des Anfragers benötigt, weil die beiden Kunden einen größeren Geschäftsabschluss planen. Wie muss sich die Mitarbeiterin verhalten?

AGB der Banken:
Das Geschäftsverhältnis zwischen Kunden und Bank ist ein gegenseitiges Vertrauensverhältnis ...

Die notwendige Voraussetzung für eine langfristige Geschäftsverbindung zwischen dem Kunden und der Bank ist gegenseitiges Vertrauen. Darauf wird in der AGB ausdrücklich hingewiesen. Die wesentliche Grundlage dafür ist das **Bankgeheimnis**.

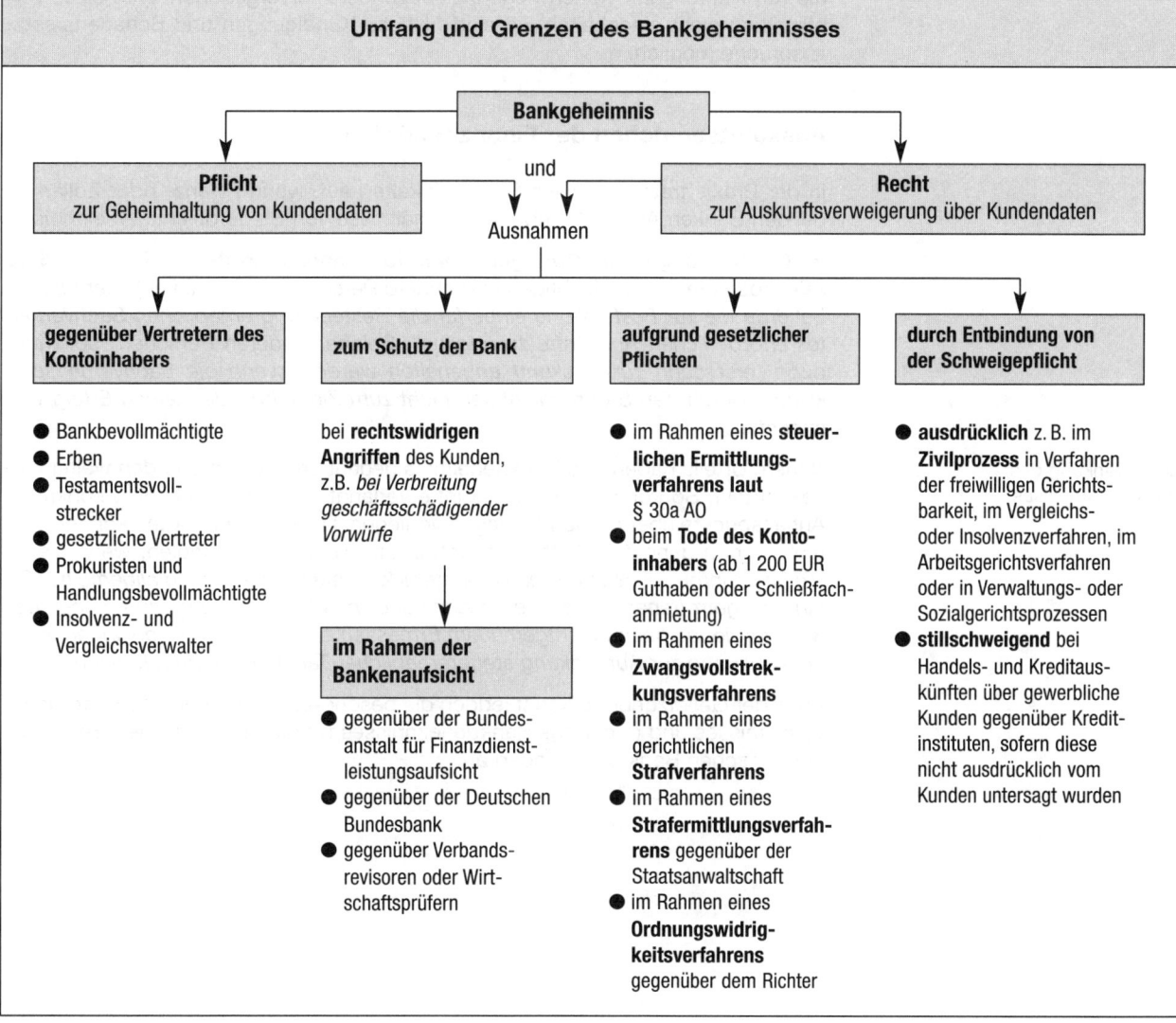

Umfang und Grenzen des Bankgeheimnisses

Bankgeheimnis

Pflicht
zur Geheimhaltung von Kundendaten

und

Ausnahmen

Recht
zur Auskunftsverweigerung über Kundendaten

gegenüber Vertretern des Kontoinhabers

- Bankbevollmächtigte
- Erben
- Testamentsvollstrecker
- gesetzliche Vertreter
- Prokuristen und Handlungsbevollmächtigte
- Insolvenz- und Vergleichsverwalter

zum Schutz der Bank

bei **rechtswidrigen Angriffen** des Kunden, z.B. *bei Verbreitung geschäftsschädigender Vorwürfe*

im Rahmen der Bankenaufsicht

- gegenüber der Bundesanstalt für Finanzdienstleistungsaufsicht
- gegenüber der Deutschen Bundesbank
- gegenüber Verbandsrevisoren oder Wirtschaftsprüfern

aufgrund gesetzlicher Pflichten

- im Rahmen eines **steuerlichen Ermittlungsverfahrens laut** § 30a AO
- beim **Tode des Kontoinhabers** (ab 1 200 EUR Guthaben oder Schließfachanmietung)
- im Rahmen eines **Zwangsvollstreckungsverfahrens**
- im Rahmen eines gerichtlichen **Strafverfahrens**
- im Rahmen eines **Strafermittlungsverfahrens** gegenüber der Staatsanwaltschaft
- im Rahmen eines **Ordnungswidrigkeitsverfahrens** gegenüber dem Richter

durch Entbindung von der Schweigepflicht

- **ausdrücklich** z. B. im **Zivilprozess** in Verfahren der freiwilligen Gerichtsbarkeit, im Vergleichs- oder Insolvenzverfahren, im Arbeitsgerichtsverfahren oder in Verwaltungs- oder Sozialgerichtsprozessen
- **stillschweigend** bei Handels- und Kreditauskünften über gewerbliche Kunden gegenüber Kreditinstituten, sofern diese nicht ausdrücklich vom Kunden untersagt wurden

Durchbrechung des Bank-
geheimnisses nur in eng
begrenzten Ausnahmefällen

Der Grundsatz des Bankgeheimnisses fordert von den Banken, dass sie über alle, durch die Geschäftsverbindung bekannt gewordenen Tatsachen und Vorgänge, sofern sie nicht offenkundig sind, strengste Verschwiegenheit wahren. Ausnahmen sind nur in bestimmten, eng begrenzten Fällen zulässig.

Obwohl das Bankgeheimnis nicht durch Gesetz begründet ist, wird es von der Rechtsprechung und von staatlicher Seite grundsätzlich als Gewohnheitsrecht anerkannt. Eine Verletzung ist als Vertragsbruch anzusehen und berechtigt den Kontoinhaber somit zur sofortigen Kündigung der Kontoverbindung und gegebenenfalls zur Stellung von Schadenersatzansprüchen. Eine besondere Bedeutung hat die Verschwiegenheitspflicht für die Mitarbeiter der Banken. Sowohl nach den Anstellungsbedingungen als auch im Berufsausbildungsvertrag wird regelmäßig die Verpflichtung zur Verschwiegenheit besonders hervorgehoben. Wird diese Verpflichtung nicht eingehalten, so sind fristlose Kündigungen und Schadenersatzansprüche möglich.

Auskunftsersuchen der Finanzbehörden

In der Praxis treten teilweise Schwierigkeiten auf, wenn Finanz- oder Zollämter bei den Banken Auskünfte über die Verhältnisse von Steuerpflichtigen einholen.

Im Grundsatz gilt das Bankgeheimnis für Finanzbehörden nicht. Nach § 93 AO haben die Steuerpflichtigen und andere Personen (z. B. Banken) *„der Finanzbehörde die zur Feststellung eines für die Besteuerung erheblichen Sachverhaltes erforderlichen Auskünfte zu erteilen"*. Solche „anderen Personen" sollen jedoch *„erst dann zur Auskunft angehalten werden, wenn die Sachverhaltsaufklärung durch den Steuerpflichtigen nicht zum Ziel führt oder keinen Erfolg verspricht"*.

Einschränkung des
Bankgeheimnisses

Neuere Urteile haben das Bankgeheimnis gegenüber Finanzbehörden weiter eingeschränkt. So können auch Auskünfte verlangt werden, wenn keine konkreten Anhaltspunkte über Steuerkürzungen vorliegen. Die Finanzbehörden können vielmehr schon dann Auskünfte von Dritten und Beteiligten einholen, wenn sie im *„Rahmen ihrer, sei es aufgrund konkreter Momente oder aufgrund allgemeiner Erfahrung getroffenen Prognoseentscheidung im Wege vorweggenommener Beweiswürdigung nach pflichtgemäßem Ermessen zu dem Ergebnis gelangen, dass die Auskünfte zur Aufdeckung steuererheblicher Tatsachen führen können"*.

Auch der Gesetzgeber erkennt jedoch die besondere Bedeutung des Vertrauensverhältnisses und damit des Bankgeheimnisses für die geschäftlichen Beziehungen zwischen Bank und Kunden an.

roaiра =">rd =">>ııı

§ 30 a AO (früher „Bankenerlass"):

1. Die Finanzbehörden haben auf das Vertrauensverhältnis zwischen Kreditinstituten und ihren Kunden **besondere Rücksicht** zu nehmen. Für den Regelfall können sie deshalb davon ausgehen, dass die Angaben des Steuerpflichtigen in seiner Steuererklärung vollständig und richtig sind.

2. Die Finanzämter dürfen von den Kreditinstituten zum Zweck der **allgemeinen Überwachung** die einmalige oder periodische Mitteilung über Konten bestimmter Art oder über bestimmte Einlagen nicht verlangen („Flächenfahndung"). „Stichproben" oder „Reihenprüfungen" sind somit ausgeschlossen.

3. **Einzelauskunftsersuchen** sind zulässig, wenn die Sachverhaltsaufklärung durch den Steuerpflichtigen nicht zum Ziel geführt hat oder keinen Erfolg verspricht. Das Finanzamt muss in seinem Auskunftsersuchen ausdrücklich vermerken, dass diese Voraussetzungen erfüllt sind, worüber Auskünfte zu erteilen sind und dass die Auskunft für die Besteuerung des Kontoinhabers angefordert wird.

4. Für die Steuerfahndung gilt § 208 AO. Ist die Person des Steuerpflichtigen bekannt und gegen ihn kein Verfahren wegen einer Steuerstraftat oder einer Steuerordnungswidrigkeit eingeleitet, so soll auch im Verfahren nach § 208 Abs. 1 Satz 1 AO das Kreditinstitut erst um Auskunft und Vorlage von Urkunden gebeten werden, wenn die Sachverhaltsaufklärung durch den Steuerpflichtigen nicht zum Ziele geführt hat oder keinen Erfolg verspricht.

Bei missverständlichen Bescheinigungen über gezahlte Leistungen Auskunftspflicht über die Kundenidentität

mf DÜSSELDORF. *Trotz des „Bankenerlasses" des Bundesministers der Finanzen vom 31. August 1979, der mit dem Steuerreformgesetz 1990 als § 30 a der Abgabenordnung (AO) in diese übernommen worden ist, hat ein Kreditinstitut der Finanzbehörde Auskunft zu geben über die Identität von Kunden, denen es Bescheinigungen über gezahlte Leistungen zur Vorlage bei den Finanzbehörden ausgestellt hat, die missverständlich sind und dadurch die richtige Besteuerung gefährden.*

Quelle: Handelsblatt vom 08.05.1990

Bankauskunft

Die Kreditinstitute erteilen sich untereinander aufgrund eines seit langem bestehenden internationalen Handelsbrauchs Auskünfte. Zwar werden solche Mitteilungen auf freiwilliger Basis weitergegeben, trotzdem kann die anfragende Bank nach einem ungeschriebenen Standesrecht die Mitteilung dieser Informationen erwarten.

Unter einer **Bankauskunft** wird die allgemein gehaltene Mitteilung eines Kreditinstituts über die **wirtschaftlichen Verhältnisse**, das **geschäftliche Gebaren** und die **Geschäftsmoral** eines **Kunden** verstanden.

Diese Praxis scheint auf den ersten Blick der Pflicht zur Verschwiegenheit zu widersprechen. Keine Schwierigkeiten treten auf, wenn der Kunde die Auskunftserteilung ausdrücklich genehmigt hat. Dieser Fall kann dann angenommen werden, wenn er seine Bank als Referenz angegeben hat.

Bankauskunft –
kein Widerspruch
zum Bankgeheimnis

Liegt keine besondere Zustimmung des Kunden, über den Auskunft erteilt werden soll, vor, so sind die Kreditinstitute berechtigt, bankmäßige Auskünfte – auch über die Kreditwürdigkeit und die Zahlungsfähigkeit der Kunden (Kreditauskünfte) – zu erteilen. Diese Regelung hat zum Ziel, die Kreditrisiken der Banken und anderer Kreditgeber einzugrenzen.

● **Auskünfte über juristische Personen** und im Handelsregister **eingetragene Kaufleute** gelten als genehmigt, sofern der Kontoinhaber diese nicht ausdrücklich untersagt hat.

● **Auskünfte über sonstige Kunden** (z. B. Privatkunden) **und Vereinigungen** werden nur mit ausdrücklicher Genehmigung des Betroffenen erteilt.

Grundsätzlich werden Bankauskünfte nur an andere Kreditinstitute oder an Kunden gegeben. Nichtkunden können jedoch über ihre eigene Bankverbindung diese Informationen einholen. Gewerbliche Auskunfteien erhalten nach allgemeiner Praxis keine Auskünfte.

Interpretation von Bankauskünften

Note 1 = sehr gut: Bei Firmen unzweifelhafter Bonität, oder wenn Auskunft lautet „unbedenklich gut für EUR ...“

Note 2 = gut: Bei einwandfreien, insbesondere größeren Gesamtverhältnissen und Tenor der Auskünfte wie „gut“ oder „gut zu halten“ oder „geht keine Verpflichtung ein, die die Verhältnisse übersteigen“.

Note 3 = befriedigend: Bei befriedigenden Gesamtverhältnissen und größerem Geschäftsumfang. Ferner, wenn Tenor der Auskunft wie „durchaus im Rahmen“ oder „dürfte keine Verpflichtungen eingehen, die nicht erfüllt werden können“.

Note 4 = ausreichend: Bei kleineren Gesamtverhältnissen, aber persönlich guter Beurteilung, ferner, wenn Tenor der Auskunft „im Rahmen“.

Note 5 = mangelhaft: Bei angespannter Liquiditätslage und undurchsichtigen Gesamtverhältnissen. Ferner, wenn der Tenor der Auskunft wie „dürfte noch im Rahmen liegen“. „Es wird empfohlen, auf Mitverpflichtete zu achten“.

Note 6 = ungenügend: Bei schlechter Liquidität. Tenor der Auskunft wie „zur Vorsicht wird geraten“ oder „jegliche Kredithergabe Vertrauenssache“ oder bei Vorkommen von Wechselprotesten.

Grundsätze für die Durchführung des Bankauskunftsverfahrens zwischen Kreditinstituten

Auskunftsanfragen

- Auskunftsanfragen sollen **schriftlich**, nur in Ausnahmefällen fernschriftlich oder fernmündlich, gestellt werden.

- In der Auskunftsanfrage ist der Anfragegrund, mit dem das berechtigte Interesse an der Bankauskunft glaubhaft gemacht wird, anzugeben. Das anfragende Kreditinstitut hat klarzustellen, ob es die Auskunft im eigenen oder im Kundeninteresse einholt.

- Bei Auskunftsanfragen im Interesse eines Kunden wird dessen Name nicht genannt. Das anfragende Kreditinstitut ist jedoch verpflichtet, den Namen des anfragenden Kunden dem angefragten Kreditinstitut zu nennen, wenn dem Kunden, über den eine Auskunft erteilt wurde, ein Anspruch auf Nennung des Anfragers zusteht.

Auskunftserteilung

- Bankauskünfte sollen **allgemein gehalten** sein. Sie sollen **schriftlich**, nur in Ausnahmefällen fernschriftlich oder (fern)mündlich, erteilt werden.

- Bankauskünfte werden nur aufgrund von Erkenntnissen erteilt, die der auskunftgebenden Stelle vorliegen. Es werden keine Recherchen angestellt.

Auskunftsverweigerung

- Auskunftsverweigerungen sollen allgemein gehalten sein.
  Liegt bei Privatkunden eine Einwilligung nicht vor oder hat bei Geschäftskunden der Kunde die Erteilung einer Auskunft untersagt, ist die Auskunftsverweigerung so zu formulieren, dass sie nicht als negative Auskunft verstanden werden kann. Hat die angefragte Stelle keinen Einblick in die wirtschaftlichen Verhältnisse des Kunden, ist dies in der Antwort deutlich zum Ausdruck zu bringen.

Weitergabe der Auskunft an den Kunden

- Die im Kundeninteresse eingeholte Bankauskunft wird an diesen inhaltlich unverändert weitergegeben. Der Kunde, der eine Bankauskunft erhält, ist ausdrücklich darauf hinzuweisen, dass er empfangene Informationen nur für den angegebenen Zweck verwenden und nicht an Dritte weitergeben darf.

SCHUFA-Erklärung

*Ich willige ein, dass die Bank der
für meinen Wohnsitz zuständigen
SCHUFA-Gesellschaft Daten über
die Beantragung, die Aufnahme
und Beendigung dieser Kontoverbindung übermittelt. Unabhängig
davon wird die Bank der SCHUFA
auch Daten aufgrund nicht ver-
tragsgemäßen Verhaltens (z. B.
Scheckkartenmissbrauch durch
den rechtmäßigen Karteninhaber,
Scheckrückgabe mangels
Deckung, Wechselprotest,
beantragter Mahnbescheid bei
unbestrittener Forderung sowie
Zwangsvollstreckungsmaßnahmen)
melden ...*

SCHUFA-Datei

Es werden nur objektive Daten,
keine Werturteile gespeichert, z.B.:
– Personaldaten
– Verbindlichkeiten
– Unregelmäßigkeiten bei Kredit-
  abwicklungen
– gerichtliche Vollstreckungsmaßnahmen
– Kundenreaktionen (z. B. Widersprüche gegen Mahnbescheide)
– Daten öffentlicher Verzeichnisse
  (z. B. eidesstattliche Versicherung)

Löschung der Daten
– Kredite 3 Jahre nach Tilgung
– Negativmerkmale 3 Jahre nach
  Speicherung

SCHUFA-Auskunft

Die **SCHUFA** (Schutzgemeinschaft für allgemeine Kreditsicherung) ist die größte deutsche Kreditschutzorganisation, die aus 13 rechtlich selbstständigen, regional arbeitenden SCHUFA-Gesellschaften besteht, die in einer BUNDES-SCHUFA locker zusammengeschlossen sind. Die Mitglieder ihrer regionalen Gesellschaften sind Banken, Vereinigungen von Kreditinstituten, Einzelhandelsunternehmen sowie Einzelhandelsverbände der jeweiligen Region.

Die Kunden der SCHUFA sind verpflichtet, bestimmte Angaben, wie z. B. Kontoeröffnungen, die Vergabe bzw. Verweigerung von Krediten oder die ordnungsgemäße bzw. nicht ordnungsgemäße Tilgung von Krediten zu melden.

Die Daten können schriftlich oder fernschriftlich innerhalb kürzester Frist durch die beteiligten Unternehmen angerufen werden.

Nach dem **„Gesetz zum Schutz vor Missbrauch personenbezogener Daten bei der Datenverarbeitung" (Bundesdatenschutzgesetz)**, das natürliche Personen von einem Missbrauch bei der Speicherung, Übermittlung, Veränderung und Löschung ihrer persönlichen Daten im Rahmen der Datenverarbeitung schützen soll, muss der Kunde die Bank, außerhalb des Kontoeröffnungsformulars, ausdrücklich zur Weitergabe seiner Daten an die SCHUFA ermächtigen. Der Kunde kann von der SCHUFA gegen ein Entgelt eine Auskunft über seine gespeicherten Daten erhalten. In bestimmten Fällen kann er die Sperrung, Löschung oder Änderung der gespeicherten Daten verlangen.

Aufgaben

1. Die technische Angestellte Ingeborg Saier will bei Ihrem Kreditinstitut ein Gehaltskonto eröffnen.

   a) Erläutern Sie die wesentlichen Merkmale des Kontokorrentkontos.

   b) Skizzieren Sie die wesentlichen Rechte und Pflichten aus dem Kontovertrag.

   c) Erstellen Sie eine Checkliste für die wesentlichen Prüfungen, die Sie vor der Eröffnung des Kontos vornehmen sollten.

   d) Begründen Sie, weshalb die Banken für Kontokorrentkonten werben, obwohl die Kontoführungskosten meist höher als die vereinnahmten Kontoführungspreise sind.

2. Die Kundin ist aufgrund von Zeitungsartikeln besorgt darüber, dass andere Banken oder das Finanzamt Auskünfte über ihre Guthaben bei der Bank erhalten könnten.

   a) Erläutern Sie die Rechtslage.

   b) Prüfen Sie, ob eine Kontoeröffnung auch möglich wäre, wenn die Kundin die SCHUFA-Klausel nicht unterschreibt.

3. Erklären Sie den Unterschied zwischen einem Loro- und einem Nostrokonto.

7.1.6 Kontoinhaber

Das Ehepaar Linda und Günter Hock hat ein Konto eröffnet, das sie gemeinschaftlich nutzen können. Es soll zur Abwicklung der Gehaltszahlungen des Ehemannes und für den gesamten Zahlungsverkehr des Haushaltes eingesetzt werden.

Nach der Zahl der Inhaber unterscheiden die Kreditinstitute Einzel- und Gemeinschaftskonten.

Auszug aus
Kontoeröffnungsantrag:

Einzelverfügungsberechtigung
Jeder einzelne von uns ist berechtigt, ohne Mitwirkung der anderen Kontoinhaber über das Konto/Depot uneingeschränkt – auch zu eigenen Gunsten – zu verfügen ...

Gemeinschaftliche Verfügungsberechtigung
*Wir sind nur gemeinschaftlich berechtigt, über das Konto/ Depot zu verfügen.
Ist die Art der Verfügungsberechtigung nicht vermerkt, so können die Inhaber nur gemeinschaftlich verfügen.*

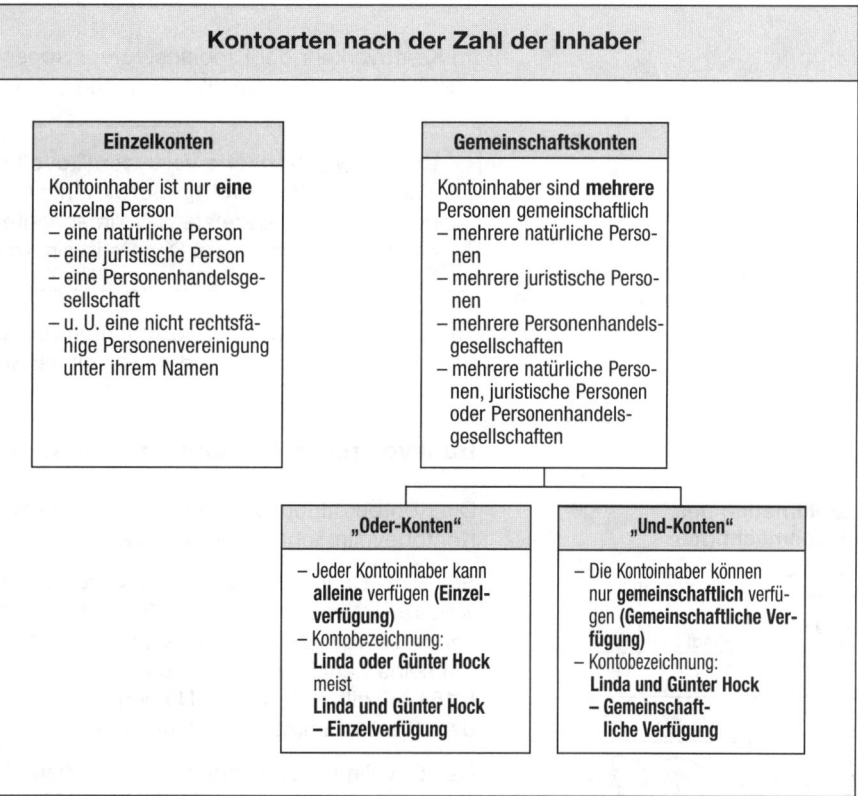

Für Gemeinschaftskonten werden besondere Kontoeröffnungsanträge benutzt, die die Rechte und Pflichten der gemeinschaftlichen Kontoinhaber festlegen.

„Oder-Konto"

Im Falle der Einzelverfügung **(„Oder-Konto")** ist jeder Kontoinhaber berechtigt, eine Änderung in eine gemeinschaftliche Verfügungsberechtigung zu verlangen. Dieses Widerspruchsrecht steht auch den Erben des Kontoinhabers zu.

„Und-Konto"

Die Errichtung von Gemeinschaftskonten mit gemeinschaftlicher Verfügung **(„Und-Konten")** kommt häufig bei Erbengemeinschaften vor. Ansonsten versuchen die Kreditinstitute die Eröffnung solcher Konten weitgehend zu vermeiden, da sich Schwierigkeiten ergeben können, wenn z. B. ein Kontoinhaber – entgegen der Vereinbarung – eine Einzelverfügung vornehmen will.

Hat ein Kontoinhaber einen Bevollmächtigten eingesetzt, so darf dieser nur unter Mitwirkung der anderen Kontoinhaber verfügen. Scheckkarten können für „Und-Konten" nicht ausgegeben werden.

Dem Ehepaar stehen somit mehrere Möglichkeiten offen:

● *In der Regel wird in solchen Fällen ein „Oder-Konto" eröffnet,*

● *auf Wunsch kann auch ein Einzelkonto auf einen Ehepartner und gleichzeitiger Bevollmächtigung des anderen oder – in seltenen Fällen – ein „Und-Konto" eingerichtet werden.*

7.1.7 Kontobevollmächtigte

Im Kontoverkehr der Kreditinstitute, insbesondere bei Firmenkonten, hat die vertragliche Vertretung des Kontoinhabers eine besondere Bedeutung.

> **Rechtsgeschäftliche Vertreter (Bevollmächtigte)** erhalten durch eine Erklärung des **Vollmachtgebers** (Kontoinhaber, dessen gesetzliche Vertreter oder bereits eingesetzte Bevollmächtigte) die Befugnis zur Verfügung über bestimmte Konten und Depots in einem festgelegten Umfange.

Im Bankgeschäft werden Vollmachten nur schriftlich gegenüber dem Kreditinstitut oder direkt gegenüber dem Bevollmächtigten erteilt.

Bankvollmacht im Rahmen des Kontoeröffnungsantrags

Legitimation des Bevollmächtigten

Art/Nr. des
Ausweises: _7019056192_

ausgestellt
von: _Stadt Ulm_

in: _Ulm_

Datum: _13.04.20.._

Ulm, 28.08.20..

Ort, Datum

Grundlegende Rechte von Bevollmächtigten

Die Kontoeröffnungsanträge der Banken sehen in der Regel die Möglichkeit vor, Kontobevollmächtigte einzusetzen.

Soll eine Bankvollmacht erteilt werden, so hat der Vollmachtgeber meist eine weitere Unterschrift auf dem Kontoeröffnungsantrag, teilweise auch auf einer besonderen Vollmachtsurkunde zu leisten. Außerdem ist bei neu erteilten Vollmachten seine Legitimation zu prüfen, da er als Verfügungsberechtigter im Sinne der § 154 AO gilt. Neben dem Namen sind das Geburtsdatum sowie der Wohnsitz auf dem Kontostammblatt festzuhalten.

Der Bevollmächtigte unterschreibt ebenfalls für die spätere Prüfung von Verfügungen. Auch beschränkt Geschäftsfähige dürfen – ohne Zustimmung ihrer gesetzlichen Vertreter – eine Kontovollmacht annehmen. Sie können im Rahmen dieser Vollmacht wie voll geschäftsfähige Bevollmächtigte verfügen, da ihnen dadurch kein rechtlicher Nachteil entsteht.

Die Banken benutzen grundsätzlich ihre standardisierten Vollmachtstexte, um eine sorgfältige Überwachung der Kontovollmacht zu gewährleisten und um Unsicherheiten bei deren Auslegung weitgehend zu vermeiden. Der Vollmachtgeber hat jedoch das Recht, bestimmte Teile dieses Textes zu streichen. Die grundlegenden Rechte des Bevollmächtigten sind im Einzelnen:

● Die **uneingeschränkte Verfügung** über die jeweiligen Guthaben, eingeräumten Kredite, Depots und sonstige Vermögenswerte, die der Vollmachtgeber bei der Bank unterhält sowie

● die Annahme, Prüfung und Anerkennung von Rechnungsabschlüssen, Abrechnungen, Anzeigen oder anderen Schriftstücken.

Werden folgende Rechte nicht gestrichen, kann die Verfügungsmacht des Kontobevollmächtigten ausgedehnt werden auf

- die Kreditaufnahme im Namen des Kontoinhabers und die Stellung der entsprechenden Sicherheiten,

- die Erteilung von Aufträgen zum An- und Verkauf von Devisen, Sorten und Wertpapieren,

- die Leistung von Unterschriften auf Schecks und Wechseln,

- die Benutzung einer Scheckkarte, die auf den Namen des Bevollmächtigten ausgestellt ist, und

- die Übertragung der Vollmacht auf weitere Bevollmächtigte.

Auszug aus einer Vollmachtsurkunde

Bankvollmacht – Finanzbank AG

1. **Grundsätzliches**. Der Bevollmächtigte ist berechtigt, in meinem Namen alle Handlungen im Geschäftsverkehr mit der Finanzbank AG vorzunehmen, insbesondere über meine jeweiligen Guthaben und Depots uneingeschränkt – auch zu eigenen Gunsten oder zugunsten Dritter – zu verfügen.

2. **Kredite**. Der Bevollmächtigte ist über die vorstehend bezeichneten Befugnisse hinaus auch berechtigt, mir eingeräumte Kredite jeder Art in meinem Namen in Anspruch zu nehmen sowie von der Möglichkeit einer Kontoüberziehung Gebrauch zu machen.

3. **Widerruf**. Diese Vollmacht gilt bis auf schriftlichen Widerruf.

4. **Todesfall**. Diese Vollmacht erlischt nicht mit meinem Tod, sie bleibt vielmehr für meine Erben in Kraft. Der Widerruf eines von mehreren Erben bringt die Vollmacht nur für den Widerrufenden zum Erlöschen.

Die Vollmachten sind in der Regel **widerruflich**. Wurde in besonderen Fällen eine unwiderrufliche Vollmacht erteilt, so kann diese nur aus wichtigem Grund zurückgezogen werden. Mit dem Tod des Vollmachtgebers werden diese Vollmachten auf jeden Fall widerruflich.

Für den Fall, dass der Kontoinhaber stirbt, können folgende Regelungen getroffen werden:

Vollmacht über den Tod hinaus

- Die **Vollmacht über den Tod des Kontoinhabers hinaus** bildet den Regelfall. Diese Regelung hält die Überwachungsaufgaben der Bank gering und vereinfacht die Abwicklung des Nachlasses.

Vollmacht für den Todesfall

- Die **Vollmacht für den Todesfall** wird meist dann erteilt, wenn der Kontoinhaber zu seinen Lebzeiten keinen Bevollmächtigten einsetzen will, im Falle seines Ablebens aber die Abwicklung des Nachlasses erleichtern möchte. Der Bevollmächtigte muss diese Vollmacht in der Regel gegenzeichnen.

Vollmacht bis zum Tod

- Die **Vollmacht bis zum Tod des Kontoinhabers** findet nur in seltenen Fällen – auf besonderen Wunsch des Kunden – Anwendung. Da eine Verfügung des Bevollmächtigten nur dann rechtsgültig ist, wenn der Kontoinhaber noch lebt, müsste die Bank jedesmal prüfen, ob dies noch der Fall ist. Dies wird jedoch in der Praxis kaum durchführbar sein.

Stirbt der Kontoinhaber, so kann jede Vollmacht von den Erben bzw. einem Testamentsvollstrecker widerrufen werden.

Bankvollmacht im Rahmen einer Vollmachtsurkunde

In Ausnahmefällen werden auch sonstige schriftliche Vollmachten des Kontoinhabers anerkannt:

In der Regel
standardisierte Vollmachten

- Bei der **gelegentlichen Abhebung** kleinerer Beträge wird die Bank die Unterschrift des Vollmachtgebers genau prüfen und eine Legitimation des Bevollmächtigten verlangen.

- Bei einer **schweren Erkrankung des Kontoinhabers**, durch die er nicht mehr in der Lage ist, eine Unterschrift zu leisten, verlangen die Banken bei kleinen Beträgen eine Bestätigung des behandelnden Arztes, bei größeren Beträgen eine notariell beurkundete Vollmacht.

Wenn möglich, versuchen die Banken in der Praxis, solche Vollmachten so bald wie möglich in standardisierte Bankvollmachten umschreiben zu lassen.

Aufgaben

1. Ihre Kontokorrentkundin Angela Saier möchte ihrem Ehemann ebenfalls die Verfügungsberechtigung über das Konto geben.

   a) Erläutern Sie die Möglichkeiten, die der Kundin zur Verfügung stehen, und erstellen Sie einen begründeten Vorschlag.

   b) Der 15-jährige Sohn der Kundin soll eine Kontovollmacht erhalten. Prüfen Sie, ob dies möglich ist.

2. Klären Sie, für welche Rechtshandlungen ein Kontobevollmächtigter im Regelfall befugt ist:

   a) einen Dispositionskredit in Anspruch nehmen,

   b) einen Scheck auf das Konto ziehen,

   c) das Konto auflösen.

7.1.8   Kontoeröffnungen mit Rechten dritter Personen

Bei der Finanzbank AG werden verschiedene Kontoeröffnungsanträge gestellt, die auch Rechte dritter Personen beinhalten:

- *Ein Kontoguthaben soll als Sicherheit für ein Darlehen eines Dritten eingesetzt werden,*

- *der Mitarbeiter eines Unternehmens richtet ein Konto für die Personalkasse ein,*

- *eine Wohnungseigentümergemeinschaft beauftragt den Hausverwalter, ein Verwaltungskonto zu eröffnen,*

- *ein Notar verwaltet die Kontoguthaben aus einem Nachlass, bis die Erbschaftsregelung endgültig geklärt ist,*

- *ein „Patenonkel" will für sein „Patenkind" regelmäßig mit Hilfe eines Dauerauftrages Geld ansparen.*

Bei Konten mit Rechten dritter Personen sind klare Rechtsverhältnisse erforderlich.

In der Bankpraxis werden häufig Konten eröffnet, die mit Rechten Dritter behaftet sind. Die Kreditinstitute übernehmen dabei oftmals eine gewisse Haftung, da sie schadenersatzpflichtig gemacht werden können, wenn sie die Ansprüche der Begünstigten nicht beachten. Hinzu kommt, dass ihr Aufrechnungs-, Zurückbehaltungs- und Pfandrecht eingeschränkt oder aufgehoben sein kann, wenn sie dem Dritten gegenüber keinen entsprechenden Vorbehalt machen. Deshalb legen die Banken bereits bei der Kontoeröffnung Wert darauf, klare Rechtsverhältnisse zu schaffen.

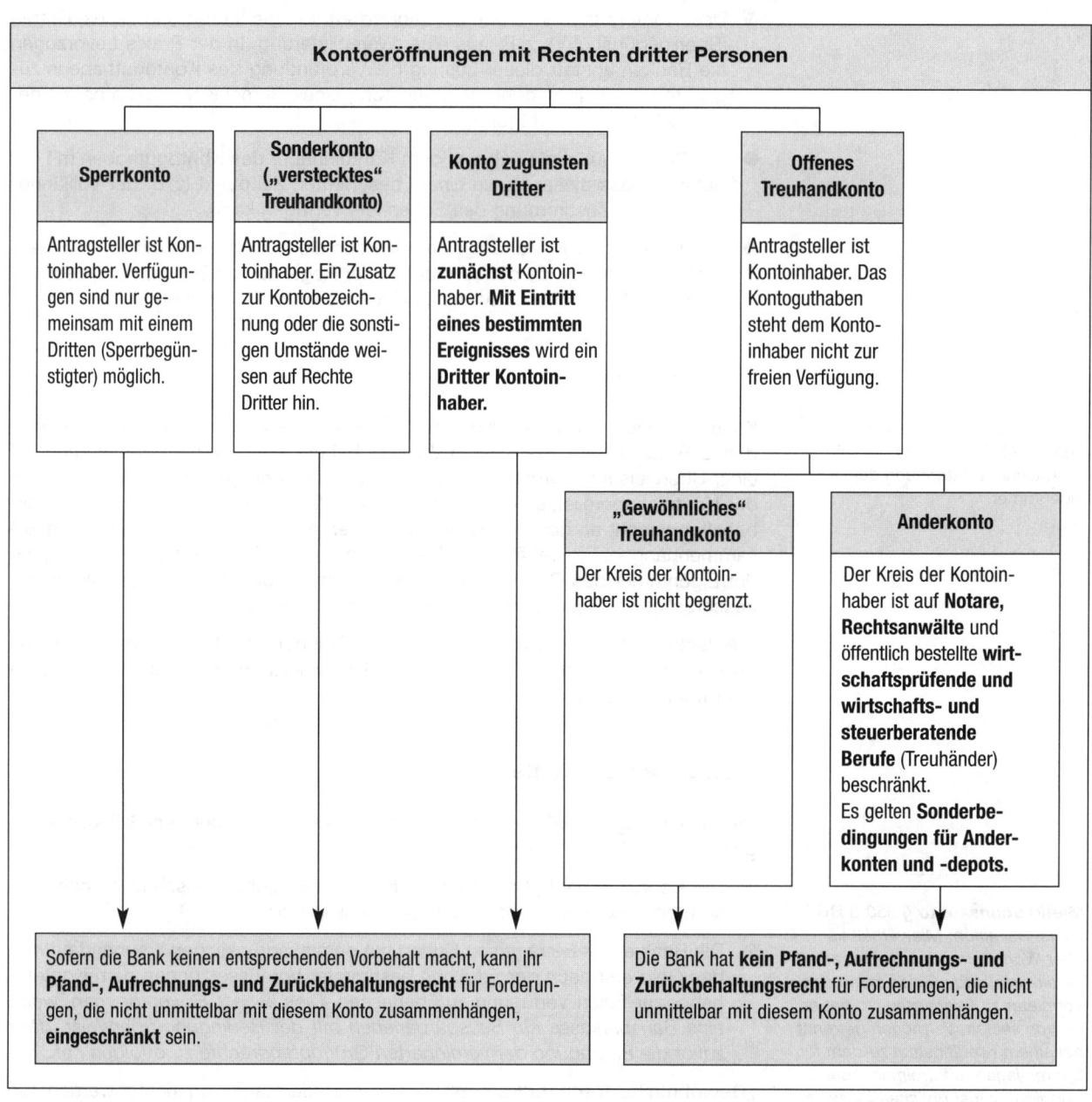

Sperrkonten

Pfand-, Aufrechnungs- und
Zurückbehaltungsrecht nur
bei **Vorbehalt** der Bank

Die Führung von Sperrkonten ist für die Banken relativ arbeitsaufwendig, da sie verpflichtet sind, jede Verfügung auf die Zustimmung des eingesetzten Sperrbegünstigten hin zu überprüfen. Dazu kommt, dass das Kreditinstitut sein **Pfand-, Aufrechnungs- und Zurückbehaltungsrecht** für dieses Konto verliert, wenn es nicht einen entsprechenden **Vorbehalt** gegenüber dem Dritten macht.

Solche Konten werden im Wesentlichen aus drei Gründen errichtet:

● Das Kontoguthaben dient als **Sicherheit** für die Forderung eines Dritten (Sperrbegünstigter), z. B. aus einer Warenlieferung. In der Praxis bevorzugen die Banken anstatt dieser Lösung die Verpfändung des Kontoguthabens zugunsten des Dritten oder die Einrichtung eines Gemeinschaftskontos mit gemeinschaftlicher Verfügung.

● Der Sperrbegünstigte schenkt dem Kontoinhaber das Kontoguthaben mit der Auflage, dass dieser bis zu einem bestimmten Zeitpunkt (z. B. der Volljährigkeit) nur mit Zustimmung des Schenkers verfügen kann.

● Bei der Anlage von Mündelgeldern werden die Konten meist mit einem Sperrvermerk versehen, da der Vormund in der Regel nur mit Zustimmung des Vormundschaftsgerichtes bzw. eines Gegenvormundes verfügen kann.

Sonderkonten

Pfand-, Aufrechnungs- und
Zurückbehaltungsrecht nur mit
schriftlicher Bestätigung der
Eigentümer

Kann aus einem Zusatz zur Kontobezeichnung oder aus den sonstigen Umständen, z. B. aus einem besonderen Vermerk bei der Angabe des Begünstigten auf einer Überweisung, hergeleitet werden, dass das Kontoguthaben nicht Eigentum des Kontoinhabers ist, so verliert die Bank ihr Pfand-, Aufrechnungs- und Zurückbehaltungsrecht an dem Konto für alle Forderungen, die nicht mit ihm direkt zusammenhängen. Sie behält diese Rechte, sofern sie eine schriftliche Bestätigung der Eigentümer des Guthabens erhält, nach der der Kontoinhaber die uneingeschränkte Verfügungsgewalt über diese Vermögenswerte hat.

Die Banken sind in der Praxis bestrebt, aus Gründen der Rechtssicherheit solche Konten nach Möglichkeit auf den Namen der „wirklichen" Eigentümer oder als offene Treuhandkonten zu führen.

Offene Treuhandkonten

Mietkautionskonto § 550 b BGB
(2) Ist bei einem Mietverhältnis
über Wohnraum eine als Sicherheit
bereitzustellende Geldsumme dem
Vermieter zu überlassen, so hat er
sie von seinem Vermögen getrennt
bei einem Kreditinstitut zu dem für
Spareinlagen mit dreimonatiger
Kündigungsfrist üblichen Zinssatz
anzulegen. Die Zinsen stehen dem
Mieter zu.

Die Einrichtung von offenen Treuhandkonten kann aus mehreren Gründen erfolgen:

1. Der Kontoinhaber hat das Kontoguthaben nur treuhänderisch übertragen bekommen und teilt dies der Bank ausdrücklich mit.

2. Die Bank erhält Beträge von Dritten mit dem ausdrücklichen Treuhandauftrag, das Geld erst nach der Erfüllung bestimmter Voraussetzungen dem Kontoinhaber zur freien Verfügung zu überlassen. *Dies kann z. B. vorkommen, wenn eine Bausparkasse ein Bauspardarlehen mit der Bedingung überweist, dass zuvor die Eintragung der vereinbarten Grundpfandrechte zu erfolgen hat.*

„Gewöhnliche Treuhandkonten" können von jedermann eingerichtet werden. Sie erhalten in der Regel einen Zusatz (z. B. „Wohnungseigentümergemeinschaft"), der die eingeschränkte Verfügungsbefugnis des Kontoinhabers andeutet.

**Geschäftsbedingungen für An-
derkonten und Anderdepots**
(Beispiel Notar-Anderkonten)
1. Neben Konten und Depots
(beide im folgenden „Konten"
genannt) für eigene Zwecke des
Kontoinhabers (Eigenkonten) führt
die Bank für Notare auch Konten,
die nicht eigenen Zwecken des
Kontoinhabers dienen sollen, bei
denen er aber gleichwohl der Bank
gegenüber allein berechtigt und
verpflichtet ist (Notar-Anderkonten) …

Anderkonten sind einem eng begrenzten Personenkreis vorbehalten. Zur Anlage auf solchen Konten sind nur Vermögenswerte geeignet, die der Kontoinhaber **in seiner Eigenschaft als Rechtsanwalt, Patentanwalt, Notar oder Treuhänder** zur Verwaltung anvertraut bekommen hat und über die er ohne Zustimmung anderer Stellen (z. B. Gerichte, Behörden oder Gläubigerausschüsse) verfügen kann. Anderkonten lauten immer auf den Namen des Treuhänders und erhalten den Zusatz **„Anderkonto"**.

Neben den AGB unterliegen diese Konten besonderen **„Bedingungen für Anderkonten und Anderdepots"**, die für die einzelnen in Frage kommenden Berufsgruppen der Kontoinhaber gesondert gefasst wurden.

Ansprüche und Rechte aus Anderkonten sind nicht abtretbar und grundsätzlich nicht verpfändbar. Eine Kontovollmacht darf der Kontoinhaber nur einem Rechtsanwalt, einem Notar oder einem Steuerberater erteilen. Stirbt der Kontoinhaber, so gehen die Rechte aus dem Konto nicht auf dessen Erben über. Deshalb muss bereits bei der Kontoeröffnung – sofern möglich – für den Todesfall ein Kontoinhaber benannt werden.

Konten zugunsten Dritter

§ 328 BGB

Nach dem BGB ist es möglich, Konten auf den Namen dritter Personen zu eröffnen. Der Antragsteller schließt mit der Bank einen Kontovertrag zugunsten eines Dritten ab. Dabei wird vereinbart, dass der Dritte zu einem bestimmten Zeitpunkt oder mit Eintreten eines bestimmten Ereignisses (z. B. mit dem Tode des Antragstellers) das Forderungsrecht gegen die Bank erwirbt.

Die Rechtslage bei diesen Konten gliedert sich in zwei Zeitabschnitte:

● **Zunächst** wird das Kontoguthaben – auch steuerlich – **Vermögen des Antragstellers**. Er ist bis zu dem von ihm festgelegten Zeitpunkt Gläubiger der Bank und kann frei über das Konto verfügen. Die Legitimation des Dritten braucht vorläufig nicht überprüft zu werden.

Der Antragsteller hat in dieser Phase das Recht, durch eine einseitige Erklärung gegenüber der Bank die Begünstigung des Dritten zu widerrufen. Stirbt der Antragsteller vor dem Übergang des Forderungsrechtes, so können die Erben widerrufen.

● Ist die vereinbarte Zeit abgelaufen bzw. ist das vorgesehene **Ereignis** eingetreten, wird der **begünstigte Dritte** Gläubiger der Bank und damit **Kontoinhaber**.

§ 328 BGB Vertrag zugunsten Dritter

(1) Durch Vertrag kann eine Leistung an einen Dritten mit der Wirkung bedungen werden, dass der Dritte unmittelbar das Recht erwirbt, die Leistung zu fordern.

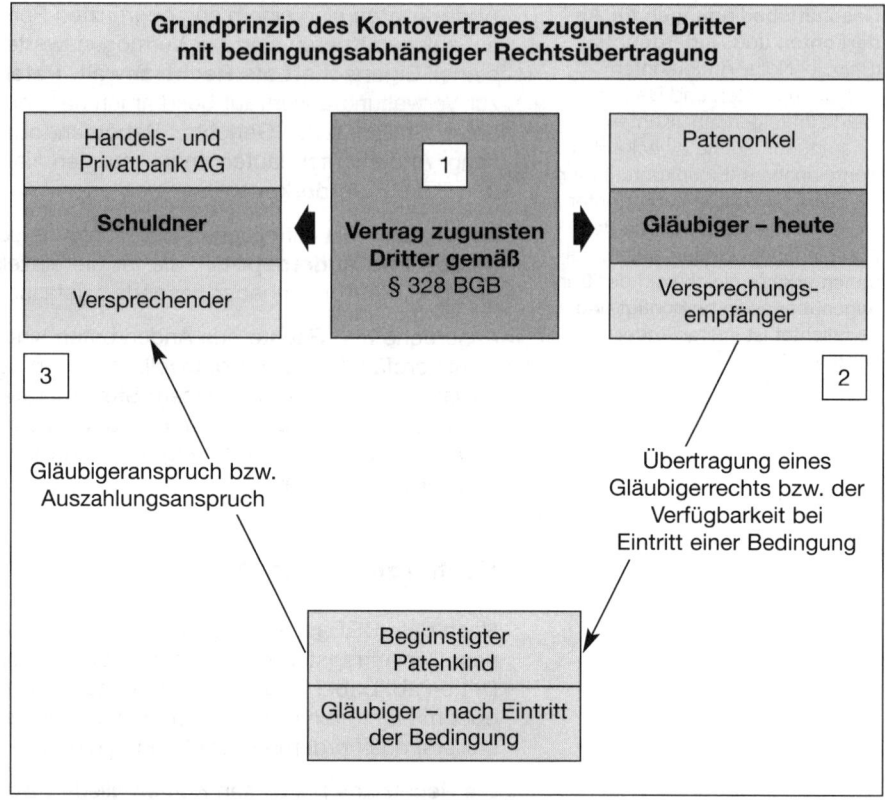

Der Vertrag zugunsten Dritter kann ohne Mitwirkung und ohne Kenntnisnahme durch den Dritten geschlossen werden. Die Vereinbarung der Vertragschließenden begründet kein Vertragsverhältnis zwischen ihnen und dem begünstigten Dritten. Der Grund der Zuwendung an den Dritten kann verschieden sein; in der Regel handelt es sich um eine Schenkung.

Wenige erben viel

Verteilung des Erbvolumens je Erbfall in Prozent

250 000 bis 500 000 EUR
500 000 EUR und mehr
3,8
9,7
19,1
125 000 bis 250 000 EUR
44,6
50 000 EUR
22,8
50 000 bis 125 000 EUR

Quelle: in Anlehnung an Die Zeit vom 14.11.1997

7.1.9   Kontoführung nach dem Tode des Kunden

Die Finanzbank AG erhält durch die Familienangehörigen die Mitteilung, dass ihre Kundin Miriam Bayer verstorben sei. Diese führte folgende Konten bei der Bank:

● *Ein Gehaltskonto mit 732 EUR Guthaben,*

● *ein Sparkonto mit einer Einlage von 8 623 EUR und*

● *ein Anschaffungsdarlehen, das noch mit 7 200 EUR zu Buche steht.*

Daneben hatte Frau Bayer ein Schließfach gemietet, dessen Inhalt der Bank nicht bekannt ist. Die Familienangehörigen legen der Bank ein handschriftliches Testament der verstorbenen Kundin vor, das sie nach ihrer Meinung als Erben ausweist. Sie bitten die Bank um Auszahlung des Guthabens, weil sie sich Trauerkleidung kaufen müssten.

Erbe kann jede lebende natürliche oder jede juristische Person sein. Wer zur Zeit des Erbfalls bereits erzeugt ist, gilt als vor dem Erbfall geboren, vorausgesetzt, er wird lebend geboren. Wer Erbe ist, bestimmt sich entweder nach dem Willen des Erblassers, zum Beispiel durch Testament oder Erbvertrag **(gewillkürte Erbfolge)** oder es tritt die **gesetzliche Erbfolge** ein.

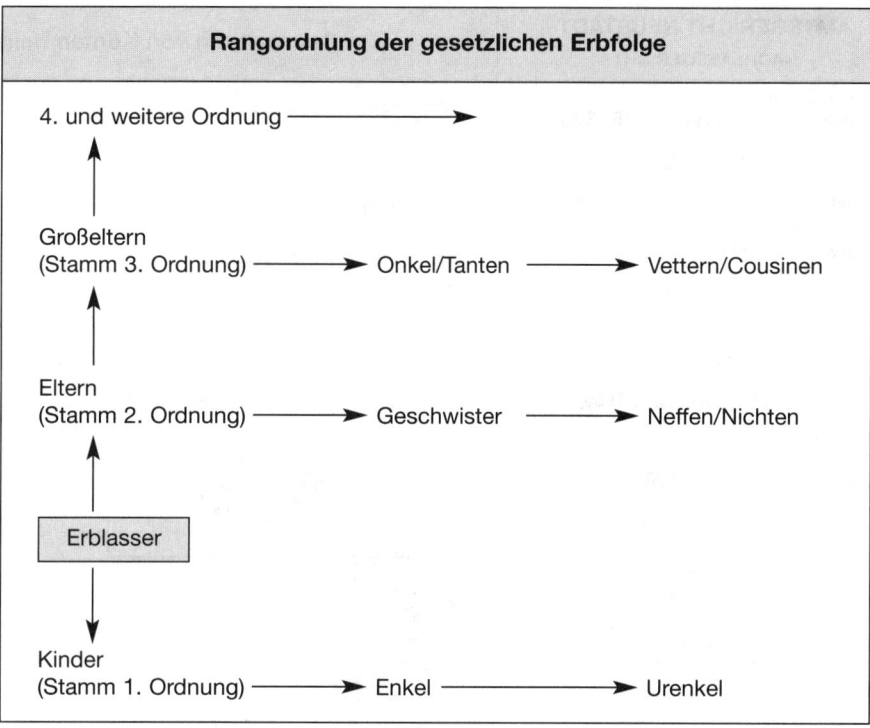

Rangordnung der gesetzlichen Erbfolge

Der **Erbschein** ist ein amtliches Zeugnis über Umfang und Größe eines Erbteils. Er begründet die Vermutung der Richtigkeit und Vollständigkeit und genießt öffentlichen Glauben. Er dient dem Erben zum Beweis seiner Rechte.

Nachlasspfleger

Testamentsvollstrecker

Erhält die Bank Kenntnis vom Tode eines Kunden, so muss sie zunächst alle Konten und Depots des Verstorbenen mit dem Zusatz *„Erben"* oder *„Nachlass"* versehen und eventuell eine Meldung an das Finanzamt leisten.

Verfügungen über das Konto wird die Bank nur zulassen, wenn die Rechtslage eindeutig geklärt ist. Sie haftet den Erben gegenüber, wenn sie eine Zahlung an einen Nichtberechtigten leistet.

Solange der zum Erben Berufene die Erbschaft nicht angenommen hat und die Ausschlagungsfrist läuft, bleibt unklar, wer letzten Endes wirklich Erbe wird. Soweit deshalb ein Bedürfnis besteht oder der Erbe unbekannt oder es ungewiss ist, ob die Erbschaft angenommen wird, muss das Nachlassgericht für die Sicherung des Nachlasses sorgen. Für denjenigen, welcher Erbe wird, kann ein Pfleger bestellt werden. Dieser heißt **Nachlasspfleger**, wenn er für den noch ungewissen Erben bestellt wird. Er ist dessen gesetzlicher Vertreter. Das Nachlassgericht hat einen solchen Nachlasspfleger auf Antrag eines Nachlassgläubigers dann zu bestellen, wenn dieser Gläubiger einen gegen den Nachlass gerichteten Anspruch einklagen möchte.

Wenn der Erblasser sicher gehen will, dass der Nachlass in seinem Sinne behandelt wird, kann er eine **Testamentsvollstreckung** anordnen. Dadurch wird der Erbe in Verwaltung und Verfügung des Nachlasses beschränkt. Testamentsvollstreckung kann nur durch Testament oder Erbvertrag angeordnet werden. Nimmt der Testamentsvollstrecker das Amt an, hat er meist die letztwilligen Verfügungen des Erblassers auszuführen, die Auseinandersetzung unter Miterben vorzunehmen und den Nachlass zu verwalten.

AMTSGERICHT NEUSTADT

NACHLASSGERICHT

Geschäftsnummer
15 IV 12/88   Tettnang, den 15.03.20..

ERBSCHEIN

Die am 12.11.1935 in Ulm geborene,
zuletzt in Friedrichshafen wohnhaft
gewesene Rentner/in

Miriam Bayer

ist am 04. März 20.. in Neustadt ge-
storben und beerbt worden von

Jörg Klein, geb. 12.11.1960,

als Alleinerbe.

Neustadt, den 15. März 20..

Amtsgericht
– Nachlassgericht –

 Siegel

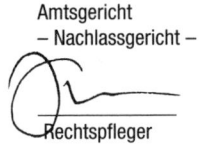 Rechtspfleger

---

Bearbeitung von Konten beim Tode des Kunden

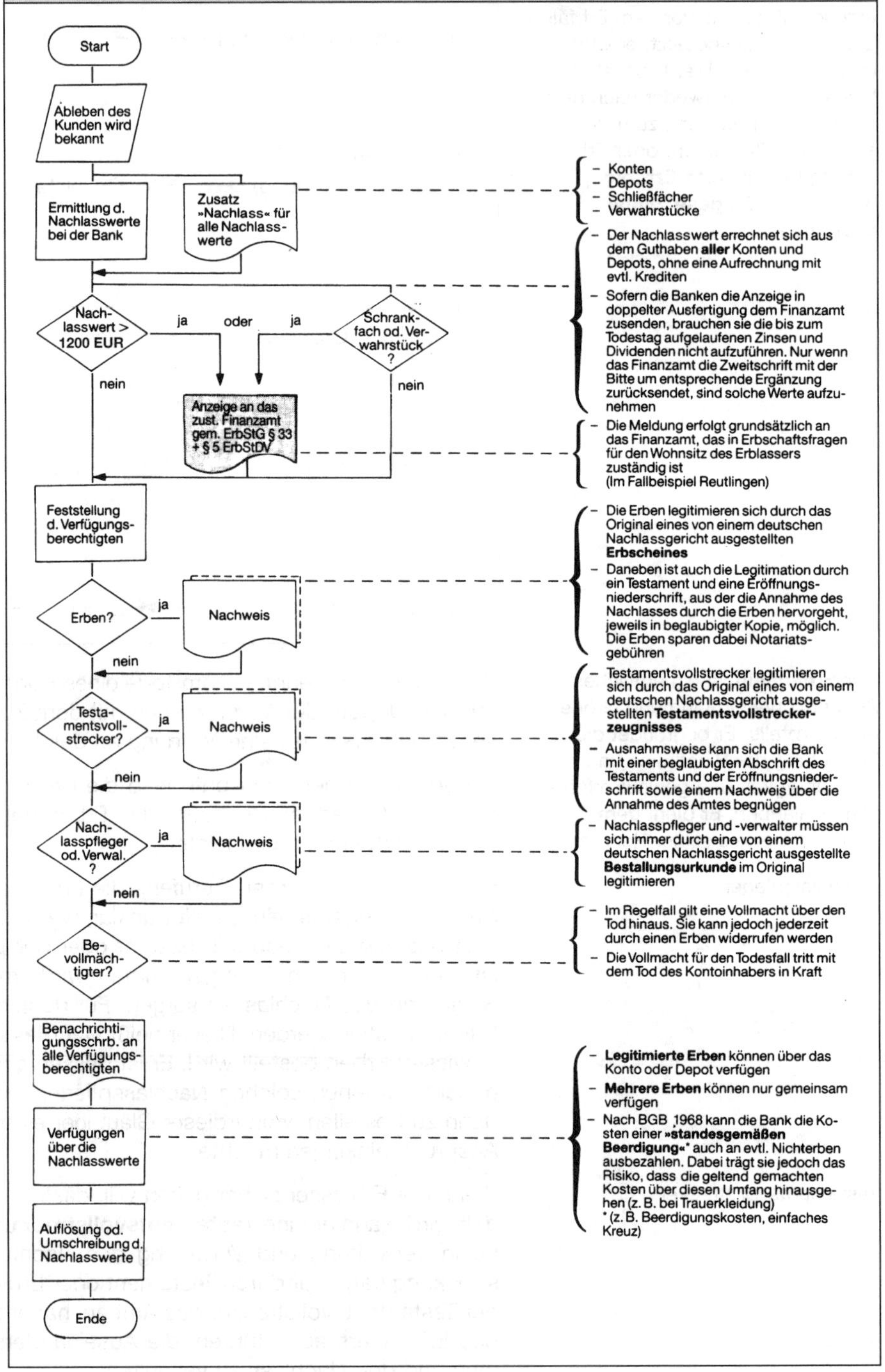

Start

Ableben des Kunden wird bekannt

Ermittlung d. Nachlasswerte bei der Bank — Zusatz »Nachlass« für alle Nachlass-werte
- Konten
- Depots
- Schließfächer
- Verwahrstücke

– Der Nachlasswert errechnet sich aus dem Guthaben **aller** Konten und Depots, ohne eine Aufrechnung mit evtl. Krediten

Nachlasswert > 1200 EUR — ja — oder — ja — **Schrank-fach od. Ver-wahrstück?**
nein — nein

– Sofern die Banken die Anzeige in doppelter Ausfertigung dem Finanzamt zusenden, brauchen sie die bis zum Todestag aufgelaufenen Zinsen und Dividenden nicht aufzuführen. Nur wenn das Finanzamt die Zweitschrift mit der Bitte um entsprechende Ergänzung zurücksendet, sind solche Werte aufzunehmen

Anzeige an das zust. Finanzamt gem. ErbStG § 33 + § 5 ErbStDV

– Die Meldung erfolgt grundsätzlich an das Finanzamt, das in Erbschaftsfragen für den Wohnsitz des Erblassers zuständig ist (Im Fallbeispiel Reutlingen)

Feststellung d. Verfügungs-berechtigten

– Die Erben legitimieren sich durch das Original eines von einem deutschen Nachlassgericht ausgestellten **Erbscheines**

Erben? — ja — **Nachweis**
nein

– Daneben ist auch die Legitimation durch ein Testament und eine Eröffnungs-niederschrift, aus der die Annahme des Nachlasses durch die Erben hervorgeht, jeweils in beglaubigter Kopie, möglich. Die Erben sparen dabei Notariats-gebühren

Testa-mentsvoll-strecker? — ja — **Nachweis**
nein

– Testamentsvollstrecker legitimieren sich durch das Original eines von einem deutschen Nachlassgericht ausge-stellten **Testamentsvollstrecker-zeugnisses**

– Ausnahmsweise kann sich die Bank mit einer beglaubigten Abschrift des Testaments und der Eröffnungsnieder-schrift sowie einem Nachweis über die Annahme des Amtes begnügen

Nach-lasspfleger od. Verwal.? — ja — **Nachweis**
nein

– Nachlasspfleger und -verwalter müssen sich immer durch eine von einem deutschen Nachlassgericht ausgestellte **Bestallungsurkunde** im Original legitimieren

Be-vollmäch-tigter?

– Im Regelfall gilt eine Vollmacht über den Tod hinaus. Sie kann jedoch jederzeit durch einen Erben widerrufen werden

– Die Vollmacht für den Todesfall tritt mit dem Tod des Kontoinhabers in Kraft

Benachrichti-gungsschrb. an alle Verfügungs-berechtigten

– **Legitimierte Erben** können über das Konto oder Depot verfügen

– **Mehrere Erben** können nur gemeinsam verfügen

Verfügungen über die Nachlasswerte

– Nach BGB 1968 kann die Bank die Kosten einer »**standesgemäßen Beerdigung**«* auch an evtl. Nichterben ausbezahlen. Dabei trägt sie jedoch das Risiko, dass die geltend gemachten Kosten über diesen Umfang hinausge-hen (z. B. bei Trauerkleidung)

Auflösung od. Umschreibung d. Nachlasswerte

* (z. B. Beerdigungskosten, einfaches Kreuz)

Ende

Die Erbschaftsteuer wird nach folgendem System berechnet:

Erbschaftsteuer

Steuerklassen: (I)   (II)   (III)

Erbe	Freibetrag	Erbe	Freibetrag	Erbe	Freibetrag
Ehegatte	307 000	Geschwister	10 300	Lebens- gefährte	5 200
Kinder	205 000	Nichten, Neffen	10 300	Nicht- verwandte	5 200
Enkel	51 200	Schw.tochter, -sohn	10 300		

Wert der Erbschaft
(nach Abzug der Freibeträge)

Zu leistende Steuern in Prozent

bis 52 000	⑦	⑫	⑰
bis 256 000	⑪	⑰	㉓
bis 512 000	⑮	㉒	㉙
über 25 565 000	㉚	㊵	㊿

Versorgungsfreibeträge
– Ehegatte — 256 000 EUR
– Kinder, gestaffelt nach Alter — von 10 300 bis 52 000 EUR

Sachliche Freibeträge (am Beispiel Steuerklasse I)
– Hausrat — 41 000 EUR
– Bewegliche körperliche Gegenstände — 10 300 EUR

Inländisches Betriebsvermögen — 256 000 EUR

(Beträge in EUR)

Die Finanzbank AG ist verpflichtet, die Auszahlung an die Familienangehörigen der Verstorbenen vorläufig zu verweigern, da das Testament alleine als Legitimationsmittel nicht ausreicht. Sie wird deshalb die vermeintlichen Erben an das Nachlassgericht verweisen, damit sie sich dort einen Erbschein besorgen oder sich durch ein zusätzliches Protokoll der Eröffnungsverhandlung ausweisen können.

Die Kosten für eine standesgemäße Bestattung könnten zwar im Vorgriff auf die endgültige Erbschaftsregelung ausbezahlt werden; Aufwendungen für die Trauerkleidung fallen jedoch nicht in jedem Fall unter diese Ausnahmeregelung. Manche Banken zahlen aber für die Trauerkleidung der Witwe aus. Eine Meldung an das Finanzamt muss trotz des Darlehens gemacht werden, da nach dem Erbschaftsteuergesetz eine Aufrechnung von Forderungen und Verbindlichkeiten bei der Ermittlung der Meldegrenze nicht zulässig ist. Auch hätte bereits die Tatsache, dass ein Schließfach bestand, eine Meldepflicht begründet.

Aufgaben

1. Bei der Finanzbank AG werden häufig Konten mit Rechten dritter Personen eröffnet.

   a) Beschreiben Sie die wesentlichen Risiken, welche die Banken bei diesen Konten eingehen.

   b) Auf einem Konto für Franz Schneider gehen regelmäßig Zahlungen zugunsten eines „Vorstadtvereines" ein. Erläutern Sie, was Sie als Kundenberater sinnvollerweise tun sollten.

   c) Prüfen Sie, worauf die Bank bei Mietkautionskonten achten sollte.

   d) Beschreiben Sie die wesentlichen Besonderheiten von Anderkonten.

   e) Ein Patenonkel möchte ein Konto für sein Patenkind einrichten, auf das er per Dauerauftrag monatlich 30 EUR überweist. Wenn die Patin 18 Jahre alt wird, soll sie über das Geld verfügen können.
   Machen Sie einen begründeten Vorschlag für die Gestaltung des Kontovertrages.

2. Wolf Schneider, ein langjähriger Kunde Ihrer Bank ist verstorben. Neben einem Sparguthaben von 12 000 EUR besitzt er ein Schließfach. Auf seinem Kontokorrentkonto ist noch ein Kredit von 20 000 EUR offen.

   a) Geben Sie an, was die Bank zu unternehmen hat, wenn Sie vom Ableben des Kunden erfährt.

   b) Die Erben des Verstorbenen sprechen bei Ihnen vor, weil sie das Schließfach öffnen wollen. Erläutern Sie, unter welchen Voraussetzungen Sie diesem Wunsch nachkommen können.

   c) Erklären Sie, welche Funktion Nachlassverwalter bzw. -pfleger haben.

7.2 Inländischer Zahlungsverkehr

Die Rolle der Kreditinstitute im Geldkreislauf wird durch das große Geldvolumen in Deutschland bestimmt. Im Zusammenhang mit der Euro-Bargeldeinführung 2002 war der DM-Bargeldumlauf Ende 2001 deutlich zurückgegangen. Betrug der Bargeldumlauf Ende 2000 noch 278,1 Mrd. DM, waren nach dem Abbau der Bargeldkonten im In- und Ausland zum Ende des Jahres 2001 nur noch 162,2 Mrd. DM im Umlauf. Der Euro-Bargeldumlauf belief sich Ende April 2002 auf 91,2 Mrd. EUR.

Struktur des EUR-Bargeldumlaufs Stand: 30. April 2002		
Noten zu EUR	Mio. EUR	%
500	23 378	26,5
200	7 114	8,1
100	13 407	15,2
50	29 827	33,7
20	7 680	8,7
10	4 601	5,2
5	2 305	2,6
Summe:	88 312	100
Münzen zu EUR	Mio. EUR	%
2,00	1 333	45,7
1,00	745	25,6
0,50	405	13,9
0,20	201	6,9
0,10	126	4,3
0,05	65	2,2
0,02	26	0,9
0,01	15	0,5
Summe	2 916	100

Quelle: Pressenotiz der Deutschen Bundesbank, vom 10.05.2002

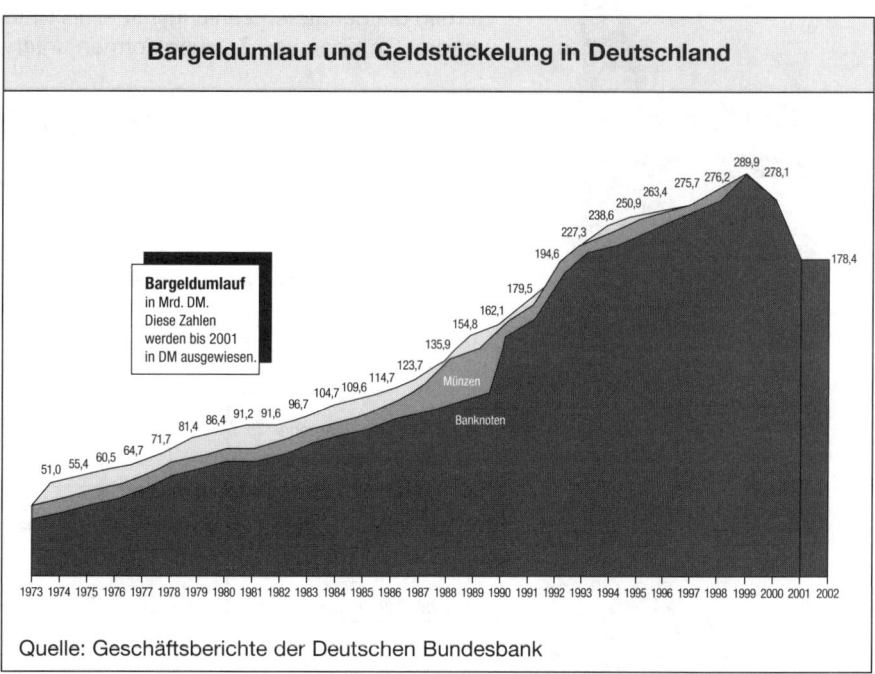

Bargeldumlauf und Geldstückelung in Deutschland

Bargeldumlauf in Mrd. DM. Diese Zahlen werden bis 2001 in DM ausgewiesen.

Münzen

Banknoten

Quelle: Geschäftsberichte der Deutschen Bundesbank

*Zur gleichen Zeit betrug der Bestand an **Buchgeld**, das heißt Sichteinlagen von inländischen Unternehmen, Privatpersonen und öffentlichen Haushalten 515 Mrd. Euro.*

Das Bargeldvolumen umfasst somit nur etwa ein Viertel des Geldumlaufes.

Lernziele

● Die wesentlichen Zahlungsmittel und Zahlungsformen beschreiben und bewerten,

● die Abwicklung des Barzahlungsverkehrs und des bargeldlosen Zahlungsverkehrs – heute und in der Zukunft – darstellen,

● Auswirkungen der technologischen Entwicklung auf den Zahlungsverkehr bewerten,

● wesentliche Probleme des Wechselinkassos lösen,

● grundlegende Preismodelle im Zahlungsverkehr beschreiben und bewerten.

7.2.1 Zahlungsmittel und Zahlungsformen

Euro-Geldscheine

Quelle: Europäisches Währungsinstitut

Die Großhandelsunternehmung Weber OHG hat im Rahmen ihrer Handels-geschäfte eine Vielzahl von eingehenden und ausgehenden Zahlungen zu bear-beiten. Diese Geldüberträge werden zum größten Teil über die Zahlungsverkehrs-konten bei der Finanzbank AG sowie bei der Postbank abgewickelt. Nachdem die Kosten des Zahlungsverkehrs laufend zugenommen haben, beauftragt die Geschäftsleitung die Abteilung „Zahlungsverkehr und Finanzierung" zu prüfen, inwieweit in diesem Bereich Kosten eingespart werden können.

Werden die benutzten Zahlungsmittel als Unterscheidungsmerkmal gewählt, kön-nen drei Gruppen von Zahlungsformen unterschieden werden.

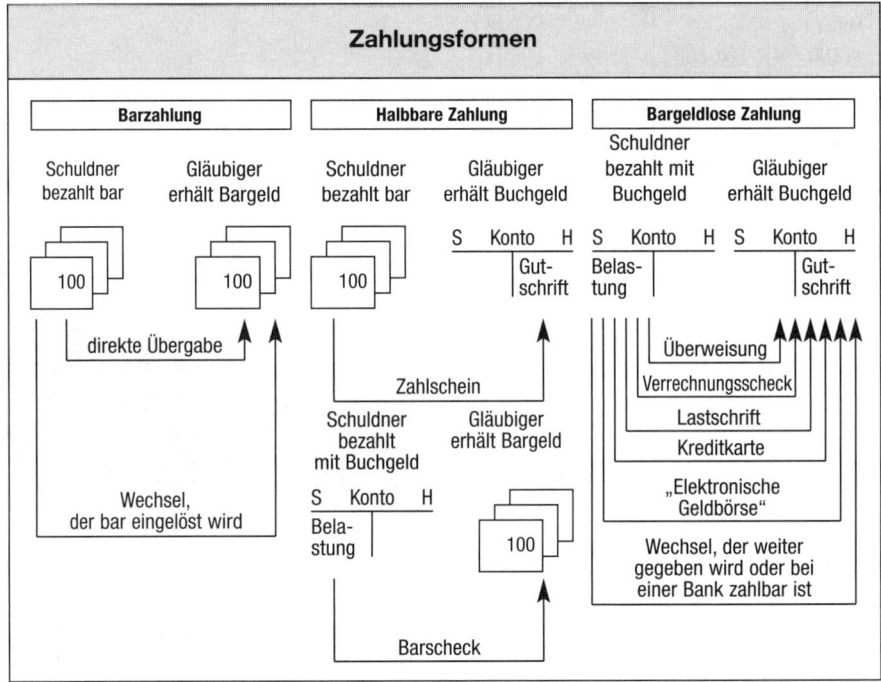

Barzahlung

Zahlungen mittels Bargeld finden heute vor allem im privaten Geschäftsverkehr und im Einzelhandel statt. Auch in diesem Bereich zeichnet sich – wie im Zah-lungsverkehr der Unternehmen – ein Trend zu unbaren Zahlungsmitteln ab. Zu-nehmend werden Barzahlungen von Kleinstbeträgen mit Kartengeld aus der „elektronischen Geldbörse" ersetzt.

Geldwäsche

Verdachtsmitteilung an den Geldwäschebeauftragten

1. Angaben zum verdächtigen Kunden

2. Angaben zum Verdacht

3. Angaben zum bisherigen Verlauf der Geschäftsverbindung

4. Begünstigter und weitere Teilnehmer der Transaktionen

5. Verdächtige Transaktion

(Betrag) (Währung) (Zeitpunkt)

Transaktion:
☐ als Eilgeschäft durchgeführt, weil _____
☐ nicht durchgeführt
☐ abgelehnt

International arbeitende Verbrecherorganisationen erzielen weltweit jährlich Milliardengewinne u. a. durch Rauschgifthandel, Erpressung, Menschenhandel, Prostitution, verbotenes Glücksspiel und Verbrechen gegen die Umwelt. Diese kriminellen Gewinne werden zu einem großen Teil in den legalen Wirtschaftskreislauf eingeschleust.

Die **Geldwäsche** erfolgt meist in drei Stufen:

1. **Einschleusen** – z. B. Einzahlung von Bargeld auf Konten oder Erwerb von Wertgegenständen gegen Bargeld.

2. **Spuren verwischen** – Das Geld wird anonym in das Finanzsystem unter Verschleierung der wahren Herkunft eingebracht.

3. **Legalisieren** – Das umgewandelte Geld wird für legale Aktivitäten im Wirtschaftsleben benutzt.

Der Gesetzgeber hat in das Strafrecht den Tatbestand der **Geldwäsche** aufgenommen. Aus dem **Gesetz über das Aufspüren von Gewinnen aus schweren Straftaten (Geldwäschegesetz)** ergeben sich für die Kreditinstitute weitreichende Pflichten im Barzahlungsverkehr.

Das Kreditinstitut ist verpflichtet, bei der Annahme oder Abgabe von Bargeld, Wertpapieren oder Edelmetallen im Wert von **15 000 EUR oder mehr** die Identität des Kunden anhand eines Personalausweises oder Reisepasses festzustellen und die Angaben aufzuzeichnen. Hierzu zählen Bareinzahlungen und -abhebungen sowie der An- und Verkauf von Wertpapieren und Edelmetallen über den Bankschalter. Dabei ist es unerheblich, ob die jeweiligen Geschäfte über ein bestehendes Kundenkonto abgewickelt werden. Die gleiche Regelung gilt, wenn der oben genannte Betrag in mehrere kleinere Beträge aufgeteilt wurde. Weiterhin besteht eine Meldepflicht bei Annahme oder Abgabe von Sorten sowie Euro- und Fremdwährungs-Reiseschecks ab einem Transaktionsbetrag von 2500 EUR, sofern das Geschäft nicht über ein Kundenkonto abgewickelt wird.

Erleichterungen gelten für Kunden, die persönlich bekannt und bereits identifiziert sind.

Bareinzahlungsautomaten sowie Geldautomaten gewinnen an Bedeutung. Das Geldwäschegesetz schreibt vor, dass nur Kunden einzahlen dürfen, die ein Konto bei der jeweiligen Bank führen und sich verpflichten, nur für eigene Rechnung einzuzahlen.

Ferner hat sich das Kreditinstitut zu erkundigen, ob der Kunde für eigene Rechnung handelt. Sofern er für einen Dritten – das heißt für fremde Rechnung – handelt, sind Name und Anschrift desjenigen festzuhalten, für dessen Rechnung gehandelt wird. Diese Pflicht gilt auch bei der Eröffnung von Konten.

Jede Bank hat einen Geldwäschebeauftragten zu bestellen.

Kein Kreditinstitut darf Ausnahmen zulassen. Bei Verletzung der gesetzlichen Bestimmungen drohen dem Kreditinstitut und seinen Mitarbeitern empfindliche Geldbußen.

Halbbare Zahlungen

Zahlschein der Banken

Halbbare Zahlungen setzen entweder beim Zahlungspflichtigen oder beim Zahlungsempfänger ein Bankkonto voraus. Die halbbare Zahlung durch Zahlschein erfordert beim Empfänger ein Bankkonto.

Viele Firmen legen ihren Rechnungen ausgefüllte Zahlscheine der Banken bei, um den Kunden das Ausfüllen des Zahlungsbeleges zu erleichtern. Dadurch erhoffen sich die Zahlungsempfänger eine beschleunigte Zahlung.

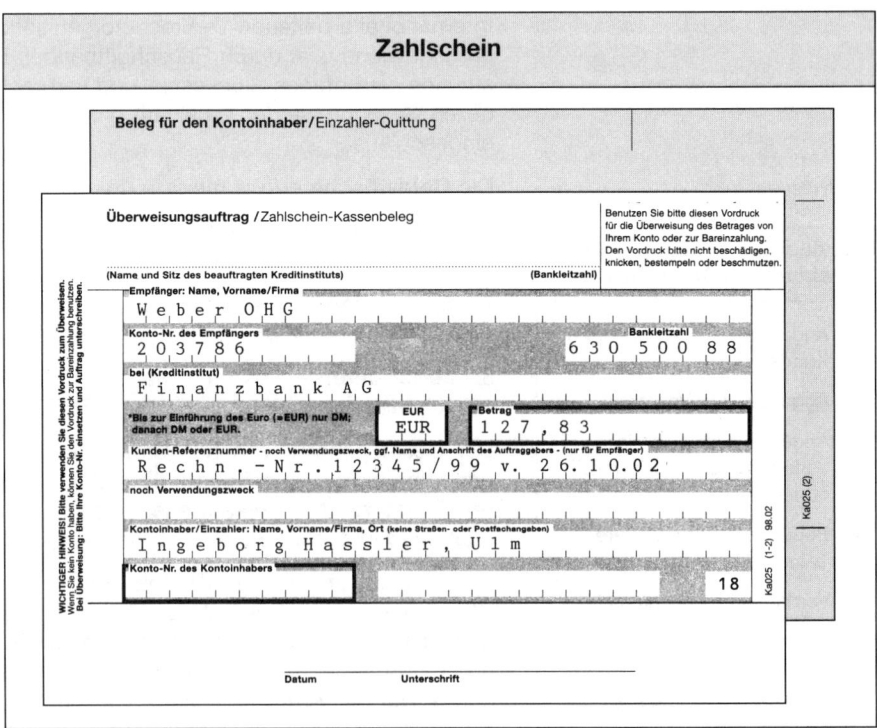

Barscheck

Halbbare Zahlungen mittels **Barscheck** kommen vor allem zwischen Privatpersonen vor. Erhalten Geschäftsleute solche Schecks, wandeln sie diese meist sofort durch einen entsprechenden Stempelaufdruck in Verrechnungsschecks um.

Bargeldloser Zahlungsverkehr

Das besondere Kennzeichen des **bargeldlosen Zahlungsverkehrs** besteht darin, dass für die Zahlungen nur Buchgeld bewegt wird. Dies setzt voraus, dass sowohl der Zahlungspflichtige als auch der Zahlungsempfänger ein Konto bei einem Kreditinstitut oder der Postbank unterhalten.

Konten des bargeldlosen Zahlungsverkehrs sind in erster Linie die Giro- und Kontokorrentkonten bei den Kreditinstituten sowie die Postgirokonten. In begrenztem Umfange wird dabei auch „Quasigeld", das in erster Linie der Geldanlage und nicht dem Zahlungsverkehr dient, über Termin- und Sparkonten geleitet.

Gegenstand des bargeldlosen Zahlungsverkehrs sind

● der **Überweisungsverkehr**, bei dem die Zahlung durch den Zahlungspflichtigen ausgelöst wird, und

● der **Inkassoverkehr**, bei dem ein Geldbetrag durch einen Auftrag des Zahlungsempfängers „eingezogen" wird.

Elektronisches Geld (E-Geld) entsteht durch die Einzahlung von Bar- und oder Buchgeld, das in Form eines Karten- oder Netzgeldes gespeichert wird.

● **Kartengeld** wird auf einer vorausbezahlten Wertkarte gespeichert. Bei jedem Zahlungsvorgang werden die entsprechenden Werteinheiten abgebucht. Damit können insbesondere Kleinbeträge anonym elektronisch bezahlt werden.

● **Netzgeld** wird auf der Festplatte eines PC gespeichert, nachdem es vorab bei einem Kreditinstitut einbezahlt worden ist. Damit können Rechnungen online anonym bezahlt werden.

Emittenten von Elektronischem Geld müssen bestimmte Mindestanforderungen erfüllen:

● Sie unterliegen der Bankenaufsicht

● Die Rechtsschutzvereinbarungen müssen transparent sein

● Der Schutz vor Missbrauch muss sichergestellt sein

● Meldepflichten müssen erfüllt werden

● Der Emittent verpflichtet sich zur Umwandlung von E-Geld in Zantralbankgeld

● Die EZB kann Mindestreservepflichten einführen

Sofern das Volumen Elektronischen Geldes deutlich zunimmt, kann es die Geldpolitik der EZB beeinflussen.

7.2.2 Organisation des bargeldlosen Zahlungsverkehrs

Wegen der hohen Anzahl der Buchgeldübertragungen hat die deutsche Kreditwirtschaft zusammen mit der Deutschen Bundesbank organisatorische und technische Voraussetzungen geschaffen, damit ein funktionsfähiges System des bargeldlosen Zahlungsverkehrs gewährleistet ist.

Damit bargeldlose Zahlungen schnell und sicher weitergeleitet werden können, ist ein enges Übertragungsnetz zwischen den beteiligten Banken erforderlich. Außerdem müssen die Zahlungsverkehrsvordrucke einheitlich und EDV-gerecht gestaltet werden.

Weiterleitung von Zahlungen

Bargeldlose Zahlungen werden in einem System von **Gironetzen** von Bank zu Bank weitergeleitet.

Gironetze – Teil
eines Netzwerkes

> Ein **Gironetz** ist ein **organisatorischer Zusammenschluss** der Bankstellen eines Kreditinstitutes oder einer Bankengruppe mit dem Ziel, bargeldlose Zahlungen über Zentralstellen weiterzuleiten.

In der Regel erfüllen diese Systeme zwei Aufgaben:

● Die **kostengünstige Weiterleitung** der Zahlungen im eigenen Netz.

● Die **Erhaltung einer möglichst hohen Liquidität** für die eigene Institutsgruppe, indem die Zahlungen – soweit möglich – im eigenen Bereich weitergeleitet werden.

In Deutschland hat sich ein vielfältiges System von Gironetzen herausgebildet, deren wesentliches Bindeglied das Gironetz der Deutschen Bundesbank ist. Die Verbindung zwischen den einzelnen Gironetzen erfolgt über die direkte Verrechnung zwischen den Zentralen der einzelnen Bankenbereiche.

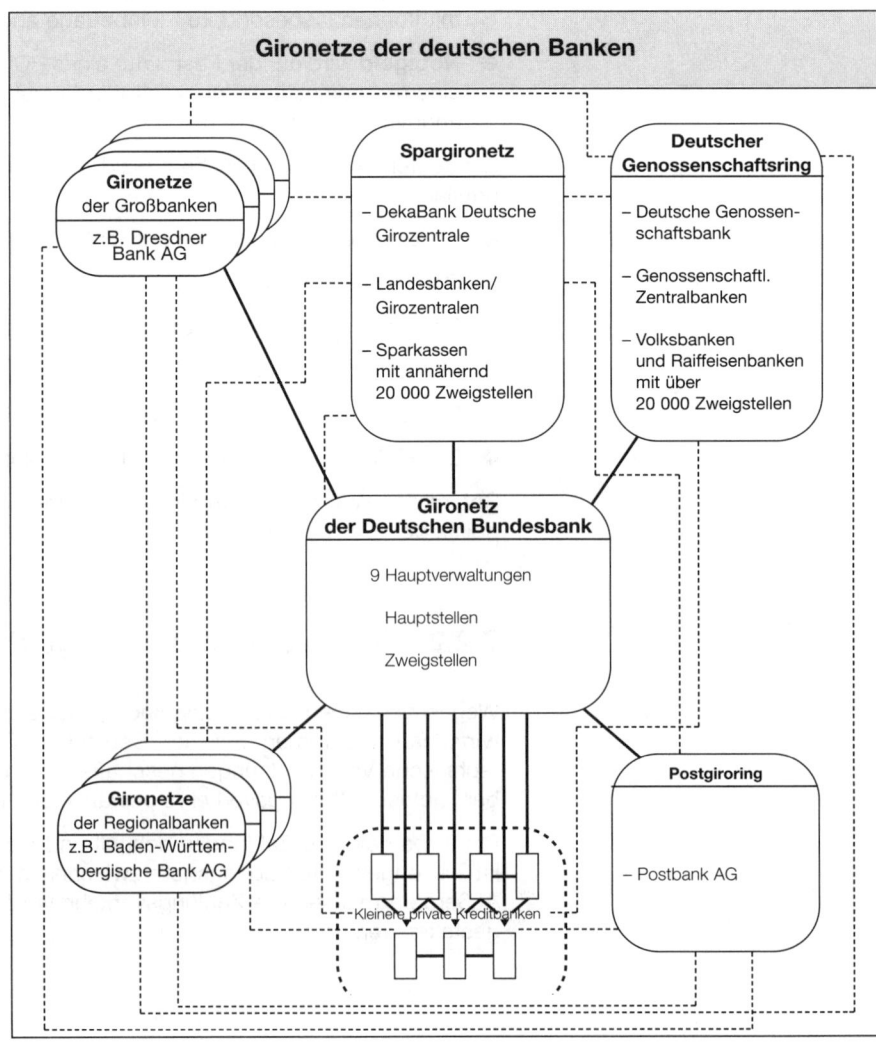

Gestaltung von Vordrucken

Richtlinien für einheitliche
Zahlungsverkehrsvordrucke

Das große Belegvolumen im Zahlungsverkehr hat dazu geführt, dass im Kreditgewerbe einheitliche Regeln vereinbart wurden, um mit Hilfe der Datenverarbeitung die Abwicklung in diesem Bereich so weit wie möglich zu rationalisieren.

Die Entwicklung zu automationsgerechten Zahlungsverkehrsvordrucken wurde schrittweise vollzogen.

Seit 01.01.1970
Einheitliche Bankleitzahlen

> Die **einheitliche Bankleitzahl** ist die **verschlüsselte Kennzeichnung** eines Kreditinstitutes. Gleichzeitig ist diese Kennzahl grundsätzlich die Kontonummer des Instituts bei der Landeszentralbank.

Aufbau der Bankleitzahl

1	2	3	4	5	6	7	8
Clearing-Gebiet			Bankengruppe	0 · · · 0	0 · · · 9	Diese Stellen dienen zur internen Nummerierung innerhalb von Gironetzen bzw. Filialinstituten	
Clearing-Bezirk				Institut am Bankplatz			
Hauptverwaltung				1 · · · 8	0 · · · 9		
				Nebenplätze zum Bankplatz			
				9 nur in Verbindung mit „6" in der 4. Stelle (xxx69xxx) = Raiffeisenbank ohne eigenes Hauptverwaltungs-Konto			

Clearing-Gebiete (Stelle 1):
1 Berlin, Brandenburg, Mecklenburg
2 Hamburg, Schleswig-Holstein,
  Niedersachsen, Bremen
3 Rheinland (Regierungsbezirk
  Düsseldorf, Köln, Aachen)
4 Westfalen
5 Hessen, Rheinland-Pfalz, Saarland
6 Baden-Württemberg
7 Bayern
8 Sachsen, Sachsen-Anhalt,
  Thüringen

Bankengruppen (Stelle 4):
0 Bundesbank
1 Postbank; Kreditinstitute,
  die nicht in den Gruppen 2 bis 9
  erfasst sind
2 Regional-, Lokal-, Spezial-,
  Haus- und
3 Branchenbanken, Privatbankiers
4 Commerzbank
5 Girozentralen und Sparkassen
6 Kreditgenossenschaften
7 Deutsche Bank
8 Dresdner Bank
9 Gewerbliche Zentralbanken und
  Kreditgenossenschaften

Stellen 5–8:
Erste vier Stellen der
ehemaligen DDR-Kontonummer (Territorial-Nr.
und Instituts-Nr.)

Zweigstellen und Filialen mit einer Bankleitzahl, aber ohne eigenes bankleitzahlgebundenes Girokonto bei der Deutschen Bundesbank führen in den Stellen eins bis sechs ihrer Bankleitzahl die gleichen Ziffern wie die übergeordnete Niederlassung.

Raiffeisenbanken haben oftmals kein eigenes Hauptverwaltungs-Girokonto, sondern unterhalten ihre Guthaben (z. B. wegen der Mindestreserve) bei ihrer Zentralbank bzw. der DG-Bank. Das Zahlungsverkehrsmaterial wird in diesen Fällen über diese Stellen geleitet. Als Erkennungsmerkmal ist dabei immer eine 9 an der 5. Stelle der entsprechenden Bankleitzahl angegeben.

Die PAN hat folgende Struktur (Beispiel: Deutsche Bundesbank, Hauptverwaltung Frankfurt)

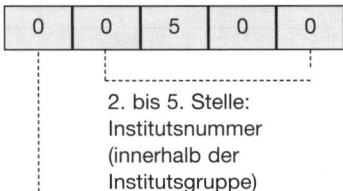

2. bis 5. Stelle:
Institutsnummer
(innerhalb der
Institutsgruppe)

1. Stelle: Institutsgruppe
(= 4. Stelle der BLZ)

Einheitliche automationsfähige
Zahlungsverkehrsvordrucke

Erst die Bankleitzahl ermöglicht es, Zahlungsverkehrsvordrucke unter bestimmten Voraussetzungen maschinell zu sortieren und weiterzuleiten. Bemängelt wird teilweise, dass sie keine Prüfziffer enthält, so dass falsche Eingaben nicht maschinell ermittelt werden können.

Die Spitzenverbände des Kreditgewerbes und die Deutsche Bundesbank haben sich auf die **Einführung einer Kurzbankleitzahl**, der so genannten **PAN (Primary Account Number)**, verständigt. Während die Bankleitzahl nach wie vor im inländischen Zahlungsverkehr Verwendung findet, ist die **PAN für die Abwicklung des internationalen Karten-Zahlungsverkehrs** vorgesehen. Die Einführung dieser Kurzbankleitzahl wurde erforderlich, weil auf dem Magnetstreifen der Scheckkarte lediglich fünf Stellen für eine Institutsnummerierung verfügbar sind.

Zahlungsverkehrsvordrucke müssen nach den **„Richtlinien für einheitliche Zahlungsverkehrsvordrucke"** eine Reihe von Bedingungen erfüllen:

1. Papierqualitäten, Formate, Einteilungen, Zeilenabstände und Schreibschritte sind einheitlich festgelegt,

2. durch besondere Farben soll die Möglichkeit der Fälschung eingeschränkt werden,

3. die Farbgebung für die einzelnen Vordrucke und für die Kreditinstitute ist verbindlich festgelegt,

4. Werbetexte und -motive – außer den Organisations- und Firmenzeichen der Kreditinstitute – dürfen nicht ausgedruckt werden und

5. die Rückseite darf im Bereich des Vordruckfußes (Codierzeile) keine Beschriftungen enthalten.

6. Es ist ein Währungsfeld vorgeschrieben, in dem die Währungseinheit Euro eingetragen wird.

Aufgaben

1. Beurteilen Sie die Bedeutung der einzelnen Barzahlungsformen im heutigen Wirtschaftsleben.

2. Beschreiben Sie ein sinnvolles Verfahren, um Kunden, die kein eigenes Bankkonto besitzen, die halbbare Zahlung von Rechnungen zu erleichtern.

3. Ein Großhändler hat eine Zahlung an einen Empfänger zu leisten, der kein Bankkonto besitzt. Skizzieren Sie die Möglichkeiten der halbbaren Zahlung, die hierbei in Frage kommen.

4. Erklären Sie die Funktion von Gironetzen im deutschen Bankensystem.

5. Skizzieren Sie das System der Gironetze im deutschen Bankwesen. Erläutern Sie dabei, wie diese Gironetze miteinander verbunden sind.

6. Beschreiben Sie die Funktion der Codierzeilen bei Überweisungs-, Lastschrift- und Scheckbelegen.

7. Erläutern Sie den Aufbau der Bankleitzahl und der PAN.

Überweisungsverkehr

Renate Wenzel hat wegen der Lieferung von Möbeln 950 EUR an die Jakob Putschli KG in Stuttgart zu bezahlen. Die Finanzbank AG in Ulm erhält deshalb den Auftrag, diesen Betrag vom Konto der Kundin auf das Konto des Lieferanten bei der Württembergischen Kreditbank AG in Stuttgart zu übertragen.

Laut Rechnung kann bei Zahlungen bis zum 28. April 3 % Skonto abgezogen werden. Ist Frau Wenzel zum Skontoabzug berechtigt, sofern sie die Überweisung erst am 28. April zur Bank gibt?

Überweisung

> Mit der **Überweisung** wird Buchgeld übertragen, indem das Konto des Auftraggebers (Zahlungspflichtiger) belastet wird und anschließend eine Gutschrift auf dem Konto des Begünstigten erfolgt.

§ 675 BGB

Mit der Entgegennahme eines Überweisungsauftrages durch die Bank kommt ein Girovertrag in Form eines Geschäftsbesorgungsvertrags zustande.

Beleghafte Überweisungsaufträge werden mit einem einteiligen Formular, teilweise mit einem Durchschlag, erteilt.

Überweisungsauftrag

Überweisungsauftrag an

Finanzbank AG   430612   Bei Handschrift in Blockschrift und »GROSSBUCHSTABEN« ausfüllen.

Blatt 2 Kopie für Auftraggeber

Empfänger: Name, Vorname/Firma
Jakob Putschli KG Stuttgart

Konto-Nr. des Empfängers   Bankleitzahl
345678   60050101

bei (Kreditinstitut)
Württemb. Kreditbank AG Stuttgart

*Bis zur Einführung des Euro (=EUR) nur DM; danach DM oder EUR.   EUR'   EUR   Betrag   921,50----------------

Kunden-Referenznummer - noch Verwendungszweck, ggf. Name und Anschrift des Auftraggebers - (nur für Empfänger)
Rechnung Nr. 123456/99

noch Verwendungszweck
abz. Skonto

Kontoinhaber: Name, Vorname/Firma, Ort (keine Straßen- oder Postfachangaben)
Renate Wenzel, Ulm

Konto-Nr. des Kontoinhabers
239853   20

Uebo12 (1-2) 97.12.

Dispositionsvermerk: ➡ Vergessen Sie bitte nicht das Datum und Ihre Unterschrift.

28.04.20..   *Renate Wenzel*
Datum   Unterschrift

Der Überweisungsauftrag – meist das Original – wird vom Auftraggeber unterschrieben und dient der Bank als Nachweis für den Belastungsauftrag seines Kontos. Beleghaft erteilte Überweisungsaufträge sind vom erstbeauftragten Kreditinstitut auf Datenverarbeitungsmedien zu erfassen und beleglos weiterzuleiten. Die anschließende Weiterleitung und Bearbeitung erfolgt nach den **Richtlinien für den Datenträgeraustausch bzw. für die Datenfernübertragung**.

Öffentliche Kassen und Firmen mit einer großen Zahl von Zahlungsverkehrsvorgängen benutzen meist **Sammelaufträge**, die heute fast ausnahmslos beleglos mit Hilfe der EDV erstellt werden.

Die Abwicklung des Überweisungsauftrages verläuft nach folgendem Grundschema.

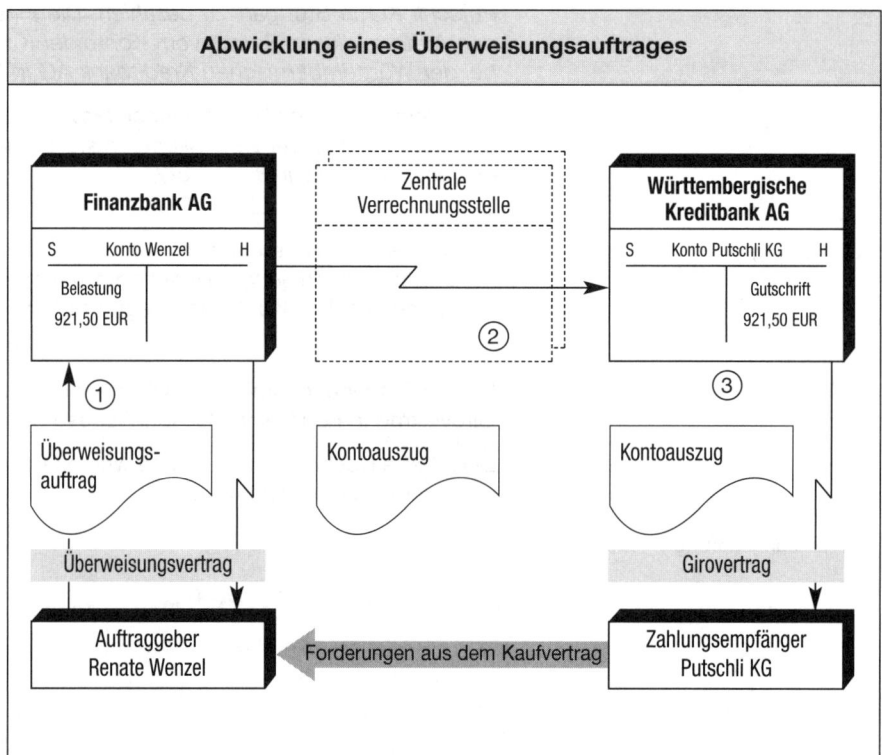

Abwicklung eines Überweisungsauftrages

Geld-Zurück-Garantie

Kreditinstitute sind zur Information der Kunden über Dauer, Entgelt und sonstige Kosten verpflichtet.

Nach ihren AGB haften die Kreditinstitute bei Fehlleitungen infolge unrichtiger und unvollständiger Angaben der Kontobezeichnung, der Kontonummer oder der Bankleitzahl nur für grobes Verschulden. Für Verzögerungen und Fehlleitungen bei der Ausführung des Auftrages übernimmt sie nur dann eine Haftung, wenn der Kunde sie ausdrücklich auf einen möglichen Schaden, der daraus entstehen könnte, hingewiesen hat. Für entstandene Zinsschäden hat sie jedoch immer zu haften. Das Risiko einer Fälschung des Überweisungsauftrages trägt die Bank, sofern dem Kunden nicht eine Mitschuld z. B. wegen mangelnder Sorgfalt bei der Aufbewahrung von Überweisungsvordrucken, nachgewiesen werden kann.

Wird die Überweisung verspätet ausgeführt, muss die Bank den Betrag für die Dauer der Verspätung verzinsen. Der Zinssatz beträgt 5 Prozentpunkte über dem Basiszinssatz. Wird die Überweisung nicht ausgeführt, können die Auftraggeber von ihrem Kreditinstitut die Erstattung des Überweisungsbetrages zuzüglich Kosten verlangen. Ein Verschulden der Bank ist dafür keine Vorraussetzung.

Verbindliche Ausführungsfristen:

- *Innerhalb einer Geschäftsstelle 1 Bankgeschäftstag*

- *Zwischen zwei Geschäftsstellen eines Kreditinstitutes 2 Bankgeschäftstage*

- *Institutsübergreifende Überweisung 3 Bankgeschäftstage*

- *Grenzüberschreitende Überweisung in EU und EWR-Staaten 5 Bankgeschäftstage*

Neben den AGB gelten für den Überweisungsverkehr im Verhältnis der Bank zur Kundschaft die **„Sonderbedingungen für den Überweisungsverkehr"**. Ergänzend dazu haben einzelne Bankengruppen Richtlinien für die Abwicklung des Überweisungsverkehrs entwickelt.

Nach einem Urteil des Bundesgerichtshofes von 1986 sind die Kreditinstitute verpflichtet, den Betrag immer auf das Konto gutzuschreiben, welches der Auftraggeber angegeben hat. Die Gutschrift auf ein anderes Konto des Empfängers ist nicht zulässig.

Das Schuldverhältnis zwischen dem richtigen Zahlungspflichtigen und dem Begünstigten erlischt, wenn die Gutschrift auf dem Empfängerkonto erfolgt ist. Bis zur Gutschrift des Betrages trägt der Zahlungspflichtige das Risiko des Verlustes. Für die Frage, ob eine Zahlung rechtzeitig geleistet wurde, ist der Zeitpunkt maßgebend, zu dem der Auftraggeber seine Überweisung bei der Bank abgibt, sofern er ein Guthaben bzw. eine freie Kreditlinie besitzt.

Frau Wenzel darf noch Skonto abziehen, da jeweils der Zeitpunkt entscheidend ist, an dem die Überweisung bei der Bank aufgegeben wird. Es empfiehlt sich aus Beweisgründen, auf dem Durchschlag der Überweisung durch die Bank das Einreichungsdatum bestätigen zu lassen.

Elektronischer Überweisungsverkehr

Die Rationalisierung des Zahlungsverkehrs in der deutschen Kreditwirtschaft hat in den vergangenen Jahren große Fortschritte gemacht. Gingen die Bestrebungen der Banken zunächst dahin, die Zahlungsverkehrsbelege unter Einsatz der elektronischen Datenverarbeitung automatisiert zu verarbeiten, steht **heute** die **beleglose Weiterleitung** der Zahlungsverkehrsdaten sowie der **Zahlungsverkehr im Internet** im Vordergrund.

Rationalisierung des bargeldlosen Zahlungsverkehrs im Zeitablauf:
- Magnetband-Clearing-Verfahren – MCV
- Disketten- und Cassetten-Clearing-Verfahren
- Datenfernübertragung (Dateienaustausch)

Für eine vollständig beleglose Zahlungsverkehrsabwicklung war es notwendig, grundlegende Voraussetzungen durch einheitliche Verfahrensregelungen in allen Bankengruppen zu schaffen. Deshalb trafen die Spitzenverbände der Kreditinstitute und die Deutsche Bundesbank 1976 eine **„Vereinbarung über Richtlinien für den beleglosen Datenträgeraustausch (MCV = Magnetband-Clearing-Verfahren)"**.

Entsprechende Abkommen für das **Disketten- und Cassetten-Clearing-Verfahren** folgten. Zum größten Teil übermitteln gewerbliche Kunden elektronische Daten im Rahmen der **Datenfernübertragung (Dateienaustausch)**.

Im beleglosen Datenträgeraustausch werden elektronische Daten des Zahlungsverkehrs nach den Regeln der „Richtlinien für den Datenträgeraustausch" zwischen den beteiligten Kreditinstituten weitergeleitet.

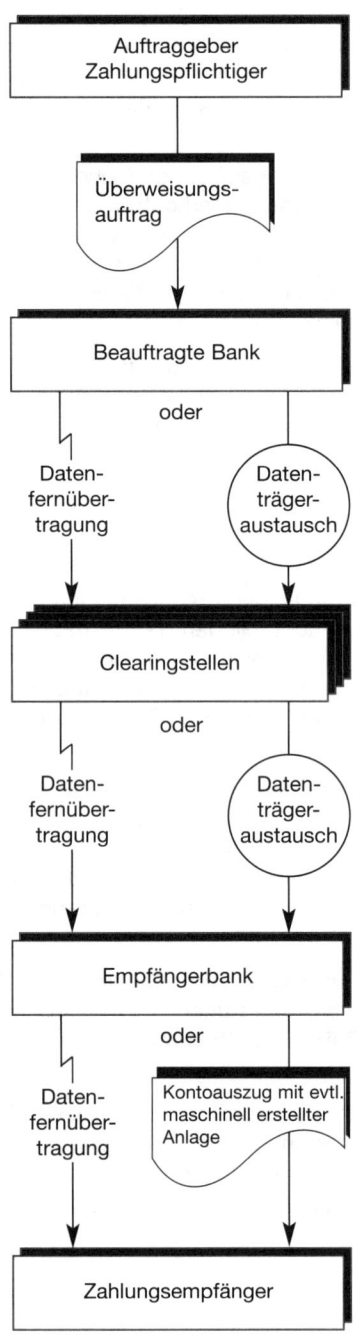

Ablauf des EZÜ

Auftraggeber
Zahlungspflichtiger

Überweisungs-
auftrag

Beauftragte Bank

oder

Daten-
fernüber-
tragung

Daten-
träger-
austausch

Clearingstellen

oder

Daten-
fernüber-
tragung

Daten-
träger-
austausch

Empfängerbank

oder

Daten-
fernüber-
tragung

Kontoauszug mit evtl.
maschinell erstellter
Anlage

Zahlungsempfänger

Die Banken, die an diesem Verfahren teilnehmen, haben unter anderem folgende Bedingungen zu beachten:

● Die Datensätze müssen in ihrem Aufbau bestimmten Normen entsprechen.

● Die beteiligten Kreditinstitute sind verpflichtet, diese Zahlungsvorgänge nach Empfang unverzüglich auszuführen.

● Der Datenträgeraustausch dient ausschließlich der Übermittlung von Nachrichten; die Verrechnungen zwischen den Banken erfolgen im Rahmen der bestehenden Verrechnungswege und Vereinbarungen.

● Die Daten werden nach strengen Regeln gesichert.

All diese Maßnahmen haben enorme **Rationalisierungserfolge** gebracht, jedoch fast ausschließlich bei **Massen-Zahlungsaufträgen** von Firmenkunden und Behörden. Die Teilschritte, die große Zahl der Einzelzahlungen (insbesondere von Privatkunden) in ähnlicher Weise zu rationalisieren, erfolgten in mehreren Stufen.

● **EZÜ – Elektronischer Zahlungsverkehr für Individualüberweisungen**: Beleghaft erteilte Überweisungsaufträge werden in Datensätze umgewandelt und beleglos weitergeleitet.

● **BZÜ – Beleglose Zahlscheinüberweisungen**: Auch Zahlscheine werden beleglos weitergeleitet.

Das **„Abkommen zum Überweisungsverkehr"** fasst diese Regelungen zusammen. Dieses enthält im Wesentlichen folgende Regelungen:

● Beleghaft erteilte Überweisungsaufträge sind – unabhängig vom Betrag – vom erstbeauftragten Kreditinstitut in Datensätze umzuwandeln und **beleglos** weiterzuleiten.

● Folgende **Daten** sind zu erfassen:

  – Bankleitzahl des endbegünstigten Kreditinstituts

  – Kontonummer des Überweisungsempfängers

  – Name des Überweisungsempfängers; Nachname oder Firmenname sind an den Anfang zu stellen

  – Betrag

  – Verwendungszweck

  – Kontonummer des auftraggebenden Kontoinhabers

  – Name des Kontoinhabers bzw. Einzahlers vor Ort

  – Bankleitzahl des erstbeauftragten Kreditinstituts

  – Textschlüssel

Bearbeitung von Belegen im SLS

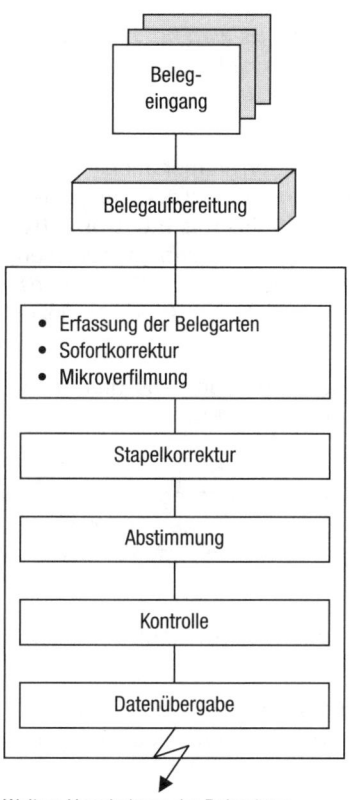

Weitere Verarbeitung der Belegdaten;
Verrechnung und Buchung

● Das erstbeauftragte Kreditinstitut ist verpflichtet, die Erfassung der Daten durch eine **Plausibilitätskontrolle**, das heißt Prüfzifferberechnung, durchzuführen.

● **Telefonische Aufträge** und Aufträge, die an **Selbstbedienungsterminals** erteilt werden, müssen vom erstbeauftragten Kreditinstitut wie EZÜ-Aufträge bearbeitet und weitergeleitet werden.

● Das Empfängerinstitut soll einen **Vergleich** der **Kontonummer** und der **Namen** durchführen. Bei Abweichungen und Beträgen über 15 000 EUR soll unverzüglich fernmündlich oder per Fax bei dem auftraggebenden Institut zurückgefragt werden. Liegt bis 14.30 Uhr des folgenden Bankarbeitstages keine Rückantwort vor, kann die Überweisung zurückgegeben werden.

Die deutschen Banken haben in den vergangenen Jahren schrittweise ein neues Überweisungsformular eingeführt, das mit Hilfe eines Schriftenlese-Systems **(SLS)** die maschinelle Erfassung seiner Daten, die vom Auftraggeber maschinen- oder handschriftlich eingesetzt wurden, erlaubt.

Die Rasterung des Formulars muss dabei nur dann eingehalten werden, wenn die Angaben handschriftlich eingetragen werden.

Der Schriftenleser erfasst die Zahlungsverkehrsbelege. Einzelne, unlesbare Zeichen können direkt über einen Bildschirm korrigiert werden. Die Korrektur kann auch stapelweise erfolgen, wenn die nicht maschinell lesbaren Belege in einem Ablagefach ausgegeben werden.

Die so erfassten Belegdaten können dann im Rahmen des Datenträgeraustausches weitergeleitet werden. Vorläufig ist der Formularsatz noch mit einem Gutschriftbeleg versehen, der auch eine Weitergabe in konventioneller Form ermöglicht.

Mit der **Bildschirm-Textverarbeitung (Btx)** im Jahre 1984 wurde die Grundlage für das **Electronic Banking** gelegt, welches die Möglichkeit bietet, insbesondere den Konto- und Zahlungsverkehr mittels Personalcomputer von zu Hause aus abzuwickeln. Dieses System, welches zwischenzeitlich in **T-Online** umbenannt wurde, hat mittlerweile über neun Millionen Teilnehmer.

Auf dieser Basis sowie im **Internet** bieten heute praktisch alle Banken Electronic Banking an. Zur Zeit gibt es in Deutschland ca. 20 Mio. Online-Konten.

In den kommenden Jahren wird das bisherige System des Online-Banking mit PIN und TAN im Rahmen des Standards **HBCI** weiterentwickelt. Dieser stellt mit neuen Verschlüsselungs- und Signiermethoden sicher, dass auch Zahlungen im Internet absolut sicher sind.

HBCI = Home Banking Computer Interface

PIN = Personal Identification Number

TAN = Transaction Numbers

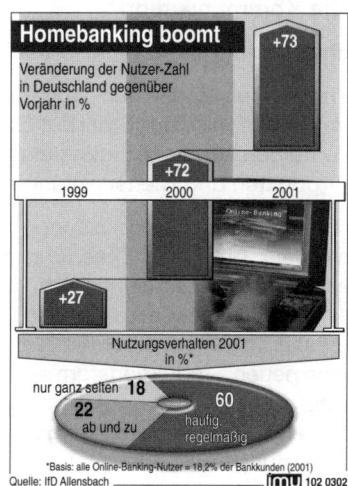

Homebanking boomt
Veränderung der Nutzer-Zahl in Deutschland gegenüber Vorjahr in %
+73
+72
+27
1999 2000 2001
Nutzungsverhalten 2001 in %*
nur ganz selten 18
22 ab und zu
60 häufig, regelmäßig
*Basis: alle Online-Banking-Nutzer = 18,2% der Bankkunden (2001)
Quelle: IfD Allensbach   102 0302

Electronic Commerce

2005 werden wir keine Internet-Companies mehr haben: Es wird nur noch Unternehmen geben, die das Internet nutzen. Oder sie wird es nicht mehr geben. Alles wird E-Business.
(Andy Grove, Intel-Gründer, 2000)

Globale Informations- und Kommunikationsnetze werden immer mehr für geschäftliche Zwecke benutzt. Internet, Intranet und Extranet bewirken fundamentale Veränderungen hin zu einem schnell wachsenden Anteil des **Electronic Business** – Elektronischen Geschäftsverkehrs. Geschäfte werden immer mehr online über Computernetze angebahnt, abgewickelt und gepflegt, Produktionsprozesse werden in virtuellen Allianzen gestaltet und Zahlungs- sowie Finanzierungsvorgänge werden elektronisch ausgeführt.

Seinen Ursprung hat der Begriff eBusiness in einer Kampagne aus dem Jahre 1997. Dort nutzte IBM den Begriff „edBusiness" zum ersten Mal.

> **Electronic Business** ist das umfassende Konzept der Nutzung von Informations- und Kommunikationstechnologien für die unternehmerischen Ziele. eBusiness umfasst dabei alle Teilnehmer einer Wertschöpfungskette.

Der Begriff Electronic Commerce, der in der Praxis oft synonym für Electronic Business genutzt wird, ist dagegen enger definiert.

Dabei betrifft der neue Zweig Electronic Commerce sowohl Handel, Industrie als auch Banken. Dieser elektronische Geschäftsverkehr weist verschiedene Dimensionen auf:

> **Electronic Commerce** bedeutet, Geschäfte online über Computernetze anzubahnen, abzuwickeln und zu pflegen, Produktionsprozesse virtuell zu gestalten und Zahlungs- sowie Finanzierungsvorgänge elektronisch abzuwickeln.

Virtuell = eine Darstellung, die nicht wirklich ist

1. **Elektronische Märkte**, wie Börsen, Warenhäuser, Tauschhandel oder Verkaufsmessen
2. **Elektronische Geschäftsprozesse**, die wiederum neue Arbeitsformen zur Folge haben
3. **Elektronische Kommunikation**
4. **Elektronische Produkte und elektronischer Service**

Insbesondere den mittelständischen Unternehmen bieten sich hier Chancen, unabhängig vom geographischen Standort Dienste und Waren auf einem globalen Markt zu vertreiben sowie die günstigsten Anbieter und Zulieferer für die Erstellung von Produkten und Dienstleistungen zu nutzen.

Electronic Commerce wird in geschlossenen Netzen, z.B. Intranets, und offenen Netzen, z.B. Internets, betrieben. Dies führt zu völlig neuen Formen der Unternehmenskooperation und Geschäftsbeziehungen sowie zu einer grundlegenden Veränderung der Produktionsprozesse und der Dienstleistungsentwicklungen, die dann ohne Beschränkungen durch Entfernungen und Grenzen vertrieben werden können. Diese neuen Produktionsformen sowie Vertriebschancen verbessern die Chancen unserer Wirtschaft im globalen Wettbewerb. Für die **Banken** ergeben sich grundlegend **neue Anforderungen** im Hinblick auf die Produktgestaltung und Serviceleistung.

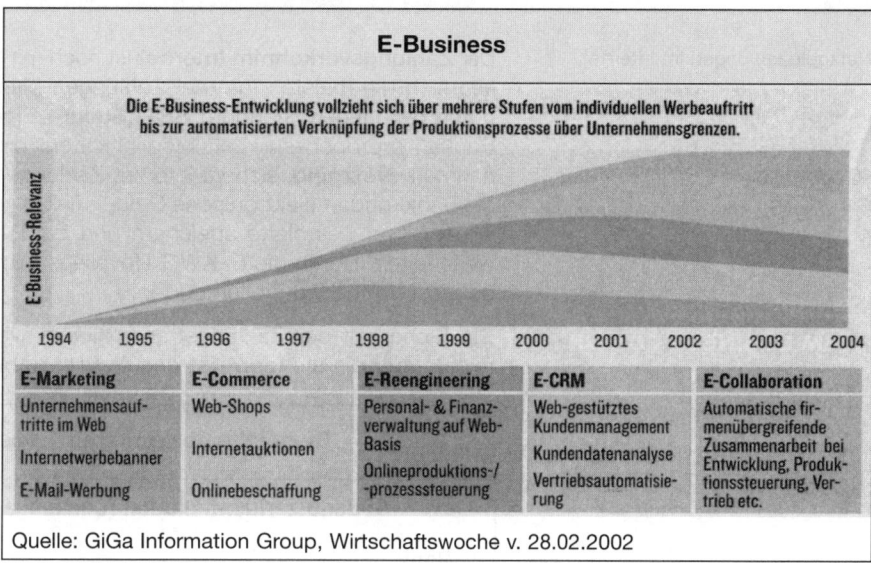

Quelle: GiGa Information Group, Wirtschaftswoche v. 28.02.2002

Elemente des
Electronic Commerce

Die **Elemente des Electronic Commerce** umfassen grundsätzlich folgende Bereiche:

● Internet-Marketing

● Akquisition von Kunden und Anbietern

● Kundensupport vor und nach dem Kauf

● Vertrieb und Verkauf

● Virtuelle Produktionsprozesse

● Kooperative Geschäftsprozesse

● Online-Service

● Tele-Engineering: Unternehmensübergreifende Produktentwicklung

● Telelearning: Beratungs- und Qualifizierungsleistungen

● Virtuelle Organisationen

Banken im
Electronic Commerce

Für die **Banken** spielen insbesondere folgende Elemente eine zentrale Rolle:

● Informations- und Wissensmanagement

● Elektronischer Finanzierungs- und Zahlungsverkehr

● Elektronischer Geldanlageverkehr

Im Bereich des Marketing sowie der Kundenbetreuung wird die Online-Kommunikation für die Banken immer wichtiger werden. Kundenbefragungen, Beschwerdemanagement oder die gezielte Information der Kunden werden immer mehr online durchgeführt. Umgekehrt ergeben sich für die Banken im Rahmen des Wissensmanagements verbesserte Möglichkeiten, Erfahrungen, Eindrücke und Erkenntnisse über Kunden und Märkte zu erheben und aufzubereiten.

Netzgeldzahlungen im Internet

eCash
CyberCoin

Der **Zahlungsverkehr im Internet** ist noch mit Risiken behaftet. Deshalb beschränken sich die meisten Internet-Zahlungen bisher auf Kreditkarten. Diese werden durch den neuen Standard **SET (Secure Electronic Transaction)** sicherer. Die Banken erproben zur Zeit Möglichkeiten, durch die Bereitstellung von so genanntem **Netzgeld**, sichere Internet-Zahlungen zu gewährleisten. Hierbei erhalten die Bankkunden elektronische Geldeinheiten vom Internet-Rechner der Bank, die sie auf ihrer Festplatte speichern und bei Bedarf an einen Zahlungsempfänger weiterleiten. Durch die 6. KWG-Novelle ist sichergestellt, dass nur Banken Netzgeld zur Verfügung stellen dürfen.

Die Sicherheit der Zahlungstransaktionen wird durch Zahlenkombinationen erreicht, über die die **Identität des Auftraggebers** geprüft wird.

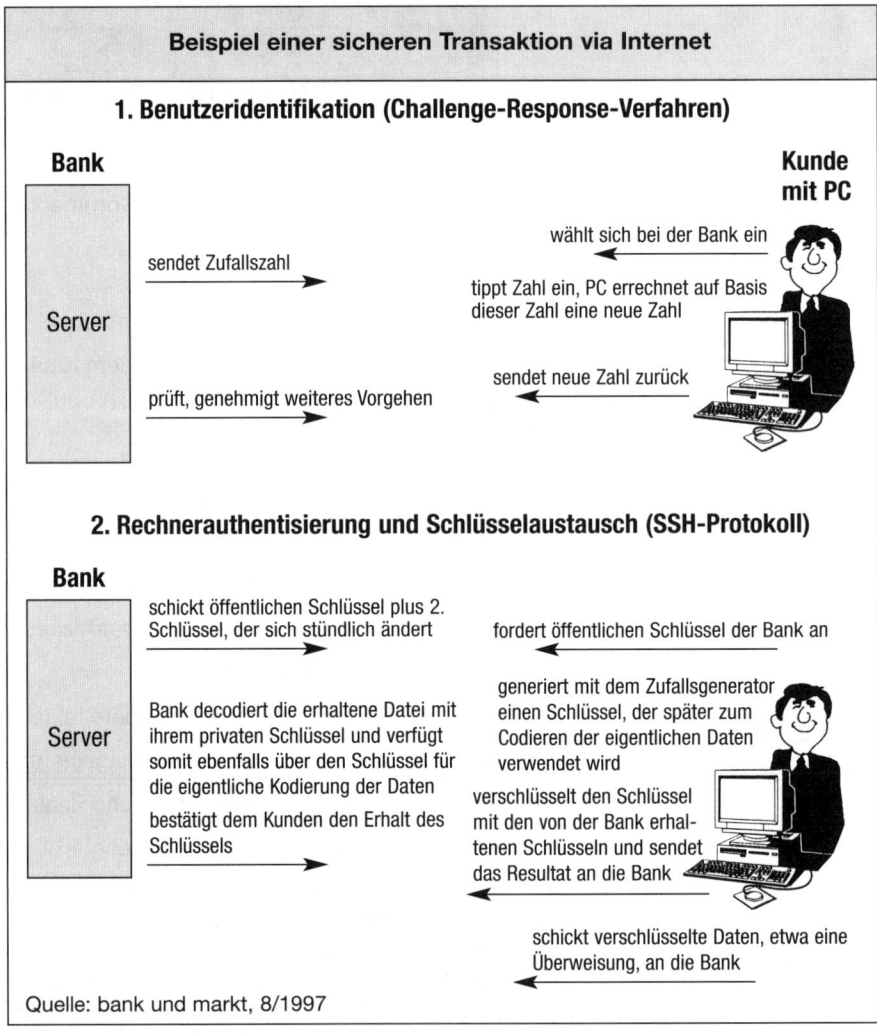

Beispiel einer sicheren Transaktion via Internet

1. Benutzeridentifikation (Challenge-Response-Verfahren)

Bank

Server

sendet Zufallszahl →

prüft, genehmigt weiteres Vorgehen →

Kunde mit PC

← wählt sich bei der Bank ein

tippt Zahl ein, PC errechnet auf Basis dieser Zahl eine neue Zahl

← sendet neue Zahl zurück

2. Rechnerauthentisierung und Schlüsselaustausch (SSH-Protokoll)

Bank

Server

schickt öffentlichen Schlüssel plus 2. Schlüssel, der sich stündlich ändert

Bank decodiert die erhaltene Datei mit ihrem privaten Schlüssel und verfügt somit ebenfalls über den Schlüssel für die eigentliche Kodierung der Daten

bestätigt dem Kunden den Erhalt des Schlüssels →

fordert öffentlichen Schlüssel der Bank an ←

generiert mit dem Zufallsgenerator einen Schlüssel, der später zum Codieren der eigentlichen Daten verwendet wird

verschlüsselt den Schlüssel mit den von der Bank erhaltenen Schlüsseln und sendet das Resultat an die Bank ←

schickt verschlüsselte Daten, etwa eine Überweisung, an die Bank ←

Quelle: bank und markt, 8/1997

Für kommerzielle Electronic-Commerce-Anbieter stellt dieser Service ein wichtiges Instrument dar, mit dem das Internet als Vertriebskanal genutzt werden kann. Damit wird es künftig in breitem Maße möglich sein, im Internet angebotene Produkte und Dienstleistungen direkt mit dem Abruf auch zu bezahlen.

Regelmäßig wiederkehrende Überweisungen

Die Weber OHG hat eine Reihe von Zahlungen an bestimmte Empfänger zu leisten, die regelmäßig zu gleichen Terminen und in derselben Höhe anfallen. Dazu gehören u. a.

● *Mietzahlungen für Bürogebäude,*

● *Haftpflichtversicherungen und*

● *Grundsteuerzahlungen.*

Hat der Zahlungspflichtige Zahlungen zu leisten, die

● zu **regelmäßig wiederkehrenden Terminen** anfallen,

● immer für den **gleichen Empfänger** bestimmt sind und

● immer über den **gleichen Betrag** lauten, so können diese als **Dauerüberweisungen** aufgrund eines einmalig erteilten Dauerauftrages durch das Kreditinstitut ausgeführt werden.

Wegen dieser einschränkenden Bedingungen kommen nur wenige Arten von Zahlungsverpflichtungen für diese Überweisungsform in Frage, wie z. B.

● Mietzahlungen, Sparverträge,

● langfristig gleichbleibende Versicherungsbeiträge oder

● Tilgungsraten für Kredite.

Die Kreditinstitute wickeln die Dauerüberweisungen mit Hilfe ihrer EDV-Systeme – in der Regel in Form des beleglosen Datenträgeraustausches – ab. Diese Rationalisierungsmöglichkeit ist der Grund, weshalb die meisten Banken Dauerüberweisungen kostenfrei oder mit ermäßigten Gebühren durchführen. Für den Bankkunden bietet der Dauerauftrag somit neben der Arbeitsersparnis und dem Schutz vor dem Versäumnis von Zahlungsterminen auch Kostenvorteile.

Das Grundprinzip des Dauerauftrages:

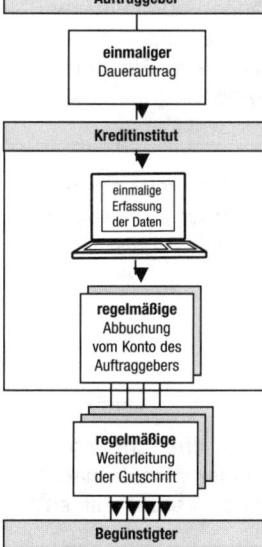

Aufgaben

1. Beschreiben Sie die Funktion eines Überweisungsauftrages.

2. Skizzieren Sie die Abwicklung eines Überweisungsauftrages an die Sparkasse Tübingen zugunsten eines Kontos bei der Sparkasse Heidelberg, sofern es sich um folgende Überweisungsformen handelt:

   a) eine beleggebundene Überweisung,

   b) eine Überweisung im Rahmen des Electronic Banking,

   c) eine Überweisung im Rahmen des Magnetband-Clearing-Verfahrens.

3. Nennen Sie die Merkmale, welche eine Zahlung aufweisen muss, damit sie als Dauerauftrag abgewickelt werden kann.

4. Geben Sie einen Überblick über die Möglichkeiten, den Überweisungsverkehr einer Großhandlung zu rationalisieren.

7.2.3 Einzug von Forderungen

Die Weber OHG hat in zunehmendem Maße Schwierigkeiten mit der Zahlungs-moral ihrer Kunden. Oftmals gehen die Beträge erst nach der zweiten Mahnung ein, so dass die Firma ihre eigene Kreditlinie teilweise überziehen muss.

Die Bank rät der Weber OHG, ihre Forderung mit Lastschriften einzuziehen. Nachdem der größte Teil der Kunden der Weber OHG ihr Einverständnis zu diesem Zahlungsverfahren erteilt hat, beginnt die Firma, ihre Forderungen auf diesem Wege einzuziehen.

Begriff der Lastschrift

> Die **Lastschrift** ist ein vom Gläubiger (Zahlungsempfänger) ausgestelltes Einzugspapier, mit dem bei der Bank des Schuldners (Zahlungspflichtiger) fällige Forderungen beleglos eingezogen werden, sofern der Schuldner mit dieser Form des Forderungseinzuges einverstanden ist.

Der Lastschriftverkehr wird entgegen der Ablaufrichtung im Überweisungsverkehr durchgeführt, da der Zahlungsvorgang vom Zahlungsempfänger ausgelöst wird. Zahlungspflichtiger und Zahlungsempfänger können grundsätzlich zwischen zwei Verfahren wählen.

Einzugsermächtigungsverfahren

> Das **Einzugsermächtigungsverfahren** setzt die schriftliche Ermächti-gung des Zahlungspflichtigen an den Zahlungsempfänger voraus, nach der dieser seine Forderungen gegen ihn bei Fälligkeit zu Lasten seines Kontos einziehen kann.

Diese Ermächtigung verbleibt beim Begünstigten. Der Zahlungsempfänger ver-pflichtet sich seiner Bank, der ersten Inkassostelle, gegenüber, nur solche Last-schriften einzureichen, bei denen diese Ermächtigung vorliegt.

Die Bank hat das Recht, die Vorlage dieser Genehmigung zu verlangen. Der Zah-lungspflichtige kann einer Belastung innerhalb von sechs Wochen nach Ab-buchung – ohne Angabe besonderer Gründe – widersprechen.

Das Einzugsermächtigungsverfahren bildet beim Lastschrifteneinzug den Regel-fall. Regelmäßig einzuziehende Kleinbeträge sollen zu viertel- oder halbjährlichem Einzug zusammengezogen werden, so dass sich nach Möglichkeit ein Einzug von mindestens 5 EUR je Lastschrift ergibt.

Abbuchungsverfahren

> Das **Abbuchungsverfahren** setzt den Auftrag des Zahlungspflichtigen an seine Bank (Zahlstelle) voraus, nach dem diese Lastschriften, die vom Zahlungsempfänger erstellt wurden, zu Lasten des Kontos ihres Kunden einlösen soll.

Die Zahlstelle muss vor jeder Einlösung prüfen, ob ein gültiger Abbuchungsauftrag des Zahlungspflichtigen vorliegt. Dieser kann einer Belastung nicht widersprechen. Er hat lediglich die Möglichkeit, für kommende Lastschriften den Abbuchungsauftrag zu widerrufen. Das Abbuchungsverfahren wird meist nur beim Einzug größerer Forderungen eingesetzt. So ziehen z. B. Großhändler ihre Forderungen aus Warenlieferungen gegenüber den belieferten Abnehmern gerne mit diesem Verfahren ein, weil sie dabei keinen Widerspruch zu erwarten haben.

Abwicklung des Lastschriftverfahrens

Die Abwicklung des Lastschrifteinzugs ist bei beiden Verfahren gleich.

Die Abwicklung des Lastschriftverfahrens im Überblick

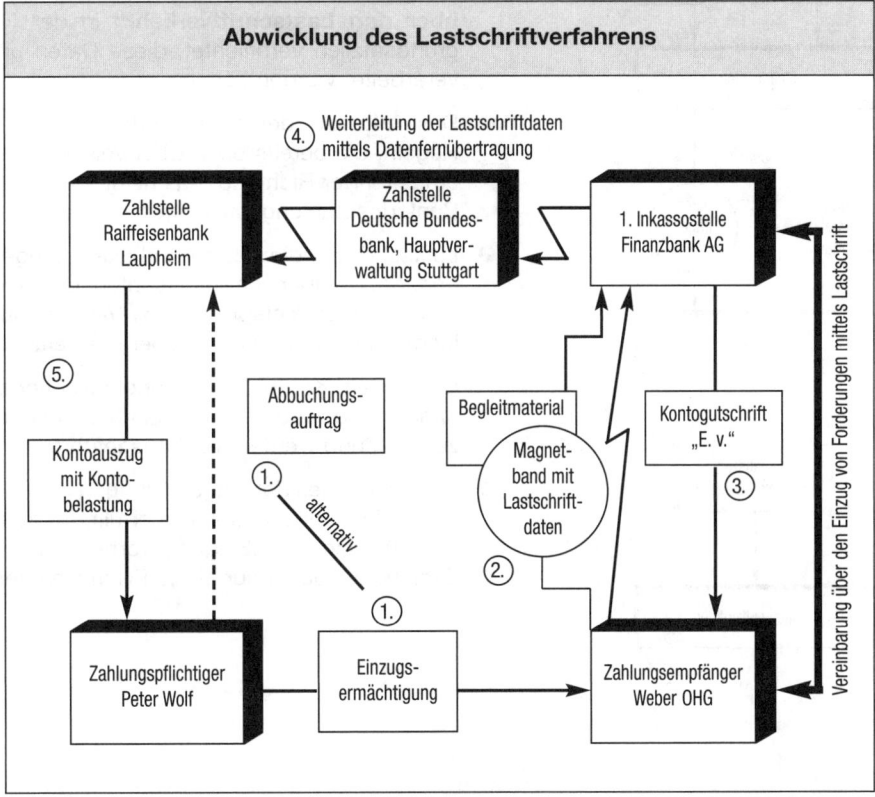

Ziffer ② – ③
Gutschrift „Eingang
vorbehalten (E.v.)"

Ablauf des EZL

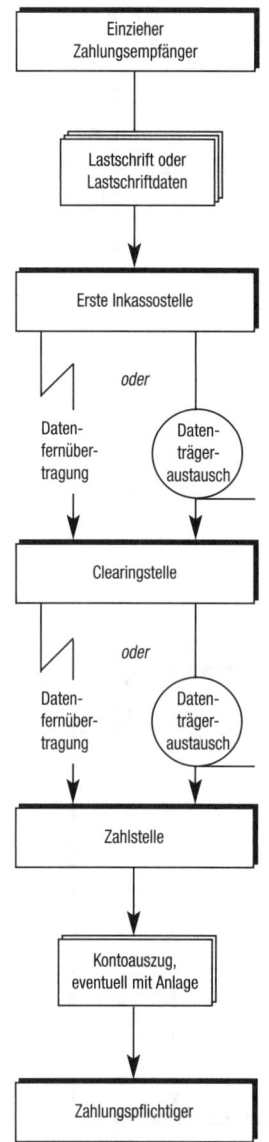

● Vor Aufnahme des Lastschriftverkehrs muss der Zahlungsempfänger mit der ersten Inkassostelle eine **„Vereinbarung über den Einzug von Forderungen mittels Lastschriften"** treffen, die den Einzug und die Rückgabe von Lastschriften sowie die Frage der Haftung regelt. Dabei entsteht ein **Geschäftsbesorgungsvertrag**, in dem sich die erste Inkassostelle verpflichtet, eingereichte Lastschriften einzuziehen und dem Zahlungsempfänger unter **„Eingang vorbehalten (E. v.)"** gutzuschreiben. Dieser Zusatz gibt dem Kreditinstitut das Recht, die Gutschrift rückgängig zu machen, sofern die Lastschrift nicht eingelöst wird.

Da die Bank nach dem **„Abkommen über den Lastschriftverkehr"** der Zahlstelle gegenüber für alle Schäden haftet, die durch unberechtigt eingereichte Lastschriften entstehen, wird sie nur mit Kunden guter Bonität eine Vereinbarung über den Forderungseinzug mittels Lastschriften treffen. Sie wird deshalb vorher prüfen, in welchem Umfang der Zahlungsempfänger für eine Deckung evtl. zurückgegebener Lastschriften sorgen kann und ein entsprechendes **Einreicherlimit** festlegen. Lastschriften in sehr großer Stückzahl (Massenlastschriften) werden im Rahmen des **beleglosen Datenträgeraustauschverfahrens** eingereicht und abgewickelt.

● Die Kunden reichen zu über 95 % ihre Inkassoaufträge beleglos, z. B. im Rahmen des Electronic Banking, ein. In den Fällen, in denen diese Aufträge noch beleghaft erteilt werden, ist die erste Inkassostelle nach dem **„Abkommen über den Lastschriftverkehr"** in der Fassung vom 12. Dezember 1995 grundsätzlich verpflichtet, diese Daten umzuwandeln, so dass sie beleglos verarbeitet werden können.

● Das **Inkasso** der Lastschriften erfolgt grundsätzlich nach den gleichen Regeln, die bereits beim Überweisungsverkehr dargestellt wurden, jedoch in umgekehrter Richtung, das heißt von der Bank des Zahlungsempfängers zur Bank des Zahlungspflichtigen.

● Lastschriften, die bei der Zahlstelle eingehen, sind **bei Sicht**, das heißt bei Vorlage, zahlbar. Fälligkeitsdaten und Wertstellungen gelten als nicht geschrieben. Ein entsprechender Vermerk auf dem Kontoauszug gibt dem Zahlungspflichtigen Auskunft über die Belastung.

Ist auf dem Konto des Zahlungspflichtigen keine ausreichende Deckung vorhanden, so wird die Lastschrift zurückgegeben. **Teilzahlungen** sind **nicht** zulässig und werden nicht ausgeführt.

● Die Schuld des Zahlungspflichtigen gegenüber dem Zahlungsempfänger wird durch den Lastschrifteinzug erfüllt. Da zum Einzug eingereichte Lastschriften ausdrücklich nur „Eingang vorbehalten" gutgeschrieben werden, ist diese Zahlung zunächst nur als „erfüllungshalber" anzusehen.

Rückgabe von Lastschriften

Während bei Lastschriften im Abbuchungsverfahren der Zahlungsempfänger bereits nach wenigen Tagen sicher sein kann, dass die Lastschrift nicht mehr zurückbelastet wird, muss er beim Einzugsermächtigungsverfahren grundsätzlich 6 Wochen lang mit dieser Möglichkeit rechnen.

Die Rückrechnung – die auch beleglos abgewickelt werden muss – wird auf dem rückläufigen Inkassoweg zurückgeleitet. Die erste Inkassostelle erstellt wiederum eine Belastungsanzeige für den Lastschrifteinreicher.

Abkommen über
den Lastschriftverkehr

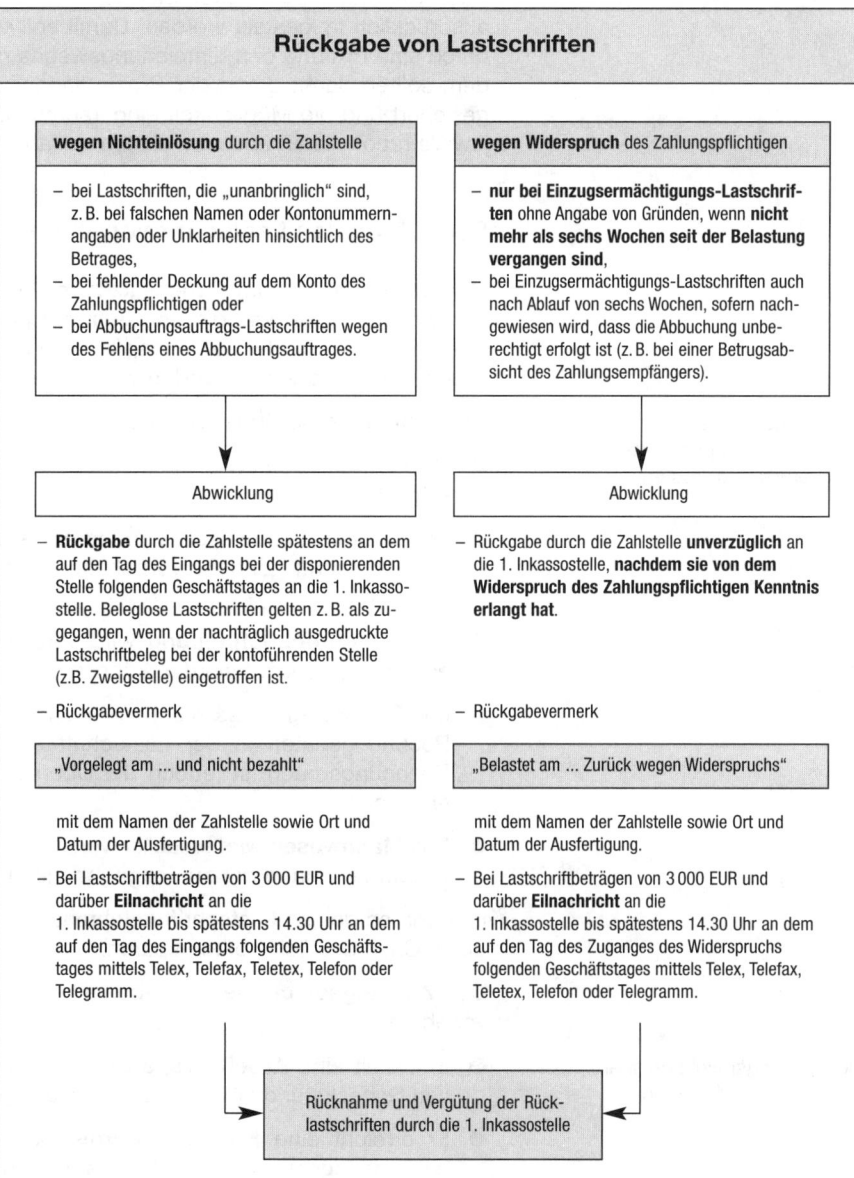

Rückgabe von Lastschriften

wegen Nichteinlösung durch die Zahlstelle

– bei Lastschriften, die „unanbringlich" sind, z. B. bei falschen Namen oder Kontonummern-angaben oder Unklarheiten hinsichtlich des Betrages,
– bei fehlender Deckung auf dem Konto des Zahlungspflichtigen oder
– bei Abbuchungsauftrags-Lastschriften wegen des Fehlens eines Abbuchungsauftrages.

wegen Widerspruch des Zahlungspflichtigen

– **nur bei Einzugsermächtigungs-Lastschrif-ten** ohne Angabe von Gründen, wenn **nicht mehr als sechs Wochen seit der Belastung vergangen sind**,
– bei Einzugsermächtigungs-Lastschriften auch nach Ablauf von sechs Wochen, sofern nach-gewiesen wird, dass die Abbuchung unbe-rechtigt erfolgt ist (z. B. bei einer Betrugsab-sicht des Zahlungsempfängers).

Abwicklung

– **Rückgabe** durch die Zahlstelle spätestens an dem auf den Tag des Eingangs bei der disponierenden Stelle folgenden Geschäftstages an die 1. Inkasso-stelle. Beleglose Lastschriften gelten z. B. als zu-gegangen, wenn der nachträglich ausgedruckte Lastschriftbeleg bei der kontoführenden Stelle (z.B. Zweigstelle) eingetroffen ist.

– Rückgabevermerk

„Vorgelegt am ... und nicht bezahlt"

mit dem Namen der Zahlstelle sowie Ort und Datum der Ausfertigung.

– Bei Lastschriftbeträgen von 3 000 EUR und darüber **Eilnachricht** an die 1. Inkassostelle bis spätestens 14.30 Uhr an dem auf den Tag des Eingangs folgenden Geschäfts-tages mittels Telex, Telefax, Teletex, Telefon oder Telegramm.

Abwicklung

– Rückgabe durch die Zahlstelle **unverzüglich** an die 1. Inkassostelle, **nachdem sie von dem Widerspruch des Zahlungspflichtigen Kenntnis erlangt hat.**

– Rückgabevermerk

„Belastet am ... Zurück wegen Widerspruchs"

mit dem Namen der Zahlstelle sowie Ort und Datum der Ausfertigung.

– Bei Lastschriftbeträgen von 3 000 EUR und darüber **Eilnachricht** an die 1. Inkassostelle bis spätestens 14.30 Uhr an dem auf den Tag des Zuganges des Widerspruchs folgenden Geschäftstages mittels Telex, Telefax, Teletex, Telefon oder Telegramm.

Rücknahme und Vergütung der Rück-lastschriften durch die 1. Inkassostelle

Die erste Inkassostelle ist verpflichtet, nicht eingelöste bzw. wegen Widerspruchs des Zahlungspflichtigen zurückgegebene Lastschriften, die mit dem Vorlegungs- bzw. Widerspruchsvermerk versehen sind, zurückzunehmen und wieder zu vergüten. Eine Eilnachricht muss auch dann abgegeben werden, wenn im Einzugsermächtigungsverfahren der Zahlungspflichtige einer Lastschriftbelastung widerspricht. Mit der Verkürzung dieser Fristen wird erreicht, dass die ersten Inkassostellen frühzeitig über die Nichteinlösung von Lastschriften unterrichtet werden, um entsprechende Kontodispositionen treffen, gegebenenfalls also Verfügungen durch den Zahlungsempfänger verhindern zu können.

Nach dem Lastschriftabkommen sind die Rückgabe- und Rückrechnungswege ausdrücklich freigestellt worden. Damit soll erreicht werden, dass die Rückgabe durch eine Prüfung des Einreichungsweges nicht unnötig verzögert wird. Außerdem sollten damit die in der Praxis angewandten Verfahren auch rechtlich abgesichert und die Möglichkeit eingeräumt werden, dass auch in der Zukunft die jeweils rationellsten und schnellsten Verfahren angewandt werden können.

Bedeutung des Lastschriftverfahrens

Die Lastschrift kann im Gegensatz zum Dauerauftrag auch bei solchen Zahlungen eingesetzt werden, die **unregelmäßig** oder in **unterschiedlicher Höhe** anfallen. Da lediglich der Zahlungspflichtige gleich bleiben muss, kommt sie praktisch für **alle wiederkehrenden Zahlungen** in Frage.

Der **Zahlungsempfänger** hat große Vorteile bei diesem Verfahren:

Vorteile der Lastschrift: Der Gläubiger spart Zins- und Verwaltungskosten

● Die **Gelddisposition** wird erleichtert, da er selbst den Zahlungszeitpunkt bestimmt.

● Die **Liquidität** verbessert sich, da er bei Einreichung der Lastschriften sofort eine Gutschrift „Eingang vorbehalten" erhält. Sein Kreditbedarf verringert sich dadurch.

● Die **Debitorenbuchhaltung** wird vereinfacht, da alle Zahlungseingänge an einem Tag gebucht werden können.

● Die **Rechnung** muss nicht mehr zugesandt werden, da die erforderlichen Rechnungsdaten in der Lastschrift selbst erscheinen. Bei umfangreichen Rechnungsdaten ist jedoch die Übersendung einer gesonderten Rechnung erforderlich.

● Das **Mahnwesen** wird erheblich vereinfacht, da die Überwachung der Zahlungseingänge anhand der zurückgegebenen Lastschriften erfolgt.

Im Rahmen des ec-Lastschriftverfahrens kann der Händler gegenüber dem Electronic Cash deutlich Kosten sparen.

Der **Zahlungspflichtige** hat ebenfalls wesentliche Vorteile beim Lastschriftverfahren:

Der Zahlungspflichtige spart Arbeit, Zeit und Kosten

● Er erzielt eine **Arbeitsersparnis**, da sich das Ausschreiben und Versenden von Schecks und Überweisungen erübrigt.

● Er erreicht eine **Kostenersparnis**, weil Lastschriftbuchungen oftmals mit einer geringeren Gebühr als Überweisungsbuchungen belegt sind und weil die Versandkosten von Schecks oder Überweisungen entfallen.

● Er hat eine **Zeitersparnis**, da er seine Zahlungstermine nicht mehr überwachen muss.

● Die Gefahr, wegen nicht rechtzeitiger Zahlung Skonti, Rabatte oder z. B. den Versicherungsschutz zu verlieren, wird beseitigt.

● Er wird durch die Bank **übersichtlich** über die geleisteten Zahlungen **informiert**.

Nachteile der Lastschrift

Diesen Vorteilen stehen jedoch **Nachteile** gegenüber, die einzelne Bankkunden von der Teilnahme an diesem Verfahren abhält:

● Die finanzielle Dispositionsfreiheit wird eingeschränkt, da der Kontoinhaber für ausreichende Deckung auf dem Konto sorgen muss.

● Die Möglichkeit, eine Zahlung hinauszuschieben, geht verloren.

● Im Abbuchungsverfahren hat der Schuldner z. B. bei mangelhafter oder verspäteter Lieferung nicht mehr das „Druckmittel" der Zurückhaltung der Zahlung in der Hand.

Die Weber OHG wird zunächst versuchen, ihre Kunden zur Teilnahme am Abbuchungsverfahren zu bewegen, um das Risiko der Lastschriftrückgaben zu minimieren. Damit die Kunden bereit sind, an diesem Verfahren teilzunehmen, bietet die Großhandelsfirma einen Rabatt von 3 % gegenüber anderen Zahlungsformen an.

Aufgaben

1. Erläutern Sie die Merkmale einer Zahlung, die im Rahmen des Lastschriftverfahrens abgewickelt werden kann.

2. Skizzieren Sie die Abwicklung des Lastschriftverkehrs

   a) beim Einzugsermächtigungsverfahren,

   b) beim Abbuchungsverfahren.

3. Beurteilen Sie die beiden Lastschriftverfahren aus der Sicht

   a) des Zahlungsempfängers,

   b) des Zahlungspflichtigen.

4. Die Einführung des Lastschriftverfahrens stößt bei den Zahlungspflichtigen oftmals auf Widerstand. Erörtern Sie eine sinnvolle Möglichkeit, mit der die Kunden eines Großhändlers dazu bewegt werden können, ihre Zustimmung zu geben.

5. Skizzieren Sie das Rückgabeverfahren bei Lastschriften.

7.2.4 Zahlungen mit Schecks

Michael Pluta hat einen Scheck über 350 EUR erhalten, den er seinem Konto bei der Finanzbank AG gutschreiben will.

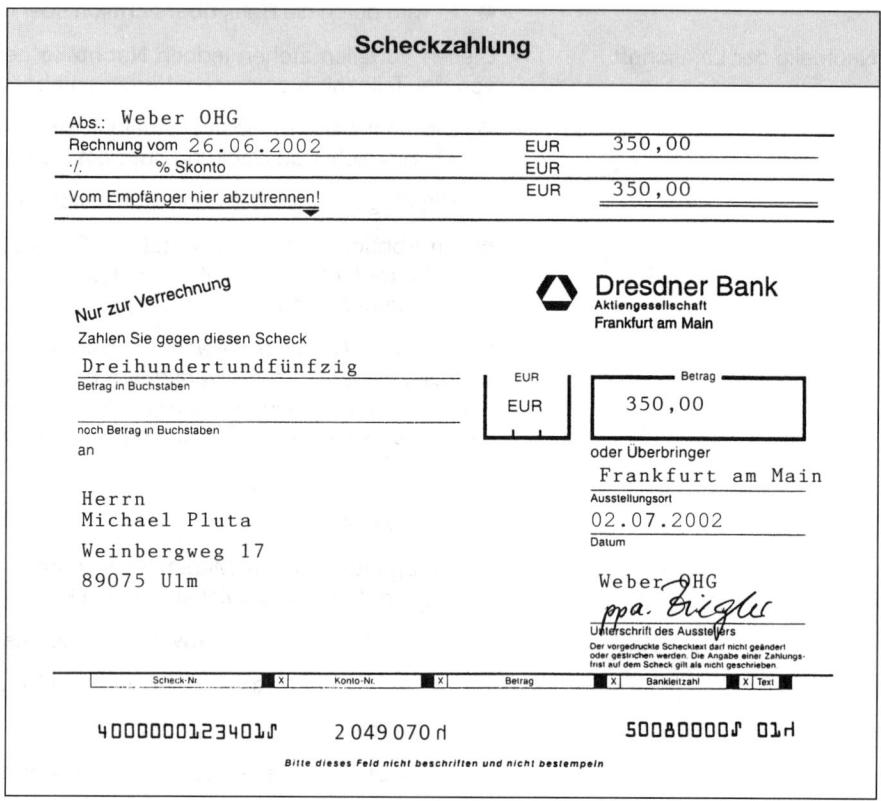

Geschichte des Schecks

Scheckähnliche Zahlungsverkehrsinstrumente waren bereits im klassischen Altertum bekannt. Ab dem 13. Jahrhundert wurden die Steuereintreiber und Schatzkammern in Italien von ihren jeweiligen Herrschern durch „Schecks" zur Auszahlung angewiesen. In den großen italienischen Handelsstädten benutzte man ab dem 15. Jahrhundert Schecks, um Rechnungen zu begleichen.

Von dort gelangte der Scheck im 17. Jahrhundert als Zahlungsmittel nach Holland. Ein ausgedehnter Scheckverkehr begann jedoch erst ab dem 19. Jahrhundert nach der breiten Einführung dieses Zahlungsmittels in England.

Der Name „Scheck" leitete sich dort aus der Bezeichnung der Anweisungen des englischen Königs auf seine Schatzkammer („exchequer") ab.

Heute ist der Scheck weltweit anerkannt. Zusammen mit dem Lastschrifteinzug deckt er in der Bundesrepublik Deutschland bereits mehr als die Hälfte des bargeldlosen Zahlungsverkehrs ab.

Rechtliche Vorschriften im Scheckverkehr

> Der **Scheck** ist die unbedingte Anweisung eines Ausstellers an sein Kredit-
> institut, zu Lasten seines Kontos an einen Dritten einen bestimmten
> Betrag auszuzahlen.

Bezogener

Mit der Ausstellung und der Übergabe eines Schecks an einen Dritten verspricht
somit der Aussteller stillschweigend, dass die in dem Scheck bezeichnete Bank
(Bezogener) gegen Vorlage dieses Papiers Zahlung leisten wird.

Gleichzeitig erteilt der Aussteller seiner Bank die Weisung, zu Lasten seines Kontos
an den Inhaber des Schecks einen bestimmten Geldbetrag auszuzahlen.

Abwicklung einer Scheckzahlung

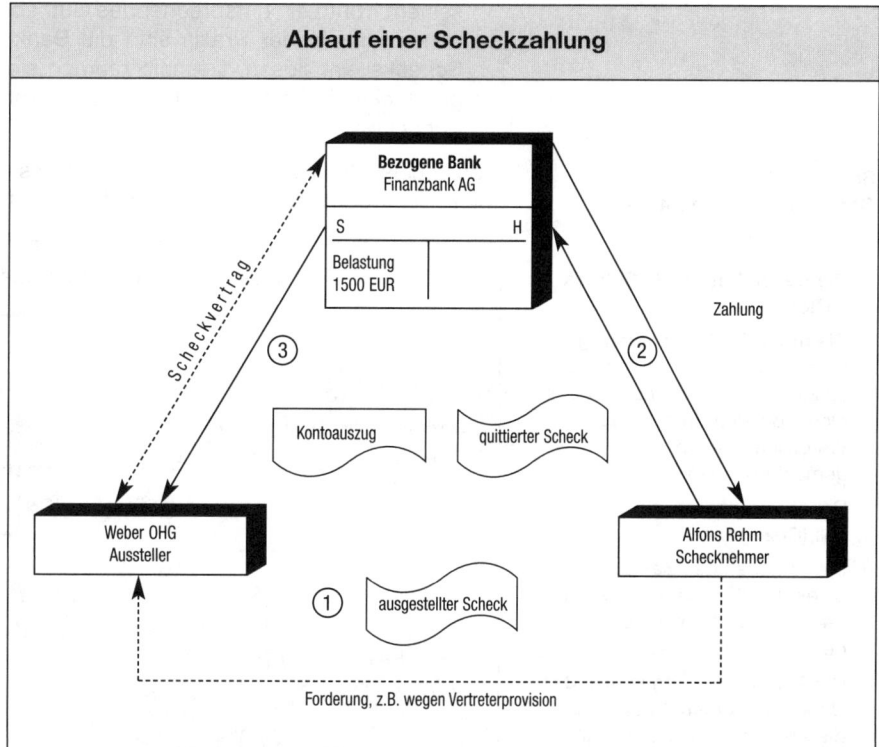

Ablauf einer Scheckzahlung

Scheckgesetz

Genfer Abkommen – Grundlage
des Scheck- und Wechselrechts

Die rechtliche Grundlage des Scheckverkehrs bilden das **Scheckgesetz** und vertragliche Regelungen zwischen den Beteiligten. Das Scheckgesetz ist – wie das
Wechselgesetz – eine Übersetzung des **„Genfer Abkommens"** von 1930, das
von der Genfer Wechselrechtskonferenz in englischer und französischer Sprache
erarbeitet wurde. Neben den heutigen EU-Ländern haben sich viele Staaten diesem Abkommen angeschlossen, so dass das internationale Scheckrecht weitgehend angeglichen wurde.

Damit ein Bankkunde am Scheckverkehr teilnehmen kann, muss er mehrere Bedingungen erfüllen:

Aktive Scheckfähigkeit

- **Aktive Scheckfähigkeit.** Der Aussteller eines Schecks muss voll geschäftsfähig sein. In der Praxis geben die Kreditinstitute aus Konkurrenzgründen teilweise auch Scheckformulare an minderjährige Kunden aus. Sofern diese Missbrauch mit den Schecks betreiben, haftet das Kreditinstitut für einen eventuellen Schaden.

Passive Scheckfähigkeit
SchG Art. 3

- **Giro- oder Kontokorrentkonto.** Der Aussteller muss ein laufendes Konto bei einem Kreditinstitut oder bei der Postbank unterhalten. Nur diese haben die **passive Scheckfähigkeit**, das heißt die Fähigkeit, Bezogener eines Schecks zu sein.

- **Kontodeckung.** Der Aussteller darf nur dann Schecks ausstellen, wenn auf seinem Konto ein entsprechendes Guthaben bzw. ein genehmigter Kredit vorhanden ist. In der Praxis sind die Banken bestrebt – so weit vertretbar – Schecks einzulösen. Deshalb räumen sie ihren Kunden oftmals stillschweigend eine höhere Kreditlinie als vereinbart ein, um die Einlösung eines Schecks sicherzustellen.

Damit eine Urkunde als Scheck gilt, muss sie nach **dem Scheckgesetz** die folgenden **gesetzlichen Bestandteile** enthalten.

SchG Art. 1
Gesetzliche Bestandteile des Schecks

① Die **Bezeichnung als Scheck** im Text der Urkunde.

② Die **unbedingte Anweisung**, eine **bestimmte Geldsumme** zu zahlen. Die Zahlung darf z. B. nicht von einer fristgemäßen Warenlieferung abhängig gemacht werden.

③ Der **Name** dessen, der zahlen soll **(Bezogener)**.

④ Die Angaben des **Zahlungsortes**. Fehlt diese Angabe, gilt der Ort beim Namen des Bezogenen als Zahlungsort.

⑤ Die Angabe des **Tages und des Ortes der Ausstellung**. Fehlt die Angabe dieses Ortes, gilt der Ort beim Namen des Ausstellers als Ausstellungsort.

⑥ Die **Unterschrift des Ausstellers**. Dies kann der Kontoinhaber oder ein anderer Verfügungsberechtigter über das Konto sein.

Bedingungen für den Scheckverkehr

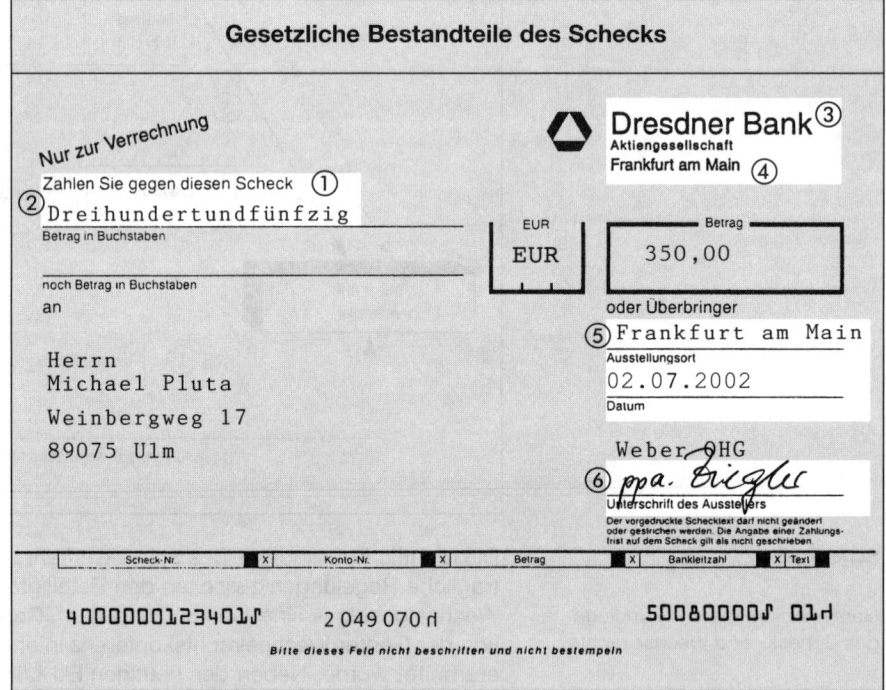

Nach den **„Bedingungen für den Scheckverkehr"** lösen die Kreditinstitute nur Scheckvordrucke ein, die von der bezogenen Bank ausgegeben worden sind. Im Normalfall enthalten die standardisierten Scheckvordrucke neben den gesetzlichen Bestandteilen folgende kaufmännische Bestandteile:

Kaufmännische Bestandteile des Schecks

① Die **Schecknummer** dient der Kennzeichnung des Schecks.

② Die **Kontonummer** ist die notwendige Voraussetzung für eine rationelle Bearbeitung des Schecks.

③ Die **Bankleitzahl** erleichtert die Weiterleitung eines Schecks.

④ Die **Schecksumme in Zahlen** dient der schnellen Erfassung dieser Daten.

⑤ Der **Zahlungsempfänger** ist die Person, die vom Aussteller ursprünglich als Begünstigter vorgesehen war.

⑥ Die **Überbringerklausel** erlaubt es der Bank, ohne Prüfung der Personalien – und somit schneller – an den Vorleger eines Schecks auszuzahlen. Wird dieser Zusatz gestrichen, hat dies zur Folge, dass der Scheck als Orderscheck zu behandeln ist.

⑦ Die **Codierzeile** ist die Voraussetzung für eine maschinelle Bearbeitung der Belege. Sie darf nicht beschrieben oder bestempelt werden.

⑧ Der **Verwendungszweck** dient der Information des Scheckempfängers.

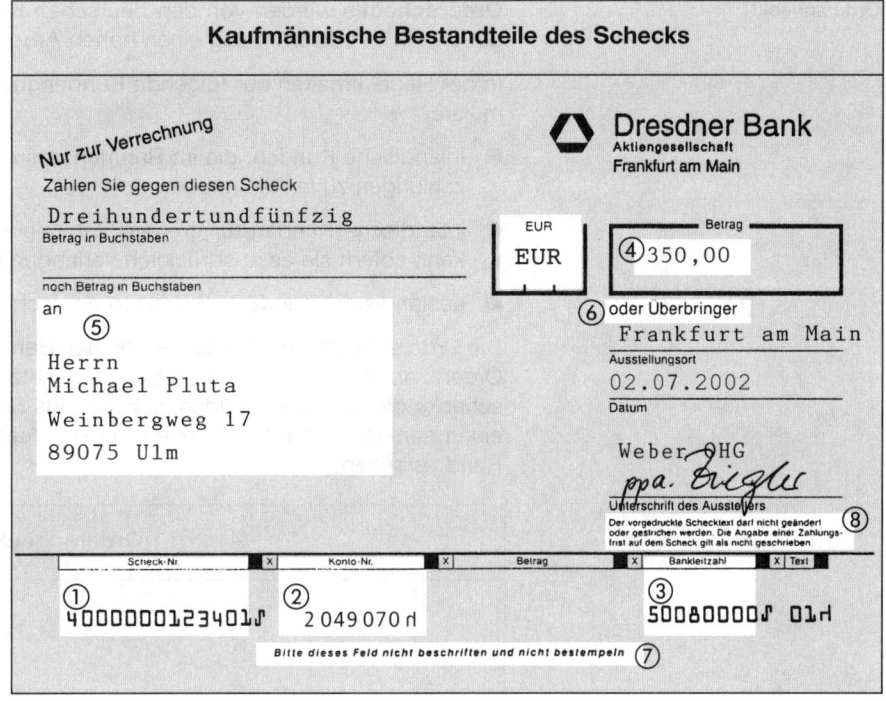

Das Scheckgesetz unterscheidet bei der Weitergabe des Schecks drei Arten, die jedoch in der Praxis unterschiedliche Bedeutung haben.

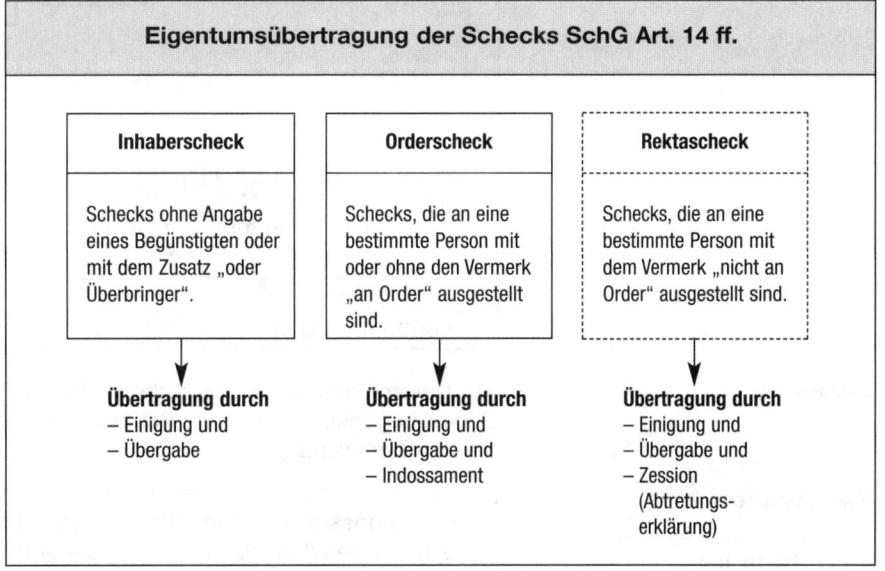

Inhaberscheck

In der Bundesrepublik Deutschland findet in erster Linie der **Inhaberscheck** in der Form des „Überbringerschecks" Verwendung. Die gebräuchlichen Scheckformulare tragen deshalb in der Regel den Zusatz „oder Überbringer".

Orderscheck

Orderschecks werden von den deutschen Kreditinstituten relativ selten ausgegeben, da ihre Bearbeitung einen hohen Arbeitsaufwand erfordert.

In der Regel erhalten nur folgende Kundengruppen der Banken Orderscheckformulare:

● Inländische Kunden, die im Rahmen des Auslandszahlungsverkehrs Scheckzahlungen zu leisten haben,

● inländische Kunden für größere Zahlungen im innerdeutschen Zahlungsverkehr, sofern sie es ausdrücklich verlangen und

● ausländische Kunden, die keinen deutschen Firmen- oder Wohnsitz haben.

Die Orderscheckformulare der deutschen Banken tragen immer den Zusatz „oder Order", obwohl dies nach dem Scheckgesetz nicht notwendig ist. Da die Orderschecks die Ausnahme bilden, sind sie aus Sicherheitsgründen zusätzlich durch einen senkrechten roten Streifen mit der Aufschrift „Orderscheck" am rechten Rand versehen.

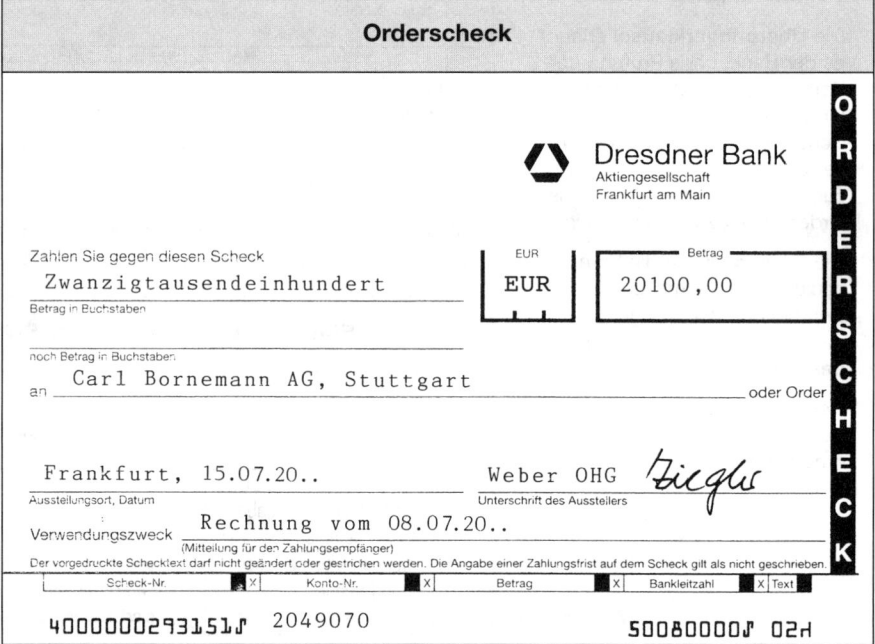

Indossament

Zur Übertragung eines Orderschecks ist zwingend das Indossament des letzten Scheckbegünstigten auf dem Scheck oder auf einem mit dem Scheck verbundenen Blatt notwendig.

> Das **Indossament** oder Giro ist die schriftliche Erklärung des Scheckberechtigten (Indossanten), nach der er die Rechte aus dem Scheck überträgt.

Das Indossament kommt in zwei Grundformen vor:

Vollindossament

```
An die Order

Sarah Widmann
Königstraße 12
88400 Biberach

Ulm, 12. Juli. 2002
```

● Das **Vollindossament** bezeichnet die Person, die die Scheckrechte erwirbt (Indossatar). Will diese den Scheck wiederum weitergeben, muss sie ein weiteres Indossament auf der Rückseite des Schecks anbringen.

Blankoindossament

● Das **Blankoindossament** besteht lediglich aus der Unterschrift des Indossanten. Jeder Inhaber eines blanko-indossierten Schecks kann sich als Scheckberechtigter ausweisen. Für die Weitergabe des Schecks hat er drei Möglichkeiten:

– Der Scheckinhaber kann den Scheck ohne Indossament – durch Einigung und Übergabe – weitergeben ("Blankotradition"),

– er kann das Blankoindossament mit dem Namen des Begünstigten ergänzen und somit in ein Vollindossament umwandeln oder

– er kann den Scheck durch ein eigenes Blanko- oder Vollindossament weiterreichen.

SchG Art. 14
Beispiel einer unterbrochenen Indossamentenkette

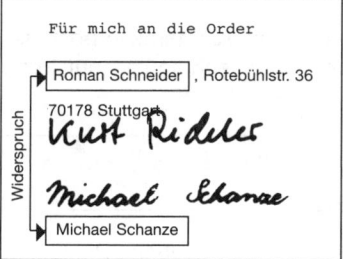

SchG Art. 18

Möglichkeiten des Scheckinhabers zur Verwendung des Schecks

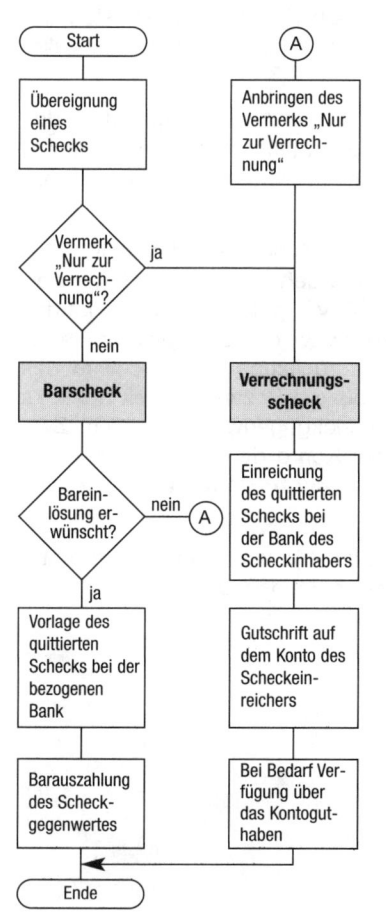

Nach dem Scheckgesetz erfüllt das Indossament drei Funktionen:

● **Übertragungs- oder Transportfunktion**: Der Indossant überträgt sämtliche Rechte aus dem Scheck auf einen Dritten.

● **Ausweis- oder Legitimationsfunktion**: Durch eine lückenlose Reihe von Indossamenten kann der Scheckinhaber seine Berechtigung zur Einlösung des Schecks nachweisen. Eine Indossamentenkette gilt als unterbrochen, wenn ein Indossament von jemandem unterschrieben wurde, der selbst keine Berechtigung zur Einlösung des Schecks hatte. Aus diesem Grunde müssen die Banken vor der Einlösung solcher Schecks die Indossamentenkette sehr genau prüfen.

Da sie in der Regel keine Möglichkeit haben, zu prüfen, ob die Unterschrift der vorherigen Indossanten richtig ist, besteht auch bei Orderschecks eine gewisse Missbrauchsgefahr.

● **Haftungs- oder Garantiefunktion**. Jeder Indossant haftet für die Einlösung des Schecks. Diese Haftung kann nach dem Scheckgesetz zwar durch einen entgegenstehenden Vermerk ("ohne Obligo") ausgeschlossen werden; in der Praxis wird jedoch niemand bereit sein, solch einen Scheck anzunehmen.

Rektaschecks, die durch die negative Orderklausel "**nicht an Order**" gekennzeichnet wären, werden von den deutschen Banken nicht benutzt, da sie vom vereinfachten Scheckeinzug der Hauptverwaltungen der Deutschen Bundesbank ausgeschlossen sind.

Einzug von Schecks

Schecks werden nach der Art ihrer Einlösung unterschiedlichen Zahlungsformen zugeordnet.

● Der **Barscheck** ist eine Form der halbbaren Zahlung. Der Inhaber eines Überbringerschecks bzw. der Eigentümer des Orderschecks kann das Wertpapier bei der bezogenen Bank zu Lasten des Kontos des Ausstellers bar einlösen. Jeder Scheck, auf dem kein anders lautender Vermerk angebracht ist, gilt als Barscheck.

Geht ein Barscheck verloren, so besteht die Gefahr einer missbräuchlichen Verwendung, da in der Regel die Legitimation des Vorlegers nicht geprüft wird.

● Der **Verrechnungsscheck** ist eine Form der bargeldlosen Zahlung. Jeder Scheck, der quer auf der Vorderseite den Vermerk "Nur zur Verrechnung" oder eine gleichbedeutende Aufschrift trägt, darf vom bezogenen Institut nur auf einem Konto gutgeschrieben werden. Die Streichung dieses Vermerks gilt als nicht erfolgt.

Eine missbräuchliche Verwendung des Schecks bei Verlust wird dadurch nicht ganz ausgeschlossen; es kann jedoch der Einreicher festgestellt und evtl. auf Schadenersatz verklagt werden.

Nach Art. 4 des Scheckgesetzes kann ein Scheck – anders als z. B. in den angel-sächsischen Ländern – **nicht** angenommen werden. Dies bedeutet, dass eine Einlösungsverpflichtung der bezogenen Bank auf der Scheckurkunde selbst rechtlich nicht gültig wäre. Mit dieser Bestimmung soll verhindert werden, dass dieses Zahlungsmittel einen banknotenähnlichen Charakter erhält, was die Geld-politik der Deutschen Bundesbank erheblich erschweren würde.

Einlösungsverpflichtungen

Das deutsche Recht lässt nur zwei Formen der **Einlösungsverpflichtung** bei Schecks zu:

- Die bezogene Bank verpflichtet sich auf einer Nebenurkunde – z. B. einer Scheckkarte oder einem Scheckausweis – vertraglich zur Einlösung eines Schecks.

- Die Deutsche Bundesbank ist ausdrücklich von dem Annahmeverbot aus-geschlossen und kann deshalb die Scheckannahme rechtsgültig auf ihren Scheckformularen selbst vornehmen.

§ 23 BBankG

> **Schecks** sind grundsätzlich bei Sicht zahlbar.

Regeln für die Scheckeinlösung

Sofern ein Scheck den Bedingungen entspricht, hat ihn die bezogene Bank zum Zeitpunkt der Vorlage einzulösen. Dies gilt auch dann, wenn er vor dem Zeitpunkt des auf ihm angegebenen Ausstellungstages (vordatierter Scheck) vorgelegt wird.

SchG Art. 29

Die scheckrechtlichen Vorlegungsfristen sind heute in der Praxis nur noch von nachgeordneter Bedeutung, da die Banken nach einem BGH-Urteil von 1988 Schecksperren sowohl innerhalb als auch außerhalb der Vorlegungsfristen be-achten müssen. Übersieht die Bank eine Schecksperre, haftet sie dem Aussteller für den Schaden.

Gesetzliche Vorlegungsfristen	
– **8 Tage**	für im Inland ausgestellte Schecks
– **20 Tage**	für im europäischen Ausland und den Mittelmeerländern ausgestellte Schecks
– **70 Tage**	für in überseeischen Ländern ausgestellte Schecks

Für das Berechnen der Vorlegungsfristen ist immer das Ausstellungsdatum des Schecks maßgeblich. Dabei wird der Ausstellungstag nicht mitgezählt. Fällt der Ablauf der Frist auf einen Samstag oder gesetzlichen Feiertag, so verlängert sich diese um einen Arbeitstag.

Scheckinkasso Gutschrift E. v.

Die Kreditinstitute ziehen – vor allem für gewerbliche Kunden – Schecks im Rah-men ihres Inkassoverkehrs ein. Im Allgemeinen wird den Kunden der Gegenwert sofort auf ihrem Konto **„Eingang vorbehalten – (E. v.)"** gutgeschrieben. Hat das Kreditinstitut Zweifel, ob der Scheck eingelöst wird bzw. ob es möglich sein wird, bei einer Nichteinlösung den Scheckeinreicher zurückzubelasten, so wird das entsprechende Kontoguthaben intern gesperrt, bis die Bezahlung des Schecks sichergestellt ist. In seltenen Fällen wird der Scheckgegenwert auf einem Zwi-schenkonto verbucht, bis die Gutschrift auf dem Konto des Scheckeinreichers ohne Risiko für die Bank möglich ist (Gutschrift **„nach Eingang des Gegen-**

Gutschrift n. E.

wertes" – **n. E.**).

Wertstellung

Die **Wertstellung** erfolgt bei Scheckeinreichungen – je nach der voraussichtli-chen Laufzeit des Schecks – zum wahrscheinlichen Einlösungstag.

Die **Bearbeitung** des Scheckeinzugs entspricht weitgehend dem beleggebundenen Lastschriftinkasso. Dabei werden insbesondere folgende Merkmale geprüft:

● Stimmen die Angaben auf der Scheckeinreichung mit den beigelegten Schecks überein?

● Ist bei Orderschecks die Indossamentenkette vollständig?

● Sind die Schecks formal in Ordnung?

● Ist noch der Vermerk „Nur zur Verrechnung" anzubringen?

Die Weitergabe der Schecks erfordert einen Vermerk der Inkassobank auf den Schecks:

● Auf **Überbringerschecks** hat die erste Inkassostelle ihre Firmenbezeichnungen sowie die Bankleitzahl – meist als Stempel – anzubringen. Teilweise wird zusätzlich eine laufende Kontrollnummer angegeben.

● Auf **Orderschecks** setzt die erste Inkassostelle diesen Stempel **in roter Farbe** unter das Indossament des Einreichers. Nach dem Orderscheckabkommen ersetzt dies das Inkassoindossament.

Rationalisierung des Scheckinkassos

Auf der Grundlage des **„Abkommens über den Einzug von Schecks" (Scheckabkommen)** wurde – ähnlich wie beim Überweisungsverkehr im Rahmen des „EZÜ-Abkommens" – eine Vereinbarung getroffen, bei der Scheckzahlungen durch das erstbeauftragte Kreditinstitut (erste Inkassostelle) oder gegebenenfalls ein Clearingrechenzentrum in den elektronischen Zahlungsverkehr übergeleitet werden.

> Das **beleglose Scheckeinzugsverfahren (BSE)** bzw. Großbetrags-Scheckeinzugsverfahren (GSE) ist das Inkasso von Scheckforderungen mittels elektronischer Datensätze im Rahmen des Datenträgeraustausches bzw. der Datenfernübertragung.

Der Datensatz, der mittels Datenträgeraustausch (DTA) bzw. Datenfernübertragung (DFÜ) weitergeleitet wird, setzt sich aus folgenden Werten zusammen:

– Schecknummer
– Kontonummer des Ausstellers
– Betrag
– Bankleitzahl der bezogenen Bank
– Textschlüssel der Codierzeile
– Bankleitzahl der Schecklagerstelle
– Referenznummer (11-stellig), deren Aufbau von der Inkassostelle bestimmt wird.

Für die Weiterleitung sind die Daten im Satz- und Dateiaufbau nach den Regeln der „Richtlinien für den beleglosen Datenträgeraustausch" zu formatieren.

Die Schecks verbleiben dabei bei der ersten Inkassostelle oder einem Clearingrechenzentrum.

Belegloses
Scheckeinzugsverfahren – BSE

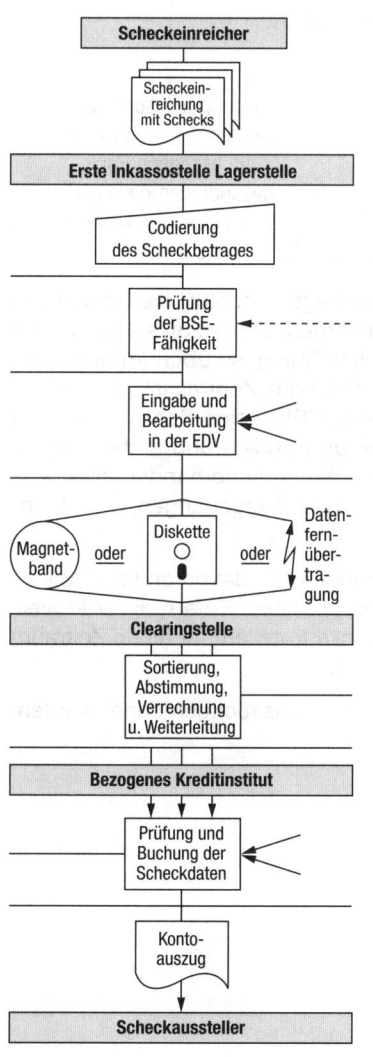

Abkommen über den Einzug von
Schecks **(Scheckabkommen)**
vom September 1998

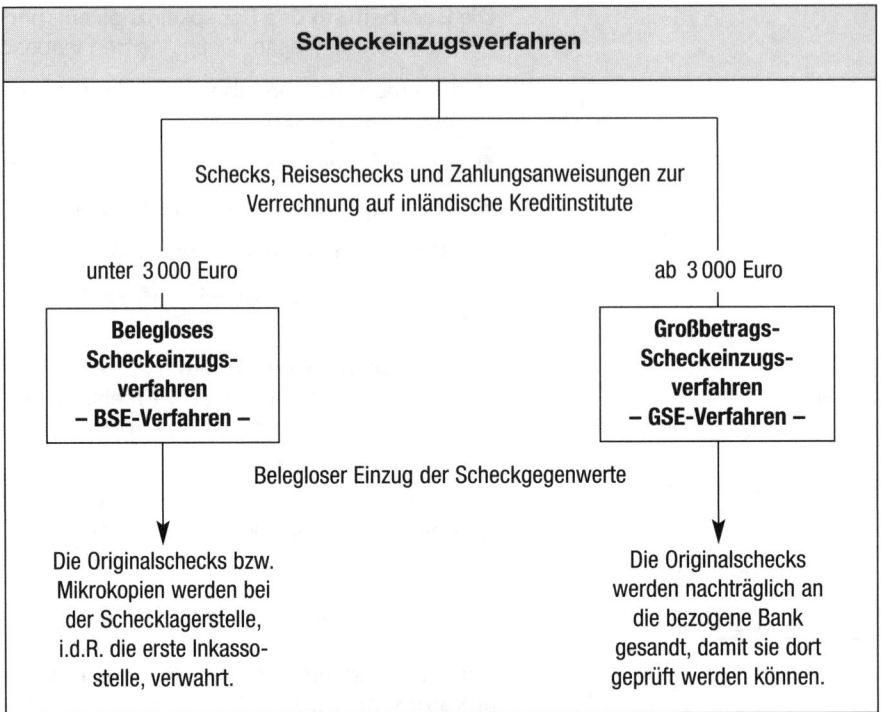

Im Regelfall hat die erste Inkassostelle (erstbeauftragtes Institut) die Schecks in Datensätze umzuwandeln und auf Mikrofilm zu nehmen. Verfügt diese Bank nicht über die notwendigen Belegleser mit Mikrofilmeinrichtung, so übernimmt das jeweilige Clearingzentrum – meist das Rechenzentrum des Zentralinstituts – diese Aufgabe. Die Banken haben auch die Möglichkeit, BSE-fähige Schecks bei den Hauptverwaltungen der Deutschen Bundesbank umwandeln und archivieren zu lassen, sofern dort bereits die notwendigen Einrichtungen vorhanden sind. Aus Kostengründen sind die meisten Bankengruppen dazu übergegangen, selbst umzuwandeln.

Das überleitende Institut verwahrt die Scheckbelege oder davon erstellte Mikrokopien der Vorder- und Rückseiten für mindestens 6 Jahre. Sofern die Mikroverfilmung eingesetzt wird, müssen die Originalschecks trotzdem für einen Zeitraum von mindestens zwei Monaten aufbewahrt werden.

Nicht eingelöste BSE-Schecks müssen ebenfalls beleglos rückgerechnet werden.

Rückgabe nicht eingelöster Schecks

Stellt das bezogene Kreditinstitut bei der Disposition des Schecks fest, dass er nicht eingelöst werden kann, so hat es neben den Vorschriften des **Scheckgesetzes** auch die Bestimmungen des **Scheckabkommens** zu beachten.

Rückgabe nicht eingelöster Schecks

nach dem Scheckgesetz
im Verhältnis aller Scheckbeteiligten untereinander

nach dem Scheckabkommen
nur im Verhältnis der Kreditinstitute untereinander!

- **Voraussetzungen für den Rückgriff**
  - Der rechtzeitig vorgelegte Scheck wurde nicht eingelöst.
  - Die Verweigerung der Zahlung wurde festgestellt
    1. durch eine öffentliche Urkunde **(Protest)** oder
    2. durch eine datierte **Vorlegungserklärung** des Bezogenen mit Angabe des Vorlegungstages oder
    3. durch eine datierte **Erklärung der LZB-Abrechnungsstelle**, dass der Scheck rechtzeitig eingeliefert und nicht bezahlt worden ist.

- **Rückgabeweg**
  Der Rückgabeweg ist nicht festgelegt.

- **Benachrichtigungspflicht**
  - Der Scheckinhaber hat die Pflicht, seinen unmittelbaren Vormann sowie den Aussteller innerhalb von **vier Werktagen** zu benachrichtigen.
  - Jeder Indossant hat seinen Vormann innerhalb von zwei Werktagen zu benachrichtigen.

  Die Scheckbedingungen sehen vor, dass die bezogene Bank den Aussteller benachrichtigt.

- **Umfang der Rückgriffsansprüche**
  Der Scheckinhaber hat Anspruch auf
  - die Schecksumme,
  - Zinsen in Höhe von 2 % über dem Basiszinssatz, mindestens jedoch 6 %, gerechnet vom Vorlegungstage an,
  - 1/3 % Provision von der Schecksumme,
  - Ersatz von Protestkosten und anderen Auslagen.

- **Haftung**
  Alle Scheckverpflichteten haften dem Scheckinhaber gesamtschuldnerisch.

- **Verjährung**
  - Rückgriffsansprüche des Scheckinhabers gegen die Scheckverpflichteten (Aussteller, Indossanten, Bürgen) verjähren sechs Monate nach Ablauf der Vorlegungsfrist,
  - Rückgriffsansprüche eines Scheckverpflichteten gegenüber anderen Scheckverpflichteten verjähren sechs Monate nach dem Tag, an dem er selbst den Rückscheck eingelöst hat oder Ansprüche gegen ihn gerichtlich geltend gemacht wurden.

- **Voraussetzungen für die Rückgabe**
  Der vorgelegte Scheck bzw. der BSE-Datensatz wurde nicht eingelöst.
  - **GSE-Schecks ab 3 000 EUR:**
    Die Nichteinlösung wird durch folgenden **Nicht-Bezahlt-Vermerk** des bezogenen Kreditinstituts auf dem Scheck festgestellt:
    „Vorgelegt am ... und nicht bezahlt."
    Ort, Datum, Name und Unterschrift des bezogenen Kreditinstituts.
  - **BSE-Schecks (unter 3 000 EUR):**
    Erstellung eines Datensatzes mit dem Vermerk:
    „Vom bezogenen Kreditinstitut am . .. nicht bezahlt."

- **Rückgabeweg und -frist**
  Das bezogene Kreditinstitut hat wie folgt zu verfahren:
  - **Körperlich vorgelegte Schecks** (ab 3 000 EUR), die nicht eingelöst werden, sind spätestens an dem auf den Tag der Vorlage (Eingangstag) folgenden Bankarbeitstag an die erste Inkassostelle zurückzuleiten. Die Rückschecks sind in Retourenhüllen mit dem Textschlüssel 09 dem Datensatz beizulegen.
  - Bei **BSE-Schecks** (unter 3 000 EUR) ist der Datensatz für die beleglose Rückrechnung spätestens an dem auf den Eingangstag der Scheckdaten folgenden Bankarbeitstag an die erste Inkassostelle zu leiten.

- **Benachrichtigungspflicht**
  Bei Schecks ab 3 000 EUR ist die erste Inkassostelle durch **Eilnachricht** bis spätestens 14.30 Uhr an dem auf den Tag der Vorlage (Eingangstag) folgenden Geschäftstag auf telekommunikativem Wege zu benachrichtigen.

- **Umfang der Rückgriffsansprüche**
  Die bezogene Bank hat Anspruch auf
  - die Schecksumme,
  - bei Schecks ab 10 000 EUR:
    Zinsen in Höhe des Basiszinssatzes, sofern der Wertstellungsverlust mindestens 30 EUR beträgt (Zinsausgleich),
  - bis zu 5 EUR Rückscheckgebühr.

- **Haftung**
  Die erste Inkassostelle ist verpflichtet (auch bei Verletzung des Abkommens), nicht eingelöste und mit dem Vorlegungsvermerk versehene Schecks zurückzunehmen sowie Rückrechnungen der Zahlungsvorgänge aus dem BSE-Verfahren aufzunehmen. Die Rücknahmepflicht besteht unbeschadet etwaiger Schadenersatzansprüche.

In der Praxis wird die Nichteinlösung eines Schecks aus Vereinfachungsgründen ausschließlich mit dem **„Nichtbezahlungsvermerk"** festgestellt, der normalerweise am linken Rand des Schecks, quer zum Text, angebracht wird.

Im Falle der Teileinlösung kann die bezogene Bank verlangen, dass dies auf dem Scheck vermerkt wird und ihr eine Quittung erteilt wird. Die Kreditinstitute nehmen in der Praxis jedoch nur dann eine Teileinlösung vor, wenn der Aussteller einen ausdrücklichen Auftrag dafür erteilt hat.

Aufgaben

1. Erläutern Sie die Voraussetzungen, die ein Bankkunde erfüllen muss, damit er am Scheckverkehr teilnehmen kann.

2. Beschreiben Sie die Bedeutung der gesetzlichen und kaufmännischen Bestandteile der Schecks.

3. Erklären Sie, wie das Eigentum an den verschiedenen Scheckformen übertragen werden kann.

4. Begründen Sie, weshalb ein Verrechnungsscheck einen relativ großen Schutz vor Missbrauch bietet.

5. Bei der Schroeder-Bank werden Schecks zum Inkasso eingereicht, die im Rahmen des BSE verarbeitet werden sollen.

   a) Welche Prüfungen müssen hinsichtlich der BSE-Fähigkeit durchgeführt werden?

   b) Beschreiben Sie die Bearbeitung von BSE-Schecks bei der ersten Inkassostelle.

   c) Erklären Sie die Aufgaben, welche die Clearingstellen beim BSE übernehmen.

   d) Beschreiben Sie die Bearbeitung von BSE-Daten bei der bezogenen Bank.

7.2.5 Zahlungen mit Karten

Das Zahlungskartensystem der deutschen Kreditwirtschaft weist folgende Struktur auf:

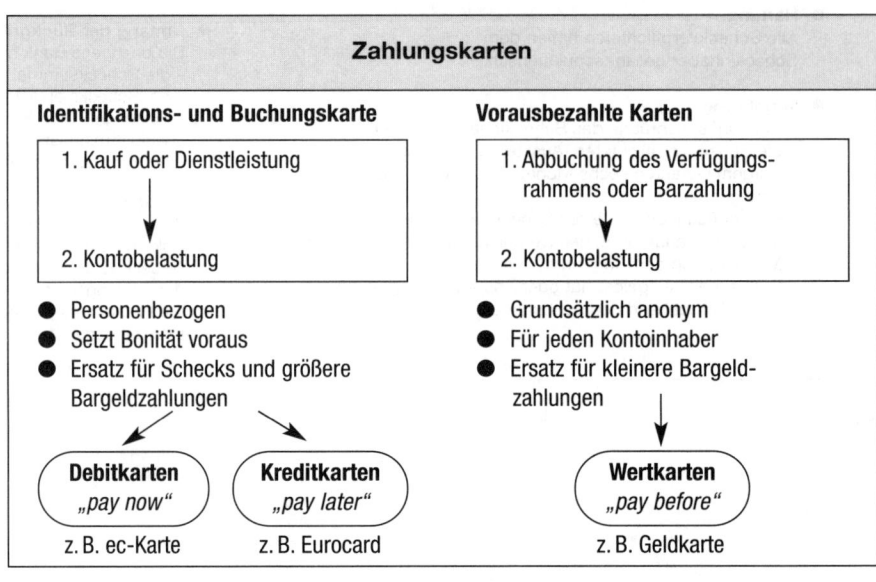

Die Zahlungsmittel der privaten Haushalte im Wandel der Zeit
2002 Abschaffung des Eurocheques
1998 Netzgeld
1996 Geldkarte (Chipkarte)
1990 Electronic Cash/ Electronic Banking
1985 Geldautomaten
~ 1980 Kreditkarte
1968 Eurocheques mit ec-Karte
1964 Lastschriften
~ 1960 Überweisungen/ Daueraufträge/Schecks
Bargeld

Zahlungen mit ec-Karten

*Die Weber OHG verkauft über einen Shop im Firmengebäude auch direkt an Privatpersonen. Diese bezahlten ihre Rechnungen zum Großteil mittels **ec-Karte**.*

ec-Karten können auf den Namen eines Kontoinhabers oder Bevollmächtigten ausgestellt werden. Voraussetzung dafür ist, dass der Kunde die Bedingungen für ec-Karten anerkennt. Diese regeln insbesondere.

● Den Verfügungsrahmen bei Abhebungen an ec-Geldautomaten, Zahlungen an automatisierten Kassen und an Aufladegeräten für Geldkarten,

● Haftung bei Missbrauch,

● Zahlungen im Rahmen des POZ-Verfahrens.

Die ec-Karte hat sich im Laufe der Jahre zu einer Multifunktionskarte entwickelt.

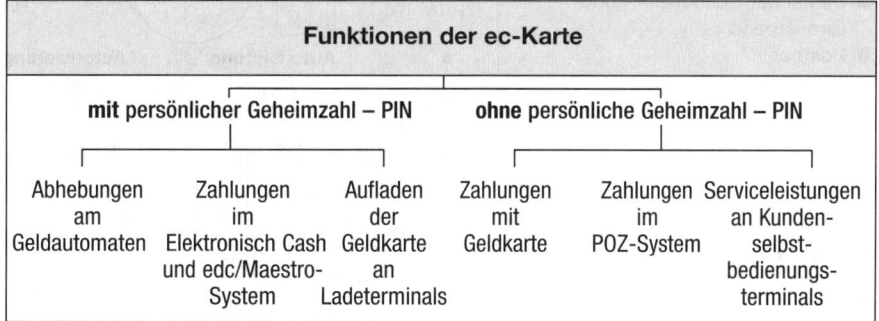

Bei Auszahlungen an Geldautomaten fremder Institute wird zum Teil eine Gebühr von 3 EUR erhoben.

Abhebungen am Geldautomaten

Geldautomaten (GA) ermöglichen als institutsübergreifendes System jedem Bankkunden, der über eine ec-Karte oder Kreditkarte verfügt, mittels seiner PIN (Persönliche-Identifikations-Nummer), Geldautomaten im In- und Ausland unabhängig von seiner kontoführenden Bank zu nutzen.

Karten ausländischer Kreditinstitute, die das edc- oder Maestro-Logo tragen, können ebenfalls genutzt werden.

Das System der Geldautomaten hat für alle Beteiligten wesentliche Vorteile. Die Bank wird im Kassenbereich, insbesondere in Stoßzeiten, wesentlich entlastet. Der Kunde kann zu jeder Zeit über Bargeld verfügen, so dass er – vor allem an Wochenenden – nicht mehr zur genauen Gelddisposition gezwungen ist. Außerdem werden ihm bei vielen Instituten keine Kosten für diese Auszahlung berechnet, sofern er ein Gerät des eigenen Instituts oder dessen Verbundes nutzt.

Sofern Karten missbräuchlich verwendet werden, gelten folgende Regelungen:

● Kein Verschulden des Karteninhabers: Das Kreditinstitut übernimmt den Schaden.

● Der Karteninhaber handelt leicht fahrlässig: Der Kunde trägt 10% des Schadens.

● Der Karteninhaber handelt grob fahrlässig: Der Kunde trägt den Schaden allein.

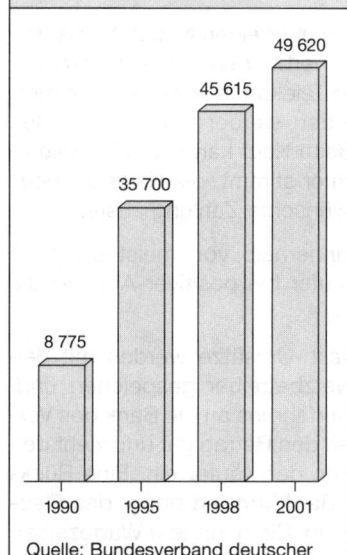

Electronic Cash und edc/Maestro-System

„Vereinbarung über ein instituts-übergreifendes System zur bar-geldlosen Zahlung an automati-sierten Kassen (Electronic-Cash-System)"

> **Electronic Cash** ist die bargeldlose Zahlung am Kassenterminal des Einzel-handels und anderer Dienstleistungsunternehmen mittels einer ec-, Kun-den- oder Kreditkarte ohne Beleg.

POS = Point of Sale

Autorisierungszentralen
● Bundesverband deutscher Banken
● Bundesverband der Deutschen Volks- und Raiffeisenbanken
● Deutscher Sparkassen- und Giroverband
● Postbank

Netzbetreiber
● Mineralölgesellschaften
● TeleCash
● GZS/Europay International
● Rechenzentralen des Kreditgewerbes

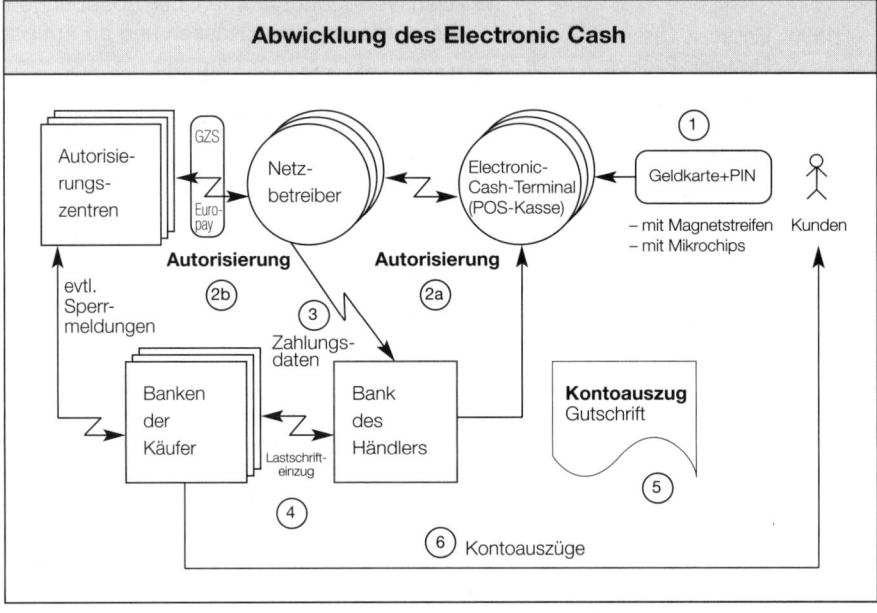

Jeder Bankkunde, der an diesem System teilnehmen will, muss neben den „Son-derbedingungen für den ec-Service" die „Bedingungen für die Teilnahme am Electronic-Cash-System der deutschen Kreditwirtschaft" anerkennen.

Die Kasse der Verkaufsstelle ist meist direkt (online) über einen Netzbetreiber mit dem Autorisierungszentrum der Bank des Käufers verbunden. Als Netzbetreiber sind vor allem Europay International, die GZS, die Telekom sowie die Mineralöl-konzerne von Bedeutung; die Autorisierungszentren werden von den großen Bankverbänden sowie der Postbank betrieben. Beim Kauf kann somit unmittel-bar geprüft werden, ob die eingetippte PIN-Nummer stimmt, die Karte gesperrt und das zur Verfügung stehende Limit für die gewünschte Zahlung ausreicht.

Die Verkaufsstelle erhält über den Netzknoten innerhalb von meist 6 bis 10 Sekunden eine Rückmeldung, so dass der Verkäufer bei positiver Antwort die Sicherheit hat, dass die Zahlung geleistet wird.

Die Daten der positiv autorisierten Electronic-Cash-Umsätze werden mit den übermittelten Autorisierungskennzeichen beim Netzbetreiber gespeichert und, meist nach Kassenschluss, im Rahmen des DTA-Verfahrens an die Bank des Ver-käufers weitergeleitet. Diese schreibt ihrem Kunden den Betrag gut und zieht den Gegenwert im Lastschriftverfahren bei den Banken der Käufer ein. Eine Rück-gabe der Lastschriften ist nicht möglich. Für die **Bankkunden** bringt das Elec-tronic-Cash-System durch die einfache Handhabung, die geringere Wartezeit an der Kasse sowie die hohe Sicherheit einen **Zuwachs an Bequemlichkeit**. Die **Händler** nutzen bei diesem System mehrere Vorteile:

● Die schnellere Abwicklung an der Kasse erhöht die **Zufriedenheit der Kun-den**. Untersuchungen haben ergeben, dass bis zu 50 % der Zeit, die für den

Kassiervorgang benötigt wird, auf die Übergabe und das Zählen des Bargeldes entfällt.

● Die Neigung der Kunden zu **Spontankäufen** steigt stark an, so dass Umsatzzuwächse möglich sind.

● Die **Aufwendungen für den Zahlungsverkehr sinken**, weil die arbeitsintensiven Scheckzahlungen und Barzahlungen reduziert werden.

● Das **Bargeldrisiko**, z. B. wegen Überfalls, Betrugs oder Kassendifferenzen, sowie das **Zahlungsrisiko** entfällt bei diesen Zahlungen.

● Das **Image des Händlers** als moderner und innovativer Geschäftspartner steigt.

Die **Kosten** für den Händler umfassen die Investitionen für die Konfiguration, die – meist pauschalen – Zahlungen an den Netzbetreiber sowie 0,3 % des Umsatzes, mindestens 0,08 EUR, Transaktionskosten, die an die Autorisierungszentrale abzuführen sind. Damit ist das Electronic-Cash-System eine attraktive Alternative zum Kreditkartensystem mit seinen relativ hohen Provisionsabzügen.

edc – electronic debit card

Das europäische POS-System **edc – electronic debit card** mit der weltweiten Anwendung **Maestro** ergänzt das Electronic-Cash-System. Dadurch wird Electronic Cash eine höhere Attraktivität erhalten.

– Dieses europäische oder weltweite POS-System edc/Maestro baut auf bestehenden nationalen POS-Systemen auf.

– In Deutschland ist dies das Electronic-Cash-System. Die ec-Karten tragen das edc-Logo.

– Reine Lastschriftverfahren – auch das POZ-System des deutschen Kreditgewerbes – sind nicht edc-fähig.

Die **Chip-Karte** kann die Möglichkeiten bei den Geldautomaten bzw. beim Electronic Cash erheblich erweitern, da dieses Produkt der Mikroelektronik in der Lage ist, ein Vielfaches der Informationen aufzunehmen, die jetzt im Magnetstreifen enthalten sind.

POZ-Verfahren

> Im **POZ-Verfahren** akzeptiert der Händler die ec-Karte bis zu bestimmten Höchstbeträgen als Zahlungskarte ohne PIN, lediglich mit Unterschrift des Kunden.

Der Einzug des Gegenwertes erfolgt mittels Lastschrift beleglos. Das Einlösungsrisiko liegt dabei jedoch in voller Höhe beim Händler. Im Gegensatz zum Electronic-Cash-Konzept fallen für den Händler aber keine Leistungs- und Autorisierungskosten an.

Die unterschiedlichen Entwicklungen im Bereich des ec-Lastschriftverfahrens machen den Kreditinstituten zunehmend Sorge, weil sie Missbrauch und damit eine Gefährdung des ec-Systems und seiner künftigen Akzeptanz befürchten. Deshalb wurde 1993 das Electronic-Cash-System ohne Zahlungsgarantie mit dem Arbeitstitel **POZ (POS ohne Zahlungsgarantie)** eingeführt, das für die Händler wesentliche Kostenvorteile aufweist. Die Sparkassen vertreiben dieses System unter der Bezeichnung „S-cash".

MODEHAUS HUMMEL

ec-Lastschriftauftrag

Ich ermächtige hiermit das Modehaus Hummel, den folgenden Betrag von meinem unten angegebenen Konto durch Lastschrift einzuziehen. **Für den Fall der Nichteinlösung weise ich meine Bank unwiderruflich an, dem Modehaus Hummel auf Anforderung Namen und Anschrift vollständig mitzuteilen.** Insofern soll dem Modehaus Hummel ein eigener Anspruch zustehen.

M. Huber

Unterschrift
Umtausch nur mit Kassenbon

Durchschnittliche Kreditkartengebühren für den Einzelhandel:

American Express	3,75%
Diners Club	4,05%
Eurocard/Mastercard	3,10%
Visa	3,00%

Gegenüberstellung Electronic Cash und POZ		
	Electronic Cash	**POZ**
Identifikation des Karteninhabers	Geheimzahl (PIN)	Unterschrift
zugelassene Karten	ec-Karten, Kundenkarten der Kreditinstitute (z. B. S-Card) oder Kreditkarten	ec-Karten
Autorisierung	Online-Autorisierung am Konto in den Autorisierungszentralen der kartenausgebenden Institute	Online-Sperrenprüfung in den Autorisierungszentralen der kartenausgebenden Institute
Offline-Verfügungen	nein	bis 30 EUR möglich
Zahlungsgarantie der kartenausgebenden Institute	ja	nein
Kosten	Autorisierungsentgelt 0,3 % vom Umsatz mindestens 0,08 EUR	je Sperrabfrage 0,05 EUR
Umsatzanteil	2,5%	8%

Kreditkarten

> Die **Kreditkarte** erlaubt die bargeldlose Bezahlung von Waren und Dienstleistungen gegen Vorlage der Karte und Unterzeichnung des Rechnungsbeleges, oder durch Angabe der 16-stelligen Kartennummer und des Verfalldatums, z. B. im Electronic Commerce. Die Abrechnung und Bezahlung erfolgt nachträglich durch das Karteninstitut.

Kreditkarten sind besonders in den USA, aber zunehmend auch weltweit, stark verbreitet. Seit einigen Jahren ist die Bedeutung der Kreditkarte in Europa sprunghaft gewachsen. In Deutschland sind vor allem die weltweit anerkannten Karten von **Visa** und **Eurocard** von Bedeutung. Die Karten von American Express und Diners Club haben relativ an Bedeutung verloren.

Die Eurocard wird von den Banken in Kooperation mit der Eurocard Service-GmbH ausgegeben, die eine Gemeinschaftseinrichtung der deutschen Banken ist. Durch die Zusammenarbeit mit der amerikanischen **Interbank-Master-Charge**-Gruppe und der britischen **Access**-Gruppe ist gesichert, dass sie weltweit anerkannt wird.

Auslandsgebühr untersagt
Wer im Ausland seine Kreditkarte nutzt, braucht dafür kein zusätzliches Entgelt zu zahlen, urteilte das Oberlandesgericht Hamburg.
Quelle: test 7/96

Mitte der 80er Jahre entdeckten auch so genannte „non-banks" ihr Interesse am Kreditkartenmarkt. Unternehmen, wie z. B. der ADAC, Kaufhof, Karstadt, Metro, Massa, Ikea, Quelle und Lufthansa, aber auch regionale Kaufhäuser, Hotelketten und Automobilhersteller führten eigene Plastikkarten im Rahmen von Co-Branding-Verträgen ein. Damit wurde hauptsächlich das Marketingziel, eine stärkere Kundenbindung zu erreichen, verfolgt. Um die Attraktivität dieser sogenannten Kundenkarten zu steigern, wurden sie durch **Zusatzangebote** wie Zahlungsziele, Überziehungslinien, Einkaufsvorteile und ähnlichen Zusatznutzen ergänzt.

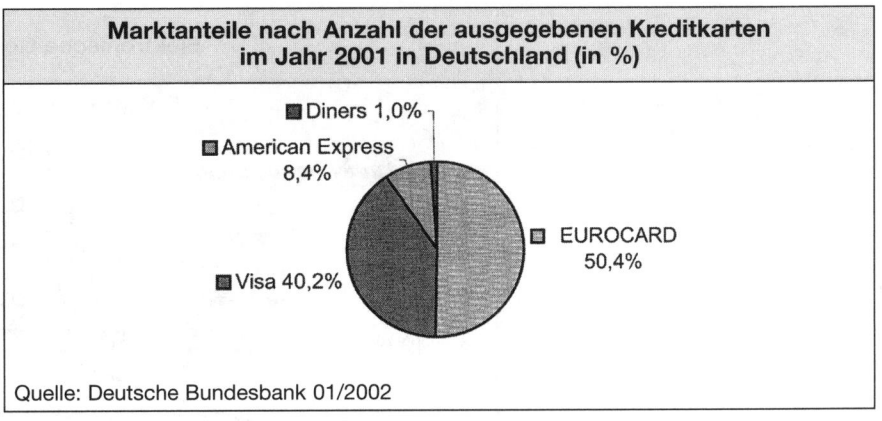

**Marktanteile nach Anzahl der ausgegebenen Kreditkarten
im Jahr 2001 in Deutschland (in %)**

■ Diners 1,0%

■ American Express
8,4%

■ EUROCARD
50,4%

■ Visa 40,2%

Quelle: Deutsche Bundesbank 01/2002

Kreditkarten werden immer mehr für **Internetzahlungen** benutzt. Die Sicherheit der Zahlung hängt dabei von dem benutzten Übertragungskanal ab. Visa International und MasterCard sowie Europay International und die GZS haben mittlerweile einen gemeinsamen Standard vorgestellt, mit dem die Sicherheit von Kreditkartenzahlungen über offene Netze gewährleistet werden soll. Der neue Standard trägt die Bezeichnung **SET (Secure Electronic Transaction)**.

Elektronische Geldbörse

In Deutschland werden täglich etwa 30 Millionen Käufe für weniger als 25 EUR getätigt, millionenfach Parkuhren gefüttert, Busfahrscheine gekauft oder Eintrittskarten gelöst. Der Handel wird durch die Kosten der Bargeldbearbeitung mit etwa ein bis zwei Prozent seines Umsatzes belastet.

Der Barzahlungsverkehr ist sehr personalintensiv und wird für die Wirtschaft immer teurer. Deshalb suchen die Banken und der Handel nach Möglichkeiten, die große Zahl der Bagatellzahlungen zukünftig ebenfalls elektronisch abzuwickeln.

Elektronische Geldbörsen sind vorausbezahlte Zahlungskarten, die in drei Formen vorkommen:

● Geldkarten sind nicht kontogebunden und werden gegen Kontobelastung oder Barzahlung aufgeladen

● ec-Karten, Kreditkarten oder Kundenkarten enthalten die elektronische Geldbörse als Zusatzfunktionen.

● Wertkarten, wie z. B. Telefonkarten, werden von bestimmten Dienstleistern für die Nutzung ihrer Produkte ausgegeben.

Die Elektronische Geldbörse kann an Geldautomaten bis zum vereinbarten Höchstbetrag „geladen" werden. Die Kunden können damit – ohne PIN-Nummer oder Unterschrift – Zahlungen an Automaten oder Handelskassen begleichen. Der Chip vermindert bei jeder Zahlung das Guthaben auf der Karte. Bei Bedarf kann die Elektronische Geldbörse neu geladen werden.

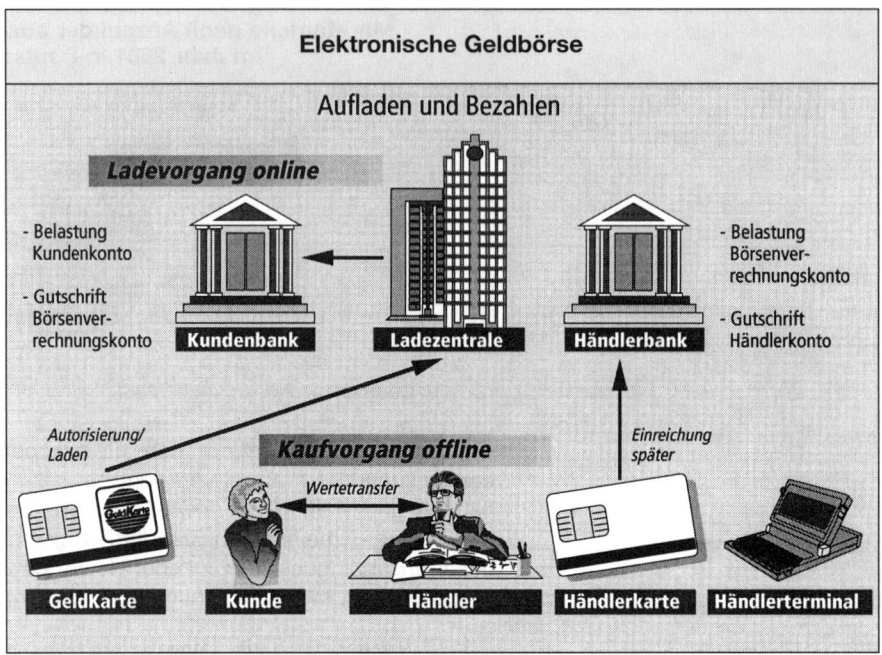

Quelle: Handelsblatt

Zukünftig soll die Möglichkeit bestehen, die Geldkarte über den eigenen PC zu Hause im Rahmen des Electronic Banking zu laden. Damit würden längerfristig weniger Geldautomaten benötigt.

7.2.6   Zahlungsmöglichkeiten im Auslandsreiseverkehr

Ein Kunde der Finanzbank AG plant eine Urlaubsreise nach Mexiko. Er verbringt seinen Urlaub teilweise auf dem Campingplatz, teilweise im Hotel. Seine voraussichtlichen Ausgaben belaufen sich auf ca. 3 000 EUR.

In welcher Form soll er dieses Geld mitnehmen? Ist Bargeld für die Ferienreise günstiger als die Mitnahme von Reiseschecks? Tauscht der Tourist besser zu Hause oder im Urlaubsland? Kommt er besser mit einer Kreditkarte zurecht?

Die Frage nach den günstigsten Reisezahlungsmitteln kann nicht allgemeingültig beantwortet werden. Trotzdem lassen sich grundlegende Aussagen über die Eignung der wichtigsten Reisezahlungsmittel machen, die heute gebräuchlich sind.

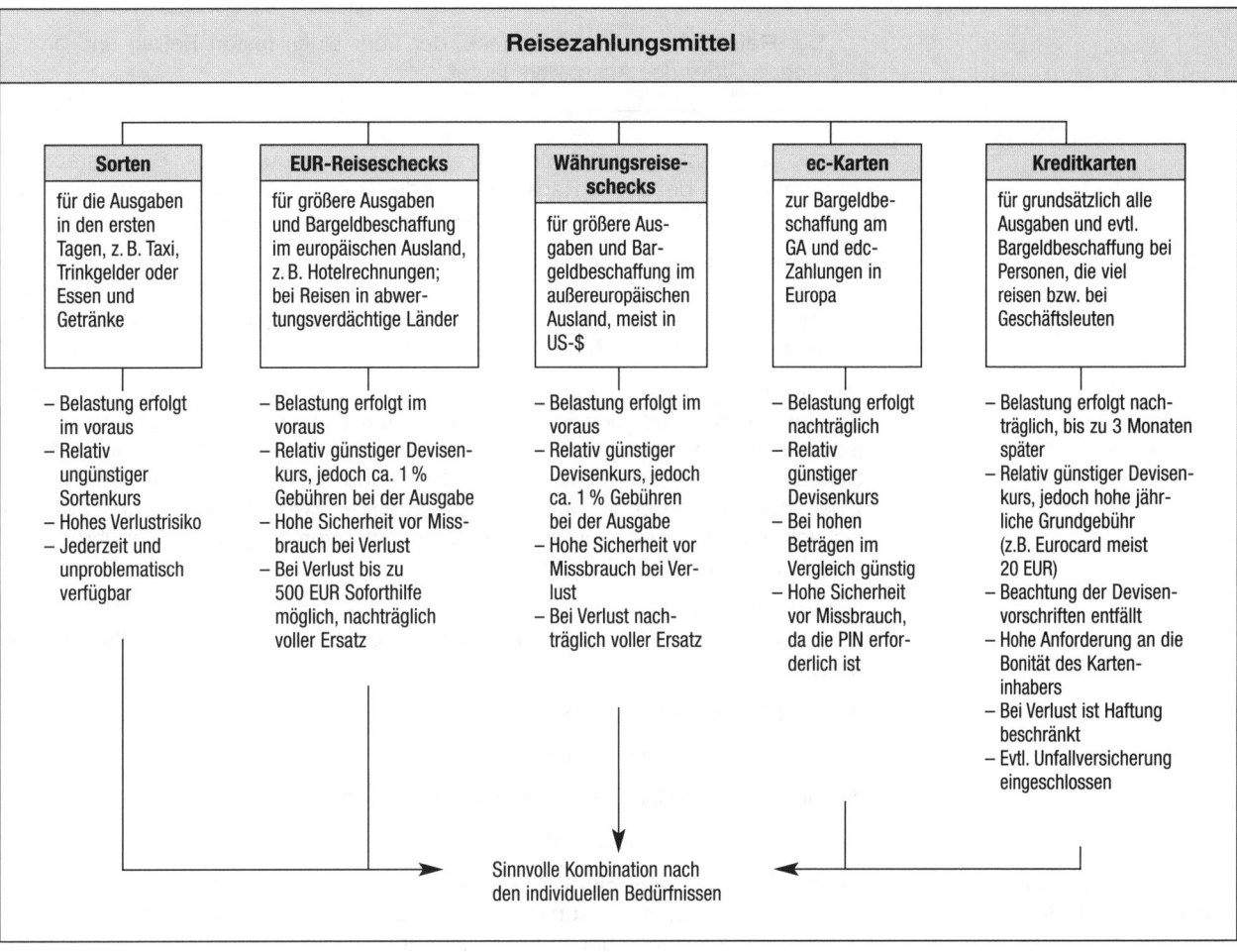

Die Sortenkurse bilden sich frei auf dem Markt. Sie sind in erster Linie abhängig von

● dem amtlichen Devisenkurs,

● der Reisezeit und

● der örtlichen Konkurrenzsituation.

Bei Münzen wird in der Regel beim Ankauf ein Abschlag von 20 – 30 % vorgenommen, da die Wiederverwertbarkeit solcher Sorten eingeschränkt ist. Im Sortenhandel werden keine Gebühren berechnet, da die Banken ihren Anteil an dem Geschäft bereits in der erheblichen größeren Spanne zwischen Ankaufs- und Verkaufskurs eingerechnet haben. Beim Verkauf von Sorten ist der Kunde auf evtl. Devisenbeschränkungen hinzuweisen. Nach der Außenwirtschaftsverordnung (AWV) sind **alle** An- und Verkäufe von Reisezahlungsmitteln an die Deutsche Bundesbank zu melden.

> Der **Reisescheck** ist ein Scheck, der über einen festen Betrag und an eigene Order des Ausstellers lautet.

Dieses Reisezahlungsmittel wird von allen Kreditinstituten in der Bundesrepublik angeboten. Als bezogene Bank treten in der Regel Zentralinstitute oder – in zunehmenden Maße – amerikanische Institute, z. B. Amexco, auf.

EUR-Reiseschecks werden in Stückelungen von z. B. 20, 50, 100 oder 500 EUR angeboten. Die Banken verkaufen die Reiseschecks in der Regel als Kommissionär des bezogenen Instituts. Der Käufer muss die Reiseschecks sofort bezahlen und eine Gebühr in Höhe von ca. 1 % des Scheckbetrages entrichten.

Die Bank trägt in ein Verbrauchsbuch die Schecknummern, die Beträge, den Kunden und die bezogene Bank ein. Der Kunde leistet sofort **eine** Unterschrift auf jedem Reisescheck und erhält eine Verkaufsabrechnung, die er getrennt von den Schecks aufbewahren sollte. Bei der Einlösung wird die **Legitimation** und die Übereinstimmung der am Schalter abzugebenden **zweiten Unterschrift** auf dem Scheck mit der bereits vorhandenen Unterschriftsprobe geprüft. Gebühren werden dabei in der Regel keine berechnet.

Bei Verlust erhält der Käufer Ersatz bei allen in- und ausländischen Bankstellen, die das grüne EUR-Reisescheckzeichen vorweisen. Als Nachweis ist dabei vorzulegen:

● Die persönliche Legitimation,

● die Verkaufsabrechnung und

● eine eidesstattliche Versicherung über den Verlust.

Die Gültigkeit der Schecks ist unbegrenzt.

Belegloses Reisescheckeinzugsverfahren (BRS)
Nach dem „Abkommen über den beleglosen Einzug von Reisescheckgegenwerten (BRS)" können EUR-Reiseschecks, die im Inland zahlbar gestellt sind, beleglos eingelöst werden. Eine Betragsbegrenzung und eine Umwandlungspflicht gibt es nicht.

Währungs-Reiseschecks (Traveller-cheques) werden ebenfalls von allen deutschen Kreditinstituten in Kommission verkauft. Der größte Teil ist auf amerikanische Institute gezogen und lautet meist auf US-Dollar. Die Abwicklung entspricht dem EUR-Reisescheck.

Die Entscheidung für entsprechende Zahlungsmittel hängt folglich davon ab, welche Einstellung der Kunde hat, in welches Land er reist, welchen Betrag er mitnimmt und wie oft er auf Reisen geht.

Die Finanzbank AG empfiehlt dem Kunden, folgende Reisezahlungsmittel mitzunehmen:

● *500 EUR,*

● *2 000 EUR in Währungs-Reiseschecks (für die Hotelrechnung und Campingplatzgebühren sowie evtl. Einkäufe) und*

● *Kreditkarte zur Bargeldbeschaffung und als Liquiditätsreserve.*

7.2.7 Bundesbank-Abrechnung

Geschichte des
Abrechnungsverkehrs

Der Ausgleich von Forderungen und Verbindlichkeiten [Scontration (aus dem Italienischen = Ausgleichung) oder Clearing (engl. = Klärung)] zwischen Kreditinstituten hat seinen Ursprung in England. Dort wurde seit 1770 zur Abwicklung des Scheckverkehrs die Abrechnung systematisch ausgebaut. In Deutschland entstanden die ersten Abrechnungsstellen zu Beginn des 19. Jahrhunderts. Gegen Ende dieses Jahrhunderts wurde die Deutsche Reichsbank der Hauptträger der Abrechnung. Heute wird der Abrechnungsverkehr in Deutschland durch die Landeszentralbanken in ihren Niederlassungen und Zweigstellen – also an allen Bankplätzen – abgewickelt.

Rechtsgrundlagen für den Abrechnungsverkehr der Hauptverwaltungen der Deutschen Bundesbank:
– **Geschäftsbedingungen der Abrechnungsstellen**
– **Allgemeine Geschäftsbedingungen** der Deutschen Bundesbank,
– **der örtliche Handelsbrauch** unter den Banken sowie
– das **Scheck- und das Wechselgesetz**.

> Die **Bundesbank-Abrechnung** vereinfacht den Verrechnungsverkehr zwischen den an einem Ort befindlichen Kreditinstituten, indem über die **Filialen der Bundesbank Forderungen und Verbindlichkeiten** gegenseitig **ausgetauscht und verrechnet werden**.

Die Banken können in der Regel an **zwei**, teilweise an **drei Abrechnungsterminen** Abrechnungspapiere einreichen. Mit der Entwicklung des elektronischen Zahlungsverkehrs verliert die Bundesbank-Abrechnung an Bedeutung. Sie besteht nur noch an wenigen Bankplätzen, da Groß- und Regionalbanken ihren Zahlungsverkehr weitgehend zentralisiert haben.

Euro Access Frankfurt / Elektronische Abrechnung Frankfurt (EAF)
(früher: Elektronische Abrechnung mit Filetransfer)

Die Deutsche Bundesbank nimmt auch elektronische Zahlungsaufträge entgegen und leitet sie weiter. Sie bietet mit RTGS^{plus} ein innovatives und leistungsstarkes Euro-Zahlungssystem an, das europäisch ausgerichtet ist. Jede eingehende Zahlung wird in Echtzeit auf Deckung geprüft (Bruttosystem). RTGS^{plus} kann von direkten oder indirekten Teilnehmern aus der ganzen Welt genutzt werden.

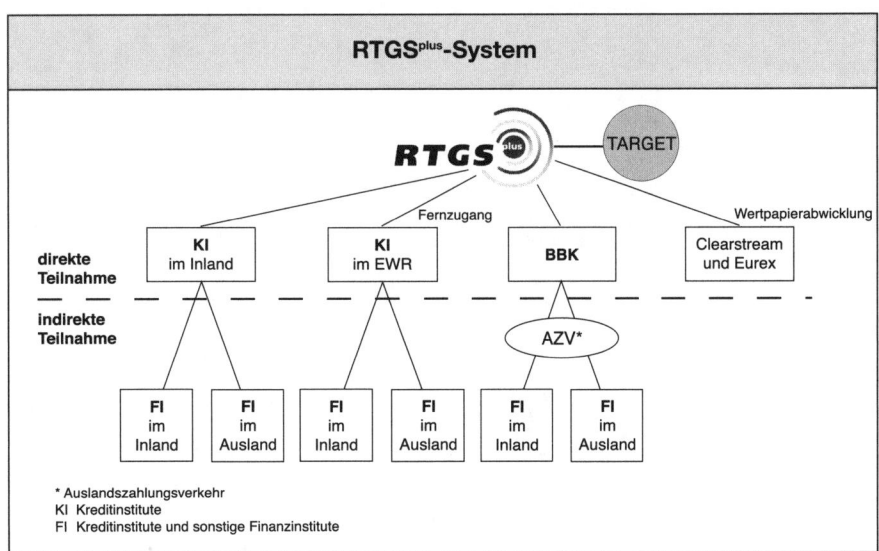

Aufgaben

1. Skizzieren Sie das Prinzip der Bundesbank-Abrechnung. Erläutern Sie dabei die Vorteile des neuen RTGS^{plus}.

2. Beschreiben Sie die wesentlichen Entwicklungen im Bereich des Zahlungsverkehrs der privaten Bankkunden.

3. Geben Sie einen Überblick über die Rationalisierungsmaßnahmen bei der Belegverarbeitung im Zahlungsverkehr.

4. Bewerten Sie die Bedeutung der Kreditkarte im inländischen und internationalen Zahlungsverkehr.

5. Vergleichen Sie Electronic Cash, POZ und Kreditkartenzahlungen aus Sicht der Kunden, des Handels und der Banken.

6. Vergleichen Sie die wesentlichen Reisezahlungsmittel und erstellen Sie Vorschläge für Reisen in selbst gewählte Länder.

7.3 Passivgeschäft

Die Passivseite der Bankbilanz – hier am Beispiel einer Großbank – zeigt die Art und die Herkunft der Geld- und Kapitalmittel, die ein Kreditinstitut im Rahmen seiner Bankgeschäfte eingesetzt hat:

Struktur des Einlagengeschäfts

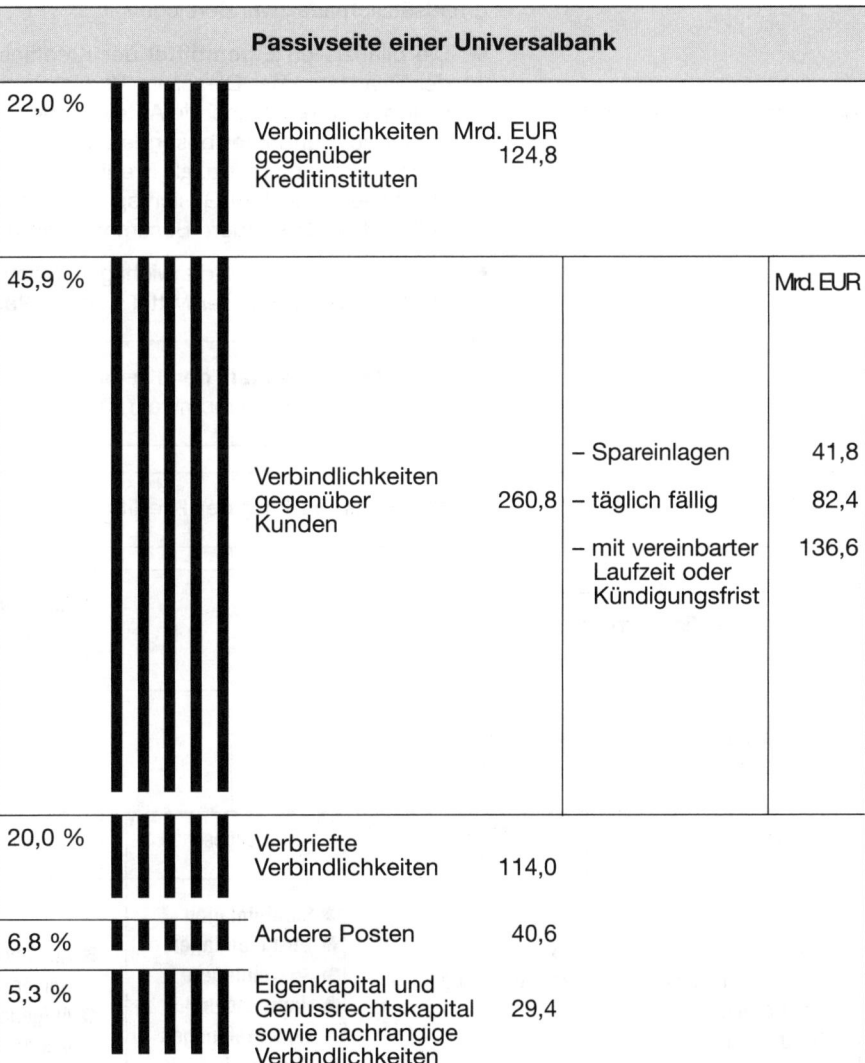

Passivseite einer Universalbank		
22,0 %	Verbindlichkeiten gegenüber Kreditinstituten	Mrd. EUR 124,8
45,9 %	Verbindlichkeiten gegenüber Kunden 260,8	Mrd. EUR – Spareinlagen 41,8 – täglich fällig 82,4 – mit vereinbarter Laufzeit oder Kündigungsfrist 136,6
20,0 %	Verbriefte Verbindlichkeiten	114,0
6,8 %	Andere Posten	40,6
5,3 %	Eigenkapital und Genussrechtskapital sowie nachrangige Verbindlichkeiten	29,4

Lernziele

● Wesentliche Merkmale der einzelnen Einlagenformen im Kundengespräch erläutern,

● rechtliche Bestimmungen für Bankeinlagen auf Praxisfälle anwenden,

● grundlegende steuerliche Fragen des Einlagengeschäftes lösen,

● die geschäftspolitische Bedeutung der einzelnen Passivprodukte der Banken beschreiben,

● Refinanzierungsmöglichkeiten der Kreditinstitute erläutern,

● die wichtigsten staatlichen Vorschriften zum Einlagenschutz darstellen und in ihrer geschäftspolitischen Auswirkung bewerten,

● Sicherungseinrichtungen des Bankgewerbes erklären.

Die Mittel, die die Kreditinstitute im Geschäftsbetrieb einsetzen können, stammen grundsätzlich aus zwei Bereichen:

Begriff des Passivgeschäftes

● Die bilanziellen **Eigenmittel** der Kreditinstitute belaufen sich auf ca. 3 – 6 % der Bilanzsumme. Dieser im Vergleich zu anderen Unternehmensbereichen sehr niedrig erscheinende Anteil ist darauf zurückzuführen, dass die Kreditinstitute aufgrund ihrer besonderen Geschäftsstruktur sehr hohe Einlagen entgegennehmen und u. a. als Kredit wieder weiterleiten. Da die Eigenmittel in erster Linie unter dem Gesichtspunkt der Risikovorsorge von Bedeutung sind, gelten dafür besondere Bestimmungen des KWG und der BAFin.

● Die **Fremdmittel** sind die wichtigste Finanzierungsquelle für die Kreditinstitute. Die Beschaffung dieser Mittel wird als **Passivgeschäft** bezeichnet.

> Das **Passivgeschäft der Kreditinstitute** umfasst alle Bankgeschäfte, die sich in Form von Fremdmitteln auf der Passivseite der Bilanz niederschlagen.

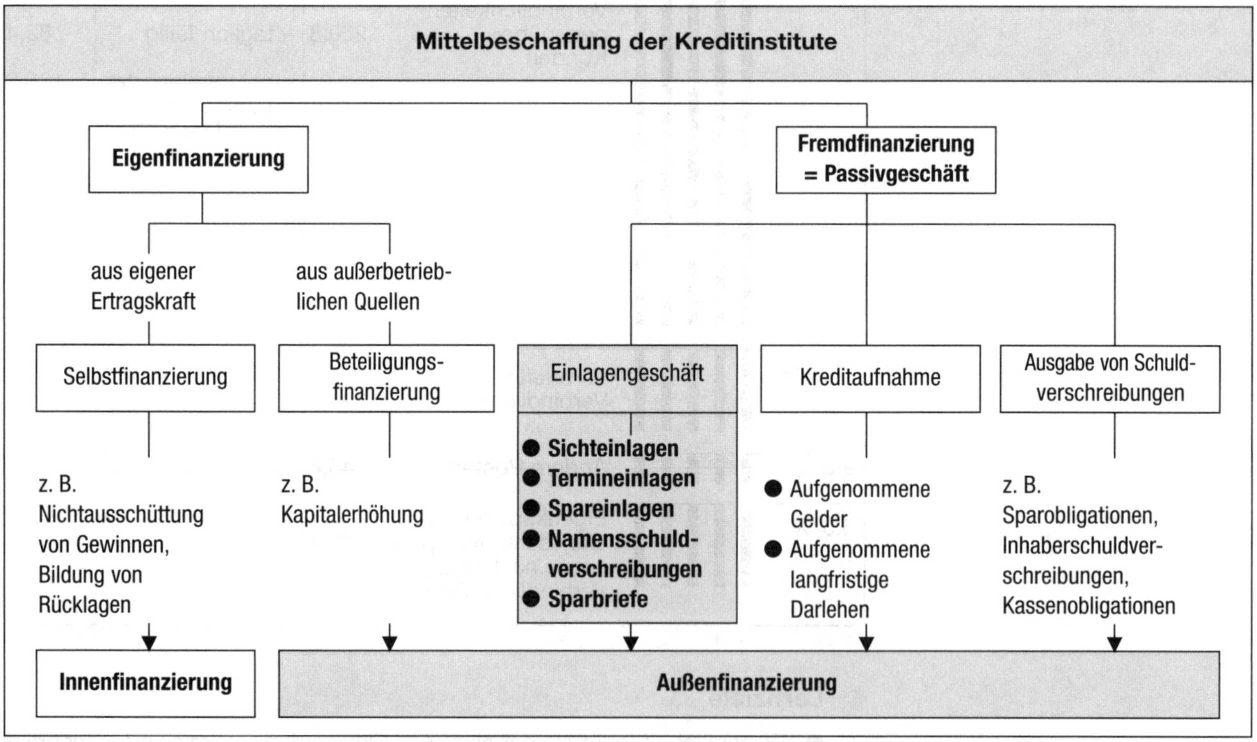

Mittelbeschaffung der Kreditinstitute

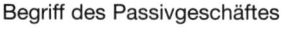

Eigenfinanzierung		Fremdfinanzierung = Passivgeschäft		
aus eigener Ertragskraft	aus außerbetrieblichen Quellen			
Selbstfinanzierung	Beteiligungsfinanzierung	Einlagengeschäft	Kreditaufnahme	Ausgabe von Schuldverschreibungen
z. B. Nichtausschüttung von Gewinnen, Bildung von Rücklagen	z. B. Kapitalerhöhung	● Sichteinlagen ● Termineinlagen ● Spareinlagen ● Namensschuldverschreibungen ● Sparbriefe	● Aufgenommene Gelder ● Aufgenommene langfristige Darlehen	z. B. Sparobligationen, Inhaberschuldverschreibungen, Kassenobligationen
Innenfinanzierung	**Außenfinanzierung**			

7.3.1 Einlagenmarkt

Die Deutschen sorgen vor:

Das Geldvermögen der privaten Haushalte bei Banken, Versicherungen, Bausparkassen, in Effekten und in sonstigen Forderungen beträgt über 3,6 Billionen Euro. Etwa ein Drittel des Geldvermögens der privaten Haushalte ist bei den Kreditinstituten angelegt.

Der Markt für Einlagen in der Bundesrepublik Deutschland ist seit den fünfziger Jahren einem grundlegenden Wandel unterworfen. Das gesamte Nettovermögen, nach Abzug der Verbindlichkeiten, der privaten Haushalte in der Bundesrepublik betrug 2002 4,2 Billionen Euro: dabei hat sich deren Geldvermögen z. B. seit 1983 mehr als verdreifacht. Hinzu kam 1990 ein umfangreiches Vermögen der Sparer aus der DDR. Bedenklich für die Banken ist die Entwicklung der Geldvermögensbildung, die sich immer mehr zugunsten der festverzinslichen Wertpapiere und Versicherungen verschoben hat.

Verschärft wird diese Wettbewerbslage durch die Ausbreitung weiterer Konkurrenten, wie z. B. der Bausparkassen, „ambulanter" Vermögensberater, Kreditkartenfirmen und der Postbank, die den Banken Marktanteile abnehmen wollen. Neben diesen veränderten Strukturen auf dem Einlagenmarkt werden in zunehmendem Maße auch die neuen Technologien, z. B. das Internet, die Marktlage verändern.

Da die Einlagen die Grundlage für die Bankgeschäfte bilden, wird die Zukunft der Unternehmenserfolge im Bankgewerbe in zunehmendem Maße von der Entwicklung im Einlagengeschäft beeinflusst werden. Das Einlagengeschäft – insbesondere mit privaten Haushalten – wird somit zum maßgeblichen Zukunftsmarkt für die Banken.

Spar- und Anlageverhalten der privaten Haushalte [*]

Mrd. €

Position	1991	1993	1995	1997	1998	1999	2000	2001
Mittelaufkommen								
Verfügbares Einkommen	980,4	1 084,2	1 153,7	1 204,9	1 238,7	1 275,3	1 310,7	1 356,3
Private Konsumausgaben	852,5	950,7	1 024,8	1 079,8	1 111,0	1 149,6	1 182,8	1 218,1
Sparen	127,9	133,6	128,9	125,1	127,7	125,7	127,9	138,2
Nachrichtlich: Sparquote [1]	13,0	12,3	11,2	10,4	10,3	9,9	9,8	10,2
Empfangene Vermögensüber- tragungen (netto)	5,2	6,2	6,0	9,9	13,9	18,0	19,0	19,8
Eigene Anlagemittel	133,0	139,8	134,9	134,9	141,6	143,8	146,9	158,0
Kreditaufnahme [2]	65,7	86,6	75,8	64,2	75,2	75,9	41,8	22,0
Gesamtes Mittelaufkommen	198,8	226,3	210,7	199,2	216,7	219,7	188,7	180,0

Mittelverwendung								
Nettoinvestitionen [3]	56,1	66,6	77,1	71,1	72,3	73,0	70,5	58,1
Nettozugang an nicht-produzierten Vermögensgütern	0,6	0,7	0,9	1,0	1,2	1,4	1,0	1,0
Geldvermögensbildung	142,2	159,0	132,6	127,0	143,2	145,3	117,2	120,9
bei Banken [4]	57,8	98,8	34,5	28,6	45,8	10,7	- 31,1	26,7
Sichtguthaben [5]	9,9	23,1	13,2	10,9	28,4	30,4	2,2	8,4
Termingelder [6]	38,9	34,1	- 37,0	- 7,8	3,1	- 5,5	8,8	17,3
Spareinlagen [6]	4,7	49,1	54,8	24,1	16,2	- 4,3	- 39,7	2,5
Sparbriefe	4,4	- 7,6	3,5	1,4	- 1,9	- 9,9	- 2,4	- 1,4
bei Versicherungen [7]	33,3	44,4	53,0	60,4	62,9	68,2	57,9	62,5
in Wertpapieren	42,8	10,6	37,2	33,8	29,2	61,0	85,0	26,3
Rentenwerte [8]	24,4	- 15,5	23,8	6,0	- 11,5	1,5	9,5	1,6
Aktien	0,3	3,4	- 1,7	4,1	4,1	13,8	18,4	- 28,7
Sonstige Beteiligungen	4,4	4,3	4,4	3,4	4,5	1,8	2,7	2,3
Investmentzertifikate	13,8	18,5	10,7	20,3	32,1	44,0	54,4	51,2
Ansprüche aus betrieblichen Pensionsrückstellungen	8,2	5,2	7,9	4,2	5,3	5,4	5,4	5,3
Gesamte Mittelverwendung	198,8	226,3	210,7	199,2	216,7	219,7	188,7	180,0

* Einschl. private Organisationen ohne Erwerbszweck. – 1 In % des Verfügbaren Einkommens. – 2 Einschl. sonstige Verbindlichkeiten. – 3 Einschl. Nettozugang an Wertsachen. – 4 Banken im In- und Ausland. – 5 Einschl. Bargeld. – 6 Bauspareinlagen werden bis 1998 den Spareinlagen und, in Übereinstimmung mit der Bankenstatistik, ab 1999 den Termingeldern zugerechnet. – 7 Einschl. Pensionskassen, berufsständische Versorgungswerke und Zusatzversorgungseinrichtungen sowie sonstige Forderungen. – 8 Einschl. Geldmarktpapiere.

Quelle: Deutsche Bundesbank, Monatsbericht 06/2002

Als **rechtliche Grundlage** für die Einlagengeschäfte der Kreditinstitute kommen folgende Vorschriften in Betracht:

- Die Bestimmungen des **BGB** über das Schuldversprechen und das Schuldanerkenntnis (§§ 780 ff.) sowie über die Übertragung von Forderungen (§§ 398 ff.),

- die Regelungen des **HGB** über den Kontokorrentverkehr (§§ 355 ff.) sowie

- die Vorschriften des **KWG** und der **BAFin** zur Liquiditätshaltung, zur Zinsgestaltung und zum Spargeschäft.

7.3.2 Sichteinlagen

> **Sichteinlagen** sind Guthaben auf Giro- oder Kontokorrentkonten, die täglich („bei Sicht") fällig sind. Sie dienen in erster Linie der Abwicklung des Zahlungsverkehrs.

Der Einleger kann somit jederzeit – ohne vorherige Kündigung – über sein Geld verfügen. Aus diesem Grunde werden Sichteinlagen meist nur mit einem sehr niedrigen Zinssatz (in der Regel 0,5 % p. a.) verzinst.

Für die Kunden der Bank haben die Sichteinlagen vor allem folgende Bedeutung:

- Die Bargeldhaltung kann erheblich eingeschränkt werden, so dass das **Risiko** des Verlustes, des Diebstahls und der Vernichtung **eingeschränkt** wird;

- die Teilnahme am bargeldlosen Zahlungsverkehr wird ermöglicht, was neben der erhöhten Sicherheit auch erhebliche **Kostenersparnisse** bringen kann.

Konto für alle

Jedem Bürger sein Girokonto, unabhängig von der Art seiner Einkommensquelle und seiner SCHUFA-Eintragungen – diese Empfehlung will der Zentrale Kreditausschuss (ZKA) an seine Mitgliedsinstitute herantragen.

Ausnahmen sollen gestattet sein, z. B. bei

- Belästigung oder Gefährdung von Kunden und Mitarbeitern;

- Kontopfändungen;

- Straffälligkeit gegen das Kreditinstitut;

- Missbrauch der Leistungen des Kreditinstituts;

- Falschangaben des Kunden.

Für die Kreditinstitute bilden die Sichteinlagen eine wesentliche Grundlage für das gesamte Bankgeschäft:

● Sichteinlagen sind eine wichtige **Finanzierungsquelle** für die Banken.

● Der größte Teil der Bankgeschäfte wird meist bei dem Kreditinstitut abgewickelt, bei dem der Kunde seine Sichteinlage unterhält, so dass in der Regel **Folgegeschäfte** (Cross-Selling) möglich sind.

Cross-Selling: „Verkauf übers Kreuz". Der Berater nutzt Kundenkontakte bei einem Produkt, z. B. bei der Kontoeröffnung, um weitere Produkte der Bank verkaufen zu können.

Diesen indirekten Erträgen stehen hohe Aufwendungen aus der Abwicklung des Zahlungsverkehrs gegenüber, die durch die Berechnung von Kontoführungspreisen nur teilweise gedeckt werden. Gemildert werden diese Aufwendungen durch die sogenannten **„Float-Gewinne"** („Valutierungs-Gewinne"), die dadurch entstehen, dass Wertstellungen entweder für Kontobelastungen **vor** oder für Kontogutschriften **nach dem Buchungstag** erfolgen.

7.3.3 Termineinlagen

> **Termineinlagen (befristete Einlagen)** sind Guthaben, die meist in größeren Beträgen für eine bestimmte Zeit bzw. mit einer vereinbarten Kündigungsfrist angelegt werden.

Besondere rechtliche Bestimmungen fehlen bei den Termineinlagen. Der Einleger erhält deshalb auch keine Urkunde über seine Forderung an die Bank ausgestellt. Die Anlage von Termingeldern kann aus folgenden Gründen erfolgen:

● Geldmittel sollen vorübergehend angelegt werden (Zwischenanlage);

● Geldmittel, die für einen bestimmten Zweck vorgesehen sind, sollen bis zu dem vorbestimmten Termin angelegt werden;

● Kreditinstitute unterhalten untereinander Liquiditätsreserven in Form von Termineinlagen.

Von großer Bedeutung für die Höhe des Zinssatzes ist der Betrag des angelegten Geldes, da bei großen Beträgen der Verwaltungsaufwand eine sehr untergeordnete Bedeutung hat. Die Bereitschaft der Kreditinstitute, höhere Zinsen zu vereinbaren, hängt dabei sehr stark von ihrer momentanen Liquiditätslage ab.

Die Theorie unterscheidet zwei Formen der Termineinlagen:

● **Festgelder** werden an einem im Voraus bestimmten Termin zur Rückzahlung fällig,

● **Kündigungsgelder** sind fällig, nachdem sie vorher entsprechend der mit dem Kunden vereinbarten Kündigungsfrist gekündigt wurden.

In der Praxis kommen zur Zeit fast nur Festgelder vor.

Werden Termineinlagen bei Fälligkeit nicht abgerufen, verhalten sich die Banken meist entgegenkommend, um die Kunden nicht zu verärgern:

● Bei größeren Einlagen wird mit dem Kunden kurz vor Fälligkeit eine Vereinbarung über die weitere Verwendung der Mittel getroffen;

● für die meisten Einlagen gilt laut Auftragsbestätigung die Regelung, dass die Termineinlagen um den gleichen Zeitraum mit dem jeweils geltenden Zinssatz verlängert werden.

Vorzeitige Verfügungen sind nach den Anweisungen über die Mindestreserve nicht zulässig.

Für die Kreditinstitute bilden die Termineinlagen eine wichtige Finanzierungsquelle. Die Fälligkeit der Einlagen kann genau berechnet werden. Die Grundsätze der BAFin sehen für Termineinlagen die gleichen Kreditvergabemöglichkeiten wie bei den Sichteinlagen vor. Dies kann damit begründet werden, dass Termineinlagen oftmals verlängert werden bzw. bei Fälligkeit durch neue Einlagen ersetzt werden.

Die höheren Zinskosten dieser Einlagen gegenüber den Sichteinlagen werden teilweise durch die relativ geringen Personal- und Verwaltungskosten dieser Einlagen aufgefangen.

7.3.4 Spareinlagen

> **Spareinlagen** sind Guthaben mit einer Kündigungsfrist von mindestens drei Monaten, die nicht dem Zahlungsverkehr dienen und durch die Ausfertigung einer Urkunde (Sparbuch) gekennzeichnet sind.

Das Sammeln von Spareinlagen war zunächst ausschließlich den Sparkassen vorbehalten. Erst im Jahre 1928 bezogen auch die Aktienbanken die Annahme von Spareinlagen in ihre Geschäftstätigkeit mit ein.

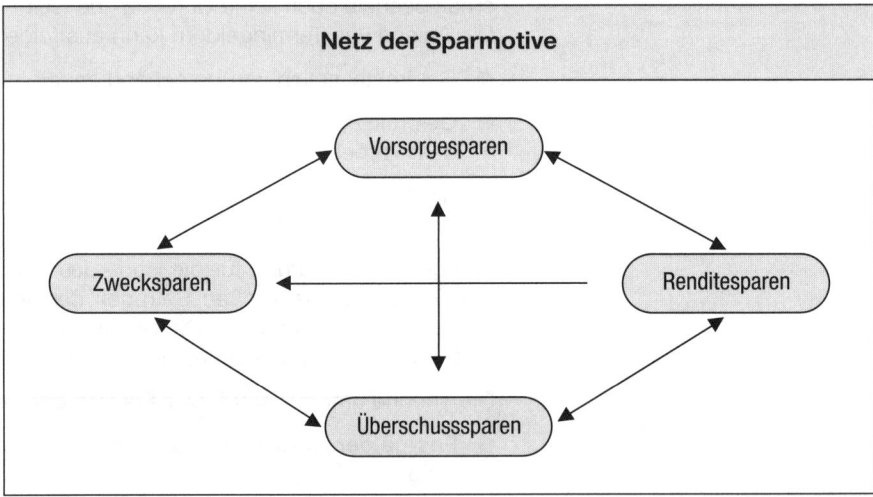

Die Höhe des Zinssatzes bei den Spareinlagen hängt sowohl von der Lage am Kapitalmarkt als auch von der vereinbarten Laufzeit ab. Dabei werden dem Sparer die Zinsen jeweils zum Jahresende gutgeschrieben. Die kapitalisierten Zinsen werden ab dem neuen Jahr mitverzinst.

Im Zusammenhang mit der geschäftspolitischen Bedeutung der Spareinlagen für die Kreditinstitute dürfen die damit verbundenen Aufwendungen nicht außer Acht gelassen werden:

● Die Kreditinstitute müssen den Sparern für die überlassenen Spargelder Zinsen vergüten,

● die Führung der Konten bedingt betriebliche Aufwendungen, z. B. für das Personal und die Datenverarbeitung,

- die Ein- und Auszahlungen auf den Sparkonten sind im Durchschnitt relativ klein, so dass diese Kosten besonders stark ins Gewicht fallen,

- viele Banken betreiben wegen der möglichen Folgegeschäfte einen hohen Werbeaufwand.

Trotzdem gilt das Spargeschäft als eine günstige Form der Mittelbeschaffung. Dies ist auch daran zu erkennen, dass die Kreditinstitute sich in zunehmendem Maße um die Gewinnung von Spareinlagen bemühen.

Relativ niedrige Zinsen – hohe Kosten

Zinserträge werden i.d.R. mit 30 % Zinsabschlagsteuer belastet. Bei Ledigen können bis zu 1 601 EUR jährlich, bei Verheirateten bis zu 3 202 EUR (beide inkl. Werbungskostenpauschbetrag) mittels einer Freistellungsbescheinigung steuerfrei ausgezahlt werden.

Rechtsvorschriften für Spareinlagen
- § 21 Abs. 4 Verordnung über die Rechnungslegung der Kreditinstitute (**RechKredV**)
- Bestimmungen des **BGB** über das Darlehen,
- **Mitteilungen und Schreiben der Bundesanstalt für Finanzdienstleistungsaufsicht** zur Abwicklung des Sparverkehrs,
- **bei Sparkassen** die jeweiligen Sparkassengesetze, Sparkassenverordnungen und Sparkassensatzungen,
- **bei Kreditbanken** die Bedingungen über den Sparverkehr sowie
- **bei der Postbank** die Postsparkassenordnung.

Kassenaushang

Sparvertrag

Die Spareinlagen sind durch folgende grundsätzliche Merkmale gekennzeichnet.

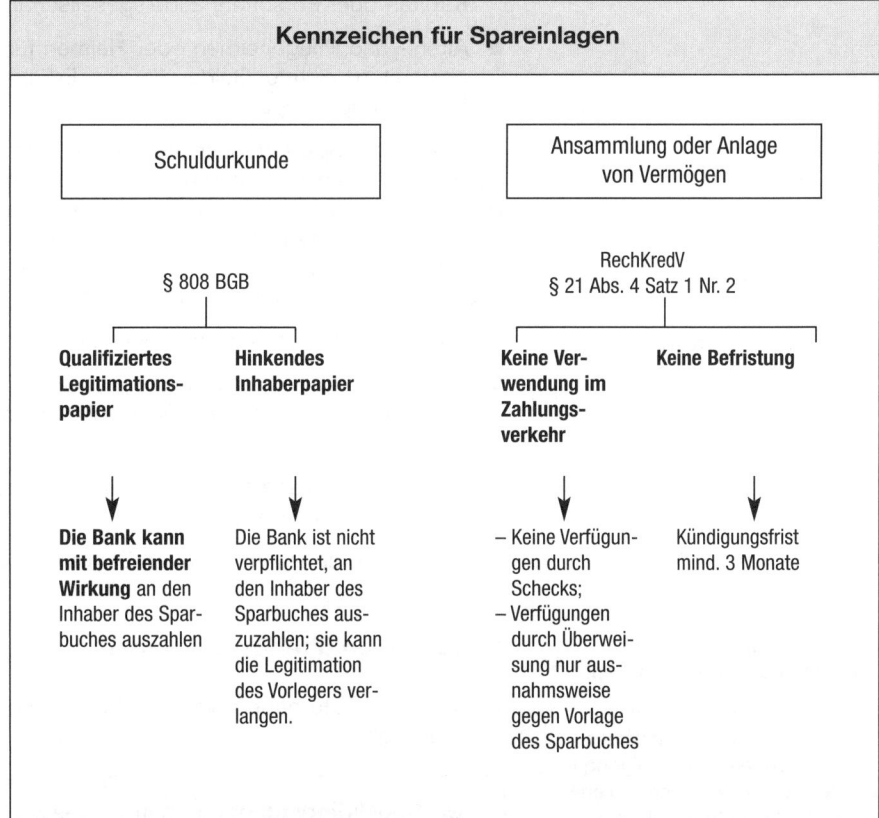

Die Kennzeichnung einer Spareinlage erfolgt durch die **Ausfertigung einer Urkunde**. Hierdurch werden die Spareinlagen von anderen Einlagenarten zusätzlich abgegrenzt. Neben dem Sparbuch können z. B. auch Sparkarten, Sparzertifikate und Sparscheine als Urkunden ausgegeben werden.

Einige Banken geben sogenannte **Loseblatt-Sparbücher** aus. Der Sparer erhält dabei einen Loseblatt-Umschlag, in den Sparkontoauszüge abzuheften sind. Der Umschlag und der letzte Sparkontoauszug bilden gemeinsam die Sparurkunde.

Die Banken müssen für Spareinlagen die jeweiligen Standard-Zinssätze im Kassenraum veröffentlichen. Die Zinsberechnung beginnt – wie bei den Termineinlagen – mit dem Tag der Einzahlung.

Einlegerkreis für Spareinlagen

Spareinlagen können von folgenden Kunden angelegt werden:

● Natürlichen Personen,

● BGB-Gesellschaften oder sonstigen Gesamthandsgemeinschaften, wie z. B. **Erben** oder **Mietergemeinschaften**,

● Vereinen, deren Zweck nicht auf einen wirtschaftlichen Geschäftsbetrieb gerichtet ist,

● juristischen Personen des öffentlichen Rechts,

● juristischen Personen des privaten Rechts und Personenhandelsgesellschaften, die gemeinnützigen, mildtätigen oder kirchlichen Zwecken dienen.

● Vermietern, wenn sie Mietkautionen anlegen, unabhängig davon, ob sie als Kapital- oder Personenhandelsgesellschaft firmieren,

● Alters- und Pflegeheimen oder Heimen für behinderte Volljährige, die zur Sicherheit geleistete Gelder für die Erfüllung von Verpflichtungen aus dem Heimvertrag anlegen.

Kein Schutz des Begriffes „Spareinlagen"

Der Begriff der Spareinlage ist nicht geschützt. Deshalb können die Kreditinstitute auch an anderen Einlegergruppen „Spareinlagen" verkaufen. Sie dürfen diese Gelder jedoch nicht als Spareinlage in der Bilanz ausweisen, sondern müssen sie als Verbindlichkeiten mit vereinbarter Laufzeit oder Kündigungsfrist bilanzieren. Außerdem werden sie bei der Berechnung der Mindestreserve und in den Liquiditätsgrundsätzen nicht bevorzugt behandelt.

Gläubiger der Spareinlage

● Gläubiger ist grundsätzlich derjenige, der die Spareinlage einzahlt;

● der Einzahlende kann mit der Bank vereinbaren, dass ein Dritter Gläubiger der Spareinlage werden soll. Dabei sind in der Praxis folgende Festlegungen möglich:

– Die Spareinlage geht sofort mit der Einzahlung auf den Kontoinhaber oder einen Dritten über,

– sie wird zu einem späteren Zeitpunkt übertragen.

Die Mündelsicherheit von Einlagen bei Kreditinstituten

Nach den gesetzlichen Bestimmungen können Mündelgelder ohne besondere Genehmigung in **Spareinlagen** bzw. Wertpapieren folgender Institute abgelegt werden:

– Öffentliche Sparkassen im Inland,
– DZ Bank
– Staats- und Landesbanken der Länder sowie
– bestimmte, im Gesetz besonders bezeichnete Banken.

Einlagen bei sonstigen Kreditinstituten sind mündelsicher, sofern diese einer Sicherungseinrichtung der deutschen Kreditwirtschaft angeschlossen sind.

Verfügungen über Spareinlagen

Die Kreditinstitute haben einen großen Gestaltungsspielraum bei ihrem Produkt „Spareinlage".

> Die **Regelkündigungsfrist** beträgt drei Monate. Eine längere Frist kann beliebig vereinbart werden.

Weicht die Bank von dieser Mindestfrist ab, können die Einlagen in der Bilanz nicht als Spareinlagen ausgewiesen werden.

Eine **Kündigungssperrfrist** ist lediglich noch für Verträge vorgesehen, die vor dem 01.07.1993 abgeschlossen wurden. Es ist jedoch auch bei Neuverträgen möglich, eine solche Frist zu vereinbaren. Bei Spareinlagen mit einer Regelkündigungsfrist kann der Sparer nach den Sonderbedingungen für den Sparverkehr bis zu **1 500 EUR innerhalb eines Kalendermonats** ohne Kündigung abheben. Vorschusszinsen dürfen dabei nicht berechnet werden.

Die Kreditinstitute haben aber die Möglichkeit, diesen vorschusszinsfreien Betrag niedriger anzusetzen, sofern er mit dem Kunden ausdrücklich vereinbart wird. Bei Vereinbarungen mit höheren Beträgen werden die Einlagen wiederum nicht als Spareinlagen ausgewiesen.

Der Sparer hat keinen Rechtsanspruch auf vorzeitige Verfügung. Im Falle der vorzeitigen Abhebung **kann** das Kreditinstitut Vorschusszinsen berechnen. Die Höhe dieses Abzuges ist nicht vorgeschrieben.

Markt für Spareinlagen

Der Wettbewerb auf dem Markt für Spareinlagen ist für die Kreditinstitute in den letzten Jahren erheblich stärker geworden. Dies hat mehrere Ursachen:

- Alle **Kreditinstitute** versuchen heute durch gezielte Werbung und über das Angebot von neuen Sparformen mit Sonderausstattungen und großzügigen Kündigungsregelungen vermehrt Spareinlagen zu gewinnen, um zusätzliche Mittel zur Finanzierung langfristiger Darlehen zu erhalten,

- der **Staat** wirbt in zunehmendem Maße um die gleichen Kapitalanleger wie die Kreditinstitute; dabei übernimmt er als Hauptschuldner auf dem Kapitalmarkt praktisch die **Zinsführerschaft**,

- die **Zahl der Anbieter** auf dem Markt für mittel- und langfristige Einlagen hat sich erhöht, weil in steigendem Maße auch Tochtergesellschaften ausländischer Banken (z. B. die Citibank), Lebensversicherungsgesellschaften, Bausparkassen sowie unabhängige Vermögensberatungsfirmen um diesen Kundenkreis werben,

- das Angebot an alternativen Anlageformen hat deutlich zugenommen,

- **viele Kunden** sind **erheblich renditebewusster** geworden und weichen heute eher auf alternative Anlagemöglichkeiten aus.

Die Kreditinstitute stehen somit im Bereich des Passivgeschäftes vor der Aufgabe, die Spareinlagen zu erhöhen oder zumindest einen Rückgang dieser Refinanzierungsquelle zu verhindern. Hierbei wenden sie in der Regel folgende Mittel an:

- Die Sparkunden sollen zu einer **regelmäßigen Anlage von Geldern** angeregt werden. Aus diesem Grunde fördern die Banken vor allem „automatische" Spartechniken, wie die **Spardaueraufträge**, bei denen regelmäßig ein bestimmter Betrag gespart wird sowie die **Abschöpfungsdaueraufträge** (Überschusssparen), bei denen zu regelmäßigen Terminen ein bestimmter, überschüssiger Betrag von einem laufenden Konto übertragen wird.

- Den renditebewussten Sparern werden **Sonderformen** angeboten, die in der Regel durch folgende Merkmale gekennzeichnet sind:

– **Relativ hohe Zinssätze**, die sich an den Konditionen mittel- und langfristiger Rentenpapiere orientieren;

– **Anreize zur Einhaltung vereinbarter Laufzeiten** in Form von Zinszuschlägen („Boni") oder Prämien, sofern bestimmte Anlagezeiten erreicht werden;

– **relativ hoher Liquiditätsgrad** durch die Möglichkeit, vorzeitig – jedoch unter Verzicht auf die Zinszuschläge u. ä. – über das Geld verfügen zu können.

Für bestimmte Kundengruppen bieten die Kreditinstitute daneben auch Sparformen an, bei denen eine Koppelung mit anderen Ertrags- oder Anlagemöglichkeiten bzw. mit späteren Ansprüchen auf zinsgünstige Darlehen möglich ist.

Besondere Sparformen

mit einmaliger Prämie/Bonus	mit steigenden oder an den Kapitalmarkt gekoppelten Zinssätzen	mit Koppelung zu anderen Ertrags- oder Anlageformen	mit Anspruch auf spätere Auszahlung eines zinsgünstigen Darlehens

Sparverträge mit Bonus:
Einmalige oder regelmäßige Sparleistungen; in der Regel Zinssatz von Spareinlagen mit dreimonatiger Kündigungsfrist sowie nach Ende einer bestimmten Vertragslaufzeit ein einmaliger Bonus.

Sparverträge mit Zinszuwachs:
Einmalige oder regelmäßige Sparleistungen; Kündigungssperrfrist und vereinbarte Kündigungsfrist; in der Regel Zinssatz von Spareinlagen mit dreimonatiger Kündigungsfrist sowie jährlich steigende Zinszuschläge, sofern nicht über das Guthaben verfügt wird.

Sparverträge mit Vorzugszinsen:
Einmalige Anlage mittlerer oder größerer Beträge; sehr lange Kündigungssperrfristen (z. B. 4 Jahre) und dreimonatige Kündigungsfrist; Zinssatz orientiert sich an der Verzinsung festverzinslicher Wertpapiere mit gleicher Laufzeit

Versicherungssparverträge:
Regelmäßige Sparraten in Verbindung mit einer Risikolebensversicherung mit fallender Versicherungssumme, welche die fehlenden Sparleistungen beim Tode des Sparers übernimmt. Diese Kombination kommt besonders häufig bei Bausparverträgen vor.

Effektensparverträge:
Regelmäßige Sparraten, die regelmäßig zum Kauf von Effekten, meist bestimmten Investmentzertifikaten, benutzt werden.

Bausparverträge:
Regelmäßige Sparraten, oftmals in Verbindung mit Wohnungsbauprämien bzw. Steuerersparnissen sowie mit Sparzulagen nach dem 5. Vermögensbildungsgesetz. Unter bestimmten Voraussetzungen Anspruch auf Gewährung eines zinsgünstigen Baudarlehens.

Bei einzelnen Banken standardisierte Sparverträge oder Sparpläne zur Kombination verschiedener Sparformen

● Sparkunden werden durch gezielte Aktionen geworben:

– **„Cross-Selling"**: Bei der Eröffnung von Girokonten wird in den meisten Fällen die Eröffnung eines Sparkontos angeboten.

– **„Nachfassaktionen"**: Die Banken ermitteln systematisch die Kunden, die noch kein Sparkonto eröffnet haben und versuchen dann durch gezielte Ansprache, Werbebriefe, Telefonaktionen oder Kontoauszugsbeilagen zu Abschlüssen zu kommen.

– **„Schulsparen", „Jugendsparen"**: Schüler und Jugendliche werden im Rahmen besonderer Aktionen oder regelmäßiger Schulbetreuung geworben.

– **Geschenkgutscheine**: Zu bestimmten Anlässen (z. B. Geburt, Kommunion, Konfirmation) versenden die Banken Spargutscheine (meist über 3 EUR), die auf einem – eventuell neu zu eröffnenden – Sparbuch gutgeschrieben werden können.

– **„Weltsparwoche", „Jugendsparwoche"**: Durch Sonderaktionen, bei denen auch kleine Geschenke verteilt werden, soll die allgemeine Sparbereitschaft angeregt werden.

Auszug aus einem Prospekt:

Jugend-Service ist ein Angebot für anspruchsvolle junge Leute, die von ihrer Bank kompetente und freundliche Beratung in Gelddingen erwarten. Und die es für selbstverständlich betrachten, dass man ihnen darüber hinaus zu wichtigen Themen – wie z. B. Berufswahl – Besonderes bietet. Überzeugt? Dann sprecht uns an. Unsere Kundenberater sind jederzeit für Euch da. Ihr wisst ja, wir sind die Bank an Eurer Seite – und zwar von Anfang an.

Besonders bei Kindern und Jugendlichen nehmen die Banken bewusst in Kauf, dass sie wegen der kleinen Sparbeträge und des damit verbundenen hohen Verwaltungsaufwandes zunächst einen Verlust erleiden. Sie gehen dabei davon aus, dass viele der jugendlichen Sparer später als Erwachsene bei dieser Bank ihre Geschäftsverbindung weiterführen werden.

7.3.5 Sparbriefe und Sparschuldverschreibungen

Seit den sechziger Jahren bieten die Banken in zunehmendem Maße nicht börsenfähige Wertpapiere an, die zu einer Palette der Sparmöglichkeiten geführt haben.

> **Sparschuldverschreibungen (Spar[kassen]obligationen)** sind **nicht börsenfähige Orderschuldverschreibungen** mit einer Laufzeit von meist 4 bis 10 Jahren, die jederzeit zu einem am Kapitalmarktzins orientierten „Hauskurs" zurückgegeben werden können.

Einzelne Banken bringen das Papier auch als Inhaberschuldverschreibungen auf den Markt.

> Sparbriefe **(Sparkassenbriefe)** sind kaufmännische Verpflichtungsscheine eines Kreditinstitutes mit einer Laufzeit von meist bis zu 6 Jahren und fester Verzinsung zugunsten einer bestimmten Person **(Namensschuldverschreibung)**.

Die Übertragbarkeit solcher Papiere durch Indossament ist meist ausgeschlossen **(Rektapapier)**; in Einzelfällen werden sie jedoch auch als qualifizierte Legitimationspapiere oder als Inhaberschuldverschreibungen ausgegeben. Manche Banken verkaufen seit einiger Zeit auch Sparbriefe ab einer Laufzeit von einem Jahr.

Werden Sparbriefe ausgegeben, so ist eine Legitimationsprüfung wie bei der Kontoeröffnung vorzunehmen. Lediglich bei Inhaberpapieren genügt die Feststellung, dass der Erwerber steuerlich als Gebietsansässiger anzusehen ist.

Im Regelfall keine effektiven Stücke

Viele Banken sind bereits dazu übergegangen, bei Sparbriefen und Sparschuldverschreibungen keine effektiven Stücke mehr zu erstellen, so dass in diesen Fällen ein Depotkonto geführt werden muss.

Die Ausstattung der Sparbriefe richtet sich nach den Marketingkonzeptionen der einzelnen Kreditinstitute, so dass auch auf diesem Markt – ähnlich wie bei den Sondersparformen – eine kaum mehr überschaubare Vielfalt vorhanden ist. Nach der Art der Zinszahlung können dabei drei Grundformen unterschieden werden.

Auszug aus einem Prospekt:

Sparbrief N.
Sie möchten Kapital – beispielsweise für 4 Jahre – anlegen und die jährlich anfallenden Zinsen ausgezahlt bekommen. Dann ist für Sie der Sparbrief N die richtige Wahl. Der Zinssatz ist für die gesamte Laufzeit fest.
Bei Fälligkeit erhalten Sie Ihr eingezahltes Kapital in voller Höhe zurück.

Sparbrief A.
Auch der Sparbrief A hat einen festen Zinssatz. Es gibt ihn mit Laufzeiten von 4 bis 10 Jahren! Beim Sparbrief A bekommen Sie Ihr eingezahltes Kapital am Ende der Laufzeit mit Zinsen und Zinseszinsen zurück.
Dieser Sparbrief ist besonders für Anleger interessant, die ihre Zinserträge aus steuerlichen Gründen in die Zukunft verlegen wollen.

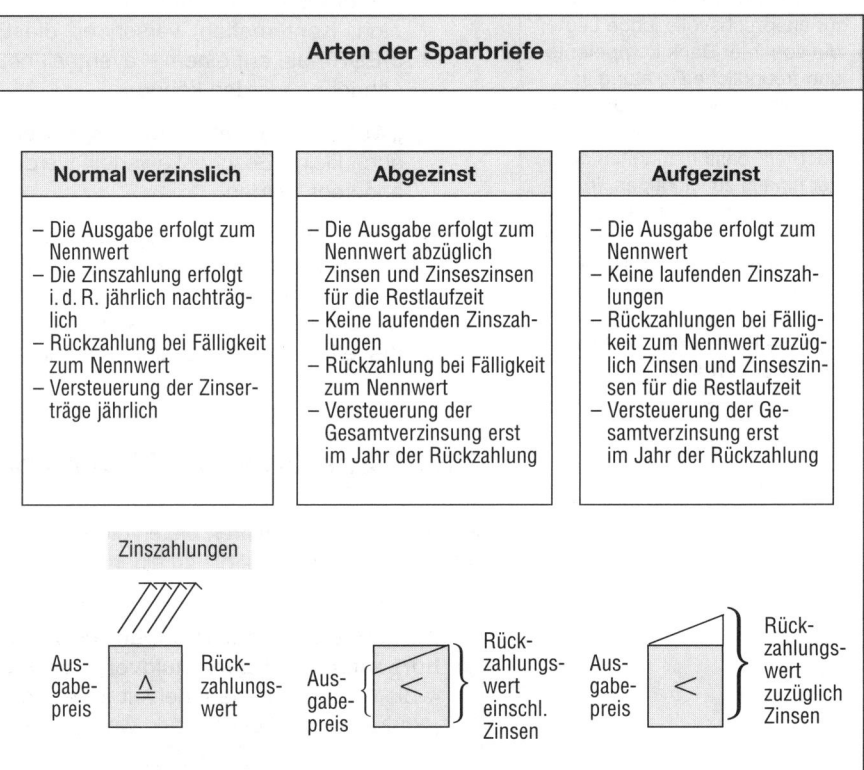

Arten der Sparbriefe

Normal verzinslich	Abgezinst	Aufgezinst
– Die Ausgabe erfolgt zum Nennwert – Die Zinszahlung erfolgt i. d. R. jährlich nachträglich – Rückzahlung bei Fälligkeit zum Nennwert – Versteuerung der Zinserträge jährlich	– Die Ausgabe erfolgt zum Nennwert abzüglich Zinsen und Zinseszinsen für die Restlaufzeit – Keine laufenden Zinszahlungen – Rückzahlung bei Fälligkeit zum Nennwert – Versteuerung der Gesamtverzinsung erst im Jahr der Rückzahlung	– Die Ausgabe erfolgt zum Nennwert – Keine laufenden Zinszahlungen – Rückzahlungen bei Fälligkeit zum Nennwert zuzüglich Zinsen und Zinseszinsen für die Restlaufzeit – Versteuerung der Gesamtverzinsung erst im Jahr der Rückzahlung

Zinszahlungen

Ausgabepreis — Rückzahlungswert

Ausgabepreis — Rückzahlungswert einschl. Zinsen

Ausgabepreis — Rückzahlungswert zuzüglich Zinsen

Rückgabe von Sparbriefen
ist ausgeschlossen

Die Rückgabe der Sparbriefe vor Fälligkeit ist meist ausgeschlossen. Benötigt der Sparer die angelegten Geldmittel, so können diese Papiere zu 100 % beliehen werden, so dass er in der Zeit der Kreditgewährung auf der einen Seite die Sparbriefzinsen erhält und auf der anderen Seite die höheren Kreditzinsen aufbringen muss.

Bei einigen Sparbriefangeboten besitzen die Sparer heute die Möglichkeit, nach einer bestimmten Sperrfrist im Rahmen monatlicher Höchstbeträge die vorzeitige Rückzahlung zu verlangen. Ähnlich wie bei den Bundesschatzbriefen sind solche Sparbriefe mit jährlich steigenden Zinssätzen ausgestattet, um einen Anreiz zum „Durchhalten" der vereinbarten Laufzeit zu geben.

Im Passivgeschäft der Kreditinstitute haben die Sparbriefe und Sparschuldverschreibungen eine zunehmende Bedeutung. Dies kann auf mehrere Merkmale zurückgeführt werden:

Bewertung der Sparbriefe und
Sparschuldverschreibungen

● **Aus der Sicht der Kapitalanleger**:

- **Fester Zinssatz** für die gesamte Laufzeit, der meist erheblich über den Sätzen der Spareinlagen liegt;
- **keine Kosten** beim Erwerb und bei der Rückzahlung sowie meist Gebührenfreiheit bei der Verwahrung;
- teilweise **eingeschränkte Liquidität**, jedoch Möglichkeit der Beleihung,
- **fest vereinbarter Rückzahlungstermin**.

● **Aus der Sicht der Kreditinstitute**:

- Die Mittel können im Kreditgeschäft **langfristig zu festen Zinssätzen** ausgeliehen werden,
- während der Laufzeit der Papiere ist meist **nicht mit Liquiditätsrückflüssen** wegen vorzeitiger Rückgabe zu rechnen,
- es müssen **keine Mindestreserven** unterhalten werden,
- die Refinanzierung kann sich im Durchschnitt zwar verteuern, dafür wird jedoch die **Abwanderung der Sparkunden** auf Anlagen in festverzinslichen Wertpapieren **gebremst**.

Vergleich der Anlageformen

Anlageform / Kriterien	Spareinlagen	Termineinlagen	Sparverträge	Sparbriefe
Anlagezweck	● Reserve für unvorhersehbare Fälle ● Kurz- und mittelfristiges Zwecksparen ● Grundbaustein jeder Vermögensanlage	Kurzfristige Anlage für Beträge ab ca. 5 000 EUR	Langfristige Anlage zur Vermögensbildung oder zur Vorsorge	Mittel- und langfristige Anlage
Staatl. Förderung	Keine	Keine	Keine	Keine
Anlagedauer	**Kündigungsfrist** mindestens 3 Monate	● Bei Festgeldern vorher fest vereinbart ● Bei Kündigungsgeldern vorher vereinbarte Kündigungsfrist	I.d.R. 6–7 Jahre	I.d.R. 4–7 Jahre, teilweise ab 1 Jahr
Verfügbarkeit	2 000 EUR monatlich. Vorzeitige Abhebungen sind meist unter Berechnung von Vorschusszinsen möglich.	Nach Ablauf der Festlegungs- bzw. Kündigungsfrist	Nach Ablauf der Festlegungsfrist. Evtl. vorzeitige Verfügung unter Verlust eines Bonus	I.d.R. erst nach Ablauf der Anlagefrist; in der Praxis jedoch Kreditaufnahme in voller Höhe möglich
Sicherheit	Wird durch die Bankenaufsicht gewährleistet	Wird durch die Bankenaufsicht gewährleistet	Wird durch die Bankenaufsicht gewährleistet	Wird durch die Bankenaufsicht gewährleistet
Laufende Erträge	Jährliche Zinszahlung, variabler Zinssatz	Zinszahlung nach Fälligkeit, fester Zinssatz	Jährliche Zinszahlung sowie ein einmaliger Bonus („Prämie") am Ende der Laufzeit durch die Bank, meist variabler Zinssatz	● Jährliche Zinszahlung oder ● Abzinsung; fest vereinbarter Zinssatz; teilweise gewinnabhängige Erträge
Wertsteigerung	Keine, evtl. Inflationsverluste	Keine, evtl. Inflationsverluste	Keine, evtl. Inflationsverluste	Keine, evtl. Inflationsverluste
Kosten	Keine	Keine	Keine	Keine
Besteuerung der Erträge	Berechnung der Zinsabschlagsteuer, sofern kein Freistellungsauftrag vorliegt. Zinsen gelten als Einkünfte im Jahr der Entstehung; die Höhe der Steuer richtet sich nach dem persönlichen Steuersatz.	Berechnung der Zinsabschlagsteuer, sofern kein Freistellungsauftrag vorliegt. Zinsen gelten als Einkünfte; die Höhe der Steuer richtet sich nach dem persönlichen Steuersatz.	Berechnung der Zinsabschlagsteuer, sofern kein Freistellungsauftrag vorliegt. Zinsen und Bonus gelten als Einkünfte; die Höhe der Steuer richtet sich nach dem persönlichen Steuersatz.	Berechnung der Zinsabschlagsteuer, sofern kein Freistellungsauftrag vorliegt, Zinsen gelten als Einkünfte; die Höhe der Steuer richtet sich nach dem persönlichen Steuersatz. Bei abgezinsten Papieren erfolgt die Versteuerung erst im Jahr der Einlösung.

7.3.6 Staatliche Sparförderung

Ulrich Heinkele ist Angestellter bei einem großen Industrieunternehmen, verheiratet und Vater von zwei Kindern. Herr Heinkele, der im Jahr 32 000 EUR brutto verdient, besitzt einen Prämiensparvertrag, der in wenigen Monaten ausläuft.

Aus diesem Grunde lässt er sich von seiner Bank über die Möglichkeiten der staatlichen Sparförderung beraten, die zur Zeit gegeben sind.

Seit vielen Jahrzehnten versucht der Staat, eine aktive Vermögenspolitik zu betreiben. Zur Zeit fördert der Staat die Vermögensbildung in privater Hand durch folgende Maßnahmen:

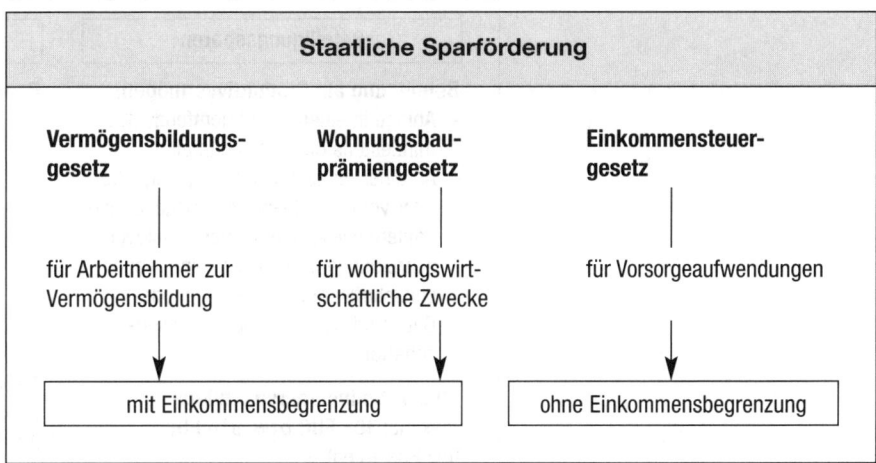

5. Vermögensbildungsgesetz

5. VermBG

Das 5. Vermögensbildungsgesetz gilt für Zahlungen, die **unmittelbar** vom Arbeitgeber an das Kreditinstitut oder das Unternehmen überwiesen werden, bei dem die vermögenswirksame Anlage erfolgt. Diese Sparleistungen können auf zwei Wegen aufgebracht werden:

● Der Arbeitgeber zahlt – meist aufgrund einer tarifvertraglichen Verpflichtung – **zusätzlich zum Bruttogehalt** einen Teil oder die gesamte vermögenswirksame Sparleistung.

● Dem Arbeitnehmer wird der Sparbetrag – auf Antrag – von seinem **Nettogehalt abgezogen**.

● Die **Arbeitnehmer-Sparzulage** wird mit Ablauf der Sperrfrist ausgezahlt, bei Bausparverträgen bei Zuteilung des Vertrages bzw. bei unschädlicher Verfügung. Die Sparzulage muss jedoch jährlich beim Finanzamt beantragt werden.

Die vermögenswirksamen Leistungen des Arbeitgebers unterliegen sowohl der Sozialversicherung als auch der Besteuerung.

Staatliche Förderung erweitert

Die mit diesen Sparleistungen geschaffene **private Vermögensbildung** wird **vom Staat** nach folgenden Bedingungen **gefördert**:

Einkommensgrenzen

Maßgeblich ist jeweils das Jahr, in dem die Arbeitnehmer-Sparzulage bezahlt wird.

> Gefördert werden Anlagen mit grundsätzlich 7-jähriger Sperrfrist von Arbeitnehmern (Arbeiter, Angestellte, Beamte und Auszubildende), deren **zu versteuerndes Einkommen** im Jahr der Sparleistung folgende Grenzen nicht übersteigt:
>
> – für Alleinstehende   17 900 EUR
> – für Verheiratete   35 800 EUR

Kontensparverträge sind als Anlage zulässig, werden aber nicht mehr gefördert

Staatlich geförderte Anlagen

Beteiligungssparen	Bausparen
Beteiligung am Produktivvermögen: – Anlage in einen Investmentfonds mit mindestens 60 % Aktienanteil – An einer deutschen Börse gehandelte oder vom Arbeitgeber herausgegebene Papiere wie Aktien, Wandelschuldverschreibungen, Genussscheine, Genossenschaftsanteile an Banken oder Bau- und Wohnungsbaugenossenschaften	**Bausparverträge bei Bausparkassen**
20 % Arbeitnehmersparzulage auf maximal **408 EUR bzw. 816 EUR** (bei Eheleuten) **25 % Arbeitnehmersparzulage** in den neuen Bundesländern bis einschließlich 2004	**10 % Arbeitnehmersparzulage** auf maximal **480 EUR bzw. 960 EUR** (bei Eheleuten)

Beide Sparformen können nebeneinander genutzt werden.

Wohnungsbau-Prämiengesetz

Das **Wohnungsbau-Prämiengesetz** sieht eine Förderung bestimmter Sparleistungen für wohnungswirtschaftliche Ziele vor. Damit soll vor allem der Eigenheimbau breiter Bevölkerungskreise gefördert werden.

> **Unbeschränkt einkommensteuerpflichtige natürliche Personen**, die das 16. Lebensjahr vollendet haben und deren **zu versteuerndes Einkommen im Jahr der Sparleistung** folgende Grenzen nicht übersteigt:
>
> – für Alleinstehende   25 600 EUR
> – für Verheiratete   51 200 EUR
> können für den Sparhöchstbetrag von
>
> –   512 EUR im Jahr bei Alleinstehenden sowie
> – 1 024 EUR im Jahr bei Verheirateten,
>
> 10 % Wohnungsbauprämie erhalten.

Die größte Bedeutung hat hierbei die Anlage auf einem Bausparvertrag.

Private Altersvorsorge – „Riester-Rente"

„Riester-Rente",
Umgangssprachliche Bezeichnung der staatlich geförderten, privaten Altersvorsorge, benannt nach dem damaligen Bundesminister Walter Riester

Seit 2002 fördert der Staat die private Altersvorsorge, um den Aufbau einer zweiten Rente neben der gesetzlichen Altersvorsorge anzuregen. Gefördert werden von der Bundesanstalt für Finanzdienstleistungsaufsicht zertifizierte Anlagen bei Banken, in Lebensversicherungen, Fonds und im Rahmen der Betrieblichen Altersvorsorge.

Der staatliche Förderbetrag richtet sich insbesondere nach der familiären Situation.

Staatliche Förderung bei der privaten Altersvorsorge

Veranlagungs-zeitraum	Mindesteigen-beitrag für volle staatliche Förderung *)	Grundzulage für Vertrags-nehmer	Grundzulage für Ehefrau mit abgeleitetem Recht auf Förderung in Euro	Kinderzulage für 2 Kinder	Summe staatlicher Zulagen-förderung	Anteil staatlicher Zulagenförde-rung an Beitrag (in Prozent)
Ein-Verdiener-Haushalt mit 2 Kindern						
2002	525	38	38	92	168	32
2003	525	38	38	92	168	32
2004	1050	76	76	184	336	32
2005	1050	76	76	184	336	32
2006	1575	114	114	276	504	32
2007	1575	114	114	276	504	32
2008	2100	154	154	370	678	32,29
Staat fördert private Zusatzvorsorge des Ein-Verdiener-Haushalts mit rund 32 Prozent der Beiträge						
Doppelverdienerhaushalt mit 2 Kindern						
2002	1050	38	38	92	168	16
2003	1050	38	38	92	168	16
2004	2100	76	76	184	336	16
2005	2100	76	76	184	336	16
2006	3150	114	114	276	504	16
2007	3150	114	114	276	504	16
2008	4200	154	154	370	678	16,14
Staat fördert private Zusatzvorsorge des Doppelverdiener-Haushalts mit rund 32 Prozent der Beiträge						
Alleinerziehenderhaushalt mit 2 Kindern						
2002	525	38	0	92	130	24,76
2003	525	38	0	92	130	24,76
2004	1050	76	0	184	260	24,766
2005	1050	76	0	184	260	24,76
2006	1575	114	0	276	390	24,76
2007	1575	114	0	276	390	24,76
2008	2100	154	0	370	524	24,95
Staat fördert private Zusatzvorsorge des Alleinerziehendenhaushalts mit rund 25 Prozent der Beiträge						

*) 2002/2003: 1% der beitragspflichtigen Einnahmen abzüglich der Zulagen, höchstens jedoch 525 – 2004/2005: 2% der beitragspflichtigen Einnahmen abzüglich der Zulagen, höchstens jedoch 1050 Euro – 2006/2007: 3% der beitragspflichtigen Einnahmen abzüglich der Zulagen, höchstens jedoch 1575 Euro – von 2008 an: 4% der beitragspflichtigen Einnahmen abzüglich der Zulagen, höchstens jedoch 2100 Euro.

Quelle: BfA/F.A.Z. 2002

7.3.7 Bausparen

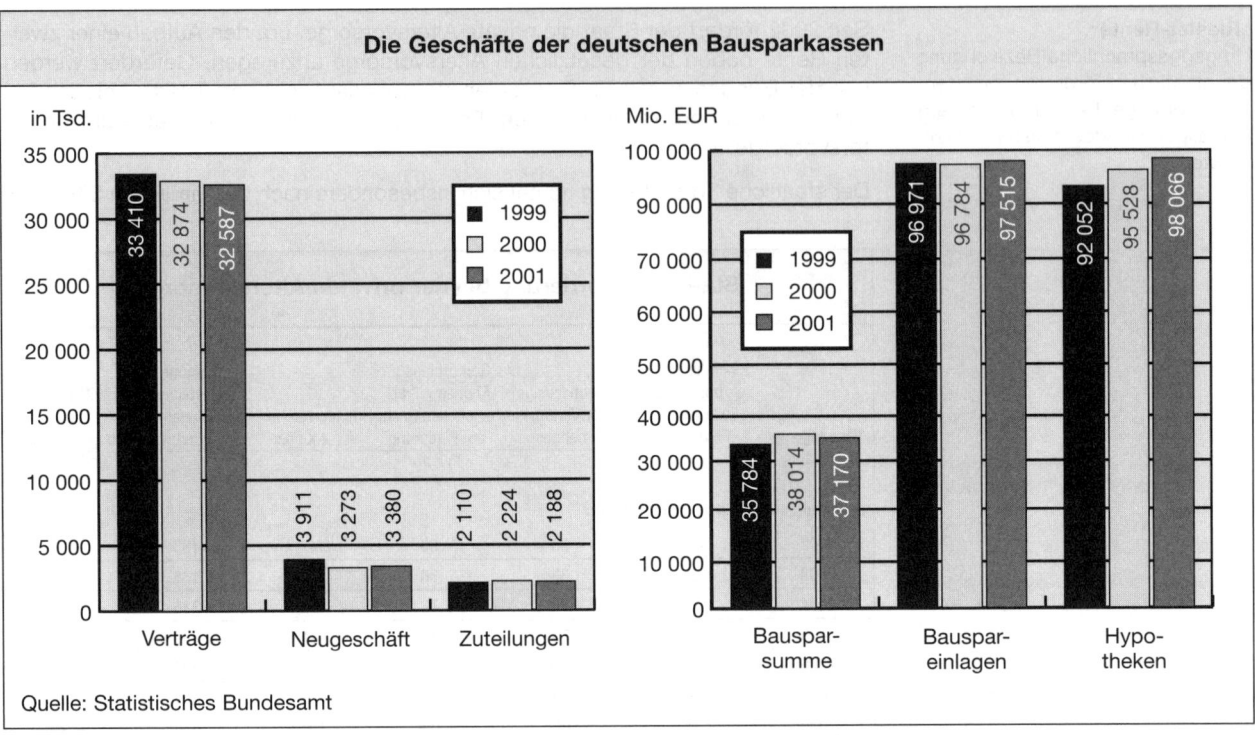

Die Geschäfte der deutschen Bausparkassen

Quelle: Statistisches Bundesamt

Ansparphase

Bausparen erfolgt in zwei Abschnitten. In der **Ansparphase** muss der Sparer 40 % bis 50 % der Vertragssumme durch eigene Einzahlungen, durch vermögenswirksame Leistungen sowie über eventuelle staatliche Wohnungsbauprämien ansammeln. Er erhält dafür 2,5 % oder 3 % Zinsen vergütet. Die **Zuteilung des Bausparvertrages** ist von drei Bedingungen abhängig:

● Das **Mindestsparguthaben** muss erreicht sein,

● die **Mindestsparzeit** von 18 Monaten muss abgelaufen sein,

● die **Bewertungszahl** muss eine bestimmte Höhe erreicht haben. Diese Ziffer ist ein Faktor, der sich danach bemisst, wie lange und in welcher Höhe der Bausparer sein Sparguthaben bereitgestellt hat. Die Dauer der Ansparphase wird dabei meist über die verstärkte Gewichtung der Zinsen mit einberechnet.

Die Gelder des Zuteilungsfonds werden nach der Höhe dieses Faktors an die Kreditnehmer verteilt. Es kann deshalb unter Umständen sinnvoll sein, eine zusätzliche Einzahlung zu leisten, damit die Bewertungsziffer ausreichend hoch wird.

Finanzierungsphase

In der **Finanzierungsphase** erhält der Sparer ein zweck- und objektgebundenes Darlehen, das meist eine Laufzeit von 11 Jahren hat. Die Sicherung des Darlehens erfolgt grundsätzlich durch ein nachrangiges Grundpfandrecht, das bis zu 70 % des Verkehrswertes bzw. 80 % des Beleihungswertes ausmachen darf. Das Bauspardarlehen kann jedoch auch durch die Verpfändung von Wertpapieren, Abtretung von Sparguthaben oder durch Bankbürgschaften gesichert werden. Bei kleineren Baudarlehen (z. B. bis zu 10 000 EUR) verzichten viele Bausparkassen heute auf eine grundbuchmäßige Absicherung. Der Grundstückseigentümer muss sich lediglich verpflichten, das Grundstück nicht weiter zu belasten (Negativerklärung).

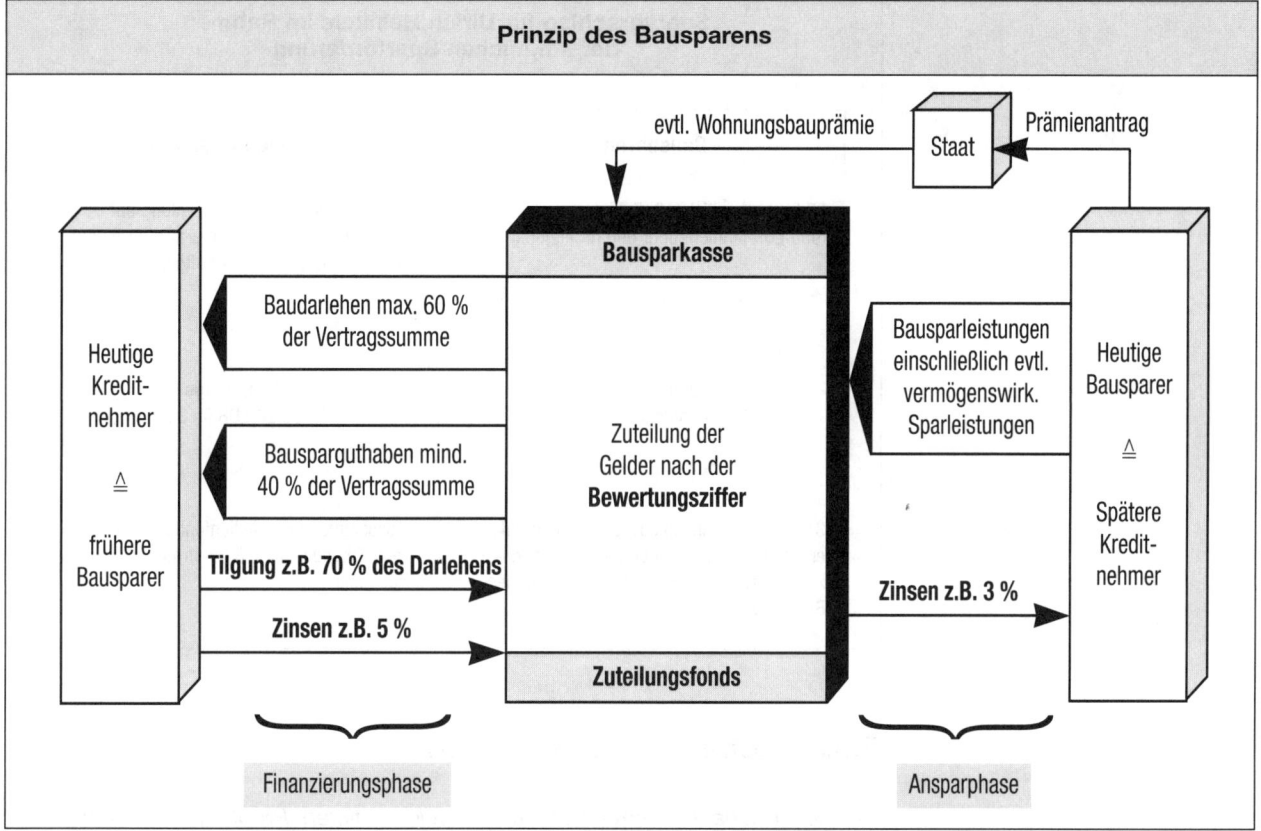

Prinzip des Bausparens

evtl. Wohnungsbauprämie — Staat — Prämienantrag

Bausparkasse

Heutige Kredit- nehmer △ frühere Bausparer

Baudarlehen max. 60 % der Vertragssumme

Bausparguthaben mind. 40 % der Vertragssumme

Tilgung z.B. 70 % des Darlehens

Zinsen z.B. 5 %

Zuteilung der Gelder nach der **Bewertungsziffer**

Zuteilungsfonds

Bausparleistungen einschließlich evtl. vermögenswirk. Sparleistungen

Zinsen z.B. 3 %

Heutige Bausparer △ Spätere Kredit- nehmer

Finanzierungsphase

Ansparphase

Prämienunschädliche Verfügung

Verfügt der Sparer vorzeitig, das heißt innerhalb von 7 Jahren, über eine staatlich geförderte Anlage, so muss er grundsätzlich mit der Zurückbelastung der gewährten Vergünstigungen rechnen. Nach dem Wohnungsbau-Prämiengesetz sind nur folgende vorzeitige Verfügungen **prämienunschädlich**:

● Bei **Verwendung** der Mittel **im Wohnungsbau**,

● bei Tod oder völliger **Erwerbsunfähigkeit** des Bausparers oder seines Ehegatten,

● bei **Arbeitslosigkeit des Bausparers**, sofern diese
   – nach Vertragsabschluss eingetreten ist,
   – mindestens ein Jahr lang ununterbrochen bestanden hat und
   – zum Zeitpunkt der vorzeitigen Verfügung weiterhin besteht,

● nach dem Gesetz zur Förderung der Rückkehrbereitschaft von Ausländern.

Zu Beginn der Beratung ermittelt der Kundenberater das zu versteuernde Einkommen des Herrn Heinkele, da staatliche Sparförderung davon abhängig gemacht wird, dass bestimmte Einkommensgrenzen nicht überschritten werden. Nach Abzug der Freibeträge, Werbungskosten, Sonderausgaben und außerordentlichen Aufwendungen ergibt sich für das vergangene Jahr ein zu versteuerndes Einkommen von 26 900 EUR und für das laufende Jahr von voraussichtlich 27 800 EUR. Da die Einkommensgrenzen höher liegen, könnte Herr Heinkele sowohl im Rahmen des 5. Vermögensbildungsgesetzes als auch über das Wohnungsbau-Prämiengesetz staatliche Sparförderung erhalten. Unter Berücksichtigung der Anlageziele des Kunden erarbeiten die Gesprächspartner einen Lösungsvorschlag, der die Bedürfnisse von Herrn Heinkele abdeckt.

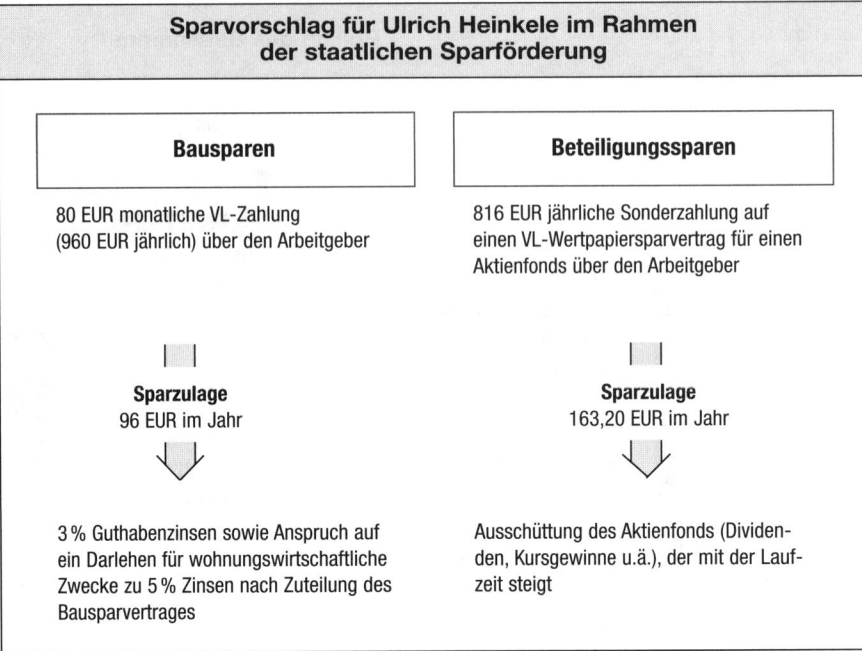

Sparvorschlag für Ulrich Heinkele im Rahmen der staatlichen Sparförderung

Bausparen	Beteiligungssparen
80 EUR monatliche VL-Zahlung (960 EUR jährlich) über den Arbeitgeber	816 EUR jährliche Sonderzahlung auf einen VL-Wertpapiersparvertrag für einen Aktienfonds über den Arbeitgeber
Sparzulage 96 EUR im Jahr	**Sparzulage** 163,20 EUR im Jahr
3 % Guthabenzinsen sowie Anspruch auf ein Darlehen für wohnungswirtschaftliche Zwecke zu 5 % Zinsen nach Zuteilung des Bausparvertrages	Ausschüttung des Aktienfonds (Dividenden, Kursgewinne u.ä.), der mit der Laufzeit steigt

7.3.8 Lebensversicherungen

Die gesetzliche Rentenversicherung steckt in tiefen Problemen. Schon heute müssen zwei aktive Beitragszahler einen Rentner unterhalten. Bis zum Jahr 2030 wird sich das Verhältnis auf 1:1 mindern. Trotz steigender Beiträge wird sich deshalb das Leistungsniveau in der Zukunft nicht halten lassen. Aus diesem Grunde steht jeder Bürger vor der Entscheidung, ob er eine zusätzliche private Vorsorge für das Alter aufbauen will.

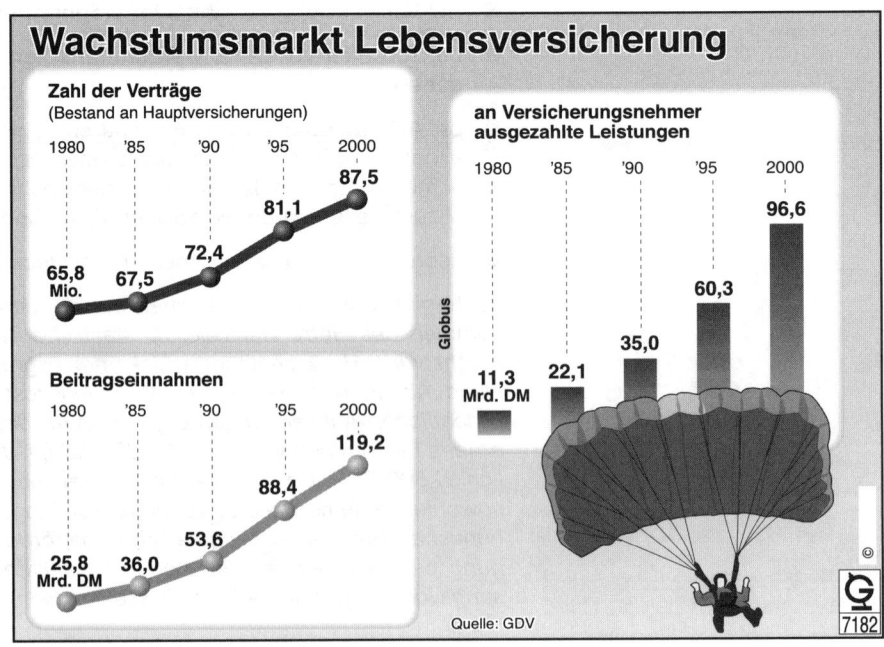

Wachstumsmarkt Lebensversicherung

Zahl der Verträge (Bestand an Hauptversicherungen)

1980	'85	'90	'95	2000
65,8 Mio.	67,5	72,4	81,1	87,5

Beitragseinnahmen

1980	'85	'90	'95	2000
25,8 Mrd. DM	36,0	53,6	88,4	119,2

an Versicherungsnehmer ausgezahlte Leistungen

1980	'85	'90	'95	2000
11,3 Mrd. DM	22,1	35,0	60,3	96,6

Globus

Quelle: GDV

7182

Die Lebensversicherung hat zum Ziel, beim Tod des Versicherten die Hinterbliebenen zu versorgen und eventuell dessen Altersversorgung sicherzustellen. Ergänzt werden kann dieser Schutz durch eine Absicherung des Risikos, aufgrund von Invalidität nicht mehr erwerbsfähig zu sein.

Somit haben sich drei Grundformen der Lebensversicherung herausgebildet, die oftmals auch in Kombination angeboten werden:

Lebensversicherungen – eine Anlagealternative?

Renten-/ Pensionsversicherung

- Die **Kapital-Lebensversicherung** ist durch eine vertraglich festgelegte Versicherungssumme gekennzeichnet, welche meist durch regelmäßige Einzahlungen angespart wird. Diese Versicherungssumme wird zu einem festen Termin zur Auszahlung fällig. Dabei erhält der Versicherte neben den angesparten Beträgen die Gewinnanteile mit ausbezahlt, welche während der Anlagedauer erwirtschaftet wurden. In vielen Tarifen ist auch vorgesehen, dass die Auszahlung in Form einer regelmäßigen Zahlung (Rente) erfolgt, so dass die gesetzliche Altersrente aufgebessert wird. Stirbt der Versicherte während der Versicherungszeit, wird die Versicherungssumme in voller Höhe an die Begünstigten ausbezahlt. Bei Unfalltod verdoppelt sich dieser Betrag oftmals.

  Diese Versicherung ist vor allem für Familien wichtig, bei denen die gesetzliche Altersversorgung nicht ausreicht, um den heutigen Lebensstandard zu sichern. Bei Alleinstehenden sollte berücksichtigt werden, dass der Schutz im Todesfall nicht benötigt wird und sie sich sehr langfristig binden. Diese Verträge können zwar vorzeitig gekündigt werden, jedoch nur unter großen finanziellen Einbußen.

Fondsgebundene Kapital-Lebensversicherung: Die Prämien werden in Effektenfonds angelegt. Damit steigen die Ertragschancen, aber auch das Risiko.

  Die Kapital-Lebensversicherung kann unter steuerlichen Gesichtspunkten eine attraktive Anlageform sein, weil die Sparleistungen eventuell als Sonderausgaben abgesetzt werden können und die Gewinnanteile steuerfrei bleiben, sofern die Laufzeit der Versicherung zwölf Jahre übersteigt.

  Sofern die Lebensversicherung dazu dient, vermieteten Wohnraum zu finanzieren, entfällt dieser Steuervorteil.

  Nachdem einige Versicherungsgesellschaften nicht mehr in der Lage waren, die garantierte Mindestverzinsung zu gewährleisten, haben die deutschen Versicherungsunternehmen 2002 die Gründung eines Sicherungsfonds, ähnlich wie im Bankgewerbe, beschlossen.

Risiko-Lebensversicherung – der preiswerte Schutz für junge Familien

- Die **Risiko-Lebensversicherung** ist in der Bundesrepublik Deutschland im Gegensatz zu anderen Ländern relativ wenig verbreitet, obwohl sie vor allem für junge Familien, insbesondere mit Kindern, sehr viel Schutz für wenig Geld bietet. Versichert ist in diesem Fall zwar nur der Tod des Versicherten in Höhe der vereinbarten Summe, jedoch zu etwa einem Zehntel der Prämie, welche bei einer Kapital-Lebensversicherung anfallen würde. Gerade dieses Risiko kann für junge Familien schwerwiegende Folgen haben. Für einen Alleinstehenden gibt dagegen diese Form der Lebensversicherung keinen Sinn.

Berufsunfähigkeits-Versicherung – die Absicherung bei Erwerbsunfähigkeit

- Die **Berufsunfähigkeits-Versicherung** greift dann, wenn der Versicherte ganz oder zumindest teilweise keinen Beruf mehr ausüben kann, der seiner Ausbildung und Erfahrung sowie dem bisherigen Lebensstandard entspricht. Dabei spielt es keine Rolle, ob die Ursache dafür ein Unfall oder eine Krankheit war. Insbesondere junge Leute haben in den ersten Jahren ihres Berufslebens nur eine unzureichende staatliche oder betriebliche Versorgungszusage im Falle der Invalidität. Deshalb ist für diese Zielgruppe diese Versicherung von sehr großer Bedeutung. Es bieten jedoch nicht alle Lebensversicherungen Berufsunfähigkeits-Policen an.

Aufgaben

1. Erläutern Sie die Bedeutung der Einlagen für die Kreditinstitute.

2. Ein Kunde Ihrer Bank hat den größten Teil seines Vermögens in Termin- und Spareinlagen angelegt. Er erwägt nunmehr, seine Anlagemittel in andere Anlagebereiche zu verlagern. Wägen Sie die Vor- und Nachteile des Kontensparens gegeneinander ab. Erarbeiten Sie daraus schlagkräftige Argumente für das Kontensparen.

3. Bewerten Sie folgende Kontoeröffnungsanträge. Erstellen Sie eventuell einen Alternativvorschlag.

    a) Der Geschäftsführer einer Milchverwertungsunternehmung will 25 000 EUR auf einem Sparbuch anlegen.

    b) Der Schatzmeister eines Fördervereines für neue Kultur e. V. will 5 000 EUR auf einem Sparbuch anlegen.

    c) Eine Kundin will 10 000 EUR anlegen, die sie in einem Jahr für eine Weltreise benötigt.

    d) Eine Rentnerin will ihre Rente auf ein Sparkonto überweisen lassen.

    e) Ein fünfjähriges Mädchen will sein Taschengeld auf einem Jugendsparbuch anlegen.

4. Geben Sie einen Überblick über die Maßnahmen der staatlichen Sparförderung.

5. Erklären Sie das Prinzip des Bausparens.

6. Erläutern Sie die Bedeutung der Lebensversicherung im Rahmen eines Anlagekonzeptes.

7.3.9 Konsumentenkredite

Raten- und Dispositionskredit stehen bei Konsumenten an erster Stelle

> **Private Verschuldung / Verbraucher mit mehr Selbstbewusstsein gegenüber Banken**
>
> Deutsche Privathaushalte sind mit etwa 200 Mrd. EUR verschuldet. Der Schuldenberg ist jedoch nur langsam gewachsen, die Konsumenten sind vorsichtiger geworden. Die durchschnittliche Verschuldung belief sich auf über 5 000 EUR je Haushalt.
>
> Quelle: Statistisches Bundesamt

Das Konsumentenkreditgeschäft der Banken hat in den vergangenen Jahrzehnten erheblich an Bedeutung verloren, weil viele Hersteller, z. B. Automobilfirmen, mit ihren Produkten oftmals bereits die Finanzierung mitliefern.

Paul Birk unterhält ein Gehaltskonto bei seiner Bank. Diese teilte ihm vor kurzem mit, dass ihm ein „Dispositionskredit" in Höhe von drei Monatsgehältern, das sind bei ihm 6 000 EUR, eingeräumt wurde.

Als er wegen eines selbst verschuldeten Unfalls einen kurzfristigen Kreditbedarf hatte, informierte er sich bei seiner Bank über die Möglichkeit, diese Finanzlücke durch den angebotenen Dispositionskredit zu decken.

Kontokorrentkredit
§§ 355 ff. HGB
§§ 607 ff. BGB
AGB der Banken

> Ein **Kontokorrentkredit** ist ein formal kurzfristiger Bankkredit, der auf einem laufenden Konto in einer bestimmten Höhe als „Kreditlinie" eingeräumt wird, bis zu der der Kontoinhaber – je nach Bedarf – Kredit in Anspruch nehmen kann.

Überziehungskredit

Der Kontokorrentkredit ist ein **Buchkredit**, über den der Kreditnehmer zwar verfügen **kann**, den er aber unter Umständen gar nicht oder nur teilweise benützt. Der in Anspruch genommene Kredit passt sich also dem Finanzierungsbedarf des Kontoinhabers an. Nimmt der Schuldner den Kontokorrentkredit ohne Absprache mit der Bank in Anspruch oder überschreitet er die vereinbarte Kreditgrenze, so bezeichnet man diesen Teil des Kredits als **„Überziehungskredit"**.

Sichteinlagen

Dispositionskredit

Überziehungskredit

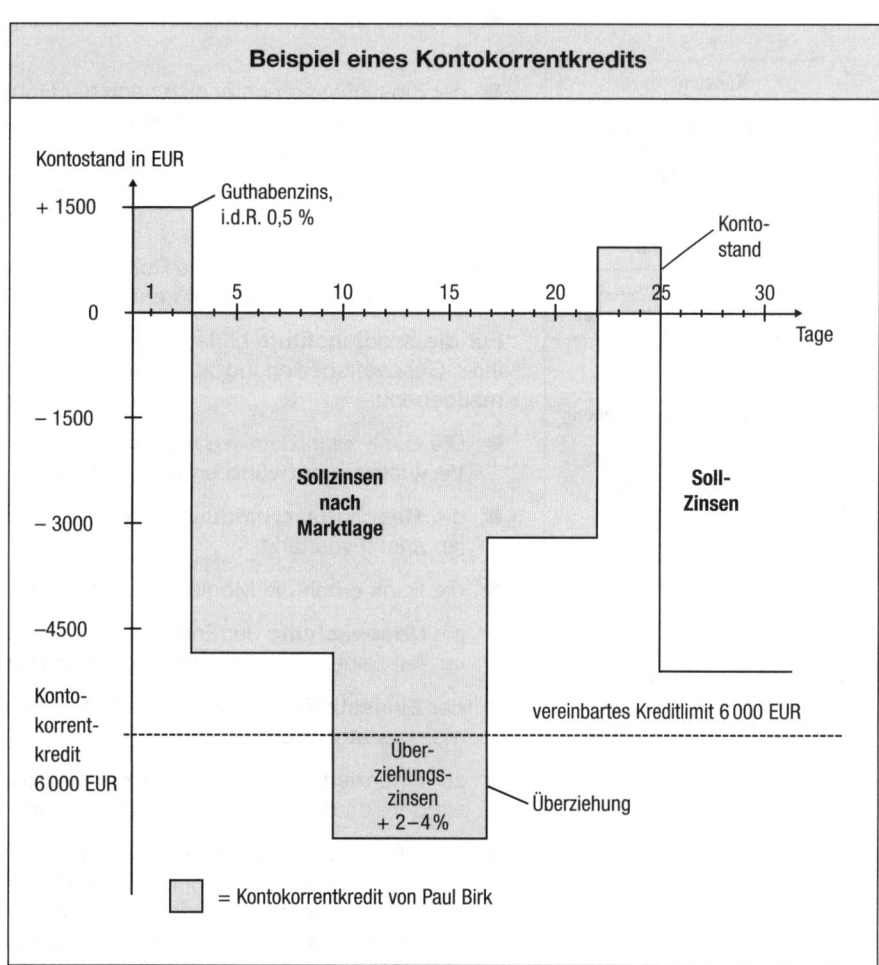

Der Kontokorrentkredit ist in der Praxis meist durch folgende Merkmale gekennzeichnet:

● Die Höhe der Inanspruchnahme ist schwankend,

● die Abrechnung der Zahlungseingänge und Zahlungsausgänge des Kunden erfolgt in bestimmten Zeitabständen, in der Regel vierteljährlich,

● der Kredit kann laut Vertrag täglich gekündigt werden.

Dispositionskredite sind meist Personalkredite

Die Banken verzichten bei Kontokorrentkrediten oftmals auf die Bestellung von Sicherheiten, wenn die Bonität des Kreditnehmers ausreichend ist. Das Risiko beim Kontokorrentkredit vermindert sich bereits dadurch, dass die Bank durch die Verbuchung der Umsätze des Kunden einen **aktuellen Informationsstand** über seine wirtschaftliche Lage erhält.

Negativerklärung

Zur Kreditsicherung sind beim Kontokorrentkredit der größte Teil der Kreditsicherheiten geeignet. Bei Blankokrediten verlangen die Banken teilweise eine **„Negativerklärung"** des Schuldners, in der sich dieser u. a. verpflichtet, seinen Grundbesitz weder zu veräußern noch zu belasten, Dritten keine Sicherheit zu bestellen und anderweitig keine Kredite aufzunehmen.

Der Kontokorrentkredit gehört heute regelmäßig zu den Finanzierungsmitteln im gewerblichen, aber auch im privaten Bereich.

Für den Kreditnehmer bietet er erhebliche Vorteile:

● Er passt sich dem jeweiligen Finanzierungsbedarf des Kreditnehmers genau an,

● der Zinsaufwand richtet sich nach der Höhe des beanspruchten, nicht des zugesagten Kredits und kann somit, trotz eines eventuell höheren Prozentsatzes, niedriger sein als bei anderen Kreditformen,

● die Inanspruchnahme kann jederzeit mit Scheck, Überweisung oder Barabhebung erfolgen.

Somit spielt diese Kreditart die Rolle einer **„Liquiditätsreserve"**, die bei Bedarf in Anspruch genommen werden kann.

Für die Kreditinstitute bildet der Kontokorrentkredit eine wesentliche Grundlage ihrer Geschäftsbeziehung zum Kunden. Dafür sind vor allem folgende Gründe maßgebend:

● Die Bank kann dem wechselnden Kapitalbedarf ihrer Kunden mit **geringem Verwaltungsaufwand** entgegenkommen,

● die **Geschäftsverbindung wird intensiviert** und die Bindung zum Kunden langfristig verstärkt,

● die Bank erhält die Möglichkeit, dem Kunden **Folgegeschäfte** anzubieten,

● die **Überwachung** der Entwicklung des Kunden wird erleichtert, da ein größerer Teil seiner Umsätze über die kreditgebende Bank laufen wird,

● der **Zinssatz** für Kontokorrentkredite ist im Vergleich zu langfristigen Krediten meist **relativ hoch**,

● zur Finanzierung der Kontokorrentkredite können alle Einlagen herangezogen werden, da diese Kreditlinien täglich kündbar sind.

Aus der Kreditzusage ergibt sich auf der anderen Seite für die Kreditinstitute die Verpflichtung, eine entsprechende **Liquiditätsvorsorge** zu treffen. Dabei müssen sie auch berücksichtigen, dass ihre Kunden oftmals Überziehungen vornehmen. Aus Wettbewerbsgründen kann eine Bank aber solche ungenehmigten Verfügungen in der Regel nicht ablehnen. Diese Reservehaltung mindert aus der Sicht der Kreditinstitute die Rentabilität der Kontokorrentkredite.

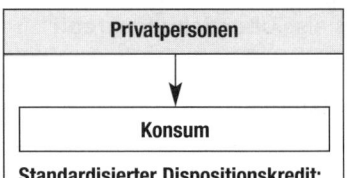

Verwendung der Kontokorrentkredite

Privatpersonen

↓

Konsum

Standardisierter Dispositionskredit; z. B. 3 Monatsgehälter Kreditlimit.
Individuell vereinbarter Kontokorrentkredit; z. B. als „Kreditrahmen" oder „Rahmenkredite" mit vereinbarter Rückführung.

Unternehmen und Selbstständige

↓

Gütererzeugung und -bereitstellung

Betriebsmittel- und Umsatzkredit; Finanzierung von Betriebsmitteln, Halb- und Fertigerzeugnissen, kurzfristigen Forderungen.
Überbrückungskredit; Finanzierung kurzfristig auftretender, überschaubarer Liquiditätsengpässe.
Zwischenkredit; Vorfinanzierung langfristiger Projekte.
Saisonkredit; Finanzierung des periodischen Finanzbedarfs bei saisonabhängigen Unternehmen (z. B. Spielwaren oder Mode).

Standardisierte Konsumentendarlehen

Die Bankkundin Mechthild Reiter plant den Kauf eines neuen Automobils, das 20 000 EUR kostet. Der Automobilhändler ist bereit, ihren alten Pkw für 4 000 EUR in Zahlung zu nehmen, so dass sie noch einen Finanzierungsbedarf von 16 000 EUR hat. Frau Reiter ist Chefsekretärin und hat ein monatliches Nettoeinkommen von 1 300 EUR. Von diesem Betrag gehen pro Monat 800 EUR für Miete, Lebenshaltungskosten sowie laufende Verpflichtungen ab.

Die Bezeichnungen standardisierter Konsumentendarlehen weichen oftmals voneinander ab. So werden diese Kredite je nach Institut als *Persönliche Darlehen, Kleinkredite, Anschaffungsdarlehen, Sofortdarlehen, Ratenkredite* oder *Privatdarlehen* angeboten.

Die Finanzierung des Sportwagens soll über die Hausbank von Frau Reiter abgewickelt werden. Diese schlägt vor, ein Anschaffungsdarlehen mit einer Laufzeit von 48 Monaten in Anspruch zu nehmen. Die Kosten des Kredits betragen 2 % Bearbeitungsgebühr und 0,5 % Zinsen pro Monat aus der ursprünglichen Kreditsumme.

> **Standardisierte Konsumentendarlehen** sind mittel- und langfristige Kredite, die mit normierten Bedingungen (Laufzeit, Kreditkosten, feste monatliche Raten) vorwiegend an Lohn- und Gehaltsempfänger vergeben werden.

Merkmale standardisierter Konsumentendarlehen

Alle diese Kredite haben bestimmte Merkmale gemeinsam:

- Die **Höhe des Kredits** liegt im Allgemeinen zwischen 1 000 EUR und 30 000 EUR;

- die **Laufzeiten** bewegen sich meist zwischen 6 und 72 Monaten,

- die **Kosten des Kredits** werden bereits zu Beginn der Laufzeit **auf den Kreditbetrag aufgeschlagen** und in die monatlichen Raten eingerechnet;

- für die Bearbeitung wird in der Regel eine **Bearbeitungsgebühr von 2 %** der Kreditsumme verlangt,

- die **Zinsen** werden oftmals in einem für die gesamte Laufzeit gültigen **Monatssatz**, der sich immer auf **das ursprüngliche Darlehen** bezieht, vereinbart. Mehrere Kreditinstitute sind dazu übergegangen, die Zinsen mittels eines Jahreszinsfußes vom Restdarlehen zu berechnen.

Die Verwendung der Kreditsumme wird oftmals nicht vorgeschrieben. Eine Ausnahme wird lediglich dann gemacht, wenn das Konsumgut zur Sicherung des Darlehens dienen soll, wie z. B. beim Kauf eines Pkw, der sicherungsübereignet werden soll.

Sicherheiten

Als Sicherheiten verlangen die Kreditinstitute regelmäßig

- die Mitverpflichtung **des Ehepartners** durch Unterschrift auf dem Antrag oder durch eine Bürgschaft sowie

- die Abtretung **der pfändbaren Ansprüche auf das Arbeitsentgelt** (evtl. auch vom Ehepartner). Bei Beamten wird diese Abtretung nur wirksam, wenn sie öffentlich beglaubigt ist.

Als zusätzliche Absicherung kommen in Frage

- der Abschluss einer **Restschuldversicherung**, die bei Arbeitsunfähigkeit, Arbeitslosigkeit oder Tod des Kreditnehmers die Kreditverpflichtung übernimmt,

- der Abschluss einer **Vollkaskoversicherung** beim Kauf eines Kraftfahrzeuges,

- die **Sicherungsübereignung** beim Kauf wertbeständiger und verwertbarer Konsumgüter (z. B. Kfz, jedoch meist nicht bei Möbeln),

- die **Abtretung** von Lebensversicherungsansprüchen,

- die **Verpfändung** von Sparguthaben oder

- die Bestellung von **Grundschulden**, sofern es sich um große Darlehen mit einer langen Laufzeit handelt.

BGB
Erforderlich sind
- Schriftform für den Kreditvertrag mit einer detaillierten Aufzählung notwendiger Angaben
- Aufklärung über das Widerrufsrecht innerhalb einer Woche ab Vertragsannahme durch den Kunden

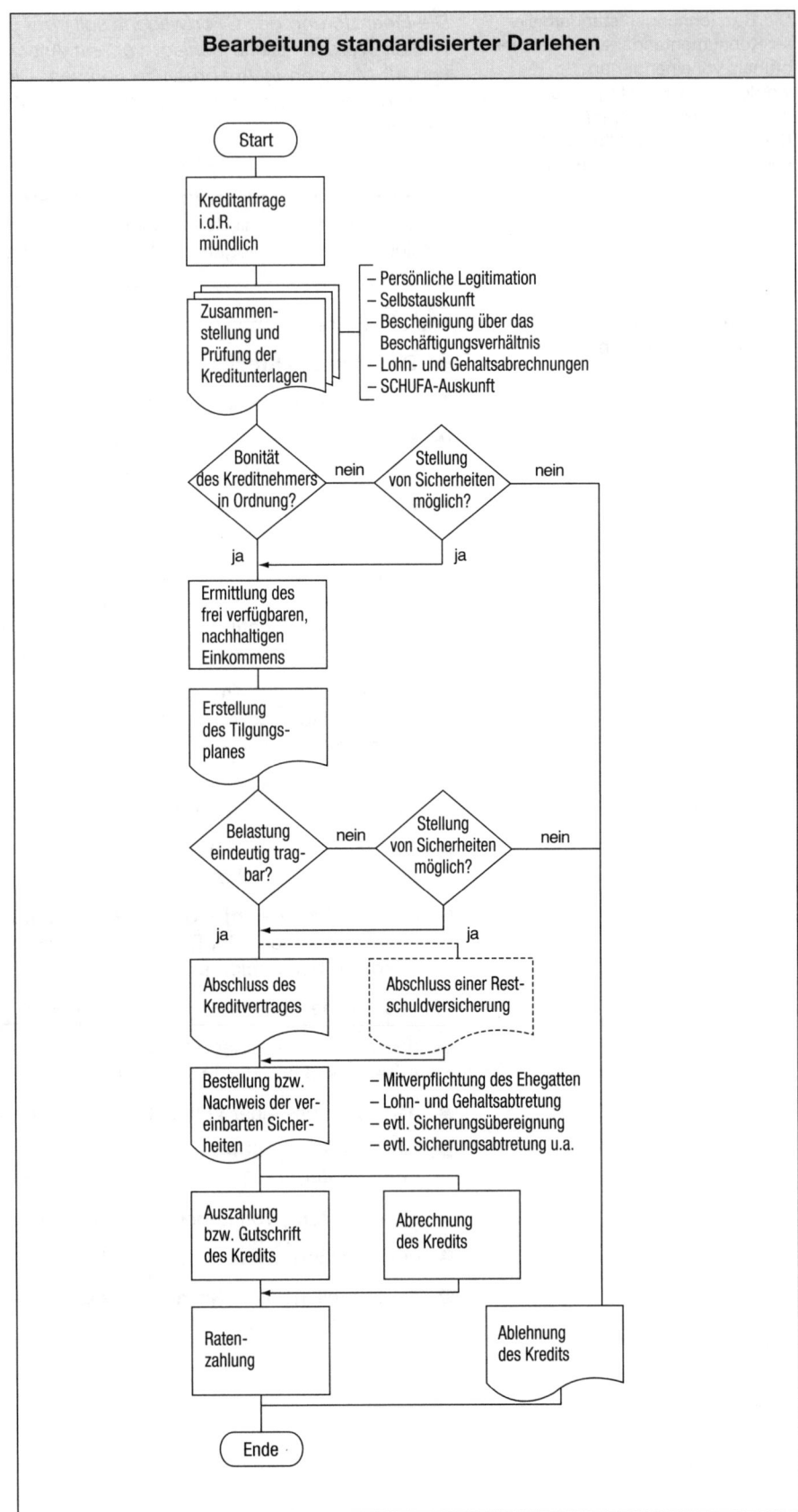

Bearbeitung standardisierter Darlehen

Tilgungsplan für Mechthild Reiter	
Verwendungszweck: **Kauf eines PKW**	
Finanzierungsbedarf	16 000 EUR
+ Bearbeitungsgebühr 2 %	320 EUR
+ Zinsen 0,5 % p.m. aus 16 000 EUR = 80 EUR für 48 Monate	3 840 EUR
Rückzahlungssumme	20 160 EUR
Festlegung der Raten: 1. – 48. Rate jeweils 420 EUR	20 160 EUR

Seit mehr als zehn Jahren verfolgt die EU das Ziel, die Vorschriften zur Angabe und Berechnung des effektiven Jahreszinses zu vereinheitlichen. Einigkeit besteht darüber, dass die Effektivzinsen aus Zahlungsströmen (Cash Flows) gerechnet werden. Eine abschließende Lösung fehlt jedoch noch.

Auf der Basis der Angaben in einer Selbstauskunft versuchen die Banken zu errechnen, wie hoch das frei verfügbare Einkommen des Antragstellers tatsächlich ist. Dabei haben sie zu berücksichtigen, dass die Kunden teilweise falsche Angaben über ihre laufenden Ausgaben machen oder aber keinen Überblick über deren Höhe besitzen. Als Hilfsmittel benutzen die Kundenberater deshalb teilweise Tabellen, die Durchschnittswerte über die Lebenshaltungskosten unterschiedlich großer Familien enthalten.

Wird der Kreditantrag grundsätzlich befürwortet, so stellt das Kreditinstitut zusammen mit dem Kunden einen Tilgungsplan auf.

Nach der **Preisangabeverordnung (PAngV)** sind die Kreditinstitute verpflichtet, die effektive Verzinsung des beantragten Kredits anzugeben.

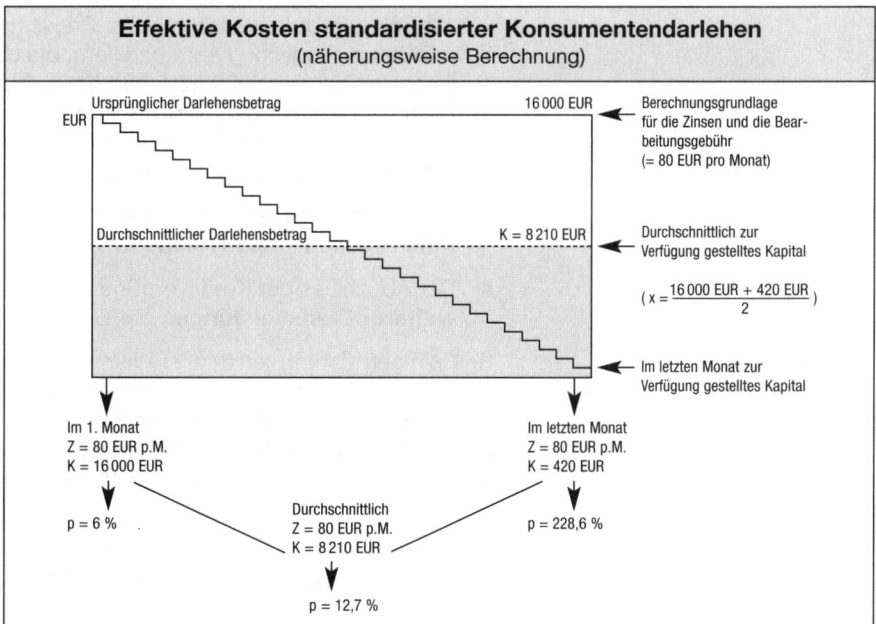

Die Effektivverzinsung ist dabei erheblich höher, als es dem wirtschaftlich ungeschulten Kunden auf den ersten Blick erscheinen mag. Dies hat zwei Gründe:

- Die Kreditzinsen werden immer vom ursprünglichen Darlehensbetrag gerechnet. Als Bezugsgröße muss bei der Berechnung der effektiven Verzinsung deshalb von dem durchschnittlichen Kredit ausgegangen werden.

- Die Zinskosten erhöhen sich durch die Bearbeitungsgebühr. Besonders bei Ratenkrediten mit kurzer Laufzeit schlägt dieser Umstand stark zu Buche.

Bedeutung standardisierter Konsumentendarlehen

Die Inanspruchnahme des Ratenkredits ist in weiten Bevölkerungskreisen heute eine selbstverständliche Angelegenheit. Den Banken ist es mit der Einführung dieser Kreditform gelungen, einem großen Teil der wirtschaftlich schwächeren Kunden bei der Kreditaufnahme die „Schwellenangst" zu nehmen. Diese „Hemmungen" der Kunden vor Kreditanfragen bei einer Bank sind jedoch immer noch teilweise vorhanden. Nur so ist zu erklären, dass viele Kreditvermittlungsbüros, trotz erheblich höherer Zinsen als bei den Banken, immer noch großen Zulauf von Kreditsuchenden bekommen.

Bewertung

Für den Kreditnehmer bringt der Ratenkredit mehrere Vorzüge:

● Die Kreditbearbeitung erfolgt relativ unbürokratisch und schnell,

● die Belastung ist überschaubar und wird meist durch Dauerauftrag oder Lastschrift „automatisch" abgewickelt,

● der Kreditnehmer kann als Barzahler (eventuell mit Rabatt) auftreten,

● die Anschaffung größerer Konsumgüter oder die Durchführung von Reisen kann ohne langes Ansparen erfolgen.

Für die Kreditinstitute war der Ratenkredit lange Zeit ein wichtiger Geschäftszweig:

● **Die breite Streuung** der Kreditnehmer hat ein relativ **geringes Kreditrisiko** zur Folge. Probleme treten in der Praxis nur bei wenigen Kundengruppen auf, z. B. bei jugendlichen Antragstellern, die eine Autofinanzierung wünschen. Bei ihnen ist die Arbeitsplatzsicherung z. T. gering und andererseits die Unfallhäufigkeit relativ hoch. Hinzu kommt, dass der Abschluss einer Vollkaskoversicherung bei diesen Kreditnehmern oftmals aus Kostengründen (hoher Anfangsrabatt bei der Versicherung) ausscheidet.

● Die standardisierte Abwicklung bringt den Banken – zumindest bei größeren Ratenkrediten – **relativ hohe Erträge bei niedrigen Kosten.**

● Der Abschluss der Kreditverträge ist oftmals **Voraussetzung für den Verkauf weiterer Dienstleistungen** der Bank.

Rahmenkredite

Seit einigen Jahren ist den Kreditinstituen in den Automobilfirmen sowie Handelskonzernen eine gewichtige Konkurrenz entstanden, die zu einer erheblichen Beeinträchtigung dieses Geschäftsbereiches geführt hat. Außerdem bieten immer mehr Kreditinstitute „Rahmenkredite" – meist bis zu 30 000 EUR – in Form von KK-Kreditlinien als flexibel nutzbare Alternative an.

Der Antrag von Mechthild Reiter wird durch die Bank angenommen, da sie eine sichere Arbeitsstelle besitzt und ihr frei verfügbares Einkommen in Höhe von 500 EUR die monatliche Belastung mit 420 EUR übersteigt. Hinzu kommt, dass sie bereits frühere Ratenkredite immer pünktlich getilgt hat.

Die Bank verlangt aus Sicherheitsgründen bei der Finanzierung eines Autos folgende Abwicklung:

● *Der Pkw wird sicherungsübereignet. Zusätzlich muss der Kfz-Brief hinterlegt werden, damit ein Dritter das Fahrzeug nicht gutgläubig erwerben kann. Auf Wunsch des Automobilhändlers überweist die Bank den Kreditbetrag direkt auf dessen Konto, nachdem er den Kfz-Brief eingereicht hat.*

● *Die Sicherungsübereignung wird der zuständigen Kfz-Zulassungsstelle gemeldet, damit sich die Kreditnehmerin nicht einen zweiten Brief anfertigen lassen kann.*

● *Die Ansprüche gegen die Haftpflicht- und die Kaskoversicherung werden an die Bank abgetreten.*

7.3.10 Einlagenschutz des Staates

> **Aufsichtsamt schließt Münchner Geschäftsbank**
>
> **Berlin.** Die Bundesanstalt für Finanzdienstleistungsaufsicht hat die vorübergehende Schließung eines Münchner Bankhauses angeordnet.
>
> In einer Mitteilung vom Freitag Abend heißt es weiter, Zahlungen, die nicht zur Tilgung von Schulden gegenüber dem Kreditinstitut bestimmt seien, dürften nicht angenommen werden. Darüber hinaus erließ das Amt ein Veräußerungs- und Zahlungsverbot. Grund für diese Maßnahmen seien Mängel in der Finanzierung des Kreditinstitutes aufgrund eines „erheblichen, bisher unentdeckten Wertberichtigungsbedarfs".

Der Staat hat umfangreiche Vorschriften erlassen, um die Einlagen von Bankkunden zu sichern.

Haftendes Eigenkapital der Kreditinstitute

Unterschiedliche Eigenkapital-
ausstattung deutscher Bankengruppe

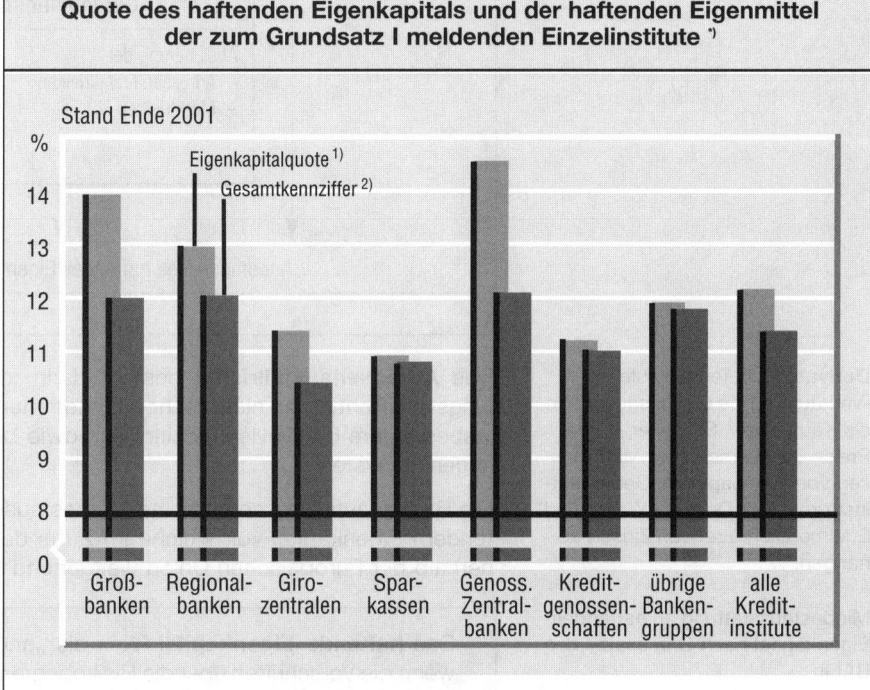

Quote des haftenden Eigenkapitals und der haftenden Eigenmittel der zum Grundsatz I meldenden Einzelinstitute [*]

Stand Ende 2001

* Kreditinstitute und Finanzdienstleistungsinstitute auf Einzelinstitutsbasis. –
1 Eigenkapitalquote = (Haftendes Eigenkapital /Gewichtete Risikoaktiva) * 100. –
2 Gesamtkennziffer = (Anrechenbare Eigenmittel / (Gewichtete Risikoaktiva + Anrechnungsbeträge für Marktrisiken * 12,5)) * 100 – **3** Die Mindestquote nach Grundsatz I beträgt für beide Kennziffern 8%.

Quelle: Deutsche Bundesbank, Geschäftsbericht 2001

§ 10 KWG

Der Gesetzgeber fordert im KWG, dass die Kreditinstitute „im Interesse der Erfüllung ihrer Verpflichtungen gegenüber ihren Gläubigern, insbesondere zur Sicherheit der ihnen anvertrauten Vermögenswerte, **angemessene Eigenmittel**" benötigen. Die Eigenmittel umfassen das **haftende Eigenkapital** sowie **Drittrangmittel**.

Das haftende Eigenkapital ist für die Kreditinstitute vor allem unter dem Gesichtspunkt der **„Vertrauensfunktion"** von sehr großer Bedeutung.

Funktionen des haftenden Eigenkapitals

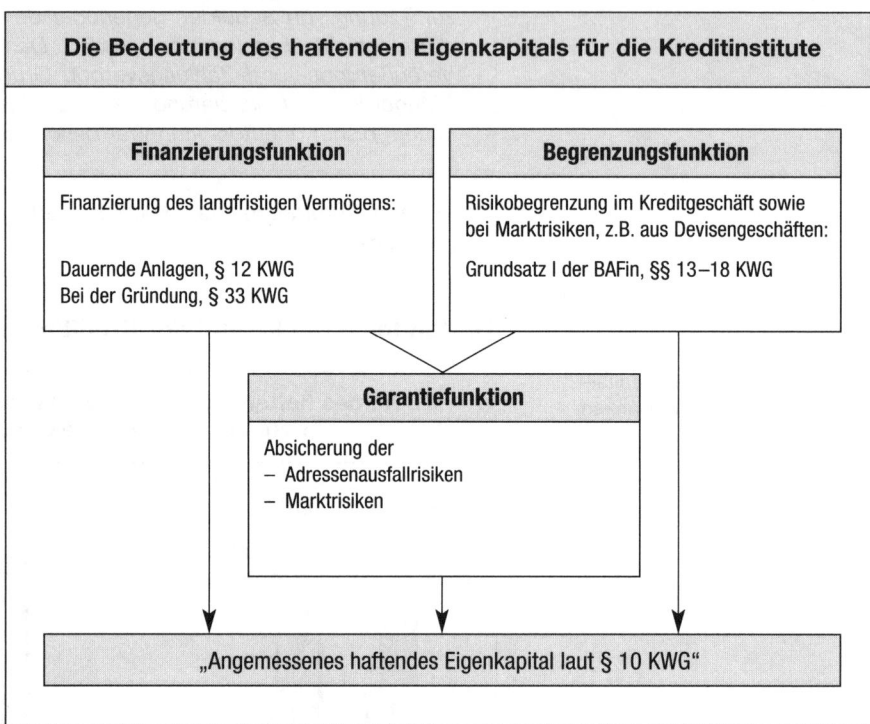

Derivate sind Terminkäufe oder -verkäufe sowie Optionsgeschäfte als Käufer bzw. Stillhalter, deren Preise von Kursen bzw. Marktpreisen von Wertpapieren, Geldmarktinstrumenten, Devisen, Waren und Edelmetallen oder von Zinsen abhängen.

Das **Adressenausfallrisiko** besteht darin, dass Kreditnehmer ihren Rückzahlungsverpflichtungen nicht mehr nachkommen können. Das **Marktrisiko** entsteht insbesondere bei Devisenpositionen sowie beim Abschluss von Zins- und sonstigen Derivaten.

Die Bankenaufsicht schreibt eine Mindestausstattung der Kreditinstitute mit haftendem Eigenkapital vor, welche im Zuge des Europäischen Binnenmarktes innerhalb der Europäischen Union weitgehend harmonisiert ist.

Mindestausstattung an haftendem Eigenkapital nach Grundsatz I der BAFin

Das **haftende Eigenkapital** kann als **„angemessen"** angesehen werden, wenn die Vorschriften über die Risikobegrenzung des KWG und der Bankenaufsicht eingehalten werden.

Der Eigenkapitalbegriff, der hierbei zugrunde gelegt wird, geht deutlich über das bilanzmäßige Eigenkapital von ca. 4 – 7 % der Bilanzsumme hinaus, weil der Gesetzgeber auch solche Vermögenswerte mit anrechnet, die im Notfall dem Zugriff des Gläubigers unterliegen würden. In Deutschland wurde der Begriff des haftenden Eigenkapitals in den vergangenen Jahren erheblich erweitert, damit die deutschen Banken keine Wettbewerbsnachteile gegenüber europäischen Banken haben, die einen relativ weiten Begriff des haftenden Eigenkapitals beachten müssen.

Vorsorgereserven nach § 340 HGB sind Bewertungsreserven im Forderungs- und Wertpapierbestand, die durch überhöhte Bewertungsabschläge entstehen.

Vorzugsaktien (*vgl. Seite 341 f.*)

Nicht realisierte Reserven entstehen bei Grundstücken und Gebäuden sowie Wertpapieren, wenn der aktuelle Wert den bilanzierten Wert übersteigt.

Rücklagen nach § 6 b EStG sind steuerfreie Veräußerungsgewinne beim Verkauf von Wirtschaftsgütern. Diese Beträge müssen auf ein Ersatzwirtschaftsgut übertragen werden, damit die Steuervergünstigung bestehen bleibt.

Genussrechte (*vgl. Seite 355*)

Nachrangige Verbindlichkeiten sind (wie die Genussrechte) Eigenkapitalsurrogate, die im Falle einer Insolvenz oder einer Liquidation erst nach Befriedigung aller nicht nachrangigen Gläubiger befriedigt werden. Der Ertrag besteht aus einem fest vereinbarten Zins.

Der **Haftsummenzuschlag** entsteht bei Genossenschaftsbanken, bei denen die Mitglieder verpflichtet sind, im Falle einer Insolvenz Mittel nachzuschießen.

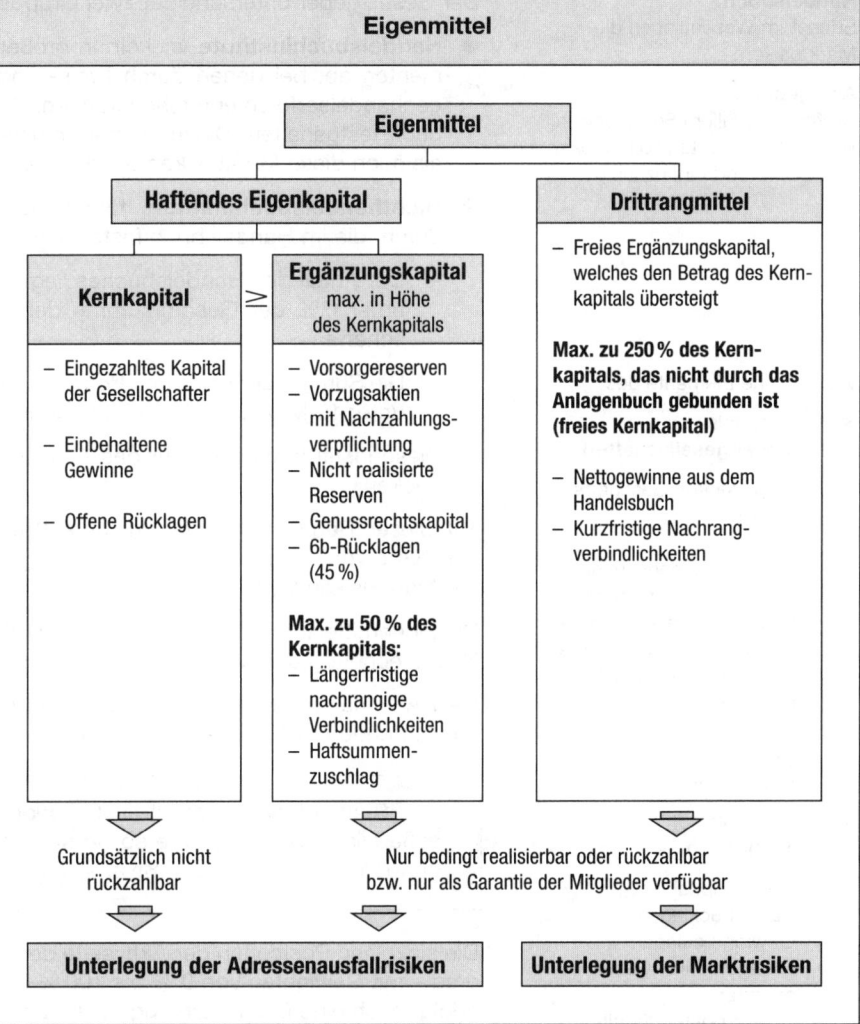

Die Bestandteile des Kernkapitals hängen von der jeweiligen Rechtsform ab.

Das Ergänzungskapital bzw. die Drittrangmittel erfüllen nur begrenzt die Eigenkapitalfunktionen, da sie nur bedingt realisierbar sind oder zurückbezahlt werden müssen bzw. nur als Garantie der Mitglieder einer Genossenschaftsbank bestehen.

Das Ergänzungskapital kann maximal in Höhe des Kernkapitals anerkannt werden.

Drittrangmittel

Drittrangmittel sind nur bedingt realisierbar oder rückzahlbar bzw. nur als Garantie der Mitglieder verfügbar:

● anerkennungsfähig bis zu 250 % des freien Kernkapitals (kurzfristige Nachrangverbindlichkeiten, Nettogewinne aus dem Handelsbuch; überschüssiges Ergänzungskapital);

● freies Ergänzungskapital, welches den Betrag des Kernkapitals übersteigt.

Handelsbuch:
Erfasst im Wesentlichen die Marktrisiken

Anlagebuch:
Umfasst vor allem Forderungen, Wertpapiere der Liquiditätsreserve und Sach- und Finanzanlagen

Wesentliche Elemente des

● Kernkapitals von **Personengesellschaften**

  Eingezahltes Geschäftskapital
  + Rücklagen
  + nachgewiesenes freies Vermögen der persönlich haftenden Gesellschafter auf Antrag an das BAKred
  + Einlagen stiller Gesellschafter
  + Sonderposten für allgemeine Bankrisiken (§ 340 g HGB)

● Kernkapitals von **Aktienbanken**

  Grundkapital
  + Kapitalrücklagen
  + Gewinnrücklagen
  + Einlagen stiller Gesellschafter
  + Sonderposten für allgemeine Bankrisiken (§ 340 g HGB)

● Kernkapitals der **Sparkassen**

  Sicherheitsrücklagen
  + sonstige Rücklagen
  + Einlagen stiller Gesellschafter
  + Sonderposten für allgemeine Bankrisiken (§ 340 g HGB)

● Kernkapitals von **Genossenschaftsbanken**

  Geschäftsguthaben
  + Rücklagen
  + Einlagen stiller Gesellschafter
  + Sonderposten für allgemeine Bankrisiken (§ 340 g HGB)

Der Gesetzgeber unterscheidet zwei Gruppen von Kreditinstituten:

● **Handelsbuchinstitute** wickeln in größerem Stil Geschäfte mit Finanzinstrumenten ab, bei denen durch Preis- und Zinsschwankungen kurzfristige Eigenhandelserfolge entstehen können. Solche Geschäfte werden im Handelsbuch festgehalten. Diese Institute müssen sowohl das Adressenausfallrisiko als auch diese Marktrisiken durch Eigenmittel abdecken.

● **Nichthandelsbuchinstitute** führen nur zu einem geringen Teil Geschäfte durch, die im Handelsbuch festzuhalten sind:

  – Der Anteil des Handelsbuches liegt in der Regel unter 5 %, jedoch immer unter 6 % der Gesamtsumme der bilanz- und außerbilanzmäßigen Geschäfte.

  – Die Summe der einzelnen Positionen des Handelsbuches liegt in der Regel unter 15 Mio. EUR, jedoch nie über 20 Mio. EUR.

Diese Institute müssen nur das Ausfallrisiko mit haftendem Eigenkapital abdecken.

Mit dieser Regelung werden kleinere Kreditinstitute, bei denen die Handelsgeschäfte von untergeordneter Bedeutung sind, von der aufwendigen Erfassung der Marktrisiken befreit.

Die Eigenmittelanforderungen sind zwar täglich zu erfüllen, eine Verpflichtung zur Neuberechnung und Meldung besteht jedoch nur monatlich.

Die BAFin hat im Einvernehmen mit der Bundesbank eine Richtlinie erlassen, die das haftende Eigenkapital ins Verhältnis zur Risikoaktiva setzt.

> Die **Risikoaktiva** umfasst insbesondere die Bilanzaktiva, traditionelle außerbilanzielle Geschäfte sowie andere Geschäfte, die mit Risiken verbunden sind, z. B. Finanz-Swaps, Termingeschäfte und Optionsrechte.

Die einzelnen Positionen der Aktivseite der Bilanz werden – je nach ihrem Risikograd – mit Gewichten von 0 % bis 100 % in die Risikoaktiva eingerechnet. Dabei erfolgt auch eine Differenzierung nach Ländern.

> Das **haftende Eigenkapital** muss mindestens 8 % der gewichteten Risikoaktiva betragen. Das **Kernkapital** muss dabei **mindestens 4 %** dieser Größe umfassen.

Grundsatz I der BAFin

Bilanzaktiva umfassen drei Quali- tätsstufen der Kreditnehmer bzw. Emittenten:
– Zentralbanken und öffentliche Hand
– Kreditinstitute
– Kunden

Da diese Positionen mit unter- schiedlichen Risiken behaftet sind, gehen sie mit unterschiedlichen Gewichten (zwischen 0 % und 100 %) in die Risikoaktiva ein. Dabei wird auch zwischen Län- dern der Zone A, die EU-Länder und Vollmitglieder der OECD (Organisation für wirtschaftliche Zusammenarbeit und Entwicklung) umfasst, und Ländern der Zone B mit den übrigen Staaten unter- schieden.

Traditionelle außerbilanzielle Geschäfte werden in der Bank- bilanz nur „unter dem Strich" aus- gewiesen. Sie wurden aus der Bilanz herausgenommen, weil die Bank nur ein Eventualrisiko, z. B. aus einem Wechselindossament oder einer Bürgschaft, trägt. Auch hier wird in der Anrechnung zwi- schen niedrigem (20 %), mittlerem (50 %) und hohem Risiko (100 %) unterschieden.

Finanz-Swaps beinhalten den Tausch von Festsatzverbindlich- keiten in unterschiedlichen Wäh- rungen einschließlich der Zinsver- pflichtungen (Währungs-Swaps) oder von festen Zinsverpflichtun- gen und variablen Zinsverpflich- tungen (Zins-Swaps).

Finanztermin- und Options- geschäfte *(vgl. Seite 385 ff.)*

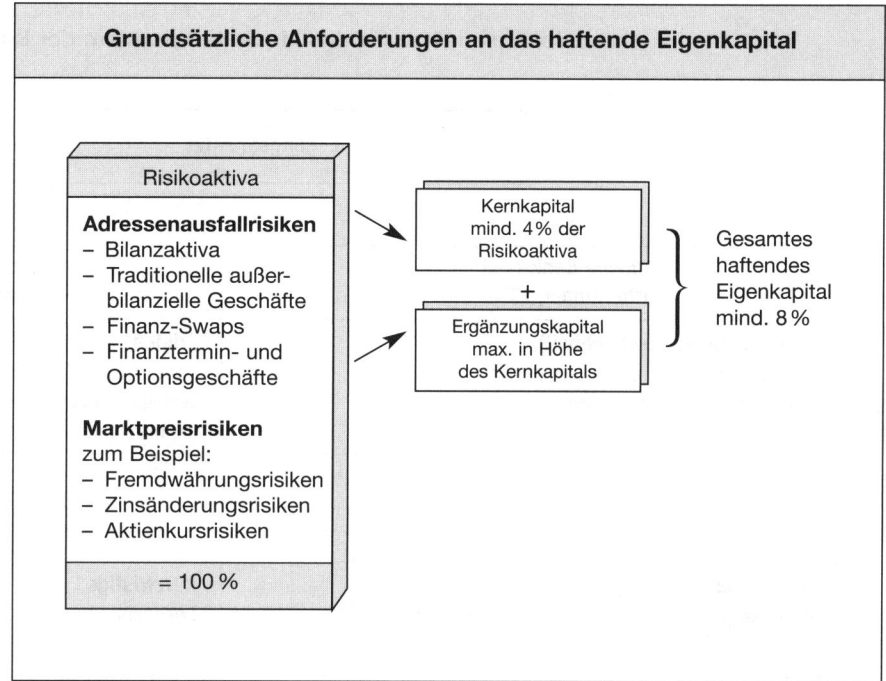

Liquiditätsvorschriften für die Kreditinstitute

Die wirtschaftliche Krise eines Kreditinstitutes kündigt sich oftmals durch Presse- meldungen folgenden Inhaltes an:

„Das Bankhaus Schmidt, Sperling & Co. ist in Liquiditätsschwierigkeiten geraten. Die Bundesanstalt für Finanzdienstleistungsaufsicht hat davon Kenntnis erhalten, dass die Grundsätze über die Liquidität bereits mehrfach nicht eingehalten wor- den sind …"

Die ständige Zahlungsfähigkeit ist für die Kreditinstitute von grundlegender Be- deutung. Deshalb hat der Gesetzgeber die Liquiditätsvorsorge den Kreditinstitu- ten nicht allein überlassen, sondern durch verschiedene Bestimmungen in einem bestimmten Rahmen vorgegeben. Dabei handelt es sich im Wesentlichen um

● **§ 11 KWG**,

● **Grundsatz II des BAFin** über die Liquidität sowie

● die **Mindestreservevorschriften** der Europäischen Zentralbank.

Das KWG schreibt den Kreditinstituten vor, dass sie jederzeit eine **„ausreichen- de Zahlungsbereitschaft"** zu gewährleisten haben.

Die Frage, wodurch eine ausreichende Zahlungsbereitschaft gekennzeichnet ist, wurde bereits im vergangenen Jahrhundert diskutiert. Hierbei waren vor allem zwei Lösungsansätze von Bedeutung.

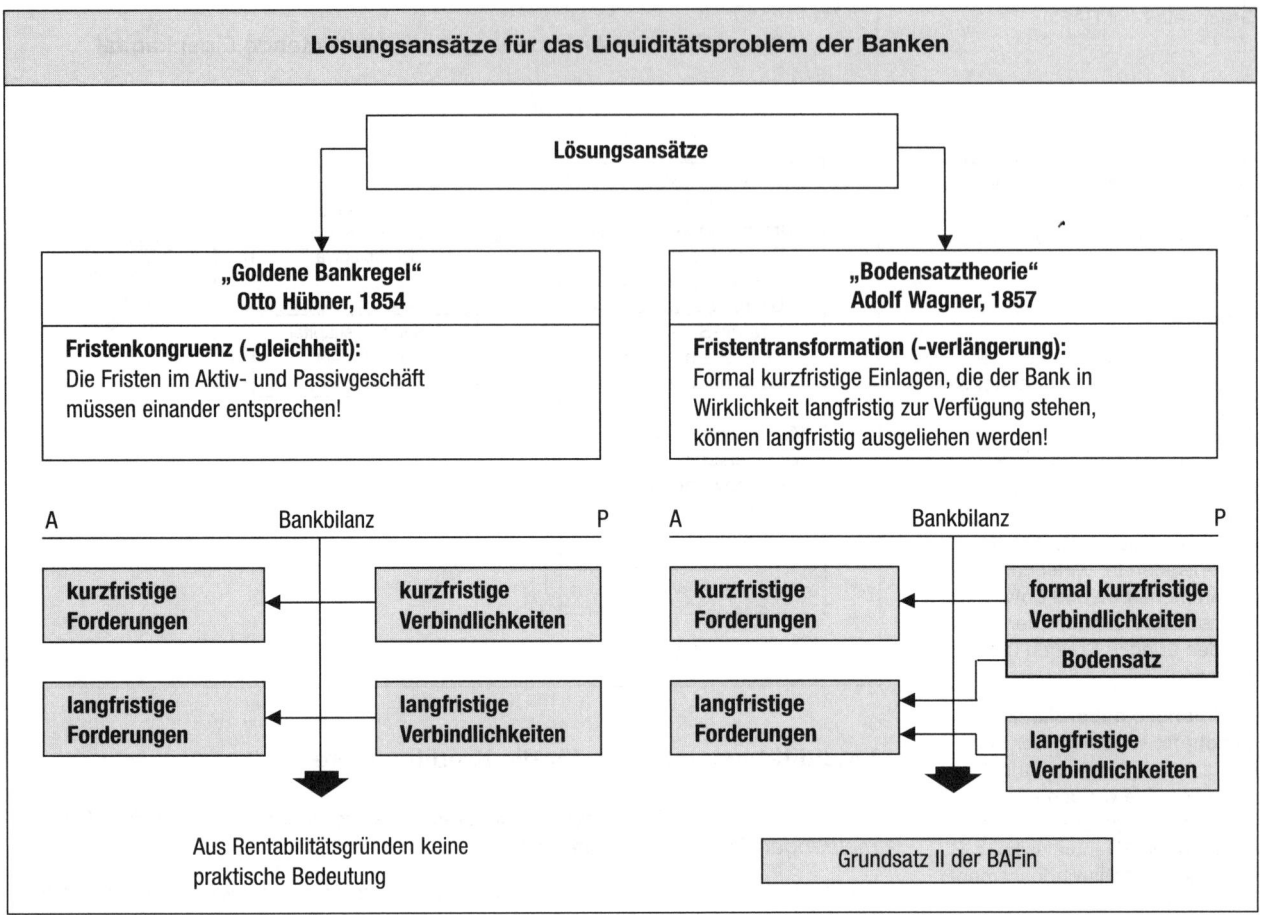

Lösungsansätze für das Liquiditätsproblem der Banken

Verfügbare Zahlungsmittel:
- Kassenbestand
- Guthaben bei Zentralnoten-banken
- Inkassopapiere (z.B. Schecks, Wechsel)
- Unwiderrufliche Kreditzusagen für das Kreditinstitut
- Weitere liquide Posten nach § 3 Grundsatz II

Abrufbare Zahlungsmittel:
- 40 % täglich fälliger Verbind-lichkeiten gegen Kreditinstitute
- 10 % täglich fälliger Verbind-lichkeiten gegen Kunden
- 10 % der Spareinlagen
- 5–20 % der Eventual-verbindlichkeiten

Die BAFin beurteilt die Zahlungsbereitschaft der Kreditinstitute im Regelfall nach den Liquiditätsgrundsätzen, die vom Ansatz her auf die **„Bodensatztheorie"** Adolf Wagners zurückzuführen sind.

Der **Grundsatz II** der BAFin gibt den Kreditinstituten vor, welches Ausmaß der Bo-densatz bei den einzelnen Finanzierungsmitteln nach Meinung der Bankenaufsicht nicht überschreiten sollte.

Die Zahlungsbereitschaft der Kreditinstitute wird als ausreichend angesehen, wenn die **Liquiditätskennziffer** für den folgenden Monat den Wert 1 nicht unter-schreitet:

$$\text{Liquiditätskennziffer} \quad = \quad \frac{\text{Liquide Aktiva: Verfügbare Zahlungsmittel}}{\text{Abrufbare Zahlungsverpflichtungen}}$$

Nachrichtlich werden für folgende Laufzeitbänder entsprechende Kennziffern er-mittelt:

- über einem Monat bis zu drei Monaten,
- über drei Monate bis zu sechs Monaten,
- über sechs Monate bis zu zwölf Monaten.

Maßnahmen der Bankenaufsicht bei Krisen im Bankenbereich

§§ 46 ff. KWG

Aufgrund der Erfahrungen mit Bankenzusammenbrüchen in der Vergangenheit hat der Gesetzgeber der Bankenaufsicht in Krisensituationen weitgehende Vollmachten erteilt, die in einem – je nach Schwere des Falles – abgestuften System eingesetzt werden können.

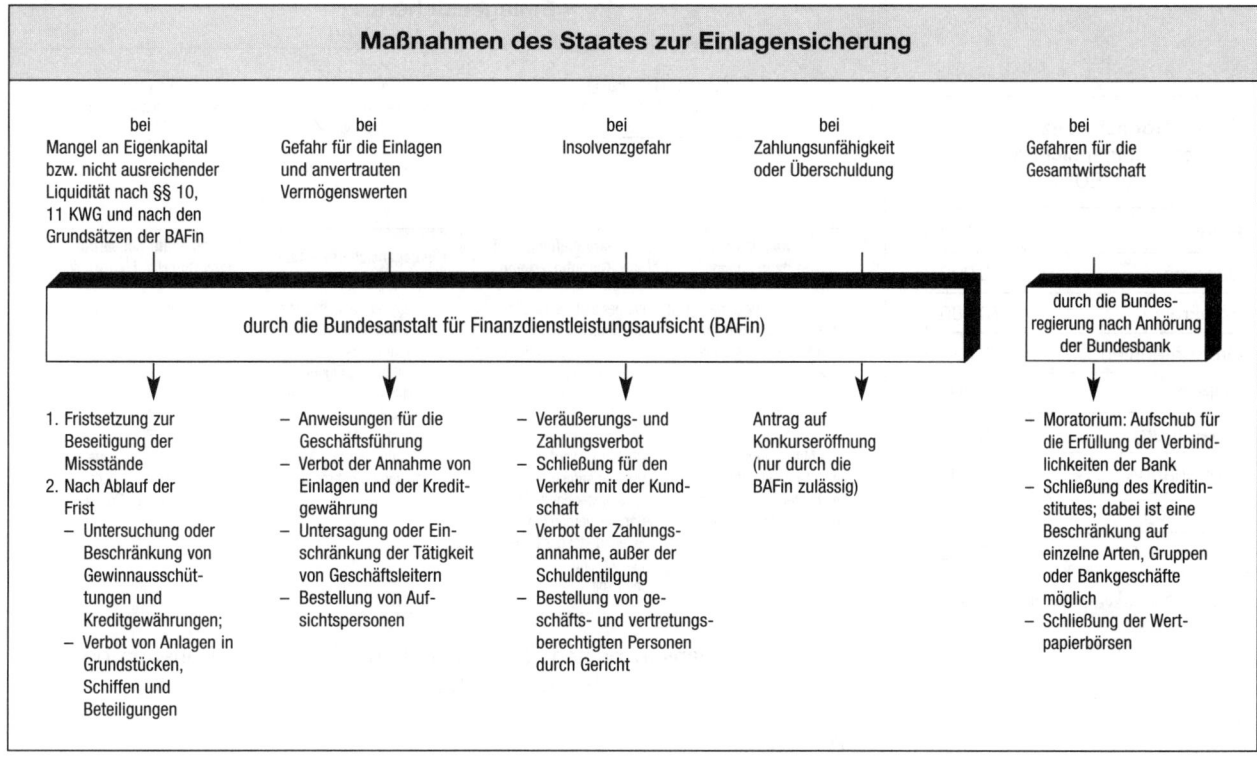

Maßnahmen des Staates zur Einlagensicherung

bei	bei	bei	bei	bei
Mangel an Eigenkapital bzw. nicht ausreichender Liquidität nach §§ 10, 11 KWG und nach den Grundsätzen der BAFin	Gefahr für die Einlagen und anvertrauten Vermögenswerten	Insolvenzgefahr	Zahlungsunfähigkeit oder Überschuldung	Gefahren für die Gesamtwirtschaft

durch die Bundesanstalt für Finanzdienstleistungsaufsicht (BAFin)

durch die Bundesregierung nach Anhörung der Bundesbank

1. Fristsetzung zur Beseitigung der Missstände 2. Nach Ablauf der Frist – Untersuchung oder Beschränkung von Gewinnausschüttungen und Kreditgewährungen; – Verbot von Anlagen in Grundstücken, Schiffen und Beteiligungen	– Anweisungen für die Geschäftsführung – Verbot der Annahme von Einlagen und der Kreditgewährung – Untersagung oder Einschränkung der Tätigkeit von Geschäftsleitern – Bestellung von Aufsichtspersonen	– Veräußerungs- und Zahlungsverbot – Schließung für den Verkehr mit der Kundschaft – Verbot der Zahlungsannahme, außer der Schuldentilgung – Bestellung von geschäfts- und vertretungsberechtigten Personen durch Gericht	Antrag auf Konkurseröffnung (nur durch die BAFin zulässig)	– Moratorium: Aufschub für die Erfüllung der Verbindlichkeiten der Bank – Schließung des Kreditinstitutes; dabei ist eine Beschränkung auf einzelne Arten, Gruppen oder Bankgeschäfte möglich – Schließung der Wertpapierbörsen

Nach der Einlagensicherungsricht-
linie der EU müssen Einlagen bis
zu einem Betrag von 20 000 EUR
pro Einleger geschützt sein.

Sicherungseinrichtungen des Bankgewerbes

Jede Krise im Bankengewerbe erschüttert die Vertrauensfunktion der Kreditinstitute insgesamt. Aus diesem Grunde haben die einzelnen Bankverbände einzeln
und gemeinsam aus eigener Initiative Sicherungsmaßnahmen ergriffen.

Höchstgrenzen der Einlagensicherung (in EUR)	
Belgien	20 000
Dänemark	40 000
Frankreich	70 000
Großbritannien	22 222
Italien	103 291
Luxemburg	20 000
Niederlande	20 000
Österreich	20 000
Schweiz (sfr)	30 000
Quelle: Bundesverband deutscher Banken	

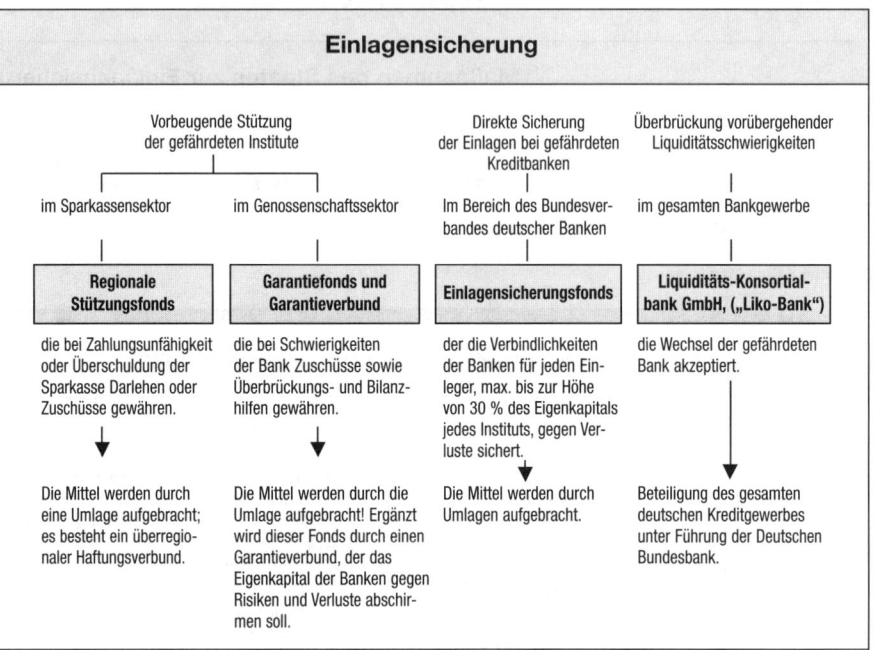

Für die Landesbanken besteht eine Sicherungsreserve, die Darlehen oder Zuschüsse bei Zahlungsunfähigkeit oder Überschuldung leistet.

Aufgaben

1. Ein Kreditinstitut benötigt für die kommenden Wochen noch zusätzliche
   Liquidität.

   a) Erläutern sie, weshalb eine ausreichende Liquidität eine unabdingbare
   Voraussetzung für Kreditinstitute ist.

   b) Beschreiben Sie die Möglichkeiten der Bank, über die Deutsche Bundesbank liquide Mittel zu erhalten.

   c) Erklären Sie den theoretischen Ansatz, auf dem die Grundsätze der
   BAFin über die Liquidität beruhen.

2. a) Erklären Sie den Unterschied zwischen einem ausreichenden und angemessenen haftenden Eigenkapital.

   b) Erläutern sie mögliche Maßnahmen zur Erweiterung des Eigenkapitals.

   c) Skizzieren Sie die Zusammensetzung des haftenden Eigenkapitals am
   Beispiel einer Aktienbank.

3. Ein Kunde äußert sich am Schalter besorgt über die Sicherheit seiner Einlagen. Argumentieren Sie in einem kleinen Rollenspiel.

8 Individualkundengeschäft

Individuelle Problemlösungen

Individualkunden sind Privatpersonen und Freiberufler, welche aufgrund ihres relativ hohen Einkommens bzw. ihres Vermögens einen dauerhaften Bedarf nach **individuellen Problemlösungen** haben. Daneben fragen sie ebenfalls standardisierte Bankleistungen, z. B. im Konto- und Zahlungsverkehr, nach.

Der wesentliche Vertriebsweg für diese Zielgruppe ist der **Individualkundenberater**, der seinen Service teilweise in der Geschäftsstelle, oftmals jedoch auch im Außendienst, anbietet. In vielen Banken sind diese Kunden einem **persönlichen Berater** zugeordnet, der wiederum durch Experten im Hause, z. B. Effektenberater, unterstützt wird. Diese klare Betreuungsverantwortung ermöglicht es, die **Leistung** des Beraters **objektiv** zu erfassen und eventuell sein Einkommen danach zu bemessen.

Die meisten Individualkunden sind meist sehr preisbewusst und haben mehrere Bankverbindungen, die sie unter Abwägung von Kosten und Nutzen einsetzen. Hierbei gewinnen zunehmend auch Electronic-Banking-Angebote an Bedeutung. Steuerliche Aspekte spielen bei ihren Anlage- und Kreditentscheidungen eine große Rolle.

8.1 Steuern – ein wichtiger Aspekt der Individualkundenberatung

Die öffentliche Hand, das heißt Bund, Länder und Gemeinden sowie die großen Kirchen erheben Steuern, damit sie ihre Aufgaben erfüllen können. Die **Abgabenordnung (AO)**, welche die allgemeinen verfahrensrechtlichen Steuervorschriften zusammenfasst, grenzt den Begriff der Steuern ab.

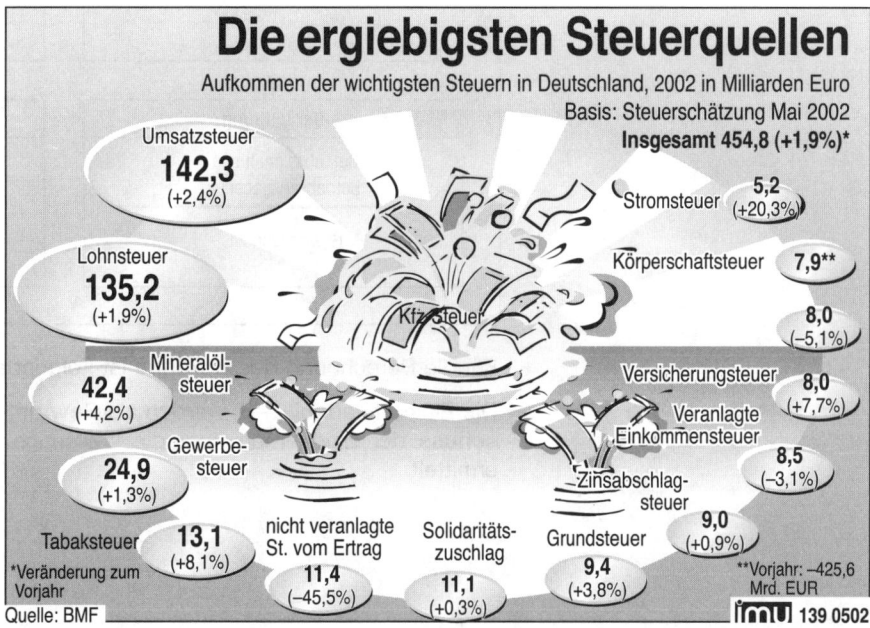

§ 3 AO

> **Steuern** sind Geldleistungen, die der Steuerpflichtige **ohne Anspruch auf eine Gegenleistung** an den **Staat** zu entrichten hat.

8.1.1　Einkommensteuer

Georg Weber, 36 Jahre alt, ist ledig und arbeitet als Ingenieur bei einem Automobilwerk. Zu Beginn des Jahres erhält er von seinem Finanzamt die Aufforderung, seine Einkommensteuererklärung abzugeben.

Die Grundlage für die Festsetzung der Einkommensteuer ist jeweils die Summe der Einkünfte eines Kalenderjahres.

Das Einkommensteuerrecht trennt zwischen sieben **Einkunftsarten**, von denen für Herrn Weber zwei von Bedeutung sind.

Die Frage, wer steuerpflichtig ist, ist eindeutig festgelegt.

§ 1 EStG Natürliche Personen, die im Inland einen Wohnsitz oder ihren gewöhnlichen Aufenthalt haben, sind unbeschränkt einkommensteuerpflichtig.

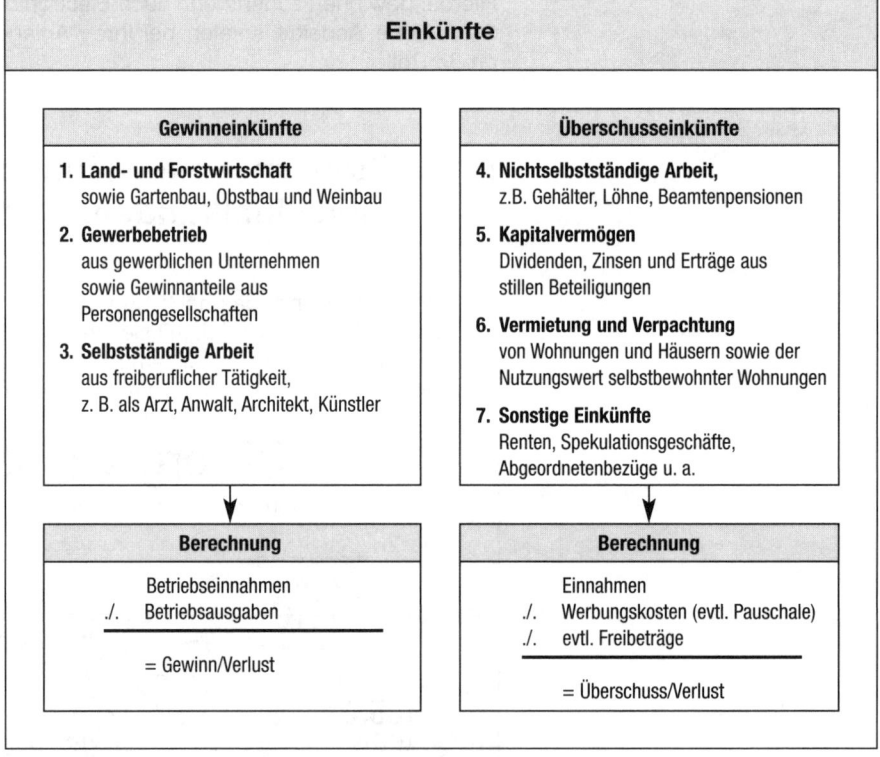

Für die Berechnung der Einkünfte ist Folgendes zu beachten:

Die Einkunftsarten 1. – 3. werden als **Gewinn**, die Einkunftsarten 4. – 7. als **Überschuss** der Einnahmen über die Werbungskosten und möglichen Freibeträge ermittelt.

Auf der Basis dieser Einkommen wird das zu versteuernde Einkommen ermittelt, das letztendlich die Höhe der Steuerschuld bestimmt:

Schema zur Ermittlung der Einkommensteuer- und Kirchensteuerschuld

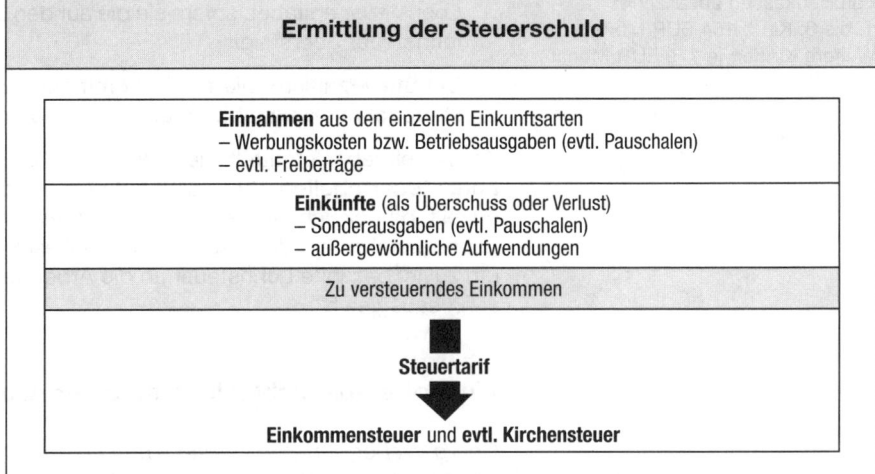

Ermittlung der Steuerschuld

Einnahmen aus den einzelnen Einkunftsarten
– Werbungskosten bzw. Betriebsausgaben (evtl. Pauschalen)
– evtl. Freibeträge

Einkünfte (als Überschuss oder Verlust)
– Sonderausgaben (evtl. Pauschalen)
– außergewöhnliche Aufwendungen

Zu versteuerndes Einkommen

Steuertarif

Einkommensteuer und **evtl. Kirchensteuer**

Das Veranlagungsverfahren im Zeitablauf §§ 25 ff. EStG

Zeit

Steuer-erklärung

Steuer-bescheid

Finanzamt

Steuerzahler

Ausgleichs-zahlung

10. 3.

10. 6.

vierteljährliche Vorauszahlungen

10. 9.

10. 12.

Die **Einkommensteuer** wird im **Veranlagungsverfahren** erhoben.

● Liegen steuerpflichtige Einkünfte vor, so muss der Steuerpflichtige grundsätzlich bis zum 31. Mai des auf den Veranlagungszeitraum folgenden Jahres eine **Steuererklärung** abgeben.

● Auf der Grundlage der Gesamteinkünfte setzt das Finanzamt die für das vergangene Jahr zu zahlende Einkommensteuer fest; der Steuerpflichtige wird zur Einkommensteuer veranlagt. Auf die zu zahlende Einkommensteuer werden bereits geleistete Vorauszahlungen angerechnet. Gleichzeitig setzt das Finanzamt fest, welche **Vorauszahlungen** der Steuerpflichtige zukünftig auf die Einkommensteuer zu leisten hat. Die Höhe richtet sich dabei grundsätzlich nach der Einkommensteuer, die sich bei der letzten Veranlagung ergab.

● Der Steuerpflichtige bezahlt einen eventuellen Fehlbetrag an das Finanzamt nach oder er erhält eine teilweise Rückzahlung seiner Steuern.

● Der Steuerpflichtige leistet vierteljährlich seine Vorauszahlungen an das Finanzamt. Wahlweise kann unter bestimmten Voraussetzungen eine Kurzveranlagung sowie eine zweijährige Abgabe vereinbart werden.

Die **Lohnsteuer** ist keine eigene Steuerart, sondern lediglich eine besondere Erhebungsform der Einkommensteuer **(Abzugsverfahren)**. Ihre wesentlichen Merkmale sind:

1. Die Lohnsteuer wird nur bei Einkünften aus **nichtselbstständiger Arbeit** erhoben.

2. Der Arbeitnehmer ist verpflichtet, für jedes Kalenderjahr seinem Arbeitgeber eine **Lohnsteuerkarte** vorzulegen. Diese wird von der zuständigen Gemeinde ausgestellt.

3. Der Steuerpflichtige wird sofort belastet, da der Arbeitgeber verpflichtet ist, die fällige Steuer einzubehalten und an das Finanzamt abzuführen.

4. Lohnsteuerzahler müssen keine Einkommensteuererklärung mehr abgeben, sofern ihre Nebeneinkünfte jährlich nicht mehr als 410 Euro betragen.

Kindergeld wird einkommens-
unabhängig vom Unternehmen
oder von staatlichen
Familienkassen ausbezahlt:
1. bis 3. Kind: 154 EUR/Monat
Weitere Kinder: je 179 EUR/Monat

5. Wird ein Steuerzahler nicht zur Einkommensteuer veranlagt, kann er für das abgelaufene Jahr innerhalb von zwei Jahren bis zum 30.09. eine **Einkommensteuerveranlagung** beantragen. Dabei wird ihm die einbehaltene Lohnsteuer erstattet, sofern sie die auf den Jahresarbeitslohn entfallene Jahreslohnsteuer übersteigt.

6. Bei Steuerzahlern, die zur Einkommensteuer veranlagt werden, gilt die Lohnsteuer als **Vorauszahlung** auf die Einkommensteuerschuld.

Der Arbeitgeber ermittelt die monatlich abzuführende Lohnsteuer aufgrund von **Lohnsteuertabellen**. Diese sind auf der Grundlage der Einkommensteuertabellen erstellt, berücksichtigen jedoch bereits Freibeträge und Pauschalen. Einige Arbeitgeber erstellen am Jahresende für ihre Beschäftigten eine erste Endabrechnung, um zuviel bezahlte Lohnsteuer an die Arbeitnehmer auszubezahlen („Lohnsteuer-Jahresausgleich").

Einkünfte aus nichtselbstständiger Arbeit

Georg Weber hatte im vergangenen Jahr noch 41 000 Euro Gehalt bezogen. Für Fahrten zur Arbeitsstätte, für Fachbücher und Fortbildungen hat er insgesamt 1 600 Euro aufgewendet.

Einkünfte

Die **Einkünfte** aus nichtselbstständiger Arbeit errechnet man, indem von den **Einnahmen** bestimmte Freibeträge und Werbungskosten abgezogen werden.

§ 19 EStG

Zu den **steuerpflichtigen Einnahmen** gehört alles, was der Steuerzahler aus einem gegenwärtigen oder früheren Dienstverhältnis an Barvergütungen, Sachbezügen und geldwerten Vorteilen erhalten hat. Dies sind insbesondere Gehälter, Löhne oder Beamtenpensionen. Renten werden dagegen als „Sonstige Einkünfte" erfasst.

Nur Werbungskosten, die 1 044 Euro übersteigen, wirken sich steuermindernd aus

Freibeträge unterliegen nicht der Einkommensteuerpflicht und werden deshalb immer von den Einnahmen abgezogen. Von besonderer Bedeutung für den Arbeitnehmer ist der **Arbeitnehmer-Pauschbetrag** in Höhe von 1 044 Euro.

Werbungskosten
§ 9 EStG

> **Werbungskosten** sind alle Aufwendungen, die zur Werbung, Sicherung und Erhaltung des Arbeitslohnes dienen.

Der Arbeitnehmer-Pauschbetrag ist unter anderem als pauschale Anrechnung der Werbungskosten gedacht. Es lohnt sich deshalb, zukünftig nur noch dann Werbungskosten anzugeben, wenn dieser Betrag überschritten wird.

Der Anzug, den der Bank-Mitarbeiter für seine Arbeit benötigt, wird von den Finanzbehörden nicht anerkannt, weil in diesem Fall private und berufliche Nutzung nicht getrennt werden können.

Alle Aufwendungen, die die private Lebensführung betreffen, dürfen nicht als Werbungskosten aufgeführt werden. Betreffen Aufwendungen sowohl den privaten als auch den beruflichen Bereich, können sie grundsätzlich nicht als Werbungskosten anerkannt werden. Bei dienstlich genutzten Fernmeldeeinrichtungen und Kraftfahrzeugen ist jedoch in bestimmten Fällen eine anteilige Anrechnung möglich.

In folgenden Fällen kann ein **Arbeitszimmer steuerlich abgesetzt** werden:

● **In unbegrenzter Höhe**:
– Das Arbeitszimmer bildet den Mittelpunkt der gesamten beruflichen und betrieblichen Betätigung.
– Es liegt außerhalb der Wohnung.

● **Maximal bis 1.250 Euro**:
– Die berufliche oder betriebliche Nutzung liegt über 50 % der gesamten beruflichen oder betrieblichen Nutzung.
– Für die berufliche oder betriebliche Tätigkeit steht kein anderer Arbeitsplatz zur Verfügung.

Werbungskosten bei Einkünften aus nichtselbstständiger Arbeit

Beruflich bedingte Fahrt- und Verpflegungskosten

– **Fahrten zwischen Wohnung und Arbeitsstätte**
Bei öffentlichen Verkehrsmitteln die tatsächlichen Kosten, bei Benutzung eines PKW 0,36 Euro für die ersten 10 km, 0,40 Euro für jeden weiteren Kilometer, bei Benutzung eines Motorrades 0,17 Euro, eines Fahrrades 0,07 Euro je Entfernungskilometer. Sind die Fahrtkosten mit einem öffentlichen Verkehrsmittel höher, können diese angesetzt werden.

– **Doppelte Haushaltsführung**
Mehraufwendungen eines Arbeitnehmers, der nicht täglich zu seinem Wohnort zurückkehren kann.

– **Dienstreisen**
Fahrtkosten nach Belegen, bzw. 0,30 Euro je gefahrener Kilometer bei Nutzung eines PKW. Verpflegungsmehraufwand und Übernachtungskosten werden nach Belegen oder pauschal gerechnet.

Arbeitsmittel für berufliche Aufgaben

– **Arbeitszimmer**
Kosten für die Ausstattung und Arbeitsmittel im Arbeitszimmer sowie die Renovierung.

– **Berufskleidung**
Nur Aufwendungen für typische Berufskleidung werden gerechnet (zum Beispiel ein Monteuranzug, jedoch kein Straßenanzug!).

– **Fachbücher**

– **Fachzeitschriften**

– **Weitere Arbeitsmittel**
Eine Anrechnung ist möglich, wenn die berufliche Notwendigkeit nachgewiesen wird.

Andere Werbungskosten

– **Beiträge zu Berufsverbänden**
Pflichtbeiträge und freiwillige Zahlungen an Berufsverbände und Gewerkschaften.

– **Bewerbungskosten**
Porto, Inserate, Kopier- und Beglaubigungskosten, Reisekosten, usw.

– **Umzugskosten**
Eine Anrechnung erfolgt nur, wenn der Umzug beruflich veranlasst war.

– **Fortbildungskosten**
Kursgebühren, Lernmittel, Reisekosten etc. in einem bereits ausgeübten Beruf.

Georg Webers Einkünfte aus nichtselbstständiger Arbeit errechnen sich wie folgt:

Einnahmen	*41 000 EUR*
– Werbungskosten, mind. Arbeitnehmer-Pauschbetrag 1 044 EUR	*–1 500 EUR*
Einkünfte aus nichtselbstständiger Tätigkeit	*39 500 EUR*

Sonderausgaben

Im vergangenen Jahr hatte Herr Weber eine beträchtliche Summe für seine Zukunftsvorsorge ausgegeben:

2 700 EUR für seine freiwillige Krankenversicherung,
4 500 EUR für Lebensversicherungsbeiträge,
550 EUR für seine Autohaftpflichtversicherung und
45 EUR für seine Privathaftpflichtversicherung.

Außerdem zahlte er privat 260 Euro Steuerberatungskosten und spendete 100 Euro an eine politische Partei. Daneben wurden ihm 650 Euro Kirchensteuer abgezogen.

Aufwendungen, die weder Betriebsausgaben noch Werbungskosten sind, können von den Einkünften abgezogen werden, wenn sie vom Gesetzgeber ausdrücklich als abzugsfähig bezeichnet worden sind.

Sonderausgaben

> **Persönliche Aufwendungen**, die der Staat aus wirtschafts- und sozialpolitischen Gründen als abzugsfähig anerkannt hat, werden als **Sonderausgaben** bezeichnet.

Beitragsbemessungsgrenze

Die **Vorsorgepauschale** soll die in der Regel zwangsweise anfallenden Vorsorgeaufwendungen ohne Nachweis berücksichtigen. Voraussetzung für die Gewährung dieser Pauschale ist ein Einkommen aus unselbstständiger Arbeit. Sie beträgt ca. 20 % des Brutto-Jahresarbeitslohnes, wobei jedoch bestimmte Höchstbeträge, die sich nach der **Beitragsbemessungsgrenze**, dem Familienstand und der Kinderzahl richten, berücksichtigt werden müssen. Die gesetzlich festgelegte Beitragsbemessungsgrenze ist dabei das Einkommen, aus dem die jeweiligen Höchstbeträge bzw. in der Krankenversicherung die Pflichtversicherungsgrenze abgeleitet werden. Die Beitragsbemessungsgrenze wird jährlich neu festgesetzt und beträgt für das Jahr 2002 54 000 Euro (neue Bundesländer 45 000 Euro) oder 4 500 Euro (neue Bundesländer 3 750 Euro) monatlich.

Beispiele für Sonderausgaben

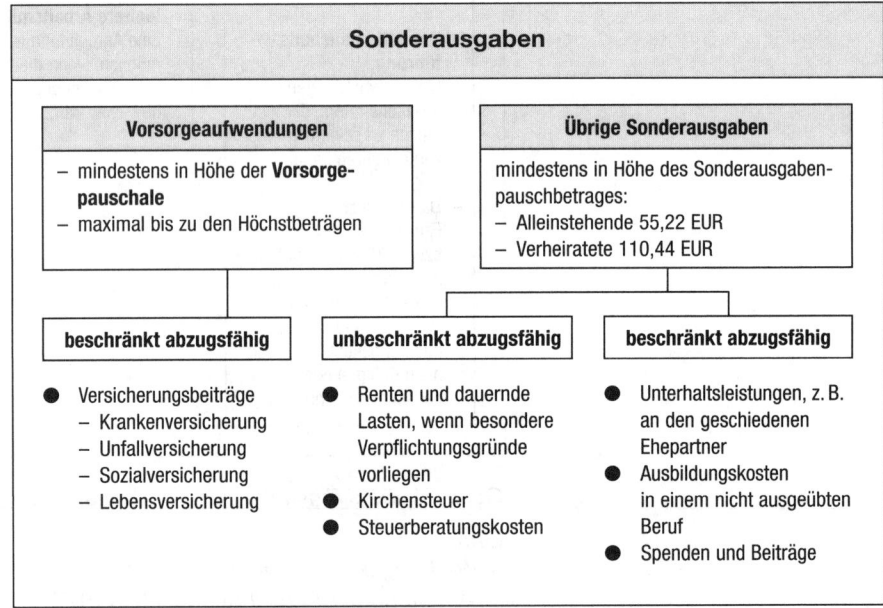

Höchstgrenzen der Vorsorgeaufwendungen

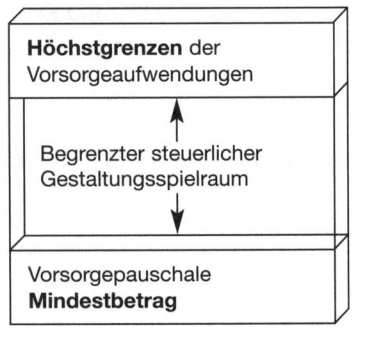

Es lohnt sich nur dann, Vorsorgeaufwendungen bei der Einkommensteuererklärung anzugeben, wenn die Pauschale überschritten wird. Auf der anderen Seite sieht das Einkommensteuerrecht **Höchstgrenzen für die Vorsorgeaufwendungen** vor, die sich nach dem Familienstand richten.

Die **übrigen Sonderausgaben** werden auf jeden Fall in Höhe des Sonderausgabenpauschbetrages von 55,22 Euro für Ledige und 110,44 Euro für zusammenveranlagte Verheiratete berücksichtigt. Nur wenn die tatsächlichen Ausgaben höher sind, lohnt es sich, diese Beiträge abzusetzen.

Herr Weber kann als Vorsorgeaufwendungen 2 001 Euro, als übrige Sonderausgaben 1 010 Euro ansetzen.

Außergewöhnliche Belastungen

Georg Weber hatte im vergangenen Jahr weitere finanzielle Belastungen. Nach einer langwierigen Zahnbehandlung musste er 650 Euro aus eigener Tasche bezahlen.

Außerdem hat er seine allein stehende Großmutter mit 1 500 Euro unterstützt, weil sie nur eine geringe Rente erhält.

Muss der Steuerpflichtige zwangsläufig größere Aufwendungen bestreiten als die überwiegende Mehrzahl der Steuerpflichtigen gleicher Einkommensgruppen, gleicher Vermögensverhältnisse und gleichen Familienstandes, so kann er unter bestimmten Voraussetzungen außergewöhnliche Belastungen geltend machen.

Zwangsläufige Aufwendungen

Als zwangsläufig werden Aufwendungen anerkannt, wenn sie aus folgenden Gründen geleistet werden: **Rechtliche Gründe**, z. B. Unterstützung der Kinder; **tatsächliche Gründe**, z. B. Krankheitskosten; **sittliche Gründe**, z. B. Unterstützung naher Angehöriger.

Außergewöhnliche Belastungen

> **Außergewöhnliche Belastungen** sind persönliche, zwangsläufige Aufwendungen des Steuerpflichtigen, die ihn stärker beanspruchen als die übrigen Steuerzahler.

Außergewöhnliche Belastungen

allgemeiner Art	besonderer Art
abzugsfähig in Höhe des Betrages, der die **zumutbare Belastung** übersteigt	voll abzugsfähig innerhalb bestimmter Höchstgrenzen

- **z. B. Krankheitskosten,** die nicht ersetzt werden
- **Beerdigungskosten,** die den Wert des Nachlasses übersteigen
- **Prozesskosten einer Ehescheidung**

- **z. B. Körperbehinderte und Hinterbliebene** erhalten Pauschbeträge angerechnet
- **Unterhalts- und Ausbildungskosten** werden durch Freibeträge berücksichtigt.

Die zumutbare Eigenbelastung richtet sich nach dem Einkommen, dem Familienstand und der Kinderzahl.

Beispiel einer zumutbaren Eigenbelastung

Bei Herrn Weber sind 6 % von der Summe der Einkünfte als zumutbare Eigenleistung zu rechnen. Dieser Betrag liegt jedoch deutlich über den tatsächlich entstandenen Kosten, so dass keine steuerliche Berücksichtigung der Kosten für die Zahnbehandlung möglich ist.

Die Zahlungen an die Großmutter von Herrn Weber gelten als außergewöhnliche Belastungen besonderer Art. Die Höhe des absetzbaren Betrages hängt von dem Einkommen und Vermögen der Großmutter ab. Im Falle von Herrn Weber könnten die 1 500 Euro voll angerechnet werden.

Wie hoch sind die Einkommen- und Kirchensteuer?

Die Höhe der Steuer, die Georg Weber zu entrichten hat, richtet sich nach seinem zu versteuernden Einkommen.

	EUR	EUR
Summe aller Einkünfte		*39 500*
● *Sonderausgaben*		
– *Vorsorgeaufwendungen*	–	
– *übrige Sonderausgaben*	*1 010*	*1 010*
● *außergewöhnliche Belastungen*		
– *allgemeiner Art*	–	
– *besonderer Art*	*1 500*	*1 500*
Zu versteuerndes Einkommen		*36 990*

Der Einkommensteuertarif in der Bundesrepublik Deutschland versucht, die Grundanforderungen einer gerechten Besteuerung zu erfüllen. Der Höchstsatz der Einkommensteuer sinkt ab 2003 auf 47 %, ab 2005 auf 42 %.

Neue Steuersätze ab 2001			
Anwendungszeitraum	**Grundfreibetrag**	**Eingangssteuersatz**	**Höchststeuersatz**
ab 01.01.2001	7235 EUR	19,9 %	48,5 %
ab 01.01.2002	7235 EUR	19,9 %	48,5 %
ab 01.01.2003	7426 EUR	17,0 %	47,0 %
ab 01.01.2005	7664 EUR	15,0 %	42,0 %

Steuertarif: Zu versteuernde Jahreseinkommen bis 7 235 Euro (Verheiratete jeweils der doppelte Betrag) bleiben steuerfrei. Oberhalb des neuen Grundfreibetrages beginnt die lineare Steuerprogression mit dem Steuersatz von 19,9 %.

Einem gleich bleibenden Steuersatz von 48,5 % unterliegen die Jahresgehälter über 55 008 Euro bei Ledigen bzw. 110 016 Euro bei Verheirateten.

Für geringfügig Beschäftigte bis 325 Euro monatlichem Einkommen muss keine Steuer, jedoch 12 % Renten- und 10 % Krankenversicherung durch den Arbeitgeber abgeführt werden.

Kirchensteuer

Kirchensteuer müssen die Mitglieder jener Religionsgemeinschaft bezahlen, welche Kirchensteuer erheben. Dies sind in erster Linie die evangelische und römisch-katholische Kirche. Grundsätzlich wird die Kirchensteuer bei der Veranlagung zur Einkommensteuer von den Finanzämtern festgesetzt und erhoben. Bei Lohnsteuerzahlern wird sie vom Arbeitgeber einbehalten und zusammen mit der Lohnsteuer an das Finanzamt abgeführt. Das Finanzamt leitet diese Beträge an die jeweiligen Religionsgemeinschaften weiter.

Die Bemessungsgrundlage für die Kirchensteuer ist im Wesentlichen die Einkommen- oder Lohnsteuer, gemindert um eventuelle Kinderentlastungsbeträge. Die Kirchensteuersätze schwanken je nach Bundesland zwischen 8 % und 9 %.

Es ist davon auszugehen, dass die steuerlichen Regelungen in den kommenden Jahren grundlegend verändert werden.

Steuersparende Anlageformen

Privatanleger haben viele Möglichkeiten, ihre Steuerbelastung zu senken.

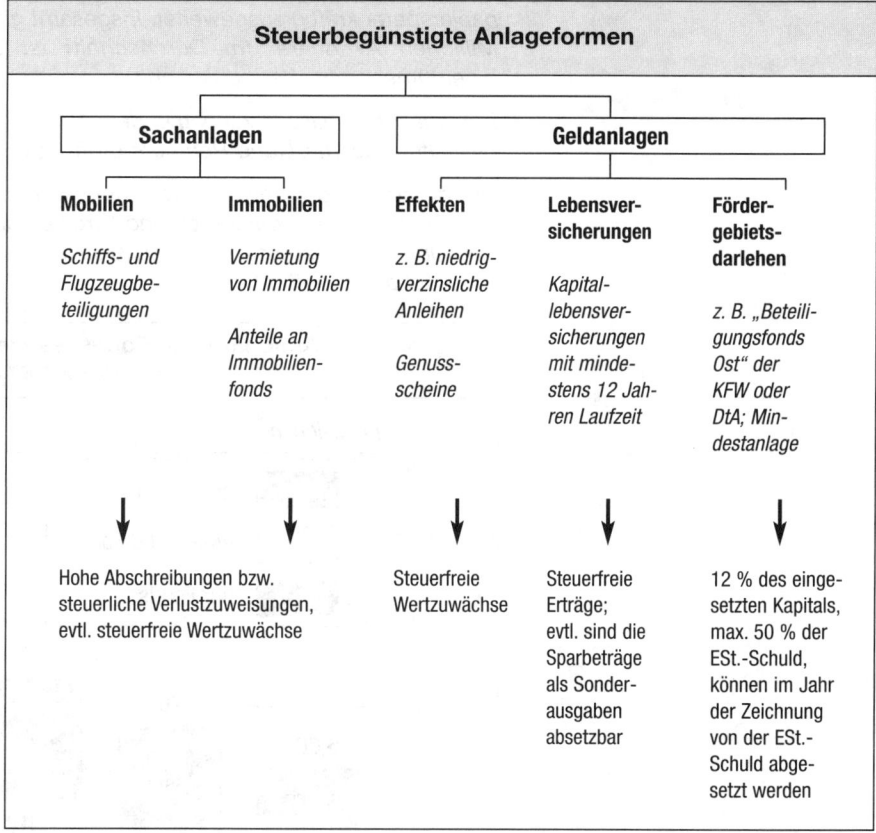

Der Höchstsatz der Einkommensteuer für gewerbliche Einkünfte beträgt 47 %.

● **Grundtarif** für Ledige

● **Splittingtarif** für zusammenveranlagte Ehepaare

So hoch ist die Einkommensteuer (in EUR)		
Zu versteuerndes Einkommen	ab 2002	
	Ledige	Verheiratete
10 000	611	0
20 000	3 235	1 222
30 000	6 418	3 706
40 000	10 158	6 470
50 000	14 440	9 514
70 000	24 078	16 436

8.2 Effektengeschäft

Nach der Bundesbankstatistik hat sich in den letzten Jahren der Kreis der Wertpapiersparer kräftig ausgeweitet. Insgesamt gibt es in Deutschland zur Zeit ca. 13 Millionen Aktionäre. Im Durchschnitt ist ungefähr jeder fünfte Deutsche Eigentümer eines Wertpapierkontos.

Dabei fällt auf, dass in zunehmendem Maße Wertpapierdepots von Arbeitern, Angestellten, Beamten und Rentnern eröffnet werden.

Der größte Teil der privaten Wertpapierkonten (45 %) wird bei den privaten Banken, 26 % bei den Sparkassen und Girozentralen und der Rest bei den sonstigen Kreditinstituten, hauptsächlich den Kreditgenossenschaften und den Kapitalanlagegesellschaften, geführt.

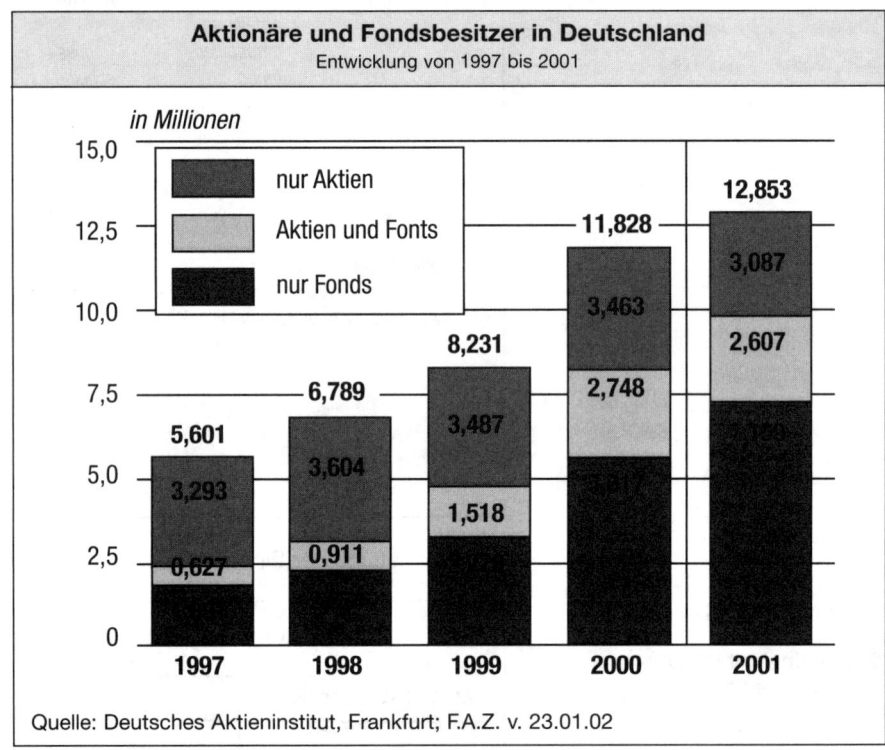

Aktionäre und Fondsbesitzer in Deutschland
Entwicklung von 1997 bis 2001

Quelle: Deutsches Aktieninstitut, Frankfurt; F.A.Z. v. 23.01.02

Lernziele

● Den Begriff der Effekten abgrenzen,

● die Merkmale der wesentlichen Effektenarten erläutern und bewerten,

● die Möglichkeiten der Aktienbewertung skizzieren,

● die wichtigen steuerlichen Vorschriften für Effektenanlagen erklären,

● Aufgabe und Struktur der deutschen Kassa- und Terminbörse beschreiben,

● die Grundzüge der Wertpapierverwahrung und -verwaltung skizzieren,

● begründete Anlagevorschläge mit Effekten erarbeiten.

Im Gegensatz zu den anglo-amerikanischen Ländern werden diese Geschäfte bei uns von den Geschäftsbanken durchgeführt. Die Kreditinstitute erfüllen dabei eine Vermittlerfunktion.

Effektengeschäfte der
Kreditinstitute

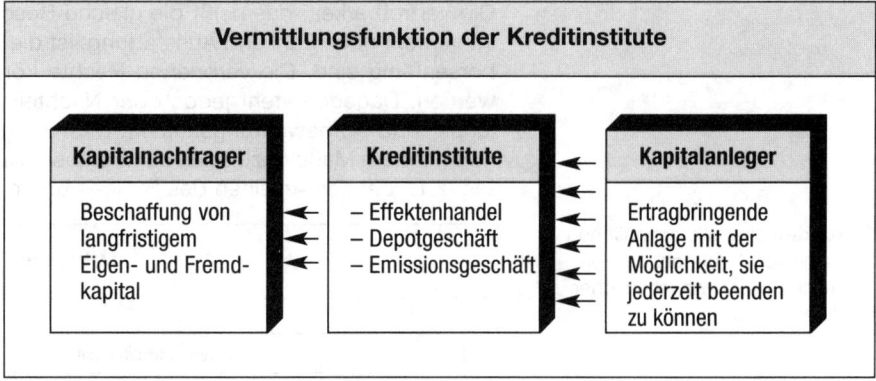

8.2.1   Begriff der Effekten

Die Begriffe „Effekten" und „Wertpapiere" werden in der Praxis häufig sinnverwandt
gebraucht; der Begriff „Wertpapier" ist aber weiter gefasst:

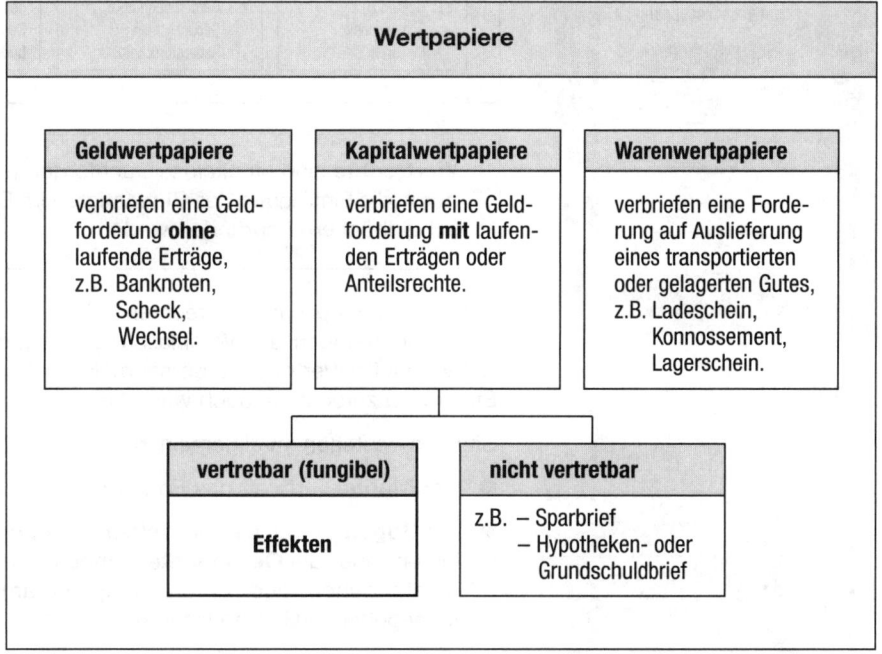

Begriff der Effekten

Effekten sind **vertretbare Kapitalwertpapiere**; sie verbriefen eine Geldforderung mit laufenden Erträgen, die nur der Besitzer des Wertpapiers
geltend machen kann.

Die Vertretbarkeit, das heißt die gleiche Beschaffenheit und die Bestimmbarkeit im Verkehr nach Zahl und Ausstattung, ist die Voraussetzung dafür, dass Effekten börsenfähig sind. Die verbrieften Rechte können somit sehr einfach gehandelt werden. Dagegen steht jedoch der Nachteil der Verlustgefahr und der Herstellungs- und Aufbewahrungskosten. Deshalb geht man im Effektenverkehr in zunehmendem Maße dazu über, auf die Ausstellung einer **Urkunde** ganz zu verzichten, z. B. bei den Anleihen des Bundes und der Länder.

Urkunden sind alle schriftlichen Gedankenäußerungen, die von rechtlicher oder wirtschaftlicher Bedeutung sind.

Mantel:

Bogen:

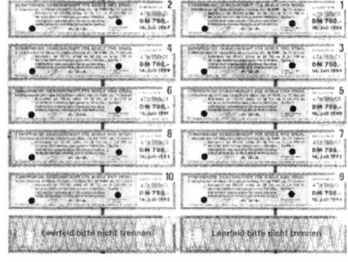

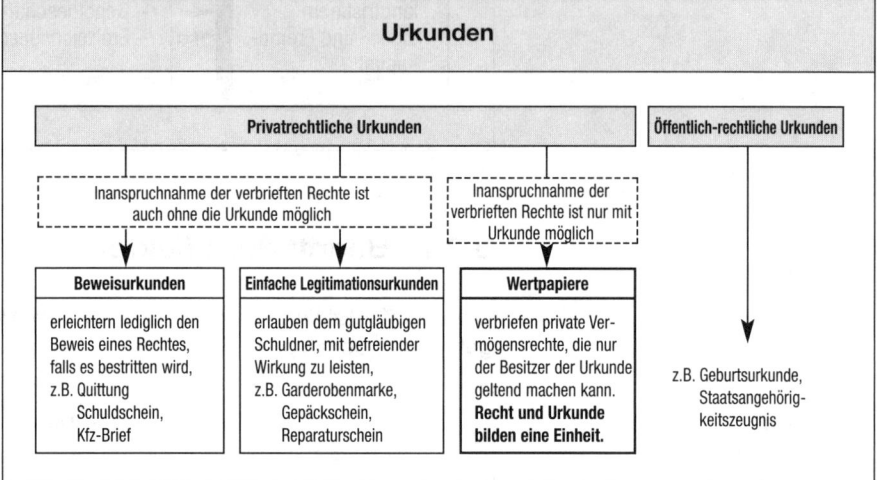

Wertrechte sind stückelose Buchforderungen mit laufenden Erträgen, die durch die Eintragung des Berechtigten im Bundes- oder in einigen Landesschuldbüchern begründet werden.

Die Übertragung von Wertrechten erfolgt durch Umbuchung im Bundes- oder Landesschuldbuch auf Veranlassung des bisherigen Eigentümers. Sie können wie verbriefte Wertpapiere börsenmäßig gehandelt werden. Folglich sind sie den Effekten zuzurechnen, auch wenn keine Urkunden vorliegen.

Effekten bestehen im allgemeinen aus Mantel und Bogen.

● Der **Mantel** verbrieft das Forderungs- oder Anteilsrecht,

● der **Bogen** enthält die **Zinsscheine (Kupons)**, die auf einen festen Geldbetrag lauten, oder die **Gewinnanteilscheine**, die den Anspruch auf einen eventuell entstandenen und durch Hauptversammlungsbeschluss zur Verteilung freigegebenen Gewinn sichern.

Am unteren Ende enthält der Bogen einen **Erneuerungsschein (Talon)**, der zum Bezug neuer Bogen berechtigt.

8.2.2   Gläubigerpapiere

Die Bankkundin Martina Härdtle hat in mehreren Jahren einen Betrag von 50 000 Euro gespart, den sie überwiegend auf Sparbüchern mit verschieden langer Laufzeit angelegt hat. Sie möchte für dieses Geld nun eine bessere Verzinsung erzielen und erkundigt sich deshalb bei ihrer Bank, welche Gläubigerpapiere für sie in Frage kommen. Dabei will sie sich vor allem über die Schuldner solcher Papiere, die Sicherheiten sowie die Rückzahlung des angelegten Geldes informieren.

Gläubigerpapiere

> **Gläubigerpapiere** verbriefen eine schuldrechtliche Verpflichtung und gewähren dem Inhaber ein Forderungsrecht gegenüber dem Emittenten.

Mit Hilfe von Gläubigerpapieren beschaffen sich öffentlich-rechtliche und private Emittenten mittel- und langfristiges Fremdkapital. Der Anleger hat das **Recht**,

Rechte des Gläubigers

- gegen die Einreichung von Zinsscheinen einen im Voraus festgelegten Zins zu erhalten und

- am Fälligkeitstag mindestens den Nennbetrag zurückbezahlt zu bekommen.

Verzinsung

Zinstermine:
J/J = 2. Januar und 1. Juli
F/A = 1. Februar und 1. August
M/S = 1. März und 1. September
A/O = 1. April und 1. Oktober
M/N = 2. Mai und 1. November
J/D = 1. Juni und 1. Dezember

Bei den meisten Gläubigerpapieren werden heute die Zinsen jährlich, manchmal noch halbjährlich bezahlt. Bei halbjährlicher Zahlung sind nebenstehende Zinstermine üblich.

An jedem dieser Zinstermine werden gegen Vorlage des fälligen Zinsscheins die Zinsen für das **zurückliegende Halbjahr** ausgezahlt.

Stückzinsen

Werden die Gläubigerpapiere zwischen den Zinsterminen veräußert, so verbleibt der nächstfällige Zinsschein entweder beim Verkäufer oder er wird dem Käufer übergeben. Der Zinsanteil desjenigen, der auf den Zinsschein verzichtet hat, wird bereits beim Verkauf des Gläubigerpapiers verrechnet (**Stückzinsen**). Der Kaufpreis umfasst somit neben dem Kurswert auch die Stückzinsen (**ausmachender Betrag**).

Der **Zinssatz** der Anleihe wird in Prozent des Nennbetrags ausgedrückt.

Die **Rendite** wird bestimmt von

- dem nominalen Zinssatz,

- dem Ausgabekurs bzw. Kaufkurs,

- dem Rückzahlungskurs und

- der Laufzeit der Anleihe.

Diese Rendite war in den vergangenen Jahren großen Schwankungen unterworfen.

$$\text{Rendite} = \frac{\text{Gesamtertrag} \times 360}{\text{Laufzeit}} \times \frac{100}{\text{Kapitaleinsatz}}$$

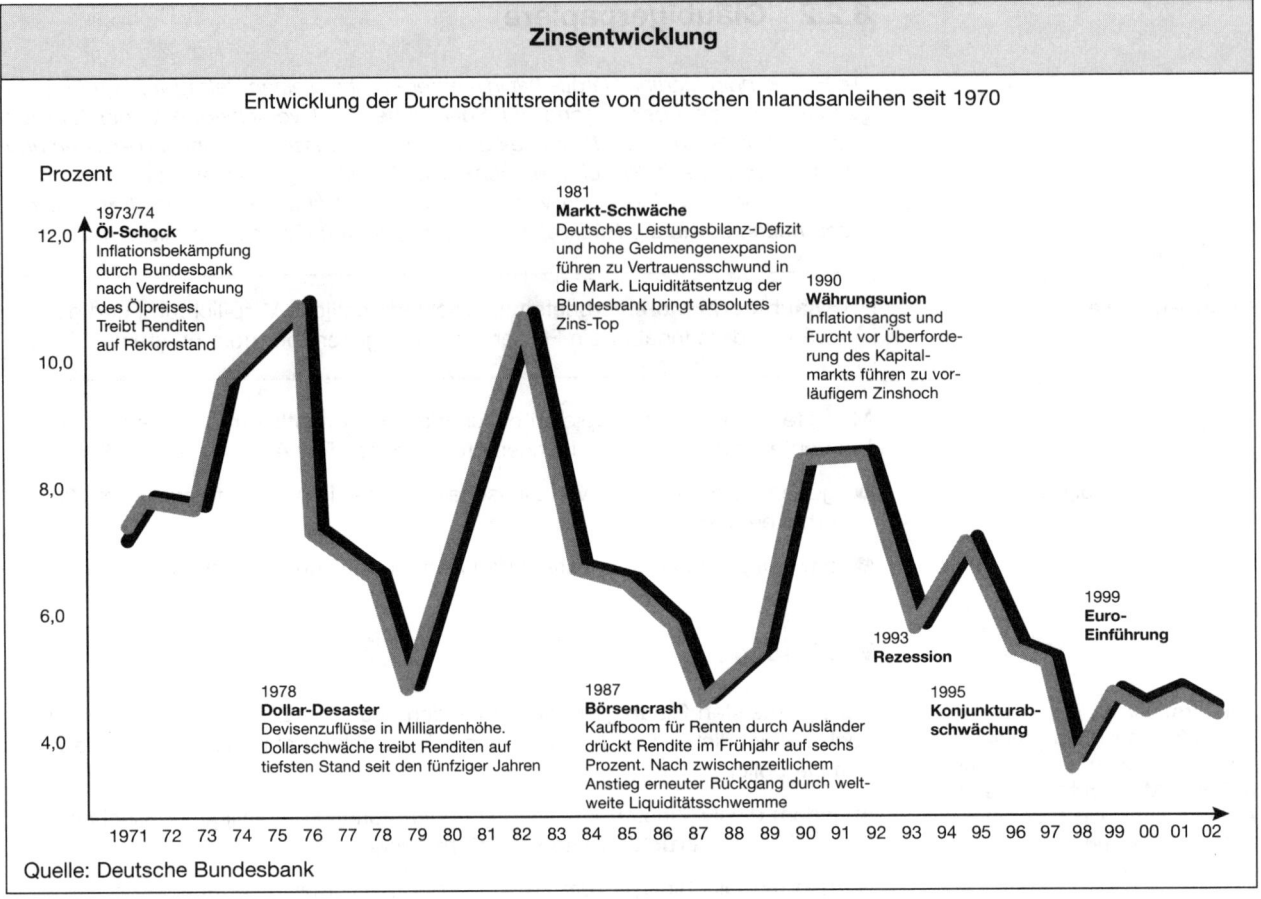

Zinsentwicklung

Entwicklung der Durchschnittsrendite von deutschen Inlandsanleihen seit 1970

Prozent

1973/74
Öl-Schock
Inflationsbekämpfung
durch Bundesbank
nach Verdreifachung
des Ölpreises.
Treibt Renditen
auf Rekordstand

1981
Markt-Schwäche
Deutsches Leistungsbilanz-Defizit
und hohe Geldmengenexpansion
führen zu Vertrauensschwund in
die Mark. Liquiditätsentzug der
Bundesbank bringt absolutes
Zins-Top

1990
Währungsunion
Inflationsangst und
Furcht vor Überforde-
rung des Kapital-
markts führen zu vor-
läufigem Zinshoch

1999
**Euro-
Einführung**

1993
Rezession

1978
Dollar-Desaster
Devisenzuflüsse in Milliardenhöhe.
Dollarschwäche treibt Renditen auf
tiefsten Stand seit den fünfziger Jahren

1987
Börsencrash
Kaufboom für Renten durch Ausländer
drückt Rendite im Frühjahr auf sechs
Prozent. Nach zwischenzeitlichem
Anstieg erneuter Rückgang durch welt-
weite Liquiditätsschwemme

1995
**Konjunkturab-
schwächung**

1971 72 73 74 75 76 77 78 79 80 81 82 83 84 85 86 87 88 89 90 91 92 93 94 95 96 97 98 99 00 01 02

Quelle: Deutsche Bundesbank

Laufzeit und Tilgung

Gläubigerpapiere sind **Tilgungsanleihen**, das heißt, der Schuldner muss seine
Verbindlichkeiten zurückzahlen.

Die **Laufzeit** der Tilgungsanleihen kann unterschiedlich lang sein, übersteigt aber
heute nur selten 10 Jahre.

Sicherheitsmerkmale von Gläubigerpapieren

Mündelsicherheit
Geeignet zur Anlage von Geldern, die vom Vormund treuhänderisch für Mündel verwahrt werden (Mündelgelder)

↓

– Anleihen des Bundes und der Länder,
– Anleihen, die vom Bund oder von einem Land garantiert werden,
– Anleihen, die von der Bundesregierung mit Zustimmung des Bundesrates als mündelsicher erklärt werden (z. B. Pfandbriefe).

Deckungsstockfähigkeit
Geeignet zur Anlage von Rücklagen der Versicherungen, die durch die Ansammlung eines Teils der Prämien entstehen (Deckungsstock oder Prämienreserve)

↓

– Alle mündelsicheren Anleihen,
– Anleihen, die vom Bundesaufsichtsamt für das Versicherungswesen für deckungsstockfähig erklärt wurden.

Für die Rückzahlung der Tilgungsanleihen gibt es heute in der Praxis mehrere Möglichkeiten:

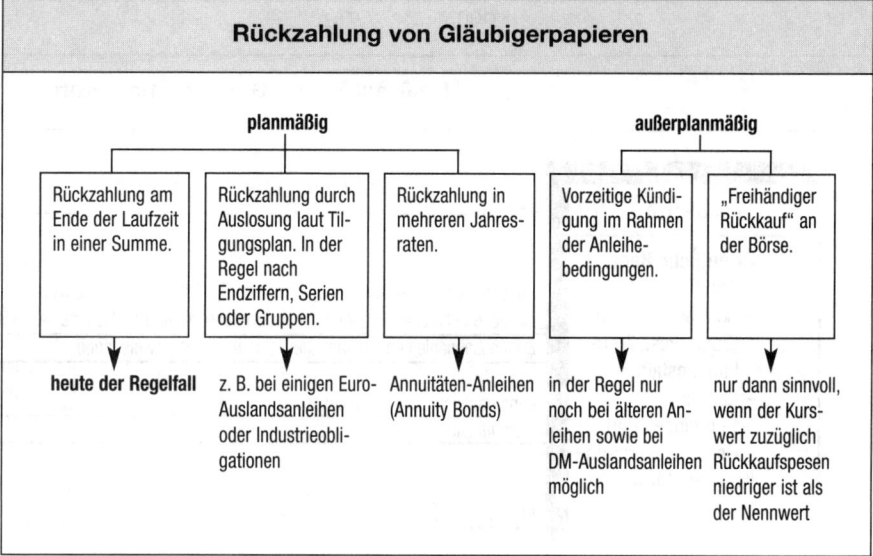

Anleihen werden in der Regel **zu pari**, das heißt mit 100 % getilgt.

Sicherheit von Gläubigerpapieren

Die Sicherheit der Gläubigerpapiere hängt in erster Linie von der Zahlungsfähigkeit des Emittenten ab. Verstärkte Absicherungen gibt es bei einer Reihe dieser Papiere. Dabei kommen in Frage:

● Belastung von Immobilien des Schuldners zugunsten der Emissionsbank,

● die Verpflichtung des Schuldners, während der Laufzeit der Anleihe keine weitere Anleihe aufzunehmen oder künftige Anleihen nicht auf Kosten dieser Emission abzusichern (**Negativerklärung**),

● Garantien oder Bürgschaften (meist von der öffentlichen Hand) oder

● besondere Deckungen für ausgegebene Papiere (z. B. bei Emissionen von Realkreditinstituten).

Die Sicherheit der Gläubigerpapiere wird oftmals durch Merkmale gekennzeichnet, die sich aus ihrer Eignung für die Anlage bestimmter Gelder ergeben.

Arten der Gläubigerpapiere

Die Vielzahl der Gläubigerpapiere kann sinnvoll nach dem Aussteller eingeteilt werden.

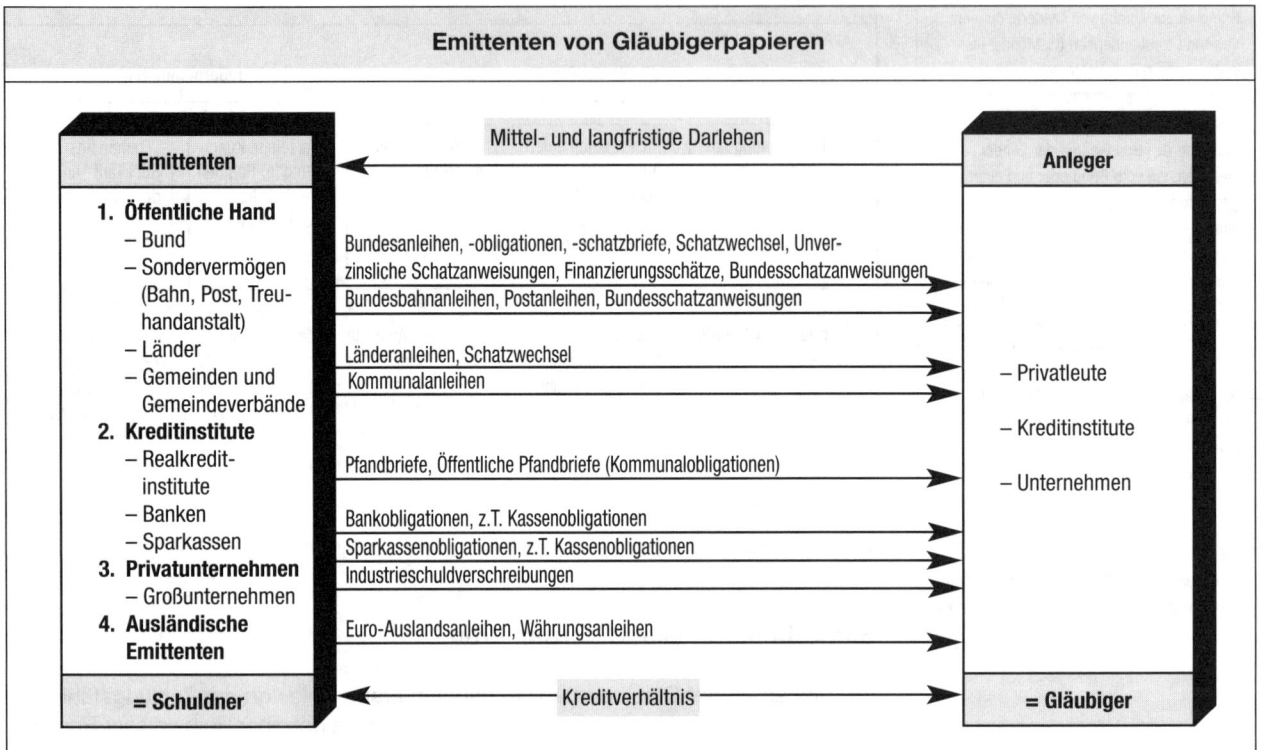

Die Höhe und die zeitliche Reihenfolge der Emissionen wird vom **Zentralen Kapitalmarktausschuss** unter Berücksichtigung der Marktlage geregelt. Dieser Ausschuss ist eine freiwillige Einrichtung des Kreditgewerbes; er besteht aus Vertretern der Bankenverbände und der größeren Emissionsinstitute. Seine Aufgabe liegt in der Abstimmung von Angebot und Nachfrage auf dem Markt für Gläubigerpapiere.

Die Ausgabe öffentlicher Schuldverschreibungen wird zusätzlich im **Konjunkturrat** beraten, der sich nach dem Stabilitätsgesetz aus Vertretern der öffentlichen Kapitalnachfrager zusammensetzt. Zusätzlich muss bei solchen Papieren das Benehmen mit der **Deutschen Bundesbank** hergestellt werden. Damit soll gewährleistet werden, dass auch die gesamtwirtschaftlichen Interessen nicht verletzt werden.

Öffentliche Gläubigerpapiere

Anleihe der Bundesrepublik Deutschland von 199. (Auszug)

Die Anleihe wird am 20. November 200. zum Nennwert zurückgezahlt. Zinszahlung: Nachträglich am 20. November eines jeden Jahres. Die Verzinsung endet mit dem Ablauf des dem Fälligkeitstag vorhergehenden Tages.

Grundgesetz
„Art. 115 (Kreditbeschaffung) (1)
Die Aufnahme von Krediten sowie die Übernahme von Bürgschaften, Garantien oder sonstigen Gewährleistungen, die zu Ausgaben in künftigen Rechnungsjahren führen können, bedürfen einer der Höhe nach bestimmten oder bestimmbaren Ermächtigung durch Bundesgesetz. Die Einnahmen aus Krediten dürfen die Summe der im Haushaltsplan veranschlagten Ausgaben für Investitionen nicht überschreiten; Ausnahmen sind nur zulässig zur Abwehr einer Störung des gesamtwirtschaftlichen Gleichgewichts."

Öffentliche Haushalte stehen im Zeichen wieder wachsender Defizite. Die öffentliche Hand wird deshalb zunehmend Gläubigereffekten emittieren.

Die Kreditaufnahme der öffentlichen Hand und damit die Ausgabe von Gläubigerpapieren des Staates ist im Grundgesetz geregelt.

Öffentliche Gläubigerpapiere können aus mehreren Gründen ausgegeben werden, und zwar

- zur Finanzierung öffentlicher Investitionen,
- zur Förderung der Eigentums- und Vermögensbildung in allen Bevölkerungsschichten,
- als Steuerungsmittel der Geldmenge im Rahmen der Offenmarkt-Politik.

Die Sicherheit dieser Emissionen liegt im **Vermögen und in der Steuerkraft** der Emittenten. Deshalb erübrigen sich weitere Sicherheiten.

Öffentliche Gläubigerpapiere für private Anleger

Merkmale \ Öffentliche Gläubigerpapiere	Anleihen von Bund, Bahn und Post	Länderanleihen	Kommunalanleihen	Bundesobligationen	Bundesschatzbriefe Typ A	Bundesschatzbriefe Typ B	Finanzierungsschätze
Laufzeit bei Neuemissionen	Meist 10 Jahre, bis zu 30 Jahren	Bis zu 10 Jahren	Bis zu 10 Jahren	ca. 5 Jahre	6 Jahre	7 Jahre	1 und 2 Jahre
Mindestauftragsgröße	0,01 EUR	0,01 EUR	0,01 EUR	0,01 EUR	50 EUR	50 EUR	500 EUR
Höchstbetrag der Anlage	unbeschränkt	unbeschränkt	unbeschränkt	unbeschränkt	unbeschränkt	unbeschränkt	250 000 EUR je Person und Geschäftstag
Zinszahlung	halbjährlich/ jährlich	halbjährlich/ jährlich	jährlich	jährlich	jährlich	Auszahlung der Zinsen und Zinseszinsen bei Rückzahlung des Kapitals	Abdiskontierung beim Erwerb
Rückzahlung	zum Nennwert	zum Nennwert	zum Nennwert	zum Nennwert	zum Nennwert	zum Nennwert + Zinsen	zum Nennwert
Verkauf oder vorzeitige Rückgabe	täglich zum Börsenkurs	täglich zum Börsenkurs	täglich zum Börsenkurs	täglich zum Börsenkurs	jederzeit nach dem ersten Laufzeitjahr bis zu 5 000 EUR je Anleger innerhalb 30 Zinstagen		nicht möglich
Erwerberkreis	jedermann	jedermann	jedermann	natürliche Personen und gemeinnützige, mildtätige und kirchl. Einrichtungen; keine Gebietsfremden	Natürliche Personen und gemeinnützige, mildtätige und kirchliche Einrichtungen, keine Gebietsfremden		jedermann, außer Kreditinstitute und Gebietsfremden
Art der Lieferung	Wertrechte der Bundesschuldenverwaltung	Wertrechte der Landesschuldenverwaltung oder effektive Stücke	effektive Stücke, heute i.d.R. in Globalurkunden verbrieft	Wertrechte der Bundesschuldenverwaltung	Wertrechte		Wertrechte der Bundesschuldenverwaltung
wesentliche Emissionsgründe	Langfristige Mittel für Investitionen der öffentlichen Hand			Daueremission für die Haushaltsfinanzierung des Bundes	Anlagepapiere für die breite Masse; Daueremission für die Haushaltsfinanzierung des Bundes		Mittelfristige Mittel für Investitionen der öffentlichen Hand

Bestimmte Bundesanleihen können in einen Kapitalanspruch (Anleihe-ex/Kapital-Strip) und Zinsanspruch (Zins-Strip) aufgeteilt werden. Zinsen werden auf den Kalendertag genau ermittelt, sofern die Wertpapiere nach dem 1. Januar 1999 ausgegeben wurden.

Pfandbriefe und öffentliche Pfandbriefe (Kommunalobligationen)

Die Geschichte des Geschäfts mit Pfandbriefen und öffentlichen Pfandbriefen (Kommunalobligationen) ist auf das Engste mit der Entstehung und Entwicklung der Realkreditinstitute verbunden. Seine heutige Bedeutung erlangte dieser Bereich der Bankentätigkeit vor allem seit der zweiten Hälfte des 19. Jahrhunderts.

Heute machen die Pfandbriefe ca. 18 % und die öffentlichen Pfandbriefe (Kommunalobligationen) ca. 40 % aller umlaufenden Gläubigerpapiere aus.

Pfandbriefe

> **Pfandbriefe** sind festverzinsliche Gläubigerpapiere, die von Realkreditinstituten emittiert werden und der Finanzierung von Darlehen dienen, die durch Grundschulden oder Hypotheken abgesichert sind.

Öffentliche Pfandbriefe

> **Öffentliche Pfandbriefe (Kommunalobligationen)** sind festverzinsliche Gläubigerpapiere, die von Realkreditinstituten emittiert werden. Sie dienen der Finanzierung von Darlehen an inländische Körperschaften und Anstalten des öffentlichen Rechts bzw. von Darlehen an Dritte, die durch eine öffentlich-rechtliche Körperschaft garantiert werden.

Rechtsvorschriften für die Ausgabe von Pfandbriefen und Kommunalobligationen:

– Das **Hypothekenbankgesetz** für die Geschäftstätigkeit privater Hypothekenbanken,

– das **Gesetz über die Pfandbriefe und verwandten Schuldverschreibungen öffentlich-rechtlicher Kreditanstalten**

Die Emittenten dieser Papiere sind

- öffentlich-rechtliche Real- und Kommunalkreditinstitute (z. B. die Landesbanken/Girozentralen oder die Deutsche Pfandbriefanstalt),

- private Hypothekenbanken und

- Schiffspfandbriefbanken.

Die Rolle der Pfandbriefe und öffentlichen Pfandbriefe (Kommunalobligationen) im Kapitalverkehr lässt sich aus einer vereinfachten Bilanz eines Realkreditinstitutes ableiten.

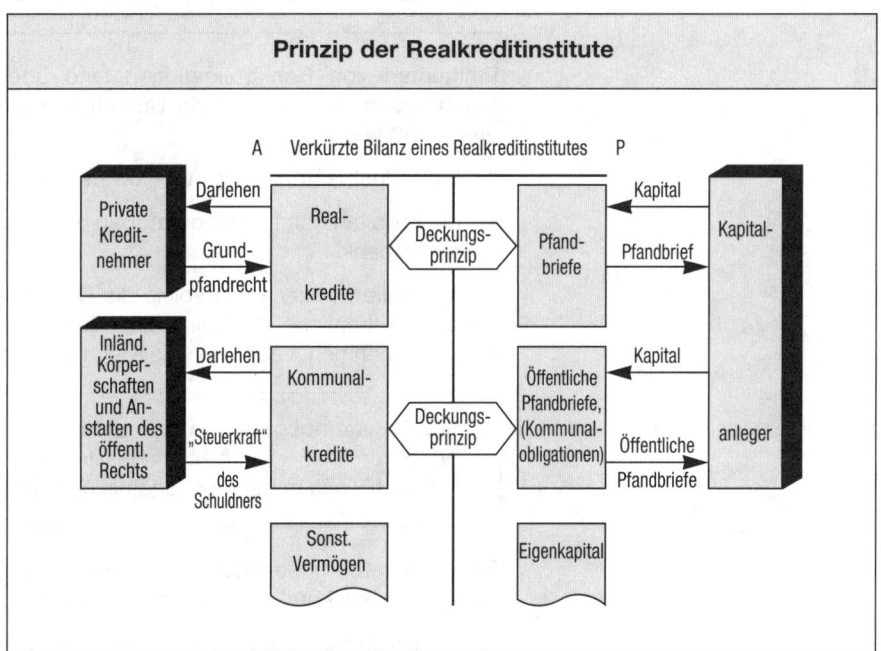

Für die Ausgabe solcher Papiere gelten besonders strenge Bestimmungen.

Zusätzlich gilt:

- **Ersatzdeckung**:
  Bis zu 10 % der umlaufenden Papiere können durch bestimmte Anlagen (z. B. öffentl. Gläubigerpapiere) gedeckt werden.

- Bei privaten Realkreditinstituten: **Überwachung** durch einen **Treuhänder**, der vom BAKred bestellt wird!

Sicherung von Pfandbriefen und öffentlichen Pfandbriefen

Deckungsprinzip (Kongruenzprinzip)	Eintragung in ein Hypotheken- bzw. Deckungsregister	Insolvenzvorrecht	Umlaufgrenzen
Der Gesamtbetrag der umlaufenden Papiere muss grundsätzlich durch Real- bzw. Kommunalkredite in gleicher Höhe und zu mindestens gleichem Zinssatz gedeckt sein.	Sämtliche zur Deckung der umlaufenden Pfandbriefe bestimmten Sicherheiten werden in ein **Hypothekenregister**, sämtliche Sicherheiten für öffentliche Pfandbriefe in ein **Deckungsregister** eingetragen.	Gläubiger von Pfandbriefen und öffentlichen Pfandbriefen werden bei einer Insolvenz des Realkreditinstituts bevorzugt befriedigt (Absonderungsrecht).	Die umlaufenden Pfandbriefe und öffentlichen Pfandbriefe dürfen das 60-fache des haftenden Eigenkapitals nicht übersteigen.

Bank- und Sparkassenobligationen

Während die Geschäftsbanken zum Teil seit Jahrzehnten, jedoch in sehr geringem Umfange, Bankobligationen ausgeben, haben die Sparkassen erst 1970 begonnen, festverzinsliche Wertpapiere in Form von Sparkassenobligationen mit bis zu 10-jähriger Laufzeit zu emittieren.

Bankobligationen

> **Bankobligationen** sind **börsenfähige Inhaberschuldverschreibungen** mit einer Laufzeit von bis zu zehn Jahren, die der Beschaffung von Mitteln für das mittel- und langfristige Kreditgeschäft dienen.

Emittenten von Bankobligationen sind überwiegend jene Kreditinstitute, die durch besondere Gesetze zur Durchführung bestimmter Finanzierungsaufgaben gegründet wurden:

● Die Industriekreditbank AG – Deutsche Industriebank,

● die Kreditanstalt für Wiederaufbau oder die Deutsche Siedlungs- und Landesrentenbank.

Während die Girozentralen sowie die Deutsche Genossenschaftsbank und einige genossenschaftliche Zentralkassen dieses Finanzierungsinstrument ebenfalls in Anspruch nehmen, verzichten die Kreditbanken weitgehend auf solche Emissionen.

Sparkassenobligationen

> **Sparkassenobligationen** sind **nicht börsenfähige Orderschuldverschreibungen** mit einer Laufzeit von bis zu zehn Jahren, die der Beschaffung von Mitteln für das mittel- und langfristige Kreditgeschäft dienen.

Diese Papiere können jederzeit zu einem von der emittierenden Sparkasse festgelegten „Hauskurs" zurückgegeben werden.

Die Emission von Bank- und Sparkassenobligationen verfolgt neben der reinen Finanzierungsfunktion den Zweck, den Sparern auch „im Hause" eine attraktive Kapitalanlage zu bieten. Dies gilt insbesondere für die Zeiten, in denen der Kapitalmarktzins den Zinssatz für Spareinlagen erheblich übersteigt.

Zunehmende Bedeutung haben die Obligationen für die Kreditinstitute erhalten, weil der Bedarf an Finanzierungsmittel mit Festzins wegen des stark gestiegenen Anteils an Festzinskrediten zugenommen hat.

Die Schuldverschreibungen der Banken und Sparkassen mit einer Laufzeit von bis zu drei Jahren werden teilweise als **Kassenobligationen** bezeichnet.

Industrieschuldverschreibungen

HOESCH

DM 150 000 000,–
Inhaber-Teilschuldverschreibungen

der

6¼% Deutsche Mark-Anleihe von 1987/1994

der

Hoesch International Finance B.V.
Haarlem, Niederlande

unter der unbedingten und unwiderruflichen Garantie der

Hoesch Aktiengesellschaft
Dortmund

> **Industrieschuldverschreibungen** (Industrieobligationen und Teilschuldverschreibungen) sind Inhaberschuldverschreibungen bedeutender Industrieunternehmen, die der Finanzierung langfristiger Investitionen dienen.

Neben reinen Industrieunternehmen treten auch Unternehmen aus anderen Branchen, z. B. Kaufhäuser, als Emittenten auf. Die Sicherung dieser Anleihen erfolgt

● durch die **Eintragung von Grundpfandrechten** oder

● durch eine **Negativklausel** in den Anleihebedingungen. Dabei verpflichtet sich der Emittent, die Grundstücke nicht zu belasten bzw. im Falle einer Belastung während der Laufzeit der Obligationen den Besitzern nachträglich eine gleichrangige dingliche Sicherheit einzuräumen.

Grundsätzlich sind die Industrieobligationen mit einem etwas höheren Zinsfuß als andere festverzinsliche Wertpapiere zum entsprechenden Zeitpunkt ausgestattet, weil sie nicht mündelsicher sind.

Euro-Auslandsanleihen und Währungsanleihen

> **Auslandsanleihen** werden von öffentlichen und privaten Einrichtungen ausgegeben, die ihren Sitz **nicht** in der Bundesrepublik Deutschland haben. Sie können auf Euro oder auf eine andere Währung lauten.

Stadt Kobe

Japan

Verkaufsangebot

DM 100 000 000

5,75% Deutsche Mark Teilschuldverschreibungen
von 1978/1986

Ausgabekurs 100,25

Die Auslandsanleihen haben in Deutschland einen Anteil von weit über 10 % am Rentenmarkt. Die überwiegende Mehrheit dieser Papiere lautet dabei auf Euro. Bei den Währungsanleihen sind die Papiere in US-$ und Euro von wesentlicher Bedeutung.

Die Zusammensetzung der Emittenten ist sehr vielschichtig:

● Internationale Institutionen: *EU, Weltbank, Asiatische Entwicklungsbank, . . .*

● Ausländische Staaten: *Argentinien, Japan, Venezuela, . . .*

● Ausländische Provinzen: *Ontario, Quebec, . . .*

● Ausländische Städte: *Bergen, Wien, Yokohama, . . .*

● Ausländische Banken und Unternehmen: *Ungarische Nationalbank, Unilever, Uniroyal, . . .*

Die Kurse der Auslandsanleihen werden neben dem Nominalzins und der Laufzeit in starkem Maße von der Einschätzung der Zahlungsfähigkeit und -willigkeit des Emittenten beeinflusst. Bei Währungsanleihen ist zusätzlich das Währungsrisiko mit einzubeziehen; gleichzeitig eröffnen Devisenkursschwankungen aber die Chance auf zusätzliche Erträge durch Kursgewinne.

Auslandsbonds

Die von deutschen Emittenten im Ausland ausgegebenen Anleihen werden als **Auslandsbonds** bezeichnet.

Finanzinnovationen am Kapitalmarkt

Die internationalen Kapitalmärkte sind durch tiefgreifende Strukturänderungen gekennzeichnet.

– Die nationalen Barrieren, welche früher den Zugang zu wichtigen Finanzmärkten versperrt haben, sind weitgehend gefallen;

– der starke Konkurrenzkampf der Banken hat zu einer Vielzahl neuer Anleiheformen geführt;

Securitisation =
Verbriefung von Forderungen

– große Unternehmen refinanzieren sich zunehmend direkt über Wertpapiere am Kapitalmarkt (Securitisation).

● **Null-Kupon-Anleihen (Zero-Bonds)**

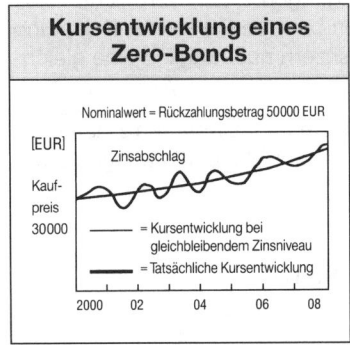

Kursentwicklung eines Zero-Bonds

Nominalwert = Rückzahlungsbetrag 50000 EUR

[EUR]

Zinsabschlag

Kaufpreis
30000

——— = Kursentwicklung bei gleichbleibendem Zinsniveau

▬▬▬ = Tatsächliche Kursentwicklung

2000   02   04   06   08

> **Null-Kupon-Anleihen (Zero-Bonds)** sind langfristige Anleihen, die in abgezinster Form ausgegeben werden. Die Verzinsung liegt in der Differenz zwischen Ausgabekurs und Rückzahlungspreis.

Diese Anleihen haben seit 1981, als sie erstmals in den USA (auf US-$ lautend) vorgestellt wurden, ein sehr großes Interesse bei den Anlegern gefunden.

Die Merkmale der Null-Kupon-Anleihen sind insbesondere:

– Durch die Abzinsung der Erträge, einschließlich Zinseszinsen, ist der **Kaufpreis** – insbesondere bei längerfristigen Papieren – **sehr niedrig**. So hat z. B. die Hessische Landesbank eine Null-Kupon-Anleihe mit 30 Jahren Laufzeit zu einem Kurs von 16,95 % ausgegeben.

– Der **relativ niedrige Kapitaleinsatz** – bezogen auf den Rückzahlungspreis – hat zur Folge, dass der Kurs der Anleihe überproportional stark auf Änderungen des Zinsniveaus reagiert. Hatte die oben angeführte Null-Kupon-Anleihe der Hessischen Landesbank bei der Emission noch eine Rendite von 6,1 %, so sank der Kurs der Anleihe aufgrund eines um 0,8 % höheren Zinsniveaus am Kapitalmarkt von 16,95 % auf 14,01 %.

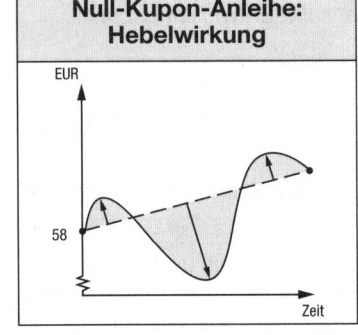

Null-Kupon-Anleihe: Hebelwirkung

EUR

58

Zeit

Diese relativ geringe Änderung des Zinsniveaus hatte somit zur Folge, dass der Kurs um ca. 20 % gesunken ist. Diese **Hebelwirkung** führt andererseits dazu, dass bei sinkenden Zinsen am Kapitalmarkt Null-Kupon-Anleihen überproportional stark im Kurs ansteigen. Neben den Anlegern, die langfristig eine sichere Verzinsung wünschen, kommen Zero-Bonds auch für Spekulanten in Frage, die kurzfristige Zinssenkungen am Kapitalmarkt erwarten.

– Der Kapitalanleger braucht sich um die Wiederanlage seiner Zinserträge nicht zu kümmern. Hinzu kommt, dass er für die gesamte Laufzeit den **Zinssatz** für die Anlage der Zinserträge **garantiert** bekommt. Deshalb liegt die Emissionsrendite von Null-Kupon-Anleihen meist etwas unter der Rendite gewöhnlicher Rentenpapiere.

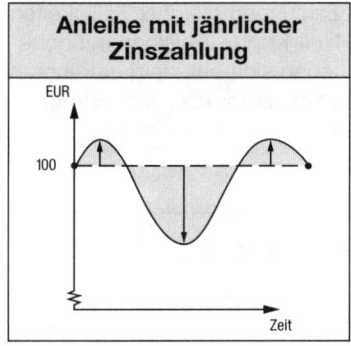

Anleihe mit jährlicher Zinszahlung

– Die Emittenten der Null-Kupon-Anleihen müssen zum Ende der Laufzeit den gesamten Kapitalbetrag zuzüglich Zinsen und Zinseszinsen aufbringen. Deshalb kommt der Prüfung der **Bonität** dieser Schuldner eine **besondere Bedeutung** zu. Je geringer die Kreditwürdigkeit der Emittenten eingeschätzt wird, desto niedriger wird der Kaufpreis sein. Deshalb sollte der Anleger vor allem bei Währungsanleihen dem Gesichtspunkt der Bonität starke Aufmerksamkeit widmen.

– Die **Steuerpflicht** für die Zinserträge entsteht erst bei der **Rückzahlung der Anleihe** bzw. bei einem vorzeitigen Verkauf. Bei einem vorzeitigen Verkauf ist – unabhängig vom tatsächlichen Kurs – jeweils der vorher ermittelte rechnerische Kursgewinn zu versteuern. Somit kann es geschehen, dass ein Steuerzahler Erträge versteuern muss, die er niemals erhalten hat.

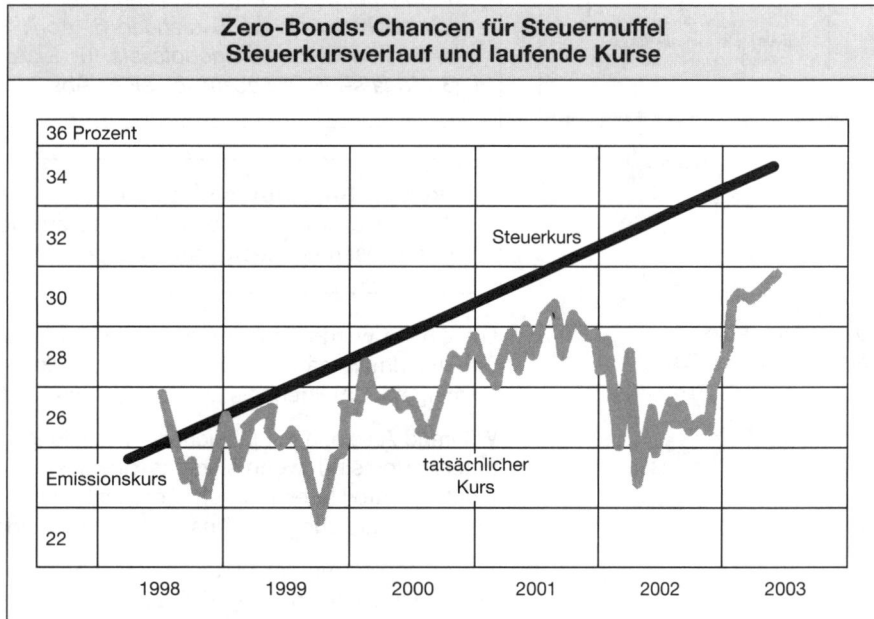

Zero-Bonds: Chancen für Steuermuffel Steuerkursverlauf und laufende Kurse

Neben den abgezinsten Null-Kupon-Anleihen werden in begrenztem Maße auch **aufgezinste Anleihen (Zinssammler)** angeboten. Bei dieser Variante zahlt der Anleger einen Emissionskurs von 100 %. Bei Fälligkeit erhält er diesen Wert zuzüglich Zinsen und Zinseszinsen ausgeschüttet.

Strip = **S**eperate **t**rading of **r**egistered **i**nterest and **p**rincipal securities

Seit 1997 ist in Deutschland das sogenannte **Stripping** von 10- bis 30-jährigen Bundesanleihen erlaubt.

> **Stripping** ist die Trennung des Kapitalbetrages von den jeweiligen Zinsansprüchen, so dass der Mantel und die Zinsscheine getrennt gehandelt werden.

Damit bekommt der Mantel den Charakter einer Null-Kupon-Anleihe. Aus einer 10-jährigen Bundesanleihe entstehen ein Kapital-Strip (Anleihe ex) mit einer Laufzeit von 10 Jahren und 10 Zins-Strips mit Laufzeiten zwischen einem und 10 Jahren. Zukünftig sind alle 10- und 30-jährigen Bundesanleihen mit einheitlichen Zinsterminen (jeweils am 04.01. und am 04.07.) ausgestattet.

Diese Regelung ermöglicht es dem Bund, Kupon-Zahlungen gleicher Fälligkeiten von unterschiedlichen Anleihen zu bündeln und in Null-Kupon-Anleihen mit höherer Liquidität umzuwandeln. Für private Anleger ergeben sich aus dem getrennten Handel von Kapital und Zinsansprüchen erhebliche Steuervorteile, weil Erträge in die Zukunft verlagert werden.

● **Floating Rate Notes**

Floating Rate Notes

10%
100%
98%
100%

Neue Festsetzung der Zinsen
(meist 3- oder 6-monatlich)

Anleihe der Bundesrepublik Deutschland von 1992/2002

Die Anleihe hat eine Laufzeit von 10 Jahren; sie wird am 6. April 2002 zurückgezahlt. Die Schuldnerin kann die Anleihe mit einer Frist von 30 Tagen zur vorzeitigen Rückzahlung zum Nennwert zum 6. April 1997 oder zu jedem 6. April der darauf folgenden Jahre kündigen. Die Zinsen werden vierteljährlich nachträglich am 6. Januar, 6. April, 6. Juli und 6. Oktober gezahlt. Verzinst wird zum Angebotssatz für 3-Monats-Euro-Einlagen in Frankfurt (3-Monats-FIBOR) abzüglich eines Abschlags von 0,25 % per annum …

Floating Rate Notes sind Anleihen mit variablen Zinssätzen, die in der Regel alle drei oder sechs Monate auf der Basis der kurzfristigen Euro-Marktzinsen neu festgesetzt werden.

EURIBOR = **Eur**o **I**nter**b**ank **O**ffered **R**ate

Die Zinsen werden dabei am 3- oder 6-Monats-**EURIBOR** ausgerichtet, der aus den Geldmarktsätzen von nahezu 60 Banken, die ihre Briefkurse für Euro-Termingelder melden, als Durchschnitt ermittelt wird.

Während Anleihen mit jährlichen Zinszahlungen relativ starken Kursschwankungen unterworfen sind, wenn sich das Zinsniveau am Kapitalmarkt ändert, weichen die Floating Rate Notes nur sehr begrenzt vom Emissionskurs ab, da spätestens bei der Neufestsetzung der Zinsen der Kurs wieder 100 % beträgt.

Als Anlageinstrument bieten Floating Rate Notes den Vorteil, dass sie börsennotiert sind und im Regelfall eine höhere Rendite als Bankeinlagen abwerfen. Wegen der relativ hohen Mindestbeträge kommen solche Anleihen nur für größere Anlagebeträge, z. B. ab ca. 50 000 Euro in Frage. Für kleinere Anlagen stehen jedoch Rentenfonds zur Auswahl, die sich auf solche Vermögenswerte konzentrieren.

● **Doppelwährungsanleihen**

Doppelwährungsanleihen am deutschen Kapitalmarkt werden gegen Euro ausgegeben und in einer anfangs festgelegten anderen Währung – meist US-$ – zurückgezahlt. Die Zinszahlungen erfolgen jeweils in Euro.

Die Renditen dieser Anleihen liegen meist deutlich über denen gewöhnlicher Euro-Anleihen. Außerdem hat der Erwerber die Möglichkeit, in der Rückzahlungswährung zu spekulieren. Dafür muss er jedoch ein Währungsrisiko tragen.

Als Schuldner von Doppelwährungsanleihen kommen besonders ausländische Unternehmen mit deutschen Tochtergesellschaften in Frage. Diese erhalten die Möglichkeit, ihre Euro-Einnahmen aus ihrem laufenden Geschäft zur Zinszahlung einzusetzen.

● **Index-Anleihen**

> **Index-Anleihen** sind Schuldverschreibungen, deren Rückzahlungskurs an einen Aktienindex gebunden ist.

Am deutschen Kapitalmarkt werden diese Anleihen meist am DAX ausgerichtet. **„Bull-Anleihen"** zielen auf Anleger mit Erwartungen auf steigende Kurse, **„Bear-Anleihen"** auf Spekulanten mit Erwartungen auf fallende Kurse.

● **Einlagenzertifikate (Certificate of Deposits – CD)**

> **Einlagenzertifikate** sind börsenfähige Bankquittungen über Termineinlagen, die am Geldmarkt mit Laufzeiten unter vier Jahren gehandelt werden.

Die Laufzeiten der Einlagenzertifikate bewegen sich meist zwischen ein und zwölf Monaten; die Zinssätze orientieren sich an den entsprechenden Sätzen der Termineinlagen.

Als Anleger kommen wegen der hohen Nennbeträge von 5 000 Euro, 50 000 Euro und mehr meist nur Großanleger und Kreditinstitute in Frage.

● **Anleihen mit Zinsoptionsscheinen**

> **Anleihen mit Zinsoptionsscheinen** bieten das Recht, innerhalb einer bestimmten Frist weitere Anleihen zu den im Zinsoptionsschein festgelegten Bedingungen zu erwerben.

● **Euro-Anleihen in Verbindung mit Swaps**

> **Euro-Anleihen in Verbindung mit Swaps** sind festverzinsliche Anleihen, bei denen Verbindlichkeiten in unterschiedlichen Währungen oder Zinsverpflichtungen getauscht werden.

● **Commercial Papers (CP)**

> **Commercial Paper** Programme sind Rahmenvereinbarungen zwischen dem Emittenten und der Bank (Plazeur), nach denen der Schuldner jederzeit kurzfristig Effekten (Notes) begeben kann.

Asset Backed Securities (ABS)

> **Asset Backed Securities (ABS)** sind Wertpapiere (Securities), mit denen Zahlungsansprüche verbrieft werden, die von Forderungen (Assets) gedeckt (backed) werden.

Im Regelfall wird hierbei eine unabhängige Zweckgesellschaft gegründet, an die bestimmte Forderungen, z. B. aus Kreditkarten, verkauft werden. Diese Zweckgesellschaft begibt dann eine Anleihe, die durch diese Forderungen gedeckt wird und am Ende der Laufzeit aus den Rückflüssen der fällig werdenden Forderungen getilgt werden.

Der Anleger erhält eine Verzinsung, die über staatlichen Anleihen liegt. Für die Banken hat diese Wertpapierform den Vorteil, dass sie einen Teil ihrer Aktiva außerhalb der Bilanz platzieren und so ihr Eigenkapital schonen können. Der weltweite Markt für diese Anleihen ist sprunghaft gewachsen. In Deutschland steht die Entwicklung am Anfang; das Marktpotential wird jedoch als sehr hoch angesehen.

Aufgaben

Sie sind Anlageberater in Ihrem Kreditinstitut. Heute erhalten Sie den Besuch Ihres langjährigen Kunden Walter Bauer, der aufgrund einer Erbschaft einen Geldbetrag von 150 000 Euro anlegen möchte.

Herr Bauer ist 45 Jahre alt, verheiratet, 3 Kinder sind in schulischer Ausbildung. Er ist als Angestellter in gehobener und recht gesicherter Position. Hausbesitz ist vorhanden, für die Familie wurde durch Sparguthaben und Lebensversicherungen bereits ausreichend Vorsorge getroffen.

Aus den laufenden Erträgen der Geldanlage sollen insbesondere zusätzliche Anschaffungen für Haushalt, Hobbies und Urlaubsreisen finanziert werden. Herr Bauer interessiert sich sehr für Politik und Wirtschaft und liest deshalb auch regelmäßig den Wirtschaftsteil seiner Tageszeitung.

a) Erklären Sie Ihrem Kunden die in Frage kommenden öffentlichen Gläubigerpapiere unter den Gesichtspunkten Ertrag, Kursrisiko und Verfügbarkeit.

b) Vergleichen Sie diese Anlagen mit bankeigenen Produkten bzw. Angeboten von Realkreditinstituten.

c) Prüfen Sie, inwieweit für den Kunden Finanzinnovationen eine sinnvolle Anlagealternative sein könnten.

d) Erstellen Sie einen begründeten Anlagevorschlag.

8.2.3 Aktien

Aktienanlagen – ein Würfelspiel?

KURS

Quelle: Handelsblatt

Aktien verbriefen einen Anteil am Grundkapital einer Aktiengesellschaft.

Durch die Ausgabe von Aktien beschaffen sich Unternehmen das notwendige **Eigenkapital**, um ihre Investitionen finanzieren zu können.

Das Grundkapital der Aktiengesellschaft wird in verbriefte, übertragbare Anteile mit einem festen Nennwert (Nennbetragsaktien) bzw. einem Bruchteil am Grundkapital (Nennbetragslose Aktien) zerlegt. Der **Nennwert** der ausgegebenen Aktien beträgt **1 Euro je Stück** oder ein Vielfaches davon. Die Ausgabe von Aktien unter ihrem Nennwert („unter pari") ist nicht zulässig. Werden sie mit einem Aufgeld (Agio) ausgegeben, so wird dieses, zuzüglich der Emissionskosten, in die Rücklagen eingestellt.

Nennbetragslose Aktien (Stückaktien) und Nennbetragsaktien

Die Aktie wird in der **Aktienurkunde** verbrieft.

Sie wird durch ein besonderes Papier mit Wasserzeichen sowie einen speziellen Druck gegen Fälschungen gesichert. Der Vorstand der Aktiengesellschaft muss die Urkunde – in der Regel mit Faksimileunterschrift – unterzeichnen.

In Deutschland spielen Aktien in der Vermögensanlage eine zwar geringe, aber zunehmende Rolle.

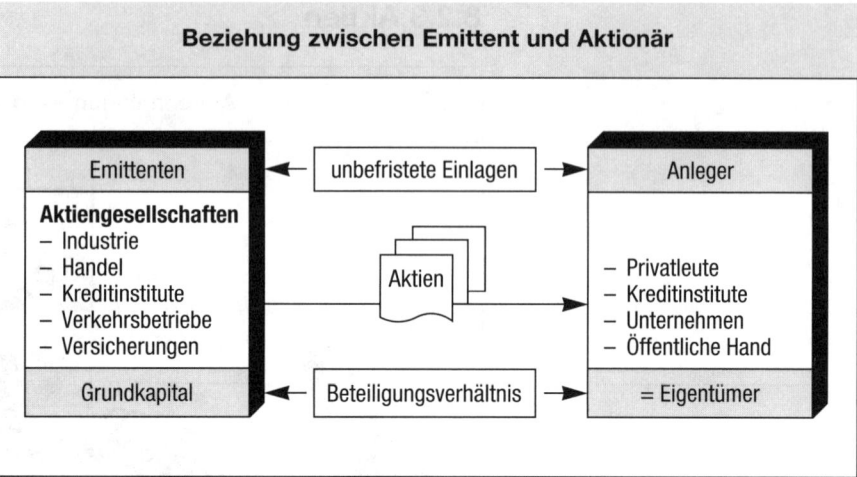

Beziehung zwischen Emittent und Aktionär

Emittenten	← unbefristete Einlagen →	Anleger
Aktiengesellschaften – Industrie – Handel – Kreditinstitute – Verkehrsbetriebe – Versicherungen	Aktien →	– Privatleute – Kreditinstitute – Unternehmen – Öffentliche Hand
Grundkapital	← Beteiligungsverhältnis →	= Eigentümer

Wem gehören die Aktien?

Anteil am
Aktienbesitz
in Deutschland   in %

40,1 % Unternehmen

19,9 Ausländer

15,6 Privatpersonen*

8,4 Banken
6,5 Staat
4,8 Versicherungen
4,7 Fondsgesellschaften

Stand Ende 2000

*einschl. Einzelfirmen
Quelle: Deutsche Bundesbank

7261

§ 54 ff. AktG
Rechtsstellung des Aktionärs

Rechtsstellung des Aktionärs

Das Eigentum an einer Aktie beinhaltet ein wirtschaftliches Miteigentum am Vermögen der Aktiengesellschaft.

Die einzelnen Rechte und Pflichten, die sich daraus für den Aktionär ergeben, sind im Aktiengesetz und in der jeweiligen Satzung der Gesellschaft festgelegt.

Rechte und Pflichten des Aktionärs

Rechte	Pflichten
– **Anspruch auf Auszahlung des Gewinnanteils (Dividende)**, der in der Hauptversammlung beschlossen wird – **Bezugsrecht** bei der Ausgabe junger Aktien oder Wandelschuldverschreibungen – **Stimmrecht und Auskunftsrecht** in der Hauptversammlung – **Anspruch auf Anteil am Liquidationserlös** bei der Auflösung des Unternehmens	– **Leistung der Einlage** in Höhe des Nennwertes und eines evtl. Aufgeldes (Agio) – Die **Haftung** beschränkt sich auf die Einlage

Arten der Aktien

Die Einteilung der Aktien ist nach mehreren Gesichtspunkten möglich.

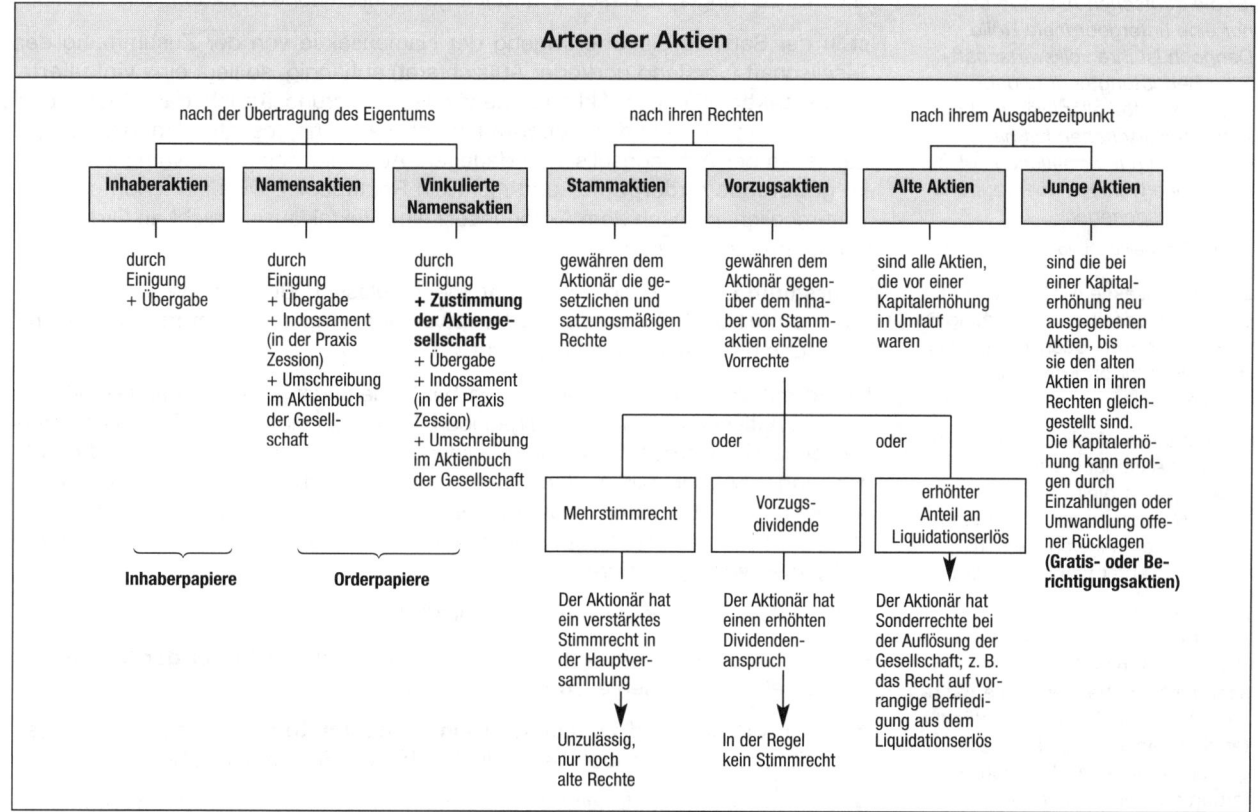

Wachsende Bedeutung der Namensaktie

Während in den anglo-amerikanischen Ländern die Namensaktie in der Form der Quotenaktie vorherrscht, die über einen bestimmten Bruchteil am Gesellschaftsvermögen lautet, ist in Deutschland die **Inhaberaktie** am weitesten verbreitet. Viele große deutsche Aktiengesellschaften haben in letzter Zeit ihre Aktien auf **Namensaktien** umgestellt. Damit eignen sie sich auch für die Einführung an der New Yorker Börse. Die Übertragung einer Namensaktie mittels Indossament wäre allerdings sehr umständlich. Die Praxis benutzt deshalb zur Übertragung solcher Papiere fast ausschließlich das Mittel der **Zession (Abtretungserklärung)**. Dies ist rechtlich auch bei einem Orderpapier möglich, sofern diese Erklärung **zusammen** mit dem Wertpapier übergeben wird.

Der Käufer einer Namensaktie unterschreibt in der Regel beim Kauf neben dem Umschreibungsantrag für die Aktie eine **Blankozession**, die mit der Aktie aufbewahrt wird. Verkauft er seine Namensaktie später weiter, kann mit dieser Abtretungserklärung das Eigentum ohne Verzögerung an den neuen Käufer weitergegeben werden. Die Umschreibung im Aktienbuch erfolgt jeweils auf der Basis des Umschreibungsantrages des Käufers und der Blankozession des Verkäufers.

Die Namensaktie wird bei Versicherungsgesellschaften häufig in
vinkulierter Form ausgegeben. Mit
dieser Sonderform der Aktie wird
erreicht, dass

– die Zahl der Aktien, die ein einzelner Aktionär erwerben kann,
  beschränkt bleibt,
– die Weitergabe an nicht ausreichend zahlungsfähig erscheinende Käufer verhindert wird.

In weiteren Fällen kommen vinkulierte Namensaktien auch bei
„Nebenleistungs-Aktiengesell-
schaften" vor, bei denen die Aktionäre durch die Satzung verpflichtet sind, regelmäßige Sachleistun-
gen zu erbringen (z. B. Rübenlie-
ferung an eine Zuckerfabrik).

Durch die Vinkulierung ist sichergestellt, dass nur derjenige Aktionär werden kann, der auch in der
Lage ist, zu liefern.

Die Ausgabe von Namensaktien ist gesetzlich vorgeschrieben, wenn der Nennbetrag der Aktien nicht voll eingezahlt ist.

Dies kommt besonders bei Versicherungsgesellschaften vor, bei denen die fehlende Einzahlung eine Reserve für außergewöhnlich hohe Schadensfälle darstellt.

Ist in der Satzung die Übertragung der Namensaktie von der Zustimmung der
Gesellschaft (Vorstand und/oder Aufsichtsrat) abhängig, so liegt eine **vinkulierte
Namensaktie** vor. Der Aktionär behält jedoch grundsätzlich das Recht, das
Eigentum an der Aktie zu übertragen, es sei denn, es stünden berechtigte
Interessen der Aktiengesellschaft dagegen. Auch die vinkulierte Namensaktie ist
ein **geborenes Orderpapier** und nicht ein Rektapapier. Dies ist schon deshalb
nicht möglich, da nach dem Aktiengesetz eine Rektaklausel („nicht an Order") als
nichtig anzusehen wäre.

Mehrstimmrechtsaktien sind nicht mehr zulässig. Bestehende Rechte erlöschen am 01.07.2003, sofern die Hauptversammlung sich nicht mit mindestens
75 % für die Weiterführung ausspricht.

Aktien mit Vorzugsdividende werden bei Sanierungen oder bei Kapitalerhöhungen von Aktiengesellschaften ausgegeben, bei denen die alten Aktien unter Nennwert gehandelt werden. Die erhöhte Dividende soll dabei einen **Anreiz zum Erwerb
der jungen Aktien** bilden. Ein weiterer Grund für die Ausgabe solcher Aktien
besteht heute häufig darin, dass die Gesellschaft Eigenkapital benötigt, jedoch die
Stimmverhältnisse in der Hauptversammlung nicht verändert werden sollen (**stimm-
rechtslose Vorzugsaktien**).

Das Dividendenvorrecht kann unterschiedlich gestaltet werden:

● Die Dividende liegt jeweils um einen **bestimmten Wert über der Dividende**,
  die bei Stammaktien ausgeschüttet wird.

● Die Dividende wird **zunächst in einer bestimmten Höhe** an die Vorzugs-
  aktionäre ausgeschüttet, bevor die Inhaber der Stammaktien bedient werden.

● Die Dividende, die in einem Jahr wegen schlechter Ertragslage nicht ausgeschüttet werden kann, wird in späteren, günstigeren Geschäftsjahren nach-
  gezahlt (**kumulative Vorzugsaktien**).

Diese Aktien sind in der Regel ohne Stimmrecht; wird jedoch zwei Jahre lang
keine Dividende mehr gezahlt, lebt das Stimmrecht wieder auf.

Aktien mit einem Vorrecht bei der Verteilung des Gesellschaftsvermögens
werden eventuell dann ausgegeben, wenn ein Aktionär Sacheinlagen erbracht hat
und die Geschäftstätigkeit der Gesellschaft zeitlich begrenzt ist (*z. B. bei Gesellschaften zur Ausnützung von Bodenschätzen*).

Junge und alte Aktien haben in der Regel einen unterschiedlichen Dividendenanspruch, da die jungen Aktien oftmals die Dividende nur für einen Teil des Geschäftsjahres erhalten, in denen sie auf dem Markt waren. Deshalb werden beide Aktienarten gesondert notiert. Sobald die Dividende für das Ausgabejahr ausbezahlt ist, sind junge und alte Aktien in ihren Rechten gleichgestellt. Von diesem Zeitpunkt an wird nur noch ein Kurs festgestellt und der Zusatz „j. A." kann entfallen.

Bei einer **effektiven Kapitalerhöhung** werden der Aktiengesellschaft neue Eigenmittel von den Käufern der jungen Aktien zugeführt (**Beteiligungsfinanzierung**).

Bei einer **nominalen Kapitalerhöhung** werden die offenen Rücklagen in Grundkapital umgewandelt; das Eigenkapital der Gesellschaft bleibt jedoch unverändert (Selbstfinanzierung). Diese **Gratis- oder Berichtigungsaktien**, die dabei ausgegeben werden, können deshalb als Zeichen einer guten Geschäftsentwicklung der Gesellschaft gewertet werden.

Belegschaftsaktien werden den Arbeitnehmern eines Betriebes gratis oder zu einem Vorzugskurs überlassen. Häufig unterliegt die Veräußerung einer bestimmten Sperrfrist. Die Ausgabe dieser Papiere hat zum Ziel, die Vermögensbildung in Arbeitnehmerhand zu fördern; außerdem erhofft sich die Gesellschaft eine stärkere Bindung der Beschäftigten an ihren Arbeitsplatz.

8.2.4   Bezugsrecht auf junge Aktien

Preussag Aktiengesellschaft, Berlin und Hannover

Bezugsangebot

Aufgrund der Ermächtigung der Hauptversammlung hat der Vorstand der Gesellschaft mit Zustimmung des Aufsichtsrates beschlossen, das Grundkapital von 315 Mio. Euro auf 350 Mio. Euro zu erhöhen. Die neuen Aktien werden den Inhabern der alten Aktien im Verhältnis 9 : 1 zum Preis von 150 Euro je Aktie im Nennbetrag von 50 Euro zum Bezug angeboten. Sie sind vom 1. Januar des Ausgabejahres an dividendenberechtigt.

Die Bezugsrechte werden vom 1. bis 12. März an allen deutschen Wertpapierbörsen gehandelt und amtlich notiert. Der Nachweis des Bezugsrechtes erfolgt durch den Gewinnanteilschein Nr. 15.

Die Erhöhung des Grundkapitals gegen Einlagen kann nur mit einer Dreiviertel-Mehrheit in der Hauptversammlung beschlossen werden. Dabei sind drei Verfahren möglich.

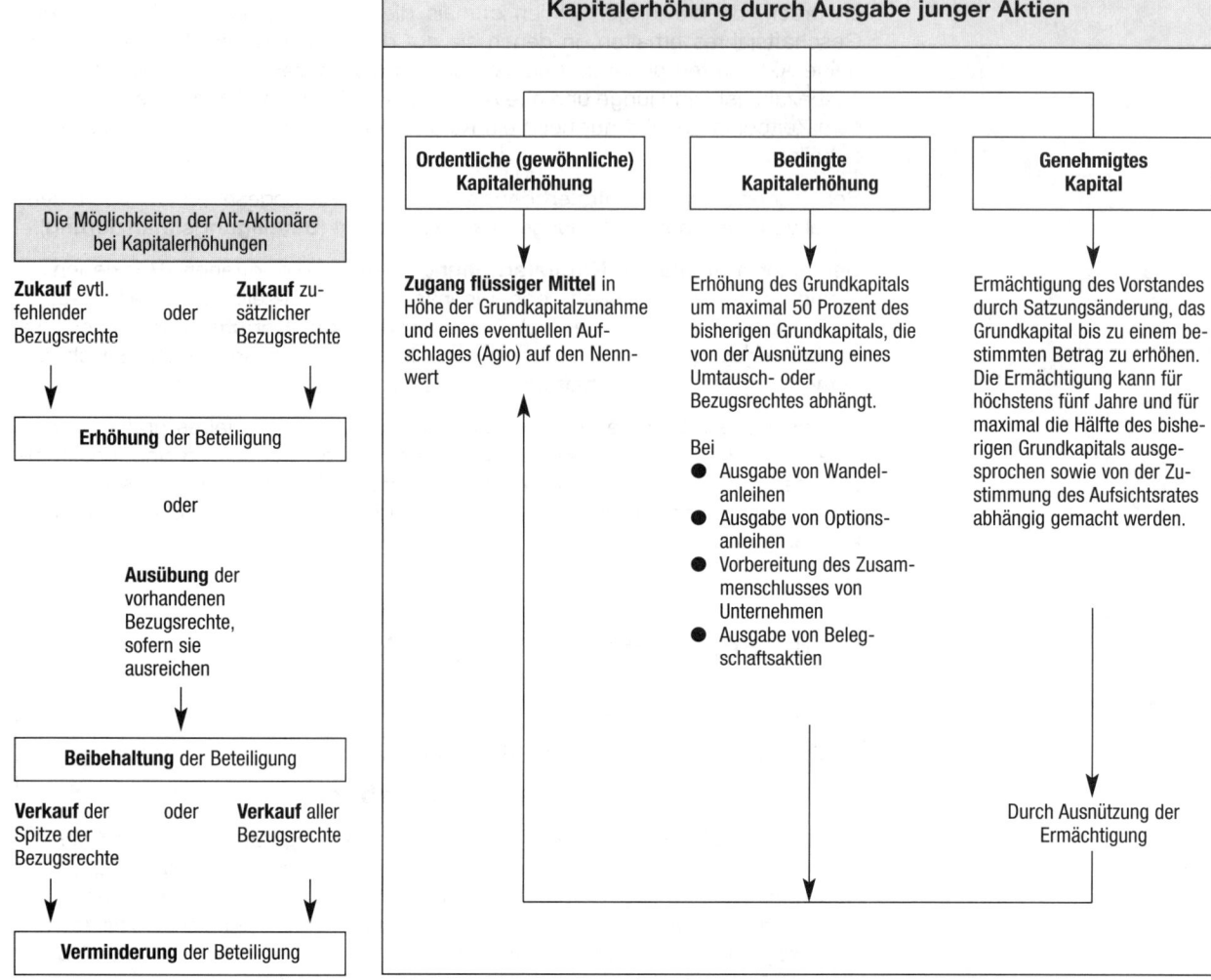

Die technische Abwicklung der Kapitalerhöhung erfolgt nach einem weitgehend gesetzlich festgelegten Ablaufschema.

Um zu verhindern, dass bei einer Kapitalerhöhung der relative Anteil eines Aktionärs an der Gesellschaft gegen seinen Willen verringert wird, hat das Aktiengesetz ein **„gesetzliches Bezugsrecht"** für die bisherigen Aktionäre festgelegt. Die Zahl der Bezugsrechte richtet sich somit nach der Höhe des bisherigen Aktienbestandes.

Das Bezugsrecht selbst wird durch einen Gewinnanteilschein verkörpert, der im Bezugsangebot der Aktiengesellschaft bezeichnet wird. Dieses Bezugsrecht wird während der – in der Regel zweiwöchigen – Bezugsfrist gesondert an der Börse gehandelt.

Von Beginn des Bezugsrechtshandels an wird der Kurs der alten Aktie um einen bestimmten Bezugsrechtsabschlag sinken. Verkauft der Aktionär sein Bezugsrecht, so müsste sich – rein rechnerisch – dieser Abschlag mit dem Erlös beim Verkauf des Bezugsrechts ausgleichen.

8.2.5   Bewertungsverfahren bei Aktien

Die Tätigkeit der Bank im Effektenhandel ist nicht nur auf die technische Abwicklung von Kundenaufträgen beschränkt. Diesen geht vielmehr meist eine ausführliche Beratung des Kunden voraus. Der Kunde wünscht dabei vom Kreditinstitut eingehende Informationen über die in Betracht kommenden Papiere und erwartet Ratschläge für eine möglichst günstige Kapitalanlage bzw. -verwertung. Ein wesentliches Hilfsmittel für den Anlageberater ist dabei die Aktienanalyse.

Überblick über die
Bewertungsverfahren bei Aktien

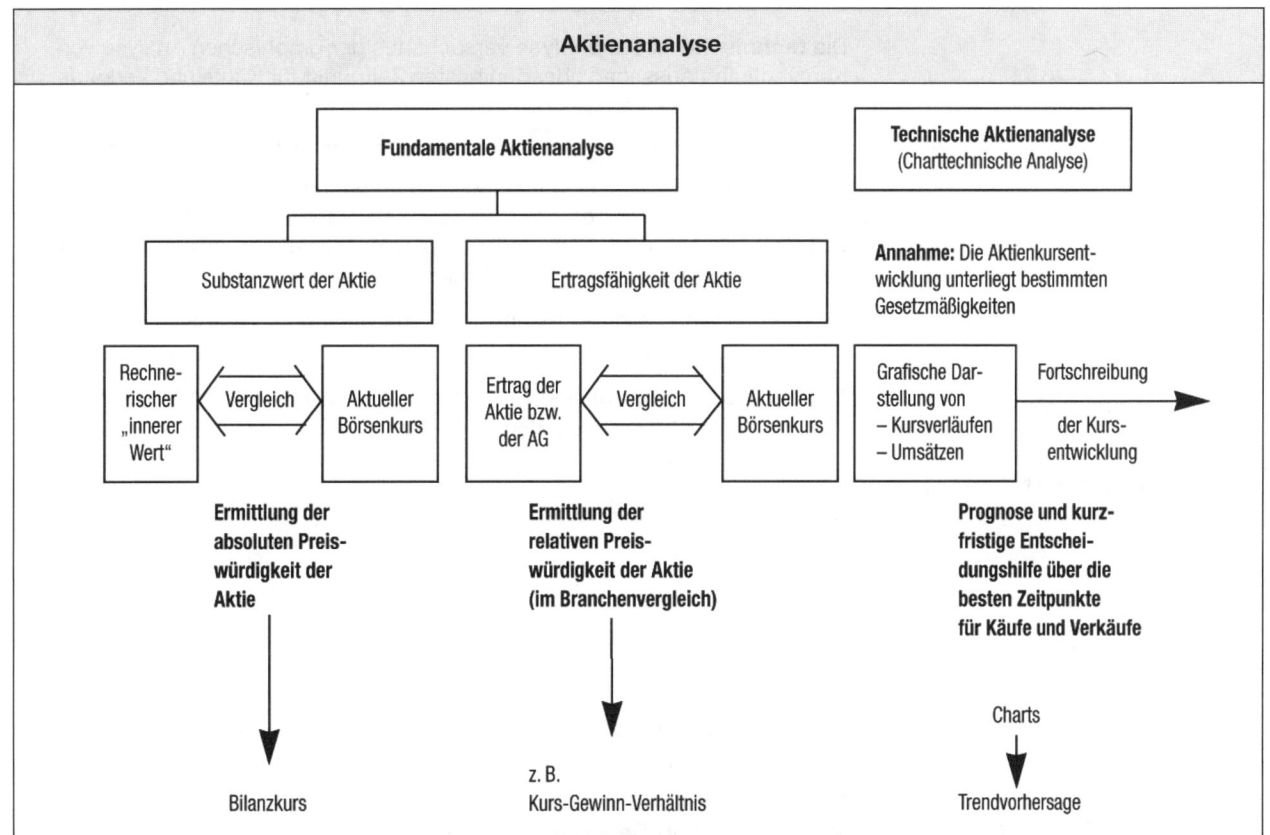

„Preiswürdigkeit" der Aktie

Die **fundamentale Aktienanalyse** versucht aufgrund der Daten, die aus der Bilanz, der Gewinn- und Verlustrechnung und weiterer Informationsquellen über die Gesellschaft gewonnen werden können, die „Preiswürdigkeit" der Aktie zu ermitteln.

Kennziffer zur Ermittlung
des Substanzwertes

Bilanzkurs =

$$\frac{\text{ausgewiesenes Eigenkapital}}{\text{Grundkapital}}$$

Während das – vor allem in Europa – früher überbetonte **Substanz- und Sachwertdenken** bei der Aktienanalyse heute immer mehr in den Hintergrund tritt, stützt sich die moderne Anlageberatung im Wesentlichen auf **ertragsorientierte** Gesichtspunkte. Hierbei ist vor allem das Kurs-Gewinn-Verhältnis von Bedeutung:

Kurs-Gewinn-Verhältnis (KGV) =
$$\frac{\text{Börsenkurs}}{\text{Gewinn je Aktie}}$$

Das **Kurs-Gewinn-Verhältnis (Price-Earning-Ratio)** bringt zum Ausdruck, wie oft der Gewinn je Aktie im aktuellen Börsenkurs enthalten ist.

Diese Kennziffer ist ein geeigneter Vergleichsmaßstab, um die **Preiswürdigkeit** eines bestimmten Papieres zu überprüfen. Je höher das Kurs-Gewinn-Verhältnis, desto öfter muss ein Käufer den voraussichtlichen Gewinn investieren. Ein solcher Vergleich ist jedoch nur bei Aktien innerhalb einer Branche sinnvoll. Die DAX-Werte haben zur Zeit ein Kurs-Gewinn-Verhältnis zwischen 10 und 20.

Die **technische Aktienanalyse** versucht aus der graphischen Analyse von Kursverläufen Aussagen über den besten Zeitpunkt für Käufe und Verkäufe von Aktien zu machen.

Diese Methode geht davon aus, dass die Aktienkursentwicklung bestimmten Gesetzmäßigkeiten unterliegt, die Rückschlüsse auf die zukünftige Kursentwicklung zulässt. Dabei wird unterstellt, dass die Teilnehmer am Aktienmarkt in vergleichbaren Situationen ähnliche Verhaltensweisen zeigen.

Das wichtigste Werkzeug der technischen Analysen sind „Charts".

Beispiel eines Linien-Charts

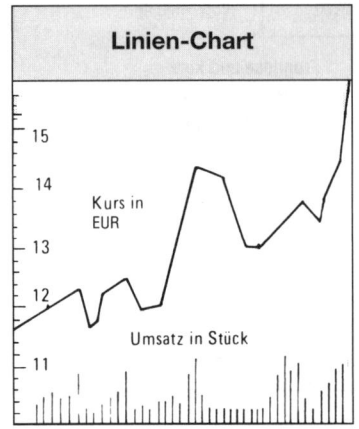

Charts (Kursgraphiken) sind Diagramme zu einzelnen Aktien und Aktienindizes, die über einen längeren Zeitraum

● die Tages-, Wochen- oder Monatskurse,

● gleitende Kursdurchschnitte und

● die Umsätze

dieser Papiere darstellen.

Die Darstellung der Charts erfolgt heute meist in zwei graphischen Grundformen:

● **Linien-Charts** entstehen durch fortgesetzte Aufzeichnung des täglichen Schlusskurses und deren Verbindung.

● **Balken-Charts** zeigen jeweils tägliche, wöchentliche, monatliche oder jährliche Höchst- und Tiefstkurse fortlaufend in senkrechten Strichen auf. Bei den meisten Charts wird außerdem jeweils der Schlusskurs durch einen kleinen Strich gekennzeichnet.

Ergänzt werden diese Kursverläufe regelmäßig durch die Angabe der entsprechenden Börsenumsätze, die am Fuße der Charts eingetragen werden. Die „Chartisten" gehen davon aus, dass eine parallele Entwicklung von Kursen und Umsätzen eine günstige Marktsituation widerspiegelt.

Beispiel eines Balken-Charts

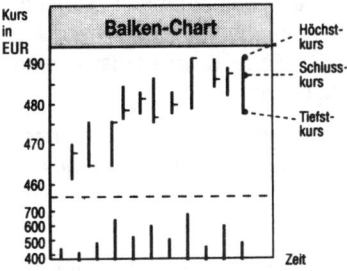

Umsatz in Stück

Chartanalyse:
Die neue Generation

*Als Kaffeesatzleser und Scharla-
tane wurden die ersten Deuter von
Charts beschimpft. Doch die
Methode der technischen Analyse
setzt sich nicht nur bei den Profis
immer stärker durch. Auch private
Anleger vertrauen inzwischen darauf, dass sich aus vergangenen
Kurvenkonstellationen profitabel
auf die Zukunft schließen lässt.
Wesentlich gefördert wird die
Chartanalyse von der modernen
Computertechnologie. Heute kann
in Windeseile der Kursverlauf von
beliebigen Aktien oder Währungen
auf den Bildschirm gezaubert werden. Trotz aller neuzeitlichen
Errungenschaften ist der Einsatz
der technischen Analyse nur dann
sinnvoll, wenn auch die fundamentalen Daten Eingang in die Anlage-
entscheidung finden – so mühsam
diese Tätigkeit manchmal auch
sein mag. Unterbleibt sie, regiert
nur noch der Herdentrieb. Und der
hat an der Börse noch niemanden
reich gemacht.*

Quelle: Wirtschaftswoche

„Charts"

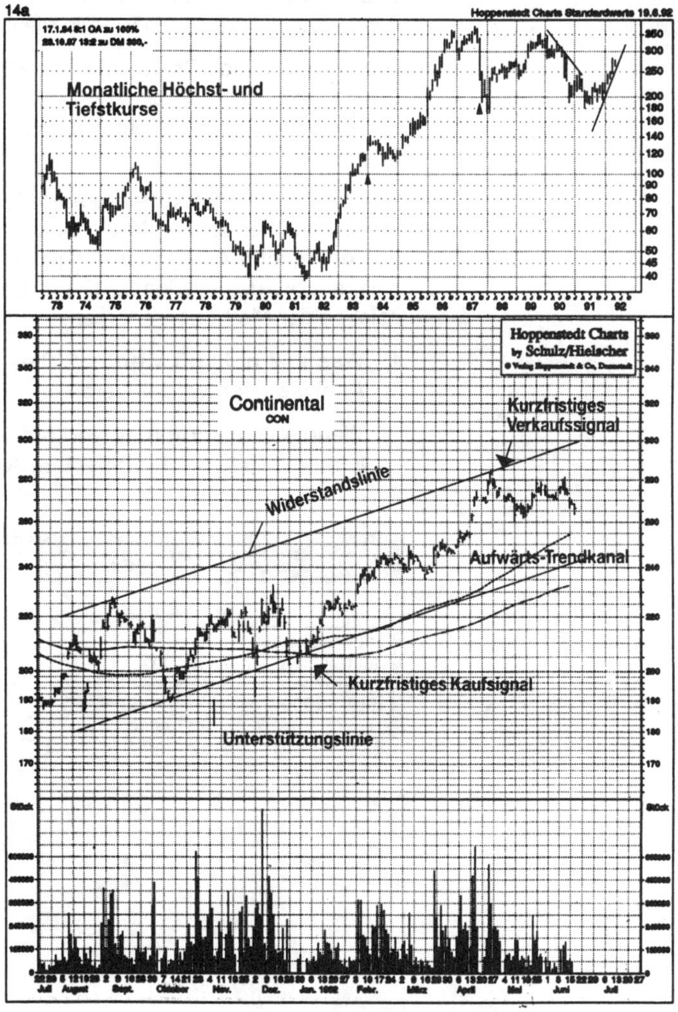

Damit die Gesamttendenz einer Kursentwicklung – unabhängig von kurzfristigen Ausschlägen – klar zum Ausdruck gebracht werden kann, bedient man sich heute in der Regel der grafischen Darstellung der „200-Tage-Durchschnittlinie" (Trendline Chart). Dabei addiert man die Kurswerte der letzten 200 Tage, dividiert die Summe durch 200 und trägt den Wert in die Chart-Abbildungen ein.

Der Vergleich der Charts mit der 200-Tage-Durchschnittslinie signalisiert unter Umständen einen Kauf bzw. einen Verkauf. Besonders Schnittpunkte beider Linien nach ausgeprägten Bewegungen deuten in vielen Fällen auf eine Trendumkehr hin.

Während es die **fundamentale Analyse** erlaubt, attraktive Anlagewerte aufgrund wirtschaftlicher Verhältnisse bzw. positiver Zukunftsaspekte herauszufinden, gibt die **technische Analyse** wichtige Hinweise für den besten Zeitpunkt der Aktienanlage bzw. des -verkaufs. Die Aktienbewertung sollte deshalb im Zusammenspiel beider Methoden erfolgen:

1. **Was soll gekauft werden**? Diese Frage kann mit Hilfe der **fundamentalen Analyse** beantwortet werden.

2. **Wann soll gekauft bzw. verkauft werden**? Die Bestimmung dieser Zeitpunkte kann mit Hilfe der **technischen Analyse** erfolgen.

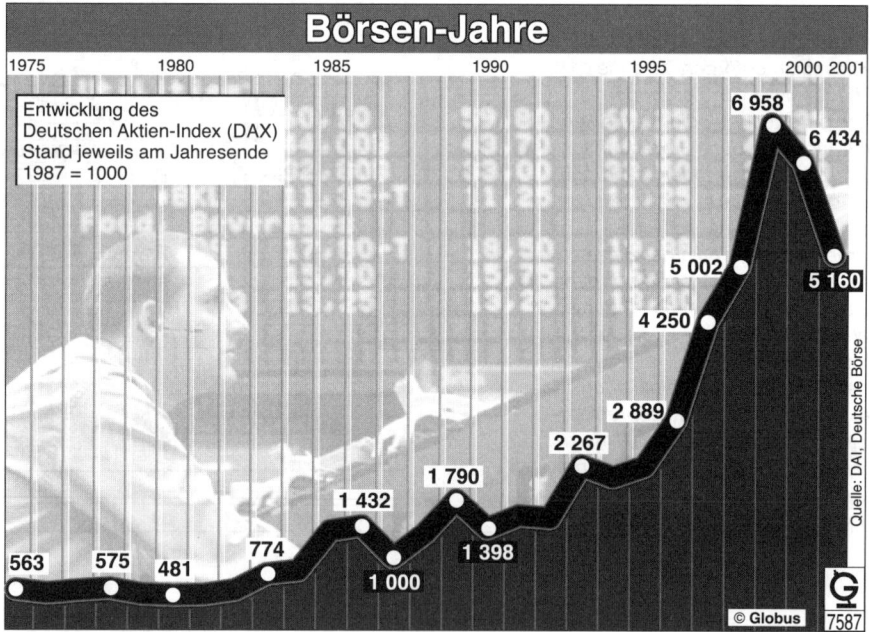

Aufgaben

Die Kundin Klara Reiss, welche bisher ihr Vermögen in Sparbriefen und öffentlichen Anleihen angelegt hat, erwägt, einen Teil frei werdende Mittel in Aktien zu investieren.

a) Erläutern Sie der Kundin die Rechtsstellung der Aktionärin.

b) Beschreiben Sie die grundsätzlichen Aktienarten und ihre jeweilige Bedeutung für private Kapitalanleger.

c) Skizzieren Sie den Ablauf einer Kapitalerhöhung und erklären Sie die Möglichkeiten, welche den Alt-Aktionären dabei offen stehen.

d) Geben Sie einen Überblick über die wesentlichen Möglichkeiten der Aktienbewertung.

e) Frau Reiss entschließt sich, 200 000 Euro in Aktien anzulegen. Erstellen Sie mit Hilfe aktueller Unterlagen einen Anlagevorschlag und begründen Sie Ihre Auswahl.

8.2.6 Wertpapier-Sonderformen

Die Bankkundin Martina Härdtle, die bereits seit einigen Jahren den größten Teil ihrer Ersparnisse in Gläubigerpapieren festgelegt hat, erwägt, einen Teil davon in Aktien anzulegen. Deshalb lässt sie sich von ihrer Bank über die wesentlichen Vor- und Nachteile dieser beiden Wertpapierformen unterrichten.

> ### Aktien rentieren sich langfristig eher als Rentenpapiere
>
> *Langfristige Untersuchungen an vielen Börsen der Welt haben ergeben, dass die Anlage in Aktien der Anlage in Rentenpapieren überlegen war. So war der durchschnittliche Wertzuwachs der Aktien in den letzten fünf Jahrzehnten um ca. 10 Prozentpunkte höher als die Rendite von festverzinslichen Effekten. Dabei mussten diese Anleger aber mit dem Risiko leben, ca. 30 % Abweichung nach oben oder unten in Kauf zu nehmen.*
>
> Quelle: Nach Frankfurter Allgemeine Zeitung

Vergleich von Gläubiger- und Teilhabereffekten		
Effektenart / Beurteilung	**Gläubigerpapiere**	**Teilhaberpapiere**
aus der Sicht des Käufers — Vorteile/ Chancen	– Fester Zinsertrag während der gesamten Laufzeit – Kein Kursrisiko, sofern die Papiere nicht vorzeitig verkauft werden – Kursgewinne bei vorzeitigem Verkauf, sofern das allgemeine Zinsniveau sinkt – Hohe Sicherheit der Rückzahlung	– In guten Geschäftsjahren hohe Dividendenerträge – Hohe Kursgewinne möglich – Anlage in Sachwerten, was einen gewissen Inflationsschutz zur Folge hat
aus der Sicht des Käufers — Nachteile/ Risiken	– Kursrisiko, sofern die Papiere vorzeitig verkauft werden müssen (Ausnahme Bundesschatzbriefe) – Wertverlust durch Inflation	– Teilweise hohes Kursrisiko – Der Aktionär trägt das Unternehmerrisiko mit seiner Einlage – In schlechten Geschäftsjahren keine Dividendenerträge
aus der Sicht des Emittenten — Vorteile	– Fest kalkulierte Zinskosten – Kein Mitspracherecht des Kapitalgebers – Die Zinsen mindern das zu versteuernde Betriebsergebnis	– Die Dividendenzahlung passt sich in ihrer Höhe der geschäftlichen Entwicklung an – Das Kapital steht unbefristet zur Verfügung – Die Zunahme des Eigenkapitals verbessert das Bilanzbild und damit die Kreditwürdigkeit der Gesellschaft
aus der Sicht des Emittenten — Nachteile	– Die Zinsbelastung muss auch in schlechten Geschäftsjahren in gleicher Höhe getragen werden – Das Kapital muss zum vereinbarten Zeitpunkt zurückgezahlt werden – Die Zunahme des Fremdkapitals verschlechtert das Bilanzbild	– In guten Geschäftsjahren muss eine Dividende ausgeschüttet werden – Der Kapitalgeber erhält ein beschränktes Mitspracherecht – Die Dividende muss aus dem versteuerten Gewinn bezahlt werden

Neben den festverzinslichen Werten und Dividendenpapieren reinen Typs haben sich in Anpassung an die besonderen Bedürfnisse des Kapitalmarktes Misch- und Sonderformen der Effekten entwickelt. Vor allem bei mangelnder Aufnahmebereitschaft des Kapitalmarktes werden Papiere angeboten, welche die Vorzüge sowohl der festverzinslichen als auch der Dividendenpapiere in sich vereinen. Eine weitere Sonderform versucht, dem kleinen Kapitalanleger eine breite Anlagestreuung zu ermöglichen, damit er die wesentlichen Nachteile der Anlage in Dividendenpapieren mildern kann.

Wandelanleihen (Convertible Bonds)

Auszug aus dem Prospekt der Finanzbank AG

Die Finanzbank Aktiengesellschaft hat aufgrund des Beschlusses der ordentlichen Hauptversammlung vom 12. Mai 250 000 000 Euro 4^1/$_2$% Wandelanleihen ausgegeben.

● *Die Wandelanleihen sind vom 1. Juni an mit 4^1/$_2$% jährlich zu verzinsen.*

● *Die Inhaber der Wandelanleihen haben das unentziehbare Recht, ihre Anleihen im Verhältnis 4:1 in Aktien der Anleiheschuldnerin umzutauschen. Der Wandlungspreis für eine Bezugsaktie im Nennbetrag von 50 Euro beläuft sich somit auf 200 Euro Nennbetrag der Wandelanleihen.*

● *Das Wandelrecht kann jeweils in der Zeit vom 10. bis 30. November der kommenden zehn Jahre ausgeübt werden.*

● *Die Laufzeit der Wandelanleihe beträgt längstens fünf Jahre und sieben Monate. Die Anleiheschuldnerin ist verpflichtet, Wandelanleihen, die nicht gemäß § 3 in Aktien umgetauscht worden sind, am 31. Dezember zum Nennbetrag zurückzuzahlen.*

Wandelanleihen

> **Wandelanleihen** (Convertible Bonds) sind Anleihen einer Aktiengesellschaft mit fester Verzinsung, die dem Gläubiger darüber hinaus das Recht einräumen, sie innerhalb einer **bestimmten Wandlungsfrist** zu **festgelegten Bedingungen** – meist unter **Zahlung eines Aufgeldes** – in Aktien der **betreffenden Gesellschaft umzutauschen**.

Der Käufer der Wandelanleihen hat somit die Möglichkeit, seine Gläubigerstellung in eine Teilhaberschaft umzuwandeln.

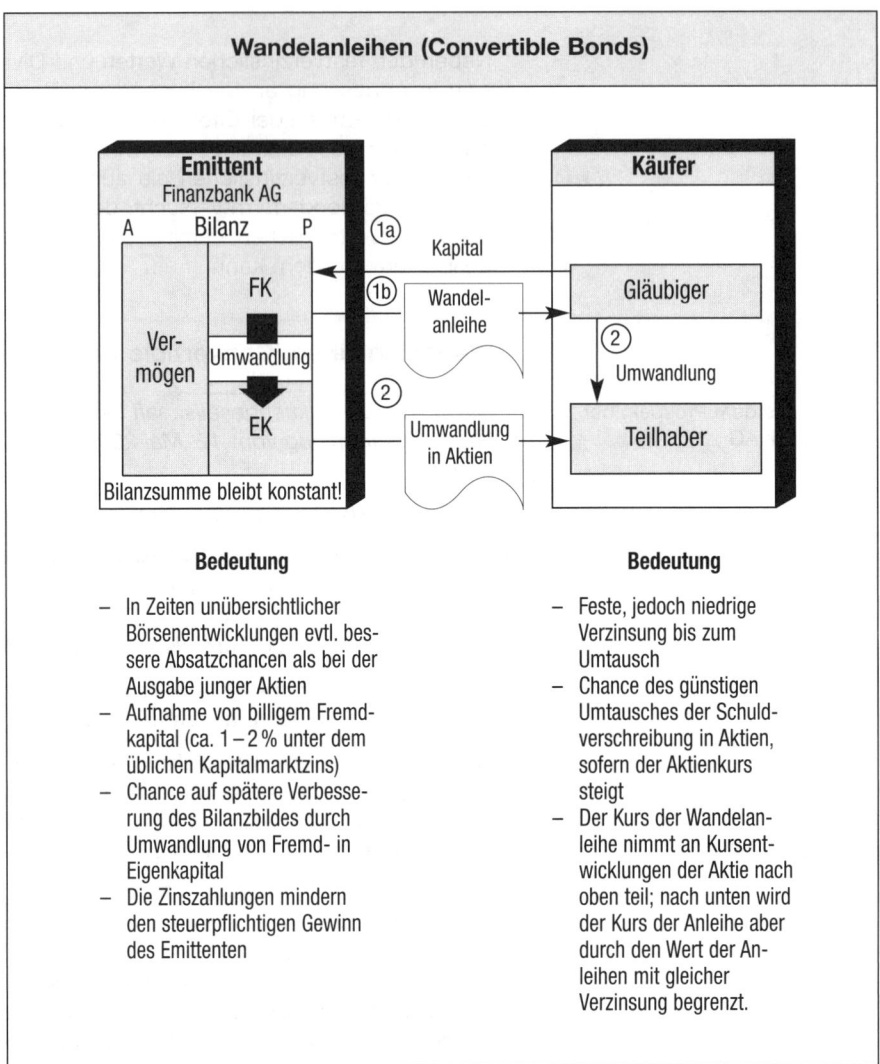

Wandelanleihen (Convertible Bonds)

Bedeutung

– In Zeiten unübersichtlicher
  Börsenentwicklungen evtl. bes-
  sere Absatzchancen als bei der
  Ausgabe junger Aktien
– Aufnahme von billigem Fremd-
  kapital (ca. 1–2% unter dem
  üblichen Kapitalmarktzins)
– Chance auf spätere Verbesse-
  rung des Bilanzbildes durch
  Umwandlung von Fremd- in
  Eigenkapital
– Die Zinszahlungen mindern
  den steuerpflichtigen Gewinn
  des Emittenten

Bedeutung

– Feste, jedoch niedrige
  Verzinsung bis zum
  Umtausch
– Chance des günstigen
  Umtausches der Schuld-
  verschreibung in Aktien,
  sofern der Aktienkurs
  steigt
– Der Kurs der Wandelan-
  leihe nimmt an Kursent-
  wicklungen der Aktie nach
  oben teil; nach unten wird
  der Kurs der Anleihe aber
  durch den Wert der An-
  leihen mit gleicher
  Verzinsung begrenzt.

Optionsanleihen (Bezugsrechtsobligationen)

> **Optionsanleihen** sind Anleihen einer Aktiengesellschaft mit – in der Regel
> fester – Verzinsung, die dem Gläubiger darüber hinaus das Recht einräu-
> men, während einer **bestimmten Optionsfrist** eine **bestimmte Anzahl
> von Aktien der betreffenden Gesellschaft** zu einem **bestimmten Kurs
> zu erwerben (Option).**

Dieses Optionsrecht wird in einem von der Anleihe getrennten **Optionsschein**
(Warrant) verbrieft. Er wird in der Regel einige Zeit nach der Emission von der Anleihe getrennt und gesondert an der Börse gehandelt. Das Optionsrecht kann frei
und ohne Bindung an die Anleihe übertragen werden.

Behält der Inhaber der Optionsanleihe seinen Optionsschein, so hat er die Möglichkeit, zusätzlich zu seiner Gläubigerstellung auch eine Teilhaberschaft zu erhalten.

Bezugsangebot

Aufgrund der von der Hauptversammlung am 23. Mai erteilten Ermächtigung haben wir mit Zustimmung des Aufsichtsrats die Auflegung einer

Optionsanleihe im Gesamtnennbetrag von 145 000 000 EUR beschlossen.

Optionsscheine

Jeder Optionsschuldverschreibung im Nennbetrag von 1 000 EUR sind zwei Inhaber-Optionsscheine mit Berechtigung zum Bezug von einer und sechs, also insgesamt sieben Aktien im Nennbetrag von je 50 EUR der Finanzbank AG beigefügt.

Die Optionsscheine können vom 7. September an von den Optionsschuldverschreibungen abgesondert und von diesem Tag an getrennt übertragen werden.

Optionsrecht

Die Inhaber der Optionsscheine sind berechtigt, die auf den Optionsscheinen angegebene Anzahl von Aktien der Finanzbank AG zum Optionspreis von 150 EUR je Aktie im Nennbetrag von 50 EUR zu beziehen.

Optionsfrist

Das Optionsrecht kann vom 7. September bis zum 5. September kommenden Jahres an 10 Jahre lang ausgeübt werden.

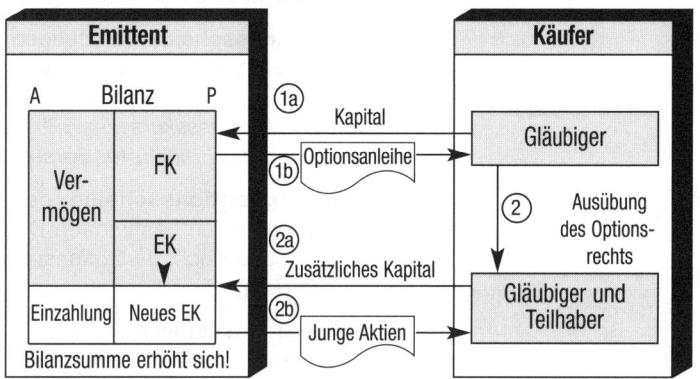

Optionsanleihen (Bezugsrechtsobligationen)

Bedeutung

– In Zeiten unübersichtlicher Börsenentwicklungen evtl. bessere Absatzchancen als bei der Ausgabe junger Aktien
– Aufnahme von billigem Fremdkapital (ca. 1 bis 2 % unter dem üblichen Kapitalmarktzins)
– Chance auf zusätzliches Eigenkapital bei Ausübung des Optionsrechtes
– Die Zinszahlungen mindern den steuerpflichtigen Gewinn des Emittenten

Bedeutung

– Feste, jedoch niedrige Verzinsung während der gesamten Laufzeit der Anleihe
– Zusätzlicher Erlös bei einem evtl. Verkauf des Optionsscheines
– Chance auf günstigen Erwerb junger Aktien, sofern der Aktienkurs steigt
– Hohe Kurschancen, aber auch -risiken bei Erwerb eines Optionsscheines („Hebelwirkung")

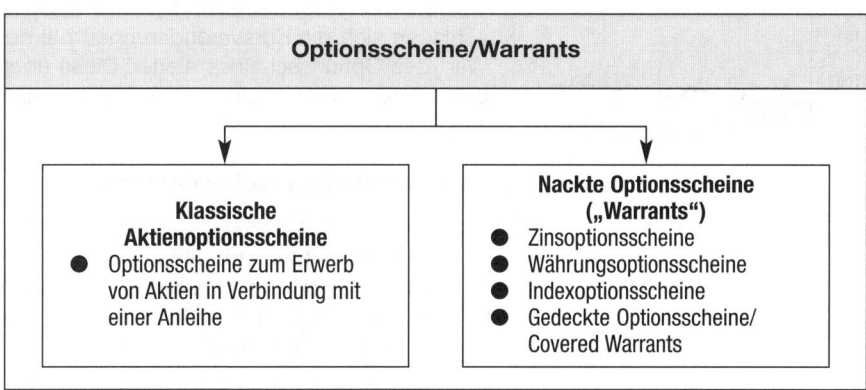

Optionsscheine/Warrants

Klassische Aktienoptionsscheine
● Optionsscheine zum Erwerb von Aktien in Verbindung mit einer Anleihe

Nackte Optionsscheine („Warrants")
● Zinsoptionsscheine
● Währungsoptionsscheine
● Indexoptionsscheine
● Gedeckte Optionsscheine/ Covered Warrants

Nackte Optionsscheine
(„Warrants")

Seit einigen Jahren werden auch **„nackte" Optionsscheine** angeboten, die ohne eine entsprechende Optionsanleihe emittiert werden. Dabei handelt es sich um selbstständige Effekten, die dem Inhaber bestimmte Rechte einräumen, die er z. B. während der gesamten Laufzeit der Option, innerhalb bestimmter Zeiten während der Laufzeit der Option oder an einem bestimmten Tag ausüben kann:

● **Zinsoptionsscheine** berechtigen den Inhaber, vom Emittenten die Zahlung des Differenzbetrages zu einem bestimmten Kurs einer bestimmten Anleihe zu verlangen: „... *der Differenzbetrag ist die in Euro ausgedrückte Differenz, um die der Kassakurs der 8 % Bundesanleihe von 2002 den Basiskurs von 99,5 % an der Frankfurter Börse übersteigt.*"

● **Währungsoptionsscheine** geben dem Inhaber das Recht, von dem Emittenten einen bestimmten Devisenbetrag zu einem festen Kurs zu beziehen: „... *das Recht, je Optionsschein 100 US-$ zu einem Kurs von 1,20 Euro zu beziehen* ...".

● **Indexoptionsscheine** berechtigen den Inhaber, vom Emittenten den Differenzbetrag zu einem bestimmten Index, z. B. *den DAX*, zu verlangen.

● **Gedeckte Optionsscheine (Covered Warrants)** berechtigen zum Kauf bestimmter Aktien, die in einem Sperrdepot festgelegt sind.

Daneben gibt es auch Optionsscheine auf Metalle oder Rohöl.

Börsennotierungen

Aus einer Optionsanleihe ergeben sich drei Börsennotierungen:

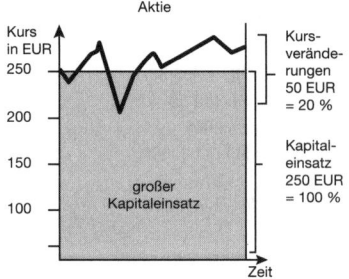

● der Kurs für die Anleihe **mit** Optionsschein („Optionsanleihe cum").

● der Kurs für die Anleihe **ohne** Optionsschein („Optionsanleihe ex").

● der Kurs für abgetrennte Optionsscheine.

Die **Optionsanleihe cum** wird bei einer günstigen Entwicklung dem Kursverlauf der Aktie folgen; bei einer ungünstigen Entwicklung wird ihr Kurs nach unten durch den Wert der Anleihen mit gleicher Verzinsung begrenzt.

Die **Optionsanleihe ex** ist in der Regel ein reines verzinsliches Wertpapier und wird sich somit in ihrem Wert in erster Linie nach dem Kapitalmarktzins richten.

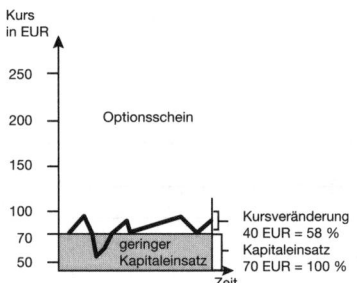

Der **Optionsschein alleine** hängt in seinem Wert ausschließlich von der Kursentwicklung der Aktie ab.

Obwohl der Kapitaleinsatz bei einem Optionsschein wesentlich geringer ist, schlagen sich die Kursveränderungen bei der Aktie in etwa in gleicher Höhe im Wert des Optionsscheines nieder. Diese überproportionalen Kursveränderungen bezeichnet man deshalb als die „Hebelwirkung" der Optionsscheine.

Gewinnschuldverschreibungen

> **Gewinnschuldverschreibungen** gewähren wie festverzinsliche Wertpapiere den Anspruch auf eine feste Verzinsung und darüber hinaus auf eine zusätzliche Gewinnbeteiligung, die sich nach der Höhe der ausgeschütteten Dividenden richtet.

Diese Papiere sind somit Gläubigereffekten, die zwei Elemente verbinden:

- **ein Sicherheitselement**: feste Verzinsung,
- **ein spekulatives Element**: Anteil am Gewinn der Unternehmung.

In Deutschland spielt diese Effektenart nur eine geringe Rolle.

Genussscheine

Im nächsten Jahr Genussscheine, um das Eigenkapital zu stärken? Die Finanzbank denkt über neue Formen der Eigenmittelbeschaffung nach

Nach den Vorschriften des KWG wird allen Banken eine hohe Eigenkapitalausstattung auferlegt. Wie sich die Finanzbank diesen Maßstäben anpassen wird, ist bislang nicht entschieden. Die Bank denkt nicht allein an eine Aufstockung der Geschäftsguthaben oder die Bildung zusätzlicher Rücklagen, sondern auch an die Möglichkeit, Genussscheinkapital zu bilden. Dieses relativ teure Kapital hat den großen Vorteil, dass bis zu 100 % des so genannten Kernkapitals als haftendes Eigenkapital anerkannt werden kann.

Genussscheine ("Genüsse") verbriefen ein Recht auf Beteiligung am Reingewinn, am Liquidationserlös oder zum Umtausch bzw. Bezug junger Aktien einer Aktiengesellschaft.

Sie beinhalten weder ein Gläubiger- noch ein Teilhaberrecht und werden deshalb auch nicht bilanzmäßig erfasst. Somit verkörpern sie auch keine Mitgliedschaftsrechte, wie z. B. das Stimmrecht in der Hauptversammlung. Sie können von Unternehmen jeder Rechtsform emittiert werden.

Genussscheine werden z. B. ausgegeben

- zur Beschaffung von Kapital,
- als Gegenleistung für Erfindungen oder Konzessionen,
- als Gegenleistung für freiwillige Zuzahlungen der Aktionäre bei Sanierungen,
- als Abfindung bei einer Kapitalübernahme durch einen Großaktionär oder
- zur Gewinnbeteiligung von Mitarbeitern.

Charakter von Genussscheinen

Ihre Rechte erlöschen nach einiger Zeit oder können gekündigt werden. Genussscheinkapital hat **Eigenkapitalcharakter**, wenn es

- dem Unternehmen langfristig zur Verfügung steht und
- der Inhaber der Genussscheine am Gewinn oder Verlust beteiligt ist.

Bei Kreditinstituten können Genussrechte bis zu 100 % des Kernkapitals zum haftenden Eigenkapital gerechnet werden.

8.2.7 Investmentzertifikate

Die ersten reinen Investmentgesellschaften entstanden bereits Mitte des vorigen Jahrhunderts in England. Schon nach kurzer Zeit konnten diese Gesellschaften große Erfolge erzielen und bewährten sich auch in der Folgezeit. Erst rund 50 Jahre später fand die Idee des Investmentsparens auch in der Schweiz und in den Niederlanden Verwirklichung. Nach dem ersten Weltkrieg setzte eine neue Gründungswelle von Investmentgesellschaften ein, diesmal in den USA, Kanada und Frankreich.

In Deutschland wurden Investmentgesellschaften erst nach dem zweiten Weltkrieg errichtet. 1949 gründeten einige Banken als erste deutsche Investmentgesellschaft die Allgemeine Deutsche Investmentgesellschaft, München. Erst 1956 wurden noch vier Investmentgesellschaften von anderen Bankengruppen ins Leben gerufen.

In den Jahren von 1966 bis 1969 erlebte der Kapitalmarkt einen wahren Investmentboom, von dem vor allem die internationale Investmentgesellschaft IOS („International Overseas Services") profitierte. 1969 bestritt IOS ca. ein Viertel des Investmentgeschäfts der Welt. Als jedoch diese Gesellschaft wegen überhöhter Verwaltungskosten und schwerwiegender Unkorrektheiten in der Abwicklung scheiterte, erlitt der Investmentabsatz in der Bundesrepublik einen schweren Schlag. Die Investmentgesellschaften erholten sich nur langsam wieder von diesem Schock, nachdem durch den Gesetzgeber in Deutschland strenge Rahmenbedingungen für Investmentgesellschaften geschaffen wurden. Neben diesen Fonds, die von jedermann erworben werden können, gibt es eine Vielzahl von Spezialfonds für institutionelle Anleger. Dieses Volumen übersteigt zwischenzeitlich das Vermögen der Publikumfonds.

§ 1 KAGG

> **Investmentzertifikate** verbriefen einen Anteil an einem Investmentfonds (Sondervermögen), der von einer Investmentgesellschaft (Kapitalanlagegesellschaft) verwaltet wird.

Mit der Idee des Investmentsparens wird versucht, dem Anleger mit einem geringen Kapitaleinsatz eine **breit gestreute Kapitalanlage** zu ermöglichen.

Die Grundlage für die Geschäftstätigkeit der Investmentgesellschaften sind neben den allgemeinen Rechtsvorschriften

– das **Gesetz über Kapitalanlagegesellschaften (KAGG)** und
– das **Gesetz über den Vertrieb
ausländischer Investment-
anteile** (Auslandsinvestment-
gesetz).

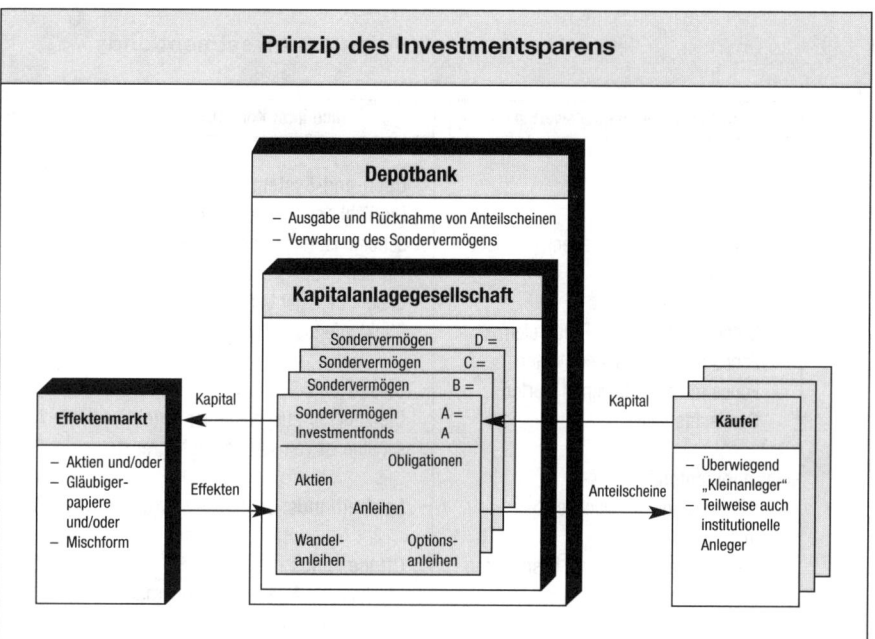

Prinzip des Investmentsparens

Depotbank
– Ausgabe und Rücknahme von Anteilscheinen
– Verwahrung des Sondervermögens

Kapitalanlagegesellschaft

Sondervermögen   D =
Sondervermögen   C =
Sondervermögen   B =
Sondervermögen   A =
Investmentfonds   A

Aktien   Obligationen
Anleihen
Wandel-   Options-
anleihen   anleihen

Effektenmarkt
– Aktien und/oder
– Gläubiger-
  papiere
  und/oder
– Mischform

Kapital

Effekten

Kapital

Anteilscheine

Käufer
– Überwiegend
  „Kleinanleger"
– Teilweise auch
  institutionelle
  Anleger

Der Käufer eines deutschen Investmentzertifikates hat in der Regel folgende
Rechte, die im Gesetz und in den jeweiligen Vertragsbedingungen festgelegt sind:

● Er wird zu einem Bruchteil **Miteigentümer** am Investmentfonds (nicht an der
Kapitalanlagegesellschaft),

● er hat Anspruch auf Ausschüttung der Erträge, sofern es sich nicht um einen
Fonds handelt, der die Erträge ansammelt (Wachstumsfonds),

● er hat die Möglichkeit, seinen Anteilschein jederzeit zum Tageswert an die
Gesellschaft zurückzugeben.

Die Vielzahl der deutschen und internationalen Investmentfonds kann man nach
mehreren Gesichtspunkten einteilen.

● **Publikumsfonds** sind konventionelle Fonds, deren Anteilscheine an jedermann verkauft werden.

● **Spezialfonds** haben eine Zusammensetzung nach den Anlagezielen gewerblicher Erwerber. Hier kommt es dem Erwerber, z. B. einer Bank oder einer Versicherung, darauf an, am professionellen Management der Fondsverwaltung
teilzuhaben. Spezialfonds haben nicht mehr als zehn Anteilinhaber.

Arten der Investmentfonds

nach ihren Vermögenswerten

Effektenfonds
– Reine Aktienfonds
– Reine Rentenfonds (selten)
– Geldmarktfonds
– Laufzeitfonds
– Branchenfonds (z. B. Brauereien)
– Fonds mit inländischen Werten
– Fonds mit ausländischen Werten
– Gemischte Fonds

Immobilienfonds
– Offene Fonds mit wechselnden Immobilien
– Geschlossene Fonds mit bestimmten Immobilien

Warenfonds
z. B. Gold- oder Whiskyfonds. Diese sind jedoch von geringer Bedeutung.

nach ihrer Konstruktion

Open-end-System:
Die Zahl der ausgegebenen Anteilscheine ist nicht begrenzt. Bei Bedarf werden neue Investmentanteile ausgegeben. Dies gilt bei allen deutschen Effektenfonds.

Closed-end-System:
Die Zahl der ausgegebenen Anteilscheine ist von vornherein begrenzt.

Laufzeitfonds: Begrenzte Laufzeit

Offene Fonds
Wechselnde Anlagewerte innerhalb eines festgelegten Rahmens.

Geschlossene Fonds
Vorher festgelegte Anlagewerte, die nicht ausgetauscht werden dürfen. In Deutschland nur bei Immobilienfonds möglich.

Umbrellafonds: Fonds, die nur in anderen Fonds investieren

nach der Verwendung ihrer Erträge

Ausschüttung der Erträge
Die Dividenden, Zinsen, Teile der Veräußerungsgewinne sowie die Erlöse aus der Verwertung von Bezugsrechten und Gratisaktien werden in der Regel jährlich ausgeschüttet.

Ansammlung der Erträge
Die Erträge des Fonds werden zur Wiederanlage verwendet. Dadurch erhöht sich der Wert des Fondsvermögens. Solche Fonds nennen sich in der Regel Wachstums-, Kumulierungs- oder Thesaurierungsfonds.

Die Zielsetzung des Investmentsparens, einen angemessenen Ertrag bei größtmöglicher Sicherheit für den Kapitalanleger zu erreichen, wird sowohl durch die Konstruktion des Investmentfonds als auch durch eine, seit 1969 besonders strenge, Gesetzgebung gesichert.

Konstruktion von Investmentfonds

Offene Immobilienfonds entsprechen im Aufbau vollkommen den Wertpapierfonds und unterliegen den Bestimmungen des Gesetzes über Kapitalanlagegesellschaften. Die Anlage des Kapitals erfolgt jedoch in Immobilien, bevorzugt werden Geschäftshäuser in günstiger Lage.

Geschlossene Immobilienfonds legen das Kapital der Anteilseigner in einem oder mehreren vorher bestimmten Objekten an. Sie sind deshalb vor allem für Anleger mit einer hohen Steuerbelastung gestaltet, da sie teilweise erhebliche Steuereinsparungen ermöglichen.

Spezialfonds
Publikumsfonds

Für Großanleger, z. B. Pensionskassen oder die Sozialversicherung, werden individuelle **Spezialfonds** geschaffen. Die Fonds für breite Anlegerkreise werden als **Publikumsfonds** bezeichnet.

Sicherung von Investmentfonds

durch ihre Konstruktion

– Die **breite Streuung** bewirkt, dass evtl. eintretende Verluste von der Masse der anderen Papiere aufgefangen werden.

– Das **fachkundige Management** der Kapitalanlagegesellschaft verspricht eine erfolgreiche Anlagepolitik.

durch den Gesetzgeber

– Kapitalanlagegesellschaften, die nur als AG oder GmbH mit mindestens 250 000 Euro Kapital geführt werden dürfen, müssen **Kreditinstitute** sein und unterliegen der **Bankenaufsicht**.

– Das Sondervermögen wird bei einem weiteren Kreditinstitut (**Depotbank**) verwahrt und verwaltet.

– Grundsätzlich nur **Anlagen in börsengängigen Wertpapieren** erlaubt.

– Grundsätzlich dürfen die Papiere eines Emittenten nur 5 % des Fondsvermögens, in Ausnahmefällen bis zu 10 %, betragen (**Risikostreuung**).

– Jährliche Veröffentlichung eines Rechenschaftsberichts sowie nach einem halben Geschäftsjahr eines Zwischenberichts im Bundesanzeiger (**Publizitätspflicht**).

– **Genehmigungspflicht** für die Vertragsbedingungen durch die BAFin.

durch ihre institutionellen Bindungen

– Die Investmentgesellschaften sind meist Tochtergesellschaften deutscher Geschäftsbanken, z. B.:

Deutscher Investment Trust (DIT): Dresdner Bank AG (u. a.).

Deutsche Gesellschaft für Wertpapiersparen (DWS): Deutsche Bank AG (u. a.)

DekaBank Deutsche Girozentrale: Sparkassen und Landesbanken

Union Investmentgesellschaft (UNION): Genossenschaftsbanken

Der Vertrieb ausländischer Investmentzertifikate in der Bundesrepublik Deutschland ist vom Gesetzgeber nach den schlechten Erfahrungen in der Vergangenheit besonders streng geregelt worden. Die ausländische Investmentgesellschaft muss

● einen zuverlässigen und fachlich geeigneten Repräsentanten (in der Regel ein Kreditinstitut) mit Sitz in Deutschland benennen, der sie gerichtlich und außergerichtlich vertritt,

● das Fondsvermögen durch eine Depotbank verwalten lassen,

● den Zahlungsverkehr mit den Anteilseignern über eine deutsche Zahlstelle abwickeln,

● Ausgabe- und Rücknahmepreise, Verkaufsprospekte, Vertragsbedingungen, Rechenschaftsberichte und Zwischenberichte wie die deutschen Gesellschaften veröffentlichen,

● die Genehmigung des Bundesaufsichtsamtes für das Kreditwesen vor der Aufnahme des Vertriebs einholen.

Zur Zeit haben solche Fonds nur geringe Bedeutung in Deutschland. Die deutschen Investmentzertifikate werden in der Bundesrepublik Deutschland nicht börsenmäßig gehandelt. Ihr **Preis** muss daher von der Gesellschaft täglich ermittelt werden. Dabei wird der Gesamtwert des betreffenden Fonds, der sich aus den jeweiligen Kurswerten der im Fonds befindlichen Wertpapiere sowie den sonstigen Vermögenswerten des Fonds (z. B. Kontoguthaben oder Festgelder) zusammensetzt, durch die Anzahl der Fondsanteile dividiert. Der **Rückkaufpreis** wird durch die Satzung des betreffenden Fonds bestimmt.

(Verkürzte) Beispielrechnung zur Ermittlung von Ausgabe- und Rücknahmepreis eines gemischten Fonds

Auszug aus den Vertragsbedingungen:

§18 (1) Der Ausgabe- und Rücknahmepreis wird börsentäglich ermittelt
   (2) Der Ausgabeaufschlag zur Abgeltung der Kosten beträgt 5 %
   (3) Der Ausgabepreis wird auf volle 0,05 EUR aufgerundet, der Rücknahmepreis auf volle 0,05 EUR abgerundet.

Wertpapierbezeichnung	Stückzahl/ Nennwert	Kurs zum Bewertungstag	Kurswert
Daimler-Chrysler	1 600 000	77,–	123 200 000,–
HypoVereinsbank	2 900 000	69,–	200 100 000,–
Heidelberger Zement	600 000	78,–	46 800 000,–
Karstadt/Quelle	208 000	40,–	8 320 000,–
BASF	3 500 000	52,–	182 000 000,–
Siemens	5 500 000	28,–	154 000 000,–
Mannesmann	1 700 000	41,–	69 700 000,–
Allianz Versicherung	8 200 000	36,–	295 200 000,–
Thyssen Krupp	2 800 000	31,–	86 800 000,–
Henkel	540 000	66,–	35 640 000,–
6 % Bayr. Landesbank	40 Mio.	92 %	36 000 000,–
9 % Deutsche Hypothekenbank	50 Mio.	99 %	49 500 000,–

Gesamter Kurs des Fonds zum Bewertungstag	996 290 000,–
Bankguthaben	85 640 000,–
Gesamtes Fondsvermögen zum Bewertungstag	1 081 930 000,–

Zahl der ausgegebenen Anteilscheine: 50 000 000 Stück

$$\text{Rücknahmepreis} = \frac{\text{Gesamtes Fondsvermögen}}{\text{Zahl der Anteilscheine}} = 21{,}64 \text{ EUR} \approx \qquad 21{,}60 \text{ EUR}$$

$$\text{Ausgabepreis} = 21{,}64 \text{ EUR} + 5\% \text{ Aufschlag} = 22{,}72 \text{ EUR} \approx \qquad 22{,}75 \text{ EUR}$$

Da das Investmentsparen in erster Linie auf den Kleinanleger abzielt, sind die Gesellschaften bestrebt, den Preis der Anteile niedrig zu halten (bis etwa 25 Euro je Stück). Steigt der Preis eines Anteils durch die Wertsteigerung des Fonds stark an, so kann er durch eine entsprechende Erhöhung der Zahl der ausgegebenen Anteilscheine wieder reduziert werden. Diesen Vorgang bezeichnet man als **Splitting**.

Eine Sonderform bilden **Geldmarktfonds**.

Laufzeitfonds sind geldmarktähnliche Fonds mit vorab festgelegter Laufzeit

Geldmarktfonds sind Sondervermögen, die ihr Vermögen überwiegend oder ganz in Geldmarktpapieren mit höchstens zwölfmonatiger Restlaufzeit investieren.

Geldmarktfonds bieten im Regelfall eine höhere Verzinsung als Spar- und Termineinlagen und sind jederzeit verfügbar. Außerdem sind sie mindestreservefrei. Durch die kurze Laufzeit ist das Risiko von Kursverlusten relativ gering. Gemindert werden diese Vorteile jedoch durch die erforderlichen Depotgebühren. Trotzdem ist diese Anlageform wichtige Alternative zum Festgeld und zur Spareinlage geworden. Es ist auch damit zu rechnen, dass weitere Teile der Sichteinlagen zukünftig in Geldmarktfonds umgeschichtet werden.

Hedgefonds

Wachsende Bedeutung haben **Hedgefonds** (Absicherungsfonds) erlangt, die ab Anlagen von ca. 200 000 US-$ erworben werden können. Die Anlagen sind betont spekulativ und weisen deshalb eine hohe Hebelwirkung auf.

Aufgaben

1. Die Hauptversammlung der „SIFA AG" hat der Begebung einer Options-anleihe zugestimmt.

   Auszug aus dem Angebot:

   „Ein Bankenkonsortium hat die Optionsanleihe mit der Verpflichtung über-nommen, die Optionsanleihe den Aktionären der Gesellschaft im Nenn-wertverhältnis 5:1 zum Kurs von 115 % anzubieten.

   Stückelung: *Die Optionsanleihe ist eingeteilt in Stücke im Nennbetrag von 500 Euro.*

   Optionsscheine: *Jeder Teilschuldverschreibung im Nennbetrag von 500 Euro sind 4 Inhaber-Optionsscheine mit Berechtigung zum Bezug von jeweils einer Inhaberaktie im Nennwert von 50 Euro beigefügt. Der Bezugspreis beträgt 145 Euro.*

   Verzinsung: *Die Teilschuldverschreibungen werden mit 3 % jährlich verzinst."*

   Ihr Kunde Karl Göbel beabsichtigt, 1 000 Euro Nennwert der Optionsan-leihe zu kaufen.

   a) Ermitteln Sie die Zahl der Aktien im Nennwert von 50 Euro, die er benö-tigt.

   b) Errechnen Sie, wieviel er beim Bezug zahlen muss (ohne Spesen).

   c) Direkt nach der Börseneinführung notiert die Optionsanleihe ohne Op-tionsscheine mit 86 %. Erklären Sie diesen deutlich unter pari liegenden Kurs.

   d) Ein Jahr nach der Börseneinführung kommt ein Kunde und legt Ihnen folgende Zahlen vor, die er dem Kursblatt entnommen hat:
   3 % MEFA AG Optionsanleihe

mit Optionsschein	ohne Optionsschein	Optionsschein
176	80	120

   Erklären Sie diese unterschiedlichen Notierungen.

2. Ein Industrieunternehmen benötigt zur Finanzierung umfangreicher Investi-tionen Kapital, das es sich durch Emission von Wertpapieren beschaffen möchte.

   Zur Diskussion stehen: Industrieobligationen, Wandelanleihen, Options-anleihen, Gewinnschuldverschreibungen, Genussscheine.

   Bei der Auswahl soll berücksichtigt werden, dass durch Zins- und Tilgungs-zahlungen die Liquidität des Unternehmens möglichst wenig belastet wird.

   Vergleichen Sie die oben genannten Wertpapiere. Bewerten Sie dabei die Liquiditätsbelastung des Unternehmens durch Zins und Tilgung.

3. Die Kundin Iris Geiger möchte monatlich 100 Euro in Aktien anlegen. Erar-beiten Sie mit Hilfe aktueller Unterlagen einen sinnvollen Vorschlag.

4. Bewerten Sie die Chancen von Geldmarktfonds am deutschen Kapital-markt.

8.2.8 Steuern auf Effekten

Alfons Fröhlich, 34 Jahre alt, verheiratet und Vater von zwei Kindern, besitzt ein umfangreiches Effektendepot. Zu Beginn des Jahres enthielt es

● *Aktien im Werte von 210 000 Euro,*

● *Gläubigerpapiere über 120 000 Euro sowie*

● *Investmentanteile zum Rücknahmepreis von 20 000 Euro.*

Aus laufenden Erträgen und aus Veräußerungsgewinnen flossen ihm im vergangenen Jahr daraus 40 000 Euro zu.

In welchem Umfang wird er zur Steuerzahlung herangezogen?

Effekten werden vom Staat grundsätzlich nach zwei Gesichtspunkten steuerlich erfasst.

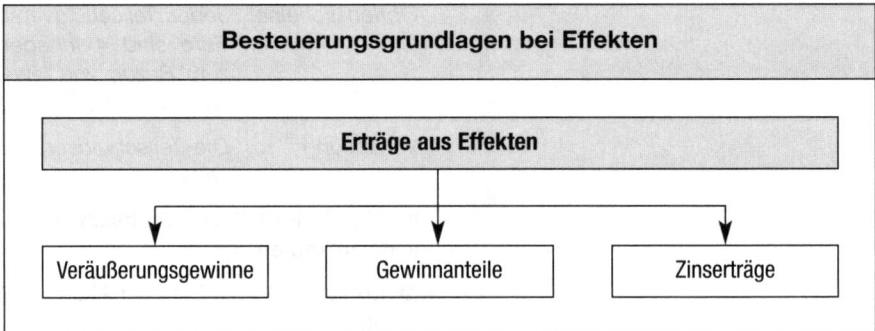

Weitere Steuerzahlungen sind möglich, wenn Effekten

● vererbt (Erbschaftsteuer) oder

● verschenkt (Schenkungsteuer in Höhe der Erbschaftsteuer) werden.

Private Veräußerungsgeschäfte

Beim Verkauf seiner Effekten hat Alfons Fröhlich im vergangenen Jahr per Saldo 18 000 Euro Kursgewinne erzielt. Dieser Betrag enthält im einzelnen

● *16 000 Euro Kursgewinne beim Verkauf von Aktien, die vor drei Jahren erworben wurden,*

● *4 000 Euro Kursgewinn beim Verkauf von Aktien, die nur fünf Monate im Eigentum von Herrn Fröhlich waren sowie*

● *2 000 Euro Kursverlust bei einer Aktienanlage, die sich lediglich drei Monate im Eigentum des Herrn Fröhlich befand.*

Die Gewinne, die bei der Veräußerung von Effekten entstehen, sind **teilweise steuerpflichtig**. Sie ermitteln sich aus der Differenz von Verkaufspreis und den Anschaffungskosten der einzelnen Wertpapiere. Dazu rechnen neben dem **Kaufpreis** alle **Nebenkosten** wie Provisionen oder Courtage.

Steuerpflichtig sind weiterhin Gewinne aus Termingeschäften einschließlich Aktienoptionsgeschäften.

Stehen den Spekulationsgewinnen aus einzelnen Verkäufen auch **Spekulationsverluste** gegenüber, so können sie bis zur Höhe der Gewinne gegeneinander aufgerechnet werden. Die Übertragung eines Verlustes auf andere Einkommensarten ist jedoch nicht möglich. Die Frage, ob ein Veräußerungsgewinn bei Effekten steuerpflichtig ist, lässt sich nach nebenstehendem Ablaufschema beantworten.

Liegt ein Spekulationsgewinn vor, so muss er in der Einkommensteuererklärung unter „**Sonstige Einkünfte**" angegeben werden. Die Höhe der Steuer richtet sich somit nach dem persönlichen Einkommensteuertarif des Effektenbesitzers.

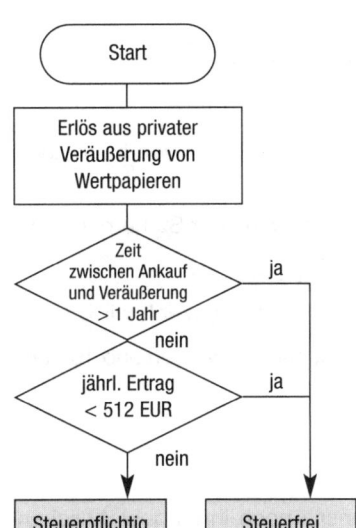

Wie errechnet sich der steuerpflichtige Veräußerungsgewinn bei Alfons Fröhlich?

- *16 000 EUR   aus Aktien, die länger als 12 Monate im Eigentum waren*   *steuerfrei*

- *4 000 EUR   aus Aktien, die weniger als 12 Monate im Eigentum waren*   *4 000 EUR*

- *2 000 EUR   Kursverlust aus einer Aktienanlage, die weniger als 12 Monate im Eigentum war*   *./. 2 000 EUR*

  Zu versteuernder Spekulationsgewinn   *2 000 EUR*

Zins- und Dividendenerträge

Alfons Fröhlich erzielte im vergangenen Jahr aus seinen Effekten folgende laufende Erträge:

- *15 000 Euro Zinsen aus Gläubigerpapieren,*

- *10 000 Euro Bruttodividende aus Aktien.*

Für einen Dispositionskredit, den Alfons Fröhlich zum Kauf von Aktien benötigt, musste er 1 500 Euro Zinsen bezahlen. Depotgebühren fielen in Höhe von 500 Euro an.

Zinserträge

Zinsen sind tarifsteuerpflichtig

Zinsabschlagsteuer – ZASt

Zinserträge sind grundsätzlich **tarifsteuerpflichtig**.

Vor der Auszahlung der Zinsen wird von der Zahlstelle, zum Beispiel dem kontoführenden Kreditinstitut, die **Zinsabschlagsteuer**, eine Form der Kapitalertragsteuer (KapESt), einbehalten und ohne Nennung des Kunden und dessen Kontonummer an das Finanzamt abgeführt.

Die **Zinsabschlagsteuer** wird in folgender Höhe erhoben:

– Allgemeiner Steuerabschlag	30 %
– Steuerabschlag bei anonymen Tafelgeschäften	35 %

ZASt-pflichtige Anlagen

Der **Abzugspflicht** unterliegen folgende Anlagen:

● Zinsen aus Kontoguthaben und Wertpapieren, einschließlich Stückzinsen, Boni, Prämien und Zuschläge bei bestimmten Sparverträgen, z. B. Bonus-Sparverträge,

● Abzinsungsbeträge, z. B. aus abgezinsten Sparbriefen, Schatzanweisungen und Null-Kupon-Anleihen,

● Aufzinsungsbeträge, z. B. aus Bundesschatzbriefen Typ B.

Freigestellte Zinserträge

Ausgenommen von der Zinsabschlagsteuer sind:

● Kapitalerträge aus Sichteinlagen, für die ein Zins oder Bonus von höchstens 1 % gezahlt wird.

● Kapitalerträge aus Guthaben von Bausparverträgen, wenn der Steuerpflichtige
– eine Arbeitnehmer-Sparzulage erhalten hat oder
– eine Wohnungsbauprämie festgesetzt worden ist oder
– für die Guthaben kein höherer Zins oder Bonus als 1 % gezahlt wird.

● Bagatellbeträge je Konto, die jährlich einmal gutgeschrieben werden und 10 Euro nicht übersteigen.

● Kapitalerträge aus Interbankengeschäften.

Freigestellte Anleger

Befreit sind folgende Anleger:

● Anleger, die in Deutschland weder ihren Wohnsitz noch ihren gewöhnlichen Aufenthalt haben (Steuerausländer). Diese Ausnahme gilt jedoch nicht bei Tafelgeschäften.

● Natürliche, gebietsansässige Personen (Steuerinländer), die einen Freistellungs-auftrag erteilt haben, können bis zur Höhe von 1 601 Euro bzw. 3 202 Euro von der Zinsabschlagsteuer freigestellt werden.

Einkommensteuerveranlagung

Die Anleger müssen ihre Kapitalerträge grundsätzlich im Rahmen der **Einkommen-steuerveranlagung** angeben. Die Bruttoeinnahmen aus Kapitalvermögen können jedoch gekürzt werden:

Sparerfreibetrag

● um einen **Sparerfreibetrag**, der bei Ledigen 1 550 Euro, bei Verheirateten 3 100 Euro beträgt,

Werbungskosten

● um **Werbungskosten**, die aufgewendet werden mussten, damit die Einkünfte erzielt werden konnten. Der Sparer erhält jedoch mindestens die Werbungs-kostenpauschale, die sich bei Ledigen auf 51 Euro, bei Verheirateten auf 102 Euro beläuft.

Welche Zinserträge können steuerfrei bezogen werden?

Die Einkünfte aus Kapitalvermögen bleiben steuerfrei, sofern der Anleger keine Einkommensteuererklärung abgeben muss. Voraussetzung dafür ist, dass die Nebeneinkünfte im Jahr nicht über 410 Euro hinausgehen.

Somit kann ein lediger Sparer bis zu 2 011 Euro, ein verheirateter Sparer bis zu 3 612 Euro steuerfrei Zinsen im Jahr beziehen.

Freistellungsauftrag

Bei Zinserträgen im Rahmen dieser Grenzen kann der Anleger den Abzug der Zinsabschlagsteuer vermeiden, wenn er seinem Kreditinstitut einen **Freistellungsauftrag** erteilt.

Reicht der Kunde seiner Zahlstelle dieses Formular ein, beauftragt er sie, seine Kapitalerträge ohne Steuerabzug gutzuschreiben. Der Auftrag kann vom Kunden auf einen bestimmten Betrag begrenzt werden; maximal bleibt jedoch ein Ertrag in Höhe des Sparerfreibetrages von der Zinsabschlagsteuer befreit. Der Auftrag gilt ohne zeitliche Begrenzung, bis zum Widerruf oder einer Änderung.

Steuerfahnder durchsuchen Bank
Staatsanwaltschaft und Steuerfahndung haben die Zentrale und mehrere Filialen einer Bank durchsucht. Nach Angaben eines Banksprechers waren etwa 200 Ermittler im Einsatz. Neben der Zentrale seien die Gebietsfiliale Frankfurt sowie die Filialen Hofheim, Hockenheim und Erfurt untersucht worden. Die Aktion richtete sich gegen Kunden der Bank, die unter dem Verdacht stehen, Gelder am deutschen Fiskus vorbei nach Luxemburg und andere Finanzplätze gelenkt zu haben. Bankmitarbeiter sollen hierzu Beihilfe geleistet haben.

Hat der Kunde bei mehreren Kreditinstituten Geld- oder Depotkonten, kann er jedem dieser Institute einen Freistellungsauftrag erteilen. Er muss sein Freistellungs-Volumen jedoch auf diese Zahlstellen so verteilen, dass insgesamt sein Sparerfreibetrag zuzüglich Werbungskostenpauschale nicht überschritten wird. Das Bundesamt für Finanzen prüft durch Stichproben, ob die Höchstgrenzen für Freistellungsaufträge eingehalten werden.

Natürliche Personen mit höheren Kapitalerträgen, die

- keine oder nur geringfügige andere Einkünfte haben oder

- über zusätzliche Freibeträge, z. B. Altersfreibeträge,

NV-Bescheinigung

verfügen und deshalb nicht zur Einkommensteuer veranlagt werden, können sich vom Finanzamt eine **Nicht-Veranlagungs-Bescheinigung** (NV-Bescheinigung) ausstellen lassen. Sie ist jeweils in dem Jahr, in dem sie beantragt wird, und in den beiden folgenden Kalenderjahren gültig. Liegt die NV-Bescheinigung vor, werden Zinserträge ohne Kapitalertragsteuer und Dividendenerträge unter Erstattung der Kapitalertragsteuer und der Körperschaftsteuer ausbezahlt.

Dividenden- und Investmentfondserträge

Aktiengesellschaften zahlen auf ihren Gewinn Körperschaftsteuer in Höhe von 25 %, unabhängig davon, ob er ausgeschüttet oder einbehalten wird.

Erträge aus Dividenden, Investmentfonds sowie privaten Veräußerungsgeschäften unterliegen dem **Halbeinkünfteverfahren**.

- **Bardividenden inländischer Aktiengesellschaften** werden unter Abzug von 20 % Kapitalertragsteuer gutgeschrieben. Unter Einbeziehung des Solidaritätszuschlages von 5,5 % ergibt sich eine Gesamtbelastung von 21,1 %. Dabei wird jedoch nur noch jeweils die Hälfte der Bardividende als Berechnungsgrundlage genommen, um zu verhindern, dass die Anleger durch die Besteuerung der Aktiengesellschaft und der Anleger doppelt belastet werden.

- **Erträge aus Investmentanteilen**, die aus Dividenden oder Veräußerungserlösen aus Anteilen an Kapitalgesellschaften entstehen, werden entsprechend besteuert.

- **Erlöse aus der Veräußerung** von Aktien oder Beteiligungen an Kapitalgesellschaften, die innerhalb der Spekulationsfrist entstanden sind, werden jeweils mit der Hälfte einbezogen, sofern die Freigrenzen überschritten werden.

Werbungskosten, die im Zusammenhang mit diesen Anlagen entstanden sind, werden ebenfalls zur Hälfte abgezogen.

Die Steuerbelastung für Alfons Fröhlich errechnet sich nach folgendem Schema:

Dem Solidaritätszuschlag unterliegen auch die Kapitalertragsteuer sowie die Zinsabschlagsteuer auf Wertpapiere. Er ist auf die Steuerschuld des Anlegers voll anrechenbar.

Steuererhebung bei der Aktiengesellschaft	
	EUR
Gewinn je Aktie vor Steuer	10.000,00
- 25 % Körperschaftsteuer	- 2.500,00
- 5,5 % Solidaritätszuschlag aus 2.500 EUR	- 137,50
Bardividende	7.362,50
- 20 % Kapitalertragsteuer	- 1.472,50
- 5,5 % Solidaritätszuschlag	- 80,98
Gutschrift	5.809,02
Einkommensteuerpflichtiger Dividendenanteil 50 %	3.681,25
- Einkommensteuer (Annahme 42 %)	- 1.546,12
- Solidaritätszuschlag 5,5 % aus 1.176,38	- 85,03
Zwischensumme	2.050,10
+ steuerfreier Dividendenanteil 50 %	3.681,25
Dividendeneinnahmen nach Steuern	5.731,35

Die bezahlte Kapitalertragsteuer und der Solidaritätszuschlag werden mit der Steuerschuld verrechnet, so dass der Anleger noch 77,67 Euro abführen muss.

Wie wird das zu versteuernde Einkommen aus Kapitalvermögen errechnet?

Das zu versteuernde Einkommen aus Kapitalvermögen wird für Alfons Fröhlich folgendermaßen ermittelt:

Zinsen		*15 000 EUR*
Steuerpflichtige Dividende		*3 681 EUR*
Einnahmen		*18 681 EUR*
./. Sparerfreibetrag	*1 550 EUR*	
./. Werbungskosten	*2 000 EUR*	*./. 3 550 EUR*
Einkünfte aus Kapitalvermögen		*15 131 EUR*

Aufgaben

Gustav Waigel, 50 Jahre alt, verheiratet, zwei Kinder, Alleinverdiener mit 90 000 Euro zu versteuerndem Einkommen, hatte sich in den Vorjahren ein Privatvermögen in Form eines Depots mit Aktien deutscher Aktiengesellschaften aus der Automobil-, Elektronik-, Chemie-, Bank- und Versicherungsbranche im Wert von rund 110 000 Euro und inländischen Rentenwerten von 10 000 Euro aufgebaut. Weiteres Vermögen besteht nicht. Nach zwei günstigen Börsenjahren verkauft er seine gesamten Wertpapiere gewinnbringend für insgesamt 170 000 Euro, weil er nicht mit weiteren bedeutenden Kurssteigerungen in der nahen Zukunft rechnet.

1. Geben Sie Herrn Waigel Auskunft über seine Verpflichtung, Einkommensteuer für seine Anlage zu bezahlen.

2. Bei den Gewinnausschüttungen aus den Aktienbeteiligungen erhielt Herr Waigel jeweils die Nettodividende ausgezahlt. Berechnen Sie Herrn Waigel für seine Gesamtnettodividende des Vorjahres in Höhe von 4 500 Euro den in seiner Steuererklärung anzugebenden Dividendenertrag.

3. Die Zinserträge aus seinen Rentenpapieren wurden Herrn Waigel nicht in voller Höhe ausbezahlt. Erklären Sie dieses Verfahren.

4. Herr Waigel hat insgesamt Kursgewinne über 50 000 Euro aus seiner Anlage in Beteiligungs- (49 000 Euro) und Rentenwerten (1 000 Euro) erwirtschaftet. Erläutern Sie Herrn Waigel die steuerliche Behandlung seiner erzielten Kursgewinne!

Jetzt gehen wir an die Börse

8.2.9 Emission von Effekten

Die ersten Effektenemissionen wurden in Deutschland im 16. Jahrhundert durchgeführt, als einige große Handelshäuser Anleihen ihrer Fürsten auf den Markt brachten. In dieser Zeit begann auch das Emissionsgeschäft deutscher und italienischer „Finanziers" mit der Auflegung von Anleihen in Antwerpen und Lyon.

Einen Aufschwung erlebte die Emissionstätigkeit der Banken, als zu Beginn des 17. Jahrhunderts die ersten Aktien in Amsterdam ausgegeben wurden. Gegen Ende des 18. Jahrhunderts verstärkte sich diese Entwicklung durch die Gründung von Realkreditinstituten, die mit der Ausgabe von Pfandbriefen begannen.

Im Zuge der Industrialisierung im 19. Jahrhundert konnte der Kapitalbedarf der Wirtschaft nur noch gedeckt werden, indem sich die Unternehmen zu ihrer Finanzierung an die Allgemeinheit wandten.

Heute ist die Finanzierung der Wirtschaft und der öffentlichen Hand ohne die Emission von Effekten nicht mehr denkbar.

> Das **Emissionsgeschäft** der Kreditinstitute umfasst die **Ausgabe und den Absatz von Effekten** für sich selbst oder für Dritte.

Securitisation:
Forderungen werden in Schuldscheinen verbrieft und am Kapitalmarkt gehandelt.

Dieses Bankgeschäft hat zunehmende Bedeutung. Im Zuge der **„Securitisation"** kleiden immer mehr Unternehmen ihre Transaktionen am Geld- und Kapitalmarkt in Wertpapiere. So werden sehr große Kredite zunehmend durch Emissionen von Rentenpapieren ersetzt.

Kosten einer Börsennotierung am Neuen Markt

Kosten in Euro	min.	/max.
Designated Sponsoring	150 000	
Geschäftsbericht	100 000	
Quartalsberichte (3 Quartalsberichte)	40 000	90 000
Hauptversammlung	200 000	400 000
Rechtsberatungskosten	50 000	
Listing-Gebühr	7 500	
Road-Show (Annahme: 2 Road-Shows p.a.)	30 000	
Anzeigen, Werbung	20 000	50 000
Investors-Relations-Agentur	60 000	100 000
Investors-Relations-Manager (1 Person)	75 000	125 000
Opportunitätskosten (CEO, CFO)	150 000	
Gesamtkosten	882 500	1 252 50

Quelle: Morgan, Lewis & Bockius LLP, Deutsche Börse, F.A.Z. v. 02.03.02

> *Nur jede 10. Order zugeteilt*
> ## Emission mehrfach überzeichnet
>
> *Die Aktien der Media AG kommen zu 72 Euro an die Börse. Von den Aktien, die an diesem Montag erstmals an der Börse in Frankfurt gehandelt werden, seien 850 Millionen Stück geordert worden, teilte das Unternehmen mit. Insgesamt sollen 52,5 % der Anteile an deutsche Anleger gehen. (...) Der Ausgabepreis liegt am oberen Ende der von Media AG genannten Spanne von 66 bis 72 Euro. Innerhalb dieser Spanne konnten Investoren Gebote für Vorzugsaktien abgeben.*
>
> Quelle: Nach Handelsblatt

Der Emissionsablauf umfasst in der Regel drei Stufen und schließt drei Personenkreise ein:

- **Abschluss eines Effektenübernahmevertrages** zwischen den beteiligten Kreditinstituten und dem Emittenten (z. B. große Industriefirmen),

- die **Übernahme** der Wertpapiere durch die Kreditinstitute und

- die **Unterbringung (Platzierung)** bei den Kapitalanlegern.

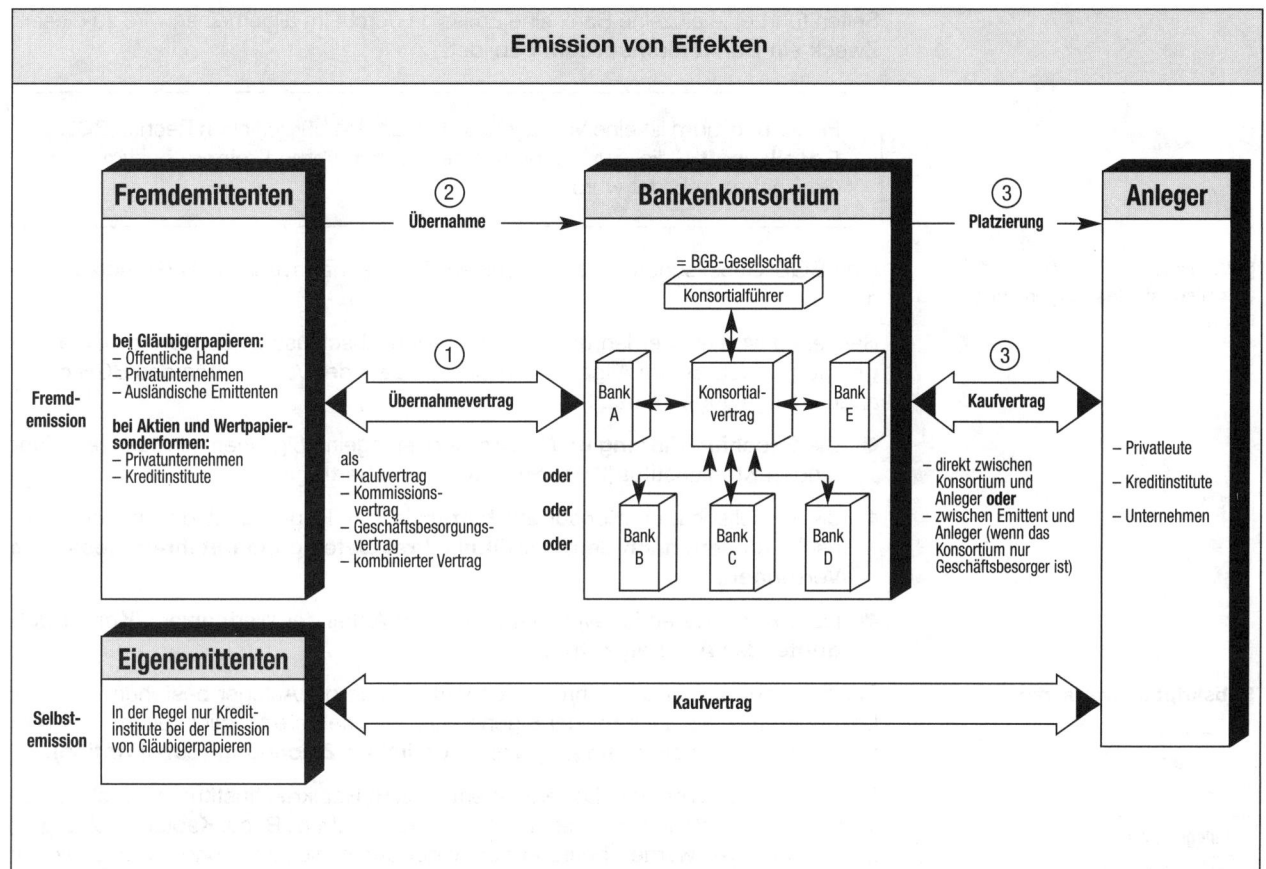

Emission von Effekten

Bei der **Selbstemission** übernimmt der Emittent selbst die Platzierung seiner Effekten bei den Kapitalanlegern.

Oftmals ist die Kursfestsetzung der jungen Aktien eine Gratwanderung. Dabei gilt es, auch einen Konflikt zu lösen:

- *Das an die Börse gehende Unternehmen strebt neben einem großen Emissionsvolumen nach einem möglichst hohen Ausgabekurs. Nur das garantiert einen kräftigen Zufluss an liquiden Mitteln und niedrige Kapitalkosten*

- *Auf der anderen Seite nimmt die Kaufneigung unter Anlegern und Financiers ab, je stärker der Aufschlag den Nennwert des Papiers von 25 Euro übersteigt*

Dies erfordert

- gute Beziehungen zum Kapitalmarkt,

- viel Erfahrung mit Effektenemissionen,

- ein hohes Maß an Vertrauen bei den möglichen Käufern,

- ein ausgebautes, breit gestreutes Vertriebssystem und

- eine liquide Finanzsituation des Emittenten, da der Gegenwert bei dieser Emissionsart meist nur allmählich eingeht.

Die Selbstemission kommt deshalb in der Praxis fast nur für Kreditinstitute in Frage, die auf diese Weise Pfandbriefe, Kommunalobligationen („Daueremittenten") bzw. sonstige Bankschuldverschreibungen auf den Markt bringen.

Bei der **Fremdemission** wird die Platzierung der Effekten nicht vom Emittenten selbst, sondern von einem oder mehreren Kreditinstituten übernommen.

Kreditinstitute werden immer dann eingeschaltet, wenn der Emittent mindestens eine der notwendigen Voraussetzungen für eine Selbstemission nicht erfüllt.

Selten führt eine einzelne Bank eine Emission durch; im allgemeinen wird zu diesem Zweck ein **Bankenkonsortium** gebildet.

> Ein **Konsortium** ist eine Vertragsgesellschaft des bürgerlichen Rechts (**BGB-Gesellschaft**), die zur gemeinsamen Durchführung **eines** bestimmten Geschäftes gebildet wurde.

§ 705 BGB:
Gesellschaft des bürgerlichen Rechts

Eine BGB-Gesellschaft setzt stets einen Gesellschaftsvertrag als Grundlage voraus.

Bankenkonsortien werden deshalb durch den Abschluss eines **Konsortialvertrages** gegründet, der im Allgemeinen eine Vielzahl der Vorschriften des BGB durch andere Regelungen ersetzt:

● Die **Geschäftsführung und Vertretung** ist regelmäßig einem einzigen federführenden Kreditinstitut (**Konsortialführerin**) übertragen,

● die Gesellschafter (Konsorten) **haften** in der Regel nicht gesamtschuldnerisch, sondern **nach dem Verhältnis ihrer Beteiligung mit ihrem gesamten Vermögen**,

● jeder Konsorte erhält eventuell an seinem Anteil der Wertpapiere (**Konsortialquote**) das **Alleineigentum**.

Für die technische Durchführung des Verkaufs an die Anleger bestehen – sowohl bei der Fremd- als auch bei der Eigenemission – mehrere Möglichkeiten. Die größte Bedeutung hat die **Auflegung zur öffentlichen Zeichnung (Subskription)**.

Emissionen, die nicht von Daueremittenten (z. B. Realkreditinstituten) durchgeführt werden und bei denen kein gesetzliches Bezugsrecht (z. B. bei Kapitalerhöhungen) zu beachten ist, werden heute in der Regel durch die Auflegung zur öffentlichen Zeichnung oder im **Bookbuilding-Verfahren** auf den Markt gebracht.

Subskriptionsverfahren:

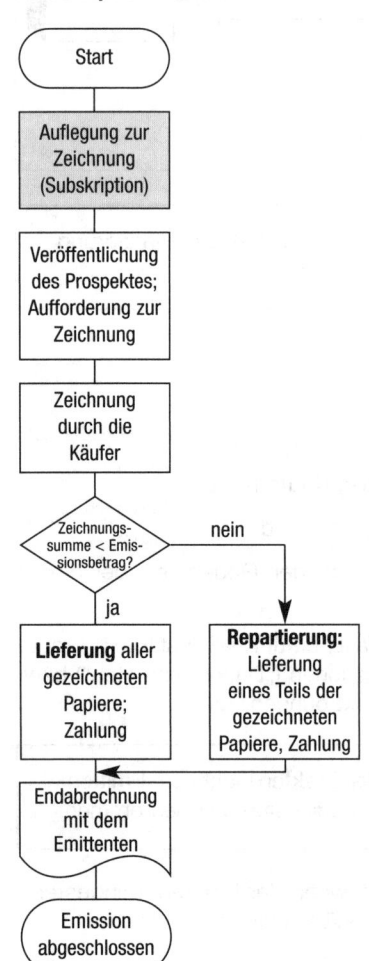

> Die **Zeichnung** beinhaltet die Verpflichtung eines Kapitalanlegers zur späteren Übernahme eines bestimmten Betrages neu ausgegebener Effekten. Ein Rechtsanspruch auf Lieferung aller gezeichneten Stücke besteht jedoch nur, sofern der Betrag der gezeichneten Effekten den Emissionsbetrag nicht übersteigt.

Den reibungslosen Ablauf bereitet die federführende Bank durch die Versendung ausführlicher Richtlinien an die Konsorten vor. Danach veröffentlicht das Konsortium in den Tages- und Wirtschaftszeitungen **Verkaufsangebote**, durch die das Publikum auf die Emission aufmerksam gemacht werden soll. Außerdem werden Rundschreiben versandt, Verkaufsangebote an den Schaltern der Kreditinstitute ausgelegt und andere Werbemittel eingesetzt.

Werden mehr Effekten gezeichnet als zur Verfügung stehen (**Überzeichnung**), so erfolgt eine **Repartierung**.

> Eine **Repartierung** ist die Zuteilung einer überzeichneten Emission nach bestimmten Regeln an die Zeichner der Effekten.

Ursprünglich wurden hierbei die Papiere im Verhältnis der eingegangenen Anträge an die Nachfrager verteilt. Heute werden vielfach die Zeichner kleinerer Beträge voll befriedigt.

Aktienemissionen werden zunehmend im Rahmen des **Bookbuilding-Verfahrens** durchgeführt. Dieses relativ neue Emissionsverfahren bezieht die möglichen Anleger direkt in die Preisfindung mit ein. Eine Bank übernimmt deshalb als „**Lead Manager**" die federführende Funktion des „**Bookrunners**", der die Preisvorstellungen und später die Nachfrage der möglichen Käufer in einem **elektronischen Zeichnungsbuch** festhält und auswertet.

Der gesamte **Zeitraum** für das Bookbuilding wird sehr kurz, z. B. zwei Wochen, gehalten. Damit wird sichergestellt, dass die gewonnenen Erkenntnisse nicht durch neue Marktentwicklungen hinfällig werden. Grundsätzlich gliedert sich das Verfahren in fünf Phasen:

1. **Vorbereitung der Platzierung**: Der Emittent bestimmt das Institut zum Bookrunner, welches das beste Beratungs- und Platzierungskonzept vorweisen und qualifizierte Marketing- und Betreuungsfunktionen sicherstellen kann. Bei dieser Auswahlentscheidung spielen weiterhin das Ansehen der Bank sowie die bisherige Geschäftsverbindung eine wesentliche Rolle.

2. **Pre-Marketing-Phase**: Das federführende Emissionsinstitut spricht einzelne potentielle Anleger auf die bevorstehende Emission an. Dabei werden das Chancen-Risiko-Profil sowie die Preisvorstellungen erörtert. Als Gesprächsgrundlage dient eine „Equity-Story", in der die Wettbewerbsposition, die Ziele, die Strategie und die Gewinnerwartungen des Emissionsunternehmens durch die Konsortialbanken bewertet werden.

3. **Marketing-Phase**: In Abstimmung mit dem Emittenten legen die Konsortialbanken einen Preisrahmen für die Emission fest. Diese Preisspanne wird veröffentlicht und im Rahmen von Präsentationen und Einzelgesprächen mit institutionellen Investoren und Anlageberatern diskutiert. In diese Gespräche wird der Emittent mit einbezogen. Die privaten Anleger werden wiederum von ihren Beratern in den Banken informiert.

4. **Order-Taking**: Der Bookbuilder erfasst fortlaufend die Aufträge, welche innerhalb der festgelegten Frist über die Banken eingehen. Die Anleger können ihre Aufträge dabei limitieren.

   Nach Ablauf dieser Phase analysiert der Bookrunner die vorliegenden Aufträge und legt in Abstimmung mit dem Emittenten einen **marktorientierten einheitlichen Platzierungspreis** fest.

5. **Zuteilung**: Das federführende Institut teilt die Wertpapiere zu. Dabei werden im Regelfall langfristig orientierte Großinvestoren bevorzugt, weil damit eher eine stabile Kursentwicklung möglich wird. Über einen Teil der Emission können die Banken meist frei verfügen.

Da die Zuteilung einen wesentlichen Einfluss auf die Kursentwicklung der Aktie hat, ist die Marktkenntnis und die Fähigkeit, mögliche Investoren einzuschätzen, eine der wesentlichen Anforderungen an Institute, welche die Rolle des Lead Managers übernehmen.

Das Bookbuilding hat sich durchgesetzt, weil es eine höhere Chance bietet, einen marktgerechten Preis zu erzielen. Bei einer geschickten Zuteilung an langfristig orientierte Anleger ist es außerdem möglich, die Effekten dauerhaft bei Investoren unterzubringen und damit eine stabile Kursentwicklung zu fördern.

Phasen des Bookbuilding:

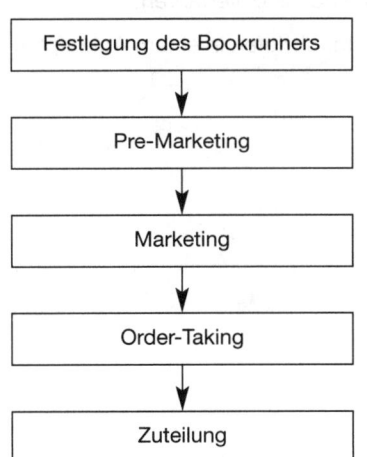

Festlegung des Bookrunners

↓

Pre-Marketing

↓

Marketing

↓

Order-Taking

↓

Zuteilung

Ein weiteres gebräuchliches Absatzverfahren ist der freihändige Verkauf.

> Beim **freihändigen Verkauf** erfolgt der Absatz der Effekten allmählich nach Einschätzung der Marktlage. Der Emittent kann dadurch die Abgabemenge und den Kurs der jeweiligen Nachfrage anpassen.

Diese Platzierungsform benutzen insbesondere die Realkreditinstitute für ihre Pfandbriefe und Kommunalobligationen. Sie kommt daneben vor allem für kleinere Emissionen oder für Reste von Emissionen in Frage, die nicht im Rahmen einer Subskription gezeichnet worden sind.

Der Verkauf einer Emission direkt über die Börse kommt heute praktisch nicht mehr vor. Dieser Weg wird nur noch dann benutzt, wenn nicht verkaufte Reste aus anderen Emissionsverfahren nach und nach veräußert werden sollen.

Aufgaben

1. Ein mittelständisches Unternehmen in der Rechtsform einer GmbH beabsichtigt, die Produktpalette wesentlich zu erweitern. Den notwendigen Kapitalbedarf möchte das Unternehmen über die Umwandlung in eine AG decken.

   a) Erläutern Sie die wesentlichen Unterschiede zwischen einer GmbH und einer AG.

   b) Stellen Sie die wesentlichen Motive zusammen, welche ein Unternehmen zur Umwandlung in eine AG und den Gang an die Börse bewegen können.

   c) Begründen Sie, weshalb für das Unternehmen praktisch nur eine Fremdemission in Frage kommt.

   d) Beschreiben Sie die Abwicklung der Subskription.

2. Erstellen Sie einen Ablaufplan für das Bookbuilding-Verfahren.

3. Stellen Sie den freihändigen Verkauf von Pfandbriefen in einem Ablaufplan dar.

8.2.10 Börse

Der Kunde Olaf Henkel erteilt einen Effektenkaufauftrag. Wie wird dieser an der Börse abgewickelt?

Erfassung des Kaufauftrages am Terminal

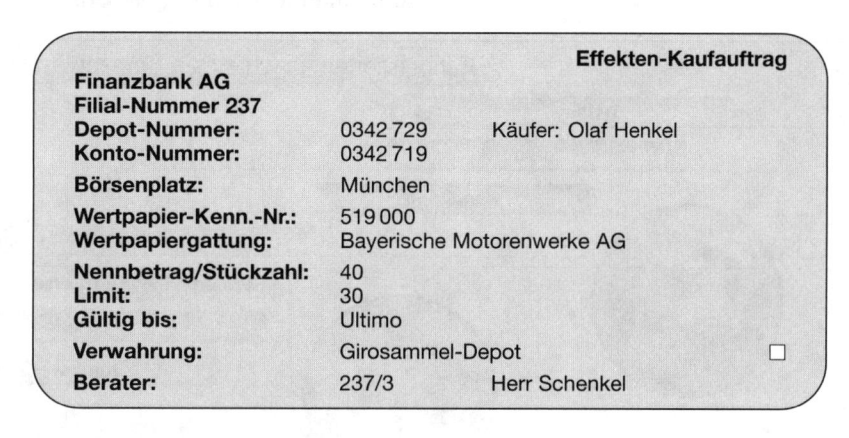

Effekten-Kaufauftrag

Finanzbank AG
Filial-Nummer 237
Depot-Nummer: 0342 729   Käufer: Olaf Henkel
Konto-Nummer: 0342 719

Börsenplatz: München

Wertpapier-Kenn.-Nr.:   519 000
Wertpapiergattung: Bayerische Motorenwerke AG

Nennbetrag/Stückzahl: 40
Limit: 30
Gültig bis: Ultimo

Verwahrung: Girosammel-Depot

Berater: 237/3   Herr Schenkel

Effektenauftrag

Vielen Effektenaufträgen geht ein ausführliches **Beratungsgespräch** in der Effektenabteilung der jeweiligen Bankfiliale oder -zweigstelle voraus. Der Auftrag wird auf **bankinternen Formularen** festgehalten, die Auskunft geben über

● das Wertpapierdepot, in dem die Effekten gelagert werden sollen,

● das Konto, auf dem die Verrechnung des Auftrages erfolgen soll,

● die Wertpapiergattung und die Wertpapier-Kennnummer sowie

● die Anzahl und eventuell der Höchst- bzw. Mindestkurs, zu dem der Auftrag an der Börse ausgeführt werden soll (**Limit**),

● eventuell die Vorgabe eines bestimmten Börsenplatzes. Schreibt der Kunde nichts vor, so kann die Bank nach den AGB bei allen Papieren, die an mehreren Börsen zugelassen oder in den geregelten Freiverkehr einbezogen sind, frei wählen.

Funktion und Bedeutung

Der Börsenhandel findet weltweit „rund um die Uhr" statt.

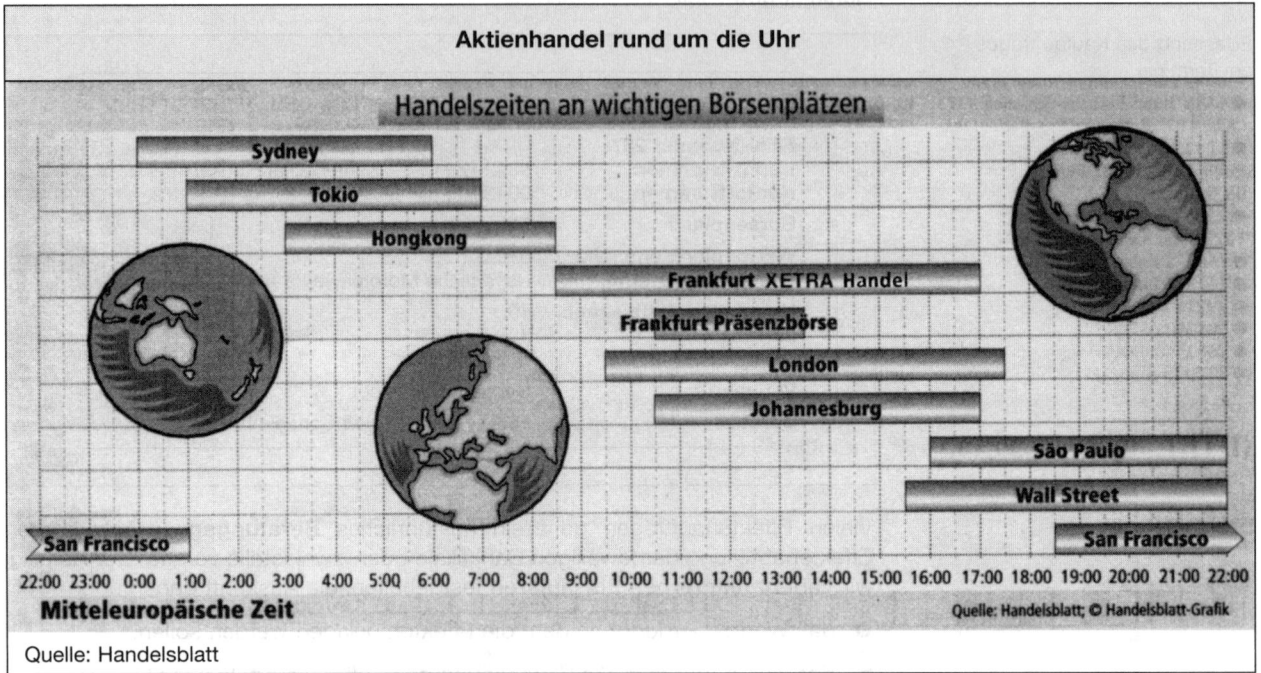

Quelle: Handelsblatt

Geschichte der Effektenbörsen

*Die Effektenbörsen entwickelten sich im Laufe der Jahrhunderte aus Märkten und Messen, auf denen auch Edelsteine und Edelmetalle gehandelt wurden. In Deutschland entstanden die ersten Börsen **Ende des 17. Jahrhunderts**.*

Die Entstehung des Wortes Börse kann nicht eindeutig bestimmt werden. Es leitet sich entweder aus dem mittelhochdeutschen Wort „bursa" (= Genossenschaft) oder aus dem Namen einer Patrizierfamilie aus Brügge „von der Beurse" oder „van der Burse" ab, vor deren Haus im Mittelalter bereits Börsengeschäfte abgewickelt wurden.

Börse

> Die **Börse** ist ein gesetzlich geregelter **Markt** für **vertretbare Güter**, der regelmäßig, zu bestimmten Zeiten an einem festen Ort unter staatlicher Aufsicht stattfindet.

Heute spielt vor allem die Effektenbörse eine herausragende Rolle in der Wirtschaft.

Leben in einer Präsenzbörse

Quelle: Investa Prospekt

Da die Güter erst nachträglich geliefert werden, erfolgt an der Börse im Rahmen des Kaufvertrages, der abgeschlossen wird, nur das **Verpflichtungsgeschäft**. Das **Erfüllungsgeschäft** findet erst nachträglich, **außerhalb der Börse**, statt.

Der Bereich der Güter, der an Börsen gehandelt werden kann, ist eng begrenzt:

● **Waren**, die typisiert werden können, z. B. Baumwolle, Zucker, Weizen oder Metalle,

● **Devisen** (ausländische Zahlungsmittel) sowie

● **Effekten**.

Das deutsche Börsenwesen unterscheidet sich durch seine regionale Gliederung stark von den überwiegend zentralistisch organisierten Systemen im Ausland. Zwar gibt es in den anderen Ländern auch mehrere Börsen, jedoch findet dort der weitaus größte Teil der Umsätze an der jeweiligen Hauptbörse statt (z. B. *in Paris 95 %, in Mailand 95 % oder an der New York Stock Exchange 80 % der Umsätze des jeweiligen Landes*).

Rechtlicher Rahmen

Der rechtliche Rahmen der deutschen Effektenbörse wird im Rahmen der konkurrierenden Gesetzgebung sowohl durch den Bund als auch durch die Länder bestimmt.

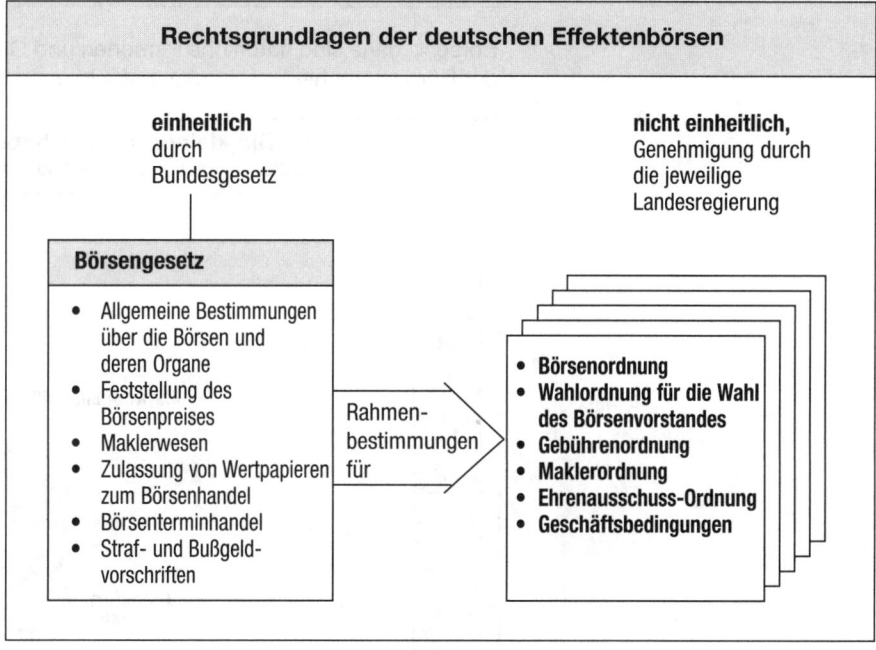

Rechtsgrundlagen der deutschen Effektenbörsen

einheitlich
durch
Bundesgesetz

nicht einheitlich,
Genehmigung durch
die jeweilige
Landesregierung

Börsengesetz

● Allgemeine Bestimmungen über die Börsen und deren Organe
● Feststellung des Börsenpreises
● Maklerwesen
● Zulassung von Wertpapieren zum Börsenhandel
● Börsenterminhandel
● Straf- und Bußgeldvorschriften

Rahmenbestimmungen für

● Börsenordnung
● Wahlordnung für die Wahl des Börsenvorstandes
● Gebührenordnung
● Maklerordnung
● Ehrenausschuss-Ordnung
● Geschäftsbedingungen

Alle natürlichen und juristischen Personen, die an der Börse tätig sind, werden als Börsenbesucher bezeichnet.

Börsenbesucher

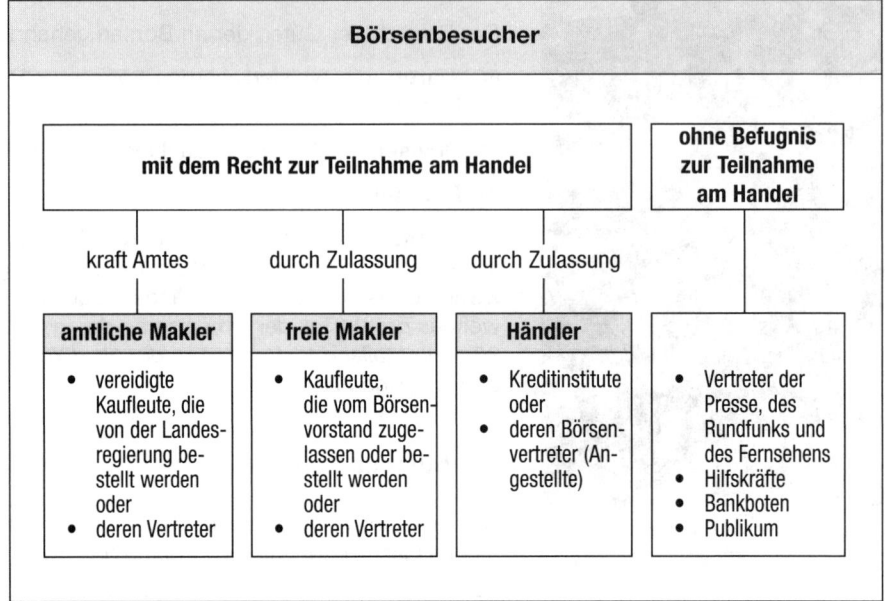

Börsenorgane sind natürliche Personen und Gremien, die innerhalb und außerhalb der Börse verschiedene Lenkungsfunktionen ausüben.

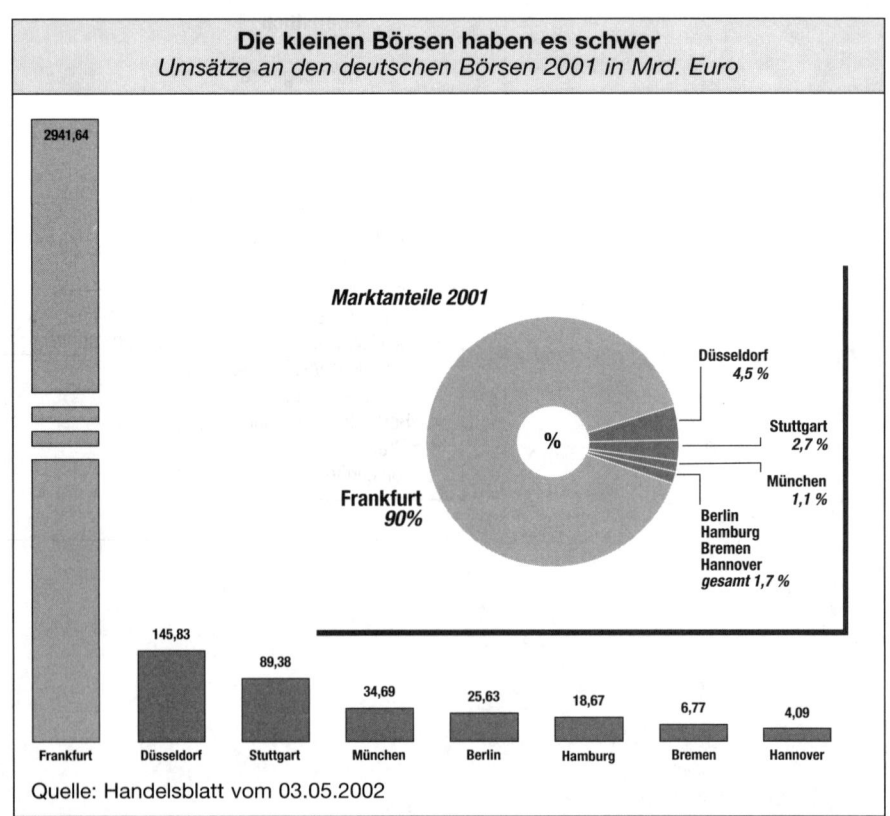

Quelle: Handelsblatt vom 03.05.2002

Der **Börsenvorstand** wird von den Börsenbesuchern gewählt, die selbstständige Geschäfte abschließen können.

Er hat insbesondere folgende Aufgaben:

● Leitung der Börse,

● Erlass der Börsen- und Gebührenordnung,

● Erteilung der Zulassung zum Börsenbesuch,

● Ausübung der Ordnungsgewalt an der Börse,

● die amtliche Feststellung der Börsenpreise, sofern keine Maklerkammer vorhanden ist,

● Zulassung von Waren oder Wertpapieren zum Terminhandel.

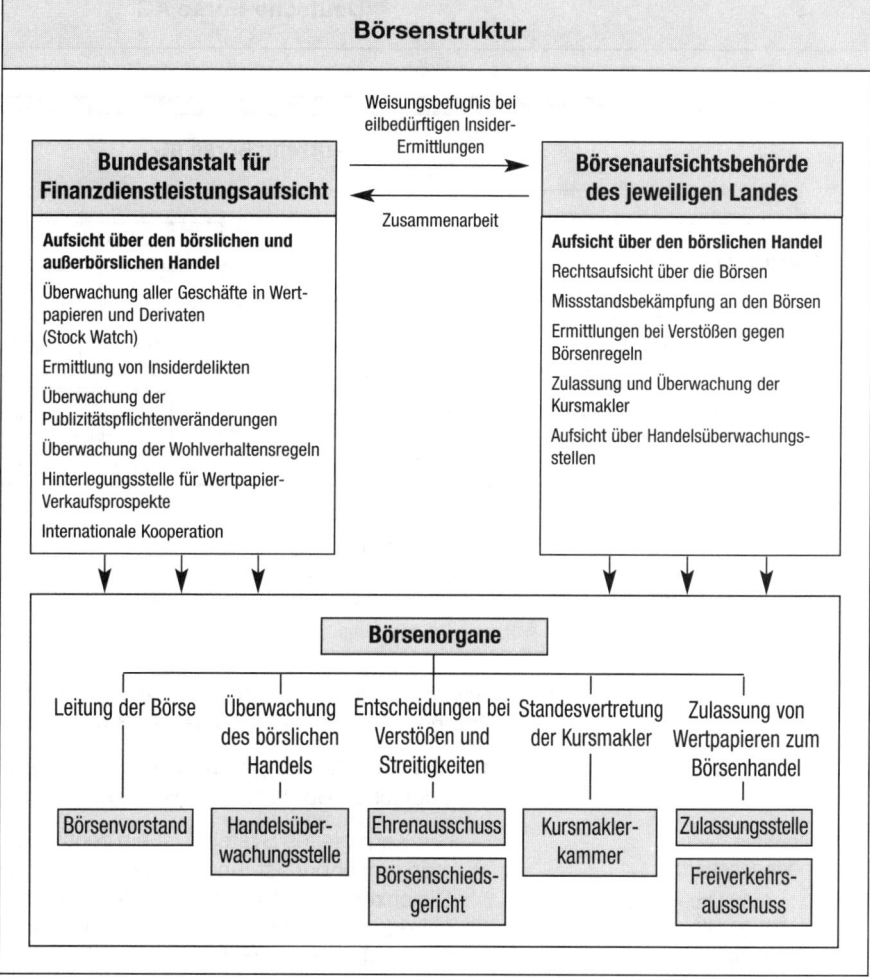

Handelsüberwachungsstelle

Die **Handelsüberwachungsstelle** an der Börse hat insbesondere folgende Aufgaben:

– Systematische Erfassung und Auswertung des Börsenhandels und der Geschäftsabwicklung

– Überwachung der Preisfindung und der Handelsusancen

– Engagementskontrolle bei Kurs- und Freimaklern

Deutsche Börse AG

Der zentrale Anbieter von Börsendienstleistungen in den Bereichen Handel, Abwicklung und Information ist die **Deutsche Börse AG**. Diese wird zu 81 % von Kreditinstituten, zu 9 % von Börsenmaklern und zu 10 % von den deutschen Regionalbörsen getragen.

FWB
Eurex
DBC
DBS
European Clearinghouse

Die Deutsche Börse AG ist u. a. Eigentümerin der Frankfurter Wertpapierbörse (FWB), der Eurex Deutschland GmbH und der Deutsche Börse Systems AG. Die Deutsche Börse Systems AG ist für den Betrieb der Handelssysteme Xetra und Eurex verantwortlich. Clearstream International verwahrt und verwaltet die Wertpapiere und wickelt die börslichen und außerbörslichen Handelsgeschäfte ab. Der deutsche Teil dieses Institutes ist die Clearstream Banking AG.

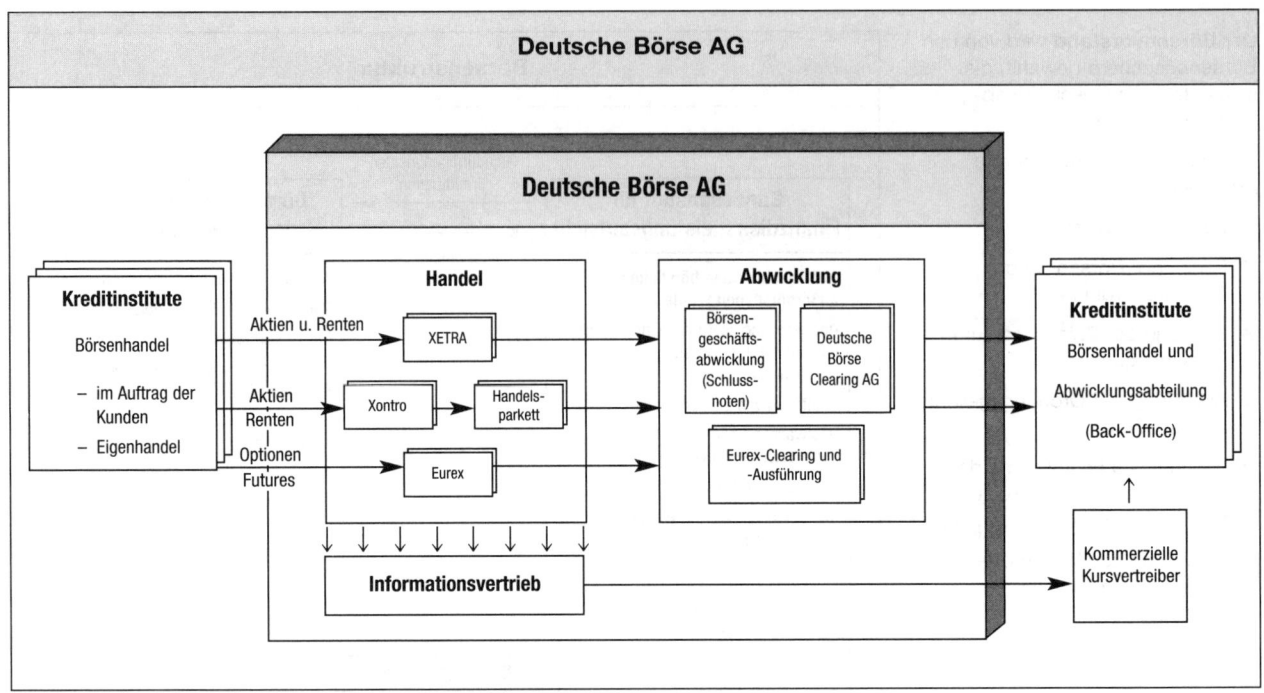

Der Handel findet weiterhin an der Präsenzbörse, dem „Parkett" statt. Zunehmend übernehmen aber **elektronische Handelssysteme** diese Vermittlungsfunktion:

XETRA

● **XETRA – Exchange Electronic Trading**: Vollelektronisches Handelssystem der Deutschen Börse AG für den Kassahandel.

Handelszeiten
im Kundengeschäft:

Aktien   8:30 Uhr – 17:00 Uhr
Renten   8:00 Uhr – 17:00 Uhr

Geplant ist ein
24-Stunden-Handel

Der Kern dieses Systems ist ein zentrales Orderbuch, das für alle Marktteilnehmer einsehbar ist und in dem die Liquidität des Marktes gebündelt wird. Gleichzeitig wird ein dezentraler Marktzugang geschaffen, so dass alle Teilnehmer einen gleichberechtigten und fairen Handel – unabhängig von ihrem Standort – gesichert bekommen. Ein Kursmakler wird damit überflüssig.

Das elektronische System bietet die Chance eines Handelns innerhalb von Sekundenbruchteilen. Die Handelszeiten können beliebig gestaltet werden. Auch die Abrechnung für den Kunden erfolgt automatisch.

Ein wesentlicher Vorteil liegt auf der Kostenseite. Kostet ein Geschäft im Parketthandel ca. 15 bis 20 Euro, können XETRA-Geschäfte bereits für ca. 3 Euro abgewickelt werden.

Xontro

● **Xontro – Computergestütztes Börsenhandels- und Überwachungssystem aller deutschen Börsen**: Mit diesem vollelektronischen Order- und Handelssystem können Kauf- und Verkaufsaufträge für den Parketthandel beleglos verarbeitet werden. Das System erstellt u. a. das Maklerskontro, unterstützt den Makler bei der Kursermittlung, gibt die Ergebnisse weiter und vermeidet Differenzen. Mit Xontro können alle Handelsaktivitäten lückenlos nachvollzogen werden.

Eurex

● **Eurex**: Vollautomatisches Handels- und Clearing-System für Futures und Optionen (Derivate).

Effektenhandel

Der Effektenhandel findet – je nach Art des Wertpapiers – auf verschiedenen Teilmärkten innerhalb und außerhalb der Börse statt.

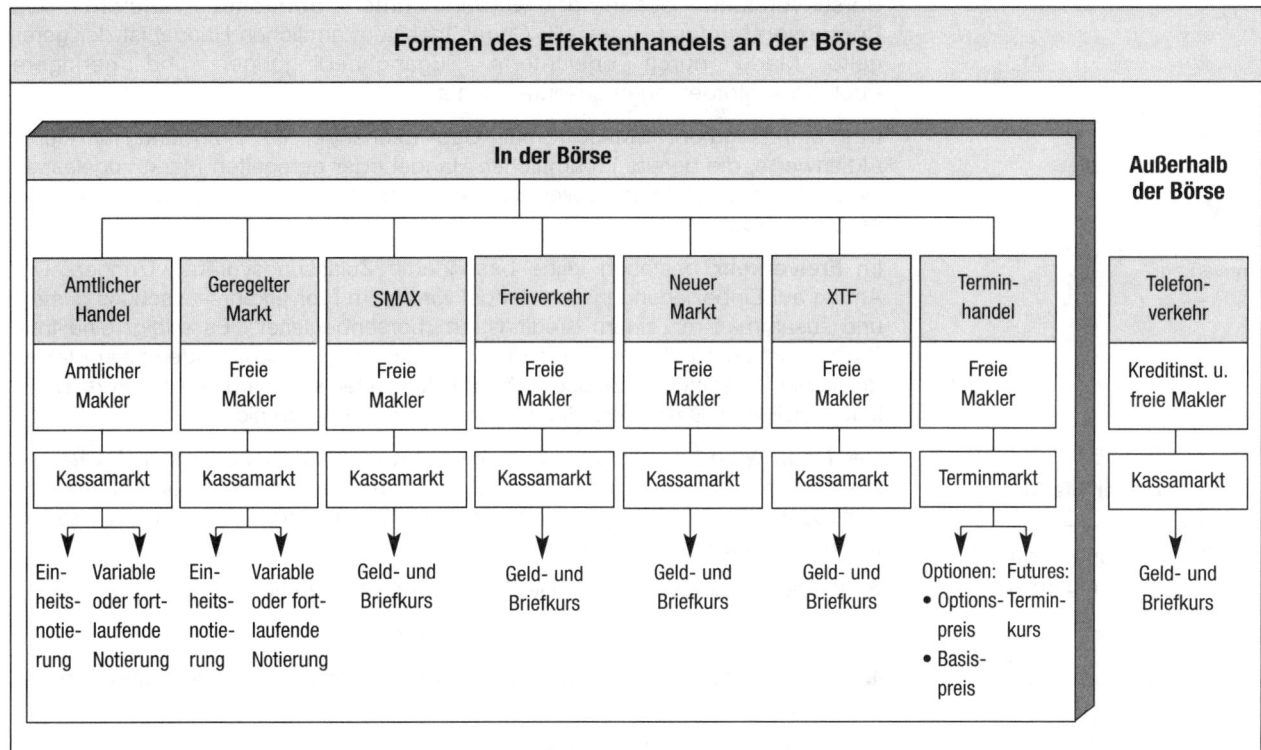

Am **Kassamarkt** muss die Erfüllung am zweiten Börsentag nach dem Geschäftsabschluss erfolgen.

Am **Terminmarkt** kann die Erfüllung innerhalb einer festgelegten Frist zu einem späteren, fest vereinbarten Termin erfolgen.

Im **amtlichen Handel** wird – soweit möglich – an jedem Börsentag der Kurs für das betreffende Papier von einem amtlichen Kursmakler festgelegt.

Der Antrag auf Zulassung der Wertpapiere zum **amtlichen Handel** muss stets von einem Kreditinstitut sowie dem Emittenten gestellt werden. Mit dem Antrag muss ein **Prospekt** eingereicht werden, der die rechtlichen und wirtschaftlichen Verhältnisse des Emittenten klarlegt. Für den Inhalt haften Emittent und Kreditinstitut gemeinsam (**Prospekthaftung**). Damit soll erreicht werden, dass sich für jedes Wertpapier ein verantwortliches Kreditinstitut unter den am Handel Beteiligten befindet, das mit dem Emittenten in Verbindung steht und diesen bei Bedarf berät und unterstützt.

Geregelter Markt

Der **geregelte Markt** hat zum Ziel, für kleinere und mittlere Unternehmen eine breitere Finanzierungsbasis zu ermöglichen. Die Vermittlung der Börsengeschäfte in diesem Markt erfolgt durch freie Makler im Rahmen geregelter Handelsbedingungen. Die Börsenpreise werden von **freien Maklern**, welche vom Börsenvorstand beauftragt wurden, unter **amtlicher Aufsicht des Börsenvorstandes** festgestellt. Gegenüber dem amtlichen Handel ist der geregelte Markt durch erleichterte Zugangsbedingungen und geringere Publizitätsanforderungen gekennzeichnet.

SMAX

Das Marktsegment **SMAX** (Small Cap Exchange) ist ein Markt für kleine Aktienwerte, die bereits im amtlichen Handel oder geregelten Markt zugelassen sind. Mit diesem Teilmarkt sollen die Handelschancen kleinerer Unternehmen verbessert werden.

Freiverkehr

Im **Freiverkehr** bestehen keine besonderen Zulassungsvoraussetzungen. Der Antrag auf Einbeziehung in den Handel wird beim Freiverkehrsausschuss gestellt und zusammen mit einem Kreditinstitut „börsenbegleitet". Es erfolgt eine freie Preisvereinbarung, das heißt, die Preisermittlung liegt in den Händen freier Makler, die an der Kursdifferenz zwischen Ankaufskurs (Geldkurs) und Verkaufskurs (Briefkurs) verdienen. Besondere Publizitätsvorschriften gelten nicht.

Der **Neue Markt** soll Wachstumsunternehmen mit risikobewussten Investoren zusammenbringen. Durch eine hohe Transparenz und anspruchsvolle Zulassungsvoraussetzungen soll für folgende Emittentengruppen eine verbesserte Finanzierung ermöglicht werden:

- Kleine und mittlere innovative Wachstumsunternehmen
- Unternehmen in zukunftsweisenden Branchen
- Unternehmen in traditionellen Branchen mit Produkt-, Prozess- und Service-Innovationen
- Unternehmen mit internationaler Ausrichtung

Das Emissionsvolumen muss mindestens 1,5 Mio. Euro betragen, die Unternehmen müssen mindestens ein Jahr, besser drei Jahre bestehen. Die Entscheidung über die Zulassung trifft der Börsenvorstand.

XTF ist ein Marktsegment für börsennotierte Indexfonds (ETF) sowie aktiv geführte Fonds in Verbindung mit XETRA. Der **Telefonverkehr** umfasst sämtliche außerhalb der Börse abgeschlossenen Geschäfte. Er ist an keine Börsenzeit gebunden und findet zwischen den Beteiligten telefonisch statt. Im Telefonverkehr werden vornehmlich solche Papiere gehandelt, die zum amtlichen Handel und zum geregelten Freiverkehr noch nicht zugelassen sind.

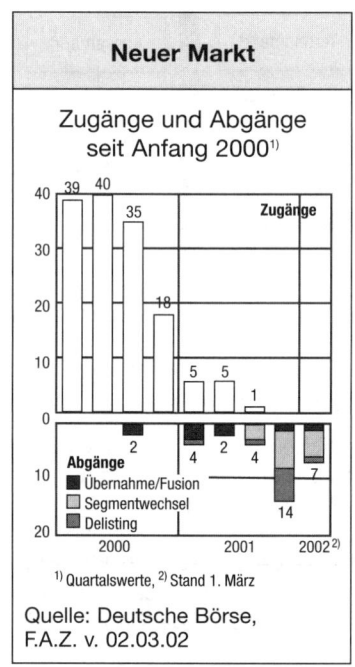

Neuer Markt

Zugänge und Abgänge
seit Anfang 2000[1]

1) Quartalswerte, 2) Stand 1. März

Quelle: Deutsche Börse,
F.A.Z. v. 02.03.02

Preisbildung am Kassamarkt

Der Kaufvertrag von Olaf Henkel über 40 Stück Bayer.-Motorenwerke-AG-Aktien, Limit 30, wird durch die Börsenabteilung seiner Bank zum Handel an die Börse gebracht.

Im amtlichen Handel werden die meisten Aufträge zum Einheitskurs ausgeführt.

Einheitsnotierung im amtlichen Handel

> Die **Einheitsnotierung** ist der Kurs, bei dem der größte Umsatz zustande kommt.

Zum Einheitskurs werden alle Aufträge im amtlichen Handel abgerechnet,

● die nicht den Anforderungen der variablen Notierung entsprechen oder

● die der Kunde ausdrücklich in diesem Teilmarkt gehandelt haben möchte.

Der Kunde kann bei seiner Auftragserteilung in Hinblick auf seine Kurswünsche drei verschiedene Formulierungen benutzen:

Wie werden die Aufträge für die Bank formuliert?

● **Limitierte Aufträge.** Schreibt der Kunde einen Kurs vor, so ist dies eine Grenze (Limit), die bei Käufen nicht über- und bei Verkäufen nicht unterschritten werden darf.

Sogenannte „Circa-Limite" bedeuten, dass je nach dem Kursstand der als Limit genannte Kurs bei Aktien um 1/4 bis 1/2 % und bei Schuldverschreibungen um 1/8 bis 1/4 % über- bzw. unterschritten werden darf.

● **„Bestens"- oder „Billigst"-Aufträge** verpflichten die Bank zur Ausführung zu dem am Abschlusstag geltenden Kurs.

● Der **Zusatz „Interesse wahrend"** soll das Kreditinstitut veranlassen, das Geschäft so abzuwickeln, dass sich für den Auftraggeber die günstigsten Kurse ergeben. Diese Bestimmung gilt meist über einen längeren Zeitraum und für Aufträge, die über erhebliche Beträge lauten, so dass ein behutsames Kaufen oder Verkaufen an der Börse notwendig ist, um nachteilige Kursveränderungen zu vermeiden.

Wie ermittelt der Makler den Einheitskurs?

Da die Kursfeststellung für den Effektenhandel an der Börse von entscheidender Bedeutung ist, müssen im amtlichen Verkehr die im Börsengesetz und in der Börsenordnung getroffenen Bestimmungen eingehalten werden.

Zur **Kursfestsetzung** nach Aufnahmeschluss darf der Makler nur die vorliegenden Aufträge heranziehen. Das Börsengesetz schreibt ihm vor, als Börsenpreis denjenigen Preis festzusetzen, welcher der wirklichen Geschäftslage des Verkehrs an der Börse entspricht. Bei außerordentlichen Umständen geschieht dies, indem der Börsenvorstand hinzugezogen wird.

Um die Übersichtlichkeit und gleiche Behandlung zu gewährleisten, sind jedem Kursmakler bestimmte Wertpapiere zugeteilt. Während an manchen Börsen (*z. B. in Frankfurt*) diese Zuständigkeit auf Dauer vergeben wird, wechselt sie an anderen Plätzen monatlich (*z. B. in München*).

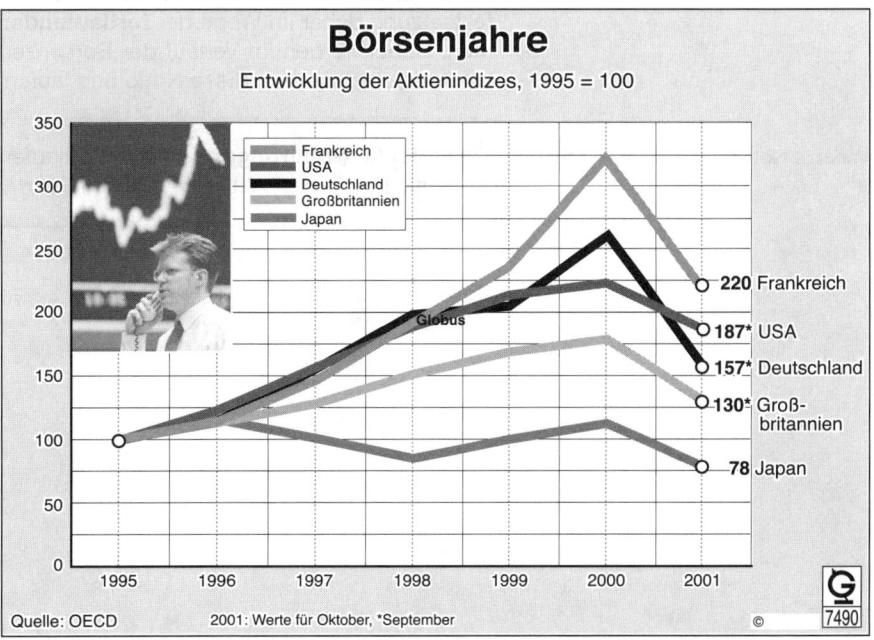

*An der Münchner Börse liegen
dem zuständigen Makler folgende
Aufträge für BMW-Aktien vor:*

Aufträge zur Einheitsnotierung der BMW-Aktien			
Käufe Stück	Limit	Verkäufe Stück	Limit
30	billigst	20	bestens
10	29	40	29
50	30	30	30
40	31	10	32

*Bei dieser Angebotsnachfrage-
situation ergibt sich folgender
Kurs, bei dem der größte Umsatz
möglich ist:*

Die Ermittlung des Einheitskurses für BMW-Aktien			
Bei einem Kurs von	ergeben sich		
	Käufe Stück	Verkäufe Stück	Umsatz Stück
29	130	60	60
30	120	90	90
31	70	90	70
32	30	100	30

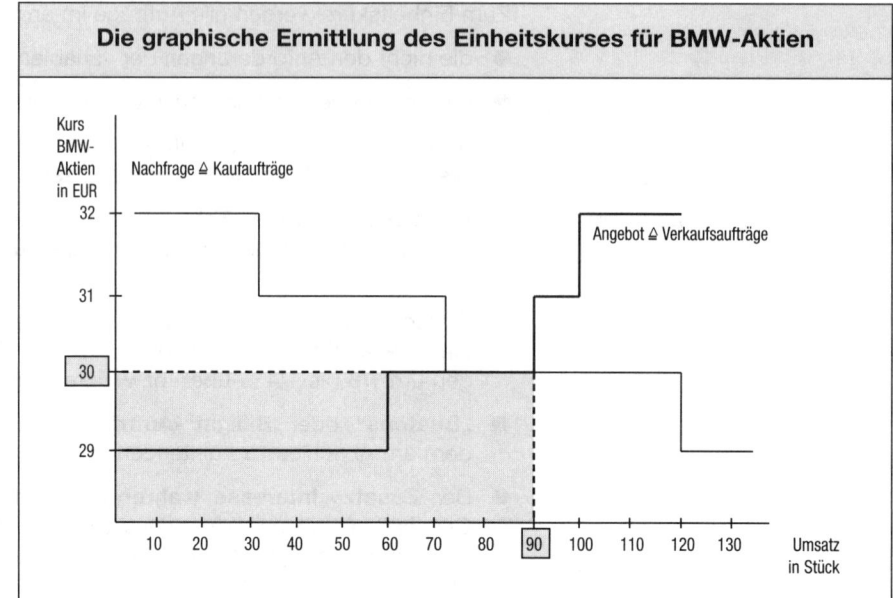

Die graphische Ermittlung des Einheitskurses für BMW-Aktien

Bei einem Kurs von 30 EUR je Stück kommt der größte Umsatz zustande. Diesen Kurs wird der Makler als Einheitskurs feststellen. Von den gesamten Verkaufsaufträgen bleiben lediglich 10 Stück unerledigt. Bei den Kaufaufträgen bleiben 30 Stück zum Kurslimit von 30 unerfüllt. Um diesen Kaufüberhang zum festgestellten Kurs auch Außenstehenden kenntlich zu machen, wird dem Kurs der Zusatz „bG" hinzugefügt.

Die Graphik zeigt, dass dieser Kurs dem Gleichgewichtskurs im Modell des vollkommenen Marktes entspricht.

Bei sehr lebhaften Geschäften erweist es sich nicht als praktisch, einen Einheitskurs festzusetzen. Einerseits erschwert die Fülle der Aufträge die Errechnung des Einheitskurses, andererseits würden die nach der Kursfestsetzung eingehenden weiteren Aufträge keine Berücksichtigung im Einheitskurs mehr finden, so dass dieser nicht mehr der Marktlage entspräche. Für bestimmte – vom Börsenvorstand zugelassene – Aktien, bei denen große Umsätze üblich sind, wird die Kursfestsetzung daher im Wege der **fortlaufenden (variablen) Notierung** vorgenommen. Dabei werden im Verlauf der Börsenzeit für jeden Abschluss eigene Kurse ermittelt, so dass sich diese Notierung laufend ändern kann.

Variable Notierung, jetzt ab 1 Stück

Variable Notierungen werden fortlaufend für Aufträge in bestimmten amtlich notierten Aktien festgestellt (**variabler Schluss**).

Zwischennotierungen
Börsentendenz
Schlussnotiz

Alle Aufträge, die zu Beginn der Börse zur „variablen Notiz" bei den Kursmaklern vorliegen, werden nach den Regeln der Einheitskursfeststellung ausgeführt. Werden weitere Umsätze getätigt, ergeben sich **„Zwischennotierungen"**. Diese werden laufend an die Banken als **„Börsentendenz"** weitergemeldet. Die letzte fortlaufende Notierung eines Wertpapiers bildet die **„Schlussnotiz"**.

Die Preisermittlung im **geregelten Markt** liegt grundsätzlich in der Hand freier Makler, die für den Handel im geregelten Markt der Aufsicht durch den Börsenvorstand unterliegen. Für die Preisermittlung sind die Vorschriften anzuwenden, die für den Handel in amtlich notierten Werten gelten. Die ermittelten Kurse werden in einem besonderen Teil des amtlichen Kursblattes, abgesetzt vom amtlichen Handel, veröffentlicht.

Aufgaben

1. a) Erläutern Sie das wesentliche Unterscheidungsmerkmal einer Börse zu sonstigen Märkten.

   b) Beschreiben Sie die wesentlichen Funktionen der Börse.

   c) „Die Börse ist ein Konjunkturbarometer" – Bewerten Sie diese Aussage.

2. a) Skizzieren Sie den rechtlichen Rahmen der deutschen Börsen.

   b) Beschreiben Sie die Struktur der Deutschen Börse AG.

   c) Unterscheiden Sie die Rechtsstellung und Funktion eines amtlichen und eines freien Marktes.

   d) Begründen Sie, weshalb die Börsen durch einen Staatskommissar überwacht werden.

3. a) Beschreiben Sie die Gründe, die für einen geregelten Markt an der Börse sprechen.

   b) Für eine amtlich notierte Aktie interessieren sich drei Käufer und drei Verkäufer. Ermitteln Sie den Umsatz, den der Makler ermittelt, wenn folgende Aufträge vorliegen:

   Nachfrage
   65 Stück zum Kurs von 128 EUR
   30 Stück zum Kurs von 129 EUR
   25 Stück billigst.

   Angebot
   70 Stück zum Kurs von 128 EUR
   80 Stück zum Kurs von 129 EUR
   180 Stück bestens.

   c) Ein Kunde Ihres Instituts erhält aus einem Kaufauftrag von 80 Stück Aktien der Farbwerke Hoechst AG folgende Kurse für den gleichen Börsentag abgerechnet:

   50 Stück zu 194 EUR
   20 Stück zu 195,50 EUR.

   Erläutern Sie dem Kunden, wie diese Abrechnung zustande kam.

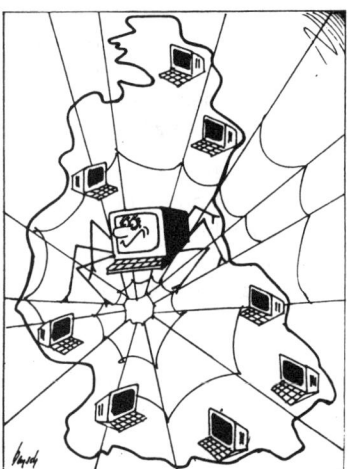

Börse ist überall: Eurex – eine
Computerbörse

Eurex Deutschland

**Wichtige Information über
Verlustrisiken bei Börsentermingeschäften**

Sehr geehrte Kundin, sehr
geehrter Kunde,

bei Börsentermingeschäften
stehen den Gewinnchancen
hohe Verlustrisiken gegenüber.
Deshalb können Sie solche
Geschäfte nur verbindlich
abschließen,wenn wir Sie vor
Abschluss des Geschäftes
gemäß § 53 Abs. 2 Börsen-
gesetz schriftlich darüber informieren, dass

● die aus Börsentermin-
geschäften erworbenen
befristeten Rechte verfallen
oder eine Wertminderung
erleiden können;

● das Verlustrisiko nicht
bestimmbar sei und auch
über etwaige geleistete
Sicherheiten hinausgehen
kann ...

8.2.11 Terminmarkt

*Annette Wieser unterhält seit vielen Jahren ein Effektendepot bei der Süd-
deutschen Handelsbank AG, das sie zusammen mit ihrem verstorbenen Mann
aufgebaut hat. Ihre Kapitalanlage umfasst neben einer Vielzahl von Anleihen eine
Reihe deutscher und vor allem amerikanischer Aktien. Frau Wieser steht vor der
Frage, wie sie einen frei gewordenen Betrag in Höhe von 30 000 Euro neu anlegen soll. Ihr Vermögensberater sucht deshalb das Gespräch mit ihr. Er schätzt sie
als eine renditebewusste Kundin ein, die angesichts eines solide angelegten Vermögens bereit ist, in überschaubarem Rahmen ein Risiko einzugehen.*

*Im Verlauf des Beratungsgespräches läßt Frau Wieser erkennen, dass sie durch-
aus bereit wäre, mit dem restlichen Betrag von 10 000 Euro in Effekten-Terminge-
schäfte zu gehen. Dabei verweist Frau Wieser auf rechtliche Probleme, die sie bisher entgegengehalten bekam, wenn sie den Wunsch nach Optionsgeschäften
vorbrachte.*

Das Termingeschäft hatte vor dem Ersten Weltkrieg eine größere Bedeutung als
das Kassageschäft. Im Zuge der Weltwirtschaftskrise, die zu unüberschaubaren
Spekulationsrisiken führte, wurden die Termingeschäfte jedoch 1931 in Deutschland verboten.

An den deutschen Börsen wird eine Variante des Termingeschäfts eingeführt, bei
der das Risiko für einen Teilnehmer eingeschränkt werden kann. Dieses Termingeschäft wird als **Optionsgeschäft** bezeichnet.

Neben dem Optionshandel, der durch freie Makler abgewickelt wird, gibt es seit
1990 die Deutsche Terminbörse (DTB), 1998 in **Eurex Deutschland** umbenannt,
an der Options- und Futuregeschäfte im Rahmen einer Computerbörse durchgeführt werden.

Als Vertragspartner stehen sich dabei Personen gegenüber, die unterschiedliche

> Die Grundform der Termingeschäfte wird in zwei – zeitlich getrennten –
> Stufen abgewickelt:
>
> 1. Abschluss eines **unbedingten Kaufvertrages**;
>
> 2. Erfüllung, d. h. Lieferung und Zahlung, zu einem späteren, fest verein-
>   barten Zeitpunkt oder innerhalb einer bestimmten Frist.

Kurserwartungen für die Zukunft haben:

> Der **Haussier** erwartet stark steigende Kurse.

Deshalb **kauft** er bereits heute die Papiere zu einem festen Kurs **auf Termin** und
hofft, sie am Erfüllungstag zu einem günstigen Kassakurs verkaufen zu können.

> Der **Baissier** erwartet fallende Kurse.

Dieser **verkauft** heute Papiere **auf Termin**, die er zum vereinbarten Termin billig zu
erwerben hofft.

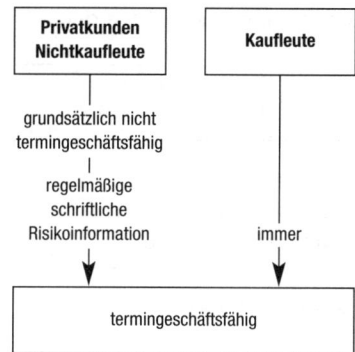

grundsätzlich nicht termingeschäftsfähig

regelmäßige schriftliche Risikoinformation

immer

termingeschäftsfähig

Wer ist termingeschäftsfähig?

Während Personen, die kraft ihrer beruflichen Erfahrung oder organisationsrechtlichen Struktur, d. h. insbesondere **Kaufleute**, keinen besonderen Schutz bei Terminkontrakten erhalten, gelten Privatpersonen weiterhin – unabhängig von ihrem Wohnsitz – als grundsätzlich nicht termingeschäftsfähig. Sie erwerben jedoch zukünftig die **Termingeschäftsfähigkeit kraft Information**.

Die Information des Anlegers über die Verlustmöglichkeiten, die er mit Abschluss der Termingeschäfte eingeht, muss schriftlich und vollständig erfolgen, darf keine anderen Erklärungen enthalten und muss nach folgenden Zeiten wiederholt werden:

● **Ein Jahr** nach der Erstinformation,

● danach **alle drei Jahre**.

Finanzderivate

Am Terminmarkt werden Finanzderivate gehandelt

> **Finanzderivate** sind Rechte, deren Preis sich unmittelbar oder mittelbar aus den Wertentwicklungen eines oder mehrerer Finanzprodukte (Basiswerte) ableitet.

derivare (lat.) = ableiten

Basiswerte sind u.a.:

● Effekten
(z. B. Aktien, Anleihen)

● Zinssätze
(z. B. 3-Monats-Euribor)

● Devisen
(z. B. US-$)

● Andere Derivate
(z. B. Futures, Optionen)

● Indizes
(z. B. DAX, REX)

Daneben werden auch Derivate auf der Basis von Agrarprodukten, Rohstoffen oder Edelmetallen gehandelt.

Derivate werden teils an **Terminbörsen** wie der **Eurex** oder der Londoner LIFFE, vielfach aber auch direkt zwischen den Vertragspartnern **„Over the Counter"** **(OTC)** gehandelt. Während die Kontrakte an den Terminbörsen standardisiert sind, können sie im direkten Handel frei vereinbart werden.

Die Derivate werden durch die Rechte und Pflichten, die für die Vertragsdauer gelten, beschrieben. Dabei weisen alle das Merkmal auf, dass zwischen Vertragsabschluss und Vertragserfüllung ein Zeitraum besteht. Somit sind Derivate **Termingeschäfte**. Derivate sind Termingeschäfte im weiteren Sinne.

Derivate können grundsätzlich nach folgenden Kriterien unterschieden werden.

Forward = Terminkontrakt über den Kauf und Verkauf eines Financial Futures

Swap = Termingeschäft über den Tausch von Zahlungsverpflichtungen in bestimmten Devisen (Devisen-Swaps) oder Zinsverbindlichkeiten (Zins-Swaps) zu einem bestimmten Termin mit einem vereinbarten Preis

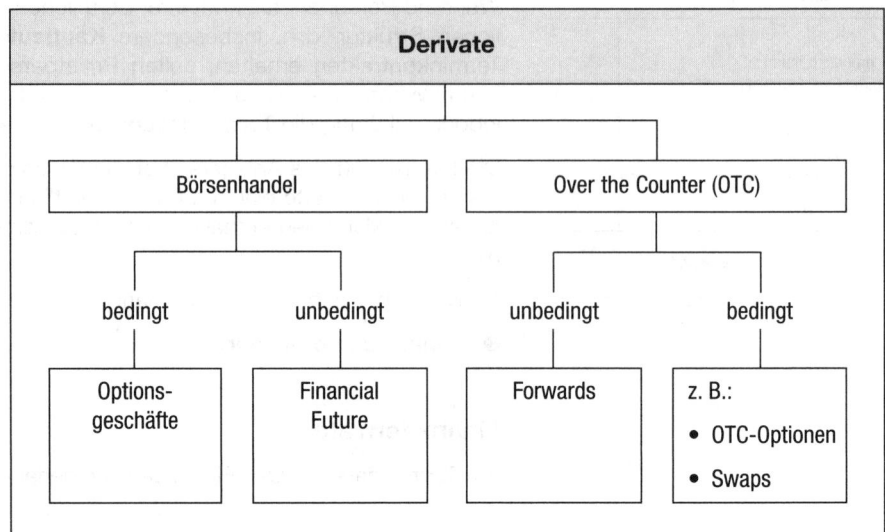

Optionsgeschäfte

> Der Erwerber einer Option erhält gegen sofortige Zahlung einer Prämie (**Optionspreis**) das Recht, vom Vertragspartner (**Stillhalter**) bestimmte Effekten innerhalb einer vereinbarten Frist jederzeit zu einem festen Kurs (**Basispreis**) kaufen (= **Kaufoption**) bzw. an ihn verkaufen (= **Verkaufsoption**) zu können.

Als Basispreise können jeweils nur die drei Standardwerte, welche aufsteigend bzw. absteigend auf den letzten amtlichen Kurs des zugrunde liegenden Wertpapiers folgen, gewählt werden:

Basispreise

340 EUR
320 EUR
300 EUR

Schlusskurs
Vortag
280 EUR
288 EUR
260 EUR
240 EUR

Die Abwicklung der Optionsgeschäfte für Aktien unterliegt u. a. folgenden Regeln:

- Der Handel darf nur in solchen Papieren des variablen Handels erfolgen, die vom **Börsenvorstand** zum Optionsgeschäft **zugelassen** sind. Optionsgeschäfte in nicht zugelassenen Effekten wären nichtig. Das Grundkapital der Gesellschaft muss mindestens 5 Mio. Euro betragen.

- Optionsgeschäfte erfolgen meist für Aufträge mit 100 Stück oder ein Mehrfaches davon. Aktienoptionsgeschäfte für Papiere mit Euro-Nennwert beziehen sich jeweils auf Kontrakte mit 10 Stück.

- Der Kunde muss bei der Auftragserteilung den gewünschten Basispreis genau vorschreiben. Diese Werte sind standardisiert, so dass die Optionsverträge nur über Basispreise in fest vorgeschriebenen Abständen lauten können.

- Der Optionspreis kann vom Kunden limitiert werden. Diese Werte sind in Spannen von jeweils 0,01 Euro standardisiert.

- Die Fälligkeit der Optionen ist standardisiert.

Abschlüsse und Fälligkeiten von Aktienoptionen

- Abschluss Januar, Februar, März
  ▷ Fälligkeit 15.04., 15.07. oder 15.10. desselben Jahres
- Abschluss April, Mai, Juni
  ▷ Fälligkeit 15.07. oder 15.10. desselben oder 15.01. des folgenden Jahres
- Abschluss Juli, August, September
  ▷ Fälligkeit 15.10. desselben oder 15.01. oder 15.04. des folgenden Jahres
- Abschluss Oktober, November, Dezember
  ▷ Fälligkeit 15.01., 15.04. oder 15.07. des folgenden Jahres

Eurex-Optionen:

- Aktien-Optionen
- DAX-Optionen
- Optionen auf den DAX-Future
- den BOBL-Future
- den BUND-Future

Die Geschäftspartner können beim Vertragsabschluss jeweils zwischen drei Fälligkeitsterminen wählen und damit die Laufzeit der Option bestimmen.

Der Kunde hat – je nach seiner Einschätzung der zukünftigen Kursentwicklung – mehrere Möglichkeiten, sich am Optionsgeschäft zu beteiligen.

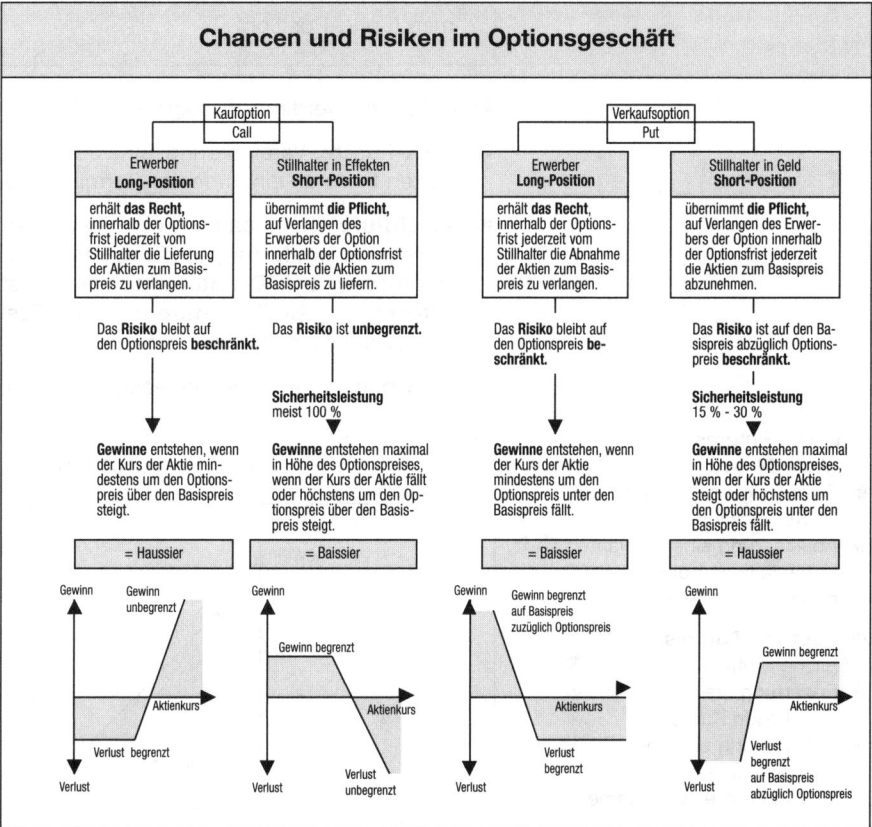

Warum nehmen Anleger am Optionshandel teil?

Da der Ertrag des Erwerbers der Verlust des Stillhalters ist und umgekehrt, ist seine Ertragskurve spiegelbildlich.

Neben diesem reinen **Spekulationsmotiv** können von den Teilnehmern am Optionshandel auch andere Absichten verfolgt werden:

- Das **Sicherheitsmotiv** steht im Vordergrund, wenn der Erwerber einer Kaufoption zu einem späteren Zeitpunkt Aktien erwerben möchte, jedoch mit steigenden Kursen rechnet. Das gleiche gilt, wenn der Erwerber einer Verkaufsoption beabsichtigt, Aktien zu verkaufen und mit fallenden Kursen rechnet. Treffen diese Kurserwartungen nicht ein, so verzichten sie auf die Ausübung der Option und wickeln das Effektenhandelsgeschäft zum jeweiligen Kassakurs ab.

- Das **Renditemotiv** spielt besonders bei den Stillhaltern eine große Rolle. Der Stillhalter einer Kaufoption erwartet für den zeitweiligen Verzicht auf das Verfügungsrecht über seine Aktien einen zusätzlichen Ertrag. Der Stillhalter einer Verkaufsoption erhofft sich durch den Verkauf dieser Option eine hohe Rendite aufgrund des Optionspreises und der Verzinsung des gesperrten Geldbetrages aus dem Optionsgeschäft.

Optionen werden sowohl an den deutschen Wertpapierbörsen und an der Eurex gehandelt.

Financial Future

> Ein **Financial Future** ist eine verbindliche Verpflichtung beider Vertrags-
> partner, zu einem vereinbarten Preis und zu einem festgelegten Zeitpunkt
> ein bestimmtes Finanzprodukt zu liefern (Short-Position) oder abzuneh-
> men (Long-Position).

An der Eurex werden u. a. folgende Futures gehandelt:

● **DAX-Future**: Vereinbarung, eine bestimmte Menge des DAX zu einem vereinbarten Preis an einem festen Termin zu kaufen oder zu verkaufen.

● **Zinsfuture**: Vereinbarung, eine idealtypische Anleihe zu einem vereinbarten
Preis an einem festen Termin zu kaufen oder zu verkaufen. Gehandelt wird ein
langfristiger **BUND-Future** mit einer Restlaufzeit von 8,5 bis 10 Jahren, ein
mittelfristiger **BOBL-Future** mit einer Restlaufzeit von 3,5 bis 5 Jahren sowie
ein maximal einjähriger Zinsterminkontrakt auf der Basis des **EURIBOR**.

Die Chancen und Risiken dieser Anlage sind groß.

Kauf von Futures:
Mögliche Motive
● Erwartung sinkender Zinsen
→ Kursgewinne
● Absicherung einer geplanten
Kapitalanlage oder eines
bestehenden Festzinskredits

Verkauf von Futures:
Mögliche Motive
● Erwartung steigender Zinsen
→ fallende Kurse
● Absicherung einer bestehenden
Kapitalanlage oder einer
geplanten Kreditaufnahme

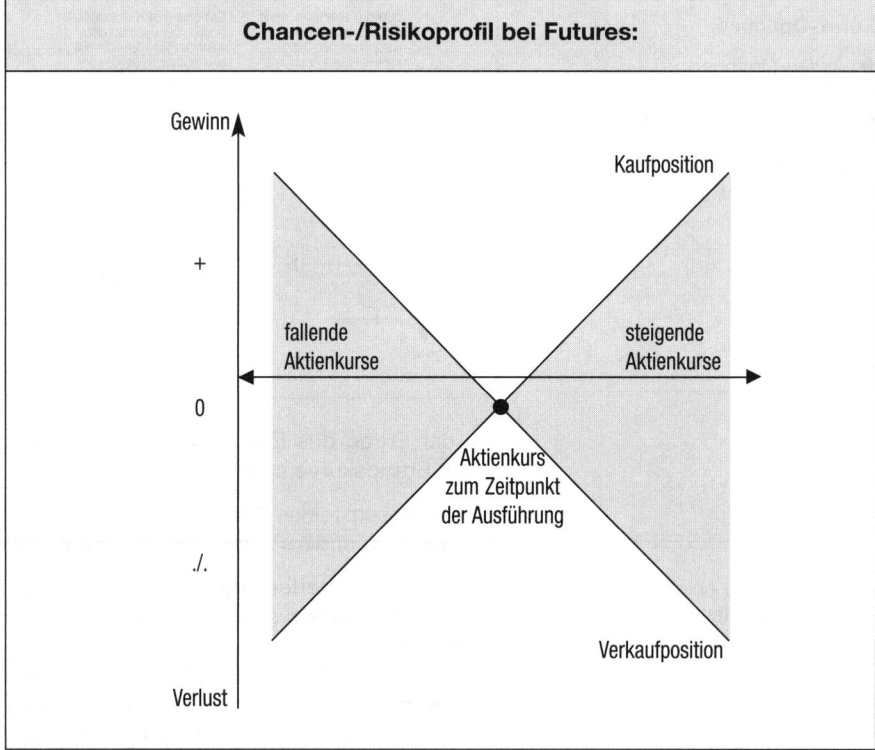

Chancen-/Risikoprofil bei Futures:

Die Preise im Terminhandel werden wesentlich durch die **Volatilität** bestimmt.
Dieser Begriff bezeichnet die Schwankungsbreite eines Kurses.

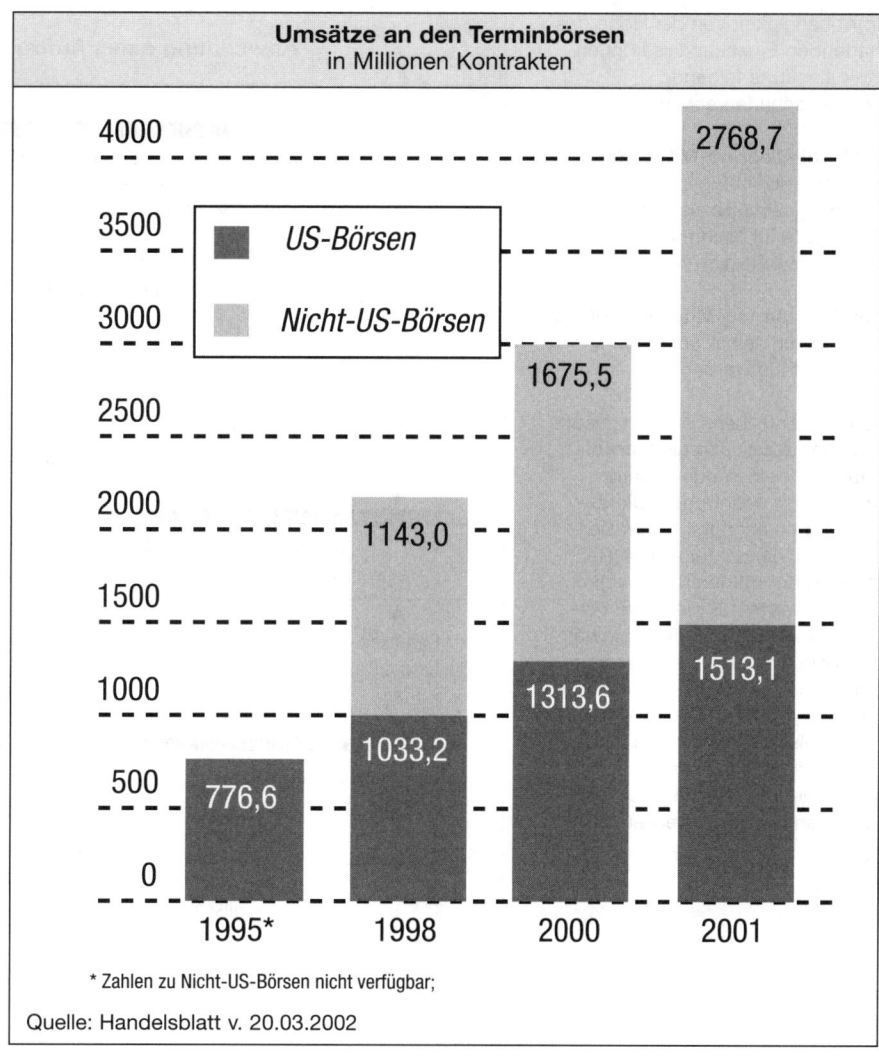

Umsätze an den Terminbörsen
in Millionen Kontrakten

- US-Börsen
- Nicht-US-Börsen

	1995*	1998	2000	2001
Nicht-US-Börsen		1143,0	1675,5	2768,7
US-Börsen	776,6	1033,2	1313,6	1513,1

* Zahlen zu Nicht-US-Börsen nicht verfügbar;

Quelle: Handelsblatt v. 20.03.2002

Das bundesweite Computernetz der Eurex

Die Eurex baut auf einem flächendeckenden Netzwerk auf, damit alle Teilnehmer die gleichen Zugriffsbedingungen haben.

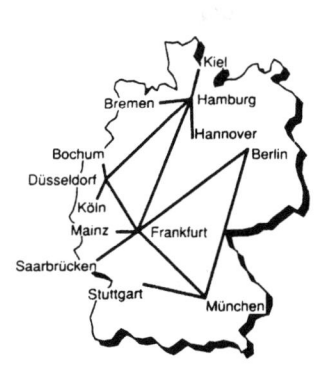

Eurex Deutschland

Die Eurex Deutschland ist eine **Computerbörse**, welche als „überregionales Börsenparkett" anzusehen ist. Die Teilnehmer an den „Börsensitzungen" geben ihre Aufträge und Angebote über ihren dezentralen Computerterminal ein und holen sich über dieses Dialoggerät ihre Marktinformationen. Das EDV-System speichert Angebot und Nachfrage, gleicht sie gegeneinander ab und führt sie aus. Auf diese Weise entsteht ein **überregionaler elektronischer Markt**, der einen effektiven Handel der Terminkontrakte ermöglicht.

Frau Wieser entschließt sich, eine Kaufoption über Siemens-Aktien mit einer Fälligkeit per 15.04. und einem Basispreis von 65 Euro zum Optionspreis von 9 Euro zu erwerben. Der Auftrag wird über die Eurex abgewickelt.

In Abhängigkeit von der Höhe des haftenden Eigenkapitals können Kreditinstitute folgende Mitgliedschaften erwerben:

General-Clearing-Mitglieder können sowohl Eigen- und Kundengeschäfte als auch Geschäfte für Nichtmitglieder der Eurex abwickeln.

Direkt-Clearing-Mitglieder dürfen nur für sich selbst oder eigene Kunden tätig werden.

Ein Börsenteilnehmer kann zusätzlich eine Zulassung als **Market-Maker** für einen oder mehrere Basiswerte beantragen. Die Zulassung berechtigt ihn zum Börsenterminhandel für eigene Rechnung in Kontrakten über bestimmte Basiswerte, für die er die Verpflichtung übernommen hat, während der Börsenzeit auf Anforderung unverzüglich verbindliche **Quotes** (Nachfrage- und Angebotspreise) zu stellen und zu diesen Geschäftsabschlüsse zu tätigen. Dadurch soll die Liquidität des Marktes gewährleistet werden.

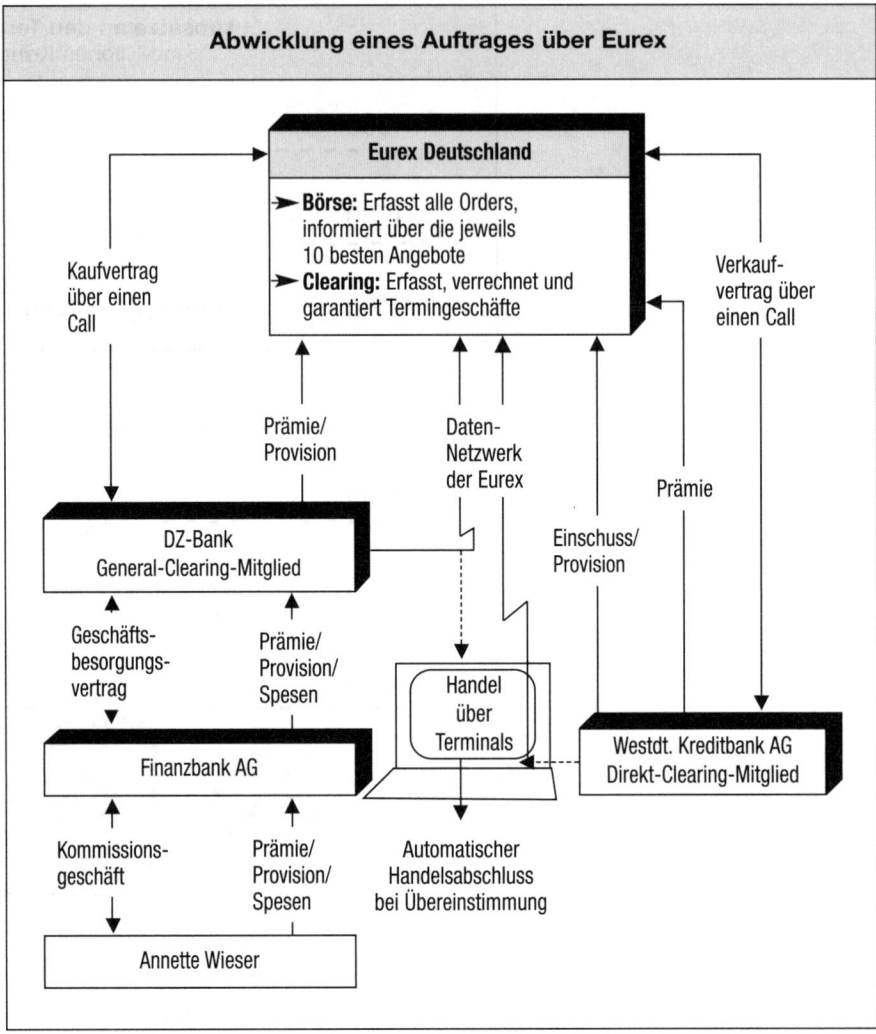

Die folgenden **Produkte** werden an der Eurex Deutschland gehandelt:

● Geldmarktprodukte, z. B. Euromark-Future

● Kapitalmarktprodukte, z. B. BUND-Future

● Aktienprodukte, z. B. Aktienoptionen auf deutsche und schweizerische Basistitel

● Indexprodukte, z. B. Dow Jones Stoxx 50 Option und Future

● Währungsprodukte, z. B. US-$-Option

● Euro-Produkte, z. B. EURIBOR-Future

Aufgaben

1. a) Erklären Sie den grundsätzlichen Unterschied zwischen einem Kassa- und Termingeschäft in Effekten.

   b) Beschreiben Sie die wesentlichen Motive der Teilnehmer an Effekten-Termingeschäften.

   c) Skizzieren Sie die Vorschriften zur Termingeschäftsfähigkeit und bewerten Sie diese Regelung.

2. Am 03.06.199. erwirbt Frau Wild eine Kaufoption für 200 Stück Chemie-aktien:

   Basispreis: 800 EUR
   Optionspreis: 30 EUR
   Fälligkeit: 07/2000

   a) Erläutern Sie mögliche Motive von Frau Wild, die Kaufoption zu erwerben!

   b) Stellen Sie dar, welche Motive der Stillhalter der Kaufoption möglicherweise hat.

   c) Erläutern Sie, wie sich der Kurs entwickeln muss, damit Frau Wild ihre Option sinnvoll ausüben kann.

   d) Anfang Juli liegt der Kurs für die Chemieaktien bei 850 EUR, der Optionspreis ist auf 60 EUR gestiegen. Zu welchem Verhalten würden Sie Frau Wild raten?

3. Erklären Sie die Aufgaben der einzelnen Beteiligten bei der Abwicklung eines Effektenhandelsgeschäftes über die Deutsche Börse AG.

4. a) Erläutern Sie den Aufbau der Eurex.

   b) Beschreiben Sie die Motive und die Risikosituation bei einer Future-Short-Position.

   c) Skizzieren Sie den Ablauf eines Effektentermingeschäftes an der Eurex Deutschland.

   d) Beurteilen Sie die Einrichtung der Eurex Deutschland.

8.2.12 Börsenkurse

Die Kursentwicklung an den Börsen ist großen Schwankungen unterworfen.

Rentenkurse

Die Bewertung festverzinslicher Wertpapiere richtet sich in erster Linie nach dem Verhältnis seiner Nominalverzinsung zum jeweiligen Zinsniveau am Markt. Bietet ein Papier eine geringere Verzinsung als die Effekten, die zur Zeit neu ausgegeben werden, so wird die Nachfrage sinken. Dies wird zur Folge haben, dass der Kurs entsprechend fällt. Bei steigendem Marktzinssatz wird die umgekehrte Entwicklung eintreten.

Daneben spielen noch eine Reihe anderer Faktoren eine Rolle bei der Kursbildung:

- Die **Sicherheit des Emittenten** wirkt sich bei inländischen Schuldnern wegen der strengen Emissionsbedingungen nur gering aus. Bei ausländischen Emittenten sind jedoch häufig hohe Risikoabschläge im Kurs festzustellen.

- Die **Erträge anderer Anlageformen**, die als Alternative in Frage kommen.

Die Abhängigkeit des Kurses festverzinslicher Wertpapiere vom Zinsniveau

- Die **Kurspflege durch den Anleiheschuldner oder das Emissionskonsortium** hat zum Ziel, den möglichen Kursverfall einer Anleihe bei steigendem Zinsniveau in Grenzen zu halten, damit der Absatz von Neuemissionen nicht durch eine Verärgerung der „Altkäufer" ins Stocken gerät. In diesem Fall erhöhen der Anleiheschuldner oder das Emissionskonsortium die Nachfrage nach ihrer Anleihe, indem sie selbst als Käufer am Markt auftreten.

Eine regelmäßige Kurspflege betreibt z. B. die Deutsche Bundesbank bei öffentlichen Anleihen.

Aktienkurse

Aktienkurse werden durch eine Vielzahl von Faktoren bestimmt.

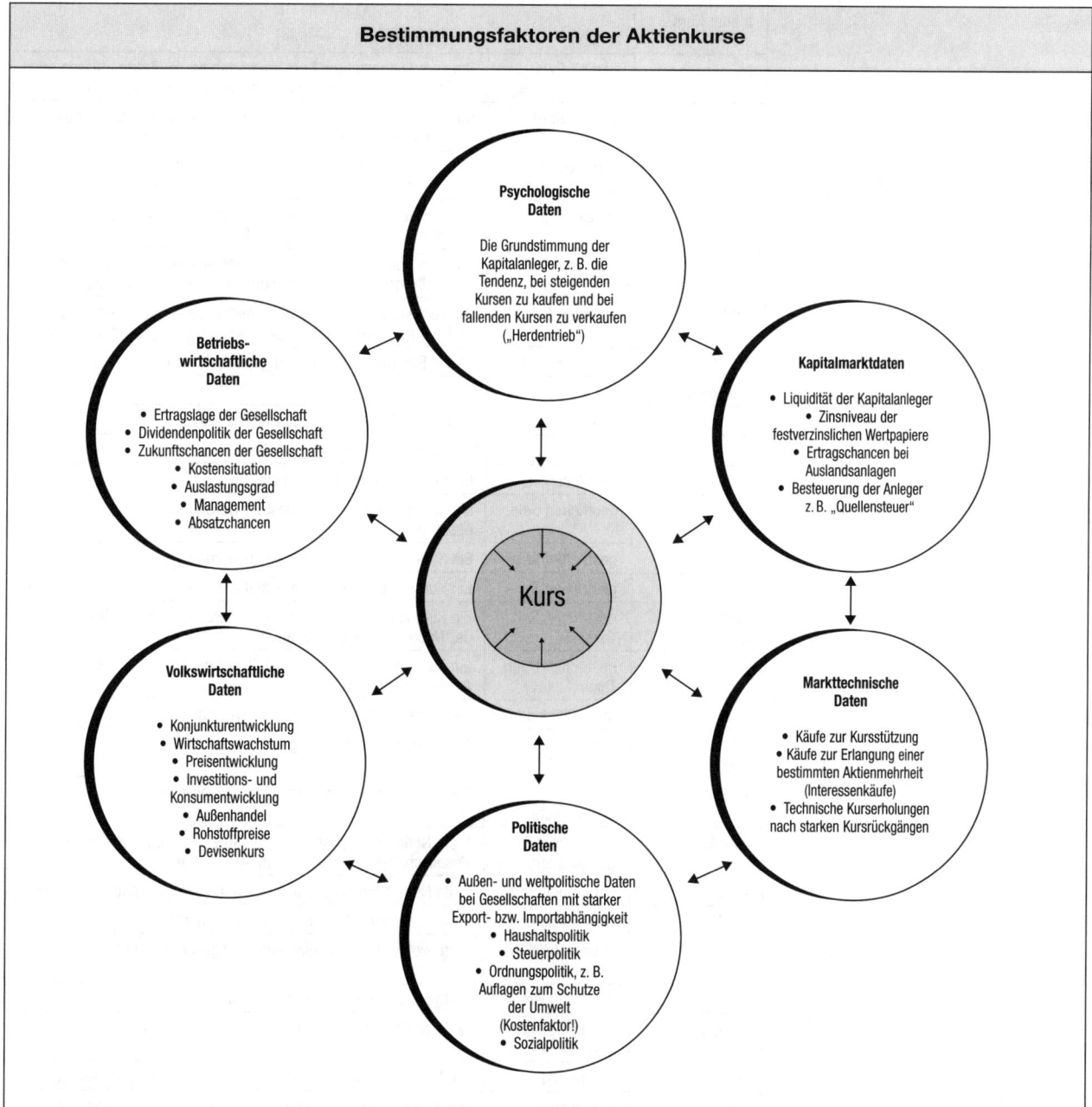

Bestimmungsfaktoren der Aktienkurse

Psychologische Daten

Die Grundstimmung der Kapitalanleger, z. B. die Tendenz, bei steigenden Kursen zu kaufen und bei fallenden Kursen zu verkaufen ("Herdentrieb")

Betriebs- wirtschaftliche Daten

- Ertragslage der Gesellschaft
- Dividendenpolitik der Gesellschaft
- Zukunftschancen der Gesellschaft
- Kostensituation
- Auslastungsgrad
- Management
- Absatzchancen

Kapitalmarktdaten

- Liquidität der Kapitalanleger
- Zinsniveau der festverzinslichen Wertpapiere
- Ertragschancen bei Auslandsanlagen
- Besteuerung der Anleger z. B. "Quellensteuer"

Kurs

Volkswirtschaftliche Daten

- Konjunkturentwicklung
- Wirtschaftswachstum
- Preisentwicklung
- Investitions- und Konsumentwicklung
- Außenhandel
- Rohstoffpreise
- Devisenkurs

Markttechnische Daten

- Käufe zur Kursstützung
- Käufe zur Erlangung einer bestimmten Aktienmehrheit (Interessenkäufe)
- Technische Kurserholungen nach starken Kursrückgängen

Politische Daten

- Außen- und weltpolitische Daten bei Gesellschaften mit starker Export- bzw. Importabhängigkeit
- Haushaltspolitik
- Steuerpolitik
- Ordnungspolitik, z. B. Auflagen zum Schutze der Umwelt (Kostenfaktor!)
- Sozialpolitik

Kursteil der Zeitung

Die während der Börsenzeit ermittelten Kurse werden im **Kursblatt** täglich veröffentlicht. Der amtliche Teil enthält die Kurse der amtlich notierten Werte. Die jeweilige Marktsituation wird durch Kurszusätze beschrieben.

Kurszusatz	Aussage	Erklärung
b oder Kurs ohne Zusatz	bezahlt:	Alle Aufträge sind ausgeführt.
bG	bezahlt Geld:	Die zum festgestellten Kurs limitierten Kaufaufträge müssen nicht vollständig ausgeführt sein; es bestand weitere Nachfrage.
bB	bezahlt Brief:	Die zum festgestellten Kurs limitierten Verkaufsaufträge müssen nicht vollständig ausgeführt sein; es bestand weiteres Angebot.
ebG	etwas bezahlt Geld:	Die zum festgestellten Kurs limitierten Kaufaufträge konnten nur zu einem geringen Teil ausgeführt werden.
ebB	etwas bezahlt Brief:	Die zum festgestellten Kurs limitierten Verkaufsaufträge konnten nur zu einem geringen Teil ausgeführt werden.
ratG	rationiert Geld:	Die zum Kurs und darüber limitierten sowie die unlimitierten Kaufaufträge konnten nur beschränkt ausgeführt werden.
ratB	rationiert Brief:	Die zum Kurs und niedriger limitierten sowie die unlimitierten Verkaufsaufträge konnten nur beschränkt ausgeführt werden.
*	Sternchen:	Kleine Beträge konnten nicht gehandelt werden.
II. Hinweise		
G	Geld:	Zu diesem Preis bestand nur Nachfrage.
B	Brief:	Zu diesem Preis bestand nur Angebot.
–	gestrichen:	Ein Kurs konnte nicht festgestellt werden.
–G	gestrichen Geld:	Ein Kurs konnte nicht festgestellt werden, da nur Nachfrage bestand.
–B	gestrichen Brief:	Ein Kurs konnte nicht festgestellt werden, da nur Angebot bestand.
–T	gestrichen Taxe:	Ein Kurs konnte nicht festgestellt werden; der Preis ist geschätzt.
–GT	gestrichen Geld/Taxe:	Ein Kurs konnte nicht festgestellt werden, da der Preis auf der Nachfrageseite geschätzt ist.
–BT	gestrichen Brief/Taxe:	Ein Kurs konnte nicht festgestellt werden, da der Preis auf der Angebotsseite geschätzt ist.
ex D	ohne Dividende:	Erste Notiz unter Abschlag der Dividende.
ex A	ohne Ausschüttung:	Erste Notiz unter Abschlag einer Ausschüttung.
ex BR	ohne Bezugsrecht:	Erste Notiz unter Abschlag eines Bezugsrechts.
ex BA	ohne Berichtigungsaktien:	Erste Notiz nach Umstellung des Kurses auf das aus Gesellschaftsmitteln berichtigte Aktienkapital.
ex SP	ohne Splitting:	Erste Notiz nach Umstellung des Kurses auf die geteilten Aktien.
ex ZS	ohne Zinsen:	Erste Notiz unter Abschlag der Zinsen (flat).
ex AZ	ohne Ausgleichszahlung:	Erste Notiz unter Abschlag einer Ausgleichszahlung.
ex BO	ohne Bonusrecht:	Erste Notiz unter Abschlag eines Bonusrechts.
ex abc	ohne verschiedene Rechte:	Erste Notiz unter Abschlag verschiedener Rechte.
ausg	ausgesetzt:	Die Kursnotierung ist ausgesetzt; ein Ausruf ist nicht gestattet.
–Z	gestrichen Ziehung:	Die Notierung der Schuldverschreibung ist wegen eines Auslosungstermins ausgesetzt. Die Aussetzung beginnt zwei Börsentage vor dem festgesetzten Auslosungstag und endet mit Ablauf des Börsentages danach.
C	Kompensationsgeschäft:	Zu diesem Kurs wurden ausschließlich Aufträge ausgeführt, bei denen Käufer und Verkäufer identisch waren.
H	Hinweis:	Auf Besonderheiten wird gesondert hingewiesen.

Quelle: Deutsche Börse AG

Wertpapierumsätze

Für variabel notierte Papiere werden im amtlichen Teil im allgemeinen sämtliche im Laufe des Börsentages angesetzten variablen Kurse veröffentlicht.

Kursmakler und freie Makler haben täglich nach Schluss der Börsenversammlung ihre **Wertpapierumsätze** dem Börsenvorstand anzuzeigen. Der Börsenvorstand ist berechtigt, die ihm von den Kursmaklern angezeigten Umsätze in den einzelnen Wertpapieren in dem Amtlichen Kursblatt bekanntzugeben.

Für eine Reihe bedeutender Aktiengesellschaften werden die an den verschiedenen Börsenplätzen erreichten Wertpapierumsätze in den Tageszeitungen veröffentlicht, um auf diese Weise die Aussagefähigkeit der in den Börsenberichten enthaltenen Angaben zu erhöhen.

Ein wichtiges Hilfsmittel, um die Vielzahl von Informationen, die an einer Börse täglich anfallen, übersichtlich zusammenzufassen, ist der Aktienindex.

Aktienindex

> Ein **Aktienindex** (lat. Aktienanzeiger) ist eine Kennzahl, die die durchschnittliche Entwicklung bestimmter Aktien einer Börse oder einer Branche darstellt.

SPIEGEL-Aktienindex

Die 30 DAX-Werte	Kurs 16.08.2002 in Euro
Adidas-Salomon AG	75,20
Allianz AG	124,52
BASF AG	41,13
Bayer AG	23,91
BMW AG	39,49
Commerzbank AG	10,65
DaimlerChrysler AG	45,20
Degussa AG	31,79
Deutsche Bank AG	61,00
Deutsche Post AG	10,49
Deutsche Telekom AG	11,00
E.ON AG	52,50
Epcos AG	14,70
Fresenius Med. Care AG	32,90
Henkel KGAA	65,00
HypoVereinsb. AG	20,40
Infineon	11,80
Linde AG	45,34
Dt. Lufthansa AG	11,45
MAN AG	19,45
Metro AG	25,80
MLP	14,76
Münchener Rück VG	194,29
RWE AG	37,53
SAP AG	77,20
Schering AG	58,06
Siemens AG	49,15
Thyssen-Krupp AG	12,25
TUI	20,40
Volkswagen AG	47,95

Die Entwicklung deutscher Aktienindizes
Dax, Nemax All Share und M-Dax im Vergleich
(Wochenkurse; Index 10.3.1997=100)[1]

1) 10.3.1997: Start des Nemax All Share   2) Jüngster Stand: 18.30 Uhr.

Quelle: Thomson Financial Datastream; F.A.Z. v. 24.04.02

In Deutschland sind u. a. folgende Aktienindizes von Bedeutung:

● Der **FAZ-Aktienindex** (Frankfurter-Allgemeine-Zeitung-Aktienindex) hat eine besondere Verbreitung gefunden. Er wird auf der Basis des Jahres 1958 (= 100 %) erhoben und besteht aus 100 Frankfurter Kassawerten. Neben dem Gesamtindex werden 12 Branchenindizes geführt.

● **DAX – Deutscher Aktienindex**: Der DAX wird als laufender Index im Xetra-Handel jede Minute neu berechnet und publiziert. Dieser Index ist Voraussetzung für einen Index-Terminhandel.

Das Indexportfolio enthält 30 deutsche Aktien. Sie wurden unter den Gesichtspunkten großer Umsatzaktivität, hohem Grundkapital, hohem Anteil im Streubesitz und frühe Verfügbarkeit der Eröffnungskurse ausgewählt. Sie repräsentieren etwa 60 Prozent des an deutschen Börsen eingeführten Kapitals, etwa

75 Prozent des in Streubesitz befindlichen und damit handelbaren Kapitals und mehr als 80 Prozent der Aktienumsätze aller acht deutschen Wertpapierbörsen.

Der Index wird jeweils um gezahlte Bardividenden und um Kapitalveränderungen bereinigt. Die Kurse der einzelnen Werte werden im Index mit dem prozentualen Grundkapitalanteil der Gesellschaften gewichtet. Basis des Index ist Ultimo 1987 = 1000.

- **M-DAX**: Index 70 mittelgroßer deutscher Aktiengesellschaften

- **S-DAX**: Die 100 größten inländischen Unternehmen des SMAX.

- **REX – Deutscher Rentenindex**: Der REX setzt sich aus den Kursen von 30 fiktiven oder synthetischen Anleihen zusammen, die zwar effektiv nicht lieferbar sind, jedoch die realen Marktverhältnisse widerspiegeln. Dabei handelt es sich im einzelnen um

  – 10 Anleihen mit einer Nominalverzinsung von 6 %
  – 10 Anleihen mit einem Nominalzins von 7,5 %
  – 10 Anleihen mit einem Nominalzins von 9 %

jeweils mit ganzjährigen Laufzeiten von 1 bis 10 Jahren.

Neben einem Gesamtindex werden Subindizes für jede der 30 Anleihen und Gruppenindizes für jede der 10 Laufzeiten veröffentlicht. Daneben werden Zinsstrukturkurven und Kuponeffekte dargestellt.

Aufgaben

1. a) Entscheiden Sie, welche Kurszusätze der Börsenmakler wählen muss, wenn folgende Situationen eintreten:

   - „Selbst die vorliegenden bestens-Verkaufsaufträge konnten nur zum Teil ausgeführt werden."

   - „Zum Kurs von 99 EUR sind alle zu diesem Kurs limitierten Verkaufsaufträge, nicht jedoch alle Kaufaufträge ausgeführt worden. Alle unter 99 EUR limitierten Verkaufsaufträge und alle über 99 EUR limitierten Kaufaufträge sind zum Zuge gekommen."

   - „Zum Kurs von 103 EUR lag nur limitiertes Angebot vor."

   - „Von den zum festgestellten Kurs limitierten Kaufaufträgen konnten nur wenige Aufträge – im Verhältnis zu den insgesamt vorliegenden Kaufaufträgen – ausgeführt werden."

   - Der Kurs der Viag-Aktie weicht vom letzten variablen Vortageskurs um mehr als 10 % ab; der Börsenvorstand hat einer Kursfeststellung nicht zugestimmt.

   b) Ein Kunde Ihres Instituts hat Ihnen einen Verkaufsauftrag über 50 VW-Aktien und ein Limit von 610 EUR gesetzt.

   Heute erkundigt sich der Kunde, ob und zu welchem Kurs der Auftrag ausgeführt worden sei.

   Einer Tageszeitung entnehmen Sie folgende Notierungen über die VW-Aktie:

	Div.	Var.	Kasse
VW-Aktie	5,00	605,20 / 5,90 / 6,50 / 5,50	605,30

   Antworten Sie dem Kunden.

2. a) Erklären Sie die Funktion eines Aktienindexes.

   b) Ermitteln Sie mit Hilfe der aktuellen Presse die wesentlichen Gründe für die Entwicklung des DAX, des M-DAX, des S-DAX und des REX.

8.2.13 Abwicklung von Effektenhandelsgeschäften

Der Vermögensberater der Finanzbank AG leitet diesen Kaufauftrag an seinen Börsenhändler weiter.

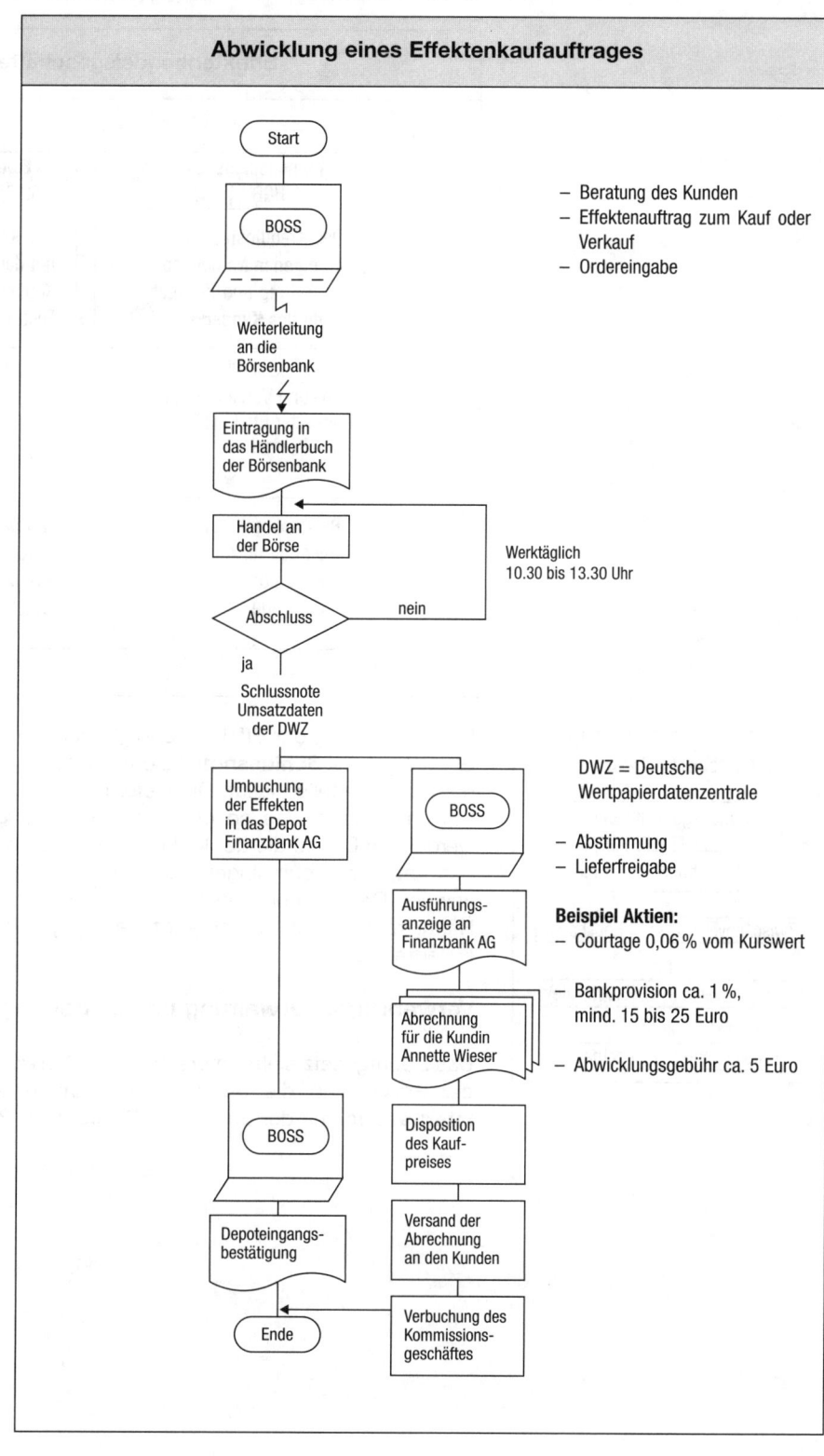

Abwicklung eines Effektenkaufauftrages

Ausführung

§ 10 BörsG

Nach den Allgemeinen Geschäftsbedingungen der Kreditinstitute nehmen diese bei Effektenaufträgen für amtlich notierte Wertpapiere die Stellung eines **Kommissionärs**, ansonsten die eines **Eigenhändlers** ein.

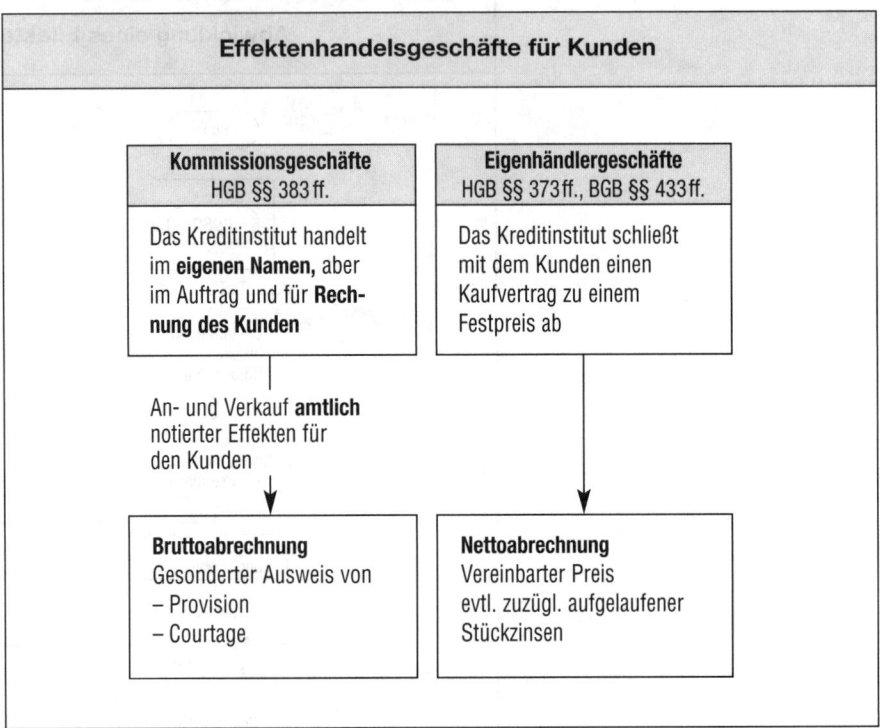

Die Abrechnung der Effekten erfolgt nach der Ausführung des Auftrages auf der Grundlage der **Schlussnote**, die der Makler über das jeweilige Rechenzentrum der Börse erstellen lässt. Die Lieferung der Effekten wird heute fast ausschließlich im Rahmen des so genannten **Effektengiroverkehrs** abgewickelt. Dabei werden die Daten, die der Makler an der Börse dem jeweiligen Rechner eingegeben hat, zur buchmäßigen Abwicklung bei den Wertpapiersammelbanken verwendet. Das Rechenzentrum der Börsen erstellt dafür **Lieferlisten**, die von den Händlerbanken mit ihren Aufträgen abgestimmt werden. Danach erfolgt die Lieferfreigabe.

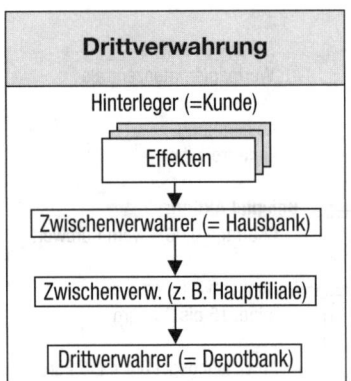

Verwahrung, Verwaltung und Betreuung

Das Depotgesetz sieht unterschiedliche Verwahrungsarten für die Effekten vor. In der Praxis sind die Sonder- und Sammelverwahrung bei der **Clearstream International** mit der deutschen Clearstream Banking AG von Bedeutung.

Bei der **Sonderverwahrung (Streifbanddepot)** werden die Effekten eines Hinterlegers mit einem Streifband umgeben, oder in Taschen verwahrt, die seine persönlichen Angaben wiedergeben, und gesondert von anderen Papieren aufbewahrt.

Der Hinterleger behält das **uneingeschränkte Eigentum (Sondereigentum)** an den Effekten.

In der Praxis werden verschiedenartige Wertpapiere eines Hinterlegers jeweils mit einem eigenen Streifband versehen („gebündelt") und nach Gattungen geordnet.

Die Drittverwahrung, die weder einer Ermächtigung noch der Kenntnisnahme des Hinterlegers bedarf, erfolgt unter dem Namen des Zwischenverwahrers (Lokalbank) bei einem Zentralinstitut oder der Deutsche Börse Clearing AG.

Bei der **Sammelverwahrung** werden Effekten ein und derselben Art ohne Kennzeichnung des jeweiligen Hinterlegers gemeinsam aufbewahrt.

Der Hinterleger erhält das **Miteigentum an dem Sammelbestand** des Verwahrers nach Bruchteilen.

Die **rechtliche Voraussetzung** für die Sammelverwahrung ist die ausdrückliche und schriftliche Ermächtigung des Hinterlegers. Während bei der Haussammelverwahrung diese Ermächtigung für jedes Verwahrgeschäft gesondert erteilt werden muss, ist bei der Sammelverwahrung durch die Deutsche Börse Clearing AG (Girosammelverwahrung) eine einmalige Genehmigung ausreichend.

Die **sachliche Voraussetzung** für die Sammelverwahrung ist die **Vertretbarkeit** der Wertpapiere. Diese ist grundsätzlich bei allen Effekten, einschließlich der Wertrechte, gegeben.

Einfache Namensaktien werden dadurch sammelverwahrfähig, dass sie mit einem Blankoindossament oder einer Blankozession versehen werden.

Vinkulierte Namensaktien können seit einiger Zeit ebenfalls in Sammelverwahrung bei der Deutsche Börse Clearing AG genommen werden, sofern die Eintragungsbestätigung und die Blankozession des Eigentümers beim Zwischenverwahrer aufbewahrt werden.

Gläubigerpapiere sind nicht sammelverwahrfähig, wenn es sich um einzelauslosbare Schuldverschreibungen – während der Tilgungszeit – handelt. Erfolgt die Rückzahlung durch Auslosung oder Kündigung nach einzelnen Nummernserien, so wird die Sammelverwahrung nach diesen Gruppen unterteilt.

Der Hinterleger hat bei der Sammelverwahrung lediglich das Recht, gleichartige Papiere zurückzufordern. Kauft er ein Wertpapier, das in Sammelverwahrung genommen wird, so geht das Eigentum mit einem Umbuchungsvermerk im Verwahrungsbuch auf ihn über.

Die Sammelverwahrung ist die Grundlage des Effektengiroverkehrs.

Depotstimmrecht
Das Stimmrecht für Aktien, die von Kunden hinterlegt wurden, darf die Bank nur dann ausüben, wenn sie dazu schriftlich ermächtigt worden ist (**Depotstimmrecht**). In der Regel ermächtigen die Kunden ihre Depotbanken bereits mit dem Verwahrungsauftrag in Form einer „Allgemeinen Depotstimmrechtsermächtigung". Diese Ermächtigung gilt nach dem Aktiengesetz längstens **15 Monate**. Sie kann nur für eine bestimmte Bank erteilt werden und muss **jederzeit widerruflich** sein.

Der **Effektengiroverkehr** umfasst den stückelosen Überweisungsverkehr in Effekten zwischen den beteiligten Kreditinstituten über die Clearstream Banking AG, die als Abrechnungsstelle tätig ist.

Anders als im bargeldlosen Zahlungsverkehr, bei dem nur schuldrechtliche Ansprüche übertragen werden, wird beim Effektengiroverkehr das Miteigentum an einem Sammelbestand weitergegeben.

Die Umbuchung geschieht hierbei auf der Grundlage der **„Lieferlisten"**, die vom Rechenzentrum börsentäglich erstellt werden. Die Banken „streichen" lediglich die Positionen, die nicht umgebucht werden sollen (Negativverfahren). Die unterschriebene Lieferliste bildet für die Deutsche Börse Clearing AG den Auftrag zur Umbuchung. Als Datenträger für die Lieferlisten werden heute weitgehend elektronische Medien benutzt.

> Der **Schuldbuchgiroverkehr** umfasst die Übertragung von Schuldbuchforderungen aus Wertrechtsanleihen des Bundes und der Länder über die Clearstream Banking AG.

Der Gläubiger der Anleihe erhält dabei ein Miteigentum an einer für die Wertpapiersammelbank eingetragenen Schuldbuchforderung. Die Deutsche Börse Clearing AG verwaltet diese Sammelschuldbuchforderung als Treuhänderin für die einzelnen Gläubiger, die ein Depot bei ihr haben.

Die Depots werden bei der Deutsche Börse Clearing AG wie gewöhnliche Sammeldepotkonten geführt. Die Verfügung erfolgt auf die gleiche Weise wie im Effektengiroverkehr.

Wertpapierhandelsgesetz (WpHG)

Pflicht zur Information der Kunden

Das **Wertpapierhandelsgesetz (WpHG)** verpflichtet Wertpapierdienstleistungsunternehmen, von ihren Kunden Angaben über ihre Erfahrungen oder Kenntnisse in Effektengeschäften, ihre Ziele, die sie damit verfolgen, sowie über ihre finanziellen Verhältnisse zu verlangen. Weiterhin müssen sie den Kunden alle „zweckdienlichen Informationen" mitteilen, sofern dies im Interesse der Kunden und im Hinblick auf Art und Umfang der Geschäfte erforderlich ist.

BAFin

Diese Regelungen werden durch Verhaltensregeln der **Bundesanstalt für Finanzdienstleistungsaufsicht** für das Kommissions-, Festpreis- und Vermittlungsgeschäft von Wertpapierdienstleistungsunternehmen konkretisiert. So verpflichtet die Richtlinie die Kreditinstitute, ihre Kunden zutreffend, vollständig, unmissverständlich sowie gedanklich geordnet über die Risiken des jeweiligen Geldgeschäftes aufzuklären und per Fragebogen die Risikobereitschaft der Kunden herauszufinden. Besonders hervorgehoben wird die Aufklärung von Risikogeschäften mit Aktien, Derivaten und Optionsscheinen. Ausdrücklich verboten sind Geschäftsempfehlungen, die nicht im Interesse des Kunden liegen oder diesem sogar schaden können.

Aufgaben

1. a) Beschreiben Sie die Rechtsstellung der Kreditinstitute bei Effekten-Kundengeschäften.

   b) Skizzieren Sie die Abwicklung eines Effekten-Kaufauftrages an der Börse.

2. a) Erläutern Sie die rechtliche Stellung der Deutsche Börse Clearing AG.

   b) Unterscheiden Sie die Sonder- und Sammelverwahrung.

   c) Skizzieren Sie die Voraussetzungen für den Effekten-Giroverkehr.

   d) Bewerten Sie das Depotstimmrecht der Banken.

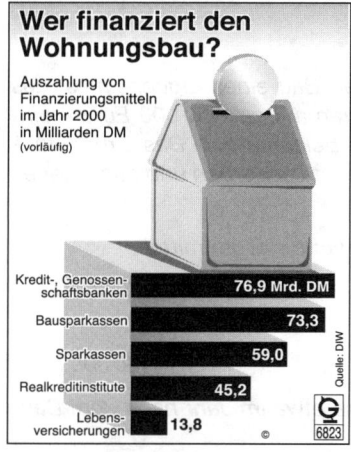

Wer finanziert den Wohnungsbau?

Auszahlung von
Finanzierungsmitteln
im Jahr 2000
in Milliarden DM
(vorläufig)

Kredit-, Genossen-schaftsbanken	76,9 Mrd. DM
Bausparkassen	73,3
Sparkassen	59,0
Realkreditinstitute	45,2
Lebens-versicherungen	13,8

Quelle: DIW

Die rechtlichen Grundlagen
dieser Darlehen sind die
Bestimmungen des BGB über

– das Darlehen,
– die Grundpfandrechte sowie
– die Grundbuchordnung.

Je nach Kreditgeber gibt es daneben noch Sonderbestimmungen:

– Das Hypothekenbankgesetz,
– das Gesetz über die Pfandbriefe
  und verwandten Schuldverschreibungen öffentlich-rechtlicher Kreditanstalten,
– das Sparkassengesetz oder
– die Satzungen der jeweiligen
  Kreditinstitute.

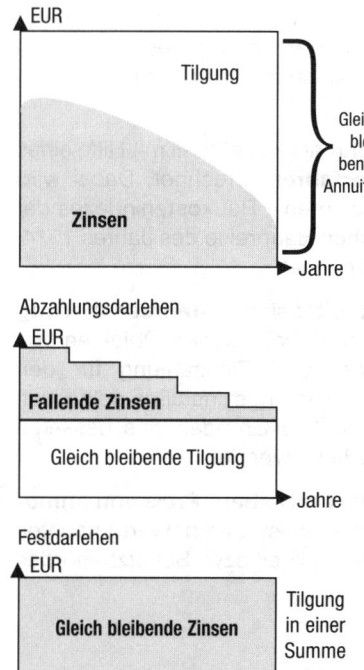

Annuitätendarlehen

Abzahlungsdarlehen

Festdarlehen

8.3 Immobilienfinanzierung

Bis auf wenige kurze Phasen haben sich die Immobilienpreise in den vergangenen Jahrzehnten regelmäßig erhöht. Deshalb ist die Immobilie für viele Anleger
eine bedeutende Anlageform, die oftmals auch erhebliche steuerliche Vorteile
aufweist.

> Das **langfristige Kreditgeschäft** umfasst alle Bankgeschäfte, bei denen
> Darlehen mit einer Laufzeit von mindestens vier Jahren vereinbart werden.

Dieser Bereich des Kreditgeschäfts dient im Wesentlichen der Finanzierung des
gewerblichen, des privaten und des öffentlichen **Wohnungsbaus** sowie der
Beschaffung von **Anlagevermögen**. Der langfristige Anlagekredit ist dabei vorwiegend ein objektbezogener Kredit, bei dem sich die Verzinsung und Rückzahlung
aus dem Beleihungsobjekt ergibt.

Langfristige Darlehen werden in vielen Fällen als Realkredit gegeben.

8.3.1 Realkredit

> Der **Realkredit** im weiteren Sinne ist ein langfristiger Kredit, der durch
> Grundschulden und – in seltenen Fällen – durch Hypotheken auf Grund-
> stücke und Gebäude gesichert ist.

In der Praxis der Banken werden die Realkredite oftmals als „Hypotheken" bezeichnet, da früher überwiegend diese Grundpfandrechte zur Sicherung von Darlehen eingetragen wurden.

Die **Bewertung von Immobilien** wirft besonders Probleme auf, da ein Marktwert
in der Regel nur bei einem tatsächlichen Verkauf genau bestimmt werden kann.
Hinzu kommt, dass diese Kredite über eine verhältnismäßig **lange Zeitspanne**
vergeben werden, so dass sorgfältig alle Möglichkeiten zukünftiger Wertminderungen geprüft werden müssen.

Die Rückzahlung der Darlehen kann nach folgenden Regelungen erfolgen:

● Das **Annuitätendarlehen** ist durch jährlich gleichbleibende Leistungen des
  Kreditnehmers gekennzeichnet. Werden Zinsen eingespart, weil die Kreditsumme durch die Tilgung geringer geworden ist, so werden diese Beträge der
  Tilgung zugeschlagen. Dies hat zur Folge, dass z. B. bei einer Tilgung von 1 %
  das Darlehen – je nach Zinssatz – ca. 30 Jahre Laufzeit hat. Diese Tilgungsform überwiegt bei Baudarlehen an private Kreditnehmer.

● Das **Abzahlungsdarlehen** ist durch jährlich fallende Leistungen des Kreditnehmers gekennzeichnet. Der Grund liegt darin, dass die Tilgung konstant
  bleibt, so dass die Zinsen aufgrund der fallenden Restschuld sinken. Diese
  Tilgungsform wird heute bei gewerblichen Krediten mit hohen Tilgungssätzen
  angewandt.

● Das **Festdarlehen** beinhaltet die Vereinbarung, dass die Tilgung des Darlehens am Ende der Laufzeit in einer Summe erfolgt. Diese Kreditart wird oftmals in Verbindung mit Lebensversicherungen, die bei Fälligkeit zur Ablösung
  der Schuld eingesetzt werden, kombiniert.

8.3.2 Beleihungswert

Das Ehepaar Bettina und Hubert Rieber plant den Bau eines Eigenheimes, das sich nach dem Kostenvoranschlag ihres Architekten auf ca. 450 000 Euro – einschließlich der Grundstücks- und Nebenkosten – belaufen soll. Das Grundstück im Werte von 100 000 Euro haben die Eheleute bereits erworben und aus eigenen Mitteln bezahlt.

Darüber hinaus besitzt das Ehepaar Rieber noch weitere Eigenmittel:

– Barmittel   *70 000 Euro*

– Einzahlungen auf einen zugeteilten
  Bausparvertrag von 100 000 Euro   *40 000 Euro*

Die Zuteilung soll nach Auskunft der Bausparkasse etwa im Jahr nach dem Bauzeitpunkt erfolgen.

Das Einkommen des kinderlosen Ehepaares beläuft sich zusammen auf 90 000 Euro im Jahr.

Ein Bauherr, der ein Wohnungsbauprojekt plant, wird meist bei seiner Hausbank, in zunehmendem Maße aber auch zu Vergleichszwecken bei anderen Instituten, in einer Voranfrage die grundlegenden Bedingungen für eine Finanzierung erfragen.

Die **Bewertung der Immobilien** bildet die Basis für die Entscheidung über die Höhe der Kreditvergabe. Ausgangspunkt für diese Berechnung können verschiedene Wertbegriffe sein:

● **Der Bodenwert umfasst den Wert der gesamten Bodenfläche.** Die Höhe dieses Wertes ist abhängig von der Größe, der Nutzungsmöglichkeit und der Lage des Grundstücks. Hierbei ist zu berücksichtigen, in welcher Höhe der Bauherr zur Zahlung von Erschließungskostenbeiträgen an die Gemeinde verpflichtet ist.

● **Der Bauwert umfasst den Wert der bestehenden und noch zu errichtenden Aufbauten auf dem Grundstück.** Aus Vereinfachungsgründen wird der Bauwert meist mit Hilfe eines – je nach Art und Güte der Bauausführung sowie je nach Wohnlage unterschiedlichen – Durchschnittspreises je Kubikmeter umbauten Raums ermittelt. Außerdem kann die Berechnung des Architekten zugrunde gelegt werden, von dessen Werten jedoch meist ein Risikoabschlag in Höhe von 10–30 % vorgenommen wird.

Bei Bauten, die 10 Jahre und älter sind, wird oftmals – eventuell mit Hilfe eines Gutachters – der Bauwert über ein **Indexverfahren** errechnet. Dabei wird durch die Einbeziehung eines – amtlich festgelegten – Baukostenindexes der heutige Wert auf der Basis der durchschnittlichen Baupreise des Jahres 1914, die bei ca. 8 bis 13 Euro je m^3 lagen, hochgerechnet.

● **Der Ertragswert ist der, meist mit 5 % kapitalisierte, Jahresreinertrag eines Grundstückes.** Dieser Wert ist besonders bei solchen Objekten von Bedeutung, deren Einnahmen die Tilgungs- und Zinszahlung für den Realkredit decken sollen. Die Höhe des Kapitalisierungszinsfußes sollte sich grundsätzlich am Kapitalmarktzins ausrichten. Aus Gründen des besseren Vergleiches wird jedoch meist der Satz von 5 % verwendet.

● **Der Verkehrswert ist der nachhaltig am Markt erzielbare Preis von Immobilien.** Die Festsetzung dieses Wertes erfolgt meist durch Wertgutachten öffentlich bestellter oder vereidigter Sachverständiger bzw. Schätzbehörden (z. B. Brandversicherungen).

Ermittlung des Beleihungswertes für das Eigenheim Bettina und Hubert Rieber, Bauvorhaben Sonnenhalde 38

		EUR
1. **Bodenwert**		
500 m² zu 20 EUR		100 000
2. **Bauwert**	EUR	
● Hauptgebäude		
800 m³ zu		
360 EUR	288 000	
● Garagen	12 000	
● Baunebenkosten	36 000	
● Außenanlagen	14 000	350 000
Bau- und Bodenwert		450 000

Berechnung des Ertragswertes	EUR
Wohnfläche (120 m² x 5 EUR) · 12	7200
Garagen (2 x 40 EUR) · 12	960
Jahresbruttomiete	8160
./. 25 % Bewirtschaftungskosten	./. 2040
Jahresnettomiete	6120
Frage: Welchen Kapitalwert hat das Objekt, wenn die Jahresnettomiete als 5 % angenommen wird?	

Lösung: $x = \dfrac{6\,120 \times 100}{5} \Rightarrow 122\,400$

Ertragswert	122 400

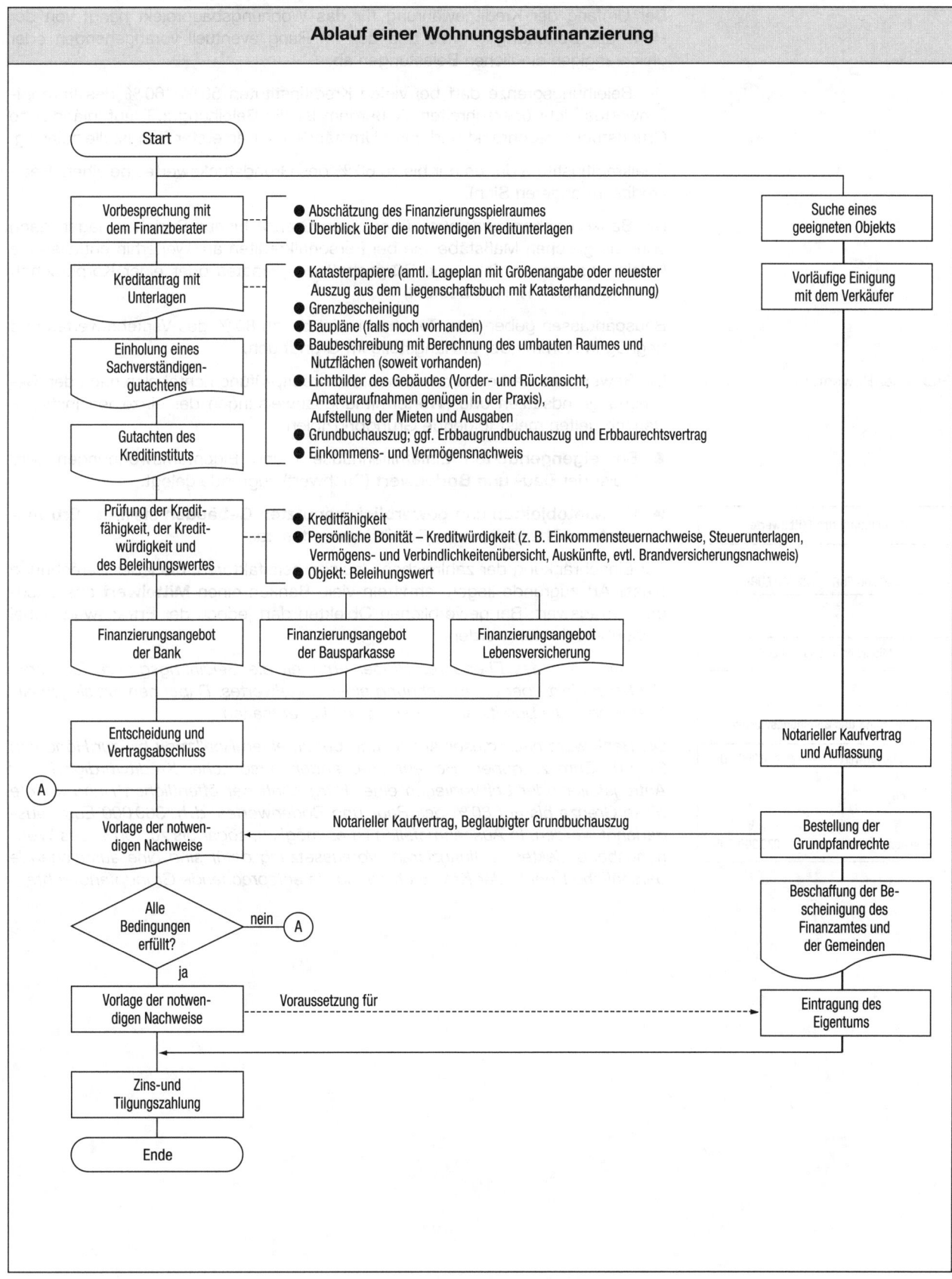

Ablauf einer Wohnungsbaufinanzierung

Start

Vorbesprechung mit dem Finanzberater
- Abschätzung des Finanzierungsspielraumes
- Überblick über die notwendigen Kreditunterlagen

Suche eines geeigneten Objekts

Kreditantrag mit Unterlagen
- Katasterpapiere (amtl. Lageplan mit Größenangabe oder neuester Auszug aus dem Liegenschaftsbuch mit Katasterhandzeichnung)
- Grenzbescheinigung
- Baupläne (falls noch vorhanden)
- Baubeschreibung mit Berechnung des umbauten Raumes und Nutzflächen (soweit vorhanden)
- Lichtbilder des Gebäudes (Vorder- und Rückansicht, Amateuraufnahmen genügen in der Praxis), Aufstellung der Mieten und Ausgaben
- Grundbuchauszug; ggf. Erbbaugrundbuchauszug und Erbbaurechtsvertrag
- Einkommens- und Vermögensnachweis

Vorläufige Einigung mit dem Verkäufer

Einholung eines Sachverständigen-gutachtens

Gutachten des Kreditinstituts

Prüfung der Kredit-fähigkeit, der Kredit-würdigkeit und des Beleihungswertes
- Kreditfähigkeit
- Persönliche Bonität – Kreditwürdigkeit (z. B. Einkommensteuernachweise, Steuerunterlagen, Vermögens- und Verbindlichkeitenübersicht, Auskünfte, evtl. Brandversicherungsnachweis)
- Objekt: Beleihungswert

Finanzierungsangebot der Bank

Finanzierungsangebot der Bausparkasse

Finanzierungsangebot Lebensversicherung

Entscheidung und Vertragsabschluss

Notarieller Kaufvertrag und Auflassung

A

Vorlage der notwen-digen Nachweise ← Notarieller Kaufvertrag, Beglaubigter Grundbuchauszug ← Bestellung der Grundpfandrechte

Alle Bedingungen erfüllt? — nein → A

Beschaffung der Be-scheinigung des Finanzamtes und der Gemeinden

ja

Vorlage der notwen-digen Nachweise — Voraussetzung für - - - → Eintragung des Eigentums

Zins-und Tilgungszahlung

Ende

Der Umfang der Kreditgewährung für das Wohnungsbauprojekt hängt von der Höhe der **Beleihungsgrenze** und den im Rang eventuell vorangehenden oder gleichrangigen dinglichen Belastungen ab.

Die Beleihungsgrenze darf bei vielen Kreditinstituten 50 % – 60 % des Immobilienwertes nicht überschreiten. Außerdem ist die Beleihung z. T. auf inländische Grundstücke beschränkt und unter Umständen nur an erster Rangstelle zulässig.

Realkreditinstitute dürfen nur bis zu 60 % des Grundstückswertes beleihen (Realkredite im engeren Sinn).

Die Banken geben zwar auch über diese Grenze hinaus Darlehen, legen dann aber die gleichen Maßstäbe wie bei Personalkrediten an. Weiterhin entfallen die Beleihungsgrenzen, falls eine Bürgschaft des Staates oder einer Körperschaft des öffentlichen Rechts besteht.

Bausparkassen geben ihre Darlehen meist bis zu 80 % des Verkehrswertes und begnügen sich mit der 2. Rangstelle im Grundbuch.

Praxis der Bewertung

Die Bewertungsmethode im Rahmen der Kreditprüfung richtet sich nach den Beleihungsgrundsätzen oder Wertermittlungsanweisungen der einzelnen Institute. Danach gelten meist folgende Grundprinzipien:

● Bei **eigengenutzten** Einfamilienhäusern und Eigentumswohnungen wird meist der **Bau- und Bodenwert** (Sachwert) zugrunde gelegt.

● Bei **Mietobjekten** und **gewerblich genutzten Gebäuden** stellt der **Ertragswert** die Obergrenze des Beleihungswertes dar.

Zur Einschränkung der zahlreichen Unsicherheitsfaktoren, die jeder Berechnung dieser Art zugrunde liegen, ermitteln viele Banken einen **Mittelwert** aus Sach- und Ertragswert. Bei gewerblichen Objekten darf jedoch der Ertragswert dabei nicht überschritten werden.

Die Hausbank des Ehepaares Rieber ermittelt die Beleihungsgrenze für deren Neubauprojekt über die Errechnung eines Mittelwertes. Dabei benutzt sie jeweils Nettowerte, die bereits einen Risikoabschlag enthalten.

Die Bank wäre nach dieser Aufstellung bereit, einen Realkredit bis zur Höhe von 270 000 Euro zu geben. Bei entsprechender persönlicher Kreditwürdigkeit der Antragsteller oder bei Vorliegen einer Bürgschaft der öffentlichen Hand könnte diese Grenze bis auf 80 % des Bau- und Bodenwertes, d. h. 360 000 Euro, ausgedehnt werden. In Ausnahmefällen ist es möglich, sogar bis zu 100 % des Wohnungsbauprojektes zu finanzieren. Voraussetzung dafür sind eine ausreichende persönliche Bonität der Kreditnehmer sowie entsprechende Grundpfandrechte.

Berechnung des Mittelwertes

$$x = \frac{(450\,000\ \text{EUR} + 122\,400\ \text{EUR})}{2} \Rightarrow$$

Mittelwert = 286 200 EUR

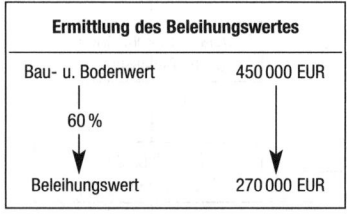

Ermittlung des Beleihungswertes

Bau- u. Bodenwert	450 000 EUR
60 %	
Beleihungswert	270 000 EUR

8.3.3 Grundpfandrechte

Die Finanzierung des Kapitalbedarfs der Eheleute Rieber soll zum größten Teil durch einen Kredit der Hausbank gedeckt werden. Als Sicherungsmittel verlangt diese wegen der langen Finanzierungsdauer die Eintragung eines Grundpfandrechtes.

Grundpfandrechte

> **Grundpfandrechte** sind Pfandrechte an Immobilien, die dem Gläubiger sowohl in rechtlicher als auch in wirtschaftlicher Hinsicht eine Vorzugsstellung einräumen.

Ein Gläubiger, der durch Grundpfandrechte abgesichert ist, hat im Falle der Zahlungsunfähigkeit des Kreditnehmers eine **günstige rechtliche Ausgangssituation**, um auf die Vermögensteile seines Schuldners zuzugreifen, die vermutlich **am wertbeständigsten** sind.

Grundpfandrechte sind als Kreditsicherheiten von besonderer Güte anzusehen, die vor allem im langfristigen Kreditgeschäft Verwendung finden. Bestimmte Formen der Grundpfandrechte können aber auch zur Deckung kurzfristiger Kredite herangezogen werden. Das BGB, das die Grundpfandrechte getrennt von den Pfandrechten an beweglichen Sachen und Rechten behandelt, unterscheidet drei grundlegende Formen, die Hypothek, die Grund- und die Rentenschuld.

Das Grundstück

> Ein **Grundstück im Rechtssinn** ist ein abgegrenzter Teil der Erdoberfläche, der im Grundbuch unter einer laufenden Nummer im Bestandsverzeichnis eingetragen ist.

Die Haftung des Grundstücks erstreckt sich dabei auf das gesamte Eigentum an Immobilien. Dazu gehören neben dem Grundstück selbst die **wesentlichen Bestandteile**, wie z. B. die Gebäude sowie das **Zubehör**, wie z. B. Maschinen in einer Fabrikhalle.

Der Umfang des Eigentums an Immobilien

Das Grundstück selbst

Ein Grundstück ist der Teil der Erdoberfläche, der genau vermessen und bezeichnet ist (räumlich begrenzt) und in der Flurkarte sowie im Grundbuch verzeichnet ist.

+

§ 94 BGB

Wesentliche Bestandteile des Grundstücks

Bestandteile, bei deren Trennung vom Grundstück der abgetrennte oder zurückbleibende Bestandteil zerstört oder in seinem Wesen verändert wird:

- *Gebäude mit einem fest in die Erde eingelassenen Fundament,*
- *Geräte und Teile, die mit dem Grund und Boden fest verbunden sind (z. B. ein fest verankerter Silobehälter).*
- *Erzeugnisse des Grundstückes, solange sie mit dem Boden direkt zusammenhängen (z. B. Pflanzen, Sand, Kies u.a.)*

+

§ 926 BGB

Zubehör eines Grundstückes

Bewegliche Sachen, die – ohne Bestandteil des Grundstückes zu sein – dem wirtschaftlichen Zweck des Grundstückes dienen sollen und in einem bestimmten räumlichen Verhältnis zum Grundstück stehen.

- *Maschinen in der Fabrikhalle,*
- *landwirtschaftliche Geräte und Vieh auf einem Bauernhof.*

Das **Erbbaurecht** ist das veräußerliche und vererbliche Recht, auf oder unter fremdem Grund ein Bauwerk zu haben.

Das **Bauwerk**, das auf solch einem Grundstück errichtet wurde, ist nicht wesentlicher Bestandteil des Grundstückes, sondern **wesentlicher Bestandteil des – eigenständigen – Erbbaurechts**. Somit fallen der Grundstückseigentümer und der Eigentümer eines Bauwerkes (Erbbauberechtigter) auseinander.

Das Erbbaurecht wird oftmals bei der Vergabe von Baugrundstücken durch Gemeinden angeboten, damit die Belastung der Bauherren in den ersten Jahren durch einen günstigen Erbbauzins niedrig gehalten wird.

Kataster – das Verzeichnis der Grundstücke

Jedes Stück Boden ist in der Bundesrepublik Deutschland in einem **Kataster** verzeichnet. Darunter versteht man ein Verzeichnis aller Grundstücke eines bestimmten Bereiches (meist einer Gemeinde), das bei den Vermessungsämtern bzw. besonderen Katasterämtern geführt wird.

> Das **Grundbuch** ist ein beschränkt öffentliches, amtliches Verzeichnis von grundsätzlich allen Grundstücken eines Amtsgerichtsbezirks, das beim jeweiligen Amtsgericht (Grundbuchamt) geführt wird.

Auszug aus einem Grundbuchblatt

Amtsgerichtsbezirk		Grundbuchamt Zwickau	Grundbuch von Zwickau	Erste Abteilung	Einlageblatt
Lfd.-Nr. der Eintra- gungen	Eigentümer		Lfd.-Nr. der Grundstücke im Bestands- verzeichnis	Grundlage der Eintragung	
1	2		3	4	
1	Bettina und Hubert Rieber		1	Auflassung vom 17.09.199.	

§§ 873 ff. BGB
Grundbuchordnung (GBO)
Ausführungsverordnung der GBO

Das Grundbuch genießt „**öffentlichen Glauben**". Darunter versteht man das Prinzip, dass der Inhalt des Grundbuchs für einen gutgläubigen Erwerber als richtig gilt, auch wenn die Eintragung nicht mit der wahren Rechtslage übereinstimmt.

Die **Grundbucheinsicht** ist jedem gestattet, der ein „**berechtigtes Interesse**" nachweist. Dies ist z. B. gegeben, wenn ein Eigentümer einen Kredit beantragt hat und der mögliche Kreditgeber dessen Vermögen überprüfen will. Die Einsicht muss verweigert werden, wenn sie lediglich aus Neugier oder zu unbefugten Zwecken erfolgt. Die Verfahrensweisen der einzelnen Grundbuchämter sind in dieser Frage teilweise unterschiedlich.

Für jedes Grundstück wird ein **Grundbuchblatt** (= Grundbuch für das Grundstück) geführt; mehrere Grundbuchblätter bilden einen **Grundbuchband**. Liegen mehrere Grundstücke eines Eigentümers im gleichen Grundbuchbezirk, so werden diese auf **einem** Grundbuchblatt festgehalten.

Das einzelne Grundbuchblatt enthält

● die **Aufschrift**: Angabe des Amtsgerichts, des Grundbuchbezirks, der Nummer des Blattes und eventuell der Nummer des Bandes sowie der Seitennummerierung;

● das **Bestandsverzeichnis**: Angaben über die Lage, Art und Größe des Grundstückes sowie die Rechte, die dem jeweiligen Eigentümer des Grundstückes zustehen.

Beispiele für Lasten und Beschränkungen in Abt. II:

- **Grunddienstbarkeiten:** Der jeweilige Eigentümer eines Grundstückes hat Anspruch auf Nutzung eines anderen Grundstückes, z. B. in Form eines Wegerechtes.

- **Dauerwohnrecht:** Eine bestimmte Person ist berechtigt, eine bestimmte Wohnung auf dem Grundstück zu bewohnen oder in anderer Weise zu nutzen.

- **Nießbrauch:** Das nicht vererbbare und nicht veräußerliche Recht einer bestimmten Person, in bestimmter Weise Nutzen aus einem Grundstück zu ziehen. Der Eigentümer verzichtet somit darauf, die „Früchte" (z. B. Mieterträge) und sonstigen Nutzungen in Anspruch zu nehmen.

- **Vorkaufsrecht:** Der Berechtigte erhält das Recht, das Grundstück zu den gleichen Bedingungen zu erwerben, die der Grundstückseigentümer mit einem Dritten vereinbart hat.

- **Auflassungsvormerkung:** Der Begünstigte hat einen schuldrechtlichen Anspruch auf die Übertragung des Eigentums, der durch die Auflassungsvormerkung gesichert wird.

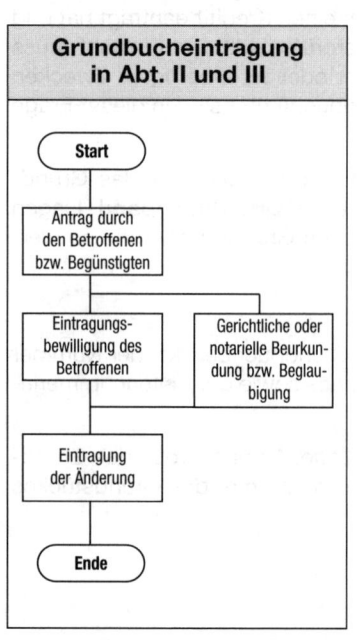

Grundbucheintragung in Abt. II und III

Start

Antrag durch den Betroffenen bzw. Begünstigten

Eintragungsbewilligung des Betroffenen

Gerichtliche oder notarielle Beurkundung bzw. Beglaubigung

Eintragung der Änderung

Ende

- **Abteilung I:** Angabe des Eigentümers und der Grundlage für den Eigentumserwerb (z. B. Auflassung, Erbschein, Testament, Zuschlagsbefugnis in einer Zwangsversteigerung).

Das Eigentum an dem Grundstück kann unterschiedliche Ausmaße haben:

- **Alleineigentum:** Eine natürliche oder juristische Person bzw. eine Personenhandelsgesellschaft ist alleiniger Eigentümer.

- **Miteigentum nach Bruchteilen:** Zwei oder mehreren Personen steht das Miteigentum zu. Jeder Teileigentümer kann über seinen Miteigentumsbruchteil frei verfügen.

- **Gesamthandseigentum:** Zwei oder mehreren Personen steht gemeinsam das Eigentum zu. Sie können deshalb nur gemeinsam verfügen (z. B. bei einer Erbengemeinschaft).

- **Abteilung II:** Angabe der Lasten und Beschränkungen, soweit sie nicht in Abteilung III eingetragen werden sowie die Vormerkungen, Widersprüche, Veränderungen und Löschungen, die sich auf diese Lasten und Beschränkungen beziehen.

- **Abteilung III:** Angabe der Grundpfandrechte sowie der Vormerkungen, Widersprüche, Veränderungen und Löschungen, die sich hierauf beziehen.

Eintragungen im Grundbuch erfolgen grundsätzlich **auf Antrag**. Dabei ist jeder antragsberechtigt, dessen Recht von der Eintragung betroffen wird oder zu dessen Gunsten die Eintragung erfolgen soll. Die **Bewilligung der Eintragung** muss von demjenigen erteilt werden, dessen Recht von der Eintragung betroffen wird.

Während der Antrag auf eine Eintragung formlos erfolgen kann, gelten für die Bewilligung strenge Formvorschriften:

- **Öffentliche Urkunde:** Gerichtliche oder notarielle Beurkundung der Willenserklärung oder

- **öffentlich beglaubigte Urkunde:** Privat verfasste Willenserklärung, bei der die Unterschrift des Bewilligenden gerichtlich oder notariell beglaubigt wird.

In der Praxis werden Anträge und Bewilligungen fast immer in derselben notariellen Urkunde erklärt.

Soll das Eigentum an einem Grundstück durch Eintragungen in Abteilung I verändert werden, so werden u. a. folgende Grundlagen vorausgesetzt:

1. Die **Auflassung:** Die Einigung zwischen Käufer und Verkäufer über den Eigentumsübergang bei gleichzeitiger Anwesenheit vor dem Notar. Der Auflassung geht immer der Abschluss eines Grundstückskaufvertrages voraus, der in der Praxis meist mit der Auflassung aufgenommen wird, obwohl beide rechtlich streng zu trennen sind.

2. Der **Erbschein bzw. ein Testament mit Eröffnungsprotokoll**, sofern der Eigentumsübergang aufgrund einer Erbfolge eintritt.

3. Der **Zuschlag**, sofern der Eigentumserwerb im Wege der Zwangsversteigerung erfolgte.

Ein Gläubiger, der durch Grundpfandrechte abgesichert ist, hat im Falle der Zahlungsunfähigkeit des Kreditnehmers eine **günstige rechtliche Ausgangssituation**, um auf die Vermögensteile seines Schuldners zuzugreifen, die vermutlich **am wertbeständigsten** sind.

Grundpfandrechte sind als Kreditsicherheiten von besonderer Güte anzusehen, die vor allem im langfristigen Kreditgeschäft Verwendung finden. Bestimmte Formen der Grundpfandrechte können aber auch zur Deckung kurzfristiger Kredite herangezogen werden.

Das BGB sieht verschiedene Arten der Grundpfandrechte vor, die jedoch in der heutigen Praxis des Kreditgeschäftes unterschiedliche Bedeutung haben.

Hypothek

Hypothek
§§ 1113 ff. BGB

> Eine **Hypothek** ist ein Pfandrecht an einem Grundstück zur Sicherung einer bestimmten Geldforderung gegen den Eigentümer oder einen Dritten.

Zur **Entstehung** der Hypothek ist die **Einigung** zwischen dem Hypothekengläubiger und dem Grundstückseigentümer sowie die **Eintragung** der Hypothek in das Grundbuch erforderlich.

Die Hypothek – eine akzessorische Sicherheit

Zum **Erwerb** der Hypothek ist das Bestehen einer persönlichen Forderung Voraussetzung. Dieser **akzessorische Charakter** der Hypothek hat zur Folge, dass für die zugrunde liegende Forderung nebeneinander die persönliche Haftung des Schuldners und die **dingliche Haftung** des Grundstücks bestehen.

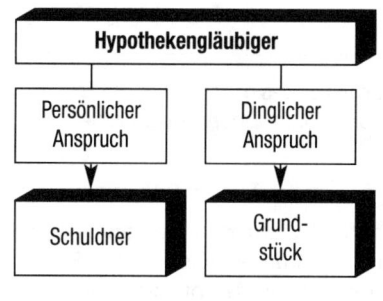

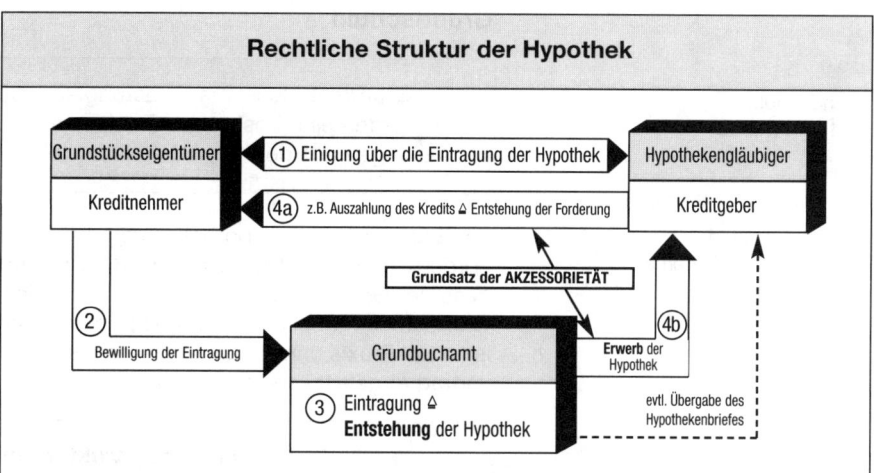

Die Hypothek kann in zwei Formen bestellt werden:

● Die **Buchhypothek** entsteht allein durch die Eintragung im **Grundbuch**. Der Gläubiger erwirbt diese Hypothek mit der Entstehung der Forderung oder – falls diese bereits vorher besteht – mit der Eintragung.

● Die **Briefhypothek** entsteht ebenfalls durch die Eintragung im Grundbuch; sie wird vom Hypothekengläubiger aber erst dann erworben, wenn die gesicherte Forderung entstanden ist und der Brief an den Gläubiger übergeben wurde.

Die Hypothek besteht nur während der Dauer und nur in der Höhe der gesicherten Forderung. Es ist jedoch möglich, dass sie auch für künftige und bedingte Forderungen bestellt wird. Die gesicherte Forderung kann nicht ohne die Hypothek, die Hypothek nicht ohne die Forderung übertragen werden.

Eigentümerhypothek

Entsteht eine durch eine Hypothek gesicherte Forderung nicht, so steht sie ohne Grundbucheintragung dem Eigentümer des Grundstückes zu (**Eigentümerhypothek**).

Das Gleiche gilt, wenn

● die Forderung erlischt,

● der Gläubiger auf die Hypothek verzichtet oder

● ein unbekannter Gläubiger im Aufgebotsverfahren ausgeschlossen wird.

Eigentümergrundschuld

Da eine Hypothek eine Forderung gegen den Grundstückseigentümer voraussetzt, dieser jedoch als Eigentümer der Hypothek keine Forderung gegen sich selbst haben kann, wandelt sich die Eigentümerhypothek kraft Gesetzes in eine **Eigentümergrundschuld** um, die nicht akzessorisch ist.

Folgen der Akzessorietät

Die akzessorische Natur der Hypothek hat zwei verschiedene Gläubigeransprüche zur Folge:

● Der **persönliche Anspruch** richtet sich auf die Zahlung der fälligen Geldforderung und ist vollstreckbar in das **gesamte Vermögen** des Schuldners;

● der **dingliche Anspruch** richtet sich gegen den Eigentümer des Grundstückes und ist **nur** in das Grundstück vollstreckbar.

Grundschuld

Grundschuld
§§ 1191 ff. BGB

> Die **Grundschuld** ist die Belastung eines Grundstückes, nach der dem Begünstigten eine bestimmte Geldsumme einschließlich Zinsen und Nebenleistungen aus dem Grundstück zusteht.

Die Grundschuld –
eine abstrakte Sicherheit

Im Gegensatz zur Hypothek setzt die Grundschuld nicht das Bestehen einer Forderung voraus. Dieser **abstrakte Charakter** der Grundschuld hat zur Folge, dass der Grundschuldgläubiger lediglich einen **dinglichen Anspruch** gegen das Grundstück hat. Das Fehlen des persönlichen Anspruches gegen den Schuldner ist in der Praxis ohne Bedeutung, da dieser Anspruch regelmäßig aus dem Kreditvertrag abgeleitet werden kann.

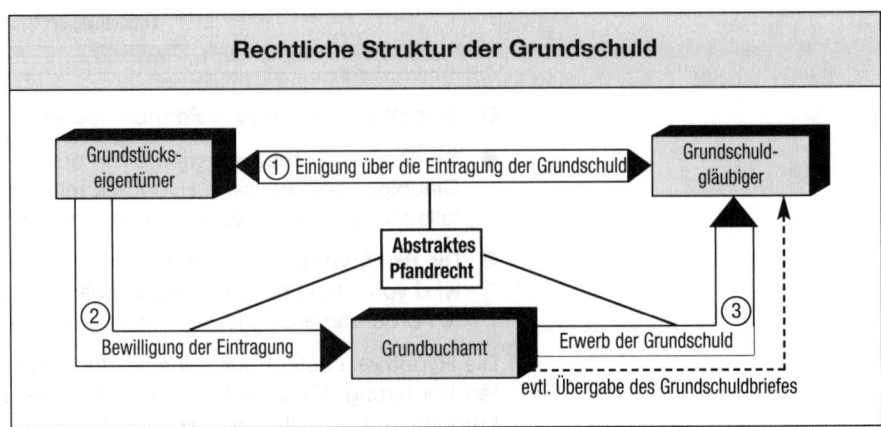

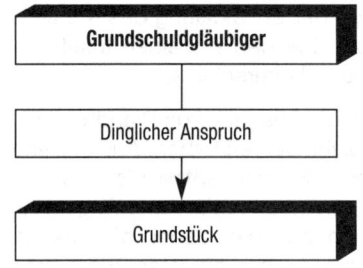

Grundschuldgläubiger

Dinglicher Anspruch

Grundstück

Die Grundschuld hat die Hypothek verdrängt

Beispiel für den Aufbau einer Standard-Baufinanzierung

Eigenmittel

– Eigene liquide Mittel
– Zins- und tilgungslose Verwandten- darlehen
– Eigenleistungen des Bauherren und unentgeltliche „Nachbarschaftshilfe"
– Bezahltes Grundstück

Realkredit der Bank („1. Hypothek")

– Grundschuld an 1. Rangstelle
– Bis zu 60 % des Beleihungswertes
– Tilgung 1 % des Darlehens
– Laufzeit ca. 30 Jahre

Bauspardarlehen

– Grundschuld an 2. Rangstelle
– Bis zu 80 % des Verkehrswertes
– Tilgung 7 % der Darlehenssumme
– Laufzeit ca. 11 Jahre

Nachrangig gesicherte Darlehen

– Grundschuld an 3. Rangstelle
– Darlehensgeber können Arbeitgeber, öffentliche Kreditgeber (z. B. Landes- kreditbank) oder Banken sein
– Tilgung i.d.R. 2 – 3 %
– Laufzeit 15 – 20 Jahre

Im übrigen gelten für die Grundschuld die gleichen Vorschriften wie für die Hypothek, sofern sie sich nicht auf die gesicherte Forderung beziehen. Bei der Übertragung der Grundschuld wird im Gegensatz zur Hypothek nicht die Forderung, sondern der dingliche Anspruch gegenüber dem Grundstück abge- treten.

Die Fälligkeit der Grundschuld richtet sich nach der Vereinbarung. Fehlt eine sol- che Regelung, kann die Grundschuld mit sechs Monaten Frist gekündigt werden.

Die **Rentenschuld** als Sonderform der Grundschuld spielt im Kreditgeschäft der Banken keine Rolle.

Im kurz- und langfristigen Kreditgeschäft der Banken hat die Grundschuld heute die Hypothek weitgehend verdrängt. Selbst staatliche Banken wie Landeskredit- banken oder die Hypothekenbanken verlangen heute in der Regel die Grund- schuld als Sicherung für ein Darlehen. Dieser Trend hat mehrere Ursachen:

● Die **Grundschuld** ist **abstrakt** und kann deshalb zur **Sicherung mehrerer – voneinander unabhängiger – oder künftiger Forderungen** – auch wieder- holt – herangezogen werden, ohne dass eine entsprechende Eintragung im Grundbuch erforderlich ist.

● Die **Kreditkonditionen** können jederzeit – ohne Veränderung im Grundbuch – abgewandelt werden, da der Zinssatz der Grundschuld von der Verzinsung der persönlichen Forderung unabhängig ist. Deshalb ist es üblich, einen höheren Zinssatz einzutragen, als im Kreditvertrag vereinbart wurde.

● Der Grundstückseigentümer kann **keine Einwendungen aus dem Grund- geschäft** erheben.

● Die Belastung des Grundstückes kann sich **auch auf die Zinsen** eines Kredits erstrecken.

● Der **Schuldgrund** wird bei der Grundschuld **nicht eingetragen**.

● Die **Ausstellung eines Briefes** über die Grundschuld **ist möglich**.

● Die **Eintragung einer Zwangsvollstreckungsklausel kann beantragt wer- den**.

8.3.4 Finanzierungsplan

Die Wohnungsbaufinanzierung für private Bauherrn setzt sich heute meist aus mehreren Elementen zusammen.

● Die **Eigenmittel** bilden den Kern jeder Baufinanzierung. Nur bei Bauherren mit einem sehr hohen und sicheren Einkommen sind einige Banken bereit, auch Finanzierungen bis zu 100 % der gesamten Bausumme bereitzustellen. In der Regel sollten die eigenen Mittel 10 % – 20 % der Finanzierungssumme nicht wesentlich unterschreiten. Der Wert der Eigenleistungen der Bauherren kann – vorsichtig bewertet – als Eigenmittel bewertet werden.

● Die „1. Hypothek" wird von den Kreditinstituten heute meist als standardi- sierter Kredit angeboten. Oftmals kann der Bauherr diesen Teil der Finanzie- rung in einem Antrag gemeinsam mit dem Bauspardarlehen abwickeln, da die meisten Banken heute „Baufinanzierungen aus einer Hand" (Verbundfinanzie- rungen) anbieten. Dabei erfolgt die gesamte Abwicklung einschließlich evtl. Zwischenfinanzierungen oder Bankvorausdarlehen – meist unter der Feder- führung der Hausbank.

Zinssatz für Realkredite

Der **Zinssatz für Realkredite** ist grundsätzlich von der Entwicklung des Kapitalmarktzinses abhängig. Dabei ergeben sich jedoch bei den einzelnen Institutsgruppen aufgrund ihrer andersartigen Refinanzierung Unterschiede:

● Die **Realkreditinstitute** refinanzieren sich durch die Ausgabe von Pfandbriefen,
die heute in der Regel eine Laufzeit von bis zu zehn Jahren haben. Aus diesem
Grunde können diese Institute im Kreditbereich **Festzinssätze** bis zu zehn
Jahren, teilweise sogar für die ganze Laufzeit vereinbaren. Ähnliche Angebote
unterbreiten heute auch viele Geschäftsbanken, die dabei oftmals in
Kooperation mit einem Realkreditinstitut Festzinsdarlehen anbieten. Ein ernst-
zunehmender Konkurrent der Kreditwirtschaft ist in diesem Bereich die Versicherungswirtschaft, die in Verbindung mit Lebensversicherungen ebenfalls
Baufinanzierungen mit Festzinsen bis zu 20 Jahren anbietet.

● Die **Geschäftsbanken und Sparkassen** refinanzieren sich überwiegend durch
ihre Einlagen, deren Zinssätze veränderlich sind. Deshalb können diese
Institute grundsätzlich nur Realkredite mit variablen Zinssätzen ausgeben.
Unter dem Konkurrenzdruck bieten jedoch auch diese Institute heute meist
Festzinsen bis zu vier oder fünf Jahren an. Die Refinanzierung dieser Darlehen
erfolgt dabei durch die Ausgabe von Sparbriefen und Obligationen sowie teilweise aus dem Bodensatz der Einlagen, der langfristig ausgeliehen werden
kann. Dabei besteht für die Banken jedoch ein **Zinsänderungsrisiko**, das z. B.
einige deutsche Banken, die in der Vergangenheit in großem Maße Festzins-
kredite vergeben hatten, in der anschließenden Hochzinsphase in erhebliche
Schwierigkeiten brachte. Teilweise mussten diese Institute Verluste hinneh-
men, weil sie zeitweise höhere Refinanzierungskosten als Zinserträge aus
Festzinsdarlehen hatten.

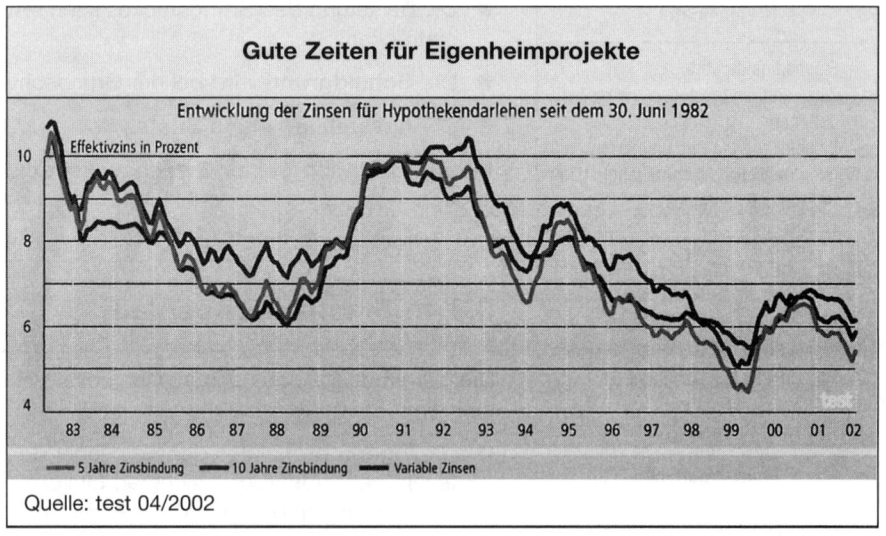

Gute Zeiten für Eigenheimprojekte

Entwicklung der Zinsen für Hypothekendarlehen seit dem 30. Juni 1982

Quelle: test 04/2002

Die Entscheidung über die Wahl zwischen variablen und festen Zinsen wird in erster Linie davon beeinflusst, welche Erwartungen der Kreditnehmer über die zukünftige Zinsentwicklung hat. Geht er von **fallenden Zinssätzen** aus, so wird er zunächst eher **variable Zinsen** vereinbaren, um dann eventuell später in der Niedrigzinsphase Festzinsen auszuhandeln.

Glaubt der Kreditnehmer an **steigende Zinssätze**, so wird er vermutlich **Festzinssätze** bevorzugen, damit er für eine gewisse Zeit Zinsanhebungen ausschließen kann. Über ein Forwarddarlehen (engl. vorwärts, nach vorn) kann sich der Kreditnehmer bis zu drei Jahre im Voraus günstige Zinsen sichern. Endet die Zinsbindung des alten Darlehens, wird das Forwarddarlehen ausbezahlt.

Disagio (Damnum)

Ein **Auszahlungsabschlag (Disagio** oder **Damnum)** ist zunächst als Ausgleich für einen Teil der Geldbeschaffungskosten zu sehen. Diese Kosten umfassen z. B. die Verwaltung der Spareinlagen oder die Kosten der Pfandbriefausgabe, die Werbung und mögliche Provisionen. Größere Abschläge beinhalten dagegen vorweggenommene Zinsen, so dass die laufenden Zinszahlungen niedriger werden können.

Bereitstellungszinsen werden vor allem von den Realkreditinstituten berechnet, um den Zeitraum von der verbindlichen Reservierung der Kreditmittel bis zur tatsächlichen Inanspruchnahme durch den Kreditnehmer zu überblicken. **Schätzungskosten** fallen an, falls Wertgutachten erstellt werden müssen. Aufgrund der veränderten steuerlichen Regelungen haben diese Abschläge heute an Bedeutung verloren.

Bauspardarlehen

> Das **Bauspardarlehen** ist ein langfristiger Kredit einer Bausparkasse, der im Regelfall gegen Eintragung eines zweitrangigen Grundpfandrechtes zur Finanzierung von Wohnungsbauprojekten eingesetzt wird.

Nach dem Abschluss eines Bausparvertrages erwirbt der Bausparer den Anspruch, nach der Zuteilungsreife eines Bausparvertrages zinsgünstige Darlehen aus den Bauspargeldern der zukünftigen Bausparer zu erhalten.

Beispiel einer Bewertungszahlberechnung:

In der Ansparphase muss der Bausparer in der Regel 40 % oder 50 % der Vertragssumme durch eigene Einzahlungen, durch vermögenswirksame Leistungen sowie über staatliche Wohnungsbauprämien ansammeln. Er erhält dafür meist 2,5 % bis 3 % Zinsen vergütet.

$$\text{Bewertungszahl} = \frac{\text{Bausparguthaben} + (10 \times \text{Zinsanteil des Bausparguthabens})}{\text{Regelsparbeitrag}}$$

Die Zuteilung des Bausparvertrages ist grundsätzlich von zwei Bedingungen abhängig:

● Das **vereinbarte Mindestsparguthaben** muss erreicht sein,

● die **Bewertungszahl** muss eine bestimmte Höhe erreicht haben. Diese Ziffer ist ein Faktor, der sich danach bemisst, wie lange und in welcher Höhe der Bausparer sein Sparguthaben bereitgestellt hat. Die Dauer der Ansparphase wird dabei meist über die verstärkte Gewichtung der Zinsen mit einberechnet.

Die Gelder des Zuteilungsfonds werden nach der Höhe dieses Faktors an die Kreditnehmer verteilt. Es kann deshalb unter Umständen sinnvoll sein, eine zusätzliche Einzahlung zu leisten, damit die Bewertungsziffer ausreichend hoch wird.

Negativerklärung:
Bei kleineren Bauspardarlehen
kann auf Grundpfandrechte
verzichtet werden

In der **Finanzierungsphase** erhält der Bauherr ein zweck- und objektgebundenes Darlehen, das meist eine Laufzeit von elf Jahren hat. Die Sicherung des Darlehens erfolgt grundsätzlich durch ein nachrangiges Grundpfandrecht, das bis zu
80 % des Verkehrswertes ausmachen darf. Das Bauspardarlehen kann jedoch
auch durch die Verpfändung von Wertpapieren, Abtretung von Sparguthaben
oder durch Bankbürgschaften gesichert werden. Bei kleineren Baudarlehen (z. B.
bis zu 10 000 Euro) verzichten viele Bausparkassen heute auf eine grundbuchmäßige Absicherung. Der Grundstückseigentümer muss sich lediglich verpflichten, das Grundstück nicht weiter zu belasten (**Negativerklärung**).

Die Regelkonditionen bei Bauspardarlehen, die immer als Annuitätendarlehen getilgt werden, sind 5 % Zins und 7 % Tilgung. Da der monatliche Zins- und
Tilgungsbeitrag von der Vertragssumme gerechnet wird (z. B. 0,6 ‰ pro Monat)
verringert sich die laufende Belastung für den Bausparer nicht, wenn er mehr als
40 % angespart hatte. Lediglich die Laufzeit des Darlehens wird kürzer.

Zwischenfinanzierung:
Darlehen in Höhe des Spar-
guthabens und des späteren
Darlehensanspruchs

Die **Zwischenfinanzierung** erlaubt es dem Bausparer, den angesparten Betrag
eines noch nicht zuteilungsreifen Bausparvertrages und den späteren Anspruch
auf ein Bauspardarlehen sofort in die Baufinanzierung einzubeziehen. Die Höhe
des Zwischenkredits bezieht sich immer auf die Vertragssumme. Hat der Bausparer bereits 40 % einbezahlt, so erhält er die volle Vertragssumme, hat er noch
nichts angespart, lediglich 60 % ausbezahlt.

Die Sicherung des Zwischenkredits erfolgt durch die Abtretung der Ansprüche
gegen die Bausparkasse an den Zwischenkreditgeber. Getilgt wird der Zwischenkredit in einer Summe durch den später zugeteilten Bausparvertrag.

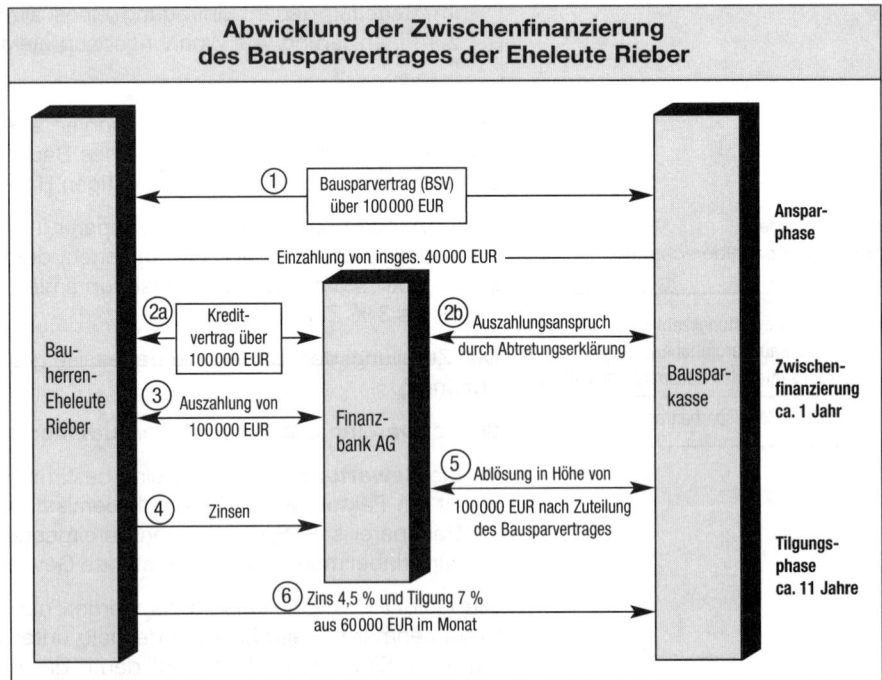

Bankvorausdarlehen:
Darlehen in Höhe eines neuen
Bausparvertrages und gleich-
zeitige Ansparung des Vertrages

Das **Bankvorausdarlehen** bietet sich vor allem dann an, wenn der Bauherr noch
keine Bausparleistungen erbracht hat. Anders als beim Zwischenkredit wird ihm
auf jeden Fall sofort die volle Vertragssumme zur Verfügung gestellt. Während der
Zeit dieser Vorfinanzierung spart er gleichzeitig einen oder mehrere Bausparverträge an, die später zur Ablösung des Bankvorausdarlehens dienen.

8.3.5 Steuern auf Immobilien

Eigenheimzulagengesetz (EigZulG)

> **Wohnungseigentumsförderung für Familien mit Kindern**
>
> *Die Bundesregierung hat im Rahmen des **Eigenheimzulagengesetzes (EigZulG)** die steuerrechtliche Wohnungseigentumsförderung geregelt. Während früher die Förderung über den Abzug von der einkommensteuerrechtlichen Bemessungsgrundlage erfolgte, wurde nunmehr auf eine **progressionsunabhängige Förderung** umgestellt. Außerdem wurde die **familienbezogene Zusatzförderung** verbessert.*
>
> *Mit dieser Regelung sollen vornehmlich Familien mit Kindern aus unteren bis mittleren Einkommensschichten unterstützt werden. Weitere Schwerpunkte der Förderung sind der Wohnungsmarkt in den **neuen Bundesländern** sowie **energiesparende Investitionen**.*

Einkünfte aus Vermietung und Verpachtung

Die Aufwendungen und Erträge aufgrund privater Wohnungsbauprojekte finden ihren steuerlichen Niederschlag grundsätzlich bei den **Einkünften aus Vermietung und Verpachtung**. Diese errechnen sich als Differenz der Einnahmen und der Werbungskosten. Dabei gelten für die Einnahmen, je nach Nutzung der Gebäude, unterschiedliche steuerliche Regelungen.

Liegt in einem selbst genutzten Haus eine Fremdnutzung vor, so müssen die selbst und fremd genutzten Anteile nach qm prozentual ermittelt werden. Im gleichen Verhältnis können die Werbungskosten für den fremdgenutzten Anteil angerechnet werden.

Steuerliche Verluste aus Vermietung und Verpachtung können hohe Steuerersparnisse bewirken

Von besonderer Bedeutung ist bei den Einkünften aus Vermietung und Verpachtung, dass sie auch negativ sein können und somit zu einer, teilweise erheblichen, Minderung der Einkommensteuerschuld aus anderen Einkunftsarten führen können.

Für Wohnungseigentum, das nach dem 01. Januar 1996 erworben oder gebaut wurde, gelten die Regelungen für Steuern auf neu erworbenes oder gebautes Wohnungseigentum.

Als „Altobjekte" gelten Wohnungen oder Häuser, die nach dem Ende des zweiten auf das Jahr der Fertigstellung folgenden Jahres angeschafft wurden.

Grunderwerbsteuer

Grunderwerbsteuer fällt an, wenn Grundstücke von einer Person auf eine andere übertragen werden. Die Grundbuchämter sind verpflichtet, von jedem notariellen Grundstücksübertragungsvertrag eine Ausfertigung an das zuständige Finanzamt zu übersenden. Der Steuersatz beträgt einheitlich 3,5 %.

Von der Grunderwerbsteuer befreit sind folgende Fälle:

● Der Kaufpreis liegt unter 2 556 Euro,

● ein zum Nachlass gehöriges Grundstück wird zur Teilung des Nachlasses von einem Miterben erworben,

● der Ehegatte ist der Käufer,

● das Grundstück wird durch Personen erworben, welche mit dem Verkäufer in gerader Linie verwandt sind.

Beim Verkauf einer Immobilie ist der Gewinn zu versteuern, wenn zwischen den Kaufverträgen weniger als zehn Jahre liegen. Dies gilt nicht, wenn die Immobilie zumindest im Jahr der Veräußerung und den beiden Vorjahren zu Wohnzwecken genutzt wurde.

Steuern auf Wohnungseigentum, das ab dem 01.01.1996 erworben wurde

Vermieteter Teil

Überschussrechnung

Tatsächliche Mieteinnahmen
abzüglich

● **Werbungskosten gegen Nachweis**
z. B. Maklergebühren, Kosten der Besichtigung, Darlehensgebühren, Disagio, Schuldzinsen, Renovierungsaufwand und sonst. laufende Kosten

● **Degressive Abschreibung**
nach § 7, Abs. 5 EStG

5 % in den ersten **8 Jahren,**
2,5 % für weitere 6 Jahre
1,25 % in den folgenden 36 Jahren aus den Herstellungs- oder Anschaffungskosten, ohne Höchstgrenzen. Die Inanspruchnahme ist nur für Bauherren und Ersterwerber möglich, wenn das Objekt im Jahr der Fertigstellung erworben wurde und die Baufirma keine Abschreibungen vorgenommen hat.

oder

● **Lineare Abschreibung**
nach § 7 b, Abs. 5 EStG

2 % aus den Herstellungs- oder Anschaffungskosten für 50 Jahre ohne Höchstbetrag für alle Eigentümer.

↓

Negative oder positive Einkünfte aus Vermietung und Verpachtung

Selbst genutzter Teil

Zulagenprinzip

Keine steuerlichen Einnahmen
absetzbar

Abzug vom zu versteuernden Einkommen

● **Eigenheimzulage**

Voraussetzungen:

– Gesamtbetrag der Einkünfte, d. h. Bruttoeinnahmen abzüglich Werbungskosten oder Betriebsausgaben im Jahr der Fertigstellung oder des Kaufs sowie im vorangegangenen Jahr. Die Einkünfte **beider Jahre** dürfen bei **Ledigen** nicht über **81 807 EUR,** bei **Verheirateten** nicht über **163 614 EUR** liegen. Zzgl. **30 678 EUR** je Kind. Maßgeblich ist der Gesamtbetrag aus beiden Jahren.
– bei Ledigen bisher keine Inanspruchnahme der Eigenheimförderung (z.B. nach § 10e EStG),
– bei Verheirateten höchstens einmalige Nutzung der Eigenheimförderung.

⇨ **Grundförderung**
– **Neuobjekte** (Neubau oder Kauf bis zum Ende des 2. Jahres nach Fertigstellung) 5 % von max. 51 120 EUR Herstellungskosten
→ **2 556 EUR** p. a.
für 8 Jahre

– **Altobjekte**
2,5 % von max. 51 120 EUR Anschaffungskosten
→ **1 278 EUR** p. a.
für 8 Jahre

⇨ **Kinderzulage**
→ 767 EUR je Kind p.a.
für 8 Jahre

⇨ **Ökologische Komponente**
8 Jahre lang 205 EUR für Aufwendungen, wenn der Heizwärmebedarf 25 % unter den Anforderungen liegt.

Insgesamt darf die Förderung in 8 Jahren 50% der Herstellungs- oder Anschaffungskosten nicht übersteigen

Jährliche Auszahlung am 11. März durch das Finanzamt

Für Wohnungseigentum, welches vor 1996 erworben wurde, gelten besondere Regelungen.

Das Ehepaar Rieber plant sein Wohnhaus mit einem Finanzierungsbedarf von insgesamt 450 000 Euro. Dabei sind 67,2 % der Nutzfläche selbst genutzt, der Rest wird vermietet.

*Der Finanzierungsberater erstellt den Bauherren folgenden **Finanzierungsplan:***

- **Eigene Mittel**   *210 000 EUR*

- **Fremde Mittel**   *240 000 EUR*
  davon:
  „1. Hypothek"   *180 000 EUR*
  Bauspardarlehen   *60 000 EUR*

Die Realkreditgrenze wurde bei der „1. Hypothek" nicht ausgenutzt, um die Vorteile des zugeteilten Bausparvertrages in Anspruch zu nehmen.

Die Eheleute können die Vergünstigungen der neuen Wohnungseigentumsförderung nutzen. Daraus ergeben sich folgende Belastungen in den Jahren ab der Fertigstellung.

Beispielrechnung:
Fertigstellung 1992

Belastung vor Steuern ab dem zweiten Jahr nach Fertigstellung

	Zins EUR	Tilgung EUR	EUR
Gesamt EUR			
Realkredit 180 000 EUR zu 9 % Zins, 1 % Tilgung	16 200	1 800	18 000
Bauspardarlehen 60 000 EUR zu 4,5 %, 7 % Tilgung	2 700	4 200	6 900
	18 900	6 000	24 900
Mieteinnahmen abzüglich laufende Kosten von 500 EUR			4 500
Belastung vor Steuern			20 400

Belastung nach Steuern

Vermieteter Teil (32,8 % der Nutzfläche)		
Mieteinnahmen	+ 6 000	
Zinsen – 18 900 EUR		
Bestimmte laufende Kosten, z. B.		
Hausverwaltung, Reparaturen – 1 500 EUR		
Aufwendungen – 20 400 EUR		
davon 32,8 %	– 6 692	
Abschreibung nach § 7 Abs. 5 EStG		
5 % aus 114 800 EUR	– 5 740	
Minderung des zu versteuernden Einkommens – 6 432		
Steuervorteil laut Einkommensteuertabelle, incl. Kirchensteuer		– 1 660
Belastung nach Steuern p. a.		18 740
Grundförderbetrag		– 5 000
Nettobelastung p. a.		13 740
Nettobelastung pro Monat		1 145

Aufgaben

1. Beschreiben Sie die einzelnen Teilschritte, die notwendig sind, um das Eigentum an einem Grundstück zu erwerben.

2. Erläutern Sie die Bedeutung der 2. und 3. Abteilung des Grundbuches für die Beurteilung von Immobiliendarlehen.

3. Das Ehepaar Karin und Richard Schlüter möchte ein Zweifamilienhaus zum Kaufpreis von 700 000 Euro erwerben. Das Grundstück ist darin mit 200 000 Euro enthalten. Die Eheleute, die zwei kleine Kinder haben, möchten eine der beiden Wohnungen mit jeweils 100 qm Wohnfläche selbst bewohnen.

   Das Eigenkapital der Bauherren beträgt 200 000 Euro in verfügbaren Mitteln. Außerdem besitzen sie einen Bausparvertrag über 300 000 Euro, der zu 40 % angespart ist, jedoch erst in zwei Jahren zuteilungsreif wird. Das Nettoeinkommen der Familie beträgt zur Zeit 80 000 Euro jährlich. Der Grenzsteuersatz liegt bei 30 %.

   Die Bank kann zur Zeit 7 % für erstrangig abgesicherte Immobiliendarlehen sowie für Zwischenfinanzierungen bieten. Für die Vermietung der 2. Wohnung können zur Zeit nach Abzug der laufenden Kosten ca. 10 Euro je qm erzielt werden.

   Erstellen Sie einen Finanzierungsplan.

9 Gewerbe- und Firmenkundengeschäft

Das Gewerbe- und Firmenkundengeschäft der deutschen Banken war in den vergangenen Jahren durch eine dauerhafte Ertragsschwäche gekennzeichnet.

Wachsende Zahl der Unternehmensinsolvenzen

Seit einigen Jahren sind die Kreditinstitute mit den Folgen der **wachsenden Unternehmensinsolvenzen** konfrontiert. Diese hohen Belastungen haben dazu geführt, dass die Qualität der Finanzierungsberatung und die Instrumente zur Kreditprüfung weiter optimiert wurden.

Globalisierung der Märkte

Auf internationaler Ebene führt die zunehmende **Globalisierung der Märkte** und der weiter wachsende Wettbewerb, der daraus erwächst, zu einer steigenden Zahl von Finanzierungswünschen sowie Außenhandelstransaktionen. Die Banken müssen sich hierbei jedoch damit auseinandersetzen, dass ihr direkter Anteil an dem Prozess der Finanzintermediation, der Vermittlung zwischen Kapitalgeber und Kapitalnachfrager, geringer wird.

Disintermediation

Im Rahmen dieser **Disintermediation** werden Finanzdienstleistungen zunehmend von den Unternehmen selbst, ohne Einschaltung der Kreditinstitute, erstellt. Das eigene Cash-Management der Unternehmen sorgt dafür, dass z. B. in Konzernen zunächst die Möglichkeiten der innerbetrieblichen Kreditverteilung genutzt werden, bevor der Kapitalmarkt in Anspruch genommen wird. Die direkte Emission von Schuldtiteln – Securitisation – durch die Firmenkunden führt tendenziell zu einer weiteren Begrenzung der Kreditnachfrage.

Die Banken – spezialisierte Problemlöser

Bisher war das Gewerbe- und Firmenkundengeschäft der Banken vielfach durch eine starke Produktorientierung gekennzeichnet. Entscheidend für den Markterfolg wird jedoch sein, wie gut die Banken das Geschäft ihrer Kunden verstehen und wie weit sie in der Lage sind, deren Bedürfnisse zu erkennen und sinnvolle Problemlösungen zu entwickeln. Dies setzt jedoch umfassende Informationen über das Geschäft des Kunden, die jeweilige Branchenstruktur und Wettbewerbssituation voraus.

9.1   Kontoverkehr

§ 154 AO   Für Konten gewerblicher Kunden gelten grundsätzlich folgende Regeln:

Kontoinhaber und ihre Kontobezeichnungen

Kontoinhaber	Natürliche Personen sowie Landwirte und nicht eingetragene Handwerker, Kaufleute, Gewerbetreibende und Freiberufler	Nicht rechtsfähige Personenvereinigungen	Einzelfirmen und Personenhandelsgesellschaften	Juristische Personen des privaten Rechts	Juristische Personen des öffentlichen Rechts
Kontobezeichnung	– ein voll ausgeschriebener Vorname – Nachname – evtl. ein Zusatz **Künstlernamen** sind zulässig, wenn sie **eindeutig** und **zweifelsfrei** sind. „Etablissementsbezeichnungen" wie z. B. „Pension Alpenblick" sind lediglich als Zusatz erlaubt.	• **BGB-Gesellschaft:** Name aller Gesellschafter • **Nicht rechtsfähiger Verein:** – Namen aller Vereinsmitglieder oder – Namen eines oder mehrerer Vereinsmitglieder (z.B. Vorstand) und Zusatz oder – Namen des Vereins*	Firma gemäß Handelsregisterauszug Bei Zweigniederlassungen Eröffnung auf den Namen der Hauptniederlassung (mit Zusatz z. B. „Niederlassung Ulm")	– **Bis zur Eintragung** in das jeweilige Register wird das Konto für eine BGB-Gesellschaft geführt – **Nach der Eintragung:** die Firma gemäß Registerauszug Bei Zweigniederlassungen Eröffnung auf den Namen der Hauptniederlassung	Genaue Bezeichnung entsprechend der vorgelegten Legitimationsunterlagen
Beispiele für Kontobezeichnungen	– Manfred Maier – Miriam Kaiser – Sonderkonto „Dozentenhonorare" – Linda Geiger – Gasthaus zum Goldenen Bock oder Gasthaus zum Goldenen Bock – Inh. Linda Geiger	– Autorengemeinschaft – Werner Zimmer, Alfred Gross und Marlis Gosser – Manfred Klein – Sonderkonto „Kleingartenverein Schönbuch" – Kleingartenverein Schönbuch (intern Führung einer Liste der Verfügungsberechtigten)	– Rosemarie Schneider – Alexander Klement, Nachf. Gerd Linder – Verlag für Prüfungsaufgaben Stefan Kaiser KG	– Rosenthal GmbH – Laupheimer Metallwaren AG – Ulmer Volksbank eG – SSV Gera eV	– Stadt Halle – Amtskasse – Industrie- und Handelskammer Leipzig – Bundesanstalt für Arbeit – Stadt Gera – Friedrich-List-Schule – Stiftung „Preußischer Kulturbesitz" – Bistum Berlin – Kirchengemeinde St. Elisabeth, Potsdam
Legitimation	 Persönliche Legitimation durch Personalausweis oder Reisepass, ausnahmsweise auch Führerschein, Geburts- und Heiratsurkunden oder Familienstammbücher. Evtl. Nachweis des Finanzamtes über Zulassung eines Künstlernamens als Kontobezeichnung oder Nachweis der Eintragung des Künstlernamens im Personalausweis	 Persönliche Legitimation der Gesellschafter bzw. Mitglieder, evtl. schriftl. Vollmacht der Vereinsmitglieder oder Protokoll der Mitgliederversammlung und Mitgliederliste	 Persönliche Legitimation der Vertretungsberechtigten und aktueller, beglaubigter Handelsregisterauszug	 Persönliche Legitimation der Vertretungsberechtigten und aktueller, beglaubigter Auszug aus dem Handels-, Genossenschafts- oder Vereinsregister	Persönliche Legitimation der Vertretungsberechtigten und Gesetze, Rechtsverordnungen, Satzungen, Statute, Verfassungen, Ordnungen, Protokolle, oder Bestätigungen der jeweiligen öffentlich-rechtlichen Rechtsträger

* Sofern eine schriftliche Vollmacht sämtlicher Vereinsmitglieder oder ein Protokoll über einen entsprechenden Beschluss der Mitgliederversammlung vorliegt. Die Bank muss sich jährlich eine Mitgliederliste vorlegen lassen, um die Gläubigerschaft zu klären.

Gesetzliche Vertreter

Der Umfang der Verfügungsberechtigung der gesetzlichen Vertreter von **Personen-handelsgesellschaften** (persönlich haftende Gesellschafter, Komplementäre) und der **juristischen Personen des privaten Rechts** (Vorstand, Geschäftsführer) ergibt sich aus den Gesetzen und den jeweiligen Satzungen, Statuten oder Gesellschaftsverträgen. Das Kreditinstitut wird sich deshalb bei der Kontoeröffnung einen neuen, teilweise auch beglaubigten Registerauszug vorlegen lassen, aus dem die Verfügungsberechtigung hervorgeht. Wird ein Konto von einem Prokuristen oder Handlungsbevollmächtigten eröffnet, so holen die Kreditinstitute regelmäßig nachträglich die Unterschrift der gesetzlichen Vertreter ein, obwohl der Kontovertrag bereits vorher rechtsgültig zustande gekommen ist.

Der Umfang der Verfügungsberechtigung der gesetzlichen Vertreter **juristischer Personen des öffentlichen Rechts** (Behördenleiter, Landrat, Bürgermeister u.a.) ergibt sich aus den entsprechenden Gesetzen, Rechtsverordnungen und Satzungen.

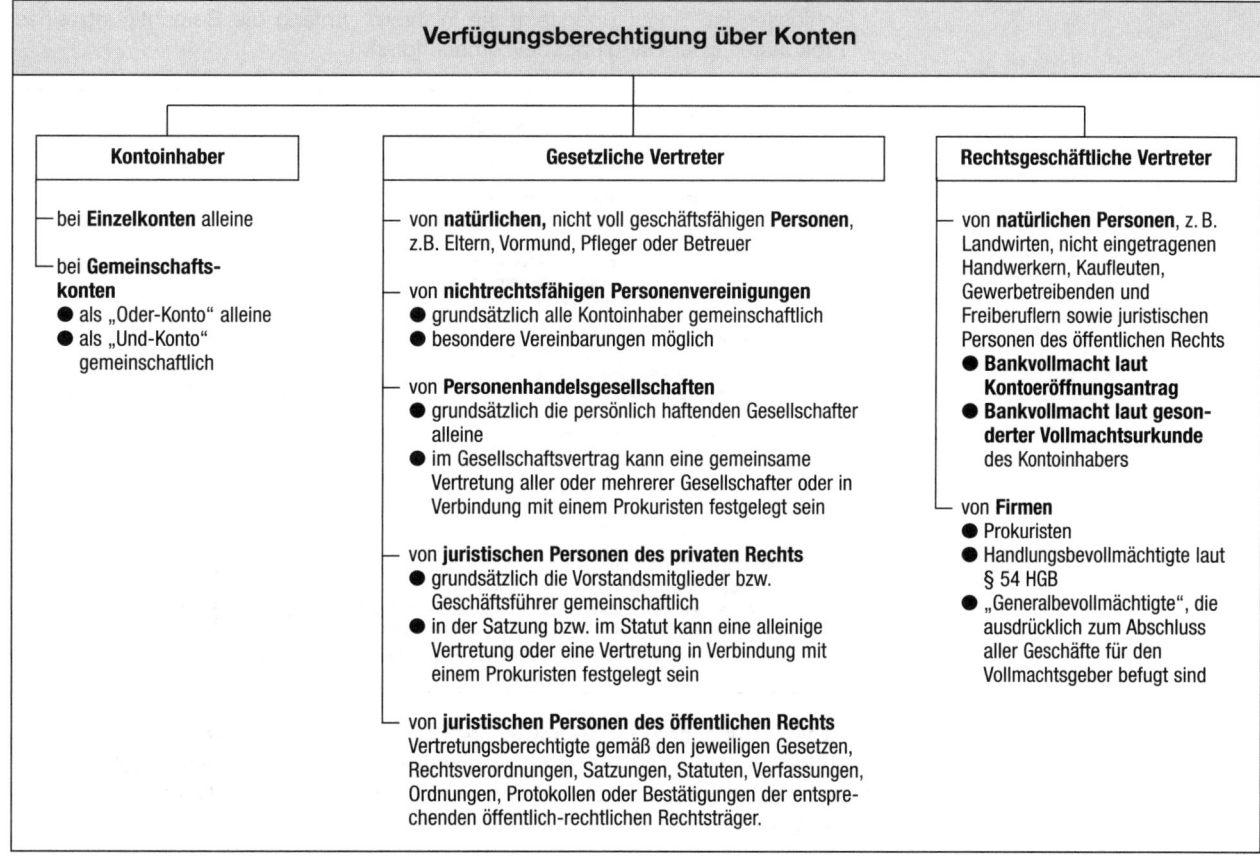

Verfügungsberechtigung über Konten

Kontoinhaber

- bei **Einzelkonten** alleine
- bei **Gemeinschafts-konten**
  - als „Oder-Konto" alleine
  - als „Und-Konto" gemeinschaftlich

Gesetzliche Vertreter

- von **natürlichen,** nicht voll geschäftsfähigen **Personen,** z.B. Eltern, Vormund, Pfleger oder Betreuer

- von **nichtrechtsfähigen Personenvereinigungen**
  - grundsätzlich alle Kontoinhaber gemeinschaftlich
  - besondere Vereinbarungen möglich

- von **Personenhandelsgesellschaften**
  - grundsätzlich die persönlich haftenden Gesellschafter alleine
  - im Gesellschaftsvertrag kann eine gemeinsame Vertretung aller oder mehrerer Gesellschafter oder in Verbindung mit einem Prokuristen festgelegt sein

- von **juristischen Personen des privaten Rechts**
  - grundsätzlich die Vorstandsmitglieder bzw. Geschäftsführer gemeinschaftlich
  - in der Satzung bzw. im Statut kann eine alleinige Vertretung oder eine Vertretung in Verbindung mit einem Prokuristen festgelegt sein

- von **juristischen Personen des öffentlichen Rechts** Vertretungsberechtigte gemäß den jeweiligen Gesetzen, Rechtsverordnungen, Satzungen, Statuten, Verfassungen, Ordnungen, Protokollen oder Bestätigungen der entsprechenden öffentlich-rechtlichen Rechtsträger.

Rechtsgeschäftliche Vertreter

- von **natürlichen Personen**, z.B. Landwirten, nicht eingetragenen Handwerkern, Kaufleuten, Gewerbetreibenden und Freiberuflern sowie juristischen Personen des öffentlichen Rechts
  - **Bankvollmacht laut Kontoeröffnungsantrag**
  - **Bankvollmacht laut gesonderter Vollmachtsurkunde** des Kontoinhabers

- von **Firmen**
  - Prokuristen
  - Handlungsbevollmächtigte laut § 54 HGB
  - „Generalbevollmächtigte", die ausdrücklich zum Abschluss aller Geschäfte für den Vollmachtgeber befugt sind

Bankenvollmacht über Firmenkonten

Die Bankvollmachten über Firmenkonten ergeben sich aus dem Handelsregister oder aus besonderen Vollmachtsurkunden. Für die Disposition der Konten legen die Banken regelmäßig Unterschriftenblätter an, die sämtliche Zeichnungsberechtigte und den Umfang ihrer Bankvollmacht festhalten.

● **Prokuristen** weisen ihr Verfügungsrecht durch die Eintragung in das Handelsregister nach. Da der Umfang ihrer Vertretungsbefugnis im Außenverhältnis nicht eingeschränkt werden kann, ist lediglich zu prüfen, ob sie ihre Firma einzeln oder gemeinsam mit anderen Personen vertreten können.

● **Handlungsbevollmächtigte** belegen ihre Vertretungsbefugnis durch eine Vollmachtsurkunde der Firma. Die Banken müssen dabei besonders darauf achten, dass sie den genauen Umfang der Befugnis prüfen und festhalten.

● **Generalbevollmächtigte** erhalten durch eine Vollmachtsurkunde der Firma das ausdrückliche Recht, **alle Rechtsgeschäfte** für den Vollmachtsgeber abzuschließen, es sei denn, dass eine Vertretung aus der Natur der Sache ausgeschlossen ist. Somit übersteigt sie in ihrem Umfang die Berechtigung eines Prokuristen oder Handlungsbevollmächtigten.

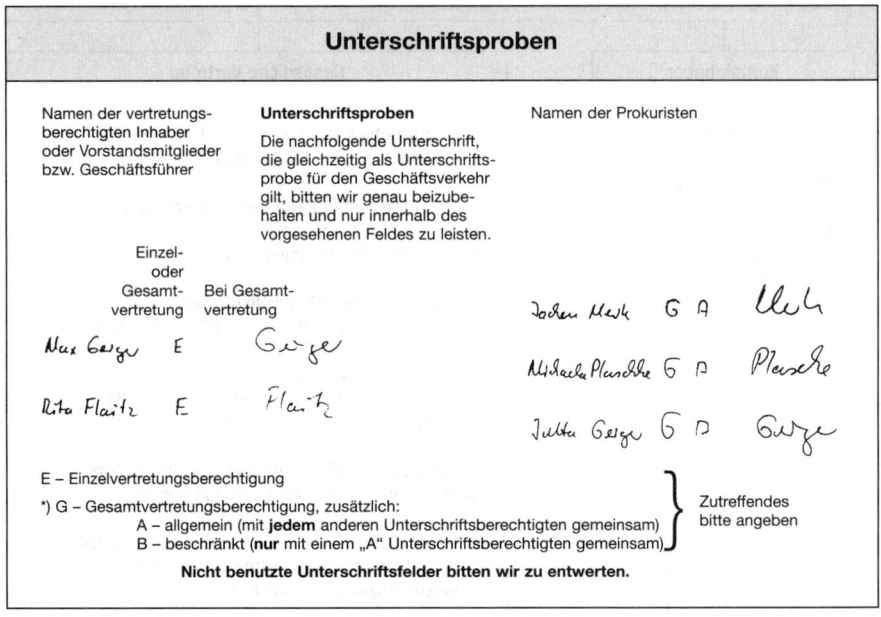

Diese Vertretungsbefugnisse sowie der Legitimationsnachweis des Bevollmächtigten werden auf den Kontoeröffnungsanträgen oder einer Anlage festgehalten. Dabei müssen grundsätzlich alle Verfügungsberechtigten eine Unterschriftsprobe hinterlegen.

9.2   Zahlungs- und Wechselverkehr

Gewerbe- und Firmenkunden wickeln heute fast ausnahmslos ihren Zahlungsverkehr mittels ihrer Datenverarbeitung ab. Im Regelfall nutzen sie dabei die Möglichkeiten der Online-Datenübertragung.

9.2.1   Electronic Banking

Den Gewerbe- und Firmenkunden steht eine breite Palette von automatisierten Zahlungsformen zur Verfügung. Die Banken beraten sie dabei mittels Fachberater und stellen teilweise die erforderliche Software zur Verfügung.

Die Rationalisierung der Belegverarbeitung im Zahlungsverkehr hat in den vergangenen Jahren bei den Kreditinstituten ein enormes Ausmaß angenommen. Ein Ende dieser Entwicklung ist noch nicht abzusehen.

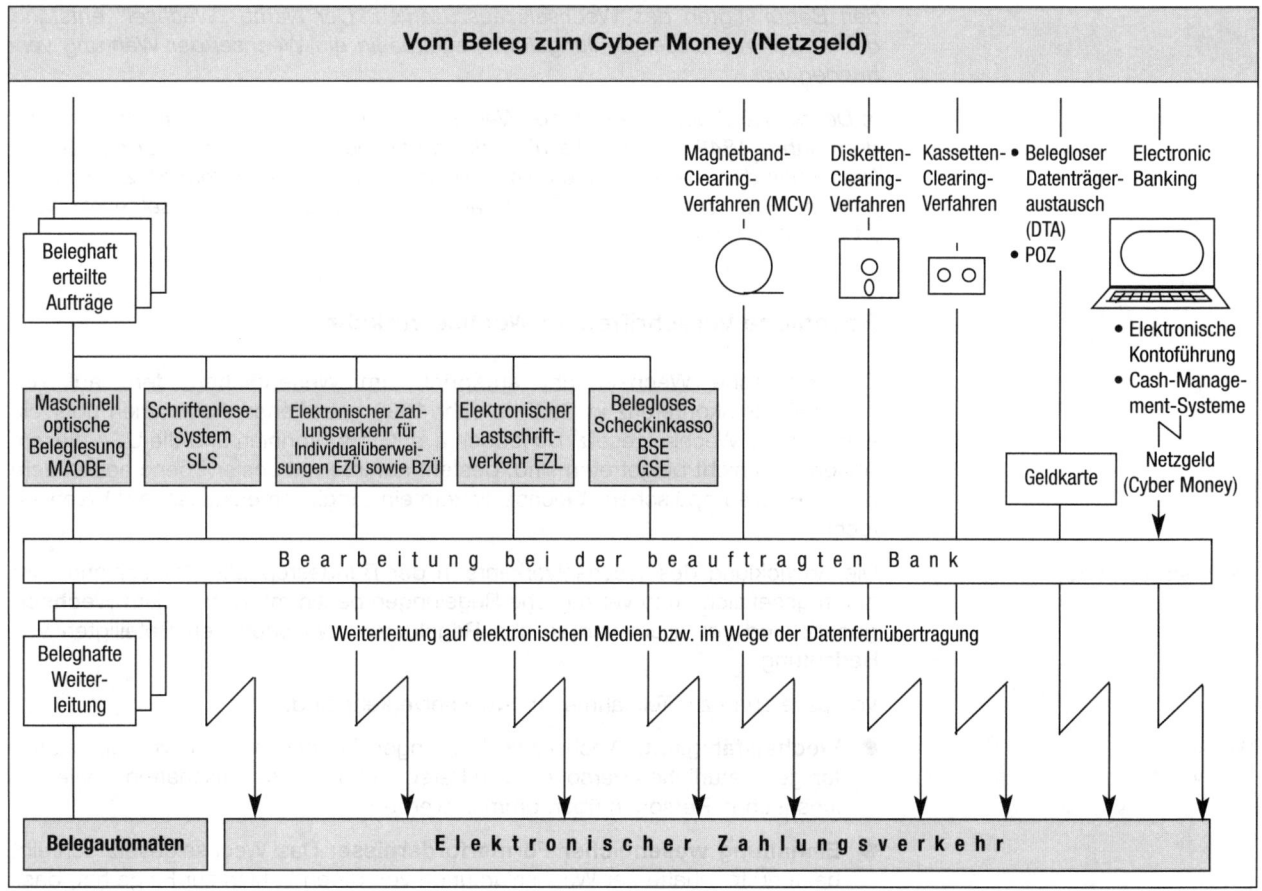

9.2.2 Wechselverkehr

Ein Kunde der Weber OHG, Autohaus Gross GmbH in Ehingen, erwartet für dieses Jahr eine überdurchschnittliche Zunahme des Umsatzes bei Musikanlagen für Autos. Der Autohändler ist deshalb bereit, solche Anlagen im Gesamtwert von 67 000 Euro bei der Weber OHG zu kaufen, sofern er mit der Bezahlung der Ware drei Monate warten kann.

Die Weber OHG ist mit dieser Bedingung einverstanden, falls die Autohaus Gross GmbH einen Wechsel über den Kaufpreis zuzüglich 800 Euro Zinsen unterschreibt.

Geschichte des Handelswechsels

Die ersten Wechsel waren im 12. Jahrhundert Verpflichtungsscheine der italienischen Geldwechsler, die als Gegenleistung für einen hinterlegten Geldbetrag das Versprechen abgaben, den entsprechenden Betrag am fremden Ort in derselben Währung bzw. in der Währung des Ortes zurückzuzahlen.

Ab dem 13. Jahrhundert wurden diese Papiere durch Anweisungen an die auswärtigen Geschäftspartner der Geldwechsler ersetzt, die angegebene Summe an den Begünstigten des Wechsels auszuzahlen. Der Name „Wechsel" entstand dabei, weil mit dieser Zahlungsform regelmäßig ein Wechsel der Währung verbunden war.

In Deutschland bürgerte sich der Wechsel gegen Ende des Mittelalters ein. Nach dem Jahre 1848 wurden die über 50 landesrechtlichen Wechselordnungen in Deutschland zu einer „Allgemeinen deutschen Wechselordnung" zusammengefasst. Seit dem 01.04.1934 ist an deren Stelle das Wechselgesetz vom 21.06.1933 getreten.

Rechtliche Vorschriften im Wechselverkehr

Das deutsche Wechselrecht entspricht im Wesentlichen dem auf der Wechselrechtskonferenz in Genf im Jahr 1930 getroffenen Abkommen über ein einheitliches Wechselgesetz. Da jedoch u. a. Großbritannien und die USA diesem Abkommen nicht beigetreten sind, besteht auf internationaler Ebene neben dem „kontinentaleuropäischen" Wechselsystem ein „anglo-amerikanisches" Wechselrecht.

Wechselgesetz (WG)

Die Abwicklung des Wechselverkehrs in der Bundesrepublik Deutschland wird durch gesetzliche und vertragliche Regelungen bestimmt. Neben dem **Wechselgesetz** sind vor allem vertragliche Regelungen zwischen den Beteiligten von Bedeutung.

Voraussetzung zur Teilnahme am Wechselverkehr sind:

WG Art. 1
WG Art. 75

- **Wechselfähigkeit**: Wechselverpflichtungen können nur von voll geschäftsfähigen natürlichen Personen, von Personenhandelsgesellschaften sowie von juristischen Personen übernommen werden.

- **Einhaltung wesentlicher Formerfordernisse**: Das Wechselgesetz schreibt bestimmte Inhalte der Wechselurkunde vor, deren Fehlen zur Folge hat, dass dieser nicht als Wechsel anzusehen ist. Dabei unterscheidet es zwischen dem **„gezogenen Wechsel"** und dem **„eigenen Wechsel"**.

Gezogener Wechsel

WG Art. 1 ff.

> Der **gezogene Wechsel** ist eine Urkunde, welche die **unbedingte Anweisung** eines **Ausstellers** an den **Bezogenen** enthält, bei Fälligkeit eine bestimmte Summe an eine im Wechsel genannte Person (Wechselnehmer oder Remittent) oder deren Order zu zahlen.

Damit eine Urkunde als **gezogener** Wechsel gilt, muss sie nach Art. 1 des Wechselgesetzes folgende **gesetzliche Bestandteile** enthalten.

Gesetzliche Bestandteile eines Wechsels nach WG Art. 1 ff. sind:

① Die **Bezeichnung „Wechsel" im Text** der Urkunde.

② Die **unbedingte Anweisung, eine bestimmte Geldsumme zu zahlen**.

③ Der **Name dessen, der zahlen soll (Bezogener oder Trassat)**. Fehlt die Unterschrift des Bezogenen **(Akzept)**, so ist der Wechsel trotzdem rechtsgültig. Für die Einlösung haften dann der Aussteller und evtl. die Indossanten.

④ Die **Angabe der Verfallzeit**. Ein Wechsel ohne Angabe der Verfallzeit ist trotzdem gültig; er wird als **Sichtwechsel** angesehen, der bei Vorlage zahlbar ist.

⑤ Die **Angabe des Zahlungsortes**. Fehlt die Angabe des Zahlungsortes, gilt der bei dem Namen des Bezogenen angegebene Ort als Zahlungsort. Fehlt auch diese Angabe, ist der Wechsel ungültig.

⑥ Die **Angabe des Wechselnehmers (Remittent)**. Die Angabe der Person, an die bzw. an deren Order gezahlt werden soll, ist nach dem Wechselrecht zwingend vorgeschrieben.
   Soll die Wechselsumme an den Aussteller gezahlt werden, so wird er an „eigene Order" ausgestellt. Ein Wechsel ist – auch ohne Angabe der Klausel „oder Order" – ein Orderpapier (geborenes Orderpapier).

„Geborenes Orderpapier"

⑦ Die **Angabe des Ausstellungstages und -ortes**. Fehlt die Angabe dieses Ortes, gilt der Ort beim Namen des Ausstellers als Ausstellungsort. Die Angabe des Ausstellungstages darf nicht fehlen.

⑧ Die **Unterschrift des Ausstellers (Trassant)**. Der Aussteller haftet mit seiner Unterschrift für die Annahme und die Bezahlung des Wechsels.

Mit Ausnahme der Verfallzeit, des Zahlungsortes und des Ausstellungsortes gelten die gesetzlichen Bestandteile als **wesentliche Bestandteile**. Sofern ein wesentlicher Bestandteil fehlt oder durch Radierung, Streichung oder Zerreißen vernichtet wurde, liegt kein Wechsel im Sinne des Wechselgesetzes vor. Die Bestimmungen dieses Gesetzes gelten damit nicht für dieses Papier. Trägt ein Wechsel Unterschriften von Personen, die eine Wechselverbindlichkeit nicht eingehen können, gefälschte Unterschriften oder Unterschriften erfundener Personen, so hat dies auf die Gültigkeit der übrigen Unterschriften keinen Einfluss.

Sola-Wechsel

WG Art. 75 ff.

> Der **eigene Wechsel (Sola-Wechsel)** ist eine Urkunde, die das Versprechen des Ausstellers enthält, bei Fälligkeit eine bestimmte Summe an eine im Wechsel genannte Person (Wechselnehmer oder Remittent) oder deren Order zu bezahlen.

Der eigene Wechsel ist somit lediglich ein **Zahlungsversprechen** des Ausstellers. Die gesetzlichen Bestandteile entsprechen – mit zwei Ausnahmen – denen beim gezogenen Wechsel:

Der Sola-Wechsel hat nur 7 gesetzliche Bestandteile

● Die **Angabe des Bezogenen entfällt**, da der Wechsel durch den Aussteller eingelöst wird,

● die unbedingte Zahlungsanweisung an den Bezogenen wird durch ein **unbedingtes Zahlungsversprechen** des Ausstellers ersetzt.

Die praktische Bedeutung des Sola-Wechsels ist im Regelfall auf zwei Bereiche des Wirtschaftslebens beschränkt:

Depot- oder Kautionswechsel

● Kreditgeber verlangen von ihren Schuldnern teilweise Sola-Wechsel, um im Falle des Zahlungsverzugs schneller gegen den säumigen Kreditnehmer vorgehen zu können (Depot- oder Kautionswechsel),

● Finanzierungen im Außenhandel werden teilweise auf der Basis von Sola-Wechseln abgewickelt.

Wechselformular

AGB der Deutschen Bundesbank Normblatt DIN 5004

Nach den Geschäftsbedingungen der Deutschen Bundesbank dürfen bei ihr nur solche Wechsel eingereicht werden, die auf dem vom Deutschen Normenausschuss gestalteten **Normblatt DIN 5004** – Ausgabe Mai 1968 – ausgeschrieben sind. Aus diesem Grunde nehmen auch die Kreditinstitute im Allgemeinen nur noch normgerechte Vordrucke entgegen.

Der **Wechseltext** ist ebenfalls vom Deutschen Normenausschuss nach Wortlaut und Anordnung festgelegt worden. Dabei wurden bei der Gestaltung des Formulars zusätzliche **kaufmännische Vermerke** berücksichtigt, die den Wechselverkehr erleichtern sollen:

① **Angabe der Ortsnummer des Zahlungsortes** am oberen Rand des Wechsels

② **Wiederholung des Zahlungsortes** und des **Verfalltages** rechts oben

③ **Duplikatsklausel** „erste Ausfertigung", „zweite Ausfertigung" ..., die nötig ist, wenn von einem Wechsel mehrere Ausfertigungen erstellt wurden

④ **Wiederholung der Wechselsumme in Zahlen**

⑤ **Anschrift des Austellers**

⑥ **Domizil- oder Zahlstellenvermerk**, der den Ort und die Bank angibt, wo der Wechsel eingelöst werden soll

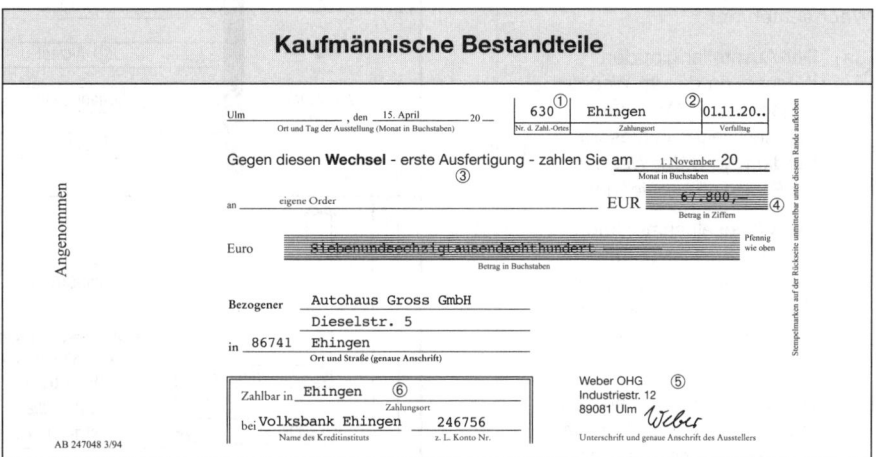

Fehlt einer dieser Bestandteile, wird jedoch die rechtliche Bewertung eines Wechsels nicht beeinträchtigt.

Wechselgeschäft ohne Wechselnehmer

① Der Verkäufer (Aussteller) zieht eine **Tratte** auf den Käufer (Bezogener).

Diese Tratte ist bereits ein Wechsel im Sinne des Gesetzes, da sie alle gesetzlichen Bestandteile enthält.

② Der Bezogene **akzeptiert** den Wechsel. Die Tratte wird damit zum **Akzept**.

③ Der Aussteller kann den Wechsel bis zum Verfalltag aufbewahren und ihn dann bei dem Bezogenen vorlegen.

④ Der Bezogene zahlt dem Aussteller den Wechselbetrag und erhält die Wechselurkunde als Quittung.

Wechselgeschäft mit einem Wechselnehmer

③a Der Aussteller gibt den Wechsel an den im Wechsel angegebenen Wechselnehmer weiter. In diesem Stadium wird der Wechsel als **Rimesse** bezeichnet.

④a Der Wechselnehmer kann den Wechsel wiederum weitergeben oder bis zum Verfalltag bei sich aufbewahren und dann dem Bezogenen vorlegen.

⑤a Der Bezogene zahlt an den letzten Wechselinhaber die Wechselsumme und erhält die Wechselurkunde als Quittung.

Abwicklung von Wechselzahlungen

Das Wechselgeschäft der Weber OHG mit dem Autohaus Gross GmbH wird auf der Basis eines gezogenen Wechsels nach folgendem Schema abgewickelt.

Im Zuge des Grundgeschäftes hat sich der Käufer verpflichtet, die gelieferten Güter zu bezahlen. Der Verkäufer hat sich bereit erklärt, eine Zahlung mit Wechsel anzunehmen.

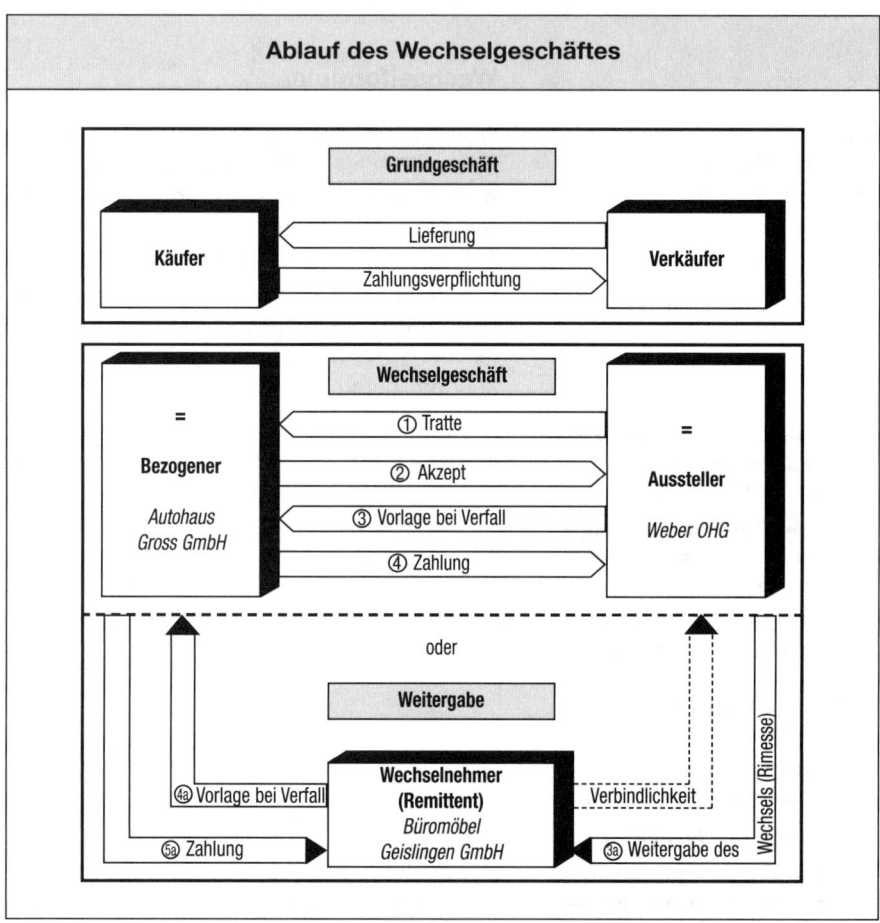

Bedeutung im Geschäftsleben

Die Bedeutung des Wechsels im Wirtschaftsleben beruht auf seiner rechtlichen Gestaltung und der damit verbundenen **Wechselstrenge**. Diese bildet die Voraussetzung für seine wirtschaftlichen Funktionen.

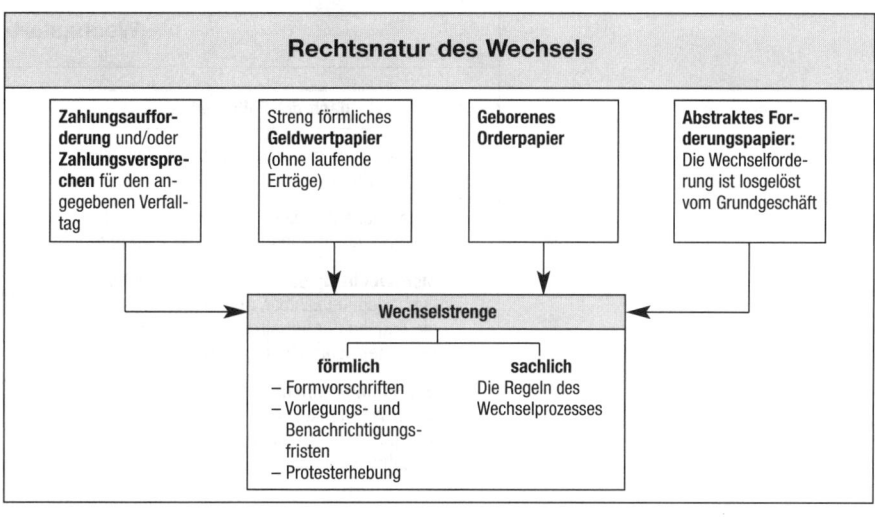

Phasen des Wechselgeschäfts

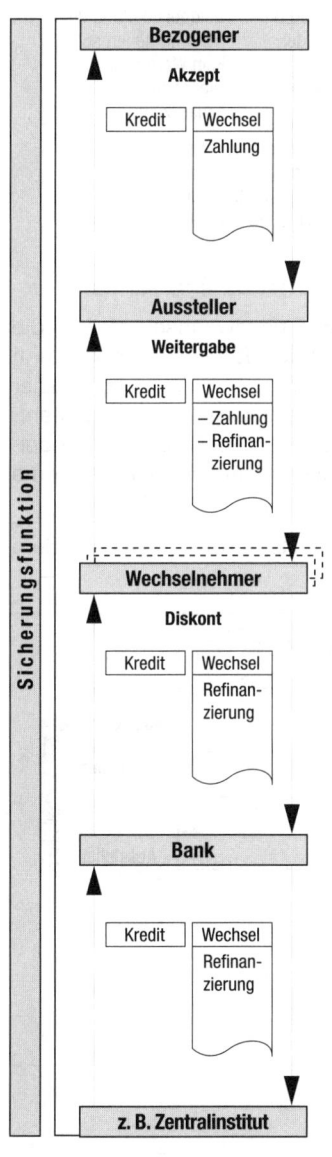

Diese **Funktionen des Wechsels** treten während der Abwicklung eines Wechselgeschäftes in verschiedenen Kombinationen auf.

- Die **Zahlungsmittelfunktion** des Wechsels ist beim Akzept und bei der Weitergabe an einen Wechselnehmer von Bedeutung. Die Wechselzahlung erfolgt jedoch lediglich „erfüllungshalber". Die Schuld aus dem Grundgeschäft wird somit erst nach Einlösung des Wechsels gelöscht. Der Wechsel ist im Zahlungsverkehr als „Geldersatzmittel" anzusehen, da durch ihn eine Verfügung über Bar- bzw. Buchgeld möglich ist.

- Die **Kreditfunktion** des Wechsels steht in jeder Phase des Wechselgeschäftes im Vordergrund. Der Aussteller und der Wechselnehmer erhalten eine – später fällige – Wechselforderung als Gegenwert für ihre Leistung, z. B. eine Warenlieferung. Die diskontierende Bank stellt dem Wechseleinreicher den – später fälligen – Wechselbetrag abzüglich Diskont sofort zur Verfügung. In jedem Fall wird eine heutige Leistung durch eine spätere Einlösung des Wechsels ausgeglichen.

- Die **Sicherungsfunktion** des Wechsels ist bei jeder Weitergabe die notwendige Voraussetzung dafür, dass der Wechselempfänger überhaupt bereit ist, das Wertpapier anzunehmen.

- Die **Refinanzierungs- und Geldanlagefunktion** des Wechsels erlaubt es den Wechselbesitzern, sich relativ einfach und kostengünstig liquide Mittel zu beschaffen.

Im Europäischen System der Zentralbanken ist der Rediskontkredit nicht vorgesehen. Die nationalen Notenbanken können Wechsel weiter als refinanzierungsfähige Sicherheiten nutzen. Die Deutsche Bundesbank kauft keine Wechsel von den Geschäftsbanken an. Zukünftig werden zwei Unterschriften genügen; außerdem soll die zulässige Restlaufzeit auf 180 Tage erhöht werden.

Der Wechsel verliert an Bedeutung

Der traditionelle Auslandswechsel wird nur noch akzeptiert, wenn er auf Euro lautet und die Bonität des deutschen Ausstellers gegeben ist.

In der kaufmännischen Praxis können vor allem folgende Wechselarten unterschieden werden.

Wechselarten

nach der Fälligkeit	nach dem Grundgeschäft

nach der Fälligkeit

– **Tagwechsel;** an einem bestimmten Tag fällig: *15. Juli 2000*

– **Datowechsel;** eine bestimmte Zeit nach dem Tage der Ausstellung fällig: *„3 Monate dato"*

– **Sichtwechsel;** bei Sicht, d.h. im Zeitpunkt der Vorlegung zahlbar: *„bei Sicht"* oder wenn die Angabe der Verfallzeit fehlt. Er muss binnen eines Jahres vorgelegt werden.

– **Nachsichtwechsel;** eine bestimmte Zeit nach Sicht fällig: *„14 Tage nach Sicht"*. Das Akzeptdatum, das angegeben werden muss, ist dabei maßgebend.

nach dem Grundgeschäft

Handelswechsel (Warenwechsel), die der Finanzierung eines Waren- oder Dienstleistungsgeschäftes dienen

Finanzwechsel, die ausschließlich der Geldbeschaffung dienen und denen somit kein Waren- oder Dienstleistungsgeschäft zugrunde liegt.

Umkehrwechsel, die der Finanzierung eines Waren- oder Dienstleistungsgeschäftes dienen, das jedoch bereits durch eine Zahlung beglichen wurde

Umkehrwechsel („Scheck-Wechsel-Zahlung")

Eine Zwischenform innerhalb der Handels- und Finanzwechsel stellen die **Umkehrwechsel** (Scheck-Wechsel-Zahlung) dar. Sie werden in der Praxis dann verwendet, wenn ein Gläubiger aus einer Warenlieferung – z. B. wegen seiner angespannten Liquiditätslage – auf einer sofortigen Bezahlung der Ware besteht, aber gleichzeitig dem Schuldner die Möglichkeit zu einer Refinanzierung geben will. In diesem Fall übersendet der Schuldner dem Gläubiger einen Scheck für die Erfüllung des Grundgeschäftes und zusätzlich eine vorbereitete Tratte.

Der Gläubiger unterschreibt diese Tratte als Aussteller und schickt sie dem Schuldner zur Refinanzierung zurück.

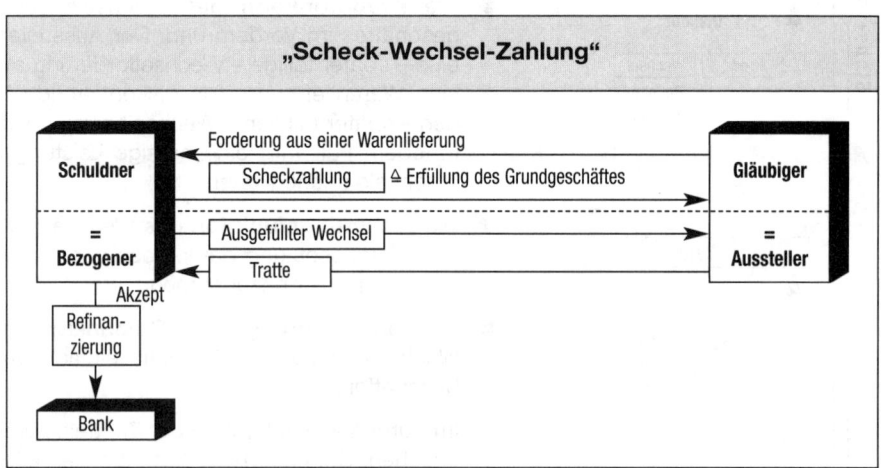

„Scheck-Wechsel-Zahlung"

Schuldner = Bezogener

Forderung aus einer Warenlieferung

Scheckzahlung ≙ Erfüllung des Grundgeschäftes

Ausgefüllter Wechsel

Tratte

Akzept

Refinanzierung

Bank

Gläubiger = Aussteller

Verwendung von Kundenwechseln

Die Weber OHG hat den akzeptierten Wechsel ihres Kunden erhalten.

Welche Möglichkeiten hat sie, den Wechsel zu verwenden?

Die Antwort auf die Frage, wie ein Wechsel verwendet werden soll, wird in erster Linie durch die Liquiditätslage des Wechselempfängers bestimmt.

Der Wechsel ist als **geborenes Orderpapier** regelmäßig durch Indossament zu übertragen. Dieses wird auf der Rückseite des Wechsels oder – falls der Platz nicht mehr ausreicht – auf einen angeklebten Anhang **(Allonge)** gesetzt.

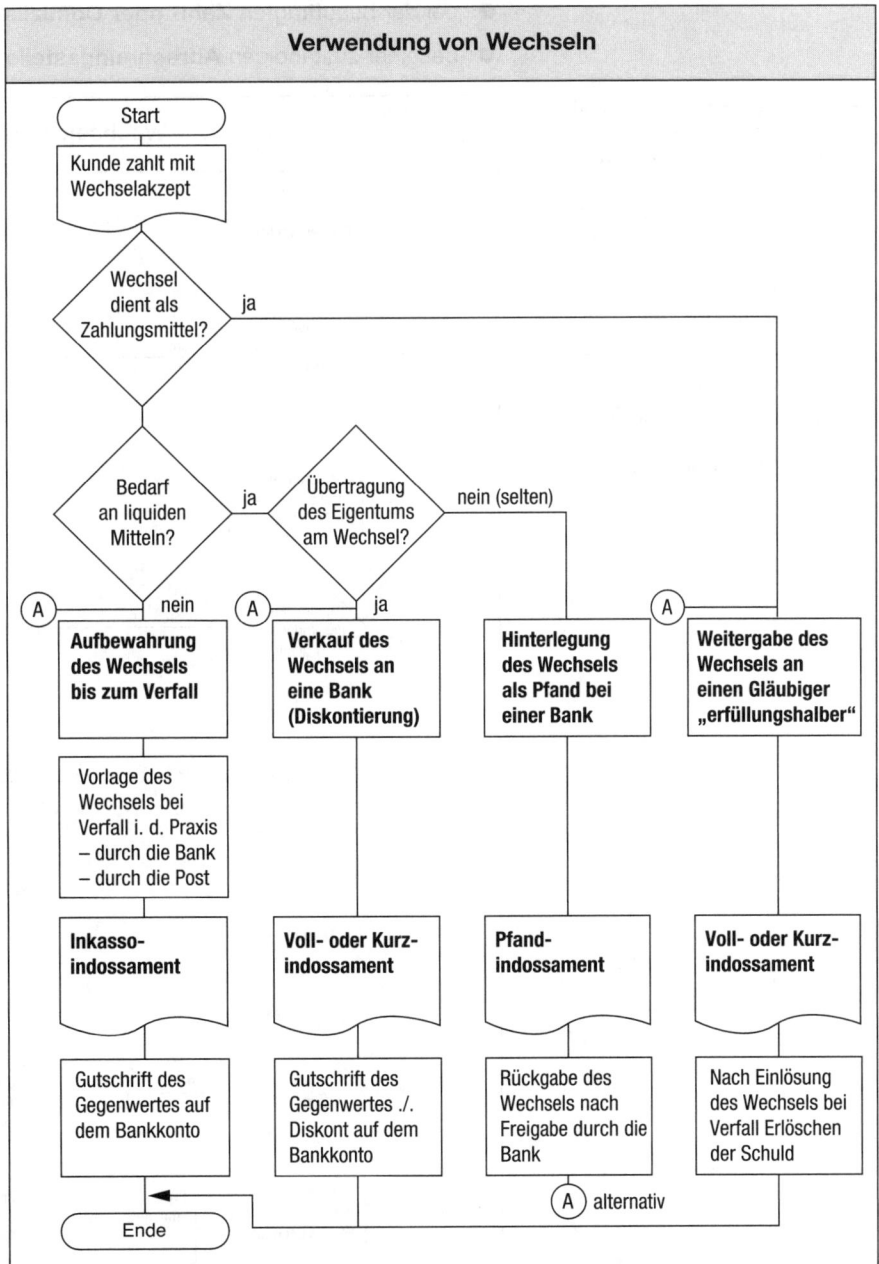

Einzug von Wechseln

Wenige Tage vor dem Verfalltag übergibt die Weber OHG ihren Wechsel mit dem Auftrag, ihn beim Bezogenen einzulösen.

Bei Fälligkeit muss der Wechsel zur Zahlung vorgelegt werden:

- Am Zahlungsort **beim Bezogenen** oder
- bei der beauftragten **Zahl- oder Domizilstelle** oder
- bei einer zuständigen **Abrechnungsstelle**.

Beim Einzugsverkehr der Kreditinstitute werden die Wechsel nach dem **Wechseleinzugsabkommen** ohne Indossierung weitergegeben. Die erste Inkassostelle bringt bei der Weitergabe des Wechsels im Inkassoverkehr auf der Rückseite einen Stempelaufdruck an, der nicht unterschrieben wird.

Vollmacht gemäß
Wechselabkommen 200 505 50
Hamburger Sparkasse
20095 Hamburg

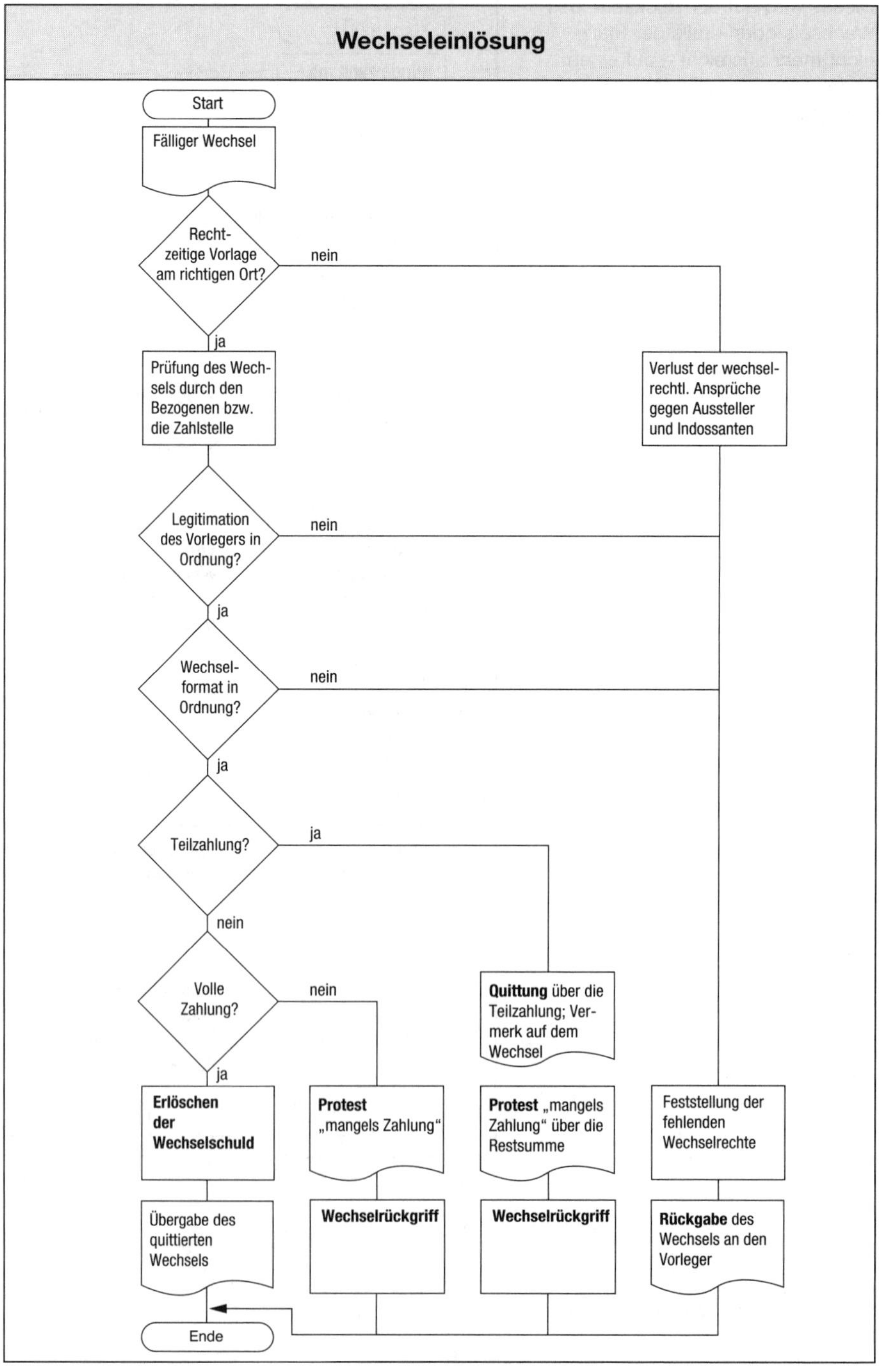

Wechseleinlösung

Start → Fälliger Wechsel

Rechtzeitige Vorlage am richtigen Ort? — nein → Verlust der wechselrechtl. Ansprüche gegen Aussteller und Indossanten

ja ↓ Prüfung des Wechsels durch den Bezogenen bzw. die Zahlstelle

Legitimation des Vorlegers in Ordnung? — nein →

ja ↓ Wechselformat in Ordnung? — nein →

ja ↓ Teilzahlung? — ja →

nein ↓ Volle Zahlung? — nein →

ja ↓ Erlöschen der Wechselschuld

Quittung über die Teilzahlung; Vermerk auf dem Wechsel

Protest „mangels Zahlung"

Protest „mangels Zahlung" über die Restsumme

Feststellung der fehlenden Wechselrechte

Übergabe des quittierten Wechsels

Wechselrückgriff

Wechselrückgriff

Rückgabe des Wechsels an den Vorleger

Ende

Rückseite eines Wechsels mit Quittung	*Die bezogene Unternehmung löst den Wechsel bei der Vorlage durch die Süddeutsche Kreditbank ein. Damit ist die Zahlungsverpflichtung des Autohauses Gross endgültig erloschen. Die Bank übergibt dem Bezogenen den quittierten Wechsel und schreibt der Weber OHG den Gegenwert – unter Abzug von Inkassogebühren – gut.*

WG Art. 43 ff.

Wird ein Wechsel vom Bezogenen nicht bzw. nur teilweise eingelöst oder ist mit der Einlösung des Wechsels nicht mehr zu rechnen, so kann der Inhaber gegen seine „Vormänner" – Indossanten, Aussteller oder Wechselbürgen – **Rückgriff nehmen.**

Damit der Inhaber seine Rückgriffsansprüche geltend machen kann, muss er Protest erheben.

Wechselprotest

> Der **Wechselprotest** ist eine öffentliche **Urkunde**, die beweist, dass der Wechsel innerhalb der gesetzlich vorgesehenen **Frist** am rechten **Ort erfolglos** zur Zahlung bzw. zur Annahme vorgelegt worden ist.

WG Art. 44 ff.

Der Protest kann nur von

- einem **Notar** oder

- einem **Gerichtsbeamten**

auf den Wechsel oder auf ein mit dem Wechsel verbundenes Blatt **(Allonge)** gesetzt werden.

Protesturkunde WG Art. 45

Proteste mangels Zahlung müssen **an einem der beiden auf den Zahlungstag folgenden Werktage** – nach Möglichkeit in der Zeit von neun Uhr vormittags bis sechs Uhr abends – in den Geschäftsräumen oder – wenn sich solche nicht ermitteln lassen – in der Wohnung des Bezogenen erhoben werden.

Sofern das Geschäftslokal oder die Wohnung verschlossen sind, wird ein sogenannter **Wandprotest** erhoben. Sind diese nicht auffindbar, so wird der Protestbeamte einen sogenannten **Windprotest** erheben.

Ist ein Wechsel zu Protest gegangen, so schreibt das Wechselgesetz die **Benachrichtigung (Notifikation)** der Vormänner vor:

- Der **Inhaber** hat seinen unmittelbaren Vormann und den Aussteller innerhalb von **vier Werktagen** nach der Protesterhebung,

- **jeder Indossant** hat innerhalb **zweier Werktage** nach Empfang der Mitteilung seinen unmittelbaren Vormann zu benachrichtigen.

Die Nachricht kann in jeder Form, z. B. durch die einfache Rücksendung des Wechsels, gegeben werden. In der Praxis wird der Vormann jedoch meist durch eingeschriebenen Brief benachrichtigt, damit der Absender ein Beweismittel erhält. Die Frist des Wechselgesetzes gilt als eingehalten, wenn der Brief am letzten Tag der Frist aufgegeben worden ist.

Ein Wechselinhaber hat grundsätzlich zwei Möglichkeiten, seine Ansprüche gegen einen Wechselverpflichteten durchzusetzen:

§ 703 a ZPO (Zivilprozessordnung)

● Der **Wechselmahnbescheid** wird in der Praxis aus Kostengründen meist als erste Maßnahme beantragt. Das Verfahren entspricht grundsätzlich dem gerichtlichen Mahnverfahren; der Antrag muss jedoch ausdrücklich als „Wechselmahnbescheid" gekennzeichnet werden. Der Schuldner kann dabei nur solche Einwendungen geltend machen, die er auch in einem Urkundenprozess erheben könnte.

§§ 592 ff. ZPO

● Der **Wechselprozess** wird nach den Vorschriften der Zivilprozessordnung als **Urkundenprozess** geführt. Er dient dem Ziel, dem Wechselgläubiger möglichst schnell einen **vollstreckbaren Titel** gegenüber einem Wechselverpflichteten zu verschaffen.

Das Urteil im Wechselprozess ist sofort vollstreckbar. Hat der Beklagte Einwendungen erhoben, die er im Wechselprozess nicht beweisen konnte, so ergeht ein Vorbehaltsurteil. Die endgültige Klärung erfolgt dann ohne neue Klage in einem Nachverfahren in Form eines ordentlichen Zivilprozesses.

Aufgaben

1. Manfred Gehring, Handlungsbevollmächtigter der Textilgroßhandlung Wenzel GmbH, will ein Kontokorrentkonto für seine Unternehmung eröffnen.

   a) Prüfen Sie, ob Herr Gehring berechtigt ist, das Konto zu eröffnen.

   b) Entscheiden Sie, welche Legitimationsunterlagen Sie verlangen würden.

   c) Erläutern Sie, wer nach dem HGB über das Konto verfügungsberechtigt wäre.

2. Erläutern Sie die Voraussetzungen, die erfüllt sein müssen, damit ein Wechsel rechtsgültig ist.

3. Unterscheiden Sie den gezogenen und den eigenen Wechsel (Solawechsel).

4. Skizzieren Sie den Ablauf eines Wechselgeschäftes am Beispiel eines Handelswechsels

   a) mit Einschaltung eines Remittenten,

   b) ohne einen Wechselnehmer.

5. Erläutern Sie die einzelnen Funktionen, die der Wechsel im Wirtschaftsleben erfüllt.

6. Beschreiben Sie die Abwicklung einer Scheck-Wechsel-Zahlung und begründen Sie, weshalb die Handelspartner in dieser Weise verfahren.

7. Ein Großhändler hat von einem Kunden einen Wechsel zur Zahlung erhalten, der in 90 Tagen fällig ist. Beschreiben Sie die Verwendungsmöglichkeiten, welche der Wechselnehmer nunmehr hat.

8. Eine Bank lässt einen Wechsel über 10 000 Euro mangels Zahlung protestieren.

   a) Wer ist berechtigt, Protest zu erheben?

   b) Erläutern Sie die Bedeutung der Protesturkunde.

   c) Welche Pflichten hat die Bank aufgrund dieses Protests?

   d) Beschreiben Sie die rechtlichen Möglichkeiten der Bank, wenn sich der Aussteller weigern sollte, die Rückrechnung der Bank zu begleichen.

9.3 Steuern für Gewerbe- und Firmenkunden

Die Gewerbe- und Firmenkunden sind – je nach Rechtsform – einer Vielzahl von Steuern unterworfen, die nach folgender Systematik eingeteilt werden können:

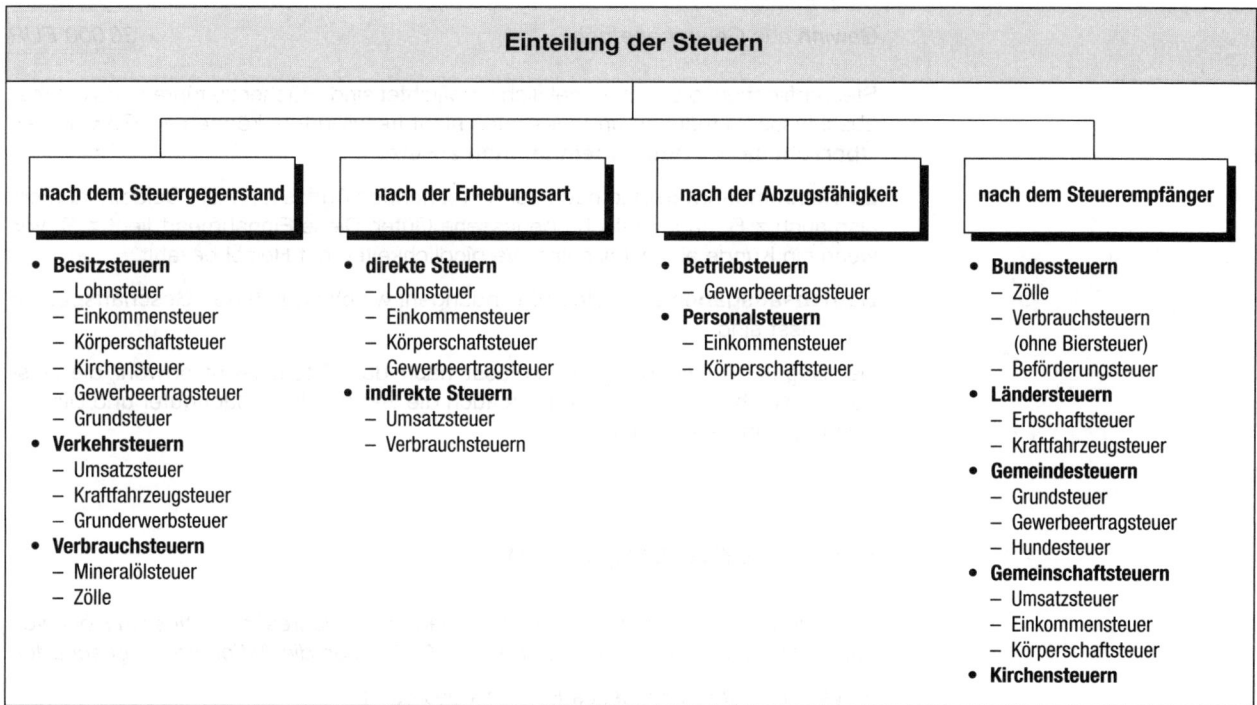

Einteilung der Steuern

nach dem Steuergegenstand

- **Besitzsteuern**
  - Lohnsteuer
  - Einkommensteuer
  - Körperschaftsteuer
  - Kirchensteuer
  - Gewerbeertragsteuer
  - Grundsteuer
- **Verkehrsteuern**
  - Umsatzsteuer
  - Kraftfahrzeugsteuer
  - Grunderwerbsteuer
- **Verbrauchsteuern**
  - Mineralölsteuer
  - Zölle

nach der Erhebungsart

- **direkte Steuern**
  - Lohnsteuer
  - Einkommensteuer
  - Körperschaftsteuer
  - Gewerbeertragsteuer
- **indirekte Steuern**
  - Umsatzsteuer
  - Verbrauchsteuern

nach der Abzugsfähigkeit

- **Betriebsteuern**
  - Gewerbeertragsteuer
- **Personalsteuern**
  - Einkommensteuer
  - Körperschaftsteuer

nach dem Steuerempfänger

- **Bundessteuern**
  - Zölle
  - Verbrauchsteuern (ohne Biersteuer)
  - Beförderungsteuer
- **Ländersteuern**
  - Erbschaftsteuer
  - Kraftfahrzeugsteuer
- **Gemeindesteuern**
  - Grundsteuer
  - Gewerbeertragsteuer
  - Hundesteuer
- **Gemeinschaftsteuern**
  - Umsatzsteuer
  - Einkommensteuer
  - Körperschaftsteuer
- **Kirchensteuern**

9.3.1 Einkünfte aus Gewerbebetrieb

Georg Weber hatte seine Einzelunternehmung mit einem Betriebsvermögen von 80 000 Euro gegründet. Am Jahresende erbrachte die Inventur bereits ein Betriebsvermögen von 100 000 Euro.

Für private Zwecke hatte Herr Weber insgesamt 10 000 Euro entnommen.

Gewinnermittlung § 15 EStG

Bei Einkünften aus Gewerbebetrieben ist der **Gewinn** zu versteuern. Kaufleute müssen diesen Wert durch einen **Betriebsvermögensvergleich** ermitteln.

Für Herrn Weber, der Kaufmann ist, ergibt sich folgende Rechnung:

Betriebsvermögen am Schluss des Veranlagungsjahres	*100 000 EUR*
– Betriebsvermögen am Anfang des Veranlagungsjahres	*80 000 EUR*
Unterschiedsbetrag	*20 000 EUR*
+ Privatentnahmen	*10 000 EUR*
Gewinn aus Gewerbebetrieb	*30 000 EUR*

Steuerpflichtige, die nicht gesetzlich verpflichtet sind, Bücher zu führen und Jahresabschlüsse zu machen und dies auch nicht freiwillig tun, können als Gewinn den **Überschuss** der **Betriebseinnahmen** ansetzen.

Betriebseinnahmen sind nach der herrschenden Auffassung alle Geldeinnahmen, also auch z. B. unentgeltlich überlassene Güter. Diese Einnahmeart liegt z. B. vor, wenn ein Kunde einen Teil seiner Verbindlichkeiten mit Heizöl bezahlt.

Betriebsausgaben sind alle Aufwendungen, welche durch den Geschäftsbetrieb veranlasst sind.

Der Begriff „Aufwendungen" umfasst nach dem Steuerrecht sowohl die Ausgaben, welche bezahlt wurden, als auch die verbrauchten Sachgüter und Dienstleistungen in einer Periode.

9.3.2 Körperschaftsteuer

Die Tuchweber AG hat im vergangenen Jahr einen Jahresüberschuss in Höhe von 500 000 Euro erzielt. Davon werden 200 000 Euro an die Aktionäre ausgeschüttet.

In welcher Höhe wird dieses Ergebnis besteuert?

§§ 1 ff. KStG

> Die **Körperschaftsteuer** ist die **Einkommensteuer** der **juristischen Personen**.

Körperschaftsteuerpflicht

Körperschaftsteuerpflichtig sind somit z. B.

- Kapitalgesellschaften,

- Erwerbs- und Wirtschaftsgenossenschaften,

- Versicherungsvereine auf Gegenseitigkeit,

- nichtrechtsfähige Vereine, Stiftungen und andere Zweckvermögen des privaten Rechts, z. B. Anstalten,

- Betriebe gewerblicher Art von juristischen Personen des öffentlichen Rechts.

Der Körperschaftsteuer unterliegt grundsätzlich das zu versteuernde Einkommen, das die steuerpflichtige juristische Person innerhalb eines Kalenderjahres bezogen hat. Im Körperschaftsteuerrecht können grundsätzlich alle Einkunftsarten des Einkommensteuerrechts – mit Ausnahme der Einkünfte aus nichtselbständiger Arbeit – vorkommen.

Das **Einkommen** im Sinne des Körperschaftsteuerrechts entspricht der Summe der Einkünfte gemäß dem Einkommensteuerrecht, gekürzt um die abzugsfähigen Ausgaben und einen möglichen Verlustvortrag bzw. Verlustrücktrag. Zinserträge unterliegen damit voll der Steuerpflicht.

Das zu **versteuernde Einkommen** im Sinne des Körperschaftsteuerrechts ist dieses Einkommen, erhöht oder gemindert durch Zahlungen aufgrund von Gewinnabführungsverträgen und nach Abzug bestimmter Freibeträge für kleinere Körperschaften.

Höhe der Körperschaftsteuer

Die **Höhe der Körperschaftsteuer** richtet sich nach der Verwendung der Gewinne:

- Gewinne, die im Betrieb verbleiben, werden mit einem Steuersatz von 45 % des zu versteuernden Einkommens belegt;

- Gewinnausschüttungen werden mit 30 % Körperschaftsteuer belastet.

Zur Zeit wird eine deutliche Senkung dieser Steuersätze diskutiert.

Der einbehaltene Jahresüberschuss wird mit 135 000 Euro Körperschaftsteuer, der ausgeschüttete Anteil mit 60 000 Euro Körperschaftsteuer belegt. Hinzu kommt der ertragsabhängige Anteil der Gewerbesteuer.

9.3.3 Gewerbeertragsteuer

Die Tuchweber AG hat als Unternehmen an die Gemeinde ihres Firmensitzes Gewerbeertragsteuer abzuführen.

§§ 1 ff. GewStG

> Die **Gewerbeertragsteuer** ist eine **Betriebsteuer**, die die Ertragskraft der Gewerbebetriebe erfasst und von den Gemeinden **erhoben wird**.

Der Gewerbeertragsteuer unterliegen Gewerbebetriebe, die im Inland betrieben werden. Für die Unternehmen stellt diese Steuer eine Betriebsausgabe dar.

9.3.4　Umsatzsteuer

Die Einzelhandels OHG hat in ihr Angebot einen neuen Schreibtisch aufgenommen, der im Einkauf 2 000 Euro kostet. An die Kunden wird dieses Möbelstück zum Preis von 2 800 Euro weitergegeben.

In Deutschland unterliegen die meisten Kaufvorgänge der Umsatzsteuer. Dieses System ist durch zwei wesentliche Merkmale gekennzeichnet:

- **Allphasen-Umsatzsteuer**: Die Umsatzsteuer erfasst alle Phasen des Wirtschaftsverkehrs, von der Urerzeugung über die Weiterverarbeitung und den Großhandel zum Einzelhandel.

- **Indirekte Steuer**: Steuerschuldner ist jeweils die Unternehmung, welche die Rechnung erstellt. Steuerträger ist der Letztverbraucher.

Umsatzsteuer-Sätze

16 % Regelsatz

7 % ermäßigter Satz, z. B. für Lebensmittel und Bücher

Die umsatzsteuerpflichtigen Unternehmen können die Umsatzsteuer, die sie selbst bezahlt haben **(Vorsteuer)**, mit der vereinnahmten Umsatzsteuer verrechnen, so dass sie letztendlich den Differenzbetrag **(Zahllast)** an das Finanzamt abzuführen haben. Ihre eigene Belastung ist damit gleich Null, weil die Umsatzsteuer für sie lediglich einen durchlaufenden Posten darstellt.

Die Zahllast ist die Differenz aus der vereinnahmten Umsatzsteuer und der bezahlten Vorsteuer

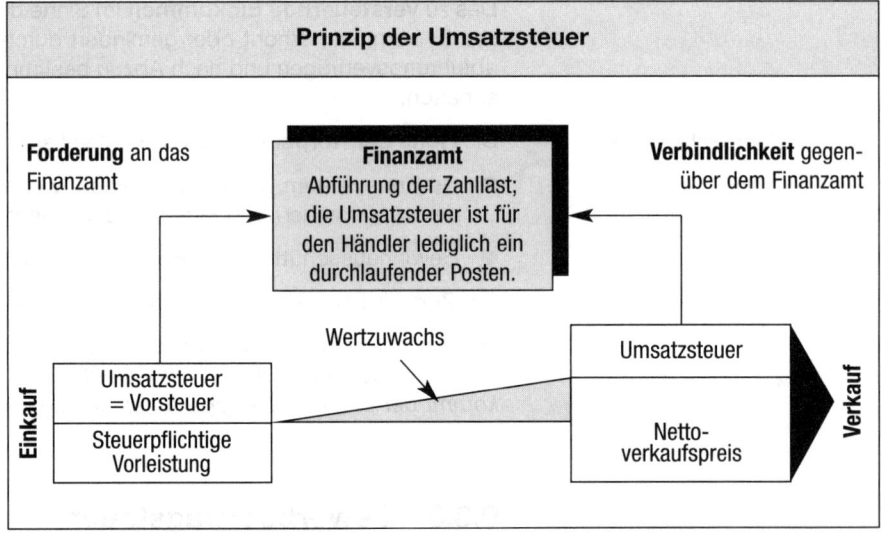

Prinzip der Umsatzsteuer

Forderung an das Finanzamt

Finanzamt
Abführung der Zahllast; die Umsatzsteuer ist für den Händler lediglich ein durchlaufender Posten.

Verbindlichkeit gegenüber dem Finanzamt

Wertzuwachs

Einkauf

Umsatzsteuer = Vorsteuer

Steuerpflichtige Vorleistung

Umsatzsteuer

Netto-verkaufspreis

Verkauf

Die Unternehmen ziehen somit die Umsatzsteuer – kostenlos – für den Staat ein. Tatsächlich bezahlen muss sie jedoch der Endverbraucher, da dieser kein Recht hat, Vorsteuer abzuziehen, und er keine Umsatzsteuereinnahmen hat.

Regelmäßige Umsatzsteuer-Voranmeldungen

Zahlt ein Unternehmer mehr Vorsteuern als er über die Umsatzsteuer einnimmt, so erhält er eine Vergütung des Finanzamtes. Der Unternehmer hat auf die Umsatzsteuerschuld des Kalenderjahres – meist monatlich – Vorauszahlungen zu leisten.

Gegenstand der Umsatzsteuer

Den Gegenstand der Umsatzsteuer bilden die steuerbaren Umsätze. Solche Umsätze können bei Gewerbebetrieben sein:

- Entgeltliche Lieferungen und Leistungen,
- Eigenverbrauch,
- unentgeltliche Lieferungen und Leistungen,
- Einfuhr von Gütern (Einfuhrumsatzsteuer).

Aufgaben

1. Erläutern Sie das Wesen der Körperschaftsteuer und nennen Sie typische Körperschaften, die unter diese Steuer fallen.
2. Beschreiben Sie die Gewerbeertragsteuer.
3. Vergleichen Sie die Bedeutung der Umsatzsteuer für einen Industrie- und einen Bankbetrieb.

9.4 Unternehmensfinanzierung

Die Northoff OHG ist ein Heizungsbaubetrieb, der in Gera ansässig ist. Durch die rasche Ausdehnung des Geschäftsvolumens ist der Personalbestand in der Zwischenzeit auf elf Mitarbeiter angewachsen, so dass der Neubau einer Werkstatthalle dringend notwendig geworden ist.

Nach den Planungen, die gemeinsam mit einem Architekten erstellt wurden, soll die gesamte Investition 250 000 Euro kosten. Die Gesellschafter können aus privaten Mitteln 50 000 Euro als zusätzliches Eigenkapital einbringen; die restlichen 200 000 Euro müssen in anderer Form finanziert werden.

Lernziele

● Den Ablauf der Kreditvergabe beschreiben,

● die Finanzierungsmöglichkeiten für Unternehmen erläutern,

● die Kreditfähigkeit und Kreditwürdigkeit von Firmen- und Privatkunden bewerten,

● die wesentlichen Kreditsicherungsmöglichkeiten erklären,

● die wichtigsten Kreditarten beschreiben,

● eine einfache Baufinanzierung unter Einbeziehung steuerlicher Aspekte erstellen,

● ein Kreditangebot formulieren,

● die Vorschriften des KWG zum Kreditgeschäft skizzieren.

9.4.1 Investition und Finanzierung

Der betriebliche Leistungsprozess ist als ein Prozess anzusehen, bei dem Geldkapital in Betriebsvermögen umgewandelt wird. Der Einsatz von Betriebsmitteln und Werkstoffen im Unternehmen hat somit zwei Seiten, die Beschaffung des notwendigen Kapitals (Finanzierung) und die Verwendung dieses Kapitals in Form von Betriebsvermögen (Investition).

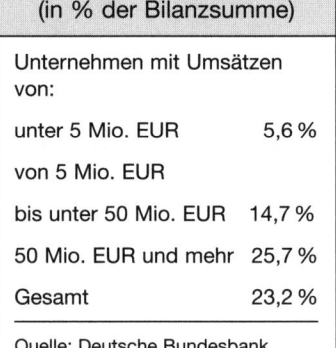

Eigenmittelquote (in % der Bilanzsumme)	
Unternehmen mit Umsätzen von:	
unter 5 Mio. EUR	5,6 %
von 5 Mio. EUR bis unter 50 Mio. EUR	14,7 %
50 Mio. EUR und mehr	25,7 %
Gesamt	23,2 %
Quelle: Deutsche Bundesbank	

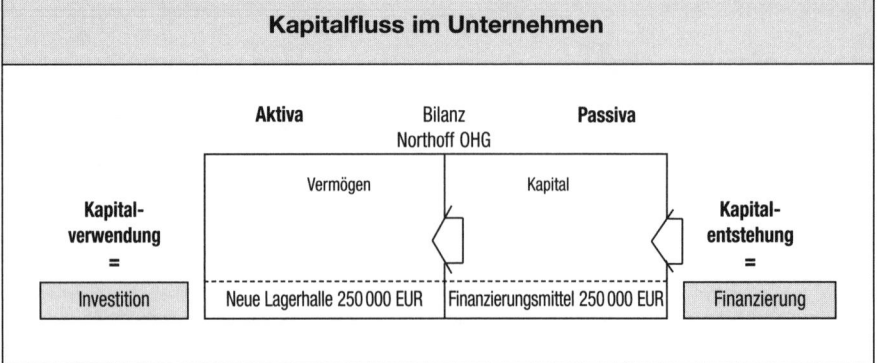

> **Investitionen** sind die Umwandlungen von Geldkapital in Produktionsgüter.

Der Begriff der Produktionsgüter ist dabei relativ weit gefasst.

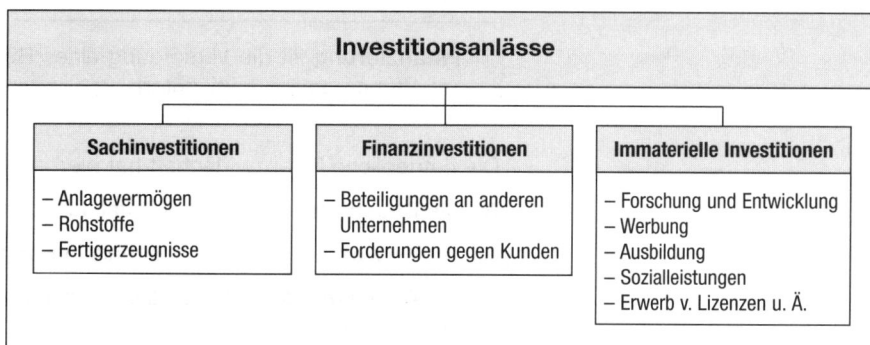

Investitionsanlässe		
Sachinvestitionen	**Finanzinvestitionen**	**Immaterielle Investitionen**
– Anlagevermögen – Rohstoffe – Fertigerzeugnisse	– Beteiligungen an anderen Unternehmen – Forderungen gegen Kunden	– Forschung und Entwicklung – Werbung – Ausbildung – Sozialleistungen – Erwerb v. Lizenzen u. Ä.

Die Sachinvestitionen können weiter nach ihrem Zweck unterschieden werden:

– **Neuinvestitionen** für völlig neue Leistungen,

– **Ersatzinvestitionen** zum Austausch alter Anlagen bei gleicher Leistung,

– **Rationalisierungsinvestitionen** zum Austausch alter Anlagen, damit die Leistungen kostengünstiger erstellt werden („Innovationen"),

– **Erweiterungsinvestitionen** für erhöhte Leistungen.

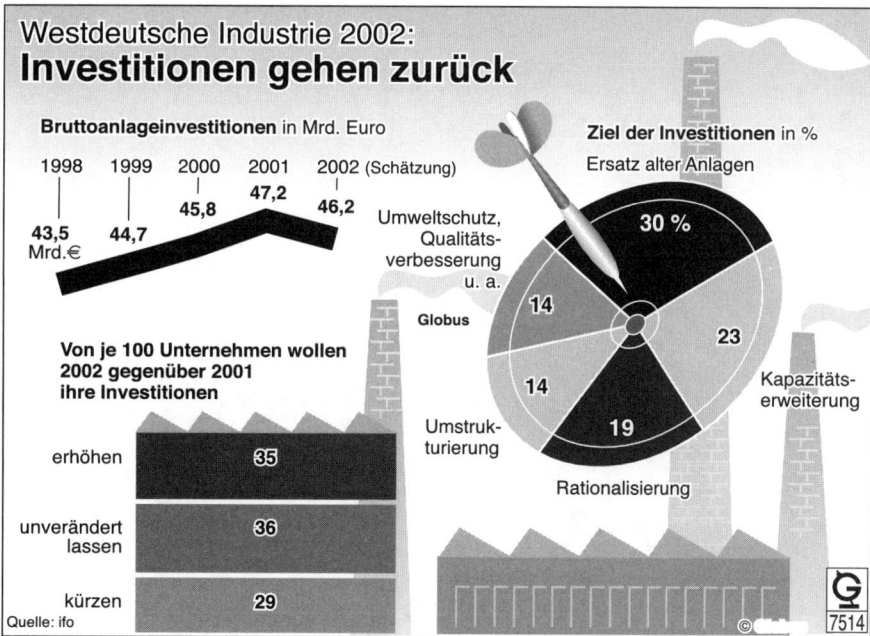

Jeder Unternehmer, der investiert, verfolgt damit den Zweck, eine nachhaltige Rentabilitätserhöhung oder Existenzsicherung zu erzielen. Investitionen bedeuten oftmals erhebliche Veränderungen, hohe Belastungen und große Risiken, so dass **für die Zukunft** ermittelt werden muss, ob das Unternehmen seine Leistungsgrenze eventuell überschritten hat.

> **Finanzierung** ist die Versorgung eines Betriebes mit Geldkapital zur Beschaffung von Produktivgütern.

Die betriebliche Finanzwirtschaft hat hierbei drei zentrale Aufgaben zu erfüllen:

● Die **Beschaffung** von Geldkapital aus inner- oder außerbetrieblichen Quellen,

● die **Verwendung** des Geldkapitals in Form von Investitionen,

● die **Verwaltung** des Geldkapitals durch Maßnahmen zur Erhaltung der Zahlungsbereitschaft.

Die Anlässe für Finanzierungen sind direkt mit den Investitionsanlässen verbunden.

● **Erstfinanzierungen** für Neuinvestitionen,

● **Erweiterungsfinanzierungen** für Ersatz, Rationalisierungs- und Erweiterungsinvestitionen sowie

● **Umfinanzierungen** bei Änderungen der Kapitalzusammensetzung *(kurzfristiges in langfristiges Kapital)*.

Ablauf einer Finanzierung

Start

Investitions-, bzw. Konsum-entscheidung

Kontaktauf-nahme mit der Bank; Vorgespräch

Kredit-antrag mit Unter-lagen

Prüfung des Antrags durch die Bank

Vorent-scheidung der Bank? — Ablehnung

(A) vorläufige Zustimmung

Festlegung der Kreditart und der -bedingungen

End-gültige Entscheidung der Bank? — Ablehnung

- Kreditzusage
- Kreditverträge
- div. Anlagen

Rück-gabe des unterschrie-benen Vertra-ges an die Bank? — nein

ja

Bestellung bzw. Beschaf-fung der vereinbarten Sicherheiten

„Bedauerndes Dankschreiben"

(E)

Kredit-kontrolle

Auszahlung des Kredits nach Vereinbarung

Überwachung der Kredit-abwicklung

Zins- und Tilgungs-zahlung an die Bank

Vollständige Tilgung des Kredits

Evtl. Rückgabe von Sicherheiten

(E)

Ende

Verhandlungen · Vertragsabschluss · Abwicklung

9.4.2 Finanzierungsberatung

Die Northoff OHG kann lediglich 200 000 Euro Eigenmittel aus einbehaltenen Gewinnen für diese Investition aufbringen. Die Gesellschafter der Northoff OHG bringen deshalb 800 000 Euro zusätzliche eigene Finanzmittel in die Unternehmung ein. Der Rest muss aus anderen Quellen finanziert werden.

Die verschiedenen Finanzierungsformen werden nach der Rechtsstellung der Kapitalgeber sowie nach der Herkunft des Kapitals unterschieden.

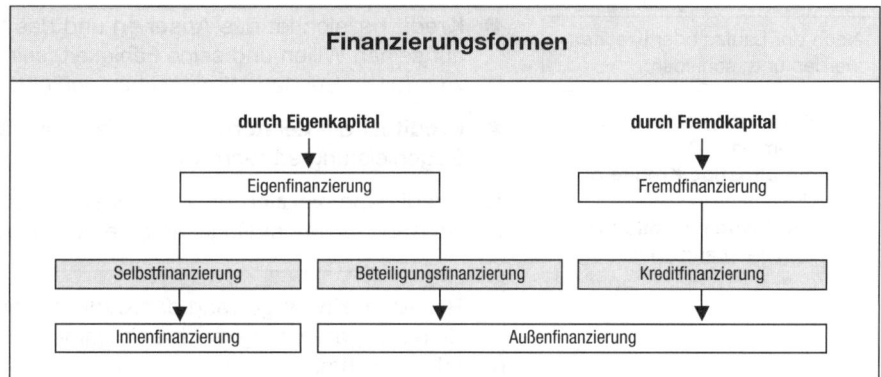

Finanzierungsformen

durch Eigenkapital → Eigenfinanzierung → Selbstfinanzierung / Beteiligungsfinanzierung → Innenfinanzierung / Außenfinanzierung

durch Fremdkapital → Fremdfinanzierung → Kreditfinanzierung → Außenfinanzierung

Die **Eigenfinanzierung** enthält folgende Merkmale:

● Die Kapitalgeber sind am Gewinn beteiligt,

● sie haben in der Regel Einfluss auf die Geschäftsführung,

● sie übernehmen eine gewisse Haftung für Verbindlichkeiten der Unternehmung.

Die **Fremdfinanzierung** ist wie folgt gekennzeichnet:

● Die Kapitalgeber haben Anspruch auf Rückzahlung und Verzinsung des Kapitals,

● sie üben normalerweise keinen Einfluss auf die Geschäftsführung aus,

● sie haften nicht für Schulden des Unternehmens.

Während die **Selbstfinanzierung** den Verzicht des Unternehmers auf Gewinn-entnahmen voraussetzt, erfolgt die **Beteiligungsfinanzierung** über zusätzliche Mittel von außen durch neu hinzugekommene oder bereits vorhandene Kapital-eigner.

● Bei Einzelunternehmen und Personengesellschaften leisten die Eigentümer dabei Einlagen in Form von Geldkapital oder Sachkapital, welches aus ihrem Privatvermögen beschafft wird.

● Bei Kapitalgesellschaften bringen die Gesellschafter ihre Einlagen in die Unternehmung ein. Bei Aktiengesellschaften werden dazu Aktien ausgegeben (Emission).

Die Fremdfinanzierung setzt – wie die Beteiligungsfinanzierung – die **Kreditwürdig-keit** der Unternehmung voraus.

Die Northoff OHG hat einen Kapitalbedarf von 250 000 Euro. Aus privaten Mitteln werden 50 000 Euro aufgebracht (Eigenfinanzierung in Form einer Beteiligungs-finanzierung). Der Rest wird durch die Aufnahme eines Bankkredits finanziert (Fremdfinanzierung). Somit wird die gesamte Investition durch eine Außenfinan-zierung ermöglicht.

Fremdfinanzierung durch Kredit

Der fremdfinanzierte Anteil der Investition, welche die Northoff OHG plant, soll nach den Plänen der Gesellschafter durch einen Kredit der Finanzbank AG finanziert werden. Deshalb klärt der Finanzprokurist der Northoff OHG, Herr Kempfle, welche Kreditarten für diese Finanzierung grundsätzlich in Frage kommen.

Der Begriff des Kredits ist auf das lateinische Wort **„credere"** = glauben, Vertrauen schenken, zurückzuführen. In der deutschen Sprache wird der Begriff „Kredit" in zweifacher Bedeutung benutzt:

- **Kredit** bezeichnet das **Ansehen** und das **Vertrauen**, das jemand in Hinblick auf seinen Willen und seine Fähigkeit, seine Verpflichtungen ordnungsgemäß zu erfüllen, bei den Mitmenschen genießt;

- **Kredit** ist die **Leistung**, die im Vertrauen auf eine spätere, ordnungsgemäße Gegenleistung erbracht wird.

Der Kreditgeber **verzichtet** somit für einen bestimmten Zeitraum auf die Nutzung seines Kapitals. In der Regel erhält er als Gegenleistung dafür **Zinsen**.

> Bei einem **Kredit** gewährt der Kreditgeber (Gläubiger) heute eine Leistung, deren Gegenleistung der Kreditnehmer (Schuldner) erst in der Zukunft zu erbringen hat.

Nach der Laufzeit der Kredite werden unterschieden:
- **Kurzfristige Kredite** bis zu einem Jahr
- **mittelfristige Kredite** bis zu vier Jahren
- **langfristige Kredite** mit längeren Laufzeiten

Die Abgrenzung dieser Gruppen wird in der Praxis teilweise unterschiedlich vorgenommen. Nach dem Verwendungszweck werden vor allem **Produktivkredite** zur Finanzierung der Gütererzeugung und -verteilung sowie **Konsumkredite** an den Endverbraucher unterschieden.

Nach der Form, in welcher der Kredit bereitgestellt wird, können folgende Arten unterschieden werden:

- **Darlehen** sind dadurch gekennzeichnet, dass der Kreditbetrag in einer Summe bereitgestellt wird und die Rückzahlung in Raten oder am Ende der vereinbarten Laufzeit erfolgt.

- **Kontokorrentkredite** werden in Form einer **„Kreditlinie"** auf einem Kontokorrentkonto bereitgestellt. In Höhe dieses Betrages kann der Kontoinhaber ohne Rückfrage bei der Bank Kredit in Anspruch nehmen.

- **Diskontkredite** sind ebenfalls in Form einer **„Kreditlinie"** (Obligo) eingeräumt, bis zu der Wechsel von der Bank angekauft werden.

Einteilung der Kredite nach den zur Verfügung gestellten Mitteln
- **Geldleihe:** Bar- oder Buchgeld als KK-Kredit, Diskontkredit oder Darlehen
- **Kreditleihe:** Kreditwürdigkeit des Kreditgebers in Form einer Bürgschaft, Garantie oder eines Wechselakzepts
- **Warenkredit:** Lieferantenkredit oder Leasing

9.4.3 Prüfung von Krediten

Der Kreditberater der Finanzbank AG bespricht mit Herrn Kempfle alle wesentlichen Fragen, die für die Kreditentscheidung der Bank von Bedeutung sind. Dabei werden die rechtlichen, die persönlichen und die wirtschaftlichen Verhältnisse der Antragsteller durchleuchtet. Erleichtert wird diese Prüfung durch Zahlen über die Bilanzen sowie die Einkommens- und Ertragsverhältnisse der letzten drei Jahre, die der Steuerberater der Northoff OHG bereits zusammengestellt hat.

Der Kreditbewerber wendet sich zunächst mit einem **Kreditantrag**, der sowohl schriftlich als auch mündlich gestellt werden kann, an die in Betracht kommende Bank. Dieser bildet die Grundlage

- für die Prüfung der **Kreditfähigkeit** und der **Kreditwürdigkeit**,

- für den Kreditvertrag und für den Kreditsicherungsvertrag.

Financial Engineering:

Die Kreditberatung wird um die Planung und Ausarbeitung von maßgeschneiderten Finanzierungskonzepten für den Kunden erweitert.

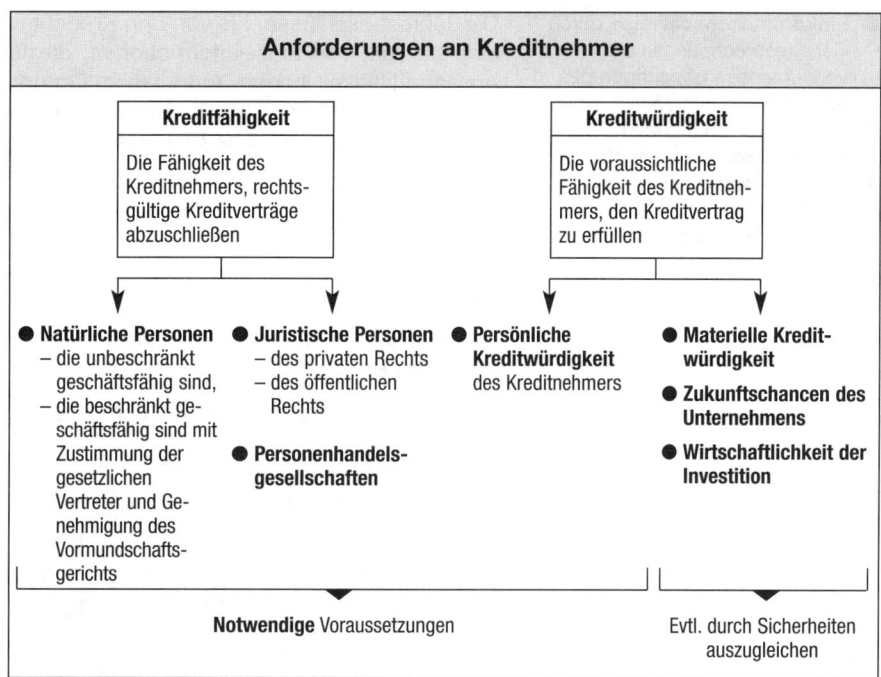

Anforderungen an Kreditnehmer

Kreditfähigkeit

Die Fähigkeit des Kreditnehmers, rechtsgültige Kreditverträge abzuschließen

Kreditwürdigkeit

Die voraussichtliche Fähigkeit des Kreditnehmers, den Kreditvertrag zu erfüllen

● **Natürliche Personen**
  – die unbeschränkt geschäftsfähig sind,
  – die beschränkt geschäftsfähig sind mit Zustimmung der gesetzlichen Vertreter und Genehmigung des Vormundschaftsgerichts

● **Juristische Personen**
  – des privaten Rechts
  – des öffentlichen Rechts

● **Personenhandelsgesellschaften**

● **Persönliche Kreditwürdigkeit** des Kreditnehmers

● **Materielle Kreditwürdigkeit**

● **Zukunftschancen des Unternehmens**

● **Wirtschaftlichkeit der Investition**

Notwendige Voraussetzungen

Evtl. durch Sicherheiten auszugleichen

Kreditfähigkeit verheirateter Kunden

Bei Kreditanträgen verheirateter Personen ist der **eheliche Güterstand** von Bedeutung:

● Gilt der gesetzliche Güterstand der **Zugewinngemeinschaft**, so bedarf keiner der Ehegatten der Einwilligung des anderen, wenn er den Kredit ausschließlich zu Lasten seines eigenen Vermögens, das er in die Ehe gebracht hat, aufnimmt.

● Ist vertraglich eine **Gütergemeinschaft** vereinbart worden, muss grundsätzlich die Zustimmung beider Ehegatten eingeholt werden, sofern der Ehevertrag nach dem 30. Juni 1958 abgeschlossen wurde. Bei älteren Verträgen können andere Regelungen gelten.

§ 18 KWG:
Kreditunterlagen. Ein Kreditinstitut darf einen Kredit von insgesamt mehr als 250 000 Euro nur gewähren, wenn es sich von dem Kreditnehmer die wirtschaftlichen Verhältnisse, insbesondere durch Vorlage der Jahresabschlüsse, offen legen lässt. Das Kreditinstitut kann hiervon absehen, wenn das Verlangen nach Offenlegung im Hinblick auf die gestellten Sicherheiten oder auf die Mitverpflichteten offensichtlich unbegründet wäre.

Nachdem feststeht, dass der Kreditantrag rechtsgültig gestellt worden ist, müssen die wirtschaftlichen Verhältnisse des Kreditbewerbers geprüft werden. Grundvoraussetzung für die Vergabe von Krediten ist eine **Vertrauensbasis** zwischen Kreditnehmer und Bank. Solche Beziehungen entwickeln sich in der Regel erst im Laufe einer längeren Geschäftsverbindung. Je größer das gegenseitige Vertrauen ist, desto leichter fällt es dem Kreditsachbearbeiter, die Kreditwürdigkeit zu prüfen. Trotzdem kann auf eine gründliche Prüfung nicht verzichtet werden, da sich auch bei langjährigen Geschäftsverbindungen negative Entwicklungen ergeben können. Ein oftmals nützliches Argument liefert den Banken dabei **§ 18 Kreditwesengesetz.**

Beurteilung der Kreditwürdigkeit privater Kunden:

● **Kontoführung**

● **Selbstauskünfte**, in denen der Kreditnehmer selbst alle wesentlichen Daten über seine persönliche Situation und seine Einkommens- und Vermögensverhältnisse darstellt

Bei privaten Kreditnehmern ist zu prüfen, ob die wirtschaftliche Leistungsfähigkeit des Antragstellers ausreicht, um die Tilgung und die Zinsen rechtzeitig zu bezahlen. Dabei ist von besonderer Bedeutung, dass die bisherigen Lebensgewohnheiten des Kunden nicht entscheidend eingeschränkt werden. Ein langfristiger Verzicht auf einen gewohnten Lebensstil wirkt sich erfahrungsgemäß bei vielen Kreditnehmern negativ auf ihre Zahlungsmoral aus.

Bei gewerblichen Kreditnehmern erwähnt der Gesetzgeber ausdrücklich die Vorlage der **Jahresabschlüsse**, da diese eine wesentliche Unterlage zur Analyse der Situation eines Unternehmens sind. Aus der Formulierung des § 18 KWG läßt sich weiterhin ableiten, dass die Bank zusätzliche Unterlagen anzufordern hat, sofern dies für eine klare Urteilsbildung notwendig ist.

- **Einkommensnachweise** durch Gehaltsabrechnungen oder Verdienstbescheinigungen des Arbeitgebers
- **Auskünfte** von anderen Banken oder Auskunftsbüros
- **SCHUFA-Auskunft**
- **Auszug aus dem Güterrechtsregister**

Die Jahresabschlüsse, die von den Kreditbewerbern vorgelegt werden, enthalten eine Vielzahl von Einzelinformationen, die für sich betrachtet nur eine geringe Aussagefähigkeit haben. Aus diesem Grunde wird dieses Datenmaterial **aufbereitet** und im Rahmen eines **Vergleiches** mehrerer Geschäftsjahre sowie innerhalb der gleichen Branche **bewertet**.

Beispiel einer Bankauskunft

Streng vertrauliche und unverbindliche Auskunft über:
Georg Brüchner GmbH, Hafenstraße 12, 21079 Hamburg

wegen: EUR 100 000 Verbindlichkeiten

Sehr geehrte Damen und Herren,

nachstehend erhalten Sie die gewünschte Auskunft, die auf den bei uns eingelaufenen Informationen beruht.

Unsere Auskünfte erteilen wir streng vertraulich und unter Beschränkung unserer Haftung auf grobe Fahrlässigkeit.

Sie beruhen auf den bei unserer Auskunfts-Abteilung eingelaufenen Informationen. Wir machen ausdrücklich darauf aufmerksam, dass Veränderungen, die in der letzten Zeit vor der Auskunftserteilung eingetreten sind, möglicherweise nicht berücksichtigt sind.

Über uns nach Erteilung dieser Auskunft bekannt werdende Veränderungen berichten wir nicht ohne neue Anfrage, auch wenn dies bereits ausnahmsweise unaufgefordert geschehen sein sollte. Falls wir von Dritten erhaltene Auskünfte an Sie weitergeben, bitten wir zu beachten, dass unsere Gewährsleute uns die Weitergabe der Auskunft nur unter der Bedingung gestattet haben, dass jedwede Haftung daraus für sie unbedingt ausgeschlossen ist.

Sollten Sie mit diesen Vorbehalten nicht einverstanden sein, so bitten wir Sie, von unserer Auskunft keinen Gebrauch zu machen, sondern uns diese zurückzusenden, ohne von ihr weitere Kenntnis zu nehmen.

Die Firma ist seit 1966 im Handelsregister des Amtsgerichts von Hamburg eingetragen.

Das Stammkapital beträgt 500 000 EUR.

Die Firma steht mit uns seit Jahren in angenehmer Geschäftsverbindung.

Wir haben einen teilweise gesicherten Kredit eingeräumt, der nicht voll beansprucht wird.

Das Konto weist gute Umsätze auf.

Die Firma wird umsichtig geleitet.

Die finanziellen Verhältnisse sind nach unseren Beobachtungen geordnet.

Die Firma verfügt über umfangreichen Haus- und Grundbesitz, der im üblichen Rahmen belastet ist.

Bei uns vorgekommene Verbindlichkeiten sind bisher wie vereinbart erfüllt worden.

Ohne unser Obligo!

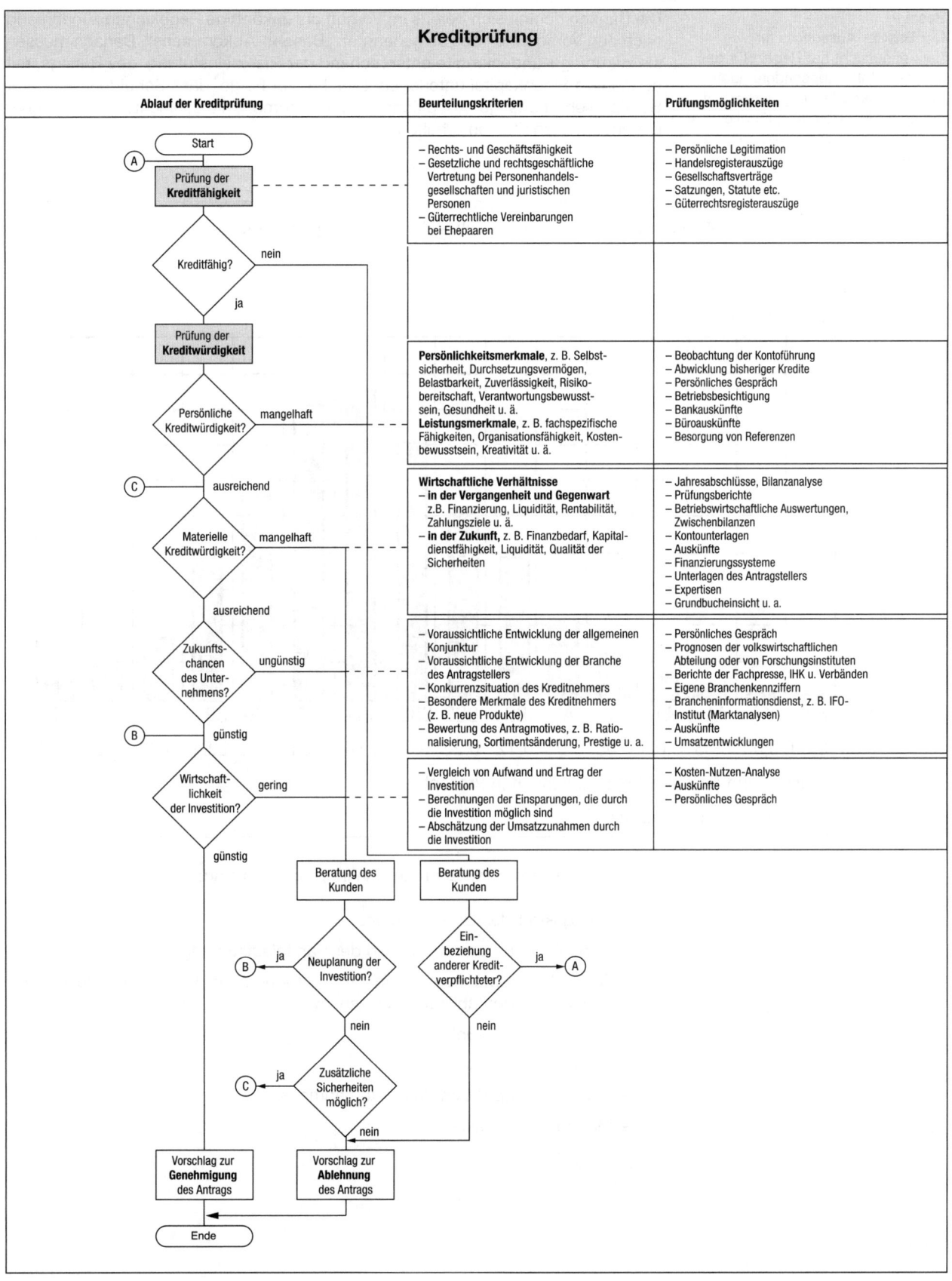

Basel II
Der Baseler Ausschuss für
Bankenaufsicht hat Regeln für das
Eigenkapital, insbesondere auch
für die Risikoerfassung aufgestellt,
die ab 2006 verbindlich für alle
Banken gelten. Damit soll das
Risikomanagement der Banken
verbessert werden.

Die Banken richten sich bereits im Vorgriff auf zukünftige Regelungen zunehmend nach den Vorschriften des so genannten „Basel-II-Abkommens". Danach müssen sie zukünftig Kundenkredite entsprechend der Risikoeinstufung, des Ratings, mit haftendem Eigenkapital unterlegen. Dies hat zur Folge, dass Schuldner mit guter Bonität sehr günstige Konditionen, Kreditnehmer mit schlechter Bonität eher ungünstige Konditionen erhalten.

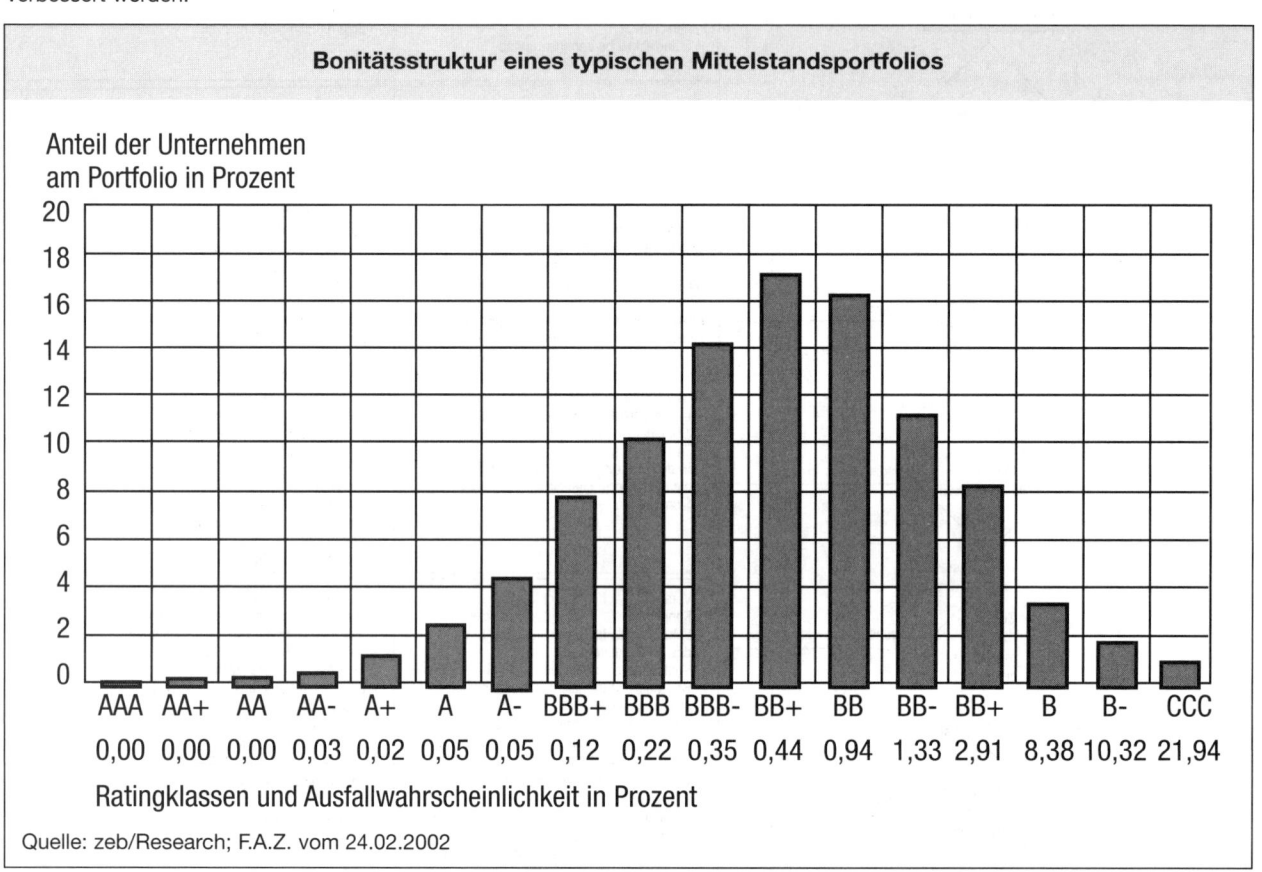

Bonitätsstruktur eines typischen Mittelstandsportfolios

Anteil der Unternehmen
am Portfolio in Prozent

Ratingklasse	AAA	AA+	AA	AA-	A+	A	A-	BBB+	BBB	BBB-	BB+	BB	BB-	BB+	B	B-	CCC
Ausfallwahrscheinlichkeit	0,00	0,00	0,00	0,03	0,02	0,05	0,05	0,12	0,22	0,35	0,44	0,94	1,33	2,91	8,38	10,32	21,94

Ratingklassen und Ausfallwahrscheinlichkeit in Prozent

Quelle: zeb/Research; F.A.Z. vom 24.02.2002

Die wesentlichen Kriterien des Ratingprozesses sind:

– Ertragskraft des Unternehmens

– Kapitalstruktur und das Risiko der Kapitalaufzehrung

– Grad der Fremdfinanzierung und Auswirkungen von Nachfrageschwankungen auf Rentabilität und Cashflow

– Qualität der Einkünfte

– Branchenbeurteilung

– Wettbewerbsposition des Unternehmens

– Managementqualität

9.4.4 Prüfung von Jahresabschlüssen

Die Northoff OHG legt der Finanzbank AG folgende (verkürzte) Jahresabschlüsse vor.

Northoff OHG, Heizungsbau Bilanzzahlen der letzten 3 Jahre in TEUR (verkürzt)							
Aktiva	1. Jahr	2. Jahr	3. Jahr*	Passiva	1. Jahr	2. Jahr	3. Jahr*
Anlagevermögen	173	241	347	**Eigenkapital**	290	310	350
Umlaufvermögen				**Fremdkapital**			
– Vorräte	166	196	232	– langfristig	122	173	244
– Sonstiges	91	83	71	– kurzfristig	18	37	56
Bilanzsumme	430	520	650	Bilanzsumme	430	520	650

Northoff OHG, Heizungsbau Einkommens- und Ertragsverhältnisse der letzten 3 Jahre in TEUR							
Jahr	1 Jahres-gewinn	2 Betriebs-ergebnis	3 Ab-schrei-bung für Anlagen	4 lang-fristige Fremd-kapital-zinsen	5 erweiter-ter Cash-flow = 2 + 3 + 4	6 Ge-schäfts-umsatz	7 Bank-umsatz
1. Jahr	142	129	42	10	181	1.065	826
2. Jahr	171	155	63	14	232	1.231	892
3. Jahr*	180	167	87	20	274	1.332	927

*= vorläufige Zahlen des Steuerberaters

AV = Anlagevermögen
UV = Umlaufvermögen
EK = Eigenkapital
FK = Fremdkapital

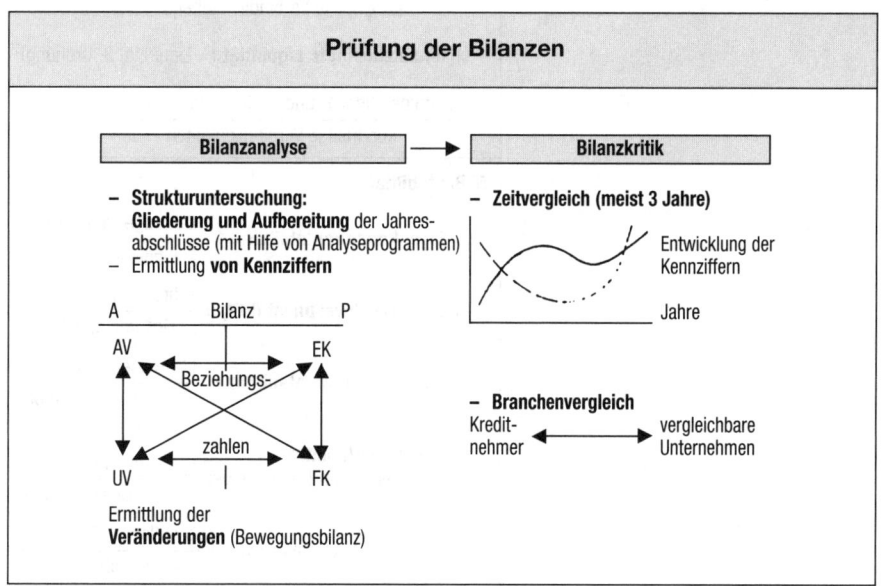

Northoff OHG, Heizungsbau
Auswertung der Jahresabschlüsse der letzten 3 Jahre

Kennziffern	1. Jahr	2. Jahr	3. Jahr	4. Jahr
1. Gliederung des Kapitals – a) **Eigenfinanzierungsgrad** $= \dfrac{\text{Eigenkapital x 100}}{\text{Bilanzsumme}}$	67%	60%	54%	↘
– b) **Verschuldungsgrad** $= \dfrac{\text{Fremdkapital x 100}}{\text{Bilanzsumme}}$	33%	40%	46%	↗
2. Vermögensstruktur **Anlagequote** $= \dfrac{\text{Anlagevermögen x 100}}{\text{Gesamtvermögen}}$	40%	46%	53%	↗
3. Verhältnis zwischen Aktiva und Passiva – a) **Anlagedeckungsgrad 1:** $\dfrac{\text{Eigenkapital x 100}}{\text{Anlagevermögen}}$	168%	129%	101%	↘
– b) **Anlagedeckungsgrad 2:** $\dfrac{\text{(Eigenkapital + langfr. FK) x 100}}{\text{Anlagevermögen}}$	238%	200%	171%	↘
4. Liquidität – a) **Bar-Liquidität** (= Liquidität 1. Ordnung) $= \dfrac{\text{(Kassenbestand+Bankguthaben+Schecks+BB-fähige Wechsel)}}{\text{kurzfristige Verbindlichkeiten}}$	1,7	1,0	0,4	↘
– b) **Einzugsbedingte Liquidität** (= Liquidität 2. Ordnung) $= \dfrac{\text{(Liquide Mittel 1. Ordnung + Forderungen)}}{\text{kurzfristige Verbindlichkeiten}}$	5,0	2,2	1,3	↘
– c) **Umsatzbedingte Liquidität** (= Liquidität 3. Ordnung) $= \dfrac{\text{(Liquide Mittel 1. und 2. Ordnung + Vorräte)}}{\text{kurzfristige Verbindlichkeiten}}$	14,3	7,5	5,4	↘
5. Rentabilität – a) **Eigenkapitalrentabilität** $= \dfrac{\text{Jahresgewinn x 100}}{\text{Eigenkapital}}$	49%	55%	51%	→
– b) **Return on Investment (ROI)** $= \dfrac{\text{Jahresgewinn x 100}}{\text{Gesamtkapital}}$	33%	33%	28%	↘
– c) **Gesamtkapitalrentabilität** $= \dfrac{\text{(Jahresgewinn+FK-Zinsen x 100)}}{\text{Gesamtkapital}}$	35%	36%	31%	↘
– d) **Umsatzrentabilität** – gemessen am Betriebsergebnis $= \dfrac{\text{Betriebsergebnis x 100}}{\text{Geschäftsumsatz}}$	12%	13%	13%	→
– gemessen am Cashflow $= \dfrac{\text{(Cashflow + FK-Zinsen) x 100}}{\text{Geschäftsumsatz}}$	17%	19%	21%	↘

Die Strukturuntersuchung erfolgt, indem einzelne Positionen der Bilanz und der Erfolgsrechnung, die zu sinnvollen Blöcken zusammengefasst werden, gegenübergestellt wurden.

Die Kapital- und Vermögenspositionen der Bilanz werden meist mit Hilfe von **Kennziffern** analysiert. Die Ermittlung dieser Werte erfolgt heute meist mit der Datenverarbeitung. Dabei werden zweckmäßige Gliederungen und Gruppierungen der Bilanzen sowie der Erfolgsrechnungen zueinander in Beziehung gesetzt. In der Praxis werden meist folgende Größen untersucht:

● **Gliederung des Kapitals**

– Der **Eigenfinanzierungsgrad** zeigt auf, wie hoch der Finanzierungsanteil durch Eigenkapital ist. Er lässt also erkennen, in welchem Umfang sich der Unternehmer selbst am Risiko und der Finanzierung seines Unternehmens beteiligt. Da das Eigenkapital dazu dient, mögliche Verluste eines Betriebes aufzufangen, zeigt der Eigenfinanzierungsgrad weiterhin an, wie risikobehaftet das Unternehmen ist.

– Der **Verschuldungsgrad** ist das Spiegelbild des Eigenfinanzierungsgrades und lässt daher die entsprechenden Aussagen zu. Gemeinsam ergeben beide Größen immer 100 %.

● **Vermögensstruktur**

Die Anlagequote hängt in ihrer Höhe von der Betriebsbranche ab. Im Allgemeinen sind Produktionsunternehmen anlageintensiver als z. B. Handelsbetriebe. Eine relativ hohe Anlagequote kann unter Umständen darauf hinweisen, dass der Betrieb stark automatisiert ist. Eine vergleichsweise niedrige Anlagequote könnte durch ein zu breites Sortiment, zu lange Fertigungszeiten oder aber auch durch Absatzstockungen hervorgerufen werden, da solche Entwicklungen das Umlaufvermögen – über die Zunahme des Lagerbestandes – ansteigen lassen. In solchen Fällen empfiehlt sich eine nähere Untersuchung des Lagerumschlages und der Debitorenlaufzeit.

● **Verhältnis zwischen Aktiva und Passiva**

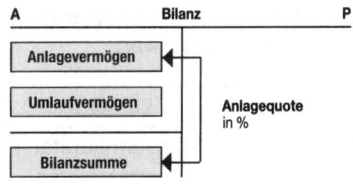

Der **Anlagedeckungsgrad 1** gibt an, inwieweit in dem Unternehmen die klassische „Goldene Bilanzregel" eingehalten wird. Nach dieser Faustregel soll das Eigenkapital ausreichen, um mindestens das Anlagevermögen und einen Teil des Umlaufvermögens zu decken. Damit will man die Gefahren ausschalten, die entstehen können, wenn langfristiges Vermögen durch Fremdkapital finanziert wird, dessen Verlängerung bei Fälligkeit nicht garantiert ist.

Der **Anlagedeckungsgrad 2** zeigt, ob die Fristen der Unternehmensfinanzierung der Lebensdauer der Anlagewerte angepasst sind. Ist diese Kennzahl größer als 100 %, so ist gewährleistet, dass langfristige Anlagewerte nur langfristig finanziert werden.

● **Liquidität**

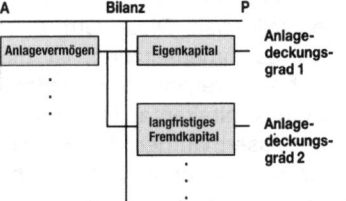

Traditionellerweise werden von vielen Kreditinstituten auch die Kennzahlen über die liquiden Mittel der Unternehmen festgestellt. Solche statistischen Liquiditätskennziffern können jedoch nur mit sehr großen Einschränkungen als Beurteilungsgrundlage herangezogen werden:

– Sie erfassen bisher nur die formale, **nicht die wirkliche Laufzeit** der Verbindlichkeiten und berücksichtigen nicht die kurzfristigen Baraufwendungen für die Belegschaft und die Bereitstellung von Material;

– sie sind zum Zeitpunkt ihrer Auswertung meist mehrere Jahre alt;

– sie sind immer auf einen bestimmten Stichtag bezogen und können somit durch bilanzpolitische Maßnahmen der Unternehmung „geschönt" werden (Bilanzkosmetik).

● **Rentabilität**

– Die **Eigenkapitalrentabilität** zeigt an, welche Rendite die Eigenmittel der Unternehmer abwerfen. Bei der Beurteilung dieser Größe ist jedoch zu berücksichtigen, dass der zugrunde gelegte Jahresgewinn z. B. auch die Entschädigung für die geleistete Arbeit der Kapitalgeber, die im Betrieb tätig sind („Unternehmerlohn"), oder die Risikoprämie für das allgemeine Unternehmerrisiko abdecken sollte. Eine hohe Eigenkapitalrentabilität muss nicht unbedingt auf eine entsprechende Ertragskraft der Unternehmung hindeuten, sondern kann auch durch eine zu geringe Eigenkapital-ausstattung hervorgerufen werden. Je niedriger der Anteil des Eigenkapitals an der Bilanzsumme ist, um so größer wird die Eigenkapitalrendite bei einem vorgegebenen Jahresgewinn. Aus diesem Grunde kann die Entwicklung der Eigenkapitalrendite nur dann beurteilt werden, wenn geklärt ist, ob die Veränderungen durch einen anderen Eigenkapitalanteil oder durch die Ertragskraft hervorgerufen wurden.

Return on Investment (ROI)

Der **Return on Investment (ROI)**, der vor allem in den USA Verwendung findet, erlaubt eine bessere Aussage über die Ertragskraft eines Unternehmens. Er gibt an, welchen Gewinn das gesamte eingesetzte Kapital erbracht hat. Hat sich der ROI verändert, so kann durch die Zerlegung dieser Kennzahl ermittelt werden, ob eine Änderung der Umsatzrendite oder eine Veränderung des Kapitalumschlags die Ursache dafür war:

$$ROI = \frac{\text{Jahresgewinn} \times 100}{\text{Gesamtkapital}} = \underbrace{\frac{\text{Jahresgewinn}}{\text{Umsatz}}}_{\substack{\text{Umsatz-} \\ \text{rentabilität}}} \times \underbrace{\frac{\text{Umsatz}}{\text{Gesamtkapital}}}_{\substack{\text{Kapital-} \\ \text{umschlag}}}$$

– Die **Gesamtkapitalrentabilität** berücksichtigt, dass am Ertrag des Gesamtkapitals nicht nur die Eigenkapitalgeber über den Gewinn, sondern auch die Fremdkapitalgeber über die Zinsen teilhaben. Diese Größe ist unabhängig von Verschiebungen der Kapitalzusammensetzung. Ist die Gesamtkapitalrentabilität höher als die marktübliche Verzinsung für mittel- und langfristiges Kapital, so kann die Eigenkapitalrentabilität durch zusätzliche, fremdfinanzierte Investitionen verbessert werden. Ein Kreditgeber kann aus der Gesamtkapitalrentabilität ablesen, ob das Unternehmen zumindest die Fremdkapitalzinsen erwirtschaften kann, sofern die zugrunde gelegten Zahlen noch aussagefähig sind.

– Die **Umsatzrentabilität, gemessen am Betriebsergebnis**, gehört zu den wichtigsten Kennzahlen für die Beurteilung der Ertragskraft einer Unternehmung. Sie zeigt auf, wieviel das Unternehmen an jeder umgesetzten „Mark" verdient. Somit ist sie besonders gut für Zeit- und Branchenvergleiche geeignet. Die Bezugsgröße „Betriebsergebnis" umfasst im Gegensatz zum Jahresgewinn nur das Ergebnis des betrieblichen Leistungsprozesses, nicht jedoch das neutrale Ergebnis. Somit werden außerbetriebliche und periodenfremde Aufwendungen und Erträge, die oftmals mit starken zufälligen Elementen versehen sein können, außer Betracht gelassen.

Betriebsergebnis
+ Abschreibungen auf das
  Anlagevermögen (AfA)
+ Erhöhung der langfristigen
  Rückstellungen

Cashflow

- **Die Umsatzrentabilität, gemessen am Cashflow,** basiert auf den im laufenden Umsatzprozess selbst erwirtschafteten Mitteln, die für die **Ertragsausschüttung,** die **Investitionsfinanzierung** sowie die **Tilgung der Schulden** zur Verfügung stehen. Dieser Cashflow, dessen Berechnung in der Fachliteratur in zahlreichen Varianten dargestellt wird, setzt sich in einem einfachen Grundschema wie nebenstehend zusammen.

  Neben der Ertragskraft wird in dieser Kennzahl also auch der Finanzierungsspielraum der Unternehmung mit einbezogen.

Bewertung der Bilanzanalyse

Die Bilanzanalyse ist somit ein wesentliches Element für die Entscheidungsfindung bei einer Kreditvergabe, da sie in konzentrierter Form Informationen und Vergleichsmöglichkeiten bietet. Dieses Mittel verlangt aber auch ein hohes Maß an Erfahrung und die Fähigkeit zum Erkennen von Zusammenhängen, da jeder Kennzahlenwert in seiner Aussagefähigkeit von vielen Faktoren abhängt. Entscheidend beeinträchtigt wird die Verwendbarkeit dieser Ergebnisse durch die Tatsache, dass jede Bilanzanalyse eine **rückschauende** Betrachtung ist und somit nur begrenzte Aussagen für die zukünftige Kreditabwicklung zulässt.

Hinzu kommt, dass es für einen Prüfer oftmals nicht genau zu erkennen ist, wie realistisch die Wertansätze in der Bilanz gewählt wurden. Besonders bei Handelsbilanzen ist der Spielraum der Unternehmen in dieser Hinsicht sehr groß. Deshalb sollte die Bilanzprüfung nach Möglichkeit anhand der aussagefähigen Steuerbilanz erfolgen, die möglichst vom Steuerberater oder Wirtschaftsprüfer testiert sein sollte.

In Ergänzung zur Bilanzanalyse versuchen die Banken vor allem bei größeren Krediten zusätzliche Informationen über die Vermögens- und Liquiditätslage des Kreditbewerbers zu erlangen. Für die Beurteilung sind vor allem zwei Hilfsmittel von Bedeutung:

Kreditstatus

Der **Kreditstatus** dient der Gegenüberstellung sämtlicher Positionen, die für die **Bonität** und die **Liquidität** der Unternehmung von Bedeutung sind. Diese Sonderrechnung unterscheidet sich in wesentlichen Punkten von der Bilanz.

- Es werden **sämtliche Vermögenswerte** erfasst, die für die Verbindlichkeiten der Unternehmung haften. Dazu gehören z. B. Konzessions- und Patentwerte, die nicht bilanziert werden oder das private Vermögen eines persönlich haftenden Gesellschafters.

- Die Vermögenswerte werden mit ihrem **tatsächlichen Veräußerungswert** eingesetzt, so dass stille Reserven aufgedeckt werden.

- Vermögenswerte, die für andere Verbindlichkeiten haften oder die unter einem Eigentumsvorbehalt stehen, werden gesondert ausgewiesen.

- Der **Baraufwand** der Unternehmung wird für einen bestimmten Zeitraum hochgerechnet, so dass ersichtlich wird, in welcher Höhe die liquiden Mittel bereits durch feststehende Zahlungen für Löhne, Zinsen, Tilgungen oder Steuern belastet sind.

Der Kreditstatus erlaubt somit einen sehr genauen Einblick in die Liquiditäts- und Vermögenslage eines Kreditbewerbers. Problematisch bleibt jedoch die Bewertung der einzelnen Vermögenspositionen. Aus diesem Grunde wird diese Vergleichsrechnung meist durch einen Gutachter erstellt.

9.4.5 Finanzplanung

Jeder Unternehmer, der investiert, verfolgt damit den Zweck, eine nachhaltige Rentabilitätserhöhung oder Existenzsicherung zu erzielen. Investitionen bedeuten oftmals erhebliche Veränderungen, hohe Belastungen und große Risiken, so dass **für die Zukunft** ermittelt werden muss, ob das Unternehmen seine Leistungsgrenze eventuell überschritten hat.

Die Kreditinstitute setzen daher **Finanzplanungssysteme** ein, die auf der Basis gesicherter Daten und verschiedener Prognosen die künftige Entwicklung der Unternehmung hochrechnen sollen. Die Finanzplanung ist somit eine Art „Kontrollrechnung", die bereits **vor** der Kreditentscheidung folgende Fragen beantworten will:

Grundlagen der Finanzplanung

● Wie hoch ist die künftige Belastung durch Zinsen und Tilgung aus den aufgenommenen Fremdmitteln?

● Wie hoch ist der maximale Betrag, der dem Betrieb für Zins- und Tilgungszahlungen (**Kapitaldienst**) zur Verfügung steht (**Kapitaldienstgrenze**)?

● Wie wirken sich die Investitionen auf die Rentabilität des Betriebes aus?

● Wie wird sich das zukünftige Betriebsergebnis voraussichtlich verändern?

● Wie wird sich das Eigenkapital voraussichtlich entwickeln?

● In welcher Weise wird die Zahlungsfähigkeit des Betriebes verändert werden?

Jede Finanzplanung steht und fällt mit der Genauigkeit der Schätzung des zukünftigen Zielumsatzes.

Kreditrating:
Beurteilung der Bonität von Firmenkunden durch Einordnung in bestimmte Risikoklassen

Kreditscoring:
Punktebewertungsverfahren, insbesondere im Konsumentenkreditgeschäft

Auf der Basis dieser Schätzung wird nunmehr – unter der Annahme eines unveränderten Cashflow-Anteils – die zukünftige Kapitaldienstgrenze errechnet. Diese sollte den Aufwand für den zukünftigen Kapitaldienst um einiges überschreiten, damit das Unternehmen auch in der Zukunft ein Liquiditätspolster hat.

Die Finanzplanung für die Neuinvestition der Northoff OHG ergibt eine Kapitaldienstreserve von 21 000 Euro, so dass angenommen werden kann, dass das Unternehmen seine finanzielle Leistungskraft nicht überschreiten wird.

Die Bilanzprüfung der Northoff OHG gibt sowohl im Zeitvergleich als auch im Branchenvergleich ein günstiges Bild der wirtschaftlichen Situation wieder. Besonders hervorzuheben ist die gute Entwicklung der Umsatzrentabilität, die deutlich über dem Branchendurchschnitt liegt.

Diese Werte werden durch eine vertiefende Betrachtung des Gesamtvermögens der Gesellschaft ergänzt. Das Anlagevermögen ist nach Auskunft des Steuerberaters in der Bilanz gegenüber dem tatsächlichen Wert wegen steuerlicher Abschreibungen um ca. 50 000 Euro zu niedrig bewertet. Diese „stillen Reserven" verbessern die Kreditwürdigkeit der Antragstellerin.

Außerdem besitzt Herr Northoff, der größte Gesellschafter, noch privaten Grundbesitz, so dass dem neuen Kreditvolumen von insgesamt 505 000 Euro ein Reinvermögen aus Eigenkapital im Betrieb, stillen Reserven und Privatvermögen von 550 000 Euro gegenüberstehen.

Northoff OHG, Heizungsbau
Finanzplanung

1. Ermittlung des Kapitaldienstes

Fremdmittel (einschließlich privater Verbindlichkeiten)		Zins		Tilgung		Kapitaldienst
Gläubiger	Betrag TEUR	%	TEUR	%	TEUR	TEUR
– Finanzbank AG – KK	40	11	4,4	–	–	4,4
– Finanzbank AG – Darl.	244	9	22,0	12,5	30,5	52,5
– Sparkasse – KK	20	11	2,2	–	–	2,2
bisheriger Kapitaldienst	304	–	28,6	–	30,5	59,1
– Finanzbank AG – neues Darlehen	200	10,5	21,0	10	20,0	41,0
zukünftiger Kapitaldienst	504	–	49,6	–	50,5	100,1

Letzter Geschäftsumsatz 1332 TEUR ▶ **Geschätzter, zukünftiger** Geschäftsumsatz 1500 TEUR

Betriebsbezogene Ausgaben für:
– Material und Waren
– Personal
– Laufende Kosten

erweiterter Cashflow für:
– Betriebsergebnis
– AfA
– Fremdkapitalzinsen
– Langfristige Rückstellungen

Cash-flow

= 79 % | 21 % | ——— | An-nahme! | ——▶ | = 21 % |

	TEUR
Geschätzter, zukünftiger Cashflow	315
./. Einkommensteuer	60
./. Sonderausgaben (Kranken-, Unfall- und Lebensversicherung des Unternehmers)	22
./. Privatentnahmen (wie bisher)	82
./. Einsatz von Eigenmittel für Neuinvestitionen (Abschreibungsaufwand)	30
Kapitaldienstgrenze	121

III. Ermittlung des Kapitaldienstüberschusses/-defizits

	TEUR
Kapitaldienstgrenze	121
./. zukünftiger Kapitaldienst	100
Überschuss	21

9.4.6 Financial Engineering

Insbesondere im Rahmen von Investment Banking gewinnt die umfassende
Finanzierungsberatung mit Hilfe quantitativer Lösungsmethoden an Bedeutung.

> **Financial Engineering** ist die Entwicklung von spezifischen, an den
> Bedürfnissen des Kunden orientierten Problemlösungen mittels eines
> kombinierten Einsatzes bestehender und innovativer Finanzinstrumente.

Damit können im Rahmen dieser Serviceleistung neue Finanzierungsinstrumente,
Finanzinnovationen, entstehen, welche sich konsequent an den jeweiligen Bedürfnissen des Kunden orientieren. Da Erfahrungen mit diesen Instrumenten fehlen,
umfasst das Financial Engineering auch die Bewertung dieser Problemlösungen.

Aufgaben

1. Christa Frisch, alleinstehend, hat sich nach mehreren Berufsjahren als
   staatlich geprüfte Krankengymnastin vor drei Jahren selbstständig
   gemacht. Es besteht Kontoverbindung zu Ihrer Bank auf Guthabenbasis.
   In ihrer Praxis werden vorwiegend Kassenpatienten behandelt. Um auch
   Behinderte zu Hause behandeln zu können, möchte Christa Frisch einen
   Neuwagen anschaffen. Wegen der Finanzierung des Pkw mit Anschaffungskosten von rund 28 000 Euro kommt Christa Frisch zu einem Kredit-
   gespräch in Ihre Bank. Ihr altes Fahrzeug hat nur noch einen Restwert von
   1 000 Euro.

   a) Erläutern Sie, welche Gesichtspunkte für die Beurteilung der persön-
      lichen Kreditwürdigkeit der Kundin von Bedeutung sind.

   b) Aus dem Gespräch mit Christa Frisch erfahren Sie, dass ihre Brutto-
      einnahmen in den letzten Monaten ca. 8 000 Euro pro Monat erreicht
      haben; nach Abzug der monatlichen festen Ausgaben (z. B. Einkom-
      mensteuervorauszahlung, Sozialversicherungsbeiträge, Praxismiete
      usw.) verbleiben rund 4 500 Euro. Zur Zeit stehen noch Honorarforde-
      rungen von 9 500 Euro gegen die Krankenkassen und Privatpatienten
      aus. Ihre Ersparnisse hat sie für die Einrichtung ihrer Praxis verwendet.
      Es bestehen keine Schulden. Beschreiben Sie die Unterlagen, mit
      denen Sie die Angaben von Christa Frisch zu ihrer wirtschaftlichen
      Situation überprüfen können.

2. Die Schreinerei Alfred Gross ist ein Handwerksbetrieb, der seit Jahrzehnten am Ort ansässig ist. Der gestiegene Geschäftsumfang macht nunmehr den Bau einer neuen Werkstatt im Werte von 400 000 Euro notwendig.

a) Erläutern Sie anhand eines Bilanzschemas die Begriffe Investition und Finanzierung.

b) Formulieren Sie die wesentlichen Fragen, die ein Unternehmer vor einer Investition klären sollte.

c) Stellen Sie die grundsätzlichen Finanzierungsmöglichkeiten für diese Investition dar und bewerten Sie diese Formen jeweils.

d) Beschreiben Sie die wesentlichen Merkmale, welche in die Kreditprüfung der Bank voraussichtlich mit einbezogen werden. Geben Sie jeweils an, welche Unterlagen das Kreditinstitut zu diesem Zwecke einsehen wird.

e) Skizzieren Sie das grundsätzliche Verfahren der Bilanzbewertung.

f) Bewerten Sie die Aussagefähigkeit der Bilanzkritik.

g) Beschreiben Sie den grundlegenden Ansatz der Finanzplanung.

9.4.7 Kreditsicherung

Die Finanzbank ist aufgrund der Kreditprüfung bereit, die Investition der Northoff OHG zu finanzieren, sofern ausreichende Sicherheiten gegeben werden können. Deshalb klärt die Bank im Gespräch mit Herrn Kempfle, welche Kreditsicherungen grundsätzlich für das Darlehen in Frage kommen. Außerdem soll geprüft werden, welche Sicherheiten für einen kurzfristigen Kredit, der die Zahlungsbereitschaft der Northoff OHG verbessern soll, verwendbar sind.

Im Rahmen der Bearbeitung von Kreditanträgen nimmt die Sicherstellung der gewährten Kredite einen breiten Raum ein. Darunter sind in einem weiten Sinne sämtliche Maßnahmen des Kreditgebers einzuordnen, die der **Minimierung des Kreditrisikos** dienen. Im engeren Sinne versteht man darunter die Absicherung eines Kredits, indem zusätzliche Sicherheiten bereitgestellt werden, die den Kreditspielraum eines Antragstellers erweitern. Dabei haben Kreditgeber und Kreditnehmer grundsätzlich unterschiedliche Interessen.

Kreditsicherungsvertrag

Das vereinbarte Sicherungsrecht wird – meist im Rahmen des Kreditvertrages – in einem **Kreditsicherungsvertrag** niedergelegt.

Personalkredit

Kredite, welche ausschließlich aufgrund der Kreditwürdigkeit des Schuldners gegeben worden sind, werden meist als **Personalkredite** bezeichnet. Bei gewerblichen Darlehen verlangen die Banken jedoch im Regelfall Sicherheiten.

Wie werden Kredite
grundsätzlich gesichert?

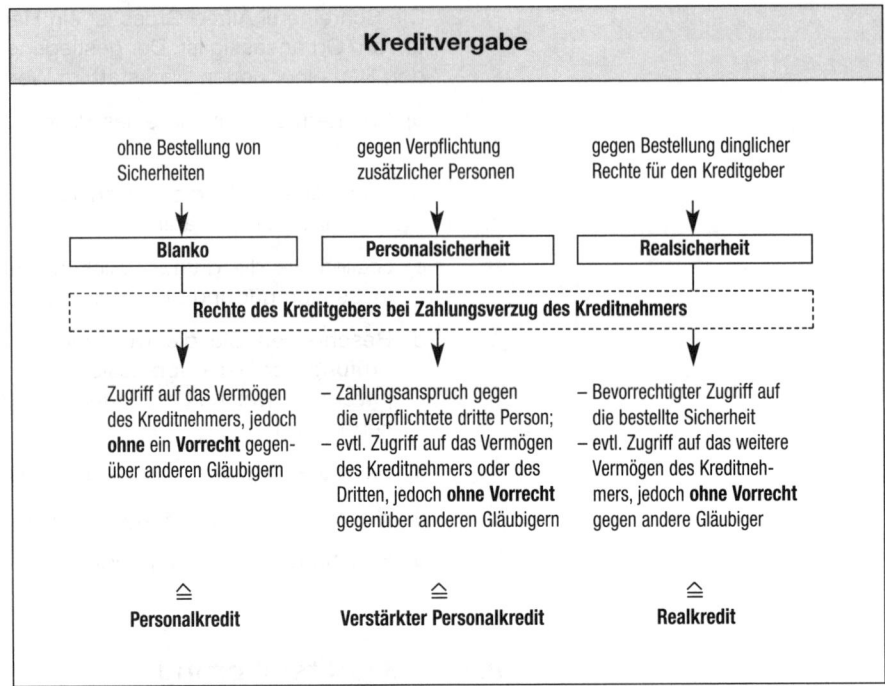

Unter dem Gesichtspunkt der Verknüpfung einer Sicherheit mit der zugrunde liegenden Forderung können zwei Gruppen von Sicherungsmöglichkeiten unterschieden werden:

Akzessorische Sicherheiten, z. B. Bürgschaft, Pfandrecht, Hypothek

● **Akzessorische Sicherheiten** sind in ihrem Bestand und in ihrer Höhe vom Umfang der Forderung abhängig. Die Sicherheit entsteht erst mit der Auszahlung des Kredits und endet mit dessen vollständiger Tilgung. Die akzessorische Sicherheit gilt somit nur in Verbindung mit der zugrunde liegenden Forderung.

Treuhänderische (fiduziarische) Sicherheiten, z. B. Garantie, Sicherungsübereignung, Zession, Grundschuld

● **Treuhänderische (fiduziarische) Sicherheiten** haben unabhängig von der gesicherten Forderung Bestand. Weil die Rechte des Sicherungsnehmers über seine Forderung hinausgehen können, ist er verpflichtet, die Interessen des Sicherungsgebers **nach Treu und Glauben** zu wahren.

Die Eignung der verschiedenen Kreditsicherheiten hängt von einer Vielzahl von Faktoren, insbesondere aber von der gewählten Kreditart ab.

Bürgschaft

Helmut Schlick, Klempner, möchte bei seiner Bank ein Darlehen in Höhe von 80 000 Euro aufnehmen, um sich selbstständig zu machen. Da er nicht in der Lage ist, eigene Sicherheiten zu bieten, schlägt die Bank vor, die Sicherung des Kredits durch die Verpflichtung einer weiteren Person vorzunehmen. Der Schwiegervater von Herrn Schlick, der ausreichendes Kapital besitzt, erklärt sich schließlich bereit, die Bürgschaft für dieses Darlehen zu übernehmen.

Bürgschaft

Die **Bürgschaft** ist ein einseitig verpflichtender Vertrag, durch den sich der Bürge gegenüber einem Kreditgeber verpflichtet, für die Erfüllung der Verbindlichkeiten des Kreditnehmers (Hauptschuldner) einzustehen.

Der **Bundesgerichtshof** hat die **Voraussetzungen für die Wirksamkeit von Bürgschaften** verschärft. Danach ist eine Bürgschaft unwirksam, wenn der Bürge nur eine Blanko-Unterschrift geleistet und einen anderen mündlich ermächtigt hat, die Urkunde zu ergänzen – eine bisher gängige Praxis. Nur wenn der Bürge als Kaufmann einzustufen ist, ist die Bürgschaft wirksam.

Quelle: Südwest Presse, 27.06.1996

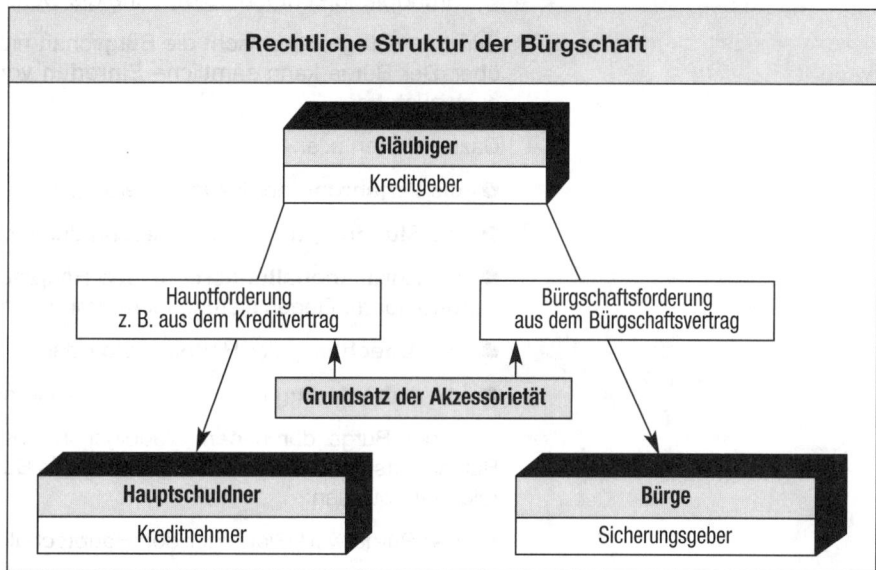

Rechtliche Struktur der Bürgschaft

Dieses Sicherungsmittel hat die Aufgabe, den Kreditgeber bei Zahlungsunfähigkeit des Kreditnehmers vor Verlusten zu schützen.

§§ 765 ff. BGB
§§ 349 ff. HGB

Inhalt und Umfang der Bürgenhaftung werden in erster Linie durch den Bürgschaftsvertrag, ergänzend durch das Gesetz, festgelegt. Voraussetzung für die Entstehung einer Bürgschaft ist das Vorhandensein einer Verbindlichkeit zwischen Kreditgeber und Kreditnehmer (**Hauptverbindlichkeit**). Die Bürgschaft kann jedoch nicht nur wegen einer bereits bestehenden Verbindlichkeit, sondern auch für künftige bzw. bedingte Verpflichtungen übernommen werden.

Die Verpflichtung des Bürgen richtet sich in ihrer Höhe nach dem **Grundsatz der Akzessorietät**:

Akzessorietät der Bürgschaft

Die **Bürgschaftsverbindlichkeit** ist immer so hoch, wie der jeweilige Stand der Hauptverbindlichkeit.

Auszug aus einer Bürgschaftsurkunde:

Die Bürgschaft erlischt nicht durch eine vorübergehende Rückzahlung der Kredite, sondern besteht bis zur Beendigung der Geschäftsverbindung und bis zur Rückführung aller ihrer gesicherten Ansprüche.

Erhöht sich die Hauptverbindlichkeit durch Zinsen, so vergrößert sich auch die Bürgschaftsverbindlichkeit bis zu einem eventuell festgelegten Höchstbetrag. Die Bürgschaftsverpflichtung endet, wenn

● die Hauptverbindlichkeit nicht mehr besteht, weil der Hauptschuldner, ein Dritter oder der Bürge bezahlt haben,

● eine festgelegte Frist für die Bürgschaft abläuft,

- der Kreditgeber den Bürgen durch eine entsprechende Erklärung aus der Bürgschaft freigestellt hat (z. B. bei unbefristeten Bürgschaften),

- der Bürge seine Haftung für zukünftige Forderungen kündigt oder

- der Kreditgeber ein die Hauptschuld zusätzlich sicherndes Recht, wie z. B. Grundpfandrechte, aufgibt, ohne die Genehmigung des Bürgen einzuholen.

Stirbt der Bürge, so erlischt die Bürgschaft nicht; die Haftung geht auf die Erben über. Der Bürge kann sämtliche **Einreden** vorbringen, die dem Hauptschuldner auch zustehen.

Dazu gehören u. a.:

- die **Verjährung** der Hauptforderung,

- die **Stundung** der Hauptforderung durch den Kreditgeber,

- ein **Zurückbehaltungsrecht** des Hauptschuldners, weil der Gläubiger eine vereinbarte Gegenleistung nicht erbracht hat,

- die **Anfechtung** der Hauptschuld oder

- die **Aufrechnung** mit einer Gegenforderung des Hauptschuldners.

Wird der Bürge durch den Gläubiger in Anspruch genommen, so erlischt die Bürgschaftsverbindlichkeit. Die Zahlung des Bürgen ist mit einer Reihe von Rechtsfolgen verbunden:

- Der Bürge wird Gläubiger des Hauptschuldners,

- der Bürge erhält in vollem Umfang die bisherigen Rechte und Pflichten des Gläubigers übertragen.

§ 766 BGB
§ 350 HGB

Das Bürgerliche Gesetzbuch schreibt zum Schutz des Bürgen die **Schriftform** für die Bürgschaft vor; andernfalls ist diese Erklärung nichtig. Nach dem HGB ist lediglich die **Bürgschaftserklärung eines Kaufmannes**, für den diese Verpflichtung **ein Handelsgeschäft** ist, in **mündlicher Form rechtswirksam**. In der Praxis sind fast ausschließlich schriftliche Bürgschaften üblich, damit der Kreditgeber später nicht in Beweisnot gerät.

Unter dem Gesichtspunkt der **Art der Haftung** sind mehrere Bürgschaften zu unterscheiden:

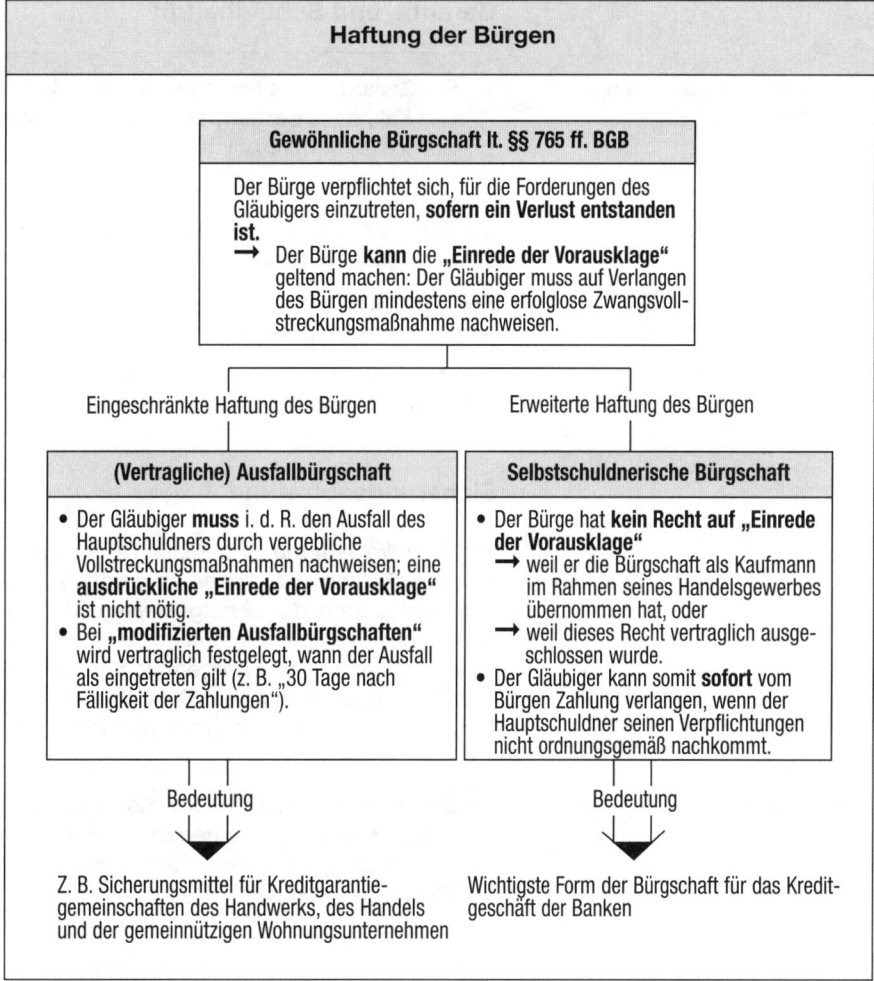

Haftung der Bürgen

Gewöhnliche Bürgschaft lt. §§ 765 ff. BGB

Der Bürge verpflichtet sich, für die Forderungen des Gläubigers einzutreten, **sofern ein Verlust entstanden ist.**

→ Der Bürge **kann** die „Einrede der Vorausklage" geltend machen: Der Gläubiger muss auf Verlangen des Bürgen mindestens eine erfolglose Zwangsvollstreckungsmaßnahme nachweisen.

Eingeschränkte Haftung des Bürgen — Erweiterte Haftung des Bürgen

(Vertragliche) Ausfallbürgschaft

- Der Gläubiger **muss** i. d. R. den Ausfall des Hauptschuldners durch vergebliche Vollstreckungsmaßnahmen nachweisen; eine **ausdrückliche „Einrede der Vorausklage"** ist nicht nötig.
- Bei **„modifizierten Ausfallbürgschaften"** wird vertraglich festgelegt, wann der Ausfall als eingetreten gilt (z. B. „30 Tage nach Fälligkeit der Zahlungen").

Bedeutung

Z. B. Sicherungsmittel für Kreditgarantiegemeinschaften des Handwerks, des Handels und der gemeinnützigen Wohnungsunternehmen

Selbstschuldnerische Bürgschaft

- Der Bürge hat **kein Recht auf „Einrede der Vorausklage"**
  → weil er die Bürgschaft als Kaufmann im Rahmen seines Handelsgewerbes übernommen hat, oder
  → weil dieses Recht vertraglich ausgeschlossen wurde.
- Der Gläubiger kann somit **sofort** vom Bürgen Zahlung verlangen, wenn der Hauptschuldner seinen Verpflichtungen nicht ordnungsgemäß nachkommt.

Bedeutung

Wichtigste Form der Bürgschaft für das Kreditgeschäft der Banken

Bürgschaft in der Praxis der Banken

Die Bürgschaftsverträge der Kreditinstitute sind heute in der Regel standardisiert. Meist enthalten sie folgende Vereinbarungen:

● Der Bürge übernimmt eine **selbstschuldnerische Bürgschaft ohne zeitliche Begrenzung** mit Verzicht auf die Einrede der Anfechtung oder Aufrechnung,

● die Haftung wird auf einen bestimmten Betrag beschränkt (Höchstbetragsbürgschaft), sofern es der Bank nicht gelingt, eine betraglich unbegrenzte Bürgschaft durchzusetzen (sehr selten),

● die **Haftung** erstreckt sich auf die zugehörigen **Zinsen, Provisionen, Spesen und Kosten**, die dem Kapital zugeschlagen werden und dadurch die Bürgschaftssumme übersteigen,

● die Bürgschaft für ein Kontokorrentverhältnis bleibt auch bei vorübergehender Rückzahlung des Kreditsaldos bestehen,

● sie gilt auch für eine Verlängerung des Kredits,

● die Bürgschaft bleibt auch dann in Kraft, wenn die Bank bestellte Sicherheiten freigibt,

● die Ansprüche der Bank gegen den Kreditnehmer gehen erst dann auf den Bürgen über, wenn der Kredit vollständig abgedeckt ist. Bis zu diesem Zeitpunkt gelten Zahlungen lediglich als Sicherheitsleistung.

Garantie und Schuldbeitritt

Die Garantie – ein **abstraktes** Zahlungsversprechen

> Die **Garantie** ist ein abstraktes, unwiderrufliches Zahlungsversprechen für den Fall, dass der Auftraggeber der Garantie bei Eintritt eines bestimmten Risikos seinen Verpflichtungen nicht nachkommt.

Die Garantie findet vor allem im Außenhandel Verwendung, weil die akzessorische Bürgschaft im ausländischen Recht meist nicht vorkommt.

Beim Schuldbeitritt (Schuldmitübernahme) verpflichtet sich eine Person, **gesamtschuldnerisch** mit dem Schuldner für dessen Verbindlichkeiten zu haften.

Während also der Bürge erst **nach** dem Schuldner in Anspruch genommen wird, haftet der Beitretende **mit** dem Schuldner.

Sicherungsabtretung

Die Arzneimittelfirma Lindemann KG beantragt bei ihrer Bank, den bisher eingeräumten Betriebsmittelkredit zu erhöhen. Diese ist bereit, dem Wunsch nachzukommen, sofern die bereitgestellten Sicherheiten aufgestockt werden. Bei der Durchsicht der Geschäftsbücher zeigt es sich, dass der Kreditnehmer in erheblichem Umfang Forderungen gegen seine Abnehmer besitzt, die als Kreditsicherung dienen könnten. Die Bank vereinbart deshalb mit der Lindemann KG die Sicherungsabtretung eines Teils ihrer Forderungen.

Sicherungsabtretung (Zession)

> Die **Sicherungsabtretung** (**Zession**) ist eine Abtretungserklärung des Kreditnehmers (Zedenten), in der er seine Forderung gegenüber einem Dritten (Drittschuldner) zur Sicherung eines Kredits an den Kreditgeber (Zessionar) abtritt.

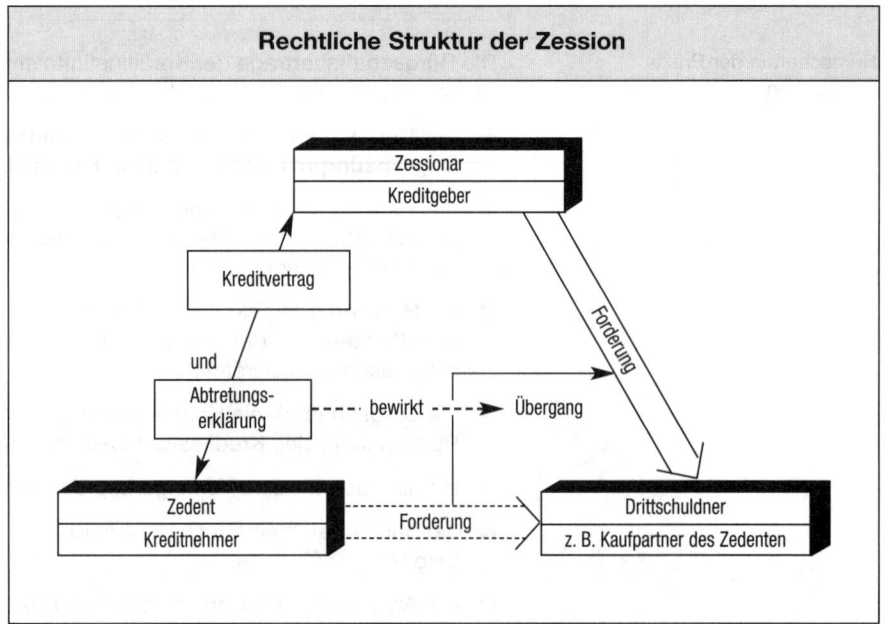

Rechtliche Struktur der Zession

Allgemeine Bedingungen für die Abtretung von Forderungen

1. (1) Die Abtretung erfolgt zur Sicherung aller gegenwärtigen und künftigen – auch bedingten oder befristeten – Ansprüche, die der Bank aus der Geschäftsverbindung gegen den Sicherungsgeber zustehen.

2. Der Wert der abgetretenen Forderungen hat stets den jeweils vereinbarten Betrag zu erreichen, in dessen Höhe der Kredit gedeckt sein muss (Deckungsgrenze).

§ 407 BGB

Verlängerter Eigentumsvorbehalt (vgl. § 455 BGB): Vereinbarung zwischen Lieferer und Käufer, dass das Eigentum an der gelieferten Ware erst mit der vollständigen Bezahlung übergeht und bei einer vorherigen Wertveräußerung die daraus entstehenden Forderungen an den Lieferer abgetreten werden.

Risiken der stillen Zession

Auf die Sicherungsabtretung finden die Vorschriften des BGB über die Abtretung von Forderungen Anwendung. Danach kann der Abtretungsvertrag grundsätzlich **formfrei** geschlossen werden. Nur in wenigen, seltenen Fällen ist die Schriftform erforderlich. Eine Benachrichtigung des Drittschuldners ist nicht vorgeschrieben.

- Im **Außenverhältnis** – gegenüber dem Drittschuldner – verschafft die Abtretung einer Forderung dem Kreditgeber die uneingeschränkte Rechtsstellung eines Gläubigers.

- Im **Innenverhältnis** – zwischen Kreditnehmer und Kreditgeber – wird dieses Recht durch die sogenannte **Sicherungsabrede** im Rahmen der Abtretungserklärung eingeschränkt. Danach darf der Abtretungsempfänger nur zur Sicherung seiner Kreditforderung über die abgetretenen Ansprüche verfügen. Er ist außerdem verpflichtet, die von ihm eingenommenen Forderungsbeträge zur Abdeckung der Kreditschuld des Abtretenden zu verwenden und einen möglichen Überschuss auszuzahlen.

Die Rechtsstellung des Drittschuldners darf durch die Abtretung nicht beeinträchtigt werden. Deshalb kann er gegenüber dem Abtretungsempfänger sämtliche Rechte geltend machen, die ihm auch gegenüber dem Zedenten zustehen würden.

In der Abtretungserklärung werden die abgetretenen Forderungen genau gekennzeichnet. Es sind grundsätzlich alle Forderungen abtretbar, auch künftige und bedingte Forderungen.

Die Sicherungsabtretungen können sowohl hinsichtlich der **Benachrichtigung des Drittschuldners** als auch der **Vertragsgestaltung** unterschieden werden.

- **Offene Zession**: Der Drittschuldner wird über die Abtretung informiert. Er kann deshalb nicht mehr mit schuldbefreiender Wirkung an den Kreditnehmer (Zedenten) zahlen, sofern er die Forderungsabtretung nicht vertraglich ausgeschlossen hatte. In diesem Zusammenhang sollte besonders geprüft werden, ob ein **verlängerter Eigentumsvorbehalt** seitens des Lieferanten vorliegt.

- **Stille Zession**: Der Zessionar verzichtet auf eine Benachrichtigung des Drittschuldners, so dass dieser weiterhin schuldbefreiend an den Zedenten bezahlen kann. Der Zedent ist in diesem Fall verpflichtet, den Zahlungseingang an den Zessionar abzuführen. Der Kreditgeber hat das Recht, den Drittschuldner von der Sicherungsabtretung zu benachrichtigen, wenn dies zur Wahrung der Sicherungsrechte erforderlich erscheint. Dieses **Offenlegungsrecht** kann vertraglich nicht ausgeschlossen werden.

In der Praxis wird überwiegend die stille Zession vereinbart, da viele Kreditnehmer befürchten, dass eine Benachrichtigung ihrer Schuldner unter Umständen zu einer Schädigung ihres Ansehens führen könnte. Der Kreditgeber darf jedoch nicht übersehen, dass mit der stillen Zession erhebliche zusätzliche Risiken verbunden sind:

- Ein Teil der abgetretenen Forderungen könnte auf Konten des Zedenten bei anderen Kreditinstituten eingehen und unter Umständen nicht zur Abdeckung der Schuld bei der kreditgebenden Bank benutzt werden.

- Der Kreditnehmer könnte die Forderungen bereits mehrfach abgetreten haben. In diesem Falle würde nur der Zessionar eine Sicherheit besitzen, dessen Abtretungsvertrag zeitlich an erster Stelle liegt ("Wer zuerst kommt, mahlt zuerst").

- Der Kreditnehmer könnte Forderungen abtreten, die überhaupt nicht – oder nicht mehr – existieren.

- Der Kreditnehmer könnte Forderungen abtreten, die mit einem vertraglichen Abtretungsverbot belegt sind.

- Der Bestand der Forderungen könnte durch Gegenforderungen gefährdet sein.

Für die Abtretung von Forderungen aus Warenlieferungen und Leistungen eignet sich die Form der Einzelabtretung in der Regel nicht, da sich solche Forderungsbestände meist kurzfristig und häufig in ihrer Zusammensetzung ändern. Deswegen werden meist folgende Formen benutzt:

- **Mantelzession:** Der Kreditnehmer verpflichtet sich, laufend Forderungen in Höhe eines bestimmten Gesamtbetrages an die Bank abzutreten. Der Mantelvertrag bewirkt noch keine Übertragung der Forderungsrechte an den Kreditgeber. Die eigentliche Abtretung erfolgt erst im Augenblick der Einreichung der betreffenden Rechnungskopien oder Debitorenlisten (konstitutive Wirkung der Einreichung).

Text einer Mantelzession:
Der Wert der abgetretenen Forderungen muss jeweils mindestens 300 % der Verbindlichkeiten des Kreditnehmers gegenüber der Bank betragen (Deckungsgrenze). Soweit eine besondere Vereinbarung nicht getroffen worden ist, muss der Wert der abgetretenen Forderungen zumindest dem Gesamtbetrag der gesicherten Ansprüche entsprechen.

Debitorenliste:
Unter Bezugnahme auf den mit Ihnen geschlossenen Globalzessionsvertrag melden wir Ihnen die nachstehenden Forderungen ...

- **Globalzession:** Der Kreditnehmer vereinbart mit seiner Bank, dass sämtliche gegenüber bestimmten Kunden oder aus bestimmten Gründen innerhalb eines festgelegten Zeitraums bestehenden und in der Zukunft entstehenden Forderungen an die Bank abgetreten sind. Die bezeichneten, künftig entstehenden Forderungen gehen somit **im Zeitpunkt ihres Entstehens** sofort auf den Kreditgeber über. Die Übersendung von Rechnungskopien oder **Debitorenlisten**, die regelmäßig verlangt wird, dient deshalb nur der Nachprüfung des Bestandes der abgetretenen Forderungen (deklaratorische Wirkung der Einreichung).

Die Abtretung von Forderungen und die Übertragung von Rechten an die kreditgebende Bank ist eine weit verbreitete Form der Besicherung von Krediten. Dabei kommt der sicherungsweisen Abtretung von Forderungen, die im Geschäftsbetrieb des Kreditnehmers entstanden sind, die größere Bedeutung zu.

Abtretung einer Lebensversicherung

Versicherungsschein Nr.	abgeschlossen am
167 79834	12.06.20..

Versicherungssumme
200 000 EUR

Als Sicherheit für alle gegenwärtigen und künftigen – auch bedingten oder befristeten – Ansprüche der Finanzbank Aktiengesellschaft und ihrer Niederlassungen gegen mich, gleichviel, aus welchem Grunde diese Ansprüche entstanden oder auf die Bank übergegangen sein mögen, übertrage ich Ihnen hiermit meine sämtlichen Rechte aus dem obigen Versicherungsvertrag einschließlich aller Ansprüche aus etwaigen Zusatzversicherungen.

Verbot der Knebelung

Die Banken bevorzugen bei der Abtretung von Forderungen aus Warenlieferungen und Leistungen die Globalzession, da sie hierbei eine günstigere Rechtsposition haben.

Wegen der **Risiken** und der aus den Umsatzschwankungen beim Zedenten resultierenden unterschiedlichen Höhe des Gesamtbetrages der abgetretenen Forderungen bei Rahmenabtretungen verlangen die Kreditinstitute im Allgemeinen eine **Überdeckung des Kredits.** Der Kreditnehmer muss also Forderungen in einem Gesamtbetrag abtreten, der meist erheblich über dem Kreditbetrag liegt. Bei stillen Mantel- und Globalzessionen kann näherungsweise mit folgenden durchschnittlichen Beleihungswerten gerechnet werden:

- Nachgewiesene Forderungsrechte gegenüber Schuldnern, denen aufgrund von Auskünften eine gute Bonität zugesprochen werden kann, ca. 40 %.

- Nachgewiesene Gläubigerrechte ohne Bonitätsnachweis über die Schuldner ca. 20 %.

Die Banken müssen bei dieser Besicherung ihrer Kredite aber darauf achten, dass keine „**Überbesicherung**" ihrer Kreditforderungen erfolgt. Nach der Rechtsprechung ist ein Zessionsvertrag als nichtig wegen „**Gläubigergefährdung**" anzusehen, wenn ein krasses Missverhältnis zwischen der zu sichernden Forderung der Bank und dem Wert der als Sicherheit abgetretenen Forderungen entsteht.

Vertragliches Pfandrecht

Christa Gauch ist Eigentümerin eines Effektendepots, das sie durch ihre Bank verwalten lässt. Als sie wegen eines kurzfristigen Finanzbedarfs bei ihrer Bank vorspricht, rät ihr diese, die Effekten nicht zu verkaufen, da die momentane Lage an der Börse dafür nicht günstig sei. Die Finanzbank AG schlägt deshalb vor, einen Teil der Effekten als Sicherung für ein kurzfristiges Darlehen zu verpfänden.

Pfandrecht

> Das **Pfandrecht** ist ein dingliches, gegen jedermann wirkendes Recht an fremden beweglichen Sachen oder Rechten zur Sicherung einer Forderung, das den Gläubiger berechtigt, sich daraus zu befriedigen.

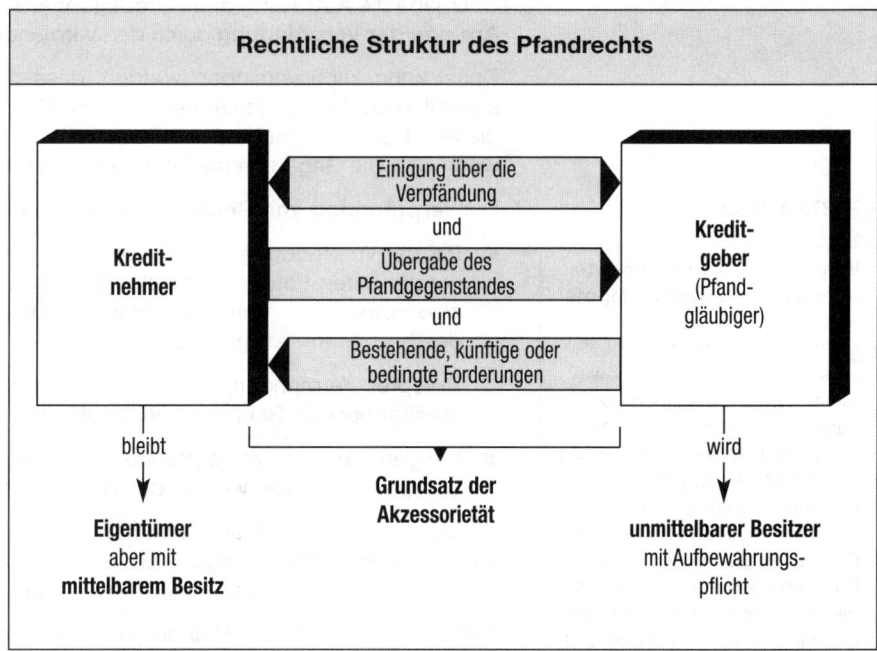

Rechtliche Struktur des Pfandrechts

§§ 1204 ff. BGB

Sachen und Rechte sind als Gegenstand eines Pfandrechtes geeignet, wenn sie **genau bestimmbar** und **übertragbar** sind.

In der Praxis kommen vor allem folgende Pfandrechte vor:

● **Pfandrechte an beweglichen Sachen**: Münzen, Edelmetalle, Schmuck, Gemälde u. a.,

● **Pfandrecht an Rechten**: Forderungen gegen Kreditinstitute und Lebensversicherungen, Effekten, Beteiligungsrechte.

Das Pfandrecht – eine akzessorische Sicherheit

Die Entstehung des Pfandrechts ist grundsätzlich an drei Voraussetzungen geknüpft:

● Kreditgeber und Kreditnehmer müssen sich – meist im Rahmen des Kreditvertrages – darüber **einigen**, dass das Pfandrecht dem Gläubiger zustehen soll.

● Wird eine bewegliche Sache verpfändet, so muss diese dem Gläubiger übergeben werden (**Faustpfandprinzip**).

● Das Pfandrecht muss in Zusammenhang mit einer bestehenden, künftigen oder bedingten Forderung stehen (**Akzessorietät des Pfandrechts**). Ohne die zu sichernde Forderung kann das Pfandrecht weder entstehen noch übertragen werden.

Hält der Kreditnehmer die Pfandgegenstände noch in seinem unmittelbaren Besitz und ist eine Übergabe wegen deren Beschaffenheit nicht möglich oder nicht erwünscht, genügt es, wenn der Kreditgeber den **Mitbesitz** an der Sache erhält. Dies wird dadurch erreicht, dass der Pfandnehmer die Sachen unter **Mitverschluss** nimmt.

So können z. B. verpfändete Waren in einem gesonderten Raum gelagert werden, der nur vom Kreditnehmer und der Bank gemeinschaftlich geöffnet werden kann. Werden die Pfandgegenstände bei einem Dritten gelagert, so tritt an die Stelle der Übergabe die **Abtretung des Herausgabeanspruches gegen den Dritten** und die **Anzeige der Verpfändung** durch den Verpfänder an diesen unmittelbaren Besitzer.

Dabei kann auch vereinbart werden, dass die Pfandgegenstände nur gemeinschaftlich an den Kreditnehmer und den Pfandgläubiger ausgehändigt werden. In diesem Falle entspricht diese Regelung der Einräumung des Mitverschlusses, wenn sich die Gegenstände noch beim Kreditnehmer befinden.

§§ 1273 ff. BGB

Die **Verpfändung von Rechten** erfolgt grundsätzlich in zwei Formen:

● Bei der Verpfändung einer Forderung ist die Anzeige durch den Gläubiger der verpfändeten Forderung an den Schuldner erforderlich. Das Pfandrecht wird also aufgedeckt, damit der Pfandgläubiger vor unberechtigten Verfügungen des Kreditnehmers geschützt wird.

  Beispiel: Verpfändung von Kontoguthaben bei einer Bank. Guthaben bei der kreditgebenden Bank können verpfändet werden.

● Werden Wertpapiere verpfändet, so entsteht das Pfandrecht grundsätzlich in der gleichen Weise wie bei der Verpfändung beweglicher Sachen.

Die Verwertung eines Pfandes ist nach den gesetzlichen Bestimmungen zulässig, sobald die **Pfandreife** eingetreten ist. Diese Voraussetzung ist erfüllt, sobald die gesicherte Forderung ganz oder teilweise fällig ist.

Je nach dem Objekt des Pfandrechtes erfolgt die Verwertung in unterschiedlicher Weise.

● Bei der **Verpfändung beweglicher Sachen** kann der Pfandgläubiger den **privaten Pfandverkauf** in die Wege leiten. Dabei hat er bestimmte Vorschriften einzuhalten. Die Möglichkeit der Verwertung im Wege der Zwangsvollstreckung findet bei beweglichen Sachpfändern kaum Anwendung.

● Bei der **Verpfändung von Forderungen** zieht der Pfandgläubiger nach Eintritt der Pfandreife den geforderten Betrag ein. Der Forderungsschuldner darf nur noch an ihn leisten.

● Bei der **Verpfändung von Wertpapieren** erfolgt die Befriedigung des Pfandgläubigers durch den freihändigen Verkauf über die Börse, sofern die Papiere börsengängig sind.

Verpfändete Wertpapiere, die eine Forderung verbriefen (z. B. Wechsel) können vom Pfandgläubiger bei Fälligkeit eingezogen werden.

Verpfändung von Kontoguthaben und Wertpapierdepots

Meine jeweilig bei Ihnen bestehenden Kontoguthaben sowie meine jeweilig bei Ihnen vorhandenen Wertpapierdepots einschließlich der auf die Aktien anfallenden Bezugsrechte und Berichtigungsaktien sowie der Rechte aus Zins-, Renten- und Gewinnanteilscheinen nebst Erneuerungsscheinen verpfände ich Ihnen hiermit als Sicherheit für alle gegenwärtigen und künftigen – auch bedingten und befristeten – Ansprüche der Finanzbank Aktiengesellschaft und ihrer Niederlassungen gegen mich, gleichviel, aus welchem Grunde diese Forderungen entstanden oder auf die Bank übergegangen sein mögen ...

Sie sind berechtigt, bei Fälligkeit Ihrer Forderungen zu Ihrer Befriedigung meine als Pfand dienenden Werte nach den Bestimmungen Ihrer Allgemeinen Geschäftsbedingungen zu verwerten.

Bedeutung des Pfandrechts

Das Pfandrecht hat im Geschäftsverkehr der Banken auch heute noch ein breites Anwendungsgebiet, obwohl es in vielen Bereichen durch die Sicherungszession bzw. Sicherungsübereignung ersetzt wurde. Dafür sind vor allem zwei Gründe maßgebend:

● Während bei der Verpfändung von Forderungen eine Anzeige an den Schuldner durch den Verpfänder erforderlich ist, kann die Abtretung in stiller Form durchgeführt werden. Viele Kunden legen Wert darauf, dass diese Offenlegung der Kreditsicherung unterbleibt.

● Die Verpfändung beweglicher Sachen lässt es nicht zu, dass der Kreditgeber – wie z. B. bei der Sicherungsübereignung – weiterhin diese Güter nutzen kann. Somit fallen die meisten Maschinen, Rohstoffe und Waren als Grundlage für eine Verpfändung aus.

Verpfändung von Wertpapieren – eine einfache Abwicklung

Von besonderer Bedeutung für die Banken ist jedoch die **Verpfändung von Wertpapieren**. Da der überwiegende Teil dieser Effekten bereits vor der Verpfändung bei der kreditgebenden Bank bzw. der Wertpapiersammelbank hinterlegt ist, genügt in der Regel die Einigung über die Verpfändung.

Sicherungsübereignung

Ralf Roche beabsichtigt, sich einen neuen Pkw zu kaufen. Da ihm zum Kaufpreis noch 15 000 EUR fehlen, will er bei seiner Bank ein entsprechendes Anschaffungsdarlehen aufnehmen. Diese ist damit einverstanden, sofern ihr der neue Wagen sicherungsübereignet wird.

Die Sicherungsübereignung hat keine besondere gesetzliche Regelung erfahren, sondern wurde durch die Praxis und die Rechtsprechung im Laufe der Zeit gestaltet.

Sicherungsübereignung

> Die **Sicherungsübereignung** ist die Übertragung des Eigentums an einer beweglichen Sache durch den Kreditnehmer (Sicherungsgeber) an den Kreditgeber (Sicherungsnehmer) zur Sicherung einer Forderung.

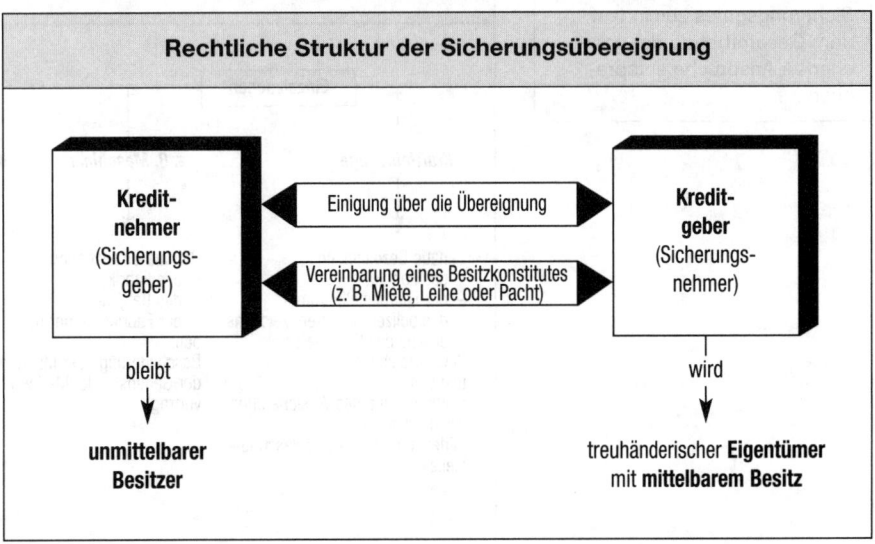

Rechtliche Struktur der Sicherungsübereignung

Kredit-nehmer (Sicherungs-geber) ← Einigung über die Übereignung → Kredit-geber (Sicherungs-nehmer)

← Vereinbarung eines Besitzkonstitutes (z. B. Miete, Leihe oder Pacht)

bleibt → **unmittelbarer Besitzer**

wird → treuhänderischer **Eigentümer** mit **mittelbarem Besitz**

§ 930 BGB
Besitzkonstitut

Finanzbank AG

**Allgemeine Sicherungs-
übereignungs-Bedingungen**

Die Übereignung erfolgt zur
Sicherung aller gegenwärtigen
und künftigen – auch bedingten
oder befristeten – Ansprüche,
die der Bank aus der Ge-
schäftsverbindung (insbesondere aus laufender Rechnung
und aus der Gewährung von
Krediten jeder Art), aus Bürgschaften und aus abgetretenen
oder kraft Gesetzes übergegangenen Forderungen sowie aus
Wechseln (auch soweit diese
von Dritten hereingegeben
worden sind) gegen den Sicherungsgeber, zustehen.

… Der Wert des Sicherungsgutes hat stets den jeweils vereinbarten Betrag zu erreichen,
in dessen Höhe der Kredit
gedeckt sein muss (Deckungsgrenze). Soweit eine besondere
Vereinbarung nicht getroffen
worden ist, muss der Wert des
Sicherungsgutes zumindest
dem Gesamtbetrag der gesicherten Ansprüche entsprechen.

Die Sicherungsübereignung vollzieht sich in der Praxis dadurch, dass dem Kredit-geber das **Eigentum** an den Sicherungsgegenständen übertragen wird und gleich-zeitig dem Kreditnehmer die Gegenstände wieder zur Benutzung überlassen wer-den. Die Übergabe, die grundsätzlich zur Eigentumsübertragung erforderlich ist, wird in diesem Fall durch die Vereinbarung eines **Besitzkonstituts** (Besitzmitt-lungsverhältnisses) in Form der Miete, Leihe oder Pacht ersetzt. Der Kreditnehmer kann daher unmittelbarer Besitzer der Güter bleiben und sie gewerblich oder privat nutzen.

Die Sicherungsübereignung kann sich auch auf Sachen erstrecken, die erst künf-tig in den Besitz des Sicherungsgebers gelangen werden (antizipierte Einigung).

In der Praxis treten teilweise Probleme auf, weil der Sicherungsgeber nicht Eigen-tümer der Gegenstände ist. In diesem Fall ist die Einigung unwirksam, es sei denn, dass der Erwerber den Veräußerer **gutgläubig** für den Eigentümer der Sachen hält. Ein Kreditgeber ist nicht mehr in gutem Glauben, wenn ihm bekannt oder infolge grober Fahrlässigkeit unbekannt ist, dass der betreffende Gegen-stand nicht dem Sicherungsgeber gehört. Nach der Rechtsprechung handelt eine Bank z. B. grob fahrlässig, wenn sie sich bei neuwertigen Gütern nicht anhand von Quittungen, Überweisungsbelegen oder ähnlichen Nachweisen Gewissheit darüber verschafft, dass ein möglicher Eigentumsvorbehalt des Lieferanten nicht mehr vorhanden ist. Bei Kraftfahrzeugen ist ein Erwerber nicht mehr in „gutem Glauben", wenn er sich nicht den Kfz-Brief vorlegen lässt oder nicht prüft, ob das Dokument zu dem übereigneten Kraftfahrzeug gehört. Beim Abschluss des Sicherungsübereignungsvertrages muss die kreditgebende Bank weiterhin da-rauf achten, dass die **übereigneten Gegenstände genau bestimmt** sind (Indivi-dualisierung). Das Sicherungsgut muss so gekennzeichnet sein, dass es sich von allen anderen – insbesondere gleichartigen – Sachen des Sicherungsgebers deutlich unterscheidet und über die Identität des Sicherungsgutes für jeden, der vom Inhalt des Vertrages Kenntnis hat, keine Zweifel bestehen.

Als Kreditsicherungen werden in der Praxis der Banken sowohl einzelne Gegen-stände als auch bestimmte – genau abgrenzbare – Gruppen von Sachwerten über-eignet.

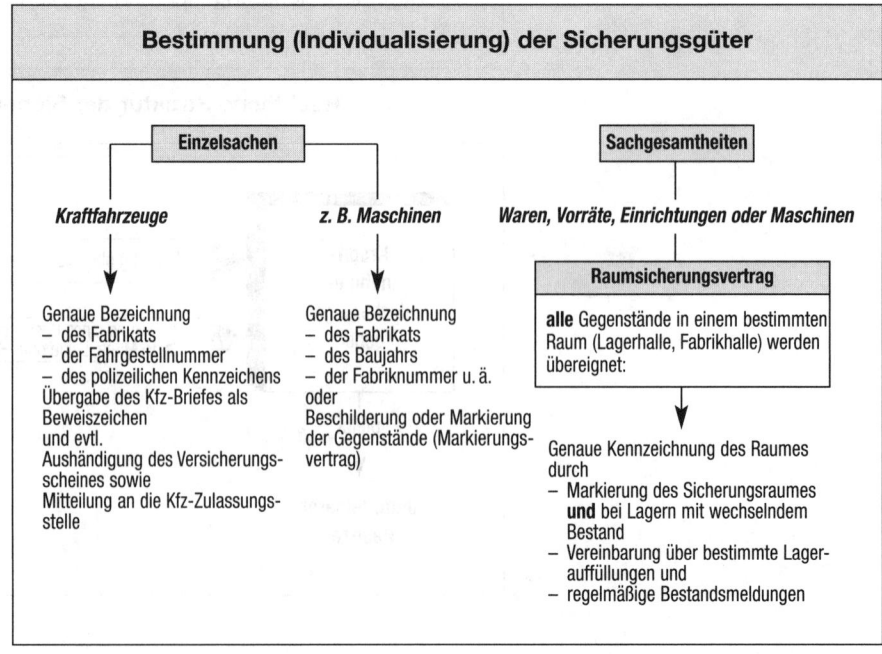

Bei Fahrzeugen und handelsüblichen Maschinen und Geräten kann der Marktwert mit Hilfe von Preisübersichten, z. B. der „Schwacke-Liste" für Pkw, meist recht genau ermittelt werden. Bei Spezialmaschinen und besonders angefertigten Einrichtungsgegenständen sind oftmals nur grobe Schätzungen möglich. Als Beleihungssätze können in der Praxis folgende Richtwerte angenommen werden:

Beleihungssätze bei der Sicherungsübereignung

● Fahrzeuge und handelsübliche Maschinen ca. 50 % des nachhaltigen Verkaufswertes,

● bei Spezialmaschinen, Sondereinrichtungen und Gütern mit einem „engen" Markt nur ganz geringe – teilweise sogar überhaupt keine – Beleihung möglich,

● bei marktgängigen Handelswaren ca. 20 – 50 %,

● bei Rohwaren und Halbfabrikaten ca. 30 % jeweils vom Einstandspreis,

● bei verderblichen bzw. modeabhängigen Waren ist keine Beleihung möglich.

Ist die Ware zum Zeitpunkt der Sicherungsübereignung an einen Dritten verliehen, vermietet oder verpachtet, so kann der Kreditnehmer den **Herausgabeanspruch** an die Bank abtreten. Sind die Gegenstände in einem sog. „Traditionspapier" wie z. B. einem Konossement oder Lagerschein verbrieft, so vollzieht sich die Übereignung durch die Übertragung des Wertpapiers (z. B. durch Indossament). Sofern die Waren im Rahmen eines Raumsicherungsvertrages übereignet sind, erlauben die Banken dem Sicherungsgeber meist die Verarbeitung und Veräußerung dieser Gegenstände. Dabei bedingen sie sich jedoch eine „verlängerte Sicherungsübereignung" aus, nach der sie an den neu erstellten Waren das Eigentum erlangen und bei der Weiterveräußerung die Ansprüche gegen den Käufer abgetreten werden.

Auszug aus einem Sicherungsübereignungsvertrag:

Sofern die Waren von Dritten in Besitz genommen, insbesondere zur Beförderung übernommen oder eingelagert werden, oder bereits eingelagert sind, tritt der Sicherungsgeber hiermit seine gegenwärtigen und zukünftigen Ansprüche auf Herausgabe der Waren gegen den jeweiligen unmittelbaren oder mittelbaren Besitzer an die Bank ab.

Bedeutung der Sicherungsübereignung

Die Sicherungsübereignung hat überall dort die Verpfändung verdrängt, wo die zwingende Vorschrift der Übergabe des Sicherungsgegenstandes an die Bank nicht erfüllt werden kann, z. B. weil

● die Übergabe und die Verwahrung der Sicherungsgegenstände infolge ihrer Natur weder durch die Bank noch durch einen beauftragten Lagerhalter durchführbar oder zweckmäßig ist oder

● der Kreditnehmer auf das Sicherungsgut nicht verzichten kann, weil er es für die Weiterführung seines Betriebes benötigt oder es für private Zwecke verwenden will.

Bei der Sicherungsübereignung ist der Kreditgeber jedoch wesentlich schwächer gesichert als der Pfandgläubiger, der das Pfand in Besitz nimmt. Der Sicherungsnehmer ist in hohem Maße von der Ehrlichkeit des Sicherungsgebers abhängig, dem er das Sicherungsgut zur Fortführung seiner Geschäfte überlassen muss.

Gefahren der Sicherungsübereignung

Die Gefahren der Sicherungsübereignung sind sehr vielschichtig:

● **Gefahr der Doppelübereignung**: Ist das Sicherungsgut bereits an einen Kreditgeber übereignet worden, so ist für einen weiteren Gläubiger kein gutgläubiger Erwerb mehr möglich.

● **Eigentumsvorbehalt eines Lieferanten**: Der Kreditgeber erwirbt zunächst kein Eigentum, bis bestimmte Bedingungen erfüllt sind.

§ 559 BGB

- **Gesetzliches Vermieterpfandrecht**: Das Sicherungsgut befindet sich in gemieteten Räumen oder auf gemietetem Gelände. Die Banken versuchen in solchen Fällen, eine Erklärung des Vermieters über seinen Verzicht auf das Vermieterpfandrecht einzuholen. Sollte dies nicht möglich sein, wird in der Regel die pünktliche Zahlung der Miete überwacht, damit dieses gesetzliche Pfandrecht nicht wirksam wird.

§ 926 BGB

- **Sicherungsübereignung von Zubehör eines Grundstückes**: Bewegliche Sachen, die – ohne Bestandteil des Grundstückes zu sein – dessen wirtschaftlichem Zweck dienen und mit ihm in einem entsprechenden räumlichen Verhältnis stehen, haften für bestehende Grundpfandrechte, sofern der Grundpfandgläubiger keine Verzichterklärung unterzeichnet hat.

- **Verkauf des Sicherungsgutes an gutgläubige Dritte**: Es besteht die Gefahr, dass das Eigentum des Kreditgebers verlorengeht, wenn ein Schuldner das Sicherungsgut weiterverkauft.

- **Preisverfall**: Der Wert des Sicherungsgutes kann durch die Änderung der Marktverhältnisse, durch neue technische Entwicklungen, durch Beschädigungen oder durch Abnutzung an Wert verlieren.

- **Verwertungsprobleme**: Die Absatzmöglichkeiten einzelner Sicherungsgüter können beschränkt sein.

Diese Gefahren haben zu einer vorsichtigen Einschätzung dieser Sicherungsform in Bankkreisen geführt. Die Kreditinstitute setzen ihre Beleihungssätze sehr niedrig an und benutzen die Sicherungsübereignung oftmals nur als ergänzende Sicherheit, wenn andere Sicherungsmittel als nicht vollständig ausreichend angesehen werden können.

Wahl der Kreditsicherheiten

Nach Abschluss der Kreditwürdigkeitsprüfung hat die kreditgebende Bank jeweils zu prüfen, ob und in welchem Ausmaße Kreditsicherungen verlangt werden müssen. Dabei sind sämtliche Umstände der Kreditgewährung zu berücksichtigen.

In der Bankpolitik werden vor allem die auf der nächsten Seite aufgeführten Kreditsicherheiten vereinbart, wobei die Vor- und Nachteile jeweils sorgfältig gegeneinander abgewogen werden müssen, sofern die Bank eine Auswahlmöglichkeit hat.

Die bankgängigen Kreditsicherheiten im Überblick

Art	Voraussetzungen	Vorteile	Nachteile	Durchschnittliche Beleihungsgrenze
Grundschuld****	– Notarielle Beurkundung – Eintragung ins Grundbuch – Evtl. Übergabe des Grundschuldbriefes	– Sehr wertbeständig (Sachwerte) – Wiederholt für Kredite verwendbar – Wenig überwachungsbedürftig – Verwertung ist ohne juristische Probleme möglich	– Relativ hohe Notarkosten – Evtl. Probleme bei der Bewertung der Objekte	60 – 80 % vom Beleihungswert
Verpfändung von Guthaben beim eigenen Institut****	– Einigung über das Pfandrecht – Aus Sicherheitsgründen evtl. Hinterlegung des Sparbuches	– Sehr geringe Kosten – Sehr sicher	– Evtl. Bestehen von prämien- oder steuerschädlichen Verboten	100 % des Guthabens bzw. Barwerts
Bürgschaft***	– I. d. R. schriftlicher Bürgschaftsvertrag – Entstehung der Hauptforderung	– Sehr geringe Kosten – Schuldrechtliche Mitverpflichtung einer weiteren Person von guter Bonität – Schnelle und problemlose Verwertung möglich	– Evtl. Probleme bei der Prüfung und Überwachung der Bonität – Bei Verwertung könnte das Verhältnis zwischen Bank und Bürgen gestört werden	Bis 100 % je nach Bonität
Verpfändung von Wertpapieren***	– Einigung über das Pfandrecht – Übertragung der Wertpapiere z. B. durch Umbuchung bei der Deutsche Börse Clearing AG	– Geringe Kosten – Leicht überschaubar, da Börsenkurse – I. d. R. sofort verwertbar	– Gefahr des Kursverfalls	Bei Aktien um 50 – 60 % bei Rentenwerten 70 – 80 % vom Kurswert
Abtretung von Forderungen aus Geld- und Kapitalanlagen (Banken, Bausparkassen, Versicherungen)***	– Bei Banken Offenlegung und Bestätigung; evtl. Hinterlegung des Sparbuches – Bei Versicherungen Offenlegung, Bestätigung, Zustimmung des Bezugsberechtigten und Aushändigung der Police – Bei Bausparverträgen, Offenlegung und Bestätigung	– Geringe Kosten – Leicht überschaubar – Sehr sicher – I. d. R. sofort verwertbar	– In bestimmten Fällen Gefahr der Doppelabtretung – Evtl. Bestehen von prämien- oder steuerrechtlichen Abtretungsverboten	100 % vom Guthaben bzw. Rückkaufwertes
Abtretung von Gehaltsansprüchen**	– Abtretungserklärung – Evtl. Mitteilung an den Arbeitgeber	– Geringe Kosten – I. d. R. sofortige Verwertung möglich	– Gefahr der Aufgabe des Arbeitsplatzes – Evtl. Ausschluss der Abtretung durch den Arbeitgeber	–
Sicherungsübereignung**	– Einigung über die Übereignung – Besitzkonstitut	– Geringe Kosten – Bei marktgängigen Gütern rasche Verwertung möglich	– Bewertungsprobleme – Überwachungsprobleme – Konkurrenz zu anderen Rechten (z. B. Eigentumsvorbehalt) – Verwertung erfordert oftmals gerichtliche Auseinandersetzung	Je nach Sicherungsgut 20 – 50 % vom Anschaffungswert
Abtretung von Forderungen aus Lieferungen und Leistungen**	– Abtretungserklärung – Bei der Mantelzession Übergabe der Debitorenlisten bzw. Rechnungskopien	– Geringe Kosten – Bei der offenen Zession I. d. R. sofortige Verwertung möglich	– Sehr überwachungsintensiv – Bewertungsprobleme – Konkurrenz zu anderen Rechten – Besondere Gefahren bei der stillen Zession	Je nach Drittschuldner 20 – 40 %

**** = Sehr gute Sicherheit**   ***** = Gute Sicherheit**   **** und * = Als Ergänzung geeignete Sicherheit**

Aufgaben

1. Stellen Sie die gegensätzlichen Interessen von Kreditgeber und Kreditnehmer der Sicherung von Krediten einander gegenüber.

2. Skizzieren Sie die grundsätzlichen Kreditsicherungsmöglichkeiten und geben Sie jeweils deren Bedeutung in der Praxis des heutigen Kreditgeschäftes an.

3. Erklären Sie den Unterschied zwischen akzessorischen und treuhänderischen Sicherheiten und erläutern Sie, welche Auswirkungen diese Eigenschaften für die Bewertung der Kreditsicherheiten haben.

4. Die Jahresbilanz der Großhandlung Karl Geiger weist folgende Werte auf:

Aktiva		Bilanz	Passiva
Grundstücke u.		Eigenkapital	280 000 EUR
Gebäude	490 000 EUR	Grundschuld-	
Maschinen	350 000 EUR	darlehen	200 000 EUR
Vorräte	120 000 EUR	Sonst. langfristige	
Wertpapiere	40 000 EUR	Darlehen	290 000 EUR
Besitzwechsel	40 000 EUR	Schuldwechsel	60 000 EUR
Forderungen	100 000 EUR	kurzfristige	
Bank und Kasse	60 000 EUR	Verbindl.	370 000 EUR
	1 200 000 EUR		1 200 000 EUR

Die Großhandlung benötigt ein langfristiges Darlehen über 80 000 Euro sowie einen kurzfristigen Kredit über 50 000 Euro. Prüfen Sie, welche Bilanzpositionen als Kreditsicherheiten in Frage kämen und erstellen Sie einen Vorschlag. Erläutern Sie die einzelnen Sicherungsformen.

9.4.8 Wahl der Kreditart

Die Finanzierung der Lagerhalle soll sich nach den Wünschen der Northoff OHG auf einen Zeitraum von zehn Jahren erstrecken. Deshalb ist für diese Finanzierungsform die Auswahl unter den Kreditarten begrenzt. Der aktuelle Liquiditätsbedarf der Großhandlung soll möglichst flexibel abgedeckt werden, damit er sich dem jeweiligen Kapitalbedarf anpasst.

Im Kreditgeschäft der Banken ist die Unterscheidung in das Geldleihgeschäft und das Kreditleihgeschäft von Bedeutung.

Geldleihgeschäfte

- Kontokorrentkredit
- Lombardkredit
- Diskontkredit
- Darlehen

Kreditleihgeschäfte

- Akzeptkredit
- Avalkredit

Bei **Geldleihgeschäften** stellt die Bank ihrem Kreditnehmer einen bestimmten Geldbetrag für eine gewisse Zeit zur Verfügung.

Da die Tilgung dieser Kredite ebenfalls in Geld erfolgt, sind sie rechtlich als **Darlehensgeschäfte** einzuordnen.

Bei **Kreditleihgeschäften** gibt die Bank lediglich das Versprechen, Zahlungen zu leisten, sofern der Kreditnehmer seinen Verpflichtungen nicht nachkommt.

Die Hergabe von Geld wird somit durch ein **bedingtes Zahlungsversprechen** der Bank ersetzt. Die Bank ermöglicht damit ihrem Kreditnehmer, sich mit Hilfe ihres eigenen Ansehens, das sie bei Dritten genießt (Kredit), an anderer Stelle selbst Kredit zu verschaffen.

Während im allgemeinen Sprachgebrauch der Begriff „Darlehen" oft gleichbedeutend mit „Kredit" gebraucht wird, versteht man im Kreditgewerbe darunter mittel- und langfristige Kredite, die in einer Summe ausbezahlt und meist regelmäßig getilgt werden.

Diskontkredit

Die Setrus AG produziert auf der Basis von Fahrgestellen und Motoren großer Nutzfahrzeugfirmen eigene Omnibusse. Die Abnehmer dieser Fahrzeuge sind überwiegend kleinere Omnibusunternehmen, die in der Regel eine Finanzierung über Wechsel wünschen. Deshalb erhält die Setrus AG regelmäßig Akzepte ihrer Kunden, die sie aus Liquiditätsgründen bei ihrer Bank zum Diskont einreicht.

Diskontkredit:
- §§ 433 ff. BGB zum Kaufvertrag
- Wechselgesetz
- AGB der Banken
- Formvorschriften der Deutschen Bundesbank

Der **Diskontkredit** ist ein kurzfristiger Kredit, den ein Kreditinstitut dem Einreicher der Wechsel durch Ankauf vor Fälligkeit – unter Abzug von Zinsen für die Restlaufzeit (= Diskont) – auszahlt.

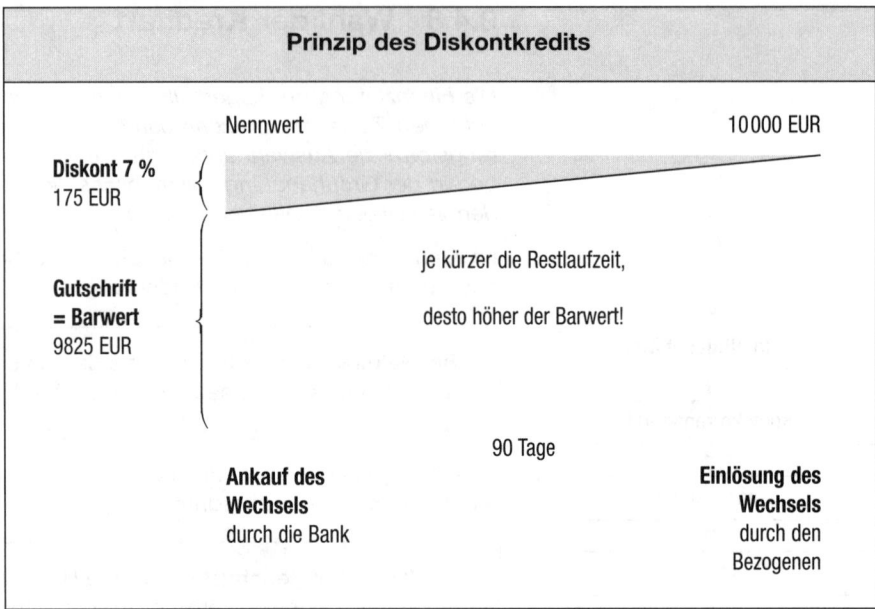

Prinzip des Diskontkredits

Nennwert   10 000 EUR

Diskont 7 %
175 EUR

**Gutschrift
= Barwert**
9825 EUR

je kürzer die Restlaufzeit,

desto höher der Barwert!

90 Tage

**Ankauf des
Wechsels**
durch die Bank

**Einlösung des
Wechsels**
durch den
Bezogenen

Die **Höhe und die Laufzeit des Diskontkredits** wird durch die eingereichten Wechsel bestimmt. Dabei ist es üblich, das Einreicherlimit regelmäßig zu verlängern, so dass der Diskontkredit oftmals den Charakter eines „Dauerkredits" erhält. Wechsel, die von den Kreditinstituten angekauft werden, haben überwiegend eine kurzfristige Laufzeit.

Wechselstrenge

Die **Rückzahlung des Diskontkredits** erfolgt am Verfalltag durch den Bezogenen, unabhängig von der finanziellen Situation des Kreditnehmers. Ist der Bezogene nicht mehr zahlungsfähig, haften jedoch der Wechseleinreicher und eventuell andere Wechselverpflichtete für die Einlösung. Das Kreditrisiko verteilt sich also auf mehrere Beteiligte.

Die Höhe des Diskontsatzes, den der Wechseleinreicher berechnet bekommt, hängt von folgenden Faktoren ab:

● Zinsniveau am Geld- und Kapitalmarkt,

● Liquiditäts- und Ertragslage des Kreditinstituts,

● Qualität des Wechselmaterials,

● Umfang der Wechseleinreichungen, wobei mit zunehmenden Beträgen günstigere Sätze berechnet werden,

● Verhandlungsposition des Kreditnehmers aufgrund seiner Bedeutung als Bankkunde für das Kreditinstitut sowie

● örtliche Konkurrenzsituation.

Der Wechseldiskontkreditvertrag kommt aufgrund eines Kreditantrages des Kunden und der sogenannten **„Diskontzusage"** der Bank an den Kunden zustande.

Die Annahme des Antrags erfolgt auch bei dieser Kreditform erst nach einer gründlichen Bonitätsprüfung. Obwohl wechselrechtlich die Bezogenen der Wechsel in erster Linie verpflichtet sind, steht für die Banken meist die Bonität des Wechseleinreichers im Vordergrund, da sie diese besonders gut überschauen können.

Einreicherobligo
Die Diskontzusage enthält das **Einreicherobligo**. Dies ist der Gesamtbetrag, bis zu dem die Bank bereit ist, vom Kreditnehmer eingereichte Wechsel zu diskontieren. Dabei behält sich das Kreditinstitut vor, einzelne Wechsel, die nicht geeignet erscheinen, zurückzugeben. In der Praxis werden oftmals auch nur interne Diskontlimite notiert; dem Kunden wird in diesem Fall nur der Ankauf rediskontfähiger Warenwechsel angeboten.

Bedeutung des Diskontkredits
Der Diskontkredit findet heute ausschließlich im gewerblichen Bereich Verwendung.

Für den Kreditnehmer bietet er einige Vorteile:

● Selbst gewährte Lieferantenkredite können, sofern sie auf Wechselbasis abgewickelt wurden, relativ **problemlos** und **zinsgünstig** refinanziert werden.

● Aufgrund der Wechselstrenge **verzichten** die Banken meist auf **Bestellung zusätzlicher Sicherheiten.**

● Die Einräumung eines Einreicherobligos schafft einen **Liquiditätsspielraum** für den Kreditnehmer.

Der Kostenvorteil des Diskontkredits wird jedoch beeinträchtigt, weil die effektiven Zinskosten über dem nominellen Diskontsatz liegen, da der Diskont im Voraus und als Abschlag „vom Hundert" gerechnet wird.

Für die Kreditinstitute ist der Diskontkredit ein relativ einfach zu handhabendes Kreditmittel:

● Die Laufzeiten sind in der Regel kurz,

● die Fälligkeit der Wechsel ist auf den Tag genau festgelegt, so dass die Rückzahlung dieser Kredite in der Liquiditätsplanung genau bestimmt werden kann,

● das Kreditrisiko ist aufgrund der Wechselstrenge und mehrerer Wechselverpflichteter relativ gering.

Lombardkredit

Anna Neuendorf besitzt ein umfangreiches Effektendepot, das sie durch die Finanzbank AG verwalten lässt. Als sie sich entschließt, eine Ferienwohnung zu kaufen, benötigt sie für einige Wochen einen größeren Geldbetrag, bis die endgültige Finanzierung abgewickelt ist. Ihre Hausbank schlägt deshalb vor, den benötigten Kredit in Form eines Lombardkredits gegen Verpfändung der Effekten abzuwickeln.

Lombardkredit
§§ 607 ff. BGB
§§ 1204 ff. BGB
AGB der Banken

> Der **Lombardkredit** ist ein kurzfristiger, auf einen festen Betrag lautender und für eine feste Laufzeit vereinbarter Einzelkredit, der durch Verpfändung marktgängiger und damit leicht verwertbarer beweglicher Sachen oder Rechte gesichert ist.

Der **„echte Lombardkredit"** wird auf einem Kreditsonderkonto belastet und dem laufenden Konto des Kreditnehmers gutgeschrieben. Diese Form wird nur noch in Ausnahmefällen benutzt.

Der **„unechte Lombardkredit"** ist ein Kontokorrentkredit, der durch ein Pfandrecht gesichert wird. Da sich diese Form weitgehend durchgesetzt hat, lässt sich der Lombardkredit nur noch bedingt als eigenständige Kreditart anführen.

Alle Lombardkredite besitzen die folgenden gemeinsamen Merkmale:

Die **Abwicklung eines Effekten-Lombardkredits** bei Verpfändung von Girosammelbestandteilen

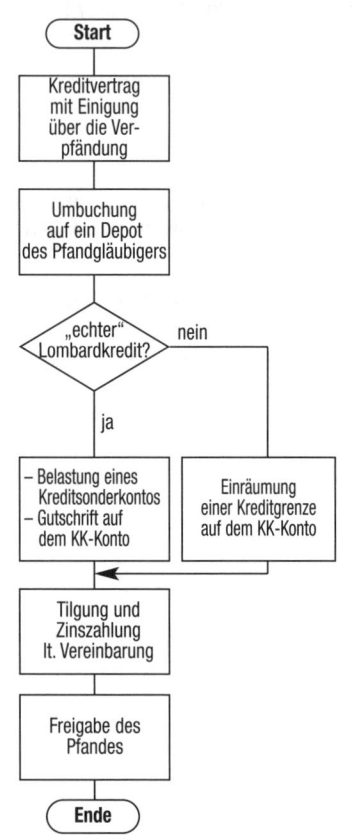

- Die Finanzmittel werden als kurzfristiger Buchkredit bereitgestellt, der in der Regel nicht verlängert wird.

- Als Pfand kommen in der Praxis nur wenige Objekte in Frage:

  - **Effekten** bilden wegen der einfachen Abwicklung der Verpfändung und ihrer einfachen Be- und Verwertbarkeit die größte Gruppe der Pfänder. Aktien werden meist mit 50 bis 60 %, festverzinsliche Anleihen mit 70 bis 80 % ihres Kurswertes beliehen.

  - **Wechsel** werden nur noch selten lombardiert, z. B. wenn von einem Kreditnehmer am Monatsultimo für wenige Tage Liquidität benötigt wird,

  - **Waren und Warenwertpapiere** werden von den Geschäftsbanken in den großen Hafenstädten als Pfand entgegengenommen. Derartige Kredite werden durch **wertbeständige** und **marktgängige Waren** gesichert, die an einer **Warenbörse** gehandelt und notiert werden, wie z. B. Zucker, Getreide, Baumwolle, Kaffee.

Der Lombardkredit hat heute im Kundengeschäft der Banken stark an Bedeutung verloren, da bei beweglichen Sicherungsgütern die **Sicherungsübereignung** bzw. bei Rechten und Forderungen die **Sicherungsabtretung** Vorteile bringen.

Die technische Abwicklung der Lombardkredite hängt von der Art der beliehenen Objekte ab. In der größten Zahl aller Fälle wird diese Kreditart als Effektenlombard abgewickelt. Dabei sind die Wertpapiere, die verpfändet werden sollen, in der Regel bei einer Wertpapiersammelbank verwahrt, so dass die Verpfändung durch einfache Umbuchung erfolgen kann.

Teilweise werden im Rahmen des Effektenhandels sogenannte **„Effektenkredite"** („Börsenkredite") vergeben, bei denen ein Effektenkäufer z. B. nur 50 % des Kaufpreises selbst aufbringt und den Rest als Lombardkredit gegen Verpfändung der anzuschaffenden Effekten erhält.

Akzeptkredit

Akzeptkredit:

- **BGB** mit seinen Bestimmungen über die Geschäftsbesorgung und das Darlehen
- **Wechselgesetz**
- **AGB der Bank**

Die Agrara GmbH benötigt zur Überbrückung eines vorübergehenden Liquiditäts-engpasses einen kurzfristigen Kredit. Die Bank bietet ihr deshalb einen entsprechenden Kontokorrentkredit an. Nachdem jedoch keine Einigung über die Konditionen erzielt werden konnte, schlug das Kreditinstitut eine Finanzierung im Rahmen eines Akzeptkredits vor, der für die Agrara GmbH günstigere Bedingungen bot.

> Der **Akzeptkredit** ist eine Kreditleihe, bei der die Bank eine vom Kreditnehmer auf sie gezogene Tratte unter der Bedingung akzeptiert, dass der Kunde den Gegenwert des Wechsels vor Fälligkeit zur Verfügung stellt.

Abwicklung eines Akzeptkredites (Regelfall):

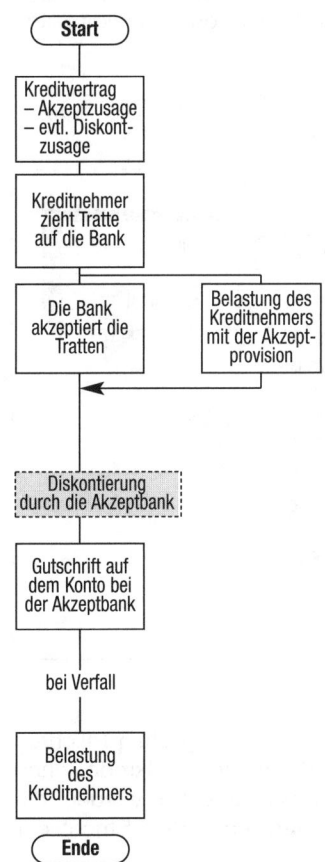

Der Akzeptkredit ist dadurch gekennzeichnet, dass die Bank primär kein Geld, sondern **ihre eigene Kreditwürdigkeit** in wechselrechtlicher Form zur Verfügung stellt.

- **Wechselrechtlich** wird die kreditgebende Bank zum **Hauptschuldner**;

- **wirtschaftlich** gesehen übernimmt sie jedoch lediglich eine **Eventualverbindlichkeit**, da sie bei Fälligkeit nur dann eine Zahlung aus eigenen Mitteln leisten muss, wenn der Kunde seinen Verpflichtungen nicht nachkommt.

Der Akzeptkredit ist ein kurzfristiger Kredit, der in der Regel der Finanzierung des Umlaufvermögens dient. Die Fälligkeit der Wechsel wird dabei den Zahlungsterminen des zugrunde liegenden Warengeschäftes angepasst, so dass der Kreditnehmer den Gegenwert für die Bankakzepte aus den Warenerlösen bereitstellen kann.

In den meisten Fällen werden die Bankakzepte durch das bezogene Kreditinstitut diskontiert, so dass der Kunde den Barwert sofort gutgeschrieben erhält. Da die Bank sich aufgrund der Akzepte meist günstig refinanzieren kann, ist diese Kreditform für den Kunden in der Regel billiger, obwohl neben den Diskontierungskosten auch noch die Akzeptprovision anfällt.

Die **Kreditwürdigkeitsprüfung** der Bank hat oftmals nur formalen Charakter, da Akzeptkredite grundsätzlich nur solchen Firmen gewährt werden, deren Bonität über jeden Zweifel erhaben ist. Mit der Akzeptleistung wird dem Kunden die **Akzeptprovision** belastet, die im Allgemeinen 1/4 % pro Monat beträgt, bei bevorzugten Kreditnehmern wird dieser Satz manchmal unterschritten.

Der Akzeptkredit ist vor allem im Bereich der Außenhandelsfinanzierung von Bedeutung. Der **Kreditnehmer** erhält zunächst ein Zahlungsmittel, das als absolut sicher angesehen wird. Er besitzt dazu die Möglichkeit, durch die Diskontierung dieser Akzepte einen relativ günstigen Geldkredit zu erhalten, der trotz der zusätzlich anfallenden Akzeptprovisionen meist günstiger ist als ein vergleichbarer Kontokorrentkredit. Außerdem verzichten die Banken in der Regel auf die Bestellung von Sicherheiten.

Die **Kreditinstitute** bieten mit Hilfe des Akzeptkredits sehr sichere Finanzierungen, bei denen sie günstige Refinanzierungsmöglichkeiten besitzen.

Avalkredit

Die Klempnerfirma Helmut Schlick hat für ein großes Wohnungsbauprojekt den Auftrag zur Installation des gesamten Rohrsystems erhalten. Der Bauträger, der nach den Auftragsbedingungen 5 % des Auftragsvolumens für Garantiezwecke von der Zahlung zurückhalten könnte, verzichtet auf dieses Recht, sofern er eine entsprechende Gewährleistungsbürgschaft einer Bank erhält.

Avalkredit:

- **BGB** mit seinen Bestimmungen über die Bürgschaft sowie die Geschäftsbesorgung
- **HGB** mit der Regelung für die Bürgschaft eines Kaufmanns im Rahmen seines Handelsgeschäfts
- **Wechselgesetz**, sofern die Bank eine Wechselbürgschaft übernommen hat
- **AGB der Bank**

> Der **Avalkredit** ist eine Kreditleihe, bei der ein Kreditinstitut für die Verbindlichkeiten eines Kunden die Haftung in Form der Bürgschaft oder einer Garantie übernimmt.

Das wesentliche Merkmal des Avalkredits ist – wie beim Akzeptkredit – die Tatsache, dass die Bank ihre **eigene Kreditwürdigkeit** zur Verfügung stellt.

Der Begünstigte aus einem Avalkredit erhält das **bedingte Zahlungsversprechen** eines Kreditinstitutes, das ihm erlaubt, auf die **Sicherstellung** durch liquide Mittel oder **Sachwerte** zu verzichten.

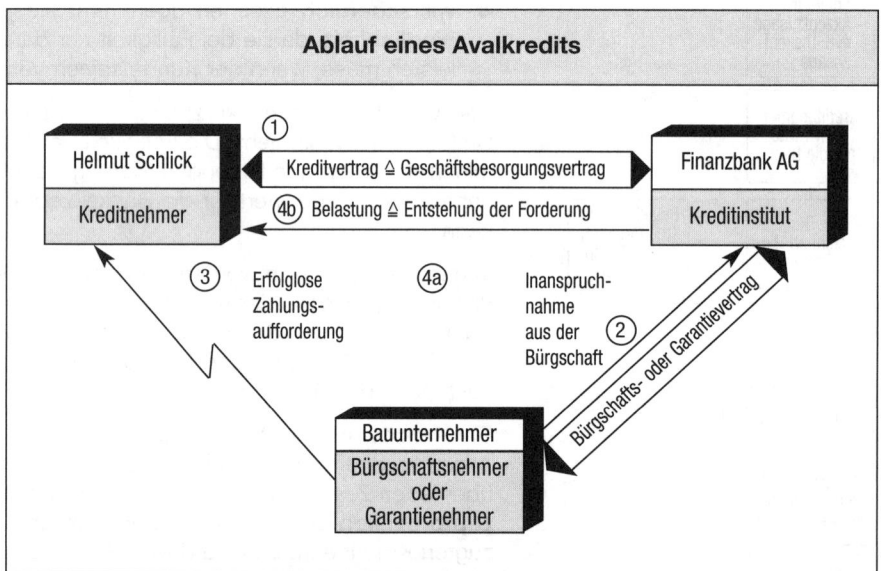

Im Normalfall, das heißt, wenn der Kreditnehmer seinen vertraglichen Pflichten gegenüber dem Bürgschaftsnehmer nachkommt, erlischt der Avalkredit, ohne dass die Bank eigene liquide Mittel einsetzen muss. Deshalb werden die Avalkredite grundsätzlich als **Eventualverbindlichkeiten** „unter dem Strich" der Bilanz ausgewiesen.

Infolge der verschiedenen Anwendungsformen sind die Laufzeiten der Avalkredite unterschiedlich. Neben den kurz- bis langfristig vereinbarten Avalkrediten kommen teilweise auch unbefristete Verpflichtungen der Kreditinstitute vor.

In Ausnahmefällen werden Avalkredite aufgrund eines Rahmenvertrages revolvierend gewährt. Das Aval lebt nach Ablauf wieder auf, ohne dass ein neuer Kreditvertrag notwendig wäre.

Bedeutung des Avalkredits

Für den Kreditnehmer ist der Avalkredit in erster Linie ein Mittel, das ihm den Einsatz liquider Mittel erspart und für das er nur die Avalprovision zu entrichten hat, die relativ niedrig ist. Teilweise bieten die Kreditinstitute ihren Kunden im Hinblick auf mögliche Folgegeschäfte sehr günstige Sätze an. Hinzu kommt, dass in der Regel keine Sicherheiten bestellt werden müssen.

Für die Kreditinstitute ermöglichen Avalkredite Kreditgeschäfte mit Kunden, bei denen sie nur dann liquide Mittel zur Verfügung stellen müssen, wenn sie aus ihrer Verpflichtungserklärung in Anspruch genommen werden. Voraussetzung dafür ist jedoch ein anerkannter Name der Bank, der eine gewisse Mindestgröße des Geschäftsvolumens oder eine besondere Stellung als Spezialist am Markt erfordert.

9.4.9 Vertragsabschluss

Die Prüfung der Voraussetzungen für eine Kreditauszahlung an die Northoff OHG ist positiv verlaufen, so dass die Finanzbank AG nun in einem Gespräch mit dem Antragsteller die Einzelheiten der geplanten Kreditvergabe besprechen kann.

Vor der endgültigen Entscheidung über den Kredit hat die Bank – gemeinsam mit dem zukünftigen Kreditnehmer – unter anderem folgende Einzelheiten festzulegen:

Wesentliche Inhalte des Kreditvertrages

● Die **Art, Höhe und Laufzeit des Kredits** wird in erster Linie durch das Antragsmotiv, d. h. den geplanten Verwendungszweck, bestimmt. Daneben sind auch die Kapitaldienstfähigkeit, die zur Verfügung stehenden Sicherheiten, die Kreditüberwachungsmöglichkeiten sowie die zur Verfügung stehenden Kreditprogramme der Banken von einiger Bedeutung.

● Die **Kreditsicherheiten** werden in Abhängigkeit von den Ergebnissen der Kreditwürdigkeitsprüfung festgelegt.

● Die **Zinsen, Auszahlungssätze und Provisionen** werden zwischen der Bank und dem Kunden ausgehandelt. Hierbei spielen vor allem die geschäftspolitische Zielsetzung der Bank, die Wettbewerbslage, der Verhandlungsspielraum des Kundenberaters und die Persönlichkeit und das Verhandlungsgeschick des Kunden eine Rolle. Nach der **Preisangabenverordnung** (PAngV) müssen Banken bei allen Krediten den „effektiven Jahreszins" angeben.

● Die **sonstigen Kreditbedingungen** dienen in der Regel dazu, die Position der Bank zu verbessern oder die Kreditüberwachung zu erleichtern. So werden z. B. bestimmte Investitionen von der Zustimmung der Bank abhängig gemacht oder der Kreditnehmer wird verpflichtet, regelmäßig Unterlagen über die Kreditverwendung einzureichen.

In Zuge der Schuldrechtsreform regelt künftig das BGB grundsätzlich alle Kreditverträge zwischen gewerblich handelnden Kreditgebern, also auch Kreditinstituten und natürlichen Personen.

Das Gesetz regelt vor allem die wesentlichen Inhalte dieser Kreditverträge mit dem Ziel, eine bessere Information der Kreditnehmer sicherzustellen, sowie das Widerrufsrecht.

Widerrufsrecht

Mit Ausnahme der Dispositionskredite gilt für alle Kredite, die vom VerbrKrG erfasst werden, ein **Widerrufsrecht innerhalb von einer Woche**. Der Kreditnehmer muss über dieses Recht in einer gesonderten und drucktechnisch deutlich
hervorgehobenen Widerrufsbelehrung, die er unterschreibt, informiert werden.
Sofern dies versäumt wird, erlischt sein Widerrufsrecht erst, wenn beide Seiten
ihre Leistungen vollständig erbracht haben, spätestens jedoch ein Jahr nach der
Vertragsannahme durch den Kreditnehmer.

*Der Kreditsachbearbeiter schlägt seiner Geschäftsleitung in seinem zusammen-
fassenden Krediturteil vor, das Darlehen mit einer Laufzeit von zehn Jahren gegen
ausreichende Sicherheiten zur Verfügung zu stellen. Die Finanzbank AG benachrichtigt Herrn Northoff über die Zustimmung zu seinem Kreditantrag. Gleichzeitig
sendet sie ihm einen Kreditvertrag mit der Bitte um Unterschrift und Rückgabe.*

① Die Übersendung bzw. die
Übergabe der Einverständniserklärung innerhalb einer evtl.
vereinbarten Frist führt zunächst nur zu einem **Vorvertrag**. Nach § 610 BGB hat der
Kreditgeber das Recht, sein
Darlehensversprechen zu
widerrufen, sofern der Anspruch auf Rückerstattung
durch eine Verschlechterung
der Vermögensverhältnisse des
Kreditbewerbers gefährdet
wird.

② Die Bereitstellung und die Inanspruchnahme des Kredits
begründen erst den **Hauptver-
trag**, da Kreditverträge nach
der weit verbreiteten Rechtsauffassung zur Gruppe der
„Realverträge" gerechnet werden, die zu ihrer Rechtswirksamkeit eine Handlung voraussetzen.

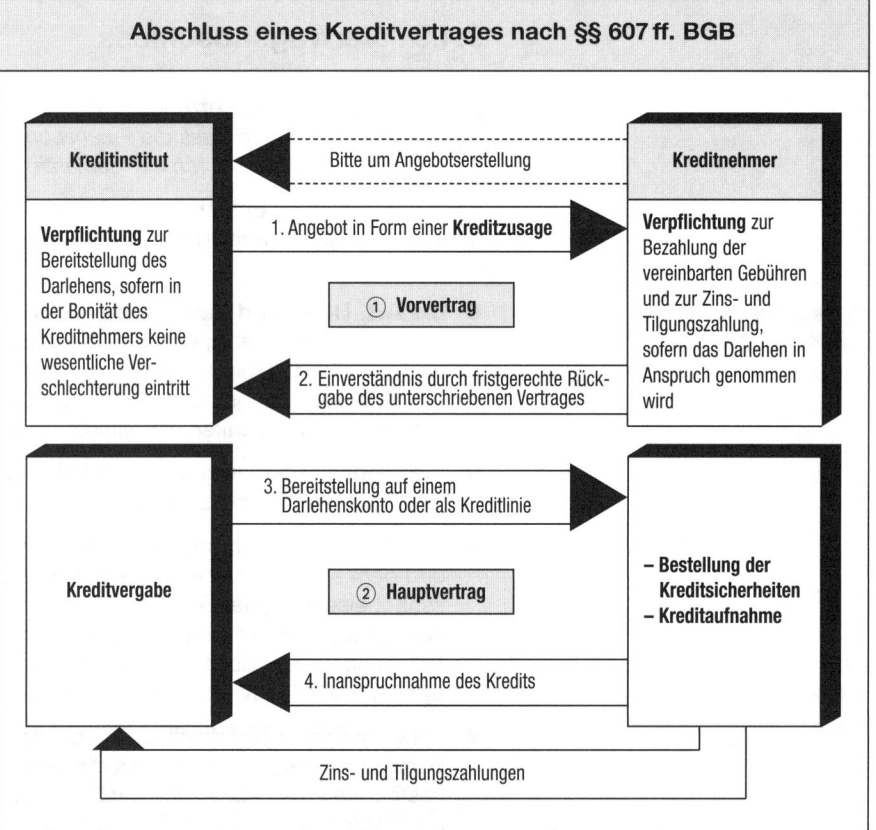

Die Kreditzusage wird in der Regel befristet. Erfolgt die Einverständniserklärung
nicht bis zu einem bestimmten Termin, so verliert die Zusage der Bank ihre Gültigkeit.

AGB Ziffer 17

Nach den AGB hat die Bank das Recht, **jederzeit** von der Kreditzusage bzw. von
dem Kreditvertrag zurückzutreten. Der Widerruf einer Kreditzusage ist aber im
Zweifel nur dann zulässig, wenn in den Vermögensverhältnissen des Kreditnehmers eine wesentliche Verschlechterung eintritt, so dass die Rückzahlung des
Kredits gefährdet wäre. Von diesem Recht wird eine Bank allerdings im Interesse
der Erhaltung ihrer Kundschaft nur in Ausnahmefällen Gebrauch machen.

Die Kündigungsmöglichkeiten der Vertragspartner regeln sich nach gesetzlichen und vertraglichen Bestimmungen:

§ 355 HGB

- **Kontokorrentkredite** können von beiden Seiten jederzeit gekündigt werden;

§ 609 a BGB

- **nach dem Gesetz** gelten folgende Regelungen:

    - **Darlehen mit variablen Zinssätzen** können vom Schuldner jederzeit mit einer Frist von drei Monaten gekündigt werden.

    - **Darlehen mit Festzinsen** können während der Dauer der Bindungsfrist – höchstens jedoch zehn Jahre lang – nicht gekündigt werden. Zum Ablauf der Zinsbindungsfrist kann das Darlehen mit einer Frist von einem Monat gekündigt werden, sofern die vereinbarte Zinsbindung weniger als zehn Jahre betragen hat. Bei einer Zinsbindung von zehn Jahren und mehr beträgt die Kündigungsfrist sechs Monate. Schuldner eines sogenannten Verbraucherdarlehens (Konsumentenkredit) können ein Festzinsdarlehen bereits nach einer unkündbaren Vorlaufzeit von sechs Monaten mit einer Frist von drei Monaten kündigen.

AGB Ziffer 17

- **In den AGB** behalten sich die Kreditinstitute ein **außerordentliches Kündigungsrecht** vor, wenn

    - die Vermögenslage des Kreditnehmers sich wesentlich verschlechtert,

    - die Angaben über seine Vermögenslage sich als unrichtig erweisen oder

    - die vereinbarten Sicherheiten nicht innerhalb einer angemessenen Frist bestellt oder verstärkt werden.

9.4.10 Leasing als Finanzierungsalternative

Herr Kempfle hat sich wegen der Finanzierung des Neubaus der Lagerhalle auch an eine Leasing-Gesellschaft gewandt, die ihm ein entsprechendes Angebot unterbreitet hat. Auf dieser Grundlage vergleicht er diese Finanzierungsform mit der Kreditfinanzierung über die Bank.

> **Leasing** (to lease = mieten, vermieten) ist eine – besonders ausgestaltete – mittel- und langfristige Vermietung oder Verpachtung von Wirtschaftsgütern des Anlagevermögens durch die Hersteller oder durch besondere Leasing-Gesellschaften.

Leasing hat seinen Ursprung in den USA, wo 1952 die älteste Leasing-Gesellschaft gegründet wurde. Auf dem deutschen Markt entstanden die ersten Institute dieser Art ab dem Jahre 1962. Seither lagen die Zunahmen in diesem Bereich immer über dem Anstieg des gesamtwirtschaftlichen Investitionsanstiegs, so dass heute etwa 14 % der mittel- und langfristigen Anschaffungen der Deutschen Wirtschaft mittels Leasing finanziert werden.

Die Gesellschafter der Leasing-Institute sind meist Unternehmen der Kreditwirtschaft. Nahezu jede Großbank, die Sparkassenorganisation, die Volks- und Raiffeisenbanken sowie Privat- und Regionalbanken haben eigene Leasing-Töchter.

Der Markt für Leasing ist durch eine Vielzahl unterschiedlicher Angebote sehr unübersichtlich. Die größte Bedeutung hat dabei heute das Mobilien-Leasing, bei dem vor allem Maschinen, Fahrzeuge, Computer oder ganze Einrichtungen des Anlagevermögens vermietet oder verpachtet werden. Beim **Immobilien-Leasing** werden dagegen Gebäude vermietet.

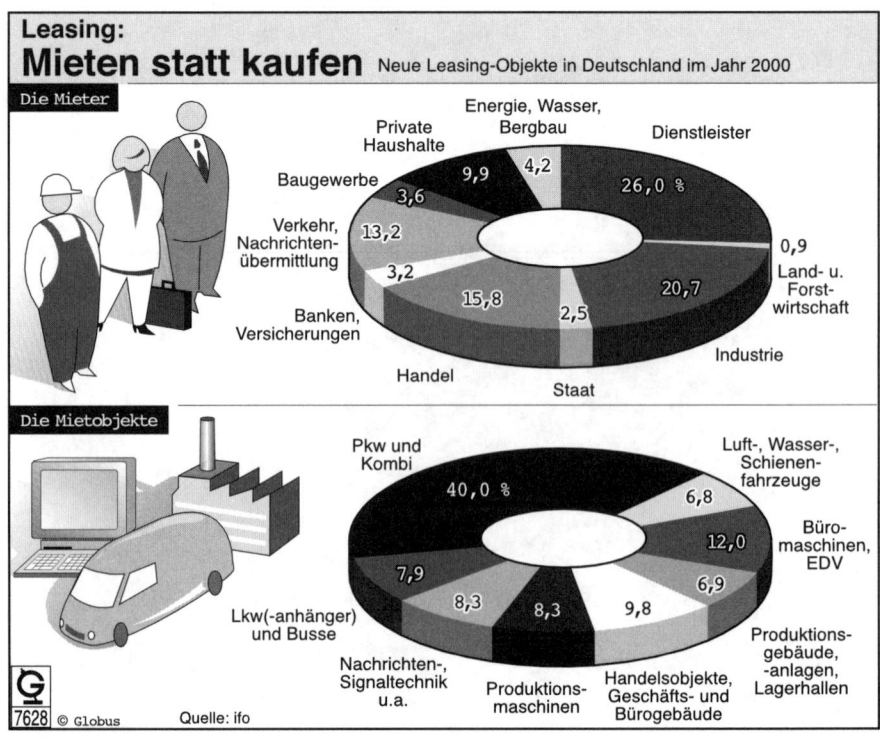

Leasing:
Mieten statt kaufen Neue Leasing-Objekte in Deutschland im Jahr 2000

Die Abwicklung des Leasing bei der neuen Lagerhalle würde in einem „Dreiecksverhältnis" erfolgen:

Ziffer ① und ⑤ – ⑨

● *Die Northoff OHG als Leasing-Nehmer kann die Lagerhalle nach Fertigstellung sofort nutzen, bezahlt sie aber erst später über die Leasing-Entgelte!*

Ziffer ①

● *Die Leasing-Gesellschaft als Leasing-Geber erhält als Bauherr zwar das Eigentum, nicht jedoch den unmittelbaren Besitz an der Lagerhalle. Sie schließt mit dem Leasing-Nehmer einen Vertrag, der nicht (wie bei der Kreditfinanzierung) die Hingabe eines Darlehens, sondern die Nutzung dieser Immobilie beinhaltet.*

Ziffer ③, ④, ⑦

● *Die Baufirma schließt nur mit dem Leasing-Geber einen Vertrag.*

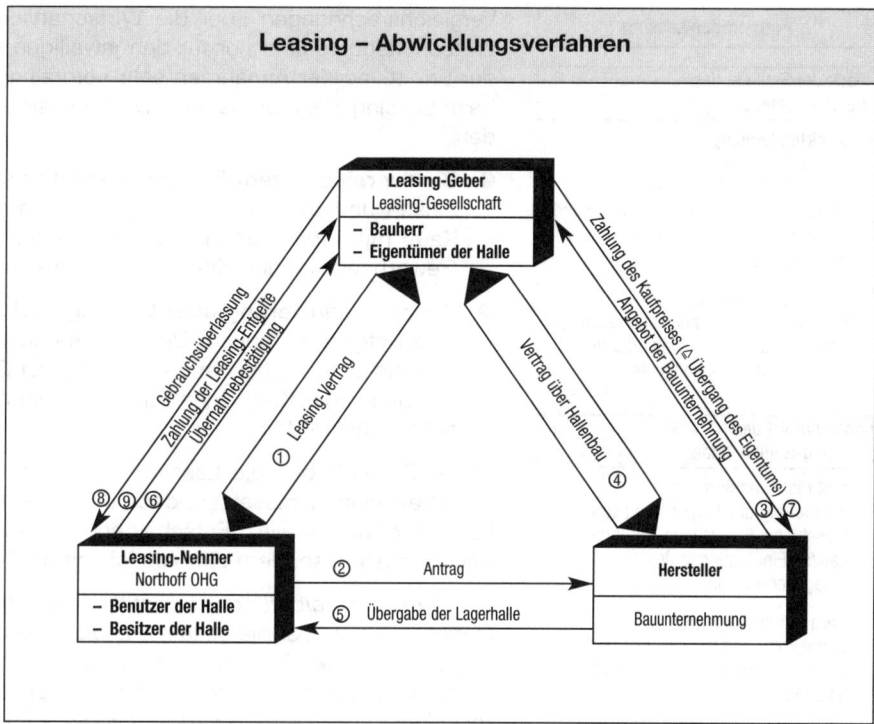

Unter Kostenaspekten ist Leasing im Vergleich zum Kauf eines Wirtschaftsgutes dann vertretbar, wenn durch die Vertragsgestaltung sichergestellt ist, dass die steuerliche Zurechnung beim **Leasing-Geber** erfolgt. Dies hat dann zur Folge, dass der Leasing-Nehmer die Leasing-Entgelte als laufende Betriebsausgaben zur Senkung des Gewinns und damit der gewinnabhängigen Steuern absetzen kann.

Das Leasing-Entgelt, das der Leasing-Nehmer an den Leasing-Geber zu bezahlen hat, wird über einen **Leasing-Faktor** kalkuliert, dessen Zusammensetzung dem Kunden nicht aufgezeigt werden muss. Dieser Wert beinhaltet den Zins für die Bereitstellung des Kapitals, den Tilgungsbetrag, einen Zuschlag für das Kreditrisiko, einen Verwaltungskostenanteil des Leasing-Gebers sowie dessen Gewinnanteil. Die Höhe des Leasing-Entgeltes ist für die gesamte Laufzeit fest, so dass der Leasing-Nehmer von Veränderungen des Kapitalmarktzinses unabhängig ist.

Formen des Leasing

nach der Stellung des Leasing-Gebers

Direktes Leasing
(Hersteller-Leasing)
Der Hersteller oder dessen Tochtergesellschaft vermieten oder verpachten die Wirtschaftsgüter (z. B. bei DV-Anlagen oder Kfz)

Indirektes Leasing
Vom Hersteller unabhängige Leasing-Gesellschaften vermieten oder verpachten die Wirtschaftsgüter

nach der Art des Leasing-Gegenstandes

Mobilien-Leasing
Vermietung und Verpachtung von Maschinen, Fahrzeugen, Computern und ganzen Einrichtungen des Anlagevermögens

Immobilien-Leasing
Vermietung und Verpachtung von Gebäuden und gesamten Betriebsanlagen

nach der Art des Leasing-Nehmers

Unternehmens-Leasing

Konsumenten-Leasing
für private Haushalte
(z. B. bei Kfz)

Kommunal-Leasing
für Länder, Städte, Gemeindeverbände, Zweckverbände u. a.

nach dem Umfang der Dienstleistungen

Full-Service-Leasing
Der Leasing-Geber übernimmt die Wartung sowie evtl. notwendige Reparaturen, Versicherungen u. a. Serviceleistungen

Teil-Service-Leasing
Die Serviceleistungen werden im Leasing-Vertrag zwischen Leasing-Geber und -Nehmer aufgeteilt

Net-Leasing
Die gesamten Serviceleistungen hat der Leasing-Nehmer zu tragen.

Vergleichsrechnungen über die Wirtschaftlichkeit von Kauf und Leasing eines Wirtschaftsgutes sind nur für den jeweiligen Einzelfall möglich. Dabei muss bei der Ermittlung der Annahmen sehr sorgfältig die individuelle Situation – sowohl beim Leasing-Nehmer als auch beim Leasing-Gegenstand – berücksichtigt werden.

- Bei der **reinen Kreditfinanzierung** fallen als Aufwendungen in erster Linie die Zinsen und die Abschreibung an. Zusammengefasst ergibt sich, dass der Kauf mit Fremdkapital zu einer erheblichen Steuerentlastung über die Gewerbeertrag- und Körperschaftsteuer führt.

- Bei der **Finanzierung über Leasing** sind alle Kosten in der Summe der Leasing-Entgelte enthalten. Die Steuerentlastung ist geringfügig stärker, da die Leasing-Entgelte bei der Berechnung der Gewerbeertragsteuer in voller Höhe, die Zinsen der Kreditfinanzierung jedoch nur zu 40 % entlastend berücksichtigt werden dürfen.

In der Praxis haben die Leasing-Gesellschaften sich teilweise mit dem „Argument" auseinanderzusetzen, dass der Leasing-Gegenstand nicht Eigentum des Leasing-Nehmers wird. Entscheidend ist jedoch nicht das Eigentum an einem Wirtschaftsgut, sondern die Möglichkeit der **Nutzung**.

Der Vergleich ergibt für das Investitionsvorhaben der Northoff OHG, dass Leasing in diesem Falle über die gesamte Laufzeit einen geringen Vorteil in Euro erbringt. Diese nominellen Kosten bilden jedoch nur einen Gesichtspunkt, der für die Entscheidung des Kunden maßgebend ist. Daneben sind eine Reihe handelsrechtlicher und betriebswirtschaftlicher Faktoren in die Entscheidungsfindung einzubeziehen.

Für die Northoff OHG sind vor allem folgende Argumente ausschlaggebend:

- *Die Gesamtbelastung beim Leasing ist geringfügig günstiger als bei einem Kauf mit Fremdkapital.*

- *Die Liquidität der Unternehmung wird nicht im Anlagevermögen langfristig gebunden und kann deshalb im Umlaufvermögen eingesetzt werden, so ein erheblich schnellerer Vermögensumschlag gegeben ist.*

- *Die Bilanzrelationen der Northoff OHG verändern sich beim Leasing nicht, so dass das günstige Bilanzbild der Unternehmung erhalten bleibt. Bei einer Kreditfinanzierung hätte sich der Fremdkapitalanteil erhöht.*

- *Die Basis für die Finanz- und Liquiditätsplanung wird durch die feste Leasingrate erheblich verbessert. Die Northoff OHG erhält somit eine klare Planungs- und Kalkulationsgrundlage für ihre Auftragsvergabe. Der mögliche Nachteil einer relativ langen Bindungsfrist läge auch bei einer Bankfinanzierung mit Festkonditionen vor, die bei diesem Beispiel im Interesse einer sicheren Anlagenfinanzierung angebracht wäre.*

Herr Kempfle legt die Finanzierungsangebote für den Bau der Lagerhalle nunmehr der Geschäftsleitung vor, welche aufgrund dieser Daten die endgültige Entscheidung treffen wird.

9.4.11 Factoring

Die Personalkosten der Northoff OHG haben sich im Laufe der vergangenen Jahre vor allem im Verwaltungsbereich überdurchschnittlich erhöht. Hinzu kam, dass sich die Liquiditätslage des Unternehmers deutlich verschlechtert hat. Ihre Hausbank schlägt deshalb vor, die Möglichkeit der Finanzierung über ein Factoring-Institut zu prüfen.

Am häufigsten sind Factoring-Finanzierungen in den Branchen Textilien und Bekleidung, der Möbelbranche sowie der Elektronik- und dem Nahrungsmittelsektor vertreten. Weitere wesentliche Einsatzfelder für Factoring sind derzeit die Metallverarbeitung, die Papier- und Druckindustrie, der Maschinen- und Fahrzeugbau sowie der Stahl- und Metallhandel. Der Factoring-Weltmarkt verzeichnet gleichfalls starke Zuwächse. Der Umsatz stieg hier im Jahr 2001 um ca. 29 %.

Die Abwicklung dieser Finanzierung erfolgt in einer „Dreiecksbeziehung":

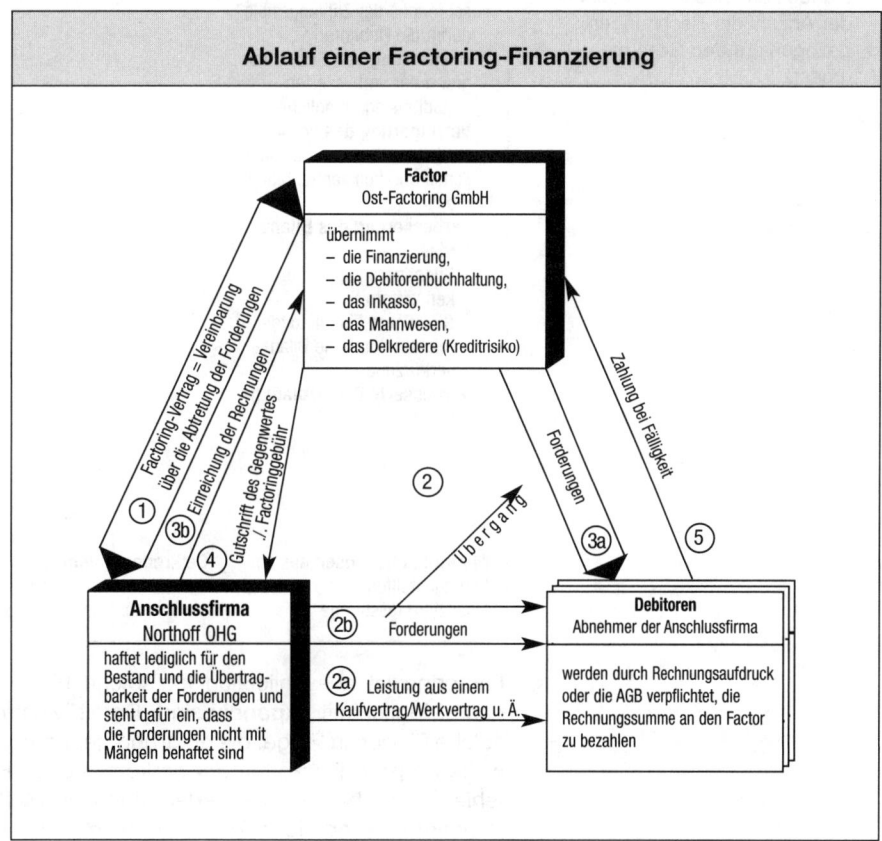

Die Dienstleistungen, die der Factor übernimmt, haben für die Anschlussfirma im Einzelnen folgende Bedeutung:

Die **Konditionen** für diese Finanzierungsform errechnen sich aus den **Zinsen** für die bereitgestellte Finanzierungssumme und den **Gebühren** für das Delkredere und die Dienstleistungen des Factors. Diese Gebühr, die jeweils am Umsatz gemessen wird, hängt von mehreren Faktoren ab, und zwar von
- der Art, Qualität und Höhe der einzelnen Forderungen;
- der Anzahl der Debitoren in Beziehung zum Gesamtumsatz;
- dem Verhältnis der Außenstände zum Gesamtumsatz und
- der Anzahl der Rechnungen, bezogen auf den Gesamtumsatz.

Bedeutung des Factoring für die Anschlussfirma

Finanzierung	Delkredere	Dienstleistung (Buchhaltung, Inkasso, Mahnwesen)

– **Sofortige Bereitstellung von Liquidität** durch den Verkauf von Forderungen
– **Automatische Anpassung des Finanzierungsvolumens** an die Umsatzentwicklung und somit an den Mittelbedarf für Außenstände
– **Verhinderung von Finanzierungslücken** wegen Überschreitens der Zahlungsziele durch die Debitoren
– **Ausnutzung von Skonti** aufgrund der verbesserten Liquiditätslage möglich
– **Verringerung des Forderungsbestandes** durch sachliches und konstantes Mahnen möglich
– **Verbesserung des Bilanzbildes**
  – Günstigere Liquiditätskennziffern
  – Günstigere Eigenkapitalrelation durch die Bilanzverkürzung
– **Verbesserte Finanzplanung** möglich
	– **Sicherheit vor Verlusten aus** Insolvenzen
	– **Auswahl und Überwachung der Debitoren** hinsichtlich ihrer Bonität, dadurch Konzentrierung der Außendiensttätigkeit auf die „guten" Kunden
	– **Keine Reservierung** für Forderungsausfälle nötig
		– **Einsparung von Verwaltungskosten** für die Debitorenbuchhaltung, das Mahn- und Inkassowesen. Trotz der Gebühren des Factors sind Einsparungen möglich, da dieser mit großen und günstig ausgelasteten DV-Systemen arbeiten kann
		– Möglichkeit der **verbesserten Information** durch zusätzliche Auswertungen, z.B. Umsatzstatistiken, Exportstatistiken, Provisionsabrechnungen
		– **Entlastung der Mitarbeiter und der Geschäftsleitung**, was eine verstärkte Zuwendung zu Produktions- und Absatzfragen erlaubt

 Kosten	 Kosten	 Kosten
Marktübliche Zinsen aus der bereitgestellten Finanzierungssumme	**Delkrederegebühr** ca. 0,2–0,4 % vom Umsatz; abhängig von der Bonität der Debitoren	**Factoringgebühr** ca. 0,5–2 % vom Umsatz: abhängig von der Höhe der Einzelforderungen

Factoring ist ausschließlich für solche Firmen geeignet, die **ertragsstark** und nach Möglichkeit **expansiv** sind. Damit kommt diese Finanzierung vor allem für solche Firmen in Frage, die aufgrund geringer Eigenkapitalbasis und fehlender Erweiterungsmöglichkeiten der herkömmlichen Finanzierungsmittel – meist wegen fehlender Sicherheiten – weder sämtliche Marktchancen nutzen noch sämtliche Skontierungsvorteile in Anspruch nehmen können.

Eine sinnvolle Nutzung der Factoring-Dienstleistungen setzt bestimmte Merkmale dieser Forderungen voraus:

Voraussetzung für das Factoring

● Die **Umsatzgröße und die Rechnungszahl** sollten einen wirtschaftlichen Einsatz der Datenverarbeitung erlauben. Der jährliche Umsatz des Unternehmens sollte 1 Mio. Euro nicht wesentlich unterschreiten; ab einer Größenordnung von 50 bis 100 Mio. Euro ist in der Regel der Einsatz einer betriebseigenen EDV-Anlage wirtschaftlicher.

● Die **durchschnittliche Rechnungshöhe** sollte mindestens ca. 200 Euro betragen.

● Die Debitoren sollten überwiegend gewerbliche **Dauerkunden** der Anschlussfirma sein, damit die Verwaltungskosten, die bei jedem Neukunden anfallen, gering gehalten werden können.

● Die **Zahlungsziele** sollten 120 Tage nicht überschreiten.

● Die Forderungen sollten aufgrund **qualitativ guter Produkte** entstehen, um Wandlungs- und Minderungswünsche der Debitoren möglichst gering zu halten, da dadurch der Zahlungseinzug durch den Factor erschwert würde.

Zusammenfassend können für das Factoring folgende Argumente angeführt werden:

Was spricht für das Factoring?

● Die **Dienstleistungsfunktion** des Factors bringt für ein mittleres Unternehmen vor allem im Personalbereich hohe **Kostenersparnisse**;

● das **Image der Factoring-Finanzierung** ist heute in der Wirtschaft **überwiegend positiv**, so dass das Ansehen der Anschlussfirma bei ihren Debitoren in der Regel nicht beeinträchtigt wird. Dazu trägt auch bei, dass Factoring-Institute die Bonität ihrer Kunden überprüfen, bevor sie mit ihnen eine Geschäftsverbindung eingehen.

Für das Verhältnis zwischen dem Lieferanten und seinen Kunden ist nicht der Zahlungsweg ausschlaggebend, sondern die **Qualität** der gelieferten Ware oder der Dienstleistung.

● Die Factoring-Gesellschaften haben ein **ausgefeiltes individuelles Mahnsystem** entwickelt, das den jeweiligen Wünschen der Lieferanten Rechnung trägt und die Besonderheiten der einzelnen Branchen berücksichtigt. Die Erfahrung zeigt, dass das konstante, standardisierte Mahnen des Factors eine „erzieherische" Wirkung auf die Debitoren hat. Die Tatsache, dass der Factor mahnt, **entlastet** in der Regel das Verhältnis zwischen dem Lieferanten und dem Abnehmer, da diese sich nicht mehr über Zahlungsprobleme unterhalten müssen.

● Mit dem Factoring verfügt auch ein mittelständisches Unternehmen über ein **„Profi-Kreditmanagement"**, das eine fachkundige Prüfung und Überwachung der Bonität der Debitoren gewährleistet.

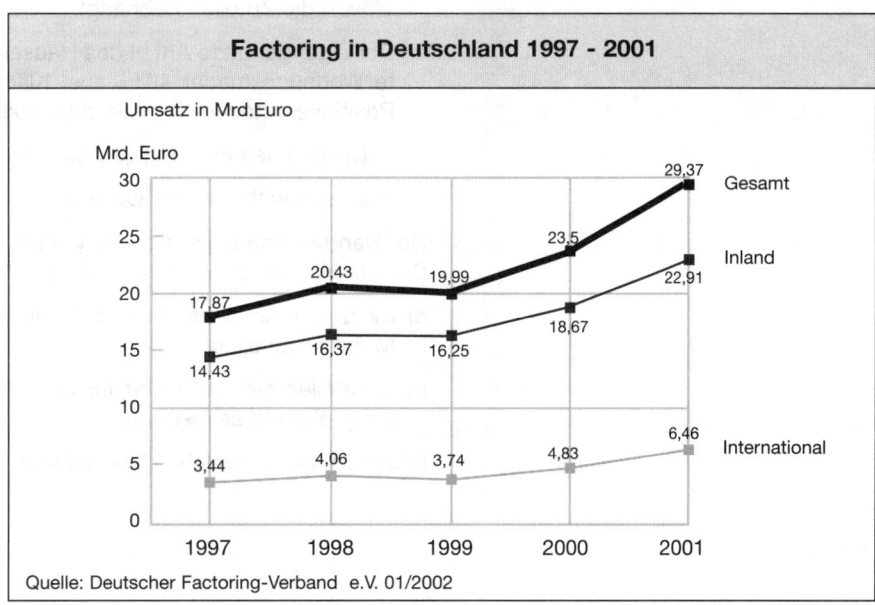

Factoring in Deutschland 1997 - 2001

Umsatz in Mrd.Euro

Mrd. Euro

	1997	1998	1999	2000	2001	
Gesamt	17,87	20,43	19,99	23,5	29,37	
Inland	14,43	16,37	16,25	18,67	22,91	
International	3,44	4,06	3,74	4,83	6,46	

Quelle: Deutscher Factoring-Verband e.V. 01/2002

Aufgaben

1. Erläutern Sie für folgende Fälle jeweils eine geeignete Kreditart.

   a) Die Arzneimittelfirma Lindemann AG bittet ihre Bank, den bisherigen Betriebsmittelkredit aufzustocken. Die Unternehmung klagt über die schleppende Zahlungsweise ihrer Kunden.

   b) Die Rosemarie Schneider OHG benötigt einen Überbrückungskredit für drei Monate. Eine Gesellschafterin besitzt ein umfangreiches Effektendepot.

   c) Die Transportunternehmung Karres & Co. erwirbt einen neuen Sattelschlepper im Werte von 400 000 Euro.

   d) Felix Scheib will sich selbstständig machen. Sein Vater ist bereit, ihn bei der Finanzierung der Grundinvestitionen mit seiner Kreditwürdigkeit zu unterstützen.

   e) Die Estra AG erhält von ihren Kunden im Regelfall 90-Tage-Wechsel als Zahlungsmittel.

   f) Der Bauunternehmer Muncher kann durch eine Bankbürgschaft eine Kautionszahlung vermeiden.

2. Ein Kunde will sich Möbel im Werte von 15 000 Euro kaufen. Für Zins und Tilgung kann er monatlich 400 Euro erübrigen. Erstellen Sie für ihn ein sinnvolles Kreditangebot mit den Zinssätzen Ihrer Bank.

3. Die Eheleute Elke und Georg Schneider wollen ein Zweifamilienhaus mit Gesamtkosten einschließlich Grundstück von 580 000 Euro bauen. Georg Schneider verdient netto 50 000 Euro im Jahr, seine Gattin ist Hausfrau und versorgt die zwei kleinen Kinder. Das Grundstück im Wert von 100 000 Euro ist bereits bezahlt. Das Barvermögen der Eheleute beträgt 50 000 Euro. Die Bauherren haben einen Bausparvertrag über 200 000 Euro, der mit 2,5 % Guthabenzins abgeschlossen wurde. Der Vertrag ist mit 40 % aufgefüllt und soll laut Auskunft der Bausparkasse bis zum Baubeginn zuteilungsreif sein.

   a) Erstellen Sie einen vorläufigen Finanzierungsplan.

   b) Erklären Sie das Grundprinzip des Bausparens und erläutern Sie, wovon die Zuteilung abhängt.

   c) Der eigengenutzte Anteil des Hauses beträgt 60 %, die fremdvermietete Wohnung macht 40 % aus. Klären Sie, in welcher Höhe folgende Positionen steuerlich geltend gemacht werden können:

      – Disagio des erstrangigen Darlehens in Höhe von 8 %

      – Zinsen während der Laufzeit

4. Der Handwerksmeister Schiele will sich einen neuen Lieferwagen kaufen. Der Kfz-Händler schlägt ihm vor, den Wagen über Leasing zu finanzieren.

   a) Skizzieren Sie anhand dieses Beispiels die Abwicklung eines indirekten Mobilien-Leasing.

   b) Beurteilen sie, inwieweit für den Handwerker eine Leasing-Finanzierung lohnend sein könnte.

5. Erläutern sie, für welche Unternehmen Factoring sinnvoll sein kann.

Kreditüberwachung

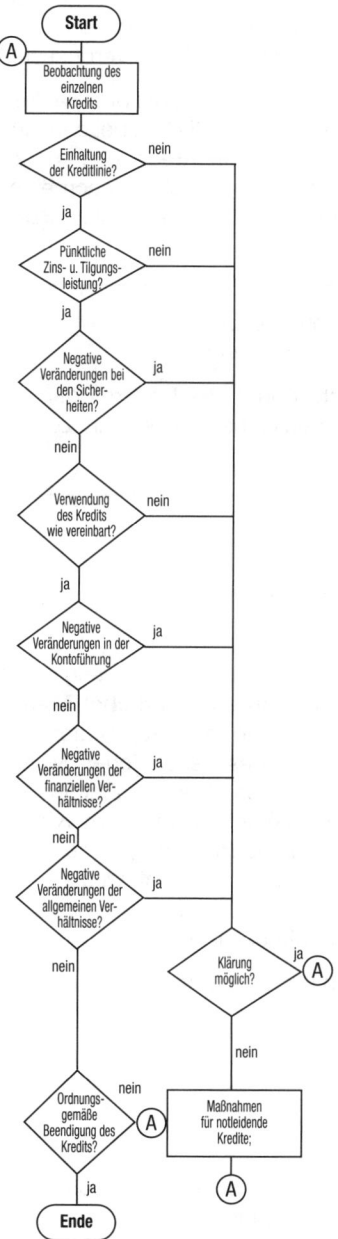

9.5   Notleidende Kredite

Höhepunkt der Insolvenzen ist noch nicht erreicht

Immer mehr Unternehmen zahlungsunfähig/Schwache Konjunktur und Finanzierungsschwierigkeiten

Nach einem neuen Höchststand im Jahr 2001 wird die Zahl der Insolvenzen wegen der schwachen Konjunktur und rechtlicher Veränderungen auch in diesem Jahr deutlich steigen. Der Verband sieht in den „schlechten Finanzierungsmöglichkeiten" für den Mittelstand eine weitere Ursache für die hohe Zahl der Insolvenzen. Auch durch die Reform des Insolvenzrechtes, die am 1. Dezember 2001 in Kraft trat, dürfte die Zahl der Unternehmensinsolvenzen weiter steigen. Danach müssen Kleinge-werbetreibende wieder dieses Verfahren durchlaufen.

Die Insolvenzen tragen zur angespannten Lage am Arbeitsmarkt bei. Die im vergangenen Jahr von der Zahlungsunfähigkeit betroffenen Unternehmen dürften deutlich mehr als 200000 Arbeitnehmer beschäftigt haben. Auch die Verbraucherinsolvenzen dürften in diesem Jahr weiter kräftig zunehmen.

Quelle: Nach F.A.Z. vom 13.03.2002

Die Krise einer Unternehmung deutet sich in der Regel über eine Vielzahl von Anzeichen an.

Fasst man die verschiedenen Ergebnisse zusammen, die bei Untersuchungen über die Anlässe von Unternehmenszusammenbrüchen ermittelt wurden, so ergeben sich fünf Ursachenbereiche:

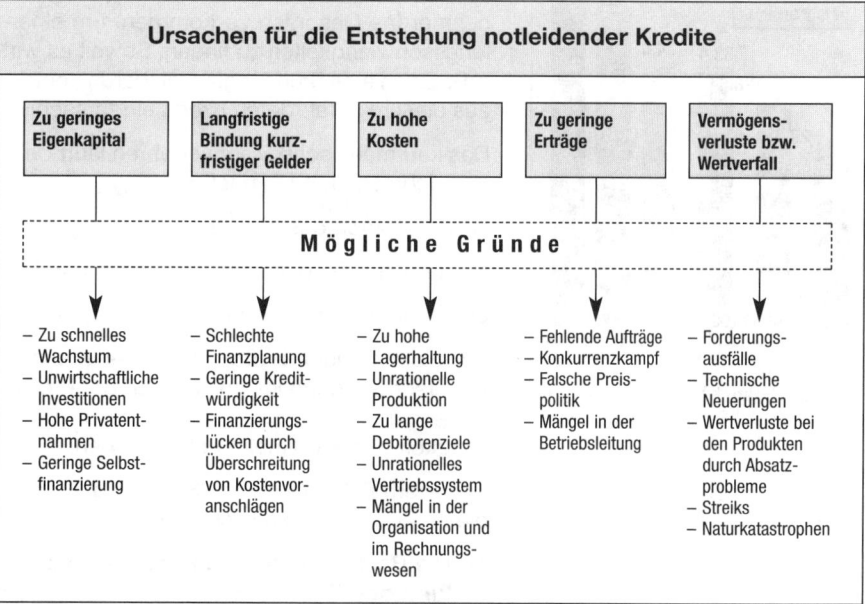

Aus diesen Gründen ist eine laufende Kreditüberwachung notwendig.

Die Kreditüberwachung umfasst die ständige **Beobachtung** der einzelnen Kredite sowie alle **Maßnahmen**, die **bei gefährdeten Krediten** zu ergreifen sind.

Die Beobachtung der einzelnen Kredite knüpft unmittelbar an den Ergebnissen der Kreditwürdigkeitsprüfung an. Ergeben sich dabei negative Feststellungen, so ist zu überlegen, ob Maßnahmen ergriffen werden sollen, um die Stellung des Kreditinstituts im Hinblick auf einen möglichen Ausfall des Kredits zu verbessern.

Die Ergebnisse der Beobachtungen der einzelnen Kredite werden bei den Banken gesammelt und ausgewertet, um damit Anhaltspunkte für die Risiken bei den einzelnen Kreditarten sowie den verschiedenen Gruppen von Kreditnehmern zu gewinnen. Wirtschaftliche Schwierigkeiten von Kreditnehmern führen nach einer gewissen Dauer zu **Zahlungsschwierigkeiten** und im schlimmsten Fall zu **Zahlungsunfähigkeit**.

> **Zahlungsschwierigkeiten** ergeben sich aus einem vorübergehenden Mangel an flüssigen Mitteln für die Erfüllung von Verpflichtungen.
>
> **Zahlungsunfähigkeit** ist das voraussichtlich dauernde Unvermögen eines Schuldners, seine Verbindlichkeiten zu begleichen. Dies führt zur **Zahlungseinstellung**.

9.5.1 Außergerichtliches Mahnverfahren

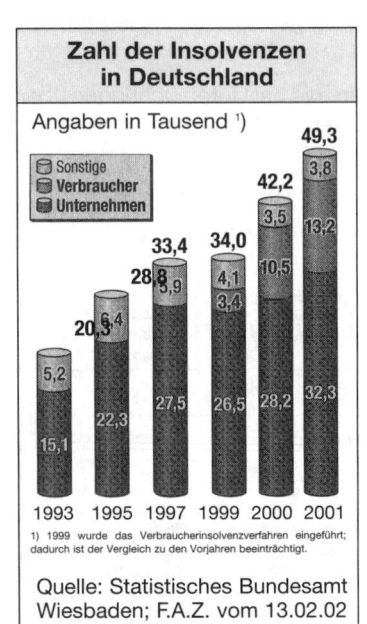

Zahl der Insolvenzen in Deutschland

Angaben in Tausend [1]

Sonstige
Verbraucher
Unternehmen

1993 1995 1997 1999 2000 2001

1) 1999 wurde das Verbraucherinsolvenzverfahren eingeführt; dadurch ist der Vergleich zu den Vorjahren beeinträchtigt.

Quelle: Statistisches Bundesamt Wiesbaden; F.A.Z. vom 13.02.02

Maßnahmen bei Zahlungsunfähigkeit

Hat die Bank den Eindruck, dass der Kreditnehmer in Zahlungsschwierigkeiten geraten ist, wird sie zunächst das **kaufmännische (außergerichtliche) Mahnverfahren** einleiten. Dabei steigern sich die Mahnungen in mehreren Stufen von einer „höflichen Erinnerung" bis zu einer „Androhung des gerichtlichen Mahnverfahrens" und der Kündigung des Kredits. Im Rahmen dieses außergerichtlichen Mahnverfahrens wird die Bank gleichzeitig versuchen, mit dem Kreditnehmer ins Gespräch zu kommen, um einen Weg zur Überwindung seiner Zahlungsschwierigkeiten zu finden. Soweit es wirtschaftlich vertretbar ist, wird sie ihm z. B. durch eine Stundungsvereinbarung entgegenkommen, um zu verhindern, dass aus diesem gefährdeten Kredit ein tatsächlicher Kreditausfall wird.

Das kaufmännische Mahnverfahren läuft bei jedem Kreditinstitut etwas anders ab und richtet sich auch nach

● der Person des Kreditnehmers,

● der Ursache des Zahlungsverzugs und

● der Interessenlage des Kreditinstitutes.

Zahlt der Schuldner trotz mehrerer Mahnungen nicht und zeigt er auch keine Bereitschaft, gemeinsam mit der Bank eine Lösung seiner Zahlungsschwierigkeiten zu suchen, so muss diese von der Wahrscheinlichkeit der Zahlungsunfähigkeit des Kreditnehmers ausgehen.

In diesem Fall wird sie zur Sicherung ihrer Ansprüche alle Maßnahmen ergreifen, die ihr aus dem Kreditsicherungsvertrag zur Verfügung stehen:

● Die Bank **kündigt den Kreditvertrag und verlangt die sofortige Rückzahlung des Darlehens**;

● sie sperrt sämtliche **Kontoguthaben, Effektendepots, Schließfächer** und **Verwahrstücke**, die in ihrem Besitz sind;

● sie macht ihre **Sicherheiten geltend und verwertet sie**.

Der letzte Schritt:
Gerichtliche Maßnahmen

Gleichzeitig wird sie **gerichtliche Maßnahmen** einleiten, um ihre Ansprüche durchzusetzen.

Wann verjähren Kreditforderungen?

Eine Forderung gilt als verjährt, wenn sie **gerichtlich** nicht mehr geltend gemacht werden kann.

Forderungen verjähren regelmäßig nach drei Jahren, beginnend mit dem Jahresende der Entstehung.

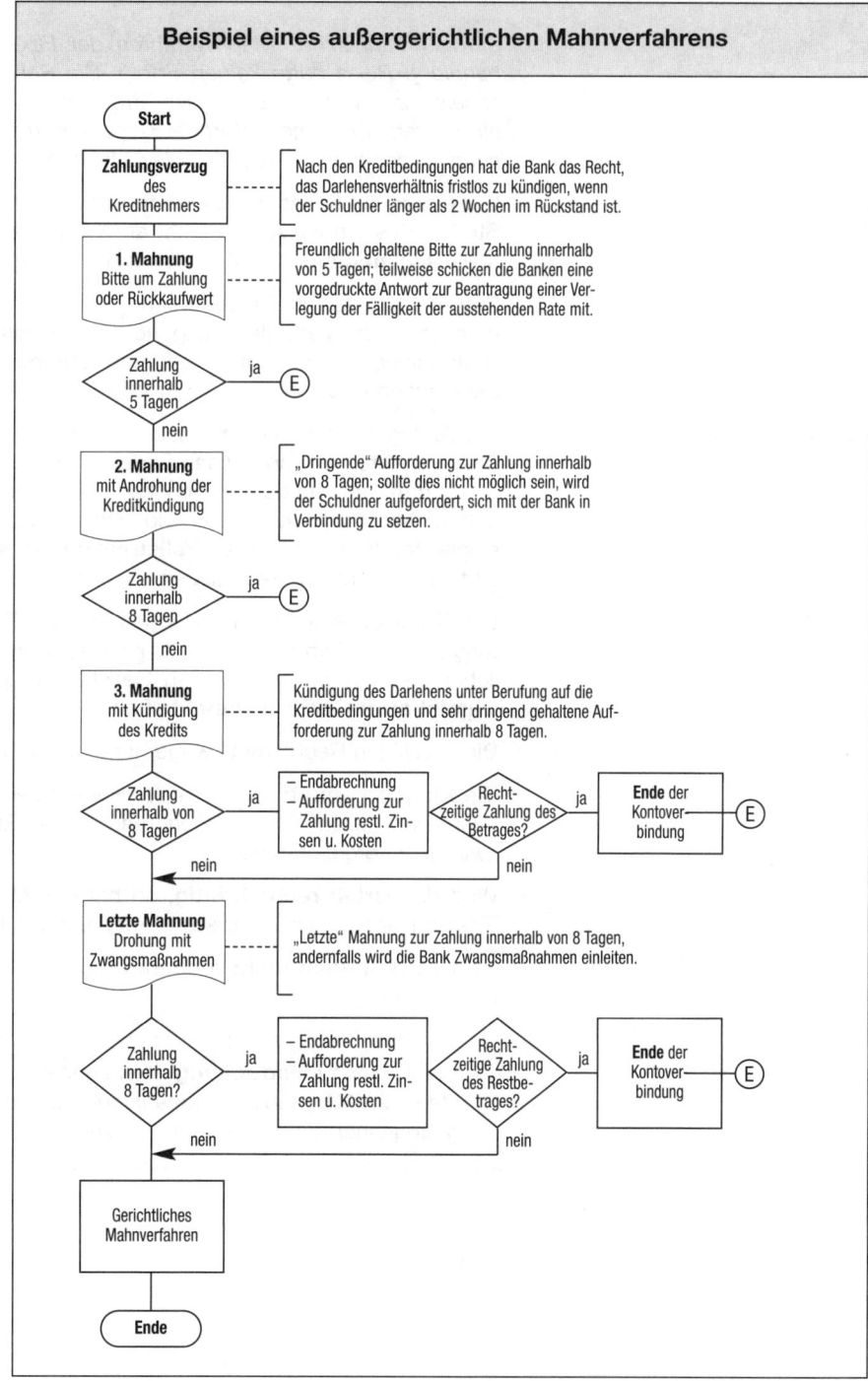

Beispiel eines außergerichtlichen Mahnverfahrens

Start

Zahlungsverzug des Kreditnehmers — Nach den Kreditbedingungen hat die Bank das Recht, das Darlehensverhältnis fristlos zu kündigen, wenn der Schuldner länger als 2 Wochen im Rückstand ist.

1. Mahnung Bitte um Zahlung oder Rückkaufwert — Freundlich gehaltene Bitte zur Zahlung innerhalb von 5 Tagen; teilweise schicken die Banken eine vorgedruckte Antwort zur Beantragung einer Verlegung der Fälligkeit der ausstehenden Rate mit.

Zahlung innerhalb 5 Tagen — ja — E — nein

2. Mahnung mit Androhung der Kreditkündigung — „Dringende" Aufforderung zur Zahlung innerhalb von 8 Tagen; sollte dies nicht möglich sein, wird der Schuldner aufgefordert, sich mit der Bank in Verbindung zu setzen.

Zahlung innerhalb 8 Tagen — ja — E — nein

3. Mahnung mit Kündigung des Kredits — Kündigung des Darlehens unter Berufung auf die Kreditbedingungen und sehr dringend gehaltene Aufforderung zur Zahlung innerhalb 8 Tagen.

Zahlung innerhalb von 8 Tagen — ja — – Endabrechnung – Aufforderung zur Zahlung restl. Zinsen u. Kosten — Rechtzeitige Zahlung des Betrages? — ja — **Ende** der Kontoverbindung — E

nein — nein

Letzte Mahnung Drohung mit Zwangsmaßnahmen — „Letzte" Mahnung zur Zahlung innerhalb von 8 Tagen, andernfalls wird die Bank Zwangsmaßnahmen einleiten.

Zahlung innerhalb 8 Tagen? — ja — – Endabrechnung – Aufforderung zur Zahlung restl. Zinsen u. Kosten — Rechtzeitige Zahlung des Restbetrages? — ja — **Ende** der Kontoverbindung — E

nein — nein

Gerichtliches Mahnverfahren

Ende

9.5.2 Gerichtliche Maßnahmen bei notleidenden Krediten

Ein kaufmännisches Mahnverfahren der Finanzbank AG bei der Elektro-Groß-handlung Reiss hatte keinen Erfolg. Die Bank beantragt daher einen Mahnbe-scheid, um eventuell Zwangsvollstreckung in das Vermögen des Kreditnehmers einzuleiten. Auf eine sofortige Klageerhebung verzichtet die Bank, da sie an-nimmt, schnell und billig über den Mahnbescheid zu ihrem Recht zu kommen.

Mahnbescheid §§ 688 ff. ZPO

Der Antrag auf Erlass eines Mahnbescheides hat – unabhängig von der Höhe des Streitwertes – beim Amtsgericht am Wohnsitz bzw. Verwaltungssitz des Antrag-stellers (**allgemeiner Gerichtsstand**) zu erfolgen.

Soweit die maschinelle Bearbeitung von Mahnsachen bei den Gerichten einge-führt ist, ist das zentrale Amtsgericht des jeweiligen Bundeslandes ausschließlich zuständiges Amtsgericht. Eine fristenwahrende Wirkung hat somit ein Antrag erst dann, wenn er bei diesem zentralen Mahngericht eingeht.

Vollstreckungsbescheid § 699 ZPO

Das Amtsgericht leitet – ohne sachliche Prüfung des Anspruches – das gerichtliche Mahnverfahren ein, an dessen Ende ein **vollstreckbarer Titel** in Form eines **Voll-streckungsbescheides** stehen kann. Hat der Schuldner gegen den **Mahnbe-scheid Widerspruch** erhoben, so wird auf Antrag einer Partei das Klageverfahren eingeleitet. Wurde auf einen **Vollstreckungsbescheid** hin **Einspruch** erhoben, so gibt das Gericht den Rechtsstreit von sich aus an das zuständige Zivilgericht weiter.

Der Zivilprozess findet nach der gesetzlichen Regelung am Wohnort bzw. Verwal-tungssitz des **Schuldners** statt. Kaufleute und juristische Personen des öffent-lichen Rechts können für ihren Geschäftsverkehr abweichende Vereinbarungen (**vereinbarter Gerichtsstand**) treffen.

Die jeweiligen Rechtsmittelwege hängen von der Höhe des Streitwertes ab.

Die **Klageerhebung** erfolgt in der Regel über einen Rechtsanwalt. Bei Landge-richten und allen höheren Gerichten ist die Einschaltung eines Rechtsanwaltes zwingend vorgeschrieben.

Wird das **Urteil rechtskräftig**, so hat der Kläger damit einen **vollstreckbaren Titel** in Händen, sofern er seine Ansprüche durchsetzen konnte.

Ist ein **Urteil noch nicht rechtskräftig**, so kann es für **vorläufig vollstreckbar** erklärt werden.

§ 704 ZPO

> Die **Zwangsvollstreckung** ist ein gesetzlich geregeltes Verfahren, in dem staatliche Organe mit staatlichem Zwang privatrechtliche Ansprüche gegen einen Schuldner durchsetzen.

Vollstreckbarer Titel
§§ 724, 794 ZPO

Voraussetzung dafür ist ein **vollstreckbarer Titel**, aus dem sich ergibt, dass der zu verwirklichende Anspruch vollstreckt werden darf. Dazu gehören u. a.:

- Vollstreckungsbescheide,

- rechtskräftige Urteile,

- für vorläufig vollstreckbar erklärte Urteile,

- Prozessvergleiche oder

- vollstreckbare Ausfertigungen von Urkunden eines Notars, bei der sich der Schuldner der sofortigen Zwangsvollstreckung unterworfen hat.

Nachdem die vollstreckbare Ausfertigung des Titels dem Schuldner zugestellt wurde, kann die Zwangsvollstreckung durchgeführt werden. Die Art der Zwangsvollstreckung hängt von der jeweiligen Geldforderung ab.

Zwangsversteigerung

Wohn- und Geschäftshaus in Neu-Ulm-Pfuhl, zentrale Lage, Grundstück 691 m², Wohnfläche ca. 155 m², Ladenfläche ca. 105 m². Lagerräume ca. 71 m², Büroräume ca. 22 m², 2 Garagen. Festgesetzter Verkehrswert: **770 000,– DM.** Zwangsversteigerungstermin am 27. Juni 199.. 9.00 Uhr, Amtsgericht Neu-Ulm.

Bei der **Zwangsversteigerung** werden die Ansprüche aus dem Versteigerungserlös, bei der **Zwangsverwaltung** aus den laufenden Erträgen befriedigt.

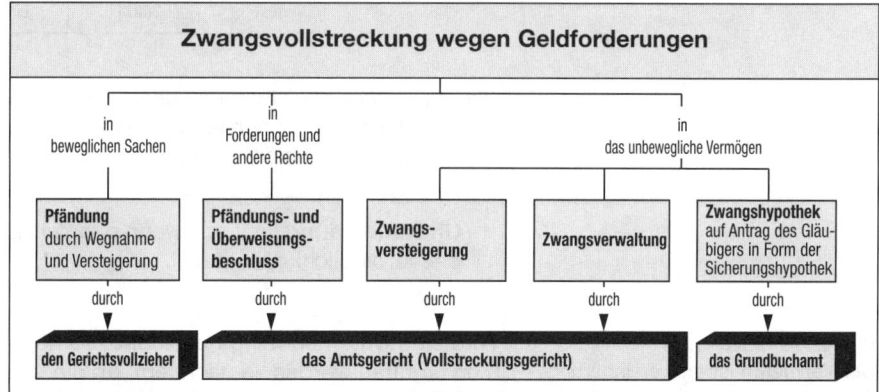

§§ 899 ff. ZPO

Ist der Gläubiger durch eine Pfändung nicht voll befriedigt worden oder weist er nach, dass er durch eine Pfändung seine Befriedigung nicht voll erlangen wird, so kann er bei dem für den Wohnsitz des Schuldners zuständigen Amtsgericht eine **eidesstattliche Versicherung** beantragen.

§ 915 ZPO

Der Schuldner hat in einem gerichtlichen Termin daraufhin ein Verzeichnis seines Vermögens vorzulegen und dessen Richtigkeit und Vollständigkeit an Eides Statt zu versichern. Gibt er diese Erklärung ab, so wird er in ein **Schuldnerverzeichnis** („Schwarze Liste") beim Amtsgericht eingetragen, in das jedermann Einsicht nehmen kann. Damit haben auch die Schufa und die Auskunfteien Zugriff zu diesen Informationen.

Eine vorsätzlich falsche Erklärung des Schuldners ist als **Meineid** zu bewerten, die mit mindestens einem Jahr Freiheitsstrafe geahndet wird.

§ 901 ZPO

Erscheint er nicht zu dem Termin oder verweigert er die Abgabe dieser Erklärung ohne Grund, so kann der Gläubiger die Haft des Schuldners zur Erzwingung der eidesstattlichen Erklärung beantragen. Diese **„Beugehaft"**, deren Kosten der Gläubiger zu tragen hat, kann bis zu sechs Monaten dauern. Anschließend darf der Schuldner frühestens nach drei Jahren wieder zu einer eidesstattlichen Versicherung aufgefordert werden, es sei denn, er hätte neues Vermögen erworben.

9.5.3 Notleidende Unternehmung

Die Rusenberg KG ist seit mehreren Jahren Kreditkunde der Finanzbank AG. Nach dem Tode des Firmengründers verschlechterte sich die Marktlage des Unternehmens in zunehmendem Maße. Die neueste Bilanz, die das Unternehmen bei der Bank einreichte, zeigte eine erschreckende finanzielle Lage auf.

AKTIVA	Bilanz per 31. 12. 19..		PASSIVA
Anlage- und Umlaufvermögen	1 500 000,–	Verbindlichkeiten	1 700 000,–
		– gedeckt	1 500 000,–
		– nicht gedeckt	200 000,–
Verlust	**700 000,–**	Eigenkapital	500 000,–

Die Rusenberg KG ist überschuldet; den Verbindlichkeiten in Höhe von insgesamt 1 700 000 Euro steht nur Vermögen in Höhe von 1 500 000 Euro gegenüber. Das Eigenkapital reicht nicht einmal aus, um den Verlust dieses Jahres auszugleichen.

> **Überschuldung** liegt vor, wenn das Vermögen eines Betriebes nicht mehr die Verbindlichkeiten deckt.

Vgl. § 779 BGB
Der **Vergleich** ist die Vereinbarung (Vertrag) eines Schuldners mit seinen Gläubigern zur Überwindung von Zahlungsschwierigkeiten und zur Abwendung des Konkurses.

Vgl. Konkursordnung §§ 1 ff:
Der **Konkurs** ist ein gerichtliches Vollstreckungsverfahren zur zwangsweisen Verwertung des gesamten Vermögens des Schuldners, um die Gläubiger nach bestimmten Regeln zu befriedigen.

Vgl. Insolvenzordnung (InsO).
Das **Insolvenzverfahren** dient der Befriedigung der Gläubiger eines Schuldners.

Wird eine Unternehmung notleidend, so können grundsätzlich mehrere Maßnahmen ergriffen werden, je nachdem, ob die Unternehmung erhalten oder aufgelöst werden soll.

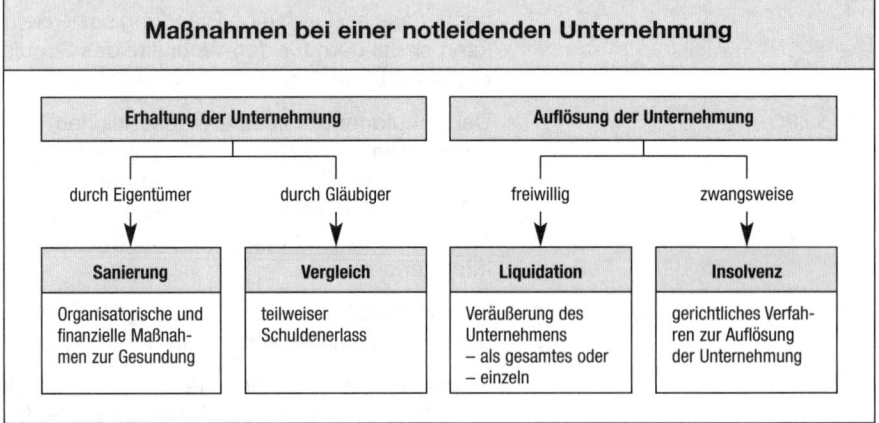

Die **Insolvenzordnung** bietet zwei Wege:

- **Liquidationsverfahren:** Das Unternehmen wird, wie im bisherigen Konkursverfahren, aufgelöst; das Gesamtvermögen wird verwertet.

- **Planverfahren:** Das Unternehmen wird saniert, indem die Verbindlichkeiten in Abstimmung mit den Gläubigern, wie im bisherigen Vergleichsverfahren, herabgesetzt werden.

9.5.4 Verbraucher-Insolvenzverfahren

Zahl der Mahnbescheide
jährlich ca. 800 000, davon
500 000 ohne Erfolg

2,6 Mio. Privathaushalte können ihre laufenden Ausgaben nicht mehr durch ihre Einnahmen decken. Damit gelten sie als überschuldet. Die neue **Insolvenzordnung,** die zum 01.01.1999 eingeführt wurde, sieht deshalb ein vierstufiges Verfahren vor, das es auch Privatpersonen ermöglicht, sich von ihren Restschulden befreien zu lassen.

Diese Regelung verfolgt weiter die Ziele, die Massenarmut zu reduzieren, die Verteilung in Insolvenzverfahren gerechter zu gestalten und den Schuldnern eine begrenzte Verwaltungs- und Verfügungsbefugnis zu belassen. Das **Insolvenzverfahren** wird grundsätzlich bei dem Amtsgericht am Ort der Hauptniederlassung des Schuldners beantragt. Dazu sind neben dem Schuldner ein oder mehrere Gläubiger berechtigt.

Sofern das Gericht den Antrag angenommen hat, verliert der Schuldner unter anderem seine Verwaltungs- und Verfügungsbefugnis über sein Vermögen, die Gläubiger dürfen keine Zwangsvollstreckung mehr einleiten.

Vierstufiges Insolvenzverfahren

- **Stufe 1: Außergerichtliches Verfahren**
  Schuldner und Gläubiger versuchen, sich auf einen außergerichtlichen Vergleich zu einigen. Scheitern sie, kommt es zu einem Gerichtsverfahren (2. bis 4 Stufe)

- **Stufe 2: Gerichtliche Einigung**
  Das Gericht versucht, eine gütliche Einigung herbeizuführen. Scheitert dieser Ansatz, wird das gerichtliche Insolvenzverfahren eingeleitet.

- **Stufe 3: Verbraucher-Insolvenzverfahren**
  Im Rahmen einer Gläubigerversammlung werden die Vermögensverhältnisse des Schuldners geklärt. Das Gericht kann eine Restschuldbefreiung in Aussicht stellen.

- **Stufe 4: Restschuldbefreiung**
  Der Schuldner zahlt sieben Jahre lang einen pfändbaren Betrag seines Arbeitseinkommens, der vom Gericht festgelegt wird, an einen Treuhänder. Dieser verteilt das Geld an die Gläubiger. Danach kann das Gericht die bisherigen Schulden erlassen.

Vertretung vor Gericht

Der Schuldner kann sich vor Gericht von Anwälten oder von Schuldnerberatern vertreten lassen.

Einschränkungen

Dieses Verfahren bleibt Schuldnern verwehrt,

● deren Vermögen zu gering ist, um zum Beispiel die Verfahrenskosten zu decken,

● die wegen einer Konkursstraftat rechtskräftig verurteilt sind,

● die in den letzten drei Jahren mit falschen Angaben Kredite oder öffentliche Zuschüsse erschlichen haben oder

● die in den letzten zehn Jahren bereits eine Restschuldbefreiung erteilt oder abgelehnt bekommen haben.

Bewertung

Voraussetzung für den Erfolg dieses Verfahrens ist eine aktive Mitwirkung der Schuldner. Im Erfolgsfall erhalten sie nach sieben Jahren eine Chance zum Neuanfang. Die neue Insolvenzordnung ist jedoch umstritten, da Kritiker meinen, dass lediglich ca. 10 % der privaten Schuldner in der Praxis die Anforderungen erfüllen können.

Aufgaben

1. Durch die Arbeitslosigkeit des Familienvaters ist ein Baukredit über 20 000 Euro notleidend geworden. Stellen Sie die Merkmale zusammen, welche einen notleidenden Kredit kennzeichnen.

2. Die Finanzbank AG zahlt einem technischen Angestellten ein Anschaffungsdarlehen für den Kauf eines Pkw aus. Das Darlehen, das sich einschließlich Zinsen und Provision auf 22 000 Euro beläuft, soll in monatlichen Raten von 460 Euro zurückbezahlt werden. Als Sicherheiten wurden die Sicherungsübereignung des Pkw sowie eine Gehaltsabtretung hereingenommen. Bereits nach der dritten Rate kommt der Kreditnehmer mit der Ratenzahlung in Verzug.

   a) Begründen Sie die Maßnahmen, welche Sie im Rahmen der Kreditüberwachung veranlassen würden.

   b) Der Kreditnehmer reagiert auf alle außergerichtlichen Maßnahmen nicht. Erläutern Sie die Möglichkeiten, welche die Bank hat, um über gerichtliche Zwangsmaßnahmen an ihr Geld zu kommen.

3. Skizzieren Sie die Maßnahmen, welche eine Bank bei Firmenkunden ergreifen kann, die notleidend geworden sind.

9.6 KWG-Vorschriften

Die Finanzbank AG hatte im vergangenen Geschäftsjahr eine Bilanzsumme von 1,5 Mrd. Euro bei einem haftenden Eigenkapital von 140 Mio. Euro. Die gesamten Kreditausleihungen betrugen zum Bilanzstichtag 785 Mio. Euro. Dieses Engagement setzte sich gemäß nachstehender Aufstellung zusammen.

Kreditengagement der Finanzbank AG		
Kreditnehmer der Finanzbank AG	Zugesagter Kredit Mio. EUR	In Anspruch genommener Kredit Mio. EUR
1. Groß- und Kleinbau AG	34	34
2. Laupheimer Maschinenbau AG	32	30
3. Fertigbau AG	20	20
4. Werkzeugmaschinen Dornstadt AG	18	17
6. Sonstige Kreditnehmer	639	570
Summe aller Kredite	743	671

Die Bank hat – unter Berücksichtigung der KWG-Vorschriften – über Kreditanfragen zu entscheiden:

- *Die Laupheimer Maschinenbau AG möchte für den Bau einer neuen Produktionshalle das Kreditvolumen bei der Bank um 15 Mio. Euro ausdehnen. Zur Sicherung bietet sie eine erststellige Grundschuld, die den Erfordernissen der §§ 11 und 12 des Hypothekenbankgesetzes (max. 60 % des Beleihungswertes) entspricht, an.*

- *Der Prokurist Roland von Freyberg, der seit 20 Jahren bei der Bank tätig ist, plant den Bau eines Einfamilienhauses, für das er 550 000 Euro Angestelltendarlehen in Anspruch nehmen möchte.*

Das **Kreditwesengesetz** dient dem Ziel, im Interesse der Gesamtwirtschaft ein funktionsfähiges Bankensystem zu gewährleisten. Die Erfahrung hat gezeigt, dass der größte Teil der Bankzusammenbrüche durch Ausfälle im Kreditgeschäft verursacht wurde. Aus diesem Grunde hat der Gesetzgeber der Begrenzung der Risiken aus dem Kreditgeschäft der Banken besondere Sorgfalt zukommen lassen.

§ 20 KWG

Von diesen Vorschriften sind Kreditnehmer ausgenommen, die ein minimales Ausfallrisiko haben oder bereits abgeschrieben sind. Als gering werden folgende Risiken angesehen:

Kredite im Sinne von § 19 KWG:

- Bestimmte Bilanzaktiva, insbesondere Kredite

- Traditionelle außerbilanzielle Geschäfte

- Derivate

– Kredite, die an Bund, Länder, Gemeinden und Gemeindeverbände gegeben werden oder von ihnen verbürgt werden,

– kurzfristige Verschuldungen unter Kreditinstituten.

Realkredite, die den Erfordernissen des Hypothekenbankgesetzes entsprechen, unterliegen nur in Teilbereichen den Beschränkungen des KWG.

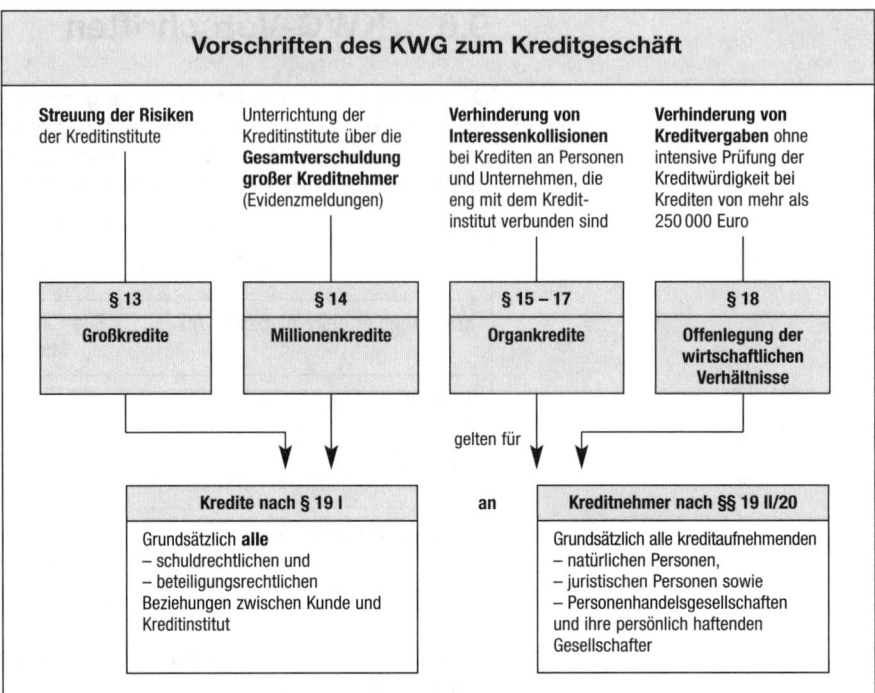

Ist ein Kreditnehmer zu mindestens 40 % an einem anderen Unternehmen beteiligt, so werden diese zusammengefasst als ein Kreditnehmer angesehen.

§ 13 KWG

Großkredite liegen vor, wenn die **gesamte Risikoaktiva**, die **einem Kreditnehmer** zugeordnet werden kann, insgesamt 10 % des haftenden Eigenkapitals des Kreditinstitutes übersteigt.

Die **Risikoaktiva** umfassen insbesondere Kredite, risikobehaftete Wertpapiere sowie andere Geschäfte, die mit Risiken verbunden sind, z. B. Finanz-Swaps, Termingeschäfte und Optionsrechte.

Für die Berechnung der Großkredite können Bürgschaften, Garantien, Gewährleistungen sowie Kredite aus dem Ankauf bundesbankfähiger Wechsel in der Regel um 50 % gekürzt werden. Für Großkredite schreibt das KWG im einzelnen vor:

● **Höchstgrenzen**, die am haftenden Eigenkapital ausgerichtet werden;

– 25 % für einen zugesagten oder in Anspruch genommenen Großkredit;

– 800 % für alle Großkredite – gemessen an der Kreditinanspruchnahme;

● **Zustimmung aller Geschäftsleiter** und

● **Meldung an die Deutsche Bundesbank**.

§ 14 KWG

Millionenkredite liegen vor, wenn die gesamte **Risikoaktiva**, die ein Kunde von einer Bank in Anspruch genommen hat, innerhalb eines dreimonatigen Zeitraumes **1,5 Mio. Euro** oder mehr ausmachte, unabhängig davon, wie hoch dieser Betrag zum Zeitpunkt des Meldetermins ist. In die Meldepflicht sind auch Realkredite einbezogen.

Die Kreditinstitute sind verpflichtet, der Deutschen Bundesbank alle drei Monate ihre ausgegebenen Millionenkredite zu melden.

Die Meldung gibt jeweils nur den Stand des Millionenkredits zum Meldestichtag wieder. Stellt die Deutsche Bundesbank eine Mehrfachverschuldung fest, so unterrichtet sie alle Kreditinstitute, die eine Meldung über den Kreditnehmer gemacht haben. Diese Rückmeldung enthält die Gesamtverschuldung des Kreditnehmers und die Anzahl der beteiligten Kreditinstitute. Auch diese Daten gibt die Deutsche Bundesbank mit ihrer Stellungnahme an das Bundesaufsichtsamt für das Kreditwesen (BAKred) weiter.

§§ 15 – 17 KWG

> **Organkredite** sind Kredite an Personen und deren Angehörige sowie an Unternehmen und juristische Personen, die in **besonders enger Beziehung zu dem Kreditinstitut** stehen.

Hierzu zählen in erster Linie die Geschäftsleiter und die leitenden Angestellten (z. B. Prokuristen) der Kreditinstitute mit ihren Familienangehörigen.

Bei Organkrediten schreibt das KWG im Einzelnen vor:

● **Einstimmige Beschlußfassung aller Geschäftsleiter** und die ausdrückliche **Zustimmung des Aufsichtsorgans**, grundsätzlich **vor** der Kreditvergabe.

   Diese Regelung gilt nur, wenn die Kredite an natürliche Personen ein Jahresgehalt, an Unternehmen 1 % des haftenden Eigenkapitals des Kreditinstitutes oder 50 000 Euro übersteigen.

● **Gesamtschuldnerische, unmittelbare Haftung** der Geschäftsleiter, sofern die Vorschriften des KWG nicht beachtet wurden.

Eine besondere Anzeigepflicht für Organkredite (früherer § 16 KWG) besteht nicht mehr.

§ 18 KWG

Die Pflicht zur Offenlegung der wirtschaftlichen Verhältnisse von Kreditnehmern, die mehr als 250 000 Euro Kredit aufnehmen, beruht in erster Linie auf wettbewerbspolitischen Überlegungen. Der Gesetzgeber wollte durch diese Vorschrift verhindern, dass der Verzicht auf eine strenge Kreditwürdigkeitsprüfung evtl. zu einem Argument im Wettbewerb um den Kreditkunden werden könnte.

Die Prüfung der Kreditanträge, die der Finanzbank AG vorliegen, führte zu folgendem Ergebnis:

Vgl. § 20 KWG

● *Die Laupheimer Maschinenbau AG hat bereits Kreditzusagen in Höhe von 32 Mio. Euro erhalten. Zusammen mit dem neuen Kredit würde die maximale Großkreditgrenze um 12 Mio. Euro überschritten. Da das Darlehen jedoch in Form eines Realkredites erteilt werden soll, fällt es unter die Ausnahmeregelung des § 20 KWG und erfordert somit keine Beachtung der Vorschriften der §§ 13 – 18 KWG.*

● *Das Darlehen an den Prokuristen von Freyberg ist ein Organkredit. Sofern der Vorstand einstimmig die Kreditvergabe beschließt und der Aufsichtsrat ausdrücklich zustimmt, steht dem Bauprojekt von dieser Seite aus nichts mehr im Wege.*

Aufgaben

1. Erklären Sie die Begrenzungsfunktion des haftenden Eigenkapitals im Kreditgeschäft.

2. In einem Telefongespräch teilt Ihnen Herr Peter Zolle, geschäftsführender Gesellschafter der ortsansässigen Textilhandelsgesellschaft, langjähriger Kunde und außerdem Mitglied des Aufsichtsorgans Ihrer Bank, mit, dass er einen Kredit in Höhe von 1,2 Mio. Euro für sein Unternehmen aufnehmen wolle; er bittet um einen Termin.

   Prüfen Sie, welche KWG-Vorschriften zu beachten sind, falls der Kredit genehmigt wird.

9.7   Außenhandelsgeschäfte

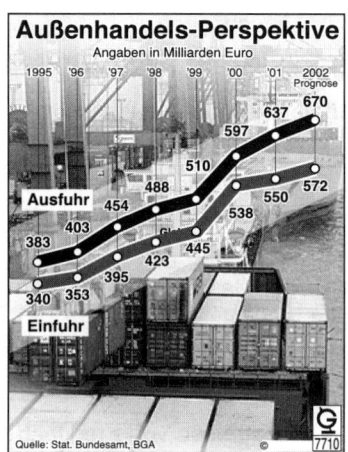

Die Ausfuhrüberschüsse sind in Deutschland weiterhin hoch. Noch Anfang der 90er Jahre wurden nur geringe Ausfuhrüberschüsse erzielt. Seither ist der Überschuss wieder deutlich gewachsen und trägt damit maßgeblich zur Konjunkturentwicklung bei.

Der Anteil Deutschlands am Weltexport ist jedoch im vergangenen Jahrzehnt von ca. 12 % auf ca. 10 % gefallen.

Vom gesamten Importvolumen entfallen ca. 1/10 auf Nahrungsmittel; nahezu 9/10 der Einfuhren waren Güter für die gewerbliche Wirtschaft. Bei den Ausfuhren ist der Anteil der Industriegüter mit etwa 95 % noch höher.

Haupthandelspartner Deutschlands sind mit großem Abstand die Länder der Europäischen Union. Sie nehmen ca. 56 % der Exporte ab und liefern etwa die Hälfte aller Einfuhren.

Lernziele

● Die wirtschaftlichen und rechtlichen Rahmenbedingungen des deutschen Außenhandels beschreiben,

● die Liefer- und Zahlungsbedingungen im internationalen Handel erklären,

● die Abwicklung des nichtdokumentären Zahlungsverkehrs im Außenhandel skizzieren,

● wesentliche Grundlagen des Dokumentengeschäftes der Banken erläutern,

● Devisen- und Sortengeschäfte der Banken darstellen.

9.7.1 Rechtsgrundlagen

Die Weber OHG wickelt einen großen Teil ihrer Geschäfte mit ausländischen Abnehmern ab. Nach mehreren Anläufen ist es der Weber OHG gelungen, eine Geschäftsbeziehung mit einem brasilianischen Importeur anzubahnen, die gute Entwicklungschancen verspricht. Welche rechtlichen Bestimmungen muss die deutsche Firma dabei beachten?

Die Regelung des deutschen Außenhandels ist eingebunden in die **Soziale Marktwirtschaft**. Der Außenhandel ist grundsätzlich frei von Beschränkungen. Er kann jedoch eingegrenzt werden:

● Zur Abwehr schädigender Einwirkungen aus fremden Wirtschaftsgebieten (z. B. *wenn Importeure versuchen, inländische Hersteller durch „Dumping-Preise" auszuschalten*),

● zur Abwehr schädigender Geld- und Kapitalzuflüsse aus dem Ausland (z. B. *bei Gefährdung der Ziele der Deutschen Bundesbank in ihrer nationalen Geldpolitik*),

● zum Schutz der Sicherheit und der auswärtigen Interessen Deutschlands (z. B. *Verbot der Lieferung von Waffen in Krisengebiete*).

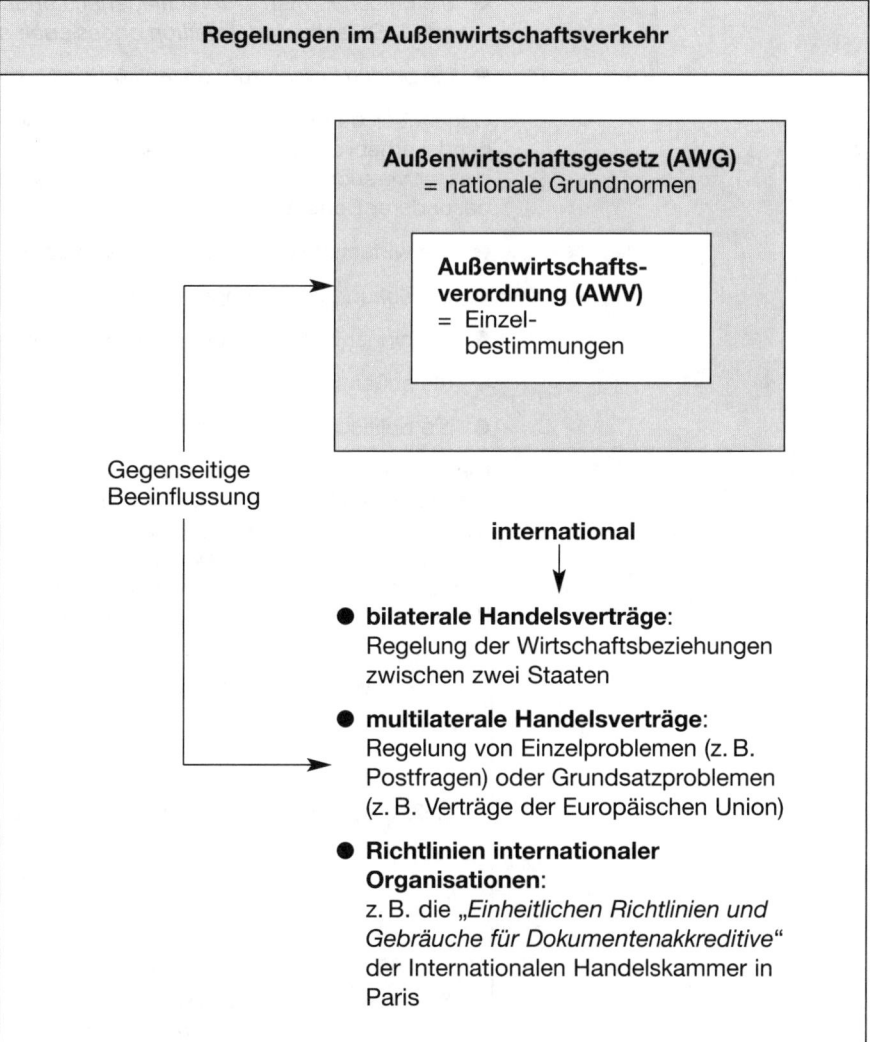

Regelungen im Außenwirtschaftsverkehr

Außenwirtschaftsgesetz (AWG)
= nationale Grundnormen

Außenwirtschaftsverordnung (AWV)
= Einzelbestimmungen

Gegenseitige Beeinflussung

international

● **bilaterale Handelsverträge**:
Regelung der Wirtschaftsbeziehungen zwischen zwei Staaten

● **multilaterale Handelsverträge**:
Regelung von Einzelproblemen (z. B. Postfragen) oder Grundsatzproblemen (z. B. Verträge der Europäischen Union)

● **Richtlinien internationaler Organisationen**:
z. B. die *„Einheitlichen Richtlinien und Gebräuche für Dokumentenakkreditive"* der Internationalen Handelskammer in Paris

9.7.2   Risiken

Die Weber OHG und ihr brasilianischer Geschäftspartner stellen bereits bei ihren ersten Kontakten fest, dass sie mit sehr unterschiedlichen Vorstellungen über die Abwicklung ihres Geschäftes in die Gespräche gegangen sind. Die üblichen Unterschiede in den Ausgangspositionen der Verhandlungspartner werden noch dadurch verstärkt, dass

● *die beiden Firmen in verschiedenen Ländern mit unterschiedlicher Rechtsordnung, Sprache und Tradition angesiedelt sind,*

● *die beiden Firmen zum ersten Mal ein Geschäft miteinander abschließen wollen.*

Gegenüber den Risiken, die jedes Handelsgeschäft beinhaltet, treten im Außenhandel erheblich höhere Gefahren auf. Aus diesem Grunde werden die Geschäftspartner versuchen, sich jeweils über den anderen **Auskünfte** zu beschaffen. Von besonderer Bedeutung sind dabei:

● Die wirtschaftliche Situation des Exporteurs bzw. Importeurs,

● die Zukunftserwartungen in der Branche,

● die binnenwirtschaftliche Lage im jeweiligen Land,

● die außenwirtschaftliche Einschätzung des betreffenden Staates sowie

● die politische Beurteilung der Situation im Export- und Importhandel.

Die Bundesrepublik Deutschland hat ein starkes Interesse daran, neue Exportmärkte zu erschließen und die bestehenden zu sichern. Aus diesem Grunde übernimmt der Staat Risiken, die der Exporteur nicht abschätzen kann und die von der privaten Versicherungswirtschaft nicht übernommen werden. Die organisatorische Grundlage der Exportversicherung des Bundes („HERMES-Deckung") bildet die HERMES-Kreditversicherungs-Aktiengesellschaft.

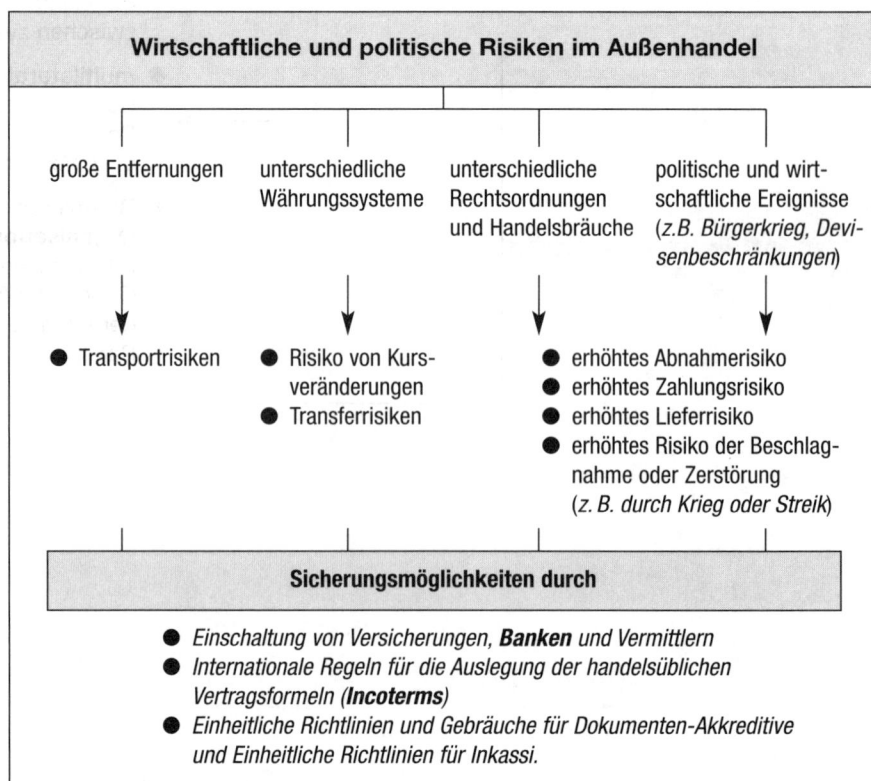

9.7.3 Lieferungsbedingungen

Die Weber OHG hat ihr Angebot für den brasilianischen Importeur auf der Basis „FOB Hamburg" kalkuliert. Dieser versucht jedoch in den Verhandlungen eine Preisbasis „CIF Sao Paulo" zu erreichen. Wie würden sich Kosten und Risiko für die Weber OHG ändern, falls sie auf den Wunsch des Geschäftspartners einginge?

In der Außenhandelspraxis entwickelten sich im Laufe der Zeit zahlreiche Handelsbräuche (Usancen) in Gestalt bestimmter Vertragsformeln über die verschiedenen praktischen Ausgestaltungsmöglichkeiten der Lieferungsbedingungen. Die wichtigsten dieser Vertragsformeln wurden von der **Internationalen** Handelskammer in Paris 1936 als **„International Commercial Terms 1936"** (Incoterms = Internationale Regeln für die Auslegung der handelsüblichen Vertragsformeln) zusammengestellt und erläutert. Zuletzt wurden diese Regeln im Sommer 1990 überarbeitet. Aus den vier Gruppen dieser Regeln sind vor allem folgende von Bedeutung:

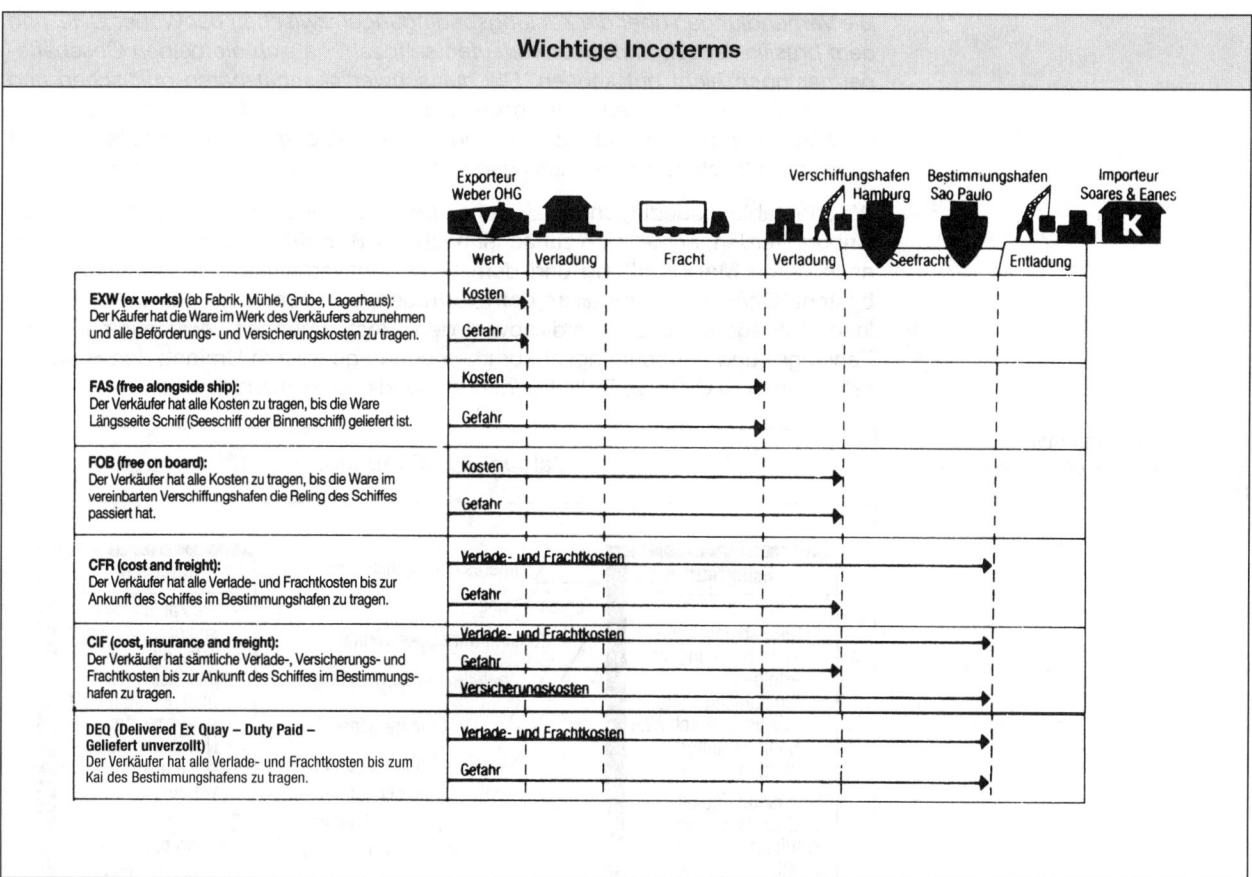

Die **Incoterms** sind lediglich eine Empfehlung des ICC Paris, stellen aber kein allgemeines Recht dar. Erst durch die vertragliche Einbeziehung werden sie zu individuellem Recht.

Die Lieferungsbedingungen legen die allgemeinen Rechte und Pflichten der Vertragspartner von Außenhandelsgeschäften fest, die mit der Warenlieferung zusammenhängen. Sie bestimmen u. a.

● den Abladeort,

● den Zeitpunkt des Gefahrenüberganges auf den Käufer,

● die Aufteilung der Beförderungskosten auf den Käufer und Verkäufer,

● die Frage der Dokumentenbeschaffung.

Bei „CIF Sao Paulo" hätte die Weber OHG zusätzlich noch die Frachtkosten des Schiffversands sowie die entsprechenden Versicherungskosten zu tragen.

9.7.4 Zahlungsbedingungen

Die Verhandlungen über die Zahlungsbedingungen zwischen der Weber OHG und dem brasilianischen Importeur verlaufen sehr zäh, da sich die beiden Geschäftspartner noch nicht gut kennen. Die nur schwer abschätzbaren politischen und wirtschaftlichen Risiken, die großen Entfernungen, die unterschiedlichen Rechtsordnungen und der dadurch erschwerte Zugriff auf den möglicherweise säumigen Geschäftspartner schlagen sich in den Verhandlungen nieder.

Welche Zahlungsbedingungen zwischen Exporteur und Importeur vertraglich vereinbart werden, richtet sich zunächst nach der **Bonität** der Verhandlungspartner, nach deren **Marktstellung** und dem Vertrauensverhältnis, das zwischen ihnen besteht. Daneben ist vor allem dem Vertrauen, das dem Liefer- bzw. Abnehmerland entgegengebracht wird sowie den Bestimmungen zwischenstaatlicher Zahlungs- und Verrechnungsabkommen und in gewissem Umfang den Handelsbräuchen eine wichtige Rolle bei den Verhandlungen zuzuschreiben.

Zahlungsbedingungen:
Ein Kompromiss unterschiedlicher Interessen

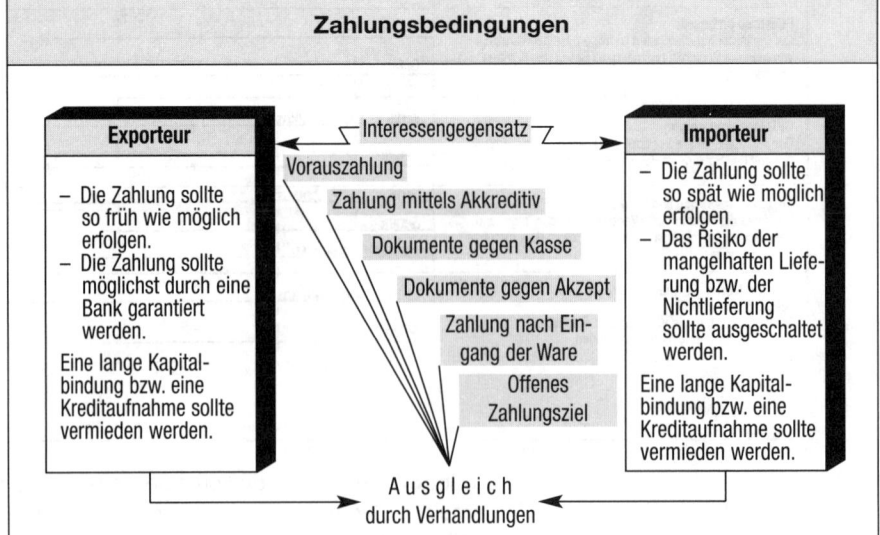

9.7.5 Zahlungsaufträge

Internationales Gironetz

Die Abwicklung des Zahlungsverkehrs im Außenhandel erfolgt über Korrespondenzbanken. Die westdeutschen Kreditinstitute unterhalten zahlreiche **Währungskonten** bei ausländischen Korrespondenzbanken. Ebenso haben alle bedeutenden ausländischen Institute bei einer oder mehreren Banken in der Bundesrepublik **Euro-Konten**, so dass der Zahlungsverkehr zwischen den einzelnen Ländern über ein relativ dichtes „**internationales Gironetz**" durchgeführt wird.

9.7.6 Meldevorschriften nach der Außenwirtschaftsverordnung (AWV)

Für die Devisenstatistik müssen Zahlungen an einen Gebietsfremden und von Gebietsfremden grundsätzlich gemeldet werden.

§ 59 AWV

Gebietsansässige
(§ 4 AWV) sind natürliche Personen mit Wohnsitz oder gewöhnlichem Aufenthalt (mehr als sechs Monate im Jahr) sowie juristische Personen und Personenhandelsgesellschaften mit Sitz im Wirtschaftsgebiet (Deutschland und Kleines Walsertal).

Gebietsansässige haben Zahlungen, die sie

1. von Gebietsfremden oder für deren Rechnung von Gebietsansässigen entgegennehmen (eingehende Zahlungen) oder

2. an Gebietsfremde oder für deren Rechnung an Gebietsansässige leisten (ausgehende Zahlungen)

zu melden.

Ausgenommen von diesen Meldevorschriften sind:

1. Zahlungen, die den Betrag von 12 500 Euro oder den Gegenwert in ausländischer Währung nicht übersteigen;

2. Ausfuhrerlöse;

3. Zahlungen, welche die Gewährung, Aufnahme oder Rückzahlung von Krediten mit einer ursprünglich vereinbarten Laufzeit oder Kündigungsfrist von nicht mehr als zwölf Monaten zum Gegenstand haben;

4. Zahlungen natürlicher Personen für den Bezug von Waren zum persönlichen Gebrauch und für die Inanspruchnahme von Dienstleistungen zu persönlichen Zwecken.

Die Form der Meldung ist formularmäßig vorgegeben (§ 60 AWG).

Zahlungsaufträge im Außenwirtschaftsverkehr

Überweisungsaufträge nimmt die Bank nur auf dem Vordruck „Zahlungsauftrag im Außenwirtschaftsverkehr" (Anlage Z1 zur AWV) entgegen. Das zweite Blatt dieses Vordrucksatzes wird von dem Kreditinstitut über die zuständige LZB der Deutschen Bundesbank zugesandt, die es für statistische Zwecke benutzt.

Bei eingehenden Beträgen weisen die Banken ihre Kunden lediglich auf die Meldepflicht hin. Die Meldung erfolgt hierbei mit der Anlage Z4 zur AWV.

Zahlungsauftrag im Außenwirtschaftsverkehr (Z1-Formular)

Dem Geldinstitut mit Blatt 3 einzureichen

Anlage Z 1 zur AWV

Zahlungsauftrag im Außenwirtschaftsverkehr
Statistische Angaben nach §§ 59 ff. der Außenwirtschaftsverordnung (AWV)

52: An (beauftragtes Kreditinstitut)

Finanzbank AG

Filiale Aachen

Bankleitzahl

600 501 01

Konto-Nummer des Auftraggebers

Auftraggeberreferenz

Sparkassen-Referenz-Nr.

Zahlung zu Lasten

0 = DEM-Konto
1 = Euro (EUR)-Konto
2 = Währungskonto

Keine Angabe bedeutet Zahlung
zu Lasten des EUR-Kontos

Helaba-Referenz-Nr.

32: Währung   **EUR**   Betrag   **270.000,00**

Ländercode Land des Begünstigten (Zielland)

50: Name des Auftraggebers

Coga AG

Straße   **Industriestraße 12**

Postleitzahl   **73431**   Ort   **Aalen**

Ländercode Bank des Begünstigten

Für Überweisungen innerhalb der EU- und der EWR-Staaten
gelten die "Bedingungen für grenzüberschreitende
Überweisungen innerhalb der Europäischen Union und der
EWR-Staaten", die wir Ihnen gerne zur Verfügung stellen.

57: Bank des Begünstigten
(bevorzugt als S.W.I.F.T.-Code)

S.W.I.F.T.-Code

Ist sowohl der S.W.I.F.T.-Code als auch Name
und Anschrift der Bank ausgefüllt, wird die Zahlung
gemäß S.W.I.F.T.-Code ausgeführt.

Name des Kreditinstituts

Algemene Bank Nederland N.V.

Straße

Ort/Land

Enschede/Niederlande

Konto-Nummer des Begünstigten bzw. IBAN

nationaler Bank-Code - soweit vorhanden

Bitte nur bei Dauerauftrag ausfüllen

1 = Eröffnung   3 = Änderung
2 = Löschung   4 = Aussetzung

Ausführung
erstmalig am

Ausführung am Monats-Ultimo
(wenn ja, bitte ankreuzen)   ☐

59: Name des Begünstigten

Jan van Goulden

Straße   **Waterstraat 456**

Ort/Land   **Enschede/Niederlande**

Aussetzung
am

Aussetzung
am

Aussetzung
von

Aussetzung
bis

70: Verwendungszweck (nur für Begünstigten)

Fakt. Nr. 675 456 / 9. v. 03.05.

./. 3 % Skonto

Zusätzliche Weisungen für das Kreditinstitut (z. B. zum Weisungsschlüssel)

Ausführungsintervall
1 = monatlich   3 = vierteljährlich
2 = zweimonatlich   4 = halbjährlich
                 5 = jährlich

Der Dauerauftrag hat Gültigkeit bis zum
schriftlichen Widerruf.
Auf eine evtl. Meldepflicht gem. §§ 59 ff. der
Außenwirtschaftsverordnung wird hingewiesen.

Ausführungsart
(Keine Angabe bedeutet Standard)

0=Standard (S.W.I.F.T./Brief)
1=Eilig (S.W.I.F.T./Telex)
2=Scheckziehung
3=Scheckziehung an
Auftraggeber
4=S-Interpay

Weisungsschlüssel (Weisungen für die zu
beauftragende Bank)

1=Avis an Bank des
Begünstigten
2=Telefonavis an den
Begünstigten
3=Telex-/Fax-Avis an den
Begünstigten
4=Zahlung gegen Legitimation

71: Entgeltregelung
(keine Angabe bedeutet
alle Entgelte z. L. Auftraggeber)

0=Entgeltteilung
eigenes Entgelt z. L.
Auftraggeber
fremdes Entgelt z. L.
Begünstigten
1=alle Entgelte z. L. Auftraggeber
2=alle Entgelte z. L. Begünstigten

Bei Zahlungen zu Lasten Währungskonto
Entgelte zu Lasten
(Ohne Weisung erfolgt die Berechnung der Entgelte
z. L. der Kontowährung (DEM bzw. Euro)

0=DEM-Konto
1=Euro (EUR)-Konto
2=Währungskonto

Statistische Angaben nach §§ 59 ff. der Außenwirtschaftsverordnung (AWV)

**Bei Zahlungen unterhalb der Meldefreigrenze von 12.500 Euro (EUR) oder Gegenwert und
bei Zahlungen, die ausschließlich für Wareneinfuhren erfolgen, sind keine Angaben in den Feldern 100, 105 - 111 erforderlich.**
Weitere Ausnahmen und Erläuterungen siehe Blatt 2

| **Die Zahlung erfolgte für:**
Ggf. Zahlungsbetrag aufteilen. | **1. Dienstleistungen,
Übertragungen,
Kapitaltransaktionen** | Felder 105 - 111 ausfüllen,
Kennzahlen anhand des
Leistungsverzeichnisses angeben. | **2. Transithandel** | Feld 100 ankreuzen;
Meldung auf Vordruck Z 4
einreichen. | 100
☐ |

105: Kennzahl   **X**   106: Land (Erläuterungen beachten)   107: Betrag in o. g. Währung (nur anzugeben bei mehr als einem Zahlungszweck)

108: Kennzahl   **X**   109: Land (Erläuterungen beachten)   110: Betrag in o. g. Währung (nur anzugeben bei mehr als einem Zahlungszweck)

111: Nähere Angaben zu den zugrundeliegenden Leistungen bzw. zum Grundgeschäft (ggf. mit weiteren Beträgen)

Aalen, 16.05.20..

Datum

                 Coga AG

Telefon/Durchwahl   Unterschrift/Stempel   Kontoführung/Sicherungsstempel

SpJ 290 310 (Fassung 12/2000) **Blatt 1**

9.7.7 Abwicklung

Die Einkaufsabteilung der Coga AG erstellt den Zahlungsauftrag zugunsten der Lieferantin Jan van Goulden N. V. in Enschede.

Ein Zahlungsauftrag im Außenhandel ist bei der Bank grundsätzlich wie eine inländische Zahlung zu behandeln.

Erfolgt die Zahlung wie beim Auftrag der Coga AG in Fremdwährung, ist für die ausreichende Devisendeckung zu sorgen. Mit dem Zahlungsauftrag ist deshalb gleichzeitig der Auftrag verbunden, den erforderlichen Devisenbetrag zu kaufen.

SWIFT-Zahlungen

Die Datenerfassung erfolgt bei der Finanzbank AG im Online-Verkehr am Terminal. Die Zahlungsaufträge werden heute – soweit möglich – in der Regel über das SWIFT-System weitergeleitet. Daneben werden Zahlungen noch brieflich, eventuell mit Luftpost oder fernschriftlich ausgeführt.

SWIFT – ein effektives Nachrichtensystem im Auslandsverkehr

> **SWIFT** ist ein System zur Übermittlung von Nachrichten im Auslandsverkehr der Banken.

Der Nachrichtentext wird von SWIFT nicht verändert, es werden keine Daten verarbeitet und keine Salden zwischen den angeschlossenen Banken verrechnet. Das System arbeitet auf elektronischer Basis und verfügt über Verbindungen in vielen Ländern der Welt, in die schnelle Nachrichten (swift = schnell) versandt werden können.

Jährlich werden ca. eine Milliarde Finanztransaktionen über SWIFT abgewickelt. Das tägliche Volumen beläuft sich auf etwa 2 000 Mrd. US-Dollar.

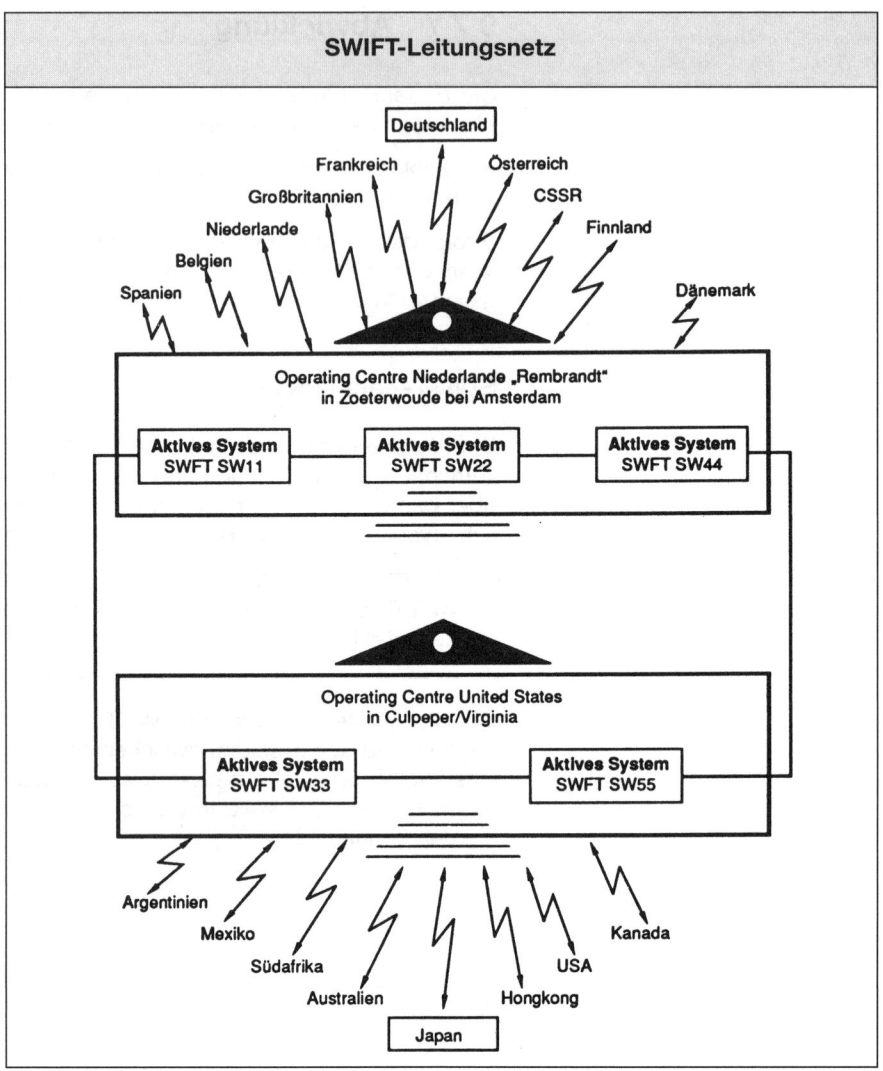

In jedem dieser Länder befinden sich nationale Konzentratoren, die alle Nachrichten der angeschlossenen Banken sammeln und über die Vermittlungszentralen (Operating-Centres) Zoeterwoude bei Amsterdam und Culpeper in Virginia/USA an die Empfängerbanken weiterleiten lassen.

In den kommenden Jahren werden die Möglichkeiten des SWIFT-Systems erweitert, so dass die Sicherheit, der Komfort und die anwenderfreundliche Abwicklung weiterhin eine Verbesserung erfahren.

Die Finanzbank AG gibt ihre Zahlungsaufträge direkt über ihre Terminals an den nationalen Konzentrator nach Frankfurt weiter. Von dort aus werden die Daten an die Schaltzentrale nach Zoeterwoude geleitet.

Konventionelle Zahlungsformen

Briefliche Überweisung: Das herkömmliche Überweisungsverfahren wird nur noch bei Aufträgen genutzt, die für Länder bestimmt sind, die noch keinen Anschluss an das SWIFT-System haben.

Fernschriftliche, telegrafische oder telefonische Überweisung: Bei dringenden Zahlungen, die nicht über SWIFT ausgeführt werden können, wird der Zahlungsauftrag der Auslandsbank über den Fernschreiber erteilt.

Scheckzahlungen:

Die Zahlungen mittels Schecks überwiegen besonders im Zahlungsverkehr mit den nordamerikanischen Ländern und den Ländern des Sterling-Raumes. Im Auslandszahlungsverkehr werden in der Regel nur Orderschecks benutzt. Dabei ist es üblich, diese zu „kreuzen". Die Kreuzung erfolgt durch zwei gleichlaufende Striche auf der Vorderseite des Schecks. Dies hat nach dem Genfer Scheckrechtsabkommen die Folge, dass der Bezogene den Scheck nur an ein Kreditinstitut beziehungsweise an einen eigenen Kunden auszahlen darf.

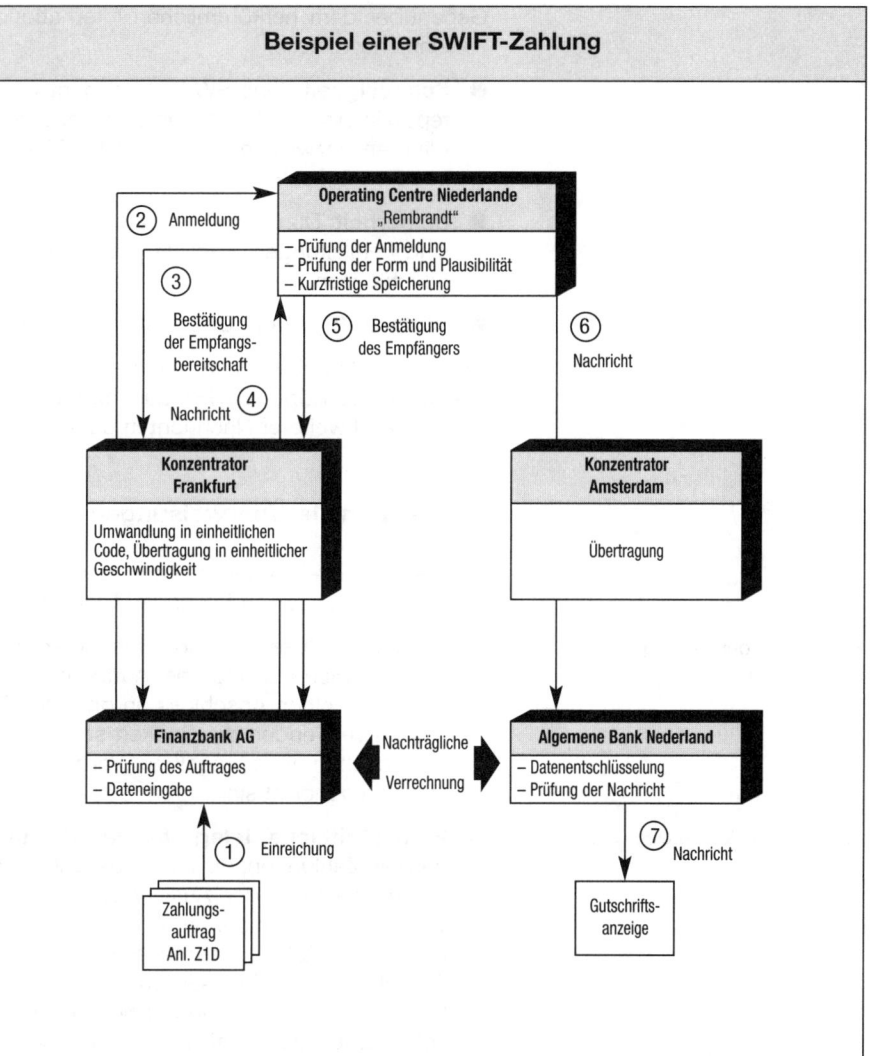

Beispiel einer SWIFT-Zahlung

Da das SWIFT-System lediglich Nachrichten übermittelt, erfolgt die Verrechnung zwischen den Banken grundsätzlich wie beim konventionellen Verfahren.

● Bei Zahlungen in Fremdwährung wird meist eine Korrespondenzbank im Empfängerland gebeten, den Auftrag zu Lasten des Fremdwährungs-Kontos (Nostro-Konto) der Kreditbank AG auszuführen.

● Besteht zwischen den beteiligten Banken keine direkte Kontoverbindung, wird der Deckungsbetrag über eine dritte Bank angeschafft.

Gegenüber dem herkömmlichen internationalen Zahlungsverkehr bietet SWIFT wesentliche Vorteile:

- **Schnelligkeit**: Eine SWIFT-Nachricht von der Absenderbank in der Bundesrepublik bis zur Empfängerbank braucht im Regelfall nicht länger als fünf Minuten. Inzwischen ist das SWIFT-Netz so dicht, dass der größte Teil der Länder angeschlossen ist.

- **Sicherheit**: Durch die Standardisierung und die eingebauten Kontrollelemente sind Fehlleitungen, Fehlinterpretationen und Verfälschungen so gut wie ausgeschlossen.

- **Wirtschaftlichkeit**: Das System arbeitet beleglos.

Diese Vorteile haben dazu geführt, dass heute in den meisten Fällen Auslandsüberweisungen über SWIFT ausgeführt werden. Daneben werden über SWIFT eine Vielzahl weiterer Nachrichten übermittelt.

Konventionelle Überweisungen

Müssen Überweisungen in konventioneller Form ins Ausland geleitet werden, kommen grundsätzlich folgende Möglichkeiten in Frage:

Briefliche Überweisung

- **Briefliche Überweisung**: Das herkömmliche Überweisungsverfahren wird grundsätzlich nur noch bei Aufträgen genutzt, die für Länder bestimmt sind, die noch keinen Anschluss an das SWIFT-System haben. Für briefliche Zahlungen verwenden die Banken seit langem einen von europäischen Banken entwickelten viersprachigen Vordruck, dessen Aufbau und textliche Gestaltung genormt sind.

Telekommunikative Überweisung

- **Fernschriftliche, telegrafische oder telefonische Überweisung**: Bei dringenden Zahlungen, die nicht über SWIFT ausgeführt werden können, wird der Zahlungsauftrag der Auslandsbank über den Fernschreiber erteilt. In den wenigen Fällen, in denen die Empfängerbank fernschriftlich nicht zu erreichen ist, werden Zahlungsaufträge mittels Telegramm ausgeführt. Die telefonische Aufgabe von Zahlungsaufträgen ist wegen der hohen Kosten, Fehlerquellen bei der Übermittlung und schlechter Verständigung kaum noch üblich. Fernschriftliche oder briefliche Aufträge schreiben jedoch meist die telefonische Benachrichtigung des Begünstigten vor.

- **Europa-Überweisung**: Überweisungen von Geldbeträgen bis zum Gegenwert von 12 500 Euro können mit Hilfe eines Europa-Überweisungsauftrages in alle EU-Länder ausgeführt werden. Erteilt werden kann der Auftrag in Euro oder der Währung des Empfängerlandes. Für Überweisungen über 12 500 Euro wird das Anlageformular Z1 zur AWV verwendet.

- **Internationale Zahlungsaufträge (IPI)** werden von ausländischen Rechnungsstellen genutzt und enthalten bereits die wesentlichen Angaben.

Sonderbedingungen für den
Europa-Überweisungsauftrag

Hinweise zum Ausfüllen des
Formulars:

Empfangs-länder	Ziel-land	Wäh-rung
Belgien	BE	EUR
Dänemark	DK	DKK
Finnland	FI	EUR
Frankreich	FR	EUR
Griechen-land	GR	EUR
Groß-britannien	GB	GBP
Irland	IE	EUR
Italien	IT	EUR
Luxemburg	LU	EUR
Niederlande	NL	EUR
Österreich	AT	EUR
Portugal	PT	EUR
Schweden	SE	SEK
Spanien	ES	EUR
Island	IS	ISK
Norwegen	NO	NOK
Schweiz	CH	CHF

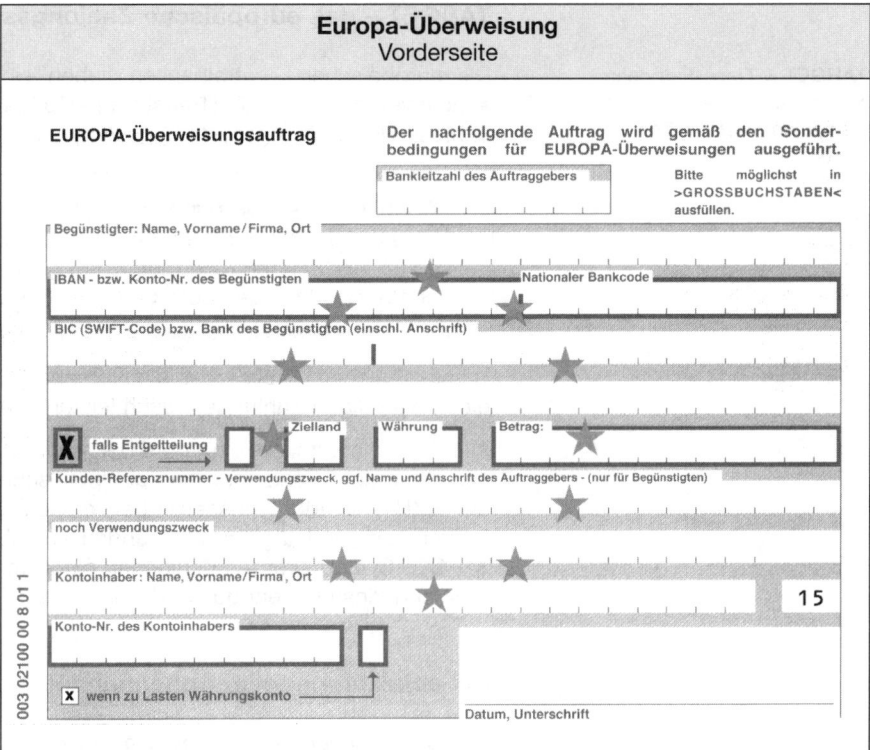

Die Vordrucke müssen vollständig ausgefüllt werden. Neben den allgemein üblichen Angaben wie Kontonummer, Betrag usw. ist auch die Angabe des Bank-Codes des Empfängerinstitutes bzw. dessen vollständiger Adresse vorgesehen. Durch diesen **Bank-Code** (vergleichbar der deutschen Bankleitzahl) wird die Clearingstelle im Empfängerland in die Lage versetzt, die Überweisung maschinell weiterzubearbeiten.

Die Zahlung wird zu

– einem günstigen Festpreis,

– einer garantierten Laufzeit und

– fest vereinbarten Gebühren für den Empfänger ausgeführt.

Folgende Regeln sind dabei zu beachten:

– Das Empfangsland der Überweisung muss ein EU-Land sein.

– Das Formular darf nicht für Überweisungen innerhalb Deutschlands verwendet werden.

– Der Betrag darf 12 500 EUR oder den Gegenwert in der Währung des Empfangslandes nicht übersteigen.

– Die Aufträge werden stets mit Gebührenteilung ausgeführt, das heißt, die Kosten der beauftragten Bank trägt der Auftraggeber, die Kosten der Empfängerbank der Zahlungsempfänger.

– Eine separate Auslandsauftrags-Abrechnung wird als Anlage zum Kontoauszug erstellt.

TARGET – das europäische Zahlungssystem der Zentralbanken

TARGET = **T**rans-European **A**utomated **R**eal-Time **G**ross **S**ettlement **E**xpress **T**ransfer System

Die europäischen Zentralbanken haben ein europaweites Interbank-Überweisungssystem TARGET (Transeuropäisches automatisiertes Echtzeit-Brutto-Express-Überweisungssystem) geschaffen.

> **TARGET** ist ein Verbund der nationalen RTGS-Systeme unter Federführung der EZB mit dem Ziel, grenzüberschreitende Zahlungen einfach, schnell und sicher zu ermöglichen sowie eine reibungslose Umsetzung der einheitlichen Geldpolitik zu gewährleisten.

Damit ist sichergestellt, dass die Notenbanken in einem einheitlichen Geldmarkt die notwendigen Zahlungen rasch leisten können.

Alle Kreditinstitute, die ein Konto bei einer europäischen Zentralbank haben, können mitwirken. Zahlungen aus geldpolitischen Operationen der EZB, an denen die EZB mitwirkt, müssen über dieses System abgewickelt werden. Als Betriebszeit sind täglich 11 Stunden von 7.00 bis 18.00 Uhr eingerichtet. Im TARGET-System werden Zahlungen sofort mit der Gutschrift auf dem Konto des Empfängerinstituts endgültig, da sie nur auf Guthabenbasis ausgeführt werden.

Scheckzahlungen im Außenhandel

Ein kalifornischer Lieferant der Bacara AG hat eine Rechnung über 17 000 US-$ gesandt. Die Firma wünscht die Zahlung mittels eines US-$-Schecks.

Scheckzahlungen überwiegen im angloamerikanischen Raum

Die Zahlungen mittels Scheck überwiegen besonders im Zahlungsverkehr mit den nordamerikanischen Ländern und den Ländern des Sterling-Raumes. Für die Zahlungen mit Scheck können folgende Argumente sprechen:

– Die leichtere Abwicklung, falls die Korrespondenzbank im Land des Begünstigten fehlt,

– die teilweise hohen Gebühren bei Überweisungen, die in einigen Ländern verlangt werden,

– die schnellere Bereitstellung des Geldes für den Empfänger, sofern er den Scheck „Eingang vorbehalten" gutgeschrieben erhält,

– die relativ lange Zeit, die bis zur Belastung eines Schecks beim Zahlungspflichtigen vergeht.

Die Scheckzahlung ist für den Empfänger mit dem Risiko verbunden, den Scheck bei Vorlage nicht eingelöst zu bekommen. **Gründe** für die **Nichteinlösung** können sein:

– Fehlendes Guthaben auf dem Konto des Ausstellers,

– eine Schecksperre durch den Aussteller,

– Formfehler,

– Fälschungen,

– devisenrechtliche Bestimmungen oder

– nicht eingehaltene Vorlegungsfristen.

Genfer Scheckrechtsabkommen

Das Scheckrecht ist international nur teilweise vereinheitlicht. 1931 wurden auf der **Genfer Scheckrechtskonferenz** zwar drei Abkommen zur Vereinheitlichung des Scheckrechts abgeschlossen; einige wichtige Staaten wie die USA oder Großbritannien haben sich jedoch nicht angeschlossen.

Aufgaben

1. Stellen Sie die wesentlichen nationalen und internationalen Regelungen zusammen, welche für den Außenhandel der Bundesrepublik Deutschland von Bedeutung sind.

2. Beschreiben Sie – jeweils mit einem Beispiel – die Risiken im Außenhandel, welche

   a) gegenüber dem Binnenhandel in verstärktem Maße,

   b) nur im Außenhandel auftreten.

3. a) Erläutern Sie die Funktion der Lieferungsbedingungen im Außenhandel.

   b) Skizzieren Sie die wichtigsten Incoterms.

   c) Ein deutscher Exporteur will Waren nach Kanada liefern. Erläutern Sie, welche Lieferungsbedingungen er in den Verhandlungen mit dem Importeur nach Möglichkeit anstreben sollte.

   d) Ein Fleischimporteur will aus Argentinien Steakfleisch einführen. Entscheiden Sie, welche Lieferungsbedingungen für ihn vorteilhaft wären.

4. a) Erklären Sie die wesentlichen Bestimmungsgründe für Zahlungsbedingungen im Außenhandel aus Sicht des Exporteurs und des Importeurs.

   b) Ein deutscher Exporteur will Waren im Werte von 3 000 Euro an einen französischen Händler liefern, mit dem er seit vielen Jahren in guter Geschäftsverbindung steht. Schlagen Sie eine sinnvolle Zahlungsbedingung für diesen Handel vor.

5. a) Stellen Sie die wichtigsten Meldevorschriften für Auslandszahlungen zusammen.

   b) Skizzieren Sie die Abwicklung einer Auslandszahlung über SWIFT.

   c) Erläutern Sie die Vorteile des SWIFT-Systems.

9.7.8 Dokumentengeschäft

Die Weber OHG und ihr brasilianischer Geschäftspartner Soares & Eanes wollen ihr Außenhandelsgeschäft auf der Grundlage von Außenhandelsdokumenten abwickeln. Damit erhoffen sie sich eine Verminderung des Risikos für beide Seiten. Außerdem wird der Handel einfacher durchgeführt werden können.

Dokumente im Außenhandel:

- **Warenpapiere**
  - Konnossement
  - Internationale Frachtbriefe
  - u. a.
- **Versicherungspapiere**
- **Begleitpapiere**
  - Handelsrechnung
  - Konsulatsfaktura
  - Ursprungszeugnis
  - Warenverkehrsbescheinigung
  - u. a.

Dokumente im Außenhandel

Bei Außenhandelsgeschäften werden als Dokumente alle Papiere bezeichnet, die

- den Versand oder die Einlagerung von Außenhandelsgütern,
- den Abschluss einer Versicherung,
- die vertragsgetreue Lieferung und
- die Beachtung besonders vereinbarter oder behördlicher Regelungen belegen.

Unter wirtschaftlichen Gesichtspunkten können die Dokumente in drei Gruppen unterteilt werden: Waren-, Versicherungs- und Begleitpapiere.

> Das **Konnossement** ist ein Wertpapier, in dem der Verfrachter oder dessen Bevollmächtigter den Empfang der übernommenen Ware bestätigt. Er verpflichtet sich darin, diese zu befördern und dem berechtigten Inhaber des Konnossements nach Beendigung der Seereise auszuhändigen.

Die Übergabe des Konnossements ersetzt die Übergabe der Ware

Das Konnossement ist ein **Traditions- oder Dispositionspapier**. Die Übergabe des indossierten Wertpapiers ist somit der Übergabe der Ware gleichzusetzen.

Als Aussteller des Konnossements kommen neben dem Reeder der Kapitän oder ein anderer Vertreter des Reeders, z. B. ein Schiffsagent, in Frage. In der Regel enthält das Konnossement die Orderklausel und ist somit durch Indossament übertragbar. Fehlt die Orderklausel, so besitzt es den rechtlichen Charakter eines Rektapapiers, das nur im Wege der Zession übertragen werden kann.

Geht ein Konnossement verloren, so kann der berechtigte Empfänger der Ware diese in der Regel nur mit einer Konnossementsgarantie einer Bank ausgehändigt bekommen, die in der Praxis unbefristet ist und vom Auftraggeber gekündigt werden kann. Um solche Kosten zu vermeiden, werden die Konnossemente gewöhnlich in mehreren gleich lautenden Originalexemplaren ausgefertigt; diese werden zusammen als „voller Satz" (full set) bezeichnet. Aus Sicherheitsgründen werden die einzelnen Exemplare dem Empfänger mit verschiedener Post zugesandt.

Da jedes einzelne Originalkonnossement den legitimierten Inhaber zur Entgegennahme der Ware berechtigt, müssen die Banken darauf achten, dass in jedem Fall ein „voller Satz" vorgelegt wird. Es besteht sonst die Gefahr, dass bereits über die Ware verfügt worden ist. Die Banken verlangen im Akkreditivgeschäft weiter, dass die Konnossemente „rein" (clean) sein müssen, das heißt, sie dürfen zum Beispiel keine Vermerke über Beschädigungen enthalten.

Traditionspapier Bill of Lading = Seekonnossement

Shipper ANTWERPSE TRANSIT & SCHEEPVAART ANTWERP AS AGENTS	B/L No. **4**
	BILL OF LADING **for Combined Transport or** **Port-to-Port-Shipment**
Consignee or order TO ORDER	# DSR LINES
	DEUTSCHE SEEREEDEREI ROSTOCK GmbH ROSTOCK - UEBERSEEHAFEN
Notify Party **Hellenic Bank Limited** **Branch Nicosia** **Zypern, Republik**	POB 188 Phone 3660 Telex 31381 dsr dd Cables Seereederei
	RECEIVED in apparent good order and condition except as otherwise noted the total number of Containers or other packages or units enumerated below for transportation from the place of receipt or the port of loading, whichever applicable, to the place of delivery or the port of discharge, whichever applicable, subject to the terms hereof. One of the original Bills of Lading must be surrendered duly endorsed in exchange for the Goods or Delivery Order. On presentation of this document (duly endorsed) to the Carrier by or on behalf of the Holder, the rights and liabilities arising in accordance with the terms hereof shall (without prejudice to any rule of common law of statute rendering them binding on the Merchant) become binding in all respects between the Carrier and the Holder as though the contract evidenced hereby and been made between them. IN WITNESS whereof the number of original Bills of Lading stated below have been signed, one of which being accomplished the other(s) to be void.
Pre-carriage by	Place of Receipt
Ocean vessel Voy.No. Port of Loading **LEONIDAS K.** **ANTWERP**	
Port of Discharge Place of Delivery **LIMASSOL PORT**	Final destination (for the Merchant's reference only)

Container No. Seal No.; Marks & Nos.	Quantity and Kind of Packages; Description of Goods	Gross Weight* Measurement*
/ RED / GREEN	<u>17 BUNDLES</u> "STEEL SHEETS"	<u>48.140 KG.</u>

(Particulars furnished by the Merchant)

1650
Nicosia via Limassol
SIZE
QUALITY
GROSS / NETWEIGHT
NO. 1 ...
H/B-12/432721

~~ORIGINAL~~

LINER TERMS
FREIGHT PAID
Credit Number 12/432721 dated 93.03.10
Vessel is not scheduled to call on its current voyage at the ports of Famagusta, Kyrenia
and/or Karavostasi.

FREIGHT & CHARGES	R/Tons	Rate	Per	Prepaid	Collect

Ex Rate	Prepaid at	Prepaid at **ANTWERP**	Place of B(s)/L issue Dated **ANTWERP 12. Okt . 20XX**
	Total Prepaid	Number of Original B(s)/L **THREE (3)**	DEUTSCHE SEEREEDEREI ROSTOCK GmbH
Date **12. Okt. 20XX**	Shipped on Board the Vessel **Leonidas K.** By **SOGEMAR N.V.** **as Agents**		**SOGEMAR N.V.** as Agents for the a.m. carrier

* Weight and measurement of container not to be included
(TERMS CONTINUED ON BACK HEREOF)

Ladeschein	In der Binnenschiffahrt wird als Warenpapier der **Ladeschein** (Flusskonnossement) verwandt, der grundsätzlich die gleiche rechtliche Wirkung wie das Konnossement aufweist.
Frachtbrief	Der **Frachtbrief** ist eine Beweisurkunde, die vom Absender ausgestellt wird und den Auftrag an den Frachtführer bescheinigt, die Ware an den benannten Empfänger auszuhändigen.
	Nach den jeweiligen Transportmitteln können im internationalen Handelsverkehr Internationale Frachtbriefe im Straßengüterverkehr (CMR-Frachtbrief), Internationaler Eisenbahnfrachtbrief (CIM-Frachtbrief) und Luftfrachtbrief (Airwaybill) unterschieden werden.
Versicherungspapiere	**Versicherungspapiere** werden von einem Versicherer oder dessen Agenten ausgestellt und dienen als Nachweis dafür, dass die Ware während ihres Transportes versichert ist.
	Die Vielzahl der Begleitpapiere im Außenhandel dient in erster Linie der Verzollung der Waren sowie als Nachweis dafür, dass der Vertrag erfüllt wurde.
Handelsrechnung Zollfaktura	● Die **Handelsrechnung** (Faktura) wird vom Exporteur ausgestellt und enthält genaue Angaben über das Warengeschäft. Die **Zollfaktura** (customs invoice) enthält zusätzliche Angaben über Wert und Ursprung der Ware und muss vom Exporteur und gegebenenfalls einem Zeugen unterschrieben werden. Diese Form der Handelsrechnung wird vor allem von den USA und den Ländern des Commonwealth verlangt, wenn der Zoll aufgrund des Wertes der Ware festgesetzt wird.
Konsulatsfaktura	● Die **Konsulatsfaktura** beinhaltet eine Bescheinigung des Konsulats, das für das Einfuhrland zuständig ist, dass der fakturierte Wert der Ware mit deren Handelswert im Ausfuhrland übereinstimmt. Sie wird von einigen Ländern, vor allem in Lateinamerika, verlangt, wenn der Zoll aufgrund des Wertes der Ware festgesetzt wird.
Ursprungszeugnis	● Das **Ursprungszeugnis** (certificate of origin) wird von der Industrie- und Handelskammer ausgestellt und bescheinigt den Ursprung der Ware im Inland. Es wird beispielsweise dann verlangt, wenn der Importeur aus Qualitätsgründen nur Waren aus einem bestimmten Land beziehen möchte.
Warenverkehrsbescheinigung	● Eine Sonderform des Ursprungszeugnisses ist die **Warenverkehrsbescheinigung**. Dieses Dokument ist notwendig, wenn im Warenverkehr mit Staaten, die mit der Europäischen Gemeinschaft besondere Handelsabkommen abgeschlossen haben oder mit ihr assoziiert sind, Zollfreiheit oder Vorzugszölle erlangt werden sollen. Unter der Assoziierung versteht man dabei ein besonderes vertragliches Verhältnis, das über den handelspolitischen Bereich hinausgeht.

Dokumenteninkasso

Die Verhandlungen der Weber OHG mit Soares & Eanes sind erfolgreich abgeschlossen worden. Im Kaufvertrag wurde vereinbart, dass der brasilianische Importeur die Waren auf der Basis „Dokumente gegen Kasse" erhält. Bei späteren Lieferungen kann auf Wunsch des Importeurs auch die Zahlungsbedingung „Dokumente gegen Akzept" Anwendung finden. Die Weber OHG hat an Dokumenten jeweils vorzulegen:

● *Eine unterschriebene Handelsrechnung in vierfacher Ausfertigung und*

● *einen vollen Satz Bord-Konnossemente.*

d/p = documents
against payment:
Dokumente gegen Kasse

Dokumenteninkasso

Die Zahlungsbedingung „Dokumente gegen Kasse " (**d/p** = **d**ocuments against **p**ayment) ist die häufigste Form des Dokumenteninkassos.

Als **Dokumenteninkasso** bezeichnet man den Einzug eines geschuldeten Betrages durch eine Bank gegen Übergabe bestimmter Dokumente.

Die Abwicklung der Zahlung erfolgt, indem Kreditinstitute eingeschaltet werden. Der Exporteur erhält den Betrag nur nach Übergabe der vereinbarten Transportdokumente; der Importeur bekommt die Dokumente, und damit das Verfügungsrecht über die Ware, nur wenn er die Zahlung an seine Bank geleistet hat.

Erst die Einbeziehung zweier Kreditinstitute macht es also möglich, ein **Zug-um-Zug-Geschäft** (Ware gegen Geld bzw. Akzept) durchzuführen.

Bei „Dokumente gegen Zahlung" dürfen die Transportdokumente dem Importeur in der Regel nur gegen sofortige Zahlung ausgehändigt werden. „Sofort" bedeutet dabei „spätestens bei Ankunft der Ware".

Einheitliche Richtlinien für Inkassi – ERI

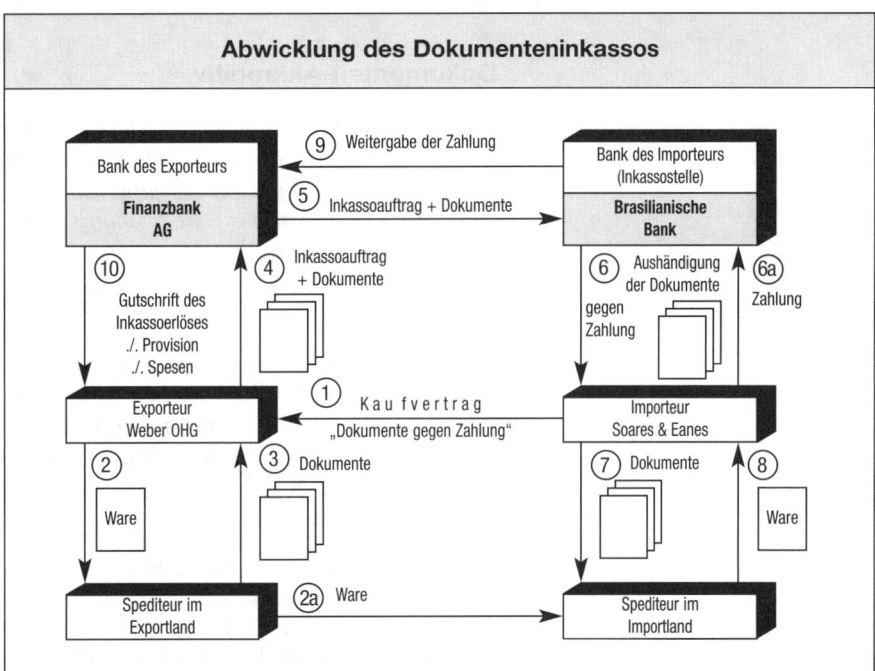

Abwicklung des Dokumenteninkassos

Die „**E**inheitlichen **R**ichtlinien für **I**nkassi" (**ERI**) der Internationalen Handelskammer in Paris vom 01.01.1979 bilden die Rechtsgrundlage für die Abwicklung von Inkassoaufträgen, sofern nicht zwischen den Beteiligten ausdrücklich anderweitige Vereinbarungen getroffen werden. Die ERI regeln im Wesentlichen die Rechte und Pflichten der Banken sowie die Haftung, die sie mit der Annahme eines Inkassoauftrages übernehmen. Die Banken gehen dabei keine eigenen Zahlungsverpflichtungen ein und können auch nicht für die Folgen höherer Gewalt, von Verzögerungen oder Verlusten bei der Übermittlung von Nachrichten in Anspruch genommen werden, sofern sie diese nicht selbst verschuldet haben.

Da der Exporteur nur dann die Zahlung erwarten kann, wenn er ordnungsmäßige Dokumente übergibt, sollten vorab folgende Punkte überprüft werden:

● Sind alle vereinbarten Dokumente vorhanden?

● Sind die Vorschriften des Importlandes bei der Ausstellung der Dokumente berücksichtigt worden?

● Sind die Papiere ordnungsgemäß unterzeichnet?

● Sind die notwendigen Indossamente auf dem Konnossement und den Versicherungspapieren angebracht?

d/a = documents
against acceptance:
Dokumente gegen Akzept

Bei der zweiten Zahlungsbedingung im Rahmen des Dokumenteninkassos, **„Dokumente gegen Akzept"**, hat der Importeur eine Tratte zu akzeptieren, die in der Regel 30 bis 180 Tage nach Sicht oder zu einem festen Zeitpunkt fällig ist. Unter Umständen kann als zusätzliche Sicherheit das Aval der Inkassobank oder einer anderen erstklassigen Bank hinzugefügt werden. Sichttratten, die vor allem im anglo-amerikanischen Bereich vorkommen, haben lediglich eine „moralische Funktion", welche die Zahlungsaufforderung unterstreichen soll.

Dokumenten-Akkreditiv

Die Weber OHG hat mit der Mikoshima Ind. Ltd. in Tokio die Lieferung von elektronischen Kfz-Zubehörteilen im Werte von 9 560 000 Yen vereinbart. Zur Absicherung der Zahlung bestand der japanische Exporteur auf der Vereinbarung, dass die Lieferung gegen die Bereitstellung eines unwiderruflichen Dokumenten-Akkreditivs erfolgen soll.

Die Importgesellschaft lässt ihre Hausbank, die Finanzbank AG, dieses Akkreditiv eröffnen.

Bei der **Eröffnung eines Akkreditivs** verpflichtet sich eine Bank im eigenen Namen, aber im Auftrage und für Rechnung eines Kunden, dem Begünstigten einen bestimmten Geldbetrag zur Verfügung zu stellen, sofern er die Bedingungen des Akkreditivs erfüllt. Im Außenhandel wird diese Zahlung praktisch immer an die Vorlage bestimmter Dokumente gebunden.

Dokumente
gegen Akkreditiv

> Beim **Dokumenten-Akkreditiv** erhält der Begünstigte den festgesetzten Geldbetrag nur dann ausbezahlt, wenn er der Bank, die das Akkreditiv eröffnet hat, oder der von ihr beauftragten Korrespondenzbank, bestimmte Dokumente über die versandte Ware übergibt.

Akkreditiv-Richtlinien

Abwicklung eines
Dokumenten-Akkreditivs

Die Abwicklung des Dokumenten-Akkreditivs erfolgt in der einfachsten Form mit vier Beteiligungen:

- Der **Akkreditivsteller** ist der Importeur, der seinem Kreditinstitut den Akkreditivauftrag erteilt.

- Die **Akkreditivbank** ist die Bank des Importeurs, die das Akkreditiv eröffnet.

- Die **Akkreditivstelle** ist die Bank im Land des Exporteurs, die das Akkreditiv dem Begünstigten meldet (avisiert) und in der Regel die Dokumente aufnimmt und die Auszahlung des Akkreditivbetrages vornimmt. Teilweise übernimmt sie auch eine zusätzliche Verpflichtung zur Einlösung des Akkreditivs.

- Der **Akkreditierte** ist der Exporteur, der aus dem Akkreditiv begünstigt wird.

Ziffer ③

Die Eröffnung des Akkreditivs erfolgt durch ein **Akkreditiv-Eröffnungsschreiben**, das an die Akkreditivstelle gerichtet ist.

Ziffer ④

Die Akkreditivstelle teilt dem Exporteur die Akkreditiveröffnung mit (**Avis**). Falls sie im Akkreditiv-Eröffnungsschreiben dazu aufgefordert wurde und die Bonität der Akkreditivbank dies erlaubt, übernimmt sie selbst, zusätzlich zur Akkreditivbank, die Haftung für die Einlösung der Dokumente; sie **bestätigt** das Akkreditiv.

Ziffer ⑦

Bevor die Akkreditivstelle die Dokumente aufnimmt und deren Gegenwert gutschreibt, muss sie sich vergewissern, dass sie in **allen** Punkten dem Akkreditiv entsprechen.

Ziffer ⑧

Auch die Akkreditivbank prüft die Dokumente ein weiteres Mal. Sofern sie ohne Mängel sind, **muss** sie den Akkreditivbetrag an die Akkreditivstelle bezahlen, da sie ein **abstraktes Schuldversprechen** abgegeben hatte. Die Dokumente werden danach über die Akkreditivbank und den Importeur an den Spediteur im Importland weitergeleitet.

Ziffer ⑨ – ⑩

Handelskreditbrief – CLC

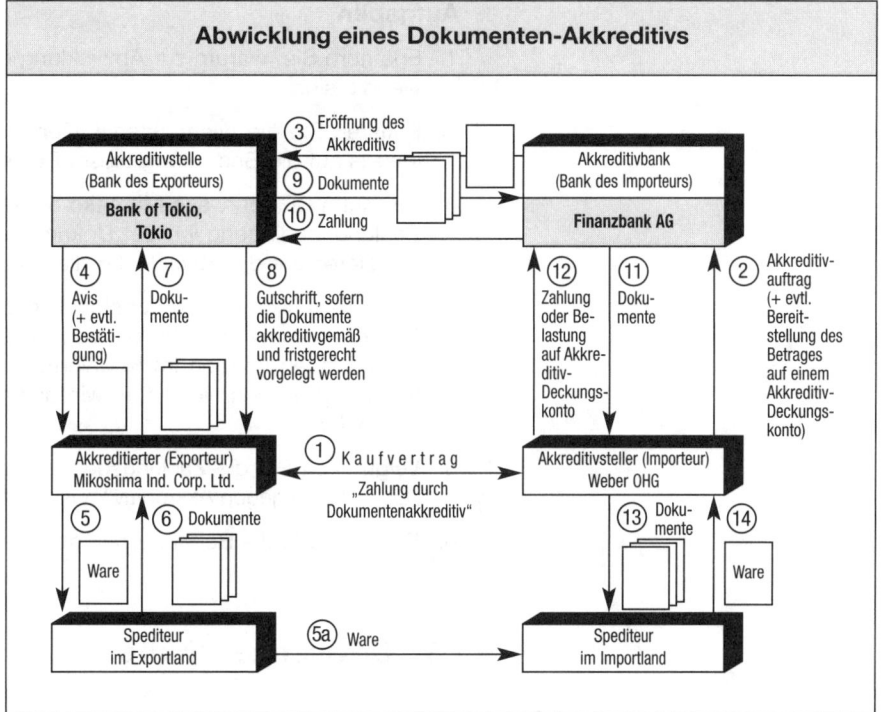

Abwicklung eines Dokumenten-Akkreditivs

Das Dokumenten-Akkreditiv erlaubt ein Zug-um-Zug-Geschäft, bei dem der Exporteur sich vor der Gefahr schützt, ohne Bezahlung zu liefern und der Importeur sicher geht, nicht ohne Empfang der Lieferung Zahlung zu leisten.

Zur Klärung der Rechtsverhältnisse sind die **„Einheitlichen Richtlinien und Gebräuche für Dokumenten-Akkreditive – ERA"** in der Fassung vom 01.01.1994 in den Allgemeinen Geschäftsbedingungen der Geschäftsbanken aufgenommen worden und stellen damit Vertragsrecht dar, sofern zwischen den Akkreditivparteien nicht anderweitige Vereinbarungen getroffen werden. Die „Einheitlichen Richtlinien und Gebräuche für Dokumenten-Akkreditive" der Internationalen Handelskammer in Paris sind als international anerkannte Rahmenbestimmungen für die Abwicklung von Dokumentenakkreditivgeschäften anzusehen.

Alle Akkreditive müssen danach ein Verfalldatum für die Vorlage der Dokumente enthalten. Deshalb kommen in der Praxis **nur befristete Akkreditive** vor.

Vorwiegend in den anglo-amerikanischen Ländern sowie in Ostasien wird statt des Akkreditivs oftmals der Handelskreditbrief verwendet.

Der **Handelskreditbrief** (**C**ommercial **L**etter of **C**redit – **CLC**) unterscheidet sich lediglich in der Form der Avisierung und der Art der Ausnützung vom üblichen Akkreditiv. Während beim Akkreditiv der Begünstigte das Avis von seiner Bank (Akkreditivstelle) erhält, wird ihm beim Handelskreditbrief der Originalkreditbrief **direkt** von der eröffnenden Bank zugestellt.

Aufgaben

1. Erläutern Sie, warum zur Abwicklung des Außenhandels Dokumente notwendig sind.

2. Erklären Sie die wichtigsten Außenhandelsdokumente. Gehen Sie dabei jeweils auf die Bedeutung dieser Papiere ein.

3. Die Kühn KG führt aus Marokko auf dem Schiffsweg Textilwaren ein. Als Zahlungsbedingung wurde „Dokumente gegen Kasse" vereinbart. Skizzieren Sie die Abwicklung dieses Handelsgeschäfts.

4. Die Gross Kommunikationstechnik Ehingen GmbH will nach Spanien Sprechanlagen im Werte von 40 000 Euro liefern. Die Zahlungsbedingungen wurden im Kaufvertrag mit „Dokumente gegen Akkreditiv" festgelegt. Beschreiben Sie, wie dieses Außenhandelsgeschäft durchgeführt wird.

5. Vergleichen Sie die Zahlungsbedingungen „Dokumente gegen Kasse" und „Dokumente gegen Akkreditiv" aus Sicht des Importeurs und des Exporteurs.

6. Erläutern Sie die Besonderheit des Handelskreditbriefes.

9.7.9   Devisengeschäfte

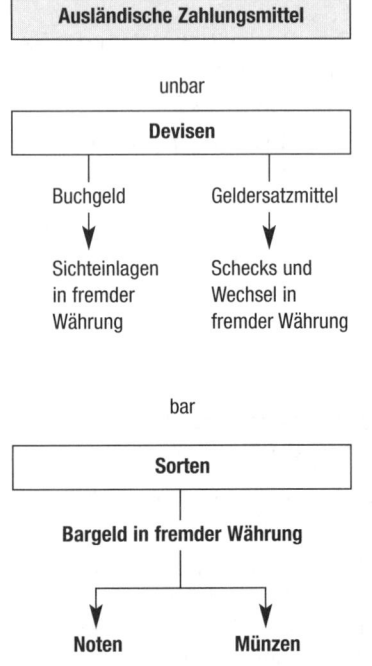

Ausländische Zahlungsmittel

unbar

Devisen

Buchgeld — Sichteinlagen in fremder Währung

Geldersatzmittel — Schecks und Wechsel in fremder Währung

bar

Sorten

Bargeld in fremder Währung

Noten   **Münzen**

Devisenreserven bedeuten unter Staaten das gleiche wie Sparpolster unter Privaten: Man kann eine Weile davon leben, wenn die Einnahmen ausbleiben.

Die amerikanische Währung ist immer noch die mit Abstand wichtigste Reservewährung der Welt; über 60 Prozent der Welt-Devisenreserven lauten auf US-Dollar. Der Euro hat zwischenzeitlich den zweiten Platz eingenommen.

> **Devisen** sind unbare Zahlungsmittel in ausländischer Währung.

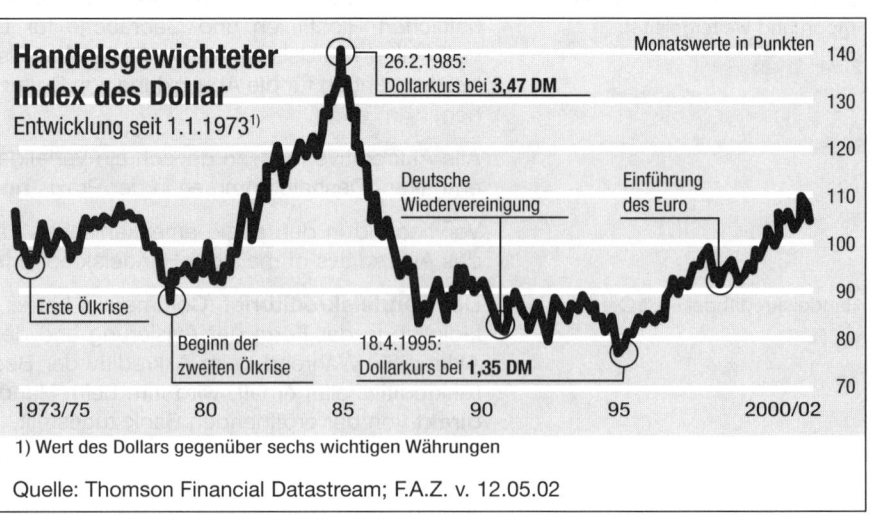

Handelsgewichteter Index des Dollar
Entwicklung seit 1.1.1973[1]

26.2.1985: Dollarkurs bei **3,47 DM**

Deutsche Wiedervereinigung

Einführung des Euro

Monatswerte in Punkten

Erste Ölkrise

Beginn der zweiten Ölkrise

18.4.1995: Dollarkurs bei **1,35 DM**

1973/75   80   85   90   95   2000/02

1) Wert des Dollars gegenüber sechs wichtigen Währungen

Quelle: Thomson Financial Datastream; F.A.Z. v. 12.05.02

Devisenhandel

Der Devisenhandel findet fast ausschließlich unter den Kreditinstituten statt. Voraussetzung dafür ist, dass die Devisenmärkte funktionsfähig sind und die Devisen frei gehandelt werden können (Konvertierbarkeit der Währungen).

In Deutschland können folgende Bereiche des Devisenhandels unterschieden werden:

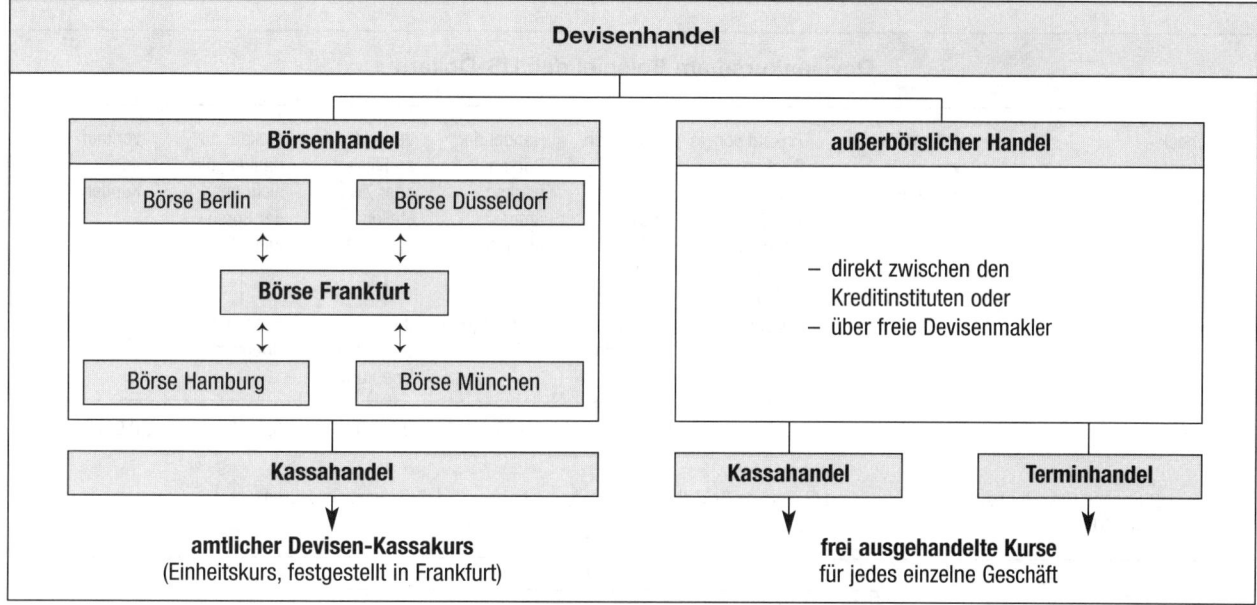

Bei **Devisenkassageschäften** liegt zwischen dem **Geschäftsabschluss** und der **Anschaffung** (Bereitstellung der Devisen) eine Frist von höchstens **zwei Werktagen**.

Alle Devisenhandelsgeschäfte, bei denen kein besonderer Lieferungstermin vereinbart wird, gelten grundsätzlich als Kassageschäfte. Diese Geschäfte wickeln die Banken sowohl im Auftrag ihrer Kunden als **Kommissionär** und als **Eigengeschäft** ab. Der amtliche Mittelkurs an der Börse wird nach der Methode der Einheitskursberechnung ermittelt. Veröffentlicht werden aber der **Geld-** und der **Briefkurs**, die bei der Abrechnung für die Kunden der Bank zugrunde gelegt werden. Die Spannen zwischen Geld- und Briefkursen schwanken dabei zwischen den einzelnen Währungen (ca. 2 ‰ Abweichung vom Mittelkurs).

Bei **Devisentermingeschäften** wird beim Geschäftsabschluss die Anschaffung der gehandelten Devisen für einen späteren Zeitpunkt verbindlich festgelegt.

Diese Geschäfte werden ausschließlich außerhalb der Börse abgewickelt. Der Abrechnungskurs für Termingeschäfte wird deshalb für jeden einzelnen Abschluss ausgehandelt. Nur in Ausnahmefällen ist der Terminkurs der gleichen Währung identisch. In der Regel weichen sie voneinander ab.

> Die **Differenz** zwischen Kassa- und Terminkurs wird als **Swap-Satz** bezeichnet.

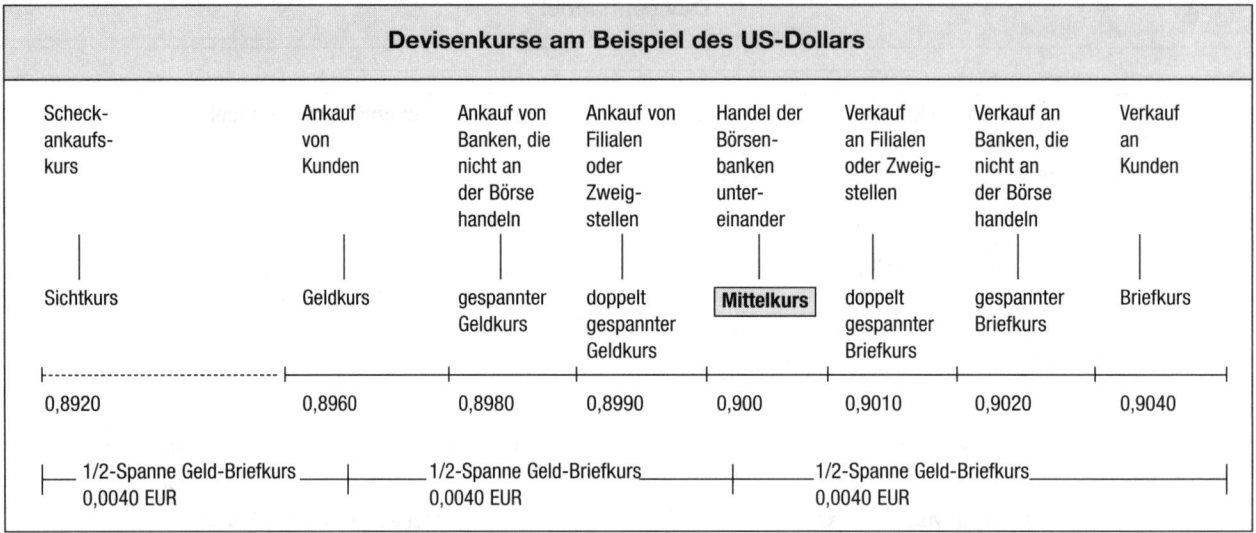

Devisenkurse am Beispiel des US-Dollars

Scheck-ankaufs-kurs	Ankauf von Kunden	Ankauf von Banken, die nicht an der Börse handeln	Ankauf von Filialen oder Zweig-stellen	Handel der Börsen-banken unter-einander	Verkauf an Filialen oder Zweig-stellen	Verkauf an Banken, die nicht an der Börse handeln	Verkauf an Kunden
Sichtkurs	Geldkurs	gespannter Geldkurs	doppelt gespannter Geldkurs	**Mittelkurs**	doppelt gespannter Briefkurs	gespannter Briefkurs	Briefkurs
0,8920	0,8960	0,8980	0,8990	0,900	0,9010	0,9020	0,9040

1/2-Spanne Geld-Briefkurs 0,0040 EUR   1/2-Spanne Geld-Briefkurs 0,0040 EUR   1/2-Spanne Geld-Briefkurs 0,0040 EUR

> Liegt der **Terminkurs** unter dem Kassakurs, spricht man von einem **Deport** (Abschlag).

> Liegt der **Terminkurs** über dem Kassakurs, spricht man von einem **Report** (Aufschlag).

Die Art und die Höhe des Swap-Satzes wird ausschließlich durch das Zinsniveau für kurzfristige Anlagen im Ausland im Verhältnis zum inländischen Zinsniveau bestimmt, gemessen an den Zinssätzen für große Eurokredite.

Für die Firmenkundschaft der Banken besteht die wirtschaftliche Funktion des Handels von Termindevisen im Wesentlichen in der **Absicherung** der Finanzierung von Außenhandelsgeschäften **gegen Kurs- und Währungsrisiken**. Durch den Abschluss von Devisentermingeschäften werden sowohl für den Importeur als auch für den Exporteur **feste Kalkulationsgrundlagen** geschaffen.

Für die Privatkundschaft der Banken haben Devisentermingeschäfte eine relativ geringe Bedeutung. Sie dienen ihr überwiegend zur Absicherung von kurzfristigen Kapitalanlagen in ausländischer Währung, während die reine Devisenspekulation sehr selten vorkommt.

Auch im Devisenhandel haben sich Optionsgeschäfte eingebürgert, die vor allem für Firmenkunden eine attraktive Kurssicherungsmöglichkeit bieten.

> Mit dem **Erwerb einer Währungsoption** (Currency Option) erhält der Inhaber das **Recht**, einen festgelegten Devisenbetrag zum vereinbarten Basispreis zu kaufen oder zu verkaufen.

Die Fälligkeit der Standardoptionen sind die Monate März, Juni, September und Dezember; jeweils der dritte Mittwoch im Monat. Bei gewerblichen Kunden bieten die Banken meist alle Fälligkeiten an, welche im klassischen Devisengeschäft üblich sind. Es können folgende Ausübungsmodalitäten gewählt werden:

- **American Styled Option**: Die Ausübung ist während der gesamten Laufzeit möglich.

- **European Styled Option**: Die Option kann nur zur vereinbarten Endfälligkeit ausgeübt werden.

- **Standardisierte Currency-Optionen** werden in genormten Beträgen, zu genormten Striking-Preisen und zu vier vorgegebenen Terminen im Jahr gehandelt.

- **OTC – Currency-Options (Over-the-Counter-Options)** sind dadurch gekennzeichnet, dass die Bedingungen zwischen dem Erwerber und dem Stillhalter der Option frei aushandelbar sind.

Aufgaben

1. Beschreiben Sie die Kursbildung an der deutschen Devisenbörse.

2. Erläutern Sie die Bedeutung der Devisentermingeschäfte für Firmen- und Privatkunden.

3. Erklären Sie den Unterschied zwischen Devisentermin- und Optionsgeschäften.